DICTIONARY OF
MEDIEVAL LATIN
FROM BRITISH SOURCES

FASCICULE XIII

Pro–Reg

DICTIONARY OF MEDIEVAL LATIN FROM BRITISH SOURCES

Fascicule XIII   Pro–Reg

PREPARED BY

D. R. HOWLETT, M.A., D.Phil., F.S.A.

With the assistance of

R. ASHDOWNE, M.A., D.Phil.

T. CHRISTCHEV, M.A.

T. V. EVANS, Ph.D.

K. KORN, Dr. phil.

P. O. PIPER, M.A., A.M., Ph.D.

S. SNEDDON, M.A., Ph.D.

and C. WHITE, M.A., D.Phil.

UNDER THE DIRECTION OF A COMMITTEE
APPOINTED BY THE BRITISH ACADEMY

Published for THE BRITISH ACADEMY
by OXFORD UNIVERSITY PRESS

Oxford University Press, Great Clarendon Street, Oxford OX2 6DP

Oxford New York

Auckland Cape Town Dar es Salaam Hong Kong Karachi
Kuala Lumpur Madrid Melbourne Mexico City Nairobi
New Delhi Shanghai Taipei Toronto

With offices in

Argentina Austria Brazil Chile Czech Republic France Greece
Guatemala Hungary Italy Japan Poland Portugal Singapore
South Korea Switzerland Thailand Turkey Ukraine Vietnam

Published in the United States
by Oxford University Press Inc., New York

Database right The British Academy (maker)

First published 2010

British Library Cataloguing in Publication Data
Data available

Library of Congress Cataloging in Publication Data
Data available

Typeset by John Waś, Oxford
Printed and bound in Great Britain by
CPI Antony Rowe, Chippenham, Wiltshire

ISBN 978-0-19-726467-6

MEMBERS OF THE COMMITTEE

PREFACE TO FASCICULE XIII

Fascicule XIII continues the steady advance in production of the Dictionary, made possible by the generous financial support of the Packard Humanities Institute, the Arts and Humanities Research Council, and the British Academy, and support from the Faculty of Classics and housing by the Bodleian Library of the University of Oxford. It is a pleasure to thank for continuing invaluable services P. G. W. Glare as Consulting Editor and Pamela Armstrong Catling as Editorial Assistant and to welcome as Assistant Editor Dr Richard Ashdowne. We also thank Dr Bonnie Blackburn, F.B.A., for help with musical entries, Professors William Rothwell and David Trotter for help with entries involving Old French and Anglo-Norman, Dr Charles Burnett for help with etymologies of words derived from Arabic and Persian, and members of staff of the Bodleian Library, the British Library, and the National Archives for help and access to primary sources.

J. N. Adams

~er manendum ingrediens, equum .. alligavit ad parietem BEDE *CuthbP* 5; coepit .. oppida, rura, .. vicos .. ~er evangelizandum .. peragrare *Id. HE* III 28 p. 195; dimid' hidam, quam rex E. dedit ejus antecessori .. solutam ob omni consuetudine ~er forestam custodiendam *DB* I 61va; ~er Pelagianam heresim eradicandam GIR. *GE* I 23 p. 62; obtestor vos per misericordiam Dei, ~er quam adipiscendam .. hucusque venistis *Found. Waltham* 19; non solum ~er mala repellenda, sed ad promotionem quorumcunque utilium BACON *Maj.* I 402; **a1350** ~er .. vexaciones frequentes .. evitandas *StatOx* 18. **c** perdere vellet eum [sc. decorem orbis] propter vitare periculum D. BEC. 1794; **p1170** ~er me herbergare *Ch. Westm.* 383; interest .. curati ~er agnoscere vultum pecoris sui CONWAY *Def. Mend.* 1340; **1444** est necesse transmittere .. partes .. litterarum vestrarum .. ~er super hoc informare magis plane .. regem *Lit. Cant.* III 190. **d** ~er hanc [sc. vetulam] se velle mittere asseruit, si rex adquiesceret *G. Herw.* f. 333b; videntes .. tanta .. pericula, .. ~er Anglorum regem Henricum .. patriarcham suum .. transmiserunt GIR. *PI* II 24; ibit ~er pulvillos ad opus abbatis, et reportabit in thesaurum *Cust. Cant. Abbr.* 257.

6 out of consideration for the interests of, for the sake of.

pro sua simul et eorum ~er quos et ad quos venerant salute aeterna BEDE *HE* I 25 p. 46; qualiter divina pietas locum istum .. respexit, illumque suis habitatoribus .. elegerit, quia non gentem ~er locum set locum ~er gentem elegit *Chr. Dale* 1; si curati non intersit ~er subditum CONWAY *Def. Mend.* 1340.

7 in regard to, in respect of, so far as concerns.

si de hac re culpabilis es .. aut ~er actam culpam .. sciens factores juvisti (*Jud. Dei* XII 4. 2) *GAS* 420.

8 despite, notwithstanding.

1275 B. filius S. invenit [plegios] .. quod ~er moram suam London' decennam suam semper sequeretur .. et quocienscunque dominus voluerit ad ipsum veniet (*Tooting, Surr*) *SelPlMan* 26.

propterea [CL]

1 because of or as a result of that (or this), on account of that (or this), consequently, accordingly, therefore; **b** (foll. by *quod* or *eo quod* w. ind. or subj.); **c** (foll. by or following *quia* & ind.).

'stulte egerunt pastores ... ~ea .. grex eorum dispersus est' [=*Jer.* x 21] GILDAS *EB* 81; propterea exilium voluit perferre sacerdos ALDH. *VirgV* 941; erat .. vir venerandus in amore Dei .. et ~ea loca sacrorum coenobiorum ob animarum aedificationem circuibat sollicitus B. *V. Dunst.* 34; communicato ~ea .. consilio, .. Romanum callem ingressus est W. MALM. *GP* V 217; gaudebat pater de filiorum provectibus ... ~ea quantum sua interest multum eorum bona urgebat *Id. Wulfst.* II 16; adulabatur .. sibi .. episcopum non loqui, et ~ea, quod a monacho diceretur, impune posse contempni. Deo aliter visum *Ib.* **b** interrogabat quare tam nequiter judicassent [judices] ... .. si illi .. profiterentur ~ea se talia ita judicasse, eo quod nihil rectius .. scire poterant, tunc ille .. aiebat ASSER *Alf.* 106 p. 93; nec facile erat quempiam auditorum ejus non esse docibilem ~ea quod tanta illi rerum subtilitas inerat .. ut OSB. *V. Dunst.* 34; laborum .. laberinthos .. evolvere non fuit consilium, ~ea quod sit legentium quedam confusio W. MALM. *GR* II 121; ordo monasticus .. vitam .. non negligebat, ~ea quod haberent rectores .. religiosos *Id. GP* I 18; ~ea quoque eundem [sc. Saturnum] canum pingunt, quod pruinas et nives .. creare non dubitetur ALB. LOND. *DG* 1. 4. **c** ~ea namque has duas metaplasmorum species .. explanare nisus sum, quia per omne corpus poeticorum librorum .. reperiuntur insertae ALDH. *Met.* 9 p. 81; hoc solum excipitur, ~ea quia solum duas syllabas plus habet in genitivo quam in nominativo ABBO *QG* 5 (13); licet multi .. conentur abradere id quod est nec genitus [Spiritus Sanctus], ~ea quia apud alios .. sepe legitur *Ib.* 21 (44); ~ea vocantur murales mansiones quia si opus fuerit .. murum reficient *DB* I 154ra; quia .. per mortem fratris tui aspirasti ad regnum, ~ea audi verbum Domini W. MALM. *GR* II 164.

2 with that (or this) object in view, for that (or this) purpose; **b** (foll. by *ut* & subj.).

1355 quatinus .. litteras .. omnibus et singulis monachis .. ~ea specialiter convocatis .. pupplicetis *Lit. Cant.* II 336. **b** cujus verba ~ea inserui, ut .. episcopi affectum .. ostendam W. MALM. *GR* II 284.

proptiriafira, proptiria sira v. pityriasis. **proptomartyr** v. protomartyr.

proptosis [LL], medical condition characterized by protrusion or prolapse of the eye.

†pantosis [v. l. panthosis, l. proptosis] est oculorum tumor ut et difficile a palpebris contigatur *Alph.* 138.

propudiare, ~ari [CL propudium+-are, -ari]

1 (in gl., dep.) to act in a shameless or immodest manner.

hoc propudium .., et inde ~ari, i. scurrari OSB. GLOUC. *Deriv.* 433.

2 to hold or repel shamefully.

~are, inhoneste continere vel repellere OSB. GLOUC. *Deriv.* 473.

propudiose [CL propudiosus + -e], (in gl.) shamefully, noxiously.

~e, turpiter, injur[i]ose OSB. GLOUC. *Deriv.* 484.

propudiosus [CL], (in gl.): **a** shameless, immodest. **b** shameful, noxious.

a ~us, impudibundus, inverecundus OSB. GLOUC. *Deriv.* 470. **b** ~us, ignominiosus, injuriosus OSB. GLOUC. *Deriv.* 484.

propudium [CL], (in gl.) scurrilous or shameless jest or antic.

podium componitur hoc ~ium, -ii, i. scurrilis jocus OSB. GLOUC. *Deriv.* 426; item a pudet per compositionem hoc ~ium, -dii, i. ludus scurrilis, in quo pudicitia et pudor procul sunt .. sed melius derivatur a podio, ut superius protuli OSB. GLOUC. *Deriv.* 433.

propugnaculare [CL propugnaculum+-are], (p. ppl. in quots.) fortified with battlements, battlemented.

s1191 aqua .. ebulliente, repletur dromunde non tantum carina et sentina, sed et limbus ejus ~atus et area M. PAR. *Min.* II 23; **s1123** rex Rothomagum muro alto, spisso, et ~ato .. communivit *Id. Abbr.* 183.

propugnaculum [CL], (mil.) defensive or protective structure (usu. as part of wall of castle, fortified town, or sim.), bulwark, parapet, battlement; **b** (w. ref. to structure on back of elephant). **c** (fig. sts. w. ref. to *Cant.* iv 4).

sacram sarcofagi tumbam .. quasi turris obstaculum et muri ~um [*gl.*: *wighus* vel *foreweal*] .. ignium imbribus opposuerunt ALDH. *VirgP* 41; repente muri ~a conscendit, et inde se in ima fosse .. proicit. .. emergens .. a fossa, altera nichilominus exterioris castelli exsuperat ~a GOSC. *Transl. Mild.* 23; muros conscendunt, et inter lapidea ~a quedam eciam lignea interponere pro sua defensione concertarunt R. COLD. *Cuthb.* 39; ~a [v. l. propignacula, propionacula; *gl.*: *les bretaches*, *barbakanes* vel *brutaches*] et pinne turrim .. muniant NECKAM *Ut.* 104; quasi castrum pulcherimum circa eam [sc. crucem], quod opere lignario .. ornatissime constructum, ornabant turres .., columpneque, et ~a in multitudine cultiori *G. Hen. V* 15 p. 108; *bretex of a walle*, propinnaculum, -li *PP*; ~a, A. *kerneles* .. hoc propinaculum, A. *a bretayge WW*; coronam templi quaquaversum excitavit lapide quadrato, in morem .. corollariorum in ~is, ut [tegulario] .. minor fieret labor in restituendo tecto FERR. *Kinloss* 71. **b** elephas est animal ossibus robustum et firmum adeo ut sufficiat belli machinas et edificata desuper ~a sustinere BALD. CANT. *Serm.* 1. 31. 568A. **c** **p675** hujus excusationis ~um, sub quo se delitescere confidunt, apostolicae castigationis ballista .. conquassare .. nitar ALDH. *Ep.* 4 p. 486; Christus .. cujus civitas est sancta et universalis ecclesia ... hujus civitatis ~a sanctae sunt scripturae et praecedentium patrum exempla ALCUIN *Dogm.* 133C; iste est, Britannia, ~um tuum, pater et pastor tuus, vir apostolicus *V. Birini* 20; sunt in muro continentie facienda ~a de virtutibus cognatis ei R. NIGER *Mil.* III 42; ad summa fame ~a triumphat in gloria MAP *NC* IV 11 f. 53.

propugnare [CL], to fight defensively, defend.

propugnacula [*gl.*: dicta quia ex his ~atur] ALDH. *VirgP* 13; ~o, -as, unde verbalia, et hoc propugnaculum, -li, i. locus unde ~atur sicut turris vel castellum OSB. GLOUC. *Deriv.* 414.

propugnatio [CL], (act of) fighting in defence or defending, (in general) defence, protection; **b** (w. obj. gen.).

horum apicellorum tenuem congeriem .. contra omnes invisorios aemulos invicta ~one tuendam B. *V. Dunst.* 1; fidei aut patientie .. virtutem .., qua contra visibiles atque invisibiles hostes jugi eos ~one defendat J. FORD *Serm.* 112. 8; de angelica suadent .. ~one sperare *Ib.* 113. 8. **b** [Guillelmus] ad quem Normanniae ~o pertinebat W. POIT. I 13; emeruit in ~one ejus [sc. imperatricis] Galfridus Boterel .. celebrem laudem J. HEX. *HR Cont.* 310; viriliter egit multitudo provincie que confugerat illuc in ~one loci *Ib.* 312; in expugnatione vitiorum aut ~one virtutum J. FORD *Serm.* 106. 12.

propugnator [CL], one who fights in defence or from a defensive position, one who defends, defender, champion; **b** (w. ref. to playing-piece in board game); **c** (transf., or in fig. context, w. ref. to defender in spiritual, verbal, or other non-physical contest); **d** (w. ref. to Christ); **e** (as royal title); **f** (in phr. *fidei ~or*).

ignavi ~ores miserrime de muris tracti solo adlidebantur BEDE *HE* I 12; **s1098** revertimini ad me .., et infra v dies vobis ipse ~or adero H. HUNT. *HA* VII 14; Offanus, cujus sanguis in ultionem estuabat, .. indefessus ~or cessare erubescebat *V. II Off.* 3; a ~ore habuit annulum unum cum hac scriptura *G. Roman.* 274. **b** si quis voluerit scire hanc aleam .. hec vij scire .. necesse est: duces sc. et comites, ~ores et impugnatores, civitatem et civitatulam, et ix gradus bis *Alea Evang.* 173. **c** ejus genitricem .. incitabant divini ~ores ad omnem virtutem GOSC. *Edith* 58; non solum .. contra .. latrones .. canis .. erat [Ecgwinus], verum et contra invadentes tyrannos murus et ~or validus pro domo Israel in die Domini existebat DOMINIC *V. Ecgwini* I 4; si prenderetur qui Urbani partium ~or esset W. MALM. *GP* I 51; **s1139** H. archiepiscopus Rothomagi, .. maximus regis ~or W. MALM. *HN* 470; sponse Christi .. pacis .. ecclesiastice suscipientes tutelam defensores ejus ac ~ores se fore profitentur J. FORD *Serm.* 67. 10; quis .. tot ei [sc. ecclesie] ~ores prestituit *Canon. G. Sempr.* f. 35. **d** rubrum vestimentum ejus [sc. Christi] qui ~or est ad salvandum *Eccl. & Synag.* 119; Christus .. est ~or noster *G. Roman.* 275. **e** **c939** (13c) Edelstan rex *Angulsexna and Norþhymbria* imperator, paganorum gubernator Brittanorumque ~or *Ch. Burton* 4. **f** **1530** serenissimo regi Anglie Henrico Octavo, fidei ~ori invictissimo (*SP Hen. VII*) *EHR* XL 195.

propuinctum v. propunctum.

propulsare [CL]

1 to drive (attacker) away or forth, drive back (attacker or attack), repulse; **b** (in non-mil. context); **c** (transf., physical or abstr. condition).

s890 Brytones .. dimicabant contra eos et, victis Danis, ~abant in quandam aquam, ubi plures eorum demersi sunt *AS Chr.*; ut armis invicti [sc. Angli et Saxones] facile hostes ~arent W. MALM. *GR* I 4; quando .. in remotissimis nationibus hostiles insultus modico agmine ~abant P. BLOIS *Ep.* 94. 295A; **s1257** Wallenses .. per loca palustria prorumpentes, .. hostium pro posse impetus ~arunt M. PAR. *Maj.* V 656; nec Wallensium impetus poterat [Henricus Tertius] ~are *Feudal Man.* 146. **b** illi [demones] ex una parte ~ati, statim alibi aderant W. MALM. *GP* IV 177; Guillelmum .. exhereditaverat, et .. penitus a se ~averat ORD. VIT. XI 3 p. 173; prefatos fratres .. exheredatos de finibus Britannie ~avit *Ib.* p. 178. **c** si nos solos ad hanc [noxiam] ~andam sufficere non posse viderimus .. BEDE *Hom.* II 12. 168; ad judicium rapti judicantur injectam calumniam examine igniti ferri a se ~are debere EADMER *HN* 116; **c1168** ubi philosophie meditatio, .. disceptatio utilis et jocunda tedium ~abant J. SAL. *Ep.* 279 (256); opportuna auri .. transmissione .. archiepiscopi .. ~averat inopiam W. FITZST. *Thom.* 104; injuriam armis irrogatam armorum ~are remedio leges et jura permittunt GIR. *EH* I 8; unde et .. lunaris claritatis fit mentio [cf. *Cant.* vi 9], ut liquido appareat .. in luce aurore inclinatas fuisse umbras noctis, non ~atas J. FORD *Serm.* 57. 3; ave, virgo regia, / mundi luminare, / ecce [? l. cece] mentis tenebras / potens propulsare S. LANGTON *BVM* 3. 20.

2 to strike or beat (repeatedly, also intr.). **b** (transf.) to ring (canonical hour or sim., w. internal or cognate acc.). **c** (of sound or word) to strike (the ear). **d** to shake or strike repeatedly (in quot. so as to awaken from sleep or trance).

videntes .. quod jam prope ad limites ecclesie

pervenisset, quam citius, ~antes ad hostium, .. fratres de sompnio excitarunt R. COLD. *Cuthb.* 31. **b** ante ignitegium ~atum *Stat. Ebor.* 101; **c1352** operabuntur usque ad primam pulsacionem vesperarum, et tunc potabunt infra logium usque ad terciam pulsacionem ~atam, et redibunt ad opera sua *Fabr. York* 172. **c c1310** frequens et clamosa fidedignorum insinuacio aures nostras nuper ~avit quod quidam indigene nostri et ingrati *Bury St. Edm.* 176. **d** illum .. ~antes et aquam benedictam super illum spargentes, vix .. a vexatione demoniaca eruere quiverunt ORD. VIT. III 3 p. 42.

3 to 'strike' with repeated or urgent requests or demands, importune. **b** to urge or impel (someone to do something). **c** to attack or assail (in a court of law).

multis .. clamoribus in sinodo ~atus, respondit ORD. VIT. XII 21 p. 386; **1328** quod pro celeri .. expedicione negocii .. beatitudinis vestre graciam ~aremus attente *Conc.* II 543b. **b 1294** propensiori cura et majori ~amur instancia ut .. *Reg. Cant.* I 7. **c s1107** Henricus rex proceres suos convocavit, et Rodbertum de Monteforti placitis de violata fide ~avit ORD. VIT. XI 24 p. 239.

propulsatio [CL]

1 (act of) warding off or repelling (an undesirable condition).

injusticia est injuriarum illatio et aliene injurie ~onis negligentia W. DONC. *Aph. Phil.* 6. 9.

2 (act of) striking or ringing (a signal to mark canonical hours).

in .. ~one signorum *Cust. Westm.* 64; ne in .. ~one signorum .. defectus .. possit evenire *Cust. Cant.* 117.

propulsator [CL], one who wards or drives off (an undesirable condition or state of affairs).

sicut tempore istius regis simonie causidicus, ita posterius ~or invictus W. MALM. *GR* IV 339; sicut tempore Willelmi regis simonie causidicus, ita regnante Henrico ~or invictus *Id. GP* II 74 p. 152.

propulsio [CL propulsare + -io]

1 (act of) driving out, forth, or away.

duo filii Heraldi regis Anglie, mesti pro patris occisione suique ~one, confugerant ad Dyrmetum regem Hibernie ORD. VIT. IV 5 p. 189.

2 (act of) striking or ringing (a signal).

~ones signorum atque horas diei et noctis ita .. temperare ut .. *Cust. Westm.* 62; illius [sc. secretarii] specialiter incumbit officio ~ones signorum .. temperare *Cust. Cant.* 116.

3 (act of) driving, impelling, or urging on.

c1236 fratrum minorum conversatio est populi cum quo habitant .. ad currendum .. in viam pacis .. stimulatio et ~o GROS. *Ep.* 34.

4 (act of) attacking or assailing, attack, assault.

1198 nos .. magnificentiam tuam rogamus .. quatinus ipsos [sc. monachos] .. a malignantium ~one defendas (*Lit. Papae*) GERV. CANT. *Chr.* 562.

propulsor [LL], one who wards or drives off (an undesirable condition, in quot. w. obj. gen.).

defensores ecclesiarum, et ~ores injuriarum AILR. *Serm.* 403D.

propunctum [LL *p. ppl. of* propungere; cf. perpungere 2], quilted material (as protective covering or as padding for armour), doublet, pourpoint.

1195 pro xl capell' de corio, et pro xl propunct' ad armandas tres longas naves regis *Pipe* 113; **1208** de rautia ad ~um .. de rautya ad ~um domini regis *Cl* 109a; **1219** per serjaunteriam inveniendi j servientem cum hauberjello et -o et capello ferreo *Fees* I 256; **1220** unum ~um [v. l. propuinctum] et j lanceam *CurR* VIII 205.

proquaerere [CL pro-+ quaerere], to go ahead to search for, go forth to seek.

ut singuli crearentur emissarii .. quod fures, viarumque obsessores ~erent BOECE 26.

proquaestor [CL], class of financial officer, deputy treasurer, sub-treasurer.

1533 rege Henrico octavo .. adscitus in aulam est, .. et creatus eques, ~or primum, post cancellarius Lancastriae, tandem Angliae .. factus est (MORE) *Ep. Erasm.* X 2831 p. 260.

proquirere [CL pro-+quaerere; cf. proquiritare], to proclaim or promulgate (law or ordinance), or *? f.l.*

1155 concessimus et eisdem .. quod nec nos nec heredes nostri aliquid ~emus [? l. perquiremus] per quod libertates iste infringantur ... et si ab aliquo aliquid contra hec ~isitum [? l. perquisitum] fuerit (*Ch. Hen. II*) DuC V 483.

proquiritare [CL = *to protest aloud to the people*, LL *to proclaim in public*], (in gl. understood as) to proclaim a law under military circumstances.

~are, sub militari conditione legem indicere. Sidonius: 'lex de militari conditione fuerat ~ata' OSB. GLOUC. *Deriv.* 480.

prora [CL < πρῶρα]

1 prow of ship (also by synecdoche the ship itself); **b** (in fig. context).

vaticinabatur .. quod ter centum annis patriam, cui ~as librabat, insideret GILDAS *EB* 23; ascendit navem, residet in ~a [v. l. in loco priore] *Hist. Abb. Jarrow* 26; rex iniquus .. e ~a labitur, et statim abyssus vallavit eum AILR. *Ed. Conf.* 749B; partes navium dicuntur: puppis pars posterior, ~a anterior, carina media OSB. GLOUC. *Deriv.* 174; quando navium intrantium vexilla non incognita in ~is eminentia conspexere GIR. *EH* II 3 p. 312; ventus enim validus quasi ~am repercussit et eos iterum in altum rejecit *Mir. Wulfst.* II 10; hec ~a, A. *a forstanyg WW*; ~arum puppes rumpuntur concussu, cum armatis quos continent discincte a navium corporibus in maria submerguntur *Ps.*-ELMH. *Hen. V* 37 p. 95. **b** qui cum mundi desideria calcare neglexerit, quia ~am intentionis terrae funditus infigit BEDE *Acts* 993A.

2 (anat.): **a** (~*a capitis*) anterior part of head or skull. **b** (w. *cerebri* or ellipt.) anterior part of brain.

a nec nervus quidam in masculis a ~a capitis, sc. ab anteriori parte, usque ad extrema digitorum pedum protenditur *Quaest. Salern.* B 104; in ~a capitis multo plura [sc. ossa] in ejus completione conveniunt *Ib.* P 29. **b** cellis distinctum caput est, phantastica prora, / in medio residet vis ratione potens. / vis memoras in puppe sedet NECKAM *DS* IX 351; cognominatur .. pars anterior [sc. cerebri] ~a, posterior pars puppis vocitatur BART. ANGL. V 3; a ~a cerebri exeunt duo nervi oculi ad duos oculos; et conjunguntur in ~a cerebri in unum nervum GILB. III 128v. 1; urina .. cum circulo ignito significat apostema in ~a, sc. frenesim GAD. 26. 1.

proradiare [CL pro-+radiare], to shine forth, (in quot. fig.) be illustrious or eminent.

ex quibus ~iant [TREVISA: *springeþ out*] correspondenter septem famosa actionum genera, que sunt constructiones urbium HIGD. I 4 p. 34.

1 prorepere [CL], to creep forth, (in quot. fig., of dawn) to emerge gradually.

jam .. cum prima aurora in lucem ~eret, .. invenitur vir tota cute integer W. MALM. *GR* II 121.

2 prorepere v. proripere.

proreptio [CL proreptus *p. ppl. of* proripere + -io], (act of) snatching forth or away.

proripio, -is, inde .. hec ~o, -nis OSB. GLOUC. *Deriv.* 503.

proreta [CL < πρῳράτης]

1 lookout in prow of ship responsible for guiding helmsman (some quots. could also be construed w. foll. sense). **b** one who steers or controls a ship. **c** (fig. or in fig. context, w. ref. to leader of the church); **d** (w. ref. to Christ); **e** (in gl., w. ref. to officer or commander on ship).

per vitreos oceani gurgites celerrimam agens liburnam .. instanter hortante ~a et crepitante nauclero [*sic*] portisculo ALDH. *VirgP* 2 p. 230; hortante

~a, et sonante nauclero, navigant cum mentis gaudio BYRHT. *V. Osw.* 413; ~a timidus suffragium implorabat, athleta potens elementis imperabat W. CANT. *Mir. Thom.* IV 12; hic ~a, -te, i. ille qui in principio navis hortatur socios OSB. GLOUC. *Deriv.* 501; perniciosum hoc .. tanquam si ~a quis consternatus et pavidus in procelle turbinibus navem oneratam in mediis fluctibus derelinquat H. BOS. *Thom.* IV 17 p. 386; primus ab excubiis montes proreta Pelasgos / anticipat salvere jubens J. EXON. *BT* I 199; **s1188** Venetus proretha [v. l. pirotaus] .. Pisanus nauclerus (*Lit. Imp.*) G. HEN. II II 63 (=DICETO *YH* II 57, *Itin. Ric.* I 18 p. 36: v. l. spreta; cf. R. HOWD. II 358). **b** arca hec ad ymaginem ecclesie pertinet, cujus Noe proretha [gl.: id est prima nauta; *ed. 1707*: proregem et] dominum papam significat GERV. TILB. I 24; collacione facta, ubi suum quisque simbolum posuisset, ad regis Henrici sepulcrum per ipsum ~am .. deferendum *Mir. Hen. VI* IV 139; hic ~a, A. *a steremam WW*. **c** quattuor quater prophetas / apostolos navis Christi proretas (LAIDCENN MAC BÁITH *Lorica*) *Cerne* 85; sanctus hic Dei servus .. ait, "O .. pontifex, o spiritalis ~a [v. l. propheta] agonis! .. sponte tuae me gubernationis dominio injuncxi" WILLIB. *Bonif.* 5 p. 25; ob gratiam prolis quam in utero gestavit, quem optimum ~am navis sue, id est doctorem et rectorem egregium ecclesie sue, futurum predestinavit J. FURNESS *Kentig.* 3 p. 168. **d** enormes fluctus .. quos sedare nequibam, antequam surrexit pius ~a et nauclero precepit ut me fiducialiter ad portum veheret tutum BYRHT. *V. Ecgwini* 362. **e** classicarius, ~a qui nautis imperat OSB. GLOUC. *Deriv.* 148.

2 (in gl.) one in charge of sails of a ship.

seyle kepare, or *rewlar*, preta [l. proreta], -te *PP*.

proretare [CL proreta+ -are], to steer (ship).

~o, A. *to sterne* or *to stere out WW*.

proretha v. proreta.

prorex [CL pro-+rex], one who rules or exercises authority in the name or place of another, viceroy: **a** (applied to king's heir crowned in his lifetime); **b** (applied to king's regent).

a s1170 ad talia archiepiscopus respondit se non ~regis [sc. Henrici regis junioris] coronamentum retractare, quippe qui ei quatuor talia regna .. libenter vellet perquirere W. FITZST. *Thom.* 116. **b 1545** cardinalis .. petit a ~rege per litteras ut designet .. judicem *Conc.* III 877b.

prorimari [CL pro- + rimari], to examine, search mentally (for something, in quot. refl.).

tu .. te ~areris ad garriendum stolidiusve promptificares ad submurmurandum E. THRIP. *SS* IV 10.

proripere [CL]

1 to snatch forth or away.

hunc psalmum cecinit .., hastamque ~uit (*Ps.*-BEDE *Psalm.*) *PL* XCIII 666B; **1168** dicam tamen quod debetur officio, etsi virtuti successum non tam fortuna proreptura sit quam rationem subvertens opinionis fallacia J. SAL. *Ep.* 247 (247); †prorepere [l. proripere], diripere OSB. GLOUC. *Deriv.* 477; proreptus, direptus *Ib.*; rapio componitur .. ~io, -is, inde proreptus, -a, -um *Ib.* 503.

2 (refl.) to rush forth. **b** (without notion of precipitousness) to betake oneself.

ad fenestram cripte se inde ~it insertisque brachiis ferrum patenti fenestre objectum invadit Gosc. *Transl. Mild.* 23; sicut indignabundus in criptam .. se ~uit W. MALM. *GP* V 277; innate .. strenuitatis indicio ad primam [sc. turmam] se subito ~ientes, .. multos ad tenebras a luce transmittunt GIR. *EH* I 24. **b** diebus singulis .., hominum frequentiam devitantes, ad domum remotiorem .. se ~iunt W. S. ALB. *V. Alb. & Amphib.* 9.

proris v. prognostica.

proritare [CL], (in gl.) to stir, rouse, provoke, excite.

~at, provocat *GlC* P 643; ~are, provocare, excitare OSB. GLOUC. *Deriv.* 467; ~are, provocare, incitare, irritare, commovere, procalare *Ib.* 469; ritus, -tui, .. et per compositionem ~o, -as, i. provocare vel excitare, unde Martianus: 'sensus in spem opis superne ~avit' *Ib.* 504.

1 prorogare v. praerogare.

2 prorogare [CL]

1 to extend or expand (in size or extent). **b** to extend (the scope or sphere of relevance of, also w. *ad* & acc.).

in tantum fortis ut, qui antea nec suos fines impune defensitarat, nunc usquequaque imperium ~aret W. MALM. *GR* I 19. **b** quia sic decet nos omnis justitiae implendae exemplum ~are, ut fideles discant nullum sine baptismo perfecte justum existere (*Ps.*-BEDE *Matth.*) *PL* XCII 18A; s**1237** hoc autem, et quod de professione, finito probationis tempore, faciendum duximus, ad canonicos regulares vel moniales duximus ~andum M. PAR. *Maj.* III 433 (=*Conc. Syn.* 254).

2 to prolong, keep going (existence, condition, or state of affairs). **b** (p. ppl. as adj.) prolonged, extended.

tandem sibi miseratio judicis vitam ~aret in posterum W. MALM. *Wulfst.* 14; eadem est asini et .. imperatoris post modicum tempus gloria, nisi quatenus memoria alterutrius scriptorum beneficio ~atur J. SAL. *Pol.* 385C; physis in hac terra .. / prorogat humanos ingeniosa dies: / nunc hanc nunc illam dispensat et eligit herbam GARL. *Epith.* IV 248; a**1440** pro prosecucione .. cause quam jam protractive in curia habebatis .. ~atam *Reg. Whet.* II 455; et dum moram in dicta villa de Maunt suam ~aret STRECCHE *Hen. V* 178. **b** cum ad manendum nobiscum ipsum cogat detinentia ~atior, non tam amantissimo fratri voluntarie compatiens, quam invite consentiens anxioribus ejus instantiis AD. MARSH *Ep.* 205 p. 366.

3 to put off to another time, delay, postpone; **b** (w. inf.). **c** to carry over or advance from one account to another (in quot. transf., w. ref. to portions of a natural day).

constituti sunt multi dies in corde et ex corde malignantium ad negocium ~andum, cum presens esset legatus tunc temporis in quo confidebant *V. Edm. Rich B* 622; forte tempus inceptionis .. ultra diem quam designastis .. ~ari conveniret AD. MARSH *Ep.* 33 p. 132; **1264** quod .. dies illos ~etis .. ut tunc coram vobis veniat *Cl* 4; **1310** predictum primum terminum .. duximus ~andum *Reg. Carl.* II 22; frequenter supplicabant archiepiscopo .. ut visitacionem suam ~aret [usque] ad tempus magis opportunum GRAYSTANES 17; **1345** nuncio electi nunciant consecracionem ejus esse ~andam, ij s. *Ac. Durh.* 544. **b** illa monita salutis parvipendens, flagitiosam vitam corrigere ~abat M. PAR. *Maj.* I 321; si parcis omnibus, cur non vis parcere / matri, sed prorogas opem impendere? WALT. WIMB. *Carm.* 279. **c** ita dies quarta decima vesperam suam in festi paschalis initium ~at (*Lit. Ceolfridi*) BEDE *HE* V 21 p. 335.

4 to discontinue the meeting of (Parliament) without dissolving, prorogue.

s**1461** ~ato parliamento, iste dux .. et comes .. ceperunt versus partes boreales ad .. malefactores castigandos *Compilatio* 171.

5 (in gl. =*praerogare*; v. et. *praerogare*).

erogare, largiri, dispertiri, dispungere, impendere, distribuere, ~are, dapinare OSB. GLOUC. *Deriv.* 193; ~are, distribuere, erogare, elargiri *Ib.* 468; ~are, erogare, expendere, distribuere *Ib.* 484; rogo componitur erogo, -as, et ~o, -as, ambo pro distribuere *Ib.* 496.

prorogatio [CL]

1 extension or prolongation (of condition or state of affairs, in quot. w. ref. to treaty).

1219 super treugarum ~one *Pat* 206; s**1355** episcopus .. et abbas .. missi per dominum .. papam .. pro treugis inter regna Anglie et Francie prorogandis. .. ob reverenciam sedis apostolice .. ~oni earundem [sc. treugarum] consensit AVESB. f. 124b.

2 delay(ing), postponement, (leg.) adjournment (to a future date or a different venue).

expectat patienter homo patiens per plurium annorum curricula, sed ecclesie plus obfuit quam profuit ~o tam morosa *V. Edm. Rich P* 1811A; **1330** facta ~one loci de ecclesia ad capellam .., prefixit dictus pater terminum .. ad proximum diem juridicum *Reg. Roff. Ep.* f. 89 p. 250; **1339** absque ulteriori ~one et dissimulacione aliqua eligatis juxta formam ordinacionis *SessPCambs* 59; nullo habito respectu ad temporis ~onem *MGL* I 362; **1472** proviso quod propter ~onem et extensionem predictas dictus prioratus debitis non fraudetur obsequiis (*Lit. Papae*) *Mon. Hib. & Scot.* 469a; **1559** cum continuatione et ~one dierum subsequentium, usque ad ejusdem conclusionem et dissolutionem *Conc. Scot.* II 142.

prorogativus v. praerogativus. **proronostica** v. prognostica.

prorostrum [CL pro-+rostrum]

1 (in gl.) 'beak' of ship (used for ramming).

~um, prominens pars navis OSB. GLOUC. *Deriv.* 473.

2 (in gl.) 'rostrum', speakers' platform in Roman Forum.

~um .. locus in foro OSB. GLOUC. *Deriv.* 473.

prorritiam v. protinam. **prorrium** v. prorsum.

prorsum, prōsum [CL], in a straight line, without diversion, directly (in quot. transf.).

aliquod appellativum designat aliquod accidens expresse et †prorrium [? l. prorsum, pronomen] dat intelligere illud idem, quamvis inexpresse GERV. MELKLEY *AV* 100.

prorsus [CL], **prossus**

1 (intensifying or strengthening prec. or foll. word) indeed, quite, altogether; **b** (w. *ita*, foll. by *ut*+subj.). **c** (strengthening neg.) at all. **d** completely, utterly. **e** (*ad extremum ~rsus*) right up to the end, to the very end. **f** (*ubi ~rsus*) at the very moment when, as soon as.

prorsus Achivorum lingua pariterque Latina / mille vocor .. folium ALDH. *Aen.* 50 (*Myrifyllon*) 1; quod ob auctoritatem Aegyptiorum rationabiliter ~rsus agunt BEDE *TR* 20 p. 222; alia intensiva, ut valde, nimium, ~rsus, penitus, omnino ALCUIN *Gram.* 888B; unum [sc. patrem] tamen per naturam, alium autem per adoptionem ~rsus potest [habere] *Id. Dogm.* 162D; pauca ~rsus et pene nulla presulum illius urbis gesta didicerim W. MALM. *GP* I 72; exilis forma sed grandis prorsus honestas (*Vers.*) ORD. VIT. V 13 p. 411; componitur .. festus profestus, -a, -um, i. dies omnino festivus, et ideo dicitur profestus quasi ~rsus festus OSB. GLOUC. *Deriv.* 235 (cf. ib. 474: profestus, dies ~rsus festus). **b** si .. ille .. externa quaerere regna maluerit, nusquam .. videas extorrem .. tam densis exercituum agminibus .. constipari, ita ~rsus ut .. ALDH. *VirgP* 6 p. 233; quot fraudulentas scismaticorum strofas pertulerit .. liber a Rufino caraxatus adstipulatur, ita ~rsus ut .. *Ib.* 32 p. 273; invictum Christi tropeum .. licet paganus prudenter intellexit ita ~rsus ut .. *Ib.* 43 p. 295. **c** hic me patronus [sc. angelus] caelesti foedere fulcit, / ut nequeam prorsus quicquam carnalis amare ALDH. *VirgV* 1725; brachio in tantum grossescente ut nil ~rsus in cubito flexionis haberet BEDE *HE* V 3 p. 286; nullam ~rsus ex scriptis Hibernicis evidentiam .. inveni GIR. *TH intr.* p. 8; nullo ~rsus ipsius vestigio remanente *V. Edm. Rich P* 1802B. **d** consortio .. regis, qui veri Dei cultus esset ~rsus ignarus BEDE *HE* II 9 p. 98; denique jussi ut ei subjectionem abnegarent, ~rsus refutarunt W. MALM. *GP* I 49; execrabilis Machomes deus noster nos ~rsus deseruit ORD. VIT. X 24 p. 154; **1167** a quodam episcopo Gualensi utriusque juris ~rsus aut fere ignaro J. SAL. *Ep.* 228 (236 p. 442); cum .. multa notarem aliis regionibus aliena nimis et ~rsus incognita GIR. *TH pref.* p. 20; dum persicus inseritur nuci .. fit .. inde fructus qui nec ~rsus nuci nec ~rsus persico assimilatur *Quaest. Salern.* P 60; **1284** in quibusdam ecclesiis .. a jurisdictione sua ~ssus exemptis *AncC* 47/111; ~ssus, A. *owterly*, sed melius ~rsus *WW*. **e** ad extremum ~rsus abnuenti, .. inquit W. MALM. *GR* II 191. **f** denique rex, ubi ~rsus inflammatam urbem vidit, Rodberto legatum .. direxit ORD. VIT. XII 17 p. 352.

2 a (emphasizing second of two terms as stronger or more important) more than that, indeed. **b** (summing up a series of points) in summation, indeed, in fact.

a magnum ignavie testimonium dabunt versus epitaphii, pudendi ~rsus, et tanti viri [sc. Bede] mausoleo indigni W. MALM. *GR* I 62; rem facis impiam, et dignitati tue ~rsus incongruam ORD. VIT. VI 10 p. 92; has [sc. opes] nec habere nocet, prorsus amare nocet L. DURH. *Dial.* III 398. **b** Scottorum et Pictorum incursione multi mortales cesi, ville incense, urbes subrute, ~rsus omnia .. vastata W. MALM. *GR* I 3; ibi ostensa de celo lumina, ibi .. ibi .. ibi ~rsus omnis invalitudo sanitati locum fecit *Ib.* II 162 (=*Id. GP* II 86 p. 187); quod esset ore facundus, .. impiger eleemosynis; ~rsus in eo bona animi corporisque cerneres *Ib.* III 289; expendebantur .. pauperibus panes, calcei, et ~rsus que ad victum pertinent *Id. GP* I 43.

3 (connecting clause or sentence with what precedes it) in fact, indeed; **b** (in response to dir. or rhet. qu.).

cujus clarificam qui malunt noscere vitam, / qualibus .. signis .., / quoque modo .. / .., / qualiter .. / .., / non pigeat prorsus seriem spectare libelli ALDH. *VirgV* 772; ~rsus more piscium, tanquam in procelloso mari, sic in turbulenta populi administratione versari ALCUIN *Exeg.* 821D; Isaias .. se dicit Seraphim vidisse clamantia ..; ubi ~rsus .. personarum Trinitatem .. cognoscimus *Id. Dogm.* 15C; virtutum lampas qua pristina splenduit etas / transtulit omne suum prorsus in astra jubar ORD. VIT. VIII 10 p. 326; nulla mulier .. ibidem commorari .. permittitur, sed muliebris habitatio ~rsus usque ad novem miliaria .. elongatur *Ib.* XI 33 p. 281; vos amo; vos et amans puto quod peto prorsus amari L. DURH. *Dial.* I 207. **b** sed quid de talibus plura? erant ~rsus tunc in Anglia multi scientia illustres, religione celebres W. MALM. *GR* V 445; 'hoc revocare furor num, precor, est an amor?' / prorsus amor L. DURH. *Dial.* III 376.

proruere [CL]

1 (trans.) to hurl or cast forth.

cum a longe acervum lapideum cerneret, patrio more lapidem sumens, in acervum ~ebat (*Ps.*-BEDE *Prov.*) *PL* XCI 1059D.

2 (intr.) to rush forth or forward (into an attitude or action); **b** (w. *ad* or *in* & acc. of word indicating activity or mode of behaviour).

vae, quot peccata ~ent ibi ex improviso quasi ex insidiis ANSELM (*Medit.* 1) III 77; Picti .. ~unt ultro et conspirant in Northanimbros W. MALM. *GP* III 100; s**617** rex .. Nordhumbrorum, quasi preda inventa, subito ~ens in cuneos conglomeratos H. HUNT. *HA* II 30; ~ens .. per turbas ad sepulturam prorupit virginis *V. Frideszv. B* 23; ille vehementiori spiritu ~ens, vas delatum adimplevit R. COLD. *Cuthb.* 107 p. 241; populo .. nihilominus turmatim ~ente *V. Edm. Rich P* 1818E. **b** mens repente ad odium ~it (*Ps.*-BEDE *Deut.*) *PL* XCIII 415D; ut mirandum non sit talem hominem ad tale facinus ~isse ALCUIN *Rhet.* 26; non in illud infinitum peccatum .. ~erunt ANSELM (*CurD* II 15) II 115; ceteri [sc. Dani] .. aliarum sanctarum sepulchra .. inviolata relinquentes in fugam ~unt W. MALM. *GP* IV 183; hi et illi ~ebant in karorum oscula ORD. VIT. IX 9 p. 526; diutius .. occultati ad nefas subito ~ebant *Ib.* XII 3 p. 322; caput illud venerabile complectens et in oscula cum lacrimis ~ens R. COLD. *Osw.* 49 p. 377.

3 to rush headlong (downwards), to fall precipitously.

quod .. lumen expandent homines tenebrosi, de stellis mutati in carbones, de celo in sterquilinium ~entes? AILR. *Serm.* 404C.

prorumpere [CL]

1 to force one's way forward, to burst or rush forth; **b** (from an enclosed or confined space, or from a state of confinement; also in fig. context). **c** (of liquid, vapour, or sim.) to flow forth forcefully, to burst forth, gush, or erupt; **d** (of light or darkness).

nisi .. contra hostiles copias ante fratris adventum in bellum ~rumperet ASSER *Alf.* 38; nec minus audax demon ~rumpit [in] ecclesiam *V. Chris. Marky.* 78; c**1188** audita .. ista donacione, sepedictus Johannes statim in camera ~rupit *Cart. Haughmond* 279. **b** ubi quod subtilius est et humiditas cum aliquanto calore, cito frondes ~rumpunt *Quaest. Salern.* B 62; in quem improvise Wallenses a latibulis suis .. per loca palustria ~rumpentes M. PAR. *Maj.* V 656; prima libertas cathenata prorumpet / et ad sublime libera properabit J. HOWD. *Cant.* 48. **c** e cujus medio fons ~ens totum nemus irrigat *Comm. Cant.* II 9; in Rheni fluminis insula ubi in oceanum ~rumpit *Lib. Monstr.* I 2; Tigris .. fluvius .. rapidissimo cursu .. a monte Caucaso ~rumpit *Ib.* II 4; e flamma in proximo ~rumpente ALB. LOND. *DG* 4. 10; quasi ab interioribus ad exteriora ~rumpunt spiritus ... cur illic sanguis ebulliens extra ~rumpat *Quaest. Salern.* B 269. **d** jam lucescebat, aurora in diem ~rumpere meditante W. MALM. *Mir. Mariae* 207; in diem verum tenebre proruperunt J. HOWD. *Cant.* 88.

2 (transf., w. *in* & abl., *in* or *ad* & acc.): **a** to rush into (expression of thought or feeling); **b** (dep.). **c** to rush into (action or mode of conduct or being); **d** (of non-personal thing).

a cujus .. sancti viscera tali stimulata historia non statim in fletus singultusque ~rumpant? GILDAS *EB* 35; c**790** caritas me conpulit in has ~rumpere litteras ALCUIN *Ep.* 51 p. 95; Christiani in laudem Christi ~rumpunt GOSC. *Aug. Min.* 759B; unde isti ad lacrimas vix aut nunquam ~rumpunt *Quaest. Salern.* N 56; alium degenerem facinorosum etiam in minas et diffiduciationem superbe nimis ~rumpentem *V. II Off.* 2; tunc prorumpet in sermones / bos et capra, tunc leones / formidabunt lepores WALT. WIMB. *Van.* 105; **1361** accedens ad barram .. in hujusmodi verba .. ~rupit *SelCKB* V cxlii; Eugenius .. ad tormentum ductus .. in verbis ~rupit, dicens "tempus loquendi, tempus tacendi" *Eul. Hist.* I 326. **b** ab exterioribus oculum cordis convertens ad se ipsum, .. orabat devote, ac sepe ~rumpebatur in lacrimas G. CRISPIN *Herl.* 12. **c** ad id flagitii lasciviendo ~rupit ut .. ABBO *Edm.* 16; ut .. usque ad sacrorum quoque venditionem emptionemque ~rumpant AILR. *Serm.* 404C; **1166** ipse autem abusus patientia nostra ad sanctissime matris sue ~rupit injurias, sponsam loquimur Crucifixi BECKET *Ep.* 184; in tantam igitur vesaniam .. ausus ~rumpere ut .. *Found. Waltham* 22; demum .. coacta mitescere inclusorum severitas effectualem ~ruperat in tractatum *Ps.*-ELMH. *Hen. V* 59 p. 158; regnum Anglie, quod ex Bruti comitiva Trojanorum .. in dominium politicum et regale ~rupit FORTESCUE *LLA* 13. **d** primo namque de his sermo ad ortum ~rumpit quae leviori discretu ab humano genere distant *Lib. Monstr.* I *pref.*; sed si inter episcopum et priorem aliquid questionis qualibet occasione quandoque ~ruperit *Feod. Durh.* lv; nulla de fratricidio / prorupit exprobacio, / quod jam ulcisci valuit J. HOWD. *Cyth.* 112. 5.

proruptio [LL], (act of) breaking out, bursting or rushing forth (in quot. transf.).

oracione, que est elevativa mentis in Deum, per ~onem in laudem oramus WYCL. *Ente* 116.

pros [πρός], πρός, to or towards.

ab hoc preposicione 'pros' GROS. *Hexaem. proem.* 102 (v. proselytus 1); 'pros' prepositio est idem quod 'ad' apud nos BACON *Gram. Gk.* 96.

prosa [CL; *orig.* pro(r)sa oratio]

1 prose (as dist. from verse). **b** passage in or work of prose.

velut jactis jam rethoricis fundamentis et constructis ~ae parietibus, cum tegulis trochaicis et dactilicis metrorum imbricibus firmissimum culmen .. imponam ALDH. *VirgP* 60; librum vitae et passionis S. Felicis confessoris de metrico Paulini opere in ~am transtuli BEDE *HE* V 24 p. 359; ~a est recta locutio absque metro et versu composita ALCUIN *Gram.* 858D; ~a, *þæt is forðriht Leden* ÆLF. *Gram.* 295; seu prosa liber discurram, sive metrorum / servando leges, ut decet, arte regar NECKAM *DS* III 998; Aldelmus .. scripsit et de Virginitate librum .., quem .. et versibus hexametris et ~a composuit ELMH. *Cant.* 266. **b** c**745** obsecro ut mihi Aldhelmi episcopi aliqua opuscula seu ~arum seu metrorum aut rithmicorum dirigere digneris (LUL) *Ep. Bonif.* 71; s**1461** quia rerum gestarum memoria retinetur remisse magis per ~as quam per metra *Reg. Whet.* I 395.

2 rhymed or rhythmic syllabic (as dist. from quantitative metrical) verse, passage of or piece composed in such verse. **b** (eccl.) a liturgical prose, sequence; **c** (dist. from *sequentia*); **d** (w. ref. to occasion on which prose is sung).

in primis cum venerit Baltasar cum ponpa sua .., cantabunt milites coram eo hanc ~am HIL. RONCE. 98; legibus arctetur metrum, sed prosa vagatur / liberiore via, quia prosae publica strata / admittit .. redas et plaustra; sed arta / semita versiculi non vult tam grossa VINSAUF *PN* 1853–4; materia hujus ~e sequentis est septena laus de septem gaudiis gloriose virginis ..: gaude virgo salutata, / gaude virgo fecundata, / gaude leta septies GARL. *Mor. Scol. cap.* 13 *gl.* p. 215; et quia prosum / multis in prosis, in metris tu michi prosis, / excellens metricos, superas bonitate metri quos .. M. CORNW. *Hen.* 5; Marie carmina quondam exametra / scripsi ..; / nunc prosam profero de rudi pharetra WALT. WIMB. *Carm.* 1; **13**.. ~e magistri Henrici versificatoris *Chr. Rams. app.* 365. **b** Robertus rex Francorum fecit ~am Sancti Spiritus et responsorium quod canitur in vigilia natalis Domini .., et ~am de apostolis 'Clare sanctorum' in memoria uxoris R. NIGER *Chr. II* 157; deinde sequitur sequentia, quam nos ~am appellamus BELETH *RDO* 38. 46; chorus ~am de beato Augustino decantans, hunc voce altissona versiculum incepit AD. EYNS. *Hug.* V 6; ad ~am ante ewangelium cantabit lector *Cust. Cant. Abbr.* 250; antiphonas, responsoria, et ~as *NLA* I 440; omnes diaconi dicant simul hanc ~am ... chorus vel organa respondeant cantum ~e super literam post unumquemque versum *Process. Sal.* 51. **c** hoc solo musico instrumento utitur jam ecclesia in ~is, sequentiis, et hymnis BART. ANGL. XIX 132 p. 1254. **d** ad primam, terciam, ~am, nonam in campanili, et ad sextam in choro *Cust. Cant.* 375.

prosagoretice v. prosagoreutice.

prosagoreutice [προσαγορευτικός=*of address or greeting*+CL -e], ? in the manner of an address or greeting (cf. *praecienter*), or ? prudently, with foreknowledge or foresight (cf. *praescienter*).

presbiter .. aliquando procedat herotice [v. l. erotice], quod est amatorie, .. sepe prosagoreutice [v. l. prosagoretice, presagoretice, presagoreutice, presaugoretice; *gl.*: *avan[t]sachablement, coyntement, sachabelement*], id est precienter [v. l. prescienter] GARL. *Dict.* 133.

prosaice [LL prosaicus+-e]

1 in or through the medium of prose (as dist. from verse).

s**927** ego Ethelstanus rex do .. unam S. Cuthberti vitam metrice et ~e scriptam (*Ch.*) *Hist. Cuthb.* 211; hoc genus difficultatis frequens est in auctoribus tam ~e quam metrice scriptis VINSAUF *AV* II 3. 29; aliquando ~e cum omni suavitate rhetorica, .. aliquando secundum pulchritudinem metricam et rhythmicam BACON *Tert.* 266; prosmetricum est quod partim ~e partimque metrice compilatur *Dictamen* 338; non .. omnia .. in hiis versibus continentur, que in alio libro ~e studui explanare ELMH. *Metr. Hen. V pref.* p. 79; s**1440** facto hoc instrumento .. recitatoque ~e .., restat adhuc ulterius .. id ipsum concinere metrice AMUND. II 245; dictus Godfricus in suo Pantheon, partim metrice, partim ~e CAPGR. *Hen.* 19.

2 in or through the medium of rhyming or rhythmic syllabic (as dist. from quantitative metrical) verse.

non positione diptongo vocali ante vocalem, non producto et correpto accentu, non inquam metrice, set ~e scripsi domno meo domno priori (*Ep.*) M. RIEVAULX 74 p. 82.

prosaicus [LL]

1 in or consisting of prose (as dist. from verse); **b** (as sb. m. or n.) prose. **c** (in mus. context).

duos .. libellos, unum ~o sermone gradientem .. alterum Piereo pede currentem ALCUIN *WillP pref.* (=*Id. Ep.* 120); omnia quae dudum praeclarus Beda sacerdos / †prosaice [ed. *OMT*: prosaico] primum scripsit sermone magister, / et post heroico cecinit miracula versu *Id. SS Ebor* 685; de vestro dictamine et metrico et ~o mittite mihi H. LOS. *Ep.* 20; in sermone, ~o, metrico, et rhythmico BACON *Tert.* 230 (v. 1c infra); duplex est modus scribendi, viz. metricus, qui numero et pede mensuratur, et ~us, qui consistit in plano dictamine, sicut litere scribuntur et epistole (J. BRIDL.) *Pol. Poems* I 130; dictaminum quattuor sunt genera, viz. aliud metricum, aliud prosmetricum, aliud ruthimicum seu rithmicum, et aliud prosaycum *Dictamen* 337; s**1453** examinantes .. eos [sc. compotos] .., scripsimus .. de statu dicto, non quidem in forma compoti, ymo verius, in stylo ~o, quemadmodum hic dicetur inferius in serie subsequenti *Reg. Whet.* I 107. **b** Bernardus Silvestris, in ~o psitacus, in metrico philomena GERV. MELKLEY *AV* 1; *a prose*, prosa, prosaycus *CathA.* **c** si .. sit musica de sono humano, tunc vel est melica vel ~a, vel metrica vel rhythmica. melica in cantu consistit ... alia tria sunt in sermone, prosaico, metrico, et rhythmico. .. auctores musice docent quod sunt he partes musice, que dicte sunt BACON *Tert.* 230.

2 in or consisting of rhyming or rhythmic syllabic (as dist. from quantitative metrical) verse.

prosaicus versus [v. l. metro] res grossior: omnia verba / indistanter amat, nisi que postrema reservat, / qualia sunt quorum penultima tendat in altum: / cetera non decuit finem servare supremum VINSAUF *PN* 1863.

3 lacking 'music' or aesthetic pleasantness, prosaic (in quot. w. ref. to speech).

ejus introitum incepit .. voce rotunda, et ~a pronunciatione, non melica GIR. *Hug.* I 6 p. 100.

prosapia [CL]

1 lineage, family, stock: **a** (w. ref. to ancestors): **b** (w. ref. to descendants, direct and collateral).

a ut ubi res veniret in dubium, magis de feminea regum ~ia quam de masculina regem sibi eligerent [sc. Picti] BEDE *HE* I 1; Eadmundus ex antiquorum Saxonum nobili ~ia oriundus ABBO *Edm.* 3; agnita .. veterum ~ia G. MON. I 3; Ewen .. filius Erwegende, nobilissima Brittonum ~ia ortus SIM. GLASG. *Kentig.* 1; s**1169** cum .. duplici natura, nobilique hinc inde ~ia GIR. *EH* I 9; *auncetry*, progenitura, .. ~ia *PP.* **b** pro nepotum ~ia [*gl.*: generatione, *mid cynrene ealdra nefena*] et posterorum progenie propaganda ALDH. *VirgP* 22;

2 ? 'long line of', abundance of (w. gen.).

in feminini sexus ~ia .. uberrima pudicitiae documenta .. enucleare nitamur ALDH. *VirgP* 39; s**1398** iste E., qui .. suarum virtutum ~ia et industria pariter militari [et] strenuitate .. totam Hiberniam .. ad .. subjeccionem .. reduxit AD. USK 22.

prosator [CL proserere+-tor], foresower (fig.), procreator, progenitor (in quot. w. ref. to God).

672 pantorum procerum praetorumque .. poemata passim ~ori sub polo promulgantes ALDH. *Ep.* 5 p. 488; sed potius .. ingressus tripudium a ~ore pio promereatur *Ib.* 5 p. 492; **798** (17c) piissimo ~ori atque in didasculatus sullimissimo ordine amantissimo Æthelardo archiepiscopo, ego D. .. salutem *CS* 292; **855** (11c) regnante inperpetuum agio et alto ~ori nostro universitatis Creatore in seculorum secula amen *CS* 488.

prosaycus v. prosaicus.

proscenium [CL < προσκήνιον]

1 entrance to a tent or dwelling.

regalis sane subiit proscenia fundi: / "pax domui," tunc infit, "huic" FRITH. 214.

2 part of theatre (orig. that between orchestra and back wall), stage.

item neutra ut .. aerarium, ~um (Vergilius 'ineunt proscenia ludi'), collarium ALDH. *PR* 132 p. 182; ~a, loca theatralia OSB. GLOUC. *Deriv.* 469.

proscidere v. procedere.

proscindere [CL]

1 to cut the surface of (land, esp. by ploughing, also fig.). **b** (transf., in mil. context) to break up (a battle-line).

incultum pertemptat humum proscindere ferro BEDE *CuthbV* 414; ipsis [sc. Christianis] .. veluti bobus aratra laboriose pertrahentibus arva ~unt ORD. VIT. IX 2 p. 467; dum terram mentis nostre aratro doctrine sue ~unt PULL. *Sent.* 931A; occa .. i. quoddam instrumentum adaptum ad terram ~endam sicut rastrum OSB. GLOUC. *Deriv.* 396; falci resecatur avena, at proscissa prius iteratur terra *Brev. Sal.* I *kal.* (Julius). **b** resistentes conferta acie ~unt, fugientes sagittis et telis crispantibus transadeunt GOSC. *Transl. Mild.* 5 p. 160.

2 to furrow or cut into (a surface), slit, gash.

nunc ferri stimulus faciem proscindit amoenam / flexibus et sulcos obliquat adinstar aratri ALDH. *Aen.* 32 (*Pugillares*) 4; s**1066** jacentis [sc. Haroldi] femur unus militum gladio ~it [v. l. procidit] W. MALM. *GR* III 243.

3 (fig.) to cut, slash (with words), to castigate. **b** (w. verbal content of castigation as dir. obj.) to use for the purpose of castigation.

Angli .. pro gentilibus inimicitiis fedis dominum suum [sc. Willelmum] ~ere convitiis W. MALM. *GR* III *pref.*; vidit .. se .. fedissimis conviciis ~i *Id. HN* 481 p. 39. **b** si alii hec que ~itis attexerent, par erat vos obsistere, opiniones stultorum melioribus interpretationibus lenientes W. MALM. *GR* II 202.

proscribere [CL]

1 to write (publicly), inscribe. **b** to record in writing.

post alphabetum terra proscribitur [v. l. conscribitur], hoc est / quod fidei simplex plebi doctrina patebit GARL. *Myst. Eccl.* 136. **b 824** (11c) ita finita et ~scripta illa contentione coram episcopo .. illud juramentum *to Westmynstre* deducatum est (*Clovesho*) *CS* 379.

2 to declare (someone) to be an outlaw, to outlaw, proscribe; **b** (w. abl. or *a(b)* & abl. specifying property or territory from which one is barred); **c** (transf.). **d** (p. ppl. as sb. m.) proscribed or exiled man.

primum ~scripti, deinde in exsilium acti BEDE *Mart.* 1101A; a**1170** ~scripsit me gratis .. violentia publicae potestatis J. SAL. *Ep.* 211 (201); periculosum quippe est, quantalibet occasione in illum scribere qui potest ~scribere GIR. *TH* III 51; non est leve in eum scribere, qui de levi potest ~scribere P. BLOIS *Ep.* 72. 222C; perplures, imo fere cunctos, nobilium Anglici germinis aut interemit aut carceravit seu ~scripsit sive in miseram servitutem redegit J. FURNESS *Walth.* 7; pro te proscribitur et solo patrio / pulsa diutino datur exilio WALT. WIMB. *Carm.* 272. **b 1166** ne vos bonis vestris iniqui ~scriberent J. SAL. *Ep.* 146 (165); s**586** semper gentem Anglorum .. quasi per eos propriis finibus ~scripti, odio mortali perstringunt M. PAR. *Maj.* I 252; s**634** omne genus Anglorum Britannie finibus ~scribere laborabat *Ib.* I 278; Johannes rex .. universos episcopos et clericos beneficiatos a propriis sedibus et prebendis ~scripsit *Meaux* I 326. **c** me locuples ditare velis, contagia purus / a me proscribas, sanctus peccata remittas H. AVR. *Hugh* 21 p. 1. **d** c**1168** dura est ~scriptorum conditio, sed non tam suo dampno quam dispendio amicorum J. SAL. *Ep.* 267 (252).

proscriptio [CL], (act of) proscribing or outlawing, proscription (freq. w. gen. of person proscribed). **b** (w. gen. of thing lost or forfeited). **c** exile, banishment.

audiens quod domum S. Lucinae, quam ipse ~one damnaverat, .. ecclesiam faceret BEDE *Mart.* 812B; quae persecutio .. per x annos incendiis ecclesiarum, ~onibus innocentum, caedibus martyrum incessabiliter acta est *Id. HE* I 6; s**1170** omnium angustiarum gravissima, nec etati parcente nec sexui tam miserabili sanguinis universi ~one GIR. *EH* I 20 p. 260; exilium sui suorumque ~onem S. LANGTON *Serm.* III 2. **b** ~onem [*gl.*: fraudationem, *fordeminge, cypincge, gefore, bene*] rerum et patrimonii jacturam .. perhorrescit ALDH. *VirgP* 35; **1166** nunquid ergo jurare possem in ea prescriptione verborum aut potius salutis ~one que ab aliis, ut audio, exigitur et prestatur .. ? J. SAL. *Ep.* 168 (167); interminatus namque fuerat rex rerum omnium ~onem qui contra se Romanum arriperent iter *V. Chris. Marky.* 73. **c** ibi me docebis et causas tam diutine ~onis mee, de fructu inestimabili tam sere conversionis mee J. FORD *Serm.* 95. 10.

prosec- v. et. 2 prosequi.

prosecare [CL *in sense* 1]

1 (in gl.) to cut (off), sever.

seco componitur ~o, -as, i. secare, inde ~tus, -a, -um OSB. GLOUC. *Deriv.* 530.

2 (in gl.) to sacrifice.

~are, immolare, victimare, .. sacrificare .. OSB. GLOUC. *Deriv.* 470.

prosectio [LL], (in gl., act of) cutting (off) or severing.

proseco .. inde .. hec ~io, -nis OSB. GLOUC. *Deriv.* 530.

prosectum [CL=*portion of entrails of sacrificial victim*], (in gl.) entrails, innards, bowels. **b** (in gl.) giblet of goose.

proseco, -as, .. inde .. hoc ~um, -ti, i. exta, unde Ovidius OSB. GLOUC. *Deriv.* 530. **b** ~um, A. *a jeblet of the goos WW.*

prosecuntur v. 2 prosequi.

prosecutio [LL]

1 (act of) accompanying (w. descriptive gen.). in ejusdem [sc. Christi] laudis ~one subjungitur 'Osanna', id est salus sive salvifica BEDE *Hom.* II 3. 124B; ipse, et si non sine maximo nostro dolore, gemitu, luctu, ac ~one lacrimarum a nobis abiit, ad .. gaudia sancta pervenit HWÆTBERHT *Ep.* 399.

2 (act of) pursuing or chasing (esp. so as to capture or obtain, also in transf. context); **b** (opp. of *fuga*); **c** (*~o sanguinis*, w. ref. to attempt on one's life).

ratio loci ac ratio temporis, quas hactenus simul progressas eisdem vestigiis una potuit indagare ~o ANSELM (*Mon.* 21) I 36; cum evaserint [sc. pisces et animalia] et naturalem ceperint libertatem ut vana fit eorum ~o, captoris esse desinunt . . . nec sola ~o facit rem esse meam, nam etsi feram bestiam vulneraverim .. non tamen est mea nisi ipsam ceperim *Fleta* 175. **b** a philosopho .. dicitur quod "in mente est affirmatio et negatio, sed hoc in appetitu est ~o et fuga" DUNS *Ord.* II 50. **c** fuit responsum .. quod cum secundum .. jus .. canonicum ~o sanguinis seu interfeccio hominum sit clero penitus interdicta *Chr. Peterb.* 60.

3 (act of) pursuing (course of action), carrying out, proceeding with, following up on (usu. w. obj. gen.).

c**1078** quem timui dominum meum vocare .., audebo saltem ostendere me servum ejus in epistolae ~one ANSELM (*Ep.* 13) III 117; **1226** ~oni negocii electionis .. personaliter interesse non possumus *Pat* 94; ecclesia .. tempore Cnuti .. inchoata, in construendi ~one opus non segniter continuatur inceptum OXNEAD *S. Ben. Holme* 292; iste .. cause, sc. efficiens et finis, sic ordinantur, quia possunt considerari quantum ad prosequtionem et operationem BACON VIII 75; s**1312** de ~one articulorum, et persecutione Petri [de Gavestone]: .. de hiis, qui dictos articulos .. instantius petebant (*tit.*) TROKELOWE 72; **1316** super expensis suis in ~one negotii predicti *RScot* 158a; **1440** in ~one ipsius sacratissimi negocii BEKYNTON I 95.

4 (act of) pursuing (a subject in discourse or writing, also w. obj. gen.). **b** going on (about a subject or line of enquiry), discussing further or at greater length, continuation (also w. obj. gen.).

donec .. episcopus. . multifidas ejus [sc. philosophi] versutias simplici .. sed veraci ~one cassaret BEDE *Sam.* 706D; Johannes singularem habet preminentiam in arduitate materie, Lucas in ~one historie GROS. *Post. Mark* 357. **b** cum . dixisset Dominus .. "attendite ne ..", in ~one ejusdem sententiae non aliud quam elemosinae, orationis, et jejunii fecit mentionem BEDE *Templ.* 741D; ad Patrem de clarificatione sua loquens [cf. *Joh.* xvii 1], discipulos prolixa et multimoda ~one commendat, passione protinus imminente ALCUIN *Exeg.* 959C *tit.*; hoc propheticus sermo alibi patenter exponit formidabili ~one, dicens .. AD. MARSH *Ep.* 1 p. 81; ut continuet illam questionem immediate cum sua ~one T. SUTTON *Gen. & Corrupt.* 98.

5 (leg.) the prosecution or pursuance (of a cause) (freq. w. obj. gen.); **b** (w. subj. gen. of person bringing suit). **c** (*ad ~onem*, usu. w. gen.) at the suit or request (of).

regis judices sint barones comitatus .. per quos debent cause singulorum alterna ~one tractari (*Leg. Hen.* 29. 1) *GAS* 563; **1177** cujus cause ~oni .. insistentes, post litem solempniter contestatam *Ch. Sal.* 40; **1336** pro expensis suis circa ~onem factam ad curiam regis ad impetrand' cartam regis *Ac. Durh.* 533; s**1363** orta .. gravi lite .., cujus ~one .. excommunicatur episcopus J. READING f. 182; a**1399** in ~one cause in curia Christianitatis quam prosequimur coram tali unico judice *Conc. Scot.* I ccxxxix; a**1440** pro ~one ac expedicione cause quam .. in curia habebatis *Reg. Whet.* II 455. **b** dum .. fuit .. idem W. de S. socius ipsius Radulfi [de Hengham] in banco domini regis .. ubi quidam H. de la L. et N. de C. recessi fuerunt sine die versus quemdam Willelmum de Temesforde coram eis per non ~onem ipsius Willelmi de T. in uno placito transgressionis et abbetti *State Tri. Ed. I* 40; de ~one militum et libere tenencium pro justicia consequenda (*tit.*) *G. Durh.* 13; **1331** postea per non ~onem ejusdem Rogeri .. fuit seisitus in manum domini regis *PQW* 48b. **c 1313** cum .. materia discordie .. fuisse exorta, ac ad querelam et ~onem eorumdem religiosorum per appellacionem ad sedem apostolicam .. exposita *Collect. Ox.* II 268; **1316** ad quorum rogamina et ~onem, ordinatum fuit .. quod *MGL* II 169; **1341** ad ~onem dilecti et fidelis nostri Thome V. nobis supplicantis ut .. *RScot* 608b; **1357** ad ~onem dilecti clerici nostri .. nobis suggerentis quandam aquam per medium pasture ipsius [clerici] .. in foresta nostra .. currere, et .. *Cart. York* 41; **1389** cum ipse ad ~onem quorundam legeorum in gaola nostra .. detentus existat (*Cl*) *Peasants' Rising* 43; **1439** auctoritatem .. liberandi prefato archiepiscopo .. literas patentes .. absque aliqua alia vel ulteriori ~one per predictum archiepiscopum penes nos BEKYNTON I 47.

prosecutor [CL=*one who escorts* (*usu. in an official legal capacity*)]

1 one who accompanies or escorts (so as to render support or assistance). **b** (her.) pursuivant.

sit .. Spiritus Sanctus ~or operis qui prebuit initium bone voluntatis GERV. CANT. *Chr.* 90. **b 1426** [*R., one of the king's pursuivants*] ~orum *CalPat* 202; de ~oribus qui Gallice vocantur *pursivantz*: ulterius et post predictos equitantes, alii nuncii habentur, qui ~ores appellantur UPTON 19.

2 one who pursues or proceeds with (a course of intention or action). **b** (in leg. context) prosecutor, plaintiff (of an action). **c** (*~or publicus*) officer appointed to institute or prosecute legal proceedings on behalf of the crown.

1301 salutis proprie immemor fame prodigus et tanquam sui ~or honoris *Reg. Cant.* II 600. **b** c**1242** forte probare me voluistis an fictus essem cause mee ~or GROS. *Ep.* 96 p. 298; ~ores negociorum abbatis .. in contrarium breve regium consequuntur ad vicecomitatem *Chr. Angl.* 260; **14..** ~or penam .. pro prosecucione sic facta .. erga nos incurrat *Entries* 23b. **c 1199** H. C. episcopus persone nostre et regine ~or publicus *RChart* 81.

prosecutorius [cf. LL prosecutoria], that follows on or continues, (in quot. as sb. n., w. ref. to section of prayer following *invitatorium*) continuation, prosecution.

dividitur .. ista oracio [sc. oracio Dominica] secundum doctores in prohemium et tractatum, invitatorium et ~ium, vel in captacionem et postulacionem WYCL. *Mand. Div.* 263.

proselitus v. proselytus.

prosella [CL prosa+-ella], (eccl.) small prose or sequence (*cf. prosa* 2b).

1505 ~a: super celos sublimaris, / gratis gratans gratularis, / felix fatim efficeris (*Brev. Heref.*) *Anal. Hymn.* XIII 250 *tit.*

proselytus [LL < προσήλυτος]

1 foreigner, incomer (in quot. usu. w. ref. to a non-Jew living among Jews).

non fuere de Israel sed de ~itis, id est advenis qui morabantur inter eos BEDE *Templ.* 743C; Caesar Augustus Herodem .. alienigenam et ~ytum regem Judaeis constituerat (*Ps.*-BEDE *Matth.*) *PL* XCII 96C; plerique tradunt Lucam .. ut ~ytum Hebraeas litteras ignorasse ALCUIN *Exeg.* 557A; ~itum, *elðeodigne Gl. Bodl.* 24; ~itus .. Grecum nomen est quod nos dicimus advena, et dicitur ab hoc preposicione 'pros', et 'eltho' verbo, quod est venio GROS. *Hexaem. proem.* 102; nos ~yti non sumus nati, sed filii Judeorum sumus *Eul. Hist.* I 96; *an alyane*, advena, alienigena, adventicius, ~itus *CathA*.

2 (spec.) convert to Judaism.

de ~itis .. qui cum natura essent gentiles, in ritum converterentur populi Dei accepta circumcisione BEDE *Ezra* 856D; Judaei .., ~iti, et gentiles conversi ad veritatem evangelii *Id. Templ.* 743D; eos qui natura gentiles erant, sed religione Judaei, quos Graece ~ytos nuncupant *Id. Acts* 975A; si qui eorum ad Judaicum ritum convertebantur, advenae et ~yti vocabantur LANFR. *Comment. Paul.* 292; de .. Job, qui nec indigena, nec ~ytus, i. advena populi Israel, fuit, sed ex gente Idumea BRADW. *CD* 60B.

3 ? postulant.

necesse est semen Cristi decrescere, cum nullus ~itus sane jungeret se abbati et prepositis proprie legi .. contrariis WYCL. *Ver.* I 267.

prosenecticus v. prosynecticus. **proseneta** v. proxeneta. **prosenica**, **prosenta** v. proseucha. **prosequari**, **prosequere** v. 2 prosequi.

prosequestrare [CL pro-+sequestrare], to remove or separate (something, in quot. a threat, before one) from (w. *ab*).

1339 juxta militarem theoricam edocentem quod mote guerre periculum plus evitat qui eam a sue terre limite ~at (*Lit. Regis*) W. Guisb. *Cont.* II 324 (=Otterb. 126, Wals. *HA* I 207; cf. *G. Ed. III Bridl.* 146: persequestrat).

1 prosequi v. persequi.

2 prosequi [CL], **~ere**

1 to go along with (as an escort), accompany, follow; **b** (w. condition or circumstance as subj.). **c** to follow (with the eyes or gaze). **d** to attend (meeting or gathering).

tres optimates eum ~secuti, quorum unus erat Haroldus .. W. Malm. *GR* II 225; plurima pars principum .. profecta est, ductorem .. suum unaqueque turma clientum ~secuta est Ord. Vit. XIII 30 p. 85; **1294** predictus W. .. ~sequivit dominum regem ad parliamentum suum de Lanak *Doc. Scot.* I 428. **b** statim quiescentibus ventis serenitas maris vos laeta ~sequetur Bede *HE* III 15 p. 158; abeuntes [sc. Romanos] felix Fortuna ~sequens W. Malm. *GR* I 3; medicam dextram [sc. regis] sanitas festina ~sequitur *Ib.* II 222; ~sequebatur eum [sc. Vulferium] fortuna non bona, nec pene prosperior quam paterna *Id. GP* III 100 p. 218. **c** diutile [*sic*] adhuc fugitantem [sc. cervum] vivacitate oculorum ~secutus W. Malm. *GR* IV 333. **d** c**1260** si quis non ~sequitur gildam dum prima pulsatur *Rec. Leic.* I 89.

2 (w. acc. or absol.): **a** to follow behind or after (in space); **b** (in time); **c** (as consequence or result).

a oportet me ad domum meam reverti .. . .. in eundo moras innectere nolite, quia celeriter ~sequar vos Ord. Vit. III 3 p. 44; quem ~secutus, Johannes acta fere centum annorum contexuit *Ib.* III 15 p. 159; quattuor .. premiserunt, et ipsi pedetentim cum armis ~secuti sunt *Ib.* IX 11 p. 567. **b** ~sequebantur dicta lacrimae suspiriorumque difficultas W. Malm. *GR* I 61; adversitas prosperitatem, disponente .. Deo, velociter ~secuta est Ord. Vit. XIII 8 p. 17. **c** non multo post, tribulationes in mundo maxime ~secute sunt *Ib.* XII 8 p. 334; omnis causa ~sequens quod non intendit est causa indeterminata et infinita; fortuna est hujusmodi Bacon VIII 99; quidam intentus et principalis, alius non intentus set ~secutus et accidentalis. similiter duplex bonum: quoddam intentum .., aliud .. bonum non intentum, ~secutum tamen, quod est condicio finis non intenti *Ib.* 100.

3 to accompany (event or action with consequential or related action,w. abl.); **b** (p. ppl. as pass.); **c** (w. manner spec. by adverb).

nec mora, minas effectibus ~sequuntur Gildas *EB* 23; apostolicae clangor bucinae .. eam [sc. integritatem] immensis rumorum laudibus ~sequitur [*gl.*: laudat] Aldh. *VirgP* 23 p. 255; extremum [sc. responsum] dolentibus suspiriis ~secutus, reliquis eleganter applausit W. Malm. *GR* I 45; hec miranda et insigni preconio ~sequenda vita regis interior *Ib.* II 122; sanctissimi .. presules .. Gregorianam .. constitutionem verbis ornantes amplissimis, et liberalitate munifica ~sequentes *Id. GP* I 41; c**1254** universitatis vestre communionem .. apostolice approbationis munimine ~sequentes (*Lit. Papae*) *MunAcOx* 26. **b** c**800** Jesus propter sacramentum nominis non legitur lacrimis populi ~secutus esse Alcuin *Ep.* 198 p. 327; decessit magno luctu hominum sed gaudio angelorum ~secutus W. Malm. *GR* II 146. **c** **1280** quia propter .. laudabile servicium, quod idem V. nobis semper impendit, tenemus ipsum ~sequi gratiose, damus et concedimus *RGasc* II 98a.

4 to follow (something or someone as a standard or model); **b** (absol.) to follow (in action or behaviour), to follow suit. **c** (trans. or foll. by *secundum*) to conform (to a standard of quality), be in conformity (with).

Beda .. stilum .. priscorum veraciter ~sequi studuit Ord. Vit. I 22 p. 95; quem [sc. Guillelmum Rufum] nimis inhianter ~sequebantur agmina populorum impudicis moribus *Ib.* VIII 8 p. 315; num ~sequi me ritum autumat Anglorum? *Ib.* X 15 p. 87. **b** questus hujusmodi ut Lugdunensis primas explevit, multi presules et monachi atque clerici ~secuti sunt, et de rebus .. clamores fecerunt Ord. Vit. XII 21 p. 386. **c** **1317** quod .. emisset .. unam balam aluminis .. sub tali plevina quod bala per totum esset ~sequens secundum monstrum de eadem bala sibi factum. .. fuit in eadem bala .. terra mixta cum allumine .. et ita non ~sequens, ad dampnum ipsius L. .. prefati J. et B. veniunt et .. dicunt quod .. allumen .. fuit ~sequens secundum monstrum quatenus mina .. ~sequi potuit .. .. . inquisicio venit et dicit quod .. allumen .. satis est ~sequens monstrum predictum *Law Merch.* I 106.

5 to go in pursuit of, chase, pursue, follow (up); **b** (as pass.); **c** (w. *vestigium* or abstr. as obj.). **d** to go after, seek out (via intermediaries).

omnes reliquas naves, ne Normanni eam ~sequerentur, incendit Ord. Vit. VII 7 p. 182; ipse cum paucis bellatoribus .. Gualos ~secutus est *Ib.* VIII 3 p. 285; hoc ut .. conspexerunt, nequicquam ~sequi homicidas desierunt *Ib.* VIII 3 p. 286; ~sequor, A. *to purchase WW*. **b** **1331** per hutesium et clamorem ~secutus fuit ultra sepes et fossata et recaptus fuit .. et ductus ad prisonam *SelCKB* V 57; **1378** dicta flota .. videndo dictum navem ~secutum per parvam flotam, querebant ventum *IMisc* 220/7 m. 5. **c** vestigia majorum ~secutus chronographyam scribere temptavi Ord. Vit. I 24 p. 192; per arduum iter virtutum vestigia Salvatoris ~secuti sunt *Ib.* III 1 p. 2; c**1197** [de latrocinio prosequendo]: .. ubicunque fratres de Melros .. venerint in terram vestram sequendo vestigia latrocinii sui, dominus terre .. ipsis fratribus auxilium habere faciat ad vestigia latrocinii sui ~sequenda *Regesta Scot.* 406; philosophi .. qui veritatem sunt prosecuti *Dictamen* 336. **d** comes per legatos suos principes qui erant Antiochiae ~secutus est, ac ut ei .. obviarent illos allocutus est Ord. Vit. IX 14 p. 583.

6 to pursue (course of action or mode of behaviour), proceed with, carry out, (w. *votum*) 'fulfil'. **b** (absol.) to pursue a course of action to its intended outcome, succeed, have (intended) effect. **c** to pursue (a subject in discourse or writing), to (go on to) describe; **d** (absol.) to go on (about a subject), discuss (as follows), continue.

ibi rem intrepide ~secutus, fidem dictorum habuit W. Malm. *GP* II 75; quod [sc. opus] nullus successorum ejus .. ~sequi ausus est Ord. Vit. III 5 p. 79; s**1189** fidem dederunt quod .. convenient .. votum peregrinationis quod inierunt ~secuturi Diceto *YH* II 63n; s**1217** a quo .. approbatum est, confirmatum, et diligenter ~secutum propositum negotium crucis *Flor. Hist.* II 165; **1265** tandem huttesium fuit levatum et ~secutum usque ad villam de Sutbiry *SelC Coron* 2; c**1285** non poterunt ~sequi preceptum regis *Reg. Malm.* I 106. **b** hec et multa his similia populo .. dicta sunt, et extemplo flagella ~sequi exhibitione operum cepta sunt Ord. Vit. X 15 p. 86; **1221** vota que a rationis tramite non discordant effectu tenemur ~sequente complere *Dryburgh* 171. **c** in hac epistola quicquid deflendo potius quam declamando .. fuero ~secutus Gildas *EB* 1; s**673** haec et alia quamplura, quae ad caritatem pertinebant unitatemque ecclesiae conservandam, ~secutus sum Bede *HE* IV 5 p. 215; cujus quia totam ex ordine vitam stilo veraci decrevimus ~sequi *V. Gund.* 2; habet .. ille laudes suas ..; nostra oratio ~sequatur historiam W. Malm. *GR* I 31; hec et his similia duce ~sequente, Petrus .. aliique .. dicta subtiliter intuentes dixerunt Ord. Vit. VII 7 p. 185; huc usque Ædmerus. sequentia vero sicut et precedentia quocunque stilo ~sequetur Gervasius Gerv. Cant. *Combust.* 9; circa primum, duo facit: primo ostendit quod prius est determinandum de tactu quam de aliis; secundo ~sequitur determinacionem suam ex ipso, ibi: 'fere quidem igitur', etc. T. Sutton *Gen. & Corrupt.* 50. **d** is .. quod integritatis gratia incorruptus corporaliter floruerit, ex ipsius elogio conjecturam capesso ita ~sequentis [*gl.*: i disserentis, narrantis, loquentis, *reccendes*] Aldh. *VirgP* 27; et longiuscule idem poeta et infra ~sequitur *Id. PR* 142 (143) p. 202; qualiter illum .. divina adjuvaret gratia, non necesse est nostro ~sequere stilo Alcuin *WillP* 24; ~sequar igitur et respondebo ad ea quae restant de iis quae interrogasti Anselm (*Lib. Arb.* 3) I 212.

7 to pursue or proceed with (legal business or charge); **b** (as pass.). **c** (absol.) to bring suit, proceed with or prosecute legal action (also w. *versus* to indicate person against whom suit is brought); **d** (w. *versus* to indicate person before whom or whose authority suit or plea is brought). **e** to go to law (to determine through legal deliberation). **f** to bring suit against (a person), prosecute.

~sequatur omnis homo compellationem suam prejuramento (*Quad.*) *GAS* 163; **1157** nec quicquam disponere vel quelibet ibi ~sequi episcopalia *Doc. Theob.* 11; hic apud quem conceptum furtum est vel suam pugnando purgare innocentiam .., ille vero furtum ~sequi, reumque convincere W. Cant. *Mir. Thom.* III 40; c**1195** R. filius R. .. in misercordia, quare non ~sequutus est assisam .. versus R. filium N. (*PlRBucks*) *EHR* XXXVII 404; c**1197** de latrocinio ~sequendo (v. 5c supra); **1221** Hugo venit, et ~sequitur appellum, et vult sequi ad comitatum *PlCrGlouc* 36; **1228** predictus P. ~sequens appellacionem suam *Feod. Durh.* 280; **1256** si aliquis .. ~sequatur jus suum et querelam suam *BBC* 152; **1264** scire facias .. Amicie quod veniat .. appellum illud versus .. Nicholaum ~sequitura [*sic*] *Cl* 79; **1267** querelam .. ~sequandam [*sic*] *Cl*; **1271** ad ~sequendum nomine suo in curia regis quoddam debitum *Cl* 392; **1340** domino J. F. pro expensis suis eundo London' ad parliamentum ad ~sequend' et promovend' negoc' domus *Ac. Durh.* 537; c**1385** in prosecutione cause in curia Christianitatis quam ~sequimur coram tali unico judice *Conc. Scot.* I ccxxxix. **b** **1419** pluria brevia .. fuerint impetrata, et ad sectam partium ~secuta *MGL* I 443; a**1440** non est verisimile quod causa finem capiet, aut ~sequetur efficaciter cum effectu *Reg. Whet.* II 455; **1444** circa quoddam breve .. ~secutum ad instanciam domini prioris *Ac. Durh.* 185. **c** **1195** debent dim' m. quia non ~secuntur *Pipe* 7; **1268** nullus de .. malefacto aliquo .. versus ipsum ~sequitur *Cl* 461; c**1290** predictus R. requisitus .. [utrum velit] versus ipsum ~sequi .. dicit quod non *State Tri. Ed. I* 76; **1322** excellenciam vestram .. deprecamur quatinus .. velitis .. aliquem de consilio parcium illarum super negocio illo penes vos ~sequiturum super hoc admittere *TreatyR* I 629; **1336** mediantibus aliquibus personis, destitit uterque a ~sequendo Graystanes 22; **1362** ita quod ~sequeret de warranto emendando *Ac. Chamb. Chesh* 110; **1419** quod .. idem W. versus dictum debitorem ~sequi posset *MGL* I 397; **1595** ipsi et successores sui per idem nomen placitare, et implacitari, ~sequi, defendere, .. possint .. in omnibus et singulis causis *Pat* 1431 m. 18. **d** **1377** dictum est .. quod ~sequatur versus dominum regem, justitiam super petitione sua .. consecuturus *MGL* II 475. **e** a**1327** pro eo quod idem parliamentum in tam remotis partibus tentum erat, utrum talliabiles essent necne minime ~secuti fuerunt *MGL* III 435. **f** **1318** temere presumentes .. subditos nostros .. contra formam remissionis predicte ~secuntur, de delictis .. que ante tempus remissionis .. asseruntur commissa fuisse *TreatyR* I 572; **1446** rector, quando aliqui parochiani sui eum offendunt, eos in curia de arcubus ~sequitur *Eng. Clergy* 235.

8 (p. ppl. as sb.) (act of) pursuing, going in pursuit of.

bestie moventi ad nutrimenti ~secutum multotiens accidit ei lesio in pede Bacon VIII 103.

prosequium [CL], attendance, service.

~ium, servitium, obsequium, .. famulatus Osb. Glouc. *Deriv.* 470; prosequor, -ris, inde hoc ~ium, i. servitium *Ib.* 530.

prosequiv- v. prosequi. **prosequtio** v. prosecutio. **prosequutus** v. prosequi.

proserpere [CL]

1 to creep forth or forward; **b** (transf.).

serpo componitur ~o, -is, inde hec proserpina Osb. Glouc. *Deriv.* 546; sensi .. instar buffonis eum, os meum quod totiens male patulum bibendo laxaveram ingressum, mox per gule fistulam ad cordis abdita ~ere Ad. Eyns. *Visio* 21 p. 317. **b** a planta pedis virus irrepens usque ad verticem capitis ~ere cepit, sicque universaliter infectam pervasit J. Ford *Serm.* 64. 5.

2 (trans.) to creep up upon, steal upon, approach by stealth.

1298 quis locus partium borealium nuperrime tutus erat, quem piaculosa Scotorum flagitia ~ere minime formidarant? *Conc.* II 243a.

Proserpina [CL]

1 (myth.) name of goddess, daughter of Ceres and wife of Pluto; **b** (as moon); **c** (as pers. name).

c**675** circa temeratum spurcae ~ae incestum Aldh. *Ep.* 3 p. 479; velut ~am [*gl.*: i. deam paganorum] .. Plutone raptam *Id. VirgP* 44 p. 297; de raptu ~e Osb. Glouc. *Deriv.* 158; terra tridente Plutonis percussa, Pluto cum curru et ~a absorptus est *Natura Deorum* 52; Plutoni nuptam Cereris filiam ~am volunt Alb.

LOND. *DG* 7. 1; juxta Plutonem inferorum regina ~a sedebat *Deorum Imag.* 10. **b** Diana que est Luna et ~a et Echate est septimus planetarum WALS. *AD* 33. **c 1397** mutavit ~e Wele x s., a qua recepit iij bussellos frumenti (*Vis. Heref.*) *EHR* XLIV 453.

2 (bot.) knotgrass (*Polygonum aviculare*; cf. *proserpinaca*).

ðeos wyrt ðe man proserpinacam [v. l. ~am] *and oðrum naman unfortredde nemneð* Leechdoms I 112; poligonia, i. lingua passeris, .. geniculata idem, ~a idem *SB* 34; ~a, i. poligonia, vel corrigiola secundum quosdam *SB* 35.

3 (in gl.) shoot, sprout, bud (cf. proserpinare).

proserpo, -is, inde hec ~a, -ne [*gl.:* i. germen, unde proserpino, -nas, i. germinare] OSB. GLOUC. *Deriv.* 546.

proserpinaca [CL], (bot.) knotgrass (*Polygonum aviculare*). **b** ? bindweed (*Convolvulus arvensis*). **c** vetch (*Vicia*).

proserpinata, *unfortreden Gl. Durh.* 304; herba ~a [v. l. perserpinata], *þæt ys unfortredde Leechdoms* I 14; ðeos wyrt ðe man ~am [v. l. proserpinam] *and oðrum naman unfortredde nemneð Ib.* I 112; ~a, i. *unvortrede Gl. Laud.* 1154; poligonos, i. ~a *Ib.* 1202; poliganum, i. *paas,* ponigrana iiij vel ~a vel centumnodia vel sanguinaria *Ib.* 1240; prose[r]pinaca, pologonia, populus, policarpon, *centinodie sperwestong, swynesgresse MS Cambr. Univ. Libr. Dd. 11. 45* f. 112; lingua passeris, poligonia, proserpinata, centinodium idem, A. *swynesgarce Alph.* 104; poligonia, proserpinata, corrigiola, .. centinodia, .. idem, .. A. *swynesgres Ib.* 147. ~a, centinodia idem, G. *centinodie,* A. *swynesgras MS BL Addit. 15236* f. 6. **b** †pepe spermate [v. l. serpinate; l. proserpinaca], corrigiola idem, A. *berebynde Alph.* 142. **c** in ervo [*gl.:* herba, Grece *terterime,* id est *veche,* et alio nomine centinodium et ~a] GARL. *Mor. Scol.* 228.

proserpinalis [LL], (in quot. as sb. n., bot.) 'dragons', dragonwort (*Dracunculus*).

dracontia, ~e *SB* 18.

proserpinare [CL Proserpina + -are; cf. CL proserpere], (in gl., of plant) to grow, put forth buds or shoots, sprout.

~are, germinare, crescere, fruticari, adolescere OSB. GLOUC. *Deriv.* 469; proserpina, -ne [*gl.:* i. germen, unde ~o, -nas, i. germinare] *Ib.* 546.

proserpinata v. proserpinaca. **prosessus** v. processus. **proseuc-** v. proseuch-.

proseucha [CL < προσευχή]

1 gathering-place for prayer (in quot. w. ref. to apostles gathered at Pentecost).

consolator Spiritus, a Genito promissus, a Genitore missus, .. repentino fragore ignis instar et linguae proseucam irruit quo latebant fornifori LANTFR. *Swith.* pref. p. 256.

2 (in gl.) (small) house or dwelling, (also) interior or innermost part of house or dwelling. **b** sort of building or workplace.

~a, parva domus OSB. GLOUC. *Deriv.* 470; penetralia, domus, edes, .. penates, .. proseuce *Ib.* 476; prosequor, -ris, inde .. hec proseuca, -ce, i. parva domus, unde Juvenalis: 'in qua te queram proseuca' *Ib.* 531; tugurium, domuncula, .. proseuca, meritorium *Ib.* 590. **b** ~a .. quelibet officina OSB. GLOUC. (v. 4 infra).

3 almonry, almshouse.

almesse howse, .. proseuca, -e *PP;* **1454** J. T. citatus ad instanciam .. procuratoris prosuece ecclesie de Rypon in causa testamentaria (*Chap. Ripon*) Surtees Soc. LXIV 43; hec †prosenica [l. proseuca] est domus mendicorum *WW.*

4 (in gl.) brothel, whorehouse.

meretricum tugurium, .. prostibulum, proseuca, .. crissatorium OSB. GLOUC. *Deriv.* 327; prostibulum, domus meretricum, .. ~a *Ib.* 469; ~a, domus meretricum, vel quelibet officina. Juvenalis: 'in qua te queso proseuca' *Ib.* 480; fornix, prostibulum, genedea, turpido, lupinar. / sumen, et arvina, sagimen, pinguedo, sagina, / abdomen, vel adapes, predictis adde popisma. / predictis tegedum conjungas, atque proseuta GARL. *Syn.* 1587D; proseuca, *bordel*

(GARL. *Unum gl.*) *Teaching Latin* II 165 (= *Ib.* 168); *a bordylle house,* .. fornix, .. prestibulum, †prosenta [l. proseuca], teges *CathA.*

proseuchare [CL proseucha < προσευχή + -are], to pray or entreat.

mors lares omnium furtim ingreditur, / nullis repagulis vel clatris pellitur, / nec proseucantibus prece proicitur WALT. WIMB. *Sim.* 184.

proseuchice [CL proseucha < προσευχή + -icus + -e], prayerfully, entreatingly.

presbiter .. proponat .. quedam proseutice [*gl.: prechaument*], i. deprecative GARL. *Dict.* 133.

proseuta v. proseucha. **proseutice** v. proseuchice. **prosicium** v. prosicum.

prosicivus [prosicum + -ivus], cut off or away, severed.

~us, -a, -um, i. quidquid superfluitatis absciditur de qualicumque materia OSB. GLOUC. *Deriv.* 529.

prosicum [cf. LL prosicies, CL prosectum], (in gl.) that which is cut away from something else, (spec.) 'first part' of entrails or innards of sacrificial victim (used in divination).

~um, quicquid de aliqua materia supervacuum absciditur, quod etiam ~uum dicitur. Martianus: 'physiculatis extorum ~is' OSB. GLOUC. *Deriv.* 470; proseco .. inde .. hoc ~um, -ci [ed. Mai: ~ium, -cii], i. prima pars extorum *Ib.* 530 (*cf. id.* 231).

prosicuum v. prosicum. **prosilaticum** v. prophylacticus.

prosilire [CL]

1 to leap or spring forward, forth, or up, rush forth. **b** (in phr. *~ire in pedes*) to leap to (one's) feet. **c** (transf. or in transf. context); **d** (fig.); **e** (w. abstr. subj.).

ut statim ~iens Christo grates pro sanitate agat GILDAS *EB* 72; cum .. vim fervoris inmensi tolerare non possent, ~iebant miserae [sc. animae] in medium rigoris infesti BEDE *HE* V 12 p. 305; qui prius ~it, quam videat, prius cadit, quam debeat ADEL. *QN* 60; pre nimio gaudii motu, ter junctis manibus in altum ~iens GIR. *EH* I 4 p. 234; per quam concussionem Pallas nata de cerebro ejus armata ~uit *Natura Deorum* 43; calcaribus urgens equum a rupe sublimi ~iit cum equo in abyssum maris *Latin Stories* 9. **b** nec mora, in pedes ~iens foras egredior *Ep. ad amicum* 49 p. 106; in pedes a sessione ~iens GIR. *SD* 112. **c** tum alter .. / .. / prosilit de ergastulo / carnis evulsus clanculo / clavigero, et regiae / caeli adhesit munitae (ÆTHELWALD) *Carm. Aldh.* 2. 85; miles ab obliquo, puncto mediante relicto, / prosilit et fortem prosternit fortior hostem (*Vers. Corpus*) *Hist. Chess* 519. **d** cor Eve ~iit [ME: *leop*] ab oculo ad pomum, a pomo in paradiso deorsum in mundum, a mundo in infernum *AncrR* 12; detenti sunt in carcere iiij milibus annis et amplius, ipsa [sc. Eva] et vir ejus et tota posteritas ejus; sic ~ierunt [ME: *to leapen*] in mortem *Ib.* **e** fomes peccati .. que etate puerili quasi latibulis excubat, ut tempore suo in palam ~iat PULL. *Sent.* 763A.

2 to rush or spring (to some activity or course of action): **a** (w. *ad*); **b** (w. *in* & acc.); **c** (impers. pass.); **d** (w. inf.).

a ut una .. lunam .. quartam decimam vespere ortum facere viderimus, non statim ad faciendum Pascha ~iamus BEDE *TR* 61 p. 281; **c802** fratres vero audientes signa ~uerunt de refectorio ad sumendam, pro qua suissent causa ALCUIN *Ep.* 249; qui mala facients ea deserit et ad penitentiam ~it HON. *Eluc.* 1141C; ~ui ad accusationem P. BLOIS *Ep.* 158. 453B; **a1380** ad opponendum in sacra theologia se offerunt inopinate, et ad hujusmodi actum ~iunt ex arrupto *StatOx* 178; ad scribendum, inquit, cito non ~ias et levi ducaris insania J. MIRFIELD *Brev.* 48. **b 800** sed mox in maledictionis verba ~uit totumque se armavit in suae sectae defensionem ALCUIN *Ep.* 200 (= *Id. Dogm.* 232A); tu econtra in verba nefandae invectionis ~uisti *Id. Dogm.* 245D; Lucifer in se videns suam formositatem, ~iit [ME: *leop*] in superbiam *AncrR* 12; quot filias .. habet hec mater [sc. Eva] que dicunt, "numquid ~iam [ME: *vulle leapen*] in eam, licet eum aspiciam"? *AncrR* 12. **c** in facinora ~itur, quibus impedimenta flagiciorum removeantur ROB. BRIDL. *Dial.* 16. **d** si spernere illum .. fastu quisquam ~iat, non eum sed a quo missus est spernet (*Lit. Papae*) W. MALM. *GP* I 34.

3 (of liquid) to spring or gush up or forth.

rubro indutus vestimento si quis accesserit, statim ad ejusdem stature modum in altum ~iens, fontis ebullit scaturigo GIR. *TH* II 8; ne aggressum haberet ad fontem unum in illa terra vel regione ~ientem G. *Roman.* 420.

4 to spring into existence, spring up or forth or away.

sciendum est .. quando tentationis procella ~iat, et quando conquiescat ALCUIN *Liturg.* 479A; dicitur quod aquile senescenti cornu oris in tantum incurvetur ut etiam usu edendi privetur; que hoc sentiens tandiu ad petram acuit donec curvitas illa ~it et sic ad esum recuperatur et denuo ejus juventus innovatur HON. *Spec. Eccl.* 842C; o dolor indeficiens / ex amore prosiliens J. HOWD. *Cyth.* 36. 8.

prosis, prositiria fira v. pityriasis.

proslambanomenos CL < προσλαμβανόμενος], lowest note in a musical scale, or lowest *chorda* of a theoretical musical instrument, referred to by the letter A (in Classical theory part of a sixteen-note system, and independent of the system of five tetrachords arranged from the notes above it): **a** (as part of Immutable Perfect eighteen-note system, and considered as belonging to the lowest of five tetrachords). **b** (as part of Greater Perfect fifteen-note, two-octave diatonic system).

a ~os, id est additus vel adquisitus ODINGTON *Mus.* 81. **b** primum igitur A apud antiquos vocatur ~os WILL. 19.

proslogion [< προσ- + λόγιον], discourse (directed to a person), address (in quot. as title of work by St. Anselm).

quod ut aptius fieret, illud quidem Monologion, id est soliloquium, istud vero ~ion, id est alloquium, nominavi ANSELM (*Prosl. proem.*) I 94; **a1082** illum quem Monologium nominavi, Monologion vocetis, et alterum non Alloquium, sed ~ion tituletis *Id.* (*Ep.* 109) III 242; volumen .. quod ~ion nominavit. alloquitur etenim in eo opere aut seipsum aut Deum EADMER *V. Anselmi* I 19 p. 31 (= TORIGNI *Chr.* 90); **a1332** Prosologion Anselmi, liber j *Libr. Cant. Dov.* 23; **13..** Anselmus .. De Conceptu Virginali, Monologion, Prosologion *Chr. Rams. app.* 366; **14..** Prosologion Anselmi in uno volumine (*Cart. Reading*) *EHR* III 121; **1501** item Prosologion Ancelmi, secundo folio 'quod solus sit' *Cant. Coll. Ox.* I 19.

prosmeticum v. psimythium.

prosmetricus [CL pro(r)sa + metricus < μετρικός], composed partly in prose and partly in verse, (also as sb. n.) written work partly in prose and partly in verse, a prosimetric composition.

dictaminum quattuor sunt genera, viz. aliud metricum, aliud ~um, aliud ruthimicum seu rithmicum, et aliud prosaycum *Dictamen* 337; ~um est quod partim prosaice partimque metrice compilatur *Ib.* 338.

prosmiticum v. psimythium.

prosocer [CL = *grandfather of one's wife or husband*], (in gl.): **a** father of one's father-in-law. **b** one's wife's grandfather.

a hic proceser, pater patris in lege *WW.* **b** ~er, pater patris uxoris OSB. GLOUC. *Deriv.* 470.

prosodein [cf. προσῳδεῖν], to sing or recite.

prosodia .. dicitur a prosodin quod est cantare, quia 'pros' prepositio est idem quod 'ad' apud nos, et 'ode' est 'cantus' BACON *Gram. Gk.* 96.

prosodia [CL < προσῳδία], 'accentuation' (in quots. w. ref. to vowel length, intonation, and aspiration, as well as to 'passio', proper grammatical articulation or phrasing and delivery of written text read aloud).

tam multiplex nominum et verborum congestio, .. quo accentu vel ~ia pronuntiatur? ALDH. *PR* 113 p. 155; si naturarum decreto proteletur, circumflexa ~ia describitur *Ib.* 124 p. 173; ~ia est signum sermonis iter rectum faciens legenti. sunt .. ~iae x: acutus, gravis, circumflexus, longa, brevis, dasia, psili, apostrofus, hyfen, hypodiastoli; dividuntur autem haec in iv: in tonos, in tempora, in respirationes, in passiones *Ib.* 141; oportet ut sciat recte pronunciare scripta

secundum quod natura diccionum diversa exigit in elevacione et depressione alicujus sillabe diccionis, et hoc est ~ia *Ps.*-Gros. *Gram.* 67; ~ia .. dicitur a prosodin quod est cantare .., unde dicitur ~ia quasi accantus [*sic*]. .. breviori diccione dividitur ~ia in δ, sc. in tempora, et spiritus, et tonos, et passiones Bacon *Gram. Gk.* 96; antiquorum .. grammaticorum orthographiam, ~iam, etymologiam, ac diasyntheticam .. consideravimus R. Bury *Phil.* 12. 176.

prosodin v. prosodein.   **prosologion** v. proslogion.

prosolta [cf. prosoluta], (leg.) payment made again or in addition, 'after-payment', (spec.) payment made by thief to victim of theft, equivalent to value of stolen goods, and made in addition to restitution of (the value of) the stolen goods themselves.

hec .. duplex et prudenter procurata solutio ab antiquis .. 'solta et persolta', vel '~a', dicta est *Dial. Scac.* II 10M (v. persolta).

prosoluta [CL pro-+solutus *p. ppl. of* solvere], (leg.) payment made again or in addition, 'after-payment', (spec.) payment made by thief to victim of theft, equivalent to value of stolen goods, and made in addition to restitution of (the value of) the stolen goods themselves.

quodsi apud illum deprehensum fuerit, et hujusmodi testimonium non habuit, nulla sit advocacio tutacionis, sed deprehensori suum reddat et ~am [AS: *æftergild*] (*Cons. Cnuti* 24. 1) GAS 327 (*cf. ib.* (*Quad.*): secundum solutionem; *Ib.* (*Inst. Cnuti*): quod suum est .. et insuper iterum tantum valens).

prosonectus v. prosynecticus.

prosonomia [cf. προσωνυμία=*surname*, προσονομασία=*naming, appellation*], (in gl.) narrative, story, statement.

~ia, narratio Osb. Glouc. *Deriv.* 472.

prosopa v. prosopum.

prosopis [LL < προσωπίς =*burdock* (Arctium lappa); cf. et. LL prosopon =*kind of herb, wild poppy* < πρόσωπον]

1 (bot.) ? darnel (*Lolium*; cf. *personacia*), ? milfoil, yarrow (*Achillea millefolium*; cf. *millefolium*).

~us, i. personacia vel dardanum vel millefolium *Gl. Laud.* 1238.

2 beet (*Beta vulgaris*).

prosopus, A. *bete MS BL Sloane* 420 f. 119.

prosopopoeia [CL < προσωποποιία]

1 (rhet.) introduction of a pretended speaker, representation of an imagined or absent person as speaking.

iste modus raro vel numquam fit competenter sub persona scribentis, sed per ~iam, id est profictam personam Gerv. Melkley *AV* 28.

2 representation of inanimate or abstract thing as speaking, or as displaying other characteristics of an animate, conscious being.

~a est conformatio nove persone, quando sc. res non loquens introducitur tanquam loquens. .. per ~am terra introducitur tanquam loquens in Ovidio .., Roma in Lucano, .. et alias ~as alibi multas invenietis Vinsauf *AV* II 2 p. 275; quinta coadjutrix, .. / prŏsŏpŏpēiă [v. l. prosopeia], veni. cui nulla potentia fandi, / da licite fari donetque licentia linguam *Id. PN* 462; ancillatur item decor alter prŏsŏpŏpēiē, / ut si jam tritum dicat mensale, 'solebam / esse decus mense ..' *Ib.* 508; juxta cacefaton sumitur ~a quando inanimatum alloquitur animatum *Ps.*-Gros. *Gram.* 74; nota hic .. ubi Salomon, utens colore rhetorico qui Grece dicitur ~a Latine vero conformatio, introducit sapientiam convivium ordinantem et indifferenter omnes indigentes ad convivium invitantem J. Foxton *Cosm.* 70. 1. 1; si per ~am neutrum aliquod fingatur loqui Linacre *Emend. Lat.* ii.

prosopum [πρόσωπον], ~a, person (in quot. w. ref. to person of the Trinity); **b** (etym.).

sint licet unius nature, numinis, actus, / censetur propriis prosopa quaeque suis J. Sal. *Enth. Phil.*

708; sol Pater est, splendor Natus, calor est ruba sive / Pneuma, tamen tria sunt prosopa, lumen idem Neckam *DS* I 42; audent .. fateri hec nomina, '~um', 'persona', ab istrionibus sumpta esse, ad supponendum personam divinam *Id. SS* II 1. 7; cum .. tres persone sint tria ~a *Ib.* II 3. 3. **b** hec nomina, '~um', 'persona', sumpta .. a recitationibus theatralibus. dicitur .. ~um quasi 'ante faciem', eo quod recitator theatralis larvam habebat ante faciem Neckam *SS* II 1. 7.

prosopus v. prosopis.

prospectare [CL]

1 to gaze out at, observe, watch. **b** (intr.) to gaze out.

o fili Joseph, qui tam pulcher es ut te tota de muris .. et fenestris puellarum Aegypti turba ~et Alcuin *Exeg.* 561C (=(*Ps.*-Bede *Gen.*) *PL* XCIII 362B); fumigantes aestuantis inferni cavernas ~ans Felix *Guthl.* 31 p. 104; mulieres a murorum et propugnaculorum spectaculis suorum miserias ~abant Ord. Vit. IX 9 p. 532. **b** hoc scelus .. / castigat ex superis prospectans arcibus ultor Aldh. *VirgV* 2599; Dominus post resurrectionem .. omnibus longa acie ~antibus in celum se assumpserit Gosc. *Lib. Confort.* 31; hac tumultuatione ~antibus aliis ille gravi quadam dignitate subridens metum eorum reprehendebat G. Crispin *Herl.* 89.

2 to look out for, watch for (an event).

vestimentum .. significat sacramentum, dorsa memoriam praeteritorum, quia passionem transactam Christi celebrat ecclesia, non adhuc ~at futuram (*Ps.*-Bede *Gen.*) *PL* XCIII 298A.

prospecte [LL], with foresight, providently, prudently.

transgressiones .. regule sic .. ~e provideantur, ut .. Rob. Bridl. *Dial.* 182; tanto vigentius, tanto ~ius, tanto diligentius, tanto perseverantius necesse erit .. sanctitatis vestre studeat fervens emulatio .. se accingere in Filio Altissimi Ad. Marsh *Ep.* 52.

prospectio [CL prospectus *p. ppl. of* prospicere+-tio], foresight.

prospicio, inde prospectus, -tui [v. l. add.: prospectio] Osb. Glouc. *Deriv.* 524; supplicavit .. comes .. ut custodie terre Vasconie .. renuntiaret, per regie potestatis clementem ~onem, si .. Ad. Marsh *Ep.* 30 p. 128.

prospector [CL], one who looks ahead.

Henricus secundus .. in cunctis agendis ~or providus et moderator, ut ob hoc etiam, medicina ex parte modum excedente, juris et justitie dilator extiterit Gir. *EH* I 46 p. 304.

prospectus [CL]

1 ability of seeing before one, (power of) sight. **b** (act of) gazing out, gaze.

densissima coorta nebula os oculosque remigantis opplevit, ita ~u adempto W. Malm. *GP* V 266; amico et socio suo karissimo magistro Radulfo .. suus Johannes salutem et dirigere prudenter in futura ~um J. Sal. *Ep.* 263 (204). **b** ascendit in montem longe a mari positum, directoque in equora ~u, insulam vidit (*Brendanus* 12) *VSH* I 104.

2 (act of) looking out for; **b** (transf.).

Calesie classe littus petit induperator; / Septembri quarto rex meat ipse sibi. / hunc expectavit prospectibus induperator Elmh. *Metr. Hen.* V 936. **b** alia .. sunt virtutis exordia, aliud profectus [v. l. prospectus], aliud perfectio Bede *Luke* 540.

3 prospect, view (of, w. gen.).

turres per intervalla ad ~um maris collocant Gildas *EB* 18 (=Bede *HE* I 12 p. 27); Fiscannense cenobium in ~u maris positum Ord. Vit. IV 10 p. 243; terre sue ~u lumina pascit Gir. *EH* I 2.

4 (transf.) view, regard, (~*u* w. gen.) in view (of), with regard (to).

c1168 fidelis thesaurus memorie est scriptura ... hujus itaque ~u rationis presenti pagine commendare decrevi me concessisse .. *Ch. Chester* 173.

5 overseeing, providence.

719 experientes proinde te ab infantia sacras litteras didicisse profectusque indolem ad augmentum crediti

caelitus talenti ~u divini amoris extendere (*Lit. Papae*) *Ep. Bonif.* 12.

prosper v. prosperus.

prosperare [CL], ~ari

1 to cause to succeed, further, prosper (also absol.); **b** (as dep.).

intellegentes a Domino suum iter esse ~atum Bede *HE* IV 19 p. 245; vos igitur de cetero providebitis, Domine ~ante, quod preclara Domini lucerna amodo sub modio diu non lateat *Canon. G. Sempr.* f. 116v. **b** si fata, id est eventus fortunae, juvant, id est ~entur Trevet *Troades* 39.

2 (in pass.) to be granted success or be successful, succeed, prosper; **b** (act. in same sense); **c** (impers.). **d** (p. ppl. as sb., or (?) *f. l.*).

quare praeteritis praecepta Domini et non ~amini (cf. *II Par.* xxiv 20) Gildas *EB* 41; in castimonia .. vixisse feruntur et .. cum virtutum incrementis usquequaque ~abantur [*gl.*: i. jocundabantur, bene agebantur, *gespedsumede* vel *gewelgode*] Aldh. *VirgP* 37; nihilominus multi sunt qui .. magis .. ~antur in omnibus quae agenda vel adquirenda disponunt Bede *HE* II 13 p. 111; ~atum est in manibus ipsius quicquid operis ipse coepisset Osb. *V. Dunst.* 9; Bartholanus .. tam in rerum successibus ~ari cepit quam successionibus Gir. *TH* III 2 p. 141; cum quidam heremita .. cogitaret quod non essent justa Dei judicia qui malos ~ari sinit et bonos affligit *Latin Stories* 10; **1327** priori et capitulo .. Henricus .. salutem, et in agro Dominico jugiter ~ari *Lit. Cant.* I 259; numquam .. ~ari potuit contra Scotos Avesb. f. 76b. **b** c1380 vobis concedat Altissimus diutinis temporibus ~are *FormOx* 323. **c** supradicta genetrix, comperiens primo agmini fuisse ~atum, item mittit satellitum canumque prolixiorem catastam Gildas *EB* 23. **d** eo quo vix unus adversitatis amicus cum tam multi ~atis [? l. prosperitatis] sint H. Bos. *Ep.* 19. 1448C.

3 (in gl.).

et prosperatum [*gl.*: placatum *gegladudne*] dulce delectat Deum *GlP* 469.

prosperatio [LL], successful or favourable outcome (of action). **b** success (of person), prosperity.

1168 nescio .. si .. hec ~onis eorum summa sit, quod nuntii regis infecto negotio inglorii revertuntur J. Sal. *Ep.* 238 (277 p. 586); **1438** de .. universorum .. successuum ejusdem ~one felici rumores .. audire Bekynton I 58; **1439** permaxima exhilaracione reficitur cor nostrum, quociens de ~one status et agendorum vestrorum grata nova suscipimus *Ib.* 206. **b 1456** hic .. congregati, in supportacionem primo vestri honoris regii, .. secundo in securacionem, ~onem, et conservacionem vestre persone proprie *Reg. Whet.* I 251.

prosperator [CL prosperare+-tor], one who causes (undertaking) to succeed (in quot. w. ref. to God).

patratis .. omnibus, ~ori itineris sui [sc. Deo] gracias rependentes immensas Glastoniam revertuntur W. Malm. *Glast.* 23; presul sanctissimus .. ~ori studiorum suorum Deo immensas gratias egit *Chr. Rams.* 39.

prospere [CL]

1 in a manner agreeable to one's wishes or desires, successfully, fortunately, prosperously, well; **b** (w. ref. to outcome or result); **c** (w. ref. to travelling or journeying).

in servitio sanctitatis .. et in lectionis studio ~e peragatis Alcuin *Exeg.* 923D; **1103** erga me, Dei gratia, cuncta ~e sunt Anselm (*Ep.* 294) IV 215; familia Christi .. septingentis ibi clericis illa die per diversos gradus ordinatis ~e creverat Ord. Vit. XI 30 p. 272; cum .. aliquamdiu ~e satis et feliciter conregnassent Gir. *TH* III 7; juxta me tenebo sapientes et bene doctos in artibus; .. eorum societas ~ius consolabor M. Scot *Proph.* 157; personam graciose viventem et ~e coram Deo Holcot *Wisd.* 104. **b** nihil aliud cogitare quam quomodo futurae vitae aditus ~e comprehendantur *Ps.*-Bede *Collect.* 119; **705** quaerere .. tuae sanctitatis consilium ~e rebus succedentibus .. animus devotus mihi semper inerat Wealdhere *Ep.* 22; ita Dominum rogans, non dubitet ~e sibi eventura quae postulat Bede *Ezra* 869C; c1086 Dei

.. gratia favente .. omnia ~e et honorifice .. mihi et iis qui mecum sunt .. evenerunt ANSELM (*Ep.* 116) III 252; omnia que desideraveram, prout mente decreveram, ~e perfeci W. MALM. *GR* II 183; cum tribus armatorum millibus expeditionem fecit, sed ei juxta desiderium suum ~e non contigit ORD. VIT. III 1 p. 13. **c** jamjamque divino cibo saciatus et suffultus, in fortitudine ejus .. ~e proficiscebat *V. Cuthb.* I 6; improvisum ac miserabile naufragium ~e navigantibus, dum non cavetur, importat ALCUIN *Moral.* 636B; **1103** si Deus .. mihi ~e redire concesserit ANSELM (*Ep.* 293) IV 213; ille ~e rediens .., apud Apuliam resedit W. MALM. *GR* III 277; †**675** (12c) quatinus garrulo sirenarum carmine spreto, ratis recto cursu ad portum patrie ~e perducatur *CS* 37 (=W. MALM. *GP* V 199); postquam de Apulia ~e remeavit ORD. VIT. III 9 p. 106.

2 in a manner that supports, favours, or causes to prosper, favourably.

798 Dei gratia praeveniente et deducente me ~e ante conspectum beatitudinis vestrae ALCUIN *Ep.* 145 p. 234; **801** prosperum iter vobis faciat Deus, angeloque ejus comitante Spiritus Sanctus ~e vos ducat *Ib.* 230; **1095** ut Deus .. omnes actus ejus in beneplacito suo ~e dirigat ANSELM (*Ep.* 190) IV 76; omnipotentia .. divina que omnes ubique et semper quos vult ~e gubernat ORD. VIT. IV 4 p. 178; ecce Deo gratias ~e nobis victoria provenit *Ib.* IX 17 p. 620.

prosperitas [CL]

1 quality of furthering, or of causing to succeed or prosper, favourableness.

tam aeris quam aure ~ate .. transmenso maris spatio GIR. *EH* I 30.

2 favourable state or outcome, successful circumstance, prosperity, success, good fortune, well-being; **b** (w. ref. to physical well-being, as dist. from *aegritudo* or sim.). **c** (*ultima ~as*, w. ref. to state of blessedness after the resurrection of the flesh).

c**705** si devotum dominum, quem in ~ate dilexerunt, cessante felicitatis opulentia .. deseruerint ALDH. *Ep.* 12 p. 502; **801** gaudens gaudebo .. de ~ate, salute, et exaltatione pii principis ALCUIN *Ep.* 218; **995** nunc infimis summa, nunc vero summis infima versare conspicitur, et hoc modo ~atibus erigendo, nunc indiscreto cujuslibet infortunii ictu deiciendo solum adusque deludit *Ch. Roff.* 31; gloria Deo qui dies meos in ~ate bona conservavit W. MALM. *GP* III 113; videns quidam homo ~atem alterius, invidia torquetur alterius, unde cor constringitur et cerebrum *Quaest. Salern.* B 129; si .. lucrum temporale pensatur, quia illud vel mundana ~as sit causa precipua, manifestum est quod comittitur ydolatria blasfema WYCL. *Blasph.* 11. **b** c**1200** liceat eisdem fratribus cimiterium et sepulturam habere pro .. fratribus et sororibus ejusdem domus qui in ~ate habitum suum, et ad minus per octo dies, portaverunt *Cart. Chester* 300; **12..** vel cuicumque .. terram .. dare .. voluerint tam in egritudine quam in ~ate *AncD* A 538. **c** alioquin in glorificatione corporum humanorum apud ultimam ~atem non eadem esset eorum materia que et modo, quod est omnino hereticum *Ps.*-GROS. *Summa* 315.

prosperosus [CL prosperus+-osus], abounding in success or prosperity, most successful or prosperous.

1432 omnes virgines ille, quasi simul de ~o adventu domini regis exultantes animis, .. psallebant (*Lit. J. Carpenter*) *MGL* III 460.

prosperus [CL], **prosper** [LL]

1 agreeable to one's wishes or desires, prosperous, successful. **b** (of outcome or result) successful. **c** (of chance occurrence) fortunate. **d** (as sb. n., usu. pl.) favourable occurrence or outcome, success, prosperity.

ita eosdem statu ~o viventes egregios luxerat, ut diceret GILDAS *EB* 1 p. 26; avus .. ~um ei regnum olim imprecatus fuerat W. MALM. *GR* II 133; †**944** (12c) in hoc presenti seculo vita illius ~a sit *CS* 794 (=W. MALM. *GR* II 143); **1279** ut vestra communitas .. in statu ~o valeat gubernari *MunAcOx* 40; ~o quoque ac fausto navigio mox Dovorrie presentavit portui *Ps.*-ELMH. *Hen. V* 109. **b** ita .. Luciae praerogativa Siracusas .. ~is [*gl.*: i. letis] successibus sublimatur ALDH. *VirgP* 42; propter secundos bellorum exitus et ~os [*gl.*: *halwende*] triumphorum successus *Ib.* 48; **749** (12c) quatenus sublimitas regni ejus ~is successibus polleat *CS* 178; cognovimus .. successus ~os quos tibi .. benignitas divina concessit (*Lit. Papae*) W. MALM. *GR* V 414; tunc omnes .. relatis eventibus ~is gavisi sunt ORD. VIT. IX 11 p. 570. **c** avunculo per aliam forte semitam casu ~iore dilapso GIR. *SD* 16. **d** sic quoque nostra Deo remeant duce prospera BEDE *CuthbV* 276; ita si quid accidit probri non tacetur, si quid ~i parum in cronicis notatur W. MALM. *GR* I 15; difficile .. est .. effrenes .. animos inter ~a temperare GIR. *EH* I 14; habes proinde ubera duo, si eque in adversis uti in ~is copia hujuscemodi lactis abundas J. FORD *Serm.* 19. 8; hec .. a sinistra parte venientia, ~a nuntiant ALB. LOND. *DG* 3. 3; **1341** ipse .. semper tumidus in ~is et timidus in adversis (*Lit. Regis*) AVESB. f. 96 (=WALS. *HA* I 244).

2 supporting or supportive of one's endeavours or activities, favourable; **b** (of wind, in context of sailing); **c** (w. *ad* & gd.). **d** (transf.) positive, favourable.

talia signa sacrum portendunt esse futurum, / prospera quod rerum liquido fortuna declarat ALDH. *VirgV* 987; quoad valitudo ~a permisit sine crimine vitam duxit W. MALM. *GP* II 74; **1226** nullo modo a dicta nave recedatis .. donec ad portum ~um et desideratum .. applicuerit navis predicta *Pat* 14. **b** nostrarum carbasa antemnarum ~is ventorum flaminibus sinuata ALDH. *VirgP* 59; nec mora intercessit, quin prosper flatus carbasa impleret W. MALM. *GR* III 238; s**1103** Anselmus continuo ~is flatibus marina pericula transvectus *Id. GP* I 58; prosper ventus multorum votis optatus .. subito spiravit ORD. VIT. III 14 p. 144. **c** diu .. ~um flamen ad navigandum prestolati sunt ORD. VIT. XIII 19 p. 53. **d** s**1075** Hugoni successit Mauritius .. quamvis in quibusdam minus ~e fame, predicabilis tamen efficatie W. MALM. *GP* II 73.

prosphonetice [προσφωνητικῶς+CL -e], in the manner of an address, as usual in addressing.

proponat .. quedam prophonetice [*gl.*: *criablement*], id est exclamatorie GARL. *Dict.* 133.

prospicax [ML < CL prospicere+-ax], foresightful, provident.

nosque ~acibus rationibus novimus vobis ullo modo non competit repetere fructus illos *Hist. Roff.* f. 26.

prospicere [CL]

1 to see before or in front of one, behold. **b** (intr.) to exercise sight, see. **c** (transf.) to see (with the intellect), perceive, recognize.

hoc de coelo ~iens, Dominus venit solvere vinctos et vivificare interemptos ALCUIN *Exeg.* 591A; omnia sciens, omnia ~iens, omnia potens *Id. Dub.* 1031B; s**1066** dux [sc. Willelmus] .. ~iens multam partem adverse stationis prosiluisse et insequi terga suorum ORD. VIT. III 14 p. 148; quattuor mespuleas arbores in agro procul a calle prospexit *Ib.* VIII 17 p. 367; sequaces .. ut ingentem piram prospexerunt .. Falesiam remeaverunt *Ib.* XI 19 p. 223; utrinque .. utriusque terre promontoria .. satis aperte sereno tempore ~i possunt et notari GIR. *TH* I 1. **b** pro pedibus et toto corpore operantur manus, pro manibus et toto corpore ~it oculus ALEX. CANT. *Dicta* 136. **c** **1103** cum amplioribus benefitiis benignitati ejus [sc. Dei] te ~is debitorem (*Lit. Papae*) W. MALM. *GR* V 414; filiolus .. ut insanabile sibi ulcus in corpore fratrum prospexit, concito cursu ad archiatrum properavit ORD. VIT. VI 9 p. 72; M. consul versutias contribulium et defectionem ~iens *Ib.* X 19 p. 112; postquam .. ingentem nequitiam .. in Andegavensi provincia ebullire prospexit *Ib.* XI 16 p. 216; rex ut pervalidum sibi certamen imminere prospexit *Ib.* XIII 8 p. 17; c**1332** principes .. eo clemencius condecet lapsorum culpis ignoscere, quo .. se inter ceteros ~iunt miserantis Dei misercordia indigere J. MASON *Ep.* 206.

2 to look or gaze at before one, watch, survey; **b** (transf.) **c** (intr.) to look before one, look out, gaze. **d** (w. *ad* or *in* & acc.) to look or gaze upon; **e** (transf.) to focus upon.

615 grates Deo exsolvimus, qui vos de excelso prospexit (*Lit. Papae*) W. MALM. *GP* I 30; in hoc pariete misericordia divina fenestras et cancellos unde nos ~eret fecit BEDE *Cant.* 1109D; cum .. omnes ad ~iendum miraculum concurrere certarent, en subito .. FELIX *Guthl.* 6; Deus .. qui sedes super cherubim et ~is abyssos, qui vides cuncta ALCUIN *Liturg.* 567B; ampla terrarum regna velut in extasin raptus prospexi, longe lateque oratione volitavi ORD. VIT. VIII 27 p. 453; is .. prodigium astrorum phisicus sollicite prospexit *Ib.* IX 2 p. 462. **b** [Cestria] dum .. orientem versus protendit intuitum, non solum Romanam ante se cathedram et imperium, verum et orbem ~it universum, ut tanquam spectaculum proposita sint obtutibus oculorum LUCIAN *Chester* 45. **c** sub figura ipsius post parietem nostrum stantis ac per fenestras cancellosque ~ientis BEDE *Cant.* 1110B; coram Domino, qui de caelo ~icit super filios hominum *Id. Gen.* 117C (cf. *Psalm.* xiii 2); justus arbiter qui de celo ~it super filios hominum et videt omnes ORD. VIT. VIII 8 p. 314; quidam stultus conversus .. contra preceptum S. Moedhog per foramen clavis prospexit (*Maedoc* 48) *VSH* II 159; **1269** percipiens per latratus canum extraneos fore in curia sua, surrexit et ~iens foras ad fenestram audivit illos piscantes [in vivario suo] *CBaron* 75; justicia de celo ~iente, Christus .. quosdam reservavit innocuos Cantebrigie doctores CANTLOW *Orig. Cantab.* 278. **d** ipse [sc. Dominus] est 'in quem desiderant angeli ~ere' BEDE *Sam.* 607D (cf. *I Pet.* i 12); totus Deus et totus homo, in quem desiderant et angeli ~ere ALCUIN *Exeg.* 657A; ~iens ad nos per cancellos et fenestras *Ib.* 647A (cf. *Cant.* ii 9); his dictis puer ille, in quem desiderant angeli ~ere, disparuit *V. Edm. Rich P* 1779C. **e** illius [sc. Bede] quidem in confines sibi Northanimbros .. prospitiebat intentio W. MALM. *GR* I 47.

3 to see in the mind's eye (esp. future events), perceive beforehand or in advance, anticipate. **b** (pr. ppl. as sb.) one who is observant (w. obj. gen. in quot.).

quatenus legentes quique non solum praesentem vel futurum ~ere, sed et praeteritum omnem paschalis statum temporis inerrabili possent intuitu respicere BEDE *TR* 65; atroces misero jam fine furores / cedere mente vigil vatis prospexit *Id. CuthbV* 612; docuit se .. omnium generaliter utilia prospexisse *Id. Apoc.* 205A; quoniam .. id tuum futurum, si fieret, ~iebam, idcirco quod volebat libentius suscipiebam ANSELM (*Ep.* 28) III 136; siquidem jam a longe ~io quod ad majora me vocas, si respondere incepero *Id. Misc.* 342; hoc genus hominum in specie locustarum simnista Johannes ante mille annos prospexit ORD. VIT. XI 11 p. 208. **b** ~iens periculi, vice nominis ponitur participium et prospiciens periculum BEDE *Orth.* 41.

4 to consider or give thought to, attend to, see to. **b** to look out for (with a view to acquiring). **c** (p. ppl.) ? considered (in respect of, w. gen.).

cum .. episcopi ac doctores .. quaeque eidem [sc. ecclesiae] sint ad salutem proficua .. ~iunt quatenus undique tuta conversatio religiosa fidelium libero corde virtutibus studere .. possit BEDE *Tab.* 435A; possunt .. fideles accipi qui etsi minus docti sunt ad ~iendos regendosque gressus ecclesiae, maximum tamen ei decus .. praebent obsequiis *Id. Cant.* 1129C; ut totis viribus quieti mentis studeas, sine qua nulli licet .. hostis insidias circumspicere, vel semitas virtutum angustissimas ~ere ANSELM (*Ep.* 37) III 147; **1548** ut predictum accipitrum et canum numerum .. eidem marchioni .. nomine nostro prospitiat atque consignet *ActPCIr* 65. **b** ~iatur locus aliquis monasteriorum ubi sedes fiat episcopalis BEDE *Egb.* 10; decet .. irreligiosa .. gesta atque scripta convellere, et ea quae provinciae nostrae .. sint utilia ~ere *Ib.* 11; si visum fuerit auditoribus quod justum sit quod .. dampna recuperent, ~iant auditores denarios, habentes pre oculis quod illi .. ad dampna teneantur qui se dampnum fecisse cognoverunt *State Tri. Ed. I* 35. **c** inquiens se non esse hujus pastoralis curae prospectum nec adhuc tali tantaque dignitate idoneum B. *V. Dunst.* 19.

5 (intr. w. dat.) look out (for one's interests), provide (for); **b** (impers. pass.); **c** (w. abl.); **d** (trans.).

tanto magis .. saluti vestrae ~ite, quanto vos citior expectat retributio BEDE *Apoc.* 174D; quamvis .. semper sperem prudentiam vestram undique sibi ~ere, ne .. hostis .. violare valeat bonae vitae propositum ANSELM (*Ep.* 131) III 274; palam erat quid eum .. philosophia docuisset, dum, magis famulorum Dei quam suis utilitatibus prospitiens, omne regnum Deo decimaret W. MALM. *GP* II 75; c**1155** nos quieti et utilitati conventus ecclesie nostre in perpetuum ~ere volentes .. concedimus monachis predictis *Doc. Theob.* 47; c**1190** quos [sc. scolares] .. ad elemosinarium .. cotidie mittet, qui eis beatim in cibo et potu ~iet, .. et in lectis eis decenter ~iet (*Durham*) *Educ. Ch.* 124; ut .. diligentius nobis ~eret LUCIAN *Chester* 44 (v. medulla 2b); **1269** nos .. magistrorum et scolarium tranquillitati et paci ~ere cupientes (*Cambridge*) *BBC* 163. **b** omnibus .. conferentibus nullo modo posse decentius ~i ecclesie utilitatibus W. MALM. *GR* IV 370. **c** ut .. talibus periculis obvietur, et communi

utilitate ~iatur, concordatum est .. quod *Laws Romney Marsh* 49. **d** elemosinarius .. mendicantes et leprosos uberius debet ~ere *Obs. Barnwell* 172; statum .. fratris nostri .. considerantes, et ipsum pro benemeritis infuturum ~ere cupientes sicuti tenemur, .. concessimus *Reg. Kilmainham* 106.

6 (w. dat.) to take measures (to prevent or ward off), to provide (against).

trecentorum militum, qui eos .. infestabant, furori prospexerunt militaris artis calliditate W. MALM. *GR* IV 374.

7 (assoc. w. *perspicere*) to inspect thoroughly, scan, survey. **b** (transf.) to inspect (with the mind), examine, study.

quod tali nautae vel piratae navigio terras et littora ~ere soleant BEDE *Acts* 992B; tui .. est officii diligentissime perspicere [*PL* XCIV 665B: ~ere] quid in .. monasteriis tuae parochiae recti, quid perversi geratur *Id. Egb.* 14. **b** ~ice [ed. *OMT*: perspice] .. utrum decus an dedecus tibi sit quod .. Anselmus propter hoc tuo lateri adherere .. veretur W. MALM. *GR* V 414.

prospicientia [CL], consideration, foresight, forethought.

pertractato aphorismo de lege silendi de humanorum actuum ~ia, aphorismus exponendus occurrit W. DONC. *Aph. Phil.* 2. 1.

prospicius v. prospicuus.

prospicue [CL], with foresight, providently.

ultio divina .. juste nos .. verberat, et ~e quod mundi gloria non sit appetenda nobis insinuat ORD. VIT. VII 7 p. 184.

prospicuitas [CL prospicuus+-tas], forethought, providence.

quas clausulas solebant antiqui et predecessores nostri in suis litteris exarare, quas modernorum ~as solet modernis temporibus abbreviare *Dictamen* 338.

prospicuus [CL=*able to look ahead, far-sighted*, LL *in sense* 1]

1 that can be seen from afar, conspicuous. **b** (transf.) conspicuous, noted, renowned.

phale tolum cillentibus radiis cum jam perspicuum [ed. Scheler: ~uum] prospicerem, BALSH. *Ut.* 43 (cf. *Teaching Latin* I 172: conspicuum). **b** in nobili et omni religione ~o monasterio S. Bertini H. Bos. *Thom.* III 38 p. 313.

2 (w. dat.) that has regard or makes provision for, that exercises providence on behalf of.

c**1183** redemptorem omnium nobis prospicium reddimus cum quoslibet Christi fideles .. confovemus (*Beverley*) *BBC* 37.

prospinata, (bot.) ? chicory, wild succory (*Cichorium intybus*).

~a, *cicori MS BL Sloane 2479* f. 101v.

prospitere v. prospicere. **prospurtur-** v. purprestura. **prossus** v. prorsus.

1 prostare [CL]

1 to expose oneself for hire (as a prostitute), to prostitute oneself; **b** (in fig. context). **c** (in gl.) to associate with or patronize a prostitute.

prostibula, meretrix quae prostravit [? l. prostat] *GlC* P 641. **b** justitia dum pretio provenit impretiabilis, et in questu ~at omnia prestans GIR. *EH* I 46 p. 304; s**1251** facta est curia regalis Romane consimilis, in questu pro meretrice sedens, vel ~ans veracius M. PAR. *Maj.* V 199; membra que Diabolo obsequia prostiterant .. precidit et Diabolo jactavit *Eul. Hist.* I 256. **c** ~o, -as, i. prostituere, cum meretrice se commiscere OSB. GLOUC. *Deriv.* 513.

2 (trans., in gl.) to make a prostitute, to prostitute.

prostituere, meretricem facere, quod et ~are dicitur OSB. GLOUC. *Deriv.* 469; *Ib.* 513 (v. 1c supra).

3 to stand forth (in preparation), stand ready; **b** (w. *ad* & gdv.).

porte offirmate erant, denseque turbe in propugnaculis et per totum muri ambitum ~abant ORD. VIT. IV 4 p. 180. **b** **1295** dictus H. assignavit predictum R. ad ~are ad clausturam ad claudendam curiam eorum communem *CourtR Hales* I 342.

2 prostare v. prosternere. **prostarnere** v. prosternere.

prosternalis [CL prosternere+-alis], (of psalm) that is to be recited while lying prostrate (*cf. prosternere* 5e, *prostralis*).

s**1308** omnis psalmodia submissa, preter .. septem psalmos penitentiales suis terminis, ~es in Quadragesima ..... ut universa in faciendo deceant, ordinamus quod psalmi ~es in Quadragesima dicantur super formas *G. S. Alb.* II 102.

prosternare v. prosternere.

prosternatio [prosternare+-tio]

1 (act of) prostrating oneself, prostration (as sign of reverence or submission).

s**1139** rex pravorum consilio tot et tantorum tam verendam ~onem despiciens, nihil eos impetrare permisit H. HUNT. *HA* VIII 11 (=W. COVENTR. I 163, *Meaux* I 123); cetera omnia .. ut in precedente Dominica, nisi quod in hac feria ad omnes horas preces cum ~onibus [v. l. prostrationibus] fiunt *Offic. Sal.* 51.

2 (act of) causing to fall to the ground: **a** felling, cutting down (tree or timber). **b** pulling or tearing down, demolishing (building or other structure).

a **1480** cum duabus carectatis focalis annuatim .. ex nostris cariagio, factura, et ~one deliberandis *Reg. Whet.* II 226; **1483** licebit .. capere de bosco predicto et subbosco tempore sesionabili prosternendo et immediate post ~onem clausurando pro salva custodia de *le quykspryng* crescente ibidem *Pat* 554 m. 14. **b** ipse misit me ad vos, ut dicatis regibus quod cessent a ~one murorum *G. Ric. I* 177; s**1292** quidam ballivus .. qui festinus ~onem furcarum primitus referre cupiens *Flor. Hist.* III 82; **1359** in discooperacione et ~one parietarum *IMisc* 180/15.

prosternere [CL], **~are**

1 to cause to fall prostrate, to knock over or to the ground; **b** (p. ppl. as sb.). **c** (refl.) to make oneself prostrate, to lie down. **d** (p. ppl.) held on or against the ground. **e** (transf.) to cause to fall downwards.

aliter lunatici dicuntur qui incipiente luna .. cadunt et ~sternuntur *Comm. Cant.* III 43; potio fortis cum .. corpus dissolvit, terrae ~sternit *Simil. Anselmi* 77; dictum secuta est pena: continuoque in solum ~trata, altera corporis parte premortua W. MALM. *GP* V 276; febres .. terrigenas .. multos languentes in lectum ~straverunt ORD. VIT. XI 15 p. 216; extulit in Paulum prosternens gratia Saulum L. DURH. *Dial.* III 299; ecce prosternor, Domine, cathenatus: / summa me scelerum adaucta supinat J. HOWD. *Cant.* 350; s**1327** ipso ~strato et sub ostio ponderoso detento ne surgeret, dum tortores imponerent cornu in ano suo WALS. *HA* I 189. **b** accurrere plerique, volentes ~stratam erigere, quod vererentur ne casus importunus paralitice membra effregisset W. MALM. *GP* V 276. **c** qui, ut domum intravit, in lectum se ~sternens post triduum interiit (*Fechin* 18) *VSH* II 83. **d** tunc ruit in faciem prostrato poplite Paulus ALDH. *VirgV* 496. **e** caelicolas ista prostravit belva [sc. Lucifer] superbos / qui prius angelica fulserunt luce ALDH. *VirgV* 2743; contigit ipsum ex impetu equi sui velociter currentis de cella sua ad terram ~sterni, pede sua [*sic*] in strepide celle sue remanente *Canon. S. Osm.* 81.

2 to lay low, strike down (opponent, enemy), (transf.) to overthrow, overcome (w. implication of death); **b** (transf., w. ref. to chess-piece); **c** (fig. or in fig. context); **d** (w. non-human or abstr. subj. or agent); **e** (in context of hunting).

ut adversariorum plebi Dei innumera ~sterneret gentium milia GILDAS *EB* 70; devicta carne rebelli / atque nefandorum prostratis strage catervis ALDH. *VirgV* 199; quos [angues] ille [sc. Hercules] .. cum quibusdam ~stravit monstris *Lib. Monstr.* III 20; **793** memento Ezechiam regem quantos hostes una prece ~sternerit [v. l. ~straverit] ALCUIN *Ep.* 21; [Ajax] factus insanus ~sternebat oves, putans se interficere homines *Natura Deorum* 189; Golias prosternitur projectu lapilli *Carm. Lew.* 149; **1269** percussit eum .. cum pungno vel baculo .. et in via regia .. ~stravit *CBaron* 83; **1491** ipse .. quemdam W. S. cum uno baculo vulgariter vocato *le yrneforkeshafte* super caput percussit et ad terram ~stravit, et, dum in terra ~stratus jacuit .., predictus R. W. eundem W. S. in pectore cum uno *le dagger* bis percussit *Sanct. Durh.* 42. **b** fine sedet rochus qui scit prosternere viles. / .. / miles ab obliquo puncto .. / prosilit et fortem prosternit fortior hostem (*Vers. Corpus*) *Hist. Chess* 519. **c** horrenda vitiorum agmina .. emeritos Christi milites interdum virulento castitatis vulnere et letali toxa ~sternunt [*gl.*: i. occidunt, *swyl, forscrenað*] ALDH. *VirgP* 13; nam plerumque probos propriis prosternere telis / nititur [superbia] *Id. VirgV* 2708; cetera ni fuerint vitiorum crimina septem / ad diram prostrata necem grassantibus armis *Ib.* 2476; †**675** (12c) ~strata mundi pompulenta gloria, jamque appropinquante ejusdem termino *CS* 37 (=W. MALM. *GP* V 199); s**1261** liberalitas et potestas regis fere ~strate succumbunt *Ann. Lond.* 56. **d** gemina .. defunctorum cadavera, quos letale virus crudeli mortis exitio perniciter ~straverat [*gl.*: i. occiderat] ALDH. *VirgP* 23 p. 255; tauri prostratum morte cadaver *Id. Virg* 587; tribus annis .. nulla .. pluvia ceciderat, unde et fames acervissima plebem invadens inpia nece ~stravit BEDE *HE* IV 13 p. 231; plebem in ecclesia .. astantem intolerabilis ictus fulminis ~stravit ORD. VIT. V 3 p. 307; s**1332** in .. occisione fuerunt morte ~strati .. capitanei magnatum Anglie *Ann. Exon.* 21; **1434** J. M. .. nativo domini, cum infirmitate ~strato, .. xxv s. *Ac. Durh.* 623. **e** s**1100** tunc Walterius [Tirel] pulchrum facinus animo parturiens, ut .. ipse alterum cervum .. ~sterneret W. MALM. *GR* IV 333; **1255** evaserunt [leporarii] de manibus suis, et ~straverunt unum fetonem de etate unius anni *SelPlForest* 21.

3 to lay down or make prostrate or supine (so as to get on top of or mount, in quot. in sexual context, occ. w. play on sense 2a *supra*); **b** (absol.). **c** (transf. w. ref. to saint, without idea of laying down or prostrating) to mount to (heaven).

1201 M. filia E. appellat R. de B. de rapo, quod ipse eam ~stravit et virginitatem suam ei abstulit (*AssizeR*) *Selden Soc.* LXVIII no. 342; ait [meretrix] .. "hunc .. virum, quem magnis effertis laudibus, si vultis, modo eum ~sternam" (*Moling* 3) *VSH Salm.* 354. **b** prostibula, meretrix quae prostravit [? l. prostat] *GlC* P 641. **c** Constantinus ovans senis prostravit Olimpum *Kal. M. A.* 69; Saturninus trinis prostravit Olimpum *Ib.* 150.

4 (transf.) to humble. **b** (p. ppl. as sb. m.).

consultus observa .. omni .. genti tue que ~strata est salutiferos ORD. VIT. IV 13 p. 261. **b** econtra ~stratum et conculcatum spe melius erigit [Fortuna] ORD. VIT. XII 19 p. 364.

5 (refl.) to prostrate oneself, bow down to the ground (as sign of reverence or submission); **b** (pass. in middle sense). **c** (p. ppl.) prostrated, prostrate (also as sb.); **d** (w. *genibus*, w. ref. to kneeling). **e** (w. *psalmus*) that is to be recited while lying prostrate. **f** (*~ernere hominium*) to do or make homage (to, w. dat.).

~sternens se in faciem ante reliquas oravit *V. Cuthb.* IV 16; Wigfrithus vero, haec miratus, confestim exsurgens, se totum solo tota mente ~sternit supplexque veniam precatus sese peccasse fatetur FELIX *Guthl.* 47 p. 146; his .. peractis ~sternant se ante fores ecclesiae ÆLF. *EC* 41; dum se in ecclesia beati Petri ad orationem ~sterneret R. NIGER *Chr. II* 145; pater ad pedes filii .. cum lacrimis et singultu lamentabili se ~stravit GIR. *SD* 14; quo viso, fratres in oratione se ~sternunt, Domino supplicantes ut .. *Latin Stories* 100. **b** crucem ligneam aspexerunt, ante quam omnes pariter humo tenus ~strati sunt ORD. VIT. XII 20 p. 370; sic itaque ad certamen .. ad altare procedit, et populus quasi pro suo pugile oraturus in profestis diebus terre ~sternitur BELETH *RDO* 33. 43; convocatis fratribus flens Anselmus et miserandos singultus edens, ~sternitur in faciem coram omnibus *NLA* I 58. **c** hoc novo stupefacti omnes, qui intererant, in loco sanctae apparitionis ~strati, supplices pronis vultibus Dominum gloriae magnificabant FELIX *Guthl.* 7; cum ille in ecclesia, crucifixo ~stratus, non se vana somniasse persensit W. MALM. *GP* V 266; princeps moderatus humiliter ~stratis clementer pepercit ORD. VIT. IV 4 p. 180; cum prostratus humi jaceas Christum rogitando D. BEC. 138; virgo .. considerans dampnum virginitatis .. ~strata in terram cum lacrimis omnia hujus vite gaudia quasi stercora respuebat *NLA* II

132; c**1520** maneant .. infra cancellas chori .. taciti et attenti ac in vocationibus in terra ~strati *Conc. Scot.* I cclxx. **d** illam [sc. terram nudam] assidue ~strata genibus petebat [S. Frideswida] quando orationes Domino fundebat *NLA* I 457. **e** in quadragesima .. privatis diebus hiis adjiciatur 'levavi oculos meos', et in festis 'inclina, Domine', pro psalmis ~stratis *G. S. Alb.* I 213; exibunt a choro, finita oracione, post psalmos ~stratos, ante vesperas omnium sanctorum *Cust. Westm.* 104; in quadragesima psalmi ~strati [MS: prostrales] post nocturnas predictas .. dicentur *Cust. Cant.* 411. **f** s**1096** Normannus .. et Blesensis comites hominium suum Greco ~straverunt [v. l. prostituere] W. MALM. *GR* IV 357.

6 to cause to fall over or to the ground. **b** to cut down, fell (tree, also transf.). **c** to pull down, tear down, demolish (building or structure, also transf.); **d** (without idea of falling down) to demolish, unmake, level. **e** (p. ppl.) fallen down, in ruins. **f** (p. ppl., in quot. w. ref. to cart) ? broken down, damaged. **g** to take down, melt down (Paschal candle).

s**1118** ventus .. vehemens fuit, et edificia plurima nemorumque arbores ~stravit ORD. VIT. I 24 p. 188; vehemens ventus .. arborum .. multitudine ~strata lucos illustravit *Ib.* XIII 18 p. 48; **1230** J. debet habere feodum in bosco domini regis, viz. attachiamentum de spinis, de bosco sicco, et de bosco qui vento ~sternatur *Cart. Boarstall* 560. **b** duro vitam sustento labore / grossaque prosternens mox ligna securibus uncis ALDH. *Aen.* 56 (*Castor*) 4; siquis .. arborem stantem extra viam intra ~straverit *DB* I 1b; **1265** dictus J. solebat habere .. in bosco domini regis *husebote* et *haybote* cum stemmis, si dominus rex boscum ~sternaverit *Cart. Boarstall* 561; **1304** nulli liceat .. aliquid de boscis conventus ~sternare vel succindere *Cant. Cath. Pri.* 212; **1409** in stipendiis W. P. et J. C. pro operibus predictis meremium ~sternentium (*Aud. Durh.*) *EHR* XIV 517; **1452** cum loppys et corticibus quarumcumque arborum .. per warantum prostratarum sive ~sternandarum *Cart. Boarstall* 604; **1529** ~starnere et vendere possint sexaginta duo acras subbosci *AncD* A 6090. **c** turritas urbes capitis certamine quasso / oppida murorum prosternens arcibus altis ALDH. *Aen.* 86 (*Aries*) 6; qui [paries] tandem multo ariete solutus .. ad austrum contra impellentes totus integra soliditate ~sternitur GOSC. *Transl. Aug.* 16B; **1153** propter castrum ~stratum *Ch. Chester* 110 p. 124; **1265** pontem .. si levatus fuerit .. ~sterni faciatis *Cl* 95; **1269** domos suas ~sternivent et alia dampna enormia ei intulerunt *CBaron* 85; **1383** ~sternando et vendendo .. quandam porcheam (v. porchia 1a); totam machinam quae eum pingentem portabat subito turbine concussit [diabolus] et in terram ~stravit *Latin Stories* 34; s**1292** ~sternatis .. furcis apud Frendesbery *Flor. Hist.* III 82; **1329** in reparacione muri cimiterii .. ~strati racione nupciarum *ExchScot* 219; **1392** similiter invenerunt dictum Nicholaum †protravisse [l. prostravisse] quandam particulam unius parietis lapidei *Mem. York* II 15. **d** assisa de nova dissaisina .. de quodam fossato ~strato in P. T. ad nocumentum .. Willelmi Torell' *CurR* II 48; **1231** ad respondendum .. quare ~stravit quoddam fossatum quod .. abbas .. levavit circa boscum de T. *BNB* II 441; et tunc venerunt .. cum arcubus et sagittis, hachiis et aliis armis et ~straverunt praedictam gurgitem *AssizeR Northumb* 15; ut .. tunc venissent viginti homines, parati ad ~sternendum fossatum .. ita quod appareret locus ejus *Leg. Ant. Lond.* 93; **1315** in via .. a monachis ~strata *ChartR* 101 m. 12; **1430** si contingat dictum fossatum esse aliquo modo ~stratum *Feod. Durh.* 67n. **e** in qua murorum praecelsa cacumina quondam / nunc prostrata solo veterescunt arce ruenti ALDH. *VirgV* 638. **f** **1308** in prebenda ij equorum carectariorum .. vij quarteria .. et tantum hoc anno quia quarta caruca ~strata, et equi carectarii aliquando ibant ad carucam, aliquando ad herciam et carectam *Crawley* 164. **g** cum sacrista ~sternit cereum Paschalem, liberabit custodi criptarum de cereo predicto xl libras *Cust. Cant.* 104; magister criptarum percipiet de sacrista quadraginta libras cere de cereo paschali, quando cereus paschalis post festum sanctae Trinitatis ~sternitur *Ib.* 143.

7 to cause to subside or cease.

'Deus conterens bella.' et reliqua: non solum visibilium bella ~sternit, sed etiam invisibiles equos (*Ps.*-BEDE *Exod.*) *PL* XCI 311C; sepe dicitur quod ventus per modicam pluviam ~sternitur [ME: *alið*], et sol postmodum clarius splendet *AncrR* 90.

8 (leg.) to strike down, quash (writ).

1231 tulerunt assisam mortis antecessoris ..; et fuit assisa ~strata eo quod ipse prius implacitaverunt eum per breve de recto *CurR* XIV 1624; **1232** per quod breve ipsius W. ~stratum fuit *Ib.* 2346; appellum de morte predicta cassatum fuit et ~stratum coram R. de Hengham per judicium et ad sectam regis *State Tri. Ed. I* 82.

prosthotonos [*aphaeretic form of* LL emprosthotonos < ἐμπροσθότονος], (med.) drawn forward.

dividitur [spasmus] .. quare .. alius protostonos vel emprotostonos ..; protostonos sive emprotostonos in se tenens sive inclinatus interpretatur .. GILB. II 122 v. 1 (v. emprosthotonus).

prostibula v. prostibulum.

prostibulare [CL prostibulum+-are], to prostitute, (transf.) to defile, dishonour (in quot. transf.).

tale igitur tui obsequi sit pro eo commercium, et virtutis quam edocuisti talis meriti ~are condimentum R. COLD. *Godr.* 84.

prostibularius [CL prostibulum+-arius], of a brothel.

petit licentiam uxor nefaria / ut vadat peregre per monasteria, / et tecta subiens prostibularia, / plus illa celebrat quam sanctuaria *Ps.*-MAP 81.

prostibulum [CL=*prostitute*, LL=*brothel*], **~a**

1 prostitute.

adinstar illius mulieris aureo calice ~i [*gl.*: meretricis, *forligeres*] poculum letiferum propinantis ALDH. *VirgP* 17; 'non meretrix erit,' id est anima; 'nec scortator,' id est diabolus, qui genuit haereticum; '~i,' id est animae (*Ps.*-BEDE *In Pentateuchum*) *PL* XCI 392A (cf. *Deut.* xxiii 18); ~a, meretrix quae prostravit [?l. prostat] *GlC* P 641.

2 brothel, whorehouse; **b** (in fig. context).

ista ad ~a [*gl.*: loca in quibus meretrices habitant, *to forligerhusum*] scortorum et meretricum contubernia truditur ALDH. *VirgP* 35; traditur interea sceleratis Daria scortis / prostibulum mechae penetrans sine crimine scaevo *Id. VirgV* 1234; abbatiam pelicum ibi se positurum delirabat, nuncupatim illam et illam, quaecumque famosioris ~i esset, abbatissam .. instituturum cantitans W. MALM. *GR* V 439 (=*Meaux* I 151); ut .. domus clericorum putentur ~a meretricum (*Sermo Eadgari*) AILR. *Gen. Regum* 360; s**1173** ad laborantem in mola vel in ~o dormientem DICETO *YH* I 372 (=WALS. *YN* 99); inter infames et quasi in ~o turpiter educatus GIR. *Invect.* I 6; Messalina, sicut testatur Juvenalis, tante fuit libidinis ut primo in ~o clam, deinde omnibus palam, se exponebat, non satiata sed lassata recedens *Eul. Hist.* I 317 (=*Ann. Exon.* f. 6); *bordel*, lupanar .., ~um, -li *PP*; hoc prostipulum, est domus meretricis; .. hoc lupaner, hec fornix, hoc ~um, *a horehowse WW*; *a bordylle house* .. lupanar, prestibulum *CathA*. **b** in caelo dereliquisti castum amatorem tuum .. et in baratro parasti non thalamum, sed ~um tuum ANSELM (*Medit.*) 2) III 81; mentem prostituunt .. in ~o vanitatis J. GODARD *Ep.* 238.

3 prostitution, fornication, adultery.

licet hujus rei gratia ad invisum ~i [*gl.*: *unrihthæ*] lupanar .. truderetur ALDH. *VirgP* 45; quamdiu purae virginitatis comes et lenocinantis ~i contemptor exstiterat *Ib.* 53 p. 310; a sorde martyr libera est, / quin de loco prostibuli / precum repente fit locus BEDE *Hymn.* 3. 8; ~um, meretriciae commixtiones [?l. commixtionis] usus *GlC* P 642; **9..** ~i [?l. ~i stupro; cf. ALDH. *VirgP* 32 p. 273], *forliggange WW*.

prostitio v. prostratio.

prostituere [CL]

1 to place in position (in quot., mil. force). **b** to lay out or lay down (on the ground, in quot. w. ref. to fallen timber).

Brittanni .. quatuor phalanges maximas quatuor ducibus munitas fortissimis bello ~uunt H. HUNT. *HA* II 4. **b** **1230** idem J. debet habere feodum in bosco domini regis, viz. attachiamentum de spinis de bosco suo et de bosco qui vento ~uitur (*Inq.*) *Ambrosden* I 295 (cf. *Cart. Boarstall* 560: prosternatur).

2 to make a prostitute or put to the uses of prostitution, to prostitute; **b** (in fig. context). **c** (p. ppl. as adj.) characteristic of a prostitute, whorish; **d** (as sb. f.) prostitute, whore.

~uere volebat filias suas hac compensatione, ut .. (*Aug.*) BEDE *Gen.* 175A; ~uere, meretricem facere, quod et prostare dicitur OSB. GLOUC. *Deriv.* 469; scenule, meretricule que in scenis ~uebantur *Ib.* 556; queritur unde accidit ~utas meretrices magis unius amore torqueri quam alicujus alterius licet multos recipiant *Quaest. Salern.* B 12; qui matrem suam dehonestari, conculcari, et ~ui sustinent non sunt filii, sed previgni P. BLOIS *Opusc.* 1063A; eciam uxores aliquando ~uunt et exponunt luxurie *Itin. Mand.* 76. **b** merito libertatem suam sponsa Christi asseverat, ne illam tiranus ambitioso usurpatori ~uat W. MALM. *GR* II 202; voluptas sobrietatis ignara cujuscumque libidini ~ui non erubescit J. SAL. *Pol.* 390D; nequaquam ~uatur ad pretium que [sc. justitia] corrumpi non potest *Ib.* 625B; in his aquis fidelis anima .. se abluit. .. abluit ne immunda sit cum diabolo fortiter se ~uens AD. SCOT *Serm.* 197C; continue recolas qualiter te in lupanaribus opprobrio ~utam ab immunditiis sanguine suo lavit P. BLOIS *Opusc.* 922C. **c** orbis victorem Cesarem donis flexit, et invicti viri insuperabilem animum meretricius decor et ~uta facies superavit J. SAL. *Pol.* 494C. **d** c**675** prostibula vel lupanarium nugas, in quis pompulentae ~utae delitescunt ALDH. *Ep.* 3 p. 480; caecae cupiditatis petulantia captus nefandum ~utae [*gl.*: meretricis, *forligeres*] lupanar aggredi minime vereretur *Id. VirgP* 57; prostituta, meretrix puplica *GlC* P 644; **9..** prostituta, *forliges WW*; **1167** itur in ipsius ruinam .. : ~uta est ut fornicaria, que multorum libidini patet in platea BECKET *Ep.* 288 p. 162; ~ute igitur que solo pretio coeunt nullam delectationem illic habentes nil emittunt *Quaest. Salern.* B 10.

3 to have illicit sexual intercourse with, debauch. **b** (p. ppl. as sb.) a debauchee.

quasi Joseph uxorem domini sui ~uit, cum prior eamdem .. familiaritatem et super conventum potestatem, quam habet abbas, presumptione temeraria habere contendit AD. SCOT *OP* 568D. **b** ille .. abbatissam et suas publicas pregnantes et ~utas omnibus edocet MAP *NC* V 3 f. 60v.

4 (transf.) to put to dishonourable or unworthy use, to defile, dishonour, demean (esp. for financial or other personal gain), to prostitute.

solitarie sanctitatis amator nulla pompa bona sua ~uebat W. MALM. *GP* II 75; in vindictam .. pudicitie per injuriam ~ute J. SAL. *Pol.* 723B; ut .. nequaquam graves et venerandos mores suos cum alicujus levitatis ~ui lascivia permittat AD. SCOT *OP* 536A; hec sunt propter que iterum in templo columbe venduntur et sacramenta venalia ~uuntur GIR. *GE* II 23 p. 281; que linguam hominis .. vili commercio meretricia venalitate ~uit P. BLOIS *Ep.* 140. 422A; palpo turpissimus et preco turpium / linguam prostituit ob leve precium WALT. WIMB. *Palpo* 51.

5 (in gl.): **a** to prostitute oneself, act as a prostitute. **b** to associate with or patronize a prostitute.

a statuo .. et componitur ~uo, -is, i. meretricari, et inde ~utus, -a, -um OSB. GLOUC. *Deriv.* 512. **b** prosto, -as, i. ~uere, cum meretrice se commiscere OSB. GLOUC. *Deriv.* 513.

prostitutio [LL]

1 (act of) prostituting or putting to the uses of prostitution, practice or profession of a prostitute, prostitution; **b** (fig. or in fig. context); **c** (transf., w. ref. to improper or immoral sexual conduct).

nos ex ~one non sumus nati, unum patrem habemus Deum (*Ps.*-BEDE *John*) *PL* XCII 751D (cf. *Joh.* viii 41); ephebian .. i. locus ~onis ubi juvenes meretricabantur OSB. GLOUC. *Deriv.* 190; cum Augusto Cesari fuisset objectum quod adoptionem avunculi sui Julii Cesaris ignominiosa corporis sui ~one meruerat .. P. BLOIS *Ep.* 59. 176B; mulieribus que nota ~onis sunt suspecte nullo tempore aliquid dare solet [portarius] nisi tempore gravis caristie *Ac. Beaulieu* 174; in Petro negacio Christi, in Magdalena ~o corporis sui *Spec. Incl.* 2. 3 p. 105. **b** gemine fluxus sanguinis, hoc est et super idolatriae ~one et super his quae .. sanguinis oblectatione patrantur, potest intellegi BEDE *Luke* 442A; aspiciat [anima] .. quam feda et fetida turpissimis et inhonestissimis ~onibus suis intenderit AD. SCOT *Serm.* 415D; si quam animam ad ~onem trahit *Id. OP* 456A. **c** neque .. que apostolus de talibus commemorat satis adverteram, ubi sexus

utriusque innaturalem ~onem condempnat AD. EYNS. *Visio* 25.

2 (transf., act of) putting to dishonourable or unworthy use, defiling, dishonouring, demeaning (for financial gain), prostitution.

1167 nec veretur ne in ~onem justitie accipiatis supellectilem nostram, qui scitis quod pecuniam sic acquisitam . . pretium sanguinis est BECKET *Ep.* 309 p. 204.

prostitutor [LL], one who prostitutes, pander.

non paranymphis castis sed procis impudicis; non denique custodibus sollicitis, sed ~oribus impuris AD. SCOT *Serm.* 109A; infundit ~or ille spurcissimus anime semen suggestionis pollutum et damnosum *Id. OP* 450B.

prostra- v. et prosternere.

prostralis [prostrare + -alis], (of psalm) that is (to be) recited while lying prostrate (*cf. prosternalis, prosternere* 5e).

1278 psalmodia . . non dicantur, set si de precepto . . prelatorum psalmi ~es *Doc. Eng. Black Monks* I 98; in quadragesima psalmi prostrati [MS: ~es] post nocturnas predictas . . dicentur *Cust. Cant.* 411; **1343** psalmi ~es in Quadragesima duntaxat dicantur, cum curta venia super formas *Conc.* II 718b.

prostrare [*back-formation from* prostravi, prostratus, *perf. & p. ppl. of* CL prosternere]

1 to cause to fall prostrate, to knock or throw over or to the ground. **b** lay low, strike down, (opponent or enemy, in quot. transf.) to overthrow, bring down.

1312 pro meremio prostrando, scapulando et sicando *Rec. Elton* 169; ~o, A. *to caste down WW.* **b** tramite subtili latitans plus vulpe senili / rex studet in fine Thomam [Arundellie] prostrare ruine GOWER *CT* II 250.

2 (refl.) to prostrate oneself, bow down to the ground (as sign of reverence or submission).

per vicos et plateas populi se multitudo ~abat adorans et benedictionem petens H. Bos. *Thom.* III 37 p. 310.

3 to cause to fall to the ground: **a** to cut down, fell (tree or timber). **b** to pull down, tear down, demolish (building or structure). **c** (transf., without idea of falling down) to demolish, (in quot.) to (make) level.

pro busca ~anda apud W., xx d. ob. *Manners* 79; **1298** ad meremium ~andum et scapulandum *KR Ac* 486/10; **1300** in eisdem [cheveronibus] ~andis et quadrandis *KR Ac* 479/16 m. 1; a**1307** in vadiis ~ancium et scindencium *blokkes* pro bolis *Ib.* 260/19 m. 3; **1307** omnes . . nativi non possunt . . ~are meremium crescens in tenementis . . sine licencia *Cust. Battle* 21; **1319** duodecim homines ad laborandum potentes pro bosco ~ando sine dilacione eligi *RScot* 195b. **b** s**1272** castrum de Roscaman ~atur per Hibernicos *Ann. Exon.* 14. **c** si quilibet araret vel ~aret partem dimidiam propinquiorem terre sue, ita consumi possent divise et adnihilari BRACTON f. 167.

4 (leg.) to strike down, quash (writ).

1214 nomina recognitorum abrev-iantur in dorso brevis, quod ~atur *CurR* VII 82.

prostratim [CL prosternere + -im], while prostrating oneself, in a prostrate position.

expetita pontificis benedictione, trepide, lacrymose, et ~im accedit Gosc. *Transl. Aug.* 17C; septem psalmos paenitentiales . . ~im decantans *Id. Transl. Æthelb.* f. 35r.

prostratio [LL]

1 (act of) causing to fall prostrate, (transf.) laying low, striking down, overthrowing. **b** (act of) causing to fall or descend to the ground (in quot. w. ref. to cutting down of a hanged man).

de ~one regis Haroldi in bello *Found. Waltham* 20 *tit.* **b 1248** rex perdonavit Sahero de B. transgressionem quam fecit de ~one trium latronum quos suspensi fuerunt apud C. . . quorum latronum unus evasit vivus *Cl* 54 (cf. *CalPat* 17).

2 (act of) prostrating oneself, prostration (as sign of reverence or submission). **b** (fig.) submission, deference. **c** (in gl. understood as) kneeling, genuflection (*cf. prosternere* 5d).

cum prostratus humi jaceas Christum rogitando / silvestris more galli prostratio non sit D. BEC. 139; in ferialibus diebus . . in ~one chorus se habet . . dum preces dicuntur . . . post orationem, solus sacerdos a ~one se erigit cum dicitur . . *Offic. Sal.* 18; ad missam ipsam non debent fratres facere ~ones, quamvis ad horas precedentes et . . subsequentes super formas se prosternant *Obs. Barnwell* 82; introducetur per chori medium ad magnum altare, et facta ibi ~one *Cust. Cant.* 70; in ferialibus diebus quando ad horas preces dicuntur, in ~one chorus continuet ad omnes horas dum preces dicuntur *Stat. Linc.* II 333; **1476** in vigiliis, jejuniis, et elemosinis, in inclinacionibus, ~onibus, et disciplinacionibus *MonA* II 244b (=*FormA* 336); **1531** post humillimam ~onem ad pedes sanctissimas (*Lit. Regis*) *Scot. Grey Friars* II 279. **b** quod Symon minor de Monteforti qui, quasi tenens viam prosticionis [? l. prostracionis], et pedem ad propriam hereditatem . . iredituris [*sic*], modo supradicto evasisset *Ps.*-RISH. 551. **c** *a knelynge*, suffraginacio, genufleccio, ~o *CathA*.

3 (act of) causing to fall to the ground, levelling: **a** felling, cutting down (tree or timber). **b** pulling or tearing down (building or structure). **c** (transf.) smoothing.

a 1221 de boscis pertinentibus ad manerium de B. vendicionem facit, ~onem, et destructionem . . ad dampnum et exheredacionem nostram *Cl* 451a; **1330** pro ~one seu asportacione quercuum earundem *PQW* 565b; **1384** in ~one meremii pro schaffold' et cariagio ejusdem, vj d. *Ac. Obed. Abingd.* 47; **1407** circa ~onem et succisionem spinarum pro factura . . diversarum sepium *KR Ac* 754/29 m. 9; s**1426** nunquid aliqua facta fuerit boscorum ~o . . absque specifica abbatis licencia AMUND. I 208; **1528** pro ~one suprascriptarum xl quarcuum apud W. *Fabr. York* 102. **b 1200** R. T. et socii sui versus quos fratres milites Templi tulerunt breve . . de quodam muro prostrato . . . venit et cognovit illam ~onem et est in misericordia *CurR RC* II 20; **1275** Petro L. pro ~one domus magistri F. ij s. vj d. *KR Ac* 467/6/2 m. 6; **1303** pro hujus ~one clausture seu edificii et districcione *Reg. S. Aug.* 172; s**1437** nota de prima ~one furcarum apud Nomanneslonde AMUND. II 131n. 4; **1461** pro ~one et deposicione dicti cancelli *Ac. Durh.* 152; **1509** pardonavimus . . eidam episcopo omnimodas ~ones, abruptiones, sive permissiones cedendi aliquarum domorum, ac etiam omnimodas inclausuras aliquarum terrarum arrabilium *Foed.* XIII 244. **c 1201** utrum ad nocumentum Willelmi fiat illa ~o fossati vel non *CurR* II 48; **1231** R. de B. . . ad respondendum . . quare prostravit quoddam fossatum quod . . abbas . . levavit circa boscum de T. . ., et unde idem abbas dicit quod per ~onem illam . . dampnum habet *BNB* II 441; **1256** ad reficiendum predictam gurgitem, et . . ad satisficiendum ei de dampnis suis que ipse habuit occasione predicte ~onis predicti gurgitis usque nunc *AssizeR Northumb* 15.

prostrator [LL], one who levels or overthrows, leveller: **a** woodcutter, timber-feller (also w. obj. gen. *cf. prosternere* 6b, *prostrare* 3a). **b** (w. *gurgitum*) dismantler.

a 1314 item in ~oribus buste in W., x s. ix d. *Comp. Worc.* I 40; **1319** de bosci ~oribus eligendis in Essex: . . duodecim homines ad laborandum potentes pro bosco prostrando . . eligi *RScot* 195b; **1407** in . . vadiis trium ~orum ibidem operancium . . circa prostracionem et succisionem spinarum pro factura . . diversarum sepium *KR Ac* 754/29 m. 9. **b 1250** salvo . . uno batello et uno homine ad cariandum ~ores gurgitum, sc. infra quindenam proximam ante festum S. Johannis Baptiste et quindenam post *Cart. Osney* IV 518; **1250** de inveniendo uno batello cum uno homine ad cariandum ~ores gurgitum *Ib.* 519.

prostruere [CL pro- + struere], to knock down, demolish.

1242 in . . muro . . extra parte australi super vivarium quantum necesse est ~endo et reficiendo *Pipe* 177.

prosueca v. proseucha.

prosultus [CL prosilire + -tus; *cf.* assultus], attack, assault.

s**1219** Saraceni . . sperantes quod Soldani Babilonie et Damasci in castra Christianorum ~um facerent W. COVENTR. II 242.

prosumere [CL pro- + sumere], to take and apply (resources) on behalf of another, to spend in the name of another.

1431 volo quod . . filii mei dum in annis puerilibus steterint sint in custodia . . executorum meorum ut et ipsi ~ant et ordinent pro sustentacione et erudicione eorundem usque ipsi pervenerint ad annos discrecionis *Reg. Cant.* II 444.

prōsus [CL], straight, direct, (~*a locutio* or *oratio*, 'direct expression', *i. e.* prose (as dist. from verse); **b** (in fig. context, w. ref. to writing in prose).

et Aristoteles . . perplexa nihilominus enigmata ~ae locutionis facundia fretus argumentatur ALDH. *Met.* 6; principia . . et fines libri Job . . ~a oratione texta sunt ALCUIN *Dub.* 1126A. **b** utque mones, proso tramite pergo viam (*Vers.*) *V. Ed. Conf.* f. 38v.

prosyllogismus [προσυλλογισμός], syllogism of which the conclusion forms the major or minor premise of another syllogism, prosyllogism.

cum probatur major ~i DUNS *Ord.* II 280; cum probatur per alium ~um . ., dico quod major istius ~i falsa est, si . . *Ib.* III 196; major hujus ~i probatur, quia si . . OCKHAM *Quodl.* 756.

prosynecticus [πρό + συνεκτικός], (med., understood as) conjoint, complex (w. quot. cf. Alexander Trallianus, ed. Puschmann I 465: . . προκαταρκτικῶν αἰτιῶν εἴτε συνεκτικῶν; ? cf. προσενεκτέος], fit for holding together, essential (of dogma, action, etc.).

prosonecta causa dicitur causa commenta [v. l. conjuncta] ut in Alexandro Capitis [v. l. De Dolore Capitis] *Alph.* 149; procatartica causa dicitur a pro . . et catarron . . quasi de procul fluens . . . prohigumena dicitur causa antecedens. prosenectica sive senectica causa dicitur causa conjuncta, ut in Alexandro De Dolore Capitis *Bodl. MS Ashm. 1470* f. 272ra (cf. *Alph.* 149n. 14).

protagium v. potagium. **protagollum** v. protocollum.

protasis [LL = *assertion, proposition* < πρότασις], clause that expresses the condition in a conditional sentence (as dist. from the concluding clause or *apodosis*).

in qua figura notandum est solere eleganter cum ~asibus apodoses misceri LINACRE *Emend. Lat.* xviii.

protaxare v. protrahere. **protea** v. Proteus.

proteamen [proteare + -men], change, transformation.

heu! protheatus homo, morum prōtheamine magno (*Vers.*) AMUND. II 222 (v. proteare).

proteare [CL Proteus + -are], to cause to change (in form or appearance), to transform (refl. in quot.). **b** (pass. in middle sense) to change or transform oneself.

tot se modis protheat, / ut modum non teneat. / nam lesurus lenit, / et mulcet, ut mulgeat P. BLOIS *Carm.* 25. 15; a portu pelagus placidum rex laudat, at inde / se levis irato protheat ore Thetis GARL. *Tri. Eccl.* 28. **b** mortis rex describitur, mystice formatur, / sed incerto Protei vultu proteatur GARL. *Epith.* II *summa* 10; heu! prōtheatus homo, morum protheamine magno, fit fera, fit volucris, fit bestia, bellua, quivis AMUND. II 222.

protecdicus [Byz. πρωτέκδικος < πρῶτος + ἔκδικος], (eccl., as title of official in Eastern Orthodox Church) chief advocate.

1274 cum his . . qui clerum complent sanctissime ecclesie magne Dei, viz. magnus †conconomus [l. economus], †prothedicus [l. protecdicus], logotheta *Flor. Hist.* III 38 (cf. ed. Mansi, *Sacrorum Conciliorum Nova et Amplissima Collectio* (Florence, 1759–93), XXIV (1780) col. 75C: protecdicus).

1 protectio v. 1 profectio.

2 protectio [CL]

1 (act of) protecting, defending, or sheltering (from actual or potential danger or threat), protection (freq. w. subj. gen.); **b** (in pl.); **c** (w.

obj. gen.). **d** (w. *regis* or *regia*). **e** (*in* or *sub ~one*) under the protection (of, w. gen. or poss. pron.). **f** (*suscipere in ~onem* or sim.) to take under one's protection (w. gen. or poss. pron.); **g** (w. *sub* or *in ~one*).

evidenter in se esse Dei virtutem videntes ~one ejus innoxii servati sunt *V. Cuthb.* II 7; c**794** te, quocumque vadas, divina comitetur ~o ALCUIN *Ep.* 26; **838** quod .. hoc idem patrocinium ac ~onem illius sedis .. spontaneum paratumque amicali amore inveniant *CS* 421; mira fugitivi presumptio, mira vero virginis [sc. S. Mildrethe] ~o GOSC. *Transl. Mild.* 23; ejus te sedulo ~oni committas AILR. *Ed. Conf. prol.* 740A; s**1089** monasteria .. in manu sua .. cepit, et perverse hoc nomine manu, id est ~one et defensione, abutens, omnia .. vastabat M. PAR. *Min.* I 38; quod [rex] omnes virgines et viduas et miserabiles personas .. in sinu sue ~onis includat *Plusc.* VII 18. **b** c**720** moneo ut intercessionum tuarum studia .. Domino offerre digneris, quatenus sua gratia me faciat incolumen cum tuis ~onibus (*Bugga*) *Ep. Bonif.* 15 p. 27. **c** contra eas [tribulationes] vobis quoddam quasi umbraculum extiti, et, ne in immensum vos ferirent, scuto me vestre ~onis medium objeci EADMER *V. Anselmi* II 21; serva bonitatem ..; in hoc est ~o regni, destruccio inimici BACON V 58; quod .. ~o et defensio subditorum in judicio derogat honori prelati OCKHAM *Err. Papae* 960; **1545** pro .. regni .. contra .. veteres inimicos .. tuitione, manutentione, et ~one *Conc. Scot.* I cclviii. **d** credentes .. ab oppressionibus .. protegi, et optata tranquillitate regie ~oni restitui *Ps.*-RISH. 546; s**1376** nisi prefatus abbas .. contra hujusmodi .. malitiam regis ~onem et auxilium quesivisset *Chr. Angl. app.* 394; s**1326** progressa est [regina] ad querendum suos regnique adversarios, qui se semper sub alis ~onis regie adherentes .. WALS. *HA* I 180. **e** a**1090** quod locus ille .. in ~one mea et defensione semper sit *FormA* 240; sub Christi ~one nihil adversi incurrere potuit OSB. *Mir. Dunst.* 19 p. 149; **1171** sciatis canonicos ecclesie S. Andree .. esse in mea firma pace et ~one *Regesta Scot.* 127; s**1216** ipse rex fuit in ~one domini pape *Leg. Ant. Lond.* 203; a**1350** ordinatum est eos sub domini cancellarii ~one manere *StatOx* 46; s**1217** ut prelati et clerici sub ista pacis ~one includerentur impetrare non potuit *Plusc.* VII 8 (cf. BOWER IX 31: sub pacis ipsius condicione). **f** a**1199** sciatis nos recepisse in custodiam et ~onem nostram abbatiam de S. *FormA* 298; **1265** ipsum et omnes terras et tenementa sua in ~onem nostram et defensionem suscepimus *Cl* 83; **1327** suscepimus in ~onem et defensionem nostram specialem dilectos .. priorem et conventum *Lit. Cant.* I 222; s**1453** qui .. tueri te habeant, ac recipere in sue tabernacula ~onis *Reg. Whet.* I 112. **g** c**1179** ipsam [ecclesiam] .. sub beati Petri et nostra ~ione suscipimus (*Bulla Papae*) ELMH. *Cant.* 425; c**1180** nos .. ecclesiam beati Martini .. sub ~one Dei .. et nostra suscepisse *Lit. Cant.* III 372; domum Dunhelmensem in ~one suscipiens G. COLD. *Durh.* 12.

2 (viewed as right or privilege, freq. w. ref. to written instrument conferring protection). **b** (*littera ~onis* or *de ~one* or sim.). **c** (*privilegium ~onis*).

1216 privilegia, beneficia, ~ones, et confirmationes a .. predecessoribus nostris monasterio vestro indultas *Reg. Malm.* I 377; **1287** venit .. S. de N. .. et †perfert [l. profert] ~onem domini regis que testatur quod idem rex suscepit in protectionem dilectum .. suum W. de L. *PQW* 2b; c**1349** irrotulatur in banco, rotulo primo de cartis et ~onibus de termino Pasche, anno regni regis E. tercii .. vicesimo secundo *FormA* 388; **1419** quod ~ones in obsequium regis .. locum non teneant de cetero in placito debiti pro victualibus *MGL* I 163; de ~onibus regiis allocandis *Ib.* I 170. **b** **1190** nulli .. homini liceat .. hanc paginam nostre ~onis, confirmationis, et constitutionis infringere (*Bulla Papae*) ELMH. *Cant.* 476; **1200** ipsi protulerunt breve domini regis de ~one quod omnes terre et possessiones Willelmi de C. in pace sint *CurR* I 117; **1258** habet litteras regis de ~one simplici, et quietancia secte comitatus et hundredi, quia languidus est *Cl* 265; non obstante aliqua redempcione prius regi facta, nec littera ~onis obtenta causa quietis obtinende *Ps.*-RISH. 546; **1319** perplures homines regis Edwardi in marchia Scocie commorantes .. habent literas de ~one, attornatu, et respectu debitorum *RScot* 199b. **c** s**1236** Judei privilegium ~onis a papa impetraverunt OXNEAD *Chr.* 164.

3 guardianship, wardship, tutelage (of person under one's charge). **b** wardship (of castle).

adest electis gratia piae ~onis qua illos specialiter per praesentia dona vel flagella quasi filios pater erudit BEDE *Hom.* II 8. 147A. **b** s**1342** castrum .. et alia loca .. ~oni ipsius domini regis submisit et liberavit AVESB. f. 98b.

protectivus [CL protectus *p. ppl. of* protegere + -ivus], that protects or offers protection.

regis esse noveris nomen relativum, / nomen quoque sciveris esse protectivum; / unde sibi vivere soli non licebat, / qui multos protegere vivendo †delebat [l. debebat] *Carm. Lew.* 898.

protector [CL]

1 one who protects or defends, one who offers protection, protection, patron (also w. obj. gen.); **b** (w. ref. to God or Christ); **c** (w. ref. to pagan gods); **d** (w. ref. to member of life- or body-guard). **e** (w. ref. to land tenure) warrantor; **f** (transf., w. ref. to inanimate object).

a**625** benedictionem ~oris vestri beati Petri .. vobis direximus (*Lit. Papae*) BEDE *HE* II 10 p. 104; **793** ut sanctissimi patres, qui vos genuerunt, vobis ~ores esse non cessent ALCUIN *Ep.* 20 p. 57; acrius hostiles cum fulgurat ira furores / in te, protector tibimet solertior esto D. BEC. 495; s**1180** Lodowicus rex Francorum .. pius beati Thome martyris consolator, et in tribulatione et exilio receptator et ~or M. PAR. *Min.* I 418; **1413** quasi pro impossibili scissuram tunice Domini .. reformare, nisi prius certi .. ~ores, defensores, et receptores .. hereticorum .. essent rigide reprehensi *Ziz.* 433; alme gentis nostre ~ores fuerunt ii de quibus egimus CAPGR. *Hen.* 54. **b** c**666** habet ~orem, humani generis redemtorem .. Jesum Christum (*Lit. Papae*) BEDE *HE* III 29 p. 198; Deus meus .. rex meus, ~or meus, munda me a peccatis meis *Ps.*-BEDE *Collect.* 386; c**791** incipe bona promereri conversatione Deum ubique habere ~orem ALCUIN *Ep.* 61; ~or noster aspice Deus *Rit. Durh.* 15; erit .. unus omnium custos et ~or Deus AILR. *Ed. Conf.* 750C; a**1230** ~or Deus in te sperantium (*Oratio*) *Ch. Sal.* 213; s**1314** Angli vero summe elati .. Scotti vero contriti .. solum Deum ~orem acclamantes *Meaux* II 331. **c** dii, omnium ~ores bonorum et custodes, et malorum ultores LIV. *Op.* 202. **d** denique [Caligula] omnibus odiosus effectus, a suis ~oribus occisus est M. PAR. *Maj.* I 98. **e** in Dovere sunt xxix mansurae .. de his habet R. de R. duas, .. filius M. unam. et hi omnes de his domibus revocant episcopum Baiocensem ad ~orem et liberatorem vel datorem *DB* I 1a; has domus et hanc terram tenet R. de C. .. de his omnibus revocat isdem R. ad ~orem episcopum Baiocensem *DB* I 2ra; H. de S. habet xiiij domos .. de quibus advocat .. regem ad ~orem *DB* I 132 ra; hanc invasit W. homo Roberti super regem, sed reclamat dominum suum ad ~orem *DB* I 137 vb; de ista terra advocat Walter' regem ad ~orem, et Henricum de F. ad liberatorem *DB* I 276va. **f** clipeus vivi protector militis NECKAM *DS* IV 494.

2 (eccl., as title of Cardinal Protector of the Franciscan order).

ipse .. citatus est a ~ore ordinis et aliis cardinalibus ECCLESTON *Adv. Min.* 88; s**1227** per obedientiam injungo ministris ut petant .. unum de .. cardinalibus qui sit gubernator, ~or, et corrector hujus fraternitatis (*Regul. S. Francisci*) M. PAR. *Maj.* III 143; **14..** postmodum factus est .. episcopus cardinalis, qui tunc eciam extitit ordinis nostri ~or et corrector *Mon. Francisc.* I 534.

3 (usu. w. *Angliae*, *regni*, or sim.) title of person having royal authority in place of the king, protector, regent.

s**1422** in quo .. parliamento, ex assensu omnium statuum ejusdem, idem dux defensor seu ~or Anglie .. fuerat ordinatus ac nominatus WALS. *HA* II 346; s**1431** dominus Humfredus dux Glovernie, regni ~or *Chr. S. Alb.* 58; s**1455** cum cogerentur proceres regni .. ordinare .. dominum probum aliquem, qui loco regis regni regimen haberet et gubernacionem, ordinatusque esset .. dux Eboracensis ac ~oris nomine insignitus *Reg. Whet.* I 163; insuper idem Ricardus, tempore infirmitatis cujusdam ipsius Henrici Sexti, authoritate Parliamenti in ~orem Anglie ordinatus FORTESCUE *Tit. Edw.* 13; **1549** impulsu ac suasu .. charissimi avunculi domini Edowardi .. ducis Somerseti .. gubernatoris persone nostre regie, et ~oris omnium regnorum .. nostrorum *StatOx* 342.

protectorius [LL = *of or belonging to the body-guard*]

1 that protects or offers protection. **b** (as sb. n.) protection, defense.

s**1326** quosdam de suis secum retinuit, quosdam datis litteris ~iis in pace dimisit WALS. *HA* I 183. **b** ~ium pauperis R. MAIDSTONE *PP* f. 160 *tit.*

2 (as sb. n., in gl.) swingletree (of harrow).

a swyngilstre [v. l. *swyngyltre*] *of a harowe*, ~ium *CathA*.

protectrix [ML < CL protegere + -trix], one who protects or defends, one who offers protection (f.); **b** (w. ref. to the Virgin Mary).

797 sicut praedecessores vestri .. ex eadem .. aecclesia fontem veritatis auriebant .., ita et vestra excellentia ~icem et doctricem prorsus utens usque tenus amplectere .. habebit *Ep. Alcuin.* 127; nimirum tante ~icis [sc. S. Mildrethe] obumbratione aut sensus et oculi omnium tenebantur ne intellegerent, aut videntes non videbant GOSC. *Transl. Mild.* 23; ancillam Christi se nominat. promittit se potentiam ipsius ~icem habere J. FURNESS *Kentig.* 3 p. 167; **1358** quod istam matrem nostram universitatem .. esse .. sane fidei ~icem *MunAcOx* I 210; s**1358** obiit .. domina Isabella .. mater domini Edwardi tertii ... hec .. precipua mater et ~ix ordinis fratrum minorum semper extitit *Chr. Kirkstall* 105; **1424** cupimus .. vestram dominacionem paternalem nobis piissimam ~icem *EpAcOx* 13. **b** ipsis esto pia protectrix, virgo Maria R. CANT. *Poems* 292. 2; s**1147** cives .. victoriosi .. virgini virginum ~ici eorum laudes et gratias insigniter exsolverunt H. HUNT. VIII 25; hic [sc. Edwardus tertius] pre omnibus regibus Anglorum devotissmus erat Virgini beate, quam semper habuit ~icem *G. Ed. II Bridl.* 151.

protectum [CL], projecting roof or roof-like structure, pentice, penthouse; **b** (spec. as made of wood as dist. from stone).

dum .. sub cujusdam domus stans ~o intus fabulantes intencius ascultaret *Arthur & Gorlagon* 11. **b** *a pentis* .. dicitur †profectum [l. protectum] si de lignis, menianum si de lapidibus; versus: .. dicas †profectum [v. l. protectum] si tectum noveris ipsum *CathA*.

protegere [CL]

1 to cover over, to provide with a roof or canopy; **b** (w. covering as subj.); **c** (transf., of shade).

interior .. domus .. tegi non potuit, altare ad orientem habens angusto culmine ~tectum (ADOMNÁN *De Locis Sanctis*) BEDE *HE* V 17. **b** arborem .. opertam per omnes frondes cucullis, maximamque cucullam in summo positam, ceteras minores manicarum quasi fomento ~tegere W. MALM. *GP* II 75. **c** cujus [ducis] dum vel sola umbra ~tegerentur, totius pugne aleam, ipsam etiam obsidionem non paucis mensibus luserant W. MALM. *GR* II 177 p. 208; s**1133** subito in aere nubes apparuit .. .. in quibusdam [locis] .. tante obscuritatis erat, ut lumine candele ad quodlibet agendum ipsa ~tecti homines indigerent J. HEX. *HR Cont.* 295; arborem magnam fructiferamque .. cujus umbra ~tegebat Hiberniam omni parte (*Ciaran* 2) *VSH* I 208.

2 to furnish with protection (against blow or hostile weapon) through interposition of a shield or protective covering, to shield, protect; **b** (in fig. context); **c** (w. protective structure as subj.); **d** (transf., w. ref. to clothes or sim. offering protection from the elements).

gigantem .. aerea .. parma ~tectum [*gl.*: i. munitum] ALDH. *VirgP* 53 p. 311; erant scale. . ascendentibus dampnose, quod vulneribus expositi undique nulla parte ~tegerentur W. MALM. *GR* IV 369; in rebus bellicis ante clericatum asper extitit [sc. Guillelmus Pictavinus], et militaribus armis ~tectus terreno principi militavit ORD. VIT. IV 7 p. 218; gentiles .. clipeis se ~tegere et superveniente telorum nimbo audacter se opponere *Ib.* IX 7 p. 501; clipeatus .. i. clipeo ~tectus OSB. GLOUC. *Deriv.* 103. **b** p**675** fortasse quilibet .. scripturarum disceptator .. tali se apologiae parma ~tegat ALDH. *Ep.* 4 p. 485; ut hoc opusculum .. inexpugnabili metrorum pelta et grammaticorum parma ~tegere digneris *Id. Met.* 142 (143) p. 202; **800** nisi scuto bonae voluntatis vestrae ab invidorum linguis meae litterulas oboedientiae ~tegendas sperarem ALCUIN *Ep.* 202; Domine, sub quo tegmine ~tegitur ANSELM (*Or.* 11) III 44; galea salutis caput ~tectus ..

opimam de diabolo lauream in celum evexit W. Malm. *GP* V 188; in se recepit [Christus] mortis ictum ut nos ab eo ~tegeret [ME: *schilden*] sue clemencie gracia. .. gravem ictum recepit ut nos ~tegeret [*ME*: *burhen*] a baculo diaboli *AncrR* 143. **c** machina .. lateribus crudis coriis munitis ~tegit in se subsidentes W. Malm. *GR* IV 369; [murus urbis] fortis ubique satis se protegit; et, sibi custos / et vigil ipse suus, tutus ab hoste manet L. Durh. *Dial.* I 331. **d** quis prior in mundo deprompsit tegmina vestis / aut quis clementer miserum protexit egenum? Aldh. *Aen.* 77 (*Ficulnea*) 2.

3 to defend or protect (against attack, assault, or threat); **b** (by means of prayer); **c** (w. divine agent as subj., also absol.); **d** (w. abstr. as subj., also absol.); **e** (w. ref. to political or legal patronage); **f** (w. saint as patron).

[sacerdotes] habentes defensorem nomine Brocmailum, qui eos .. a barbarorum gladiis ~tegeret Bede *HE* II 2 p. 84; non discernas potiore fortuna an virtute ut mulier [sc. Ethelfleda] viros domesticos ~tegeret, alienos terreret W. Malm. *GR* II 125; promittebant .. stabilem et firmam inde pacem proventuram, cum Romana potestas ipsos ~tegeret G. Mon. V 11; supplicant ut .. urbem .. sicuti suam ab hostibus ~tegat Ord. Vit. IX 7 p. 504; **1149** concessi .. super hec omnia omnes sancte ecclesie fideles eis [sc. monachis] et omnia sua protigere *Ch. Chester* 88; ipsum .. jam factum militem, contra regem Beormredum et ejus insidias potenter et prudenter ~tegere *V. II Off.* 11. **b** [Cudberct] commissam .. sibi plebem .. orationibus ~tegebat Bede *HE* IV 28 p. 273; **1103** vestris orationibus me prosequentibus ab omni adversitate sum usque in praesentem diem ~tectus Anselm (*Ep.* 286) IV 205. **c** quoniam dextera sua ~teget [v. l. teget] eos et brachio sancto suo defendet illos (*Sap.* v 17) Gildas *EB* 62; **596** Deus sua vos gratia ~tegat (*Lit. Papae*) Bede *HE* I 23; qui [sc. maligni spiritus] .. nec tamen, ~tegentibus eum angelis, quicquam proficiebant *Ib.* III 19 p. 165; tu .. omnium preteritorum veniam tribue delictorum, et a presentibus et futuris me ~tegendo conserva *Nunnam.* 65; c**1298** polorum dispositor .. / qui per multa populum protexit Hebreum (*Dunbar* 26) *Pol. Songs* 163. **d** praefatum Christi tironem .. Sanctae Trinitatis tutela ~tectum [*gl.*: i. defensum, *gewarad*] Aldh. *VirgP* 30; qui .. laedi non potuit quia hunc in casu suo viri Dei meritum portavit et a periculo ruinae incolumen ~texit Wulf. *Æthelwold* 34; c**1090** superno ~tegente respectu, nec dissipavit substantiam suam cum meretricibus, nec inedia coactus pavit porcos extraneos Anselm (*Ep.* 140) III 286; **1103** quatenus .. nos et actus nostros divina clementia ~tegat et disponat *Id.* (*Ep.* 289) IV 208; virtute regia consobrinum suum ~tegente Ord. Vit. XII 5 p. 328; superna pietas, que suos novit semper ~tegere (*Berach* 23) *VSH* I 85. **e** a**1236** W. et heredes sui mauntenebunt [*sic*] domum Magne Malvern' in jure suo, et preposse [? l. pro posse] suo contra omnes homines ~gent et defendent *Cart. Beauchamp* 61; **1447** domino Thome Nevyll ad manutenend' et ~tegend' nos et tenentes nostros, lxvj s. viij d. *Ac. Durh.* 631. **f** ~tegente ipsos virgine Maria *Feudal Man.* 134.

4 to maintain intact or inviolate, preserve. **b** to maintain or preserve (in a particular condition, spec. by adj.).

jus, litem, pacem, protegit, odit, amat (*Vers.*) W. Malm. *GR* V 439; ut qui [sc. Deus] cepit in nobis bonum perficiat, confirmet, ac inter adversa seu prospera ~tegat Ord. Vit. XII 30 p. 427; c**1155** accepimus mandatum domini pape de conservandis omnibus et ~tegendis que ad jus Wintoniensis ecclesie et venerabilis fratris nostri domini Wintoniensis jure aliquo competere dinoscuntur *Doc. Theob.* 172. **b** in Sancti Petri coenobio veteri, / quod Deus omnipotens sic protegat inmaculatum Wulf. *Swith. pref.* 107.

protegus v. prodigus. **protelac-** v. protelate.

protelamen [CL protelare + -men], (in gl.) delay.

protelo, -as, .. unde .. hoc ~en, -is, i. dilatio Osb. Glouc. *Deriv.* 585.

protelancius v. protelate.

protelare [CL = *to drive before one*; LL *in senses* 2, 4]

1 to cause to follow in succession or one upon the other, to link or string together. **b** (w. inf.) to repeat over and over, perform (an action) repeatedly (*cf.* CL *protelum*).

c**690** (13c) quod .. complevi dedique .. abbatisse Eabbe, ut .. servientium Deo preces ~entur atque pro vita mea sine defectu in conspectu Dei effundantur *Ch. Minster-in-Thanet* 41 (= *CS* 41); c**717** ne diutius varie verba ~arem *Ep. Bonif.* 13 p. 19; ejus servitio me devovi ea condicione, ut per sex menses omni anno cum eo commanerem, aut, si simul possem sex menses ~are, aut etiam per vices, ut tribus mensibus in Britannia, ut tribus in Saxonia commanerem Asser *Alf.* 79 p. 65; qui .. decentis aeditui, almi sc. Dunstani, merita monimenta ~are conarer B. *V. Dunst.* 1; nec horrebat pedes lavare morbidorum .. postremo longa manibus oscula ~are W. Malm. *GR* V 418 (cf. Fordun *Chr.* V 29, Bower V 39); cum diutius basia procellaret, subrepsit igniculus nomini, et non aspernantis femine infusus gremio, carnis deliquit lubrico *Id. Mir. Mariae* 170. **b** hic .. sanctae rudimenta scripturae .. praesumpsit incipere ... quos flosculos .. in corpore unius libelli .. redigere usque adeo ~avit quousque propemodum ad magnitudinem unius psalterii perveniret Asser *Alf.* 89.

2 to extend, prolong, protract (a period of time, or the duration of something in time); **b** (metr., w. ref. to lengthening of syllable). **c** (intr., or pass. w. refl. or middle sense) to last (in time), extend. **d** (p. ppl. as adj.) prolonged, protracted.

671 neque .. parva temporum intervalla in hoc lectionis studio ~anda sunt Aldh. *Ep.* 1 p. 476; per illam vita ~abatur temporalis, per hanc vita donatur sine fine mansura Bede *Hom.* II 18. 202A; a**796** (12c) haec est .. praefata munificentia quam in posteros ~atam decrevi *CS* 275; s**1095** adversariis .. ejus conciliabula sua in longum ~antibus, ipse [sc. Anselmus] ad parietem se reclinans leni somno quiescebat Eadmer *HN* p. 67; tempora penitentie fide et conversatione penitentium abrevianda precipiunt et negligentia pretelanda [MS: protelanda] existimant Bart. Exon. *Pen.* 26 p. 195. Gallorum wlgus .. pergit protrahere moras sepe .. meri per superhabundancias aliquam diu ~atas E. Thrip. *SS* III 38; s**1406** eo tempore inchoatum est parliamentum, quod ~abatur inutiliter fere per annum Wals. *YN* 417; dum rex .. in urbe Rotomag' moram †protolaret [l. ~aret] .. princeps delphinatus .. misit ad .. regem .. quod Strecche *Hen. V* 177. **b** si paenultima positione producitur, acutum accentum habebit ..; si vero naturarum decreto ~etur, circumflexa prosodia describitur Aldh. *PR* 124 p. 173; si .. paenultima naturarum legibus ~abitur *Ib.* 140 p. 199. **c** decebat .. ut dies a luce incipiens in mane diei sequentis esset ~atus Bede *Gen.* 18B; tantam diuturnitatem a vigesimo aetatis suae anno usque quadragesimum .. annum .. incessanter ~asse Asser *Alf.* 74; de prolixa protraccione divinorum officiorum nusquam fastidium passus erat, quanquam ultra meridiem ~abantur Blakman *Hen. VI* 6. **d** ipsi magis ingeminant, "crucifige .. eum" non sufficit eis quoquo modo occidere sed acerba et contumeliosa et ~ata morte perimere S. Easton *Psalm.* 35.

3 to extend (in size or magnitude), enlarge, increase; **b** (w. ref. to written work); **c** (refl.). **d** (pass. w. refl. or middle sense) to stretch or extend (spatially). **e** to extend or increase (the scope or effective sphere of an action).

nullus .. scientiam querit, nisi qui fame sue ~et dignitatem Alb. Lond. *DG* 8. 18. **b** sed, ne in immensum modum opusculum hoc .. ~etur Gildas *EB* 94; in primordio epistulae, quam tantopere exempli gratia ~averam Aldh. *Met.* 4 p. 74; nunc quia certam proposui cronographyam scripto ~are .. quedam libet inserere que antiqui patres .. ediderunt Ord. Vit. I 22 p. 94; prolixam digressionem sed .. non inutilem ~avi *Ib.* IV 6 p. 207 (cf. ib. V 20 p. 471: prolixam narrationem .. ~avi); quorum .. nomina .. aut .. omitto aut pro nimia prolixitate fastidientia minusque necessaria ~are veha devito *Ib.* VI 10 p. 85; opus inceptum viz. a conquestu regni Anglie in v partes ~are curavi Knighton I 3. **c** ecce repente lapis se protelare locelli / caepit, et ad formam se aptavit corporis almi Alcuin *WillV* 25. 6. **d** Scythia .. cujus pars superior est in Asia, inferior inter Meotidis paludes, incipiens inter Danubium et oceanum septentrionalem, et usque Germaniam ~atur *Eul. Hist.* II 58. **e** inter persequendum .. Dominum nostrum Jesum Christum, ad conventicula quoque fidelium ejus discipulorum .. impetum nefandae quaestionis ~avit Bede *Sam.* 675C; sagax humanae curiositatis industria, dum jugiter aggeratim sibi provideat labilia, adeo plerumque ~atur philantropia, ut intransmeabiles naturae metas insolenter praeteriens, undecumque etiam inficiando conquirendum fore praeordinet O. Cant. *Pref. Frith.* 6.

4 to put off, delay, postpone, defer: **a** (action); **b** (time); **c** (w. inf.); **d** (person).

a mundi Conditor .. voluit .. diu ~atam idulorum cultoribus iram .. publice ostendere Willib. *Bonif.* 8 p. 52; petitam .. translationem rex in aliud tempus ~et Gosc. *Transl. Mild.* 9; **1100** precor ne tibi displiceat quod regiam benedictionem absque te suscepi ..; sed necessitas fuit talis, quia .. barones mei et idem populus noluerunt amplius eam ~ari (*Lit. Regis*) Anselm (*Ep. Anselm.* 212) IV 109; s**867** vesper jam occiduus bellum in crastinum ~avit W. Malm. *GR* II 119 (= Ciren. I 379); regem .. querentem semper per quasdam ambages, per involucra, et per .. astutias, pacis negotium .. ~are H. Bos. *Thom.* IV 28; **1306** concedimus quod loquele .. non continuentur nec ~entur de hundredo in hundredum sine assensu parcium (*Swansea*) *BBC* 213; s**1173** crucis obsequium quod rex Henricus .. promiserat post triennium prosecuturum, lapso triennio Romam misit ad ~andum frustratorie fallax propositum *Eul. Hist.* III 89; negocium ipsum usque ad certum diem fuit continuatum [v. l. ~atum est], ut interim breve regium .. posset adipisci *Meaux* III 141. **b** si totus mundus meus esset, darem eum ut uno saltem die diem judicii ~are valerem Gir. *GE* I 18 p. 55. **c** ter et quater de termino in terminum, de loco in locum protrahens, audire nos ~avit H. Cantor f. 12; s**1340** cum .. nec nobiles marchiones Anglie illarum partium .. Scotis occurrere tunc curarent, seu nimium ~arent [ed. Hog 102: procellarent], populares illius marchie, ipsis Scotis redeuntibus occurrentes, .. multos occiderunt Ad. Mur. *Chr.* 109n. 6. **d** **1569** si .. regentes quicunque .. inaugurandos admittere distulerint, et eosdem ulterius ~averint *StatOx* 399.

5 (assoc. w. CL *tela*): **a** to weave (on a loom). **b** (perh. assoc. also w. CL *protendere*) to draw out or forth, extend (fig. in quot., w. ref. to spider spinning web).

a *to warpe a web*, ~are *CathA*. **b** viscera protelo [*gl.*: extendo; prolongo, a telon], me sicut aranea velo, / et victus zelo metra protelata [*gl.*: extensa; composita] revelo Garl. *Mor. Scol.* 231–2.

protelate [CL protelatus *p. ppl. of* protelare + -e], in a prolonged or protracted manner, protractedly.

die quodam ipsa protelancius [MS: protelacius] in monasterio suo orante *V. Chris. Marky.* 79.

protelatio [ML < CL protelare + -tio]

1 (act of) extending or prolonging in time or duration, prolongation, protraction (in quot. usu. w. obj. or specifying gen.). **b** the spending of a length of time. **c** (w. *temporis*) (unnecessary) prolongation of a period of time, delay.

c**1102** desperant .. ullum bonum aliquando proventurum ecclesiae Dei per illos episcopos qui in tam exsecrabilis sceleris ~onem consentire potuerunt Anselm (*Ep.* 238) IV 145; quibus .. delirantibus, et in deliramenti ~one murmuris .. perseverantibus E. Thrip. *SS* II 15; **1333** ut cum senio .. invalitudine eum detineri contigerit, .. ad procreacionem et ~onem vite senilis .. quiescat *Reg. Kilmainham* 33; quidam agricola .. pro vite necessariis corporei laboris vires virtuosa ~one vexare studuit *NLA* II 651; noluit respondere nec cum eo longa verborum ~one certare J. Yonge *Vis. Purg. Pat.* 8; ne gravitatem ejus nostre disputacionis tedeat ~o Fortescue *NLN* II 58. **b** per unum pontem qui inter duas alias arces operosa ~one constructus est Asser *Alf.* 92 p. 80; jejunii ~o, hospitum susceptio Ailr. *Spec. Car.* III 85. 609B; vix intermissarum sompniculose ~ones pervigiliarum E. Thrip. *SS* III 42; vigiliarum et psalmodie ~o gravis Bower VI 30. **c** c**1240** que [litere] .. quid aliud sunt quam velamen argute ~onis temporis, cum potestatem vobis non tribuant formande pacis? Gros. *Ep.* 91; **1419** volo quod funeralia mea absque pompa fiant, absque ~one temporis *Wills N. Country* I 20.

2 (act of) delaying or postponing, postponement (also w. obj. gen.).

nuntiis sui Romam transmissis ut peregrinationis ~onem impetraret Gir. *PI* II 7; s**1285** tandem, post multas ~onis cautelas, mulier cum suis comprobatricibus adducitur *Lanercost* 120; **1412** dilacionibus frivolis et prothelacionibus exquisitis *StatOx* 215; a**1414** dissensionis scintilla, que .. ex nimia ~one justicie .. est accensa *FormOx* 198; **1426** qui .. post diutinam cause ~onem eandem ordinacioni et jurisdiccioni nostris .. submittentes terminandam *Reg. Heref.* 99.

protelator [CL protelare+-tor], one who prolongs or delays.

protelo, -as . . unde ~or Osb. Glouc. *Deriv.* 585.

protelatus [CL protelatus *p. ppl. of* protelare+ -us], (act of) prolonging or delaying.

protelo, -as, . . unde protelator, ~us, protelatio Osb. Glouc. *Deriv.* 585.

protelus [cf. CL protelum], extended (in length), lengthy.

Willelmus Wales . . erat . . statura procerus, . . ventre congruus, lateribus ~us Bower XI 28; vidi . . cum oculis meis . . plusquam mille minuta hujusmodi avium [sc. que bernaces vocantur] corpora in litore maris ab una ~a et grandi alga dependencia, testis inclusa et jam formata *Ib.* XII 34 (cf. Gir. *TH* I 15: ab uno ligno dependentia).

protendere [CL]

1 to cause to project or reach forth, to stretch out (before one), extend (also in fig. context); **b** (transf., also refl.). **c** to stretch out (for some purpose), to offer or present (for, w. gdv.).

brachia . . Deo altarique ~ta Gildas *EB* 28; eo usque verbi gladium ~dit donec impios quoque et infideles pietati fideique restituat Bede *Sam.* 588B; virga per quam linea hami in undas ~ditur est sancta crux Hon. *Spec. Eccl.* 937B; s**1066** contigit ducem . . in faciem corruisse, . . terram ~sis primo comprehendisse manibus *Chr. Battle* f. 9; tam mulieres quoque quam mares divaricatis cruribus tibiisque utrinque ~sis equitare solent Gir. *TH* III 26; habens . . archus testudinatos . . quorum utriusque una extremitas . . requievit in castro, et alia, ~sa ultra stratam, emergebat se in vicina edificia *G. Hen. V* 15 p. 108. **b** extendit curationis manum, qui misericordiae suae ~debat affectum (*Ps.*-Bede *Matth.*) *PL* XCII 39C; utriusque dampnum . . sanctus archano cordis murmure et ~sa benedictione dextre sarcivit W. Malm. *GP* V 222; cum affectus noster . . usque ad suspectam aetatem vel sexum sese ~derit, consultissimum est ut infra ipsum mentis sinum cohibeatur Ailr. *Spec. Car.* III 28. 602A. **c** terga pro scuto fugantibus dantur . . manusque vinciendae muliebriter ~duntur Gildas *EB* 6; ut . . gentibus . . inermes vinculis vinciendas nullo modo, sed . . ad caedem promptas ~deret manus *Ib.* 18; offitio suo . . peracto, martiriique tropheum sitiens, collum ~dit W. Malm. *GR* V 439; [Wilfridus] licet jam exspoliatus, jam ~so jugulo, miseratione lanistarum Anglie sue reservatus est *Id. GP* III 100 p. 214.

2 to hold forth (in the sight or for the attention of someone), to display, show, exhibit; **b** (w. pretence or intention to deceive implied; perh. also assoc. w. CL *praetendere*).

quod illi etiam celestia signa ~debant, quando eo crucifixo sol radios suae lucis abscondit Bede *Gen.* 71C; intende, infelix, intende sceleris tui horrorem et ~de horrificum terrorem et terrificum dolorem Anselm (*Medit.* 2) III 80; turrim . . roborabant . . que prius . . formam teretem . . et minus murali concordantem ~debat *G. S. Alb.* I 281; quandam domum instar magni palatii ~dentem *Ib.* 289. **b** s**1118** rex . . hostes . . ibi non invenit, deceptus a camerario suo . . . dum alia occasione falso ~sa, regem frustra . . abegerit Ord. Vit. XII 4 p. 327; cum uxore pregnante non coeunt [Sarraceni], sed cum conceptura, ~dentes causam honestatis ac si non esset coeundum nisi propter prolem M. Par. *Maj.* III 355; **1308** nec credibile videbatur quod viri tam religiosi [sc. fratres Templi], qui . . multa et magna . . devocionis signa frequencius ~debant, sue sic essent salutis immemores quod . . (*Bulla Papae*) *Reg. Carl.* II 3; s**1137** rex tamen adhuc dolum habens in corde, se ipsi hilarem ~debat *Flor. Hist.* II 59.

3 to cause (person) to go forward, to send forth. **b** (pass. in middle sense) to go forth, advance; **c** (act. in middle sense, prob. conf. w. CL *pertendere*). **d** (fig.) to move (person) forward (into a more favourable situation), advance (the interests of).

s**871** jam diebus peractis tribus ex quo venerant [sc. barbari] illo, ~dunt ante duo consules eorum Æthelw. IV 2 p. 37. **b** s**893** subsequendo latebras cujusdam . . sylvae . ., ~si . . sunt occidentales Anglos usque, ast . . adsitas provincias vastant *Ib.* 3 p. 49; **705** nichil in hoc seculo prolixa felicitate perfruitur . . nichil quod non ad fatalem vite terminum loci [v. l. veloci] cursu ~datur [v. l. tendere videatur] *CS* 114 (=W. Malm. *GP* V 225). **c** s**1066** Haroldus . . paucissimo stipatus milite Hastingas pertendit [v. l. protendit] W. Malm. *GR* III 239. **d** **1310** G. de L. acculpatus quod cum ipse juratus fuit ducere mercatores extraneos communiter ad domos pauperis et divitis pro lanis emendis, nulli proten[den]do nec deteriorando set equaliter cum eis mercandisando *Rec. Leic.* I 268.

4 to extend forward spatially. **b** (refl.) to stretch, extend; **c** (pass. in middle sense); **d** (act. in middle sense or intr.); **e** (transf.).

cum nova [sc. luna] post occasum solis videtur . . nimirum . . supra solem sita est, quo inferiora ejus illustrante, aequalia pene cornua ~dere . . videtur Bede *TR* 25; Tanatos insula . . quam a continenti terra secernit fluvius Uantsumu, qui . . utrumque . . caput ~dit in mare *Id. HE* I 25; ita ornata est, ut ipsa tumba . . dimidium infra parietem, et dimidium extra ~deret Gosc. *V. Iv.* 89B. **b** hoc . . atrium . . in magnam se prolixitatem a templo ~debat Bede *Kings* 728B; Hibernia . . in meridiem se trans illius [sc. Brittaniae] fines plurimum ~dens usque contra Hispaniae septentrionalia . . pervenit *Id. HE* I 1 p. 11 (cf. Gir. *TH* I 3); semitam in profundum nemoris se ~dentem *V. Fridesw. B* 12; c**1250** sicut idem boscum in longitudine et latitudine se ~dit *Cart. Blyth* 118; s**1332** cumulus Scotorum ibidem interfectorum . . in longitudine unius stadii se ~dens fuerat in altitudine sex cubitorum et amplius Avesb. f. 82. **c** curtinae . . tabernaculi . . nonne quadruplicato septenae supputationis calculo, hoc est xxviij cubitis in longum ~duntur? Aldh. *Met.* 2 p. 64; bithalassum bimaritimum dicit . .; significat autem litus in mare ~tum, eodemque mari se dividente hinc inde circumdatum Bede *Acts* 992D; palus quae . . ab austro in aquilonem mare tenus longissimo tractu ~ditur Felix *Guthl.* 24; s**1097** ibi signum in celo viderunt modo ensis fulminei figuratum, mucrone versus orientem ~to W. Malm. *GR* IV 358; cujus [maris brachii] quanto longitudo ~ditur, tanto latitudo arctoas minoratur [v. l. immoratur] ad partes, donec se aquilonari oceano immisceat ad Orchades Gir. *TH* I 2; que ab oriente in occidentem ~sa sunt paululum longiora sunt Lucian *Chester* 59; c**1205** cum piscaria illa que durat a crag' quantum terra predicti comitis G. ~ditur versus occidentem *Regesta Scot.* 456; ysofagus est membrum oblongum rotundum carnosum a radicibus lingue incipiens usque ad meri . . ~sum *SB* 26; porta . . de qua ~sus est pons ligneus quasi quindecim stadiorum *G. Hen. V* 15 p. 108. **d** **1245** murus . . inde ~dens super eandem ripam . . usque ad feodum abbatis *Mon. Francisc.* I 616; **1286** (1289) totam terram . . que incipit a parte occidentali a terra Johannis de G. . . et ~dit versus orientem, sicut regalis via . . usque ad quandam collem *RGasc* II 485b; a**1296** in . . campo . . qui extendit se . . a via ~dente versus la Wodebrigge usque ad rivulum *Reg. Malm.* II 141. **e** pium est . . audire . . qua hic sancti prius requieverint positione. . . ab ejus [sc. S. Augustini] laeva . . laurentius . . simili spatio ~debatur Gosc. *Transl. Aug.* 21A; ejus ad nutum universa concurrunt, / . . / quo moderante momenta discurrunt / et seculorum tempora protenduntur J. Howd. *Cant.* 114.

5 to stretch out, extend (fabric). **b** to extend or straighten (from a contracted state).

protendor ceu Serica pensa / in gracilem porrecta panum seu stamina pepli Aldh. *Aen.* 100 (*Creatura*) 59; qui rethe protensum ut passer evadit J. Howd. *Cant.* 9; post completorium ~dat secretarius cortinam ante altare *Cust. Norw.* 66; reperiebatur turris illa velata desuper panno coccineo ~so ad instar tentorii *G. Hen. V* 15 p. 106. **b** clunes contractae moveri quidem poterant set non ~di Senatus *Wulfst.* 107.

6 to cause to increase in length or height, extend (lengthwise); **b** (transf.); **c** (pass. in middle sense or w. unexpressed agent). **d** (p. ppl. as adj.) extended, lengthy.

tantum . . ei [sc. verbo evangelii] incrementi dedit ut instar arboris eximiae latissime per orbem ramos fidei ac virtutem ~deret Bede *Cant.* 1174B; sicut cedrus Libani . . floruit, inque divinis plantatus atriis incrementi sui robora singulis diebus ~debat ad sidera B. *V. Dunst.* 5; hic [abbas] . . cum in ecclesiae suae longius ~dendae aedificium largum extenderet animum Gosc. *Transl. Aug.* 34A; jungatur Z cum G, ~daturque latus AG recte usque ad punctum H Adel. *Elem.* I 16; quis . . negaverit quin ab omni puncto ad omne punctum oppositum possit linea recta ~di? J. Sal. *Pol.* 649D; est et turrianum pirum, eo quod in longum ~datur ut turris Osb. Glouc. *Deriv.* 197; duabus cordis eque sonantibus, deinde altera magis ~sa, prima consonancia quam invenies post dissonanciam erit proporcio sexquitercia *Ps.*-Gros. *Gram.* 13. **b** ut etiam in nostris . . ecclesiis plures sint qui . . facillime possint in quotlibet spatia temporum paschales ~dere circulos (*Lit. Ceolfridi*) Bede *HE* V 21; quia multum a proposito excessi dum me juvat illustrium Francorum seriem lineatim ~dere W. Malm. *GR* II 112; ad presens nos aliud urget opus, ut de successore Lanfranci rerum seriem ~damus *Id. GP* I 45. **c** vectem ab angulo tabularum usque ad angulum ~tum poni praeceptum est Bede *Tab.* 432A; hic vectis a prima tabularum summitate usque ad alterius lateris summitatem per decem cubitos latitudinis tabernaculi ~tus esse credendus est *Id.* 449D; meridie . . notans quo ~deretur umbra digiti, ibi palum figit W. Malm. *GR* II 169; s**1100** vidit . . radium cruoris in celum usque ~tum lucem obnubilare *Ib.* IV 333; de tenui virga grandis protenditur arbor Vinsauf *PN* 689. **d** latera GH et HD latere GD ~siora erunt itaque linee BH et HG lineis BD et DG ~siores Adel. *Elem.* I 21; erat [equus] . . cauda ~sa, crispa, et demissa, tibiis grossis *Hist. Meriadoci* 387; viderat . . arborem quandam . . in altum crescere, qui ~sis ramis usque ad mare pertingebat (*Enda* 32) *VSH* II 74; Willielmus Wallas . . erat statura procerus, . . lateribus ~sus, . . ventre congruus *Relationes* (Edinburgh, 1758) p. 6 (cf. Bower XI 28: protelus); c**1520** comis ~sis, barbis nutritis, et birretis cum cordulis ligatis ad modum laicorum *Conc. Scot.* I cclxxvii.

7 to cause to increase in area, size, or extent, to enlarge, extend; **b** (pass. in middle sense); **c** to increase in scope; **d** (pass. in middle sense). **e** (in math. context) to cause to increase in number or quantity.

Uilfrido administrante episcopatum . . quousque rex Osuiu imperium ~dere poterat Bede *HE* IV 3 (cf. Eadmer *Wilf.* 17); qui nulli umquam ignavie locum dederit, quin sua et tutaretur et ~deret W. Malm. *GR* I 17; ~ditur . . patrimonium fisci dum de alieno . . familia sumptum facit J. Sal. *Pol.* 396C; †**964** (12c) jam xl et vij monasteria . . constitui, et . . usque ad quinquagesimum remissionis numerum mee devote Deo munificentie oblationem ~dere decrevi *CS* 1135 (=*Cart. Worc.* 1 p. 4). **b** fuit [Willelmus] . . magne dignitatis sedens et stans, quanquam obesitas ventris nimis ~sa corpus regium deformaret W. Malm. *GR* III 279; circulus ereus . . totum ventrem ambierat . . . factum eo consilio ut gule metam immitteret, ut, si venter ~deretur ultra modum solitum, non esset voluptas sed suplitium *Ib.* V 271; nasus . . lineari moderamine pendet, nec nimis acute videtur exsurgere, nec demissius propatula latitudinis distentione ~dendo extendere R. Cold. *Osw.* 51 p. 380. **c** logos nunc sermonem nunc rationem significat. sed ut quam latissime ~datur significatio J. Sal. *Met.* 837C; non . . hanc ~do litem, sed omnium pace opinor ut sit hec ad grammaticam referenda *Ib.* 847C; si . . adhuc ejus vehementia invalescat, ut aut non ~di, aut parum possit *Ib.* 872A; **1166** quod . . de talibus scribitur . . ad cetera quoque vitia . . dilatata interpretatione ~ditur *Id. Ep.* 193 (187 p. 232); ut ad barbaros beati confessoris ~deretur gloria *Id. Anselm* 1039C; **1300** personis . . per quas divini nominis et fidei catholice cultus ~ditur *MunAcOx* 78. **d** tanta fuit vis in ejus [sc. Christi] morte, ut etiam in absentes vel loco vel tempore ejus ~datur effectus Anselm (*CurD* II 16) II 118; meditatio etiam ad ignota ~ditur, et usque ad incomprehensibilia sepe se ipsam erigit J. Sal. *Met.* 853A. **e** dic que est substantia cui si similitudinem decem suarum radicum adjunxeris ad 39 tota hec collectio ~datur Rob. Angl. (I) *Alg.* 70.

8 to cause to increase in duration, to extend (in time), to prolong. **b** (refl.) to last, endure; **c** (pass. in middle sense or w. impersonal agent); **d** (act. in middle sense or intr.). **e** (p. ppl. as adj.) of extended duration, long or lengthy (in time).

in ligno crucifixi . . diu vivebatur in cruce non quia longior vita eligebatur, sed quia mors ipsa ~debatur, ne dolor citius finiretur Bede *Luke* 612D; Dominicis . . diebus, ~datur prima, et sedeat abbas in claustro una cum fratribus, et exeant singuli ad confessionem Ælf. *Regul. Mon.* 176; c**1159** beatitudini vestre, quam in longa et felicia tempora ~dat Dominus *Ep. J. Sal.* 24 (101 p. 161); quid de eis verecundum odiosumque sermonem ~dimus? J. Sal. *Pol.* 506C; **1167** vite vestre, quam Deus in multa ~dat tempora *Id. Ep.* 198 (213 p. 350); ultra talem terminum illam [rem] ~dere Gros. *Cess. Leg.* I 10. 27. **b** cum quadam nocte cupitis fruerentur amplexibus, et diutius se voluptas ~deret W. Malm. *GR* II 190. **c** hactenus secunda seculi aetas ~ditur (*De Sex Aetatibus*) Bede *TR* 66 (ed. *CCSL* p. 470); ecclesiae pulchritudo ab initio usque ad terminum saeculi perpenditur [*ed. PL*: protenditur] Bede *Tab.* 428B; ipse . . 'memor fuit testamenti sui'

~dendi 'in saeculum' (*Ps.*-BEDE *Psalm.*) *PL* XCIII 1013B; per triduum iter ~ditur, et .. crescentibus curis paterna viscera cruciantur ALCUIN *Exeg.* 545A; nota quod synocha putrida .. ultra undecimum diem non ~ditur, secundum quosdam potest ~di usque ad xix sed non plus GILB. I 30v. 1; recenter .. vel eciam post aliquatenus ~sum tempus E. THRIP. *SS* X 2. **d** Dominus destinare praedicatores non desistit: cujus mane ab Adam ad Noe usque ~debat (*Ps.*-BEDE *Matth.*) *PL* XCII 88A; laudem veram .. facient tibi etiam in aeternum, et quid sit in aeternum determinat, sc. ~dentem in saeculum subsecutivum hujus saeculi (*Ps.*-BEDE *Psalm.*) *PL* XCIII 723D. **e** non video qualiter ante ~siora temporum intervalla .. paternitatis vestre frui valeam colloquio AD. MARSH *Ep.* 61; cum regio consilio ~sam deliberacionem habuit *Croyl. Cont. C* 558.

9 (assoc. w. CL *portendere*) to presage, portend.

quae res ~dit in multitudine fidem gentium, et in paucitate fidem Judaeorum ALCUIN *Exeg.* 802D; quid ~dat magistratuum vestrorum execranda seculis omnibus ignavia, vestra scio melius estimat provida consideratio AD. MARSH *Ep.* 30 p. 124; s**567** eodem anno haste ignee in aere vise sunt, ~dentes irruptionem Longobardorum in Italia M. PAR. *Maj.* I 247; quid est et quid portendit [TREVISA: *what bodeþ it*] quod HIGD. VIII 344 (*G. Ed. II Bridl.* 294: protendit); portentorum creationes ..; in tempore Xerxis regis, vulpes ex equa nata divisionem regni ~debant *Eul. Hist.* I 17.

protensare [cf. protensus *p. ppl. of* protendere + -are]

1 (in gl.) to extend frequently.

protensitare, ~are OSB. GLOUC. *Deriv.* 471; protendo, -is, i. extendere, unde .. ~o, -as, vel protensito, -as, i. frequenter extendere *Ib.* 571.

2 (in gl.) to defend.

tenso, -as .. componitur ~o, -as, i. defendere OSB. GLOUC. *Deriv.* 571.

protense [CL protensus *p. ppl. of* protendere + -e], for an extended or prolonged period of time.

dum ~ius oracioni insisteret *V. Chris. Marky.* 54.

protensio [LL]

1 (act of) stretching out (before one) or extending; **b** (in geom. context).

coercuit eos levi ~one dexterae BEDE *CuthbP* 20; intuebatur .. articulorum in manibus congruam et quasi exquisitam his ~onem H. Bos. *Thom.* IV 4; ipso sine manus ~one sic ei dicente *Obs. Barnwell* 114. **b** si .. anguli corporis equilateri paulatim occultentur, donec corpus appareat rotundum, ita quod non semel et simul occultatur tale corpus propter angulorum ~onem, tunc corpus rotundum BACON *Maj.* II 114.

2 (act of) increasing in size or extent, expansion. **b** extent, size.

de quibus videtur impendiosam [l. impendiosum] in hac brevitate ~onem nobis uti ÆTHELW. IV 2 p. 38. **b** de ~one quarumdam mensurarum terrae (*Ps.*-BEDE *De Numerorum Divisione*) *PL* XC 684C *tit.*

3 extension (in time), duration.

licet modo locuti simus de scientia Dei per modum ~onis temporalis, notissimum est tamen, nihil in eternitate esse secundum talem modum ~onis temporis GROS. 173.

protensitare [CL protensus *p. ppl. of* protendere + -itare], (in gl.) to extend frequently.

~are, protensare OSB. GLOUC. *Deriv.* 471; protendo, -is, i. extendere, unde .. protenso, -as, vel ~o, -as, i. frequenter extendere *Ib.* 571.

protensus v. protendere.

1 protentus v. protendere.

2 protentus [CL protentus *p. ppl. of* protendere + -us], expanse, extent.

9**41** (15c) cui .. regali more terminos ipsius [terrae] in ampliore telluris ~u dilataverit auctor donorum spiritus *CS* 769.

protenus v. protinus.

proterere [CL]

1 to trample or tread underfoot, to tread or crush down; **b** (in fig. context). **c** (transf.) to knock down, damage, destroy.

quem pannum .. arreptum in humum jacere, pedibus ~terere .. consueveram EADMER *HN* 139; nanum .. sub pedibus equi posuerunt, quia ~tritus occubuit GREG. *Mir. Rom.* 4. **b** ut angues heretici sermones .. ~terant BEDE *Cant.* 1109B; qualiter serpentes isti ~terendi ne halitu suo pestifero temperatum fidei nostre inficiant aerem? H. Bos. *Ep.* 29. 1463A. **c** nisi lutee interessent salebre .. ipsa ~tererent tentoria ORD. VIT. IX 9 p. 523; Cnuto .. omnia monasteria per Swanum ~trita reparare curavit R. NIGER *Chr. II* 156.

2 to beat down, defeat, crush (through military action); **b** (w. abstr. obj.). **c** (transf.) to oppress, crush, abase.

cum gentes .. ~tritis Francis, transito Hreno, totas per Gallias saevirent BEDE *HE* I 11; dux formidinem omnino dedignans aut dedecus, invadens ~trivit adversarios W. POIT. II 24; non aetati non sexui .. parcitur. senes cum pueris, juvenes et puellae uno discrimine ~teruntur GOSC. *Transl. Mild.* 5 p. 160; Britannos antique libertatis conscientiam frementes .. bis omnino ~trivit W. MALM. *GR* I 19; Karolus .. Saxones et Hispanos atque Sarracenos bellis ~trivit ORD. VIT. I 24 p. 155; Scotti paulatim invalescentes .. Anglos et Anglorum vicina loca sepius ~triverunt [TREVISA: *bete doun*] HIGD. VII 40 p. 286. **b** quin potius ipse fidem ejus .. divinis expugnaverit ac ~triverit eloquiis BEDE *Cant.* 1073D; omnem inimici potestatem vexillifera Domini ~terebat GOSC. *Edith* 75; ut ipse cervicositatem eorum .. militari manu ~tereret ORD. VIT. III 5 p. 74; proterviam perfidi fratris bello ~terite *Ib.* 11 p. 125. **c** [reges et judices] vinctos plures in carceribus habentes, quos dolo sui potius quam merito ~terunt catenis onerantes GILDAS *EB* 27; ob id maxime insequendos ac ~terendos .. heretici BEDE *Cant.* 1114C; Christi .. confessor Neotus undique adversarios pellit et ~terit, fugat, et abicit *V. Neot. A* 16; dum quisque superior esse emulumque suum ~terere nititur ORD. VIT. IV 12 p. 251; Henricus .. sepe nisus est me .. multis .. modis ~terere *Ib.* VII 15 p. 234; celestis ire animadversio multis variisque calamitatibus reos merito ~trivit *Ib.* VIII 22 p. 394.

3 to wear away or use up (time, or a period of time; *cf.* terere), (*vitam* ~*terere*) to live out one's life.

Edwoldus .. exhorrens mundi delicias .. apud Cerviliense monasterium .. vitam heremiticam solo pane et aqua ~trivit [TREVISA: *levede an ermytes lyf*] HIGD. V 32 p. 344 (=CIREN. I 377, BROMPTON 807; cf. W. MALM. *GP* II 84: trivit).

4 to wear out (word or expression) through overuse, to blunt the impact of, to make trite.

unde illud vulgo ~tritum: 'heri natus est Christus in terris, hodie Stephanus nascetur in celis' BELETH *RDO* (ed. *PL*) 143. 147.

5 ? to strike or deliver (a blow).

que protinus elata palma alapam illi ~trivit ingentem, docens eum .. loquaci verbere oratorium hic non dormitorium esse GOSC. *Transl. Mild.* 20.

proterminare [CL *in sense* 1]

1 to move the limits (of an area) forward, to extend (in space).

~are, extendere. Sidonius: 'metas illi genti proterminat' OSB. GLOUC. *Deriv.* 480.

2 to extend the limits of (in time), to postpone, put back.

dixit ei episcopus .. quod propter procellam imminentem nimis diem ~aret GIR. *RG* I 4 p. 20; cum imperator usque ad reditum suum negotium ~aret *Id. PI* I 5 p. 16; donec suffraganeos suos omnes super hoc consuleret, responsum ~avit *Id. JS* 4 p. 231.

proteron v. proterus.

proterus [*only as n. in phr.* hysteron proteron < ὕστερον πρότερον, cf. LL hysteroproteron], (gram. & rhet.) hysteron proteron, reversal of natural or usual order.

~on BEDE *ST* 614 (v. hysterologia); ~on GIR. *PI* I 20, *Qui majora cernitis* 15, LINACRE *Emend. Lat.* lxii (v.

hysteros); ~on GERV. MELKLEY *AV* 80 (v. hyperbaton 1).

protervare v. protervire.

proterve [CL]

1 boldly, recklessly.

s**519** persisterunt .. duces eorum [sc. Britannorum] magnanimiter et ~e ex utraque parte, donec .. Saxones victoriam obtinuerunt H. HUNT. *HA* II 17; reliqui municipes .. properantem cum tanta obstinatione regem ~e prestolari timuerunt ORD. VIT. XI 17 p. 219.

2 impudently, wantonly, shamelessly.

9**30** (13c) si .. aliquis superbe atque ~e flammivoma administrante invidia afflatus spiritu evenerit hanc meae .. confirmationis breviculam .. infringere *CS* 669 p. 350; reclamatum est nullum umquam clericum archiepiscopum Cantuarie fuisse preter unum Stigandum, qui et ~e ingressus et digne expulsus fuerit W. MALM. *GP* I 67; ad iratum patrem quem ~e reliquerat repedare nequivit ORD. VIT. V 10 p. 386; cui [monacho] prefatus miles ~e respondit, et .. omne subsidium mox denegavit *Ib.* VI 6 p. 32; justo .. Dei judicio machina combusta est, que tirannico jussu in diebus sancte nativitatis Domini ~e fabricata est *Ib.* VIII 16 p. 364; idcirco diebus singulis regi molestus nimis, ~e eum aggreditur ut se heredis loco adoptaret *V. II Off.* 1.

3 obstinately, wilfully, stubbornly.

si ~e negetur, 'esto, ille primus postea vidit alium panem, ergo poterit postea in cognicionem abstractivam panis, in quam prius non potuit,' oppositum experitur iste in se DUNS *Ord.* III 89.

4 (in gl.).

protervus .. unde ~e, ~ius, ~issime, adverbia OSB. GLOUC. *Deriv.* 465;

protervia [LL]

1 boldness, recklessness.

gigantis profecto ~iam suo ense deicimus BEDE *Sam.* 622D; Butinacius .. nimie cupiditatis et ~ie spiritu inflatus, imperium invasit, .. imperatorem de regno expulit, et filium ejus .. oculis privavit ORD. VIT. VII 5 p. 166;

2 impudence, wantonness, forwardness.

unus, quem opum congeries et alta progenies in ~iam accenderant, .. puelle virginal expugnare ausus, abductam .. loco juste conjugis habuit W. MALM. *GR* II 175; hec tela ~ie mittit, hic clipeo modestie suscipit; hec intentat Venerem, hic Minervam objicit MAP *NC* III 2 f. 35v; s**1238** ad tantam ausus est ~iam impetu temerario prorumpere Antiochenus .. quod dominum papam .. inani auctoritate excommunicavit M. PAR. *Maj.* III 518; admirans vehementer admiror super tue tyrannidis ~ia *Eul. Hist.* II 330; **1441** fit .. fama vestra .. gloriosior .. ac tam ~ia quam imprudentia illius apertior BEKYNTON I 228; c**1460** si .. tantam ~iam gerit in hoc quasi exordio, quid in fine maliciose sit facturus? *Paston Let.* 610.

3 wilfulness, obstinacy, insolence; **b** (in log. context, w. ref. to clinging obstinately to false or deceptive argument or mode of argument).

in hac lectione Saul et superborum ~iam et humilitatem Domini ac fidelium ejus designat BEDE *Sam.* 564C; illi [rebellantes] .. preceptis eorum obsecrabile contempnunt, sed ~iam prosequi conantes in regios satellites preliari eligunt ORD. VIT. IV 13 p. 262; cum rex Francorum attendisset ~iam et defectionem *Itin. Ric.* VI 2; c**1399** quorum [procerum et nobilium] rebellionem et ~iam sufferre ulterius non valentes BEKYNTON I 287; s**1392** rex .. convocans omnes regni .. majores, aperit ~iam civium Londoniarum WALS. *HA* II 208; a**1430** celata diu ~ia in apertas blasphemias prorupisset (NETTER) *Ziz.* 2. **b** est .. in disputationibus ~ia .. tanto quidem improbior est ~ia, quanto acrius quisque sic urget. ceterum uterque alterius propositum impedit sine ~ie vitio, si officii sui partibus probe renitatur aut urgeat J. SAL. *Met.* 913A; plerumque dum mendacium vitat, nec verus nec falsus est, aut forte mentitur, nisi tamen ~ia calumniam faciat *Ib.* 917B; **12** .. si contumaci ~ia errores defendere nolueris supradictos (*Oxford, All Souls Coll. MS 182*) *Collect. Ox.* I 49; ista .. responsio minus peccat in logica quam priores, cum respondit formaliter juxta veritatem sermonis; sed magis peccat in sentencia, cum per alias non devenitur ad aliquam difficultatem propter ~iam WYCL. *Log.* II 112; si talis contenciosus

mendax reciperet a proximis secundum suam ~iam, foret omnino infamis exutus a comunicacione cum fratribus *Id. Ver.* II 94; nec valet illa achademicorum ~ia, qua hodie dicitur quod nemo judicaret de malicia operis fratris sui eo quod latet intencio et substancia operis .. potest bene fieri *Ib.* 95.

4 harshness, fierceness, cruelty (of condition; *cf. protervus* 5).

vilium olerum pulmento, modicoque pane ordeaceo, famis expugnavit ~iam *NLA* I 457.

protervire [LL], **~are**

1 to be bold or reckless, to act boldly or recklessly.

supra cadaver se proicit in tumulum, conviciis et minis contra vim vetancium sepeliri ~at MAP *NC* III 3 f. 39v.

2 to be impudent, wanton, or shameless, to act impudently, wantonly, or shamelessly; **b** (transf.). **c** (w. *ad* or *in* & acc.) to act impudently towards or with regard to.

s1252 reliquit post se .. milites preclaros .. qui Sarracenis ~ientibus opponent potenter contradictionis repagula M. PAR. *Maj.* V 311; **1284** licet generaliter sit gloria innocentie Christiane sicut nulli malum pro malo rependere, sic nec ~ienti in talione amaritudinis respondere PECKHAM *Ep.* 513; illi [demones] .. ~ientes illum [sc. Judam] affirmant non remansurum (*Brendanus* 48) *VSH* II 288. **b** qui ad hec rugabit nares, .. cujus .. genua trement, manus ~iet, seipsum nugis nostris convincet obnoxium J. SAL. *Pol.* 822C. **c** in te sibi dissimilis / in te fortuna stabilis, / in alios protervit P. BLOIS *Carm.* 27. 22; si commensales vestros permittitis passim garrire in clericos, et in ecclesiam ~ire *Id. Ep.* 94. 297A; **s1246** rex .. sensit papam .. quasi per contemptum plus solito in regnum ~ire M. PAR. *Maj.* IV 527; improperantes .. quod .. indecenter in ipsos ~iret qui eum .. sullevarunt *Id. Edm.* 255; ne protinus ad talia tua pro consuetudine contumaci ~ire presumas E. THRIP. *SS* IV 15.

3 to be obstinate or wilful, to act obstinately or wilfully (esp. in argument); **b** (w. argument as subj.). **c** (foll. by acc. & inf.) to insist obstinately (that). **d** (w. inf.) to be so obstinate as to.

non lateat .. quod sunt quedam sophismatum quibus intente insistere ~ire et contra que attente resistere nichil agere BALSH. *AD* 40; sine instantia que sit vel videatur prohibere orationem, ~ire est. si ergo in multis apparente non dederit universaliter qui non habet instantiam, manifestum quoniam ~it J. SAL. *Met.* 912D; nisi igitur quis ~iendo diceret alium et alium esse expectacionem gentium et prophetarum manifeste ostendunt hec testimonia, illum qui est expectacio eorum esse simul hominem et Deum GROS. *Cess. Leg.* II 3. 3; **s1251** hec .. responsio, cum non sufficeret ~ientibus, immo magis accenderet, ut dicerent "mentiris!" M. PAR. *Min.* III 102; illa causa nulla est nisi fatuorum ~iencium qui .. aliter nesciunt respondere ROG. SWYN. *Insol.* 47; sed vitande prolixitatis causa omitto [alia exempla], putans ista sufficere ~ire nolenti (WYNTERTON) *Ziz.* 196. **b** ut ~it sensus suus WYCL. *Ver.* II 94. **c** si autem aliqui ~iant, unum esse conceptum entis DUNS *Ord.* IV 195. **d** quantumcumque autem ~iat quis negare, non poterit quin .. GROS. *Cess. Leg.* II 2. 1.

4 (in gl.).

~io, -is, -ivi, verbum neutrum et caret supinis OSB. GLOUC. *Deriv.* 465; ~ire, proterve aliquid facere *Ib.* 481.

protervitas [CL]

1 boldness, recklessness.

felicis homo audacie, cui nunquam temeraria presumpcio noverca[ta] est, cum in omne periculum quasi cecus irruerit, et raro vel nunquam tante ~ati sint negati successus MAP *NC* II 19 f. 30.

2 impudence, wantonness, forwardness; **b** (w. specifying gen., in quot. of gd.).

ut ~as ejus desineret, cum me adversarium non videret (*Ps.*-BEDE *Psalm.*) *PL* XCIII 768D; cum .. illi multa animalia domita dedisset satisfaciens ~ati ejus, taurum ab eo quesitum ei dare noluit *Natura Deorum* 97; juvenem pulchrum et procacem, qui multa ~ate proci complebat officium W. CANT. *Mir. Thom.* III 9. **b** quoniam nocendi hominibus una est ~as PULL. *Sent.* 891A.

3 wilfulness, obstinacy; **b** (w. specifying gen.).

sed .. ut tue ~ati satagem ADEL. *QN* 26; cum ipsi .. aut ex ignorantia, aut ex ~ate laborent, aut aviditate comproficiendi J. SAL. *Met.* 882A; quia humana ~as ad peccandum prona atque ex calle prave et inveterate consuetudinis nimis est obdurata COGGESH. *Visio* 1; **1301** sub pena predicta vel graviora ad arbitrium custodis ordinis, sicut exegerit ~as delinquentis *Reg. Cant.* 860. **b** ~atem obstinationis generant que a crimine inpenitentie parva et quandoque nulla disjungitur distantia R. MELUN *Sent.* I 18.

proterviter [CL]

1 boldly, recklessly.

postquam talia .. mei procacitate sodalis ad id incitatus ~iter effuderam E. THRIP. *SS* V 1.

2 impudently, wantonly, shamelessly.

c1214 palpones presulum et assessores ad pecuniam augendam ~iter et inmisericorditer insistentes GIR. *Ep.* 8 p. 268; ne .. cachinnator .. preproperus et procax ~iter [v. l. protervus] aggarrire non verecunderis E. THRIP. *SS* IV 15; completa .. oratione, frater .. alloquitur demoniacum quem ~iter contempnentem adjurat in sanguine Jesu Christi *Latin Stories* 100; **s1339** partes Scocie .. reliquerunt, concessis Scotis terris et possessionibus, et indultis injuriis tempore guerre regi ac regnicolis ~iter illatis BOWER XIII 44.

3 obstinately, wilfully, stubbornly.

adeo perversis adeoque ~iter in perversitate pertinacibus .. orare perseveravit pro prevaricatoribus E. THRIP. *SS* II 18; ne me tam temere tamque ~iter arguendo *Ib.* IV 28.

protervus [CL]

1 bold, reckless (without regard to consequence).

ambitiosus et ~us, ecclesiasticarum legum tirannus .. invictus, qui nichil pensi haberet quominus omni voluntati sue assisteret W. MALM. *GP* II 94; alii .. qui juvenili providentia regi appetunt, ~i ducis juvenilem impudentiam confirmaverunt ORD. VIT. X 20 p. 123.

2 impudent, wanton, shameless (without regard to propriety); **b** (as sb.); **c** (of action or conduct).

qui .. Deum non credunt vel .. non timent profecto sunt daemonibus tardiores ac ~iores aestimandi BEDE *Ep. Cath.* 22A; de quodam ~o divite, qui cum famulo Dei bibere rennuit, et post volens non potuit, donec ab eo absolutus esset ALCUIN *WillV* 20 *tit.*; tum quod oves pavi, fovi, quod eas adaquavi, / servus eram; servi faciebam jura protervi R. CANT. *Malch.* II 523; in uxorem adeo ~us erat ut .. cum pelicibus volutatus regiam majestatem infamaret W. MALM. *GR* II 165; Guillelmus Rufus Albionis rex juvenis erat ~us et lascivus ORD. VIT. VIII 8 p. 315; ne cachinnator .. preproperus et procax proterviter [v. l. ~us] aggarrire non verecunderis E. THRIP. *SS* IV 15; servus percutit conservum. Paulus lapidatur: cui plus ignoscit dominus minus ille poposcit. / conservus [l. conservum] servus populus te, Paule, protervus *Vers. Cant.* 21. **b** propter publicatam ~orum [*gl.*: i. superborum, *w(l)ancra manna*] insolentiam et traductam indisciplinatorum arrogantiam ALDH. *VirgP* 58; dum malagma medicamenti purulentis ~orum [*gl.*: i. superborum, *rancra*, *walana*] vulneribus quaerimus *Ib.*; os stulti quod ebullit stultitiam, et ~us qui modestiam nescit, non tam facile ingenia adulescentium .. erudiunt quam pervertant J. SAL. *Met.* 915A. **c** quem pithonissa procax clamavit voce proterva: / spiritus abscessit Paulo purgante puellam ALDH. *CE* 4. 2. 11; spiritus et corpus .. / tetrica pugnarum non torquent bella proterva BONIF. *Aen.* (*Pax Vera Christiana*) 122; accusator ejus .. ~am ejus naturam, seu studia malitiosa, vel mores improbos, vel facta cruenta improbare debebit et ostendere ALCUIN *Rhet.* 26; Lanfrancus .. tam ~a .. postulatione turbatus .. ire motum vultu prodidit W. MALM. *GR* III 302; hic Ethelstanus .. ~a consultatione sacerdotem invasit: " num ego ero unus ex duobus qui episcopali dignitate sullimandi sunt?" *Id. GP* II 75 p. 165; **s1172** mulier Kambrica .. quoniam jus suum incontinenti non est assecuta, voce altisona et ~a, cum manuum .. complosione .., cepit .. exclamando ingeminare GIR. *EH* I 38.

3 wilful, insolent, obstinate (in action); **b** (as sb.); **c** (transf.).

~us .. juvenis patrem sequi vel obedire dedignatus est ORD. VIT. V 10 p. 390; sed duros nimis ac ~os habuit parrochianos *Ib.* VIII 18 p. 380; importunus, ~us, pertinax, obstinatus OSB. GLOUC. *Deriv.* 293; ~is .. et impudentibus vestri studii emulis, qui bene et utiliter gesta male dilacerando semper depravant, satisfacere nequeo *Ib.* 386; portunus componitur importunus .. i. ~us et infestus *Ib.* 429; gentem perfidam et Christianis inimicam, Judeos sc. .. plus justo fovit, in tantum ut in Christianos ~i et cervicosi existerent W. NEWB. *HA* III 26 p. 280. **b** inestimabilis glorie lapides qui pernitiem in ~os, auxilium fulgurent in supplices W. MALM. *GP* I 2; unde ~os et exleges [sc. Britones] frequenter deserebat, et in Normanniam fugiebat ORD. VIT. IX 18 p. 623. **c** **p675** ut .. doctrinam et decreta beati Petri contumaci cordis supercilio et ~o pectore non abominemini ALDH. *Ep.* 3 p. 485; o felix olim servata lege Tonantis! / heu! post haec cecidi proterva mente superbus *Id. Aen.* 81 (*Lucifer*) 7; ne caro .. ~o [*gl.*: perverso, rancido vel superbo, tumido, contrario, violentus, presumptiosus, temerarius, inpudicus, *mid þwyrum*, *wyþerwyrde*, *hwirlicere*] libertatis fastu intumescens legitimae servitutis jugo subdere colla contemnat *Id. VirgP* 16; condemnabis eos in perpetuum qui pro aeterna [v. l. proterva] sua exaltatione ad tempus humiliari contempserunt BEDE *Hab.* 1247B; petram duritiam ~ae mentis, terram lenitatem animae oboedientis .. dicit *Id. Mark* 168B.

4 obstinate (in argument); **b** (as sb.); **c** (w. argument as subj.).

qui aut multiloquio aut distorta responsione collegam impedit, non modo pravus socius sed manifeste ~us est J. SAL. *Met.* 912C; paucorum opinio presertim quam firmissima ratio non munit, eque firme et communiori opinioni non derogat. itaque ~us est qui in talibus nec instantia nec contrariis utitur argumentis *Ib.* 913A; quo consilio utendum sit adversus eum et ~os calumniatores *Ib.* 931C (*tit.*); Christus cui non credi impium est, sicut a probabilibus dissentire pertinaciter est ~um *Id. Pol.* 649D; sunt .. glosarum obstinati patroni, et propugnatores ~i, et .. pro eis .. decertare parati R. MELUN *Sent.* I 18. **b** quidam majorem dicendi ac ~os arguendi constantiam habent BEDE *Templ.* 743A. **c** qui .. ex his equivocationum modi, sex sunt qui dicti sunt ... est .. qui ex diversis usibus vocabulorum et ~ior, qui ex argumentis celatior, qui ex artis verbis inquisitior et ad disputandum contemptior BALSH. *AD* 43; ignorantia veri, fallax aut ~a assertio falsi, et tumida professio veritatis J. SAL. *Met.* 826A.

5 (by assoc. w. *torvus*) harsh, fierce, cruel.

idem in supplices ~us, quo morbo nullum tirannorum carere videas W. MALM. *GR* I 51; dum ~us abbas cogeret Glestonios cantum quem Angli a discipulis beati Gregorii pape didicerant relinquere ORD. VIT. IV 7 p. 226; venerando pape a ~is leonibus profligato .. succurrere desiderat *Ib.* VII 5 p. 174; Tancredus .. a Rogerio Siculo .. obsessus est, et inde fugiens ..a ~o persecutore .. captus est *Ib.* XIII 15 p. 36; asper inhumanus est, tyrannus sum, atque protervus, / torvus, indomitus his jungitur, atque severus GARL. *Syn.* 1583D.

6 (in gl.). **b** (by conf. of *importunus* and *inopportunus*) inopportune, unsuitable.

protervio .. inde ~us, -a, -um, quod comparatur ~ior, ~issimus OSB. GLOUC. *Deriv.* 465. **b** oportunus .. componitur inoportunus, i. ~us vel inutilis OSB. GLOUC. *Deriv.* 391.

protestans, protestare v. protestari.

protestari [CL]

1 to testify publicly (regarding), bear witness to (in speech or writing, esp. to the veracity, authenticity, or genuineness of), to make known, assert, declare; **b** (w. text as subj.); **c** (impers. pass.); **d** (absol.). **e** (in diplomatic context, also absol.). **f** (foll. by obj. clause w. inf., also transf.); **g** (without inf. expressed, freq. w. fut. ppl.); **h** (foll. by *quia* or *quod* w. ind. or subj.); **i** (impers.); **j** (w. *ut* & subj.); **k** (w. indir. qu.); **l** (introducing quot. as dir. speech); **m** (p. ppl. as pass.).

haec .. ipsi divino spiritu conscripta ~antes BEDE *Sam.* 638A; majores vestri hec et his similia ~ati sunt, donec totam plebem .. efficientes consortem, virum justum .. crucifixerunt PETRUS *Dial.* 37; hanc luminis effusionem custodum vigilia ~atur, que .. carcerem mire fulgentem .. sese vidisse testatur EADMER *Wilf.* 35; usus .. manuum capitis sui ~atur imaginem J. SAL. *Pol.* 589B; illa tantam sui comperto crimine confusionem dissimulare non prevalens, interiorem animi passionem signis exterioribus .. est ~ata GIR.

IK I 11; et confidenter ~or et dico quod de eo et in eo et circa eum vidi et cognovi *Canon. Edm. Rich* 190. **b** memoria Godefridi .. qui .. litteratura et religione insignis fuit. litteraturam ~antur libri plures, et epistole .., maximeque epigrammata .., preterea versus de primatum Anglie laudibus W. Malm. *GR* V 444 (cf. id. *GP* II 77). **c** **1269** deteri[or]acio .. facta .. in predicto parco .. nullo modo poterit estimari sicut per predictos est ~atum *SelPlForest* 45. **d** qui certaminum suorum conscius confidenter ~atur, dicens Bede *Hom.* II 13. 158A; ~atus est fratribus, dicens *Id. HE* IV 26 p. 271; de unitate ecclesiarum Christi his verbis ~atus est Alcuin *Dogm.* 106D; si sancti [l. sanctus] spiritus, ut iste sanctissimus pater ~atur, Dei donum est *Id. Dogm.* 118B; de cujus sanctitate .. hi versus .. ~antur W. Malm. *GR* I 85; **s701** ab omni munere secularium functionum effitiuntur immunes, sicut professionis eorum regula ~atur (*Bulla Papae*) *Id. GP* V 221 p. 368. **e** **c1160** sicut carta avi mei regis David ~atur *Regesta Scot.* 156; **1201** illis qui presentes litteras .. reddent, una cum litteris predictorum clericorum patentibus summam pecunie mutuo accepte ~antibus, pretaxatam pecuniam ex integro faciemus persolvi *Pat* 4b; **1220** postquam .. litteras vestras patentes nobis exhibuerit, solutionem centum librarum ei per vos factam ~antes *Pat* 275; **1226** hoc per litteras nostras patentes ~amus *Pat* 30; **1243** liberate .. nuncio .. archiepiscopi .. has litteras nostras deferenti .. centum .. marcas; et litteras nostras patentes nuncium predictum ~antes ab eodem nuncio recipiatis *RGasc* I 223a; **1243** liberate .. ducentas .. libras .. retentis penes vos litteris predictis debitum illud ~antibus *Ib.* 224a. **f** in eis qui .. nec palam ~ari audent certam sibi .. repositam esse mercedem Bede *Tab.* 489D; **p757** hanc miseram vitam .. sine lumine remansisse aeternae claritatis conspexisse se lugens ~abatur *Ep. Bonif.* 115 p. 250; concordiam .. sine qua nihil .. Deo acceptabile esse beatus Paulus .. ~atur Alcuin *Dogm.* 245D; Ethelfleda .. ~ans non convenire regis filie ut illi se voluptati innecteret quam tale incommodum post tempus urgeret W. Malm. *GR* II 125; **s1190** ~ans regem literis .. Arturum nepotem suum .. regni successorem designasse W. Newb. *HA* IV 14; hanc urbem [sc. Urbs Legionum] super Oscam fluvium .. olim fuisse sitam veteres muri et edificia ~antur M. Par. *Maj.* I 130; de qua peccunia ~amur nos esse prepacatos totaliter bene et integre *FormMan* 11. **g** propheta ~atus est eum alligandum a Judaeis in Hierusalem et tradendum in manus gentium Bede *Sam.* 534C; ~antur, nisi profusior sibi alimentorum copia daretur, se cuncta insulae loca .. vastaturos *Id. HE* I 15 p. 32; beatae Virginis, quae se ancillam Dei humili voce ~atur Alcuin *Dogm.* 202A; ~ans homines irreverentes Dei destituendos suffragio W. Malm. *GR* III 248; Walkerius furenti parentele defuncti legalis placiti juditium apposuit, ~atus Leobinum sue suorumque necis auctorem *Ib.* 271 (=*Id. GP* III 132); milites .. ~antes seipsos recepturos ad honorem sancti confessoris G. Cold. *Durh.* 10; siquis .. vi eas [sc. res ecclesiasticas] diripere presumeret, anathemate feriendum ~ati sunt Elmh. *Cant.* 212. **h** palam profiteor vobisque .. ~or quia hoc observare tempus Paschae .. volo Bede *HE* V 21 p. 345; duo .. proceres ad eum .. accesserunt, .. confitentes ac ~antes .. quod indubitanter sciebant viros magnos .. in illius necem conspirasse J. Sal. *Thom.* 18; **1229** ipsi .. ~ati fuerunt .. quod nullum placitum tenuerunt de advocacione *BNB* II 294; que pars in principio palam protestatur / quod honori regio nichil machinatur *Carm. Lew.* 535; **1331** cancellarius .. palam publice et expresse extitit ~aturus .. quod .. *StatOx* 35; ~atus fuit Adam compilator quod fingeret se hominem fore Oweni Ad. Usk 117. **i** **1255** ~atum fuit per forestarios .. et per quatuor villatas quod non fuit malefactor in foresta *SelPlForest* 11; **1345** si prepositus .. domini principis non interfuit .., tunc ballivis ~abitur quod .. non potest ad deliberacionem procedere *PQW* 818a; **s1300** palam coram omni populo ~atum erat quod pro regno Scocie fidelitatem aliquam regi Anglie facere non debebat *Eul. Hist.* III 172. **j** **s1286** ubi convenerunt omnes regni Scocie status, ut nullum regno Scocie prejudicium generaret hec vocacio generaliter ~antes *Plusc.* VIII 2. **k** ipse quae sit maxima in hac vita hominis beatitudo manifeste ~atus est Bede *Hom.* II 5. 134B; quante .. nobis supervenerint clades, .. luctus nobis .. monimenta perpetui ~antur Osb. Bawdsey clxviii. **l** praedicent verbum doctores .. Domini, ~antes cum fiducia, 'non .. sumus sicut plurimi ..' [*II Cor.* ii 17] Bede *Tab.* 463D; non sibi tribuit, sed cum apostolo ~atur, 'gratia autem Dei sum ..' [*I Cor.* xv 10] *Id. Sam.* 505C; qui in evangelio secundum Marcum ~atur, 'de die .. illa et hora ..' [*Marc.* xiii 32] Alcuin *Dogm.* 196A; vides Dominum comedentem et bibentem cum peccatoribus et publice ~antem, 'non veni vocare iustos sed peccatores ad penitentiam' [*Matth.* ix 13] P. Blois *Ep.* 50. 150B. **m** **1226** nos .. innocentiam predicti R. coram nobis per multos ~atam .. attendentes *Pat* 37.

2 (in leg. contexts) to demand or request as a right, assert a claim to.

repetebat turris Rophensis custodiam, quam et de ecclesie sue jure ~abatur, super hoc instrumentum publicum .. producens H. Bos. *Thom.* III 19; **s1202** missi sumus .. qui libertatem et jus ecclesie nostre ~aremur *Chr. Evesham* 115.

3 (leg.) to make formal assertion or declaration of a reservation, stipulation, or condition, to make a protestation (in quot. impers. pass.).

1319 quodsi .. contingat partem ream inter excepciones dilatorias, quas proponit, aliquam vel aliquas ~ari, decrevimus quod omnes protestate .. in sessione proxima .. proponantur cum effectu, ut tunc simul super omnibus disputetur *Conc.* II 496b; **s1324** Edwardus filius regis .. fecit homagium avunculo suo regi Francie, sub quibusdam protestationibus et etiam ex parte Francorum ~atum est Wals. *YN* 260 (cf. id. *HA* I 177: fuit etiam e contrario ~atum).

4 to pursue or prosecute (a law-suit, in quot. p. ppl. as pass.).

in vita regis Edwardi ~ata super eis lite et causa sepius ventilata *Chr. Rams.* 77.

5 (pr. ppl., theol.) protestant; **b** (as sb.).

1545 illustrissimorum principum et ordinum ~antium nomine *SP Hen. VIII* 205 f. 89*d*. **b** **1618** non cernunt .. quantum obstaculum prebent e pontificiorum secta catholicaque superstitione conversuris, vel infirmis etiam ~antibus, cum quibus agunt sacerdotes pontificii *REED Gloucestershire* 379.

6 to testify to the name of, to name or call.

deinde silvam ingressi sunt amatores heremi, quam Uticum ~antur incole Ord. Vit. VI 9 p. 56.

7 (in gl.).

contestor, cum quadam auctoritate adfirmans; ~or, manifeste cavenda [v. l. cavendo] denuntians Bede *Orth.* 53; ~or, manifeste cavenda denuntians Alcuin *Orth.* 2347.

protestatio [LL]

1 (act of) testifying publicly or bearing witness (esp. to the veracity, authenticity, or genuineness of something or someone), attestation, assertion, declaration; **b** (w. obj. gen.); **c** (w. subj. gen.); **d** (foll. by acc. & inf.); **e** (foll. by *quod* & subj.).

quapropter primus prae ceteris hujuscemodi dedecus patula ~one tuae serenitati profiteor B. *V. Dunst.* 1; **s1118** cujus laudem brevi ~one possum comprehendere, quia .. non fuit inventa illi similis .. nec .. invenietur consimilis *Lib. Hyda app.* 312; **1166** dummodo .. rex ~one publica et scriptura patente vos .. jubeat esse securos J. Sal. *Ep.* 175 (176 p. 168); contra ~onem quam .. fecerat de secretis sibi creditis .. perpetuo concelandis *Flor. Hist.* III 166; tales ~ones faciunt .. complures docentes, predicantes, et scribentes Ockham *Dial.* 442; protestatus fuit Adam compilator quod fingeret se hominem fore Oweni ... et hec ~o sibi salvavit vitam Ad. Usk 117. **b** **c1168** habeatur .. ubique et publice ~o divini juris J. Sal. *Ep.* 243 (241 p. 466); "talis es, sancte Cuthberte, talis es, sancte Cuthberte!" ingeminacio gaudii fuit ~o *Mir. Cuthb. Farne* 5; adulator .. magis volens placere prolatione mendacii quam displicere ~one veri Neckam *NR* II 180 p. 318; **1272** aliam ~onem cartarum incipiencium a donacionibus R. comitis fecit, quam quinque sigillis muniri procuravit *Cart. Chester* 33 p. 85; **1332** prefixit .. commissarius ipsi parti ree terminum .. et ipsam dimisit ab instancia diei quo ad partem actricem cum ~one expensarum *Reg. Roff. Ep.* f. 137b. **c** **1215** ~o archiepiscoporum .. aliorumque episcoporum de articulo .. *Foed.* (ed. RC) I 134 (cf. *Cl* 269a); **1224** dominus rex H. testatur in carta sua quod .. [*in marg.*: nota quod contra ~onem regum per cartas suas non procedit placitum nec duellum] *BNB* II 181. **d** **1221** ~o episcopi Roffensis se nil in prejudicium episcopi Sarum fecisse *Ch. Sal.* 109. **e** **s1283** ~one facta .. quod si quis eum defendere vellet, libenter audiretur Graystanes 19; **s1382** facta prius ~one quod vellent .. esse humiles et fideles filii, et ecclesie in omnibus obedire Wals. *HA* II 60.

2 (act of) demanding or requesting as a right, or as something which is due to one (in quot. w. obj. gen.).

sollicitavit .. summum pontificem .. sub impensi ~one obsequii, ne .. J. Sal. *Thom.* 19; semper cum ~one libertatis et cum reclamatione facta sunt ista *Chr. Evesham* 114.

3 (leg., formal declaration or assertion of) reservation, stipulation, or condition, protestation; **b** (foll. by *quod* w. ind. or subj.).

s1272 Edwardus sub hac forma verborum homagium fecit ei: "Domine rex, facio vobis homagium .. pro omnibus terris quas debeo tenere de vobis." unde nonnulli receperunt hanc ~onem, quasi pro Normannia loqueretur *Flor. Hist.* III 31; **1360** ordinacioni congregacionis regencium se submiserunt .. ~one tamen prius facta coram notario, prout inferius est expressum *MunAcOx* 223; **1381** hanc causam proposuit pars Scocie tanquam sufficientem eciam si sola esset cum ~one adjungend' plures cum super modo cognoscendi fuerit concordatum *RScot* 38a; **s1324** Edwardus filius regius .. fecit homagium avunculo suo regi Francie, sub quibusdam ~onibus. et eciam ex parte Francorum protestatum est Wals. *YN* 260 (cf. id. *HA* I 177); **s1274** rex Scocie .. interfuit .. sub libertate et ~one solitis in consimilibus coronacionibus fieri consuetis Bower X 35 (cf. *Plusc.* VII 29: premissis ~onibus solitis). **b** **1279** tali ~one facta quod si contingat dominum regem .. *PQW* 198b; **s1399** premissa cum ~one quod noluit [sc. Ricardus secundus] nec intendebat renunciare †carrectis [l. characteribus] anime sue impressis *V. Ric. II* 159 (cf. Capgr. *Hen.* 107); **s1328** rex Anglie .. fecit homagium suum regi Francie .. pro toto ducatu Aquitanie et comitatu Pontive, super quibusdam ~onibus, viz., quod non admisit homagium pro terris quas pater suus Carolus sibi vendicavit quousque .. Wals. *HA* II *app.* 350; **1433** cancellarius, licet multum renitens, dicto Johanni .. baculum tradidit, sub ~one tamen quod .. non intendebat quod racione illius tradicionis aliquod jus sibi adquireretur *StatOx* 255; **1464** hac ~one facta .. quod non sit intencionis sue per hanc suam concessionem predicte prejudicare *Melrose* 574.

Proteus [CL]

1 sea-god notable for his ability to change shape; **b** (as type of changeability or of something difficult to grapple with). **c** (alch.) mercury. **d** (bot. as sb. f.). ? plant that changes colour.

Protheus .. caeruleo corpore .. curru per aequora nudus vehi .. et super omne piscium genus principatum habuisse, et in omnium rerum formas se vertere potuisse describitur *Lib. Monstr.* I 35; assidet ille ducis pedibus, vultus alienos / sumit, nec proprios, Protheus alter, habet H. Hunt. *HA XI* 167; quod indesinenter oportebat eum pugnare ad bestias curie, et velut cum Protheo, ut dici solet, negotium gerere J. Sal. *Thom.* 7; nescio cujus monstruosi ~ei poetice commentatam effigiem H. Bos. *LM* 1373C; mortis rex .. / .. incerto Protei vultu proteatur Garl. *Epith.* II *summa* 10. **b** ita in uno eodemque homine modo virtutibus se vitia palliabant, modo virtutes vitiis succedebant, ut ambigeres quo teneres nodo mutantem Prothea vultus (cf. Horace *Ep.* I 1. 90) W. Malm. *GR* I 86; **1169** qui versibilitate .. videbatur ipsum Prothea superare J. Sal. *Ep.* 285 (288 p. 646); si accedis, .. latebras querunt, variant faciem ..; lubricum et volubilem Prothea miraberis rediisse *Id. Pol.* 654C. **c** ~eus est Mercurius, qui se in omnes formas vertit, et denuo propriam recuperat *LC* 287. **d** ~ea, i. nimphea *Gl. Laud.* 1168.

2 (as adj.) changeable, inconstant.

in muliere fides est Protea, transit ut umbra, / debilior tela quam facit aranea *Latin Stories* 187.

proth v. 2 pro. **prothagollum** v. protocollum. **prothdolor** v. 2 pro. **protheamen** v. proteamen. **protheare**, **prothearі** v. proteare. **prothedicus** v. protecdicus. **prothelatio** v. protelatio.

prothema [πρόθεμα=*public notice, but* cf. et. CL pro-+thema < θέμα]

1 prologue, exordium, 'fore-theme'.

vocant .. quidam predicatores prologum suum ~a, quasi thema ante thema T. Chobham *Praed.* 265; qui docent predicantem gratiam Spiritus Sancti in ~ate implorare et pro se et pro populo Bacon *Tert.* 305.

2 (app. equivalent to *thema*, prob. *metri causa*) subject, theme (of poem or song).

[epilogus:] fistula rurestris cecinit prothemata cannis FRITH. 1390.

prothenasthus [? προτείνειν = *to stretch out before*], ? sort of bow or crossbow.

ex cornibus .. bovinis fiunt ~us [*ed. 1601*: arcus balliste, TREVISA: *tippynge and nokkes to bowes, to arblastres*] quibus tela contra hostes jactantur BART. ANGL. XVIII 12.

prothesis [LL *in sense* 1 < πρόθεσις]

1 (gram.) addition of letter or syllable to beginning of a word.

qui in quolibet versu contineret ~im vel epenthesim vel aliam figuram GERV. MELKLEY *AV* 7; diceret 'gnato tuo ..'. formatur .. hec sillaba 'gna' cum subsanacione quadam vultus. hec figura ~is, contraria illi afferesis vocatur, ut cum dicitur 'mitte' pro 'omitte' *Ps.*-GROS. *Gram.* 70.

2 setting forth (in public), display.

a calcitronibus rex differt genesi, / avorum scilicet patrumque prothesi WALT. WIMB. *Sim.* 82.

Protheus v. Proteus.   **protho-** v. proto-.   **protholor, proth pudor** v. 2 pro.

protia, (in gl.) cook's servant, kitchen-boy.

sint .. ibi alucia, ubi .. avium domesticarum entera et extremitates .. a lixa [*gl.: de le quistrum*, i. ~ia] proiciantur et purgentur NECKAM *Ut.* 97.

protigere v. protegere.   **protilus** v. procilios.

protimesis [προτίμησις], (act of) giving preference to, preference.

hoc jus ~eos quod nihil aliud est nisi jus praelationis, qua una persona aliae praefertur in rerum alienarum venditione aut auctione *Jus Feudale* 349.

protinam [CL], (in gl.) swiftly, immediately, at once, forthwith.

ocius, cito, protinus, statim, .. festinanter, mox, ~am [v. l. prorritiam] OSB. GLOUC. *Deriv.* 400; item a prope protinus, i. cito, adverbium, quod etiam ~am invenitur, unde Plautus: 'protinam me in pedes conicio' *Ib.* 434; ~am, protinus, cito, mox .. festinanter .. velociter .. properanter, mature, .. ocius .. actutum *Ib.* 476.

protinere [CL pro- + tenere]

1 to hold forth, to extend (in quot. refl.).

13 .. statuimus insuper ut nullus presbyter celebret in tunica curta nisi se ~eat ultra genu *Conc. Scot.* II 66.

2 (assoc. w. or erron. for *pertinere*) to belong or pertain (to, w. *ad*).

1293 si justitiam exhiberi .. ad nos dinoscitur ~ere *RScot* 18a.

protinus [CL]

1 forward from a point in space, straight on, forth (some quot. might also be construed w. temporal force of sense 2 *infra*).

c**705** omnis ~inus exercitus [sc. apum] consueta vestibula perrumpens prisca cellarum claustra gratulabundus ingreditur ALDH. *Ep.* 12 p. 502; ~enus per e adverbium locale, id est porro tenus, .. protinus per i temporale est, id est statim ALCUIN *Orth.* 2343; dux Caletorum catervam .. contra Odonem premiserat. ~inus illi Gallis occurrentes .. bellum commiserunt ORD. VIT. I 24 p. 184; fluvium .. noctu .. pertransibant, et in Ebroicensem diocesim .. ~inus irruebant *Ib.* VII 14 p. 222; ante eam beatus apostolus coram omnibus ~inus constitit ALEX. CANT. *Mir.* 22 (II) p. 206; signum crucis super morsum murene .. faciam, et illum .. in tuo ~inus ore ponam. si statim comedere volueris, sanitatis remedio poteris *V. Edm. Rich P* 1812A.

2 at once, forthwith, immediately; **b** (w. *quam, ubi, ut*, or abl. absol.) as soon as. **c** (w. *ad* or *post* & acc.) just after, immediately following. **d** (w. *retro*) immediately before.

protinus Andreas compunctus voce Tonantis / credidit aeternam salvantem saecula regem ALDH. *CE* 4. 3. 6; vidimus .. ipsam rasuram aquae inmissam ac potui datam .. ~inus .. totum .. sedasse tumorem

BEDE *HE* I 1 p. 13; ~enus illa juvenes per medium pontis ligna ferentes clarissime vidit OSB. *Mir. Dunst.* 7; si operari fuerit jussa, pretendit ~inus quod sit infirma *Simil. Anselmi* 88; quam scripturam cum in rem nichil facere .. cuncti ~inus diffinissent .. W. MALM. *GP* I 29; gens .. post lapsum ~inus [v. l. statim] resurgere prompta .. sicut prelio facile, sic bello difficile vinci solet GIR. *DK* II 3 p. 210. **b** ~inus quam ille discedebat, duci obvius venienti appropinquans .. dominum salutat G. CRISPIN *Herl.* 66; s**1066** ~inus prolatis a duce verbis audacie cedentes animos receperunt ORD. VIT. III 14 p. 148; ~inus rex ubi hec accepit, comites .. laborantibus subvenire precepit *Ib.* IV 5 p. 193; ~inus ut ille egrotare cepit *Ib.* VII 7 p. 182; quo facto, Abbacuc ~inus restitutus est in locum suum ALEX. CANT. *Dicta* 5 p. 131. **c** ~inus ad invocationem .. auxilium presto affuit ORD. VIT. VIII 17 p. 374; ~inus post festum sancti Michalis STRECCHE *Hen. V* 152. **d** secundum leges et consuetudines regni a primiceriis [v. l. predecessoribus] nostris ~inus retro statutas HENGHAM *Magna pref.* p. 1.

3 at the same time, at the very same moment, suddenly, (also) by (one and) the same action. **b** (w. *dum*) at the same time as, at the very same moment that.

tunc .. abbas .. processit ... enorme incendium de quadam domo ~inus erupit ORD. VIT. VII 16 p. 251; sic .. ~inus exheredatus est et extraneorum hospitia exul reposcere coactus est *Ib.* VIII 24 p. 419; flumen .. cum parte sui exercitus pertransiit ... ~inus satellites imperatoris .. impetu facto in comitem et suos irruerunt *Ib.* IX 6 p. 495. **b** ~inus dum .. ille magis magisque incongrua verba proferret .. subita infirmitate in precordiis percussus est ORD. VIT. IV 16 p. 288.

4 (w. less immediate force) soon thereafter, quickly, swiftly.

acriter .. compescit [Johannes baptista] voce tyrannum / ... / protinus effuso rubuerunt sanguine lances, / dum caput .. populi ad convivia portant ALDH. *VirgV* 446.

proto v. protos.

protocancellarius [protos < πρῶτος + LL cancellarius], arch-chancellor (in quot. as title of official in Holy Roman Empire).

s**1257** archiepiscopus .. Coloniensis, sacri imperii prothocancellarius, et quidam alii magnates Alemannie M. PAR. *Maj.* V 601; archiepiscopus Colonie, cujus titulus est sacri imperii prothocancellarius post honorem archipresulatus *Ib.* 604.

protocerius [cf. LL primicerius], (in gl.) ruler, prince.

protocherius, princeps OSB. GLOUC. *Deriv.* 484.

protocherius v. protocerius.

protocollare [protocollum + -are], to assemble or copy (document) into a collection of protocols; **b** (absol.).

1316 eum .. creamus .. notarium publicum .., cum omnimoda potestate recipiendi, inquirendi, ~andi, et in publicam formam redigendi omnia instrumenta de quibus recipiendis .. fuerit requisitus *RGasc* IV 1573; instrumenta recepta .. et ~ata per magistrum P. G. olim notarium *Ib.* **b 1316** supplicavit nobis J. des D. .. ut ipsum .. notarium publicum .. constituere, sibique quod .. scribere et ~are, et extra protocolla cartas et instrumenta extraere *RGasc* IV 1559.

protocollum [ML < πρωτόκολλον], **prothogollum** [ME *prothogol, protogol*]

1 official copy of legal document, maintained in possession of notary or sim. official, and from which other copies might be created or checked for authenticity, (also) book or register containing such official copies.

1289 vobis .. mandamus quod reficiatis instrumentum predictum, illud de ~collo seu registro vestro fideliter extrahentes *RGasc* II 395b; **1320** instrumentum non conficiam de aliquo contractu in quo sciam intervenire .. vim vel fraudem; contractus [? l. contractum] in prothocollum redigam et, postquam in prothocollum redegero .. *Reg. Heref.* 148; **1434** aut in notis seu prothocollis eorum receperint, .. nonnulla jura, acta, .. instrumenta, .. et munimenta causam .. concernencia AMUND. I 392; **1437** prefatus R. habet officium rememoratoris, et custodiam papirorum,

prothogalium, et [registrorum omnium] notariorum regalium et imperialium (*Pat*) Arch. *Gironde* XVI p. 235; **1464** W. P. procurator .. quoddam protagollum .. ostendebat et .. dictum protagollum si manus dicti notarii esset examinari .. per testes .. qui manum ipsius .. noverunt instanter petiit *Reg. Brechin* II 102; **1503** ipsum juramentum .. cum prestatum fuerit per notarios publicos .. in prothogolis et scriptis redigi ac instrumentum .. superinde fieri *RScot* 561b (cf. ib. 572b: prothocollis); **1503** Margareta C. et .. sponsus suus .. resignavit in manibus Johannis R. unius ballivorum burgi de A. .. tenementum ac petiam horti in prothagollo immediate precedente in favorem fratrum minorum *Scot. Grey Friars* II 223; **1549** de prothogollis notariorum defunctorum: statuit hec synodus .. ut prothocolla sive libri .. abbreviature notariorum defunctorum .. ad officialem illius dioecesis .. actualiter deliberentur *Conc. Scot.* II 112–3.

2 prefatory epistle (perh. w. ref. to 'cover-letter' accompanying longer document).

1166 quod .. ei scribendum fuerat, nisi deficientis prothocolli brevitas obstetisset, ei .. suaderi desidero J. SAL. *Ep.* 179 (172).

protodoctor [protos < πρῶτος + CL doctor], first or foremost teacher (in quot. of religious doctrine); **b** (w. ref. to St. Augustine of Canterbury); **c** (w. ref. to St. Philip).

tali devotione ~oribus .. Angliae metropolim suam cum triumphali crucis labaro ingredientibus Gosc. *Aug. Min.* 749D. **b** Anglica Britannia, per sanctum ~orem et primum antistitem suum Augustinum sole justitiae irradiata Gosc. *Æthelb.* 1; a rege .. Æthelbrichto, qui primus .. per ~orem suum Augustinum Christo sacrari meruit *Id. Werb.* 98D; †**618** (13c) ego Aedbaldus .. quem prothodoctor et apostolus Anglorum Augustinus .. ab eternis inferorum cruciatibus eripuit *CS* 13; †**664** (13c) Deusdedit .. propagator ewangelii pacis ~oris nostri Augustini *CS* 22 p. 39; ab adventu Augustini, prothodoctoris *[the firste doctor]* Anglorum HIGD. I 44 p. 42 [cf. *Eul. Hist.* II 145: protodoctoris]; ob reverentiam et memoriam ejusdem ~oris nostri [sc. S. Augustini] ELMH. *Cant.* 88. **c** Franci .. beatum Philippum apostolum suum specialem ~orem et neoapostolum adhuc tenent *Croyl.* 83.

protodux [protos < πρῶτος + CL dux], first or foremost leader (in quot. w. ref. to king of the men of Kent).

ut lecturorum conceptus de ~ducis nostri [sc. Æthelberti] post baptismi lavacrum fortuna limpidius explanarem ELMH. *Cant.* 141.

protoforestarius [protos < πρῶτος + forestarius], (as title) chief forester.

s**1211** habuit .. rex .. consiliarios iniquissimos ... Hugo de Nevilla prothoforestarius .. et alii multi .. regi in omnibus placere cupientes M. PAR. *Maj.* II 533 (cf. *Flor. Hist.* II 140: Hugonem de Novilla prothoforestarium); s**1241** Johannes Biset, Anglie prothoforestarius *Id. Min.* II 446; ad eos [sc. saltus] .. conservandos durissimas leges et praefectum, quem ~ium dixerunt, imposuerunt CAMD. *Br.* 254.

protogenes [πρωτογενής], first-born, first-begotten (in quot. w. ref. to Adam).

956 (13c) Adam Thei omnipotetis nutu ~es ex informi materia creatus *Chr. Abingd.* I 204; **956** (13c) Adam Dei omnipotentis nutu ~es, ex informi materia creatus ... ejusdem praedicti ~is *Ib.* 239; **957** (14c) Adam Dei omnipotentis nutu ~es ex informi materia creatus ... ejusdem dicti ~is *CS* 995.

protogonus [πρωτόγονος], first-born, (in quot. as sb. m., w. ref. to founder of family) progenitor, 'proto-ancestor'.

si .. ~i clypeum per omnes agnationes, familias, gentes retinuisse placuerit, lemniscis .. diagoniis .. angulis, aliisque latis, et conspectioribus differentiis usi sunt SPELMAN *Asp.* 141.

protojudex [protos < πρῶτος + CL judex], first or foremost judge.

proto Grece primus Latine, et componitur .. prothopater, et prothoprinceps [v. l. et ~ex] OSB. GLOUC. *Deriv.* 464.

protojustitiarius [protos < πρῶτος + ML justitiarius], first or foremost justiciar, chief justice.

s**1232** rex .. Hubertum de Burgo, prothojustitiari-

um regni, ab officio suo .. amovit M. PAR. *Maj.* III 220 (cf. *SelCh* 324: protojustitiarium).

protolare v. protelare. **protomartir** v. protomartyr.

protomartyr [protos < πρῶτος+LL martyr < μάρτυς; cf. πρωτομάρτυς], first martyr; **b** (w. ref. to St. Stephen); **c** (w. ref. to St. Alban, as protomartyr of Britain); **d** (w. ref. to other saint); **e** (w. ref. to Abel).

proto Grece primus Latine, et componitur prothomartir [ed. Mai: protomartyr], i. primus martir OSB. GLOUC. *Deriv.* 464; protoplastus, primus formatus, sic et †proptomartyr [l. protomartyr; ed. Mai: protomartyr], et protopater, et protoprinceps dicitur *Ib.* 481; *þe firste martyr*, prothomartir *CathA.* **b** quis, ut protominister martyrque evangelicus [v. l. prothomartir evangelicusque minister] .. nefandis manibus lapidatus est? GILDAS *EB* 73; beatus ~yr Stephanus passurus mortem BEDE *HE* V 14 p. 314; **833** (14c) scripta est hujus privilegii scedula .. die qua sancti Stephani prothomartiris solempnitas celebretur *CS* 410; **s1098** alter juvenis .. qui .. dixit se Stephanum prothomartirem esse EADMER *HN* 113; juxta æcclesiam beati Stephani ~iris, ubi lapidatus a Judeis obdormivit in Domino ORD. VIT. IX 15 p. 597; Simon cum Juda, Laurentius et prŏtomartyr, / urbem [sc. Romam] solantur, immo tuentur eam NECKAM *DS* V 269; **s562** ille ~yr lapidatus [sc. S. Stephanus] transit a nobis *Eul. Hist.* I 208. **c** ad sanctum Britannie ~yrem in ipsius festivitate perrepsit Albanum GOSC. *Transl. Mild.* 24; **a1123** (1333) sancti Albani prothomartiris Anglorum *CalCh* IV 293; in æcclesia sancti Albani prothomartyris Anglorum ORD. VIT. IV 16 p. 288; hic est .. / Albanus .. / flos vernans, noster Stephanus, prŏtomartyr eorum / quos Bruti claudit insula clausa mari NECKAM *DS* V 865; causam judicet qui mortem olim .. Willelmi Rufi .. in manus tradidit S. Albani ~yris Anglorum J. READING f. 180; sanctus Albanus ~yr Anglorum notatur .. per anticipationem, quia necdum Angli in Britanniam venerant ELMH. *Cant.* 182. **d** ipsa .. sancta Tecla fuit virgo et prima martir .. et discipula sancti Pauli apostoli. .. apud Iconium .. remansit sancta Tecla prothomartir et virgo intus in petra *Descr. Constant.* 257; jacent hic duo nobiles, et post Albanum et Amphibalum precipui Britannie majoris ~yres .. Julius scilicet et Aaron GIR. *IK* I 5 p. 56; Oswaldus rex Northanimbrorum .. primus de gente nostra crucis vexillum erigens .. efficitur gentis Angligene ~yr ELMH. *Cant.* 181. **e** quando ~yr Abel corpore .. sedem sepulchri .. intravit BEDE *Gen.* 38C; beatus ~yr Abel primo omnium electorum .. Deo holocausta obtulit *Id. Ezra* 831D; multi .. corpora sua martyrio subdiderunt, sicut ~yr Abel, sicut Isaias, sicut martyres Machabei AILR. *Serm.* II 34. 270B.

protominister [protos < πρῶτος+CL minister], first or foremost servant or minister (in quot. w. ref. to St. Stephen).

quis, ut ~er martyrque evangelicus [v. l. prothomartir evangelicusque minister], .. nefandis manibus lapidatus est? GILDAS *EB* 73.

protomonarcha [protos < πρῶτος+LL monarcha < μονάρχης], first or foremost monarch (in quot. w. ref. to King Alfred).

nobilis rex Alfredus prothomonarca Anglie OXNEAD *Chr.* 56 (cf. B. COTTON *HA* 70: prothomonarcha); **s853** Alfredus totius Anglie prothomonarcha Rome a Leone papa in regem consecratur puer *Id. Chr. Min.* 429; ab Alfredo primo prothomonarcha inuncto et coronato *Feudal Man.* 138.

protonobilis [protos < πρῶτος+CL nobilis], of foremost nobility, most noble.

1292 per magistrum Matheum de Neopolyni dictum 'prothonobilem cantorem Carnocensis domini pape capellanum ac sacri pallacii auditorem' *SelCCant* 606.

protonotariatus [protonotarius+-atus], ? (right of selecting candidate to fill) office of protonotary apostolic (*cf. protonotarius* 1b, *provisio* 5).

1492 in plenariam .. solucionem .. omnium .. summarum .. mercatoribus Florensibus debitarum racione bullarum provisionis et prothonotariatus .. expeditas [*sic*; ? l. expeditarum] pro .. abbate de Abirbrothoc .. et fateor me obligatum domino abbati .. quod bulle prothonotariatus .. deliberabuntur ad manus abbatis omni diligencia possibili *Reg. Aberbr.* II 270.

protonotarius [πρωτονοτάριος; cf. CL notarius], (as title) chief clerk, registrar, or notary, protonotary: **a** (leg., w. ref. to official, in English court). **b** (w. ref. to papal official, freq. w. *sedis apostolicae* or sim.); **c** (dist. as *apostolicus* or *extraordinarius*); **d** (w. ref. to official in Holy Roman Empire); **e** (w. ref. to official in German city); **f** (transf., w. ref. to writers of New Testament and other early Christian scriptures).

a 1199 de simplici confirmatione .. detur .. unus bisancius ad opus prothonotarii, et duodecim denarii pro cera *Foed.* (ed. RC) I 76a; facto .. sacramento ut predictum est, tunc legat ~ius virtutem brevis ad instructionem juratorum hoc modo .. BRACTON f. 185b; magistro Petro Blesensi archidiacono Bath' et domini nostri regis vicecancellario, totiusque regni dignissimo prothonotario *Croyl. Cont. A* 108; **1507** ad manus W. M. prothonotar' hic in curia deliberavit *Entries* 163rb; memorandum quod officium capitalis prothonotarii in banco vacant [*sic*] post ultimum terminum per mortem N. R. *Entries* 443ra; pertinent .. ad hanc curiam [sc. cancellariam] ~ius, clericus coronae, clericus hanaperii CAMD. *Br.* 143. **b 1259** dilectos filios magistrum A. capellanum nostrum prothonotarium et fratrem W. ordinis sancte Trinitatis .. familiarem (*Lit. Papae*) *Ann. Burton* 469 (=*Foed.* (ed. RC) I 382; **s1423** mox, agnus de lupo factus, vocavit ad se viros venerabiles .. magistrum Willelmum Chicheley archidiaconum Cantuarie et prothonotarium domini pape AMUND. I 81; **1453** testibus .. magistro W. C. apostolice sedis prothonotario *Scot. Grey Friars* II 103; **1478** sepe et sepius protulisse se ipsum papam a Deo electum .., et, quod pejus est, .. legatos .. ad diversas mundi partes destinando ac prothonotarios creando .. scismatis crimina .. contraxisse (*Lit. Papae*) *Mon. Hib. & Scot.* 480b. **c 1440** domo habitacionis venerabilis et circumspecti viri magistri Petri de Monte prothonotarii apostolici, utriusque juris arciumque doctoris, in regno Anglie collectoris generalis et apostolice sedis nuncii rectorisque *Reg. Cant.* I 310; Julius primus Romanus pontifex omnia ad rem sacram pertinentia per notarios literarum monimentis mandanda curavit. ii ab initio fuisse videri possunt quos hodie ~ios vocant, quorum officium est res precipue gestas conscribere. .. hodie ~ii apostolici numero septem .. [et] praeterea extraordinarii sine numero P. VERG. *Invent.* IV 11; **c1533** per reverendum .. patrem magistrum Gilbertum Strathachine, rectorem de Balhelvy, ~ium apostolicum, canonicumque Abirdonensem *Reg. Aberd.* I 407. **d** imperator vices suas C. cancellario, P. dicto Coloniensi electo, et A. ~io suo concessit Boso *V. Pont.* 431; [nuncius] imperatoris, qui dicitur prothonotarius DICETO *Opusc.* 280; **1294** honorabilem virum magistrum Everardum aule nostre prothonotarium B. COTTON *HA* 243. **e 1405** honorabiles viros magistrum H. de V., dominum R. S. prothonotarios .. civitatum .. Bremensis, Hamburgensis .. et Gripeswaldensis *Lit. Cant.* III 94. **f** Christus .. non scripsit miracula propria .. sed quattuor magni scribe et alii multi minores .. quidam in una lingua, quidam in alia .. horum .. scribarum et ~iorum Christi testes sunt apostoli BRADW. *CD* 47B.

protonotator [protos < πρῶτος+ML notator, cf. protonotarius], chief clerk, registrar, or notary (in quot. w. ref. to clerk recording proceedings during holding of pleas of the crown).

1419 clericus majoris, simul cum clerico communi civitatis et clericis vicecomitum, sed eant coram eis .. ne pro defectu notandi oblivioni tradantur. et unus illorum sit prothonotator, a cujus nota omnes alii sumant exemplum scribendi *MGL* I 56.

protopapas [πρωτοπαπᾶς], (eccl.) chief presbyter (title of official in Eastern Orthodox Church).

s1274 qui princeps ecclesiarum .. qui prothopapas cum toto presbiterio archidiaconatus ecclesiastici *Flor. Hist.* III 39.

protopar [protos < πρῶτος+CL par], first or foremost peer.

s1425 tam reverendus paranimphus archipresul et dux Remens', ducum prothopar et tam in spiritualibus quam temporalibus primus BOWER XVI 11 (cf. *Plusc.* XI 3: par principalis).

protoparens [protos < πρῶτος+CL parens]

1 first parent (w. ref. to Adam or Eve).

in ficu, cujus foliis ~entes nostri .. sua pudenda texerunt BEDE *Ep. Cath.* 29; **887** qui Adam, ~entem nostrum .., decepit (*Syn. Landav.*) *Conc.* I 198a (=*Lib. Landav.* 214); qui esu interdictae arboris letalis pomi in ~ente justi funeris sententia multati sumus EGB. *Pont.* 115; costa Adae ~entis materia Eve *Ps.*-GROS. *Summa* 304; **c1430** post prime prevaricationis piaculum in prothoparentis posteros propagaliter derivatum AMUND. I 280.

2 (transf.): **a** first or foremost parent (w. ref. to St. Augustine of Canterbury and his mission); **b** (w. ref. to head of religious order).

a caeteri quoque filii qui ~entes ecclesiastici sunt Angliae accumbunt sicut novellae olivarum in circuitu mensae suae [sc. S. Augustini] GOSC. *Aug. Maj.* 92D; post antiqua evangelici ~entis Anglorum Augustini solemnia caelo triumphata *Id. Transl. Aug.* 15A; ab evangelici .. ~entis nostri Augustini .. adventu *Lib. Eli.* II 53; hec [sc. ecclesia S. Pancratii] est prima ecclesia a nostro in Christo ~ente et pontifice dedicata ELMH. *Cant.* 80. **b a1440** venerabili Brigittini ordinis prothoparenti in Suecia *Reg. Whet.* II 399.

protopater [protos < πρῶτος+CL pater]

1 first father.

proto Grece primus Latine. et componitur .. prothopater OSB. GLOUC. *Deriv.* 464; protoplastus, primus formatus, sic et .. ~er dicitur *Ib.* 480.

2 (transf.) first or foremost father (in quot. w. ref. to early bishops of English church).

te [sc. Augustinum] protectorem concinunt et ~rem GOSC. *Aug. Maj.* 51A; septem primates sunt Anglis et prŏtopatres, / septem rectores, septemque per aethra triones *Ib.* 93A (=ELMH. *Cant.* 283); protodoctoribus et in fide Christi ~ribus Angliae metropolim suam .. ingredientibus *Id. Aug. Min.* 749D;

protophylarchus [protos < πρῶτος+CL phylarchus < φύλαρχος], first or foremost leader or chief, 'protophylarch' (in quot. as title of Utopian official).

triginta quaeque familiae magistratum sibi .. eligunt, quem sua prisca lingua syphograntum vocant, recentiore phylarchum. syphograntis decem cum suis familiis traniborus olim, nunc ~us dictus, praeficitur MORE *Ut.* 135.

protoplastus [LL < πρωτοπλαστός]

1 that was made or created first, first-made; **b** (w. *Adam*, also in apposition); **c** (w. *Satana*); **d** (in gl., understood as) first.

hymnus Fortunati: 'de parentis protoplasti / fraude' ALCUIN *Liturg.* 562C; prothoplastus, i. primus formatus OSB. GLOUC. *Deriv.* 452; ~us, primus formatus *Ib.* 480. **b** quod autem de virgine natus est propter protoplaustum Adam quam de virgine terra et inpolluta ad suam fecit imaginem THEOD. *Laterc.* 12; nec ipse Adam ~us captivus creatus est, sed liber et ingenuus ALCUIN *Dogm.* 259A; **956** (13c) Adam prothoplastus [v. l. prothoplaustus] in Eden primo formatus *CS* 921 (=*Reg. Malm.* I 311); Hebron, ubi .. Adam ~us .. sepultus requiescit SÆWULF 849; legimus ex tradicione patrum quod, cum Adam prothoplaustus senuerit et factus fuerit nongintorum annorum et xxx *Holy Rood-Tree* 54; patria .. de qua .. est Adam prothoplastus ejectus *Meaux* I 146; Ennoc filii Seth filii Ade prothoplausti AD. USK 20. **c** Deus omnipotens, libera me de igne inexstinguibili. .. libera me de ~o Satana ALCUIN *Liturg.* 477A. **d** *fyrste* .. primevus, .. protoplastus, primordialis *CathA.*

2 (as sb.): **a** (m., w. ref. to Adam); **b** (? w. ref. to Eve); **c** (pl., w. ref. to Adam and Eve).

a peratavos et tritavos rursum singillatim ordinem genealogiae recapitulans decursis lxxvij generationum laterculis protoplaustum [v. l. protuplaustum] terminum posuit ALDH. *Met.* 2 p. 68; nam protoplaustus [v. l. ~us], quem rex formavit Olimpi *Id. VirgV* 2494; **984** hominem ex limo terrae formavit [Dominus], formatumque prothoplastum serpentinus livor ad mortem usque perduxit *Ch. Burton* 24; unde Theodolus: 'exulat ejectus de sede pia prothŏplaustus' J. BATH 280 (cf. **c1298** (*Dunbar* 48) *Pol. Songs* 164: prŏtoplastus); adde quod in costa prŏtoplasti, respice tantum / partes corporeas, femina tota fuit NECKAM *DS* IV 422; ave [Jhesu] qui, dum deprimeris / pro prothoplausti [v. l. prothoplasti] posteris, / pressos facis ascendere J. HOWD. *Cyth.* 84. 2; decretum primi parentis de .. unione conjugum .. fuit factum auctoritate Dei .. et iterum idem Deus revocavit suum preceptum et ~i decretum eadem auctoritate et forma qua prius CONWAY *Def. Mend.* 1338; celsitudinem concupivit angelus, concupivit et hominum prothoplastus FORTESCUE *NLA* I 1. **b** primus parens et prothoplausta .. spe seductus cecidit *Plusc.* VII

31.   **c 672** ob inextricabile .. protoplaustorum [v. l. ~orum, prothoplastorum] piaculum ALDH. *Ep.* 5; in sequentibus unde et quomodo ~os [v. l. protoplaustos] fecerit Deus exponitur BEDE *Gen.* 30; cum ~i [v. l. protoplausti] peccando felicitatem patriae caelestis perdiderunt *Ib.* 36; **9 ..** est elevatus nubibus / et spem fecit credentibus, / aperiens paradisum / quem protoplasti clauserant *Anal. Hymn.* LI 87 p. 92; **1044** (11c) postquam ~i serpentina suasione seducti .. humum terrae colere coeperunt *CD* 772; quinquepartitus anime sensus in prothoplastis nimis obscuratus est, ut ex Genesi facile probari potest W. DAN. *Sent.* 64 p. 317.

protoplaustus v. protoplastus.

protopola [protos < πρῶτος + πώλης], 'first-seller', privileged seller or dealer.

1585 quia pecunia foenori exposita, vel diviti locetur necesse est, vel tenuiori. dives fere si occupavit vel monopola fit vel ~a (L. ANDREWES *De Usuris*) *Library of Anglo-Catholic Theology* IX (1852) p. 133.

protopraesul [protos < πρῶτος + CL praesul], first or foremost bishop (in quot. w. ref. to St. Dyfrig).

a1563 (s512) contigit ut Dubricius, Landavensis ~ul sedis, .. archiepiscopus Urbi Legionum ad Isce fluenta .. designaretur (BALE) *Conc.* I 7a.

protoprinceps [protos < πρῶτος + CL princeps], first or foremost prince or ruler.

proto Grece primus Latine, et componitur .. prothoprinceps [gl.: i. primus inter principes] OSB. GLOUC. *Deriv.* 464; protoplastus, primus formatus, sic et .. ~eps dicitur *Ib.* 480.

protos [πρῶτος], **~us**

1 (as adj.) first (in time, succession, or precedence).

hunc igitur genitor florentem tempore proto / tradidit .. rethorum .. magistris ALDH. *VirgV* 1125; angelicus princeps et protus lucifer aethrae *Ib.* 2734; post hos surrexere patriarche: Cirillus ~us patriarcha, Johannes W. MALM. *GR* IV 368; ~o [ed. Mai: ~os] Grece, primus Latine OSB. GLOUC. *Deriv.* 464; secundus tonus, scilicet plaga ~i, in D finitur sicut suus authentus ODINGTON *Mus.* 107.

2 (as proper name).

ibi juxta viam sanctus Hermes requiescit, .. et ~us et Jacinctus W. MALM. *GR* IV 352.

protosalvator [protos < πρῶτος + LL salvator], chief protector or guardian (in quot., representing a reinterpretation or rationalization, perh. under the influence of the spelling *prot(h)osalvastos*, of Byzantine honorific title *protosebastos*).

s1180 filius ejus nonnisi septennis relictus est, et in manu cujusdam Greci qui officio ~or dictus est MAP *NC* II 18 f. 30.

protosebastos [πρωτοσέβαστος], of first or foremost reverence, most revered (used as title in Byzantine court; in quot. understood as surname of Alexius, imperial regent 1180–1182).

s1180 mater ejus .. quendam habuit amasium, qui vocabatur Protosevastos [v. l. Protovastos], Latine vero comes palatinus G. *Hen.* II I 251 (cf. R. HOWD. II 201: Prothosovastos); **s1182** post aliquantulum temporis Andronicus .. Prothosalvaston crudeli morte peremit DICETO *YH* 12.

protosevastos v. protosebastos.   **protosingellus** v. protosyncellus.   **protospatarius** v. protospatharius.

protospatharius [πρῶτος + σπαθάριος], (in quot. as title) chief guard, head or captain of the guard.

s698 Justinianus .. pontificem .. Sergium .., misso et Zacharia protospatario suo, jussit Constantinopolim deportari (*Ps.-*BEDE *De Sex Aetatibus*) *PL* XC 569A (=ORD. VIT. I 23); interea Ravendinos imperatoris Alexii protospatharius aliique stratores navigio venerunt ORD. VIT. X 12 p. 71.

protostonos v. prosthotonos.

protosyllogismus [protos < πρῶτος + syllogismus < συλλογισμός], syllogism of which the conclusion forms the major or minor premise of

another syllogism, prosyllogism (*cf. prosyllogismus*).

jam satis armavimus veritatem in primo volumine; simul et ~um ejus depressimus, quo sibi videtur insolubiliter hoc probare NETTER *DAF* II f. 14.

1 protosymbolus [protos < πρῶτος + CL symbolus < σύμβολον, σύμβολος], chief or foremost symbol or token, 'Protosymbol' (as title of Koran).

s622 Machometus .. in regno Saracenorum quatuor pretores statuit, quos admiralios vocavit; librum autem legem suam continentem prothosimbolum fecit appellari M. PAR. *Maj.* I 272.

2 protosymbolus v. protosymboulos.

protosymboulus [πρωτοσύμβουλος], chief councillor (as title assumed by Mohammed).

s622 hic in regno Saracenorum quatuor pretores statuit quos admiralios vocavit, seipsum protosymbolum appellari fecit WEND. (ed. Coxe) I 123; **s622** hic [sc. Mahumet] in regno Saracenorum quatuor pretores statuit, quos admiralios vocavit; seipsum autem prothosimbolum appellari fecit *Flor. Hist.* I 301.

protosyncellus [πρωτοσύγκελλος], (as title of official in Eastern Orthodox Church) chief associate (of patriarch).

1437 misit .. magnum primicerium, Marcum Jagari, Angelum Dida, et Abbatem protosingellum, oratores ejus BEKYNTON II 22.

prototestis [protos < πρῶτος + CL testis], first witness (in quot. w. ref. to St. Stephen; *cf. protomartyr*).

sequutus ovanter ~is Dei Stephani eximium exemplum BYRHT. *V. Ecgwini* 354.

protothesaurarius [protos < πρῶτος + CL thesaurarius], (as sb. m.) chief or foremost treasurer.

1252 hic Willelme jaces, prothotesaurie regis (*Vers.*) M. PAR. *Maj.* V 320.

prototrophium v. ptochotrophium.

prototypus [LL < πρωτότυπος], **Swungdashum,** (log.) first or primary type (of something), archetype, prototype.

~us est prima figura vel primitiva species BACON *Gram. Gk.* 65; ad secundum dico quod in nobis non potest esse similitudo imaginis ad ~um DUNS *Ord.* III 347; ergo ista pars, ut est pars imaginis, nil representabit in ~o nisi voluntas divina aliquo modo habeat sic conjungere *Ib.* IV 100; rogent Deum ut spiritum ad imaginem Trinitatis creatum, post presentis miserie incolatum, ad suum reducat primordiale ~um R. BURY *Phil.* 20. 252.

protovastos v. protosebastos.

protovates [protos < πρῶτος + CL vates], foremost or chief poet (as title, here quoted iron.).

1521 dic mihi magister in artibus in utopia create, dic mihi o ~es Anglie [sc. Roberto Whitinton], quale hoc Latinum moribus vel mores approbatis. sed tua stultitia fatigat solem (W. HORMAN *Antibossicon*) *EETS* CLXXXVII xliii.

protovestiarius [protos < πρῶτος + CL vestiarius], chief keeper of the wardrobe, head chamberlain (in quot. as title of Byzantine official).

1437 oratores miserunt, viz. dominum Dimictium .. Paleologum, Methochicim ~ium, dominum Isidorum tunc abbatem S. Dimicii, .. (*Lit. Imp.*) BEKYNTON II 23.

protractare [CL protractus *p. ppl. of* protrahere + -are; *cf.* OF *portraitier,* AN *purtreiter*]

1 to increase the length of, extend in length.

1228 bailivi predicti prioris injuste ~averunt piscariam illam ad nocumentum .. tenementi ipsius Johannis *E. Ch. Waltham* 234.

2 to draw (geom. figure).

pyramides quarum .. bases sunt in diversis partibus medii, ut in protraccione figurali manifestum est cuilibet ~anti BACON II 39.

3 to portray, represent, produce (image): **a** w. ref. to embroidery); **b** (w. ref. to work in glass).

a 1352 pro vadiis duorum protractatorum .. ~antium et operancium super dicto opere [sc. coopertorio supra altare cum pomellis auri, etc.] (*KR Ac* 392/4) *Arch.* XXXI 163; pro vadiis duorum protractatorum .. ~antium et operancium super factura duorum pencellorum .. utroque .. cum una pala alba et in dicta pala iij garteria blanca ac etiam vapulat' per totam campedinem cum aquilis auri (*Ib.*) *Ib.*; pro vadiis unius protractatorum [*sic*; l. protractatoris] .. ~ant' et operanc' super factura duorum pencellorum de sindon' .. utroque .. habente in medio unum garterium .. cum uno scuto infra idem garterium (*Ib.*) *Ib.* **b 1355** magistro Johanni de Chestre ~anti ibidem super diversis protracturis pro fenestris vitreis ejusdem capelle *KR Ac* 471/6 m. 3.

4 to cause to increase in duration, prolong, protract.

voces .. alitum nos .. totis pene mensibus estivis ~atam jam .. terminare admonent cantilenam AD. EYNS. *Hug.* V 15 p. 175.

5 to treat, deal with, carry out (business or legal process).

1283 de .. fideli obsequio quod magister A. .. in vita sua nobis prestitit .., per quod res et negocia ejusdem felicius cupimus ~ari *RGasc* II 194b; **1311** supplicat dicta universitas quatenus dignemini sibi super his justiciam facere aliquibus discretis in Anglia, ex quo causa hujusmodi pro[p]hana est in curia Romana minime ~anda *Collect. Ox.* II 223; **s1387** convenerunt ad villam Notynghamie pro consilio ~ando dominus rex Ricardus cum certis dominis *Chr. Kirkstall* 125.

protractatio [protractare + -tio], (act of) producing (image or figure, in quot. w. ref. to work in glass).

1355 vitriario operanti ibidem super ~one diversarum ymaginum pro fenestris vitreis capelle *KR Ac* 471/6 m. 2; vitriario operanti ibidem super ~one predictarum tabularum *Ib.*; v vitriariis operantibus .. super ~one vitri *Ib.* m. 3.

protractator [protractare + -tor], one who works materials (in quot. w. ref. to embroiderer or sim.).

1342 pro vadiis ij ~orum .. operancium super mantilett' de armis regis et floretura super domos predictas *KR Ac* 389/14 m. 4; **1352** pro vadiis duorum ~orum .. pro vadiis unius ~orum [*sic*] (v. protractare 3a).

protractatura [*p. ppl. of* protractare + -ura], (act of) drawing, portraying, depicting, or producing (image or figure). **b** portrayal, depiction, production (in quot. w. ref. to glassworkers).

1355 pictoribus operantibus ibidem super protractatur' diversarum ymaginum *KR Ac* 471/6 m. 3. **b 1355** v magistris vitriariis operantibus ibidem [sc. apud Westm'] super consimilibus ~is *KR Ac* 471/6 m. 2; vitriariis operantibus ibidem super diversis ~is pro dictis fenestris *Ib.* m. 3; magistro J. de Ch. protractanti ibidem super diversis ~is pro fenestris vitreis ejusdem capelle *Ib.*

protracte [LL], **~im**, in a prolonged fashion, protractedly, at some length; **b** (in mus. context).

cum ab eisdem impudentius et ~ius derideretur J. SAL. *Pol.* 460B. **b** ut distincte et ~im omnia .. cantent, ac in diebus sollempnibus .. ~ius elevatiusque .. canere consueverint (*Ordin. Abbatis*) AMUND. I 213.

protractim v. protracte.

protractio [LL]

1 (act of) dragging, pulling, or drawing forth; **b** (w. ref. to drawing of criminal).

officia .. versus exprimit: 'Clotho colum bajulat, Lachesis trahit, Atropos occat'. Clotho interpretatur evocatio, Lachesis ~o, Atropos sine conversione *Natura Deorum* 2. **b s1322** sed ob reverentiam regii sanguinis pena ~onis est remissa, suspensio suspensa *V. Ed. II* 270; **s1381** ob quam causam .. decreverunt omnes repertos sceleratiores .. protraxione, suspensione punire WALS. *HA* II 20.

2 (act of) lengthening or extending (in quot. w. ref. to extending or 'drawing' of a conceptual line through space).

possunt omnia que pertinent ad illuminationes et ~ones radiorum in celestibus verificari BACON *Maj.* I 130.

3 (act of) drawing (a line, in quot. by scratching or otherwise marking into a surface). **b** line. **c** figure, diagram (made primarily of lines, in quot. in geom. context). **d** drawing, portrayal, representation, illustration.

numerat .. lapis iste virgis seu lineis annos bufonis, quia quot sunt ejus anni tot distinguetur lapis ~onibus NECKAM *NR* II 121. **b** pro 'novem' [constituas] angelum albissima veste indutum habente novem ~ones rubissimas transversatiles, tres superius, tres inferius, et tres in medio, que tibi significent novem ordines angelorum BRADW. *AM* 245. **c** ~onibus arismeticis ostensis .. *V. Edm. Rich B* 618; ostensis ~onibus que in illa solent fieri facultate *V. Edm. Rich C* 600; ostensis que in illa sunt facultate ~onibus *V. Edm. Rich P* 1787E; ut in ~one figurali manifestum est BACON II 39 (v. protractare 2). **d** non tantum literis, verum etiam ~onibus quibusdam et quasi picturis variis GIR. *Catal. Brevior* 422; **1240** depingi faciat caminum camere [regine] et in eo protrahi imaginem hyemis qui tam vultu tristi quam aliis corporis ~onibus miseris ipsi hyemi merito possit assimilari *Liberate* 14 m. 20; figurarum simplicium et compositarum protraxiones patent antea in suis capitulis, sc. de largis, longis, brevibus, semibrevibus, minimis, et simplis WALS. *Mus. Mens.* 98.

4 (act of) causing to increase in duration, prolonging, protracting, extending: **a** (in time); **b** (of action); **c** (of spoken or, transf., written expression).

a **1312** una cum .. constitucionibus per labentis ~onem temporis a memoriis hominum .. fere .. jam sublatis *Conc.* II 416a. **b** de prolixa ~one divinorum officiorum nusquam fastidium passus erat, quanquam ultra meridiem protelabantur BLAKMAN *Hen. VI* 6. **c** de verborum ~one se excusat H. BOS. *LM* 1342D *tit.*; si de hujusmodi fieret inquisitio longa, fieri posset loquele ~o BRACTON f. 352; verum quia opus nostrum ad inutilem ~onem ducere superfluum esset GERV. TILB. II 20.

5 (act of) prolonging or protracting (so as to cause or with the result of causing delay), delay.

1296 abinvicem separati remanserant biennio .. jam elapso, infra quod tempus nichil super hoc actum extitit aut processum. ne igitur .. ulteriori ~one morosa diucius sic separati remaneant *Reg. Cant.* I 111; **1359** ut sic cum dilacionibus et ~onibus tempus eluderet, et sub pacifici tractatus velamine .. ad actus bellicosos commodius se pararet *Conc.* III 42a.

6 (act of) causing (person) to wait (for something), delaying.

1295 ut officialis .. cujus damnosa sepius reputatur absencia .. in rescribendo se .. sine morosa ~one petencium expeditum exhibeat, et ad justas peticiones receptas cito .. rescribat *Conc.* II 204b.

protractive [CL protractus *p. ppl. of* protrahere+-ivus+-e], in a prolonged or protracted fashion, protractedly.

a**1440** pro .. expedicione cause quam jam ~e in curia habebatis apostolica prorogatam *Reg. Whet.* II 455.

protractor [CL protractus *p. ppl. of* protrahere+-tor], one who devises or draws up (plan or scheme).

furti illius .. principalis auctor, machinator, et ~or, excogitator, et doctor ille magister erat GIR. *SD* 96.

1 protractus [LL]

1 dragging forth, extraction (in quot. of resources to be gathered together).

1245 totus ~us omnimodorum victualium *Cl* 338.

2 extension or protraction in length.

cujus aranee tele textura in circuli medio exstitit, que transversis ~ibus in omnibus quaternis partibus incepit et desiit R. COLD. *Godr.* 153; Plinius .. 'India,' inquit, 'in longo ~u versus Ethiopiam, in miraculis abundat' *Eul. Hist.* II 16.

3 prolongation or protraction in time.

des ut agam, qui pacior, / sine prot[r]actu more P. BLOIS *Carm.* 13. 1.

2 protractus v. protrahere.

protrahere [CL]

1 to drag forth or forward; **b** (w. ref. to drawing of criminal); **c** (by some attraction or compulsion, without physical contact) to draw forth or forward; **d** (w. play on 1a or 1c *supra*, for exaggeration); **e** (fig.).

cucurrerunt ad me dracones .. volentes me inglutire; at ductor meus triplicavit super me filum .. et ~xit [v. l. protexit] me validius W. MALM. *GR* II 111; ecclesie .. spoliabantur .. et inde latitantes ~hebantur ORD. VIT. XII 24 p. 400; buccellam inferens ori, usque in gutturis medium ~xit AILR. *Ed. Conf.* 767A; ~ctum e vagina cultellum sacris imposuit altaribus (AILR. *Gen. Regum*) *PL* CXCV 724D; quodam modo ~hor ad harenam, et deserta et desueta cogor instaurare certamina J. SAL. *Met.* 889D; s**1305** in Scotia Willelmus le Waleys capitur et cito ~hitur London' ad caudas equorum *Ann. Exon.* 19; equus suus ipsum velociter sic currendo per pedem suum [in strepide celle sue remanentem] longitudine duorum stadiorum ~xit *Canon. S. Osm.* 81. **b** s**1322** pro quolibet articulo adicitur pena specialis .. ut primo ~heretur, deinde suspenderetur, ac postremo capite truncaretur *V. Ed. II* 270. **c** [oceanus] tamquam lunae quibusdam aspirationibus invitus ~hatur, et iterum ejusdem vi cessante in mensuram propriam refundatur BEDE *TR* 29; quia non numquam Christiani .. ad mortem sint pro Christo suscipiendam ~cti *Id. Sam.* 671D; hoc post quinque annos sui episcopatus de hac vita subtracto [v. l. ~cto] *Id. HE* III 20; coactu obedientie de claustrali quiete ~ctus, magister processit ORD. VIT. IV 6 p. 210; dein cum Lanfranco ad instructionem neophitorum .. ~ctus est *Ib.* p. 213; multis .. profuit ejus exhortatio, quos ad tutam regularis vite stationem e mundiali ~xit pelago *Ib.* VI 2 p. 5. **d** **1156** ego, cum illis placet, ex mandato vestro ad suffraganeorum meorum tribunal ~hor vel invitus (THEOB.) *Ep. J. Sal.* 102 (8). **e** cum ad bonos quosque iniqua persecutione torquendos deceptorum corda ~hunt BEDE *Sam.* 623B; veracia prophetarum verba .. diligit, et eo usque talis vaticinii ~hit officium donec ad narranda .. mysteria celsa perveniat *Ib.* 638C; nec possumus nec audemus altius initium nostre ~here disputationis ALCUIN *Dub.* 1100A; ultra aetatem nostram ~his [AS: *forþtyhst*] sermonem: sed loquere nobis juxta nostrum intellectum, ut possimus intelligere que loqueris ÆLF. *Coll.* 100.

2 to draw or pull in a lengthwise direction, extend (in quot. in fig. context); **b** (w. ref. to 'tail' of comet); **c** (transf., w. ref. to written work). **d** to lay or stretch out (person or sim.).

contra hunc inolitorum scelerum funem per tot annorum spatia interrupte lateque ~ctum GILDAS *EB* I p. 27; c**800** melius est mox praecidere funem iniquitatis illius quam vana spei ligamenta in longum ~here tempus ALCUIN *Ep.* 209 p. 347. **b** s**1264** hoc anno apparuit cometa ... ab oriente .. surgens, usque ad medium hemispherii versus occidentem comam perlucidam ~hebat TREVET *Ann.* 262; s**1264** cometes .. versus occidentem comam perlucidam ~hebat *Meaux* II 124. **c** ad sacrum ipsius transitum stili officium convertamus, et opus quod paucis huc usque ~ximus suo .. fini subdamus EADMER *V. Osw.* 29; librum primum hucusque .. ~xi W. MALM. *GP* II *prol.* **d** ~ctum [sc. Godwinum comitem] .. de sub mensa thalamis inferunt, ubi post modicum debitum proditori sortitus est finem AILR. *Ed. Conf.* 767B; s**1322** ad quandam statuam in similitudinem ipsius armatam, in brevi tabula lignea ~ctam *Flor. Hist.* III 213.

3 to pull so as to stretch or increase the length of, to stretch, extend, expand (also in transf. context). **b** (p. ppl. as adj.) stretched, extended, long (in quot. topog.).

protraho materiam parvam, perstringoque magnam, / ut sic lectorum pascere corda queam GARL. *Tri. Eccl.* 27; quidam non quadrata [puncta], sed per modum quadranguli vel quadrangulorum [faciunt] ita, quod longitudo stando sit longior longitudine jacendo vel ~hendo ... elmuahim vero oblique sepe ~hitur; et quidam ~hunt ipsum simile elmuahim *Mens. & Disc.* (*Anon. IV*) 41. **b** hec [sc. Hybernia] Britannie propior in aliqua sui parte insularum dimensione ~ctior GERV. TILB. II 10 (ed. *OMT* p. 308).

4 (in geom. context) to increase the size of in length, to make longer, extend, lengthen. **b** (beginning from point of no inherent length) to draw or extend (a line); **c** (in topog. context).

equidistantes linee sunt que in una superficie collocate, et in aliquam partem ~cte, non conjungentur ADEL. *Elem.* I *def.* 24; superficies equidistantes sunt que in quamlibet partem ~cte non convenient etsi in infinita ~hantur *Ib.* XI *def.* 4; ~hatur .. linea NZ usque ad T directe *Ib.* XII 13; ~ham CB usque ad L ROB. ANGL. (I) *Alg.* 132. **b** quomodo ~hatur a puncto assignato in aere ad superficiem assignatam linea que sit perpendicularis ADEL. *Elem.* XI 11; si quis .. diceret quod .. ideo duabus [lineis] ~ctis recta et curva ipse sunt equales, peccatum est in materia, quia ex falso intellecta arguit et ex male ~ctis lineis KILWARDBY *OS* 542; in monocordo sic ponuntur; ab aliquo puncto notabili ~hatur una recta linea quantum placuerit WILL. 16. **c** **14..** deinceps ultra ipsum rivulum quasi linealiter ~hendo a quodam angulo fossati predicti *Feod. Durh.* 188n.

5 to draw (a line or a figure made primarily of lines, by scratching into a surface or with a pen). **b** to make or represent by drawing (image or likeness); **c** (transf., w. ref. to portrayal through words).

ut est videri in cera liquefacta ad ignem, in qua si figure et littere ~huntur, ilico evanescunt et confuse fiunt *Quaest. Salern.* N 43; **1308** circa alia privata negocia domini regis ~henda et depingenda *KR Ac* 468/16; illa per manum dexteram illum accipiens, ~ctis in ea tribus circulis, hec .. scripsit *V. Edm. Rich B* 618; geometrie figuras in pulvere ~hebat *V. Edm. Rich C* 600; diebus illis rex Italus .. urbem juxta .. fluvium, que nunc est Tyberis, in terra ~xit; nondum ad quadringentos annos perfecta est *Eul. Hist.* I 409; cellulas .. distinctas sic habebis: ~he in magno lapide tuo calculatorio lineas equidistantes secundum distancias signorum KILLINGWORTH *Alg.* 715. **b** quatinus .. tam mentis quam corporis oculos aperiat, et ad recte ~hendum manus dirigat GIR. *TH* II 39; **1240** depingi faciat caminum camere [regine] et in eo ~hi imaginem hyemis *Liberate* 14 m. 20; c**1315** textus parvus argento .. coopertus cum crucifixo, Maria et Johanne ~ctis *Invent. Ch. Ch.* 79. **c** in his ~hendis non multum temporis expendam impendium que nulli emolumentum .. pariant W. MALM. *GR* III *pref.*; a visibili .. palma quam sermone saltem ~xi ut potui H. BOS. *LM* 1341B.

6 to shape, fashion (in quot. of goldsmith).

ejus [sc. aurifabri] discipulus .. habeat tabellam ceratam vel ceromate vel argilla unctam oblita ad flosculos ~hendos [*gl.*: *purtrere*] [et] depingendos variis modis NECKAM *Ut.* 118; **13..** habeat [aurifaber] .. tabellam oblitam ad flosculos ~hendos (*Nominale*) *Neues Archiv* IV 341.

7 to draw out (in time).

c**800** non nox neque dies ~hatur in conviviis vel ebrietatibus aut confabulationibus non necessariis ALCUIN *Ep.* 209 p. 348; et dum cras in cras mihi protraho, preterit estas / transit et autumnus, seua subintrat hiems L. DURH. *Dial.* III 61.

8 to increase the duration of (in time), to prolong, protract; **b** (w. *sermo* or sim., *cf. Act.* xx 7); **c** (refl.); **d** (in mus. context); **e** (absol.). **f** (pass. in middle sense) to last, endure. **g** to draw or drag out (in time, for the purpose of putting off or causing delay). **h** (p. ppl. as adj.) prolonged, protracted.

'peccatum ad mortem' peccatum usque ad tempora mortis ~ctum diximus BEDE *Ep. Cath.* 118D; letania .. quam ~hi vel breviari oportet, secundum quod fratris exitus visus fuerit admonere LANFR. *Const.* 183; in multam horam ~cta oratione W. MALM. *GR* III 264; a**1350** habeant .. judices potestatem suspendendi advocatos .. quos frustratorie noverint causas ~xisse [v. l. protaxasse] *StatOx* 90; nonnullos .. qui languores .. in longum tempus ~xerunt, ut pacientes diu sibi tributarios haberent J. MIRFIELD *Brev.* 48. **b** **798** sed ne diutius sermo ~hatur *Ep. Alcuin.* 144 p. 230; quia in longum sermonem istum ~ximus AILR. *Serm.* 430C; hac delectatus novitate cum in longum ~xisset sermonem *Mir. Fridesw.* 47; cum circa hec et similia sermo ejus in longum ~heretur P. CORNW. *Panth. prol.* 41; dum que supra retuli .. stupens conspicio, et longiores cum notis meis confabulationes ~ho, audiebatur eminus strepitus commotionis magne AD. EYNS. *Visio* 18. **c** quia de purgatione longior se sermo ~xit BEDE *Luke* 344A. **d** de ipso .. rege .. meli nostri non tam jam notula quam prolixa

nota, quo dulcius .. eo diutius ~cta, in cithara nostra resonavit H. Bos. *LM* 1323C; propere aut nimis ~hendo .. cantare *Cust. Westm.* 36. **e** quod .. ad inchoandum melum hunc sic moror, sic traho, sic ~ho, sic me retraho .., nemo calumnietur H. Bos. *LM* 1342D. **f** imminente Jerosolimorum excidio eclipsis lune per duodecim noctes continuas .. ~cta est J. Sal. *Pol.* 418C. **g** quia comes hic .. archipresulem .. diligebat, .. verba ~hebat veritus pronuntiare H. Bos. *Thom.* III 37 p. 310. **h** quid censebis de his qui licita .. ad refectionem sumunt cum quibusdam morositatis tractibus, ut eorum sumptio protractior delectionem secum ingerant [l. ingerat] ampliorem J. Godard *Ep.* 223.

9 to put off, delay, defer.

1156 cum ergo, intervenientibus multis dilationibus, questio ex necessitate ~cta esset (Theob.) *Ep. J. Sal.* 122 (16); c**1157** rogantes ut causam .. usque ad illorum adventum ~hi faciatis (*Ib.*) *Ib.* 111 (26); quadraginta .. post admissum piaculum continuis ~cta annis impiorum pena differtur J. Sal. *Pol.* 418D; cum .. alter petentis desiderium promissionibus ~xisset *Ib.* 435B; non est .. quod reditum tuum ad ecclesiam tuam .. amodo ~has aut procrastines H. Bos. *Thom.* IV 29 p. 455.

10 to delay, detain (person; *cf. Act.* xxiv 4).

ne te diutius ~ham Anselm (*CurD* I 21) II 89; et ne vos longius ~ham Ord. Vit. VI 10 p. 126.

protraicere [CL pro-+traicere], to pierce, transfix (w. arrow or quarrel).

s**1380** Hugonem Tyrell viderunt iniquis fatis succumbere, a quodam balistario ~jectum caput *Chr. Angl.* 276 (cf. Wals. *HA* I 444: trajectum fuit [v. l. trajectum caput]).

protravisse v. prosternere. **protraxio** v. protractio.

protribunal [CL pro-+tribunal; *but prob. from misconstruing of phr.* pro tribunali (v. tribunal) *as single word*], seat of judgement, tribunal (in quot. w. ref. to judgement before God).

pro qua, queso, parte a cura rectorem vicarius reddet exoneratum, cum utrumque coram terrifico ~ali sponsio solemnis immutabilis decreti, sub summo †districtu [l. districtus] sempiterni discrimine tam graviter constituat oneratum, ut non in partem sed uterque teneatur in solidum? Ad. Marsh *Ep.* 76 p. 186.

protribunali v. protribunal, tribunal.

protritor [CL protritus *p. ppl. of* proterere+ -or], one who treads underfoot, treader (of paths), traveller (in fig. context).

inter ceteros trivialium tramitum ~ores [Trevisa: *travailloura*] ac sesquipedalium verborum efflatores Higd. I *prol.* p. 6.

protuberare [LL]

1 (w. ref. to part of, or affliction of, the body) to swell, bulge, protuberate; **b** (transf.).

adolescentula .. luxuriantibus circa collum humoribus .. glandulis ~antibus horrenda W. Malm. *GR* II 222; s**1087** dicunt quidam quod preruptam fossam sonipes transiliens interranea sessoris diruperit, quod in anteriori parte selle venter ~abat *Ib.* III 282 (cf. Gerv. Cant. *GR* 64); pustulis per totum corpus ~antibus *Id. GP* V 271; livores in scapulis ~antes testabantur nichil eum vanum vidisse, nichil molle sensisse *Id. Wulfst.* I 8 p. 15; fistula que in medio plante ~averat W. Cant. *Mir. Thom.* II 23. **b** s**1381** in tantum .. eorum ~avit malitia, crevit audacia .. ut [Wals.] *G. S. Alb.* III 370.

2 to stick out, project, protrude.

equus niger .. uncis ferreis per totum tergum ~antibus W. Malm. *GR* II 204 (=*Eul. Hist.* I 402); linguam ipsam ita ~are ut magis videatur esse bovis quam hominis *Id. Wulfst.* II 9; †**833** (15c) quem [sc. ciphum] cratibolum meum solitus sum vocare, quia signum crucis per transversum ciphi imprimitur interius cum quatuor angulis simili impressione ~antibus *CS* 409 p. 569 (=*Croyl.* 9, *Conc.* I 177b).

protumere [CL pro-+tumere, cf. CL protumidus], to swell or bulge forth.

stant ibi .. eque; quarundam ventres fetibus ~ent [v. l. prominent] W. Fitzst. *Thom. prol.* 11 (=*MGL* II 8).

protuplaustus v. protoplastus.

proturbare [CL]

1 (in mil. context) to drive forth in confusion, to rout; **b** (in fig. context); **c** (in non-mil. context).

ipse potestates easdem contrarias ne mortales .. temptare valeant .. fortiter armis caelestibus ~at Bede *Luke* 333C; mediis se immiserat hostibus audax, / proturbans acies Christi testudine fretus Alcuin *SS Ebor* 542; milia multa manu proturbat, milia multa / axe supervecto J. Exon. *BT* VI 52. **b** sic vitium carnis .. / integritas .. contemnit casta .. / aemula virgineis proturbans bella sagittis Aldh. *VirgV* 2568. **c** cicnos agitabo fugaces, / arsantesque grues proturbo sub aetheris axe Aldh. *Aen.* 57 (*Aquila*) 5.

2 to drive forth or out, expel; **b** (w. abl., also transf.); **c** (w. *ab* & abl.).

ilico squamigerum proturbat virgo celydrum / et procul in vacuas jussit reptare salebras Aldh. *VirgV* 2399; detrusis, i. expulsis, ~atis, exclusis, precipitatis, *onbesceofenum GlH* D 334; Britannia, quam Angli, victis a se ~atisque Britannis, Angliam vocant Eadmer *Wilf. prol.*; vana .. cultorem suum ~ant in tenebras exteriores, ad fletum oculorum, et .. penas inferorum J. Sal. *Pol.* 818B; **1168** scismaticus ex-Augustus, turpiter et ignominiose ~atus, .. transitu suam turbavit Burgundiam *Id. Ep.* 249 (273); vir sanctus .. orans jugiter .. pro rege et regno Anglorum, donec eum inde rex .. ~are curavit *Id. Thom.* 19. **b** diabolus .. in speciem ursi demutatus est .. ut horrore .. virum cepto ~aret Eadmer *V. Anselmi* I 25; ille [humani generis hostis] .. subvertere inhians studium .. juvenis, multiplici eum versutia pulsat, pulsando territat, terrendo fatigat, fatigando ~are loco laborat *Id. V. Osw.* 5 p. 9; interea ij .. amicum Christi propria dignitate, possessione, terra ~averant *Id. Wilf.* 29; Eacides ensem librat divumque suaque / proturbat virtute virum J. Exon. *BT* V 504; eos [sc. pullos] .. nido ~at [v. l. perturbat] mater quasi degeneres Neckam *NR* I 23. **c** non vos hec .. turbet, nec a veritatis tramite quoquo modo ~et Eadmer *Wilf.* 35; a domo, quam ipse fecerat, pium patrem filius ipsius irrevocabiliter ~avit Gir. *SD* 16.

3 to throw into confusion, disturb, harass, harry.

rex glorie .. victum .. fugientem .. prosequitur, captumque cum regina morte in abyssum religat, regnum ejus ~at, captos ejus inde liberat Hon. *Spec. Eccl.* 1095A; s**1138** subsecutus est rex David cum .. copiis suis, et .. res provincie ~are non omisit J. Hex. *HR Cont.* 289.

protus v. protos.

prouamentum [? *aphaeretic form of* approuamentum < ME, AN *approuement*], land improved by enclosure.

1501 idem Y. T. pro novo provumento *Cart. Cockersand* III 1259.

prout [CL]

1 to the degree that, according as, (also) in proportion as, in so far as, to the extent that; **b** (w. *posse*); **c** (leg., *~t moris est*) as is customary. **d** (just) as, (exactly) as, in the way that. **e** in accordance with the specification that. **f** such as, as (for example).

per tres quadragesimas superaddat aliquid, ~t virtus ejus admiserit Gildas *Pen.* 1; **601** dividebatur singulis ~t cuique opus erat (*Libellus Resp.*) Bede *HE* I 27 p. 49; cum de pudicitiae tantum praeconio, remotis paulisper reliquarum rerum negotiis, ~t [*gl.*: sicut] gratuita Dei gratia suppeditat, philosophari decrevimus Aldh. *VirgP* 58 p. 319; que [dicta] promebat per temporum intervalla, ~t leniebatur infesti morbi angustia W. Malm. *GR* I 61; alios .. monachos papa ~t ratio dictabat promovit Ord. Vit. IV 11 p. 248; **1458** reginam, que .. est ita desiderabilis dictarum unitatis, dileccionis, et concordie ~t sibi est possibile *Reg. Whet.* I 301. **b** textum praesentis cartulae, ~t potui, digessi Felix *Guthl. prol.* p. 64; sua vulnera, ~t potuit, ipse alligavit Bede *HE* IV 20 p. 250; longe lateque, ~t aspicere poteram *Ib.* V 12 p. 305; eorum .. preceptis ~t poteris ne obliviscaris obedire Ord. Vit. V 19 p. 458; **1317** de .. batellario, quia noluit cariare homines domini ~t cepisse potuit *CBaron* 124; c**1350** ad predicta negocia expedienda, ~t melius sciverit et poterit, .. sit paratus *StatOx* 57. **c** **1290** eligerunt sibi communem messorem et non presentaverunt illum ballivo loci ~t moris est *SelPlMan* 36; **1292** custodiam episcopatus .. alicui clerico .. qui .. idoneus .. fuerit ~t moris est in illis partibus committatis *RScot* 7a. **d** ostendas quare .. illa pars terre, que est ad meridiem Aren, non incolitur [v. l. incolatur] ~t ista, que est citra septentrionem Petrus *Dial.* 13; virtute cruciferi opificis ~t in somnio speculatus fuerat gloriose suffultus est Ord. Vit. VIII 14 p. 350; et eas [sc. cc marcas] recognovit se debere eidem comiti, ~t patet per predictam cedulam *State Tri. Ed. I* 10; c**1339** pro debitis domus Sancte Trinitatis ~t patet per literam obligatoriam *Ac. Trin. Dublin* 24; Machometus pseudo-propheta Saracenis incepit predicare, ~t Legenda Sanctorum satis edocet *Eul. Hist.* I 357; **1406** ratificamus et .. imperpetuum confirmamus, inhibentes ex nunc ~t extunc, et extunc ~t ex nunc, .. universis et singulis .. ne quis .. predictas cartas .. impugnare .. presumat *Melrose* 528 p. 529; **1409** una cum iiij d. solutis uxori R. H. ipsis auxilianti .. ~t patet per quemdam librum papiri nomina et summae [*sic*; l. summas] continentem (*Ac. Durh.*) *EHR* XIV 517. **e** **1430** tenent .. j tenementum, ~t jacet in longitudine .. et in latitudine *Feod. Durh.* 4. **f** **1519** usi sunt infra cimiterium ludi inhonesti ~t pililudus pedalis et manualis, viz. *tutts* et *handball* ac *penyston Fabr. York* 270.

2 (offering reason or explanation) in so far as, inasmuch as, to the extent that, given that; **b** (without finite vb. expr.); **c** (*~t quod* w. ind.).

hec .. ~t voluntas hominum variatur, constitutio postea mutata est Ord. Vit. III 7 p. 101; terra .. circa Antiochiam .. ~t vallis est fertilis, erat uberrima .. arboribus nemorosa .. et pascuis opulenta *Ib.* IX 9 p. 520. **b** quis, prohut raris, nomen inesse meum vilipendant ergo inscii .., ego tamen .. Lanthoniensis cenobii hystoriam .. digerere preelegi *Hist. Lanthony* 127 f. 31. **c** per juris rigorem terra .. fuit recuperanda, ~t quod gravius puniri debet presentis quam absentis *State Tri. Ed. I* 23.

3 (as prep. w. acc.): **a** as regards, in relation to. **b** on account of, given (*cf.* 2 *supra*).

a **1252** ita quod nullus vicecomes .. ~t ipsos cives in aliquo se intromittat .. de firma et summonitionibus antedictis (*York*) *BBC* 157. **b** propter quod execucionem istius brevis, ~t resistenciam predictam, exequi non potuit *Law Merch.* III 33.

proutcumque [ML < CL prout+-cumque], in whatever way, howsoever.

a**1191** et cuicunque et ubicunque et ~cunque dare, legare vel assignare voluerit *Bury St. Edm.* 171.

proutcunque v. proutcumque. **provabilis** v. probabilis.

provagari [CL pro-+vagari], to roam or wander forth over (a place or region).

s**1132** infesta lues domesticorum animalium totam ~ata [v. l. pervagata] est Angliam *Eul. Hist.* III 62.

provagus [CL pro-+vagus], who roams or wanders forth or onwards.

hostes .. omnia que in monasterio erant, quanquam nolentes, fecerunt relinqui, exceptis his que plebs ~a jam in officinis acceperat F. Malm. *V. Aldh.* 77B.

provandum v. provenda. **proveat** v. provehere. **proveatur** v. provehere.

provectare [CL provectus *p. ppl. of* provehere+ -are], (in gl.) to carry forth or forward.

vecto, -as, i. portare. et componitur .. ~o, et advecto, et invecto Osb. Glouc. *Deriv.* 614.

provectio [LL]

1 conveyance, transport, (mode of) travel.

c**795** vestram deprecamur providentiam ut jubeatis illum secundum opportunitatem temporis et ~onis in suam transponere patriam (*Lit. Karoli*) *Ep. Alcuin.* 87.

2 extension (in time), extent, (in quot. *aetatis ~io*) advanced age.

nostis apud me et virtutis defectionem .. et luminum teneritudinem et etatis ~onem Ad. Marsh *Ep.* 206.

3 (act of) conveying (towards intended goal), advancement, progress (in quot. in studies or understanding).

magnum tue ~onis est argumentum, quod super hiis dubitare jam nosti *Dial. Scac.* II 2A.

4 advancement (to higher rank or office), promotion.

cujus [sc. Æthelredi] ~o non usquequaque sedit Dunstano EADMER *V. Dunst.* 35; illis [sc. Edgaro Adelino aliisque] .. remotis, sors tibi cessit ~onis ORD. VIT. IV 7 p. 231; ille non minus obstupuit in tam subita promotione ad presulatum, quam David reprobatis a Samuhele primogenitis fratribus in ~one ad regnum *Ib.* 11 p. 250; noli nimis esse justus, ut nullum in ecclesia provehas qui tibi commodus exstiterit, ne ~onem vendas PULL. *Sent.* 925B; **1219** ~onem ejusdem episcopi .. proprium reputamus .. honorem *Pat* 211 (cf. *Cl* 405a: de ~one sua que nostra est); a**1253** immatura ~o quasi Letheum flumen inebriat sic provectos *Collect. Ox.* I 48.

5 (act of) advancing or promoting the interests or circumstances (of, w. gen.), furthering, favouring.

hic .. sine cujus sollicitudine parvi non succumbunt passeres curam optimae ~onis .. ipsi .. adhibuit B. *V. Dunst.* 2; ~o malitie, persecutio justitie AD. MARSH *Ep.* 52; s**1383** et ipsius ~onem [v. l. profeccionem, l. ~oni] non solum .. ecclesie promocionem futuram sed tocius regni ~onem .. argumentis evidentissimis allegavit WALS. *HA* II 85.

provectitius v. profecticius.

provectrix [LL provehere+-trix], one who promotes or advances (f., in quot. transf., w. ref. to university).

1337 licet per ipsam universitatem ad magistratus honorem provectus .., ipsam ~icem [*Collect. Ox.* I 16: promotricem] suam pro viribus subvertere sit conatus *Form Ox* 95; si talis seminator discordie, contra ~icem suam precipuam in sensum reprobum totus datus, inter vos culmen ascenderet tanti status *Ib.*

1 provectus [LL]

1 causing (person or thing) to progress or progressing (through course of activity, existence, or career, usu. towards improved or more advanced state); (w. subj. gen.) progress, progression, advance; (w. obj. gen.) advancement (freq. w. ref. to rearing or educating). **b** progress (of project or undertaking, w. gen., towards completion). **c** progress (of person, w. gen., towards completion of project or undertaking).

nequaquam .. persecutores .. ecclesiam destruere niterentur, si Deum de ~u ejus atque salute curare putarent (*Ps.*-BEDE *Psalm.*) *PL* XCIII 499D; virtutum opera aliorum ~ibus deservire debent ALCUIN *Exeg.* 1131A; a parentibus ad .. virginis templum ducitur, ac pro vita ejus atque ~u Deo preces et munera offeruntur EADMER *V. Dunst.* 2; gaudebat pater de filiorum ~ibus, quia sciret quod illorum salus ad suum redundaret premium W. MALM. *Wulfst.* II 16; Rogerius .. in prioratu .. fere xxiiij annis in constructione novi operis et ~u subditorum laboravit ORD. VIT. XI 33 p. 283; quod .. de cetero quiescere vellet, et a laboribus respirare, domusque sue ~ibus pastorali diligentia deservire GIR. *Symb.* I 1 p. 209; erit .. vestrum .. absque more dispendio et paci mentium consulere, et studentium providere ~ui AD. MARSH *Ep.* 197 p. 355. **b** gramatica inhitium eloquentie, dialetica dicitur ~us, rethorica perfectio atque ideo dicitur eloquentia Trivia BERN. *Comm. Aen.* 31; cum .. regis animus sollicitus de fabrice ~u queret *Chr. Battle* f. 12v; hoc .. et studii ipsius nobis adauget materiam, et inchoati operis ~um preparat et proventum *Chr. Rams.* 11. **c** non multo post .. bonis .. parrochianis de ~u eorum [sc. monachorum] congratulantibus, destructa veteri basilica .. nova pulchri operis cepta est ORD. VIT. V 19 p. 444.

2 promotion (to higher rank or office).

601 cur non .. tales conveniant qui in ~u ordinati episcopi gaudeant (*Libellus Resp.*) BEDE *HE* I 27 p. 52; quanti .. inter vos hoc juvene in possessionibus ditiores? quanti in dignitatum ~u sublimiores? OSB. BAWDSEY clxviii.

3 advancing or promoting the interests (of, w. gen.), furthering.

plus in perniciem quam in ~um [v. l. profectum] rei publicae BEDE *HE* I 6; hunc rex .. Offa pro confirmatione, ut putabat, et ~u regni .. peremit W. MALM. *GP* IV 170; ambo consules .. sese vicissim admodum diligebant, mutuaque honoratione et ~u tripudiabant ORD. VIT. VII 14 p. 224.

4 progress or advance in one's circumstances or fortunes, advancement.

qui cum superiorum regum tempore .. in gloriam procederet, hujus etate summo ~u effloruit W. MALM. *GR* V 407; quot toleraverit ex Lausi prosperis adversa, vel ex ~ibus depressiones MAP *NC* III 3 f. 41.

5 extending (in scope or magnitude).

cum .. apud .. Hylarium episcopum in urbe Romana in virtutum ~ibus commorabat, hoc primum obedientie preceptum a magistro accepit, ut .. (*Albeus* 8) *VSH* I 49.

6 bearing or putting forth , or ? *f. l.*

audiamus denique arborem bonam de bonorum fructuum ~u [v. l. proventu] laetantem BEDE *Hom.* II 25. 434D.

7 offering or revenue.

quis .. sufficeret mirari ditissimas dotes cathedrarum .. et preter stupendas annuorum ~uum exuberantias, .. prebitionum profusiones, et .. contributionum prestationes AD. MARSH *Ep.* 246 p. 430; rex .. in dotem .. capellam suam, regina suam ecclesiam .., cum omnibus pertinenciis suis et ~ibus, tam in terra quam in mari, .. sua carta libere confirmavit BIRCHINGTON *Arch. Cant.* 7.

8 product, outcome, result.

cum considero tuae ~us strenuitatis et meae sterilitatem inertiae ANSELM (*Ep.* 3) III 102; humilitatis caritatisque ad Deum et ejus que ad fratres est dilectionis fructus ~usque absque simulatione dijudicans J. FORD *Serm.* 63. 2; quod si non .. ad insipientiam sed ad humilitatis gratieque ~um reputatum est Petro *Ib.* 120. 7.

2 provectus v. provehere.

provehere [CL]

1 to carry or cause to be carried or conveyed forth, bring; **b** (in fig. context; w. some quot. *cf.* 7a *infra*). **c** (pass. in middle sense) to proceed, travel by some form of conveyance (in quot. by sea; also in fig. context).

sic .. duos .. / .. viros .. aetheris alti / tramite diviso regnum provexit ad unum BEDE *CuthbV* 943; eorum .. cor .. quasi ad soliditatem litoris .. ~hit *Id. Luke* 382B; a famulis ultra jactum sagitte in pelagus ~ctus W. MALM. *GR* III 290; **1170** ad novum regem ~ctus [v.l. profectus] sum et satis humane receptus J. SAL. *Ep.* 300 (304 p. 716). **b** fideles .. ad sedem perpetuae beatitudinis .. ~hendi BEDE *Sam.* 706A; quos Deus eternis ornatos jure triumphis / aurea florigere provexit ad atria vitae *Mir. Nin.* 48; quanto opulentius nutrimur in sacra scriptura .. tanto subtilius ~himur ad ea quae per intellectum satiant ANSELM (*Incarn. A*) I 284; virorum qui ab illo educati sunt ac ad apicem virtutum per ejus documenta ~cti sunt ORD. VIT. VIII 27 p. 453; sic .. hostis antiqui versuta malitia quos in imo humilique statu positos pervertere non prevalet, ad summa dignitatis culmina jam ~ctos audacius aggreditur GIR. *TH* I 22; carne Deus tectus quasi vallis ad ima provectus *Vers. Cant.* 17. **c** in altum .. ~ctus .. ad Sandwic appulit W. MALM. *GR* II 179; s**1066** comes ipse a continenti primus in altum ~ctus *Ib.* III 238; naute .. e Gallico sinu in Angliam ~cti *Id. GP* V 224; hoc pede suffultus, hoc fixo themate, gyro / provehor incepto propositumque sequor GARL. *Epith.* I 112.

2 (of impers. force) to cause to move or be borne forth (in quot. of wind). **b** (pass. in middle sense; in quot. in fig. context).

continua venti prosperitate ~ctus patriam tenuit W. MALM. *GR* IV 383; solutas naves Nothus ~xit in salum *Id. GP* I 51. **b** penne igitur sive ale quibus ad Deum querendum ~himur sunt amor et timor ALEX. BATH *Mor.* I 69 p. 135.

3 to cause to grow, bring forth or on;

Lucifer .. cum roseo clarum ~hit ore diem W. MALM. *GR* III 269; datum .. comitis stimulavit et ~xit munificentiam regis *Id. GP* V 202; quod ver gignit et parturit, estas nutrit et ~hit GIR. *TH* I 6 p. 27; sicut sydus matutinum quando suo roseo ~hit ore diem J. FURNESS *Kentig.* 23 p. 200.

4 to extend in scale or magnitude; **b** (w. abstr. obj.).

hoc [sc. regnum Westsaxonum] si lineatim ad Egbirhtum ~xero W. MALM. *GR* I 15; altum .. murum silice et cemento cum calce aggressi sunt ~here ORD. VIT. IX 10 p. 550. **b** adjuvante ipso qui bonorum desideria accendere, ~here, et coronare consuevit BEDE *Hom.* I 17. 96A; ut .. desideria nostrae devotionis .. incremento cotidiano magis magisque ~cta tandem perfectius capiant gaudia *Ib.* II 12. 164B.

5 (transf.) to carry or convey (person) forward (to a particular degree or stage of activity, foll. by *ad* or *in* & acc.).

audivimus .. redemptoris nostri gratiam quia .. nos .. ad cognoscendam divinitatis suae claritatem .. consuevit .. ~here BEDE *Hom.* I 17. 89; ut hunc paulatim ad altiora quaerenda simul et capienda ~hat ALCUIN *Exeg.* 763B; si quis .. vir et uxor ejus ad magnam quandam dignitatem et possessionem nullo suo merito sed gratia sola ~cti ANSELM (*Orig. Pecc.* 28) II 171; **1108** omnino interdico ne fiat .. de aliqua persona quae in regimen animarum debet ~hi ab archiepiscopo Eboracensi *Id.* (*Ep.* 443) V 390; privignum .. in successionem ducatus ~hens W. MALM. IV 373; quem .. rex .. ad regendam Rotomagensem metropolim ~xit ORD. VIT. IV 6. p. 213.

6 to carry or convey (person) forward (to a particular state or condition, w. *ad* & acc., abl., or *in* & abl.); **b** (absol.); **c** (to a particular age or stage of life, w. *in* or *usque* & acc.); **d** (w. abstract or non-human obj.).

eos .. a puerilibus novi hominis rudimentis ad perfectiora jam educando ~xerat BEDE *Sam.* 508C; duo milia sunt in humilitate .. puritate fidei devoti et spei sublimitate ~cti *Ib.* 575A; c**800** te .. quem quondam praesentem sacris disciplinis ~xi ALCUIN *Ep.* 294; cum .. testimoniis scripturarum, quibus coercendi sunt homines atque ad meliora ~hendi *Id. Suppos.* 1192D; **1104** Deus .. ad futurae [vitae] vos ~hat felicitatem ANSELM (*Ep.* 329) V 262; clericus ex infimo genere hominum lingua et calliditate ~ctus ad summum W. MALM. *GR* IV 314. **b** spei quae ad superna ~hat BEDE *Sam.* 546A. **c** a**705** cum memet ab ipsis tenerrimae cunabulis infantiae .. usque pubertatem ~xisti (ÆTHELWALD) *Ep. Aldh.* 7 p. 496; c**705** qui vos .. a primaeva tenerae aetatis infantia usque adultae pubertatis florem .. paterna ~xit pietate ALDH. *Ep.* 12 p. 501; beatus puer .. diligenter instructus, in virum perfectum .. est ~ctus (*Tigernacus* 4) *VSH* II 263. **d** fundamenta ecclesiae .. ad profectum debiti culminis .. continuis piae operationis exemplis ~here curavit BEDE *HE* II 4; **1103** quia [Deus] vestros successus ad majora et meliora .. ~hit ANSELM (*Ep.* 294) IV 214; abbatiam S. Albani per Paulum abbatem .. in eum quo nunc est statum ~xit W. MALM. *GP* I 44; factus episcopus, estimationem boni quam de eo habuerant homines .. ~xit in effectum, evexit in publicum *Ib.* I 68; cenobiolum Beccense .. in statum pulcherrimi ordinis ~xit ORD. VIT. IV 6 p. 210; intelligentie luminosior quidem est oculus, qui animam Deum contemplantem in eandem potest transformare imaginem, et a claritate ~here in claritatem J. FORD *Serm.* 48. 9.

7 to promote (person to higher rank or office, w. *ad* or *in* & acc.). **b** (without rank or office expr.) to promote. **c** (p. ppl. as sb. m.) promoted person.

multos .. ad sacerdotalem usque gradum .. ~xit BEDE *HE* III 5 p. 136; suscepto .. clericatus officio, de gradu in gradum .. gressus ejus Deo .. dirigente .., ad honorem sacerdotii ~ctus est *V. Swith.* 2; si tainus ~hatur [v. l. proveatur, privebatur, provehebatur] ad consulatum, sit postea dignus rectitudine comitis et honore (*Quad.*) *GAS* 459; optimatum filii ad militiam ~hendi W. MALM. *GR* V 419; Edsius .. qui regem Edwardum ~xit in regnum *Id. GP* I 21; Berengarius qui postmodum ad episcopatum Venusie ~ctus est ORD. VIT. III 3 p. 48. **b** contra voluntatem .. noverce, que .. puerulum Egelredum filium ~here conabatur, ut ipsa potius sub ejus nomine imperitaret W. MALM. *GR* II 161; Leo .. ex Brunone Spirensi episcopo ita vocatus et ~ctus *Ib.* II 195; [Wilfridus] multos in Cantia ordinibus ecclesiasticis ~xit *Id. GP* III 100 p. 216; episcopo ut eum in omnibus canonice ~heret mandavit ORD. VIT. VIII 18 p. 381; de capella regis ~ctus xxiiij annis Ebroicensem diocesim tenuit *Ib.* XIII 39 p. 119; noli nimis esse justus, ut nullum in ecclesia ~has qui tibi commodus exstiterit PULL. *Sent.* 925B. **c** a**1253** immatura provectio quasi Letheum flumen inebriat sic ~ctos *Collect. Ox.* I 48.

8 to promote (the interests of), advance (the cause or circumstances of), further, show favour to; **b** (w. non-human obj.).

c795 in Domino, qui semper nos in sua ~hat [v. l. proveat] voluntate ALCUIN *Ep.* 40; **c798** florentem te in omni bono et proficientem in sancto sapientiae studio divina .. ~hat gratia *Ib.* 191; [Angli] sacra religione cum regis magnanimitate consentiente in immensum ~cti W. MALM. *GR* I 49; Willelmum .. quem fortune vicissitudo .. ante ~xerat serenius *Ib.* IV 383; Rollo .. / majores cujus probitas provexit, ut ejus / servierit nec avus nec pater aut proavus ORD. VIT. V 9 p. 372; rex .. ut .. audivit suum .. adversarium felici fortuna ~hi *Ib.* VII 10 p. 200. **b** Alla .. regnum efficaciter ~ctum sudorum suorum titulis .. ampliavit W. MALM. *GR* I 45; [cenobium] S. Martini de Bello, quod rex Willelmus fundavit et ~xit *Id. GP* II 97; agriculture studens, terras .. que ante .. multum lese fuerant reparavit et ~xit *Ib.* IV 168; prefata domus .. gubernata est, et magnifice secundum opportunitatem temporis ~cta est ORD. VIT. IV 18 p. 293; ecclesiam suam .. pluribus .. modis augmentando salubriter ~hit *Ib.* V 12 p. 395; doctor namque fide, rex lege, cruoreque martyr, / felix [Oswaldus] provexit, rexit, adornat eam [sc. insulam] L. DURH. *Hypog.* 69.

9 (p. ppl. as adj.) advanced, proficient (in skill, training, study, *etc.*), notable, prominent (in quality or characteristics). **b** (as sb.).

principes Juda .. perfectiores [ed. *PL*: provectiores] sunt quique sanctae ecclesiae doctores qui in dedicatione civitatis super murum ascendunt BEDE *Ezra* 914C; et erat Wlstanus quanto etate auctior tanto sanctitate ~ctior W. MALM. *Wulfst.* I 1 p. 5; ne simplicem seu etiam ~ctiorem lectorem facile error involvat H. BOS. *Gl. Pref.* 349; **s1257** etate ~ctus, moribus ~ctior, scientia ~ctissimus M. PAR. *Maj.* V 616 (cf. 10a infra); **1490** quod nullus principalis .. absentet se .., et quod tempore absentie sue graduatum .. substituat, .. alioquin unum ~cciorem scolarem ejusdem aule *StatOx* 297. **b** nolo enim, si que dixero minus ~ctis displiceant, ego ipse etiam eis displicere ADEL. *QN intr.* p. 5; majores .. natu, consultuque quique ~ctiores, concilium coegere *G. Steph.* 2.

10 advanced in age (from childhood), not young, (w. *aetate* or alone). **b** (w. *canitie*); **c** (compar.).

quem denique dulci / prima magisterio per tempora dirigit aevi, / quandoque provectum sublimis ut inferat astris BEDE *CuthbV* 45; Christi famularum, earum ..maxime quae .. aetate ~ctae .. erant *Id. HE* III 8 p. 143; dicam quod a quodam .. monacho .. etate ~cto .. in pueritia audisse me memini W. MALM. *GR* II 170; **s1075** de qua re interrogati sunt senes et etate ~cti, quid vel .. vidissent vel .. audissent *Id. GP* I 42 p. 67; quidam canonicus .. ~ctus etate *V. Chris. Marky.* 3; **s1257** etate ~ctus (v. 9a supra). **b** Ethelricus Ide filius, post detritam in penuria etatem extrema canitie ~ctus W. MALM. *GR* I 46. **c** Sara, bis a regibus .. rapta .. quondam .. juvencula a pharaone, et nunc ~ctior aetate ab Abimelech BEDE *Gen.* 184B; **c720** ego maxime, quae aetate ~ctior sum et multa pluriora in vita mea commisi *Ep. Bonif.* 14 p. 25; quando vero et aetate erat ~ctior ASSER *Alf.* 25; quo religioso matris studio, multos qui ~ctiores etate fuerant morum honestate infantes transcendebant TURGOT *Marg.* 5 p. 240; addiderat ille [puer] ad duo lustra vel tres vel quattuor annos; quanto etate ~ctior, tanto obstinatius rigescentibus nervis ambulandi impotentior W. MALM. *GP* V 269; monachos ~ctiores coram se evocavit *G. S. Alb.* II 3.

11 (of age or years) advanced (usu. w. implication of maturity).

in habitu saeculari usque ad tempora ~ctioris aetatis constitutus BEDE *HE* IV 22 p. 259; postmodum ~ctioribus annis pro expiatione sceleris illum .. monasterium edificasse W. MALM. *GR* III 267; legitime prolis pueritiam naturali affectu plusquam pater amplectens, ~ctiores ejusdem annos plusquam vitricus oblique respiciens GIR. *EH* I 46 p. 305; nunc docibilis, in ~ctiori etate capax doctrine non eris P. BLOIS *Ep.* 9. 25A; postquam ~ctiorem pervenerat ad etatem *V. Edm. Rich P* 1781C; bellatores constituendi sunt in juvenili etate .., consiliativi et judicativi in ~cta etate, quando viget prudencia WYCL. *Civ. Dom.* IV 436.

12 extensive (in scope or breadth).

dominus J. de P. scholaris, quem et honestior conversatio et litteratura ~ctior commendabiliter illustrant AD. MARSH *Ep.* 128.

provellere [CL pro-+-vellere], to tear out, extract.

prudentia vero intuitu perspicaci praevidet ne qualibet maligni spiritus fallacia ruptis habenis abstinentiae illecebra carnis subeat, deincepsque choro virtutum ~vulso mentis et corporis primatum obtineat ANSELM *Misc.* 315.

provencialis v. provincialis.

provenda, ~um [OF, AN *provende*], **provandum** [AN *provande*], food, foodstuff, provender; **b** (spec. as for horses); **c** (collectable as customary right).

1294 nullus forstallarius .. emat .. aliquid genus victualium vel ~andi antequam prima pulsetur (*Chesterfield*) *BBC* 298; **1324** ~endis *lez Galles* non purgat', A. *garbled KR Mem* 444. **b** **1453** in ~enda equorum *Ac. H. Buckingham* 44. **c** **1357** putura serjantie hundredi de M. .. simul cum ~endo ejusdem anni (*Puture Roll Davenport*) *Chetham Soc.* 3rd ser. IX 70; **1357** cuidam colligenti ~endum *Ib.* 74; **1378** dominus de Bolyn iij s. pro cels' et ~endo *Ib.* 76.

provendarius v. provenderius. **provendere** v. praevendere.

provenderius [OF *provend(i)er*, ME *provender(e)*], **~arius** [OF *provende*+CL -arius, cf. praebendarius]

1 (as sb. m.; eccl.) prebendary.

1194 concedentes .. ut habeant [infirme femine S. Marie de Prato] eleemosynam illam quam Gaufridus abbas dedit Sweino ~ario suo *G. S. Alb.* I 203 (=*MonA* III 355b).

2 measure of grain (usu. equivalent to four bushels, although not spec. in quot.).

1283 habebit j panem et j ~erium avene *Cust. Battle* 94; **1345** j buss' cum ferro lig', dim. bussell' j provendar' cum ferro lig' *MinAc Essex* D/DEI M22 *sched.*

provendum v. provenda. **Provenesinus** v. Provinsinus.

provenire [CL]

1 to come out into the open, come forth publicly.

1294 ne quis cum eodem et ~ientibus contra dictam decimam, excepto rege et suis liberis, communicaret *Reg. Carl.* I 20.

2 (of plant) to spring up, grow; **b** (transf., of pasture or meadow).

si ille pro terrae fructu quem expectat .. ~ire tam patienter laborat BEDE *Ep. Cath.* 37D; est .. sementivum pirum, eo quod ex satis pipinis ~iat OSB. GLOUC. *Deriv.* 197; de tritici semine per imprecationem Corcagiensis episcopi non ~iente GIR. *TH* II 49 *tit.* **b** perhibetur .. in .. Aegypti paludibus potuisse pascua non deesse .., quae solent Nili fluminis inundatione ~ire ALCUIN *Exeg.* 557C.

3 (of non-material thing) to come into being, be produced, arise, appear; **b** (w. dat., indicating for whose sake or benefit, or in whose interest, a thing arises or is produced).

replicavit ex ordine cuncta quae sibi adversa, quaeve in adversis solacia ~issent BEDE *HE* IV 20 p. 251; **c798** aliquoties in uno facto aliorum salus et aliorum perditio ~it ALCUIN *Ep.* 136 p. 207; si inter haec regalia exhortamenta .. non implentur, aut tarde incepta tempore necessitatis ad utilitatem exercentium minus finita non ~irent ASSER *Alf.* 91; fugas predicabiles exceperunt victorie, quod magis inconsiderata virtute quam timore ~erint W. MALM. *GR* IV 382; usu disserendi jam ad plenum augescente, .. aliquid facultatis ad disserendum ~isse non est dubium BALSH. *AD* 5; stella Joviali in altitudine sua posita cum stella Veneria significari dicitur quod per mulierem aliqua felicitas ~tura sit ALB. LOND. *DG* 11. 4. **b** bissena .. coenubia .. in quibus opulenta sanctae conversationis lucra et copiosa animarum emolumenta orthodoxis dogmatibus ubertim acquisita Christo ~erunt [*gl.*: contigerunt, *gelumpon*] ALDH. *VirgP* 30; **c792** ut qui misericorditer castigat clementer ignoscat, ut salus aeterna patienti ~iat ALCUIN *Ep.* 14; **c797** inde benedictio caelestis genti et regno ~ire certissimum est *Id. Ep.* 188; **c1093** quatenus aliquid majus vobis retribuat Deus pro hac patientia, quam vobis ~ire posset ex mea praesentia ANSELM (*Ep.* 166) IV 41; haec tanta bona per benedictum fructum benedicti ventris benedictae Mariae mundo ~erunt *Id.* (*Or.* 7) III 21; cunctis .. beatum virum petentibus optata ~iebat salus ORD. VIT. VI 9 p. 78.

4 (of person) to issue from (w. *ex* & abl.); **b** (w. ref. to place or region of origin).

1222 habenda et tenenda dicto J. et heredibus suis ex dicta H. ~ientibus *Ch. Chester* 411. **b** eadem [sc. urbs Baonensis] .. Basclonie caput est, unde Hibernienses ~erant GIR. *TH* III 9.

5 (of thing) to issue or be derived from: **a** (of material product); **b** (of non-material or abstr. thing); **c** (of math. operation).

a **1324** quod blada molenda ponderentur, ita quod molendinarii de farina inde ~iente respondeant *MGL* II 332; **1437** pro furfure ~to de pistrino abbatis pro sustentacione unius suis *Ac. Obed. Abingd.* 111. **b** solet .. dactilus a nominibus figure composite ~ire .. ut setiger, squamiger ALDH. *PR* 120; quibus internae refectio dulcedinis abest, unde innocentia vitae simplicis ~iat non est BEDE *Hab.* 1257C; **c798** cum de firmitate capitis totius ~iat incolomitas corporis ALCUIN *Ep.* 132; si consequens falsum est, palam est quoniam ex antecedentibus veris non ~it J. SAL. *Met.* 912D; quod .. ex parentibus naturaliter hec ~iat discoloritas GIR. *TH* I 12 p. 37; **c1461** literam .. vobis scriptam de pigricia .., quanta mala ~iunt ex illa *Paston Let.* 655. **c** radicem numeri novenarii .. duplica vel collige, et scias cujus numeri numerus ex collectione ~iens radix habeatur ROB. ANGL. (I) *Alg.* 100; multiplica duo per unum, et ~ient duo *Mens. & Disc.* (*Anon. IV*) 70; cum ducis numerum per se, qui provenit inde / sit tibi quadratus (*Carm. Alg.* 209) *Early Arith.* 77.

6 (of revenue or profit) to result or accrue (from, usu. w. *de* & abl.); **b** (p. ppl. or gdv. as active). **c** (pr. ppl. as sb. n. pl.) revenue(s), income(s), proceeds (of land, estate, or church).

a1216 procurator .. altaris .. totum redditum qui ~ire poterit de predicta terra .. integre percipiet *Ch. Westm.* 431; **1230** dedimus dicto comiti .. ammerciamenta de dicto itinere ~iencia *LTR Mem* 11 m. 8*d*.; **a1293** amerciamentum inde ~iens per ipsos amercietur et taxetur (*Newport*) *BBC* 219; **1324** foret [pena] super molendinarios et non super pistores, maxime cum nullum ~it inde pistoribus per solucionem dicte custume *MGL* II 332; **1412** quod bona quecumque .. universitati in posterum ~tura, in hanc cistam reponantur *StatOx* 215; **1453** tam de primis denariis ~ientibus de proficuis vicecomitum et escaetorum regis heredum et successorum suorum, quam de quibuscumque aliis exitibus, proficuis, firmis, debitis, et revencibus (*DL Ac. Var.*) *JRL Bull.* XL 391. **b** **1437** de vj s. viij d. de proficuo ~to de novo hospicio hoc anno per mensem *Ac. Obed. Abingd.* 112; **1546** omnes redditus, proficuos, et emolumenta .. provenientia aut in posterum ~ienda *StatOx* 340. **c** **c1198** cum boscis et omnibus aliis ~ientibus ad Mertonam pertinentibus *Ch. Chester* 271; vacantes episcopatus, ut ~ientia perciperet commoda, diu vacare voluit W. NEWB. *HA* III 26 p. 280 (cf. W. GUISB. 88: ut ~iencia [v. l. proventus] reciperet); **s1283** concessa est .. vicesima omnium ~ientum [v. l. proventuum] ecclesiasticorum per duos annos B. COTTON *HA* 165; omnia bona, res, et catalla sua, undecumque ~iencia tam presencia quam futura *Reg. Kilmainham* 64; **1361** decimas .. de .. mineri er ferri et cujuscunque alterius mineri ~ientibus .. futuris temporibus possidendas *Mem. Ripon* I 205; **c1543** potestatem omnia et singula fructus, jura, obventiones, et emolumenta .. ad dictum officium .. legittime spectantia et pertinentia, ac ex illis quomodolibet nunc et pro tempore ~ientia, .. recipiendi .. et .. disponendi *Form. S. Andr.* II 222.

7 to progress or emerge so as to contribute to, serve as, or become (w. *ad* & acc.); **b** (impers.); **c** (w. dat.) **d** to progress to (a state or condition, or a degree of activity; w. *ad* & acc.). **e** (w. pred. adj.) to turn out or emerge (as), to become.

cum .. ejus .. incarnationem ad mundi optarent ~ire salutem BEDE *Sam.* 562A; temptatio ipsa nobis ad victoriam ~it qua coronam vitae mereamur accipere *Id. Ep. Cath.* 14C; omnia .. quae nobis ad salutem ~ire certissimum est ALCUIN *Exeg.* 1052A; **1077** non ad jucunditatem sed ad tribulationem vobis ~erat pontificalis electio ANSELM (*Ep.* 78) III 200 (cf. *V. Gund.* 19: ~erit); si .. nullum adjumentum de nihilo ~it ad aliquid *Id.* (*Mon.* 8) I 22. **b** **718** vestrae dilectioni ~iet ad salutem, dum .. suscipientes Uuynfridum caritatem ei .. exhibetis (DAN. WINT.) *Ep. Bonif.* 11.

c non .. laboris afflictio in paradiso, sed voluntatis exhilaratio; cum ea quae Deus creaverat humani operis adjutorio laetius veraciusque [? l. feraciusque] ~irent ALCUIN *Exeg.* 522A. **d** ita transire praesentis vitae dispensationem ut .. ~iatis ad peccatorum .. remissionem EGB. *Pont.* 61; arbuscula si saepe transplantetur .. nequaquam radicare valens ariditatem cito attrahit, nec ad aliquam fructus fertilitatem ~it ANSELM (*Ep.* 37) III 146; Deum omnipotentem oro, ut nunquam tibi ad messem semen istud ~iat GIR. *TH* II 49. **e** haec eadem mihi quies .. prolixior multo quam decreveram nova circumstantium rerum mutatione ~it BEDE *Sam.* 663C; **1242** si nos .. manerium illud reddiderimus rectis heredibus .. quando predicte terre ~erint communes *RGasc* I 90b.

8 to happen, occur; **b** (w. dat. of person for whose benefit a favourable outcome occurs). **c** to happen to, befall (w. dat.). **d** (impers.) to come about, happen (foll. by *ut* & subj.); **e** (astr. & calendrical) to occur, fall (on a particular day or date, also absol.).

634 ut nulla possit ecclesiarum vestrarum jactura .. quoquo modo ~ire (*Lit. Papae*) BEDE *HE* II 18; **c745** hoc existimamus profuturum, quatenus invicta patientia perferre studeat, quod [non] absque Dei providentia ~ire [v. l. pervenire] non nesciat (DAN. WINT.) *Ep. Bonif.* 64 p. 133; 'oleo exsultationis prae participibus tuis', duplici modo unctionem illam sanctam ~isse significat ALCUIN *Exeg.* 1036D; ea quae Deus praescit necesse est esse futura, et quae per liberum arbitrium fiunt nulla necessitate ~iunt ANSELM (*Praesc.* 1) II 245; de plurimis que Parnis ~erunt infirmorum sanitatibus .. Willelmus .. dictamen edidit ORD. VIT. III 13 p. 142; sic fiat bona copulacio, si bene ordinentur vel si poneretur ante ordinem istius punctum extra ordinem concordantem cum introitu alterius, prout melius competit; cum pausacione idem ~it, ut supradictum est *Mens. & Disc.* (*Anon. IV*) 30. **b** basilicus, jactus in tabula qui fortunatis ~it [v. l. evenit] OSB. GLOUC. *Deriv.* 80. **c** petitus filiam Raguhel primo 'expavit sciens quid' ~isset 'illis septem viris' BEDE *Tob.* 930B; [corruptio] sacrosancto ejus corpori nullatenus valuit ~ire *Id. Retract.* 1002C. **d** unde .. vel quo ordine ~erit, ut salutaribus aquis mundum aspergeretur .., subsequenter ostenditur cum dicitur BEDE *Hab.* 1246C. **e** in aequinoctio vernali, quod juxta Aegyptios xij kal. Aprilium die ~it BEDE *Temp.* 10 (cf. ALCUIN *Didasc.* 994A: pervenit); necessario diem praemonet augendum, ne si forte non addatur, per ccclxv annos aequinoctium vernale brumali die ~iat *Ib.*; quarta decima die mensis .. incipiebat celebrationem festi paschalis, nil curans utrum haec sabbato an alia qualibet feria ~iret *Id. HE* III 25 p. 185; aequinoctium .. duodecimo kalendarum Aprilium die ~ire consuevit ... qui .. plenitudinem lunae paschalis ante aequinoctium ~ire posse contenderit .. (*Lit. Ceolfridi*) *Ib. HE* V 21; in ij kal. Aprilis xiiij luna ~it ALCUIN *Didasc.* 1000B; [inclusi] ~iente termino nec quenquam qui suffragia prestaret reperirent, castellum regi reliquerunt ELMH. *Hen. V Cont.* 119 (cf. *Ps.*-ELMH. *Hen. V* 54 p. 137: adveniente).

9 to fall to, to come into the possession of (w. dat.); **b** (w. *ad* & acc.).

cui [sc. regi Aedilbercto] gloriae caelestis suo labore .. notitiam ~isse gaudebat BEDE *HE* I 32; terrena felicitas .. quae nulli vel tota ~iet, vel fida permanet ALCUIN *Didasc.* 851B; overseunessa est emendandum domino domus, vel cui ~iet (*Leg. Hen.* 81. 2) *GAS* 598; were et wite partes restituant cui ~iet prelatione, recessione, retentione, vel cravatione (*Ib.* 88. 18a) *Ib.* 604; nullus .. cui amplior ~it gestorum notitia me pro incurioso arguat W. MALM. *GR* IV 372; nec hereditario jure tantum decus tibi ~it ORD. VIT. IV 7 p. 231. **b** regnum in quinque partibus conscissum est, sed tamen principalis sedes regni ad Earnulf juste .. ~it ASSER *Alf.* 85.

10 (in gl.) to assemble, come together.

~ire, convenire OSB. GLOUC. *Deriv.* 473; ~io, -is, i. convenire [v. l. evenire] *Ib.* 605.

11 to come (to), arrive (at), or ? *f. l.*

pervenientibus [ed. *PL*: provenientibus] nobis ad lapidem illum auxiliatorem BEDE *Sam.* 543D; ignis .. continuo naturalem sui sedem super aera quaerit; sed ne illuc perveniat [v. l. proveniat] in mollem aerem, cujus circumfusione deprimitur, evanescit *Id. NR* 4 p. 195; casu .. contigit, ut cum illo perveniens [ed. *PL*: proveniens] equo desilisset .. *Id. CuthbP* 6; **c1350** iter suum direxit versus monasterium de Bello, et die Veneris sequenti sero illuc provenit [? l. pervenit] (*Reg. Roff.*) *MS BL Cotton Faustina B V* f. 65.

proventio [CL provenire+-tio]

1 product, produce.

statutum quod universi fideles Christi decimas animalium, frugum, ceterarumque ~onum, ecclesie cujus fuerint parochiani persolvant GIR. *EH* I 35 p. 282.

2 ? growth, increase, or ? *f. l.*

hic .. sine cujus sollicitudine parvi non succumbunt passeres, curam optimae provectionis [ed. *PL* CXXXIX 1426C: proventionis] ob suae statum conditionis ipsi [sc. populo] deinceps adhibuit B. *V. Dunst.* 2; cum medicus esset, et minime se per se vel alios curare potuisset, odore miraculorum sancti pontificis refectus, tandem ~one fidei roboratus, medicine celesti totum se destinavit (*Erkenwaldus*) *NLA* I 402.

proventitio [*iterative form of* proventio], (repeated act of) coming forth or proceeding.

non poterat homo pertingere ut spirituales [creaturas] cognosceret nisi per spiritum prophetice. corporales autem huic sensuum ~icione cum rerum significatione tunc experimentum assuefactione. hec .. trina cognitio vocatur stellarum sciencia PETRUS *Peripat.* 105.

proventualis [CL proventus+-alis], (in quot. sb. n. pl.) income, revenue, proceeds (of benefice).

1227 oblaciones Pasche, et omnia ~ia usque .. festum S. Petri ad vincula *BNB* III 691.

1 proventus v. praeventus.

2 proventus [CL]

1 coming forth, growth (of plant); **b** (transf., of abstr.).

~us .. florum spem fructus futuri polliceatur agricolis BEDE *Cant.* 1110B. **b** sicut .. de virtutum ~u, quae a Domino nobis donantur, laetari debemus BEDE *Gen.* 181B.

2 produce (of plant or tree), crop, yield; **b** (transf.). **c** harvest.

706 (12c) quando in insula eidem ruri pertinente ~us copiosior glandis acciderit *CS* 116; [insula] frugum ~u atque ubertate felicior BEDE *HE* II 9 p. 97; regio [sc. vallis Gloecestre] .. vinearum frequentia densior, ~u uberior, sapore jocundior W. MALM. *GP* IV 153; sive arborarios sive vinearum ~us respicere velis OSB. BAWDSEY cliv; uberi frugum ~u felix terra GIR. *TH* I 5; ut .. frequenter uberius et profusius bibamus vinum quam illa regionum loca que gaudent ~ibus vinearum LUCIAN *Chester* 46. **b** terra bona, hoc est fidelis electorum conscientia, omnibus tribus terrae nequam ~ibus contraria facit, quia .. commendatum sibi semen verbi .. constanter ad fructus usque tempora conservat BEDE *Mark* 170B (cf. *Marc.* iv 14–20); de filiis taurorum et arietum, de terrarum questibus, de agrorum ~ibus J. FORD *Serm.* 115. 7. **c** illo anno messis egra victum negaverat, spem provintie sterili ~u decipiens W. MALM. *GR* IV 377; hominibus .. ferventibus in Dei obsequio, terra .. ipsa videbatur gaudere otio. agri ~u uberi respondebant cultoribus, omnium bonorum copia .. effluebat *Id. GP* I 18.

3 revenue, income, proceeds (of land, estate, or church).

c1193 ut ~us ipsius ecclesie in caritatis operibus expendantur *Regesta Scot.* 365; **1284** cum nobilis mulier .. domum [de Balliolo] terris, possessionibus, ac variis ~ibus .. dotaverit atque ditaverit *Deeds Balliol* 281; **1256** decima omnium ecclesiasticorum ~uum .. regi Anglie .. concessa, ac interpretacione sedis apostolice, appelacione ~uum ecclesiasticorum intelligantur ~us maneriorum includi *Val. Norw.* 514; **c1300** me dedisse .. sex marcas argenti annui redditus de ~ibus molendinorum meorum *Reg. Paisley* 103; ejus .. patrimonia regulare ac de eorum ~ibus raciocinium reddere FORTESCUE *NLN* II 49; **1484** quod unum capellanum idoneum divina .. celebraturum atque sacramenta .. administraturum ex fructibus et ~ibus decimarum ac obvencionum ab .. inhabitantibus proveniencium .. habere valeant *Cart. Glam.* 1723.

4 outcome, result, yield (of activity or situation). **b** (spec. w. ref. to favourable outcome) success.

quia non eis humanae providentia electionis sed ~u sortis contigerit habitatio sanctae civitatis BEDE *Ezra* 910C; noli metuere dispendium, noli de dubio suspirare ~u. substantia tua, cum bene erogatur, augetur ALCUIN *Moral.* 625D; si diligenter observaveris, in fine de bono ~u oportune gloriabis ORD. VIT. V 10 p. 379; cunctis .. talis .. ~us .. causam explorantibus R. COLD. *Cuthb.* 112 (v. 7 infra); alter .. Deo displicuit, et fraterni homicidii peccatum incurrit, et labor suus ~um non habuit exoptatum BELETH *RDO* 15. 28D (ed. *PL*: laboris sui ~um non habebat expectatum); hoc .. et studii ipsius nobis adauget materiam, et inchoati operis provectum preparat et ~um *Chr. Rams.* 11. **b** ~us .. beatitudinis malorum more est BEDE *Apoc.* 181D; elevatus Ezechias victoriae tam gloriosae ~u, aegrotatione correptus est (*Ps.*-BEDE *Psalm.*) *PL* XCIII 625B; rex .. quam plurimos factiosarum partium facili ~u delevit ORD. VIT. IV 5 p. 194.

5 (means of) issue or coming forth, (means of) escape, way out (w. ref. to *I Cor.* x 13, where *~um* renders τὴν ἔκβασιν).

magnus .. ~us dici potest, quod quotiescunque tentati resistimus, tot coronas in regno coelesti obtinere merebimur (*Ps.*-BEDE *Psalm.*) *PL* XCIII 1116D; **c835** (17c) Deus .. qui .. faciet pro sua pietate in ipsis temptationibus misericordem ~um ut sustinere possimus *CS* 415; si ~um finemque tentationibus respicias, qui natus est ex Deo non peccat J. FORD *Serm.* 109. 11; pius et misericors Deus, qui .. dat semper suis electis in temptacione ~um *G. Hen. V* 1.

6 (in gl.) assembling, coming together.

provenio, -is, i. convenire [v. l. evenire], unde hic ~us, -ui OSB. GLOUC. *Deriv.* 605.

7 onset.

adeo letifero sompni ~u oppressus occubuit quod .. evigilari omnino non potuit. die vero sequenti .. resedit, sed capud .. semper hac et illac jactare non desiit, cunctis denique mirantibus, talisque proventus .. causam explorantibus, cepit edicere matronam quandam .. sibi in sompniis apparuisse R. COLD. *Cuthb.* 112.

proverbialis [CL], of the nature of a proverb, proverbial. **b** belonging to or derived from a proverb, proverbial; **c** (w. ref. to subject derived from *Prov.*).

798 veterum itaque ~is fulget sententia .. ALCUIN *Ep.* 149 p. 243; ~i sententia ab antiquis dictum esse scio *Id. Dogm.* 301A; comiter, i. *curteisement*, unde comis, i. *curteis*, unde versus ~is: 'carne canore comis me fallit femina comis' *GlSid* f. 144rb; 'est inter canem et lupum' .. cum sit sermo ~is BACON XV 176; **c1500** illud ~e dictum quod mihi .. referre consuevistis, sic: 'est expectandum sub rubo tempus amenum' *Let. Ch. Ch.* 87. **b** **799** sed, ut video, ~is in fabula lupus gallo tulit vocem ALCUIN *Ep.* 181. **c** illa ~is aula, cujus architecta et opifex sapientia, Salomone attestante, legitur extitisse ALDH. *Met.* 2 p. 64 (cf. *Prov.* ix 1).

proverbialiter [LL]

1 in the manner of a proverb, in or by means of a proverb or proverbs, proverbially; **b** (spec. w. ref. to *Prov.*).

hactenus ~iter de utraque parte disputat; hinc jam sedulus incipit ammonere quemque fidelem ut .. BEDE *Prov.* 940A; virtus et industria ducis efficaciam exercitus, sicut ~iter dici solet, quasi altera lance compensat J. SAL. *Pol.* 611A; cui presbiter indignans ~iter respondit, "audi, mulier, qui non dat quod amat non suscipit quod desiderat" T. MON. *Will.* V 5; est .. hec insula .. incomparabiliter fecunda, adeo ut ~iter dici soleat lingua Britannica '*Mon mam Kembre*', quod Latine sonat 'Monia mater Kambrie' GIR. *IK* II 7; ~iter [ME: *i bisahe*] dicitur: a molendino, a mercato, ab officina fabri, a domo anachorite portantur rumores *AncrR* 25; **s1434** dicetur .. ab omnibus ~iter .., "ecce! homo, qui opus litis incepit quod nescivit perficere, commovitque guerram .. nec audebat .. ipsam finaliter terminare" AMUND. I 373. **b** Salomoni adquiescite ~iter sic dicenti: 'frater in angustiis comprobatur' [*Prov.* xvii 17] M. PAR. *Maj.* III 451.

2 in the manner of a parable or metaphor, metaphorically.

'qui est in sinu patris' in secreto patris ~iter est cogitandus (*Ps.*-BEDE *John*) *PL* XCII 645D; pro quo aulico exire potest in proverbium, cum quivis complices habens male versatur contra Domini fidem, ut de eo ~iter dicatur, et iste in volucrum adjutorium transiit H. BOS. *LM* 1321B.

proverbium [CL]

1 proverbial statement or saying, proverb; **b** (*in ~ium*, in quot. w. *efferi*, *poni*, or *esse*) to be or become the subject of a proverb, to be or become proverbial.

unde ~ium dicitur .. [*gl.*: s. antiquum] ALDH. *VirgP* 58; tanta .. eo tempore pax .. fuisse perhibetur ut, sicut usque hodie in ~io dicitur, etiam si mulier una cum recens nato parvulo vellet totam perambulare insulam a mari ad mare, nullo se ledente valeret BEDE *HE* II 16 p. 118; **801** sicut in illo Platonico legitur ~io dicente felicia esse regna, si philosophi, id est amatores sapientiae regnarent ALCUIN *Ep.* 229; Henricus, junior filius Willelmi Magni, .. patre quoque audiente jactitare ~ium solitus 'rex illiteratus asinus coronatus' W. MALM. *GR* V 390; 'cras in ollam candidi dimittentur lapilli': urbanum .. ~ium quod in prosperis agendorum dicitur successibus *V. Chris. Marky.* 63; ab hujusmodi casibus forte dictum est militare ~ium: 'vadis quo vis, morieris ubi debes' MAP *NC* II 19 f. 30v; juxta ~ium, quod qui nimium festinat, sepe nimis sero veniet domum RIPLEY 103. **b** ita ut in ~ium et derisum longe lateque efferretur quod Britanni nec in bello fortes sint nec in pace fideles GILDAS *EB* 6; jam in exemplum apud Lincolniam positi sumus et ~ium GIR. *SD* 18; **c1298** eris [Waleys] in proverbium quod non preteribit (*Dunbar* 221) *Pol. Songs* 177.

2 (in pl.): **a** (bibl., w. or without *Salomonis*) Book of Proverbs (commonly attrib. to Solomon). **b** (w. ref. to the *Distichs* of (Pseudo-) Cato).

a in ~iis [*gl.*: sc. Salomonis] mulier illa procax et pertinax sinagogae tipum obumbrans ALDH. *VirgP* 57 (cf. *Prov.* vii 10–23); in ~ia Salomonis libros iij BEDE *HE* V 24 p. 358; **c750** nobis predicantibus habile et manuale et utillimum esse videtur, super lectionarium anniversarium et ~ia Salomonis BONIF. *Ep.* 91 p. 207; juxta illud Salomonis ~iorum xxiiij OCKHAM *Dial.* 803; profundissime sophie fodine, ad quas sapiens filium suum mittit .., ~iorum secundo R. BURY *Phil.* 1. 28; **c1396** secunda pars Biblie, in qua .. liber ~iorum, Ecclesiastes (*Catal. librorum*) *Meaux* III. lxxxiv. **b** quamvis michi presto non insint carmina Maronis, poemata Nasonis, nec ~ia Catonis J. WALDEBY *Ave* 82.

3 parable, metaphor.

hoc somnium vere futurum vaticinium dominus meus .. mihi .. retulit sic, et etiam aulici nomen indicavit. pro quo aulico exire potest in ~ium H. Bos. *LM* 1321B; apostolus ista metaphorice .., quo non palam sed sub similitudinis quadam umbra, ostendit ... quid .. inde, nullum ~ium dicens, apostolus sensit manifeste petimus ut revelet FORTESCUE *NLN* II 57.

4 common or commonplace phrase, byword (in quot. w. ref. to rebuke or reproach).

cum etiam .. paganis pagani quasi ridiculosum subsannantis gannaturae opprobrium legantur improperasse hoc modo cum infami ~iorum [*gl.*: *bizwurde*] elogio cachinnantes ac cavillantes ALDH. *VirgP* 56.

5 (rhet.) premise.

'qui scit, docere debet, ego scio. hac causa doceo.' in hac serie premittitur hoc ~ium 'qui scit, docere debet' ... sequitur narratio .. 'ego scio'. tertia et ultima conclusio est .. 'hac causa doceo' VINSAUF *AV* II 2 p. 283.

6 something spoken beforehand or in advance, prediction.

s1172 alludens illi fictitio vulgari nec vero Merlini ~io, quo dici solebat .. GIR. *EH* I 38; nosse nunc ergo pro certo potestis et manifeste perpendere vera fuisse ~ia de vobis ab ineunte etate dicta et quasi vaticinia nostra .. nimia veritate subnixa *Id. SD* 24.

Provesinus v. Provinsinus.

provester [ME *provost*, *provest*], (acad.) provost.

1535 provestro collegii de Eton .. xx s. *MonExon* 354.

1 provide v. proinde.

2 provide [CL]

1 with foresight or foreknowledge.

unde ~e Dominus ammonet .. BEDE *Ep. Cath.* 20D; **s1237** investigabilis sapientia Dei .. semper autem continet et ~e regit M. PAR. *Maj.* III 449; orbium giros provide commensuras J. HOWD. *Cant.* 57.

2 providently, prudently. **b** carefully.

nobis necessarium est ~e considerare quomodo .. valeam EDDI 12; filii pie satis et ~e a patrum domiciliis .. expelluntur GIR. *TH* I 12 p. 35; **c1206** displicet michi quod minus ~e majusque pertinaciter asseritis quod .. P. BLOIS *Ep. Sup.* 71. 3; **1215** ita vos ~e et discrete gerentes quod fidem vestram .. digne teneamur remunerare *Pat* 152b; **s1237** ~e statuerunt, ut de cetero M. PAR. *Maj.* III 433; **1343** prudenter, celeriter, et ~e procuretis (*Lit. Papae*) AD. MUR. *Chr.* 152. **b** dicunt quod racione profunditatis regie strate terre ipsius Nicholai adjacentis et transeuntes ~e sepius fuerant impediti et gravati *PQW* 527a.

providenter [CL], (in gl.) with foresight or foreknowledge, in a providential or prudent manner.

quod non fortuitu sed ~enter agit BEDE *Ep. Cath.* 69; provideo .. unde providenter adverbium .. providus .. unde provide adverbium OSB. GLOUC. *Deriv.* 596.

providentia [CL]

1 ability to see into the future or to foresee (future event).

mox futurum fore dicebat; quod spiritu ~iae [v. l. prophetiae] dixisse eventus futurae rei probavit [cf. *Gen.* xli 13] FELIX *Guthl.* 48 p. 148.

2 act of foreseeing or attempt to foretell (also w. obj. gen.).

his hactenus tractatis quoniam in omnibus ~iis astronomicis horoscopus .. maximam vim obtinet ADEL. *Elk.* 36; unde et futurorum ~ia divinatio, quasi divina notio, dicitur BERN. *Comm. Aen.* 44.

3 (usu. theol.) prescient force that governs the created order, divine Providence (also as personified attribute of God); **b** (in title).

'capilli capitis numerati sunt' [cf. *Matth.* x 30], i. ~ia Dei *Comm. Cant.* III 20; videte .. quomodo iste .. per ~iam Dei electus ostenditur *V. Cuthb.* I 3; divina .. agente ~ia ipsa dispersio ecclesiae Hierosolimitanae occasio fuit plures construendi ecclesias BEDE *Cant.* 1090; O Dei ~iam bene cuncta dispensantem! GOSC. *Transl. Mild.* 6 p. 162; item [Aristotiles] ~iam Dei usque ad regionem lune progredi diffitetur J. SAL. *Met.* 932A; utrum pronea, que Latine ~ia vocatur, mundum regat .. an non BALSH. *AD rec. 2* 133; **1552** Dei Optimi Maximique ~ia *Conc. Scot.* II 136. **b** **962** ego Oswaldus Dei ~ia archipraesul *CS* 1089; **1070** ego Willelmus ineffabili Dei ~ia rex Anglorum *Regesta* 35 p. 119; **1347** a .. domino Clemente divina ~ia papa sexto AVESB. f. 116v; **1437** Eugenii divina ~ia pape *Mem. Ripon* I 131; **1438** Johannes divina ~ia archiepiscopus Armachanus BEKYNTON I 3.

4 (act of) looking or planning ahead, foresight, forethought, providence.

[abbas] ponat in te ~iam mentis, per te discat consili commissi sibi gregis gubernacula sapienter moderari EGB. *Pont.* 105; lanceam itaque in manibus tenere est in operibus ~iam habere *Simil. Anselmi app.* 193 p. 102; **c1158** cunctorum ~ie set diligentium maxime prelatorum incumbit officio ut .. *Doc. Theob.* 31; admonetur .. omnis anima .. quod ~ia, virtute ac patientia sua velut muro .. ambiendam susceperat Jerusalem J. FORD *Serm.* 113. 8; et tua debet esse ~ia de necessariis subvenire BACON V 58.

5 (act of) providing, making available, or supplying (also w. obj. gen.). **b** (w. ref. to thing supplied or provided) stock, supply, provision.

in earum quae ad communes usus pertinent rerum ~ia BEDE *HE* IV 10 p. 224; **801** saecularium rerum ~ia pauco proderit tempore, perpetuae vero prosperitatis ~ia nullo fine claudetur ALCUIN *Ep.* 218; **1260** rex mittet H. de D. ad ~ias faciendas contra instans festum S. Edwardi .. *Cl* 122; de hiis [caseo, frumento, bosco] .. congruis anni temporibus suam ~iam facere tenetur [celerarius] *Cust. Westm.* 69; **1310** cum assignaverimus Raymundum de Sorde de Agen ad ~iam de vinis et aliis victualibus *RScot* 94b; **1336** cum .. procuraretur ~ia et armacio galearum (*Cl*) *Foed.* IV 709. **b** **1336** vicarium .. vasis aliis, ~ia, et superlectilibus .. spoliarunt et spoliatum detinent *Reg. Exon.* II f. 200v p. 818.

6 provision, ordinance, arrangement.

s1238 monachi .. non sunt ad sedem apostolicam mittendi, sed secundum ~iam sui discipline subdantur M. PAR. *Maj.* III 513; **1252** ad .. omnes ordinationes et ~ias factas inter R. de B. .. et ejusdem loci conventum *CalCh* I 401; **c1260** quod talem transgressionem fecerit inprejudicium .. comitis et contra ~iam communitatis *Rec. Leic.* I 123; extitit .. ordinatum quod ~ie Oxonie starent inconcusse *Leg. Ant. Lond.* 63; **1397** de lignario pro decimis in Milton et Charney nichil, quia assignatur officio lignarii per quandam ~iam *Ac. Obed. Abingd.* 59; **1441** de liij s. iiij d. receptis de consuetudinibus precentoris, prout patet in ~ia hujus anni *Ib.* 117.

providere [CL]

1 to see in advance or beforehand (in quot. in fig. context).

in medio mari dormit qui in hujus mundi temptationibus positus ~ere motus inruentium vitiorum quasi imminentes undarum cumulos neglegit BEDE *Prov.* 1008.

2 to foresee or have foreknowledge (of); **b** (w. *quod*). **c** (w. acc. & inf.). **d** (p. ppl. *provisa* as sb. n. pl.) things foreseen.

sed et in eo quod sequitur ~ens locutus est de resurrectione Christi BEDE *Retract.* 1002D; divina ~ente gratia *Id. HE* IV 29 p. 278; contingit .. ut quanto [anima] morti proximior est tanto perspicatiori mentis acumine .. cuncta ~eat PETRUS *Dial.* 49. **b** nec ~it quod est Rome ecclesia Jerusalem dicta W. MALM. *GR* II 172. **c** **944** hanc elemosinam mihi ~ens prodesse profuturum .. *CS* 795. **d** fatum est temporalis eventus provisorum BERN. *Comm. Aen.* 42.

3 to plan or establish in advance.

sciebat quod provisum erat illud tempus quo debebat venire AILR. *Serm.* 1. 24. 214; provisa sed non preparata legatione ad sedem apostolicam pro canonizatione beati Gileberti celebranda *Canon. G. Sempr.* f. 107v; **1240** credunt quod insultus ille fuit provisus multo tempore transacto per draparios *CurR* XVI 1285 p. 241; mandamus quod ad certos dies et loca quos vos .. ad hoc ~eritis, omnia et singula predicta ac inquisiciones super his factas .. audiatis *Laws Romney Marsh* 61.

4 (w. inf.) to decide in advance or with foresight.

c860 quotienscumque evenerit quod superna clementia .. alterum .. pro eo .. praeordinare et eligere ~erit (*Professio*) *CS* 498; Normanni .. ~erunt sagittas in altum dirigere, ut cadentes in capita Anglorum ipsos interimerent SILGRAVE 79.

5 to exercise foresight or forethought (towards), to take care in advance, make provision (usu. w. dat. to designate beneficiary and *in* or *de* & abl. to designate thing provided); **b** (eccl. & mon., usu. w. ref. to providing with or to a benefice); **c** (w. *quod*, *ut*, or *ne* & subj.); **d** (w. indir. qu. & subj.); **e** (w. acc. & inf.). **f** (pr. ppl. as adj.) provident, prudent. **g** (pr. ppl. as sb.) one who makes provision or is in charge of.

ego .. ~ens mihi in futuro decrevi dare aliquid omnia mihi donanti *CS* 97; turpis lucri gratia ~et gregi Dei qui propter quaestum et terrena commoda praedicat BEDE *Ep. Cath.* 65; **c1157** pastoralis sollicitudo .. nos compellit omnium eorum maxime quos religionis nomen commendat quieti ~ere *Doc. Theob.* 6; **1218** assignavimus .. decem libras .. recipiendas .. singulis annis donec ei in terris, ad valenciam .. decem librarum, ~erimus *Pat* 184; **1265** quod ~deant regi de d picheriis *Cl* 32; **1284** Johannes .. tenetur ~ere domine de Balliolo in sex denaratis annui redditus *Deeds Balliol* 6. **b** presul ob has causas Ricardus transtulit urbem / et providit ei de meliore loco H. AVR. *Poems* 20. 136 p. 114; ut .. episcopus eidem Willelmo C. ~erit auctoritate apostolica de aliquo beneficio ecclesiastico *Chr. Peterb.* 47; **1294** archiepiscopus Cantuariensis .. habens potestatem a .. Celestino papa quinto ecclesie Landavensi que jam diu vacavit de episcopo et pastore ~ere *Reg. Cant.* 5; **s1325** hoc anno papa ~it ecclesie Horwycensi de domino W. .. item ~it magistro J. Roos de episcopatu Karliolensi AD. MUR. *Chr.* 45; **s1343** quia papa ~it duobus cardinalibus, nepotibus suis .. de beneficiis .. in Cantuariensi provincia .. et in provincia Eboracensi *Ib.* 142; **1416** cum .. ad ecclesie Cantuariensis archiepiscopum .. pertineat .. monasterio sive prioratui .. Dovorr' .. de prioris persona .. ~ere *Reg. Cant.* I 151. **c** non est timendum

ne .. derisor .. contumelias inferat sed hoc potius ~endum ne tractus ad odium pejor fiat BEDE *Prov.* 967; secretario .. solicite ~endum est ut tali hora matutinas laudes faciat incipere LANFR. *Const.* 89; qui ~ebat ne domus vacua remaneret *DB* I 179ra; cauta cogitatione ~ens ne displiceret Conditori in acceptis rebus ORD. VIT. VI 9 p. 52; c**1230** sed bene ~eatis quod capiatis bonos testes *Feod. Durh.* 249; est .. ~endum sacerdotibus quod cum predicant resurrectionem mortuorum instruant subditos suos quod .. T. CHOBHAM *Praed.* 117. **d** **761** ~ens ubi corpusculum meum condi deberet, nihil melius arbitratus sum nisi .. *CS* 190; cum .. bene providerit quid in quo loco sit collocandum T. CHOBHAM *Praed.* 268; caute .. ~endum est quibus animalibus Deus conparetur et quibus non *Ib.* 281. **e** **1270** ut .. tales ad partes predictas .. mitti provideamus *Cl* 291. **f** c**885** vestrae regiae celsitudini ac ~entissimae mansuetudini commendamus *CS* 556 p. 193; an tua ~entior est somnolentia quam mea vigilantia? GOSC. *Transl. Mild.* 19. **g** ne chorum exeant sint licencia ~entis *Cust. Sal.* 26.

6 to lay down as arrangement or provision, (p. ppl. *provisum* as sb. n.) ordinance, provision, arrangement. **b** (usu. w. *quatinus*, or *ut* & subj. or ind.) to stipulate that, (*proviso quod*) provided that, it being stipulated that, with the proviso that; **c** (w. acc. & inf.); **d** (w. indir. qu.).

s**1261** absolvi impetravit a .. papa ab observacione statutorum Oxonie ~orum et a sacramento OXNEAD *Chr.* 220; s**1261** ~um .. inter vos universaliter decrevistis *Ann. Lond.* 56. **b** provisum est .. et .. statutum quatinus penes abbatiam Warwellensem castellum construerent *G. Steph.* 65 p. 132; **1225** providens quod nullus in chacia illa currat nisi de precepto domini regis *Cl* 51a; singulis fratribus servire debent, proviso quod .. frater qui magnam missam celebrat et novicii .. primo serviantur *Cust. Westm.* 116; **13..** proviso ut cujuscumque auctoritate constructe fuerint capelle quecumque indempnitati .. sic prospiciatur *Conc. Scot.* II 11; **1308** proviso quod .. nos .. reddatis .. cerciores *Lit. Cant.* III *app.* p. 386; **1457** proviso quod nullus custodum .. ciste administracionem ejusdem alicui committas nisi .. *StatOx* 280. **c** a**1350** ~it universitas pleno servicio solempnia fore celebrata *StatOx* 15. **d** **1221** misericordia eorum ponitur in respectum usque provisum fuerit quid inde faciendum sit per consilium *SelPlCrown* 97.

7 to make available, provide, supply: **a** (person to an office or duty); **b** (material things); **c** (abstr.). **d** (p. ppl. *provisa* as sb. f.) provision, supply.

a congruum et idoneum pastorem domui Dei ~eatis ORD. VIT. XII 32 p. 434; **1298** ut ministri altaris nostri tales ~antur qui sint in vita sancti *Lit. Cant.* I 25; debet .. ~ere virum unum fidelem .. cui debet committere res publicas disponendas BACON V 44 (cf. *Quadr. Reg. Spec.* 32: demittere res pupplicas dispendendas); s**1480** Ricardum W. .. quem in cella nostra de Bynham .. ~imus in priorem, vestre .. paternitati .. presentamus *Reg. Whet.* II 227; **1549** bacchalaurei .. vel unum ex seipsis .. elegant, vel aliquem alium suo sumptu ~eant, qui in die commitiorum sua in arte respondeat *StatOx* 357. **b** confide fili, Dominus ~ebit victum sperantibus in se *V. Cuthb.* II 5; c**795** sicut pastor providus gregi suo optima praevidere [v. l. ~ere] pascua curat ALCUIN *Ep.* 31; **1218** ~eatis Odoni .. centum solidatas redditus sterlingorum *Pat* 141; c**1220** ~ebitur ei .. panis grossior et potus aque (*Stat.*) *EHR* LII 271; **1235** quia .. rex nunquam ~it nec reddidit escambium eidem comiti in vita sua quia provisio non tetigit heredes suos *BNB* III 143; **1268** quo fit ut quod in eleemosynam est provisum, in sitim avaricie confluat et transeat in rapinam (*Const. Othoboni*) *Conc.* II 11a; s**1321** ut contra ipsius adventum in dicto castro necessaria ~erent TROKELOWE 110; **1340** cursori .. deferenti literas .. de ~dendo et inveniendo quandam navem pro guerra regis iij s. *Ac. Durh.* 537; s**1372** ~ebat eciam in ecclesia duo vestimenta integra pro magno altari *Meaux* III 167; **1559** salutarem eis cibum ~ere .. donec generale capitulum his tantis malis aptiora provideat remedia *Conc. Scot.* II 152. **c** sacerdotes .. non commoda plebi ~entes sed proprii plenitudinem ventris quaerentes GILDAS *EB* 66; si hoc nostris usibus commodum et utilitati profuturum solerti praescientia ~isset [*gl.*: sc. ille Deus] ALDH. *VirgP* 56 p. 316; ut ad ~enda eis quibus aeterna praedicat temporalium quoque necessitatum subsidia invigilet BEDE *Cant.* 1155; o quanta consolatio, Deo dispensante, infirmitati nostre provisa est BALD. CANT. *Serm.* 17. 18. 503; contra ignorantie caliginem artificialis scientie ~eret lumen T. CHOBHAM *Praed.* 3; s**1308** omnibus .. inauditum proviserunt gaudium *Ann. Lond.* 152. **d** **1330** qui in comitiva sua .. versus partes ducatus Aquitanie sunt profecturi, et provisas et arraiacionem passagii illius [provideat] *Foed.* IV 442.

8 to provide for (person) in respect of (this or that). **b** (p. ppl. *provisus*) well-provided, prepared.

1295 super consecracione Landavensis provisi de .. episcopatu *Reg. Cant.* 513; **1293** mandamus quatinus, cum de hujusmodi loco .. provisi fueritis, de situ et valore ejusdem loci .. nos certificare curetis *RGasc* III 74a; **1314** dixit quod non fuit provisus de plegiis *Rec. Leic.* I 290; s**1314** cum infirmus propter sanitatem recuperandam debeat de locis convenientibus ac aliis solaciis ~eri *Flor. Hist.* III 163; **1352** dum .. Symon .. archiepiscopus .. de .. ecclesia Cantuariensi per sedem apostolicam provisus extitit *Lit. Cant.* II 309. **b** s**1260** super hoc non provisus nec premunitus *Flor. Hist.* II 457; debet esse provisus atque paratus, ut sine mora .. eum, qui fallendo deviaverat, in viam reducat *Cust. Westm.* 28; s**1374** jam sum melius provisus quam fui *Eul. Hist. Cant.* 339.

9 (p. ppl. *provisus* as adj.) prudent, provident.

s**1238** approbavimus provisum ipsorum deliberationis consilium (*Lit. Imp.*) M. PAR. *Maj.* III 472.

providus [CL], who or that exercises foresight, provident (sts. w. dat. of advantage): **a** (of person); **b** (of person's attribute or sim.); **c** (iron.).

a c**795** sicut pastor ~us gregi suo optima praevidere [v. l. providere] pascua curat .. ALCUIN *Ep.* 31; videns itaque ~us pater congruam opportunitatem se habere *V. Gund.* 36; ipse provintialium fidei gratus et saluti ~us W. MALM. *GR* V 395; ~i parentes in prima etate filios moribus instruunt et informant GIR. *TH* I 12 p. 35; non michi monstra necans, sed eras tibi provida soli WALT. ANGL. *Fab.* 38. 13; **1470** honorabilis et ~a domicella M. *Melrose* 575. **b** confido quod ~a sagacitatis vestrae praecordia reminiscantur ALDH. *Met.* 1 p. 61; **705** tuae ~ae considerationis industriam WEALDHERE *Ep.* 22; s**1055** abbas .. Alfwinus, ~e mentis oculos in anteriora extendens .. *Chr. Rams.* 166. **c** si reges provide mentiri nesciunt / ad opem providi palpones veniunt WALT. WIMB. *Palpo* 95.

provigniare [OF *provignier* < *propaginare, cf. CL propaginatio], to layer (vine), to propagate by layering.

1235 in vinea discalcianda, ~ianda, fodienda (v. discalaciare).

provincia [CL]

1 territory outside Italy under Roman dominion, province. **b** (spec.) Provence. **c** (eccl., w. ref. to Rome as centre of Christendom).

Britannia .. fertilis ~ia tyrannorum GILDAS *EB* 4; qui .. finitimos quosque pagos vel ~ias contra Romanum statum .. adnectens *Ib.* 13; sub preside Cyrino Syriae ~iae THEOD. *Laterc.* 5; Silvester .. per omnes Europae ~ias [*gl.*: sciendum quod quedam ~ie primum de nomine auctoris appellate sunt] et florentis Ausoniae parrochias .. signis miraculorum .. claruit ALDH. *VirgP* 25 p. 257; Traciarum ~ias [*gl.*: regiones, *scira*] hostiliter populabatur *Ib.* 48 p. 303; Graecia est ~ia Achaiae quam Graeci Ἑλλάδα vocant BEDE *Acts* 984; Galatia, ~ia Asiae a Gallis vocabulum trahens *Ib.* 1037. **b** **747** sicut aliis gentibus Hispaniae et ~iae et Burgundionum populis contingit BONIF. *Ep.* 73 p. 151; circa Sonam fluvium Burgundie usque partes ~ie A. TEWK. *Add. Thom.* 34 p. 350; mittet vindictam Marthe Provincia justam GARL. *Tri. Eccl.* 64; s**1228** misit in ~iam super comitem Thosolanum expeditionem M. PAR. *Maj.* III 156; **1293** P. A. et P. J. mercatores ~ie *MGL* II 70; s**1236** idem rex de consilio magnatorum suorum Alienoram filiam comitis ~ie sibi matrimonialiter copulavit KNIGHTON I 227. **c** ita ut ne vestigium quidem .. in nonnullis ~iis Christianae religionis appareret GILDAS *EB* 9; archiepiscopus Anglie que sit ~ia omnium fertilissima W. MALM. *GP* I 51; Angliam peculiarem esse Romane ecclesie ~iam et ei tributa quotannis pensitare *Ib.* 58.

2 country, kingdom, territory.

quot sunt ~iae? centum et triginta *Ps.*-BEDE *Collect.* 137; de pecunia quae in aliena ~ia ab hoste superato rapta fuerit .. THEOD. *Pen.* I 7. 2; **693** ego Hodilredus parens Sebbi ~ia Eastsexanorum *CS* 81; **704** in loco qui dicitur Tuiccanham in ~ia quae nuncupatur Middleseaxan *CS* 111; tota ~ia Australium Saxonum divini nominis .. erat ignara BEDE *HE* IV 13 p. 230; ad vastandam Pictorum ~iam *Ib.* 24 p. 266; **738** id est decem aratrorum juxta aestimationem ~iae ejusdem *Ch. Roff.* 3; c**763** Sigeredus rex dimidiae partis ~iae Cantuariorum *Ib.* 8; nomina principum nostre ~ie W. MALM. *GP prol.*; territorium, terra, ~ia OSB. GLOUC. *Deriv.* 593; convenerunt .. multitudo numerosa .. quorum capitales erant rex et filius ejus .. et episcopi multi cum ~ia plena comitum et baronum MAP *NC* V 6 f. 69v; s**1215** ~iam de Grantebregge, Norffolke, et Suffolke .. ad gravissimam redemptionem compulerunt *Ann. Lond.* 17; jam suas ~ias et patrias in magna potencia subvertenti *Ps.*-ELMH. *Hen. V* 117 p. 309.

3 larger administrative division of country or kingdom, province. **b** (in pre-Conquest Eng.) one of three provinces, Wessex, Mercia, and the Danelaw. **c** (Scot.) mormaorship, sub-kingdom.

c**738** Gregorius papa universis optimatibus et populo ~iarum Germaniae, Thuringis .. (*Lit. Papae*) *Ep. Bonif.* 43 p. 68; **956** (13c) ego Eadwi .. rex Anglorum et tocius Britannie ~iarum *CS* 921; in regno Anglorum bella sedaret et in regnis et regnorum ~iis ANSELM (*Ep.* 193) IV 82; timores subditorum suorum et jam perplexarum ~iarum in partibus transmarinis *Ps.*-ELMH. *Hen. V* 115 p. 304. **b** de triparticione regni Anglie in diversitate legum, comitatuum, vel ~iarum. regnum Anglie tripharíam dividitur, in Westsexiam et Mircenos et Danorum ~iam (*Leg. Hen.* 6. 1) *GAS* 552; regnum enim Anglie tripartitum est in Westsaxones et Myrcenos et Dacorum ~iam (*Ib.* 9. 10) *Ib.* 555. **c** c**1325** quod cum rex in aliquam ~iam [ME: *contre*] venerit judices illius ~ie prima nocte ad eum venire debent (*AssizeR*) *APScot* I 379.

4 smaller adminsitrative division of country or kingdom, county, shire: **a** (Eng.); **b** (Scot.); **c** (W.).

a **963** per universi regni mei ~ias [AS: *scyre*] et civitates *GAS* 209; ~ia, *scir* ÆLF. *Gl. Sup.* 177; erant etiam alie potestates super wapentagiis quas trehingas vocabant, sc. super terciam partem ~ie (*Leg. Ed.* 31) *GAS* 653; postquam .. reges Westseaxe ceteris prevaluerunt .. terras per triginta quinque ~ias diviserunt H. HUNT. *HA* I 4; syra vero Anglice, Latine dicitur ~ia *Ib.* I 5; item placitorum criminalium aliud pertinet ad coronam, aliud ad vicecomites ~iarum GLANV. I 1; precipietur vicecomiti illius provincie ut .. *Ib.* I 13; que placita pertinent ad majorem curiam et que ad vicecomites ~iarum determinanda HENGHAM *Magna* 2. **b** c**1168** multuram eciam et sectam ~ie de Clacmanan *Regesta Scot.* 60; cum milites et officiarii unius ~ie ab eo abierunt, vicecomes alterius ~ie cum electa milicia sibi obviam fecerunt *Plusc.* VII 33. **c** in provintia Walarum que Ros vocatur inventum est sepulchrum Walwen W. MALM. *GR* III 287; ~iis de Pembroch et Ros cedibus, incendiis, et depredationibus fere exterminio datis .. Kairmerdin obsedit GIR. *IK* I 10.

5 district, neighbourhood.

[Cestria] dulcis et alumpna ~ia LUCIAN *Chester* 61; c**1205** ducent et reducent alias oves suas quas habent in ~ia illa .. ad tondendum *Cart. Wardon* f. 34*d*.; quicumque solverit equm a latronibus in una provintia cum possessore jure debet habere iiij denarios .. quicumque eos [boves] liberaverit in eadem provintia cum possessore, iiij denarios habebit *Leg. Wall. B* 214; perhibent testimonium tota familia sua et tota ~ia sua *Mir. Montf.* 100; testes sunt omnes familiares sui cum tota ~ia *Ib.* 106; cum familia sua, videntibus de ~ia, versus mare se paravit *G. S. Alb.* II 137.

6 (eccl. & mon.) unit of jurisdiction: **a** (of an archbishop, archdiocese); **b** (of a bishop, diocese); **c** (of a monastic order); **d** (transf., iron., or humorous, of demons).

a reconciliatio .. in hac ~ia puplice statuta non est, quia et puplica penitentia non est THEOD. *Pen.* I 13. 4; assensu archiepiscopi et episcoporum ejusdem ~iae ANSELM (*Ep.* 404) V 349; si quis episcopus super .. criminibus accusetur, ab omnibus qui sunt in ~ia episcopis audiatur (*Leg. Hen.* 5. 24) *GAS* 551; sicut in .. libro Gestorum Regalium regnorum distinxi ordinem, ita hic .. episcopatus ~iarum distinguam W. MALM. *GP prol.*; Hubertus .. Cantuariensis archiepiscopus .. dilectis in Christo fratribus episcopis per ~iam Cantuariensem *Canon. G. Sempr.* f. 137v; **1217** omnium ecclesiarum .. Armacensis ~ie *Pat* 106; Armachanus archiepiscopus loci metropolitanus suae ~iam visitans *Mon. Hib. & Scot.* 121b; **1549** praesens Scoticanae ~iae generalis conventio *Conc. Scot.* II 111. **b** episcopus in Lindissi ~ia BEDE *HE* III 11 p. 149; **1138** dedi omnem terram de Ottendun .. ad abbatiam construendam de ordine Cisterciensi, in ~ia Alexandri Lincolnie episcopi *Ambrosden* I 127; quo defuncto

rexerunt duo episcopi ~iam illam [Norwycensem] *Leg. Ant. Lond.* 215.   **c** statuimus autem ut quelibet ~ia fratribus suis missis ad studendum ad minus in tribus libris theologicis .. providere teneatur (*Const.*) *EHR* IX; prioris sigilla officii nostri ordinis in ~ia Anglie .. sunt appensa *FormA* 342; **1518** in officio provincialatus ter hanc rexit ~iam *Scot. Grey Friars* II 285. **d** [nos demones] precepimus singulis provincialibus demonibus ut diligenter inquirerent in ~iis suis *Latin Stories* 101.

7 jurisdiction, authority.

negotiis more solito superesse non potest, injunxitque mihi ~iam duram et importabile onus imposuit, omnium ecclesiasticorum sollicitudinem J. SAL. *Met.* 946B; **1405** postquam primum in regnum Anglie et ad ~iam domini regis pervenerint *Lit. Cant.* III 96.

provincialatus [ML < CL provincialis + -atus], (mon.) office of a provincial, provincialate.

1518 in officio ~us ter hanc rexit provinciam *Scot. Grey Friars* II 285.

provincialis [CL]

1 of or connected with territory outside Italy under Roman dominion, provincial. **b** (spec.) of or connected with Provence.

auxilio Arviragi versus [MS: usus] Orcadas et ~es insulas potestati sue submisit G. MON. IV 14; rediit Claudius Romam regimenque ~ium insularum Arvirago permisit *Ib.* IV 15.   **b s1247** maritate sunt due puelle ~es per providentiam Petri de Sabaudia M. PAR. *Maj.* IV 628.

2 of or connected with a certain country, region, district, or sim.

omnem patriam sanctos suos ~es .. laudum preconiis venerantem inveni SIM. GLASG. *V. Kentig. prol.* p. 243; tanquam diluvio quodam particulari seu ~i GIR. *TH* II 9 p. 92; tradidit illud [talentum] pueris et puellis ~ibus ex quibus reportavit .. maximum lucrum ad mensam Domini sui *Canon. G. Sempr.* f. 39v.

3 of or connected with county or shire.

sintque omnes [officiarii foreste] liberi .. ab omnibus ~ibus summonitionibus et popularibus placitis, que *hundredlaghe* Angli dicunt (*Ps.-Cnut* 9) *GAS* 621; **a1230** posuerunt se super xij legales homines ~es *E. Ch. Waltham* 245.

4 of, belonging to, or connected with an ecclesiastical province: **a** of an archdiocese. **b** of the province of a monastic order. **c** (transf. or iron., of demons).

a 748 aggregatis episcopis ~ibus (*Lit. Papae*) *Ep. Bonif.* 80 p. 178; **789** (11c) archiepiscopus .. cum universis ~ibus episcopis *CS* 256; districtionis ecclesiastice censura .. facta per Cantuariensem, cui gens illa lege ~i hactenus subjecta fuisse dinoscitur GIR. *Invect.* I 1 p. 85; **s793** convocat rex [Offa] .. ~e concilium et cum archiepiscopo .. suisque suffraganeis M. PAR. *Maj.* I 358; **1320** ad regimen ecclesie vestre ~is Cant' conservet vos Altissimus (*Reg. Roff.*) *MS BL Cotton Faust. B V* f. 28v; **s1328** eodem anno Cantuariensis archiepiscopus tenuit concilium ~e Londoniis *Chr. Angl.* 1; **1416** lego .. librum in quo continentur constituciones ~es *Reg. Cant.* II 103; dispensamus statutis nostris quibuscunque aut canonum aut provencial' constitucionum provisionibus aut statutis ecclesie Winton' *Pat* 1106 m. 11/27.   **b 1235** fratri Alardo, priori ~i Fratrum Predicatorum in Anglia .. salutem GROS. *Ep.* 15; **c1250** nos rector et priores ~es ac diffinitores capituli generalis (*Const.*) *EHR* IX 122; **1312** frater H. de L., minister ~is ordinis Sancte Trinitatis in Anglia *MunCOx* 19; **1441** per hec prioris sui ~is [Carmelitarum] qui oculo .. clariori .. videt BEKYNTON I 138.   **c** [nos demones] precepimus singulis ~ibus demonibus ut diligenter inquirerent in suis provinciis per quale genus hominum supplantata esset nobis jurisdiccio tot animarum *Latin Stories* 101.

5 (as sb. m.) inhabitant of a province, county, shire, or district.

responsum est quia Deiri vocarentur idem ~es BEDE *HE* II 1 p. 80; **998** cujus circuitus ambitum .. patria dimensione *syx sulunga* ~es solent appellare *Ch. Roff.* 32; Henricus .. ~ium fidei gratus et saluti providus W. MALM. *GR* V 395; multi ~ium cum Arnulfo Rodbertum reliquerunt et municipia sua fautoribus ducis reddiderunt ORD. VIT. XI 3 p. 179; [maris plenitudo] nuper piscium copiam ~ibus attulit et piscatoribus vitam ademit LUCIAN *Chester* 46; **c1230** dicebatur a

~ibus quod erat boscus prioris et monachorum *Feod. Durh.* 275.

6 provincial: **a** one who is in charge of an ecclesiastical province or district therein. **b** one who is in charge of a monastic province.

a 1472 hosque pro ejus suffraganeis et civitatum et diocesum predictarum personas quaslibet pro suis ~ibus assignavimus *Mon. Hib. & Scot.* 467a. **b s1374** ~is Fratrum Predicatorum *Eul. Hist. Cont.* 337; **1441** ut tam dictus ~is in sancto ocio .. quam .. confratres sui in sanctimonia BEKYNTON I 138; **1488** e Fratribus Carmalitis .. fratre J. W., ~i dicti ordinis *ExchScot* 67; **1549** ordines praedicatorum .. Joannes G[re]souin, ~is *Conc. Scot.* II 84; **1564** cum consensu .. fratris J. F. ~is Fratrum Minorum .. in regno Scotie *Scot. Grey Friars.* II 5.

7 (as sb. n.) the language of Provence, Provençal.

ut Picardicum, et Gallicum, et ~e et omnia idiomata .. usque ad fines Hispanie BACON *Tert.* 90.

9 (as sb. n., as title of book that contains the laws of an ecclesiatical province).

LYNDW. *Provinciale tit.*

provincialitas [CL provincialis + -tas; cf. et. ML provincialatus], (mon.) provincialate, office of a provincial.

1312 minister provincialis ordinis Sancte Trinitatis in Anglia .. sigillum nostrum commune dicte ~atis nostre *MunCOx* 20.

provincialiter [ML < CL provincialis + -ter], (eccl. & mon.) considered as a province.

1398 ejusdem .. sedis nuncio ad regnum Anglie .. ~iter destinato *Conc.* III 235b.

provincianus [CL provincia + -nus], (eccl.) one who is in charge of an ecclesiastical province.

1383 ~us pro personis in cathedralibus et collegiatis ecclesiis nominatus Willelmus .. Cant' archiepiscopum *Conc.* III 179a.

provinciola [ML = *little province or district*], small county or shire.

Hamshire .. ~a est frugum proventu ferax, sylvarum densitate amoena CAMD. *Br.* 223.

Provinsensis [OF *Provins* < CL Provincia + -ensis], of the city of Provins in Champagne, or of Provence.

1226 mercatoribus ~sensibus (*AcWardr*) *Med. Admin. Hist.* I 237.

Provinsinus [OF *Provins* < CL Provincia + -inus], (as sb. m.) coin minted in Provins or in other market towns of Champagne, provinois.

1292 summa Provenesinorum [*in marg.*: provesini] de Campania, vj li. xv s. iiij d. *KR Ac* 308/15 m. 7.

provise [ML < CL provisus *p. ppl. of* providere + -e], with foresight or forethought, prudently.

provisum est et communi consilio ~e, ut sibi videbatur, statutum G. *Steph.* 65 p. 130; provisus .. unde ~e adverbium OSB. GLOUC. *Deriv.* 596.

provisio [CL]

1 (act of) foreseeing or ability to foresee.

c970 *and antwentig is þara boca þe Adeluuold biscop geselde in to Burch* .. expositio Hebreorum nominum. ~o futurarum rerum *CS* 1128.

2 (exercise of) foresight or forethought, (provident) care. **b** (*divina ~o*) divine providence.

mentem revisit nostram pia .. ~one ut .. per collatam gratiam crescamus in profectu virtutum BEDE *Cant.* 1222; notissimum .. vobis est quia a vobis ipsis habuistis ad vitia labi, a Domino autem vos illustrari non vestra ~one sed superna gratia vos praevenientes contigit Id. *Ep. Cath.* 16A; **c850** regenda .. est unaquaeque parochia sub ~one ac tuitione episcopi (*Lit. Papae*) *CS* 456; illum quem pro vite merito et sapientie doctrina ~o sapientum eligebat .. rex .. rectorem .. constituebat ORD. VIT. IV 6 p. 200; **s1179** ne monasterium talis commissum pastorali posset diucius ~one carere (*Bulla Papae*) ELMH. *Cant.* 432. **b** sciens .. quod haec .. nequaquam absque divina ~one

potuissent accidere BEDE *Hab.* 1237; casu evenit vel potius divina ~one *Id. HE* V 6 p. 290; mira divinae dispensatio ~onis erat quod .. *Ib.* V 22.

3 provision, ordinance, stipulation, arrangement; **b** (w. obj. gen., w. ref. to securing, establishing, or agreeing upon).

fuerat illud primatus apud Craneburnam, sed abbatis Giraldi ~one pro vicini fluminis oportunitate Theokesberiam aptius locari visum W. MALM. *GP* IV 157; **1228** coram nobis provisum fuit apud Lond' quod in crastino Nativitatis Beate Marie esset torneamentum apud Stamford' .. eodem modo scribitur aliis comitibus .. qui ibidem presentes fuerunt ~oni illi *Cl* 113; **1235** ~o de bastardia objecta contra eum qui natus fuit et genitus ante matrimonium *BNB* III 134 *in marg.*; **s1194** rex Francorum nuntios .. misit ad regem .. ut .. sub examine quinque virorum, ab utroque rege electorum, dirimerentur questiones amborum .. placuit ~o ista regi Anglorum M. PAR. *Maj.* II 406; **s1263** discordia inter regem Henricum et barones propter ~ones Oxonie (*Ann.*) *EHR* XLIV 102; **1587** de et super .. articulis, materiis, billis et provicionibus per nos jam missis *Pat* 1302 m. 5 (29). **b s1315** per ~onem trini status regni *Plusc.* IX 13.

4 (act of) providing, making available, or supplying. **b** (concr.) that which is supplied.

1274 pro expensis .. ad ~ones faciendas contra adventum domini Alphonsi *Househ. Henr.* 406; **1338** jam datum sit nobis intelligi quod dicta ~o salis pro eo quod tantum de grosso sale inveniri non potuit in comitatu .. per vos nondum facta existit *RScot* 548a; **s1344** fecit rex fieri multas ~ones bladorum et aliorum victualium AD. MUR. 158; vir magis libris .. deditus in temporalium ~one doctus *Croyl.* 53; **1448** per sufficientis pecunie .. ~onem *StatOx* 269. **b** proviso quod vina, blada, cisare, cerrisie, potus, bibaria seu alie res et ~ones .. per ipsos provisa non revendantur ab eisdem (*Pat*) *Foed.* IX 850; **s1428** versus Parisium unde ~ones eorum sibi devenerunt *Plusc.* X 29 p. 363.

5 (eccl.) the act or right of appointing to an ecclesiastical office, provision (usu. w. ref. to papal intervention and supersession of rights of others); **b** (also w. ref. to providing benefice or bishopric with incumbent).

s1244 Romana .. curia .. non desinebat ~ones cotidianas redditus impudenter extorquere M. PAR. *Maj.* IV 311; **s1289** prioratum .. vacantem et ad nostram ~onem seu collationem .. spectantem .. tibi .. damus et conferimus (*Lit. Archiep.*) *Lit. Cant.* III *app.* p. 378; **1309** per innumeras et effrenatas ~ones in dicto regno (*Lit. Baronum*) *Ann. Lond.* 163; papalis ~io seductivis precibus impetrata R. BURY *Phil.* 9. 155; **s1344** optinuit temporalia dicti episcopatus de manu regis virtute ~onis papalis AD. MUR. *Chr.* 157; **s1390** statutum est .. ut .. nullus transfretaret ad obtinendum ~ones in ecclesiis WALS. *HA* II 196. **b** cum super ~one Menevensis ecclesie committit vobis summus pontifex vices suas GIR. *Invect.* IV 8 p. 174; **1206** proponent super ~one ecclesie Cant' *Pat* 65b; **s1319** papa .. pauca faciens notabilia, nisi ~ones ecclesiarum cathedralium AD. MUR. *Chr.* 29.

provisionalis [CL provisio + -alis], of or connected with (temporary) arrangement, condition, or provision, provisional.

omnes talliae seu feuda ~ia *Jus Feudale* 58.

provisionaliter [ML = *providently* < provisionalis + -ter], (eccl. & mon.) by (papal) provision or appointment.

s1382 fratres .. non considerantes quod .. Edmundum prius ~iter eis datum abegerant WALS. *HA* II 68.

provisivus [ML < CL provisus *p. ppl. of* providere + -ivus], of the nature of foresight or forethought, provident.

per ~am pietatis vestre celsitudinem AD. MARSH *Ep.* 4. p. 84; summi Salvatoris ~a bonitas *Ib.* 75 p. 183; ex ~a discrecionis vestre benigna circumspeccione *Ib.* 223 p. 390; **1269** parati sumus per omnia in hac causa stare arbitrio vestro et ~e discretioni in forma pacis et unitatis *Grey Friars Ox.* 332.

provisor [CL]

1 one who exercises forethought (towards)

or oversees in a provident manner, provisor. **b** (*summus ~or* or sim., w. ref. to God).

hinc pauperum quorum cure pius ~or desudabat flexus gracia . . *V. Chris. Marky.* 73. **b** placuit pio ~ori salutis nostrae BEDE *HE* IV 21 p. 256; Dei servus fidei constamine roboratus ut a Deo ~ore sibi oblatum est . . *V. Neot. A* 5; ~or omnium Deus ORD. VIT. IV 6 p. 210; disposuerat . . subtilis ille rerum ~or . . per virum illum *V. Chris. Marky.* 55; a1159 Amicia comitissa . . hoc autem dono ut Deus sanitati et incolumitati domini mei et mee et puerorum nostrorum sit ~or (*Ch.*) *EHR* XXXII 248; s1196 et citum remedium de misericordia Summi ~oris spopondit W. NEWB. *HA* V 24 p. 478.

2 one who is in charge (of), ruler, administrator, manager, steward; **b** (eccl. & mon.); **c** (acad.).

patrie patritio . . Dacie ~ori serenissimo ÆLNOTH *Cnut prol.* p. 126a; comitem tandem Glaornie, extremi agminis ducem et ~orem . . intercepit *G. Steph.* 66 p. 132; o te . . principem insignem et populi Dei strenuum ~orem! AD. EYNS. *Hug.* IV 12; dat Rebecca luctatorem / Rachel Joseph provisorem / in Egypti finibus GARL. *Poems* 4. 4a; 1329 domino Davidi de Berclay, pro expensis suis apud Dunfermlyn tempore quo fuit ~or circa sepulturam domini regis xxviij li. *ExchScot* 215; 1435 presentis testamenti voluit et ordinavit prefatum dominum regem esse et fore principem ~orem et principalem manutentorem *Reg. Cant.* II 587. **b** ut ea . . Romanis e finibus aecclesiae suae ~or inpiger ornamenta . . conferret BEDE *HA* 6; quoniam carebant ~ore, ait ex suis curialibus sese eis optimum previdisse HERM. ARCH. 22 p. 57; regebat assidue scholarum frequenciam exterius, et chori curam moderabatur concorditer interius, in utroque non segnis ~or, sed officialis egregius KETEL *J. Bev.* 281; s1055 abbas . . Alfwinus, ecclesie sue industrius ~or *Chr. Rams.* 166; conventum . . feminarum . . quibus et ~or erat et ordinator GIR. *GE* II 17 p. 245; viri Dei ~or et dispensator Baldewinus . . monachus (*Anselmus*) *NLA* I 67. **c** s1260 cujus mors licet quibusdam lugubris, pluribus tamen et maxime Anglicis, sc. ~oribus Oxonie, videbatur salutaris *Flor. Hist.* II 460; 1437 fiat unus ~or novarum scholarum, qui . . disponat et solvat pro operariis et materia ejusdem operis *StatOx* 257; s1446 Wyllelmus Waynflete, professor sive ~or collegii et Eton W. WORC. *Ann.* 764.

3 (eccl. & mon.): **a** holder of (papal) provision or appointment to a benefice. **b** provisor, overseer, assistant to archbishop or bishop.

1338 habemus multos ~ores a domino papa . . nobis transmissos *Lit. Cant.* II 175; plura statuta . . sc. de laborariis . . de ~oribus ad curiam Romanam tendentibus KNIGHTON II 299; s1391 [abbas] qui causas exploret . . statuti parliamentalis nuper editi de ~oribus, contra consuetudinem ecclesie Romane WALS. *HA* II 200; 1441 si hujusmodi ~ores aliquam talem provisionem acceptent . . incurrant penas *Lit. Cant.* III 172. **b** s1249 episcopatum suum sponte resignavit . . verumtamen datis a domino papa ~oribus [M. PAR. *Maj.* V 53: datis ad hoc ~oribus] archiepiscopo Eboracensi et Londoniensi et Wigornensi episcopis, assignata sunt eidem quinque maneria . . de ipso episcopatu *Flor. Hist.* II 358; s1344 eciam nonnulli alii ~ores . . de curia Romana (*Lit. Regis*) AD. MUR. *Chr.* 153.

4 one who provides or supplies, purveyor; **b** (w. non-material object).

1197 oportebat necessarium dapiferum et ~orem hospicii sui mutuari sepissime a dicto converso annonam illam (*Found. Byland*) *MonA* V 350a; 1328 Robertus . . civis Londoniensis . . creditor noster et ~or extitit de esculentis . . conventui . . necessariis *Lit. Cant.* I 268; 1334 W. de C., ~ori regis frumenti . . J. de Th. ~ori pro carectis . . regis . . J. de R. ~ori focalis . . A. G. ~ori pro dextrar' . . A. Charles ~ori regine de herbagio et feno *Ac. Durh.* 524; 1346 †~oris [MS: ~ori] pro equis regis ultra Trentam, . . *Rec. Elton* 326; s1346 ~ores victualium pro hospicio suo se male habuerunt AD. MUR. *Chr.* 244; s1448 emptor, ~or, sive captor victualium . . pro hospicio nostro *Reg. Whet.* I 43. **b** in placitis propugnandi justitie, in guerris ~or victorie W. MALM. *GR* V 407.

provisorie [ML =*provisionally*], (eccl. & mon.) by papal provision or appointment.

cui successit ~ie, mediante tamen gravi redempcione J. READING f. 180v p. 155.

provisorius [ML < CL provisor + -ius], (eccl.

& mon.) of or connected with papal provision, provisory. **b** (*litterae ~iae*) letters provisory.

1309 quoddam negocium ~ium super prioratu de Wedirhal *Reg. Cant.* II 12. **b** quidam clericus . . litteras ~ias a sede apostolica per ipsum impetratas . . domino episcopo porrigebat *Chr. Peterb.* 47; 1520 litteras . . ejus ~ias et collationatorias . . dari *Form. S. Andr.* I 154.

provisus [CL], (act of) foreseeing or exercise of foresight or forethought.

ex ~u quod credi fas est divino *V. Neot. A* 21.

provitus v. promere.

provocabilis [LL =*easily aroused*]

1 that brings forth or causes to appear (in quot. w. obj. gen.).

nulla res nocibilior nec sanguinis ~ior quam dolor et inclinatio membri GAD. 9. 2.

2 that provokes or rouses (to action).

o signum admirabile ad diligendum Deum ~e . . et pauci tamen ad diligendum illo provocantur *Medit. Farne* f. 21v.

provocabulum [CL], (gram.) pronoun (in quot. relative).

nihil opus est tali pronomine cum sit ibi 'quem' nomen infinitum non ~um LINACRE *Emend. Lat.* xxix v; eclipsis vel ~i [sc. qui] vel adverbii [sc. quando] magis quadrare videtur propter apodosin illam *Ib.* lxxviii v.

provocare [CL]

1 to call forth, to summon: **a** (w. ref. to appointing to position or office); **b** (leg.).

a s1195 nos, etiam adhuc in minori officio constituti . . nunc autem in apostolatus culmine provocati . . (*Lit. Papae*) DICETO *YH* II 129. **b** si quis testes ~ans eosdem producere non poterit, cadet a lite *Leg. Wall. D* 367.

2 to cause to come into existence, bring about, provoke.

qui superbus arguenti resultat majorem contra se iram districti judicis ~at BEDE *Prov.* 983; potus ~ans vomitus. ad vomitum *Leechdoms* III 128 *tit.* indignationem ~as Creatoris. turpitudinem tuam publicas P. BLOIS *Ep.* 76. 233B; ~etur sternutatio ne . . GILB. III 147. 1; duobus viciis careat . . viz. contactu manuali et libidinoso ad ~andum delectacionem carnis et cogitatu mentali voluptuoso HOLCOT *Wisd.* 141; flaura . . effecatissime ~at [menstrua], et habet vim dissolvendi *Alph.* 63; smirinion . . vires habet acres et sudorem ~antes *Ib.* 174.

3 to (call upon so as to) encourage, rouse, or stimulate (to action or sim.), (w. ref. to showing superiority in contest) to challenge, defy; **b** (w. *ad* or *in* & acc.); **c** (w. *ab* & abl., w. ref. to discouraging from); **d** (w. inf.); **e** (w. *ut* & subj.)

propter hoc jam et ipsi fideles sanctorum exemplis ~ati, semetipsos hortantur ad melius *V. Edm. Rich B* 614. **b** vires capessunt, victores ~antes ad proelium GILDAS *EB* 25; victores ad importunum praelium ~ant [gl.: exasperant, *forpteop* vel *tihtep*] ALDH. *VirgP* 12 p. 241; non se ipsum haec dicendo jactabat, sed illos ad fidem ~abat BEDE *Acts* 992; Arachne . . eam [Palladem] ad litigandum de lanificio secum ~abat *Natura Deorum* 59; nequicia spiritualis quedam sub feminea forma . . ad turpes usus me ~are contendit R. COLD. *Godr.* 239 p. 254; quibus repertis Marsyas canens, Apollinem ad certamen ~avit ALB. LOND. *DG* 10. 7; benevolencia principis . . multum eos ~at in ejus amorem J. WALEYS *Commun.* III 9 f. 24; c1298 multa sibi cumulat mala gens superba, / Anglicos ad prelia provocans acerba (*Dunbar* 158) *Pol. Songs* 172. **c** ne contemnas . . ineffabilem misericordiam Dei hoc modo per prophetam a peccatis impios ~antis GILDAS *EB* 36. **d** per viam districcionis . . precedere ~amur *Leg. Ant. Lond.* 138. **e** hortatu . . ipsius . . ut hoc opus adgredi auderem ~atus sum BEDE *HE pref.* p. 7; quid est quod tanta devotione fidelium minime ~aris, ut aliquid de his sanctis consequaris exuvias *V. Edm. Rich P* 1819D.

4 to incite (person or animal) to irritation or anger, to provoke.

sine lege dereliquistis Deum et ad iracundiam ~astis

sanctum Israel GILDAS *EB* 21; quod eum irritatum ille contumax insanis ~avit latratibus *Lib. Monstr.* II 14; porci . . cum ~antur, et feroces et audaces sunt *Quaest. Salern.* C 30; non de facili irascitur nisi ~atus T. CHOBHAM *Praed.* 280; pellicanus . . iracundia pullos suos interficit quando pellicanum ~ant [ME: *hwen ha dop him teone*] *AncrR* 35; graviter offendimus et ~avimus dominum nostrum Edwardum TREVET *Ann.* 348.

5 to invoke, claim (something to which one is entitled).

1321 quo ad ~atam libertatem . . quam libertatem superius clamaverunt *PQW* 449b; 1416 Johannes O. vicariam perpetuam ecclesie parochialis Royr ~avit *RB Ossory* 124.

6 (intr., leg.) to call on or refer to higher authority, to appeal (to).

et ipso non consenciente, est ~atum et appellatum contra eum GRAYSTANES 17 p. 59; ~abat igitur prior pro se et sibi adherentibus et appelabat *Ib.* 23 p. 75; ab illo in causa heresis licite appellatur, si . . iniquam profert sentenciam contra fidem, ad quem in causa fidei non licet ~are OCKHAM *Dial.* 525.

provocatio [CL]

1 (act of) causing to come into existence or bringing about.

peccatum injuria Dei est in ~onem zeli; judicium mortis sententia Dei est in condempnationem peccati BALD. CANT. *Serm.* 11. 7. 512; ad ~onem injuriam et divine vindicte ~onem GIR. *EH* II 19 p. 346; cum ~one longi sudoris mundificari BACON IX 22; ~o ire Dei *AncrR* 34; temptacionis frenum et sanctarum ~o lacrimarum tu es desperantibus anchora spei firme *Spec. Incl.* 2. 3 p. 105.

2 (act of) inciting (to action or sim.), encouragement.

instinctu et ~one prefati A. et aliorum *Entries* 662v.

3 (act of) inciting to irritation or anger, provocation.

s1249 messes oblate spem . . in humani generis ~onem suffocabantur M. PAR. *Maj.* V 93; 1318 ~ones emittunt et comminaciones superbas adjungunt *Form Ox* 40.

4 (leg., right of) appeal.

12 . . salvis ~onibus et appellationibus ad sedem apostolicam licite directis *Ch. Westm.* 349; c1270 appelatione seu ~one non obstante *SelCCant* 159; idem rector . . suam appellacionem seu ~onem innovans *Ib.*; consulit ergo quod per nuncios respondeatur sibi . . et, si gravare voluerit, quod habeantur ~ones et appellaciones parate GRAYSTANES 17 p. 59; 1447 J. B., notario, pro signacione ~onis pro suppriore et capitulo, prioratu vacante *Ac. Durh.* 631.

provocativus [LL], that causes or brings about, provocative (w. obj. gen.). **b** (as sb. n., med.) medicine or remedy that induces certain condition, (*~um sudoris*) a sudorific, a diaphoretic.

modo incipiunt cantulena apud scolares nostros que libidinum sunt ~a apud laycos S. GAUNT *Serm.* 211. **b** fiant ~a sudoris ut fomentationes circa pedes GILB. I 18v. 2.

provocator [CL]

1 one who rouses to action or challenges, provoker, challenger.

pro domino duellum expetiit et ~orem interemit W. MALM. *GR* II 128; absconderat se rex . . quatinus missis ~oribus inprovidi ruerent in ipsum inimici MAP *NC* V 5 f. 66.

2 one who causes or brings about.

sic irarum ~or [cf. *Prov.* xxx 33] dissensiones et discordias producit ANDR. S. VICT. *Sal.* 88; sed reipsa contemptores et legis ejus prevaricatores ire ipsius ~ores super populum videntur HON. *Spec. Eccl.* 909C.

provocatorius [CL =*connected with a challenge*], that provokes or incites (to anger or sim.).

verbum detractorium vel adulatorium vel ad iram ~ium O. CHERITON *Fab.* 37.

provocatrix

provocatrix [LL]

1 (as adj. f.) that incites or provokes.

a voluptate que ad libidinem .. ~ix est AD. SCOT *Serm.* 405B; **1282** quia .. ~icem nobis misistis cedulam PECKHAM *Ep.* 312 p. 408.

2 (as sb. f.) woman who incites or provokes (to).

pronuba est luxurie ~ix propter quod potest dici follis diaboli *Spec. Laic.* 68.

provocitari v. pernoctare.

provolare [CL], to rush forth (as if flying).

s**1066** impetu ineffabili ~abant in hostem H. HUNT. *HA* VI 30; statim concitus ad armaria .. ~avit R. COLD. *Cuthb.* 36 p. 79.

provolutio [ML < CL pro-+LL volutio], (act of) rolling forward or prostrating oneself (in quot. gl.).

provolvo .. ~o OSB. GLOUC. *Deriv.* 615.

provolvere [CL], ~**ēre**

1 to fall forward (so as to prostrate oneself).

quapropter ad tanti principis celsitudinem genuflexi ~vimus, humilime [*sic*] supplicantes *Dictamen* 351.

2 (trans., refl. or pass) to cause to fall forward, to fall down, prostrate oneself (as gesture of submission). **b** (~*utis genibus*) with bent knees.

haec audiens ~utus est ejus vestigiis BEDE *HE* IV 27 p. 274; c**865** nunc quasi ad presens pedibus tuis ~utus *CS* 512 p. 124; me .. propriis verborum verberibus, tuis ~utus genibus, exonerans affligo B. *V. Dunst. prol.*, p. 3; coram abbate et fratribus crebro ~vebatur petens ut .. ORD. VIT. VI 3 p. 10; accidit ut .. mulier Kambrica ad pedes regis se ~veret GIR. *EH* I 38 p. 287; at illa compuncta et ad pedes ejus †prono luta [l. provoluta] dixit BRINTON *Serm.* 41 p. 181. **b** homo .. Dei ~utis [v. l. ~utus] genibus gratias agens Domino .. dixit *V. Cuthb.* II 4; ~utis genibus adjurantibusque eum per Dominum nostrum *Ib.* IV 1.

provosta [ME, AN *provoste*, OF *prevosté* < CL praepositus], form of tenure that renders its holder liable to the office of reeve or provost.

1297 Robertus prepositus tenet xl acras terre in ~a et est prepositus de feodo ad facienda servicia que pertinent ~e, et debet homagium et relevium *IPM* 81/11.

provostria, provosteria [ME *provostrie*, OF *prevosterie*; cf. et. LL praepositura], office of reeve or provost, provostship (also eccl.).

1212 R. de S. tenet dimidiam carucatam terre in Skerton' per ~eriam *Fees* I 220; **1588** parcellam possessionum et revenciorum nuper provostr' Trinitatis de Beverley *Pat* 1319 m. 20.

provosteria v. provostria.

provulgare [CL], to make publicly known, to publish (law, verdict, or sim.).

944 hanc elemosinam mihi providens prodesse profuturum quicquid piis petitionibus pro Dei amore largitus sum ut evangelica ~atur oratio 'date et dabitur vobis' *CS* 795; ~o, divulgo .. ambo pro publicare OSB. GLOUC. *Deriv.* 617; †**745** (13c) ~atum est in predicto cenobio sub presencia Cudredi regis *CS* 169; **1285** omnia statuta edita et ~ata *Cap. Aug.* 42; s**1217** [excommuniacionis sentencia et interdictum] per dictum legatum .. ~ata [v. l. promulgata] *Plusc.* VII 8 (cf. BOWER IX 31 p. 94: promulgatum est generale interdictum in tota Scocia).

provulgatio [ML < CL provulgare+-tio], (act of) making publicly known.

ex ~one et publicacione doctrine pape OCKHAM *Dial.* 685.

provumentum v. prouamentum.

proxeneta [CL < προξενητής], mediator, go-between, agent.

proxineta, anteambula *GlC* P 806; primum matrimonium est inter virginem et patrem, cujus sponsa es, et contractum interveniente angelo, tanquam celibe prosenata J. GODARD *Ap.* 252; s**1345** nisi solveret

valorem beneficiorum .. preter feodum thesaurarii .. et feodum prosenetarum AD. MUR. *Chr.* 174; interventores, qui aliter dicuntur mediatores et secundum legem vocantur ~e LYNDW. 30B.

proxenetarius [CL proxeneta < προξενητής+ -arius], of or connected with broker or mediator: **a** (as sb. m.) broker, go-between. **b** (as sb. f.) office or trade of broker, brokerage.

a 1421 officium ponderis dicte ville, officiumque prozenetarii vendicionis pomorum et nemorum venditorum in dicta villa, quatuor eciam aliis personis officium prozenetarie vinorum *Foed.* X 48. **b** (v. a supra).

proxeneticus [CL < προξενητικός], of or connected with a broker, (as sb. n.) broker's fee or commission.

nonne venies in numerum legistarum, etsi non scias quod dicitur procenetica nomine philontrophi jure peti possunt? NECKAM *NR* II 174 p. 311.

proxenetum [cf. CL proxeneta < προξενητής, CL proxeneticum < προξενητικόν], (fee paid for) brokerage or mediation.

1560 cum omnibus .. commodis, emolumentis, procurationibus .. pensionibus, proxmetis [l. proxinetis], sinodalibus, feodisque debitis (*Pat*) *Foed.* XV 564.

proxilius v. prolixius.

proximare [CL], to come close, draw near (to): **a** (in space); **b** (in time); **c** (transf.).

a cum a ~antibus [v. l. approximantibus] accolis illius solitudinis experientiam sciscitaretur FELIX *Guthl.* 25; ~ante terris navigio BEDE *HE* I p. 12; antequam advenirent, latrunculi praecipiti cursu ad ~antia sibi gronnae latibula .. confugiunt ASSER *Alf.* 97; armis irradians pedetentim proximat ille STEPH. ROUEN II 605; nec accedat .. ad lectum alterius, ne, dum adinvicem ~ant corpora, nutriant libidinis incentiva *Cust. Westm.* 141 (=*Cust. Cant.* 187). **b** hora ~ante intrepidus locum adiit BEDE *Mark* 243C; transacto beati certaminis cursu, ~ante jam fine .. B. *V. Dunst.* 11. **c** ~ante ad perfectum opere misit legatarios BEDE *HA* 5; introductio .. melioris spei per quam ~amus ad Deum *Id. Sam.* 516; Jesus spondet spem per quam ~amus ad Deum LANFR. *Comment. Paul.* 393A; s**1356** concernentes .. terras nostras exterminio irrecuperabili ~are *Meaux* III 102.

proxime [CL]

1 in the closest proximity, nearest (in space). **b** (in written text) immediately (before or after).

ad monasterium quod ~e erat BEDE *HE* V 4 p. 287; de eadem antemurali ecclesia quam ~e muris civitatis immineret .. cum .. indagaret GOSC. *Transl. Aug.* 34B; anulum sponsalitium digito extento statue eree que ~e astabat composuit W. MALM. *GR* II 205; est et portus apud Wikingelo, eo latere Hibernie quo ~ius [v. l. proximus] Wallias respicit GIR. *TH* II 2; quarum .. acrarum unam .. ~ius dicto tenemento .. jacet *Reg. Malm.* II 97. **b** non est putandum hoc exemplum psalmi ad resurrectionem Christi cujus ~e meminit sed ad ipsam ejus incarnationem BEDE *Acts* 974; ut in exemplo regule ~e precedentis HAUDLO 138.

2 (in time; usu. applied to future event) next, very soon.

quia mundus jam propinquet ad finem et futurae vitae bona ~e sint ventura BEDE *Tob.* 935; subjunxit, diem sui obitus jam ~e instare *Id. HE* IV 3 p. 209; apertio caeli futuram jam ~e gentibus revelationem caelestium sacramentorum .. designat *Id. Retract.* 1018.

3 closest (in kinship).

denique ~e cognatam invadens uxorem ejus forma deperibat, sapientium consilia fastidiens W. MALM. *GR* II 147.

proximicida [CL proximus+-cida], one who kills a neighbour or a close relative.

patricida vel saltem ~a et fratricida *Tract. Chirom.* f. 282rb.

proximitas [ML < CL proximus+-tas]

1 nearness, proximity (in space).

'juxta' dicit ~atem respectu parcium lateralium *Ps.-*GROS. *Gram.* 55.

2 nearness in quality or degree.

propter ~atem conceptuum licet sint diversi conceptus DUNS *Ord.* III 12.

3 nearness in personal relationship.

c**1218** in hoc [confirmationis] sacramento contrahitur ~as spiritualis sicut in baptismo *Conc. Syn.* II 71.

4 (collect.) people close to one (*cf. Matth.* v 43).

sit Deus in primis super omnia corde colendus / inde comes vera dilectio proximitatis D. BEC. 21; qui tamen ad veras leges vacat et sine fraude / justiciam querule proximitatis agit GOWER *VC* VI 10; simplicitas animi, proximitatis amor *Ib.* 1074.

proximulus [CL proximus+-ulus], (dim.) nearest or closest (to).

beatula es, sanctula es, celo ~a es GOSC. *Lib. Confort.* 92.

proximus [CL]

1 (in space, also in compar.) nearest in position, situated in the closest proximity or very close (to), next; **b** (as sb. n.) area closest to, immediate surroundings. **c** (*in* ~*o* as adv. phr.) nearby, very close. **d** (~*o* as adv.) next, closest, or very close (to). **e** (transf., in fig. context).

hac gaza ditor, quoniam sum proximus axi ALDH. *Aen.* 53 (*Arcturus*) 5; Cyprus: insula in mari Pamphilio .. cui ~um est in finibus Ciliciae promontorium et oppidum Veneris BEDE *Nom. Loc.* 1036; ut his diebus Doberniam pergeret quod est litus Cantuarie ad xij milia ~um W. MALM. *GP* 224 p. 376; c**1192** ad molendinum meum .. ~ius ad illud quod fuerit super Trameyl *Regesta Scot.* 317; **1204** faciatis habere de terra illa viij tancredos .. ~iores terre .. de Mida *Pat* 45b; c**1266** cum tofto ~eori *Cart. Cockersand* I 78; ut lactante furit catulo privata leena / in pecora proximiora sibi GOWER *VC* I 974. **b** [Scotti] magis vultus pilis quam corporum pudenda pudendisque ~a vestibus tegentes GILDAS *EB* 19; michi permittat ~a tangere, vicina cantare LUCIAN *Chester* 59. **c** erat .. in ~o comes quidam BEDE *HE* IV 10 p. 224; cum autem clara voce omnibus, et qui in ~o et qui in longinquo erant, equaliter predicaret (RHYG. *David* 52) *VSB* 165; cum illi iter ageret essetque in ~o, lucis in modum ingentis facule .. animatum inditio W. MALM. *GP* IV 179. **d** una acra .. jacet ~o terre Everardi .. ex parte occidentis *Reg. Malm.* II 257; c**1260** terram .. cum viginti acris ~o adjacentibus *Dryburgh* 91 no. 130. **e** Jerusalem pacifera / hec tibi sunt fundamina / felix et Deo proxima FRITH. *Cives* 15. 3; ab hominibus semoti Deoque ~i consederunt J. FORD *Serm.* 100. 3.

2 (of distance, in quot. compar.) closest.

Hibernia .. solis adjacet occasui spatio ~iore GIR. *TH* II 25.

3 (in text or series, sts. w. *praecedens* or *sequens*) closest, immediately preceding or following.

super invento illo aiebat: 'tenui eum nec dimittam' [*Cant.* iii 4] .. et ~o .. versiculo docuit quod eum ecclesia gentium non sit umquam dimissura BEDE *Cant.* 1136; tertius ordo ejusdem procedit per tres augendo ante cum ~o ordine predicto *Mens. & Disc. (Anon. IV)* 26; iterato tres ligate cum proprietate et imperfectione cum longa ~a sequente *Ib.* 51; ultima .. ad id quod sequitur pertinebit, sc. ad divisam semibrevem ~am sequentem vel ejus valorem HAUDLO 144; punctus perfeccionis postpositus ~am perficit notam precedentem HAUBOYS 196; **1467** modo ac forma supradictis, in ~a particula precedente annotatis (*TR Bk*) *JRL Bull.* L 232.

4 (in time, of person): **a** (usu. w. dat.) nearest or closest (to). **b** (w. *a* & abl.) who follows immediately.

a qui cum se morti ~um videret, timere cepit et pavere BEDE *HE* III 13 p. 152; **1071** exactis in hac vita compluribus annis jam tandem ~us morti LANFR. *Ep.* 2; quanto [anima] morti ~ior est tanto .. PETRUS *Dial.* 49; **1235** Willelmus est infra etatem, sed ~us etati *CurR* XV 1443. **b** proximus a Christo Stephanus prothomartyr GARL. *Tri. Eccl.* 76.

5 (of period of time or sim.) immediately preceding, last. **b** (as sb. n.) the immediate past, (*~o* as adv.) in the immediate past, just.

s**1355** optulerunt regi Anglie bellum ad diem Martis tunc ~um AD. MUR. *Chr.* 429; expliciunt regule cum addicionibus finite die Veneris ~o ante Pentecoste HAUDLO 178. **b** a**1216** domui quam Ailwardus .. tenet et quam ~o ante eum tenuit Arnaldus Parmentarius .. *AncD* A 1849; dixit .. clericum ~o mortuum fuisse vicarium ejus BRAKELOND f. 137v; **1240** in nundinis de S. Ivone ~o preteritis *CurR* XVI 1285 p. 240; **1332** a festo sancti Michelis ~o preterito *LTR Mem* 105 m. 8*d*.

6 (of event, period of time) immediately following, next. **b** (as sb. n.) the immediate future, (*in ~o* or ellipt. as adv.) in the immediate future, very soon, next; **c** (in dates). **d** (*in ~o est ut* & subj.) the next thing to happen is. **e** (as sb. m., of person) the next one.

ne amplius quam haec solummodo ~a nox intersit BEDE *HE* IV 9 p. 223; **1105** se apostolicam sedem per legatum suum ante ~am Nativitatem Domini requisiturum constituit ANSELM (*Ep.* 388) V 332; precipiens ei .. ut .. in ecclesia die ~a sollempni publicet visionem COGGESH. *Visio* 9; **1237** quod uthlagariam que ad ~um comitatum suum debuit promulgari .. poneret in respectum usque ad ~um comitatum suum post purificacionem *BNB* III 229; c**1283** debet .. iiij s. ad .. quatuor anni terminos, et sectam ad quatuor curias de Bello per annum ~iores post predictos terminos *Cust. Battle* 3; **1332** rex .. commisit .. manerium .. usque ad finem quatuor annorum ~orum sequencium plenarius completorum *LTR Mem* 105 m. 8. **b** ea .. re fleo quoniam vos in ~o morituros scio OSB. *V. Dunst.* 38 p. 116; c**1226** donec ~o tota [ecclesia] vaccaverit *Ch. Sal.* 116; **1237** mittemus ad vos in ~o quendam de fidelibus nostris *Cl* 571; in ~o ipsum sciebat esse lapsurum *Eul. Hist.* I 12; per obsidionem navalem haberent villam de Harfleu quam jam in ~o ob alimentorum raritatem credebant fore subdendam *G. Hen. V* 20 p. 142. **c** s**1223** in octavis apostolorum Petri et Pauli ~o futuris M. PAR. *Maj.* III 79; **1269** in quindena Pasche ~o futura .. ad Scaccarium ~o futurum .. contra Pascha ~o futurum *Liberate* 1226; **1415** diem Martis 7 diem Maii ~o futuram (*AssizeR Chepstow*) *March. S. Wales* 56; s**1451** in jam de ~o futura eleccione conveniatis *Reg. Whet.* I 8. **d** haec .. aedificia in ~o est ut ignis .. in cinerem convertat BEDE *HE* IV 23 p. 264. **e** **1325** rogamus quatinus, per ~um ad partes nostras venturum, nos certificare velitis si .. *Lit. Cant.* I 164.

7 (of person) nearest or closest in kinship (sts. in compar. to indicate degree of consanguinity); **b** (of degree of consanguinity).

c**888** lega et dona tuo ~o sanguini vel amicis tuis et cognatis sicut tibi placuerit *CS* 555 p. 186; Doddo regis [Edwardi] pre ceteris consanguinitate ~us *Found. Waltham* 16; **1310** tanquam ~ior parens dicti R. .. in minore etate existentis nunc existo *Reg. Carl.* II 19; juravit .. quod .. regnum Anglie eidem quasi ~iori de sanguine post mortem regis Edwardi omni salvo jure custodiret *Eul. Hist.* II 196; s**1400** alii domini ~iores de regali sanguine AD. USK 50; dux Aurilianensis et dux Burbonii de ~iori parentela regali *G. Hen. V* 11 p. 74. **b** ad archiepiscopum Eboracensem Oskitellum quem ~o consanguinitatis gradu attingebat venit W. MALM. *GP* III 115.

8 nearest or closest in meaning or interpretation.

probabile est, veluti e ~a significatione de nomine vetustissimo Kynlusche .. FERR. *Kinloss* 13.

9 (closest in degree): **a** (in worth or rank); **b** (to a condition or act).

1456 decrevit quod supra ebdomadarium et officialem ~us sit cancellarius vel ejus commissarius generalis *StatOx* 277. **b** ante januam .. adsistit quia vel ~us est ad noscenda omnia quae geritis vel cito veniet ad retribuendum BEDE *Ep. Cath.* 38; qui .. se diligere simulat et non excolit, nimis negligens est et desipientie ~us J. SAL. *Met.* 835B.

10 (of cause) immediate, main.

sunt autem hujusmodi causae aliae ~ae quae faciunt hoc per se quod facere dicuntur ANSELM *Misc.* 339; nam qui accendit ignem ~a causa est ignis *Ib.* 340; quia noticia intuitiva cujuscumque creature nata est gigni a se sicut a causa ~a et secundaria OCKHAM *Quodl.* 740.

11 nearest in appearance or essence, very similar. **b** nearest in quality. (*~us optimo*) second-best.

dein accipies sal petre et argentum vivum convertes in plumbum, et iterum eo lavabis et mundificabis ut sit ~a argento BACON *NM* 551. **b** c**1230** dominus habebit porcum unum ~um optimo *Cust. Waltham.* f. 211.

12 (as sb.; usu. m.) one who lives nearby or is in close proximity, neighbour (*cf. Matth.* v 43, *Luc.* x 29).

qui amat vina, non execratur crateras .. qui Deum, non ~um *Ps.*-BEDE *Collect.* 233; qui maculat uxorem ~i sui iij annos absque uxore propria jejunet THEOD. *Pen.* I 14. 9; recte sanctus evangelista qui sit verus ~i amator .. manifestat BEDE *Ep. Cath.* 113; carus sit tibi quoque ~us ut tu BURGINDA 10; **1176** elongantes ab eo amicum et ~um P. BLOIS *Ep.* 38. 119A; per liberi arbitrii potestatem actum amoris sui in Deum super omnia convertere et in ~um sicut in se GROS. *Cess. Leg.* I 4. 8; surge proxima mea, columba mea, tabernaculum glorie vasculum vite templum celeste *York Plays* f. 250v.

proxinet-, proxmet-, prozenet- v. proxenet-.

prozeugma [πρό+ζεῦγμα], (gram.) form of *zeugma* in which the common word precedes (as dist. from *hypozeugma*, in which it follows).

id [zeugma] .. in priore aliqua clausula ponitur vocaturque ~a ut 'vicit pudorem libido, timorem audacia, rationem amentia' LINACRE *Emend. Lat.* xliii v.

Prucenus v. Prucianus.

Prucia, Prussia [ME *pruceu, Pruisseu, Preuse, Prusse*], **Pruceum**

1 Prussia, Pruce.

1435 unam cistam plenam vastis sive scutellis in Prusia depictis *AncC* 43/186; in Prussia [v. l. Pruscia] et terris vicinis Alemannie BACON *Maj.* III 121; **14..** nonnulla bona ligeorum Anglie arestata fuerunt in terra Prussie *Mem. York* II 1; **1437** inter nos et magnificum virum Prucie BEKYNTON I 216.

2 fir, spruce, (*de ~ia*) made of spruce wood.

1388 idem S. habuit unam tabulam plicatam de prucia que fuit predicti archiepiscopi precii quinque marcarum *IMisc* 240/14; **1408** tabul de pruc' cum coopertor' *KR Ac* 405/14 f. 25; **1435** allocate .. eidem Roberto, in centum tabulis prucei, viginti octo plankis, sex sintreis vitri *ExchScot* 619; c**1450** quinque ciste rotunde de prucia ferate *Reg. Aberd.* II 145; **1454** item j mensa de prusia, j *copebord Ac. Durh.* 148; **1455** [lego] .. unum armariolum prucie *Test. Ebor.* II 182.

Prucianus [Prucia+-anus]

1 (as adj.) made in Prussia, Prussian.

1456 per solucionem .. pro cervisia Prucina empta .. ad expensas domicilii domini regis *ExchScot* 117.

2 (as sb.) a native of Prussia, a Prussian.

s**1241** una ad Pructenos transmissa et ingrediente Poloniam M. PAR. *Maj.* IV 115; Prusceni, Curlandi, Livonii, Estonii, Semigalli, Leucovii sunt pagani BACON *Maj.* I 360; pagani puri ut Praceni et nationes confines eis *Ib.* II 369; Christiani, cum conferunt cum paganis, ut sunt Pruceni et alie naciones, convincunt eas de facili *Id. Mor. Phil.* 200; **1390** cuidam Pruciano custodienti bona domini in castro de Instreburgh *Ac. H. Derby* 53; **14..** quod omnes et singuli Pruteni .. ab Anglicis pretendentes se fuisse gravatos *Mem. York* II 2.

Prucinus, Pructenus v. Prucianus.

prudens [CL], (of person), wise, circumspect, prudent; **b** (of bee); **c** (transf., of conduct). **d** (as sb.) wise or prudent person.

unde prudentes posuerunt nomina Graeci ALDH. *Aen.* 51 (*Eliotropos*) 4; credimus .. illum .. esse super familiam suam servum fidelem et ~entem [cf. *Luc.* xii 42] *V. Greg.* p. 110; venerunt primo ad quendam virum sanctum ac ~entem BEDE *HE* II 2 p. 82; **801** beata gens cui divina clementia tam pium et ~entem previdebat rectorem ALCUIN *Ep.* 229 p. 373; hoc quod ab ore ~entis archiatri de discursu stellarum audivit ORD. VIT. IX 2 p. 462; ubi et ipsa virginum ~entissima bene a sponso caprea nuncupata est J. FORD *Serm.* 73. 2. **b** dulcedinem invenisti caelestis intellectus quae spiritualium patrum officio quasi ~entissimarum apium tibi labore ministrata est? BEDE *Prov.* 1013; **804** sicut .. ~entissima apis de multis floribus unam colligit dulcedinem ALCUIN *Ep.* 272. **c** jam ~entiori conatu novam et integram se veritas prodat ex utero THEOD. *Laterc.* 1; **705** tu .. obtime pater utere ~enti consilio, ut .. WEALDHERE *Ep.* 23; et hoc .. consilio ~entissimo .. facit BEDE *Prov.* 1031; stultam .. pontificis interrogationem .. ~enti responsione refutarunt *Id. Retract.* 1011; cujus suasioni verbisque ~entibus alius optimatum regis tribuens assensum continuo subdidit *Id. HE* II 13 p. 112. **d** verbi ~entium quibus ad perfectiora proficiant libenter auscultare .. curent BEDE *Prov.* 937; felix qui causam loquitur prudentis in aurem ALCUIN *Carm.* 62. 56; ~enti [AS: *wis man*] facile causa insinuatur *Prov. Durh.* 6; obstinatus .. princeps persuasioni ~entium obaudire contempsit ORD. VIT. XIII 42 p. 127; a sapientibus ~entibusque sedulo se abscondit [cf. *Matth.* xi 25] J. FORD *Serm.* 40. 5.

prudentare [CL prudens+-are], to provide or supply with finery.

s**1290** fuit enim Edwardus, filius regis cum octoginta militibus de secta sua ter ~atus in die B. COTTON *HA* 177.

prudenter [CL]

1 wisely, in a circumspect manner, prudently.

rerum latentium praesagia portendens mira sagacitate ~er [*gl.*: sapienter] patefecit ALDH. *VirgP* 25 p. 258; invictum Christi tropeum .. licet paganus ~er [*gl.*: sapienter] intellexit *Ib.* 43 p. 295; non sibi consulens sed majori ~er obediens MAP *NC* II 17 f. 29v; iste .. Paulinus pro Theodosio principe librum quendam ~er ornateque composuit GROS. *Hexaem. proem.* 1; .. unde ni ~ius egeris, hac nocte morieris *Latin Stories* 87.

2 (w. implication of wrongfulness) with forethought, intentionally, deliberately.

c**1215** excommunicentur qui scienter et ~er sacramenta sua infrinxerint (*Collect. Lond.*) *EHR* XVII 728; **1229** excommunicabunt .. omnes illos, qui .. scienter, ~er, et injuste perturbant vel infringunt jura *Feod. Durh.* 214; **1230** utrum .. interfecisset Basiliam .. scienter et ~er et per maliciam excogitatam *Pat* 393; si .. hoc non emendaverint sed opere fecerint contrarium ~er et scienter utendo et non restituendo BRACTON f. 172v.

prudentia [CL]

1 prudence, ability to discern or to exercise forethought; **b** (personified, also as one of the four cardinal virtues); **c** (as honorific title).

per opera .. ejus .. justitiae quam non humana ~ia repperit nec legalis institutio docet BEDE *Ep. Cath.* 68; delectabatur .. antistes ~ia verborum juvenis *Id. HE* V 19 p. 324; ~ia secularis per se quidem mortalis et caduca est nisi studiis vere sapientie immortalitatem consequatur ALB. LOND. *DG* 9. 1; viri prudentes, quorum prudencia [v. l. austucia et prudensia] .. NECKAM *Ut.* 104; ~ia est virtus que eligit inter bonum et malum et eligit bonum ut illud sequatur T. CHOBHAM *Praed.* 201; quibus autem sensus inest sine memoria nullam ~iam habere possunt, quia ~ia est virtus collativa presentium et preteritorum respectu futurorum KILWARDBY *OS* 8; s**1290** rex de usuris et falsa ~ia Judeorum, quibus populum suum deceperunt, comperiens *Meaux* II 251. **b** quatuor sunt principales virtutes: ~ia, justitia, fortitudo, temperantia *Ps.*-BEDE *Collect.* 180; quia ~ia ad investigationem veri querit rationis sincerum examen ei Philologiam parit J. SAL. *Met.* 926 C; sane Phronesis, Philologie mater, que ~ia interpretatur, mortalis fingitur fuisse ALB. LOND. *DG* 9. 1; justitia .. in effectum fluit post temperantiam, fortitudinem, ~iam; qui enim justus est oportet ipsum esse temperatum, prudentem, et fortem J. BLUND *An.* 80; ~ia, que ceterarum quasi lima virtutum esse videtur GIR. *PI* I 11 p. 39; de quatuor virtutibus cardinalibus, sc. de ~ia, justitia, fortitudine, temperantia T. CHOBHAM *Praed.* 200. **c** **801** hoc optime sciens, mei ipsius minus confidens dispositione, vestrae ~iae me subjcere consilio decrevi ALCUIN *Ep.* 229 p. 373; c**1085** hoc enim vestra ~ia a me requisivit LANFR. *Ep.* 10 (23); sciat itaque ~ia tua, domine mi, quod aliter virum non agnovi G. MON. VI 18; divine gratie largitati tanto novit, pater venerande, ~ia vestra nos debere esse gratiores *Canon. G. Sempr.* f. 33.

2 (applied to God) foreknowledge, (divine) providence.

qualiter hunc mundum summi prudentia Patris /

. . / fecerit ALDH. *VirgV* 672; anime principium nihil aliud est quam divina preconceptio que fuit in divina ~ia J. BLUND *An.* 325.

3 ability, skill, proficiency.

perscrutatus essem multiplicem computandi ~iam BYRHT. *Man.* 58; itaque est lectoris gemina utilitas: una scribendi peritia que habetur ex imitatione, altera vero recte agendi ~ia que capitur exemplorum exhortatione BERN. *Comm. Aen.* 2; ~ia scribendi vel alicujus operis mecanici *Obs. Barnwell* 120.

4 sort of garment, finery.

s1290 ~ia sua [comitis Oxonie] ab omnibus habebatur ditissima. cives vero Londonie . . fuerant ibi ornati ~iis suis B. COTTON *HA* 177; 1327 in . . panno de serico pro ~ia majoris . . in panno pro ~ia W. B., R. C. . . *MunCOx* 263.

5 (in gl., understood as) magistrate.

prydanis, ~ia *GlC* P 627.

pruera v. 1 bruaria.

1 pruina [CL], **pruinum**

1 frozen dew, hoar-frost.

frigidior brumis necnon candente pruina ALDH. *Aen.* 100 (*Creatura*) 29; ~a, hrim *GlC* P 669; pruina, [f]rigor insanus *Ib.* P 723; pruina, hrim ÆLF. *Gl. Sup.* 175; in proprii stercoris ~a et urine proprie potentiori limatura sedilis ejus solebant esse commercia R. COLD. *Cuthb.* 20 p. 42; per ~am intelligitur aliqua parva difficultas quia ~a non diu durat T. CHOBHAM *Serm.* 23. 90va; 1297 in petris adunandis et cooperiendis in hyeme pro †penina [MS: pruina] cum herbis, vj d. *Ac. Cornw* I 134.

2 (~a lapidea) saltpetre, potassium nitrate.

1474 in prunis lapideis [*ed.*: *saltpetre*] sex cranocas (v. crannoca b).

3 (alch.) ? cream of tartar (in the form of white crystals).

~um, est prima tartari species *LC* 259a.

2 pruina v. 1 pruna.

pruinalis [ML < CL pruina + -alis], frosty, covered with frost.

frosty, gelidus, pruinosus, ~is *CathA*.

pruinare [ML < CL pruina + -are], to cover with frost (in quot. fig.).

prava solent pravi fari, que non meruisti / hec non judicio sed iniqua mente pruinant D. BEC. 389; ob collata bona plures mala sepe pruinant *Ib.* 778; non referas vel agas quicquam quod triste pruinet / patrono, famulis, sint famina gesta modesta *Ib.* 1454; si sis ingenuus, mendicus, panniculosus / veste pruinosa si te fortuna pruinet *Ib.* 1580.

pruinose [CL pruinosus + -e], in a frosty manner, *i. e.* exposed to cold.

tam ~e tamque succincte clamidati E. THRIP. *SS* IV 19.

pruinosus [CL]

1 that resembles frost, frosty.

sicca pruinosam crebris effundo fenestris / candentemque nivem jactans de viscere furvo ALDH. *Aen.* 67 (*Cribellus*) 1; flamma pruinosa, nox clara, dies tenebrosa (*est amor*) GOWER *Carm.* 359. 10; *frosty*, gelidus, ~us *CathA*.

2 covered with frost.

brumula prima nives nec vellera verticis albent / crine pruinoso HANV. IX 273; veste pruinosa D. BEC. 1580 (v. pruinare).

pruinula [CL pruina + -ula], a little snow- or frost-flake.

ningit in albenti mansura pruinula [v. l. primula] collo HANV. I 470.

prum- v. prom-. **prumptim** v. promptim. **prumptulum** v. promptulus. **prumt-** v. prompt-. **prumtus** v. promere.

1 pruna [CL]

1 live coal.

arula, i. lamina ferrea, lata et quadrangula in qua ponebant ~as tantum . . et sic assabant . . carnes *Comm. Cant.* I 311; quae supposita ~arum [*gl.*: ~e dicuntur carbones vivi] congerie torrebantur ALDH. *VirgP* 51 p. 307; Petrus . . ~is calefieri cupiebat BEDE *Luke* 666; de †pruina [v. l. pruna], rubricolor flammor. flagrat ceu spargine lumen TATWINE *Aen.* 35 *tit.*; oppidani flascas ~is ardentibus plenas desuper demittebant ORD. VIT. X 9 p. 61; alii ~as ardentes in sinu suo colligunt P. BLOIS *Ep.* 11. 35C; ~e candentes pergameni crepitantis R. BURY *Phil.* 7. 107; 1365 quedam ~a cecidit super stramine ejusdem lecti et generavit ignem quo igne per infortunium adustus est *SelCCoron* 52.

2 (med.) inflammatory or malignant tumour, carbuncle. **b** St. Anthony's fire, erysipelas.

apostemata nominata ~e GAD. 5. 2; nomen ~e, i. carbonis igniti, dicitur absolute super illud . . quod denigrat et locum inficit *Ib.* 29 v. 1. **b** †pruina seu ~a est ignis Persicus *LC* 259a.

2 pruna v. prunum.

3 pruna v. prunus.

prunarius [CL prunum + -arius], **pruneria** [cf. AN *pruner*, OF *prunier*], plum-tree.

1256 Thomas . . cecidit de quadam ~eria ita quod statim obiit *AssizeR Northumb* 79; nec fiant sepes de pomariis, piris, cerisariis, vel ~ariis, set de salicibus, et alba spina construantur *Fleta* 171; 1368 dicunt quod . . Thomas . . fecit vastum . . succidendo . . xl prunar' precii cujuslibet x d., . . et juratores dicunt . . quod . . Thomas . . fecit vastum . . succidendo . . xvj prunar' precii cujuslibet unius oboli *PlRChester* 72 rot. 3d.

1 prunella [brunella < AS *brun*, cf. Germ. *Bräune*]

1 (bot.) quinsy (*Prunella vulgaris*).

the second kinde is also called consolida media, *but most commonly* ~a *or* brunella, *in English* prunell. *OED* 2 s. v. *prunella*; *this unguent is also excellent . . for sore throtes, when as we intermixe the same with water of* ~a *Ib.*

2 burnet (*Sanguisorba officinalis*).

burnet, herb, ~a LEVINS *Manip.* 88.

2 prunella v. prunellum.

prunellifer [LL prunellum + -fer], that bears sloes, (*spina* ~era) blackthorn (*Prunus spinosa*).

corticem spine ~ere et quercus novelle . . coque ADEL. *CA* 13.

prunellum, 2 prunella [LL], **~us,** blackthorn, sloe (*Prunus spinosa*); **b** (spec. as ~*um agreste, ferum,* or *silvaticum*).

brumela, bellicum vel *sla GlH* B 531; quid . . manducas? pingue lardum . . nuces et pruna, ~a, et uvas ÆLF. *BATA* 6 p. 97; agazea, i. sucus de †primella [l. prunella] nigra *Gl. Laud.* 25; brumela . . ~a GILB. I 19.1; succo ~arum *Ib.* V 221. 1; cibi et potus sicut ~i, parva pira infrigidata in nive, nespila GAD. 8v. 2; achacia, i. succus ~arum immaturarum *SB* 9; *slo, frute*, prunum . . ~um *PP*; 14 . . acasia est succus ~arum immaturarum, *greneslane wose* (*Leechdoms* III 345) *OED* s. v. *sloe* 1a; *a sloe*, spineolum, ~um LEVINS *Manip.* 154. **b** in succo ~arum silvaticarum ADEL. *CA* 5; accipe radicem spine ~e fere et filicem arboream *Ib.* 13; ~a nigra parva acetosa silvestria in campis creta in aceto vini . . optima sunt, et ponantur loco acacie, que est succus prunellorum GAD. 29v. 1; acacia, i. succus desiccatus ~arum agrestium immaturarum [v. l. ~orum immaturorum] *Alph.* 1.

pruneolum [CL prunum + -olum], bullace, fruit of *Prunus insititia*.

a bullace, frute, ~um, -i LEVINS *Manip.* 7.

pruneolus [CL prunus + -olus], bullace-tree (*Prunus insititia*).

a bullace, tree, ~us, -i, haec LEVINS *Manip.* 7.

pruneria v. prunarius.

prunetum [ML < CL prunus + -etum], plum-orchard.

a plowmbe tre garthe, ~um *CathA*.

pruniculus [CL prunus + -culus], sloe-tree, blackthorn (*Prunus spinosa*).

~us, *plumsla* ÆLF. *Gl.* 139.

prunifer [CL prunum + -fer], who sells plums, (as sb. f.) woman who sells plums.

narratus vetulam surdam ~eram respondisse . . "domine, defere" inquit "sacculum plenum prunis" WYCL. *Ver.* I 288.

prunula [CL pruna + -ula], little live coal.

artificis pecten, orisque accensa gemello / limine sardonicis native prunula candet HANV. I 452; novas set modicas in fossarum profunditate contuentur pupillas, tanquam duas ~as *Mir. Wulfst.* II 16 p. 174; non enim sibi proprios [oculos] restituit, sed novas et modicas in fossarum profunditate pupillas tanquam duas posuit ~as (*Wulfst.*) *NLA* II 528.

prunum [CL < προύμνον], **2 pruna**

1 plum (~*um Damascenum*). **b** (dist. as *Damascenum*); **c** (dist. as *recens* or *siccum*).

quid . . manducas? pingue lardum . . nuces et ~a, prunella et uvas ÆLF. BATA 6 p. 97; 10 . . ~um, *plyme* WW; exemplum hujus rei sunt persica, cerasa, aut ~a *Quaest. Salern.* B 63; illud quod ibi legitur 'viderunt ~as positas' exposuit de fructu arboris que prunus vocatur GIR. *GE* II 35 p. 342; syrupus . . ~orum nigrorum GILB. IV 193v. 2; poma et dactili et ~a et cerasa . . preter semen cibum prebent GROS. *Hexaem.* IV 20; hoc ~um, *prune Gl. AN Ox.* 553; ~a alia est alba, alia nigra, alia rubea, et quando simpliciter ponuntur ~a de nigris damascenis debent intelligi *Alph.* 151; 1565 pro tribus dolliis prewnorum *Port Bk.* 925/7 f. 2. **b** Damascena, i. ~a grossa *Gl. Laud.* 461; syrupus . . ~orum Damascenorum GILB. IV 193v. 2; 1285 pro ix lib' de dyacitron, ~is Damacen' et pro ij cyrupis ad opus ejusdem [regine] *KR Ac* 351/12 m. 2; 1287, 1290 (v. Damascenus 2a); ~a Damascena possunt poni in . . aqua frigida; et cum incipient tumefieri et post pelle exteriori aperta vel amota ponantur in ore et sugantur vel comedantur GAD. 5v. 1; ~orum multa sunt genera; alia sunt alba, alia sunt nigra, alia rubea; quando simpliciter ponitur nigra Damascena intelligitur quia veniunt a Damasco, i. rotunda et nigra *MS BL Addit.* 15236 f. 6v. **c** ~um recens vel pomum recens ventrem solvit, stomachum contrarium indicatur . . sicca non tantam molestiam prebent *Alph.* 151.

2 sloe, fruit of the blackthorn (*Prunus spinosa*).

slo, frute, ~um *PP*.

3 (~*um cereum*) wheat-plum.

1533 cerea ~a, *wheate* [v. l. *wheaten*] *plummes OED* s. v. *wheat-plum*.

prunus [CL], **3 pruna**, plum-tree.

~us, *plum treow* ÆLF. *Gl.* 138; de fructu arboris que ~us vocatur GIR. *GE* II 35 p. 342; hec ~us, *pruner Gl. AN Ox.* 552; hec ~us, A. *plumtre* WW; *a plome tree* [v. l. *plowmtre*], ~us *CathA*; ij ~as vocatas *plumtrees* . . ij ~as vocatas *damsentrees Entries* 693.

pruridus [ML < CL prurire + -idus], affected with itching and pus.

~us . . i. pruritu et sanie plenus OSB. GLOUC. *Deriv.* 462.

pruries [ML = *itching*], decaying or putrid matter (in quot. assoc. w. pus).

jam fetebat limosa pruries J. HOWD. *Ph.* 60. 1.

pruriginosus [CL]

1 affected with itching.

~us . . i. scabiosus OSB. GLOUC. *Deriv.* 462; flegmate . . salso et ~o GILB. II 82. 2; pustule . . albe, lucide, ~e GAD. 25. 1.

2 characterized by sexual craving.

libidinosi motus et ~us calor GROS. *DM* 6. 9 p. 68.

prurigo [CL]

1 itching, irritation; **b** (transf.) itch, craving; **c** (in list of words).

prurigo, *gycenis GlC* P 692; sed quia virga nervosa est . . dum semen discurrit scarpendo ~inem, delecta-

tionem gignit *Quaest. Salern.* B 6; hinc est quod grex totus in agris cadit solius unius scabie ~ine porci *Ib.* C 22; sensit .. ~inem in loco vulneris *Lib. Eli.* III 58 p. 306; vena sub auribus bona est pro dolore capitis et ~ine et pro prustulis [l. pustulis], i. *rede blayns* J. FOXTON *Cosm.* 55. d3 p. 131. **b** sordidarum scabenti deturpatus meditationum ~ine BYRHT. *HR* 3; **1284** volentes huic cancerose ~ini quam poterimus adhibere pastoralis officii medicinam PECKHAM *Ep.* 612 p. 853; ideo ve illi qui pervertit ordinem Dei propter stultam et insanam ~inem antichristi WYCL. *Blasph.* 156. **c** ~o, uligo, caligo .. regina, urina ALDH. *PR* 124 p. 171; ~ines, sartagines, caligines *Ib.* 139 p. 192.

2 (*~o libidinosa* or sim.) sexual craving or excitement.

cum hec quidem modum excesserint, lumborum ~inem quam devotionem mentis poterunt citius excitare J. SAL. *Pol.* 402D; **1261** constringens a sensualitatis ~ine naturalibus regulis *Conc. Syn.* II 669; natus sub [v. l. cum] concupiscencia viciosa et ~ine libidinosa proprie carnis mee UHTRED *Medit.* 196.

3 (in gl.; understood as) sharp pain, smarting.

~o, †emertung [l. *smeortung*] ÆLF. *Gl.* 114.

prurire [CL]

1 to itch; **b** (transf.) to feel an itch or craving (*cf. II Tim.* iv 3); **c** (w. *in* & acc.) to itch or crave for. **d** (in list of words).

ceperunt ei palpebre et .. vulnera .. tam vehementer ~ire quod a scalpendo vix potuit manus continere *Mir. Wulfst.* II 16 p. 173; ~io, A. *to ytche* WW. **b** plus mihi lingua / auris jam prurit L. DURH. *Dial.* III 224; si ad memoriam nugarum theatricarum ~ientibus auribus immane fastidium gravitas honesta intulerit AILR. *Spec. Car.* II 23. 571; ex quo notatur linguam ~ientem etiam sanctis et perfectis in Domino displicere P. BLOIS *Ep.* 40. 120A; ad voluptatem aurium ~ientium, non ad edificationem mentium T. CHOBHAM *Praed.* 18; si mechiam commisisti / quam jus vetat et lex Christi / judicis ciragrici / prurientem unge volam / per hanc enim artem solam / liberantur lubrici WALT. WIMB. *Van.* 86; non habeatis linguam vel aures ~ientes [ME: *ʒicchinde*], viz. desiderantes loqui vel audire mundana *AncrR* 20. **c** omnes in nidorem ~ire voluptatemque verbis dissimulare non posse W. MALM. *Wulfst.* III 2. **d** ~io, garrio, finio ALDH. *PR* 120 p. 166; ambiens, garriens, ~iens *Ib.* 122 p. 169.

2 to feel a sexual craving.

repugnet / vis humilis. caro si pruriat, obde seram! J. EXON. *Virg.* 94; **1171** cepit morum maturitate senescere atque ~ientes carnalis insolentie motus vigiliis, jejuniis .. cohibere P. BLOIS *Ep.* 27. 93D.

3 to excite (sexually).

cogitatio .. carnem titillat et ~it. ex pruritu autem fit agitatio mentis J. GODARD *Ep.* 236.

4 to desire or crave for.

~it, i. desiderat, *gruncaþ GlP* 597; feminee venustatis adeo parcus ut nullam conspectui suo pateretur admitti ne formam videretur delibasse oculo quam non ~iebat animo W. MALM. *GR* III 284.

5 to scratch (so as to relieve from itching).

ipsosque [boves] debent amare .. ipsosque ~ire, striliare *Fleta* 167.

pruritivus [CL], characterized by itching, itchy.

~us [dolor] est ex humore salso GILB. II 89v. 1.

pruritus [CL]

1 an itch, itching, irritation (usu. in med. context). **b** (transf.); **c** (w. ref. to *II Tim.* iv 3).

petiit oculorum fossas et cetera vulnera .. lavari ut vel sic suo consuleretur ~ui *Mir. Wulfst.* II 16 p. 173; quedam abstinens a viro ~um habuit mamillarum *Quaest. Salern.* Ba 73; cutem ex ~u ungue scalpens aperuerat GIR. *GE* I 45 p. 122; per calorem et colorem .. et vulnera et ~um et alia signa secundum judicium periti medici GILB. II 83. 2; dum ~us [ME: *ʒihchunge*] durat scalpere multum placet set postmodum dolor sentitur amarus *AncrR* 88; si fuerit sine ardore et ~u morietur in sex mensibus J. MIRFIELD *Brev.* 72. **b** scatebat omnis curia ~u episcopalis injurie adeo ut .. W. MALM. *GP* III 101; quoniam animus hominis .. ~u adulationis exterminatur R. NIGER *Mil.*

IV 18; quid judicabis de illis qui postquam ventris alveum impleverunt .. sibi student appetitus ~um incitare J. GODARD *Ep.* 223; hec duo mala sunt, si recte sencio, / pruritus manuum et assentacio WALT. WIMB. *Sim.* 32; pulcra prole gravidata / nullo tamen urticata / pruritu lascivie *Id. Virgo* 97. **c** oculorum abscidens petulantiam, aurium ~um eradens AILR. *Spec. Car.* I 17. 520; appellavit hunc carnalium ~um aurium J. FORD *Serm.* 92. 6; pudet certe .. insulse sermocinationis nostre ~usque aurium nostrarum *Ib.* 115. 7; non ad refocillativum animarum edulium sed ad ~um .. aurium auditorum R. BURY *Phil.* 6. 88.

2 (*~us libidinis, carnis,* or sim.) sexual excitement, urge, or craving.

conjugali affectu magis quam ~u conjuncti meruere filium in preclarum Anglie decus evasurum W. MALM. *Wulfst.* I 1; sicut .. adultere ~um libidinis, ita ipsi sibi querunt pruritum adulationis AILR. *Serm.* 8. 7. 248; alioquin nec virtus ea temperantia estimatur, que etsi carnis ~um contegat vel refrenet .. *Id. Spec. Car.* I 33. 537; in bysso autem mollicies, in mollitie suavitas, in suavitate carnis ~us, in ~u titillatio, in titillatione voluptas, in voluptate luxuria est AD. SCOT *QEC* 809C; demonis insidias, pruritum carnis, amorem / mundi, mortis onus respice, Patris honor GARL. *Epith.* III 255; quanto in carne sua ad fornicandum non habet ~um *Medit. Farne* f. 61.

prurulentus v. purulentus.   **Pruscenus** v. Prucianus.

pruscula *f. l.* for *pressula*, strip by which a seal is attached to a charter.

1299 sigillate .. sigillo regio rotundo de cera crosea pendenti in pruscula carte pecudine *Reg. Gasc. A* II 649.

Prusia, Prussia v. Prucia.   **prustula** v. 2 pustula.   **Prutenus** v. Prucianus.   **prydanis** v. prytanis. **prygg-, pryk'** v. prica.

prymna [πρύμνα], stern (of ship, boat). **b** (by metonymy) boat.

s**892** ibique construunt classem, primnas dant ventis, volant rostra ad Anglicas partes ÆTHELW. IV 3 p. 48. **b** s**891** advehuntur in primna Cornuualias partes *Ib.*

prynt- v. prenta.   **prysa** v. prisa.

prytanis [CL < πρύτανις], (in gl., understood as) magistrate.

prydanis [l. prytanis], prudentia. *GlC* P 627.

psadepaairafa v. pseudoepigraphus.   **psalc-** v. 2 salsa.   **psalire** v. 2 salire.

†psallatorium, *f. l.*

†**854** (14c) indictione prima die vero Paschali in †~io [v. l. palatio nostro] quod dicitur Wiltone *CS* 472.

psallere [CL < ψάλλειν]

1 to play on a plucked instrument (in quot. psaltery or cithara). **b** (gen.) to play (on a musical instrument).

quis psalmista pius psallebat cantibus olim ALDH. *VirgV* 68; ~ens David cithara fugat a Saul spiritum malignum AD. DORE *Pictor* 157. **b** ~ebat in tympano sive in cithara sive alio quolibet musici generis instrumento OSB. *V. Dunst.* 9 p. 80.

2 (mus., usu. eccl.) to chant, intone, sing according to a chant: **a** (absol.); **b** (iron.); **c** (w. acc. or dir. speech); **d** (dist. from *dicere*); **e** (pr. ppl. as sb.) one who chants or sings (in a choir), chanter.

a si quis .. ebrietatis causa ~ere non potest .. cena privatur GILDAS *Pen.* 10; consona vocis armonia ~entes [*gl.*: canentes] concorditer cecinerunt ALDH. *VirgP* 30 p. 268; **693** si quis in quacunque festivitate ad ecclesiam veniens pallat [v. l. spallit, i. e. psallit] foris aut stat aut cantat orationes amatorias .. excommunicatur (*Judicium Clementis*) *Conc. HS* III 227; cum .. omnis congregatio, hinc fratrum, inde sororum, ~ens circumstaret BEDE *HE* IV 17 p. 245; **802** nec tibi sit ursorum saltantium cura sed clericorum spallentium ALCUIN *Ep.* 244; post ea lux abiit, vir spallit, nocte secuta, / mensque fit interius, fit ab hoste foris caro tuta NIG. *Paul.* f. 48v. 395; ~ere Domino qui mirabilia fecit in Israel [cf. *Psalm.* xcvii 1] G. Hen. V 14 p. 98. **b** 11 .. vir de Norfokia .. /

casu reperiens equino stercore / magnum scarbocium, qui statim psallere / applaudens incipit .. / "o pulcra volucris .. / .. / ha! þu mi swete brid!" (*Descr. Norfolciensium* 175) T. Wright, *Early Mysteries and other Latin Poems* (1838) 97. **c** sexagesimi septimi psalmi primum versum ~ebat FELIX *Guthl.* 34 p. 110; ex quibus Isaias precelso dogmate fretus / Jeremias pariter Domini miracula psallunt ALCUIN *Carm.* 70. 1. 4; erectique dehinc preconia psallere laudum / coepimus WULF. *Swith.* II 48; professus sum monachus [v. l. monachum] et ~am [AS: *ic sincge*] omni die septem sinaxes cum fratribus ÆLF. *Coll.* 90; ut in aeternum ~at tota substantia mea: 'benedictus Dominus in aeternum, fiat, fiat' [*Psalm.* lxxxviii 53] ANSELM (*Or.* 7) III 25; quindecim graduum psalmis quos ~ere semper moris habebat percantatis EADMER *V. Osw.* 34 p. 37; per plateas [Picti] ~ebant: "dignus est Vortigernus imperio" G. MON. VI 7; cepit ~ere septem psalmos penitenciales cum letania A. TEWK. *Add. Thom.* 14 p. 334. **d** dicant .. psalmos penitenciales .. incipientes eos ~ere cum exeunt de capitulo *Cust. Westm.* 260; horas canonicas .. ~ere vel convenienter dicere et devote *Lit. Cant.* II 255. **e** inter ~entium voces et gemitus orantium subito reddita sibi sanitate intuebatur astantes AILR. *Ed. Conf.* 784C; animatus ~entium voce in basilica Sancti Martini Turonis dicentium: "percinxisti me, Domine, virtute ad bellum" R. NIGER *Chr. I* 51; dum nocturnum officium chorus ~entium celebravit *V. Edm. Rich P* 1797A; si valeat sustinere clamorem ~encium R. ROLLE *IA* 238; **1400** quia librorum hujusmodi [tonariorum] defectus in tonizatione psalmodie inter ~entes in choro .. discordancias disseminant (*Vis.*) *Fabr. York* 244; libri in choro .. sunt nimis defectivi et varios et plures causantur defectus et discordancias inter sallentes in choro *Ib.* 245.

3 (pr. ppl. as adj.) that pertains to chanting; (*liber ~ens*) 'singing-book', book from which a choir sings.

1590 solut' magistro Jameson pro papiro .. expendit circa libros ~entes conscribendos Anglice *pricking the bookes DCLinc. Bj.* 3/9, *1609/10* f. 224.

psallia v. psaltria.   **psallire** v. 2 salire.

psallitium [CL psallere+-itium], (act of) chanting.

is .. episcopum .. ad defuncti inferias jugi psalmorum ~io cernens intentum *Chr. Rams.* 31.

psallomenos [ψαλλόμενος *pr. ppl. of* ψάλλειν], sung or chanted.

emulat adomenon, psallomenon, aulomenonque / armonias omnes, psallere laude tua (*Ep. Dunst. Vers.*) *Mem. Dunst.* 373.

psalma [LL < ψάλμα], song, chant.

in unum / psallunt directe psalmatis absque melo NIG. *SS* 2412.

psalmare v. plasmare.

psalmatorius [psalmus+-torius], of the Psalmist (usu. identified as King David).

constat, ab ira psalmatoria profluxisse, juxta illud 'percussus sum ut fenum' [*Psalm.* ci 5] PULL. *Sent.* 752C.

psalmatus [CL psalmus+-atus], stringed instrument, perh. psaltery or dulcimer.

hic ~us, *the sytalle WW.*

psalmicen [LL], **psalmicinus, psalmicanus**

1 one who plays a stringed instrument or sings accompanied by it, singer of psalms; **b** (applied to King David).

psalmicen [*gl.*: psalmos canens] assiduus nunquam dabat otia plectro (*Vers.*) BYRHT. *V. Osw.* 418; psalmicen assiduus non noverat otia plectri *Ib.* 473. **b** quo deluit olim / inclitus ille David sua crimina psalmicen et rex WULF. *Swith. pref.* 453 p. 79.

2 (eccl. & mon.) psalm-singer, chanter.

pervigil suorum custos Augustinus cum pernoctantibus ~canis ante apostolicum altare praestolabatur .. GOSC. *Transl. Aug.* 19B; ~cines quinquaginta sint noctibus, ejusdemque numeri misse diebus W. MALM. *GR* II 204; nobilis ~icinos fuit *Mir. Montf.* 95.

3 (as adj.): **a** who or that intones or sings

according to a chant. **b** characterized by psalm-singing or chanting.

a hinc ~cines clericorum phalanges E. FAVERSHAM 221 (=*V. Edm. Rich P* 1818D). **b** totis noctibus ~cinas protelans excubias, genua crebro flectens W. MALM. *Wulfst.* I 10 p. 17.

psalmidicus [LL =*psalmist*]

1 (as adj.) characterized by recitation or chanting of the Psalms.

~as preces .. ruminasse GOSC. *Mir. Iv.* lxiii; **1281** arbitrarentur se multiplicatione cantus ~i nutrire fervorem, torporem excutere PECKHAM *Ep.* 213 p. 260.

2 (as sb. n.) Psalm (or part of it).

complebaturque illud psalmidicum 'posuerunt mortalia ..' GOSC. *Transl. Mild.* 5 p. 160.

psalmigraph- v. psalmograph-.

psalmista, ~es [LL < ψαλμιστής]

1 the Psalmist, *i. e.* King David.

ut ~a ait .. GILDAS *EB* 30; ut ~a [*gl.*: sc. David] chirografatur ALDH. *VirgP* 32 p. 271; in cujus comparationem ~a canit .. BEDE *Acts* 991; recordare .. ~am de potentia ejus .. praececinisse (*Adv. Elipand.* I 11) ALCUIN *Dogm.* 248D; et quod eum cum clamore petierunt crucifigi, per ~am ipse dicit: 'aperuerunt super me os suum' [*Psalm.* xxi 14] *Eccl. & Synag.* 99; domum itaque regressus, ut dicit ~a, exercitabatur et scopebat spiritum suum [cf. *Psalm.* lxxvi 7] W. MALM. *GR* II 154; scimus quia ipse [Jesus] est verus David egregius ~es Israel J. FORD *Serm.* 9. 8.

2 (eccl. & mon.) psalmist, chorister, chanter.

~a, id est cantor, potest .. officium suscipere cantandi EGB. *Pont.* 10; super hunc .. quem in ordinem ~arum sive lectorum dignatur assumere *Ib.* 12; faciunt eum ~am non requisito consensu episcopi T. CHOBHAM *Conf.* 112; **1274** omnes qui prothopapas, cum toto presbiterio archidiaconatus ecclesiastici, et qui domestici, cum omnibus ~is et lectoribus (*Ep.*) *Flor. Hist.* III 39.

psalmistatus [LL psalmista + -atus], (eccl. & mon.) office or dignity of psalmist.

1345 ordinem ~us sive primam tonsuram per quam conferitur ordo clericalis temere recepisti *Reg. Heref.* 56. secundum eos, tonsura quae vocatur ~us non est ordo, sed solum dispositio ad ordines LYNDW. 117C; exauctorizamus .. ab ordine ~us *Pont. Sal.* 333n.

psalmistes v. psalmista.

psalmisticus [LL psalmista + -icus], of or written by the Psalmist (usu. identified as King David).

misse / introitus versus extat psalmisticus GARL. *Myst. Eccl.* 478.

psalmitare [LL psalmus + -itare], to chant or intone (psalm) frequently.

~o .. i. frequenter psalmos psallere OSB. GLOUC. *Deriv.* 553.

psalmocinari [LL psalmus + -cinari], to chant, intone, sing according to a chant.

consonet orando mens ori psalmocinando D. BEC. 143; circumstante corona filiorum ~antium, sancta illa anima .. J. FURNESS *Walth.* 90.

psalmodia [LL < ψαλμῳδία] **1** (~ium eccl. & mon.) psalmody, (act or practice of) singing or chanting; **b** (pl.); **c** (dist. as *principalis* or *secundaria*).

dum furtivis ~iae [v. l. salmodie, *gl.*: cantus psalmorum, *dreames*] cantibus .. ardens mentis desiderium dissimulare nequeant ALDH. *VirgP* 14 p. 243; ut hymnus ipsius .. cum ~ia vespertinae laudis ab omnibus canatur BEDE *Hom.* I 4. 22A; **802** nec te praetereat horarum spalmodia sanctarum ALCUIN *Ep.* 244; fratribus ~iae [AS: *sealm sange*] deditis vel lectioni *RegulC* 29; unde producta penultima dicimus '~ia', 'melodia' ut saltem ex hoc Greca esse intelligantur ABBO *QG* 16 (36); de utilitate ~ie W. MALM. *GP* I 5; **1278** ~ia submissa in conventu .. non dicantur *Doc. Eng. Black Monks* I 98; a sange, .. ~ium *CathA.* **b** expletis matutinae laudis ~iis BEDE *HE* IV 7 p. 219; **798** cum jejunio divinisque orationibus in ~iis et missarum caelebrationibus *CS* 289; c**863** in elemosynis

salmodiisque ac celebratione missarum *CS* 380; de his ~iis [AS: *sealmsangum*] dediti *RegulC* 20; gemitus cum ~iis celebrant *V. Ed. Conf.* f. 56v p. 124; missis, oblationibus, ~iis, vigiliis M. PAR. *Maj.* I 420. **c** ad principalem ~iam in choro, unus debet sedere et alius stare, incipiendo a senioribus .. ad secundariam vero ~iam .. conventus sedet *Obs. Barnwell* 82.

2 something sung or chanted, song (in quot., a psalm).

quem fratres studio curarunt condere sancto / psalmodiis, ymnis, magno cum laudis honore ALCUIN *WillV* II 25. 2; cantica, psalmodiam, collectas et litaniam / tempore nocturno reddit, canit atque diurno R. CANT. *Malch.* II 345; canebantque .. hanc recognicionis ~iam: 'cantate Domino canticum novum .. quia mirabilia fecit' [*Psalm.* xcvii 1] G. HEN. V 15 p. 106.

psalmodiare [LL psalmodia < ψαλμῳδία + -are], (eccl. & mon.) to chant, intone, sing according to a chant; **b** (trans.).

in claustro, quo confluebat ~iando monacharum confessio HERM. ARCH. 20 p. 53. **b** ~iabunt astantes ministri altaris cum capellanis abbatis psalmos, sicut continentur in libro benediccionum episcopalium *Cust. Cant.* 49.

psalmodizare [LL psalmodia < ψαλμῳδία + -izare < -ίζειν], (eccl. & mon.) to chant, intone, sing according to a chant; **b** (juxtaposed w. or dist. from *cantare* or *psallere*). **c** (pr. ppl. as sb.) chorister, chanter.

1280 quia .. conventus noster jam solito devocius Deo serviunt et ~izantes pausas longiores in medio cujuslibet versus .. faciunt *Reg. Ebor.* 81; **1328** monemus .. ministros quatinus in choro ~izando in medio et fine versuum .. magis solito faciant pausacionem *Reg. Exon.* 436; **1415** habeat .. clericos ad ~izandum et officiandum in choro (*Stat.*) *MonA* VI 1420a. **b** si aliquos percipiat .. discorditer cantare aut ~izare .. ante eos .. incedet .. signum eis .. faciens ut melius psallant *Cust. Westm.* 36; sive oret, sive privatim psallat, vel ~izet *Obs. Barnwell* 80; **1466** quod idem capellanus .. teneatur personaliter interesse, legendo, cantando, psalmonizando *Mem. Ripon* I 169; **1509** legentes, canentes et ~izantes (*Const.*) *Reg. Heref.* 106. **c** quod quidam autem inter cantantes et ~izantes distrahuntur in sua devocione .. R. ROLLE *IA* 238; **1344** ~izantes chorum intrent et in medium ejus se ordinatim collocent finem psalmodie .. faciendo cum 'Kiryeleyson' (*Stat. Cantar. Cotterstock*) *Eng. Clergy* 288.

psalmographia, psalmigraphia [cf. psalmographus, psalmigraphus < ψαλμογράφος + -ia], (in gl., understood as) writing or description of psalms.

~ographia [v. l. ~igraphia] .., i. psalmi descriptio OSB. GLOUC. *Deriv.* 257.

psalmographicus, psalmigraphicus [cf. LL psalmographos], of or written by the Psalmist (usu. identified as King David), (as sb. n.) Psalm (or part of it).

1284 ut exponit S. Augustinus illud ~igraphicum PECKHAM *Ep.* 551.

psalmographus, psalmigraphus [LL < ψαλμογράφος], **~a**

1 the Psalmist (usu. identified as King David). **b** (as adj.) who writes a psalm, psalm-writing.

ut ~igrafus 'holocausta medullata offeram tibi' [*Psalm.* lxv 15] ALDH. *PR* 137 p. 190; ~igraphi [*gl.*: i. David] sententia *Id. VirgP* 44 p. 298; recordantes ~igrafi [v. l. ~ographi] dicentis: 'mirabilis Deus in sanctis suis' [*Psalm.* lxvii 36] *V. Cuthb.* III 2; **717** memor ~igraphi de beato viro sententiam proferentis BONIF. *Ep.* 9 p. 5; unde est et illud ~ographi .. BEDE *Cant.* 1162; sicut ~igrapha 'voluntatem se timentium faciet Dominus' [*Psalm.* cxliv 19] BYRHT. *V. Osw.* 463. **b** unde reor ~igrafum vatem concinere .. ALDH. *Met.* 2 p. 71; imitati regem ~igraphum [vv. ll. spalmigraphum, ~ographum] dicentem .. (*Leg. Ed.* 17. 1) *GAS* 643; Lucas Shepeherd ~ographus in Anglica metra convertit quosdam psalmos BALE *Index* 283.

2 (by metonymy) the book of Psalms.

unde in ~ographo .. PULL. *Sent.* 706B; videntes sic illius in ~igrapho veritatem versiculi H. BOS. *LM* 1315B.

psalmonizare v. psalmodizare.

psalmus [LL < ψαλμός]

1 song performed to the accompaniment of a harp, psalm.

psalmus, proprie, *hearpsang.* canticum, *psalm æfter hærpansangu.* psalmus, *ær hærpansang* ÆLF. *Gl.* 129.

2 (bibl., liturg.) song or hymn contained in the Book of Psalms, psalm; **b** (dist. acc. use in liturgy).

qui non occurrit ad secundi ~i consummationem, canat viij in ordine ~os GILDAS *Pen.* 19; laicus non debet in æcclesiis lectionem recitare .. sed ~os tantum et responsoria THEOD. *Pen.* II 1. 10; ymnos ac psalmos et responsoria festis / congrua promamus subter testudine templi ALDH. *CE* 3. 52; quomodo ~is [v. l. spalmis] et monasticis disciplinis .. imbuebatur FELIX *Guthl. cap.* p. 68; neque aliquis pro eo vel missas facere vel ~os cantare .. praesumebat BEDE *HE* V 14 p. 314; ~os Daviticos qui centum quinquaginta sunt didicisse *V. Fridesw. B* 3; c**1220** in spalmis [*sic*] et missis pro peccatis (*Stat.*) *EHR* LII 270; deinde in quarto folio, de origine ~orum ELMH. *Cant.* 98. **b** c**801** ~i paenitentiales septenario numero consecrantur ALCUIN *Ep.* 243 p. 390; in prima .. oratione decantet tres primos paenitentiae ~os [AS: *dædbote sealmos*] *RegulC* 16; psallantur .. ~i feriales ÆLF. *Regul. Mon.* 179; ipsa die incipiant preces 'oremus pro omni gradu ecclesiae'; ~os prostratos, id est septem poenitentiales et septem primos graduum LANFR. *Const.* 99; ad vesperas ~i regulares, i. 'dixit Dominus' [*Psalm.* cix] et reliqui qui diebus Dominicis dici solent *Ib.* p. 120; xv graduum ~os .. pro ejus decantent quiete W. MALM. *GP* II 94; exibunt a choro, finita oracione, post ~os prostratos ante vesperos Omnium Sanctorum *Cust. Westm.* 104; **1278** psalmodia .. non dicantur, set si de precepto .. prelatorum ~i prostrales *Doc. Eng. Black Monks* I 98; in die .. Animarum fit processio .. cum ~is commendacionis *Obs. Barnwell* 150; s**1308** ordinamus quod ~i prosternales in Quadragesima dicantur super formas G. S. ALB. II 102; in Quadragesima ~i prostrati [MS: prostrales], post nocturnas predictas .. dicentur *Cust. Cant.* 411.

3 a (w. ref. to *Te Deum*); **b** (w. ref. to the Athanasian Creed).

a 1483 tunc incipiunt spalmum Te Deum laudamus *Fabr. York* 211. **b 1240** secundum quod in ~o qui dicitur 'Quicunque vult' et tam in majori quam in minori symbolo continetur *Conc. Syn.* II 304.

psalta v. psaltes.

psalteriolum [ML < CL psalterium + -olum], (in gl., understood as diminutive of *psalterium*).

hoc psalterium .. unde hoc ~um OSB. GLOUC. *Deriv.* 553.

1 psalterium [CL < ψαλτήριον], **~ius** [ML]

1 sort of stringed musical instrument, psaltery; **b** (spec. as ten-stringed).

psaltĕrii melos fantes modulamine crebro ALDH. *CE* 3. 54; sicut David ~ium sumens, citharam percutiens, modificans organa, cimbala tangens OSB. *V. Dunst.* 8 p. 78; quid .. / organa cum citharis psaltĕrioque regit? NECKAM *DS* X 128; oblonge vidule curvo simphonia tractu / mobile psaltĕrium, fistula dulce sonans H. AVR. *Poems* 27. 164; ~ium, A. *a sawtrey* WW. **b** non solum in cithara confiteri Domino verum et in ~io decem chordarum psallere gestiebat G. CRISPIN *Herl.* 91; [David] psalterium decem chordarum et alia instrumenta nonnulla adinvenit GIR. *TH* III 14; Deo confitens in decacordo ~io cum cantico in cythara BALD. CANT. *Serm.* 2. 65. 441.

2 (bibl., liturg.) the Book of Psalms, the Psalter. **b** (w. *dicere, cantare,* or sim., the Book of Psalms or parts of it, w. ref. to recitation or singing).

Parabolae Salomonis et Ecclesiastes .. sicut et ~ium metro constat esse conscripta BEDE *AM* 2382; c**801** sic .. et psalmi novissimi in ~io, in laudem Domini Dei aeterni, eadem perfectionis regula septenario numero dedicantur ALCUIN *Ep.* 243 p. 390; c**1100** ~ium Hieronimi .. ~ium .. expositio ~ii (*Catal. librorum, MS Bodl. Tanner* 3 f. 189v) *EHR* XXXII 389; **1208** Augustinus super tercia parte salterii *Cl* 108; Hieronymus correxit ~ium *Eul. Hist.* I 194; **1368** quod scripta N. de Lira et N. Tryvethe super spalterium .. remaneant .. in archivis (*Test. Episc.*) *Reg. Exon.* 1553; in cujus [epistole] fine [Jeronimus] distinguit ~ium in quinque

libros ELMH. *Cant.* 98. **b** quia praeter sollemnem canonici temporis psalmodiam . . cotidie ~ium totum . . decantaret BEDE *HE* III 27 p. 193; a**787** pro vos singulos ~ios [*sic*] Domino decantaverunt (WICBERT) *Ep. Bonif.* 132 p. 270; e pectore casto / psaltĕrium cantans percurrit in ordine totum ÆTHELWULF *Abb.* 557; his tribus diebus . . psallant ~ium [AS: *sealtere*] ex integro unanimiter in choro *RegulC* 40; vovisse salutis gratia terdenas missas totidemque ~ia GOSC. *Mir. Iv.* lxiii; **993** pro mille quingentis missarum sollemniis ac mille ducentis ~iorum melodiis quas . . decantaverunt *CD* 684 p. 267; **1290** pro septem sphalteriis sallendis coram altari B. Nicholai *Chanc. Misc.* 4/4 f. 41*d*.

3 book that contains the text of the Book of Psalms, a psalter; **b** (used as measure of extent).

presbyter debet habere . . divinos libros, sc. missalem . . ~ium, nocturnalem ÆLF. *Ep.* 2. 137; sacramentarium et ~ium quorum principales litteras auro effigiaverat W. MALM. *Wulfst.* I 1; sint etiam libri sive codices: . . ymnarium, ~ium [*gl.*: *sauter*], troporium NECKAM *Ut.* 118; **1220** sine libris istis, salterio, himnario, collectaneo (*Cap. Ord. Arrouac.*) *EHR* LII 273; **1291** pro uno phsalterio luminando . . *Manners* 103; c**1336** in j antiphonario cum spalterio, ympnario, et collectario *Ac. Durh.* 533; **1358** v ij spalteria, quorum unum cum ympnario et parte troparii *Invent. Norw.* 4; ij phalteria in uno volumine *Ib.* 101; **1416** unum parvum phsalterium *Reg. Cant.* II 103; **1477** capiendo pro suo salario de quolibet gramatico, saltario et primario secundum taxacionem domini episcopi viz. pro grammatico x d. quarteragii, saltario viij d. et primario vj d. (*CourtBk Ipswich*) *Educ. Ch.* 422; item phalterium ex dono cujusdam pincerne *Cant. Coll. Ox.* I 53. **b** adeo protelavit quousque propemodum ad magnitudinem unius ~ii perveniret ASSER *Alf.* 89; s**1369** ut processus in libro scriptus excedit quantitatem trium ~iorum *Extr. Chr. Scot.* 190.

4 (*~ium Beatae Mariae Virginis*) Our Lady's psalter, fifteen decades of the rosary (as containing 150 salutations).

ut singulis diebus . . ~ium Marie Virginis diceret gloriose *Latin Stories* 65; **1430** lego cuilibet pauperi ejusdem domus iij d. ad dicendum tria ~ia B. Marie Virginis *Reg. Cant.* II 477; quot hi [calculi] sunt, toties Dominicam precem, quot illi, toties angelicam salutationem ter numerum ineundo recitent, terque symbolum brevius inferant et id Deiparae Virginis ~ium nuncupant P. VERG. *Invent.* V 9.

5 (in gl.) lauds.

~ium, laus *GlC* P 836.

2 psalterium v. 2 salterium.

psaltes [CL < ψάλτης], **~a**

1 one who plays the psaltery (usu. identified as King David).

erat bellicosus ut egregius ~es [*gl.*: citharedus], filius Jesse [*gl.*: i. David] BYRHT. *V. Osw.* 425.

2 one who sings or chants, singer, chanter; **b** (applied to Solomon).

inpensas eleis palmis fundebat apertis / qua propter, ceu praecinuit Davitica psaltes FRITH. 1134; ipse sedebat in medio, episcopali nixus subsellio, idem immensus vires exhauserat ut vel ~es esset qui ablutor esse non posset W. MALM. *Wulfst.* III 19. **b** a**797** caritas . . de qua dulcisonus decantavit psalta: 'aquae multae non potuerunt extinguere caritatem' [*Cant.* viii 7] ALCUIN *Ep.* 60.

psaltria [CL < ψάλτρια=*female player on a plucked instrument*], one (f.) who plays, or sings while accompanying herself upon, a *psalterium* or sim. musical instrument, (in quot. also erron. assoc. w. CL *salire*='to leap or dance', *saltare*.) one (f.) who leaps or dances, dancer, dancing-girl.

psallia [? l. psaltria], cantatrix *GlC* P 838; illa non segnis gestibus impudicis, motibus inverecundis, plausibilem ~iam agit, id ut amasii sui serviret oculis W. MALM. *Wulfst.* I (ed. *OMT* p. 18); non defuit qui . . peteret saltriam intromitti, ut puella . . canora dulcedine et saltationis lubrico exerceret illecebris philosophantes [cf. MACR. *Sat.* II 1. 5] J. SAL. *Pol.* 759B; salio, -is . ., et inde . . hec saltrix, -cis, et hec saltricula, -e, quod etiam hec saltria [ed. Mai: saltera], -e, dicitur, unde Juvenalis: 'quod saltria [ed. Mai: saltera] penem moverit' [=JUV. VI 337] OSB. GLOUC. *Deriv.* 525.

psalvus v. salvus.

psaros [ψαρός], starling.

~os, i. sturnus avis *Gl. Laud.* 1218; †rosaros [l. psaros], i. sturnus avis *Ib.* 1288.

p'sechet' v. purchacium. **pseodoepigraph-** v. pseudoepigraph-. **pseudapostolus** v. pseudoapostolus.

pseudes [ψευδής], false, untrue.

~is, falsus BACON *Gram. Gk.* 68.

pseudo(-) [CL pseudo- < ψευδο-], (as adj.) false, falsely appearing or perceived, (usu. as constituent element of compounds) pseudo-. **b** (as sb.) a false person, one who claims falsely, impostor.

~o Grece, decipiens Latine. inde per compositionem pseudopropheta OSB. GLOUC. *Deriv.* 464; advenient multi pseudo falsique prophete NIG. *SS* 2671; pro questu ut ~o vel vana gloria predicantes GIR. *GE* II 25 p. 287; ~o, falsus BACON *CSPhil.* 443; s**1301** et ille Henricus qui prioratum occupaverat ~o est monachus nominatus W. GUISB. 347; s**1422** qui pretextu paris habitus ad religionem transit imparem, ~o in ordine, est hereticus ac subdolus apostata (*Ep.*) AMUND. I 96; nec fratrum aut aliorum ~o potest calumniis obrui NETTER *DAF* II f. 82b. **b** non ambulantes, ut ~o, in astutia, neque adulterantes verbum Dei [cf. *II Cor.* iv 2] LANFR. *Comment. Paul.* 227; ab hoc debito etiam apostolus, cum posset accepisse, abstinuit, propter ~o repellendos, propter curiosos amovendos GIR. *GE* II 33 p. 328; numquid enim ~o sunt qui regimini conversorum intendunt? patet quod non PECKHAM *Paup.* 78.

pseudoabbas [CL pseudo- < ψευδο-+LL abbas < ἄββας < Heb.], false abbot, pseudo-abbot.

Edwi filius Edmundi, acto in exilium patre Dunstano, ~ati Elsio, quem Glastonie intruserat, dedit Pageneborh W. MALM. *Glast.* 58 p. 120; quendam Elsium ~atem monasterio Glastonie intrusit J. GLAST. 67 p. 126.

pseudoadversarius [CL pseudo- < ψευδο-+adversarius], adversary who is false.

~ii utrius testamenti GROS. *Cess. Reg.* I 2. 17; sentencie modernorum consonant . . cum ~iis scripture tempore sanctorum WYCL. *Ver.* III 107.

pseudoanachoreta [CL pseudo- < ψευδο-+LL anachoreta < ἀναχωρητής], false anchorite.

dicebat . . inter Scottorum se populos habitasse et illic pseudoanachoritas [v. l. pseudos anachoritas] diversarum religionum simulatores vidisse FELIX *Guthl.* 46 p. 142; apud Scotos ubi vidi pseudoanachoritas simulatione sanctitatis speciem pretendentes P. BLOIS *Guthl.* 712.

pseudoapostolus, pseudapostolus [LL < ψευδαπόστολος], false apostle, pseudoapostle.

post fluminum, latronum, gentium Judaeorum pseudoapostolorum continua pericula . . GILDAS *EB* 73; cum venientibus Antiochiam pseudoapostolis BEDE *Cant.* 1092; si alii potestatis vestrae, pseudapostoli, participes sunt [cf. *I Cor.* ix 12] LANFR. *Comment. Paul.* 184; pseudoapostoli ad auctoritatem apostolicam aspirabant J. SAL. *Pol.* 692B; poterunt pseudoapostoli suam assercionem astruere GROS. *Cess. Leg.* I 2. 17; unde ad Tytum primo dicit Apostolus de pseudoapostolis in ypocrisi docentibus propter questum WYCL. *Ver.* II 105; ut locum predicandi auferret pseudoapostolis G. Hen. *II* I 224.

pseudoarchiepiscopus [CL pseudo- < ψευδο-+LL archiepiscopus < ἀρχιεπίσκοπος], false archbishop.

s**1313** vir ingenuitate preclarus, et ~o quam plurimum odiosus *Flor. Hist.* III 156.

pseudoastronomus [CL pseudo- < ψευδο-+LL astronomus < ἀστρονόμος], false astronomer.

circa ejus [Antichristi] adventum calculatores et ~i seducti sunt HOLCOT *Wisd.* 206.

pseudocalumnia [CL pseudo- < ψευδο-+calumnia], (pleonastically, in quot. in tmesis) false accusation, accusation based on falsehoods.

nec fratrum . . pseudo potest calumniis obrui NETTER *DAF* II f. 82b (v. pseudo(-) a).

pseudocardinalis [CL pseudo- < ψευδο-+cardinalis], false cardinal.

multi ~es sunt electi per eleccionem istam stolidam qui post modum multum onerant ecclesiam et conturbant WYCL. *Chr. & Antichr.* 674; **1378** responsio . . ad litteram ~ium WALS. *HA* I 385 *tit.*

pseudochristianus [LL < ψευδοχριστιανός], false Christian. **b** (in gl., understood as) one who deceives a Christian.

Normanni ceperunt Apuliam colere et in Agarenos vel ~os arma viriliter exercere ORD. VIT. V 9 p. 369; pseudo Grece, decipiens Latine. inde per compositionem pseudopropheta et ~us, i. decipiens Christianus OSB. GLOUC. *Deriv.* 464; quod de illo [Porphyrio] minime mirandum est, quem ~um vel verius perversum catechumenum teste Sozomeno fuisse constat *Ps.-Gros. Summa* 281; subintroierunt quidam ~i CHAUNCY *Passio* 42. **b** ~us, qui decipit Christianum OSB. GLOUC. *Deriv.* 480.

pseudochristus [LL < ψευδόχριστος]

1 false Christ or Messiah (*cf. et. Marc.* xiii 22).

799 Beatus, antichristi discipulus, carnis inmundicia fetidus . . ~i et pseudopropheta (ELIPANDUS) *Ep. Alcuin.* 182 p. 301; ~i et pseudoprophete Antichristi dabunt signa magna et prodigia OCKHAM *Dial.* 491; quis igitur . . dixerit Christum nostrum fuisse maleficum ~um et miracula ejus ficta? BRADW. *CD* 50A; a**1400** vocat eos ~os et pseudoprophetas [cf. *Matth.* xxiv 24] *Ziz.* 384; [Christus] qui . . predixerat pseudoprophetas et ~os insurgere et multos seducere *Conc.* III 292a.

2 (in gl., understood as) false Christian.

pseudoxristus, i. deceptor Xristi vel falsus Xristianus OSB. GLOUC. *Deriv.* 628.

pseudoclericus [CL pseudo- < ψευδο-+LL clericus < κληρικός], false priest or cleric.

s**1238** quidam facinorosus ~us *Flor. Hist.* II 228; optant pseudoclerici cleri jus convelli / digni certe fustibus a clero repelli *Superst. Pharis.* 77; quidam ~us infatuatum se similans secreta regie curie exploravit KNIGHTON I 213; quando autem papa noscit et audit suos ~os dicere quod nemo debet ipsum corripere . . WYCL. *Chr. & Antichr.* 691; expergiscentes de sompno . . quo estis per ~os soporati *Id. Sim.* 44.

pseudoclerus [CL pseudo- < ψευδο-+LL clerus < κλῆρος], false (or unworthy) clergy (collect.).

1412 de suo libello . . de versuciis ~i *Conc.* III 349b.

pseudocolor [CL pseudo- < ψευδο-+color], false colour.

14 . . secta quidem consci perit encia [*sic*] pseudocoloris *Pol. Poems* II 253.

pseudocomes [CL pseudo- < ψευδο-+comes], false earl.

s**1155** deponendo quosdam imaginarios et ~ites TORIGNI *Chr.* 183 (cf. WEND. I 4).

pseudodiscipulus [CL pseudo- < ψευδο-+discipulus], false disciple.

~us, falsus discipulus OSB. GLOUC. *Deriv.* 480; verumptamen contingit ~os fingere ypocritice WYCL. *Ver.* I 340; sic dicunt sui [sc. Pape] ~i [v. l. pseudo sui discipuli] quod gravius est in legem suam vel precepcionem offendere quam offendere in monita Jesu Cristi *Id. Chr. & Antichr.* 691.

pseudodoctor [LL], false teacher (*cf. et. II Petr.* ii 1: *magistri mendaces*).

c**795** sunt tempora periculosa . . quia multi ~ores surgent ALCUIN *Ep.* 74; c**800** erumpunt subito apostatica seducti calliditate *Ib.* 280 p. 437; **1381** idem pater mendacii quorumdam ~orum linguas . . exagitans *Ziz.* 293; s**1382** crediderunt vera fuisse que a ~oribus audiebant KNIGHTON II 181.

pseudodominus [CL pseudo- < ψευδο-+dominus], false lord.

dictos pseudo[do]minos cum adherentibus destructuri. adhuc prefati pseudo[do]mini proditores nitentes eorum propositis obviare FAVENT 8.

pseudoecclesia [LL], false church.

sunt et aliae ~iae daemonicis deceptae doctrinis non sequentes Christum (*Confessio Fidei*) ALCUIN *Dub.* 1072D.

pseudoepigraphus, pseudepigraphus [LL < ψευδοεπίγραφος], (of literary work) falsely ascribed to a certain author, (as sb. n. pl.) literary works of uncertain authorship or falsely attributed to a certain author, pseudepigrapha.

pseodoepigrapha, falsa superscripta *GlC* P 835; psadepaairafa, incerta *Ib.* P 837.

pseudoepiscopus [LL < ψευδοεπίσκοπος], false bishop.

c1178 diebus istis quidam ~i Hibernenses aut Scotice lingue simulantes barbariem P. BLOIS *Ep.* 53. 160B; ex eadem epistola suppono viginti condiciones ~i quas oportet antipape vel antichristo summe competere WYCL. *Sim.* 64; rogat eam juvare suum nuncium ad castigandum tales ~os *Id. Ver.* III 65; sub ~o Nordouicensi Ricardo BALE *Index* 253.

pseudoevangelista [LL < ψευδοευαγγελιστής], false evangelist.

significat . . causam . . fuisse scribendi ne ~is facultas esset falsa praedicandi BEDE *Luke proem.* 307C.

pseudoevangelium [CL pseudo- < ψευδο-+ LL evangelium < εὐαγγέλιον], false gospel.

potuisset aliquod pseudevangelium habere pro vero (*Responsio ad Lutherum*) MORE *Op.* 131a.

pseudofrater [ML < CL pseudo- < ψευδο-+ frater], (in eccl. & mon. context) false brother or friar.

~es . . patrem suum . . fallaciter . . circumvenerunt *Chr. Rams.* 327; s1201 evenit dissonancia inter duos speudofratres de Hida *Ann. Wint.* 77; si dicas, quod aliqui fratres in judicio litigant pro rebus illis, dicunt isti quod illi ~res sunt censendi OCKHAM *Pol.* II 482; episcopi nostri dicuntur ~res (WYCL. *Defensio*) *Ziz.* 284.

pseudoglossarius [CL pseudo- < ψευδο-+LL glossarius], false commentator.

quod foret lator doctoralis empiricus instare contra ~ios WYCL. *Ver.* III 107.

pseudographus [LL < ψευδόγραφος]

1 (of book or literary work) that has a false title, erroneously ascribed or attributed.

librum Sapientie composuit Philo diciturque ~us non quia male scripserit sed quia male inscripsit. inscriptus est enim 'Sapientia Solomonis' cum a Solomone non sit editus J. SAL. *Ep.* 143 (209 p. 332).

2 (as sb. m. or rendering ψευδογράφος) writer of falsehoods, false author, or one to whom authorship is wrongly imputed.

~us, falsus scriptor BACON *Gram. Gk.* 68.

pseudojudaeus [CL pseudo- < ψευδο-+Judaeus < 'Ιουδαῖος], Jew who spreads falsehoods, falsely-believing Jew.

aeternam beatitudinem in Novo Testamento promissam, speculantes non temporalia ut ~i LANFR. *Comment. Paul.* 226.

pseudologicus [ML < CL pseudo- < ψευδο-+ logicus < λογικός], false logician.

s1422 ad imparem religionem transiens, velut seudologicus AMUND. I 94.

pseudologus [ψευδολόγος as *adj.*], one who speaks falsely or utters falsehoods.

sequitur quod laici tenentur in casu ~os persequi WYCL. *Ver.* III 93.

pseudolollardus [CL pseudo- < ψευδο-+Lollardus < ME *Lollard*], Lollard who spreads falsehoods, mendacious Lollard.

s1382 principales ~i prima introduccione hujus secte nephande vestibus de russeto utebantur KNIGHTON *Cont.* 184.

pseudolus [CL *as title of play by Plautus*], based on lie, deceit, or falsehood, false, treacherous. **b** (as sb. m.) false or deceitful servant.

personaliter comparerent de predicta †phendola [l. pseudola] prodicione . . responsuri FAVENT 13; interogatus interim in parliamento quomodo se excusaret de hujusmodi †phendola [l. pseudola] prodicione alia [MS: alias] per ipsum facta *Ib.* 17. **b** servicio sic sepe †spenduli [l. speuduli, *gl.*: i. falsi servuli] res tabet herilis *WW*; qui multis duliam promittit heris placitura, / †sphendulus [l. spheudulus] alterius fiat et non assecla verus *WW*.

pseudomenos, ~us [CL < ψευδόμενος *pr. ppl.* of ψεύδειν], deceitful, (as sb. m.) deceiver.

~us, i. fallax OSB. GLOUC. *Deriv.* 464; ~us, deceptor [v. l. fallax] *Ib.* 480.

pseudominus v. pseudodominus.

pseudomonachus [LL < ψευδομόναχος], false or spurious monk.

posuit in sede illa quendam sue opinionis ~um M. PAR. *Maj.* I 324; duo Franciscani ordinis ~i . . Londini igne necantur P. VERG. XIX 382.

pseudonardus [CL *unidentified plant used to adulterate nard*], (understood as) lavender (*Lavandula vera*).

~us est nostra lavandula, vulgo dicitur *lavander* TURNER *Herb.* B iv v.

pseudonuntius [ML < CL pseudo- < ψευδο-+ nuntius], false or spurious messenger (w. ref. to being slow or delivering inaccurate or false information).

1323 recensentes morosam dilacionem negociorum nostrorum, pro quibus, diu est, misimus illum ~ium de Stratford, in quibus usque modo nihil sensimus actum *Foed.* IV 10.

pseudooccasio [CL pseudo- < ψευδο-+occasio], false or wrong occasion.

ceperunt ~onem nimis paralogistice concludendi quod facienda sunt mala ut bona eveniant WYCL. *Dom. Div.* 136.

pseudoordo [CL pseudo- < ψευδο-+ordo], spurious monastic order.

cum in tempore domini Armachani dicuntur ipsum in sumptibus contra hos ~ines defendisse *Ziz.* 284.

pseudopapa [ML < CL pseudo- < ψευδο-+LL papa < πάπας], false pope.

tunc papa . . Henricum imperatorem teomachum et Burdinum ~am . . excommunicavit ORD. VIT. XII 21 p. 391; s1121 Calixtus papa . . Burdinum ~am persecutus est W. GUISB. 30; quod constituciones et sermones ~e a catholica non devient veritate OCKHAM *Pol.* III 16; licitum est generale concilium celebrari tempore vacacionis apostolice sedis absque auctoritate pape ad ~am debite coercendum *Id. Dial.* 603; auferens temporalia a ~a atque heretico WYCL. *Sim.* 38; s1379 sit titulus hujus ~e WALS. *HA* I 393.

pseudopastor [LL, cf. et. ψευδοποιμήν], false shepherd (in quot. w. ref. to priest or bishop).

quando avaricia debriati symoniace parant sibi ~ores contra salutem populi WYCL. *Sim.* 101; signa . . per que possumus ~ores cognoscere *Id. Ver.* II 208.

pseudopoeta [CL pseudo- < ψευδο-+poeta < ποιητής], false poet.

his similiter consenserunt illi ~e, qui dixerant se Homeri spiritum recepisse BRADW. *CD* 95B.

pseudopraedicator [ML < CL pseudo- < ψευδο-+LL praedicator], false preacher.

sed post discessum ejus venerunt ~ores LANFR. *Comment. Paul* 260C; opponuntur insidie ~orum et doctorum offerentium in dolo coedificare R. NIGER *Mil.* III 8; s1256 vocans eos hypocritas et Antichristi successores, ~ores, regum et principum adulatores M. PAR. *Maj.* V 599; isti sunt ~ores et Deo contrarii HOLCOT *Wisd.* 78; s1382 cum . . aliquis ~ator ad partes alicujus istorum militum se diverteret predicacionis causa KNIGHTON II 181; s1427 jussit abbas ulterius contra ~ores . . duas alias publicari ordinaciones AMUND. I 223.

pseudopraelatus [CL pseudo- < ψευδο-+praelatus *p. ppl.* of praeferre], false prelate (*cf. et.* praeferre 7).

idem est argumentum ~i vendentis ecclesias vel alia dona Dei WYCL. *Sim.* 86.

pseudopresbyter [LL < ψευδοπρεσβύτερος], false priest.

sacerdotes et episcopi, quibus communicavit Bonifacius martyr, fuerunt heretici et ~eri a recto fidei tramite deviantes OCKHAM *Dial.* 717; s1401 practizataque fuit hec lex eodem tempore in quodam ~ero WALS. *YN* 391 (=*Id. HA* II 127).

pseudoprofessor [CL pseudo- < ψευδο-+professor], false teacher or one who professes falsely.

quidam sint veri, quidam sint religionis / pseudoprofessores H. AVR. *Guthl.* f. 83 v. 1.

pseudopropheta [LL < ψευδοπροφήτης], false prophet: **a** (Bibl.); **b** (Christian, usu. w. ref. to *Matth.* xxiv 24 or *I Joh.* iv 1); **c** (w. ref. to Mohammed); **d** (in other non-biblical contexts).

a ~e Sezechias et Eliezer R. NIGER *Chr.* I 7. **b** spiritus maligni qui in ~is loquuntur BEDE *Ep. Cath.* 106A; **799** magister tuus antifrasius Beatus [de Liébana], antichristi discipulus, carnis immundicia fetidus . . pseudochristi et ~a (ELIPANDUS) *Ep. Alcuin.* 182 p. 301; **799** quaterniones . . quos direxi contra ipso ~a foetidissimo Inbeato (*Ib.*) *Ib.* 183 p. 307; s1148 mira miranda Eudonis ~e et heretici patrata sunt TORIGNI *Chr.* 156; pseudochristi et ~a Antichristi dabunt signa magna et prodigia OCKHAM *Dial.* 491; consimiliter vocat eos pseudochristos et ~as *Ziz.* 384. **c** Mahumet ~a mortuus est, Abubacaro ei substituto R. NIGER *Chr.* I 59; de Mahumeth ~a M. PAR. *Maj.* I 269 *tit.*; gens Arabum per Machometum Arabem pseudoqueprophetam seducta *Ps.*-GROS. *Summa* 279; Machometus ~a *Eul. Hist.* I 357; s622 magus et ~a Machometus Arabes . . seduxit FORDUN *Chr.* III 34. **d** s1163 Walensibus . . qui nunquam regem Angliam intraturum juxta ~arum archana satis imprudenter asseveraverant DICETO *YH* I 308; s1378 [Wyclif] ~a et verus hypocrita . . evasit WALS. *HA* I 356; carcere concludi jubet hunc rex pseudoprophetam / qui Veteris Castri preco notatus erat ELMH. *Metr. Hen.* V 1072.

pseudoprophetare [CL pseudo- < ψευδο-+LL prophetare; cf. et. ψευδοπροφητεύειν], to utter false prophecies or to be (or act as) a false prophet (in quot. *al. div.*).

nomine sunt plures, pauci tamen ordine fratres, / ut dicunt aliqui, pseudoprophetat ibi GOWER *VC* IV 788.

pseudorector [CL pseudo- < ψευδο-+rector], false rector.

notemus exposicionem sancti doctoris de illis viginti condicionibus ~oris ut emendemus nos WYCL. *Ver.* II 206.

pseudorex [CL pseudo- < ψευδο-+rex], false or spurious king.

s1306 plures de Scocia qui adheserant pseudoregi [v. l. fatuo regi] *Flor. Hist.* III 133.

pseudos [ψεῦδος], lie, falsehood.

~os, mendacium BACON *Gram. Gk.* 68.

pseudosacerdos [LL], false priest.

c746 a paganis sive a falsis Christianis seu a fornicariis clericis sive a ~otibus BONIF. *Ep.* 66 p. 138; dum sacerdos instar apostolorum ipsos ~otes impugnat WYCL. *Ver.* III 77.

pseudosanctitas [CL pseudo- < ψευδο-+sanctitas], false sanctity (in quot. pleonastically).

pseudo [v. l. speudo] -sanctitatis simulator FELIX *Guthl.* 46 p. 142.

pseudosanctus [CL pseudo- < ψευδο-+sanctus], false or spurious saint.

stupentes ultra modum venerunt ad speudosanctum *Ann. Wint.* 76.

pseudoscholaris [CL pseudo- < ψευδο-+scholaris], (acad.) false or spurious scholar.

a1275 ~es et suspecti . . cancellario manifestentur *StatOx* 108.

pseudo-Simon [CL pseudo- < ψευδο-+LL Simon < Heb.], false Simon (*i. e.* Simon Magus as dist. from Simon Peter, *cf. Act.* viii 9–24).

ecclesia petra Symon Symonem superavit / est magus absortus, pseudo-Symonem petra stravit M. RIEVAULX (*Vers.*) 51.

pseudosodalitas [CL pseudo- < ψευδο- + sodalitas], false friendship.

quomodo illum zabulus ~ate [vv. ll. speudosodalitate, pseudosolidate, pseuda, i. falsa, sodalitate] jejunare docuit FELIX *Guthl.* 30 *cap.* p. 68.

pseudosophia [CL pseudo- < ψευδο- + sophia < σοφία], false wisdom.

1564 vincit quod verum est, pseudosophia jacet *REED Cambridge* I 240.

pseudosubactor [CL pseudo- < ψευδο- + LL subactor], false or counterfeit subduer.

impius exactor, regni tu pseudosubactor *Pol. Poems* I 29.

pseudosuggestor [CL pseudo- < ψευδο- + LL suggestor], one who suggests falsehoods, one who offers false opinions or advice.

s**1198** cum .. viderent quod omnes ~ores ad id solummodo tenderent, ut curia Romana contemptui videretur haberi GERV. CANT. *Chr.* 559.

pseudotheologus [CL pseudo- < ψευδο- + theologus < θεολόγος], false theologian.

s**1209** ~us quidam, magister Alexander dictus Cementarius WEND. II 53; s**1377** aggregaverat .. sibi quendam ~um [Johannem Wiclif]. *Chr. Angl.* 115.

pseudotheosebia [CL pseudo- < ψευδο- + θεοσέβεια], false piety.

quicquid ei pravum pseudotheosebia nectit FRITH. 630.

pseudothyrum [CL < ψευδόθυρον = concealed door], (in gl., understood as) side-gate.

†perseudoterum [l. per pseudothyrum], ðorh ludgaet GlC P 207.

pseudoversificus [CL pseudo- < ψευδο- + LL versificus], false poet.

versus Virgilii .. quidam ~us usurpavit R. BURY *Phil.* 4. 69.

pseudovicarius [CL pseudo- < ψευδο- + vicarius], false vicar (of Christ, w. ref. to pope).

item cum ecclesia posset subduci per palliatam potestatem ~ii WYCL. *Ver.* I 263.

pseudus [CL pseudo- < ψευδο- + -us], false, not genuine.

pseudosodalitate [v. l. ~a, i. falsa sodalitate] FELIX *Guthl.* 30 *cap.* p. 68; dicebat .. inter Scottorum se populos habitasse et illic pseudoanachoritas [v. l. ~os anachoritas] .. vidisse *Ib.* 46 p. 142; s**1183** celebrata .. missa, mens ~orum prophetarum confunditur et fides catholica roboratur G. HEN. II I 307.

pseustes [ML < ψεύστης]

1 liar, deceiver.

~is, mendax BACON *Gram. Gk.* 68; s**1308** sub pectine fraudis et doli fistulam falsitatis personuit ~is altisonantem *Flor. Hist.* III 143; pseustes [falses [*sic*] homines], ambrones, sicophantes, vispiliones (*Vers.*) WW.

2 falseness, mendacity.

verbum autem quod in tue ~is dolo didiceras tuum est aut illius NETTER *DAF* II f. 187rb.

psi [CL < ψεῖ], psi, twenty-third letter of Greek alphabet. **b** numeral (=700).

psi, ps, ψ, DCC *Runica Manuscripta* 351. **b** ψ DCC BEDE *TR* 1; *Runica Manuscripta* 351 (v. a supra).

psiatha [cf. LL psiathus < ψίαθος], rush-mat.

storea vel psiata, *meatta* ÆLF. *Gl.* 154.

psiathicus [LL psiathus < ψίαθος + -icus < -ικός]

1 made of rush.

detritis vero in itinere calciamentis psitaciis R. COLD. *Godr.* 40 p. 54.

2 (as sb. n.) rush-mat.

pater tuus .. vivit .. plus Deo quam mundo .. jejunat, orat, vigilat, meditatur, miseretur, dormit in ~o (*Paternus* 3) *VSB* 254.

psidia v. sidia.   **psile** v. psilos.   **psiletrum** v. psilothrum.   **psili** v. psilos.   **psilium, psill-** v. psyllium.   **psilo** v. et. ypsilon.

psilos [LL < ψιλός]

1 (gram.) written or pronounced without rough breathing, (as sb. f. *psile* < ψιλή) (mark of) soft breathing, '.

sunt .. prosodiae x: acutus, gravis, circumflexus, longa, brevis, dasia, ~i [*gl.*: subtilis] .. ALDH. *PR* 141 p. 199; dasia est qualitas sillabae juxta sonitum spirantis ut est 'homo' .. ~i est qualitas sillabae quae juxta extremitatem labiorum profertur ut 'orator' *Ib.* 200; sciat .. notarius sive librarius ubi scribere debeat silen [v. l. sylen], ubi dasiam NECKAM *Ut.* 117; fortis .. aspiracio .. vocatur dasia .. altera est nota lenis aspiracionis .. et vocatur sile, i. tenue BACON *Gram. Gk.* 10; ~i ut denotetur cum quo debeat sillabicari sic estiâxios *Ib.* 11; ημερα aspiratur per dasian. .. ~e quod est aspiratio debilis *Id. Gram. Heb.* 208.

2 (*u psilon* < τὸ ῦ ψιλόν) upsilon, twentieth letter of Greek alphabet.

hujusmodi scribuntur per epemte et ypsilo ut pseustis BACON *Gram. Gk.* 68; habent .. diptongos sicut Greci et finales litere sunt jod et vav sicut apud Grecos iota et ipsile *Id. Gram. Heb.* 205.

psilothrum [CL < ψίλωθρον]

1 a depilatory.

postquam .. psilotro capilli evulsi fuerint .. GILB. II 84. 1; in extremis .. partibus cum psilotro *Ib.* VII 332. 1; psilotrum, depilatorium idem *SB* 35; psiletrum, depilatorium idem *MS BL Addit. 15236* f. 6v; persilotrum [v. l. psilotrum], i. depilatorium *Alph.* 147.

2 (bot.) wood sorrel (*Oxalis acetosella*).

psillotrum, i. depilatorium vel panis cuculi, alleluya, A. *stubwort MS BL Addit. 18752* f. 110.

psimythium [CL < ψιμίθια, ψιμύθιον], **psimythus**, white lead.

asimintio, i. plumbesis flos *Gl. Laud.* 110; cerussa, i. simithum *Ib.* 382; psimicium, i. cerussa *Ib.* 1185; spedace, i. oximilium, vel simithu vel cerussa *Ib.* 1439; cerusa, i. album plumbum vel flos plumbi sive *gerse* appellatur. respice in prosmeticum *Alph.* 37; prosmiticum, cerusa idem *Ib.* 150; psincus, psinkis, est cerussa *LC* 258b.

psincus, psinkis v. psimythium.   **psionomus** v. hepsomenus.   **psitacius** v. psiathicus.   **psitacus**, **psitagus** v. psittacus.   **psitaicus** v. psittacius.

psittacius, ~icus [CL psittacus < ψίττακος + -ius, -icus], of or that resembles a parrot, parrot-like.

arguens nugigerulum psitaico carmine ANSELM BURY *Mir. Virg.* 32 p. 49.

psittacus [CL < ψίττακος]

1 parrot; **b** (w. ref. to parrot's ability to imitate human voice, sts. as symbol of senseless repetition).

de ~o HWÆTBERHT *Aen.* 59 *tit.* p. 270; philomena vel sithacus aut si quid sonorius est J. SAL. *Pol.* 402D; alis .. in modum ~i pavonisve lucida viriditate fulgentibus GIR. *TH* I 18 p. 51; avibus : .. hic gitacus, *papejai Gl. AN Glasg.* f. 21vc; scripserunt .. hanc artem .. plenissime .. Bernardus Silvestris, in prosaico psitacus [v. l. spitacus], in metrico philomena GERV. MELKLEY *AV* 1; ~us [TREVISA: *þe popynyay*] pede cibum accipit BART. ANGL. V 28 p. 169; citacus, A. *a popinjay WW*; grus, bubo, psitagus [ME: *popynyay*], et irundo, sic philomena (*Vers.*) WW. **b** garriebat .. avicula Thomam suum sicut phithacus *chere* suum, naturale idioma lingue dediscebat W. CANT. *Mir. Thom.* VI 148 p. 529; psittacus in thalamum domina redeunte puellas / prodit et illarum verba tacenda refert NIG. *SS* 3055; dic, queso, psitacum quis *chere* docuit? / magister stomachus qui voces tribuit WALT. WIMB. *Palpo* 127; quemadmodum ~us idiota auditas voces effigiat, sic tales recitatores fiunt omnium sed nullius auctores R. BURY *Phil.* 6.

96; psitacus est avis quedam que potest doceri ad loquendum vocibus humanis HOLCOT *Wisd.* 36.

2 representation of parrot.

1245 baudekinum de Indico sameto cum citacis aureis sese post tergum respicientibus *Invent. S. Paul.* 491; in smaragdo debet sculpi scarabeus et sub eo positus ~us cristatus *Sculp. Lap.* 451; **1295** tunica et Dalmatica de albo diaspro, cum citacis viridibus ramunculis *Vis. S. Paul.* 322a; item casula de albo diaspro cum citacis combinatis per loca in ramusculis, de dono Richardi episcopi *Ib.* 323b; dedit sex vestimenta .. tercium de samicto tuleo, continens phitacos .. sex tapecia .. duo vero crocei coloris cum phitacis et rosis J. GLAST. 135.

psraannia ? *f. l.*

nomina mulierum cum suis instrumentis: .. hec †psraannia, A. *a barowwoman WW*.

psychaeus [ψυχαῖος], of or connected with the soul.

psychea animale BACON *Gram. Gk.* 68.

psyche [CL < ψυχή], soul.

siche profundum vel anima, unde sicomachia S. LANGTON *Gl. Hist. Schol.* 48; ~e est anima BACON *Gram. Gk.* 68; chen [v. l. sichen] .. anima est *Alph.* 120.

psychiexodus [ψυχῆς ἔξοδος], departure of the soul.

de fixiezodo [περὶ ψυχῆς ἐξόδου] *GlC* D 59; psychiezodo, anima exitu *Ib.* P 838.

psychomachia [LL < ψυχομαχία], battle of the soul; **b** (as title of book, esp. one by Prudentius) *Psychomachia*.

ad supernam patriam .. ubi non erit sycomachia [v. l. sicomachia, *gl.*: *batalie de l'ame*] NECKAM *Ut.* 107; siche profundum vel anima unde sicomachia, i. anime pugna S. LANGTON *Gl. Hist. Schol.* 48; ~ia, pugna anime BACON *Gram. Gk.* 68; sicomchia [v. l. sicomochia], i. pugna anime, chen [v. l. sichen] enim anima est *Alph.* 120. **b** teste Prudentio in ~ia ABBO *QG* 6 (14); a**1073** liber Prudentii Sicomachie (*Catal. Librorum*) Exeter Book f. 2r p. 28; c**1100** sedulius, Sychomagia, Boetius (*Catal. Librorum, MS Bodl. Tanner 3* f. 189v) *EHR* XXXII 388; teste Prudentio de Sicomachia OSB. GLOUC. *Deriv.* 104.

psychos [ψῦχος], cold, coldness.

psythos est frigus *LC* 258b.

psylliticus [CL psyllium < ψύλλιον + -(it)icus], of or made with fleawort. **b** (as sb. n.) remedy that contains fleawort.

confeccio psilitica que .. sitim mitigat et ventrem laxat GAD. 5v. 1. **b** si autem fuerit discrasia epatis causa, detur .. psilliticum GILB. I 18. 1.

psyllium [CL < ψύλλιον], **psyllios**, (bot.) psyllium plantain, fleawort, fleaseed (*Plantago psyllium* or *indica*).

herba psillios .. *wiþ heafodes sare Leechdoms* I 62; psillium, i. pulicaris, aquileia *Gl. Laud.* 1157; spillios [i. e. psillios], i. pulicaris *Ib.* 1327; cur elementorum qualitates in summo dicuntur esse, cum aqua quedam sint frigidiora, ut glacies et psillium? *Quaest. Salern.* C 33; sillium [v. l. psillium] est herba complexionata et non est adeo frigida J. BLUND *An.* 227; et licet infrigident magis artus psyllia nostros NECKAM *DS* III 161; huic morbo [sc. veneri] prebet remedium mira psilii frigiditas *Id. NR* II 166 p. 275; in aqua decoctionis .. foliorum salicis .. psillii, vinee GILB. I 19v. 1; **12..** *lusesed WW*; valent christallus et camphora si dentur cum mucillagine psilii facta in aqua rosata .. similiter psilium ponatur in sacco lineo .. et tunc saccus ponatur in aqua .. et extrahatur et ponatur in ore; summe valet GAD. 5v. 1; allefias, i. psillium *SB* 9; zarchaton, i. psillium *SB* 44; *chille, herbe*, cilium .. pilium *PP*; herba sancti Pauli .. dicitur persillium insipidum *Alph.* 79; herba pullicaris vel herba pollicaris, respice in percillium [l. psyllium] *Ib.* 83; zaitaron vel acaron, i. psillium *Ib.* 198.

psythos v. psychos.   **ptarmica** v. ptarmicus.

ptarmicus [LL < πταρμικός],

1 that causes sneezing, (as sb. n.) substance that causes sneezing.

eup[atoria] aurea et rubea in sero et obtarmica in naribus fiant et pillule dyacastoree bine dissolute cum vino naribus injiciantur GILB. II 99v. 1; obtalmicon [l. ptarmicon], sternutatorium idem *Alph.* 127.

2 (as sb. f. *ptarmica* < πταρμική) sneezewort (*Achillea ptarmica*). **b** stinking camomile (*Anthemis cotula*).

~a, *sneesewoort . . the whole plant is sharpe, biting the toong and mouth like pellitorie of Spaine* (GERARDE *Herb.*) *OED* s. v. *pellitory; sneesewort is called of some* ~a (*Ib.*) *OED* s. v. *sneezewort.* **b 10..** obtalmon, *mageðe WW.*

ptelea [CL < πτελεά], elm (*Ulmus glabra*).

depton, i. arbor *Gl. Laud.* 499; deptelin, i. ulmus *Ib.* 476; piteleas, i. ulmus arbor *Ib.* 1203.

pteris [CL < πτερίς], **pterigia**, ~**ion**, (bot.): **a** male fern (*Aspidium filix-mas*). **b** bracken (*Pteris aquilina*).

pet[er]ea, i. filex *Gl. Laud.* 1179; pituregium, i. ippoericum *Ib.* 1190; pit[er]eu, i. *fliu Ib.* 1229; ptergion, i. filex *Ib.* 1230; tergio, i. filix *Ib.* 1483; epis, respice in feliceteron *Alph.* 58; felioteron aut nimphon aut epio dicitur, folia epteridi similia habet . . *Ib.* 64; felix, fillis, respice in pateos *Ib.* 64; filex poireos [l. ptereos < πτέρεως; v. l. ptires] sunt ut quidam dicunt, epitheos idem *Ib.* 66; pateos, fillis vel filex idem G. *feugere*, A. *fearu Ib.* 136; pseri [v. l. perseri] multi putaverunt melanciam esse, sed falsum est, tamen ejus generis est et suum brumosum [est], odorem habet ita malum ut nauseam provocat *Ib.* 139; alia sidentes . . habet . . folia . . similia paristeridi . . [v. l. peristeridi] *Ib.* 170. **b** opiteos, *the common brake MS Cambridge Univ. Libr. Dd. 11. 45* f. 110vb.

pteronibios [CL < πτέρον+CL ibis < ἶβις], (bot.) plant that resembles the wing of an ibis, creeping cinquefoil (*Potentilla reptaris*).

terombeos, pentafilon *Gl. Laud.* 1458.

pterygium [CL < πτερύγιον], (med.) morbid extension of the conjunctiva of the eye, pterygium.

tenigia, i. pannus oculorum *Alph.* 184.

pterygoma [CL < πτερύγωμα], wing.

perterigomata, i. penne *Alph.* 139.

ptipsana v. ptisana.

ptisana [CL < πτισάνη], ~**um**, (peeled) barley. **b** (~*a ordei* or sim. or ellipt.) drink or liquid food made from barley.

dietam . . oportet esse pertenuem: ~am . . et micam panis ter in aquis P. BLOIS *Ep.* 43. 127B; exemplum de ~a tipsana, per magnum errorem BACON *Tert.* 237; a quodam tyranno Cyprorum morte dampnatus est et cum, tanquam ~a, tonderetur [v. l. tunderetur] pilo aiebat mortare carnifici . . W. BURLEY *Vit. Phil.* 282. **b** de hordeo . . contuso, de cortice mundato, et cum aqua munda decocto, fit medicinalis potus quam physici ~am [TREVISA: *thisane*] vocant BART. ANGL. XVII 115 (ed. 1601; *ed. 1472* XVII 114: ptisnam); sed in quibus [liquoribus preexistit] frigidum cum humido, sunt gustui insipidiores, ut patet in ~a [TREVISA: *pthisane*] et hujusmodi *Ib.* XIX 51 (ed. 1601; *ed. 1472* XIX 49: ptisana); quia camomilla modicum habet de succo, fac eam infundi in lacte amigdal' vel in ~a ordei ibi valet ~um factum de ordeo GAD. 5. 1; item ~a ordei prodest multum J. MIRFIELD *Brev.* 80; ~a succus ordei dicitur *SB* 36; tysane, *drynke*, ~a, -ne *PP*; tisana vel tipsana, i. succus ordei *Alph.* 185; *barke duste or wose*, prunium, ptipsana *CathA*; **1531** pro ij *hoggeshedis* ptissine missis apud Mugleswyk pro domino *Househ. Bk. Durh.* 5.

ptisanarius [CL *as sb. n. only* tisanarium=*drink made from barley*]

1 (of digested food) that has the nature or character of *ptisana*.

humorum quatuor generatio fit in epate a tisanaria succositate transmissa a stomaco usque ad epar *Quaest. Salern.* B 328; recepto . . cibo in loco decoctionis, primo sc. in stomacho, subtilior ejus pars et liquidior, que a physicis phthisinaria [TREVISA: tisinaria] vocatur, per quasdam venas ad epar trahitur BART. ANGL. IV 6 p. 99; si multa fuerit massa ~ia in stomacho GILB. I 51. 1.

2 (as sb. n.) sort of vessel (usu. for pounding, steeping, or tanning).

in hoc vocabulo ~ium . . cum sic scandi debet 'ptisanari orise', patet quod hec sillaba 'sa' . . breviatur BACON *Gram. Gk.* 101; *barke fatte*, ptipsanarium *Cath A*; *a morter*, mortarium, mortariolum lapista, pila, ptipsanarium *Ib.*; *a stepe fatte* [v. l. *a stepstane or fatt*] ptipsanarium *CathA*.

ptisicus v. phthisicus.   **ptisis** v. phthisis.   **ptissina** v. ptisana.

ptisson [pr. ppl. of πτίσσειν=*to winnow grain*], (in gl., understood as) that bears barley-corn.

ptysones [? l. ptissontes], *berecorn beorende GlC* P 841.

ptoceos v. ptochia.

ptochia [πτωχεία], poverty.

peri pgocias [l. ptochias < πτωχείας], de paupertate *GlC* P 195; prexeos [l. ptoxeias], inopiae *Ib.* 662; ptoceos, inopiae *Ib.* 840.

ptochium [LL < πτωχεῖον, πτωχῖον], house or institution that provides aid or shelter to poor people.

claustrorum fracta credas repagula, exhausta tochia vel xenodochia J. SAL. *Pol.* 693D.

ptochodochium [ML < πτωχός+δοχεῖον], almshouse.

pascitur in bephrotropheo, geronticonio, orphanotropheo, pocodochio [l. ptochodochio] et xenodochio infirmus T. CHOBHAM *Praed.* 30.

ptochotrophium [LL < πτωχοτροφεῖον], almshouse.

s1089 xenodochia vel prothrophia duo extra civitatem edificavit TORIGNI *Access. Sig.* 49; loco [? l. loca] humane necessitati statuta sunt hec: xenodochium, nosocomium, gerontochomium, orphanotrophium, prototrophium, brephotrophium BELETH *RDO* 2. 15; centum ~ia in quibus homines miseri senectute . . nutrirentur REDMAN *Hen. V* 25.

ptois v. ptysis.

ptoma [πτῶμα], fallen or dead body, corpse.

toma, corpus *Gl. Leid.* 29. 66.

ptrut, phrut [cf. ME *ptrot*, OF *trut*], exclamation of contempt or disapproval.

dicens nunciis regis irrisorie "ptrut, *sire*: sibique nihil esse cum rege Anglicano . ." *Itin. Ric.* II 32 p. 189; est in eadem regione Haveringmere, quod si quis navigans dum transit proclamaverit "phrut [v. l. prhut] haveringmere" . . statim correptus subita tempestate submergitur cum navigio . . GERV. TILB. III 88; phrut tibi, mare, et omnibus qui te transferant *Ib.*

ptyelon [πτύελον=*spittle*], (in gl., understood as) reddish.

tyolen vel tyolon interpretatur rubicundus, inde sputum tyolon *Alph.* 186.

ptysicus v. phthisicus.

ptysis [CL < πτύσις=*spitting*], spittle.

ptois, i. sputum *Alph.* 150.

pua v. qui.   **pubeda** v. pubeta.   **puber** v. 1 pubes.

puberare [ML]

1 to grow up, be or become physically mature.

~at, crescit *GlC* P 879.

2 to grow or have a beard (as sign of physical maturity).

to berde, ~are, pubertare *CathA*.

puberculus [ML < LL *puber*+CL -culus], (dim.) a little youth.

puerculus, puerulus . . ~us, juvenculus OSB. GLOUC. *Deriv.* 466; partes proditorias predis potenter privabit ~us presens J. READING f. 192 p. 181.

pubēre [CL *pr. ppl. only* =*full of sap*]

1 to reach puberty or physical maturity.

s1339 fecit homagium in minori etate: ~et tamen . . AD. MUR. *Chr.* 101.

2 to have hair or beard (as sign of physical maturity).

Mercurius . . hortatu matris in Philologie nuptias transit ab adulescentia prima eo quod jam ~entes gene seminudum eum incedere . . sine magno risu Cipridis non sinebant J. SAL. *Met.* 932D.

pubertare [ML], to grow or have a beard (as sign of physical maturity).

to berde, puberare, ~are *CathA*.

pubertas [CL]

1 (age of) physical maturity, puberty, youth.

prostibuli stupro quo penitus a ~ate [*gl.*: juventute] incorrupto corpore caruit ALDH. *VirgP* 32 p. 273; vacantes ac sine conjugio exacto tempore ~atis BEDE *Egb.* 11 p. 415; ~as, juventus tenera, legitima tamen *GlC* P 857; a primeva tenere etatis infantia usque adulte ~atis florem W. MALM. *GP* V 192; ~as nomen est etatis. dux ~atis est virgineus maritus quem preeuntem sicut maritum juvencula sequi debet ANDR. S. VICT. *Sal.* 23; qui . . ut . . ad pleniora ~atis tempora jam pervenisset GIR. *Æthelb.* 2.

2 maturing (of plant, fruit, or sim.).

s1252 ~atem pomorum, glandium, fagine et omne genus fructuum . . adeo adussit ut . . M. PAR. *Maj.* V 278.

pubertus [CL pubes, LL puber+-tus], characterized by physical maturity, young.

s1297 omnes Scoti et singuli, utriusque sexus a ~a etate usque ad senium *Ann. Ang. & Scot.* 384.

1 pubes [CL], **puber** [LL; *also 2nd decl.*]

1 physically mature, young; **b** (of person); **c** (of animal); **d** (of age).

11.. puber, *geong WW*; *3onge*, . . butro . . ~es vel ~is vel ~er, genetivo hujus ~is vel ~eris, juvenis, juvenalis *CathA*. **b** pueros ~eres [v. l. pauperum] non in forum sed in agrum duci jussit W. BURLEY *Vit. Phil.* 64; magis viro quam mulieri congruit talem [orphanum] instruere moribus et virtute, ejus quoque patrimonia regulare ac de eorum proventibus raciocinium reddere juveni cum ~es factus fuerit et adultus FORTESCUE *NLN* II 49. **c 1593** vitulos sugantes ~eres, Angl' *yonge suckinge calves CourtR Bedford.* **d** hic . . pueritiam elinguis transcendens ad ~eres annos nichilominus elinguis pervenit GOSC. *Edith* 300; et jam ad ~erem etatem G. *Roman.* 296; in ~eris annis nupsit filiam Fulconis comitis Andegavie *Eul. Hist.* III 59.

2 (as sb., usu. m.) physically mature person, a youth; **b** (dist. from *puer*).

Christi caelibes [*gl.*: ~eres, sc. ab uxoribus; virginum ~eres, þa clæ] ALDH. *VirgP* 26 p. 260; ardens ingenio et prudens pectore puber *Id. VirgV* 1130; ~es, juvenis legitimos pilos habens *GlC* P 858; **10..** ~eres, *cnihtas, geonglingas WW*; **11..** hic ~er, *juvencel WW Sup.* 110; ~eres quibus jam pili in naturalibus illis partibus pullulare incipiunt ANDR. S. VICT. *Sal.* 23; est enim sacius congnosse puberem / que habeant senciat ex equo Venerem P. BLOIS *Carm.* 28. 2. 9. **b** qualis enim puer, talis et ~er GIR. *SD* 30.

2 pubes [CL]

1 physically mature or young persons (collect.).

sed tamen Ebrea spernens ludibria pubes / cernua non flectit simulacris colla nefandis ALDH. *VirgV* 377; ventum erat ad thalamos, ingens ubi regia pubes / consulibus permixta aderat WULF. *Swith.* I 1277.

2 pubes, pubic region, groin. **b** (in gl., understood as) male private parts.

a quo [fonte] Scilla egrediens a ~e inferius lupis canibusque cincta est atque in portentum maritimum transformata est W. DONC. *Aph. Phil.* 7. 9; hec ~es, *penil Gl. AN Glasg.* f. 19vb; hic ~es, *penil Gl. AN Ox.* 77; anus, crus, pubes [*gl.*: *schare*], dorsum, sic spina, podexque (*Vers.*) WW. **b** ~e, virilia *GlC* P 876.

3 pubic hair. **b** (trans., w. ref. to leaves).

vota blando stimulat / lenimine / pubes que vix pullulat / in virgine / tenui lanugine P. BLOIS *Carm.* 8.

pubes **Publicianus**

6. 53; hec ~es, *yonge hore WW*. **b** illum [baculum fraxineum] . . per Dei virtutem miram in magnitudinem excrevisse . . foliorum ~em et frondium decorem emisisse W. MALM. *GP* V 230.

4 (*pubetenus*): **a** (as adv.) as far as the private parts. **b** (as sb.) part of the body from the middle down.

a quidam vero qui tota verendus / pectora pubetenus barba contexerat hirta H. HUNT. *Herb.* 286. **b** pubetenus, media pars corporis deorsum *GlC* P 854.

pubescere [CL]

1 to reach puberty, to be physically mature; **b** (w. animal as subj.) **c** (transf. or fig.).

Thecla . . Christi virguncula, cum desponsata primo ~eret [*gl.*: cresceret, pollesceret] aevo ALDH. *VirgP* 46 p. 300; **10** . . ~ens, *weaxende, forþframiende WW*; jam adolescens ~ere xvij annorum ~ebat ORD. VIT. XII 26 p. 416; pueritiam salutaverat cumque jam in ejus facie ~entis adolescentie lanugo vernaret, sedem apostolicam visitavit P. BLOIS *Ep.* 126. 377B; inde . . est puericia usque ad annos xiiij et tunc ~it et incipit moveri vis generacionis in masculis et purgacio in mulieribus GROS. *Hexaem.* IX 10. 9 p. 283; **s1246** ipse . . in etate juvenili ~ens, totius Anglie prothoforestarius M. PAR. *Maj.* IV 563. **b** **s1258** pauperes afflixit, culturam suspendit et pecudes necuit ~entes M. PAR. *Maj.* V 674. **c** squalebat mundi facies macie et ariditate, et pro virectis ac vernali flore senescere orbis cepit antequam ~ere GOSC. *Transl. Mild.* 17; [disce] quo solis ardor lucidi non tepescit; / in cujus aurora precepto pubescit J. HOWD. *Cant.* 370.

2 (w. plant or tree as subj.) to mature.

lignum . . ~ens floribus, turgescens fructu W. MALM. *GP* II 76; in vere . . vinee ~unt BELETH *RDO* 133. 138; uvas maturitatis senio flaventes obstupuimus de quorum inferioribus surculis sicomoros ~entes eduximus R. COLD. *Osw. pref.* p. 326; vinea floreat ut vetus areat, inde labrusca / crescat, pubescat pacis oliva virens GARL. *Epith.* I 328; germinat radix, humus irrigatur / planta ~it, rosa purpuratur *Id. Poems* 2. 2.

pubeta, pubeda [ML], physically mature person, a youth.

puber, adolescens, ephebus, ~ta, ~da, juvenis, puellus OSB. GLOUC. *Deriv.* 467.

pubetare [ML], to grow up, become physically mature.

pubescere . . incrementari, ~are OSB. GLOUC. *Deriv.* 467.

pubetenus v. 2 pubes, pubetinus.

pubetinus [CL pubes + -tinus], physically mature person, a youth.

exceptis parvulis et ~is BYRHT. *V. Osw.* 454; pubetenus, *frumbyrdling* ÆLF. *Gl. Sup.* 171.

publex v. pulex.

publicalis [CL publicus + -alis], of or pertaining to the state or the whole community, communal, public.

767 hanc terram liberam esse ab omni tributo parvo vel majore ~ium rerum . . praeter . . *CS* 202 (=*CS* 203: **770**).

publicamentum [CL publicare + -mentum], public or communal repute.

1166 si . . habeat malum testimonium de ~o (*Assize Clarendon* 12) *SelCh* 171.

publicana v. 1 publicanus.

publicanter [CL publicare + -ter], (in gl.) in a manner that involves divulging or making publicly known.

publico, -as, i. divulgare . . et inde ~er adverbium OSB. GLOUC. *Deriv.* 459.

1 publicanus [CL], tax-collector, publican. **b** (generally) sinner; **c** (as sb. f.).

theloneus Graece, Latine ~us COMM. *Cant.* III 12; p**675** nam Dominus cum ~is et peccatoribus convivia celebrasse describitur [cf. *Matth.* ix 10], ut verus medicus . . ALDH. *Ep.* 4 p. 484; humiles spiritu humiliter

Dominum adorant ut evangelicus ille ~us [cf. *Luc.* xviii 10–13] BEDE *Prov.* 992; puplicani, qui populum rem faciunt, non a peccando *GlC* P 870; ~us, *wicgerefa* ÆLF. *Gl.* 111; c**1214** legitur in Luca de puplicanis venientibus ad Johannem ut baptizarentur [cf. *Luc.* iii 12–14] GIR. *Ep.* 8 p. 274; ~i erant qui colligebant publica vectigalia et pedagia T. CHOBHAM *Praed.* 277. **b** c**1520** ipsosque pro hereticis et ~is . . accusandos fore *Conc. Scot.* I cclxxxiii. **c** *opun synnar withowtyn shame*, publicanus . . ~a *PP*.

2 Publicanus [*var. sp. of* ML Paulicianus, Popelicanus < Παυλικιανός, *also assoc. w.* CL publicanus], a Paulician heretic, a Publican.

s1098 Turcos, Arabes, Saracenos, ~os, Azimatos, Persas, Agulanos et alias multas gentes fugantes FL. WORC. II 42 (=S. DURH. *HR* 229); **s1098** fama . . percrebruit . . Turcos, ~os, Agulanos, Azimitas et plurimas gentilium nationes adventare ORD. VIT. IX 9 p. 536; vetus heresis de novo supra modum propagata, ducens originem ex hiis qui Dominum loquentem de carne sua comedenda et sanguine dereliquerunt, dicentes "durus hic sermo"; et abeuntes retro dicti sunt ~i vel Paterini MAP *NC* I 30 f. 22v; **s1173** heresis ~orum emersa est in Gallia *Ann. Wint.* 61; de superstitione ~orum . . cum error quorundam hereticorum, qui vulgo appellantur ~i, per plures provincias Gallie proserperet COGGESH. *Chr.* f. 90; **s1236** erat . . civitas illa [Mediolanensis] omnium hereticorum, Paterinorum, Luciferanorum, ~orum, Albigensium . . refugium M. PAR. *Maj.* III 375.

publicare [CL]

1 to make public property, to appropriate to the state or community, confiscate.

lex est apud Rhodios, ut, siqua rostrata navis in portu deprehensa sit, ~etur ALCUIN *Rhet.* 15.

2 to display or exhibit publicly.

papa Petri claves et Pauli publicat ensem / hec duo cum stabili gaudia pace dabunt GARL. *Tri. Eccl.* 14; tunc debes aperire celaria tua et ~are per regnum et civitates frumenta et grana thesaurizata BACON V 55.

3 to make (generally) known; **b** (w. acc. & inf.); **c** (w. *quod* & ind.).

propter ~atam [*gl.*: divulgatam, multiplicatam, *geope*, i. *gemænigfyldre*] protervorum insolentiam et traductam indisciplinatorum arrogantiam ALDH. *VirgP* 58 p. 318; adolescens erubuit et manifeste rem ~are noluit ORD. VIT. VIII 14 p. 349; sine dubio omnia vitia et peccata . . ibi ~abuntur AILR. *Serm.* 1. 7. 210C; tunc [transfiguratio Domini] . . fuit manifestata et ~ata BELETH *RDO* 144. 147; qui enim ~at peccatum suum quasi gloriatur de eo . . T. CHOBHAM *Praed.* 25; **1269** negocium . . id ~are eciam amicis suis nolebant duplici racione *Grey Friars Ox.* 332. **b** sufficeret . . verbo vel scripto papam esse hereticum ~are . . hujusmodi publicacio OCKHAM *Pol.* I 64. **c** id per villam publicaverunt quod reditus vestros cito in manu vestra habere volebatis GIR. *SD* 28.

4 to publish, publicize (text, book, or law).

scripta . . edita semel et ~ata non pretereunt GIR. *EH Intr.* p. 213; exemplar vivum, per manum . . prioris ejusdem abatie publigandum ad nostre speculum honestatis GARL. *SM pref.* p. 87; **s1264** ad minus bis in anno . . ipsas [chartas et ordinaciones] precipimus ~ari *Ann. Dunstable* 238; **1268** quod ad villam predictam accederet ad dictas libertates puplicandas et conservandas (*Pat* 86 m. 25*d.*) *Gild Merch.* II 365; **1292** ceo est le bref que fust maunde a pupplier les ordynances . . quod ordinaciones illas in civitate . . ~ari . . faciatis *MGL* II 203; **s1341** litera . . quam . . rex contra . . archiepiscopum decano et capitulo ecclesie S. Pauli Londoniarum per ipsos ~andam direxit AVESB. f. 94v p. 330.

5 (leg.) to declare or make publicly known as guilty, to make notorious by report; **b** (w. *in* & abl. to designate crime); **c** (w. *quod* & subj.).

Paulus . . contra jura naturae proditus et ~atus [v. l. puplicatus, *gl.*: abdicatus divulgatus, *forwreged, geypt* vel *geswu*] ALDH. *VirgP* 28 p. 265; si fuerit diffamatus . . non habeat legem et si non fuerit ~atus . . eat ad aquam (*Assize Clarendon* 12) *SelCh* 171. **b** qui . . in hoc crimine ~atus fuerit statutum est . . ut ad nullum amplius gradum promoveatur W. MALM. *GP* I 64. **c** rettatus vel ~atus quod ipse sit robator vel murdrator (*Assize Clarendon* 1) *SelCh* 170.

publicatio [CL]

1 (act of) making generally or publicly known.

in unitatem Patris et Filii peccat, cum unitatem quae est inter Deum Patrem et Filium, in confitente sibi repraesentatam, quacunque ~one dividit LANFR. *Cel. Conf.* 628B; mirabilis fuit ~o sapiencie divine T. CHOBHAM *Serm.* 2. 8ra; publice proclamari fac' . . et alii homines pedites infra duos dies post ~onem predictam iter arripiant veniendi ad nos *RScot* 244b; sufficeret . . verbo vel scripto papam esse hereticum publicare . . circa quem tantum operari deberet hujusmodi ~o . . quantum OCKHAM *Pol.* I 64; **1356** facientes in prima ~one . . omnes . . campanas . . insimul pulsare publice *MunCOx* 134.

2 (act of) publishing, publication, publicizing by proclamation (of text, book, or law).

c**1103** litteras illas de quarum ~one hoc aestimatis contigisse, nec ego transcripsi nec . . ANSELM (*Ep.* 250) IV 161; **1223** per testium productiones et attestacionum ~ones *Cl* 629b; **s1264** ita quod fiat prima ~o [chartarum et ordinacionum] in proximo comitatu *Ann. Dunstable* 238; **1271** ex dilatione et mora puplicationis statuti et provisionis hujusmodi *Leg. Ant. Lond.* 235; **s1370** papa . . misit bullas per mundum mandans regnis et civitatibus quod post ~onem earum ubicumque essent Florentini diriperent omnia eorum bona et debita eis non solverent *Eul. Hist. Cont.* 335; **s1341** post cujus . . sentencie ~onem . . factam WALS. *HA* I 236.

publicator [LL]

1 one who makes generally known, divulger, announcer.

s1228 inter ceteros autem hujus sentencie ~ores Stephano scripsit archiepiscopo Cantuariensi M. PAR. *Maj.* III 145; c**1270** secretorum vero capituli alibi relator vel ~or graviter puniatur (*Cust. Bury St. E.* f. 106) *HBS* XCIX 17; **1380** tibique dictos predicatores et ~ores ut . . rationem reddant de receptis per eos . . compellendi concedimus . . facultatem *Mon. Hib. & Scot.* 365b.

2 one who publishes, publisher.

1449 lectores, seu ~ores literarum bullatarum *Conc.* III 559b.

publicatorius [CL publicare + -torius], that makes generally known or announces, declaratory.

1416 archiepiscopus auctoritate ejusdem concilii litteras super hoc ~ias per . . cancellarium suum concipi decrevit et fieri demandavit *Reg. Cant.* III 26.

publice [CL], in public, publicly, openly. **b** (contrasted w. *occulte*, *privatim*, or sim.).

reconciliatio ideo in hac provincia puplice [v. l. publice] statuta non est quia et puplica [v. l. publica] penitentia non est THEOD. *Pen.* I 13. 4; mox publice Christum paganis praedicat ultro ALDH. *VirgV* 1137; pronuntio ~e quod Christianus princeps ab archiepiscopo suo tale sacramentum exigit injuste W. MALM. *GP* I 50; **1179** (1270) propter . . infamiam que devulgabatur pupplice (v. dissolutio 4); **1185** ad monasterium B. Michaelis . . veni ibique puplice in conspectu tocius capituli et multorum venerabilium . . virorum omnibus querelis . . renunciavi *CartINorm.* p. 58; c**1307** pupplice in scholis conferant *Reg. Whet.* II *app.* 312; episcopus novit quod rector noster ~e captus est in adulterio cum propria parochiana, uxore alterius viri GASCOIGNE *Loci* 24. **b** Greci in Dominica non scribunt puplice [v. l. publice]; tunc pro necessitate seorsum in domu scribunt THEOD. *Pen.* II 8. 2; commissum sibi gregem et ~e [v. l. publice] et privatim docere BEDE *HE* IV 21 p. 256; fatebatur . . ~e et secreto quia . . J. SAL. *Met.* 945B; dicit hec omnia illum ante incarcerationem Johannis Baptistae fecisse, sed tamen occulte, et post ~e M. PAR. *Maj.* I 94; nitebatur semper occidere eum et ~e et private insidias ei imponere G. *Roman.* 285; **1355** per se, alium vel alios pupplice vel occulte *Lit. Cant.* II 336.

Publicianus [CL], of or concerned with a Roman praetor Publicius; (leg., *actio ~a in rem*, also as sb. f.) honorary action granted to the beneficial owner of a thing for reclaiming property.

de publiciana in rem accione . . dotis nomine: quedam non domina dedit tibi rem in dotem et cepisti usucapere. si cecideris a possessione, habebis ~am,

sive res estimata sit per quod videretur vendita. . . qui a non domino emit habat ~am Vac. *Lib. paup.* 86.

publicitas [CL publicus+-tas], (in gl.) state or condition of being public or common.

publicus . . et hec ~as Osb. Glouc. *Deriv.* 459.

publiciter v. publicitus.

publicitus [CL], **publiciter** [ML], in public, publicly, openly.

~itus, i. publice, *openlice GlP* 928; ~itus ab omnibus floccipendor, quia qui me pernosse desudet, vix inter tot milia vel unum reperies Osb. Glouc. *Deriv.* 2; ~itus adverbium et dicitur pro publice *Ib.* 479; Palpo publicitus et in propatulo / mentiri potuit sine piaculo Walt. Wimb. *Palpo* 128; c**1302** vultis quod legam eas ~iter? . . non, immo legatis eas prisoni et secrete . . (v. exsumere).

publicus [CL]

1 of, affecting, or available to the whole community or the state, public (sts. dist. from *privatus*). **b** (of language or form of speech) spoken or understood by the whole community (sts. w. ref. to vernacular as dist. from Latin). **c** (acad.) performed on behalf or for the benefit of the whole community.

sumptu ~o privatoque Gildas *EB* 18; universis ecclesiae filiis tutum ~um conspicuumque refugium *Ib.* 93; qui occiderit hominem in puplico [v. l. publico] bello, xl dies peniteat Theod. *Pen.* I 4. 6; in via ~a per civitatem exiens *Comm. Cant.* I 114; pro civitate in Graeco πολιτείαν habet quod magis civilitatem, i. socialem inter cives conversationem vel administrationem rei ~ae quam civitatem significat Bede *Retract.* 1030; **762** in ~is locis id est ut incoli nominandi dicunt Holanspic . . *Ch. Roff.* 4; qui divertit iter, qua se via publica monstrat Alcuin *WillV* 15. 6; prostituta, meretrix puplica *GlC* P 644; c**801** trium . . causarum puplica ratio reddatur, hoc est instructio pontuum et arcis *CS* 201; cantuum ecclesiasticorum ~am scolam quocunque ire rogabatur exercens W. Malm. *GP* I 72. **b** vel pene vel penitus pro eodem habeat ~e locutionis usus Balsh. *AD* 97; non tantum Latina sed et ~a lingua scribi et verenda inprecatione voluit roborari *Lib. Eli.* II 8. **c** **1565** pro ~is exercitiis in theologia *StatOx* 383.

2 authorized, sanctioned, or maintained by the state or the whole community, official: **a** (of person or person's authority); **b** (of activity, business, or sim.). **c** (as sb. m.) an official of the community or the state.

a accipite veracem ~umque adstipulatorem boni malique retributionem absque ullo adulationis fuco . . testantem Gildas *EB* 43; **1170** venerunt . . regis officiales suo rogantes nomine et ~a denuntiantes auctoritate J. Sal. *Ep.* 300 (304 p. 720); si ~a figura apparuerit, sine omni vituperatione fides adhibeatur, nisi ille, contra quem producuntur, voluerit falsi redarguere Ric. Angl. *Summa* 31 p. 52; solent quidam dicere quod sacerdos talis est ~a persona, nec orat in persona sua sed in persona ecclesie T. Chobham *Praed.* 63. **b** puplica secularium negotia procurantes Ric. Hex. *Stand.* 102; c**1288** consuetudines judicare presument seu in puplicam formam vel auctenticam redigere judicata *FormOx* 357; **1419** sicque omnia et singula predicta per prefatum reverendum patrem et dominum fieri vidi et audivi eaque in ~am formam redegi *Reg. Cant.* II 182; **1437** ea . . omnia . . sic fieri vidi, audivi, scripsi, publicavi et hanc ~am formam redegi *Mem. Ripon* I 132. **c** et ob hoc reges, ~i, privati, sacerdotes, ecclesiastici suum quique ordinem servarunt Gildas *EB* 26.

3 who or that can be easily discerned, perceived, or seen by all, open, manifest: **a** (of person); **b** (of act or action). **c** (of place; also as sb. n.) public place or situation. **d** (*in ~um, in ~o, ~o* as adv.) in or into the open, openly, manifestly.

a destructio domus et combustio illius et ~us latro [cf. *Quad.*: *open þyfþ*, i. apertum furtum; *Cons. Cnuti*: manifestum furtum] et mordrum (*Inst. Cnuti* 64) *GAS* 353; factus adulter pupplicus Gir. *SD* 66; **1237** idem Robertus fuit pupplicus malefactor in parcis et forestis *BNB* III 229. **b** dehinc illam [cervicem], cujus . . suggestione tantae sunt peccatorum subitae moles, ~o et . . sceleratissimo adscivisti conubio Gildas *EB* 35; si Christianae religionis titulo eas accusantes ~a [v. l. puplica, *gl.*: manifesta] insimulatione propalarent Aldh. *VirgP* 52 p. 308; ut primo cum paucis isdemque clam tyrannidem agentibus adveniens plures sibi postea ~a fraude conjunxerit Bede *Acts* 988; **967** hanc . . terrae dimidiam partem quidam laicus . . per puplicum perdidit latrocinium *CS* 1198; **1166** an verum sit nescio, sed rumor apud nos ~us est J. Sal. *Ep.* 182 (179 p. 190); **1279** super notorio et puplico incestu Michaelis de Danecastria . . perniciose commisso *Reg. Ebor.* 19. **c** [Ediva] in annis puellaribus gravitatem pretendens anilem, ~um fugiens secreta thalami frequentabat Ailr. *Ed. Conf.* 747D; **1292** in loco pupplico *State Tri. Ed. I* 80. **d** haec sufficiant de positione longis quae passim in ~o [v. l. puplico] et in propatulo sita a metricis facillime deprehenduntur Aldh. *PR* 116 p. 159; ille . . qui bona in ~o et mala agit in occulto Bede *Prov.* 971; quia interiori homini praesidet semper ibidem haberi potest quamvis in ~um non semper ostendi potest *Id. Ep. Cath.* 62; s**1139** venenum malitie diu in animo regis Stephani nutritum tandem erupit in ~um W. Malm. *HN* 468 p. 25; tanquam in ~o dignitatem observans, licentius natura ludat in privato Gir. *TH* II 43 p. 128; fugiebant consortia eorum et in ~o et in privato T. Chobham *Praed.* 77; **1290** P. K. conqueritur de W. le V. et dicit quod ipsum male diffamavit pupplico asserendo ipsum P. falsum fore hominem plenum fraudibus et maliciosis contencionibus *SelPlMan* 36.

4 (as sb. f.) prostitute.

habebat eciam et filium . . susceptum, si dicere fas est, a ~a cui nomen Hikenai Map *NC* V 6 f. 70v.

5 (as sb. n.) public funds, the public purse.

. . sumptus enim, qui de ~o dari solet, his a quaestore non est datus . . Alcuin *Rhet.* 14.

publig- v. public-. **puccare** v. punctare.

pucella [OF *pucele, pucelle*], little girl or maid.

1418 quamdam Margeriam . . ~am teneram miserabiliter interfecisset *Reg. Heref.* 58.

pucellagium [OF *pucelage*], virginity.

si mulier per vim oppressa pucelagium suum amiserit Bracton f. 143; **1306** rapuit pucelagium Alicie G. *Gaol Del.* 1015 m. 1*d*.

pucha v. poca. **puchica** v. pokettus. **puchea** v. poca. **puchia** v. poca.

pucinarius [pucinus < OF *poucin*+-arius], that has chickens, (*gallina ~ia*, astr., name of constellation) Hen and Chickens, the Pleiades.

Pliades . . que conglobacio nominatur a Gallicis gallina ~ia Bacon IV 396.

pucinus [AN *pucin* < LL=*little*], chicken.

1276 de vj pucynis de redditu venditis (*MinAc*) *Banstead* 305; **1277** reddit compotum . . de iij d. de vj ~is de redditu venditis (Ib.) *Ib.* 311.

pucio v. pusio.

puctus v. punctum. **pudabundus** v. pudibundus. **puddellum** v. pictellum.

pudenter [CL=*modestly*], shamefully.

pudet . . unde ~er, ~ius, ~issime adverbia Osb. Glouc. *Deriv.* 432; quia illorum gaudium est ut suspendantur penaliter et ~er [ME: *scheomeliche*] cum Jhesu in sua cruce *AncrR* 137.

pudentia [LL], sense of modesty, shame (in quot. in gl.).

pudet . . unde . . hec ~ia Osb. Glouc. *Deriv.* 432.

pudere [CL], **pudescere** [LL]

1 to fill with shame: **a** (impers. also w. gen. to specify cause of shame); **b** (w. inf. or acc. & inf. as subj.); **c** (w. n. pron. as subj.).

a ~escit, *me sceamaþ GlP* 73; puduit principem dicti W. Malm. *GP* I 50; ~eat ergo religionem professos tot et tanta superflua querentes Andr. S. Vict. *Sal.* 85; unde non parum ~et quorumdam impudentie qui cum in sordibus senuerint . . Ailr. *Inst. Inclus.* 19; pudenda parent nec ~et, sui impos potenti virtute plurima exercet T. Mon. *Will.* VI 5 p. 225; ~et me, fratres mei, paupertatis nostrae in hac parte J. Ford *Serm.* 12. 2. **b** attendite verba Domini . . quae et vos . . in medium crebro proferre non ~et Gildas *EB* 96; nec ~eat Christi caelibes . . Toronici reminisci pontificis Aldh. *VirgP* 26 p. 260; ~et [*gl.*: sc. me] referre quorundam frontosam elationis impudentiam *Ib.* 58 p. 317; nec ~ebat archiepiscopum . . pauperibus cibos apponere W. Malm. *GP* I 43; non ~ebat olim nudos sua cunctis patere pudenda P. Blois *Opusc.* 1022C; ~uit me sine signo reverti Map *NC* III 2 f. 36v. **c** proh dolor! sic est ingredi domos quorumdam episcoporum nostrorum, et quod magis ~et, cucullatorum, quasi quis ingrediatur Sodomam et Gomorrham Ailr. *Spec. Car.* III 26. 600.

2 to be ashamed, to be filled with shame.

puses conticuit facieque pudente rubescit Wulf. *Swith.* II 417; verecundus vel ~ens, *scamfæst* Ælf. *Gl. sup.* 172; quo fugitis timidi? . . attamen ne ~eatis me fugere, quia quamplures gigantes . . ad Tartara transmisi *Eul. Hist.* II 213.

3 (gdv. *~endus* as adj.) shameful; **b** (w. *membrum* or sim., w. ref. to sexual organ). **c** (as sb. n. usu. pl.) pudenda, private parts (about which one ought to be modest).

nec non extales multavit poena pudenda Aldh. *CE* 4. 2. 22; locus ~endus nostri evi episcopis in quo episcopalis dignitas diversari deberet W. Malm. *GP* IV 172; verba pudenda loqui, turpia facta sequi (*Vers.*) Ord. Vit. XI 40 p. 300; o rem ~endam! Ailr. *Spec. Car.* II 5. 549D; materiam turpem breviter pertranseo quando / causa pudenda forum judiciale subit Neckam *Poems* 458; ~endorum actuum feditas operitur ne a superno judice videatur S. Langton *Serm.* 4. 33; revelabo . . tua ~enda peccata [ME: *þine scheome sunnem AncrR* 123. **b** penus [l. penis], res ~enda *GlC* P 297; s**1402** femine Wallencium . . genitalia peremptorum absciderunt et membrum ~endum in ore cujuslibet mortui posuerunt testiculosque a mento dependere fecerunt Wals. *HA* II 250. **c** [Picti] magis vultus pilis quam corporum ~enda ~endisque proxima vestibus tegentes Gildas *EB* 19; potest in ficu cujus foliis protoparentes nostri post agnitionem praevaricationis sua ~enda texerunt velamentum excusationis intellegi Bede *Ep. Cath.* 29; penis, natura, ~enda, virilia *GlC* P 351; ~endorum sanies solo ejus visu in sanitatem refloruit W. Malm. *GP* I 46; illam maledictionem incurrunt qua Noe maledixit filium suum qui ~enda patris irrisit [cf. *Gen.* ix 22–5] Ailr. *Serm.* 17. 10. 296; quare ciconia in hieme precipitet se in aquam et rostro ~endo infixo quasi mortua . . jaceat *Quaest. Salern.* N 64A; sicut simia cum ludit ~enda sua oculis intuentium exponit T. Chobham *Praed.* 102.

pudescere v. pudere.

pudibunde [ML < CL pudibundus+-e], shamefully.

pudibundus . . unde ~e adverbium Osb. Glouc. *Deriv.* 433; s**1278** Judei Anglie capti sunt . . propter tonsuram monete que tunc ~e tondebatur *Chr. Peterb.* 26; contra Scotos . . jam in diversis congressionibus hostilibus putibunde succumbimus Blaneford 132; rege regnique magnatibus interim putibunde stertentibus et dissimulantibus damna suorum Wals. *HA* I 153.

pudibundus [CL]

1 (of person or facial expression) filled with shame.

at ille ~o lumine et demisso capite . . inquit W. Malm. *GP* I 6; frustrato labore jam pudabunda hinc effugabitur R. Cold. *Godr.* 239 p. 254.

2 about which one ought to be modest. **b** (*circulus ~us*) anus; **c** (*membrum ~um*) sexual organ. **d** (as sb. n. pl.) pudenda, private parts (about which one ought to be modest).

ne ~a [*gl.*: verecunda vel obscena, *scamlic*, pudica] corporis nuditas et indecens obscenitas castos offenderet obtutus Aldh. *VirgP* 37 p. 286; unicornis ire . . habet vij catulos . . tercius est putibundum [ME: *schendful*] improperium *AncrR* 71. **b** preuncto circulo ~o cum oleo Gilb. V 229v. 1. **c** fecerunt sibi perizomata ad tegendum sua membra putibunda [ME: *schentfule*] *AncrR* 123. **d** Joseph piis manibus membra Domini bajulat: iste illis quibus paulo ante ~a scorti libidinose tractaverat Pull. *CM* 221; in lecto munda lateant ejus [conjugis tue] pudibunda D. Bec. 2257; Cham ridet / dum nuda videt / pudibunda parentis Gir. *SD* 32; femoralibus opus est, ubi ~a [*gl.*: *le huntose chose*] lateant nature Neckam *Ut.* 98; hac aqua lavet mulier ~a sua intus et exterius et circumstantias Gilb. VII 300v. 1.

3 who has a proper sense of what is fitting or appropriate, modest. **b** (as sb. m.) modest man.

Ajax . . cujus uxor erat Tecmesse ~a matrona *Natura Deorum* 189. **b** materia . . copiosa erudiendo comfortat animum, sed lingua indocta commune omnium declinando ~us erubescit †anditum [l. auditum] R. COLD. *Cuthb.* 1 p. 2.

pudice [CL], with a sense of propriety, modestly, decently.

c798 exhortamini illos sobrie, caste, ~e, cum omni humilitate et oboedientia Deo servire ALCUIN *Ep.* 131 p. 194; promittunt oculi veniam ridensque pudice / palpebra GARL. *Epith.* III 39; et conche roridus liquor illabitur / sic nitens unio pudice nascitur WALT. WIMB. *Carm.* 68; Edmundus vite fuit a puero venerande, / presule quo recta fuit Anglia tota pudice *Poem Edm. Rich* 6.

pudicitia [CL], (sense of) propriety, chastity, decency, modesty.

duodecim abusiva in hoc seculo . . foemina sine ~ia, dominus sine virtute *Ps.*-BEDE *Collect.* 176; o quam limpida virginalis ~iae [*gl.*: castitatis, integritatis, *fæmnhadlicere sidefulnysse*] pupilla coruscat ALDH. *Virg P* 22 p. 253; avis ipsa [sc. turtur] que ~iae amatrix est et semper in montium jugis . . commoratur BEDE *Cant.* 1111; quidam . . estimaverunt istos esse eunuchos qui ferro truncantur, cum ~ia non in debilitate est corporis sed in animi voluntate ÆLF. *Ep.* 2. 80; pulchritudo ejus infra ~iam principis fuit J. SAL. *Pol.* 494D; et preco ~ie Paulus [*I Cor.* vii 8–9, 38] consilium de virginitate dedit P. BLOIS *Ep.* 55. 168A; cooperire caput muliebris ~ia vult, nescio qua energia FORTESCUE *NLN* II 56.

pudiculus [CL pudicus+-ulus], chaste, modest, or honourable little child, or ? *f. l.*

in hoc mense [Februario] si infans natus fuerit multos ~os [? l. pediculos] habebit *MS Bodl. don. d. 206 f.* iv.

pudicus [CL]

1 chaste, decent, modest (of person or comportment).

usque septuagenarium ac quartum aetatis annum illibatae castitatis comes ~issimus [*gl.*: castissimus] permansisse memoratur ALDH. *VirgP* 24 p. 256; impudenter confractam et saliva pollutam. olim ~am et castam sciens *V. Cuthb.* II 8; hac virtute quantum ~a sapientia proprie utitur tantum contentiosa prorsus caret et blasphemia BEDE *Ep. Cath.* 31; ~us, *sideful* ÆLF. *Gl. Sup.* 172; 1172 vir ille, non minus benignus quam ~us *Ep. J. Sal.* 305 (307 p. 746); mulier . . prudens et ~a, mulier domui sue bene preposita GIR. *IK* I 2 p. 23.

2 that about which one ought to be modest, (*circulus ~us*) anus.

circa ~um circulum GILB. V 228v. 1; ~us etiam circulus galline sive superponatur et apponatur sepius *Ib.* VII 355. 1.

pudingum [ME *poding, pudding, puding, pundinges*], sort of sausage, pudding.

1245 in exitibus . . porcorum et boum lavandis et faciendo salsagi, pund' andull' et aliis *Pipe Wint.* 11 M59/B1/18 r. 12d.; 1246 in exitibus porcorum . . et boum lavandis et faciendo inde salsag', puding' andull' et omnia alia *Ib.* B1/19 r. 2.

pudor [CL]

1 a feeling of shame. **b** visual manifestation of shame (in quot. w. ref. to blushing). **c** (in phr., *~or alicui esse*) to be ashamed (that).

qui de suae vitae maculis erubescens procidendo in faciem humilitatis . . et ~oris indicia praefert, jure a suo praeceptore meretur erigi BEDE *Acts* 969; Anselmus ~ore caput demissum silentium premebat W. MALM. *GP* I 52. **b** scitis quia in genis ostenditur ~or AILR. *Serm.* 5. 24. 238. **c** 'pudet domini', i. ~or est michi quod sum sub tali domino TREVET *Troades* 70.

2 (sense of) propriety, decency, or modesty, (in sexual context) chastity.

sobrietas servat memoriam . . integrat ~orem, mitigat vitia *Ps.*-BEDE *Collect.* 252; Lucia salvo ~oris [*gl.*: castitatis, pudicitie] signaculo . . gloriosum martirii triumphum meruit ALDH. *VirgP* 42 p. 294; artus virgineos sic texit parma pudoris *Id. VirgV* 2327; ~or,

verecundia, *forscamung* GlP 183; c1102 ut nullus hoc nisi religioso carens ~ore . . tolerare queat ANSELM *Ep.* 238) IV 145; numquam . . aliqua tabe castimoniam prodidit sed integri ~oris palmam in celum tulit W. MALM. *Wulfst.* I 1; quedam que . . ~or reticenda persuaderet GIR. *TH* III 25 p. 169.

3 (source of) shame, disgrace, or ignominy.

heu ~or sordentis iniquitatis, in praesentia nitentis sanctitatis ANSELM (*Or.* 5) III 13; proh ~or! interierunt ORD. VIT. VI 9 p. 67; s1141 comes Gloecestre . . fugere ~ori et citra dignitatem suam estimat W. MALM. *HN* 500 p. 60; siquidem et ~or crucifixi ~oris nostri damna restaurat J. FORD *Serm.* 53. 2; mundi rector voluit pro suis servis pati tales ~ores, irrisiones . . [ME: *schenles*], *AncrR* 64.

4 (spec.) affront (sts. assessed monetarily).

1208 abbas non vellet habere ~orem quem episcopus ei fecit pro c libris nec dampnum pro c marcis. et episcopus defendit dampnum et ~orem *CurR* V 132; 1220 ut plenius vindicarent ~orem domini regis . . apposuit ignem domibus ipsius Warini et eas combussit *Ib.* IX 349; 1268 parcum fregerunt et lingna . . succiderunt et feras seperunt . . ad dampnum ipsius A. xx. marcarum et ad ~orem regis c. librarum *JustIt* 618 r. 14*d.*; 1275 ad grave dampnum ipsius Roberti et ~orem xl s. *Hund.* I 289a; 1278 ipsos verberavit ad dampnum et ~orem decem solidorum et plus *CourtR A. Stratton* 123; 1334 magnum dampnum et ~orem ea occasione sustinuit *SelCKB* V 76.

5 (eccl.) Eucharistic vestment.

hanc planetam famuli tui . . seu ~orem, albam ac stolam . . purificare digneris EGB. *Pont.* 17.

pudorare [LL]

1 to affect with a feeling of shame, (usu.) to cause to blush.

videor enim mihi quasi cernere ~atam faciem tuam ad hec que scripta sunt AILR. *Spec. Car.* I 26. 530A; denique adeo pudice ipsorum et ~ate sunt gene ut pudore pudicitiam protegant J. FORD *Serm.* 52. 5; quidni ~ata erubesceret et expavesceret timorata? duplici igitur pondere pudoris atque timoris *Ib.* 63. 3.

2 to endow with modesty, propriety, or chastity, (p. ppl. *~atus* as adj.) modest, chaste.

virgo pudicissima, prudentissima et ~atissima J. SAL. *Pol.* 752B; propter modum Domini quasi sponsi ~ati [ME: *ich am wowere scheomeful*] et ideo solitudinem diligentis *AncrR* 25.

3 (spec.) to affront, to cause (person) to suffer monetary or material loss.

s1280 contra . . Simonem cepimus assisam pro eadem terra; per quam recognitum fuit nos per . . Simonem de eadem terra disseisiri. inde ergo Simon, inde se senciens confusum [v. l. ~atum] impetravit breve attincta super juratores assise *Meaux* II 150.

pudoriter [CL pudor+-ter], shamefully, disgracefully.

est in gravi forisfactura versus dominum regem et ~iter defamatus *State Tri. Ed. I* 41.

pudorositas [ML pudorosus+-tas], sense of propriety, modesty, decency.

a *schamefastnes*, erubescencia, ~as *CathA.*

pudorosus [ML]

1 modest, decent.

exoptatam [dilectionem] exhibere specie compellimur ~a GOSC. *Aug. Maj.* 43A.

2 filled with shame or contrition (for committed sin).

confessio debet esse accusatoria, amara, integra, nuda, frequens, festina, humilis, ~a [ME: *scheomeful*] *AncrR* 115.

3 shameful, disgraceful.

s1455 illa que dolosa inchoata erant principio, dolorosum ~umque habebunt exitum, et finem opprobrio remuneratum *Reg. Whet.* I 214.

pudrare v. poudrare.   **pudrere** v. putrere.

pudumba, *f. l.*

9 . . pudumba [l. palumba], *cusceote WW*.

pudurlumbartus v. pouderlumbardus.   **puelea** v. 1 polea.

puella [CL]

1 young woman (usu. unmarried). **b** (in place-name, *castellum* or *castrum ~arum*) Edinburgh; **c** (as nickname).

una penitentia est viduae et ~ae. majorem meruit quae virum habet, si fornicaverit THEOD. *Pen.* I 2. 14; pavefacta ~a [v. l. puellula, *gl.*: virgo] pertimescit ALDH. *VirgP* 47 p. 301; c799 haec tu, nobilissima ~a, diligentissime discere . . satage ALCUIN *Ep.* 164; **10** . . ~a, *mæden oþþe geong wifman WW*; mulier accipiens quocunque modo maritum, si vidua erat dabat regi xx solidos, si ~a, x solidos *DB* I 252ra; sane ~a in domo patrisfamilias ex nimio studio sciebat cursum anni et astrorum BACON V 58. **b** condidit Ebraucus . . oppidum Agned, quod nunc Castellum ~arum dicitur G. MON. II 7; 1284 teste meipso apud castrum ~arum *Anglo-Scot. Rel.* 43. **c** milicie prefecit cardinalem Guidonem cognomento ~am J. SAL. *Hist. Pont.* 27 p. 60.

2 female servant, maid-servant.

~a quedam de camera GIR. *SD* 88; 1382 item in donis datis dicte domine et ~is suis Ac. *Durh.* 592; 1576 factur' unius toge . . pro Francisca Johnson ~a *Ac. LChamb.* 67 f. 18 (cf. *Misc. LChamb.* 35 p. 22 *gown . . for Fraunces Johnson a maid*).

3 (mon., also *~a Dei*) nun, (*monasterium ~arum*) nunnery.

si ~am Dei maculaverit, iij annos peniteat . . licet pariat an non pariat filium ex ea THEOD. *Pen.* I 14. 11; [abbatissa] perducta ~is suis ad monasterium BEDE *HE* IV p. 225; 802 monasteriorum tam monachorum quam clericorum et ~arum (*Lit. Papae*) EADMER *HN* p. 320 (cf. W. MALM. *GP* I 37); c1130 H. abbatem Westmonasterii et priorem de Clara . . dedisse tribus ~is, Emme videlicet et Grunilde et Cristine, heremetorium de C. *Ch. Westm.* 249; monasteria ~arum longius a monasteriis monachorum . . propter insidias diaboli . . collocentur HOLCOT *Wisd.* 135.

puellagium [CL puella+ML -agium, cf. et. pucellagium < OF *pucelage*], status as a girl, virginity.

1345 quod ipsam de ~io suo felonice et totaliter defloravit THOMAS BLOUNT *Nomolexicon* (London, 1670) *s. v.* pucellage.

puellaris [CL]

1 of, pertaining to, or typical of a girl or a young woman: **a** (of person, part of body, or artefact); **b** (w. ref. to BVM); **c** (of abstr.).

a cum adhuc punctionum stimulis ~es oculi torquerentur *Mir. Fridesw.* 45; adolescentes imberbes . . sub habitu ~i dolum palliantes GIR. *TH* III 40; 1432 stabant septem deifice virtutes in ~ibus effigiebus (J. CARPENTER) *MGL* III app. p. 459. **b** ave, gemma puellaris / ave, clara stella maris WALT. WIMB. *Virgo* 5. **c** adolescentulus adhuc imberbis ~i decore . . ceteris prestantior GOSC. *Lib. Confort.* 99; evangelia et calicem ~i adoravit innocentia W. MALM. *GP* II 78; [Ediva] in annis ~ibus gravitatem pretendens anilem AILR. *Ed. Conf.* 747D; illa intuetur singulas, et inter ~es motus, nunc irascitur, nunc ridet *Id. Inst. Inclus.* 4 p. 640; si risus modicus et syrenicus, si risus ~is attendantur, . . tota placet, tota diligenda occurrit W. DONC. *Aph. Phil.* 7. 3; senectus vetularis et juventus ~is BART. ANGL. IV 8 p. 106.

2 (mon.) of a nun, (*collegium ~e*) nunnery.

1160 nullam infligunt penam sponse si ad collegium evolaverit ~e J. SAL. *Ep.* 89 (131 p. 231).

puellaritas [CL puellaris+-tas], state or condition of being a young woman, maidenhood.

12 . . ego Margeria filia Alicie de Schreuel' in ~ate mea dedi et concessi . . *AncD* A 8699; c1290 in mea ~ate et in plena etate mea presenti scripto sigillum meum apposui hiis testibus *DCDurh. SHD* 8/9; 1299 noveritis me in libera ~ate et ligia potestate mea remisisse et reddidisse . . *KR Mem* 72 m. 18; suscepit ex una filiam . . que in ~ate mortua est BOWER XI 12 (cf. *Plusc.* VIII 13: puellitate).

puellitas v. puellaritas.

puellula [CL], (little) girl or young woman or maiden.

ut sibi oratorium in eadem cripta struant et ~as [*gl.*: virgines vel juvenculas] ad patrocinium vitae impendant ALDH. *VirgP* 52 p. 309; num vobis hec jam ante diu meditata sententia est, ut et ~am deciperetis? *G. Herw.* f. 323 p. 349; ~a .. octo circiter annorum W. CANT. *Mir. Thom.* VI 112 p. 503; assignate sunt quatuor partes puero, due uxori, una ~e NECKAM *NR* II 173 p. 297; mors non parcit speciei, / lac decerpit faciei / tenere puellule WALT. WIMB. *Van.* 145; ~a uti discrecionis expers more infantili lasciviens *Mir. Hen. VI* II 55 p. 141.

puellus [CL], (little) boy or young man.

puber, adolescens, ephebus, pubeta, pubeda, juvenis, ~us OSB. GLOUC. *Deriv.* 467; **c1270** predictus R. suscitavit ~um ex dicta M., puerum masculum quem pro suo tenuit *SelCCant* 101; **1503** unus porcionista cui nomen Thomas Attkinson, ~us admodum elegans probatissimeque indolis *Reg. Merton* 283.

puer, puerus [CL], **puerius**

1 a male usu. below the age of puberty, boy. **b** (sts. as attrib.) boy-; (*puer episcopus* or *episcopus puerorum*) boy bishop (from St. Nicholas's Day to Holy Innocents' Day). **c** (w. ref. to servant, assistant, or young labourer) -boy. **d** (fig. or in fig. context).

stultitia colligata est in corde pueri et virga disciplinae fugabit eam *Ps.*-BEDE *Collect.* 231; pueri qui fornicantur inter se ipsos judicavit ut vapulentur THEOD. *Pen.* I 2. 11; dum .. puer esset annorum octo *V. Cuthb.* I 3; erat in eodem monasterio puer trium circiter .. annorum BEDE *HE* IV 8 p. 220; **c750** mando tibi .. de presente puero .. ut eum adjuvare studeas sicut ingenuum hominem BONIF. *Ep.* 99 p. 222; ilex vero sub cujus legmine Abraham status tres pueros vidit [cf. *Gen.* xviii 2 apparuerunt ei tres viri] SÆWULF 73; etiam .. puer ipsos magistros dicitur precessisse doctrina ORD. VIT. VI 9 p. 51 sciendum quod antiqui dicebant puerus et non puer OSB. GLOUC. *Deriv.* 408. **b** **1221** episcopus puerorum (v. episcopus 3); **1402** una parva mitra pro puero episcopo in festo Sanctorum Innocencium *Invent. S. Paul* 515; ij parvi baculi pro episcopo puerorum *Ib.* 517. **c** unde non minimam gratiam apud dominum .. promeruit et grave odium et invidiam cum militibus et pueris domus *G. Herw.* f. 321 p. 344; a stabulo sibi jam preparato et a pueris nostris ad hoc purgato GIR. *SD* 2; **1402** viij albe .. ordinate pro pueris choristis *Invent. S. Paul.* 511; **1407** pro mensa puerorum elemosinarie *Ac. Durh.* 222; **1436** in panno laneo pro v pueris ecclesie *Ib.* 305; **1494** et sol' tribus pueris minantibus aratra *Ib.* 652; **1531** puero stabuli apud Novum Castrum pro granis iiij d. *Househ. Bk. Durh.* 14. **d** **c794** conditio .. pacis non puer sit pater dissensionis sed puer pater futuri saeculi ALCUIN *Ep.* 58; dum mundus puer esset adhuc, dum nata jaceres / in cunis VINSAUF *PN* 398.

2 (male or female) child; **b** (w. ref. to infant from birth to seven years); **c** (from eight to fourteen years); **d** (spec. female child). **e** (in phr., *a puero*) from the age of a child, from a young or tender age.

latera regiorum tenerrima puerorum vel praecordia GILDAS *EB* 28; ad inventicii puerii victum [AS: *to fundenes cyldes fostre*] primo anno vj sol' reddantur (*Quad.*) *GAS* 101; cum pueris suis, j filio et j filia *RDomin* 37; **1415** pueri .. fratris mei masculi et femelle *Reg. Cant.* II 68. **b** ite et scrutamini diligenter de puerum hunc [v. l. puero hoc] et cum inveneritis .. renuntiate mihi THEOD. *Laterc.* 6; mittens manum militarem occidit omnes pueros in Bethleem [cf. *Matth.* ii 16] *Ib.*; puer [AS: *cild*] infra triginta noctes baptizetur (*Quad.*) *GAS* 91; ibi circumcisus est puer Jesus die octavo SÆWULF 68; **1221** occiderunt ipsum R. et uxorem suam et quendam puerum lactantem *PlCrGlouc* 104; mulier in puerperio propter amorem pueri nascentis *Spec. Incl.* 4. 1. **c** muliebria, i. menstrualia, quae incipiunt esse a quartodecimo anno pueris *Comm. Cant.* I 113. **d** *Comm. Cant.* I 113 (v. 2c supra); **s1305** quidam puer femineus mortuus etatem habens xv dierum *Ann. Lond.* 143; **1334** in iiij paribus sotularium emptis pro puero viz. Elizabeth xx d. *MS Birmingham Central Libr.* 473424 m. 1d. **e** **c1150** nos .. a puero in ipsa patria educati fuimus *Ch. Durh.* 36a p. 148.

3 (*tres pueri* w. ref. to *Dan.* i–iii) the Three Children.

sicut Danihel et tres pueri [cf. *Dan.* i] *V. Cuthb.* I 7; tres pueri retinent novenas jure kalendas *Kal. M. A.* 24; adjuro vos per .. Cherubin et Seraphin et tres pueros (*Jud. Dei* 13. 2) *GAS* 424.

puera [CL], girl.

cata, ~a docta, pulla OSB. GLOUC. *Deriv.* 152; hic puer .. inde hec ~a *Ib.* 408.

puerascere [CL], to become a boy (in quot. as dist. from being an infant).

ave, per quam Deus nascens / ex antiquo puerascens WALT. WIMB. *Virgo* 104.

puercula [CL puera+-cula], little girl or young woman.

1235 quedam ~a scaturizata fuit *AssizeR Durh* 82.

puerculus [CL], little boy or youth.

~us, puerulus .. puberculus, juvenculus OSB. GLOUC. *Deriv.* 466; adulterii accusata, ~um quendam sturni alumnum, quem ex Anglia duxerat .. apposuit ad monomachiam R. NIGER *Chr. II* 157; tumet nec tangitur venter beatulus / antiquus incipit esse puerculus WALT. WIMB. *Carm.* 56.

puerescere [CL puer+-escere; cf. puerascere], to grow into boyhood (in quot. fig.).

nec maturatur — anilis / criniculo, mente puerescens — mundus HANV. VIII 5.

puerilis [CL]

1 of, pertaining to, or typical of a (male or female) child. **b** (*episcopus ~is*) boy bishop (from St. Nicholas's Day to Holy Innocents' Day). **c** (of age) of childhood, early, young; **d** young (spec. of a girl).

ut qui caeli signis intendere ~i in schola non didicit .. BEDE *TR* 38 p. 251; **c804** esto in ~i corpore moribus senior, animo constans ALCUIN *Ep.* 270; dicimus ~em humorem esse substantialem et utilem pueris *Quaest. Salern.* P 32; accipe urinam ~em M. SCOT *Lumen* 254. **b** **1441** episcopo ~i elemos' *Ac. Durh.* 143. **c** **800** ~is aetas tuis sermonibus a flammis servetur vitiorum ALCUIN *Ep.* 209 p. 348; sed si etas ~is rationem nondum adepta est, anima talis quomodo interim ad imaginem Dei est? PULL. *Sent.* 739B; a ~ibus annis *Canon. G. Sempr.* f. 39v; a ~ibus annis usque in hodiernum GIR. *SD* 8; in ~i etate nil puerile gerens *Ib.* 52. **d** **s1253** desponsavit neptem regis Anglie .. etate ~em [v. l. parvulam] immo infantulam M. PAR. *Min.* III 324.

2 (pejoratively) typical of a child, childish, juvenile, puerile.

~is [*gl.*: *jugupe*, juvenilis] ludorum gesticulatio ALDH. *VirgP* 32 p. 273; fratrem ~i levitate secuti .. GIR. *EH* I 37 p. 285; **c1213** si .. ~es ineptias ejus refrenaret *Id. Ep.* 7 p. 242.

3 (as sb. n. pl.): **a** elementary subjects (to be learned by young boys). **b** puerile things or deeds.

a fiunt .. in ~ibus Academici senes .. nunquam ad scientiam pervenientes J. SAL. *Met.* 864B; **1549** ad instruendum pueros et ~ia grammaticae non callentes requisite sufficiens *Conc. Scot.* II 105. **b** his virga ~ia districte corrigendo, his baculus senilia misericorditer sustentando *V. Gund.* 17; legavi pueris hec puerilia / illi me faciant precum instancia WALT. WIMB. *Palpo* 161.

puerilitas [CL], state or condition of being a child or childish.

puerilis .. unde .. hec ~as OSB. GLOUC. *Deriv.* 408.

pueriliter [CL]

1 like a boy, boyishly. **b** at the age of boyhood.

transcensis infantiae suae temporibus, cum fari ~iter temtabat .. FELIX *Guthl.* 12; **s1252** puer, non ~iter loquens, addidit dicens .. M. PAR. *Maj.* V 271; sic dicciones grammaticaliter et ~iter pronunciatas .. *Dictamen* 339. **b** puer qui eos [panes] portavit nec commedit est Judaicus populus ~iter HON. *Spec. Eccl.* 895C.

2 childishly, in a puerile manner.

ne quis .. ~iter desipiens aestimet BEDE *Hom.* II 9. 143; **c800** noli ~iter agere ALCUIN *Ep.* 281 p. 439; omnes ab Aristotile ~ius aut stolidius evagantur quam Platonici cujus sententiam agnoscere dedignantur J. SAL. *Met.* 888C; **c1213** ne congesta prudenter ~iter dissolverentur interim in manu sua sequestraret GIR. *Ep.* 7 p. 242; nec oporteret tam particulariter et ~iter materiam istam discutere WYCL. *Ver.* II 116.

puerilus v. puerulus.

pueritia [CL]

1 childhood or boyhood, usu. the period between *infantia* and *adolescentia*, between seven and fifteen years of age. **b** (*a ~ia*) from an early age; **c** (transf., applied to birds).

sex aetates hominis sunt. prima infantia: septem annos tenet; secunda ~ia: alios septem annos tenet; tertia adolescentia *Ps.*-BEDE *Collect.* 378; in primaevo ~iae [*gl.*: pura et necdum ad generandum apta, tendens usque ad quartumdecimum annum, infantie] rudimento ALDH. *VirgP* 36 p. 280; a primis ~iae annis virtutum studio deditus *Hist. Abb. Jarrow* 2; quod .. in ipsa pueritia sacris litterarum studiis animum dederit WULF. *Æthelwold* 6 *tit.* (=ÆLF. *Æthelwold* 5); a prima etate annisque ~ie GIR. *TH* III 48 p. 191; ego igitur inter medios ~ie juventutisque flores a patre meo datus ad serviendum Deo *Chr. Dale* 2; noluit revelare quoddam peccatum in sua ~ia [ME: *childhold*] commissum *AncrR* 120. **b** hic [David] enim a ~ia in hoc munus specialiter a Deo electus ROB. BRIDL. *Dial.* 105; omnes .. scimus a ~ia usque in finem vite quod .. BACON *CSTheol.* 32. **c** unde videmus quod in eorum ~ia quanto magis participant humiditate magis carent plumis et pilis *Quaest. Salern.* B 265.

2 (applied to a woman) state or condition of being like a boy, boyishness.

signa vero frigide mulieris .. nimia ~ia M. SCOT *Phys.* 5f. 10vb.

puerius v. puer.

puerpera [CL], woman who has (recently) given birth; **b** (*sacra ~a* or sim.; w. ref. to) BVM; **c** (fig.); **d** (in gl.).

~a geminas enixa ALDH. *Aen.* 90 *tit.*; ~a, *cildiungwif* ÆLF. *Gl.* 108; que pro affluentis lactis copia ~e mammas stricta preceperat illigari fascia W. MALM. *GR* IV 389; ~a puerum edidit W. CANT. *Mir. Thom.* VI 70; unam puerperam capacem seminum / mallet quam undecim milia virginum *Ps.*-MAP 13; ubi cum pueris suis ~a, truncata manus et pedes, exemplo pereat inaudito *V. II Off.* 7. **b** femina praepollens et sacra puerpera virgo ALDH. *CE* 2. 7; aspice monstrantem vestrae consortia carnis / hospicio ventris quem sacra puerpera gessit *Mir. Nin.* 424; processit ad orientalem Dei ~ae aecclesiam tantumdem precaturus B. *V. Dunst.* 36; ecce Deum paries, hominemque puerpera gignes WULF. *Brev.* 141; que, vitam pariens, virgo puerpera / imples vivifico secula germine GOSC. *Edith* 60; **1295** aliud antiphonarium .. habens in prima litera ~am virginem cum parvulo *Vis. S. Paul.* 324b; **1322** salutem illam quam peperit ~a singularis *Lit. Cant.* I 57. **c** lingua puerpera fit odii fidemque loquendo D. BEC. 646; simplicitas veri, fraus ipsa puerpera falsi WALT. ANGL. *Fab.* 37. 9. **d** Dei proles .. quaesitura alvum incomtaminatae puerperae [*gl.*: ~e sunt que annis puerilibus pariunt; ~a mater pueri primo partu editi] virginali puerperio praeditae ALDH. *VirgP* 7 p. 234; puerpera, puella *GlC* P 855.

puerperari [ML < CL puerpera+-ari], to be about to give birth.

1479 ideo ipse occidebat reginam Philippam ~atam et tribus filiis in utero scindito [*sic*] extra corpus ejus W. WORC. *Itin.* 192.

puerperium [CL]

1 childbirth. **b** (*virginale ~ium* or sim.) the virgin birth or the birth of Christ (sts. w. ref. to representation of the Nativity); **c** (in iron. use).

~ium, *hyseberþlinge* ÆLF. *Gl.* 108; cum .. egressa esset ad aridam, angustie instantis ~ii apprehenderunt eam J. FURNESS *Kentig.* 4 p. 168; **s1246** eodem anno .. Cincia comitissa Cornubie .. filium peperit, post cujus ~ium .. M. PAR. *Maj.* IV 569; sicut confortari solet .. mulier in ~io propter amorem pueri nascentis *Spec. Incl.* 4. 1. **b** Dei proles .. quaesitura alvum incontaminatae puerperae virginali ~io [*gl.*: puerperium primum pactum, *fæmhadlicum hamæn*] praeditae puritatis ALDH. *VirgP* 7 p. 234; **940** postquam virgo puerpera / celesti puerperio / celeste protulit *CS* 751; dum inter matutina officia tanto ~io [sc. nativitati Dominice] prona mente intenderet

V. *Chris. Marky.* 64; ecclesia .. ubi beata Virgo quiescebat post ~ium suum [ME: *aftyr the berthe*] *Itin. Mand.* 50; **1397** de xiiij d. ob. coram ymagine ejusdem B. Marie in boriali ala in ~io et Salutacione *Ac. Obed. Abingd.* 60. **c** rex Francie significavit ei Willelmo ironice quod jam diu decubuerat in ~io, et tempus esset purificandi. ad hec dux ita respondit .. SILGRAVE 79.

2 child, offspring (in the womb or after birth).

atque puerperium paritura puerpera gignes ALDH. *CE* 2. 24; ~ium, infans in utero formatus *GlC* P 862; simulatque uterum intumescere ~io qui solummodo scelere fetabatur infando AD. EYNS. *Hug.* IV 5 p. 20.

3 (in gl., understood as) childhood or boyhood.

~ium, aetas pueri *GlC* P 878.

puerula [CL puera + -ula], little girl.

s**1253** desponsavit neptem regis Anglie .. etate ~am [cf. M. PAR. *Min.* III 324: puerilem; v. l. parvulam], immo infantulam *Flor. Hist.* II 381.

puerulus [CL], little boy, young boy; **b** servant.

per tenera ~i [*gl.*: ~us a puritate vocatus, infantis] labella ALDH. *VirgP* 26 p. 260; ut ad illum redisset cybum quo ~us adhuc atque infantulus vescebatur *V. Greg.* p. 99; fuit in eodem monasterio ~us quidam BEDE *HE* III 12 p. 150; adolescentes vel puerolos [v. l. puerulos, AS: *cildru*] non brachiis amplexando .. sed .. *RegulC* 11; de quodam ceco ~o qui ipse ibidem illuminatus est puer .. quidam parvulus WULF. *Æthelwold* 45; accidiosus .. dormit in gremio diaboli tanquam carus ejus ~us [ME: *deorling*] *AncrR* 76; c**1388** quatinus dictum puerilum [*sic*] faciatis poni in certa aula .. *FormOx* 239. **b 1171** qui dorsum .. tanquam Christi ~us exponere consueverat ad flagella, qui Christi corpus et sanguinem solitus erat offerre in altari J. SAL. *Ep.* 304 (305 p. 728).

puerus v. puer.

puffo, poffo [ME *puffon, poffon, poffin*], shearwater (*Puffinus anglorum*, paid as rent or eaten as delicacy; *v. et.* W. B. Lockwood, 'Some British Bird-Names', *Transactions of the Philological Society*, 1974, 65–71).

1237 dedit omnes insulas de Sully .. reddendo annuatim quadringentos paphinos .. apud rupem Montis S. Michaelis de Corn' *CurR* XVI 98 p. 24; **1297** de vj s. viij d. de ccc puffon' de redditu de Sully hoc anno vend' *Ac. Cornw* II 248; **1300** de ccc puffonibus de redditu de Sully *IPM* 95/4; **1301** de ccc volucribus que vocantur puffon' de redditu de Sullye *Pipe* 146; **1303** idem reddit compotum .. vj s. viij d. de ccc puffon' de redditu de Sullie hoc anno *MinAc* 811. 3 m. 3; **1336** quandocunque .. in solucione redditus centum et quinquaginta pofforum .. liceat .. solvere unum denarium pro tribus poffonis *AncD* C 5020; est avis quaedam marina nostras parvi anatis .. magnitudine .. hunc nostri puphinum dicunt, nos pupinum a naturali voce *pupin* CAIUS *Anim.* 216; quo modo et pupinus avis piscis esse dicitur et habetur *Id. Can.* 9.

pugica v. pokettus.

pugil [CL]

1 boxer, wrestler.

†pugit, prancatiarius [l. pugil, pancratiarius] *GlC* P 849; ~iles, qui feriunt *Ib.* P 864; manus ~ilis digitos contorte palme insertos .. gemebat GOSC. *Transl. Mild.* 24 p. 190.

2 one who takes part in single combat, champion, fighter (also transf. or fig.): **a** (as sport); **b** (mil. or sim.); **c** (w. ref. to one engaged in philosophical dispute).

a 9 .. ~iles, *sweordboran* WW; agonista, ~il, brabeuta, agonotheta OSB. GLOUC. *Deriv.* 50; arenam incolo nudus ~il et inermis W. MAP *NC* III 1 f. 34; sicut ~il egregius et gladiator eximius GIR. *SD* 92; fortem .. ~ilem contemnere facit molestias ictuum spes corone P. BLOIS *Ep.* 36. 116A; Benedictus .. et alii temptati fuerunt et per temptationes probati athlete fideles et sic meruerunt coronam ~ilum [ME: *kempene*] *AncrR* 86; *a champion*, athleta, pugnator, ~il *CathA.* **b** coenubialis militiae ~iles frontem vexillo crucis armatam .. offerentes ALDH. *VirgP* 11; nocte quadam expedito ~iles congregavit .. ac omnes .. statim trucidavit W. JUM. VII 2; eum .. cum G. de L. aliisque probatis ~ilibus contra Britones bellis inhiantes opposuit ORD.

VIT. IV 7 p. 218; precipui ~iles in utraque parte militabant *Ib.* V 10 p. 387; nunc gladii pugiles, longo nunc fraxinus ictu / fulminat, hii propius audent, hec eminus urget J. EXON. *BT* VI 492; s**1298** nobiles Scocie ~iles *Plusc.* VIII 27 (cf. BOWER XI 30: universo Scotorum exercitu); **1509** valentissimus .. nostrorum omnium congremialium ~il, civili preditus sapientia .. qui ad attroces debellandas malignitates .. presto erit et .. vivacissimus atleta *Reg. Merton* 380. **c** Aristotiles ... / qui pueros pugiles [*gl.*: disputantes] acuit ratione viriles GARL. *Mor. Scol.* 48.

3 one who fights on another's behalf, champion; **b** (leg., in judicial duel). **c** (transf. or fig.) defender, protector; **d** (w. gen. or *pro* & abl. to indicate cause).

erat .. in palacio regis ~il fortis, qui semper pro justicia imperii pugnavit *G. Roman.* 273; ~il regis in coronacione AD. USK 34 *in marg.* **b** duello .. res examinanda indicatur ... conveniunt in campum plebs innumerosa, .. ~iles quoque cum armaturis suis preparati *Mir. Wulfst.* II 16 p. 170; **1269** de jure jurandi ~ilum pro terra. defensor .. presto jurabit, tenens appellatorem qui erat a dextris sic *CBaron* 77; **1276** nos teneri Thome de Bruges, ~ili, pro homagio et servicio suo .. dum latet T. potens est officium ~ilis exercere. .. T. nobis promisit .. quod contra .. comitem Gloucestrie .. pro nobis pugnabit *Reg. Heref.* 105; a**1292** medietatem tamen sumptus ~ilis dictus abbas sustinebit, si contingat ~ilem habere *Cart. Chester* 245 p. 178; vidit duos ~iles armatos in curia prioris ad duellum faciendum *Feod. Durh.* 282; s**1398** cum predicti duces et ~iles convenerunt inter listas .. rex .. precepit eis ut se continerent et non omnino dimicarent et causam duelli in manibus suis sumpsit *V. Ric. II* 146. **c** populus, quasi pro suo ~ile oraturus .. terre prosternitur. cum cantat [sacerdos] orationes .. quasi totis viribus contra dyabolum pugnat BELETH *RDO* 33. 43; c**1378** parati erimus pro tuicione monastici ordinis .. ~ilem nostrum dominum M. .. in hujusmodi actibus scolasticis .. destinare *FormOx* 233; de S. Georgio ~ile et protectore nostro *G. Hen. V* 22. **d** Ludovicus .. / .. fidei tyro, crucisque pugil GARL. *Tri. Eccl.* 22; [Jesu, passus es] mortem ut mortis pugiles / absorbeat victoria J. HOWD. *Cyth.* XVII 11; alumnos .. promovendos in ~iles fidei et athletas R. BURY *Phil. prol.* p. 5; Deus .. ordinavit legem, per quam ~iles sortis sue, id est clerici, asimilarent sibi laicos WYCL. *Sim.* 12; papa .. dixit .. quod ipse solus ecclesie Anglicane ~il erat invincibilis, inflexibilisque columpna BIRCHINGTON *Arch. Cant.* 16; post preclaros scienciarum ~iles quos velut vitis fructifera .. universitas Oxonie .. educare non destitit *Dictamen* 353; regem fortem pro fide ~ilem Christianissime zelantem AD. USK 121.

4 (as adj.) characteristic of, resembling, or used by fighter.

pugiles pars plurima vultus / exertat J. EXON. *BT* V 32; equestres tibie, thorax extensior, lacerti ~iles virum fortem .. denuntiant P. BLOIS *Ep.* 66. 197B.

pugilice [CL = *in the manner of a boxer*], in the manner of a victorious fighter.

~e, i. victoriose OSB. GLOUC. *Deriv.* 414.

pugilicus [CL pugil + -icus], of a victorious fighter.

~us, -a, -um, i. victoriosus vel invictus OSB. GLOUC. *Deriv.* 414.

pugilla v. pugillus.

pugillare [CL], to fight (orig. with the fist); **b** (w. ref. to judicial combat).

cumbatre, pugnare, ~are *Gl. AN Ox.* f. 154r. **b** ad aream monomachie longo itinere emenso repedavit; quo perveniens .. quantum potuit ~andi dicidit industriam. .. instat accusator, et medio baculo flagellat adversarium W. CANT. *Mir. Thom.* III 40.

2 (trans.) to grasp with the fist or fill the fist with, (p. ppl. as sb. f.) fistful.

1222 veniet ad unam precariam herciarum sine cibo domini, set habebit tres ~atas avene ad equum suum *Dom. S. Paul.* 34.

pugillaris [CL]

1 that has the form of a fist or hand. **b** (as sb.) fist (used to grasp or hold).

ut .. maxille ~is tumore grossitudinis .. excrescerent W. CANT. *Mir. Thom.* II 47; lesa [mens]

repparantem sermone poposcit, / lapsa sublevantem manum pugillarem J. HOWD. *Cant.* 313. **b** ad laudem Dei .. ac utilitatem Anglorum proprio ~i decerpere satagam hoc compresso manipulo fructuose metenda J. ACTON *Comment. prol.*

2 that can be held in the fist. **b** (as sb.) writing tablet (for holding in the hand); **c** instrument for inscribing or marking place in text.

lapides quoque ~ares .. hostibus .. damnosissimos .. ad manum habent GIR. *TH* III 10; s**1099** fundis ~ares lapides .. transmittentes, ad murum accedere conabantur M. PAR. *Min.* I 142. **b** ~ares: melligeris apibus mea prima processit origo, / sed pars exterior crescebat cetera silvis; / calciamenta mihi tradebant tergora dura ALDH. *Aen.* 32 (*tit.*); **9** .. ~arem, *writbrec* [l. *writbred*] *WW*; ~aris, i. diptica, grafium ÆLF. BATA 4. 29; tabula manualis, que et ~aris dicitur, et ephemeris OSB. GLOUC. *Deriv.* 158; Columba habebat in manu sua ~arem de quo scribebat, que colore splendebat auri (*Ruadanus* 29) *VSH* II 251; *handtabyle*, ~is, -is, m.; diptica, -e, f. *PP.* **c** ad omnes principales sedes librum .. velle transmittere, cum pugillari aureo in quo esset manca auri W. MALM. *GR* II 123; velut in petra ferreo pugillari / tuos corde nostro conscribe sermones J. HOWD. *Cant.* 77.

3 of or belonging to a fighter or champion.

exuviis ~ibus a victore exuitur et satis nudus in campo relinquitur *Mir. Wulfst.* II 16 p. 171.

pugillata v. pugillare.

pugillatice [CL pugillatus + -icus + -e], pugnaciously, in a combative manner.

solam authorum imitationem cecucientem amplectandam ~e contendunt WHITTINGTON *Vulg.* 33.

pugillator [LL], boxer, fighter, champion.

a pugilo, hic ~or, -oris, i. victor OSB. GLOUC. *Deriv.* 414; se .. corporis eripuit periculo, ~ori comparabilis, qui victor abit, licet vulnera pertulerit W. CANT. *V. Thom.* I 17.

pugillatorie [ML pugillatorius + -e], in the manner of a victorious fighter.

~ie, i. victoriose, adv. OSB. GLOUC. *Deriv.* 414.

pugillatorius [CL pugilatorius]

1 concerned w. boxing or fighting, (as sb. f.) practice of fighting.

tanquam ~ie artis sciens capiti .. impetentis plagas infligit W. CANT. *Mir. Thom.* III 40; cursoria est qualitas hujusmodi ad currendum, et pugilatoria ad pugnandum unde dicuntur pugilatores vel cursores BACON XV 227; Dei nuncius .. non quasi arte ~ia, sed virium infinita potentia .. minimus maximum decenter tenuit pedibus prostratum (*Cadocus*) *NLA* I 166.

2 victorious.

~ius, -a, -um, i. victoriosus OSB. GLOUC. *Deriv.* 414.

pugillatus [CL = *boxing*]

1 fight, contest.

agonia, pugna, bellum, ~us, conflictus OSB. GLOUC. *Deriv.* 50.

2 victory.

hic ~us, -ui, i. victoria OSB. GLOUC. *Deriv.* 414.

pugillo [cf. CL pugillare, 3 pugio], one who fights with a dagger.

~ones, pugillatores, cum pugione .. pugnantes OSB. GLOUC. *Deriv.* 484.

pugillus [CL]

1 what can be held in the fist, fistful, handful; **b** (as toll or sim.).

lecithum olei et ~um [*gl.*: i. manum, *gripan*] farine ALDH. *VirgP* 38; ~us, *se gripe ðære hand* ÆLF. *Gl.* 158; **10** .. ~a, *gripe WW*; malo ~um polente de avena excorticata J. GODARD *Ep.* 222; recipe ~um seminis aneti et quinque grana piperis *Pop. Med.* 248; unus ~us aque equalis in quantitate x ~is aeris T. SUTTON *Gen. & Corrupt.* 157. **b** a**1210** concesserunt hospitali ibidem unum ~um de qualibet venali summa in foro bladi farine et salis *Cart. Haughmond* 841; **1263** memorandum de N. le N. qui

dicit quod homines de B. exigunt ab eo theloneum et denarios de ~o. moneantur quod solvant ~um suum aut distringatur postmodo *Gild Merch.* II 9.

2 fist: a (used to grasp, esp. w. ref. to *Is.* xl 12); **b** (used to punch). **c** (artefact that resembles a fist). **d** small fist.

a latior, en, patulis terrarum finibus exto / et tamen in media concludor parte pugilli ALDH. *Aen.* 100 (*Creatura*) 28; Deus . . ut se etiam omnia circumdare monstraret, alibi se celum metiri palmo et terram asserit ~o concludere BEDE *Acts* 960; qui mundum proprio totum tenet atque pugillo, / involvit pannis hunc virgo beata Maria WULF. *Brev.* 153; Domine . . / qui spacio contines cuncta pugilli J. HOWD. *Cant.* 168; **1331** de minutis congris adeo parvis quod possunt ~o per medium comprehendi *Ext. Guern.* 69; amiciciam vestram in studio florentem nutriat Altissimus, qui sciencias ~o continet universas *Dictamen* 349. **b** alii lentis viminibus caedentes, alii palmis et pugillis [*gl.*: i. colaphis, *fystum*] colafizantes ALDH. *VirgP* 50; sed ecclesia pugillo surgit in hostes GARL. *Tri. Eccl.* 13; **1426** juvenem per clausuram ferream . . monumenti, manibus se tenentem . . cum ~is, et clavis . . diversis impulsionibus et verberibus compungentes *Lit. Cant.* III 147. **c** Jacobum Sayr . . cum baculo pugillum habente in fine percussit *Sanct. Durh.* 36. **d** hic ~us, -i, i. parvus pugnus OSB. GLOUC. *Deriv.* 414; hic pugnus, *poin*; hic ~us, *petit poing Gl. AN. Glasg.* f. 19v.

3 champion.

hic ~us, *a schampyon WW.*

1 pugio v. pipio.

2 pugio [CL]

1 sharp instrument that pierces or stabs. **b** dagger, sword, sword-point, or spear-point; **c** (w. ref. to *Num.* xxv 7–8). **d** sting or fang of an animal; **e** (fig.).

instrumenta . . ferrea, que triplici ~one calcancium pedibus minabantur dispendia, istac sepultis tabulis infixa, illac in tellure fuerant non rara vicinitate plantata *Ps.*-ELMH. *Hen. V* 64; **1496** frangendo pugoniorum [l. pugionibus] vel aliis instrumentis . . barellos, saccos, cistas, sarcinulas seu alias paccaturas quascunque *Foed.* XII 586; *a punche*, punctorium, ~o LEVINS *Manip.* 189. **b** perdiderat cultellum ingentem (sive potius mucronem, a pungendo quem possumus dicere ~onem) cujus vagina aureo erat metallo predita LANTFR. *Swith.* 2; deprehenso . . oppidano cum ~one toxicato quem sub femore occuluerat W. MALM. *GR* IV 388; gladium tam forti descensu Galonis inserit umboni quod . . summitate ~onis faciei sue grave vulnus impressivit MAP *NC* III 2 f. 38v; **s1347** gerens in manu gladium per ~onem evaginatum *Meaux* III 67; rex / . . malefactores . . / . . non occidit unquam proprio pugione *Pol. Poems* I 220; vexillorum vero et aliorum signorum bellicorum numerus que, hastarum ~onibus plurimus, aera venti flatibus impulsura *Ps.*-ELMH. *Hen. V* 27 p. 63; hic †pugis [l. pugio], A. *myserecord*; . hec ~o, -onis, *a dagar WW.* **c** ut Phinees scortum ferit ex pugione M. RIEVAULX (*Vers.*) 24. 25; voluit Dominus delere omnem populum nisi placatus esset per Fineem qui ~one suo perfodit dormientem cum muliere T. CHOBHAM *Praed.* 256. **d** partes animalium brutorum . . hic ~o, -nis, *a tange WW.* **e** judex sceptro aequitatis armandus est, accusator ~one malitiae ALCUIN *Rhet.* 19.

2 part of a mill.

1388 prior de Baru' indebite et injuste oneratur de xvij s. in redditu supradicto per annum pro quodam ~one cujusdam molendini ipsius prioris per antecessores dicti prioris facto *IMisc* 240/28; **1393** pro quadam pugnone cujusdam molendini . . quod dicta pugno non stat super solum . . ville . . quo ad septendecim solidos . . redditus molendini dicti prioris dicit quod predicta pugno est constituta et fundata super solum dicti prioris *AncD* C 6939.

3 *f. l.*

Gwydo, levata sica, . . gigantem [l. gigantis] amputavit capud. Danis . . confusio . . concipitur dum ferox †pugio [? l. pugil] trucidatur G. CORNW. *Guy Warw.* 828.

1 pugna [CL]

1 fight between two combatants, single combat. **b** (right to fine for) assault, 'ham-soken'. **c** fight between animals. **d** (transf.).

~a quae post sacramentum factum remanebat *DB*

I 269vb; Turchum, in Antiochena obsidione singularem ~am poscentem, medium a lateribus gladio . . dissecuerit W. MALM. *GR* IV 373; in platea ubi ~a duorum hominum vadiatur *Quon. Attach.* 73 (*recte* 74). **b** habebat . . furtum, *heinfare, forestel* . . ~am post sacramentum factum remanentem *DB* I 270ra; **c1160** (1290) habeant . . pacis fracturam et ~am in domo factam *CalCh* II 369 (=*Ib.* V 434: **1189**). **c** discolor in curvis conversor quadripes antris / pugnas exercens dira cum gente draconum ALDH. *Aen.* 82 (*Mustela*) 2; antemeridianum datur ludo puerorum vacantium spectare in scholis suorum ~as gallorum W. FITZST. *prol.* 13; **1363** ad pilam manualem, pedivam, et bacularem, et ad canibucam et gallorum ~am aut alios ludos vanos *Foed.* VI 417. **d** sic geminas vario patior discrimine pugnas, / dum latices limphae tolero flammasque feroces ALDH. *Aen.* 49 (*Lebes*) 4; hinc thessara, calculus, tabula, . . vel Dardana ~a, quorum artem utilius est dediscere quam docere J. SAL. *Pol.* 399C.

2 fight between opposing forces, battle; **b** (transf., w. ref. to abstr. forces).

acies segnis ad ~am, inhabilis ad fugam GILDAS *EB* 19; pugnae immemores, armis telisque relictis, / tuta fugae petiere loca ALCUIN *SS Ebor* 544; **10** . . bellum vel ~a, *gefeoht WW*; ipse ad Hastingensem ~am festinabat, unde jam partam victoriam . . somniabat W. MALM. *GR* III 252; *bataille*, hec ~a *Gl. AN Glasg.* f. 18r. **b** restat ut ingentes depromant carmina pugnas / ex vitiis procedentes ALDH. *VirgV* 2448; de ~a octo principalium vitiorum W. MALM. *GP* V 196.

3 spiritual or moral struggle.

sanctus Petrus . . ~am habuit non solum spiritalem contra illum leonem qui circuit querens quem devoret sed etiam exteriorem contra Simonem Magum, . . contra persecutiones malorum hominum AILR. *Serm.* 17. 3. 294; securitas adjutorii divini in pungna *AncrR* 83.

4 (transf., ~*a verborum* or sim.) conflict in words, debate, controversy.

p675 per eorum simultates et ~as verborum . . grave scisma . . nascatur ALDH. *Ep.* 4 p. 482; nec pudebat archiepiscopum . . scholares ad disputationem ~am committere W. MALM. *GP* I 43; utra . . pars disputantium in ~a verborum prevaluerit, nescio J. CORNW. *Eul. proem.* p. 257.

5 armed band, platoon.

mandatum est . . comiti Norfolcie, quod de militibus et servientibus qui sunt de pungna sua mittat . . ad prosternendum castrum Arnaldi G. *RGasc* I 369b.

2 pugna v. pugnus.

pugnabundus [CL pugnare + -bundus], bound or ready to fight, pugnacious.

~us, -a, -um, i. pugna plenus OSB. GLOUC. *Deriv.* 414.

pugnacitas [CL], readiness to fight, pugnacious attitude.

pugnax . . unde . . hec ~as, -atis OSB. GLOUC. *Deriv.* 414.

pugnaciter [CL], with readiness to fight, pugnaciously.

pugnax . . unde pugnaciter, -ius, -issime, adv. OSB. GLOUC. *Deriv.* 414.

pugnaculum [CL], place from which one fights, fortification.

[Babylon] non est murata nec aliis bellicis ~is in aliquo munita S. SIM. *Itin.* 62.

pugnaculus [CL pugnax + -ulus], somewhat pugnacious.

pugnaculus, -a, -um, i. aliquantulum pugnax OSB. GLOUC. *Deriv.* 414.

pugnalea [cf. CL pugnax, leaena], kind of fierce beast.

plures feminea perimunt maledicta venena, / quam lynx, pugnalea, lupus, ursa, leo, vel hyena. *Pol. Poems* I 56.

pugnalis [CL pugnus + -alis; cf. AN *poign, puigne*], of the wrist: **a** of a wrist's thickness. **b** (as sb. m.) ornamental cuff, maniple.

---

a1189 decem puignales salmones ad Nativitatem sancte Marie *Inq. Glast.* 9; **1234** redditus coquine: . . de Northilade contra Assumptionem, xxx salmones in cauda pungnales *Cust. Glast.* 5. **b 1238** duos lambellos et duos ~es *Cal. Liberate* 321.

pugnare [CL]

1 to engage in single combat, to fight, wrestle. **b** (w. *cum*) to fight against. **c** (w. *ad*, w. ref. to *I Cor.* xv 32) to fight (a wild beast, also transf. or fig.).

si se velit defendere vel ~are (*Quad.*) GAS 151; **1221** quedam Isabella et quedam Ibelot ~averunt apud C. et Ibelot pregnans fuit et obiit quarto die *PlCrGlouc* 66; nemo . . audet eum offendere . . quem intelligit pungnaturum superiorem MILEMETE *Nob.* f. 61a; pungnat [ME: *skirmeþ*] ut pugil cum cultellis *AncrR* 76. **b** prudens pugil diligenter attendit modum insultus quem . . socius cum quo ~at [ME: *wrastleð*] ignorat quia cum tali insultu potest eum . . prosternere *AncrR* 104. **c** †**833** barbaris victoribus ad dracones ~antibus *CS* 409; **1168** dominus Cantuariensis . . pro libertate ecclesie dimicat, ~at ad bestias sacerdotii sanguinem sitientes J. SAL. *Ep.* 281 (250).

2 to fight in battle. **b** (w. *contra, cum*, or *in*) to fight against. **c** (w. *pro*) to fight for. **d** (w. *cum*) to fight on the side of.

credere quin fortior esset ad salvandum quam inimici ad ~andum GILDAS *EB* 72; ut ~aret [populus] si necesse esset *Comm. Cant.* I 182; sanguine ceu pugnat populorum turma duorum ALDH. *VirgV* 2458; digladior, ~o, *ic feohte* ÆLF. *Gl.* 149; *cumbatre*, ~are *Gl. AN Ox.* f. 154r; bellare et judicare sunt officium regis . . . ~are maximum est quod agit corpus humanum et judicare est supremum quod operatur spiritus FORTESCUE *NLN* II 8; cum centum millibus ~ancium armatorum . . hostiliter . . convenerunt ad bellandum . . STRECCHE *Hen. V* 153. **b** ~abant contra invicem, qui hostem evaserant, cives BEDE *HE* I 22 p. 41; ~averunt cum Saracenis et omnes interfecerunt W. MALM. *GR* IV 368; illi . . qui in castris remanserant tota die in Antiochenos ~averant ORD. VIT. IX 9 p. 528; Buchar . . plures . . bellatorum copias collegit et in Hispanias contra Christianos ~are venit *Ib.* XIII 10 p. 19; Christianis in littore cum Sarracenis ~antibus *Ib.* XIII 10. p. 23. **c** in orientali parte insulae . . terribiles infixit ungues quasi pro patria ~aturus, sed eam certius impugnaturus GILDAS *EB* 23; tres . . cohortes sibi rex constituit . . et pro vita sua regnique sui statu fortiter ~avit ORD. VIT. XIII 43 p. 127. **d** diximus ut homini liceat ~are cum domino suo [AS: *mid his hlaforde feohtan*] sine wita, si quis assaeliat ipsum dominum (*Quad.*) GAS 77.

3 (of animal) to fight, attack.

1246 viderunt . . cervum mortuum, et quemdam alium cervum per duos dies ~antes adinvicem, et quod cervus occidit alium et neminem habuit in suspectum *SelPlForest* 82; **1382** quia canes sui ~averunt gregem tempore angnelacionis . . maciando iij agnos prec. xviij d. *Hal. Durh.* 173.

4 (transf. or fig.); **b** (w. ref. to chess); **c** (in moral or spiritual context, w. *contra* or *cum*); **d** (w. abstr. subj.).

bellum intestinum . . id est quando viscera ~ant contra ventrem T. CHOBHAM *Serm.* 20. 95vb; lapis qui ~at cum aquis et ventis: vides enim assurgere super aquas quando currunt aque cum ventis BACON V 118. **b** belli cupit instrumentum qui ludendo fingere / . . / duos tabularum reges ponat per planiciem. / rex paratus ad pugnandum (*Vers. Wint.*) *Hist. Chess* 514. **c** sic . . contra hostem fortius ~abitis et Dei auxilio efficacius impetrabitis ANSELM (*Ep.* 312) V 239; renovamini spiritu mentis vestre et ~ate cum antiquo serpente ORD. VIT. VI 9 p. 75; pacem non habent, ~antes cum diabolo, cum mundo et vitiis et cum carne sua AILR. *Serm.* 2. 41. 271; qui nititur destruere peccata dicitur ~are contra carnem et mundum et diabolum T. CHOBHAM *Serm.* 5. 27rb; angeli sui tulerunt me ut pro illo cum angelis contra demones ~arem (*Cainnicus* 10) *VSH* I 156. **d** jungebatur amori veneratio, ~abat . . fides cum obsequio W. MALM. *GP* V 231; temperantia ~at contra libidinem AILR. *Spec. Car.* I 31. 535.

5 (p. ppl. passing into nickname or surname representing AN *puigné* or sim.).

ubi adcensavit Richardus ~atus eos [sc. liberos] *DB* II 139.

pugnariola [CL pugna+-aria+-ola], short or insignificant battle or fight.

pugna .. unde .. ~a, -ae, dim. OSB. GLOUC. *Deriv.* 414.

pugnata [CL pugnus+-ata], fistful, handful; **b** (as liquid measure).

c**1181** concessi Reginaldo .. magisterium janue nostre: tenendum a nobis .. cum omnibus bonis consuetudinibus quas habuit pater ejus, exceptis ~is prebende, pro quibus habebit singulis noctibus unum prebendarium *Reg. Malm.* II 318; dabitur equo ~a avene ad fenum vel stramen *Cust. Waltham* f. 197; **1234** poterit uxor ejus spicare .. unam ~am de spicis *Cust. Glast.* 65; habebit pungnatas avene per iij dies *Ib.*; poterit gleniare j pugnetam, que dicitur *lashanwul Ib.* 135; do tibi tale manerium .. quia nihil aliud esset dicere quam dare ei plenam ~am ex nihilo, cum possessio non sit vacua BRACTON f. 31b; lanceta qui pro sale ierit, habebit unum panem et unam †pumatam [l. puniatam] salis *Gl. Arch. s. v.* pumata. **b 1230** invenit sanguinem effusum circa plenam ~am *CurR* XIV 1027.

pugnatio [LL], (act of) fighting, combat; **b** (transf., in quot. w. obj. gen.).

s**1319** sic .. filii Israhelis .. ut, cum civitatem .. expugnarent, pacem prius offerrent, qua non admissa, ad pungnationem citanter rite procederent *V. Ed.* II 241; si .. vestra regalia plures expectet auxiliantes, visa adversancium inimicorum manu valida ac ad tempus forciori, est ~o differenda *Regim. Princ.* 85. **b** tria .. habet initia virtus: irascibilitatem .. concupiscentiam .. animositatem in ~onem doli et boni deffentionem BERN. *Comm. Aen.* 82.

pugnator [CL], fighter. **b** champion, one who fights on another's behalf; **c** (fig., of St. Paul).

episcopus .. condempnatus .. qui ~or et fornicator existit .. respuendus est (*Lit. Papae*) *Ep. Bonif.* 87 p. 199; ~oribus suis .. cunctos mundi populos in servos .. mihi subjugabit *Eccl. & Synag.* 59; arma bellica bellicosus heros assumpsit et ferratas ~orum acies prudenter ordinavit ORD. VIT. XII 12 p. 357; cum quolibet decano x ~ores, sunt ergo in summa mille bellatores BACON V 150; assumpto exercitu suo, vix octo millibus ~orum, per Normanniam .. equitavit STRECCHE *Hen.* V 153; hic ~or, *a bygliter WW.* **b 1231** ~orem .. monachis .. invenientes *Melrose* 175. **c** ~or [*gl.*: i. preliator, miles, Paulus] egregius enumerat, hoc est divini macheram verbi et loricam fidei inextricabilem ALDH. *VirgP* 11.

pugnatorius [CL], used for fighting.

hec bipennis, -is, i. securis ~ia OSB. GLOUC. *Deriv.* 65.

pugnax [CL]

1 eager to fight, combative, warlike; **b** (of animal).

viri ~aces de vicinis regionibus exciti convenerunt et bellicis instrumentis ad preliandum sese prepararerunt ORD. VIT. III 11 p. 125; mox ex diversis venerunt partibus orbis / pugnaces turme, quas excipiebat honore *V. Merl.* 1000; bellicosus .. ~ax OSB. GLOUC. *Deriv.* 363; crumena pluribus subjectis imperat / quam pungnax Julius qui nulli cesserat WALT. WIMB. *Sim.* 51; quia in montibus nati et sylvicolae, ~atiores suapte natura sunt MAJOR I 8; vir ~acissimus J. C. periscelidis eques .. bellator notissimus SPELMAN *Asp.* 107. **b** pueri suos apportant gallos, gallinaceos ~aces W. FITZST. *Thom. prol.* 13.

2 fighting.

~ax, *feohtende GlS* 214.

pugnella [CL pugna+-ella], **pugnula** [CL pugna+-ula], short or insignificant battle or fight.

pugna .. unde ~ula, -e, vel ~ella OSB. GLOUC. *Deriv.* 414.

pugnellus [CL pugnus+-ellus; cf. OF *poignet*, AN, ME *poinet*], ornamental cuff.

1240 liberate eciam eidem iiij libras pro paruris stola pungnell', lambell', et amictu brudatis emptis per preceptum nostrum *Liberate* 15 m. 22; **1252** pro .. duobus paribus parurarum breudatarum cum stolis, faniculis, amictis, poingnell', et lambell' *Ib.* 29 m. 11; **1256** pro paruris brudatis, una stola, una fannula, pugnell', lambell' et amicto *Ib.* 33 m. 13.

pugneta v. pugnata. **pugnio** v. pigno. **pugno** v. 2 pugio. **pugnula** v. pugnella.

pugnus [CL]

1 fist. **b** horse's hoof.

10.. ~a, *fyst WW;* ~us globosus GOSC. *Transl. Mild.* 24 (v. globosus 1b); hic ~us, *poin Gl. AN Ox.* 44; veluti manus que eadem est cum in palmam extenditur et in ~um astringitur CHAUNDLER *Apol.* f. 31b; hic ~us, *a fyste WW.* **b** ut accidit mihi ex percussione equi cum ~o GAD. 128v. 1.

2 (dist. acc. use): **a** (for grasping, esp. w. ref. to *Is.* xl 12); **b** (for punching or beating (the breast)).

a quidam putant se ~o mundum claudere et omnia in manibus continere BART. ANGL. IV 11; solebamus crines evellere ~is, cum cheterlingis .. mutuo nos cedere GRAYSTANES 16. **b** hujus, quaeso, caput valido tu percute pugno ALCUIN *Carm.* 96. 13; pellunt violentis ~is a tergo et capite, resistitur a latice velut a solida glacie vel praeduro marmore GOSC. *Lib. Mild.* 20; cum Turcus, in collo Christiani ~o percussus, bizantinos evomeret W. MALM. *GR* IV 380; allegatis hinc inde tam ~is quam baculis et virgis GIR. *EH* II 31; pars ~is pectora tundit *Found. Waltham* 6; tunc lacrimas fundo, tunc pugno pectora tundo NECKAM *Poems* 453; licet aliquis .. pungno .. aut cultello .. confratrem .. altercando percussit *Cust. Westm.* 210 (=*Cust. Cant.* 249); **1269** percussit eum in capite vel alibi in corpore cum pungno vel cum baculo sive cum aliquo armo *CBaron* 83.

3 (as unit of measure) a fist's breadth.

testula capitis contrita jam ad ~i unius introitum hiando patebat R. COLD. *Cuthb.* 92; **1194** candelam ad longitudinem j ~i et j pollicis *Conc.* I 498a.

pugo v. pugio. **pugtus** v. punctus. **puignalis** v. pugnalis. **puka** v. poca.

pula [dub.]

1 bundle or armful of wood, faggot.

a**1327** et cariabit buscam domini .. et si cariat truncam habebit .. j peciam busce qui vocatur ~e quam una manu levare et sub brachio asportare potest .. *Hants Field Club* VII 4; **1341** debet querere cum carecta sua .. de grosso bosco vel spinis vel aliis rammiculis quantum comode cum affro suo possit trahere et inde habere j ~e vel partem spinarum *RentSurv.* R 699 m. 6; c**1350** debet cariare buscam domini .. et habere ~am sicut unus probus homo potest ferre sub brachio suo *MS BL Loans* 29/55 f. 44.

2 mixture of wine and water.

~a, A. *medlyng of water and wyne WW.*

pulaillus v. pullaillus. **pulana** v. 1 Polanus. **pulanus** v. 3 pullanus. **pulbarius** v. plumbarius. **pulbitum** v. pulpitum. **pulcer** v. pulcher.

pulcher [CL]

1 pleasing to the sight, lovely, beautiful, handsome; **b** (of human or animal form).

conjugem [sc. Evam] .. ita pulchrum oculis visum THEOD. *Laterc.* 17. **b** dicitur quod ipsa in Libia sit esseque [*sic*] avium ~errima *Comm. Cant.* I 360; illa anicula .. facta est juvencula ~errima [*gl.*: i. speciosissima, *ænlicost meowle*] ALDH. *VirgP* 25 p. 258; virgo .. satis ~ra [*gl.*: speciosa] et eleganti forma *Ib.* 35 p. 278; sirenae sunt marinae puellae .. quae navigantes ~errima forma .. decipiunt *Lib. Monstr.* I 6; vultus erant laetissimi ac ~errimi BEDE *HE* IV 14 p. 235; hoc manerium tenuit Eddeva ~ra *DB* I 134ra; **1297** erat .. homo ~er et grassus nimis W. GUISB. 303.

2 (of material or non-material thing) that offers pleasure to the senses, beautiful, delightful.

de heretico .. qui ~errimos .. divinorum eloquiorum campos noxio linguae suae vomere rumpit BEDE *Prov.* 989; ibi nova et ~ra aecclesia *DB* I 30ra; corpus sacratissimum .. basilica ~errimi operis .. honoravit W. MALM. *GP* IV 179; ad canticum de Evangelio ~errimam antiphonam edidit ORD. VIT. III 7 p. 96; civitas .. edificiis domorum et basilicarum ~errima *Ib.* V 6 p. 324; ex lacu quodam maximo et ~errimo GIR. *TH* I 7; lapis .. marmoreus et ~er *Id. EH* I 38.

3 excellent in its appeal, attractive to the

mind; **b** (of speech). **c** (~*rum loqui* as sb.) fine or smooth talk.

oracula, quibus veluti ~o tegimine opusculi nostri molimen .. contegatur GILDAS *EB* 37; quam ~rum est videre aliquos vestrum .. devenire modo .. simplices AILR. *Serm.* 1. 36. 216; per quod caruca a luto .. valeat .. mundari et pulcram bonamque faciat aruram *Fleta* 163; fuit pulcrior cascia quam episcopus habuit de tanta re *Feod. Durh.* 234. **b** Hilarius episcopus .. ~ro sermone aureoque ore universa loquitur *Ps.-Bede Collect.* 319; pulchra et circumflexa locutio BEDE *Prov.* 973; ~ra sunt quidem verba et promissa quae adfertis *Id. HE* I 25 p. 46; **8**.. ~ros sermones tuos, *ðine fegeran specce WW;* Petrus mox illud ~errimum eloquium protulit AILR. *Serm.* 15. 29. **c 1201** ipse tam per minas quam per estucciam et per pulcrum loqui tantum fecit quod ipsa eum amavit *CurR* I 389.

4 morally beautiful, honourable, noble, glorious. **b** (~*er pater* as term of respect) *beau-père* (in quot. rendering OF surname).

~ro vitam suam fine conclusit BEDE *HE* I 25 p. 46; ~ram mortem pro patrie ultione meruere W. MALM. *GR* III 242; Walterius ~rum facinus animo parturiens ut .. alterum cervum .. prosterneret *Ib.* IV 333; in tali .. necessitate ~rum illi et competens servitium impendit ORD. VIT. VII 15 p. 237; puellam .. ~errima cujusdam militis fraude ereptam lupanaribus AILR. *Spir. Amicit.* I 29. 664; ~rum idem vocat quod honestum T. CHOBHAM *Praed.* 129. **b 1437** dominis et magistris Johanne Pulcripatris, Johanne de Segabia in sacra pagina BEKYNTON II 31.

5 (*pro ~ra placitatione* or sim.) as a beaupleder fine (v. Paul Brand, *Kings, Barons and Justices* (CUP 2003) pp. 87–90).

1275 reddit per annum .. pro pulcro placitare vj marcas *Hund.* II 309b; **1279** solvit .. pro pulcro placitandi viij s. *Ib.* 339a; **1416** pro ~ra placitacione *CalCh* V 484.

pulchraliter [CL pulcher+-alis+-ter], beautifully.

848 in uno vaso .. quod fuit de nobile genere ~iter factum et ex parte cum auro ornatum *CS* 454.

pulchre [CL]

1 beautifully, attractively; **b** (w. ref. to literary style).

insignia / pulchre picta perniveo / colore atque croceo (ÆTHELWALD) *Carm. Aldh.* 2. 159; juvenis .. capillis ~errime crispis BEDE *HE* V 2 p. 284; filis aureis ~re intorto W. MALM. *GR* II 134; pratum herbis et floribus ~errime vestitum ORD. VIT. V 10 p. 383. **b** quod ~re versibus suis Prosper rethor insinuat BEDE *HE* I 10 p. 24.

2 attractively to the mind.

pulcrius elucescunt bona si plurimorum comprobentur noticia T. MON. *Will.* V 12; sapientie lucernam, ut omnibus .. ~rius elucescat, palam exponunt GIR. *TH intr.* p. 139.

3 thoroughly, fully, perfectly, well.

et pulchre digitis lubricum comprehendere corpus ALDH. *Aen.* 80 (*Calix vitreus*) 6; rex .. strenuus et ~re ad dormiendum factus W. MALM. *GR* II 165; nec .. luteum caelesti, divinum mortali ~re coheret *Ib.* IV 347; ~re .. monita mea servastis *Id. GP* I 66; fecit valde ~re AILR. *Serm.* 13. 10. 285.

4 (*pro ~re placitando* or sim., w. ref. to fine or sum of money) beaupleder fine (v. Paul Brand, *Kings, Barons and Justices* (CUP 2003) pp. 87–90).

1250 nec .. participare tenentur de communibus finibus factis coram justiciariis regis itinerantibus ad communia placita pro pulcre placitando *Cl* 348; c**1265** nec .. de cetero ab aliquibus recipiantur fines pro ~re placitando *Reg. Malm.* I 45; **1275** ita quod capiunt quolibet anno tres marcas de sectatoribus illius franci plegii injuste pro pulcre placitare *Cust. Rents* 170; **1276** villata de Hurle solebat dare ad visum franci plegii xx sol. pro pulcre placitando *Hund.* I 17b; si quis arentaverit in curia sua finem pro pulcre placitando *Fleta* 224; **1333** petit exonerari .. de xx s. per annum de hidagio, v s. per annum de secta, v s. per annum de visu, et iiij s. per annum pro pulcre placitando *LTR Mem* 105 m. 200d.

pulchrellus [CL pulcher+-ellus; cf. CL pulchellus], rather beautiful, pretty.

partly, .. meetly fayre, ~us LEVINS *Manip.* 101.

pulchrescere [LL], to become or be beautiful.

Deus .. cui ~escere et clarere unum et idem est ALCUIN *Dub.* 1045D; integre que ~escunt aspectu candido et delectabili R. COLD. *Osw.* 51 p. 380; pulcrescunt et colorantur flores BACON V 76; vi Sancti Spiraminis / virgo pura pulcrescit LEDREDE *Carm.* 10. 24.

pulchrificare [ML < CL pulcher+-ficare], to make beautiful, beautify.

1236 medicinalis abscisio innaturalium hujusmodi excrementorum hominem non imminuit sed potius pulcrificat et sanat GROS. *Ep.* 72* p. 226; patet de possessione diviciarum et carencia earundem, ubi, si possessio per circumstancias malas deturpatur, obest; econtra, si carencia pulcrificatur WYCL. *Quaest. Log.* 269; quod prosit ecclesie et per accidens ~et universum *Id. Ver.* II 10; nil fidem sic pulchrificat *Pol. Poems* I 246; sicut mundus ab esse confuso ~atus, distinctus est in species NETTER *DAF* II f. 192ra.

pulchrificatio [ML pulchrificare+-tio], beautification, adornment.

injuste possessiones .. ecclesias ipsas non augent sed deturbant, et earum abscisio per justum judicium non est ecclesiarum imminutio sed potius pulcrificatio .. quedam et sanatio GROS. *Ep.* 72* p. 226; accidencia .. directe faciunt in pulcrificacionem universi WYCL. *Dom. Div.* 32.

pulchrificus [ML < pulcher+-ficus], that makes beautiful, beautifying.

bonum quidem esse dicimus pulchri particeps, pulchrum vero participacionem ~e omnium bonorum cause BRADW. *CD* 168D.

pulchrimentum [CL pulcher+-mentum], beauty.

ave, cujus pulcrimenti / totus splendor firmamenti / vincitur vibramine WALT. WIMB. *Virgo* 89.

pulchriter [ML < CL pulcher+-ter], beautifully.

patenter .. et pulcriter loquitur *Croyl. Cont. A* 108.

pulchritudo [CL]

1 quality of appealing to the sense of sight, beauty, handsomeness. **b** quality of appealing to the sense of hearing.

pavonis .. pennae ~o [*gl.:* i. species] ALDH. *VirgP* 9 p. 237; vidit hominem honorabilem et mirae ~inis *V. Cuthb.* IV 14; tria in uno .. habebat dona .. vocis pulchritudinem et ~inis suavitatem et altitudinem BYRHT. *V. Osw.* 417; virgo .. omnem mundanam ~inem .. devincens DOMINIC *V. Ecgwini* I 8; bonus .. sanguis .. est membrorum nutrimentum ex quibus fortitudo, ~o .. hominem prosequuntur *Quaest. Salern.* P 26; etas ~inis que est a 30 annis usque ad 40 BACON IX 12. **b** vocis ~inem BYRHT. *V. Osw.* 417 (v. 1a supra).

2 (of material thing).

si .. margaritam invenire non possunt transnavigare maria .. delectat, .. ut .. inaequiparabilis .. ~o .. comparetur GILDAS *EB* 67; formosior rubentis gemmae ~o [*gl.:* i. temporalis gloria] praedicetur ALDH. *VirgP* 9 p. 236; sudarium .. quo capud ejus cingebatur, pristine canditatis ~inem custodiens *V. Cuthb.* IV 14; eximie ~inis .. fluvius GIR. *TH* II 9; dicens an lapides Britannie tanti valoris essent et tanti [v. l. tante] ~inis sicut Hibernie *Eul. Hist.* II 303; s1443 ecclesiam suam .. mera et specabili pulcritudine tam in sculpturis .. quam picturis .. decoravit BOWER VI 57.

3 (of abstr.) excellence; **b** (of speech or writing).

801 in qua [sc. sapientia] decus est et ~o vitae praesentis ALCUIN *Ep.* 229; cancellum veteris ecclesie .. eximie ~inis opere in melius renovavit ORD. VIT. XI 30 p. 270; pulcritudine diversarum virtutum virginitatem ipsam decoravit *V. Edm. Rich B* 616; species in creatura representat summam ~inem DUNS *Ord.* III 182. **b** in quibus [libris] magna pulchritudo et dignitas sapientie reperitur BACON *CSTheol.* 26.

4 moral beauty, nobility.

in illa .. vita ~o justorum solis pulchritudini .. adaequabitur EADMER *Beat.* 1; libri De Virginitate .. quibus illius honorem diffinit, ~inem ornat, perseverantiam coronat W. MALM. *GP* V 213; reginam .. decoravere forma, .. litterarum scientia, cuncta morum et virtutum ~o ORD. VIT. IV 5 p. 189; magna ~o anime est castitas AILR. *Serm.* 38. 16.

pulcinus [AN *pulcin* < LL pullicenus], chicken. **b** (~*us aucae*) goose chick.

1249 mandatum est vicecomiti .. quod de x cignis, xij pavonibus, cc ~is, iij millibus ovorum .. sibi provideat *Cl* 168; duo ~i pro uno denario et obolo *MGL* II 678; **1331** aliquod summagium gallinarum ~orum vel aliorum victualium vendendorum *PQW* 146b; **1402** in xxiiij ~is emptis pro caponibus faciendis (*MinAc*) *Growth Eng. Ind.* 598; due auce vel quatuor galline, vel sex ~i AMUND. II 316. **b 1321** de j ansere et v aucis de rem[anenti] et xxviij pulcin' aucarum de exitu *MinAc* 992/11.

pulcitra [cf. 1 puttra, citra], foal, filly.

1340 liberarunt .. equiciario regis .. xj jumenta, iij pultras duorum annorum dim' et vj ~as etatis unius anni de equicio *MinAc* 1120/10 r. 17d.

puleginus [CL pulegium+-inus], of or made from pennyroyal (*Mentha pulegium*).

oleo .. ~o GILB. III 147v. 1; ungatur epar de oleo ~o GAD. 72v. 2.

pulegium [CL], ~*us*

1 pennyroyal (*Mentha pulegium*) or wild thyme (*Thymus serpyllum*). **b** (dist. as *majus, minus, montanum, hortense,* or *regale*). **c** (~*ium cervinum* or *rurale*) harts' pennyroyal, cornmint (*Mentha arvensis*).

ibi crescit sandix, .. pionia, pollegia [*gl.:* hylwyrt], organum .. ÆLF. *BATA* 4 6 p. 99; herba pollegion, i. e. dweorge dwosle *Leechdoms* I 38; matrix pulegii sepe juvatur ope NECKAM *DS* VII 120 p. 475; de floribus pullegii quod non est serpillum .. sed verum pullegium habens altas fistulas seu stipites BACON IX 178; hoc ~ium, *puliol Gl. AN Glasg.* f. 19; broderworth .. puleo, -is, f. *PP*; broderworth, pelium, n. *PP*; ~ium, i. *puliol,* i. hulwort *WW*; pelegum, A. *pylyole WW*. **b** alarius, i. ~ius major *Gl. Laud.* 38; gligonus, i. ~ius major *Ib.* 706; puleius ortensis, i. clicon *Ib.* 1166; serpullum, i. puleium minor *Ib.* 1342; gliconium, .. ~ium regale *Herb. Harl.* 3388 f. 80; **13..** brotherwort, ~ium montanum *MS BL Sloane* 2479 f. 99v; origanum secundum quosdam idem est quod ~ium majus, viz. regale *SB* 32; pullegium .. montanum, A. *pulliol muntayne,* i. hillewort vel brotherwort *MS BL Addit.* 15236 f. 6; alrewort, alii hulwort, Latine ~ium regale *MS BL Sloane* 2527 f. 219; ~ium quando simpliciter ponitur, pro regale intelligitur *Alph.* 150. **c** ~ium cervinum, agreste et herte puliol *MS BL Royal* 12. E. I 100v; ~ium rurale, medium, *feldpuliol Ib.*; ~ium cervinum, ~ium rurale, *hertys pulial* or *felde pulial MS BL Sloane* 3545 f. 8v; ~ium cervinum vel montanum, serpillum idem, minora habet folia quam alia, G. *puliol,* A. *brotherwurt Alph.* 150.

2 (~*ium Martis* or *agreste*) dittany (*Origanum dictamnus*) or white dittany (*Dictamnus albus*).

diptmnum, i. ~ium agreste *Gl. Laud.* 512; diptannus est herba medicinalis .. hanc quidam ~ium Mar[t]is vocant BART. ANGL. XVII 49; ~ium Martis, dyptamnis, *ditayne MS BL Sloane* 282 f. 172rc; diptannum multi dicunt ~ium agreste *Alph.* 51.

puleinus v. 2 pullanus. **pulenta** v. polenta. **pulentarius** v. polentarius. **puleo** v. pulegium. **puletaria** v. pulletaria. **puletarius** v. pulletarius. **puleteria** v. pulletaria.

pulex [CL]

1 flea; **b** (in phr.); **c** (fig.); **d** (w. ref. to *I Sam.* xxiv 15). **e** (*herba ~icum,* cf. pulicaria) fleawort or agrimony.

~ix, *flaeh GlC* P 871; tunc Scottus familiaritatem ~icum .. tunc Noricus cruditatem reliquit piscium W. MALM. *GR* IV 348; hos alliciunt, et ad camineas suas a strepitu seorsum ab hospitibus caritatis, id est publicibus [*sic MS*] longe, deliciis affluenter exhibent MAP *NC* I 25 f. 17v; nascuntur .. pediculi ex carne et ~ices ex pulvere P. CORNW. *Disp.* 150; que [animalia] vero silvatica sunt pullices, lepores et cancri M. SCOT *Phys.* 21; tumet de robore quem necat scorpio, / quem angit pulicis vel musce punctio WALT. WIMB.

Carm. 329; non ~icum morsus sentitur amarus H. AVR. *Hugh* 312; ~ex, G. *puce Teaching Latin* II 22; ad ~icis mordentis aculeum sacer liber abicitur R. BURY *Phil.* 17. 221; hic ~ex, A. *a flee WW; a loppe,* ~ex, feminini generis secundum doctrinale, sed secundum Ysidorum .. est masculini generis *CathA.* **b** s1451 quod .. ~ex est in aure .. hoc divisio fertur esse inter fratres in electione *Reg. Whet.* I 8. **c** tollendus vel ~icem domini gestare figuram BEDE *Sam.* 678; modo ~ex mortuus, canis fetens et putridus .. nunc heremita, sed hypocrita R. COLD. *Godr.* 255. **e** herba ~icum est idem quod eupatorium secundum quosdam *Alph.* 79.

2 mosquito, gnat, midge, or sim.

est in Connactia vicus .. ubi ab antiquo .. ~icum excreverat multitudo GIR. *TH* II 31; beata virgo Maria .. apparuit exhortans eos ne recederent .. promittendo .. quod musce et ~ices ipsis amodo non nocerent BRYGG *Itin.* 382.

3 nit, louse.

~ex, .. *nite Teaching Latin* II 22.

pulia v. 1 pola, 1 polea. **pulica** v. polica.

pulicarius [CL pulex+-arius], **pulicaris** [CL pulex+-aris], used in dealing with fleas: **a** (*herba ~ia*) fleawort, fleabane (*Pulicaria dysenterica*). **b** (~*ia* or ~*is* as sb.).

a herba policaria major et minor fetet, valet contra epilenciam *Alph.* 80; herba pullicaris vel pollicaris, respice in percillium *Ib.* 83; persillium, herba policaris vel herba pollicaris idem, semine utimur *Ib.* 147. **b** ceruta, i. coletaris vel pulicanis [l. pulicaris] *Gl. Laud.* 416; psillium, i. ~is, aquileia *Ib.* 1157; spillios, i. ~is *Ib.* 1327; policarie majoris et minoris GILB. I 35v. 2; policaria duas habet species, sc. major et minor. major frutex est, minor herba, utraque arcet pulices. item policaria folia habet fissa ut dens leonis *SB* 34; petila, i. policaria minor *Alph.* 139; policaria minor et major, minor .. fetet ad modum canis, major folia habet oblonga aliquantulum sicut dens leonis, et bene lata *Ib.* 149.

pulicetum [CL pulex+-etum], place infested with fleas.

a loppy place, ~um *CathA.*

pulicosus [CL], infested with fleas.

loppy, ~us *CathA.*

pulina, pulinus v. 3 pullanus. **pulitarius** v. pulletarius. **pulium** v. pulegium. **puliva** v. poliva. **pulix** v. pulex. **pulla** v. 1 pola, 2 pullus.

pullagium [CL pullus+-agium < OF -age < -aticium]

1 fowl rent, rent paid in poultry (C. I.).

1309 dicunt eciam quod ~ium istius insule [de Serke] se extendit communibus annis ad lxv ~ia, viz. de quolibet ~io ij gallinas; et potest dominus rex, cum expenderit ~ia sua, de quolibet tenente suo capere gallinam pro ij d. quociescunque voluerit; et, nisi gallinam habuerit, solvet pro illa ij d. (*JustIt*) S. *Jers.* 202; **1331** dominus rex percipit de qualibet domo in qua fit mansio super predictas bovatas unum ~ium de duabus gallinis *Ext. Guern.* 58.

2 (collect.) poultry, domestic fowl.

1265 coquina: pinguedo et lardum, ij s. vj d.; ~ium vij s. ix d. *Manners* 20; coquina: pollagium ij s. vj. d., ova xviij d. *Ib.* 58.

pullaillus, pullaile [AN *pullaille* < CL pullus], poultry, domestic fowl.

1299 in ij bus. frumenti emptis pro pullalo ij s. iij d. in factura iiij *cages* pro pullalo vj d. *Household Ac.* I 166; **1378** j bus. ordei pro pulaillis v s. x d. .. in ij bus. avene pro pitura pulaillorum viij d. *Ib.* 256; **1409** nullus cocorum emat pisces in foro nec pullale .. ante horam octavam *Doc. Bev.* 29.

pullale, pullalus v. pullaillus. **pullana** v. 2-3 pullanus.

pullanare [pullanus+-are], **pullenare** [AN *pulener*], to bring forth a foal. **b** (pass.) to be born

as a foal (in someone's ownership). **c** (p. ppl.) born as a foal, foaled (in someone's ownership).

1335 quia viij jumenta moriebantur antequam ~anarunt *KR Ac* 133/28 m. 3. **b 1220** Hamon dicit quod equa ei ~enata fuit et quod adhuc habet matrem ejus *CurR* VIII 272; **1235** dicens quod [equa] sua fuit et ei ~anata. . . dicunt quod quedam equa mater ipsius pullani empta fuit . . et quod tunc fuit pregnans *BNB* III 132; Willelmus . . interrogatus nichil . . dicebat nisi quod ei ~unata fuit *Ib.* 133; si equus fuerit [furto sublatus] poterit dicere . . quod ei ~onatus fuit, et quod ipsum nutrivit a juventute BRACTON f. 151. **c 1196** si [habuerit] pullum masculum et ~enatum, non poterit illum vendere nisi per licenciam abbatis *CurR* VII 336; **1277** quod omnes predicti custumarii non possunt maritare filias, nec boves vendere eis vitulatos nec pullanos masculos dentes habentes sibi ~enatos sine licencia domini *Ac. Stratton* 30; non potest vendere pullanum suum masculum sibi ~enatum *Cust. Bleadon* 204 (v. lactere b); **1305** ad recipiendum decimas de pullanis ~enatis in parco *Mem. Parl.* 83; non potest . . vendere pullum masculum superannatum sive ~natum . . nec bovem sive vitulatum *Cust. Taunton* 27.

pullanatio [pullanare+-tio], **pullenatio** [pullenare+-tio], foaling, bringing forth of a foal.

1291 reddit compotum de iij jumentis de remanenti, de quibus in vendicione . . ante ~enacionem una *Pipe* 136 r. 34; jumente: . . post ~enacionem *FormMan* 39; **1335** quia v jumenta moriebantur ante tempus ~anacionis *KR Ac* 133/28 m. 4.

1 Pullanus v. 1 Polanus.

2 pullanus, ~a [CL pullus+-anus, cf. ME, AN *pullan*], **1 pullenus, ~a** [ME, AN *pullein*]

1 foal, (f.) filly.

in vitulis, in agnis, in puleinis, in purcellis *Text. Roff.* 191; **1205** ij pollani unde unus est unius anni et reliquus de hoc anno *RNorm* 141; **1214** de sexaginta animalibus et quadringentis et quindecim ~anis *Pat* 117; **1226** decimas . . solvet . de porcellis et pulnis, et de capreolis *Reg. Glasg.* 119; **1273** idem reddit compotum de j ~ano masculo etate unius anni et dimidii . . et . . de j ~ano femello *Ac. Stratton* 45; **1276** de iij s. de xiiij coreis vitulorum . . et de ij d. de coreo j polleni vendito de morina *Ib.* 188; a**1400** jumenta per loca xxxviij, ~ani et ~ane diverse etatis xx *Meaux* III 276; **1446** v eque, quarum iiij ambulantes et una trottans, item . . iij ~ani annales marsuli (*Invent.*) *Feod. Durh.* 188.

2 poultry, domestic fowl, chicken, pullen.

exceptis eciam carnibus et piscibus . . caseis, ovis, ~anis, et hujusmodi minutis vendilibus *Gild Merch.* I 46 n. 5.

3 (passing into surname); **b** (transf., w. ref. to one of mixed Syrian and French parentage).

sermo . . magistri Rodberti Polani PULL. *CM* 199; s**1146** preminuit his diebus in clero Romano Rodbertus ~anus, cancellarius apostolice sedis J. HEX. *HR Cont.* 319. **b** s**1187** ipsius . . terre novi indigene quos ~anos vocabant . . non multum ab eis vel fide vel moribus discrepabant, atque inter Christianos et Sarracenos tanquam quidam neutri esse videbantur W. NEWB. *HA* III 15; s**1191** Templarii enim et Hospitalarii, polani [v. l. palani] nihilominus terre illius, in futurum oculos habentes acutiores agendis, regi Ricardo dissuaserunt versus Jerusalem . . eundum *Itin. Ric.* IV 35.

3 pullanus, ~a [ME, AN *polain*], **2 pullenus, ~a** [ME, AN *pullein*], **1 pullinus, ~a**, [ME *pulli*, AN *pulie*], pulley; **b** (spec. for lowering barrels, usu. into a cellar).

1238 Willelmo de Preschut' pro polaynniis faciendis . . in sepho . . ad illas unguendas *KR Ac* 476/3; **1293** in j pet' ferr' empt' in forpicem fabr' ad unam pulinam *KR Ac* 492/10 m. 1; in iiij pet' ferr' empt' xj d. ad pulynas in forpicem fabr' *Ib.*; c**1312** pullan' . . r. c. de j ~ano vet' ut super appreciatur ad viij d. *LTR Ac* 19 r. 32; **1346** in vad' et stipend' . . carpentariorum . . operant' super novum supercilium contra tria altaria et pro polm' [? l. polin'] et *berfrey* in magno campanile *Sacr. Ely* II 137; **1356** de . . ij ~inis de eneo *Pipe* 201 r. 39*d*. **b 1198** pro iij estachis ficandis ad avalandos tonellos regis in cellarium . . . pro esledis et polenis et tostis xv sol. *RScacNorm* II 461; **1236** faciat habere . . unum bugonem findendum ad iij pulinos faciendos ad discarcanda vina regis *Cl* 394; **1241** fieri facias . . duos ~anos ad vina nostra trahenda et duas longes gistas ad vina nostra superponenda *Liberate* 15 m. 11; **13..** vinitarius habeat in cellario suo utres, . . costrellos, alvealos, pulanos (*Nominale*) *Neues Archiv IV* 339.

pullare [CL=*to sprout*, cf. CL pullus+-are], (pass.) to be born as a foal (in someone's ownership). **b** (p. ppl.) born as a foal, foaled (in someone's ownership).

1281 de equis et [ovibus] vendendis bene possunt eos vendere si eos emerint, tamen si vitulati vel ~ati fuerint, non possunt eos vendere sine licencia *CoramR* 69 r. 34. **b** si habeat pullum masculum sibi ~atum, poterit eum vendere sine licencia dum lactat *Cust. Glast.* 83; **1285** nec potest . . pullum sibi ~atum vendere (*Tangmere*) *Cust. Suss.* LVII 12.

pullarius [CL], poulterer.

mercatores, piscatorii, ~ii sive aviarii [A. *pulters*], coqui WHITTINGTON *Vulg.* 66.

pullatterius v. pulletarius.

pullatus [CL]

1 dressed in drab or dark clothing.

~as, in veste nigra *GlC* P 882; ~us, nigris vestibus indutus OSB. GLOUC. *Deriv.* 467.

2 dark-coloured, black: **a** (of clothing). **b** (her.) sable.

a agmina pullatis coeunt vernacula birris FRITH. 1304. **b** ardea argentea in ~a scuti areola est [clypeus] Heronorum UPTON *app.* 53.

pullegium v. pulegium. **pullen-** v. pullan-.

pulleta [2 pullus+OF *-ette*], foal (f.), filly.

1278 sicut venit de mercato . . equitando quandam ~am, supervenit quidam H. del B. et voluit ascendere predictam ~am retro predictum R. *JustIt* 131r. 3.

pulletaria [pulletus+-aria]

1 (collect.) poultry, domestic fowl.

1252 in pulteria cxix li. iii s. vij d. quad. *DCCant. Reg. H* f. 172; **1271** liberate . . Waltero puletario nostro xx marcas ad puletariam . . emendam contra festum predictum *Liberate* 47 m. 9; **1330** [liberacio avene] et pulterio pro pastura pulterie, xj b[ollas] *ExchScot* 326; **1389** omnes pultarii extranei ducentes et portantes pultariam ac volatilia . . ad civitatem *Mem. York* I 45; **1390** pro pane . . una cum pulteria . . emptis *Ac. H. Derby* 6; **1475** preter grana, martas, mutones, salmones et pulturiam *ExchScot* 300.

2 place in which poultry are kept, henhouse.

1254 domos nostras . . extra castrum nostrum Oxon' . . viz. . . coquinam, salsariam, scutellariam, puleteriam *Liberate* 31 m. 12.

3 poultry (as department of household).

1255 precipimus tibi quod reparari et cooperiri facias . . capellam nostram, coquinam . . puleteriam, magnam portam *Liberate* 31 m. 12; **1327** coquina et polteria dlxxxiv l. x s. iv d. *Ann. Dunstable* 412; **1392** cum conduccione j domus pro officio pulleterie, j. duc v s. *Ac. H. Derby* 220.

pulletarius [pulletus+-arius], poulterer.

1159 vicecomes r. c. de xx s. pro poltario *Pipe* 5; **1215** quidam carnifices, polletarii et alii . . ordinationem predictam infirmare machinantes *MGL* II 678; **1241** fieri facias . . quandam domum ad opus puletarii et aliam domum ad opus salsarii nostri *Liberate* 15 m. 15; **1262** mittimus ad vos Walterum pulletarium nostrum *Cl* 27; **1275** polettar[ii], sutores, piaconar[ii], macecar[ii] et alii sunt remoti a foro domini regis *Hund.* I 403b; **1302** Thomas Brunus civis London' pullatterius domini regis Anglie *KR Eccl.* 25/50; **1313** de pultereariis . . assuetus est emere aucas, gallinas, et alia volatilia . . ante horam primam *Leet Norw.* 60; **1330** [liberacio avene] . . pulterio pro pastura pulterie, xl b[ollas] *ExchScot* 326; **1333** habere faceret H. de C., ~ius hospicii regis . . pro denariis per ipsum solutis super officio suo *LTR Mem* 105 m. 109; **1337** in expensis pulitarii per ij dies . . pro providencia iiij d. *Ac. Ep. Bath.* 91; in expensis N. politarii *Ib.* 95; **1349** pistores, polletarii et omnes alii renditores victualium *Reg. Exon.* f. 26v; s**1387** M. de Pole . . Calesiam petiit, . . simulans se Flandricum pultarium cum caponibus in calatho . . volens . . vendere capones suos KNIGHTON II 250; nullus piscenarius, ~ius, nec regrator emat aliquod victuale ad revendendum ante primam pulsacionem ad Sancti Pauli *MGL* I 252.

pulleteria v. pulletaria.

pulletria [ME, AN *pulletrie* < CL pullitra; cf. pulletaria]

1 (collect.) poultry, domestic fowl. **b** (an individual) bird.

de caseatrice: . . ejus est . . curam de poletria obtinere *Fleta* 173; **1357** vj d. pro expensa j hominis ad equum cariantem poletriam apud Farnham pro hospitio domini contra Natalem *Crawley* 282; **1391** pro putura ~ie . . xxj s. *Ac. H. Derby* 64; vendentes panem, caseum, poletriam . . et alia minuta victualia *MGL* I 249; **1443** pro sustentacione pullettr' domini *Comp. Dom. Buck.* 23; **1453** Henrico B. de London' pro pultria viij s. *Ac. H. Buckingham* 48; pultria, A. *pultrie WW*. **b 1266** redditus gallinarum . . in servicio regis et regine . . superexpendit gallinas et unam pultriam *ExchScot* 26; **1453** pro sustentacione signorum et aliarum ~iarum *Ac. H. Buckingham* 45; **1462** de . . agnellis, porcellis, ~iis sive aliis victualibus *ChartR* 193 m. 4; **1603** quod de bladis et fenis, equis, bobus . . agnellis, pollectriis et aliis victualibus . . ad opus nostrum . . per provisorem . . nihill quicquam capiatur *Pat* 1607 m. 5.

2 **a** place in which poultry are kept, henhouse. **b** place in which poultry are sold, poultry market, (in quot. w. ref. to market and street in London) Poultry.

a 1301 in parietibus domus poletr[ie] (v. directorium 1a); **1305** in j fenestra super domum polet' (v. laticium). **b** de *shoppes* in parochia sancte Mildrette . . in Poletria *Reg. S. Aug.* 328; **1456** tria . . mesuagia in parochia Sanctae Mildredae in Poletria Londoniarum *Reg. Whet.* I 236.

3 poultry (as department of household).

1365 garcio candellarie . . garcio ~ie *Pat* 272 m. 11; **1393** super officio poletrie, per manus W. H. pro caponibus, gallinis, pullis, pulcinis, lacte, butiro . . per ipsum emptis *Ac. H. Derby* 241; **1421** coquina . . ~ia . . scutilleria (*KR Ac*) *JRL Bull.* XXVI 264.

pullettria v. pulletria. **pullettus** v. pulletus.

pulletus [AN *pullet* < CL pullus+OF *-et*], chicken.

c**1284** de finibus . . tam in denariis quam gallinis et ~is *Reg. Malm.* I 202; galli, galline, ~i *FormMan* 44; **1337** in v caponibus et v polettis xv d. *Ac. Ep. Bath.* 85; **1390** pro . . ij pullettis *Ac. H. Derby* 33; **1583** decimas . . agnellorum, vitulorum, pullettorum, et fructuum *Pat* 1234 m. 23.

pullex v. polica, pulex. **pullicaris** v. pulicarius.

pulliculus [CL pullus+-iculus], young domestic fowl, nestling, chick.

quando . . ~i recenter nati ad capiendum grossiorem cibum . . sunt invalidi . . sanguinem in ora ~orum vomit BART. ANGL. XII 1 *intr.*; ~os procreat *Ib.* XIX 110; *a chekyn'*, pullus, ~us diminutivum *CathA*.

pullifacativus v. pullificativus.

pulliferus [CL 1 pullus+-ferus], poulterer, supplier of chickens.

~us, A. *a pultur WW*.

pullificare [ML < CL 2 pullus+-ficare], **~ere**, (of bird) to hatch eggs, produce young.

androgia, que gallinis ova supponat ~ancia [*gl.*: pullos faciencia] NECKAM *Ut.* 101; nidificant, ovant, ~ant, pullos generatos nutriunt BART. ANGL. XII 1 *intr.*; omnes aves cum ~ant faciunt ova *Ib.*; quamdiu cinis ibi duravit, corvus numquam ~abit HOLCOT *Wisd.* 61; sicut et edificans, ~ans et fetificans ab eodem pullo et fetu futuris per acciones quas agunt ad ista finaliter terminandas BRADW. *CD* 664A; Aristoteles libro quinto . . dicit quod columbe pro majori parte ~ant marem et feminam UPTON 177; ~io, *to hacche chykyn WW*.

pullificatio [ML pullificare + -tio], bringing forth of young birds, hatching.

paludes . . frequentant propter victus acquisitionem, nidificationem, ~onem, et fetuum educationem BART. ANGL. XII 1 *intr.*; ~o, A. *hacchynge WW*.

pullificativus [ML pullificare+-ivus], that produces young.

ex tali cetu non fiunt ova ~a, imo fiunt sicut ova

venti BART. ANGL. XII 1; talis coitus [sc. femine super feminam] facit ova non pullifacativa *Ib.* XIX 15.

1 pullificere v. pullificare.

2 pullificere [CL 3 pullus; cf. facere, -ficare], to make dark.

~io . . *to make derke* WW.

pullina v. 3 pullanus.

1 pullinus v. 3 pullanus.

2 pullinus [CL 2 pullus + -inus], **a** (as adj.) of a domestic fowl, of a chicken. **b** (as sb.) domestic fowl, chicken. **c** (as sb. f.) poultry (as department of household).

a macredinem inferunt [caro] pullina, vac[c]ina, laporina ADEL. *CA* 14. **b** de bobus, vaccis, multonibus, porcis, aucis, gallinis, caponibus, ~inis TROKELOWE 89; **1389** de vitulis . . de pullis sive ~is *Conc.* III 206a. **c 1473** Johanni Gardyner, valetto officii ~ine hospicii nostri . . assignavimus te ad aucas, capones, gallinas, pullos, et alia volatilia quecumque . . capienda *Pat* 532 m. 19.

pulliolus [CL 2 pullus + -olus], young or newborn colt.

1277 un' pulliol' et ij pull' *Pipe Wint.* 11M59/B1/41; **1397** ij affr' prec' capitis iiij s.; iij pulliol' prec' capitis xx d. *IMisc* 266/3.

pullitio v. politio. **pullivus** v. poliva. **pulnus** v. 2 pullanus. **pullnatus, pullonatus** v. pullanare.

pullositas [CL 3 pullus + -osus + -tas], darkness, sombreness (in colour).

coaguletur in siccum post multas ebullitiones que facient ~ates in quibus infiniti colores elucescent RIPLEY 176.

pulluere v. polluere. **pullula** v. polula, pullulus.

pullulare [CL]

1 (of plant or seed) to sprout, send forth new growth (also fig.); **b** (w. abl. or w. *in* & acc.); **c** (tr.).

semina quod vitae pululent in pectore solo TATWINE *Aen.* 36. 4; semina vitae, supernae gratiae rore irrigante . . in agris multorum cordium ad ejus praedicationem uberrime pululassent ALCUIN *WillP* 6 p. 121; †pupulat [l. pullulat], germinat *GlC* P 856; ibi olim devotionis nostrae rami ~arunt W. MALM. *GR* IV 347; ceperunt . . amaritudinis germina †pupulare [l. pullulare] SERLO GRAM. *Mon. Font.* 113. **b** germen iniquitatis, radix amaritudinis . . in nostro cespite ferocibus palmitibus . . ~at GILDAS *EB* 23; arborem . . virgultorum ramusculi pululantem [gl.: crescentem, germinantem] et fructiferis stipitum viminibus florentem ALDH. *VirgP* 21; granum frumenti cadens in terram in aliam spicam ~avit *Canon. G. Sempr.* f. 48. **c 799** ne qua radix ultra amaritudinis ramos venenate dissensionis pululare possit inter . . ecclesiasticae dignitatis personas ALCUIN *Ep.* 186.

2 (pass.) to be born as a foal (in someone's ownership).

1276 T. L. captus . . pro j pullano quem dicit esse suum et quem emit de T. G. . . dicit quod dictus pullanus fuit ei ~atus *Gaol Del.* 71 m. 3; **1315** nec possunt equum masculinum . . qui eis pululatus fuerit vendere sine licencia prioris *Year Bk.* XVII (*Selden Soc.* XLI) 162.

3 (of new growth, part of body or sim.) to shoot forth, grow (also transf. or fig.); **b** (w. *ab*, *de*, or *ex*); **c** (w. ref. to heresy or unorthodox practice).

tamquam . . fructiferae segetes ~emus in plenilunio BEDE *TR* 64; **8** . . ~ant, *wfacsaδ* [i. e. *weacsaδ*] WW; **957** ejusdem [sc. Adam] . . ampla . . ~ante prosapia *CS* 995; hominis mortui crines et ungues sensim ~are W. MALM. *GR* II 213; crescere, . . fruticari, ~are OSB. GLOUC. *Deriv.* 467. ~at de novo seges gloriosa nepotum P. BLOIS *Ep.* 127. 379C. **b** ubi de singulis verborum radicibus multiplices regularum ramusculos pululasse antiqua . . traditio declarat ALDH. *Met.* 8 p. 78; verba tertiae conjugationis a radicibus secundae conjugationis pululantia amphibrachum . . generabunt ut rigeo rigesco *Id. PR* 121; de media fronte turba ingens monstrorum . . ~abat *Lib. Monstr.* III 1; de radicibus succisarum quaestionum alias ~antes con-

surgere ANSELM (*Casus Diab.* 7) I 244; semper ut hidre capitibus, hostibus ex Danemarkia ~antibus nusquam caveri poterat W. MALM. *GR* II 165; de cujus vitis radice palmites producti ~astis J. FURNESS *Walth. prol.* **c** p675 heretici . . in mundo pululantes et veluti horrenda zizaniorum semina in medio fecundae segitis sata dominicam messem maculabant ALDH. *Ep.* 4 p. 482; Nicolaitae nascuntur, quorum secta quam perniciosis errorum radicibus pululaverit *Id. Met.* 2 p. 71; simoniaca quidem pululat male pestis in orbe ALCUIN *Carm.* 45. 43; a1161 ut ibi jam pene heresis et schismatis seminarium ~et (*Lit. Archiep.*) *Ep. J. Sal.* 87; scripserunt pape quod verisimile fuit errores in regno Bohemie pululare pro causis predictis GASCOIGNE *Loci* 7; **1559** Lutheranis, Calvinianis et aliis . . nefandis haeresibus undique . . ~antibus *Conc. Scot.* II 141.

4 (of water) to spring forth.

erat . . nociva circumjacentibus aquarum copia, clauso uno rivulo duos ~are mirabatur *Natura Deorum* 139.

5 (of abstr.) to spring up, arise, emerge (often w. implication of abundance); **b** (w. *de* or *ex*).

fame alia virulentiore . . ~ante GILDAS *EB* 21; **705** discordiarum jurgia . . pululabant WEALDHERE *Ep.* 22; contra maligna quae in ecclesia Dei fervent et ~ant ANSELM (*Ep.* 372) V 315; origo . . maximarum dissensionum inter Normannie proceres ~abat ORD. VIT. XIII 18 p. 46; s1326 nequicia inter juvenes civitatis Londoniensis ~avit *Ann. Paul.* 321; ~avit verbum in exercitu per quosdam captivos quod Gallorum multitudo se paraverunt ad confligendum nobiscum G. Hen. V 9. **b** terra . . de qua Assyriorum ~avit imperium BEDE *Gen.* 119A; cum quattuor ex Anglis potentissima ~averint regna W. MALM. *GR* I prol.; ex quarum rerum fomite mali . . ~ant filii ALB. LOND. *DG* 3. 7; omne robur et potestas / . . / de crumena pululant WALT. WIMB. *Van.* 90; ita 'pullant' . . ex ea relaciones, et in ea persone DUNS *Ord.* IV 75.

pullularis [cf. CL pullulare, LL pullulatio], hazelwort (*Asarum*).

pululaaris, i. baccarum *Alph.* 150.

pullulatio [LL]

1 (act of) shooting forth, growing; **b** (fig.).

hec pululacio, *a burjonyng* WW. **b** omnis sciencia . . appetit quod . . radices sue ~onis eminent R. BURY *Phil.* 11. 171; **1451** ecclesia militans ex studiorum pululacione virorum in spiritualibus . . graciosis fructibus illustretur *Mon. Hib. & Scot.* 384a.

2 shoot (of plant).

de uno stipite due ~ones vel tres provenirent *Fleta* 170.

1 pullulus [CL], ~a, young fowl, nestling, chick.

hic pullus eo quod parvus sit, unde hic ~us, -li, dimin. OSB. GLOUC. *Deriv.* 409; fulgentes radios . . / quales nec aquile portaret pulula WALT. WIMB. *Carm.* 305.

2 pullulus [4 pullus + -ulus], little pulley.

horologium . . in quo xij horarum cursus ad clepsydram vertebantur, cum totidem aeriis ~is que ad completorium horarum decidebant R. NIGER *Chr.* II 150.

pullunare v. pullanare.

1 pullus v. 1 pola.

2 pullus [CL], ~a, ~is

1 the young of a horse, foal, colt, (f.) filly. **b** the young of an ass. **c** the young of a heifer. **d** (fig.).

tuus hebetatus . . sensus . . fervidus ac si ~us . . per extensos scelerum campos . . raptatur GILDAS *EB* 35; semper iiij runcini et viij an[imalia] et vj eque cum ~is *DB* II 207; s1139 utilitatis ero in curia cujus est equinus ~us in pugna W. MALM. *HN* 469 p. 26; ipsam equam et vagantem ~am . . simul exanimavit ORD. VIT. XIII 16 p. 40; mulierem . . que et cristam habuit a collo superius per spinam deorsum in modum ~i annui GIR. *TH* II 20; **1218** cecidit de quodam ~o super cultellum suum ita quod inde obiit *Eyre Yorks* 213; ~us, *colta, fole* WW. **b** asina et ~us quibus sedens Hierosolimam venit BEDE *Hom.*

II 3. 121; vult esse ut jumentum ac ut ~us asini portare onera fratrum ORD. VIT. VI 3 p. 10; sedens super asinum et ~um filium ejus J. FORD *Serm. app.* 7. **c 1512** cum communi pastura quattuor vaccarum . . et unius juvence cum suo ~o *Reg. Brechin* 224. **d** puer indisciplinatus et ~us indomitus GIR. *SD* 32.

2 the young of a bird, nestling, chick. **b** (spec.) young of a hen, chicken. **c** (in fig. context).

sic teneros pullos prolemque nutrire suesco / carne venenata ALDH. *Aen.* 31 (*Ciconia*) 6; ~us columbinus offerretur pro peccato BEDE *Luke* 342; musculas vel vermiculos quibus minores paene omnes aviculae se suosque ~os nutriunt *Id. Hom.* I 12. 62; in vere dimitto eos [accipitres] avolare ad silvam, et capio mihi ~os [AS: *briddas*] in autumno, et domito eos ÆLF. *Coll.* 96; sicut ~us hirundinis sic clamat, meditatur ut columba AD. SCOT *QEC* 7. 813D; **1297** in j cygno et j ~o cygni emptis iiij s. *Rec. Elton* 52; **1331** ad capiend' falcones ramageos et ~os falconum in partibus Northwall' *Cl* 150 m. 8; pipiones sunt ~i columbarum *SB* 34; **1533** ij dd. ~orum columbarum *Househ. Bk. Durh.* 234. **b** legati . . veluti timidi ~i patrum fidissimis alis succumbentes GILDAS *EB* 17; ~orum [gl.: i. gallorum, *cocca*] plausu et sonante gallicinio ALDH. *VirgP* 52; nos . . fovit ut nutricius, quemadmodum gallina congregat ~os suos sub alas *Canon. G. Sempr.* f. 85v. **1225** juratores . . non malecredunt eum nisi de uno ~o quem cepit in furore tempore quo fuit lunaticus *SelPlCrown* 119; **1297** de iv s. de tolneto ovium et pollium *Ac. Cornw* 100; de caponibus, . . de pulonibus iv c lxiij precii lxxiiij s. THORNE 2010; **1311** galline: . . computant de . . gallinis. puloni: idem computant de xij pulonis de emptione *Ac. Wellingb.* 111; ut quelibet gallina habeat x ~as *Reg. Rough* 227; **1448** Margareta . . hujusmodi ~um ad caput . . rectoris in medio misse existentis ex magna malicia adjecit . . rectorem perturbando *Eng. Clergy* 213; ~us, *chekynge, cheke* WW. **c 799** passer . . nidum revisere volat amatum ut ~os, avidis hiantes rostris, pietatis pascat granulis ALCUIN *Ep.* 181; Christe mater, qui congregas sub alas ~os tuos ANSELM (*Or.* 10) III 41; quam vis . . corpore sim vobis absens, nidum tamen meum, ecclesiam dico Becci, cum omnibus ~is suis mecum porto semper in corde meo *Id.* (*Ep.* 205) IV 98; felices ~i aquilarum illi, qui assumentes pennas suas, ad corpus Christi evolaverunt J. FORD *Serm.* 8. 2; hoc quatuor cullos Gallorum tempore pullos / vincent caudati (J. BRIDL.) *Pol. Poems* I 176.

3 new growth in a plant, shoot.

ex prime arboris ~a multas pullulasse fraxinus W. MALM. *GP* V 385.

4 (*rotulus ~orum* or *~us*) name of small roll to which desperate debts were transferred from Pipe roll.

1219 respice residuum hujus itineris in ~o *Pipe* 86; **1242** de amerciamentis: in ~o: villata de L. debet dim. m. pro concelamento. in ~o: E. D. xl d. quia non habuit *Pipe* 343; **1295** et j m. de villa de Kersalton' de arreragiis perquisitorum mercati, sicut continetur in rotulo ~orum *Surrey Rec. Soc.* VII 22.

5 representation of a young animal, bird, or plant.

1493 cappa . . cum rosis aureis . . cappe . . cum ~is aureis *Bannatyne Misc.* II 26.

3 pullus [CL], drab-coloured, dark, black; **b** (in fig. context).

praecipit audacter maculatum caede cruenta / absidam ecclesiae pullis non tangere palmis ALDH. *VirgV* 1047; polla, fusca *GlC* P 30; niger, ~us, fulvus OSB. GLOUC. *Deriv.* 241; non caput attonsum, non vestis pulla vel alba / te trahit ad vitam; gratia sola trahit J. SAL. *Enth. Phil.* 1827; sive in alba, sive in ~a veste, in omni professione et ordine P. BLOIS *Ep.* 97. 304B; c1214 non enim in cuculla, non in veste ~a, sed magis in medulla et consciencia pura latet religio vera GIR. *Ep.* 8 p. 270; ~us, -a, -um, A. *blak* WW. **b** moribus et castis vivunt concorditer ambo, / ut spurcum penitus vitarent pectore naevum / et maculam veneris pullam ALDH. *VirgV* 1178.

4 pullus [ME *pulli*, AN *pulie*], pulley.

c1285 memorandum de ij retibus emptis et reparatione ~orum de Landrthogo et cordis ad dicta retia super comp' anno preterito *Chanc. Misc.* 11/4/4.

pullutio v. pollutio. **pulmenaria** v. pulmonaria.

pulmentare [CL pulmentum + -are], to serve as a cooked dish (in quot. p. ppl.).

si servicium fiat de ovis cum caseo ~ato *Cust. West.* 75.

pulmentarium [CL], **~orium,** dish of cooked food; **b** (fig.).

paene omnis cybus coctus ~arium appellari potest *Comm. Cant.* III 149; ut potius viridibus herbarum fasciculis et recentibus hortorum holusculis vesceretur, quasi condito culinae ~ario [*gl.*: pulmentum dicitur pro omni cibo, *syflyncge*] potiretur ALDH. *VirgP* 38 p. 288; **946** ut .. triginta panes cum pertinentibus ~ariis et quinque congios frumenti reddat *CS* 816; prebenda ejus [defuncti] triginta diebus in pane et cervisia et uno ferculo vel ~ariis duobus super mensam in refectorio, ab elemosinario pauperibus distribuenda, collocabitur *Cart. Rams.* II 252; mihi concesserunt .. unum corredium monachi sc. .. duo ~aria, sc. fabas et kaldellum *Feod. Durh.* 127n; gratia lignorum ad ~aria decoquenda colligendorum *V. II Off.* 8; panem vero et potum supervenientibus hospitibus inveniet sufficienter subcelerarius, atque ~aria celerarius *Cust. Cant.* 136; lardum .. quo impinguant ~aria sua FORTESCUE *LLA* 35; hoc ~orium, *a pulment*; est cibus et semen pulmentum dicitur esse, / at cibus quidem sunt pulmentaria dicta *WW*. **b** superius eis ~arium advexi non modicum; nunc libet eis et poculum propinare BYRHT. *Man.* 58.

pulmentorium v. pulmentarium.

pulmentum [CL]

1 dish usu. made of cooked vegetables or pulses, thick soup, pottage; **b** (w. ref. to *Dan.* xiv 32); **c** (fig.; in quot. w. ref. to *IV Reg.* iv 38–41); **d** (passing into surname).

pulmentum calidum flatum non sentiat oris; / panis frustretur in eo D. BEC. 1030; ~um .. *companage* in Gallico (*MS Bodl. Rawl. C40*) *Teaching Latin* I 389; dixit se scire velle, cur ex nigra faba et alba ~um unius coloris edatur W. BURLEY *Vit. Phil.* 174; hoc ~um, *browys WW*; hoc ~um, *benys and pese WW*. **b** ut Abacuc propheta de Judea in Babilonem cum annona ~i ad refectionem mitteretur Daniel (*Enda* 17) *VSH* II 67; Habacuc cocti ~i discophorum R. BURY *Phil.* 6. 91. **c** coxi ~um tibi .. si vero colocyntidis sapiat exhortatio minus blanda, farinam patientie et devotionis Elisaeus apponat P. BLOIS *Ep.* 131. 391B. **d 1430** hiis testibus .. Alano ~o, Ernisio Dogge *Feod. Durh.* 16n.

2 dish or food, course at a meal, meal.

piscem .. ex quo ~a perplurima facta sunt advenientibus BYRHT. *V. Ecgwini* 391 (*recte* 381); domum civilem .. in mensa prima tribus solempnibus ~is sive ferculis statuit esse contentam J. SAL. *Pol.* 734C; dentur pulmenta, jejunia cum celebrantur / allec, mullus, salmo, congrus D. BEC. 2600.

3 food.

ut .. opulentas regalium ferculorum dilicias et principalis alimoniae ~um [*gl.*: dicitur a pulte] .. contempserint, vilibus tantum leguminibus vitam sustentare contenti ALDH. *VirgP* 21; **9** .. ~um, .. *andlifen WW*; quidam qui facit ~um monachorum et habet tantumdem bladi *Chr. Peterb. app.* 167; ipsa vero edicula .. ut eorum usibus ~a coquerentur, fuerat constructa AD. EYNS. *Hug.* IV 14.

4 plant used for food or fodder.

10 .. ~um, *fosternoð WW*; **1297** bladum venditum .. et de xxij s. de vj quar' de pulmong' vend', precium quar. iij s. viij d. *Ac. Cornw* II 179; idem r. c. de vj quar' de bulmong' de exitu grangie hoc anno *Ib.* 181; **c1310** in .. xvj quart' dim. ~i .. de exitu grangie resp' eque .. una cum .. xvij quart' ordei .. xj quart' ~i *LTR Ac* 20 r. 18d.

pulmo [CL], lung.

nocivo .. ~onum vitio laborantem BEDE *HA* 10; ~ones, *lungena* ÆLF. *Gram.* 298; cum .. ex uno eodemque ~one talis omnis exeat aer ADEL. *QN* 33; dilatantur .. thorax et ~o tensis nervis et musculis violento aeris ingressu ALF. ANGL. *Cor* 6. 8; ~o .. est membrum molle .. cavernosum et spongiosum, pennulas habens, quibus cor flabellat RIC. MED. *Anat.* 221; hic ~o, *pomon Gl. AN Ox.* 74; ~ones in medio pectoris palacio habitant D. EDW. *Anat.* B 4.

pulmonarius [CL *as adj.=who suffers from a disease of the lungs*], (as sb. f., bot.) plant efficacious against a disease of the lungs, lungwort (*Pulmonaria officinalis*) or crosswort (*Galium cruciata*).

~ia similem habet florem ad modum crucis, G. *croiser MS BL Add. 15236* ff. 19v; ~ia, A. *croyse MS BL Addit. 18752* f. 109v; ~ia in saxis crescit ut epatica *SB* 35; pepanus, pulmenaria idem *Alph.* 142; ~ia florem habet similem ad modum crucis *Ib.* 151.

pulmonia [CL pulmo+-ia], pulmonary consumption, phthisis.

the longue sought, ~ia LEVINS *Manip.* 217.

pulmonicus [CL pulmo+-icus], comsumptive.

lungseke, ptysicus, ~us LEVINS *Manip.* 54.

pulnus v. 2 pullanus.   **pulo, pulonus** v. 2 pullus.

pulpa [CL]

1 muscular or fleshy part of the body: **a** (human); **b** (animal). **c** (as food) meat.

a cum scabies morbi pulpas irrepserit aegras ALDH. *Aen.* 94 (*Ebulus*) 5; ~a, tumida caro faciei vel cruris OSB. GLOUC. *Deriv.* 473; si forte reciderit, .. cauteriatur aut auricule inferiore ~a mutilatur GIR. *PI* I 10 p. 37; quemadmodum hic plenam intueris carnem et teneram .. ita universi artus illius molli et ~a [? l. pulposa] vestiuntur carne (*Edmundus*) *NLA* II 629; ab igne .. consumpta corporis omnis substancia vel ~a carnea *Mir. Hen. VI* I 16 p. 46; *brawne of mannys leggis or armys,* musculus .. ~a *PP*; hic musculus, A. *brawne,* hec sura .. hec ~a, idem est *WW*. **b** quod ~a [*gl.*: i. caro] pavonis imputribilis naturae sit ALDH. *VirgP* 9; setigeras pecudum .. pulpas ALDH. *Aen.* 36 (*Scinifes*) 5. **c** hec ~a, *the mett, a meyte WW*; nomina escarum .. hec ~a, A. *the brawn of a bore WW*.

2 fleshy, succulent part of fruit.

etro, i. pulppus *Gl. Laud.* 558; medicine adjunguntur coloquintide ~e cortice et ejus teneritatibus abjectis bene trita GILB. II 96v. 2; spuma maris est una species spongie .. et assimulatur ~e coloquintide *SB* 40; **1414** ~a †casalephistula (v. 2 casia b); hee sunt partes fructuum .. hec ~a, *the mett WW*.

3 (of wood) pith.

dic, queso, quomodo lignum introeat / vermis, si terebro dentali careat / non habens aciem quo pulpe noceat WALT. WIMB. *Carm.* 408;

pulpamentum [CL], titbit (of food).

~um, delectamentum OSB. GLOUC. *Deriv.* 473.

pulpare [CL], (of a vulture) to cry.

accipitrum plipiare, vulturum ~are OSB. GLOUC. *Deriv.* 78.

pulpes v. pulpitum.   **pulpetorium** v. pulpitorium. **pulpettum, pulpetum, pulpitium** v. pulpitum.

pulpitorium [CL pulpitum+-torium], pulpit.

hoc pulpetorium, A. *a pulpyt WW*.

pulpitulum [CL pulpitum+-ulum], little lectern or pulpit.

psalterium .. ~o indelebiliter affixum *G. S. Alb.* I 294.

pulpitum [CL]

1 platform, stage, raised dais; **b** (for royal consecration); **c** (on church tower).

Marciano praeside in alto tribunalis culmine vel theatri ~o [*gl.*: ~um, s. dictum quod in eo lector positus in puplico, *solere*] contionante ALDH. *VirgP* 36 p. 282; ~a, i. gradus scenae, *gangas GlP* 403; et est capitolium pulpes, i. *pulpit* ubi concionatur ad populum *GlSid* f. 150v. **b** Normannus quidam praesul mox pulpita scandens, / .. talia verba dedit: / "oblatus vobis si rex placet, edite nobis" G. AMIENS *Hast.* 811; facto .. dicto regi .. publice super dictum ~um homagio *Mon. Rit.* II 40; **s1308** murus .. secus magnum altare et ~ium regium solotenus corruit *Ann. Paul.* 261; preparetur ~um aliquantulum eminens inter magnum altare et chorum .. ad cujus quidem ~i ascensum fiant gradus de medio chori *Rec. Coronation* 81. **c** crucem que super ~um turris stabat percussit ... deinde .. in edam sanctam descendit et super crucifixum irruit ORD. VIT. V 3 p. 307.

2 (eccl.) raised structure consisting of enclosed platform, pulpit, rood loft, ambo; **b** (for making announcements); **c** (for reading); **d** (for preaching); **e** (for praying, reciting, or singing).

supra ostium etiam chori ~um opere incomparabili, aere, auro argentoque fabricari fecit et ex utraque parte ~i arcus, et in medio supra ~um arcum eminentiorem *Chr. Pont. Ebor. A* 354; et ~um jussit fieri in ecclesia et ad utilitatem audiencium et ad decorem ecclesie BRAKELOND f. 131v; instrumenta ecclesiastica sunt hec: .. ~um [*gl.*: *letrun*] sive analogium NECKAM *Ut.* 119; **1244** unum ~um honestum in medio refectorii fieri [faciat] *Liberate* 20 m. 11; **1258** faciatis habere .. custodi operacionis Sancti Martini London .. xl lapides francos in auxilium cujusdem pulputi faciendi ibidem *Cl* 199; **1369** in clavis ad tabulandum pulbitum, ij d. *Ac. Churchw. Bath* 9; **1411** navis ecclesie Cantuariensis, cum apparatu gradus et ~i ibidem, cum stacione crucis *Lit. Cant.* III 114; **1426** cum .. uno panno pro pulpeto *Reg. Cant.* II 358. **b s1228** episcopus .. accessit ad locum .. et in ~o ecclesie sollenniter excommunicavit dictos decem al de cetero .. divinum officium turbarent *Ann. Dunst.* 110; **s1318** apud S. Paulum Londiniis, .. in ~o juxta magnam crucem ecclesie, episcopus pronunciavit quod dominus rex vellet .. coaptare se consilio .. baronum *Ann. Paul.* 282; ascendat aliquis discretus ~um et pronunciet populo eleccionem *Cust. Cant.* I 44. **c** virginum .. prodigiorum privilegia .. in ~o [*gl.*: rostrum sit in eo lector vel psalmista positus sit, on *rædingscamele*, i. in editiori loco) ecclesiae recitantur ALDH. *VirgP* 52; sensit se .. super gradus ~i quo matutinarum leguntur lectiones consistere *V. Chris. Marky.* 80; ambo .. id est in ~o .. ubi recitatur evangelium. et deberent ibi esse duo paria gradum BELETH *RDO* 59. 65; qui lecturi sunt lecciones ad matutinas .. debent per medium chorum usque ad ~um procedere *Obs. Barnwell* 82; **1552** vicarii vel curati ne minus praemeditate in ~um conscendant sed toto studio .. ad lectionem peragendam .. sese praeparent *Conc. Scot.* II 138. **d** archimandrita .. in ~um ascendit, sermonem ad populum de salutare Dei jurim ORD. VIT. X 15 p. 85; ~um seu scabellum predicaturus ascendit R. BURY *Phil.* 4. 57. **e** in .. dominica ante Ascensionem dicitur versus a tribus de superiori gradu in superpelliciis in ~o *Reg. S. Osm.* I 120; gradale in ~o .. canteur (*Ord. Exon.*) *HBS* XXXVII 303; **1375** vicarii in diebus solempnibus nolunt organum cantare in ~o nisi canonici dicte ecclesie eis conferant vinum (*Vis.*) *Fabr. York* 243; **1583** terras .. ad usus presbiter' oran' in pulpett' pro animabus ibidem nuper datas *Pat* 1235 m. 9.

3 reading desk.

rex librum quem inspexerat clausit, sedit .. ad ~um suum studens *G. S. Alb.* I 237.

pulposus [CL]

1 (of limb) fleshy.

animal .. coxas habens ~as et pectus grossum M. SCOT *Phys.* 22.

2 of the flesh of an animal.

brawne, aprina, pulpa; aprinus, ~us *CathA*.

pulpula [CL pulpa+-ula], (dim.) flesh, meat.

pulpa .. unde hec ~a, -e, diminutivum OSB. GLOUC. *Deriv.* 427.

pulputum v. pulpitum.

1 puls [CL]

1 sort of porridge, gruel.

796 ut calidos habeat Flaccus per fercula pultes ALCUIN *Carm.* 26. 49; vulgare proverbium: qui multo abundat melle, ponit illud in ~es suas H. LOS. *Ep.* 17; residui vitam vilissima ~e sustentabant ORD. VIT. IV 5 p. 197; ~s ex farre facta OSB. GLOUC. *Deriv.* 215; **11** .. hec ~tis, -tis, i. *puuiz WW Sup.* 40; nec carne vescebantur, nec pisce; lacteis plerumque cibariis utentes et in ~tis modum quasi croco confectis GIR. *IK* I 8; 'pulte', ~s, ~tis recte dicitur *puz GlSid* f. 143v; ~s, A. *gruel* .. hoc ~s, *a mese* .. hoc ~s, *potage WW*.

2 (used as) poultice.

~tes invenitur quandoque declinabile, declinabile feminini generis, quandoque indeclinabile neutri. ~tes et cathaplasma idem sunt, nisi quod ~tes proprie sunt que fiunt de farina, aqua, et oleo sine herbis, et cataplasma dicitur cum herbe ~tibus admiscentur *SB* 36.

2 puls v. pultrus.

pulsa, ~um [ME *puls* < CL puls], leguminous plant, pulse.

1319 in pane, vino, et pulcis missis A. de H. venienti de partibus transmarinis iij s. iiij d. *Comp. Swith.* 466; **1356** vendicio bladi. . . de j quarterio pols' vendito iiij s. iij d. *Ac. Obed. Abingd.* 6; **1389** de xij d. de puls' vendito . . et de xij d. de stramine puls' vendito et de . . stramine ordei *Ib.* 53; **1486** de v quarteriis puls' de re[manentibus] *Ac. Man. Coll. Wint.*

pulsabilis v. pulsatilis.

pulsamen [CL pulsare+-men]

1 (act of) striking.

signum modicum, cujus pulsationis tinnitu et famulos ad pulsandum morose incitant et ad finiendum acriori ~ine invitant R. Cold. *Cuthb.* 89.

2 (act of) importuning, harassment.

ipsum ut supplicacionis tue recordari dignetur, moderati ~inis instanciis excitans *Ps.*-Elmh. *Hen. V* 130.

pulsanter [CL pulsare+-ter], adverb from a sense of *pulsare*.

pulsim, ~er Osb. Glouc. *Deriv.* 478.

pulsare [CL]

1 to beat, strike, hit; **b** (by extending upwards). **c** (*humum ~are*) to drop dead.

donec barca rudi pulsabat litora rostro Aldh. *CE* 3. 23; sindonis peplum . . radiis stridentibus et pectine pulsante [*gl.*: i. percutiente] texebatur *Id. VirgP* 38; stertentes ~ans, semisopitas suscitans W. Malm. *Wulfst.* III 23; naute / cerula dum verrunt in sua transtra cadunt; / nec pulsare suis cessant sibi pectora remis L. Durh. *Dial.* III 113; [saxum ruens in aquas] spargit distendens majoribus orbibus ipsos [globos], / donec pulsandis fluctibus unda vacet; / semper et egra magis post hec et languida pulsu / undula posterior debiliore meat *Ib.* IV 134; **1202** ita verberavit et ~avit M. uxorem suam quod ipse occidit infantem infra ventrem suum *SelPlCrown* 11. **b** ferunt . . juga peragrasse montium et capite sublimia caeli nubila ~asse *Lib. Monstr.* I 56. **c** moribundus humum ~avit W. Malm. *GP* III 109; nunc pulsatis humum rubeoque cruore rubetis *V. Merl.* 53.

2 (with the feet, var., also transf.): **a** to tread (also fig.). **b** to stamp. **c** to kick.

a flores humanis gressibus ~ati Gildas *EB* 3; mulier . . flagitiis non ponens modum, quod esset adhuc citra senium, vicino licet pede ~ans senectutis aditum W. Malm. *GR* II 204. **b** non abstinuit quin furias mente confotas evomeret, tumulum beati viri pede ~ans W. Malm. *GP* I 17; **1511** ad stannum ~andum (v. pulsatilis 2). **c** pede jacentem ~ans W. Malm. *GR* III 235.

3 to knock (at a door or gate also transf. & fig.): **a** (trans.); **b** (absol.); **c** (w. *ad*); **d** (transf.) to seek access to (benefit).

a dulcia dum famulae cecinissent carmina Christo / odis psalmorum pulsantes ostia caeli Aldh. *VirgV* 2233; Castalido portas plectro pulsare memento Alcuin *Carm.* 4. 26; pulsari poterunt valve licite monachales D. Bec. 2473; quando mors pulsat ostium J. Howd. *Cyth.* 99. 5; domum adiit sacerdotis, januam ~ans assidue *Mir. Hen. VI* I 8 p. 27. **b** aperi mihi ~anti [cf. *Matth.* vii 7] januam vitae *Ps.*-Bede *Collect.* 388; in hac peto, in hac quaero, in hac ~o, ut peccatori misereamini Anselm (*Or.* 10) III 36; doces ~are, aperi ~anti. . . cui aperis, si ~anti claudis? *Id.* (*Medit.* 3) III 91. **c** ~ans ad ostium Bede *HE* III 11 p. 149; ~abat attentius ille que mendicabat ad ostium clementie Dei ut . . lumen reciperet oculorum Osb. Clar. *V. Ed. Conf.* 16; audivit quendam pauperem ~antem ad januam *Croyl.* 26. **d** prostratae adorant sanctum ambae, fletibus et ejulatibus illius bonitatem ~antes Osb. *Mir. Dunst.* 12; sanctorum circuibat loca, ~abat suffragia W. Malm. *GP* V 259; **1321** spem . . et audaciam prebens denuo vestre reverencie consilium et auxilium ~andi *FormOx* 69.

4 to strike repeatedly or beat (a musical instrument), to play.

potiora cupit quam pulset pectine chordas Aldh. *VirgV* 67; Orpheus . . erat homo habitu philosophico, citharam manu ~ans *Deorum Imag.* 18; **1468** dictus . . sacrista organa . . hujusmodi ~ari facere *Mon. Hib. & Scot.* 456b; **1535** stipendia . . ~antis organa . . cvj s. viij d. *Val. Eccl.* II 264.

5 to ring, sound (a bell or sim.); **b** (w. *ad*). **c** to announce (an hour, activity, or sim.) by ringing bells. **d** (impers. pass.) it is rung (also w. *ad*).

unum continuatim ~etur [AS: *gehringed*] tintinnabulum *RegulC* ~ato [AS: *gecnilledum*] signo congregentur ad primam *Ib.* 19; prostrati . . signo ~ato [AS: *gecnucedum*] compleant *Ib.* campana ~ata [AS: *gecnylledre*] incipiant horam *Ib.* 20; nonnullos . . signa ~antes et Deum invocantes trucidaverunt Ord. Vit. XIII 26 p. 72; debent . . ~atis campanis, quod Anglici vocant *motbelle*, congregare . . communas omnes *MGL* II 635; plebs universa, bis ~ato signo, tuum prestolatur adventum *Mir. Hen. VI* I 8 p. 27. **b** ad . . missam . . ~etur classicum Lanfr. *Const.* 94; signa sero et mane ad officium defunctorum diu ~antur Ord. Vit. III 7 p. 100. **c** ~anda est collacio, cum sol inter primas et medias fenestras capituli fere medium occupaverit *Cust. West.* 261; instante ipso die cum ~aretur matutinum jacuit in lecto suo et cogitavit quid faceret Eccleston *Adv. Min.* 46; **1294** antequam prima ~etur (*Chesterfield*) *BBC* 298; constituit ut hore diei per ecclesias ~arentur *Eul. Hist.* I 214; **1368** tenentur invenire unum hominem ~ando quandam horam cujuslibet noctis per annum, que wlgariter dicitur *covereffeu Invent. Norw.* 15; **1421** dumtamen sacriste hujusmodi bene ~averint obitum meum *Reg. Cant.* II 251. **d** sciendum est sex esse instrumentorum genera quibus ~atur: tintinabulum, cymbalum, nola, nolula, campana et signa Beleth *RDO* 86. 90; usque ~abitur ad altam missam *Med. E. Anglia* 272; ad matutinas ~atum est P. Blois *Ep.* 30. 102B; statim ~atum est ad nocturnale officium *Canon. G. Sempr.* f. 111v; cum ~aretur ad vesperas Gir. *JS* V 294; **1239** licet . . negligatur a ministris ecclesie talis in suo transitu prout moris est ~ari Gros. *Ep.* 73 p. 235; quando ~atur foris cum campana pape, omnes recedunt tristes et certi quod pro illo die pape colloquium non habebunt Holcot *Wisd.* 40.

6 (intr.): **a** (of bell) to ring. **b** (w. *ad*) to ring for. **c** (of hour) to strike.

a **1159** nos . . per urbem . . campanis etiam in transitu nostro ubique ~antibus conduxerunt (*Lit. Papae*) *Conc.* I 432b; campanis . . ubique ~antibus in jocundo eorum exitu Boso *V. Pont.* 399; campane per totam civitatem sine tactu humano per iiij horas ~arunt *Eul. Hist.* III 1; s**1314** precedentibus ceroferariis cum accensis cereis et nola ~ante *Flor. Hist.* III 162. **b** s**1012** videbitis autem me, quando signum ad sextam horam ~averit, de corpore migrare M. Par. *Maj.* I 486 (cf. W. Malm. *GR* II 175: quando signum ad sextam insonuerit); tandem signo ~ante ad vesperas *Pri. Cold.* 54; **1526** ordinamus quatenus ad vigilias ~et, ut . . fratres simul in choro convenire valeant (*Vis. Thame*) *EHR* III 713. **c** ut, cum hora ~averit, chorum intret *Obs. Barnwell* 94.

7 to attack in a court of law, indict, sue (also absol.). **b** (p. ppl. as sb.) defendant.

si de nominatis et susceptis placitis ~abatur . . reus omnium judicetur (*Leg. Hen.* 53. 1a) *GAS* 574; si quis furtum [l. furti] vel hujusmodi periculosa capitalium compellatione ~etur (*Ib.* 66. 8) *Ib.* 586; quotquot pulsavit de jure suo, superavit W. Malm. *GP* II 88; ipsum . . non permittatis aliqua propter hoc questione ~ari, sed . . ab ejus [sc. episcopi] impetitione . . penitus absolvatis *Reg. Malm.* I 372. **b** defensor . . de furto ~atorum . . curiam suam perdet (*Leg. Hen.* 26. 1) *GAS* 562; libellum ~ato non porrigi Ric. Angl. *Summa* 4; delegati, litteris superioris acceptis et inspectis, statim ~ato scribunt sub hac forma Ric. Angl. *Summa* 9.

8 to assail with hostile action, batter. **b** (transf., of sea); **c** (fig.).

Cesar primus Romanorum Brittanniam bello ~avit *AS Chr. pref.* **b** Siciliae tellus, quam vallant caerula ponti / fluctibus et rabies pulsat per saecula salsis Aldh. *VirgV* 1737; oceanus . . / pulsabat promontoria (*Id.*) *Carm. Aldh.* 1. 109. **c** dum unusquisque divina illuminatione privatur, statim molestiis turpium cogitationum ~atur *Ps.*-Bede *Collect.* 271; valde necessarium est justum in hac vita et vitiis tentari et verberari flagello ut dum vitiis ~atur de virtutibus non superbiat *Ib.* 286; castitatis conscientia elationis ~atur [*gl.*: i. percutitur, verberatur] cenodoxia Aldh. *VirgP* 16; sedula sollicitum pulset ne lectio pectus *Id. VirgV* 2676; jubemur . . orare . . Domino quoties aliquibus ~amur adversis Bede *Ep. Cath.* 40; quamvis acri ~aretur molestia, minime tamen esu carnium quadrupedum aut avium usus est Wulf. *Æthelwold* 30; vir eximius qui . . Egelredum sepe injuriis ~averit W. Malm. *GR* II 165; muliebris spurcitie incitamenta, aliquotiens acriter a muliere ~atus, contempsit *Canon. G. Sempr.* f. 57v.

9 (fig.) to bombard (with tears, questions, or entreaties), to entreat; **b** (w. *ut* or *quatenus* & subj.).

sed potius nitar precibus pulsare Tonantem Aldh. *VirgV* 31; lacrimis et votis pro vita regis superos ~abant W. Malm. *GR* II 193; quid nos . . totiens lacrimis ~as? quid nos tantis clamoribus commoves? Ord. Vit. VI 10 p. 129; regionum rectores . . legatis et epistolis crebro ~abant et omnimodis ad auxilium G. Clitonis invitabant *Ib.* XI 37 p. 294; quiddam . . sciscitari studuit, unde plurimorum sepe inquisitionibus . . ~ari consueverat Ad. Eyns. *Hug.* V 18; **1337** immensitatis vestre benignitatem . . precibus devotis ~amus *FormOx* 90. **b** tum virgo Christum pulsabat corde benignum / ut sibi dignetur vulnus sanare doloris Aldh. *VirgV* 2038; hic, populi, sanctum precibus pulsate jacentem / ut precibus solvat vincula vestra suis Bonif. *Carm.* 7. 33; tu rogitas me tuis nunciis, hortaris me tuis litteris, ~as me tuis donis, ut memor sim tui *V. Gund.* 12; multorum . . Normannorum petitione benigniter ~atus est et . . obnixe rogatus est ut paternam hereditatem . . visitaret Ord. Vit. XI 10 p. 199; s **1237** rex interea comitem provincie . . precibus ~avit multiplicibus, tam epistolis quam nuntiis . . ut ipse dignaretur soceri sui terram intrare M. Par. III 413; **1333** archiepiscopus . . suis instanter litteris nos ~avit, quatinus . . licentiam concedere curaremus *Lit. Cant.* II 15.

10 (of voice or sound) to beat upon.

dulcibus antifonae pulsent concentibus aures Aldh. *CE* 3. 46; aethereas Domini decantans laudibus odas / vox humana quidem superum pulsaret Olympum Alcuin *SS Ebor* 861; clamor . . longe positorum pulsabat et penetrabat auditum W. Malm. *GP* I 54.

11 (of physical sensation, illness, feeling) to affect, assail; **b** (of vice).

nunc procul a vestro pallorem pellite vultu / pectore nec pavido quatiens timor ilia pulset Aldh. *VirgV* 2373; mansit incolumis excepto quod gutta pessima eum frequenter suo stimulo ~avit Byrht. *V. Osw.* 467; ad altissimum principem ~ante languore vocabatur Gosc. *V. Iv.* 87B; anime affectus . . animam primum ~ant Alf. Angl. *Cor* 8. 6. **b** illa superbia . . que solet perfectos . . viros ~are Ailr. *Serm.* 9. 23. 255; nisi Dominus respiciat nos ut permittat nos . . vitiis ~ari et temptari *Ib.* 34. 13.

12 to dispel, repulse.

mulier . . ~ato demone sanitati pristine reddita *V. Cuthb.* II 8.

13 (w. *super*) to abut (on), end (against).

a**1200** j terra est que ~at super Crouthornehul et super terram Yvonis *Danelaw* 31; a**1236** dedi . . iiij percatas . . quarum unum caput ~at super *pulle* de Archole, et alterum super capitalem landam meam *Cart. Cockersand* 91.

pulsatilis [ML < CL pulsare+-ilis]

1 (of bell) operated by striking.

1521 iiij campane ~es ad consecrationem. . . item campana ~is ad officium *Cant. Coll. Ox.* I 58.

2 used for stamping or crushing.

1511 cum uno molendino ~i ad stannum pulsandum *MonExon* 381.

3 (med.): **a** (of artery) that has the capacity to pulsate, that exhibits pulsation. **b** (of blood) characterized by pulsation, acting or moving in intermittent pulses. **c** (*locus ~is*) point on the body where pulse is felt. **d** (ellipt. as sb. n.).

a ad omne membrum instrumentale veniunt due vene, ~es sc. et non ~es, ad deferendum duo genera sanguinis *Ps.*-Ric. *Anat.* 7; spiritus . . in humano corpore per venas corporis vivificans et per arterias pulsabiles [l. pulsatiles] anhelitum . . administrans Bart. Angl. III 22; hec vena ~is vocatur *Ib.* V 61; habet cor arterias vel venas ~es Wycl. *Mand. Div.* 178; ~es, arteriae venae dicuntur *LC* 259. **b** discernitur iste sanguis ~is qui vitalis est ab ipso qui est nutrimentalis quoniam hic saltando exit interpolate, alius continue et quiete *Ps.*-Ric. *Anat.* 41 p. 25. **c** discernitur . . pulsus . . per digitorum appositionem super locum ~em Bart. Angl. III 23. **d** sincopis . . et strangulatio cum aerem intercipiunt, statim in ~ibus spiritus deficit Alf. Angl. *Cor* 11. 5; cum . . ab epate non ~ium sit ortus . . venarum ramus . . in duos dividitur *Ib.* 14. 2.

pulsatio [CL]

1 (act of) knocking (at door); **b** (fig., w. ref. to *Matth.* vii 7).

cum clericus, ~one hostii, tempus prandii vel horarum nuntiet W. MALM. *Wulfst.* III 9.   **b** quod Deus propter ~onem aperiat pulsanti gratiamque infundat P. BLOIS *Ep. Sup.* 28. 42.

2 (act of) striking, pumping, or playing (a musical instrument).

1320 pro ~one cornu operacionum *KR Ac* 487/3 r. 10; **1399** in ~one organorum cum feodo custodis cere ante crucem et in aliis locis ecclesie per annum vij s. iv d. *Fabr. York* 17; **1526** cum ~one organorum (*Vis. Thame*) *EHR* III 713.

3 (act of) striking or ringing (of bell or sim.), tolling; **b** (w. obj. gen.). **c** tolling of bell (w. *ad* & acc., or gen. of event or occasion announced); **d** (w. gen. of person for whom bell is rung).

1239 ~o . . fit in adventu episcopi . . ut populus signo ~onis premunitus occurrat ad patris benedictionem GROS. *Ep.* 127 p. 427; **1458** item in cera viij d., in pane ij s. . . pro ~one vj d. *Test. Ebor.* II 230; **1478** de iiij d. pro una ~one pro anima Edmundi Leyceter *Ac. Churchw. Bath* 73.   **b** in quibusdam ecclesiis sepulture venduntur et pro campanarum ~one donationes queruntur BELETH *RDO* 17. 30; cum . . signa . . pulsarentur, ad primam signorum ~onem mulier . . audiendi recipit officium *Mir. Fridesw.* 43; subsecutum . . est classicum quod in presolempnibus diebus fit ~one omnium signorum *Mir. Wulfst.* II 11 p. 159; **1399** ad presenciam dicti regis Ricardi, infra turrim London' existentis, circiter nonam ~onem horilogii accesserunt *RParl* 416b; **1589** nisi . . compareat in ecclesia beatae Mariae statim a cessatione ~onis campanae *StatOx* 441.   **c 1275** summonitus fuit per subballivos . . post ~onem ignitegii ad . . curiam Stanford' *Hund.* I 356b; **1350** ante ~onem misse Beate Mariae ad ecclesiam S. Trinitatis *Leet Norw.* 80; silencium . . usque ad primam ~onem hore prime . . observetur *Mon. Francisc.* II 87; **1507** item pulsatoribus pro ~one ad missam S. Thome, iiij d. *DCCant.* C 11 f. 116a; **1526** quo [*Salve Regina*] decantato . . dormitorium petant fratres, ubi usque ad vigiliarum ~onem ullo absque egressu . . jaceant atque dormiant (*Vis. Thame*) *EHR* III 713.   **d 1323** in ~one duorum monachorum mortuorum ij d. *Sacr. Ely* II 30.

4 (of heart) beating.

cor immoderata ~one laborans ANSELM (*Ep.* 39) III 151; cardiaca passio est tremor cordis vel crebra cordis ~o GILB. IV 199. 2; contractio, elevatio cum ~one nimia *Ib.* IV 203. 1; est . . cordis ~o armonia principiorum, complexiones corporis animati assimilans ad earundem discordiam *Ps.-RIC. Anat.* 24 p. 10.

5 entreaty, urgent request.

perseverantem meae ~onis importunitatem *Ep. Anselm.* 323; quorum omnium unum fuit consilium, ut ex toto regis arbitrio se supponeret. et quidem per quotidianas ~ones has, per has singulorum dierum pressuras H. BOS. *Thom.* III 36; **1302** frequenti ~one vobis communicamus multiplicatas injurias *Reg. Cant.* II 616; **1486** prece religiosa et ~one divina *Scot. Grey Friars* II 267.

pulsativus [CL pulsatio + -ivus], relating to or characterized by pulsation or throbbing.

hee . . vene a corde incipiunt a sinistra concavitate. ex hac . . parte dicuntur due ~e quarum una interior panniculum habet mollem et hec vena pulsatilis vocatur BART. ANGL. V 61; ~us [dolor] . . . a membro . . sano pulsatur non sentitur sed ab infirmo GILB. II 89v. 1.

pulsator [CL *in sense* 2]

1 one who knocks (in quot. fig.).

ad agnoscenda arcana . . non solum querendo, sed et orando pertingemus. sepe pius invenit ~or quod temerarius non meretur perscrutator AD. SCOT *Serm.* 129A.

2 one who strikes or plays (a musical instrument).

1320 ~or cornu: Waltero de la Grene pro pulsacione cornu *KR Ac* 487/3 r. 12.

3 one who rings (a bell), bell-ringer.

in campanili xxxv esse debent ~ores, quorum quilibet quadrantem habebit *Cust. Westm.* 294; **1376** ~ori-

bus ecclesie pro pulsando in iiij obitibus *Ac. Obed. Abingd.* 25; ~or de clocherio J. GLAST. 269; **1451** quatuor ~ores campanarum qui . . campanas solempniter pulsabunt *Lit. Cant.* III 213; **1464** x denarios . . inter vicarium ac clericum et ~ores . . distribuendo *Reg. Heref.* 103.

4 one who assails (a person) with blows.

quo miserum puerulum affitiebant incommodo qui, horrendos stridores eitiens, seva ~oribus imprecabatur W. MALM. *GP* V 269.

5 accuser, plaintiff.

~or . . quos pulsaverat ad majorem audientiam protrahendi potestatem accipiet (*Leg. Hen.* 26. 1) *GAS* 562; certe ~or [sc. rex] jam excommunicatus esset, nisi pulsatus [sc. Anselmus] intercessisset W. MALM. *GP* I 54.

pulsatorius [CL pulsator + -ius]

1 that which strikes: **a** (as sb. m.) bell-ringer. **b** (as sb. n.) clapper of bell.

a 1320 ~o ad pulsandum ignitegium a festo S. Nicholai usque ad festum purificacionis beate Marie v d. *Rec. Leic.* I 339.   **b** ~ium, A. *a clapere WW*.

2 (mon., as sb. n.) area of monastery in which applicant for entry is tested.

salvatoris servus . . probatus in ~io BYRHT. *V. Osw.* 414; huic . . antidotum fratres exhibuerunt monasticum, quem in ~io probaverunt . . ostendentes ei dura et aspera *Ib.* 422.

pulsatus [LL]

1 blow, assault.

ardescunt veteres crebris pulsatibus ignes, / ecclesiae puppis vexatur dire procellis FRITH. 1045.

2 ringing.

nullus vaget in noctibus . . post ignitegium ad sancti Martini ~atum *MGL* I 251.

3 entreaty, urgent request.

971 summisso rogatus sum ~u pro monasterio (*Decretum Papae*) J. GLAST. 72.

pulsim [CL pulsus + -im], adverb from a sense of *pulsare*.

~im, pulsanter OSB. GLOUC. *Deriv.* 478.

pulsio [LL]

1 (action of) driving or pushing. **b** beating.

ab altero . . motus sunt quatuor: ~o, tractio, vestio, vertigo. . . ~o . . in expulsionem et impulsionem dividitur ALF. ANGL. *Cor* 11. 22; in corpore . . celi quelibet pars, acquirendo novum situm, recedit a priori, in quo alia succedit eidem; . . vertigo componitur ex tractu et ~one SICCAV. *PN* 160.   **b** inunctiones in peritoneo et fricationes . . cum moderatis ~onibus volarum GILB. VI 272v. 1.

2 (action of) ringing or striking (of bell).

peracta autem gratiarum actione, ecclesiam canonica cum ~one adeunt (RHYG. *David* 25) *VSB* 158; imposuit . . ymnum 'Te Deum laudamus' cum ~one signorum N. DUNSTABLE *Rel.* f. 188v.

3 compulsion.

s**694** ab omni debito vel ~one regalium tributorum liberas eas esse . . statuimus *AS Chr.*

4 (falc.) pursiness, short-windedness.

de accidentibus pectoris subdamus. et imprimis de ~one quid laudas? ADEL. *CA* 11.

pulsitare [CL pulsare + -itare], to knock repeatedly.

pene foribus cardines effregisti . . et pulsando et ~ando LIV. *Op.* 20.

pulsivus [LL pulsio + -ivus, cf. OF *poulsif*], (falc.) pursive, short-winded.

si †pulsius [? l. pulsivus] est ancipiter tritici . . et . . piperis fac pilulam et da ADEL. *CA* 5.

pulsus [CL]

1 beating, striking, or sim. (usu. rhythmical):

a (of musical instrument); **b** (of bell); **c** (w. ref. to working of bellows); **d** (w. ref. to ebb and flow of waves); **e** (of sound, lips, or in speaking).

a novit hec omnis anima sancta, cui psalterii cithare non inexperta est disciplina . . quam sollerti et vigili digitorum ~u in hoc exercitio opus sit J. FORD *Serm.* 88. 9; organica [musica] est que consistit in instrumentis sonoris, et alia quidem fiunt ut flatu sonent, ut organa et tube, alia vero ut ~u sonent, ut cithara, timpanum, psalterium ODINGTON 62.   **b** a primo ~u [AS: *cnylle*] vespertinalis synaxis silentium teneatur *RegulC* 56.   **c** aurifaber habeat caminum . . . manus altera levi ~u [*gl.: debwtement*] folles regat NECKAM *Ut.* 117.   **d** per piscem, qui ~u fluctuum nutritur, fides intelligitur que procellis †persecutionem [l. persecutionum] ad incrementum perducitur HON. *Spec. Eccl.* 952A.   **e** ut . . ad sonum P et B vix distinguatur ~us in labrorum agitatione ABBO *QG* 9 (22); littera . . D nuncupatur, que . . a ~u lingue circa superiores dentes innascitur OSB. GLOUC. *Deriv.* 157; accentus est modulacio vocis diccionis . . ab unius ~us prolacione *Ps.-GROS. Gram.* 33.

2 rhythmical throbbing of blood in artery, pulse, beating of heart. **b** (transf.) artery. **c** (in title of work).

~us, *clæppetung* ÆLF. *Gl.* 160; nullum pristine valetudinis indicium medici . . nec ~us †attractu [l. attactu] nec urine consideratione, possent . . apprehendere *Mir. Fridesw.* 106; ~us secundum diastolem et systolem . . cordis et arteriarum motus BART. ANGL. III 23; omnibus membris . . in quibus sc. ~us, id est motus cordis et arteriarum, sentitur; sed tamen honestatis causa maxime in brachiis solent tangi RIC. MED. *Anat.* 222; ~us cordis motibus incitatur ODINGTON *Mus.* 62; ~us . . in initio accessionis . . est parvus, subtilis, debilis, tardus, rarus . . sed . . propter caloris crementum crescit et fit magnus, velox, frequens GAD. 4. 1; si fiat emplastrum . . et . . ponatur super loca ~uum, si tunc patiens sudaverit judicandus est evadere J. MIRFIELD *Brev.* 66; clericus manum domine accepit et ~um suum tetigit . . statim pre gaudio ~us incepit velociter moveri G. *Roman.* 339.   **b** in pinguedine manus que inter pollicem et palmum est, usque in ~um brachii . . perniciose punctus est ORD. VIT. XII 45 p. 481.   **c** quod . . temporis in libello 'De pulsibus' insumere deliberas, malo ut ad perficiendum quidquid est in 'Aphorismo' impendas ANSELM (*Ep.* 60) III 174.

3 irregular movement of body in cases of weakness, illness, or dying.

velut a letali vulnere morientem pecudem tremulis membrorum ~ibus vexat GOSC. *Transl. Mild.* 25; afioxiam, i. ~us brachii *Gl. Laud.* 129; equi . . persecutionem negabant, lasso statim ilium ~u defectionem suam ostendunt W. MALM. *GR* IV 357; suspiriosus extis incalescentibus et ilium ~u se defecisse . . significavit *Id. GP* IV 138; cordiacus, corde ~um patiens OSB. GLOUC. *Deriv.* 141.

4 assault, attack.

qui [sc. diabolus] longo nitens vacuare labore fideles / ultima jam majore quatit sub tempora pulsu BEDE *CuthbV* 728.

1 pultare [CL], to knock at.

~are, pellere OSB. GLOUC. *Deriv.* 478.

2 pultare [pulter + -are], to hunt fowl.

1290 exeuntibus extra curiam ad poutandum et spectandum riparias de Avene, Stoure, et Frome *KR Ac* 352/20 m. 4; ad venandum per xxviij dies et ad poutandum super ripariam de Rading' *Ib.*

pultaria v. pulletaria.   **pultarius** v. pulletarius.

pulter [ME *pulter*], **1** pultra, ~um, **1** pultrea, ~ia, ~ium, kind of domestic fowl, poultry.

splen ~ri . . si est sine febre cum vino detur GILB. IV 196. 1; **1328** item viij auce . . item xl pult' pretium cujuslibet obolum *MonExon* 242; **1451** sine quocumque griswine, ~ri averagio (v. 2 averagium c) *ExchScot* 618; **1469** dedimus . . terras de C. cum pertinenciis extendentes annuatim ad sex marcas et triginta ~ria *ExchScot* 156; **1473** pro . . magnis laboribus factis circa importacionem . . martarum . . et ~riarum *ExchScot* 156; **1477** x bolle avenarum, xxiiij ~re *ExchScot* 441; **1538** xxxv solidos pro lxx ~reis *Reg. Dunferm.* 534; et xij capones et xxiv ~rias *Form. S. Andr.* II 228; **1566** dominio . . cum caponibus, aucis, ~reis *Inchaffray* 165; **1566** reddendo annuatim . . iv aucas, ij apros pastos,

xij ~reas *Reg. Moray* 395; **1567** unacum sexaginta ~reis vulgo vocatur *lye kain foullis Melrose* 607.

pulteria v. pulletaria.   **pulterius** v. pulletarius. **pulti, pultis** v. pultrus.

1 pultra v. pulter.

2 pultra [AN *putre* < CL *pullus*], **2 pultrea**, filly.

1270 j ~a de etate duorum annorum et dimidii *Ac. Stratton* 35; **1286** ~eam *CourtR Wakefield* III 171; **1313** in feno empto ad sustentacionem xv jumentorum veterum, iij ~arum etatis iij annorum, vj filiarum etatis ij annorum *KR Ac* 99/12; **1325** decem jumenta et quindecim pullanos et ~as precii quadraginta et quinque librarum *KR Ext. & Inq.* 8/4/11/4; **1338** equa badia cum j ~a duorum annorum *Ac. Durh.* 199; **1340** liberarunt .. equiciario regis .. iiij ~as duorum annorum ... de iiij ~is duorum annorum *MinAc* 1120/10 r. 17d.

pultrea v. pulter, 2 pultra.

pultrella [2 pultra + -ella, cf. AN *putrel*], mare, filly.

1333 necnon per aliam indenturam factam inter predictum G. et T. de W. tenentem locum .. custodis dicti parci de G. recepcionem jumentorum, ~arum, pullanorum *LTR Mem* 105 m. 158.

pultrellus [pultrus + -ellus, cf. AN *putrel*], colt; **b** (transf., in name).

1316 [*drove a certain foal*] ~um [.. *from his common*] *CourtR Wakefield* III 123; **1326** r. c. de ij staggis .. et de iij ~is *MinAc* 1148/23. **b** a**1077** de Roberto quem ~um vocastis *LANFR. Ep.* 17 (41); s**1191** prostratus est ab equo Drogo de Fontenillo Putrellis nec non et Robertus Nigelli *Itin. Ric.* IV 33.

pultria, ~ium v. pulter.   **pultrum** v. pulter.

pultrus [AN *putrel* < CL *pullus*], colt, foal.

gummi, lentisci, splenis ~i ventris merguli *GILB.* VII 357v. 2; splen pultis vel pulti est quedam superfluitas sanguinea circa cerebrum pulli equini contenta *SB* 40.

pultura [AN *puture* < CL *puls* + -ura, cf. 1 putura], food allowance (esp. for forester, servant, or animal), the duty to provide or right to demand such an allowance, 'puture'.

1205 sint quieti .. a ~a serjanorum et de rewardo forestariorum *MonA* VI 11376; c**1225** quietanciam .. de ~a serviencium et forestariorum meorum *Ch. Chester* 215; c**1278** faciendo forinsecum servicium, sc. ~am duorum forestariorum ter per annum *Cart. Chester* 660 p. 364; **1281** facient domino tres precarias in autumpno, viz. duas precarias quilibet cum uno homine pro die ad porturam domini ut decet et terciam cum tota familia sua .. si dominus voluerit pariter ad porturam domini *CoramR* 60 r. 33d.

pulturia v. pulletaria.   **pultus** v. pultrus.   **pulul-** v. pullul-.   **pulver, pulvera** v. pulvis.

pulverarius [CL], concerned with powder (in quot. w. ref. to gunpowder); **b** (as sb. m., w. ref. to Gunpowder Plot of 1605).

1609 qui in proditione ~ia partes suas egerant L. ANDREWES *Tortura Torti* 20. **b 1609** quod apud nos ~ii L. ANDREWES *Tortura Torti* 89.

pulverescere [cf. LL pulvescere], to turn to dust.

ut omnis structura falsitatis hoc fulmine ~at GOSC. *Lib. Mild.* 15.

pulvereus [CL]

1 composed of dust or dirt.

985 protoplastus terrigena .. pulvereo .. confectus tegmine somatis exili *CD* 1283; agmen pulvereus monstrat adesse globus *GARL. Tri. Eccl.* 63.

2 covered with dust, dusty.

~o .. situ, i. sepulcro, *moldstowe, stowlicere moldam GlP* 205; ~eas sed mirificas reliquias ecclesie intulit GOSC. *Transl. Aug.* 29A; terge pulverea, cenosa, sordida, / fac atra nivea WALT. WIMB. *Carm.* 74.

pulvericare, to cover with dust; (pass.) to be dusty (in quot. impers.).

paupercula vidua volens domum .. mundare .. super pulverem tenuem, si multum ~etur [AS: *dusteð*], spargit aquam et scopit *AncrR* 119.

pulverilatio [CL pulvis + latio], laying of sand (on floor).

1207 computate R. de L. id quod posuit in litera et ~one domorum nostrarum Westm' in adventu nostro quando ibi jacuimus *Cl* I 95b.

pulverisare v. pulverizare.

pulverizabilis [ML pulverizare + -bilis], that can be broken into particles or crushed to powder, pulverizable.

quoddam [alumen] .. siccum et rotundum .. quoddam siccum petrosum ..; sunt .. omnia facile †pulverinabilia [l. pulverizabilia] *Ps.-GROS. Summa* 643.

pulverizare [ML < CL pulvis + -izare < -ίζειν]

1 to reduce to powder or dust.

cum in terreo isto, licet subtiliter ~ato, quatuor cause sint ADEL. *QN* 1; quare adamas ~atus non attrahit ferrum et medicina ~ata attrahit humores? .. medicina non movet nisi primo moveatur et propter hoc debet ~ari *Quaest. Salern.* R 22; pulverisa et recipe de dicto pulvere M. SCOT *Lumen* 252; si ~etur [sc. lapis bazar] et spargatur super locum morsus animalis venenosi, abstrahit venenum BACON V 174; cera, species non ~ate, sicut zimziber *Cust. Cant.* I 362; in tantum quod possit pulveriçari ad pondus ʒ ij GAD. 39. 2; semen nasturcii pulveriçatum *Ib.*; *to make molle,* pulverizere. *to molde,* .. *to make powder,* ~are *CathA.*

2 to cover with dust, (in quot. w. *pes*) piepowder (esp. in phr. *curia de pede* ~*ato* or sim.) Court of Piepowder.

1361 (v. pes 6); **1369** (v. curia 7b); **1377**, **1448**, **1454** (v. pes 6).

3 to sprinkle; **b** (w. salt or spices).

1375 dicta lana fuit mixta et ~ata cum sablone .. pro pondere dicte lane aumentando *SessPLincs* 220. **b 1443** j vas pro carnibus ~andis *Cant. Coll. Ox.* I 8.

4 (w. abl., *cum* or *de*) to dust, sprinkle or spangle (w. ref. to ornamentation); **b** (her.).

1245 capa .. ~atur tota bisantiis breudatis *Invent. S. Paul.* 476; **1345** episcopus habet duas tunicas albas auro ~atas *Sacr. Lichf.* 116; **1368** cum apparatibus altaris diversis, albo scilicet, rubeo, et violaceo, de rosis pulverisatis (*Test. Episc.*) *Reg. Exon.* 1552; emit abbas .. vestimentum perpulchrum de rubeo, panno pretioso .. ~atum cum archangelis aureis *G. S. Alb.* I 363; **1396** Galfrido Glasyer pro factura .. diversarum fenestrarum vitr' de novo pulverizat' cum cervis in aula *KR Ac* 495/23 m. 4; **1402** de panno serico albo operato et ~ato cum crucibus *Invent. S. Paul.* 511; **1443** vestimentum .. de albo velveto, cum floribus Saracenorum splendide ~atum *Invent. Ch. Ch.* 115. **b** portat de rubeo campo ~ato cruciibus cruciatis de auro BAD. AUR. 134; scutum .. cum una bordura aurea ~ata cum rosis rubeis UPTON 237.

pulverizatio [ML pulverizare + -tio, cf. CL pulveratio]

1 (act of) reducing to powder or dust.

multi credunt quod congelari debet et in pulverem redigi .. prius est pulverisatio cum congelatione BACON *Min.* 314.

2 (act of) scattering or sprinkling of dust.

si de terra castri .. in quovis loco fiat pulverisatio, statim omnium nocivorum vermium pestis fugatur GERV. TILB. II 10.

3 (her.) decoration with a sprinkling of spots or small figures.

nota quod differencie signorum, ut cruces, labelle et cetere, non pinguntur ultra numerum decennarium. et si in majori numero pingantur, tunc est ibi ~o .. et multociens contingit de cruce cruciata .. et portat de rubeo campo pulverizato crucibus cruciatis de auro BAD. AUR. 134; portatur aliquando bordura in armis pulverisata. et vocatur bordura pulverizata quando in illa bordura sive fimbria fit aliqua ~io .. de rosis et de maculis aut parvis crucibus. et ipse rose .. non computantur sub certo numero quia numerus ipsius ~onis excedit numerum novenarium et tunc vocatur illa bordura pulverizata UPTON 237.

pulverizere v. pulverizare.

pulverosus [ML < pulvis + -osus], dusty.

regio .. multum sabulosa et tempore siccitatis ~a *Meaux* II 159.

pulverulentus [CL]

1 composed of dust. **b** that has crumbled into dust.

sitis immoderantiam ob estum et ~am nebulam .. metuebant ORD. VIT. IX 17 p. 617; a**1295** fimum vel aliquod ~um vel cineres in via communi *Gild Merch.* I 231. **b** pulverulenta tegit quas spurci glebula ruris ALDH. *VirgV* 165; s**799** de pulverolentis campaniae glebis ALCUIN *Ep.* 170.

2 covered with dust or dirt, dusty.

lutosum os et labia ~a .. ostendit ALEX. CANT. *Mir.* 33 p. 224; humum .. ~am interularum .. sirmate verrunt ORD. VIT. VIII 10 p. 324; non sint plumose vestes nec pulverulente D. BEC. 1191.

pulviculus v. pulvisculus.

pulvillare [CL pulvillus + -are], to form into a pad or small cushion.

ungatur locus cum oleo .. et cum stup[pis] ~atis optime ligetur cum pannis et astella GAD. 128. 2.

pulvillulus [CL pulvillus + -ulus], small pillow or cushion.

~us .. qui alio nomine dicitur auricularis, sub sancto capite repertus est talis, non ex plumis vel bombice alicujus generis sed .. tenuissimis lignorum dolaturis HERM. ARCH. 20.

pulvillus [CL], ~**a**, small pillow or cushion, bolster; **b** (w. ref. to *Ezech.* xiii 18); **c** (as part of horse trappings); **d** (med., used as compress); **e** (fig.).

~us ALDH. *Aen.* 41 tit.; ~us erat de caprarum pelle consutus .. in lectulo hominis BEDE *Sam.* 636; eos acolitus cum ~o [AS: *pyle*] sequatur, super quem sancta crux ponatur *RegulC* 44; **11..** ~us, pulevar *WW Sup.* 235; non ~um supponendo .. sed inter alios palpones tibi scribendo placere constitui GIR. *IK* I pref.; coopertoria lectorum iiij .. ~e viij *Meaux* III lxxix; *a bolster,* cervical, .. pulvinar, ~us *Cath A.* **b 793** isti sunt qui consuunt ~os sub omni cubitu ALCUIN *Ep.* 17. **c** equitaturus .. habeat .. habenas, et cingulas, et ~um [gl.: *bache*] NECKAM *Ut.* 100. **d** fiant ~i vel plumaceoli vel pressure de stuppis mundis GAD. 122v. 2. **e** tu Tonantis es pulvillus / et reclinatorium WALT. WIMB. *Virgo* 66.

pulvinar [CL], ~**are**, ~**arium**

1 couch on which an image of a god is placed; **b** (transf., w. ref. to holy place).

~ar, lectum divitum *GlC* P 866. **b** ~ar, templum *GlC* P 851; ~aria, loca sancta *Ib.* P 859; poterat .. vulgus .. superstitionis ammoneri quam diu loca ~arium suorum non desineret intueri W. MALM. *GR* I 11.

2 cushion, pillow; **b** (w. ref. to *Ezech.* xiii 18). **c** (~*ar pro spinthris*) pincushion.

sub ~ar ponentes .. trapezetae dormientis claviculam ... claviam sub pulvillo posuerunt LANTFR. *Swith.* 2; vir habebit caldarium, et brecchan et pluvinar et nythlen *Leg. Wall. A* p. 143; **1295** una campanula item †putrinare [? l. pulvinare] de panno scutato. item frontale ad altare (cf. ib. 330b: cum ~are cum scutis de opere Saracenico) *Vis. S. Paul.* 331a; in aula .. xij tepete cum totidem lintheaminibus, vj pulvunaria *FormMan* 21; **1315** quinque parva ~aria unde j .. de rubeo sindone *Invent. Ch. Ch.* 74; **1448** pro uno lecto plumarum cum ~ari empto ad usus proprios regis *ExchScot* 309; hoc ~er, *a coschyn WW*; Gallici .. regi Anglorum, quia juvenis erat, mitterent parvas pilas ad ludendum et ~aria mollia ad cubandum STRECCHE *Hen. V* 150. **b** ponentes cervicalia sub capite et ~aria sub omni cubito manus P. BLOIS *Ep.* 112. 336C. **c 1575** pro factura unius pulvinar' pro spinthris *Ac. LChamb.* 66 f. 9v (cf. ib. 5/34 p. 277: *makeing of a pinpelowe of crimson velvet*).

3 pillow case.

a pillowe bere, ~ar *CathA*; **1564** ij pulvinar' operat' totum desuper cum panno nigro *Ac. LChamb.* 57 f. 11v (cf. ib. 5/33 p. 88: *ij pillowberes wrought alover with black work*); **1574** H. S. .. et W. L. .. domum

mansionalem burglariter fregerunt ac .. duo ~aria .. vocata .. *pillowbeares* .. ceperunt *Pat* 1112 m. 27.

4 metal support in mill or siege engine.

c**1275** in .. libris stagni emptis ad axillas, kivillos, et pulvinal' cupreos empt' ad duo ingenia *KR Ac* 467/7 m. 3; in j pulvinar' cupreo ad fussellum molendini portandum *Ib.* **1279** pro factura axillarum, kavillarum, puelearum, et pulvinar[ium] ad ingenia domini regis *Ib.* 467/7 m. 7; Michaeli Potario pro opere unius pulvinar' pond' cxxxiij li., de quibus xiij li. fuerunt de cupro suo proprio *Ib.*

pulvinaris [CL], **~ius,** of or characteristic of a cushion or pillow. **b** (*opus ~ium*, w. ref. to embroidery) cushion-work.

vitalis .. spiritus nec ex .. sensibili perceptione sive etiam ~ia mollitie .. dinosci potuerat R. COLD. *Cuthb.* 63 p. 125; s**1190** pix bulliens super caput ejus [latronis] effundatur et pluma ~is super caput ejus excutiatur, ad cognoscendum eum R. HOWD. III 36. **b 1295** item cape Fulconis episcopi consuta de serico, opere ~o, arboribus croceis et albis *Vis. S. Paul.* 318; amictus de opere ~io cum parvis scutis *Ib.* 319.

pulvinarium, pulviner v. pulvinar.

pulvinus [CL]

1 cushion, pillow.

pulvinar, ~us, cervical OSB. GLOUC. *Deriv.* 467; **1225** cepit cistam suam et †pulvios [l. pulvinos] et alia utensilia *CurR* XII 279; **1496** cervicalia, pulvinaria .. ~i vulgariter dict' .. *bolsters, pilowes* .., *quysshyns Pat* 579 m. 10 (14); hic ~us, *a cosshyn WW*.

2 support on which a structure rests.

que [navis] cum edificata in undas deducenda erat .. multis pellentibus, ~is suppositis .. cassus erat conatus W. CANT. *Mir. Thom.* IV 6.

pulvis [CL]

1 dust, particle of earth. **b** (pl.) grains of dust. **c** ash; **d** (fig.); **e** (w. ref. to humble condition or worthlessness).

multa .. de ~ere loci illius virtutum miracula narrantur BEDE *HE* III 9 p. 145; "cecidit vir sanctior istic, / arbitror, idcirco prodest haec terra saluti" / atque ligans panno tulerat de pulvere secum ALCUIN *SS Ebor* 341; crusta cimolia, i. ~is de tes[t]a *Gl. Laud.* 387; vestimentorum scissione et aspersione ~eris vim doloris expressit P. BLOIS *Ep.* 2. 4a; irruens valida venti tempestas ~erem subito circumvolvit *V. Edm. Rich C* 605; utrum ventus sit flans et elevans ~erem contra vos et adversarios vestros *Regim. Princ.* 85. **b** advectos inde ~eres seu lapillos si quis alibi intra alvearia sparserit, examina favos deserant GIR. *TH* I 6. **c** lepidoscalcu, i. ~is decidens ab ere calefacto *Gl. Laud.* 894; libanosmanne, i. thuris masculi ~is *Ib.* 907; mannis, i. libanum vel ~is thuris *Ib.* 972; si remaneat aliquod vestigium sanguinis .. in vestimentis, pars illa scindatur et comburatur et ~is cum reliquiis reponatur *Miss. Heref.* xxxiv. **d** a**797** adhaesit .. oculo cordis mei ~is cogitationum iniquarum ALCUIN *Ep.* 86; si aliquis ex terrena conversatione mundissime menti ejus ~is adhesit, illa eum tribulatione excussum esse non sit ambiguum W. MALM. *GR* V 443; sacri .. affectus nullo terrene cogitationis ~ere sordescunt, nullo pavore subsistunt J. FORD *Serm.* 64. 10. **e** vergibili fortuna .. suppeditante .. inopinata, quidam de ~ere prosiliunt ad magnarum potestatum culmina, aliique de summo apice .. pulsi gemunt in ingenti mesticia ORD. VIT. III 14 p. 152; alios .. de ignobili stirpe illustravit, de ~ere ut ita dicam extulit *Ib.* XI 2 p. 164; [S. Johannes] misericors ad incolas ~eris LUCIAN *Chester* 50; beata ejus anima corruptibilis exonerata exuviis de ~ere hujus conversationis libera evolavit in celum P. BLOIS *Ep.* 27. 93C.

2 (leg., *curia pedis pulveris* or sim.) Court of Piepowder.

1361 placita de pede ~eris; **1458** (v. pes 6).

3 material substance of which human body is said to be created and to which it returns; **b** (w. ref. to *Gen.* iii 19, xviii 27).

cum de sepulcri tumba ~is [*gl.*: i. terra sicca et soluta] ebulliat et quasi reciproco spirantis flatu in superficie antri sensim scaturiat ALDH. *VirgP* 23; sanctissimi Neoti tumuli ~is a fidelibus sumitur *V. Neot. A* 10; quamvis Franci ossa sancta transtulerint .. sepulchra tamen et ~erem sanctissime carnis reliquerunt ORD. VIT. VI 10 p. 107; rubicundus ~is carnis liquefacte *Canon. G. Sempr.* f. 111v; **1383** una bursa .. cum .. de ~ere sancti Amphibili et .. os sancte Petronille *Ac. Durh.* 427. **b** hic Deus omnipotens Adam de pulvere plasmat ALCUIN *Carm.* 115. 1; a**952** (12c) incerta est hora unicuique nostrum quando revertatur ~is in ~erem *CS* 894; quia plasmatum scio me de pulvere terrae WULF. *Swith.* I 640; tu homo de ~ere factus, tu ~is quandoque futurus, contra Deum te extulisti EADMER *Beat.* 8; putasne corpora nostra in ~erem redacta surrectura? GIR. *GE* II 24; accipiens ~erem ait "~erem ~eri, cineremque cineri" M. PAR. *Edm.* 249.

4 powder, dried particles produced by crushing or grinding a substance; **b** (of spice); **c** (used medicinally or cosmetically); **d** (used in preserving).

omnia simulacra confracta sunt, in ~erem sunt redacta THEOD. *Laterc.* 7; hic ~er, -ris, .. vel ~is, *powdyr WW*. **b** pro vj lib. albi ~eris, cum macis, vj s. *Manners* 20; **1281** in ij li. et dim. zinziberis ad album ~erem faciendum propter convivium justiciariorum (*Ac. Receptoris Wint.*) *EHR* LXI 104; **1286** batura ~erum ad coquinam (v. batura b); **1292** in factura pastillarum anguillarum cum ~ere, viij s. *KR Ac* 308/15 m. 7; **1313** pro ~ere claretti .. faciendo (v. claretum c); **1330** compotat .. in empcione centum unius libre de gingebrace, lxxviij s. j d. ob. et in empcione unius libre ~eris, xv d. *ExchScot* 290; **1372** computat in .. canella sive cinamonio, nucibus muscatis, grano paradiseo, ~ere Lumbardo, diversis coloribus pro coquina *ExchScot* 371. **c** in cujus decoctione ponatur pul' [? l. pulvis, pulpa] mirobol[ani], ci' Indorum, et lapidis lazuli GILB. I 43v. 2; ~is laxativus Joannis: recipe .. GAD. 7. 1; ~is confortativus .. quem voco ~erem Saracenicum: recipe ~erem herbe iv ʒ, i. humanorum ossium combustorum *Ib.* 39. 1; composita evacuancia [melancoliam] sunt diaboraginatum, diasene, ~is Gualterii *Ib.* 69. 1; alcohol, i. ~is ad oculos *SB* 10; muscus .. mittitur in collinis et in pilis seu ~eribus oculorum *Alph.* 122; ~is ceni dim. lib. ij d. *Invent. Med.* 79. **d** aloae arbor .. tunditur minutatim et pulvis ejus miscetur cum mirra *Comm. Cant.* III 148; **1307** pro ~ere aromatico de aloen, thure et mirra ad ponendum in corpore regis, iiij li (*KR Ac* 368/30) *EHR* LXVIII 173; **1471** pro .. j pipa ~eris pro pellibus *EEC* 506; **1555** pulver' dulc' pro usu garderobe *KR Ac* 428/5 f. 18.

5 gunpowder.

1338 pro quodam instrumento ferri pro qwarell' et pellotes plumbi inde sagittand' cum ~ere pro defencione navis *KR Ac* 20/27 r. 1*d*.; **1346** omnia ingenia et gunna cum eorum apparatu .. sc. .. pellotas, barellos, et salpetram et ~eres (*Pipe*) *Tout Papers* II 259; ~is pro instrumento illo bellico sive diabolico quod vulgaliter dicitur *gunre Anecd. Oxon.* I 1; **1387** ad conficiendum inde ~erem gunnorum (v. pertritio); **1404** unum *gun* cum ~ere pro guerra *Ac. Durh.* 395; **1435** duo morteria metalli ad faciendum ~eres aptos canonibus *Collect W. Worc.* 567; **1444** pro apportacione et cariagiis ~erum bumbardorum regis *ExchScot* 147; **1453** ~era vocata *gunpowdir Pat* 477 m. 29; **1588** cepit unum tormentum Anglice vocatum *a pistoll*, ~erem tormentariam Anglice vocatam *gunpowther* et globulos plumbeos Anglice vocatos *pellotes of leade Pat* 1321 m. 5.

pulvisculus [CL], (a little) dust, powder; **b** material substance of which human body is said to be created and to which it returns (*cf. Gen.* iii 19, xviii 27); **c** (w. ref. to relics); **d** (fig., as type of something worthless).

exime ~um ex auro .. factum RIPLEY 307. **b** quid igitur dicam mihi peccatori homunculo, jamjam uno levi et brevi flatu in pulviculum tenuem dispergendo invisibilem hanc? H. BOS. *LM* 1341C; unde .. hoc tenui ~o et immundo cineri mihi, ut tanti estimatus sim ab illo J. FORD *Serm.* 84. 8. **c** unde [e tumba] raptum ~um quidam naribus applicuit, et paradisi amoenitatem aestimavit GOSC. *Transl. Aug.* 22A; o si vel minimum articulum, vel aliquem capillum, vel tandem extremum ~um de tanto thesauro nancisci mererer *Ib.* 31A; nec vacavit a virtute lavature reliquiarum ejus [sc. Oswaldi] ~us W. MALM. *GR* I 49 p. 54. **d** quasi dicerent: excussimus manus nostras et pulverem pedum a muneribus vestris, quasi nec etiam modicum, adcomparabile pulviculo, a vobis .. accipiemus GIR. *GE* II 33 p. 328; non jam philosophus sed philosophilus, / cujus scientiam vincit pulvisculus WALT. WIMB. *Carm.* 384.

pulvunar v. pulvinar. **pulyfus** v. poliva. **pulyna** v. 3 pullanus. **puma** v. pinna. **pumata** v. pugnata. **pumerium** v. 1 pomerium. **pumes** v. pumex.

pumex [CL], pumice-stone; **b** (used as eraser); **c** (as depilatory).

cisere, i. ~ice *Gl. Laud.* 446; kisereos, i. ~ex *Ib.* 871; hic ~ex, -icis, i. lapis ex spuma concretus OSB. GLOUC. *Deriv.* 537; spume maris, i. ~icis vel spongie .. spuma maris est una species spongie sed est subtilior et albior et assimulatur pulpe coloquintide *SB* 40; ~ex, *pomys, pomeze WW*; hec ~es, A. *a nedyrstoune WW*. **b** ille fomix [l. pumex] quam scriptores habere solent .. videbat de inferno ascendentem et cum flamma projectum HUGEB. *Will.* 4; **792** paululum ferociori ~ice cartam terens ALCUIN *Ep.* 13; a**798** utrum digna memoriae an ~ice radenda feroci *Ib.* 120; scriptor .. ~icem [*gl.*: *pumiz*] habeat mordacem NECKAM *Ut.* 116; eiciuntur etiam multi igniculi extra in altum .. qui descendendo franguntur in multa frustra [*sic*] et magna et parva et hec reperiuntur esse pomices quibus utuntur scriptores M. SCOT *Part.* 297. **c** ~ex .. capillos corporis tollit *Alph.* 151.

pumiceus [CL], made of pumice.

pumex .. et inde ~eus, -a, -um OSB. GLOUC. *Deriv.* 537; maturantur .. illi fructus habentes similitudinem avium cum in terra levi et ~ea et quasi aerea et juxta aquas nascantur *Quaest. Salern.* B 138.

pumilio [CL], person of short stature, dwarf, midget.

~ones .. inde colossi qui magni sunt et per contrarium dicuntur po[miliones] quia parvi qui Romanice dicitur *recordel* a pomo quod congressum est *GlSid* f. 148v; non culpet Sisyphum de curto brachio / pigmeus quispiam sive pomilio WALT. WIMB. *Palpo* 185; ostratus moritur par ostreareo, / .. / agaso presuli, pape pomilio *Id. Sim.* 111; *a dwerfe*, homullus, .. ~o STANBR. *Vulg.* 13.

pumulatus v. pomellatus.

puncardus [cf. ME *punchoun carde*, AN *ponchon de eskerdes*], barrel or cask, also as liquid measure.

cantor et socii sui .. habebunt ~um plenum bone cervisie *Cust. Swith.* 17; habebunt unum picherium vini et ~um plenum bone cervisie *Ib.* 18; valectus .. habebet [*sic*] de celario pynardum plenum bone cervisie *Ib.* 25; **1479** de Allex'o Danyell Jud' pro j *poynson' cardes*, ij[c] causas, et j *barell trenchers* val' iiij li. xiij s. iiij d. *KR AcCust* 114/9 m. 4; de eodem pro j *poynchyn' cardes* val' xl s. *Ib.* m. 5.

punchettum [cf. ME *punchoun*, AN *ponchon*], unit of measure, puncheon.

1307 [*the damage was done before the Purification*] et dicunt quod debent esse quieti per punchet' *CourtR Wakefield* II 80; **1316** [*impounded sheep .. in his common .. to the damage of*] unius ~i *Ib.* III 111.

punchiare, punchionare [puncho + -are]

1 (in quot. p. ppl.) to emboss (metal or leather artefact).

1338 unum ciphum argenti deauratum cum pede et cooperculo ponzonato infra *Foed.* V 49; **1340** j cupa deaurata de turri verrina ponsata infra *AcWardr* 67; **1409** unum .. lavacrum de argento deauratum et pounceatum cum foliis edere; unum aliud lavacrum de argento deauratum et pounceatum cum una aquila *Pat* 382 m. 16; **1415** lego .. unum ciphum argenteum coopertum pounsonetum de *columbynes Reg. Cant.* II 84; **1417** lego .. unam peciam argenti deaurati cum cooperculo ponsonatam in fundo de una aquila *Ib.* II 143; **1420** lego .. j ciphum argenteum cum cooperculo, ponciatum cum stellis in nubibus (*Test.*) *Arch. J.* XVI 171; **1454** lego .. peciam pounsatam et in parte deauratum *Test. Ebor.* II 182; **1475** craterem .. ponsatam cum rosa *Ib.* III 217.

2 to ornament (cloth) by cutting or punching holes, to pink.

1385 vexilla .. cum imaginibus poncionatis *MonA* VI 1367b. **1495** sculpatori ponsariorum pro cunagio sive numismate domini regis infra castrum Dublin' .. eidem pro calebe empto ad dictos ponsarios *L. & P. Ric. III-Hen. VII* II 303.

puncho, ~ona [ME *punchoun*, AN *ponchon*, OF *ponçon* < CL punctio]

1 vertical wooden beam, strut, puncheon.

1236 mandatum est custodi foreste de Windles' quod . . faciat habere Symoni, carpentario regis . . vj punzunos et vj clavuns ad recaciandum warderobam regis ibidem que inclinata est in unam partem *Cl* 394; **1275** Johanni Mer[i]mer pro iij puncon', ix d. *KR Ac* 467/6/2 m. 5; Johanni le Merimer . . pro xvj punchon' quercus, ij s. ix d. *Ib.* m. 8; pro vj post' . . et ij puncon' *Ib.* m. 9; **1291** pro septem ponsonibus de quercu emptis *Ib.* 468/2 r. 9; **1313** carpentario . . pro quibusdam brachiis laceis postis punsonis gutteriis confractis in eadem [turri] reparandis *Ib.* 469/16 f. 3*d.*; **1400** item solutis ad Johannem Masun pro cordulis et pungnibus, iiij d. *Ac. Churchw. Bath* 17.

2 pointed tool, punch, puncheon (dist. acc. use).

1275 vicecomites perexorunt per totam civitatem cum . . martellis ponconiis et hujus[modi] ad frangendas cistas *Hund.* I 405a; **1287** thesaurarius . . injunxit Rogero . . quod statim liberet . . attornatis . . abbatis unum cuneum viz. unum stapellum et duos pinzsones pro moneta fabricanda *Reg. Pinchbeck* II 5; habere debet unum cuneum viz. unum stapellum et duos pinczones pro moneta . . fabricanda *Ib.* **1291** in pikos', securibus, chysell', et ponsoribus [et] aliis utensilibus cementar' acuendis et acerandis *KR Ac* 479/15 m. 3; **1301** in . . uno punzono empto ad falsos denarios perforandos, ix. d. (*Ac Ireland*) *KR Ac* 233/ 17 m. 3; **1320** in reparacione martellorum, hachiarum, punsonum, et chisellorum cementariorum *Ib.* 469/1; **1350** pro j poncona ferri vocata *drivel* (v. educere 3c); **1358** aurifabri habeant unam certam ~onam cum capite leopardi . . liberandum ad operaciones suas inde consignandas (*Ch.*) *Arch. Gironde* XVI 138; **1398** liberavit . . unum punson' (v. celtis).

punchona, punco v. puncho. **puncon'** v. puncho. **puncta** v. punctum.

punctalis, ~ualis [CL punctum+-alis], relating to or consisting of a point as the smallest unit of measurement (in quot. phil., w. ref. to unity or indivisibility); **b** (as sb. n.).

1205 quandoque [angelus] alicubi dicitur esse non quod ambiente locali superficie claudatur vel ~uali situ in termino linea figatur sed quod in illo loco contentis preficiatur Gros. *Ep.* 1 p. 15; numerorum . . quidam est ~alis, ut unitas, quidam linearis, ut binarius Gilb. VI 243v. 1; substantia spiritualis non erit . . semper presens uni loco ~ali Bacon *Tert.* 177; substantia dimensione carens, ~alis, et situata *Ps.*-Gros. *Summa* 412; quam [sc. animam] ponunt habere quandam quasi ~ualem impartibilitatem Peckham *QA* 188 (v. impartibilitas 1); quemadmodum si poneretur visus ~ualis quiescens in centro celi circumvoluti Bradw. *CD* 243D; species situs ~alis est principium integrandi omnem situm divisibilem, tanquam minimum metrum illius generis Wycl. *Log.* III 2. **b** in ordine composicionis quantitative rei ex suis partibus est indivisibile primum, ut ~uale substancie vel punctus aut unitas in genere quantitatis, vel aliquid proporcionale, ut minimum naturale quo ad alia Wycl. *Ente Praed.* 3.

punctaliter, punctualiter [punctalis, ~ualis+-ter]

1 at and encompassed within a (spatial or temporal) point.

si occupat locum punctualem et ita, ut ~ualiter existens, non potest continue moveri Duns *Sent.* II 2. 9. 36 p. 497; sicut localiter multiplicatum habet perfecciorem habitudinem ad locum, quam extensum, sic temporaliter multiplicatum habet perfecciorem habitudinem ad tempus, quam temporaliter extensum, quia impossibile est aliquod tale habere omnes suas partes ~ualiter simul Wycl. *Ente. Praed.* 196.

2 punctually, on time.

in sua hora ~ualiter non pervenerat Major V 12.

punctare, ~uare [CL punctum+-are]

1 to prick, pierce. **b** to quilt (by stitching together two pieces of cloth with a layer of padding). **c** to punch (leather).

to pryke, pungere, . . ~are *CathA.* **b** culcitra ~ata [*gl.*: *poynté*] Neckam *Ut.* 100; **1222** una culcitra ~ata *Cl* I 521; **1244** faciat habere A. . . unam albam culcitram puctatam de lineo panno *Liberate* 20 m. 14; **1263** culcitram ~atam *Cl* 261; **1275** unam culcitram †pinnatam [MS: punctatam] *Hund.* I 209b; **1275** invenerunt unam culcitram †pinnittatam [l. punctatam] *Ib.* 379b; **1303** una culcitra ~ata de carde *Ac. Exec. Ep. Lond.* 57; **1496** lanee culcitre ~ate . . vulgariter dict' . . *qwyltes Pat* 579 m. 10 (14). **c** **1265** pro uno coffino de corio ~ato, ad ollas argenteas *Manners* 7.

2 to mark with a point, notate. **b** to insert a proper stop in writing, punctuate. **c** (mus., to mark a break in a liturgical text); **d** (to mark division or perfection). **e** to insert a vowel or other point in the writing of Hebrew. **f** (fig.) to mark, set aside.

punctis et plicaturis vestem distinguit . . . domina ~ata . . granellata . . impincta . . diabolo commendata O. Cheriton *Par.* 55; **1238** precipimus tibi quod muros camere regine . . deliberari [l. dealbari] facias et ~ari et infra punctationes illas flores depingi *Liberate* 13 m. 25; **1243** eodem modo scribitur omnibus superscriptis militibus, hiis exceptis qui non sunt ~ati T. *RGasc* I 210a; **a1400** capias cum circino declinacionem solis . . et ~ues eam fideliter in utraque parte equinoctialis *Nav. Ven.* 376. **b** contendunt . . an glosa ordine construatur, recte dividatur, apte ~etur R. Melun *Sent. praef.* 11; libros debet armarius cum magna diligencia frequenter discutere, emendare, et ~are, ne fratres in cotidiano officio ecclesie, sive in cantando sive in legendo, aliquem errorem vel impedimentum inveniant *Obs. Barnwell* 64; illud quod dicitur in genealogia Salvatoris: 'David' . . debet sic ~uari: 'David autem rex genuit Salomonem', ut ibi sit finis versus, et alius versus sic incipiat 'ex ea que fuit Urie, Salomon genuit Roboam' Ockham *Dial.* 615. **c** juvenum magistri, tam de modo legendi et accentandi et ~uandi quam de modo naturaliter canendi suos discipulos tenentur instruere *Cust. Cant.* I 100; totus psalmus dicatur sine nota ~uando tamen sub uno tono *Ord. Exon.* I 43; **1472** in accentuando, ~uando, legendo, et cantando *Melrose* 577. **d** pause ~uate seu non ~uate singulis notis in figura trianguli . . proportionaliter correspondent Will. 30; propter pulcritudinem ~andi propter regulam quandam *Mens. & Disc.* (*Anon. IV*) 55; si semibrevis ~ata sit et minores species subsecuntur, semibrevis perficietur per punctum si sit perfeccio Wals. *Mus. Mens.* 85. **e** non solum ~ant vocales . . set consonantes Bacon *Gram. Heb.* 205. **f** **c1350** senescalli habeant unam medietatem omnium que ab officiis absentes perdunt; et ~uans aliam *Mon. Exon.* 272a.

3 to furnish with a point, sharpen.

1292 pro ferrament' ij carucarum pungtand' et acuend' per vices (*Durrington, Wilts*) *Ac. Man. Coll. Wint.*; **1341** in ferr' punctand' (v. punctatio 3); **1363** in ferr' caruc' puccand' [? l. pu[n]ctand'] et caten' aur[iculorum] fractis reficiendis *Ac. Man. Westm.* 22218; **1368** in j vomere ~uando et j cultro emendando (*Itchington, Warw*) *MinAc* 1039/14; **1384** in ij peciis ferri . . et una garba asceris . . empta pro veteribus *billes* ejusdem molendini perusitatis renovandis et ~andis *Doc. Leeds* 115; adamantes . . de ipsis quadrati et ~uati sine manu hominis *Itin. Mand.* 84; **1441** cum quodam baculo ~uato cum ferro *Pat.* 450 m. 22.

4 to point, to fill the joints between tiles or slates with mortar; **b** (absol., w. *super*).

1275 in x quarteriis calcis emptis, viij crestris emptis ad aulam, dicta aula de novo ~anda [MS: ~ando], gutteris camere emendandis *Ac. Stratton* 63; **1286** in j quar. dim. calcis, cccc esclatt' et ccc clavis emptis ad domum molendini, eadem domo inde ~anda per loca, ij s. iij d. ob. *MinAc* 827/39 r. 4; **1314** pro uno *sclatyer* cum garcione suo conducto . . pro dictis capella et camera ~andis et emendandis *Rec. Elton* 214; **1325** in stipendio unius sclatier' ~ando et emendando coopertura maule *Ib.* 275; **1329** circa emendacionem coopertue domorum recepte . . domos illas noviter ~ando *KR Ac* 467/7/1; **1376** una domus . . sufficienter tegulata, set indiget ~uari *Chanc. Misc.* 208/27. **b** **1353** solut' eidem J. le Redere per ij septimanes operatiles ~uanti super veterem aulam sacristarie sine mensa iv s. *Sacr. Ely* II 154; **1391** in salar' Willelmi Sklater ~antis super dictam domum per iiij dies, xx d. *Mem. Ripon* III 167.

5 (w. acc. or *quod*) to agree on, decide (treaty).

conventum est . . et finaliter ~uatum quod nisi limitata tempora inclusis succursus afferrent . . tempora inclusis succursus afferrent . . villa ipsa in manus regias redderetur *Ps.*-Elmh. *Hen. V* 53; quibus plena committeretur autoritas tractatus ineundi, ~uandi, conveniendi et cetera . . nomine regis faciendi *Ib.* 88.

punctatim [LL], **~uatim**

1 briefly, succinctly (unless quot. should be construed as sense 4).

ad que . . se extendat plenitudo potestatis pape, non est forte facile ~atim dicere nec hoc intendo ad presens explicare Ockham *Pol.* III 262.

2 with points or punctuation.

quando nulla conjunctio interponitur adjectivis, sed ~atim proferuntur adjectiva, ut hic: 'mulier animum habet vagum, errantem, varium . .' Vinsauf *AV* II 3165.

3 according to punctuation.

1552 clare, articulate et ~uatim . . legere *Conc. Scot.* II 137.

4 in every point, punctiliously.

Cristus figuravit eos per scribas et pharizeos, eos ~atim in moribus imitantes Wycl. *Ver.* II 212.

punctatio, ~uatio [punctuare, ~uare+-tio]

1 pricking, piercing.

et lancee punctacio [v. l. punctuacio] / scribit amoris litteras / in latus J. Howd. *Cyth.* 83. 9.

2 marking with a dot. **b** punctuation. **c** (mus., to mark a break in the text of a Psalm).

1238 precipimus tibi quod muros camere regine . . deliberari [l. dealbari] facias et punctari et infra ~ones illas flores depingi *Liberate* 13 m. 25; exceptores, prius transcurrentes . . auctorum libros, ubi invenerunt aliquid materie sue congruum, illud puncto signaverunt ut postea redeuntes prompte invenirent quod materie sue aptum excipere vellent. ab hujus . . ~atione exceptiones . . dicuntur centones Gros. *Hexaem. proem.* 63. **b** quia non servatur ~atio recta, mutatur ordo rectus sententie et sensus perit cum litera Bacon *Tert.* 250; aliquando non est nisi una sententia perficienda et quia absoluta est, ideo elevatur ~atio *Ib.* **c** manus tue plasmauerunt me, et fecerunt me totum in circuitu, secundum ~uationem beati Gregorii Bradw. *CD* 171A; in illis . . versibus qui plures habent punctus, fiat prima ~uatio secundum tonum, cum pausacione predicta *G. S. Alb.* II 420; in illis versibus qui plures habent punctos fiat prima ~uacio secundum tonum cum pausacione *Ord. Ebor.* I 3.

3 furnishing with a point, sharpening.

1341 in ij vomeribus emptis cum †penetracionibus [MS *corr. to*: punctacione eorum] xiiij d.; in ferr' punctand' ij d. de ferro domini *Min Ac* 1120/11 r. 8; **1403** in ~uacione cccc securium per temp' comp' . . ij s. viij d. *Ac. Durh.* 604.

4 pointing, filling of joints between tiles or slates with mortar or lime.

1286 pro . . calce empta ad cameram domini cum ~uacione *Ac. Wellingb.* 43; **1297** in emendacione cooperture aule et camerarum domini et in ~acione earundem per loca ad tascham v s. ij d. *Ac. Cornw* 73; **1301** ~acio . . aule *MinAc* 811 2 m. 2; **1308** emendacionem et poyntacionem domorum *Chap. Linc. Compoti* B1, 2/4; **1474** pro ~uacione et nova tectura super ten' in *le cellarer orchard* et ad finem . . pontis *Ac. Durh.* 94; **1489** pro ~uacione super *le spycehous* *Ib.* 99; **1499** pro ~uacione et emendacione super duos domos porcorum *Ib.* 101; **1533** pro reparacione et ~uacione turris ecclesie *Ac. Churchw. Bath* 111.

5 formation of distinct feature (in quot. w. ref. to formation of embryo).

natura . . procreans . . facit lineationes et ~ationes Gilb. V 228. 2; per tres sequentes dies inchoantur interius lineationes et ~uationes aliorum membrorum *Ps.*-Ric. *Anat.* 40 (v. lineatio 5).

6 decision, agreement, treaty (cf. ME *pointement*, AN *appointement*).

comes Warwici . . cum aliis nobilibus quos sibi regalis ~uacio assignavit *Ps.*-Elmh. *Hen. V* 58; villa ipsa, prout in ~atione prehabita convenitur, ab intrusoria potestate in possessionem regiam liberatur et omnia punctuata repromissum exitum sortiuntur *Ib.* 62; ut . . ~uaciones et concordie verbis regiis et juramenti nexibus tutius firmarentur *Ib.* 88; prudentes . . qui . . ~aciones sapienter perficere et cetera regnorum tractare negocia utilius . . didicerunt *Ib.*; regalis magnanimitas . . pacis avida . . ~uacionibus hujuscemodi contentatam se reputans *Ib.* 89; Anglicos, Ybernos, Scotos, Wallicos . . prius ad partem regis juratos . . a regali gratia ~uacio excepit *Ib.* 126.

punctillus, punctiolus, punctulus [CL punctus + -illus, -iolus, -ulus]

1 slight (sensation of) pricking.

o quam timemus in hac mortalitate omnem ~ulum doloris Gosc. *Lib. Confort.* 48.

2 small point or dot, spot.

~illi sunt infecciones communiter sanguinee, sicut si essent de mordicacione pulicis; set morantur continue. et ~illi sunt duplices, magni et parvi . . sed magni sunt infecciones late rubee et obscure in tibiis pauperum et consumptorum juxta ignem discalciate sedencium quasi continue, et vocantur Anglice *mesles* Gad. 40v. 2; **1388** [alba] cum archangelis auro textis et pinctiolis aureis intermixtis (*Invent. Westm.*) *Arch.* LII 245; cum lunis, rosis, pinctiolis et stragulis . . contextis *Ib.* 248.

punctim [CL]

1 with the point of a weapon, with a sharp point; **b** (fig.).

quibusdam pudenda ferreis pectinibus ~im transfiguntur Hon. *Spec. Eccl.* 998A; itaque lanceis ~im transforant *Ib.* 1003B; surim . . ~im Osb. Glouc. *Deriv.* 57; cesim et ~im feriendi et jaciendi missilia . . docuit J. Sal. *Pol.* 595C; legitur . . imperator milites suos exercuisse in studio cesim vel ~im feriendi mittendique lapides manu vel funda P. Blois *Ep.* 94. 295A. **b** quare ~im et quasi subbula sententiam prosequor fidei et morum inimicam, cum eam cesim Spiritus mucrone capulo tenus transverberare sufficiam? J. Sal. *Pol.* 474D.

2 point by point, in every detail.

~im, *de puynt en puynt* (Garl. *Unus*) *Teaching Latin* II 167.

punctio [CL]

1 action or sensation of pricking: **a** (that goads or stimulates); **b** (that causes pain); **c** (that vexes, partly fig.).

a stimuli ~ones J. Ford *Serm.* 39. 3; fit qualiscunque nervorum ~o et spirituum commotio *Quaest. Salern.* N 56. **b** ille . . candentibus clavis in natibus vulnerabantur, . . ~onibus ac adustione horribiliter torte Ord. Vit. VIII 17 p. 369; ob memoriam spinee corone cujus ~ones et obprobria passus est pro nostra salute *Found. Waltham* 13; in ipso momento ~ones et dolor omnis cessavere *Mir. Wulfst.* I 44 p. 144; in caminum ignis ubi erit fletus et stridor dentium . . tortiones et ~ones Bracton f. 2; sic . . digitos insensibiles habebat ut nullatenus ~onum sentire posset molestiam, etiam si stilis ferreis pungeretur *Mir. Fridesw.* 77; ut . . cilicium carni forcius stringeretur et continuata ~one caro . . lederetur *V. Edm. Rich C* 602; acerbas guttarum ~ones *Obs. Barnwell* 206. **c** praecidamus et auferamus a nobis spineta vitiorum et . . ~onum aculeos titillantium Bede *Tab.* 488; optimates . . variis infestationibus inquietare presumebat. . . furiosis ~onibus exerciti plures contra eos conspiraverunt Ord. Vit. XIII 40 p. 120; a vanitate mundi vix homo avellitur . . et multas ~ones hic patitur S. Langton *Ruth* 97; s**1237** ne pulsaremini cotidianis ictibus, crebris ~onibus lacerati (*Lit. Cardinalis*) M. Par. *Maj.* III 445; **1317** tanto amplius amaricamur intimis et dolemus, tantoque acerbioris vinculo [?l. acerbiori spiculo] ~onis affligimur *Mon. Hib. & Scot.* 189a; ut quod nobis insontibus intulit . . asperitas ~onis, . . deleat . . vestre lenitas unctionis (*Lit. Regis*) *G. Ed. III Bridl.* 147.

2 sting, bite (of animal).

similes sunt api que habet dulcedinem et ~onem Ailr. *Serm.* 23. 18. 325; [serpens] . . momentanea minutissimi aculei ~one venenum mortiferum in corpus . . diffundit J. Ford *Serm.* 16. 7; quem angit pulicis vel musce punctio Walt. Wimb. *Carm.* 329.

3 prickle.

mulier . . ulcerosa . . et velut ericius spinosis ~onibus hispida Gosc. *Mir. Iv.* lix.

punctitare [punctare + -itare], to pierce repeatedly.

pungo, -is . . unde ~o, -as . . i. sepe pungere Osb. Glouc. *Deriv.* 455.

punctor [CL pungere + -tor], pointer, piercer, stinger.

pungo . . inde ~or Osb. Glouc. *Deriv.* 455.

punctorius [LL *as sb. n.*]

1 (as adj.) that pierces, pricks or punches.

pungo . . inde punctor . . ~ius, -a, -um Osb. Glouc. *Deriv.* 455.

2 (as sb. n.) pointed tool for piercing, pricking, or punching; **b** (for preparing manuscript or text).

punchon, stimulus, ~ium, -ii *PP*; *a prykelle*, . . ~ium, stimulus *CathA*; *a punche* ~ium, pugio Levins *Manip.* 189. **b** quaterni margines altrinsecus ~is distinguantur proporcionaliter ut certius usu regule lineetur quaternus Neckam *Sac.* 361; habeat etiam registrum et ~ium [*gl.*: *poyntur*] a quo possit dicere: 'punxi quaternum meum, et non pupigi' *Id. Ut.* 116; Cathai orientales scribunt cum ~io quo pingunt pictores Bacon *Maj.* I 374; hoc ~ium, *a prykker WW*.

punctua- v. puncta-. **punctulus** v. punctillus.

punctum [CL], **1 punctus** [CL as 4th decl.], **~a**

1 small dot; **b** (in orthography as a diacritic sign); **c** (in punctuation).

limniscus . . virgula inter duos ~os Osb. Glouc. *Deriv.* 318; ubi ~us super obelum ponitur, dubitatur utrum tolli debeat vel apponi S. Langton *Chron.* 67; ubi invenerunt aliquid materie sue congruum, illud ~o signaverunt Gros. *Hexaem. proem.* 63. **b** non est diphthongus propter quod duo ~a scribuntur super iota Bacon *Gram. Gk.* 64; vav . . habet V vocalem non solum per tria ~a set per unum in ventre *Id. Gram. Heb.* 203. **c** per cola distinguant proprios et commata sensus, / et punctos ponant ordine quosque suo Alcuin *Carm.* 94. 8; **799** ~orum . . distinctiones vel subdistinctiones licet ornatum faciant pulcherrimum in sententiis *Id. Ep.* 172; ~us . . elevatus debet fieri quando non est suspensio absoluta sed sententia imperfecta, que immediate perficitur per id quod sequitur Bacon *Tert.* 250; non debet cuilibet verbo ~us imponi; cum id nulla racione valeat, ut dicitur, hoc, est, enim, corpus, meum, sed totum simul proferat *Miss. York* II 223.

2 (mus.): **a** (written) note. **b** (*~um divisionis* or ellipt.) point that marks a break in a liturgical text. **c** point that marks a change of mode. **d** point that marks imperfection. **e** (*~um perfectionis*) point that marks perfection or imperfection.

a figura descendendo dicitur esse illa quando secundus ~us ligature inferior est primo Garl. *Mus. Mens* 2. 22; duo ~a . . pro longa . . ponuntur *Mens. & Disc.* 87 (v. florare 3); velox vero vocatur brevis, que prius dicitur ~us: figura sc. quadrata Odington *Mus.* 127; quandocumque ~us quadratus vel nota quadrata, quod idem est, tractum habet a parte dextra descendentem, longa vocatur Haudlo 82; quandocumque ~us vel nota formatur ad modum losonge sive ad modum grani ordacei, semibrevis dicitur Hauboys 254; hujus distinccionis novem forme: rectangulus, equilaterum, caudatum, ~us, situs, dexterum, sinistrum, sursum, deorsum *Mus. Mens.* (*Anon. VI*) 399; nullus ante alium incipere aut ~um tenere presumat *Ord. Ebor.* I 3. **b** in illis . . versibus qui plures habent ~us, fiat prima punctuatio secundum tonum cum pausacione predicta; residuum . . versus dicatur plane *G. S. Alb.* II 420. **c** cum . . modus unus se habet in perfeccione una, vel pluribus, et ipsum sequatur modus alius, demum inter modos illos divisionis ~us addatur, ut melius noscatur mixtura modorum Haudlo 176; ~us divisionis . . aut dividit modum a modo aut perfecciones Hauboys 196. **d** ~us divisionis dividit longas imperficiendo maximas, semibreves imperficiendo breves Hothby *Cant. Fig.* Fa 28–9; ~us divisionis ponitur inter duas semibreves ad imperficiendum breves *Ib.* Ve 44. **e** ~us perfeccionis postpositus proximam perficit notam precedentem Hauboys 196; quando ~us perfeccionis stat juxta maximam valet longam, juxta longam valet brevem Hothby *Cant. Fig.* Ve 43.

3 something minimal in extent, something that has position but not extent, point: **a** (arith. & geom. w. ref. to atom, extremity of line, or intersection of lines); **b** (astr., w. *aequinoctialis*) equinoctial point (*i. e.* point on the ecliptic where sun is at autumnal or vernal equinox or point at which celestial equator and ecliptic intersect); **c** (transf. w. ref. to origin of lineage).

a locus medius simplex atque indivisibilis localis ~us est Adel. *QN* 48; de ~o et linea, de angulo acuto vel obtuso Gir. *GE* II 37; indivisibile corporale, quod est ~us vel atomus Bacon *Tert.* 170; etiam ~us situm habet et linea et superficies *Ib.* 173; ~us dicitur tribus modis: uno modo ~us mathematicus, et ille est omnino indivisibilis; . . alio modo est ~us naturalis, . . et iste ~us est principium et origo continuitatis totius corporis; . . tertio modo dicitur sensibilis, et hoc modo terra est ~us respectu firmamenti Rob. Angl. *II* 145; cum spera tangit planum secundum ~um quod est indivisibile Kilwardby *Temp.* 83; si . . huic unitati accidentali superadjiciamus posicionem, habebimus primum principium quantitatis continue, sc. ~um Siccav. *PN* 97; sic . . se habet nunc [sc. presens tempus] ad tempus sicut ~um ad lineam T. Sutton *Gen. & Corrupt.* 197; aliquod ~um est quod est tantum principium linee, aliquod autem est quod est tantum finis *Ib.* **b** ver dum pertransit zodiacum ab equinoctiali ~o Gros. *Hexaem.* V 12 p. 172; ~us equinoxialis Wycl. *Log.* III 39. **c** variarum gentium originalem a ~o lineam ducere Gir. *TH intr.* p. 7.

4 (as division of time): **a** (equivalent to $\frac{1}{4}$ of an hour); **b** ($\frac{1}{5}$ of an hour); **c** ($\frac{1}{1080}$ of an hour); **d** (unspec.).

a recipit . . hora iv punctos Bede *TR* 3 (ed. *CCSL* p. 276); **797** viginti et quattuor horae diem integrum perficiunt; quattuor . . ~i horam faciunt Alcuin *Ep.* 126; ~um vero temporis spatium duobus minutis et dimidio metitur. hora etenim iiij ~is contenta est, xxiiij diei Adel. *Alch.* 17–18; **b** ~us . . quinta pars est horae Byrht. *HR* 56; ~um dicitur quinta pars hore et dicitur a puncto horologii eo quod hore in horologiis per v puncta solent distingui Bacon VI 88. **c** mensis lunaris . . est xxix dies, xij hore, dccxcvii ~a; ~um . . est species mirabilis fraccionis, sc. mlxxx pars hore, quod est iij secunda et xx tercia Bradw. *CD* 469E. **d** **798** hoc est hora undecima noctis trigesimae primae et secundo ~o. et tertio ~o undecimae horae ejusdem noctis intrat in Taurum [sc. sol] Alcuin *Ep.* 148 p. 238; ignis non per spacia horarum, neque quidem per ~os hore permansit (*Declan* 35) *VSH* II 56; fit . . dies ex horis xxiiij, hore ex momentis . ., momenta ex ~is, ~us ex atomis *BNB* III 300.

5 (astr., as division of the zodiac): **a** (equivalent to three degrees); **b** ($\frac{1}{12}$ of a degree); **c** ($\frac{1}{60}$ of a degree); **d** (unspec.).

a recipit . . hora . . in quibusdam lunae computis v punctos Bede *TR* 3 (ed. *CCSL* p. 276); singula . . signa decem ~os habent, id est duas horas . ., quinque enim puncti horam faciunt. . . duos . . ~os sex partes intellige, id est quantum sol in zodiaco sex diebus conficit itineris; ~us siquidem habet tres partes *Ib.* 17 (ed. *CCSL* pp. 337–8). **b** mathematici . . zodaicum circulum . . in xii signa, signa singula in partes xxx, partes . . singulas in ~os xii, ~os singulos in momenta xl . . distribuunt Bede *TR* 3 p. 183; **c** [Petrus Anphus] zodiacum totum . . in xij signa, unumquodque signum in xxx gradus, unumquenque gradum in lx ~os, unumquenque ~um in lx minutias . . dividebat Walcher *Drac.* 88. **d** signa [zodiaci] per gradus et ~a dividunt J. Sal. *Pol.* 440B.

6 minimal portion of time, moment (also w. *temporis* or sim.). **b** (*ad ~um* or *in ~o*) in a moment, all of a sudden. **c** (*~is*) at times.

sed puncto citius laxantur lora lacertis / omnipotente Deo restes solvente nefandos Aldh. *VirgV* 1193; plurimi scriptores indifferenter brevissimum illud tempus . . quod in ictu pungentis transcurrit . . nunc momentum, nunc ~um, nunc atomum vocant Bede *TR* 3; per singula puncta dierum, / nocte dieque simul tandem mora non erat ulla Wulf. *Swith.* II 235; ~um temporis, i. e. praesens tempus Anselm (*Incarn. B*) II 34; fatali ~o instante W. Malm. *GP* II 82. **b** in puncto [*gl.*: in momento, *on beorhthwile*] temporis . . vinculorum ligamina . . enodantur Aldh. *VirgP* 35; spero, licet flabris, gelidisve absumar in undis / obvius in puncto Christo veniente resurgam Bede *CuthbV* 715; in ignem eternum in ~o mittendi *V. Har.* 13 f. 17b; in brevi ~o temporali Ord. Vit. III 5 p. 92; suas sirotecas ad pedes regis proiciendo, ac in ~u temporis tanquam nix undique in loco volabant cirothece ceterorum Favent 16; **1425** tandem condescendebant, sed nondum ad ~um . . et tandem prelati . . regni medietatem unius integre decime . . concesserunt *Reg. Cant.* III 112. **c** ~is, *stundum GlP* 758.

7 critical moment (in phr. *ad ~um*, *in ~o* & gen. or *esse*) at the point of, on the point of, about to.

semper . . ad ~um sententie sue . . se retrahebant Gir. *Invect.* I 13 p. 128; cum [semen] pervenerit ad ~um exitus, anum teneat elevatum M. Scot *Phys.* 7;

s**1330** comites et barones . . in ~u magne dissensionis fuerunt AVESB. f. 78b; **1375** aula fuit fere in ~o decadendi *KR Ac* 458/11 m. 1; considerarunt regnum fore in ~u perdicionis FAVENT 8; **1404** jurando quod . . ordinacio est in ~u cotidie esse fracta *BB Wint.* 4; s**1455** videns . . se stare in ~o utlegacionis, si perseveraret in proposito sui erroris *Reg. Whet.* I 202.

8 point, place, position. **b** (on chessboard) square. **c** (fig.).

centrum, ~us OSB. GLOUC. *Deriv.* 144; a ~o quo . . iter arripuimus, tanquam in circino circuendo, ad ~um denuo jam reversi GIR. *IK* II 13; victoriarum scripta, utpote nichiteria [sc. νικητήρια], ~is publicis . . non inlaudabiliter committuntur NECKAM *Ut.* 105; quod terra sit tamquam centrum et ~us respectu firmamenti SACROB. *Sph.* 84; ibi est medius ~us inter orientem . . et occidentem. . . necessario occidit sol existentibus in ~o orientali et oritur existentibus in ~o occidentali FISHACRE *Quaest.* 55; pupilla est medius ~us oculi ubi est vis videndi *SB* 38. **b** mundus iste . . quoddam schacharium est, cujus unus ~us albus est et alter niger J. WALEYS *Schak.* 463; alfini oblique currunt et capiunt tria ~a pertranseundo *Ib.* 464. **c** gradum attingere poteritis alciorem, Domino tribuente, qui vobis concedat ad ~um scandere peroptatum *Dictamen* 347.

9 item, particular, article, point. **b** (*de* or *in ~o in ~um*) point by point, in every detail.

contra certos ~os super hiis ordinatos *MGL* II 417; solucio istius ~i expedita est libro quarto WYCL. *Ver.* II 76; respondere ad . . quemlibet ~um istius WYCHE *Ep.* 539; **1420** specialiter cum nec per ~um carte hoc sibi concessum fuisset . . per ~um carte, sibi et eorum monasterio a tempore fundacionis dicti monasterii concessae (*Lit. Regis Franciae*) *Foed.* X 21; **1439** concordaverunt et concluserunt . . certos ~os et articulos quos vobis sub magno sigillo in forma patenti mittimus quod ~os et articulos predictos . . teneri et observari faciant *Cl* 290 m. 21*d.*; **1552** super singulis ~is et partibus praesentis statuti fiant diligentes inquisitiones *Conc. Scot.* II 139. **b** c**1213** qualiter et quam lubrice de ~o in ~um erga nos in possessionem vicarie illius inducendos actum fuit GIR. *Ep.* 7 p. 250; **1305** habeant cartam . . in ~o ad ~um *Med. Bor. Snowd.* 40; **1446** de ~o in ~um (v. de 3c).

10 point, sharp end of weapon or tool.

1172 ad ~os et heltos (v. heltus); **12..** quod nullus . . presumat infra limina gilde nostre cultellum cum ~o portare *Gild Merch.* I 229; **1301** usus . . cultellorum cum ~is . . sit . . interdictus *Reg. Cant.* II 860; **1362** portant cultellos cum pugtibus acutis contra defencionem majoris *CourtR Winchester*; **1392** concessimus majori dicte ville . . quod ipsi . . quendam gladium, ~u erecto, coram eis portatum habere possint *Foed.* VII 713; **1396** gladium . . portari facere possint coram eis puunctu [v. l. punctu] erecto *Mem. York* I 160; **1429** nullus . . grithmannus . . super se portabit . . dagarum, nisi cum confractis ~is *Doc. Bev.* 20; gladium . . pendentem in aere sursum, cum ~o demisso versus terram *Reg. Whet.* I 385.

11 tip, point. **b** (on backgammon board) point. **c** (transf., w. ref. to four pleas of the Crown in Scotland, *i. e.* robbery, rape, murder, and arson).

ipsa . . parvulam ~am de clavis Domini acquisivit, quam cum alio ferro inserere jussit et inde crucem preparare *Chr. Abingd.* II 269; cujus nasus fuerit longus et extensus habens ~am deorsum declinatam M. SCOT *Phys.* 65; cujus nasus fuerit valde acutus in ~a . . grossum et subtilem significat *Ib.*; **1384** ipsum . . ~um cujusdam sotularis comedere per minas mortis compulisse voluerunt, necnon lanam ejusdem ~i in os predicti Johannis cum cultellis horribiliter imposuerunt *Pat* 317 m. 11*d.*; crux florida nodulata . . vocatur sic quia habet flores in finibus suis et in quolibet ~o cujusque floris habet unum nodum sive fibulam BAD. AUR. 126; ~o . . scuti . . elevato superius et armis transversis quasi diceret 'consummatum est' W. SAY *Lib. Reg. Cap.* 114. **b** si illa ~a non sunt occupata per aliquem de suis propriis nec nodata per adversarium *Ludus Angl.* 162. **c** **1372** ipse et heredes sui . . comitatum . . teneant . . cum placitis quatuor ~orum corone nostre *RMS Scot* 400; unacum quatuor ~is ad coronam regiam spectantibus . . viz. raptu, rapina, *murthir*, et incendio, quos quatuor ~us . . rex . . sibi . . reservavit *Reg. Paisley* 73.

12 tagged lace or tie.

1241 liberate . . Mabil de Sancto Cadmundo xv marcas pro quodam offerterio paruris, stola, phanum, amicto, lambell', et puctis emptis ab ea ad opus nostrum *Liberate* 15 m. 11; **1345** pro . . factura ij corsettorum pro rege . . botonatorum cum laqueis . . et ~ibus *KR Ac* 390/5; **1387** in xxvj cultellis datis noviciis et magistris eorum vij s. in bursis et ~is datis eisdem, ij s. *Ac. Durh.* 443; **1444** quod nullus de mistera predicta [*de lethersellers*] . . ~os seu leyneras nisi bene et sufficienter facte essent neque fibulas de corio ovino seu vitulino . . operaretur *Pat* 458 m. 6; **1482** in precio unius paris caligarum cum ~is, iii s. ij d. *HMC Rep.* IX *app.* I p. 43a; pro iij lib. fili albi ij s. et pro iij grosis ~uum unius sortis xviij d. W. WORC. *Itin.* 266; **1530** pro ~is sericis ad idem canapeum et pro *les threid cordes* ad idem opus, iij s. iv d. *Fabr. York* 103.

13 feat of arms.

1409 sciatis quod suscepimus in salvum et securum conductum nostrum . . senescallum . . infra regnum nostrum Anglie, ad certa ~us et facta armorum inibi perficiendum *Foed.* VIII 570; **1442** pro certis ~is sive factis armorum (v. barrura b).

14 musical phrase.

post primam clausulam notarum, quod alii nominant proprie . . ~um, et dicerent tunc: post primum ~um *Mens. & Disc.* (*Anon. IV*) 56; addant 'sicut erat in principio', et cetera cum pausa, ~o, et modo quo prius, excepto ~o finali, qui sic fiet fa mi re fa, et postea Kyrieleyson, Christeleyson, Kyrieleyson, ~o directaneo, ut est moris *Cust. Cant.* 425.

15 size (of clothing).

1260 de uno panno fiunt mantelle viij diversorum ~orum *Ac. Beaulieu* 216.

punctuosus [CL punctum+-uosus], characterized or marked by punctuation.

coma idem est quo decorans . . et est prima materia distinccio pinctuosa et est punctus cum virgula superius ducta *Dictamen* 336.

punctura [ML < CL punctus+-ura]

1 (act of) piercing, puncturing, pricking; **b** (w. ref. to quilting).

vesica inflata vento non sic mergitur in aqua sed ~a [ME: *pricunge*] acus eicit totum ventum *AncrR* 105. **b** **1303** armurario principis . . pro vj unciis serici diversi coloris empt' pro ~a duorum aketon' principis, vj s. eidem pro stipendiis viij vallettorum faciencium et pungencium eosdem *KR Ac* 363/18 f. 10*d.*

2 sensation of being pricked, pricking or stabbing pain; **b** (w. ref. to nerves or sinews); **c** (transf. or fig.); **d** (of conscience).

gravi dolore subito correptum sensit . . . licet . . morbi ~as ferens, incommodum . . celavit GIR. *Hug.* III 5; quidam patitur ~as in nocte et non in die *Quaest. Salern.* Ba 102; [lumbrici] minuti albi sepius circa pudicum circulum creantur inducentes †perunctuas [l. puncturas], mordicationes, et dolores GILB. V 228v. 1; ~as sub cute sentiunt ac si acu vel stilo pungerentur J. GAD. 46. 1. **b** fit . . ex ~a ut in sternutationibus dum nervi narium punguntur obtalmico *Quaest. Salern.* N 56; ~a et ardor in stomacho ex calido fumo pungente nervos stomachi . . cum vomitu colerico BART. ANGL. IV 10; basilicon est emplastrum . . . item de hoc loquitur Thider[icus] capitulo de ~a nervorum *Alph.* 119. **c** pro quo mortis deberes ruere / in puncturas et penas aspere J. HOWD. *Ph.* 1014; **1390** ventrem suum dolet alma mater ecclesia, graves senciens ~as *FormOx* I 192; inclusi, meroris et timoris sauciati ~is, inceperunt mitescere *Ps.*-ELMH. *Hen. V* 63. **d** rosa . . inter spinas crescit et sic lascivia mundi non est sine ~a conscientie HOLCOT *Wisd.* 78.

3 (of animal) sting, bite.

habent, tanquam scorpiones, caput blandiens et caude ~am venenosam GIR. *SD* 86; proprietas ipsius est juvamentum contra venena omnium . . et ex morsu animalium minutorum et ~a BACON V 174; mirra datur ad bibendum ad ~as scorpionis. scorpio peccatum vel diabolus, ~a cujus est temptacio KILWARDBY *Jejun.* 171; in venenis que sunt ex ~is vel morsibus BACON IX 119.

4 pointing (of roof or wall).

1356 in ~a grangie feni infra abbatt' cum calce empt' vj s. viij d. *Ac. Durh.* 121; **1386** pro ~a x rod' et dimid' de *wrigthous* et *le plomberhous Ib.* 391.

1 punctus v. punctum.

2 punctus [CL], action of pricking or stabbing.

pungo . . inde . . hic ~us, -tui et hoc punctum, -i OSB. GLOUC. *Deriv.* 455.

1 pundagium v. 1 pondagium.

2 pundagium, pindagium [ML pundum, ME *pinden*+-agium], poundage, the right of impounding stray animals, or a charge levied on owner of stray animals.

1369 idem respondet . . de iiij d. de pondag' j equi districti per ballivum hundredi . . et de xij d. de pondag' iij vaccarum Edmundi Skone districtarum per ballivum *MinAc* 840/30 m. 1; in . . reparacionibus fossatorum et poundagiis animalium . . possessionem . . continuavit *Croyl. Cont. D* 519.

punderia [punderus+-ia], office of keeper of the public pound.

1242 debet tenere ~iam de Stanhop *AssizeR Durh* 45.

punderus [ME *punder*], keeper of the public pound.

1183 ~us tenet xij acras *Boldon Bk.* 4; **1365** injunctum est omnibus tenentibus ville quod habeant unum communem ponderum citra prox' curiam *Hal. Durh.* 41; **1366** uxor ejus fecit recursum ~o de vitulis captis infra le frithis de villa *Ib.* 50; **1380** ~us de Wolsyngham reddit pro officio suo . . xl gallinas et ccclx ova *Surv. Durh. Hatf.* 62; a**1383** (v. 1 platea 3g); **1418** ~us ibidem recipit pro officio suo quolibet anno ad festum Nat' lxiiij gallinas *RentSurv. P* 21/29 f. 47*d.*;

pundfalda [ME *pundfald* < OE *pund+fald*], pound for stray animals, pen for animals, pinfold.

1211 in porta punfalde paranda, ij d. . . in j serura empta ad punfaldam, ij d. *Pipe Wint.* 28; **1223** in puntfauda fosanda et claudenda *Pipe Wint.* 11M 59/B1/11; **1234** haywardus . . debet habere unum fossatum apud Medgate . . et punfaldam ad capud de Oxedrove *Cust. Glast.* 57; **1250** sex quercus ad maeremium ad reparacionem grangiarum . . et clausturam ad curiam et puntfaldam regis in circuitu claudendam *Cl* 312; **1257** cum ipse [Walterus] fecerat quendam parvum parcum in medio terre sue, dictus Walerandus fecit prosternere murum suum. et ballivus Walerandus venit et dicit quod solum punfaude est ipsius Walteri *JustIt* 1178 r. 9; **1272** super muros pinfalde *MinAc* 935/3 m. 1; **1275** rex solebat habere certos pynfoldos ad imparcanda averia capta pro debito duo *Hund.* I 280b; certos pinfoldos ad inparcanda averia capta *Ib.* 388b; **1276** in . . j muro circa pondfaldam viij perticarum de novo faciend' cum hostio dicti pondfald' *Ac. Stratton* 73; in muro faciendo circa pondfoldam *Ib.* 190; **1300** a placea juxta murum . . que modo ~a est *Reg. Malm.* I 124; **1322** in muris terreis communis pynfald' emendandis cum factura unius porte ejusdem *MinAc* 1146/11 m. 6*d.*; **1326** debent claudere ponfaldam domini cum muris terreis *Cl* 143 m. 1*d.*; **1339** in emendacione poundfald' pro imparcamento bestiarum existencium in districcione *MinAc* 816/11 m. 4; c**1340** felonice fregit ponfaldum . . episcopi et ibidem duos boves predicti episcopi . . abduxit *Proc. J. P.* 161; **1351** in muro ponefalde reparando (*MinAc*) *Econ. Condit.* 71; **1506** ij vertinellis emptis ad portam ~e ij d. ob. *Crawley* 243; **1535** pro nova factura unius pinfaldi cum raillis de maeremio domini . . quodquid [*sic*] pinfald' continen' xvij paginas (*MinAc Norf*) *Rutland MSS* p. 11.

pund' v. pudingum.

pundificare [1 pundum+CL -ficare], to weigh, measure (transf., in quot. w. ref. to metrical quantity).

epistola quando magister invitat scolares in scolasticis disciplinis: . . fundis fundabo dictamen pundificabo / gramata firmabo dogmata metra dabo *Reg. Durh.* IV xcv.

1 pundum, ~a, ~us [AS *pund* < CL pondus], measure of weight, pound.

840 discum fabrefactum in tribus ~is . . et duas steapas *in tpæm pundum* et unam cuppam deauratam in duobus ~is *CS* 430; **849** pro . . placabili pecunio id est lx ~a in puro auro et argento *CS* 455; **9..** †depondio [l. dupondio], duobus pondis *WW*; xx pondia fodri et c anguille (*Quad.*) *GAS* 121; uni aesno, id est inopi, contingunt ad victum xij pondia [AS: *pund*] bone annone (*Ib.*) *Ib* 449; **1225** de tribus pondis lane (v. 1 pondus 4c); ponderatur per medium clavum, neque trahens ad pondam neque ad aurum neque ad argentum *Leg. Ant. Lond.* 25; **1286** de

clxj caseis facientibus viij pondas et dim. venditis *Ac. Stratton* 162; carucarii et bedellus habebunt .. j pondum frumenti et alium avene *Cust. Taunton* 16; j ~um avene et j ~um frumenti *Ib.* 18.

2 pundum, ~a [ME *pound, pund* < AS *pund*], pound (for animals).

1274 destruxerunt equum Rogeri Elyun .. et moriebatur in punddo *Hund.* I 148b; **c1419** si molendinarius convictus fuerit quod furatus fuerit de farina .. equus molendini, veniens ad pondus, cum farina attachietur *MGL* I 355; **1432** J. L. fregit pondum domini super capcione cc ovium captorum (v. impondare); **1446** presentat quod R. A. .. injuste fregit ~um domini regis apud Downeasshe de quadam vacca *DL CourtR* 126/1885 m. 1; **1560** totam illam predictam ~am sive *le pynfolde Pat* 958 m. 24.

punfalda, punfaulda v. pundfalda.

pungentia [CL pungens *pr. ppl. of* pungere+ -ia], (quality of) piercing, penetration.

scribe Regem celi militie / laureatum spinis pungentie J. Howd. *Ph.* 494; celum dico carnem lucentie, / quam extendit clavus pungentie *Id.* 874.

pungere [CL]

1 to pierce, prick, or puncture (with a weapon or other instrument). **b** (med.) to lance; **c** (fig.).

dic mihi nomen illius militis qui punxit latus Domini nostri Jesus Christi *Ps.*-Bede *Collect.* 73; unum e pannis ~endo secavit ex quo confestim sanguis secto cucurrit *V. Greg.* 96; interposuit corpus suum ante ictum ~entis Bede *HE* II 9 p. 99; **747** flagellatam eam mulieres .. cultellis suis totum corpus ejus secantes et ~entes minutis vulneribus cruentatam et laceratam de villa ad villam mittunt Bonif. *Ep.* 73 p. 150 (cf. W. Malm. *GR* I 80: flagellant eam caste matrone et cultellis ~unt); cultellum ingentem, sive potius mucronem a ~endo quem possumus dicere pugionem Lantfr. *Swith.* 2; manus inimicorum effugere niteretur, ab uno eorum lancea in latere punctus est Ord. Vit. VIII 12 p. 335; cum canis surget angulis / presectis rigens stipulis / jam barba, non lanigo, / pilorum pungar jaculis / et tunc offendar osculis, / que nunc libenter sugo P. Blois *Carm.* 13. 4. 22; **s1255** [puer] verberatus est .. spinis coronatus .. et insuper a singulis punctus cultellis M. Par. *Maj.* V 517; oculorum ejus orbes acubus peracutis eousque pupugerunt, quoad visive potencie virtutem penitus extinxissent *Mir. Hen. VI* I 8 p. 28; **1573** Timotheum in ventre .. pupugit (v. 1 furca 1a). **b** cum .. putredinem ~ere ceperint et resecare, clamat et dicit se mali nihil habere *Simil. Anselmi* 81. **c** qui vera loquitur et pungit vicium / rex et peripsima censetur omnium Walt. Wimb. *Palpo* 22; non licet principum peccata pungere *Ib.* 135.

2 (of snake, scorpion, fly, or other biting or stinging creature) to bite or sting; **b** (fig. or in fig. context). **c** (of plant) to sting (also fig.).

si quem os ejusdem pupugit serpentis, pro tactu vipereo tumet *Lib. Monstr.* III 22; melli jubet nudum sub sole calente perungi / corpus, ut a muscis nudum queat undique pungi Nig. *Paul.* f. 45 l. 32; isti sunt cenomyie, et sciniphes, qui occulte ~unt P. Blois *Ep.* 59. 178B; cum expergiscitur homo a serpente ~itur Neckam *NR* II 109; ab aranea in collo punctus *Mir. Wulfst.* I 18; apes .. duo in se habet, mel et aculeum. .. in melle quod sapit, in aculeo quod ~it *Regim. Princ.* 160. **b** caudam suam statim abscidunt, id est, memoriam mortis, qua se a muscis pretervolantibus et ~entibus deberent protegere, longe proiciunt Nig. *Ep.* 18; musca Egypti gravissima ~ens et murmurans P. Blois *Ep. Sup.* 77. 14; ut .. opportunitatis demum occasione captata, scorpi[onis] cauda gravius ~eret improvisum Gir. *SD* 86; si ~is [ME: *stinkest*] contra verbis venenatis, tu es genimen vipere, non sponsa Christi *AncrR* 37. **c** **802** ita ut qui spinas eruere avaritiae debuerunt, spinis ~untur acerbitatis Alcuin *Ep.* 258; spinas utique protulit tam amaras, tam ~entes, ut etiam sanguinem de illo sanctissimo corpore educerent Ailr. *Serm.* IX 259C; rose ei [sc. Veneri] adscribuntur. rose enim .. ~unt Alb. Lond. *DG* 11. 1; nidus est asper exterius ex ~entibus [ME: *prikin*] spinis, interius suavis et lenis *AncrR* 42; rosa que redolet, crescit cum spina que ~it Holcot *Wisd.* 180; achalaphe, ygia, acanturie vel acantm, urtica ~ens idem *Alph.* 1.

3 (in weakened sense) to goad, spur.

quid stas, quid stupes, bos Britannice? sto, stupeo, stimulum quaero ut ~am bovem Gallicum *Ps.*-Bede *Collect.* 95; miles equum qui ~it .. non odit Alex. Bath *Mor.* III 36 p. 150; nisi equi sub ~ente sessore similitudinem preferebant R. Bocking *Ric. Cic.* I *prol.*; serviens .. equum .. ~ens calcaribus *Proc. A. Kyteler* 6.

4 (transf., of agent that causes pain) to pierce, sting, or bite.

sol dicitur esse in Scorpione, quia sicut scorpio pungit per caudam, ita et quum sol est in parte illius signi, ~it frigus Alb. Lond. *DG* 15. 8; quantumcumque enim urina cruda sit, tantum pungitiva est et morditiva; unde etiam plus ~it vulnera quam vinum caldum *Quaest. Salern.* B 256.

5 (of abstr. stimulus) to pierce.

quapropter cuncti, quos flammat cura pudoris / et quorum integritatis amor praecordia pungit Aldh. *VirgV* 130; tum regia fiducia plus forte intendebat regnum quam gubernatorem suum Augustinum. ~endus erat et docendus, cujus hactenus patrocinio esset deductus Gosc. *Transl. Mild.* 11; me .. intrinsecus ~it et mordet formidinis anxietas Ord. Vit. VII 15 p. 240; sancti .. a terrenis succincti ne coinquinentur aut pungnantur transiliunt (*Best.*) *MS Bodl. e Musaeo 136* f. 12ra; animum vestrum natura perversa ~it et ad scelerosa propellit Gir. *SD* 150; si suave videtur hoc verbum, ~iturum est valde quod sequitur S. Langton *Serm.* 4. 23; **1374** pro summis debitis oportet quod ~entes et urgentes littere fiant .. per priorem cuilibet prelato *Let. Ch. Ch.* 5.

6 to prick or punch holes in (folio) for stitching or ruling.

da mihi unum artavum aut unam novaculam .. ut valeam ~ere meos quaterniones quotiens indigeo Ælf. Bata 4. 16 p. 41; scriptor .. habeat .. punctorium [*gl.*: *poyntur*] a quo possit dicere: 'punxi [*gl.*: *pountay*] quaternum [*gl.*: *quaer*] meum, et non pupigi [*sic, gl.*: *punjay*] Neckam *Ut.* 116.

7 to stitch, quilt.

1257 unam culcitram punctam de aresta, unum coopertorium de griseo rubeo *Cl* 33.

8 (in gl., understood as) to punish (assoc. w. *punire*).

8.. et .. ~itur, *and bið witnod WW.*

9 *f. l.*

1526 sacerdotes non intitulati, prius confessionis et penitentiae balsamo se ~entes [? l. perungentes, purgantes], ter in ebdomada ad minus celebrare seipsos disponant (*Vis. Thame*) *EHR* III 714.

pungibilis [CL pungere+-bilis], that pierces, piercing (in quot. transf.).

mel amarum, fructus necabilis, / mane mulcens, sero pungibilis J. Howd. *Ph.* 467.

pungitare [CL pungere+-itare], to pierce, prick, or puncture repeatedly. **b** (of a biting or stinging creature) to bite or sting (repeatedly).

pungo, -is .. unde .. ~o, -as i. sepe pungere Osb. Glouc. *Deriv.* 455; *to pryke*, pungere, .. ~are *CathA*. **b** gnato .. faciem ~et sompnolentis J. Godard *Ep.* 220.

pungitive [ML pungitivus+-e], sharply or cuttingly (in quot. of a literary style).

stylo sicut salubriter pungitivo et ~e salubri et eleganti H. Bos. *Thom.* III 13 p. 210.

pungitivus [ML < *pungitus *supposed p. ppl. of* CL pungere+-ivus]

1 that pierces or punctures. **b** (fig. or in fig. context) that stings or bites. **c** (of part of plant) that pricks, prickly.

~am monachus secum gerens acum Gir. *Symb.* 44. 385. **b** quid est inanis gloria, quam venantur, nisi musca vilissma, murmurosa, sordida, ~a P. Blois *Ep.* 14. 46C; **1374** leticia mundialis .. est falsa et ~a Brinton *Serm.* 36. 152. **c** picee arbores sunt in summo ~e Bern. *Comm. Aen.* 62; vermiculus .. ex arbore .. ~a folia habente prodit Gerv. Tilb. III 55; ordeum tenacis palee est et aristam habet ~am S. Langton *Ruth* 97.

2 (of pain or cause of pain) piercing, sharp, biting; **b** (in fig. context).

quantumcumque enim urina cruda sit, tantum ~a est et morditiva *Quaest. Salern.* B 256; si fuerit resoluta fumositas vel ventositas a materia sanguinea erit dolor infixivus .. si sit ex cholerica erit ~us Bart. Angl. VII 48; iste dolor est .. ~us Gilb. I 69v. 2; qui humor cognoscitur per colorem et dolorem ut si sit lenis et continuus, sangineum significat, ~us colericum Bacon V 85; Gilbertus de Weryntone habens guttam nimis ~am per quatuor annos, mensuratus ad comitem, convaluit *Mir. Montf.* 75; si colera dolor acutus ac ~us in dextera parte capitis erit Gad. 3. 2. **b** mordax est vinum vulnerum corporis curativum, unde per vinum compunctio figuratur, que cum sit intus ~a, spiritualium vulnerum est medela S. Langton *Serm.* 4. 13.

3 (of a flavour) pungent.

sapor acutus et ~us et delectabilis Bacon IX 63.

4 (transf., of an utterance or manner of expression) that is pointed, pricks, or wounds, sharp or cutting; **b** (of a literary style).

preterea de tribus persecutoribus nostris .. alique sed pauca et ea ~a finali clausula propinemus Gir. *Invect.* I 8; percepimus quod nostre pagine finis habebat aliquid nubilum in quo potuit credi aliquid asperum seu ~um Gros. *Ep.* 61 p. 187; quo verba rethorum sepe venenosa rethorisve facundiam sensate contempleris ~am frequencius et acutam E. Thrip. *SS* IV 21; ab omni juramento et verbis ociosis, detractoriis, frivolis, ~is, .. derisoriis .. se funditus abstinebunt *Cust. Westm.* 230; **1275** ociosis verbis, detractoriis, frivolis, ~is, .. omnino exclusis *Reg. Cant.* II 854; nec debet alter alterum verbis ~is vel contumeliosis aliquo modo molestare *Obs. Barnwell* 200. **b** stylo sicut salubriter ~o et pungitive salubri et eleganti H. Bos. *Thom.* III 13 p. 210.

5 (of abstr. concept) pleasantly keen or pointed, poignant or piquant.

vetustatis .. poete, quo sibi fame perpetuitates laudisque promererentur immortalitates, ~orum .. dulces premiorum percepciones, aut delectacionis excitativas aut utilitatis effectivas scribendo solas niteba[n]tur perpetuare paginas E. Thrip. *SS* III 47.

6 (as sb. n.) stimulus, sharp urge, pang.

et si ~o movearis, ut mores habent diutina pro consuetudine, punctus ad scribendum E. Thrip. *SS* III 47.

pungna v. pugna. **pungnalis** v. pugnalis. **pungnare** v. pugnare. **pungnata** v. pugnata. **pungnere** v. pugnere. **pungnis** v. puncho. **puniata** v. pugnata.

punibilis [CL punire+-bilis], liable to punishment, punishable.

veneficus invisibilis rapit et retrahit rapta, quoque reddere respicit, punit ~es (*Iltutus* 3) *VSB* 161; flatus ejus ~is migravit illuc quo puniuntur anime iniquorum sine ullis remediis (*Ib.* 21) *Ib.* 177; nescius quod perpetuata conjunctione duorum tam terribiliter ~ium vite vitetur feditas E. Thrip. *SS* IV 3; quare et ipsum occidere, nequaquam demeritorium aut ~e .. fuisse quis dubitat? Bradw. *CD* 47D.

Punicanus [CL=*made in the Punic style*], (in quot. as sb. m. or n.) sort of bed (understood as characterized by red hangings).

hic ~us, est lectus circumclusus tapicoleribus rubeis. hoc ~um, idem est *WW*.

punicare [CL punicus+-are], to colour with rouge, to redden.

s71 sectabantur .. luxurie effusiones .. vultum dealbare, genas ~are M. Par. *Maj.* I 111.

puniceus [CL], red, scarlet, crimson, or sim.; **b** (w. ref. to martyrdom); **c** (*malum ~eum*) kind of apple or sim. fruit; **d** (as sb. m. or n.) red, scarlet, crimson, or sim. colour.

ut rosa puniceo tincturas murice cunctas / coccineosque simul praecellit rubra colores Aldh. *VirgV* 162; sardius est puniceus / cujus color sanguineus / decus ostentat martirum / rite agonizantium Frith. *Cives* 7. 1; stravit cubile suum rosis et ~ea palla occumbens vespera Gosc. *Lib. Mild.* 26; puniceus colli torques rutilare virorem / cogit Neckam *DS* II 241; color croceus, ~eus, et citrinus differunt parum, nisi secundum remissionem albedinis et nigredinis intensionem, aliquantulam autem admixtionem Bart. Angl. XIX 14; Lucifer Auroram decies ter provocat ortu / puniceo Garl. *Epith.* V 84; sanguine punicio rubet Hyster

Tartareorum *Id. Tri. Eccl.* 112. **b** martires .. ~ea .. victricis palme vexilla ferentes GIR. *Æthelb.* 1. **c** est et malum ~eum, eo quod rubeum sit tegumen OSB. GLOUC. *Deriv.* 197. **d** talem colorem .. mutatur in ~eum KNAPWELL *Quare* 180 ; ~eus .. et purpureus circumstant rubedinem, quia uterque habet magis de rubedine quam albedine et nigredine, set ~eus est magis remotus a nigredine quam purpureus BACON XIV 71.

punicsio v. punitio.

Punicus [CL]

1 of or associated with Carthage or its people: **a** (*mala ~a*) pomegranate fruit or tree; **b** (*~a* as sb. f.).

a mala ~a [*gl*.: Africana vel rubra], quae et mala granata nuncupantur ALDH. *VirgP* 38 p. 290; **10**.. mala ~a *ða Affricaniscan æppla* WW; mane surgite ad vineas, videte si floruit vinea, si flores fructus parturiunt, si floruerunt mala ~a AD. SCOT *QEC* 826B; Phenices sunt gens quedam ultra mare et mala granata dicuntur mala ~a, id est .. de terra tali BACON *Gram. Gk.* 87. **b 10**.. ~a, *þa Affricaniscan* WW.

2 (as sb. m. or n.) red or purple colour.

hic purpura, ~o, murice et Sidoniis conchilliis imbuta, coccusque bis tinctus auro intexitur GOSC. *Edith* 69.

punio v. pigno.

punire [CL]

1 to punish: **a** (person); **b** (offence).

a mox igitur punit praefatos ultio testes, / qui sacramentis concinnant frivola falsis ALDH. *VirgV* 947; rex .. diversis .. modis convictos ~ivit ORD. VIT. VIII 23 p. 411; ex vi .. quadam occulta, et his quasi divinitus insita .. ~iuntur contemptores GIR. *TH* III 33; **1239** bene sequebantur eum unam quarentenam dicentes ei quod si revertisset durissime ~irent *SelPlForest* 71; **s1255** ut .. canonicos de inobedientia ~iret M. PAR. *Maj.* V 497; pena etenim semper delinquentem persequitur, et non ~it innocentem FORTESCUE *NLN* II 43. **b** evenit .. divina provisione ad ~iendam inobedientiae meae culpam BEDE *HE* V 6 p. 290; proditio ista nobis ignorantibus facta est, celeriterque tantum nefas ~iendum est ORD. VIT. IX 11 p. 567; Jhesu piissime, nunc obsta sceleri, / nunc pune scelera vindicta celeri WALT. WIMB. *Carm.* 633; ~iuntur .. scripta, ut falsa et libelli famosi; consilia, ut conjurationes BRACTON f. 105.

2 to punish with death, execute.

Johannes Baptista vel inclusus est in carcerem vel ~itus BEDE *Luke* 371.

3 (w. *in* and abl. of amount) to fine.

1283 item quicumque tenuerit falsum pondus .. in lx solidis ~iatur *Foed.* II 262; **1283** si aliquis alicui obprobria dixerit vel verba contumeliosa .. in duobus solidis et dimidio .. ~iatur *RGasc* II 210b; a**1350** in xxx denariis ~iatur *StatOx* 94.

punissio v. punitio.

punitio [CL], a punishment; **b** (w. ref. to fine or forfeiture).

in transgressores dignas et conpetentes ~ones proposuit BEDE *HE* III 8; barathrum gehennae ignis et ~onem aeternam BYRHT. *V. Ecgwini* 357; reprobos .. acerba .. ~one prosternendo subvertit GIR. *GE* I 34 p. 108; tunc nimirum noctem vertit in diem, tenebras in lucem, molesciam in melodiam, ~onem in amenitatem ROLLE *IA* 267; **1393** tres .. eorum habeant correccionem, punissionem [v. l. punicsionem] *Mem. York* I 145; **1475** ecclesia .. in suis ~onibus ex visceribus .. misericordie .. solet procedere *Lit. Cant.* III 290. **b 1327** quod cives .. habeant ~ones ad nos pertinentes *Ann. Paul.* 328; **1332** diversos homines .. qui de hujusmodi assisa fracta †si ut [l. sint] convicti et quibus ~o secundum legem .. apposita *MunCOx* 86; **1361** assignavimus vos .. ad assaiam de monetis nostris .. et assaiam, examinacionem, et ~onem *Foed.* VI 308; **1419** cives Londoniarum .. habeant ~ones inde ad dominum regem pertinentes (*Liber Albus*) *MGL* I 160.

punitivus [ML < CL punitus *p. ppl.* of punire+ -ivus], that pertains to punishment, punitive.

mendaciorum ~e penalitates et tormenta E. THRIP. *SS* VII 2; sunt et alia quidem quam plurima primis et

---

in luminibus obviam voluntarie veniencia meritissime ~a semper vilis admodumque semper abhominande mendositatis exempla *Ib.* 7; in damnatis maxime apparet Dei justitia ~a, nec propter damnatos pauciores salvabuntur MIDDLETON *Sent.* I 194a; loquuntur de reprehensione seu correccione coactiva vel ~a OCKHAM *Dial.* 679.

punitor, poenitor [CL], one who punishes.

in terris plerumque penam inchoans, gravis est ultor et punitor GIR. *EH* II 31 p. 380; dum suum carissimum cruentum carnificem et proprium patrem perpetitur sui penitorem WHITTLESEY *app.* f. 1 p. 140; nec dubium quin punitores, licet majores bonos instinctus habuerint, non plene fecerunt ad regulam WYCL. *Blasph.* 190.

punitoria [CL punire+-torius], letter of castigation, or sim.

1166 mittimus nunc correctorias, et merito ~ias BECKET *Ep.* 238.

puns v. pons. **punso, punsonus** v. puncho. **puntagium** v. pontagium. **puntfalda, puntfauda** v. pundfalda. **punnatus** v. postnatus. **punulum** v. pomellum. **Punus** v. Poenus. **punzonus, punzunus** v. puncho.

1 pupa [CL]

1 young woman, girl.

~a es, adolescentula es, flos ipse vite repente peristi GOSC. *Lib. Confort.* 70.

2 female image, doll.

filios afferunt Veneri, eosdemque in oblatione ~parum virgines preire compellunt J. SAL. *Pol.* 505B; ~a, A. *puppe*, G. *pupie Teaching Latin* II 20.

2 pupa [dub.], (in gl., understood as) narrow road, lane.

~a, G. *venele Teaching Latin* II 20.

pupilla [CL], **~um**

1 girl who is an orphan or under the care of a guardian.

recedente patre cum regia frequencia, relinquitur Deo sua ~a GOSC. *Edith* 47; hec ~a, que caret purentibus [*sic*; l. parentibus] *WW*.

2 pupil (of the eye); **b** (med. & anat.); **c** (in gl.).

716 ut reverberatis oculorum ~is pro nimio splendore in eos nullatenus aspicere potuisset BONIF. *Ep.* 10 p. 12; **799** quae oculorum ~is omnia perspicit ALCUIN *Ep.* 181; sursum versis oculorum ~is, visibusque latentibus sub palpebris velut in nube stellis, cecus aderat *V. Kenelmi* 28; in ore lingua est qua loquimur, in oculo ~a qua videmus AD. SCOT *QEC* 828D; mulieres Scithas scit in singulis oculis geminas habere ~as MAP *NC* III 3 f. 39v; [Henricus tertius] erat .. stature mediocris, compacti corporis, alterius oculi palpebra demissiore, ita ut partem nigredinis ~o celaret WALS. *HA* I 8. **b** ~a .. est medius punctus oculi BART. ANGL. V 7; est iste humor .. positus in foramine uvee tunice, quod quidem foramen ~a oculi appellatur *Ps.-RIC. Anat.* 26; et est, ut dicunt, talis ordo quod species ab objecto multiplicatur usque ad organum, utpote species coloris per medium ~e usque ad nervum opticum R. MARSTON *QD* 385; uvea .. est .. rotunda, set habet foramen in una extremitate, et illud vocatur ~a GAD. 107. 2; item dicunt naturales easdem ~as quas videmus in oculis per triduum morituros non habere J. MIRFIELD *Brev.* 66; platicoriasis .. interpretatur dilacio ~e oculi *Alph.* 137. **c** hec ~a, *la purnele Gl. AN Glasg.* f. 19va; pupilla, *happulle WW*; hec ~a, A. *per[n]ylle WW*; hoc ~um, *the blak of the ye WW*.

3 (by synecdoche) eye; **b** (in title); **c** (transf.).

cum .. singulos epistolarum textus recitans pernicibus ~arum [*gl*.: oculorum, *seona*] obtutibus specularer ALDH. *VirgP* 2; **948** (12c) ~arum obtutus per triquadrum mundum cotidie cernitur ac manifestata signa declarantur *CS* 865; si ~a regis ab ymo pectoris exortas derivet [MS: dirivet] lacrimas *Ps.-ELMH. Hen. V* 115; donec expiata omni ~arum caligine, ita visive virtutis claritudinem obtineret, ut nemo melius *Mir. Hen. VI* III 105. **b** ~a alchemie RIPLEY 295 *tit.* **c** ejus ut lumen tenebra radiabit / exitus ejus ut pupilla solaris J. HOWD. *Cant.* 110; ave sol [sc. Jhesu] qui, dum solveris, / summi pupilla sideris / caligine concluditur *Id. Cyth.* 65. 2.

---

4 (by metonymy) sight.

sentiret damna pupillae ALDH. *VirgV* 498.

5 (in gl.) eye-ball (unless quot. should be construed as 2c).

hec ~a, A. *the balle of the ye WW*.

6 (in gl.) nipple (of a breast), or *f. l.*

hec ~a [l. papilla] .., *tret de mamele Gl. AN Ox.* 53.

7 disease of domesticated birds (in quot. w. ref. to falcon), characterized by secretion of thick mucus in the mouth and throat, 'pip (*cf. pituita* 3).

de falconibus .. si [avis] ~am habuerit, accipe linguam ejus et cum pulvere saxifragie melle condito frica eam dabisque ei butirum comedere UPTON 189.

pupillaris [CL]

1 that pertains to an orphan or one under the care of a guardian. **b** (*annus ~is*) year in which one is under the care of a guardian.

facies alienatorum bonorum ecclesie, qui .. debacchantur in res ~es NECKAM *NR* II 33; idem est si [res] fuerit ~is RIC. ANGL. *Summa* 39 p. 99. **b** orphanus proprie dicitur, qui caret patre in ~ibus annis (*Ps.-BEDE*) *PL* XCIII 543A.

2 that pertains to an eye (in quot. transf., of sun).

pupillaris cycli serratio, / cujus celis diescit visio, / regni lucis est reseratio J. HOWD. *Ph.* 324; pupillaris aurora luminis / mesta meret sub ictu turbinis *Ib.* 333.

pupillus [CL]

1 boy who is an orphan or under the care of a guardian; **b** (transf.).

algida privatis recreantes membra pŭpillis, / tegminis et miseris dantes solatia nudis WULF. *Brev.* 581; super ~os cum valida manu audacter irruit, eisque monasteriolum auferre bellica vi voluit ORD. VIT. III 2 p. 24; causa pŭpillorum sua sit, sibi credat adeptum / quod non abstulerit pauper ab aede sua NIG. *SS* 1761; **s1253** qui custodes et ~orum tutores esse tenebantur M. PAR. *Maj.* V 394; c**1280** patre carent parvuli pupilli plangentes, / atque matre orphani fame jam deflentes (*De temporibus* 17) *Pol. Songs* 135; **s1377** Ricardus .. undecim annorum ~us .. ei successit AD. USK 1; hic ~us, *a modyrles chylde WW*; **1549** [ut] provideatur super indemnitate prolium, ~orum, legatoriorum, et aliorum interesse habentium *Conc. Scot.* II 111. **b** sic domini et fratres nostri monachi cathedrales ~i facti sunt absque patre P. BLOIS *Ep.* 27. 94D.

2 (in gl.) stepchild.

11.. ~i, *stopchildren WW Sup.* 250.

3 (acad.) student, pupil.

1311 scriptum est in jure eciam ~um extraordinem non juvandi *Collect. Ox* II 223; uterque .. ~os suos juvandi studio commotus, ad eundem consiliorum effectum contendebamus ASCHAM *Ep.* 206.

4 pupil (of the eye).

erectis, ut aiunt, ad nebulas undis (luminum quibus ~i, persaepe licet palpebrarum convolatibus innovati, adjunctis rimarum rotarum lineis fuscantur) GILDAS *EB* 17.

pupinus v. puffo. **pupis** v. puppis. **puplic-** v. public-. **puposis** v. pityriasis. **puppa** v. pupa.

puppis [CL]

1 stern of a ship, poop; **b** (fig.).

~e, *steorste[fn] GlS* 210; nam [procella] satis horrendum stridens Aquilone revulsit / in scopulum laceram, jam sine puppe, ratem L. DURH. *Dial.* III 180; partes navium dicuntur ~is, pars posterior OSB. GLOUC. *Deriv.* 174; fluctus .. modo ~is suprema absorbentes alluunt R. COLD. *Cuthb.* 23; ille, qui gubernaculo preerat et sedebat in ~i, abjecta arte, et derelicta sede, navem fortuito commisit eventui P. BLOIS *Ep.* 52. 158B; hec ~is, *the in* [i. e. *end*] *parti WW*. **b** nisi me ventus tuae postulationis a ~i praecelsa pavidum inter marina praecipitasset monstra *Lib. Monstr. prol.*; Domino ~im crucis .. ascendente fluctus blasphemantium .. assurgunt BEDE *Luke* 435.

2 (by synecdoche) ship, boat.

quando piscantem panda de puppe vocavit ALDH. *CE* 4. 1. 12; tantus .. decor inerat pupibus *Enc. Emmae* II 4; ~es jactantur turbinibus GOSC. *Transl. Mild.* 11; dum caput principis sui super malum pupis intuebantur ORD. VIT. VIII 3 p. 286; jussu regis multi barones cum filiis suis ~im ascenderunt *Ib.* XII 26 p. 412; carina .. dicitur .. pro ipsa navi sicut ~is, cum sit cauda OSB. GLOUC. *Deriv.* 108; ita quod pippis nulla illac poterit navigare STRECCHE *Hen. V* 163; hec ~is, *a schyppe WW.*

3 fighting platform (on forecastle).

prorarum ~es rumpuntur concussu, et cum armatis quos continet discincte a navium corporibus in maria submerguntur *Ps.-ELMH. Hen. V* 37 p. 95.

4 the rear part of the head or brain.

vis memorans in puppe sedet, memoranda / que commissa sibi reddere sponte solet NECKAM *DS* IX 353; cognominatur autem pars anterior [cerebri] prora, posterior pars ~is vocitatur. ~is minor est quia pauci nervi ab eo procedunt. et est ~is dura, ut nervi motivi motum facilius patiantur BART. ANGL. V 3; quod superest de spiritu mandatur in pupi cerebri ad virtutem motus voluntarii GILB. II 103v. 2; litargia est passio ~is cerebri oblivionem mentis inducens *Ib.* 107v. 1; urina .. cum spissitudine et aquositate significat litargiam, sc. apostema in ~i capitis GAD. 26. 1; in capite hominis sunt tres ventriculi. in prora unus, in ~e alius, in medio tertius J. FOXTON *Cosm.* 19. 2.

5 artefact that resembles a boat (in quot. incense-boat).

s**1337** Edwardus rex tertius post conquestum .. optulit ~im de auro *Hist. Glouc.* 47; thuribula argentea .. cum ~e argentea et uno cocleari argenteo *Meaux* II p. lxxx.

pupplice v. publice.

puppup [*onomatopoeic*], sound of derision, contempt, or flatulence (produced by the devil).

ne possit rabula raptor / regales vastans caulas bis dicere puppup ALDH. *VirgV* 20; logiam pellax valeat ne dicere puppup DUNST. *Vers.* 31; laudibus in nostras voces non dicere puppup (ABBO *Carmen figuratum* 31) *JML* VII 24.

pupula [CL]

1 pupil (of the eye).

hec ~a, *la ymage del oil Gl. AN Ox.* 30.

2 (by synecdoche) eye; **b** (transf.).

profecto si quis mihi ~am ignito ferro transforaret ALEX. CANT. *Dicta* 133. **b** ut mentis pupula, / quam carnis putide caligat copula, / detersa penetret Dei spectacula WALT. WIMB. *Palpo* 198.

3 kind of abscess or sim. ulcerous ailment (in quot. w. ref. to falcon).

dicit ei per visum noctis in volucre duodecim posse ~as inveniri, quibus apertis restituatur sanitati .. pennis interspectis et tribus ~is vel quatuor auceps inventis socios suos vocat W. CANT. *Mir. Thom.* VI 147.

pupulare v. pullulare.   **purala** v. puralea.

puralea [AN *puralee*], **porale** [AN *poralé*]

1 perambulation to mark boundaries.

11.. fecerunt purialeam .. incipientes apud Fildwerdemer .. et ibidem scutum rubeum elevantes processerunt directe usque extra Newham .. *Terr. Fleet* p. xix; **1200** Willelmus de Brai debet x m. pro habenda ~ea bosci de Waleshale .. Willelmus Ruffus [blank] c s. ne fieret ~ea bosci de Waleshale *Pipe* 253; **1457** *nochtwithstanding yat yer past a puralа and ane perambulatioune off ye said landis and boundis Reg. Brechin* I 183.

2 boundary (of forest), 'purlieu'.

1413 de .. omnimodis .. transgressionibus de viridi et venacione infra forestas nostras et porellias earundem .. factis et perpetratis *Cl* 263 m. 14; **1462** in parcis .. in purleis juxta forestam de Whitelwode *Cl* 314 m. 26d.

puraleamentum [puralea+-mentum], perambulation to mark boundaries.

a**1251** cum .. opus fuerit ut ~um fiat in villa de Westrudham de viis et semitis et fossatis injuste levatis .. *Med. E. Anglia* 240; **1253** [*made a certain circuit*] puralementum [*between the arable land and the pasture*] *Cart. Fount.* I 424.

puralementum v. puraleamentum.

puramentum [CL purare+-mentum], (act of) valuation of a debt.

1270 fecit scrutinium Arche Cirographorum Eboraci .. et in ~o catallorum ejusdem Arche dictum fuit .. quod .. carta fuit quieta *SelPlJews* 56; **1273** de catallis infra Archam Cirographorum existentibus, xxvj l. iij s. iiij d., de claro post ~um factum *Ib.* 77; **1276** de claris debitis Judeorum in thesauria Judaismi nostri existentibus et per vos puratis per ~um illud liberari faciatis usque ad summam valoris porcionis quam idem Cresseus habet *Cl* 93 m. 8; **1276** scrutatis rotulis vestris de ~o debitorum Judeorum nuper facto racione ultimi tallagii *Cl* 93 m. 17.

purare [CL *in sense* 2], **~ire**

1 to free from dirt or impurities. **b** to refine (metal).

1405 in j libra antique cere ~ienda *Ac. Churchw. Glast.* I 138. **b 1296** de plumbo ~ato *KR Ac* 260/6 m. 1.

2 to free from moral corruption or from ceremonial pollution.

nos Deus indurat, nos duris ducere curat; / nos dum pressurat, per pressuram sibi purat GARL. *Mor. Scol.* 236.

3 (*debitum ~are*) to determine the value of a debt.

1276 de claris debitis .. ~atis *Cl* 93 m. 8 (v. puramentum); **1419** major, aldermanni, et viginti quatuor homines civitatis, electi ad ~anda debita civitatis (*Liber Albus*) *MGL* I 657.

4 to grant in almoign or frank-almoign (freehold tenure, *pura elemosina*).

s**1273** iste confirmavit nobis ante mortem suam quicquid habuimus de feudo suo, et omnia ~avit adhuc in bona prosperitate constitutus *Ann. Dunstable* 256; confirmavit .. et ~avit nobis ingressum quem habuimus in terris Johannis de Eltesdone in Toterho, que fuerunt de feudo suo *Ib.* 257; **12..** postea Jacobus de Byrkyng .. de tota parte sua monachos ~avit *Cart. Wardon* f. 82.

5 (p. ppl.) pure or unmixed (in colour).

1314 in .. ij panys, vij furruris et dimidia de minuto vario, v capuciis ~atis (*MinAc* 1/3 m. 20) *EHR* XLII 199; **1329** in empcione .. octo capusiorum de minuto vario, unius capucii ~ati .. trium supertunicarum de *popir ExchScot* 240; onerat se .. de iij supertunicis, viij capuciis de minuto vario, et j capucio ~ato, per empcionem *Ib.* 242; **1346** j capucium de xxxij ventribus miniver' dimidiis ~atis (*KR Ac*) *SelCKB* VI p. xxiii.

purcachium, purcacium, purcatium, purcattum v. purchacium.   **purcellus** v. porcellus.

purchaciare [AN *purchacier*]

1 to purchase, acquire, obtain.

1230 tunc satisfacient de hac supertenura, nisi ~averint quietanciam versus dominum regem *LTR Mem* 11 m. 7.

2 (refl.) possess oneself (*de*) of.

1230 comes Patricius habet respectum .. ad ~iandum se de talliagio quod ab eo exigitur *LTR Mem* 11 m. 5d.; **1230** consideratum est .. quod rex remaneat in eadem saisina in qua inventus est, et abbas ~iet si si velit *Ib.* m. 10;

3 (*~iare se erga,* leg.) to proceed against.

1232 distringantur .. et si velint ~ient se erga alios *KR Mem* 12 m. 1d.

purchacium, purchatium [AN *purchas*]

1 (act of) purchase or acquisition, (also) property purchased.

c**1140** ecclesias .. tam de domino meo quam de emptis et purchasiis meis *MonA* IV 148; **1166** de purchaciis episcopi Sarrisbiriensis: Willelmus filius Ricardi, feoda iij militum *RBExch* 218; a**1183** potest

.. burgagium suum quod est de purchatio suo .. dare *Cart. Glam.* III 78; a**1184** potest .. burgagium suum quod est de purchasio .. dare, invadiare, vendere (*Cardiff*) *BBC* 66; j carrucatam terre .. quam habuit de purcatio *RDomin* 68; **1195** jus suum quod eis descendit ex purgacio Rannulfi de Glanvill' *CurR PR* 31; **1201** .. quod ipse potuit eam dotare de purkaciis suis *CurR* I 388; **1204** convenit inter eos .. quod omnia purcatia remanerent ipsi Henrico et hereditas Willelmo fratri suo *Ib.* III 168; **1214** de p'sechet' quem reclusa Sancte Marie de M'leb' habuit de dono nostro *Cl* 200b; **1215** libere possint dare vel vendere purchatia et achata sua (*Dunwich*) *BBC* 68; **1234** tunc solvet, nisi interim aliquod purchacium facere possit *KR Mem* 13 m. 10; **13..** Robertus Husebunde de purcachio domini Rogeri de Merhton vj d. *Reg. S. Aug.* 261.

2 (transf. of person, w. ref. to family relationship, *de ~io*) by acquisition, *i. e.* illegitimate.

s**1135** venerunt magnates, et .. fecerunt homagia, inter quos fuit etiam frater imperatricis de purcachio Robertus comes Glouecestrie *Ann. Wint.* 50; **1262** Avicia filia Thome Roc petit gildam que fuit patris sui sicut hereditatem super Robertum de Rokesburch .. Robertus .. dicit quod non debeat respondere quia Avicia est de purcatio *Gild Merch.* II 4.

3 (act of) procurement, contrivance, instigation.

1195 per consilium et purchacium ipsius Ade conbusserunt domos patris sui *CurR RC* I 57; **1207** Mariona uxor Hugonis Dobin malecreditur per totum visnetum de Markel de morte Hugonis .. viri sui, sc. quod ejus purkacium *SelPlCrown* 55; Willelmus et Johannes eum occiderunt et per consilium et voluntatem ipsius Matillidis et per ejus purchacium *PlCrGlouc* 32.

4 profit accruing to landholder which is additional to regular annual revenue, perquisite.

1180 de placitis et porcaciis ejusdem terre *RScac Norm* I 10; x li. et xviij s. de firma assisa, de purcatto j m. *RDomin* 19; **1198** ipsi R. in camera sua ix m. per breve R. quod attulit de computandis sibi predictis ix m. de purcatiis ejusdem ecclesie *Pipe* 140; **1209** de purchasiis: idem reddunt compotum de xx s. de tota villata pro plevina hominum qui fuerunt in Cippo apud Meredonam pro mellea anno preterito *Crawley* 189; **1230** arreragia sua que ei debentur .. tam de firmis quam de purchaciis *LTR Mem.* 11 m. 7d.; **1237** purchasia: item reddunt compotum de v s. de tithinga pro occasione relaxata *Crawley* 504.

5 emolument or fee attached to an office or position in addition to salary or wages.

1204 ad hoc autem capiatis p'cacia [MS: purcacia] nostra sic nobis mandastis et ad presens ad h[abendum] capiatis ccc marcas de G. filio Rob' quas nobis debet *Cl* 6b; **1226** assignavimus .. Ricardo ad .. insulas custodiendas .. mille marcas per annum et omnes exitus .. insularum .. salva nobis medietate purcacii quod faciet per mare *Pat* 56; **1257** de purchatio quod .. Ricardus de Gray fecit per mare .. Ricardum quietum clamavimus *Pat* 139; **1313** a procuratoribus nostris .. ad quorum manus responsiones, .. jocalias, arnesia, procassia nostra .. pervenerint *Foed.* III 461.

purchasium, purchatium v. purchacium.   **purcia** v. Persicus.   **purcinctus, purcingtus** v. praecinctus.   **purcivandus** v. pursivandus.

1 pure [CL]

1 in a manner free from extraneous consideration, purely.

indignis precatoribus et ~e orandi et perfecte inpetrandi concedere gratiam BEDE *Hom.* I 22 105C; ille egre se subrigens omnem seriem trine revelationis ~e edisserit GOSC. *Transl. Mild.* 21 p. 185; non prolixe adorantes, jaceant, sed breviter et ~e orantes LANFR. *Const.* 115; Domine Deus meus, formator et reformator meus, dic desideranti animae meae, quid aliud es, quam quod vidit, ut ~e videat, quod desiderat ANSELM (*Prosl.* 14) I 111; eo liberius et ~ius, eo sincerius et suavius, eo peramplius et perfectius soli Deo intendere potestis AD. SCOT *QEC* 12. 822B.

2 unconditionally.

testes .. respondent simpliciter et ~e et sine falsitatis adjectione RIC. ANGL. *Summa* 30 p. 44; ~e, non condicionaliter *Ib.* 35 p. 72; quia ~e illam [sc. elemosinam] obtuli propria manu super altare Beati Cuthberti *Feod. Durh.* 132n; a**1345** ~e, sponte, et absolute, et

ex certa sciencia fatebatur se teneri .. domino R. in .. xx libris *FormOx* 126; errantes contra fidem, qui errores suos revocare tenentur, ~e suam debent confiteri fidem, et per consequens ~e et absque condiccione suos errores revocare OCKHAM *Dial.* 758; **1439** juravit .. quod istam cessionem fecit ~e et simpliciter, sine fraude *MunAcOx* 516.

3 solely, merely, exclusively.

ad tercium tractatum .. qui erit de ~e theologicis BACON *CSTheol.* 41; papa ~e temporalia communia Christianis et aliis regulariter disponere non debebat OCKHAM *Pol.* I 53; cum multi fideles respectu cujuscunque ~e humane potestatis servilis condicionis nullatenus sint putandi *Ib.* I 250; sublato .. omni jure ecclesiastico ~e positivo ad sepulturas pertinente CONWAY *Def. Mend.* 1343.

2 pure [φρουρά, ~ή], preservation, safe-keeping.

unde infantia dicitur ab in et for, faris; pueritia vero a ~e, id est a custodia BERN. *Comm. Aen.* 14.

purefacere [LL < CL purus+facere], to make free from imperfection, to purify.

ad exemplum et noticiam populo de firma concordia et vera amicicia inter eos finaliter purefacta FAVENT 19.

purenia v. purpura. **purfelare** v. purfilare.

purfilamentum [purfilare+-mentum], (act of) trimming with a border, purfling.

1341 pro ~o supertunice clause iiij erm[ine] et lactuce *KR Ac* 389/9 m. 2.

purfilare, ~iare [cf. ME *purfiled*, OF *porfiler*], to trim with a border, to purfle.

visum est alii quod videret Giraldum in capa nigra longa et quasi profilata jacentem extensum in terra GIR. *Invect.* VI 22; **1303** pro xiij unciis de serico diversi coloris emptis pro punctura earundem [trepp'] et de armis dicti domini ~and' et illuminand' *KR Ac* 363/18 f. 10*d.*; **1342** pro xj lib' purfil' pro dictis armis et floretura ~iand' *Ib.* 389/14 m. 4; **1345** de vj garniamentis pro domino rege faciendis, fururandis, ~iandis (*KR Ac* 390/5) *Arch.* XXXI 5; **1349** ad eandem robam furrurandam et ~andam (*Ib.* 391/15) *Ib.* 25; **1512** unam togam muliebrem .. purfelatam cum nigris *shankes* *Rec. Nott.* III 499.

purfilatio, ~iatio [purfilare+-tio], (act of) trimming with a border, purfling.

1345 circa talliaturam, consuturam fururacionem, ~iacionem et facturam diversam robarum (*KR Ac* 390/5) *Arch.* XXXI 5; **1349** vij fur' qual't' de ccxl dccccxl pro ~acione (*Ib.* 391/15) *Ib.* 27; **1397** circa facturam, consuturam, furruracionem, ~acionem, et liniacionem diversorum .. garniamentorum *LTR Ac Wardr* 5 r. 7.

purfilatura [purfilatus *p. ppl. of* purfilare+-ura], (act of) trimming with a border, purfling.

1443 pro radiis diversorum scissorum et pellipariorum .. operancium .. super ~a diversarum robarum *KR Ac* 409/12/35.

purfiliare v. purfilare. **purfiliatio** v. purfilatio.

purgabilis [CL]

1 that can be cleansed (in quot. of sin or guilt). **b** that needs to be cleansed.

utrique, ut speramus, ~e fuit [sc. peccatum] W. MALM. *GR* V 398; hec culpa tua ~is est J. SAL. *Ep.* 276 (268). **b** s**1342** anime sanctorum et puerorum baptizatorum, in quibus nihil est ~e *Meaux* III 39.

2 (in gl.).

hec purgatio .. hic et hec ~is OSB. GLOUC. *Deriv.* 420.

purgabiliter [CL purgabilis+-ter], (in gl.) in a manner pertaining to cleaning or purifying.

purgabilis .. unde ~iter adverbium OSB. GLOUC. *Deriv.* 420.

purgacium v. purchacium.

purgamen [CL]

1 cleansing, purification; **b** (w. ref. to spiritual cleansing).

suntque manus nitide, mundo et purgamine plene WULF. *Brev.* 537; urina ejus [*sc.* ovis] cum tertie digestionis ~ine .. terram fecundant [*sic*] NECKAM *NR* II 161. **b** finito hoc spiritualis ~inis [AS: *feormunge*] negotio *RegulC* 21; aura flante ~inis et prosperitatis GIR. *Ad S. Langton* 402.

2 (leg.) clearance of culpability (by compurgatory oath or ordeal). **b** (*~en virile*) weregeld.

si ciciderit in purgatione [v. l. ~ine] (*Inst. Cnuti*) *GAS* 315; purget se triplici ~ine [AS: *mid þryfealdre lade*] (*Cons. Cnuti*) *Ib.* 315. **b** si quis ministrum altaris peremerit .. ~ine virili [AS: *mid werlade*] se purget (*Cons. Cnuti*) *GAS* 341.

purgamentum [CL]

1 that which is (to be) cleaned away, rubbish, refuse: **a** (w. ref. to afterbirth); **b** (w. ref. to excrement); **c** (w. ref. to winnowing grain); **d** (w. ref. to refining metal, also fig.).

a ~um .. parturientis occultatur viris et pueris ne sit eis horror M. SCOT *Phys.* 11. **b** spurca latrinarum ~a [*gl.*: *æfer, clænsunga*] ALDH. *VirgP* 40; ad lavacra et ~a atque omnes usus sororum serviles humeri subiciebantur GOSC. *Wulfh.* 4; elimamentum, ~um OSB. GLOUC. *Deriv.* 195; tam ad mense convivium quam ad latrine ~um R. COLD. *Cuthb.* 20; fistulam patiebatur in virga virili .. que in putredinem resoluta est, adeo ut cum debita nature poscerentur, ex ea parte sicut ex foramine ~a profluerent W. CANT. *Mir. Thom.* II 21; ea que nascuntur de corrupcionibus et ~is vel exalacionibus aut cadaverum tabe GROS. *Hexaem.* VII 5. 1. **c** furfures, ~um farine, *æsceadan GlH* F 989; dicitur .. hoc acus .. ~um frumenti OSB. GLOUC. *Deriv.* 12; peripsima, ~um quod eicitur de tritico quando ventilatur *Ib.* 480; quis dedit ejus clibano purgamentum / et ejus ardoribus dulce commiscit? J. HOWD. *Cant.* 291; quisquilie, ~a tritici *SB* 36. **d** indigabant .. aurifices .. pro illorum fusilibus cineribus et ~is, pro spumis et scoriis, vel testularum fragmentis in quibus massas suas liquefecerant, aestimata pretia offerentes GOSC. *Mir. Aug.* 549; non solum bene acta .. describere, sed etiam peccatorum ~a CAPGR. *Hen.* 54.

2 purgative medicine.

et non purgetur per purgamenta nociva M. CORNW. *Mansel* 7.

3 clearing (of a debt).

1262 de clarioribus debitis Judaismi .. videlicet de illis septem milibus marcarum que nobis remanserunt de ~o debitorum predictorum *Cl* 85.

purgare [CL]

1 to free from impurity, dirt, or extraneous matter; **b** (w. ref. to ritual cleansing). **c** to winnow (grain, also in fig. context); **d** to refine or assay (metal). **e** (p. ppl. as adj.) cleansed, purified, refined.

unde hodie lanam, quam ~antes discerpunt, carminare dicimus BONIF. *Met.* 112; diluere, ~are *GlC* D 220; eluitur, ~atur *Ib.* E 110; eliquata, ~ata *Ib.* E 140; **1277** in ij ulnis panni ad lac ~andum iij d. ob. *Ac. Stratton* 203; a**1451** pro ij cribris ad ~andam arenam *DocCOx* 325; rex Henricus V^tus^ .. per singula castella arma bellica perscrutari fecit et ~ari STRECCHE *Hen.* V 150. **b** si multis sit cibus ille liquidus in quo mus vel mustela inmersa moritur, ~etur et aspargatur aqua sancta et sumatur THEOD. *Pen.* I 7. 9. **c** tritici .. grana .. vix alicujus vanni beneficio ~anda GIR. *TH* I 5; fac [Jhesu] quod purgatus palea / granorum intrem horrea J. HOWD. *Cyth.* 47. 10; legimus ij Regum iiij^o quod Isboseeth dormiente fuit mulier hostiaria ~ans triticum [ME: *þe winwede hwete*] *AncrR* 100; **1324** provendis *lez Galles* non purgat', A. *garbled KR Mem* 444; **1460** et servitori recipienti et ~anti dictum frumentum et brasium in .. granario x d. *ExchScot* 654. **d** **1248** una libra .. in igne posita ~atura [? l. ~ata] et examinata et extracta OXNEAD *Chr. app.* 316; **12**.. ad pred' minerium querendum, fodiendum et perquirendum, lavandum, ~andum, operandum *Couch. Furness* I 261; **1318** decimam minere ~ate que Gallice vocatur *la disme Hulle CalPat* 240; **1338** dictam minam auri et argenti .. ~are et perassinare *Foed.* V 71. **e** c**798** et vinum absque omni commixtione alterius liquoris nisi aquae ~atissimum ALCUIN *Ep.* 137 p. 212; pannus ipse ex ignis exustione candidior apparuit et quasi ~atior R. COLD. *Cuthb.* 47 p. 98.

2 to clean or clear (a space) of something obstructing it. **b** to clear (obstructing object from a space or weed from a crop). **c** (w. ref. to spiritual cleansing). **d** (p. ppl. as adj.) cleaned, cleared.

eodem die praecepi ~are locum .. in quo post pauca tempora ecclesiam erexi et consecravi BYRHT. *V. Ecgwini* 366; a stabulo sibi jam preparato et a pueris nostris ad hoc ~ato GIR. *SD* 4; **1297** in lxv perticatis foss' .. purgand' et largiend' *MinAc* 1079/15 r. 4. **b** **1086** qui quotiens abbas preceperit in anno arabunt suam terram, colligent et ~abunt segetes *Inq. Cantab.* 194; arbores quoque plantare, putare, ~are, inserere, et mutare ROB. BRIDL. *Dial.* 154. **c** studens .. monasterii locum .. precibus ac jejuniis a pristina flagitiorum sorde ~are BEDE *HE* III 23. **d** locus .. qui serenitate quadam a densa fece elimatus ~atior est ADEL. *QN* 74.

3 (*~are ventrem* or *viscera*) to defecate.

forire, ventrem ~are *GlC* F 302; si luco vel agro ventris purgatio fiat, / flamina sint venti ventrem purgantis in ore D. BEC. 1091; *I am almoost beshytten*, sum in articulo ~andi viscera STANBR. *Vulg.* 17.

4 (med.) to cleanse or purge.

~atur .. egrotus antequam sanetur P. BLOIS *Ep.* 101. 314B; secundum quod Johannes Damascenus dicit in Afforismis suis, viij^o afforismo, omne catarticum purganto [i. e. purgando] aliquem humorem simul educit coleram BACON V 70n. 4; emagogum dicitur medicina ~ans sanguinem *SB* 19; flamgogum dicitur medicina ~ans flamum *SB* 21; ydrogogum, i. ~ans aquosos humores *SB* 24; semen ejus .. bibitum .. humores vomitibus ~at cum tensione sicut elleborum *Alph.* 168; non evadunt, quin dicant quod purgatur [hostia consecrata] a stomacho, et inhoneste defluat per secessum NETTER *DAF* II f. 88. 1. C.

5 to cleanse spiritually, to purify (the mind or soul); **b** (spec. w. ref. to heresy). **c** (p. ppl. as adj.) cleansed, purified.

et genus humanum pollutum fraude maligni / vulnera perpessus purgarat sanguine rubro ALDH. *VirgV* 1640; ~o .. verbum activum et dicitur ~o quasi purum te ago OSB. GLOUC. *Deriv.* 420; purgatorium .. locus ubi ~antur anime *Ib.*; Orestes .. prius insanus, a sorore incognita cognitus ~atus est *Natura Deorum* 188; super crucem prefatam se ab hoc facinore sacramento ~avit GIR. *TH* II 46; octavum [circulum] animarum jam ~atarum ALB. LOND. *DG* 6. 20; quod anime sanctorum ~ate non vident facialiter Deum usque post diem judicii OCKHAM *Dial.* 740. **b** non videtur quod papa teneatur de omnibus heresibus .. ~are ecclesiam OCKHAM *Dial.* 431; c**1403** nostram universitatem Oxon' de multis valde ~avit erroribus *FormOx* 199; **1556** ut universitas sit ~ata hereticis *StatOx* 364. **c** totam .. cellulam suam ~atissimam ilico vidit GOSC. *Transl. Mild.* 37 p. 209; qui vir a virtute et moribus ~atissimus dudum fuit *V. Edm. Rich P* 1787D.

6 (leg.) to clear of culpability (usu. refl.); **b** (by compurgatory oath); **c** (by ordeal). **d** to clear (juror) of a challenge for cause (enabling him to serve).

s**1051** Goduuinus ~avit se et omnes suos de omnibus, que imponebantur eis *AS Chr.*; ut sibi liceret ~are se de objecto crimine *V. Ed. Conf.* f. 44v; stet inter burgos una lex in purgationibus, burga lex una ~andi (*Quad.*) *GAS* 337; **1206** idem Robertus appellatus est in comitatu Susexie per Ricardum de Sundiherst .. et antequam idem R. moveret appellum istud versus .. Willelmum, et nondum inde ~avit se *SelPlCrown* 53; **1320** hoc tendit se ~are secundum consuetudinem gilde *Rec. Leic.* I 325. **b** ~et se triplici purgatione (*Inst. Cnuti*) *GAS* 315; **12**.. nisi prius .. se super hoc canonice ~averit innocenciam *Conc. Scot.* II 26; **1270** ad ~andum innocenciam suam tulit litteram comitis Glouc', que testatur .. *JustIt* 618 r. 20; **1302** W. Paynel miles, super sibi imposito crimine adulterii .. per viros fidedignos, milites et alios, legitime se ~avit *RParl* I 147a; quoad alia que fide[m] tangunt, diem sibi prefixit episcopus quoad ad quedam que negavit duodecima manu canonice se ~aret *Proc. A. Kyteler* 28; **1416** Johannes Mason operatus est die dedicacionis ecclesie sue in artificio suo de *mason craft*. ~avit se graciose cum iiij manu propinquorum suorum ad rogatum et ob reverencium [*sic*] domini Thome Brownflete, militis *Fabr. York* 250; **1446** Thomam Crabbe, Robertum Crabbe, .. et Thomam Yver, cum quibus .. Ricardus ~avit se et dimissus est *Eng. Clergy* 211; **1463** Wilhelmus .. cum sufficienti numero compurgatorum vicinorum suorum .. se ~avit *MunAcOx* 700. **c** in tali .. casu tenetur se ~are is qui accusatur per Dei judicium, sc. per

calidum ferrum vel per aquam pro diversitate conditionis hominum GLANV. XIV 1; **1201** si quis de eodem manerio ~averit se per legem Anglie apud Sanctum Albanum et ad fossam Sancti Albani ~abit se *CurR* II 56; **1207** et ideo ~et se per judicium ferri *SelPlCrown* 55; ~avit se per judicium aque coram Henrico de Ver et sociis suis et postea invenit plegios *PlCrGlouc* 90; in tali casu [sc. mahemii] tenetur accusatus se ~are per Dei judicium, sc. per calidum ferrum *RegiamM IV* 3. 4. **d** **1290** cepit . . inquisicionem per homines [juratores] domini Radulfi . . calumpniatos et non ~atos *State Tri. Ed. I* 42.

7 to clear (a debt).

1271 debita . . que clara non sunt . . ~ari *Cl* 436 (v. purgatio 8).

8 to clear, resolve (ambiguity).

cujus questionis ambiguum volens ~are . . ABBO *Edm. pref.*

purgatio [CL]

1 (act of) freeing from impurity, dirt, or extraneous matter, cleaning; **b** winnowing (of grain). **c** refining or assaying (of metal).

dentes . . lanei . . panni ~one, tanquam eburneos reddunt GIR. *GK* I 11; **1428** uni fulloni pro ~one vestium, viij d. *Ac. Durh.* 709; **1463** Joh'i Armerer pro ~one armorum, vj s. *Ib.* 153; **1466** pro expensis Dedrici Gunnare laborantis circa ~onem et custodiam bumbardorum et artillarie domini regis in castro de Edinburgh *ExchScot* 422; **1590** pro ~one ij par' caligarum nexat' *de worsted Ac. LChamb.* 81 f. 25. **b** invenerunt mulierem a ~one [ME: *windwung*] tritici cessasse et obdormisse *AncrR* 100. **c** **1338** assignavimus ipsum clericum nostrum ad supervidendum . . ~onem et peraffinacionem auri et argenti predictorum *Foed.* V 71; **1422** pro ~one lxxxvj petrarum cineribus plumbi, vij s. iij d. *Fabr. York* 43.

2 (act of) cleaning or clearing (a space) of dirt or refuse (also in fig. context).

pauca grana supernis recipienda mansionibus in comparatione loliorum quae flammis sunt mancipanda perpetuis. cujus areae ~o et nunc viritim geritur cum quisque perversus . . ob manifesta peccata de ecclesia sacerdotali castigatione reicitur BEDE *Luke* 356D; **1408** operariis ad ~onem latrine, iij s. iiij d. *Ac. Durh.* 223; **1433** et sol' diversis operariis laborantibus circa extraccionem antiqui meremii et imposicionem novi meremii, una cum ~one [et] mundacione de *le fleme* retro molend' . . xviij s. xj d. *Ib.* 622; **1484** pro ~one de *lez powndes*, iiij s. viij d. *Ib.* 98; **1506** pro factura et ~one ix^xx rod' foddarum *Ib.* 103.

3 (w. ref. to human physiology): **a** menstruation. **b** (*genitalium* ~*o*) act of seminal ejaculation or ejaculatory fluid.

queritur quare dicantur menstrua? quia talis ~o de mense in mensem in novilunio fieri debet *Quaest. Salern.* B 20; sollemnis et debita est menstrualis ~o que superfluitas menstrualis appellatur *Ib.* 309; que [sc. mulieres] quiescunt et multum comedunt suaviterque vivunt, tales multa ~one indigent BART. ANGL. IV 8; tunc pubescit et incipit moveri vis generacionis in masculis et ~o in mulieribus GROS. *Hexaem.* IX 10 p. 283 (v. generatio 1). **b** ceterarum . . purgacionum superfluis impuris existentibus, genitalium ~ionis superfluum, quod est sperma, substancia hominis est purissima, virtute et potencia humanam effigiem continens KYMER 19 p. 556.

4 post-partum purification; **b** (ceremonial).

sciendum est quod si infante nato mulier bene purgetur . . nec est mulier aptior ad impregnandum que post ~onem partus queque cito fluxu purgata levat se de lecto et potest ire per domum M. SCOT *Phys.* 11. **b** mulier tres menses debet se abstinere a viro suo quando concepit, ante partum et post tempore ~onis THEOD. *Pen.* II 12. 3; postquam impleti sunt dies ~onis Marie M. PAR. *Maj.* I 82 (=*Flor. Hist.* I 89).

5 (med. act of) purging. **b** a purgative medicine.

is circa Dominice nativitatis solemnia languore correptus, ventre constipato, nullo ~onis remedio nature superflua deponere prevalebat *Mir. Fridesw.* 26; requisito medicorum auxilio, crebris ~onum evacuationibus fatigatus *Ib.* 103. **b** s **1358** accepta ~one a medico . . et non valens sufferre, unius diei languore obiit *Eul. Hist.* III 227; propter quod in istis quadris, alio impedimento cessante, ~ones recipere laudabile est N. LYNN *Kal.* 207.

6 spiritual cleansing, purification; **b** spec. expiation (of sins); **c** (w. ref. to baptism); **d** (w. ref. to purification of the soul in purgatory).

quatenus non carnis tantum studeat afflictioni sed et cordis multo magis ~oni J. FORD *Serm.* 79. 3; Salomon . . in Parabolis promittit se docturum sapienciam, et tamen plurimum quod docet est ~o affectus et aspectus mentis GROS. *Hexaem.* I 5; s**1274** nec electuaria, que mihi mittis preciosa, tam mihi conferre poterunt, vel syrupus, ad dilatationem vel ~onem cordis mei GRAYSTANES 16; bulla de ~one electi, et de benedictione ejusdem (*tit.*) ELMH. *Cant.* 405. **b** multorum peccatorum ~onem atque justificationem *Eccl. & Synag.* 117; donec fuerit debitum observationis illius legis positive dimissum in ~one illius originalis transgressionis per aliquod sacramentum GROS. *Cess. Leg.* I 8. **c** ut absque ~one sacrosancta quis oblationi sacrosanctae communicaret BEDE *HE* II 5 p. 91. **d** s**1342** statim post mortem et ~onem . . etiam ante resumptionem corporum et judicium generale . . sunt in celo *Meaux* III 39; **1466** quum incipit ~o, et quamdiu durabit? *MunAcOx* 716.

7 (leg.) clearance of culpability; **b** (by compurgatory oath); **c** (by ordeal). **d** (*canonica* ~*o*).

~o est per quam ejus qui accusatur non factum ipsum, sed voluntas defenditur ALCUIN *Rhet.* 15; in factis notoriis . . fiat condempnatio. in occultis autem inficientibus, judicatur ~o *Leg. Ant. Lond.* 66; ad recipiendum legitimam ~onem Thome de Ossebaldewyke, clerici *Reg. Ebor.* 4; poterit . . contingere quod predictus . . [ponat] se per patriam, et post ~onem petat inquiri de abbettatoribus *State Tri. Ed. I* 35; c**1350** concessit litteras ~onis et mandavit priori Roffensi quod ipse reciperet ~onem eorum (*Reg. Roff.*) *MS BL Cotton Faustina B V* f. 54; hic intrabit pagetum de ~one Marie et Joseph *Ludus Coventriae* f. 75; **1419** tres sunt ~ones in placitis corone regis per quas . . accusati se debent acquietare (*Liber Albus*) *MGL* I 56; **b** qui . . conquirere debet simplicem ~onem simplici sacramento [AS: *anfealde foraðe*] hoc faciat (*Inst. Cnuti*) *GAS* 325; simplexque ~o attingatur simplici prejuramento et triplex triplici (*Cons. Cnuti*) *Ib.* 325; Goduinum quoque obliquis oculis intuitus ad sacramentum ~onis compulit W. MALM. *GR* II 188 (cf. SILGRAVE 67); **1171** quod . . quarte vel quinte manus ei ~onem indixit *Ch. Sal.* 36; **1446** ad . . ~onem suam faciendam producit dominum Johannem Jercok. ., quem vice duorum compurgatorum admisit *Eng. Clergy* 211; **1463** Wilhelmus . . cum sufficienti numero compurgatorum . . factis . . proclamationibus . . quod omnes . . volentes ejus ~onem impugnare . . compareant . . se purgavit *MunAcOx* 700. **c** prejuramentum est unius hominis jurantis, antequam ille juret qui Dei judicium inire debet, et si contra illum qui ad Dei judicium simplex vel ad Dei ~onem simplicem (*Cons. Cnuti*) *GAS* 619; ~o igniti nullatinus admittatur, nisi ubi nuda veritas nequit aliter investigari (*Ps.-Cnut*) *GAS* 622; adjudicata fuit et ~io ferri candentis, secundum consuetudinem regni *Mir. Will.* 542. **d** sacerdote constanter inficiante, cum non posset super homicidio per accusatores convinci, canonica indicitur ~o accusato H. BOS. *Thom.* III 22; accepta siquidem ab eis canonica ~one illius, illi de mandato summi pontificis publice sententiaverunt eum ab hoc crimine coram Deo et hominibus esse innoxium P. BLOIS *Ep.* 66. 205A; **1262** coram prefato officiali canonica ~one ei secundum morem ecclesie indicta innocenciam suam super dicto crimine canonice et legitime purgavit *Cl* 24; **1329** quibus ~ones canonicas . . indixistis, super variis articulis . . in visitacione vestra compertis *Lit. Cant.* I 286; **1382** comissarii nostri . . Willelmo canonicam super his ~onem indixerunt (*Proc. Joh. Linc. Episc.*) *Ziz.* 335.

8 clearance (of a debt).

1271 debita . . que clara non sunt . . purgari et hinc inde allocaciones et compensaciones fieri faciatis . . in ~one illa . . *Cl* 436.

purgativus [LL]

1 that makes clean, frees from impurity (in quot. in fig. context).

tu vas mellis, lactis uter, / scaturigo, fons et luter / purgativus sordium WALT. WIMB. *Virgo* 65.

2 (med.) purgative.

cum medicina . . ~a GILB. III 172v. 1; purgatur colera . . per omne ~um BACON V 70n. 4.

3 that cleanses or purifies (spiritually).

suoque fingebat igne novicias urere, suaque subluere limpha penaliter animas ~a Vedium E. THRIP. *SS* IV 24; semper michi post tribulacionem meorum criminum ~am exultacionem infundens RIC. ARMAGH *AP* 19.

purgator [CL=*one who purifies or who clears away (infestation)*]

1 one who purifies. **b** (used attrib.) that cleanses or purifies.

dicitur purgo quasi purum te ago, et inde ~or OSB. GLOUC. *Deriv.* 420. **b** nec manus . . ~oribus aquis obduxerat R. COLD. *Cuthb.* 91 p. 199.

2 one who cleans (an item) or clears (a space) of impurity, dirt, or extraneous matter.

porcorum are ~or R. COLD. *Godr.* 220; propter exempli . . perniciem tam detestabilis et tam pravi et indelebilem tanti scandali notam ac mendam, que tam atra nevi fuligine, quam nullo nitro nullaque fullonis herba diluere quantalibet ~oris cura valebit GIR. *Ep.* 4 p. 182; **1492** Malcolmo, ~ori aule, xiij s. iiij d. *Exch Scot* 378.

3 (leg.) one who clears another of culpability by compurgatory oath, compurgator.

qui cupit se purgare, cum ~ores habere non possit, pro convicto haberi non debet OCKHAM *Dial.* 567; **1419** major et cives . . debent eligere . . ~ores per quos lex debet fieri, de melioribus et fidelioribus civitatis (*Liber Albus*) *MGL* I 92.

purgatorie [LL purgatorius+-e], by way of expiation.

hunc si ante confessionem preveniri morte contigerit, tantum confessionem non repudiaverit, quantumlibet spiritu ~ie multandus PULL. *Sent.* 896B.

purgatoria v. purgatorius.

purgatorius [LL]

1 that is concerned with making clean: **a** (*locus* ~*ius*, anat.) internal cavity, passage, or channel for transfer of fluid or bodily waste. **b** (w. ref. to excretion of bodily waste, *domus* ~*ia*) privy. **c** (*ignis* ~*ius*, w. ref. to assaying coin); **d** (transf., w. ref. to purgatorial fire). **e** (w. ref. to spiritual cleansing, purification).

a oportet autem curam sollicitam circa apostemata . . precipue in locis ~iis membrorum principalium ut assellis, ynguinibus et collo, quia debilis est digestiva et conversiva GILB. IV 202v. 2. **b** a**1016** [Edricus] sub ~ia domo sese occultans, regem ad requisita nature nudatum . . percussit AILR. *Gen. Regum* 365; erat ibi a parte australi ecclesie domus ~ia R. COLD. *Godr.* 321. **c** quantum . . ab hac libra per ignem ~ium decidit *Dial. Scac.* I 6I. **d** excipiuntur flammis ignis ~ii et vel usque ad diem judicii longa hujus examinatione a vitiorum sorde mundantur BEDE *Hom.* I 2. 30; sed ira aeternam impiorum significat poenam, furor ignem ~ium ALCUIN *Exeg.* 575B; 'uniuscujusque opus quale sit ignis' ~ius 'probabit' hoc modo LANFR. *Comment. Paul.* 166 (cf. *I Cor.* iii 13); sed tibi ignis ~ius imminet J. SAL. *Pol.* 563D; numquid, si sciret loqui, vellet maledicere suum ignem ~ium [ME: *clensing*] et sui manum artificis? *AncrR* 107; **1466** utrum ignis ~ius est materialis? *MunAcOx* 716. **e** ~iis virtutibus roboratus ADEL. *ED* 33; rogatus est ab archiepiscopo et sacerdotibus, cum ei confessionis ~ium impenderent officium, ut . . H. HUNT. *CM* 307; triformis est sanctarum status animarum, probatorius, ~ius, remuneratorius W. DAN. *Sent.* 36; contra Moysen murmurantis Marie lepra repente candens et temperaria, sed et ejus extra castra separacio penitentialis et ~ia E. THRIP. *SS* II 12; secunde [virtutes] quas ~ias vocat hominis sunt qui divini capax est solumque ejus animum expediunt qui decrevit se a corporis contagione purgare W. BURLEY *Vit. Phil.* 260; acquireret sibi magnum premium sempiternum, et sustineret post mortem parvam penam ~iam temporalem BRADW. *CD* 340C.

2 that pertains to Purgatory (cf. 8 *infra*).

a Domino petere consuevit, quatinus anima sua . . in igne expiabili et remediabili usque ad districti examinis diem . . ~iis suppliciis . . deputaretur GIR. *Spec.* II 24 p. 71; sine hujusmodi solutione non liberatur quis a carcere nisi statim ad suspendium vel in pena ~ia [ME: *of purgatorie*] vel in pena infernali *AncrR* 39.

3 (as sb. n.) gutter or drain. **b** (anat.) excretory duct or passage.

1507 ossa ceteraque hujusmodi, que si in cannalem ~iumque ductile intrarent, impedirent aque impetum quin meatum illum subterraneum purgaret, xvj d. *Cant. Coll. Ox.* 249. **b** ex parte membri in quo natum est apostema: sicut si sit juxta membrum principale vel in eo vel in suo ~io GAD. 27. 1.

4 (as sb. n. or f.) a purgative medicine.

ablata, i. ~iam simulat *Gl. Laud.* 4; ab ea die et deinceps consuetam molestiam non pertulit; unde non habuit necesse decetero collo ligaturas suspendere, non ~iis, calefactoriis, dissolventibus uti W. CANT. *Mir. Thom.* II 6; idem T. iv ~ias et xx quartas aquevite septies distillate . . emisset et providisset *Entries* 187rb.

5 (as sb. n.) means or process or spiritual cleansing, purification. **b** spiritual cleansing, purification.

Dominus . . pauperem jugiter examinat in ~io paupertatis P. BLOIS *Opusc.* 1065D; tria nobis ~ia misericorditer assignavit: cordis contritionem, oris confessionem, carnis afflictionem *Ib.* 1086B; si statim aliud seculum ingrediebatur ad ~ium GERV. TILB. III 103; quod pontifices Romani ~iorum suorum et indulgentiarum nundinis . . attulerint JEWEL *Apol.* D viij. **b** tolerans exsilium quasi ~ium vite laxioris W. CANT. *V. Thom.* I 40; veniens itaque ad beate Virginis ecclesiam, diuturni prius cruciatus excocta ~io, tandem per Dei gratiam prorsus curata est *Mir. Fridesw.* 96; s**1260** quam feliciter de tantis miseriis per talium tribulationum ~ium ad celestia regna . . regnaturus evasit *G. S. Alb.* I 398.

6 (as sb. n. or m.) place in which souls are spiritually cleansed after death, Purgatory; **b** (pl.); **c** (transf.). **d** (as place name, *~ium* (*Sancti*) *Patricii*) Saint Patrick's Purgatory, Station Island, Lough Derg, Co. Donegal.

~ium, . . locus ubi purgantur anime OSB. GLOUC. *Deriv.* 420; pro ~io mihi est vicissitudo febrilis, caloris et frigoris P. BLOIS *Ep.* 31. 107C; ~ius . . in aere est GERV. TILB. III 103; dic nobis . . ubi sit infernus, ~ius, et paradisus celestialis, sc. sub terra, vel in terra, vel supra terram M. SCOT *Part.* 293; circa ~ium tria sunt specialiter videnda, sc. quid sit, quare sit, et quale sit *Spec. Laic.* 72; **1309** a penis, quibus in ~io . . affliguntur *Mon. Hib. & Scot.* 180a; nobis et existentibus in inferno et in ~io OCKHAM *Dial.* 745; **1411** ut . . procurentur . . in ~io existentibus indulgentie *Lit. Cant.* III 123; fili mi, ignis iste ~ium nuncupatur, in quo purgantur anime salvandorum J. YONGE *Vis. Purg. Pat.* 10; **1466** utrum pena inflicta in ~io sit pena inflicta a Deo immediate *MunAcOx* 716; **1559** firmiter credendum est post hanc vitam esse ~ium pro animabus, in quo poena adhuc debita peccatis exsolvitur *Conc. Scot.* II 164. **b** adjecit etiam quod omnes ordinis illius defuncti, qui in ~iis sue salvationis tempus expectabant *Canon. G. Sempr.* f. 110v. **c** culpa nunquam expurgatur / nisi prius transeatur / per hoc purgatorium WALT. WIMB. *Van.* 54. **d** est lacus in partibus Ultonie continens insulam bipartitam. . . hic autem locus ~ium Patricii ab incolis vocatur GIR. *TH* II 5; s**1153** ~ium . . Sancti Patricii, te, pater, jubente, Deo duce, volo intrare M. PAR. *Min.* I 297; s**1152** miles quidam, Enus nomine . . in ~io Sancti Patricii vivus intravit OXNEAD *Chr.* 55; quoniam ibidem homo a peccatis purgatur, locus ille ~ium Sancti Patricii nominatur *Meaux* I 139; locum qui dicitur ~ium miraculosi confessoris sancti Patricii Hiberniensis apostoli J. YONGE *Vis. Purg. Pat.* 1.

7 (as sb. n.) name of the month February (as containing the Feast of the Purification of BVM).

hanc mensem Februarii, id est ~ium, dicimus, in quo divina dispensacione sacratissime Virginis purificacionem recolimus et celebramus BACON VI 102.

purgatrix [CL purgare+-trix], that cleanses or purifies (spiritually).

purgatrix crux mihi carmen erit GARL. *Tri. Eccl.* 6.

1 purgatura v. purgare.

2 purgatura [CL purgatus *p. ppl. of* purgare+-ura], that which is cleaned away.

vidit fluvium . . rapidum . . in quem confluebant omnium fluxuum ~e EADMER *V. Anselmi* I 21.

purgitare [CL purgare+-itare], (in gl.) to purify repeatedly.

purgo quasi purum te ago et ~o . . sepe purgare OSB. GLOUC. *Deriv.* 420.

purgulare [cf. CL purgare], (in gl.) to make clean, cleanse.

pykyn, clensyne, or callyn owte the onclene, purgo, . . ~o *PP*.

purgulatio [purgulare + -tio], (in gl., understood as the act of cleaning with an acidic preparation), 'pickling'.

pyklyng, ~o *PP*.

purialea v. puralea.

purificare [CL]

1 to free from impurity, dirt, or extraneous matter, to purify; **b** (spec. in refining of metal).

defecatum vinum, ~atum *GlC* D 79. **b** non solum a rubigine ferrum, et argentum a scoria purgat, sed et aurum, ut ampliori fulgore rutilet, igne ~at tribulationis J. FURNESS *Walth.* 81; a**1288** ciner' plumbi purific' *Fabr. Exon.* 2; provide etiam ut quinta vel sexta pars metalli sit stannum ~atum a plumbo ODINGTON *Mus.* 85; **1409** pro labore suo in dictis vj *blomes* faciendis et ~andis (*Audit. Durh.*) *EHR* XIV 520.

2 to cleanse (a woman) ceremonially after childbirth, to 'church' (also absol.). **b** (pr. ppl. as sb. m. or f.) (post-partum purifying, as name of) the Feast of the Purification, Candlemas.

de matrona ~anda que ad secundum offertorium misse Pro Fidelibus obtulit . . non ad primum GIR. *GE* I 49. 131; **1240** per eundem capellanum ibidem ~entur uxores *Ch. Sal.* 253; s**1239** convenerunt nobiles domine Londonias, ut reginam ~atam ad monasterium, ut moris est, ituram comitarentur M. PAR. *Maj.* III 566; quod diu jam decubuerat in puerperio, et tempus esset ~andi SILGRAVE 79. **b** per mare dat treugam rex his ad Purificantem ELMH. *Metr. Hen. V* 946.

3 to free from moral corruption, or to render ceremonially pure, to purify; **b** (w. abstr. subj.).

utrumque . . lavat, purgat, ~at; illud carnem, hoc mentem LANFR. *Corp. & Sang.* 425A; excoctus digne, dum purificatur in igne, / purior extractus, resplenduit illius actus GREG. ELI. *Æthelwold* 5. 8; pro lege in templo se ~avit et totondit H. BOS. *Thom.* II 9; Ypolitus per aquam babtismi purificatur NIG. *Laur.* 470; purificare sinitur, / peccati nescia, / legique subicitur, / set non obnoxia LEDREDE *Carm.* 32. 29; quem sublimabit Deus ipsum purificabit (J. BRIDL.) *Pol. Poems* I 180; **1438** ut . . omnia vite proprie integritate ~et BEKYNTON I 2. **b** neque . . inmunditia ejus polluit mundum, sed puritas mundi ~avit inmundam ALCUIN *Ep.* 245 p. 394.

4 (leg.) to clear of culpability.

liceat accusato . . testes producere ad ~andum se EGB. *Dial.* 405.

5 to remove (from an account).

1308 de quibus [carectis] j ~ata. et remanet j carecta ferro ligata *Crawley* 268.

purificatio [CL]

1 (act of) making clean, cleaning, purification; **b** (w. ref. to the refining of metal); **c** (alch.).

1436 compotat pro ~one quater viginti tymeris foderature purgatis in Flandria *ExchScot* 681. **b** **1409** in fabricacione et ~one ferri (*Audit. Durh.*) *EHR* XIV 520. **c** sunt . . claves artis, congelatio, resolutio, inceratio, projectio. sed alio modo, ~o, distillatio, separatio, calcinatio, et fixatio BACON *NM* 548.

2 post-partum purification; **b** (of BVM); **c** (as name of) the Feast of the Purification, Candlemas.

c**1190** ad sacristam pertinent . . candele . . omnium sponsalium et ~onum *Stat. Linc.* II 20; accessit ad ecclesiam propter ~onem mulier quedam GIR. *GE* I 48. 128; c**1223** quando mulieres post puerperium venerint ad ~onem *Ch. Sal.* 148; **1274** in ~one Millote per preceptum comitisse, vj d. *MinAc* 984/4 r. 4; omnibus illis que de jure debentur ecclesie nostre, sc. decimis omnibus, sponsalibus, ~onibus, omisis confessionibus *Mem. Ripon* I 197; s**1321** Isabella regina fecit ~onem suam in turri Londonie de filia sua, Johanna *Ann. Paul.* 291; **1446** noluit celebrare ~onem Margarete Darlying . . nisi convicine cum ea oblacionem facerent *Eng. Clergy* 235; **1539** in oblacionibus mortuorum ij s. j d., sponsalium xxiij d. ob., et ~onum iij s. v ob. d. *Feod. Durh.* 305n. **b** ipsa quidem non indiguit ~one quae erat virgo ante partum et post partum virgo permansit *Comm. Cant.* III 92; item de sede ubi mater Domini sedit in die ~onis sue *Invent. Ch. Ch.* 92. **c** in ~one Sanctae Mariae sint cerei ordinati in ecclesia ad quam fratres ire debent ut inde petant luminaria *RegulC* 33; in die Purificat' S. Marie *DB* I 262va; census luminaris ter in anno . . tertio in ~one Sancte Marie (*Cons. Cnuti*) *GAS* 295; s**540** jubente imperatore Justiniano, cepit celebrari solemnitas sancte Dei genitricis que ~o dicitur M. PAR. *Maj.* I 241; **1372** in Nativitatis, . . ~onis . . beate Marie Virginis . . festivitatibus *Mon. Hib. & Scot.* 346b; **1470** ad festa Nativitatis et ~onis Beate Marie Virginis *Lit. Cant.* III 249; **1549** in vigiliis . . ~onis, Annunciationis *StatOx* 356.

3 (act of) ritual or spiritual purification.

Romanorum . . semper ab antiquioribus usus fuit, post ammixtionem propriae conjugis et lavacri, ~onem quaerere, et ab ingressu ecclesiae paululum reverenter abstinere BEDE *HE* I 27 p. 57; c**700** hortamur vos in Dei laudibus et orationibus studiosos atque pervigiles, abstinentiae, castimoniae, ~oni tenaciter inhabentes *Reg. Malm.* I 344; Deus . . adesto propitius et elemento huic multimodis ~onibus preparato virtutem tue benedictionis infunde (*Jud. Dei*) *GAS* 422.

4 (leg.) clearance of culpability (*cf. purgatio* 7).

1277 scripta que . . Brunus . . offert se restituere priori . . velitis recipere . . et, super eo quod contenditur quod non offert omnia . . scripta que amissa dicebantur, ~onem seu juramentum suum recipere velitis *RGasc* II 31a.

purila v. pirula.

Purim [Heb.], Jewish festival observed orig. on the 14th and 15th of the month Adar.

1277 de iiij Jud' ut possint conservare Josana et Enna q[ue] ~im, liij s. iiij d. *KR Ac* 249/22.

purire v. purare.

puritas [LL]

1 state or condition of freedom from admixture of extraneous matter, esp. from that which contaminates, physical cleanliness: **b** (of air or light); **c** (of metal or coin); **d** (w. ref. to a space cleared of obstructions). **e** (transf.) freedom from ceremonial or ritual contamination.

quarta . . est sanguis in sua ~ate permanens, a ceteris humoribus depuratus BART. ANGL. IV 6; tertius et ultimus [gradus abstractionis] est omnino ab accidente ut consideretur substantia in sua ~ate KILWARDBY *OS* 203. **b** ~ati aeris claritas lucis proporcionatur *Eul. Hist.* II 13; cum . . albedinis essenciam tria constituant, viz., lucis multitudo, ejusdem claritas, et perspicui †pigritas [l. puritas] BAD. AUR. 149. **c** omnis denarius haec tria debet habere: monetam, pondus, ~atem ANSELM. *Misc.* 305; ejus quippe metalli ~as pura est ejus oboedientia *Simil. Anselmi* 90; ars potest augmentare aurum in gradibus ~atis usque in infinitum BACON *NM* 538; auri metallorum eximii, licet obsisi, ~as ignoratur, donec candentis camini illud probetur examine FORTESCUE *NLN* II 68. **d** nemora . . in campestrem puritatem . . redacta GIR. *TH* III 2. **e** a**803** neque . . inmunditia ejus [sc. peccatricis mulieris] polluit mundum, sed ~as mundi purificavit inmundam ALCUIN *Ep.* 245.

2 (of human faculty, action, or attribute) moral or ritual purity; **b** (*vitae ~as*); **c** (*cordis ~as*); **d** (w. ref. to thought or perception); **e** (*fidei ~as*); **f** (*conscientiae ~as*); **g** (w. ref. to sexual purity).

pro adeptae integritatis clamide, qua angelicae ~atis liniamento velut domestica solidate adsciscebatur ALDH. *VirgP* 29; nam si intueamus in speculo ~atis et veritatis LANFR. *Cel. Conf.* 625C; **1188** martyres esse meruerunt, adeo ut defunctorum corpora etiam Romani, ~atem cause intuentes ac conscientie, ad ecclesias suas certatim rapuerint *Ep. Cant.* 289; c**1223** quoniam quidam laici laudabilem consuetudinem erga sanctam ecclesiam, pia devotione fidelium introductam, ex fermento heretice pravitatis nituntur infringere sub pretextu catholice ~atis *Ch. Sal.* 136; **1341**

de vestris affeccione benigna, et benevolentie ~ate *Lit. Cant.* II 241; de ~ate morum, quam in scribis et phariseis lex exigebat GARDINER *VO* 84. **b** illam tamen [religionem], quam artior commendat penitentia, quam vite ~as preradiare facit PECKHAM *Paup.* 16. 89; **c1400** propter vite sue ~atem, sciencie claritatem *FormOx* 207; **1439** virtutes et merita [sc. archiepiscopi] considerentur attente: si sanctimonia, decor et ~as vite BEKYNTON I 40. **c** et sui ~atem cordis simul atque operis ostendit, cum adjunxit 'in simplicitate cordis mei .. feci hoc' BEDE *Gen.* 182D (cf. *Gen.* xx 5); o cordis illius sinceram ~atem OSB. *V. Dunst.* 23; qua ~ate cordis et corporis Christo inheserit .. EADMER *V. Osw.* 7; ~atem cordis [ME: *purte of heorte*] *AncrR* 6. **d** resurrectionis ejus mysteria digna mentis ~ate veneretur BEDE *Hom.* II 3. 125; honoravit [sc. Christus] eum .. conferendo ei virginitatem, ~atem, et familiaritatem: virginitatem in corpore, ~atem in mente, familiaritatem in dulci et sincera erga seipsum dilectione AD. SCOT *Serm.* 301A; aurum .. in mysticis ad ~atem sensus, argentum vero ad eloquii refertur claritatem ALB. LOND. *DG* 9. 5; ista '~as' non debet intelligi a vitiis .. sed ista ~as debet intelligi elevando intellectum ad considerandum veritates ut relucent in se DUNS *Ord.* III 166–7. **e** animis omnium fidei ~ate conpositis BEDE *HE* I 18; **a797** novas introducentes sectas, qui catholicae fidei ~atem impiis adsertionibus maculare nituntur ALCUIN *Ep.* 74; catholice fidei corrumpere ~atem OCKHAM *Dial.* 548; **1384** orthodoxe fidei ~atem *Ziz.* 355; **1459** in fidei ~ate conserventur *Mon. Hib. & Scot.* 413b. **f** conscientie sue ~atem Deo sacrificans W. MALM. *GP* I 47; **c1330** consciencie vestre ~as offendatur *Lit. Cant.* I 306; **1408** de cujus .. consciencie ~ate plenam .. fiduciam reputamus [*sic*] *Eng. Clergy* 189. **g** qui [sc. Joseph] .. tetrum tenebrosi carceris squalorem propter egregiam pudicitiae ~atem pateretur ALDH. *VirgP* 53; misericors Deus .. sanctum regem Edwardum in carnis ~ate custodivit OSB. CLAR. *V. Ed. Conf.* 4; in ~ate virginitatis de hac vita migrasse pro certo creditur RIC. HEX. *Hist. Hex.* II 6.

3 (of language, rhetorical expression, or idea) state or condition of integrity or perfection. **b** (*ligia ~as*) condition of legally independent widowhood.

a796 ut filios florere videam in conversationis ~ate et profectus diligentia ALCUIN *Ep.* 34; cum abbate suo cenobium derelinquunt, pronuntiantes non posse regule ~atem custodiri in loco ubi et opum congeries et ciborum indigeries etiam reluctantem animum offocarent W. MALM. *GR* IV 335; librum .. habentem expressam et nitidam eloquentiam, crebrumque in sententiis cujus libri ~ate Theodosii purpuras illustravit GROS. *Hexaem. proem.* 1; tanta sermonis Latini ~ate MORE *Ut.* p. xcviii. **b** **c1240** ego .. vidua et in ligia ~ate mea existens concessi *AncD* A 481.

puriter [CL pure+-ter], in a manner free from (esp. moral) contamination, interference or corruption, purely.

non sunt contraria in vera ratio [*sic*] ubi se sic ~iter conplectitur divina scriptura THEOD. *Laterc.* 4.

purjettare v. pargettare. **purkacium** v. purchacium. **purlea** v. puralea. **puroffrum, ~us, purofrium** v. profrum.

purpars, purpartia [AN *purpartie, pourpartie*; cf. propars, propartia]

1 (leg.) share, portion (usu. of inheritance), 'purparty'.

1310 summa manerii de E. x li. iiij s. vj d. ob. .. unde ad ~ciam predicti S. lxxvij s. *IPM* 16/2 m. 2; **s1321** pater et filius, potestatem sibi regiam attrahentes, .. Thlewelyn ceperunt et usque Caerdiff perduxerunt, postquam .. Hugo de sua seisitus fuerat ~tia *G. Ed. II Bridl.* 67; **13..** Ricardus, quia vir animosus erat, intravit in ~tiam .. Matildis, vivente matre sua [*sic*], .. *Cart. Percy* 1106; **1430** pro xj bovatis terre de prima ~te de Bermpton *Feod. Durh.* 82; **1583** medietatem et ~tem dicte Elizabeth *Pat* 1236 m. 14.

2 (act of) division into portions (in quot. w. ref. to inheritance).

1431 predicti Walterus et Johannes Sydenham fecerunt ~tiam inter eos de omnibus maneriis terris .. que fuerunt Johannis Cohiton et de quibus predicte Elizabeth et Margareta .. ut filie et heredes ejus fuerunt seisite *Cl* 281 m. 18*d*.

purpasius v. porpesius. **purpo** v. purpointus.

purpointus [AN *purpoint*, ME *purpoint*], **~punctus** [cf. LL perpungere 2], stuffed and quilted doublet, as military garment usu. worn under armour.

1199 de roberia j ensis, et cape, et ~puinti *CurR RC* I 161; pro tela linea et cendallis et aliis necessariis ad ~punctum regis *Pipe* 96; **1212** pro .. j ~pucto ad opus regis *Pipe* 44; **1214** Baldewinus Tyrel .. armatus lorica, et ~puinto, et capello ferreo in capite *SelPlCrown* 71; **1224** recepit .. unam loricam .. et de lineis armaturis j ~punctum et j espauleram de nigro cendalo .. *CurR* XI 1913; **1225** quos posuerunt in x haubergellis, et xiiij ~puntis, et xix capellis ferreis *Cl* 51a; **1225** cum multitudine armatorum hominum loricis, et ~puntis, et capellis ferreis, et omnibus armis *BNB* III 121; **1233** quod omnes homines .. qui jurati sunt ad arma, loricas, haubergellos, vel ~punctos .. venire faciat usque campeden' *Cl* 318; **1242** unum ~pointum, capellum ferreum, gladium, lanceam, et cultellum *Cl* 483; **1447** pro tonsione panni de fustiane pro ~ponibus regis, iij s. v d. *ExchScot* 275.

purporeus v. purpureus. **purportum** v. proportum. **purpresio** v. purprisa. **purpressit** v. purprisare.

purprestare [AN cf. purprestura+CL -are], to acquire by unlawful occupation or encroachment (in quot. on king); **b** (absol.).

1255 ~avit unum curtilagium in Wodeton' in foresta de Morf *Hund.* II 59a; **1275** fuit dicta placea ~ata et edificata per Alexandrum le Ferron *Ib.* I 407a; levavit stapellos .. qui sunt ~ati super viam regiam *Ib.*; **1276** ~avit magnum locum de foresta que dicitur Pullingbere et multas alias purpresturas fecit *Ib.* I 14b; **1290** predicti bosci super dominum regem .. per ipsum episcopum .. ~abantur *RParl* I 15a; **1309** p'prestavit de communia regis latitudinem iiij pedum et longitudinem xij pedum et ibi construxit quoddam cotagium *S. Jers.* XVIII 257; **1407** via .. ~tatur *Doc. Bev.* 27. **b** **1313** presentatum fuit quod quidam ~avit super viam regiam ex una parte et ex alia ipsam viam reparavit *Eyre Kent* I 91.

purprestum v. purprestura.

purprestura [AN *purpresture*]

1 (act of) unlawful occupation or enclosing of land (esp. of royal demesne), encroachment, 'purpresture'; **b** (dist. from *occupatio*).

1167 idem vicecomes r. c. de vij li. .. vj s. x d. de propresturis in civitate Ebor' hoc anno *Pipe* 79; de excidentibus et occupatis quod nos usitatius dicimus de propresturis et eschaetis *Dial. Scac.* II 10A; dicitur propestura proprie quando aliquid super dominum regem injuste occupatur, ut in dominicis regiis, vel in viis publicis astopatis, vel in aquis publicis trestornatis a recto cursu GLANV. IX 11; **1200** assisa .. de ~a quam ipse dicitur fecisse in terra et in bosco de Egemendun' *CurR* I 287; **1218** de juratoribus de Steinclif' qui nichil dixerunt de burprestoris *Eyre Yorks* 391; **1276** cepit unam magnam ~am .. claudendo ipsam per fortem sepem *Hund.* I 12a; **c1280** abbas et conventus fecerunt quandam perpresturam per potestatem suam super communem pasturam ejusdem ville de longitudine iij perticarum et latitudine xvj perticarum *Suff. Hund.* 47; **1321** porpresturis factis ibidem in prejudicium *CartINorm.* 40; **1369** ad respondendum .. de diversis ~is per ipsum factis apud Fulwellway appropriando sibi de solo domini vj pedes in latitudine et iiij pedes in longitudine *Hal. Durh.* 84; **1419** de ~is factis super dominum regem, sive in terra, sive in aqua (*Liber Albus*) *MGL* I 79. **b** omnes ~e .. et occupationes .. amoveantur et penitus deleantur BLANEFORD 135.

2 land occupied or enclosed, or fence or building erected in encroachment.

idem Rogerus tenet j hidam .. de dominica firma de Cepeham. Celeinus tenuit TRE .. ~am Edrici vicecomitis *DB* I 72va; **1123** reddit .. eis .. porpristuras, de quibus inter eos discordia et calumpnia *Forma* 73; **c1130** donavi eis meum purprestum de Kircham et domos meas *Cart. Rievaulx* 160; sciatis me dedisse .. Deo et abbatie Sancte [Marie] de Walemunt, et monachis .. ecclesias meas de ~a foreste de Lillebona *Act. Hen. II* II 350; concessimus Pagano de Appelford .. jure hereditario tenendam de ecclesia nostra in perpetuum, tenaturam suam de Appleford, et de Stoches, excepta omni ~a *Chr. Abingd.* II 233; burgenses ville esse in causa hujus rei, qui tantas et tot ~as tenent in foro de sopis, et seldis, et stalagiis, sine assensu conventus BRAKELOND f. 143; **1224** quo waranto ipse tenet prospurtures [*sic*] quas tenet in Bamburc [Northumb'] *KR Mem* 7 m. 6; **1225** propresturis *LTR Mem* 4/3*d*.; **1227** .. salvis nobis et heredibus nostris ~is et pasturis nostris factis et faciendis et aliis redditibus nostris (*Grimsby*) *BBC* 305; **1321** preceptum fuit vicecomitibus .. illam ~am prosternere *MGL* II 366.

3 fine for encroachment.

1224 teneant que sunt de propresturis nostris *KR Mem* 7 m. 3*d*.; **1256** quod .. burgenses se possint appruare in terra et in aqua infra libertates suas sine impedimento vel calumpnia nostri vel heredum vel ballivorum nostrorum, salvis ~is si que ad nos vel heredes nostros de jure debeant pertinere (*Shrewsbury*) *BBC* 62.

purpresturare [purprestura+-are], to encroach or trespass on.

1383 quos tamquam indebite ~antes terram suam .. arrestavit *Reg. Moray* 370.

purpretura v. purpuratura.

purprisa, ~um, ~ium [AN *purprise*]

1 (act of) unlawful occupation or enclosing, encroachment, 'purpresture': **a** (of land); **b** (of animal hunted on encroached land).

a **1460** purpresiones communitatis dicte civitatis [Brechin] facte super communi via *Reg. Brechin* II 190. **b** **1350** per usurpacionem et ~am bestiarum ferarum de chacia de Malverne .. dicte fere solebant apud Cors ire redire et pascere et sustentari *IPM* 106/1 m. 64.

2 land occupied or enclosed, or fence or building erected in encroachment.

1180 Castrum de Longo Campo cum toto porpriso et totum porprisum monacorum de Cadomo ibidem *RScacNorm* I 74; **a1182** (1336) locum de Kirkeham in quo fundata est .. ecclesia Sancte Trinitatis, sicut .. Walterus et Adel[ina] uxor sua eis dederunt cum ~o *CalCh* IV 361; **a1183** domum que fuit Radulfi filii Stephani in Rothomago super Grandem Pontem, cum gardino et toto ~io [v. l. ~o], et omnibus pertinentiis suis *Act. Hen. II* II 208; **a1226** domum meam lapideam cum ~io et aliis edificiis in eodem ~io constitutis *Cart. S. Greg. Cant.* 75; **1282** item omnes terre et omnia prata que idem abbas habet in predicta landea sunt ~e *KR Forest Proc.* 31 m. 8; **1336** in illa terra quam .. incluserunt muro .. ad aumentandum proprisum grangie sue *ChartR* 123 m. 15.

purprisare, ~ere [purprisa+CL -are, -ere], to acquire by unlawful occupation or encroachment.

1292 predictus Edmundus predictas libertates purpressit et occupavit *PQW* 381b.

purprisium, purprisum v. purprisa. **purpuctus, purpuintus, purpunctus**, v. purpointus.

purpura [CL]

1 murex or sim. shellfish, as ancient source of purple dye.

~a, *uuylocbaso Gl. Leid.* 22. 17.

2 purple dye (originally obtained from murex or sim. shellfish); **b** (*~a maritima* used for medicinal purpose).

murex, regalis ~a *GlC* M 329. **b** †purenia [l. purpura], [i.] maritima quam alii †balattam luctantem [l. Blattam Byzantinam] apellant eo quod †luzancio [l. Byzantio] primum inventa est, ejus virtus sicca est, putrida vulnera gingivarum in pulverem redacta et inposita purgat et cicatrizat *Alph.* 150.

3 purple-dyed fabric; **b** (as symbol of human or divine power or status). **c** (transf.) power, sovereignty.

curtinae veteris delubri .. ex auro, jacintho, ~a [*gl.*: ~a apud Latinos a puritate lucis vocata, apud Grecos purphira dicitur, *godwebbe*], bis tincto cocco sive vermiculo cum bisso retorto dispari murice fulsisse describuntur ALDH. *VirgP* 15; vexillum .. auro et ~a conpositum BEDE *HE* III 11 p. 148; quid dicis tu, mercator? .. quales res adducis nobis? ~am [*WW*: ~um] et sericum [AS: *pællas 7 sidan*] .. ÆLF. *Coll.* 96; camere .. ubi erant ingentes thesauri, copia sc. auri et argenti, lapides preciosi, ~a et sericum, et omnium copia divitiarum ORD. VIT. XI 26 p. 253; bombices .. i. vermes ex quorum egestione lana conficitur unde ~a et ostrum texitur OSB. GLOUC. *Deriv.* 72; **s1306** distribuebantur ~a bissus, sindones, et siclades *Flor.*

Hist. III 131. **b** duce Ambrosio Aureliano .. qui solus forte Romanae gentis tantae tempestatis collisione occisis in eadem parentibus ~a nimium indutis superfuerat GILDAS *EB* 25; virginitas fulget veluti rubra purpura regum ALDH. *VirgV* 189; pro aurotexta ~a induitur nigra peregrinantis a Domino tunica Gosc. *Edith* 43; Heraldus .. furtim preripuit diadematis et ~e decus ORD. VIT. III 11 p. 119; tedebat preterea virginem beatissimam corporali decorari ~a *V. Fridesw. B* 5; sunt .. ducis insignia preter arma militaria virga et vexillum, judicis tribunal et ~a R. NIGER *Mil.* I 79. **c** virgo parens .. / aurea porta Dei, dignissima purpura Christi WULF. *Brev.* 149; a1169 honores .. eternos in celis qui imperatorum ~am majestate incomparabili antecedant J. SAL. *Ep.* 170 (206); absque eo ~a regis eterni non consummabitur J. FORD *Serm.* 78. 7; huic sane nobilissime ~e de subtilissimis filis cogitationum sanctarum .. subtiliter contexende GROS. *Hexaem.* 79. 8; religionis apex et nostri gloria secli / et decus ecclesie, totius purpura mundi M. RIEVAULX (*Vers.*) 14; crebrumque in sententiis cujus libri puritate Theodosii ~as illustravit GROS. *Hexaem. proem.* 1.

4 (*alba ~a*) 'white purple', purple silk.

dono cappam ex alba ~a .. detulit ORD. VIT. III 9 p. 111.

5 purple (as colour); **b** (*~a nigra*) 'black purple' (as colour of rust).

chrysoprasus ex auro et ~a ceu mixtam lucem trahens, quem amant aquile *Ps.*-BEDE *Collect.* 312; flos Veneris rosa est, quia sub ejus ~a multi latent aculei MAP *NC* IV 3 f. 46; hic candens inter celestia lilia fulget; / illi debetur purpura tincta rosis NECKAM *DS* V 456; lesura / in purpura rose livores inducit J. HOWD. *Cant.* 98. **b** ferrugo, ~a nigra *GlC* F 139.

purpurare [CL *as p. ppl. only*]

1 to make dark red or crimson; **b** (w. ref. to blood); **c** (fig.); **d** (p. ppl. as adj.) dark red or crimson (in quot. w. ref. to flower).

purpurat ecce rosas et vestit lilia lisso, / lilia virgo, rosas martir NIG. *Poems* f. 3ra. **b** per medium mare proprio sanguine ~atum THEOD. *Laterc.* 21; Abel qui .. primus claro terram ~avit martirio H. LOS. *Serm.* 288; pro hac dimicavit ~ata martyrum multitudo *Mir. Fridesw. prol.* 2; s1071 unde adhuc Scocia .. primitivo nobilium Anglorum sanguine ~atur M. PAR. *Min.* I 16; stragemque cruentam / condensat, campum purpurat imbre rubro GARL. *Tri. Eccl.* 61; s304 Britanniam .. sanguine ~avit *Flor. Hist.* I 174; Manasses .. plateas Jerusalem sanguine prophetarum ~avit *Eul. Hist.* I 53. **c** ave [Jhesu] presul et hostia / que purpurat altaria / crucis ut rose floribus J. HOWD. *Cyth.* 76. 2. **d** adolescentes velut quidam flores verni purpurati et rosuli H. BOS. *Thom.* III 15.

2 to give a rich colour to; **b** (transf., w. ref. to rhetorical style). **c** (in fig. context).

[scala] vernis .. sertis ad delicias ~ata GIR. *Symb.* 24. 272. **b** vestes munde linguam tingunt, / os colorant, verba pingunt, / et loquelam purpurant WALT. WIMB. *Van.* 31. **c** hoc eterni viroris vernale pratum virtutum flores ~are non desinunt *Ps.*-ELMH. *Hen.* V 77.

3 to clothe in purple (assoc. w. *purpuratus*), i. e. to bestow high rank on (in quot. of bishop).

modo nullus purpuratur, / nisi dicat et loquatur / principi placencia WALT. WIMB. *Van.* 115.

4 (p. ppl.): **a** (as adj.) dressed in purple (esp. as symbol of power or status). **b** (as sb. m.) one dressed in purple.

a a797 nullum gladium timentes, quanto magis nec linguas vaniloquas, que sibi cum divite ~ato flammas incendere probantur ALCUIN *Ep.* 89; cum universa chorea iterum candidata et ~ata Gosc. *Transl. Aug.* 19D; Romanus pontifex .. non modo ~atus sed deauratus incedit J. SAL. *Pol.* 624A; dat odorem domino / purpurato thure P. BLOIS *Carm.* 22. 4. 36; ~ata incedit parentela pontificum *Id. Ep.* 60. 178D; dives delicatus et ~atus sepultus est in inferno, Lazarus ulceribus plenus et fame cruciatus in sinum Abrahe transportatus est M. RIEVAULX (*Ep.*) 64. **b** quurris [l. curulis] sella, in qua ~ati sedent *GlC* Q 79; ad eum ~ati sermo dirigitur W. MALM. *GP* I 6.

purpurarius [CL]

1 that pertains to the production of purple fabric.

---

erat in civitate matrona nobilis artis ~ie peritissima AILR. *Ed. Conf.* 783B; femina .. operis texture scientia ~ia nobilis R. COLD. *Cuthb.* 74.

2 who wears purple (in quot. fig., w. ref. to Christ, symbolizing divine power).

nec .. confundit eos celestis ille ~ius a spe sua J. FORD *Serm.* 78. 7.

purpuraster [LL], purplish.

satirion .. habet .. florem purpureum vel ~rum et exalbidum *Alph.* 158.

purpuratura [CL *purpuratus p. ppl. of* purpurare + -ura], purple fabric.

1251 pro .. xx ulnis de canabo, croco, purpretura, broidura et pro ix aurifr' *Liberate* 28. m. 19.

purpurescere [LL; cf. CL *purpurascere*], to become red or crimson.

sacrosancto cruroris ostro ~it [*gl.*: i. rubescit, *heo readede*] ALDH. *VirgP* 43; et caro flagris nivea purpurescit J. HOWD. *Cant.* 80.

1 purpureus v. furfur.

2 purpureus [CL < πορφύρεος]

1 purple, crimson, or sim.: **a** (of dyed fabric or parchment); **b** (of the murex, as ancient source of purple dye); **c** (of thing similar in colour to purple dye).

a ~ea ac si coagulati cruoris pallia GILDAS *EB* 28; inficiuntur .. membrana colore ~eo, aurum lucescit *Ps.*-BEDE *Collect.* 232; ~eo induta pallio *Lib. Monstr.* I 13; lembum, .. purporeum vestimentum in imo [h]abet clabatum *GlC* L 129; unde .. ~ee vestes et purpurei flores ponuntur super mortuos BART. ANGL. IV 1; **1460** pro quatuor ulnis cum quarta panni serici dicti vellus ~ii coloris *ExchScot* VII 35; septem capas pulcherrimas de ~eo [MS: purpuro] velveto *Reg. Whet.* I 475 *app.*; **1503** vestimentum de velveto ~ii coloris *Invent. Ch. Ch.* 130. **b** numquid .. creator omnium Deus hirsutas bidentum lanas .. non potuit .. ~eis [*gl.*: i. rubris] tincturae muricibus [*hypallage*] naturaliter colorare? ALDH. *VirgP* 56; crisoprassus purpureum / imitatur conchilium FRITH. *Cives* 11. 1. **c** cadaverum frusta, crustis ac si gelantibus ~ei cruoris tecta GILDAS *EB* 24; serpentes .. qui in quibusdam squamis auri fulgore radiabant et in quibusdam candidis ac ~eis coloribus et nigris cernebantur distincti *Lib. Monstr.* III 4; margaritam omnis quidem coloris .. id est et rubicundi et ~ei et hyacinthini BEDE *HE* I 1; vestitur colobio albo clavato purpura, induitur pallio albo, per quatuor angulos singulas gemmas ~eas habens GIR. *GE* I 25. 69; flos viole est ~eus propter majus dominium ignearum partium *Quaest. Salern.* B 237; caro .. quedam ~ea, ut care epatis *Ps.*-RIC. *Anat.* 42; yris, ~eum florem in modum azuri gerit *SB* 25; in alio .. vase, in quo est venus et aurum, continua ignem majori calore donec ad summam rubedinem aut ad colorem ~eum perveniat RIPLEY 335.

2 (w. implication of sheen or quality as dist. from actual colour) of a rosy or ruddy hue, radiant, glowing.

pallida purpureo dum glescunt gramine rura, / garrula mox crepitat rubicundum carmina guttur ALDH. *Aen.* 47 (*Hirundo*) 3; mox igitur precibus disrupit vincula mortis / pallida purpureo restaurans membra colore *Id. VirgV* 1966; flammas emittit aureas / nitelasque purpureas FRITH. *Cives* 13. 4.

3 (anat., *vena ~ea*) name of a blood-vessel in the arm or hand.

due partes ab eis [venis] separantur, una sc. ab ascelari, alia ab humerali, et conjunctim descendunt quousque ex eis una fiat vena que ~ea vocatur *Ps.*-RIC. *Anat.* 44; vene .. manus que flebo[tom]antur sunt quinque: nigra sive ~ea *Ib.*; [v]ena ~ea aperitur pro passionibus interorum [*pointing to middle of inside elbow*] *Tab. Phlebotomiae.*

purpurinus [CL *purpura* + -inus], that pertains to the colour purple.

purpura, inde purpureus, purpuratus, ~us OSB. GLOUC. *Deriv.* 465.

purpurissum [CL < πορφυρίζον], **~us,** a pigment or cosmetic, rouge (also fig.).

pro ~o, pro cerussa, pro stibio pudorem docebat

GOSC. *Edith* 49; a me ne requiras ~um oratoris aut cerussam [MS: cerusam] MAP *NC* IV 3 f. 45v; *roventel, ruventele, roventele,* ~us GARL. *Comm.* p. 229.

purpurissus v. purpurissum.

purpurites [CL *purpura* + -ites, cf. πορφυρίτης], coloured like porphyry.

marmor ~es ex Egypto est rubeum candidum [? l. candidis] intervenientibus punctis et vocatur ~es eo quod rubeat ut purpura BART. ANGL. XVI 69 p. 749.

purpurius v. purpureus.   **purpurum** v. purpura.
purritus v. putridus.

pursa [ME *purs(e)* < AS *purs* < LL bursa < βύρσα], purse, money-bag.

1206 de roberia ~e sue et de v s. viij d. *CurR* IV 244.

pursevandus v. pursivandus.

pursivandus [ME *pursevaunt*, AN *pursivant*, < OF *porsivant pr. ppl. from porsivre*], attendant or messenger, 'pursuivant', esp. junior heraldic officer or one of the four royal pursuivants of the English officers at arms.

1487 constituimus ipsum Leonardum [Parvesyn'] unum officiariorum ~orum nostrorum *Pat* 566 m. 13; **1492** dilectus serviens noster Rouge Croix, unus pursevandorum nostrorum *Pat* 572 m. 17/ 20; **1550** per praesentes facimus .. Nicholaum Tubman unum ~orum nostrorum *Foed.* XV 201; **1555** concessimus .. dilectis nobis .. heraldis armorum, ac omnibus aliis heraldis prosecutoribus sive purcivandis armorum quod .. *Ib.* 424; **1570** Willielmus Dethicke .. unus ~orum nostrorum ad arma *Ib.* 679.

purula v. pirula.

purulentia [LL], rotten or putrid matter.

ceperunt aures et oculi ejus ~ias ejicere W. CANT. *Mir. Cant.* III 36; ad extrahendas orbium vacuorum ~ias BEN. PET. *Mir. Thom.* IV 2 p. 178.

purulentus [CL]

1 that contains, consists of, or resembles pus, (also in general sense) rotten or putrid; **b** (transf. of moral or spiritual rottenness).

Lucas .. qui .. primo ~as [*gl.*: fetidas, putridas, *giolstrige þa giccigan*] corporum valitudines .. salubriter sanabat ALDH. *VirgP* 24; tantillum .. refrigerii potitur, quod sanguis ~us ab oculis cum spica hordei detrahitur HERM. ARCH. 26; omnis decoctio ciborum, ac ~a collectio digestionum, que naturalem per partes posteriores habere debuerant exitum, per trium vulnerum ipsorum prorumpebat hyatum R. COLD. *Cuthb.* 128; ~us, us, putris, putidus OSB. GLOUC. *Deriv.* 470; totaque simul prurulenta [*sic*] sanie ore tenus stillabat quod horror erat cernere *Mir. Wulfst.* I 20 p. 128; sanguis est purus, et putrulentus [*sic*], et paucus GILB. VI 276v. 1. **b** dum malagma medicamenti ~is [*gl.*: putridis, virulentis] protervorum vulneribus quaerimus ALDH. *VirgP* 58; in ulceribus arguitur dolosa hujus saeculi ~a a malitia: in vesicis, tumens et inflata superbia (*Ps.*-BEDE *Ex.*) *PL* XCIII 369B.

2 filthy, dirty.

~a, *horie GlP* 600; non plebs veretur panniculosa purpuratam, vallant ~a [v. l. prurulenta] examina munditiae alumpnam, anus horrendae cladis presumunt GOSC. *Edith* 63;

3 (in gl., understood as) blocked with the mucus of the nose, 'snotty'.

snotty, ~us LEVINS *Manip.* 112.

purulus v. pirula.

purus [CL]

1 free from dirt or impurities, clean.

defecatior, ~ior *Gl. Leid.* 4. 109; ~um, extersum *Ib.* 4. 111; ceterarum .. purgacionum superfluis impuris existentibus, genitalium purgacionis superfluum, quod est sperma, substancia hominis est ~issima KYMER 19 p. 556.

2 free from admixture of extraneous elements or ingredients (sts. implying clarity of physical appearance); **b** (of foodstuff or animal product);

c (w. ref. to colour); **d** (of gem, dist. from *nebulosus*) clear. **e** (of metal) unalloyed. **f** (of money or coin) free from debasement.

quattuor . . / limpida per latum fluxerunt flumina mundum, / quae rubros flores et prata virentia glebis / gurgitibus puris et glauco rore rigabant ALDH. *CE* 4. 10. 12; reciproca ~issimi [*gl.*: liquidissimi, clarissimi] fontis redundantia *Id. VirgP* 9; sub divo, sub caelo ~o *GlC* S 673; quo ~ior et subtilior, tanto . . inclementior aer GIR. *TH* I 3; carnis . . ~ior pars est sanguis *Ps.*-RIC. *Anat.* 42. **b** causam amoenitatis eorum esse adserunt quod crudam carnem et mel ~issimum manducant *Lib. Monstr.* I 26; a**1286** panem . . de ~o frumento, sicut cadit de gerba, sine mixtura alterius bladi *Cart. Rams.* II 235; **1453** de precio cvj petrarum et ij librarum cepi non ~i proveniencis de necatis boum et multonum *Ac. H. Buckingham* 17. **c** sardonix habet colorem sanguinis, sardius colorem ~um sanguinis *GlC* S 83 (cf. *Gl. Leid.* 41. 12); **1432** quod nullus studens vel scolaris utatur pellura de minutis variis, seu de ~o albo vel de ~o griseo *StatOx* 239. **d** hyacinthus lapis est ceruleus mirabilis varieque nature, aliquando nebulosus, aliquando ~us, ut fluctus ALB. LOND. *DG* 8. 10. **e** **875** mancusas auri ~issimi *CS* 539; duas libras ~issimi auri dedit *CS* 869; circulum . . insignem ex auro ~issimo *Found. Waltham* 13 (cf. ib.: ex auro obrizo). **f** **1289** in florenis ~is *Doc. Scot.* I 136; in vij l. vij s. ob. expenditis in sterlingis ~is *Ib.*

3 (w. ref. to ethnicity) of unmixed ancestry or culture (esp. in phr. *~us Hibernicus*).

1283 pro morte Thome le Carpenter ~i Hibernici *Cl* 100 m. 5; s**1394** Hibernici veri Anglici auxilium contra ~os Hibernicos petierunt *Eul. Hist. Cont.* 370; s**1394** Makamor et quidam alii principales ~orum Hibernicorum capti fuerunt *Ib.* 371.

4 free from moral corruption or from ceremonial or sexual pollution, innocent, chaste, pure; **b** (appl. to part of body, usu. as seat of a faculty); **c** (of thought or perception); **d** (of way of life). **e** (as sb. n.) state or condition of freedom from moral corruption.

fide integer et vita ~us sanctus Augustinus *V. Greg.* p. 101; non puto mortalitatem ad ~am, sed ad corruptam hominis naturam pertinere ANSELM (*CurD* 11) II 109; ejus quippe metalli puritas ~a est ejus oboedientia *Simil. Anselmi* 90; pro tam ~a et simplici electione devota laus a fidelibus Deo reddita est ORD. VIT. IV 11 p. 250; utinam post longa jejunia tam sobrii fuerint quam seri, tam veri quam severi, tam ~i quam duri GIR. *TH* III 27; quo [cochleare] . . episcopus quoad vixit in mensa usus est in memoriam ~e confessionis *Latin Stories* 37; fides ecclesie posset in ~is laicis remanere OCKHAM *Dial.* 492; **1421** ex sua ~a voluntate et devocione assignavit, concessit, et dedit viginti marcas sterlingorum *Mem. York* II 100. **b** sacerdotes habet Britannia, sed insipientes . . raro sacrificantes et numquam ~o corde inter altaria stantes GILDAS *EB* 66; quibus singultibus aestimabo ~issimum pectus vexatum esse ANSELM (*Or.* 2) III 8; ~i cordis fidem ORD. VIT. II 2 p. 227; inter hec sancta æcclesia vehementer opprimebatur, et . . levatis cum corde ~is manibus sponsum suum . . deprecabatur *Ib.* XI 11 p. 202. **c** pernoctans in vigiliis secundum morem ejus, mente fideli, ~a fide, uberrimis orationibus *V. Cuthb.* I 5; simplici ac ~a mente tranquillaque devotione Domino servierat BEDE *HE* IV 22 p. 262; pura fides, pax, verus amor tunc emicuere GREG. ELI. *Æthelwold* 1. 6; c**1199** ille siquidem honor est in solis et nudis, et ~is intellectibus P. BLOIS *Ep.* 151. 443A. **d** ~ae [*gl.*: caste] virginitatis munus ALDH. *VirgP* 29. **e** purum cum lue bella gerit GARL. *Tri. Eccl.* 5.

5 complete, essential, or unconditional. **b** (as sb. n.) completion or essence (in adv. phr. *ad ~um*). **c** unconditional offering, alms.

c**1208** dedi Deo et beate Mariae et monachis de Stratmarchel illam terram que appellatur Banadellaucluidion in ~am et perpetuam possessionem, liberam et quietam *Ch. Str. Marc.* 52; Alcmundus hanc villam domui Abbendoniae in ~am et perpetuam elemosinam dedit *Chr. Abingd.* I 35; **1215** quod teneat ipsam ecclesiam de Crumlin in liberam ~am et perpetuam elimosam *Dign. Dec.* 27; †**1046** (14c) hec dedi dictis monachis in ~am et perpetuam elemosinam *CD* 1335; **1384** concedimus . . medietatem decime ~e, que alias fuit conditionaliter concessa *Conc.* III 185b. **b** sic . . ablatis omnibus scrupulorum ambagibus ad ~um, certam veritatis indaginem simplicibus explicitam sermonibus commendare membranulis . . curavi BEDE *CuthP prol.*; **716** hae sunt animae, quae post exitum mortalis vite quibusdam levibus vitiis non omnino ad ~um abolitis aliqua pia miserentis Dei castigatione indigebant BONIF. *Ep.* 10; s**993** vovens me . . retroactas ad ~um cohercere negligentias *Chr. Abingd.* I 361; [angeli] aliquid didicerunt per apostolos predicantes et mysterium redempcionis humane, quod ante redempcionem et passionem et predicacionem apostolorum non intellexerunt ad ~um seu plenum OCKHAM *Dial.* 746. **c** ecclesiam sancti . . frequentans, / illi pura dabas, ingeminando preces G. AMIENS *Hast.* 57.

6 that has nothing taken away (converse of sense 2 *supra*).

1398 exterius de ~o lapide vocato *achiler* plane inscisso, interius vero de fracto lapide vocato *roghwall Hist. Durh. Script. app.* clxxx.

7 who or that has no special or additional function or quality, alone, mere, pure; **b** (w. ref. to human or divine characteristic). **c** (*~us claustralis*) monk who holds no monastic office. **d** (mus., *organum ~um*) mensurable part or parts, melismatic upper voice above a chant tenor.

togapurium, toga ~a *GlC* T 220; illa pars corporis subintrati habet longum, latum, spissum, et ita in ejus medio nulla erit vegetatio nec aliquis sensus propter defectum anime vegetabilis et anime sensibilis, et ita illud corpus erit ~um corpus J. BLUND *An.* 313; potencia in ~is naturalibus est improporcionata objecto ut sic cognoscibili DUNS *Ord.* I 3; reges et alii principes sunt liberi et non sunt ~i servi imperatoris OCKHAM *Pol.* I 152; item suspensus a beneficio potest eligere eciam in ecclesia illa ubi est suspensus sicut ~us canonicus expectans prebendam et adhuc non habens ex solo officio eligit J. BURGH *PO* VII 6 E; **13..** de ~a gracia et elemosina ei subvenitur *FormOx* 236. **b** ?**800** quia Petrus homo ~us, Christus Deus et homo ALCUIN *Ep.* 204; utique non ~us homo, sed Deo Patri consubstantialis Filius evidenter declaratur *Eccl. & Synag.* 81; si non esset Deus, sed ~us homo ANSELM (*Orig. Pecc.* 13 *tit.*) II 155; cum hec, nec ~o homini, nec Deo ~o possint adaptari P. BLOIS *Opusc.* 838A. **c** ~i claustrales *Cant. Cath. Pri.* 66. **d** quandoque dicitur organum ~um, ut in 'Judea et Jerusalem' in duplo . . *Mens. & Disc.* (*Anon. IV*) 70; talibus . . longis utitur vetus organum ~um HAUDLO 116; est . . organum proprie sumptum organum duplum, quod ~um organum appellatur HAUBOYS 182.

8 (of account) that lacks additional components or that remains after all necessary deductions have been made, alone, clear, or net. **b** (in adv. phr. *de ~o*) net.

summa erat trium millium librarum et lij, et una marca de ~a sorte BRAKELOND f. 129; **1256** summa summarum tocius estimacionis maneriorum episcopi vj^{xx}xij li. q' et inde subtrahende sunt xx li. ad necessariam sustentacionem edificiorum, et sic ascendit ~a estimacio ad cxii li. *Reg. Roff.* 64. **b** **1397** felonice furati fuisse debuissent tres petras de ~o de lanis albis et nigris *Pat* 347 m. 40.

1 pus [CL]

1 foul matter from a sore, produced by suppuration, pus. **b** (transf.) filth, putrescence; **c** (of breath, in fig. context).

ulcus est plaga putrida . . emittens pus aut aliam immunditiem GAD. 125. 1. **b** a putreo hoc pus indeclinabile, i. quedam infirmitas que hominem reddit putridum interius OSB. GLOUC. *Deriv.* 427; in quadam epistola venerabilis Johanis Saresburiensis . . invenitur quod 'pus puris' posuerit pro 'putredine' J. BATH 278; sol ipse rutilus, Phebus et Cinthia, / totaque fabrice celestis gloria / collata virgini sunt fex, sunt scoria, / sunt pus, sunt palee, sunt sterquilinia WALT. WIMB. *Carm.* 184; patet exitus orbe, / quo tria sunt ista, pus, labor, atque dolor (ELMH.) *Pol. Poems* II 119; *a filthe*, . . putredo, . . pus, indeclinabile . . pus pro putredo indeclinabile credo; pus declinatur custodia quando notatur *CathA.* **c** **1166** ranas in ceno fovet, que flatus sui pure inpuro omnem incrustent sinceritatem J. SAL. *Ep.* 148 (177).

2 mucus of the nose, snot.

pus nasi, *snevel of þe nose WW*; hoc pus, *snot WW*.

2 pus [dub.], custody, guardianship, confinement.

pus secundum dicitur pro custodia, et tunc componitur cum hoc nomine quod est corpus, et dicitur corpus quasi cordis pus, i. custodia OSB. GLOUC. *Deriv.* 427; *a kepynge*, custodia, obseruacio, cure, et doctrine, et artis est, observancia vere [i. e. vero] cultus, pus; unde [v. l. homines in puri meo, i. in custodia, vel] illud, aliis in pure positis ego solus euasi pure, id est custodia *CathA.*

pusca v. posca.

1 puscula, 1 pustula [cf. CL buccula, ML puscula], buckle.

~culam, *bucle* NECKAM *Ut.* 100; c**1274** pro iiij cingulis cum novis ~culis *Househ. Henr.* 407; **1291** in . . xij ~culis ad supercingulas, x ~culis someriis, iiij ~culis ad palefridar' *Ac. Swinfield* 136; **1326** pro ij braccal' cum iiij piscul' argent' *KR Ac* 381/11/111; hec ~tula, A. *bokylle WW.*

2 puscula v. 2 pustula.

puscularius [? 1 puscula + -arius], buckle-maker.

hic pustularius, A. *botullere WW.*

puseo v. pusio.

pusillanimis [LL], **~us** [ML]

1 that lacks courage and strength of mind, faint-hearted, cowardly, timid. **b** (as sb. m.) one who lacks courage and strength of mind.

illa aliquando inibi fortius firmavit de pessimis, aliquando vero lenius, ut sibi videbatur, modum inposuit ~is THEOD. *Pen.* I 7. 5; pusillanimis trux desperatio mentis / opprimit incautum obtentu rancoris amari ALDH. *VirgV* 2646; **793** nolite ~es esse in tribulatione ALCUIN *Ep.* 21; maturus animus / portat onus quod portare nequit pusillanimus HIL. RONCE. 54; comes Mellensis . . magnanimus ore, ~is corde GERV. CANT. *Chr.* 114; **1322** Domino permittente, magis solito plures angit, et precipue divino cultui deditos ~es deprimit, et titubantes subvertit *Lit. Cant.* I 57; virginem puellam, omnium creaturarum ante hoc pusillanissimam [*sic*] *Plusc.* X 31. **b** consolantur ~es . . ecce opus Christi consolacio pusillanimum S. LANGTON *Chron.* 214; ~orum more stolidorumque E. THRIP. *SS* III 16; qualis . . fuit et quam clamosa ~ium lamentatio *Mir. J. Bev. C* 341; *a cowerd*, . . ~is *CathA.*

2 (of conduct) marked by lack of courage and strength of mind.

Philippus, quanquam in se miles animosus et audax, ~i tamen suorum consilio . . ad sua reverti . . preelegit GIR. *EH* II 20 p. 349; ceteris omnibus ~i silentio torpentibus AD. MARSH *Ep.* 30 p. 128; s**1229** fabricam nove ecclesie . . Ricardus [episcopus Batoniensis] . . ausu non ~i inchoavit M. PAR. *Maj.* III 189.

pusillanimitas [LL]

1 lack of courage and strength of mind; **b** (w. *animi*, *cordis*, or *spiritus*).

tristitia . . quae de indignatione et ~ate deprehensae conscientiae extorquetur GILDAS *EB* 2; arguere solebat ~atem fratrum, qui graviter ferrent, si qui se nocturnae quietis tempore . . suscitarent BEDE *CuthbP* 16; **798** sed nunc ~as multorum non curat scire rationes rerum, quas creator condidit in naturis ALCUIN *Ep.* 148; **1166** novi . . ~atem . . quorumdam episcoporum J. SAL. *Ep.* 179 (172 p. 130); s**1066** increpans desolantium imbecillitatem et perterritorum ~atem *Flor. Hist.* I 595; inducitur Agamemnon Achillis ~atem improperans TREVET *Troades* 25; *a cowerdnes*, ~as *CathA.* **b** quando te poterit arripere ~as spiritus, animi tempestas, agonia cordis . .? AD. SCOT *QEC* 828A; ex fidei defectu et animi ~ate GIR. *GE* II 7 p. 192; fiat pulvis . . et incorporetur cum lacte . . et sumatur contra ~atem et tremorem cordis et hujusmodi passiones BACON IX 176; ubi removet ab eo ~atem spiritus et timorem (J. BRIDL.) *Pol. Poems* I 138; cum . . ~ate et ignavia animi sui se eis reddiderit in servum FORTESCUE *NLN* I 26.

2 (as material feature of infancy).

cum . . presbiteri sive clerici . . ad villam domumque . . patrisfamilias venissent, mox, quantum possibilitatis ejus ~as in infantia sua praevaluit, coeperat cum eis de caelestibus loquendo tractare et . . interrogare WILLIB. *Bonif.* 1.

pusillanimiter [ML < LL pusillanimis + -ter], in a faint-hearted, cowardly, or timid manner.

~iter adverbium OSB. GLOUC. *Deriv.* 17; cavendum est nobis ne detractionem ~iter timeamus HOLCOT *Wisd.* 38; tamquam canes muti non valentes latrare ~iter consenciunt reticendo WYCL. *Sim.* 68.

pusillanimus v. pusillanimis.

pusillitas [CL], insignificance (esp. w. self-reference as rhetorical topos of humility).

de principio libri Genesis .. multi multa dixere .. sed praecipue, quantum nostra ~as ediscere potuit, Basilius Caesariensis BEDE *Gen.* 9; coeperunt fratres instantius meae ~ati incumbere ut eorum ferventi desiderio satisfacerem ABBO *Edm. pref.*; cum haec ~atem meam persuadeant parere jussioni tuae .. FOLC. *V. J. Bev. prol.*; c1410 ad vestram .. excellenciam velut ad petram refugii .. ~as confugit clericalis *FormOx* 205.

pusillulum [LL pusillulus], in a very small degree.

me ~um vestra dominacio irritandum duxit J. BURY *Glad. Sal.* 571.

pusillus [CL]

1 very small in size.

venerunt post vestigia ejus duo ~a animalia maritima *V. Cuthb.* II 3; ambo hi stature modice, pauloque mediocri plus ~e GIR. *TH* III 52; iste stature ~us mirantibus cunctis papa sc. quod parvitate presulatur est R. NIGER *Chr. II* 139; quia statura ~us sum, ascendam in aliquam de arboribus J. FORD *Serm.* 18. 1; cum vero, pre densa vulgi astante corona, pluribus, et precipue statura ~is, desideratus minime pateret accessus *Mir. J. Bev. C* 328.

2 (of age) very young, immature. **b** (as sb. m.) young child (w. ref. to *Matth.* xviii 6).

cum canibus aut catis vel etiam pueris ludere vosque, non puerum nunc et ~um, set grandem jam et adultum, viris bonis et discretis fatuum ostendere consuevistis GIR. *SD* 132. **b** videte et cavete studiosius ne contemnatis de hiis milibus unum, ne judicetis, ne scandalizetis unum quemlibet de his ~is J. FORD *Serm.* 6. 9; hoc precepit Christus ne ~os scandalizet S. LANGTON *Ruth* 101; iste .. suum monasterium deserendo non solum scandalizavit unum Christi ~um, sed multos RIC. ARMAGH *Def. Cur.* 1405 (*recte* 1305).

3 very small in amount, degree, or extent.

tota haec superstitio et solennitatum insolentia, quibus hi ~is viribus jactanticuli rude vulgus attrahere sibi contendebant GOSC. *Lib. Mild.* 1; ~um gregem xx monachorum quem recepit .. ad numerum centum monachorum augmentavit ORD. VIT. III 5 p. 91.

4 of very little importance, trifling; **b** (as sb. m.) one who is of very little importance. **c** insignificant, humble (of Christ's flock, w. ref. to *Luc.* xii 32).

1002 (12c) nos miserrimi pauperes ~i tantum peregrinique *CD* 1295; sepe gerit nimios causa pusilla metus WALT. *Angl. Fab.* 23. 8; captata benevolentia ~is interdum munusculis et impetrata *V. Edm. Rich C* 592; Deus dignatus est nobis ~is patefacere RIPLEY 178. **b** maximam reputans pravitatem majorum atque ~is presidens alcius, nisi quod et mentem regeret artius *V. Edm. Rich C* 609. **c** adhuc pauci estis, et vos multitudo expugnat. nolite tamen timere, ~us grex P. BLOIS *Ep.* 78. 241D; Domine, dic quo modici delitescent, / et gregis quem movebit cura pusilli? J. HOWD. *Cant.* 168.

5 petty or mean, (in phr. as sb. n. ~*um animi*) meanness of spirit.

non me velim sic angusti animi esse credas, quod propter metum et pusilum [*sic*] animi mihi nubere recusarem LIV. *Op.* 233.

6 (n. sg. as adv., of time) for a little while, for a short time. **b** (in adv. phr. *post* ~*um*) after a short time.

tunc videns malitiosus ille se et machinamenta sua haberi contemptui, exivit, et ~um siluit ALEX. CANT. *Mir.* 50 (II) p. 261. **b** quicquid ex divinis litteris per interpretes disceret, hoc ipse post ~um .. in sua .. lingua proferret BEDE *HE* IV 24 p. 258; post ~um me revisens, invenit sedentem et jam loqui valentem *Ib.* V 6 p. 291; sed a sompno post ~um experrectus GIR. *Æthelb.* 14; **1294** post ~um murmurantes .. discesserunt *Flor. Hist.* III 89; post ~um misit rex castellanis pro transitu libero ELMH. *Hen. V* 9 p. 62.

7 (in gl.).

parvus, ~us .. quasi diminutivum ejus OSB. GLOUC. *Deriv.* 409; paulus, parvus, .. ~us *Ib.* 467.

---

pusilum v. pusillus.

pusio [CL], infant or young boy; **b** (in gl., one characterized by nasal blockage or sniffling).

celeri sermone fatere / quid tibi veridico videatur in hoc pusione B. *V. Dunst.* 4; septem circiter annorum tunc puer fuisse describitur .. tenellus ~io somno pregravante equo delabitur *V. Kenelmi* 5; carne caret mater, pusio carne pater R. CANT. *Poems* 16. 2; ipso momento quo, partu laxato, in vitam effusus ~io humum attigit W. MALM. *GR* III 229; ibi ~io, Grecis et Latinis eruditus litteris, brevi mirandus ipsis enituit magistris *Id. GP* V 189; nil canescentibus intendo cudere, / sed pusionibus qui volunt ludere WALT. WIMB. *Palpo* 179; puseo, gracilis puer *WW*; hic infans, hic pucio, hic puer, A. *a chylde WW*. **b** ~o, A. *a snevelard WW*.

pusiola [LL], young girl or young woman.

rediens ad regem, que suis partibus conducerent allegat, spetiei vulgaris et cotidiane ~am esse W. MALM. *GR* II 157; explorare volebat pater utrum ad Deum an ad seculum declinatura esset ~a *GP* II 78 (=CIREN. II 331); s1396 Isabellam, filiam regis Francie, duxit in uxorem, ~am non octennem OTTERB. 187 (cf. WALS. *YN* 373).

pusiollus v. pusiolus.

pusiolus [CL pusio + -lus], infant or young boy.

obvelatam fatiem ~i cum retexisset W. MALM. *GP* III 100; cum ~us esset, [et] in fonte baptismi mergeretur OXNEAD *Chr.* 14; cum ~us in fontem baptismi mergeretur CIREN. II 134; s1415 pro persona juvenis Henrici Percy, quem avus suus comes quondam Northumbrie olim dum adhuc esset pusiollus secum ad illas partes duxerat *Chr. S. Alb.* 86.

pussilanimis v. pusillanimis.   **pustell'** v. pistillum.

pustia [? cf. πιστάκιον], ? pistachio-nut or bennut.

pustia mirablanorum [v. l. puscia mirabolanorum] *Alph.* 152.

1 pustula v. 1 puscula.

2 pustula [CL], inflamed sore, blister, pustule, or sim. (sts. w. ref. to leprosy); **b** (in gl.). **c** blain.

mirum in modum, continuo ~arum tumor desedit W. MALM. *Wulfst.* II 7; tres ruptionum ~e, instar grassantis fistule, circa medium ipsius pectoris proruperunt R. COLD. *Cuthb.* 113; calculus atque tumens pustula cedit ei NECKAM *DS* VII 20; s1258 quia sanies ex quamplurimis ~is de corpore suo erumpentibus emanavit M. PAR. *Maj.* V 705; potentum scabies et putris pustula / non debet aliqua tangi novacula WALT. WIMB. *Palpo* 137; Mars habet dominum super febres calidas et frenesim ex sanguine / et ~as sanguineas, ut impetiginem et rubedinem corporis ROB. ANGL. (II) 161; c1300 ista medicina non solum valet pro omnibus antracibus sanandis, verumpeciam pro omnibus pistulis, i. bilis *Pop. Med.* 246; oleum amigdalarum dulcium aufert ~as labiorum GAD. 7v. 1; herebat .. superiori ejus labro pergrandis quedam porrigo vel ~a *Mir. Hen. VI* V 155. **b** ~a, *oncgseta GlC* P 868; **10..** †pastula [MS: ~a] *ongesta WW*; alcolla, i. ~e parve que fiunt in ore *SB* 10; ~a, A. *pokkes WW*; hec puscula, A. *a whele WW*. **c** vena sub auribus bona est pro dolore capitis, et prurigine, et pro prustulis, id est *rede blayns* in facie J. FOXTON *Cosm.* 55. 3 p. 131; hec ~a, *a blane WW*.

pustulare [LL], to cover with blisters or pustules.

~atur per totum corpus GILB. VII 340v. 2; totus potest inungi locus ~atus vel ulceratus GAD. 7v. 1.

pustularius v. puscularius.

pustulatio [LL], outbreak of blisters or pustules.

patitur .. manus multipliciter, sc. contractionem, arefactionem, ~onem, scissionem BART. ANGL. V 28; ~o vel scissura labiorum GAD. 5. 2.

pustulosus [LL], characterized by blisters or pustules.

tynea alia est humida .. alia sicca .. alia squamosa .. alia ~a GILB. II 82v. 2.

pustura, *f. l.*

in factura cirothecarum pro falconibus iiij d. in

---

†**pustura** [l. pastura *or* pultura] eorundem per iij dies j d. ob. *Doc. W. Abb. Westm.* 166.

puta v. putare, 1 putura.   **putacia** v. pittacium. **putaciare** v. pittaciare.

putacius, ~a [AN *putois* + CL -ius], polecat or sim. animal.

defectum .. aliarum quarundam patitur insula ferarum. caret enim .. ericiis, caret eriminis, caret et ~iis GIR. *TH* I 26; insuper luterium, mustelarum, erminarum, et putesiarum satis copia est *Lib. Eli.* II 105; **1288** de pellibus .. putosiorum *Law Merch.* III 149; Hibernia .. caret .. capreis et damis, hericiis, ~iis [TREVISA *omits*], et talpis, et ceteris venenosis HIGD. I 32 p. 338.

putagium [AN *putage*], fornication or adultery. **b** fine for fornication or adultery.

solet dici aliquando quod ~ium hereditatem non admit generaliter BRACTON II f. 88; si uxor puerum de aliquo conceperit, viro suo hoc ignorante, si vir ipsum in domo sua susceperit, nutrierit, et advocaverit ut filium suum, ~ium uxoris tali non prejudicabit *Fleta* 13. s1360 postea venerunt ad manus regis Francie per ~ium J. READING f. 175 (cf. WALS. *HA* I 291). **b 1366** perquis' curie et ~ii. de perquisic' curie nil hoc anno. et de ~io in cemiterio ecclesie S. Wytburge iiij s. (*Ac. Dereham*) *Deeds Holkham* 53.

Putagoricus v. Pythagoricus.

putamen [CL]

1 (assoc. w. *putare* 1) hard outer covering, shell, husk.

qui amat vinum, non execratur crateras; qui nucleos, non ~ina *Ps.*-BEDE *Collect.* 233; colobium cum de stuppae stamine vel potius ~ine [*gl.: of hniglan, of æfredan, acumban*] .. ordieretur ALDH. *VirgP* 38; ~ina, *hnyglan GlC* P 843; ~ina, *hnilan Gl. Bodl.* 17; **10..** ~en, hula *Catal. MSS AS* 442; gullioce, nucum viridium ~ina OSB. GLOUC. *Deriv.* 264.

2 (in gl., assoc. w. *putare* 2–4, understood as) thought, belief.

a trowynge, arbitracio, autumacio, conjectura, ~en *CathA*.

putare [CL]

1 to make clean or tidy, (in quot.) to prune, cut back (tree or vine).

arbores quoque plantare, ~are, purgare, inserere, et mutare ROB. BRIDL. *Dial.* 154; vinea non ~ata in labruscam silvescit NECKAM *NR* II 167; Martius humorum genitor: motorque dolorum. / morbus apes vexat; culturam postulat hortus. / putandae vites: purgandaque prata: boves tunc / compara; equas maribus subdas: cinerato novellas *Brev. Sal.* calendar March.

2 to consider (to be), regard (as), deem; **b** (refl.).

fervidus ac si pullus amoena quaeque inperagrata ~ans GILDAS *EB* 35; si .. non ~atur uxor, quae ante baptismum ducta erat .. THEOD. *Pen.* II 4. 2; linquentes larvam furvam fantasma putabant ALDH. *VirgV* 2244; qui .. ipsa facie plus et pectore virilis quam muliebris apparuit et vir a nescientibus ~abatur *Lib. Monstr.* I 1; Beringerium Turonensem, quem nonnulli heresiarcham ~abant, et ejus dogma damnabant ORD. VIT. IV 6 p. 211. **b** eos qui se ~ant justos GILDAS *EB* 10.

3 to estimate, assess.

numquid profundus putei latex aut gelida cisterne limpha .. parvi pendenda ~antur [*gl.: estimamus, tellan we*] .. ? ALDH. *VirgP* 9; de quibus jam tibi nihil scribendum putavi *Lib. Monstr.* II *pref.*; quia magnanimo principi parvi [munuscula] pendenda ~avi GIR. *TH pref.*

4 to think, suppose, believe; **b** (w. acc. and inf., or obj. cl.); **c** (w. adv.); **d** (in paratactic use, parenthetic or introducing a sentence); **e** (inf. as sb.) thinking, thought.

si tunc [dies Domini] prope erat, quid nunc ~abitur? GILDAS *EB* 44; ipsa apellavit eum, unum de pastoribus ~ans *Comm. Cant.* I 168. **b** Domino sciscitanti, quem se esse ~arent discipuli, Petrum respondisse GILDAS *EB* 109; vir sapiens non ~at se mori, sed migrare *Ps.*-BEDE *Collect.* 142; ut ne quis ~et quod

vij miliarum expleturus sit mundus THEOD. *Laterc.* 24; unde puto dudum versu dixisse poetam .. ALDH. *Aen.* 63 (*Corbus*) 6; neque .. dubitandum [v. l. ~andum] est, quia tot taliumque preces Deus non despexerit BEDE *CuthbP* 8; me interfectum ~ans pro me missas crebras facit *Id. HE* IV 20 p. 250; c**797** non .. ~andum est, ut curam non habeat Christus de humano genere ALCUIN *Ep.* 130; non talia pūtat / esse ÆTHELWULF *Abb.* 488; sicut quidam volunt, qui ~ant ea derivari a verbis secundi conjugationis ABBO *QG* 3 (7); ~abant quod quicquid vellent sibi liceret ORD. VIT. IV 7 p. 225; **1211** cum ~asset quod eum portaret in bona fide *SelPlCrown* 58; **1269** dicunt .. quod melius ~ant .. damam fuisse in libertate quam in foresta *SelPlForest* 44; aliqua ~at quod [ME: *weneð þ'*] maxime temptaretur suo primo anno quo vitam anachoriticam inchoavit *AncrR* 78. **c** nunc persolvo debitum multo tempore antea exactum, vile quidem, sed fidele, ut ~o, et amicale quibusque egregiis Christi tironibus GILDAS *EB* 1; hoc multi viderunt Christianorum et, sicut ~ant, gentilium ORD. VIT. IX 10 p. 559. **d** ~asne quis tibi hodie prandium preparavit? *V. Cuthb.* II 5; dixit ad presbiterum suum, ~asne superest quispiam his in locis .. ? BEDE *CuthbP* 33; ~a sapor et color sunt in genere qualitatis et tamen non agunt et patiuntur invicem T. SUTTON *Gen. & Corrupt.* 63. **e** hocne putas? non est scire putare tuum L. DURH. *Dial.* I 516.

5 to form the intention or expectation (w. inf.).

quia heredem ~abat eum facere (*Leg. Ed.*) *GAS* 665; naufragium feret illa tibi, cum nare putabis, / criminis omne genus in te convertet iniqua D. BEC. 1906; s**1138** rex David vehementius iratus, dissuadentibus etiam amicis suis, Eboracenses subito preoccupare ~avit GERV. CANT. *Chr.* I 105; **1220** quando mortuus fuit ipse ejecit eum de lecto et cooperuit eum literia sua et ~avit eum comburere *SelPlCrown* 130; Johannes lusit cum Johanne Goky et Arnaldo Lippard ad talos, ita quod discordia orta inter eos, et idem Johannes ~avit percutere unum ex sociis suis .. *PlCr Glouc* 48; a**1253** meliores de equis meis amisi, in quo magnum ~avi habere subsidium *FormOx* 488; **1267** mater ejus invenit eum primo et levavit eum de aqua et ~abat salvare eum, nec potuit *SelCCoron* 8; anachorita ypocrita ~at [ME: *weneð for*] Deum decipere sicut decipit simplices homines *AncrR* 40.

6 (~*a*) inasmuch as, say, suppose; **b** (*ut* ~*a*).

Eneas scilicet filius Resi, cum die quodam excire saltibus feras intenderet, ~a qui venationis studio valde addictus fuerat GIR. *IK* I 1; adeo quidem ut in causis tam ecclesiasticis quam forensibus, nunc excipiendo, nunc replicando, ~a quicquid ad presens expedire videtur jurare parati *Id. DK* II 1; cum responderet ille, ~a qui superbus erat .. *Id. RG* I 3; non prohibetur quid pre se nec pro certis personis, ~a quarum administrationem gerit vel quibus debet reverentiam RIC. ANGL. *Summa* 26; qualitas significat res que tantum sunt in anima, ~a primas intentiones et secundas OCKHAM *Quodl.* 559; **1367** princeps Edwardus stetit in medio puta pardus *Pol. Poems* I 95. **b** quot pedes habet, tot et orationis [partes habeat], ut ~a 'dic mihi, Clio, quisnam primus fingere versus' ALDH. *Met.* 10; s**963** qualiter .. domum istam venustissime ordinaverit, ut ~a prudens ac vigilans Domini nostri Jhesu Christi dispensator *Chr. Abingd.* I 343; s**1381** capita illorum super eculia confusibiliter suspendentes, ut ~a capita domini Johannis Cawndich *Chr. Kirkstall* 124; cameram suam inferiorem .. innovavit in variis, ut ~a in celatura, camino, et fenestris *Reg. Whet.* I 453 *app.*

putatio [CL]

1 (act of) pruning (shrub or vine); **b** (in gl., understood in general sense as) cutting.

~o, *screadung* ÆLF. *Gl.* 149; jam hiems transiit, pluvia abiit, tempus ~onis advenit GOSC. *Edith* 92; singula temporibus suis disponantur in eo, ut habeat sive satis, sive plantatis sarcillatio quoque sive ~o J. FORD *Serm.* XLV 3; **1344** in ~one arborum in parco de Schyncleff *Ac. Durh.* 118; **1419** pro ~one vinearii *Arch. Hist. Camb.* III 582. **b** ~o .. i. alicujus rei abscissio OSB. GLOUC. *Deriv.* 450.

2 assessment or opinion.

est .. apprehensio estimationis inferior ~one que inferior est opinione qua superior est fidei [v. l. fides] que est inferior quam scientia NECKAM *SS* III 95. 1.

putative [LL]

1 by supposition or presumption.

cum .. Joseph illius non vere, sed ~e pater appelletur BEDE *Luke* 361A.

2 by imagination.

c**793** si .. adoptione erat in corpore verbum secundum illos, quod autem adoptione dicitur, fantasia est: repperitur et ~e salus ALCUIN *Ep.* 23 p. 63; passus .. Dei Filius non ~e sed vere omnia quae scriptura testatur, id est, esuriem, sitim, lassitudinem, dolorem, mortem *Id. Dub.* 1064A.

putativus [LL]

1 supposed or presumed; **b** (w. ref. to paternity).

matrimonium .. solvit suspicio talis cum sit quasi fornicatio ~a P. BLOIS *Ep. Sup.* 57. 29; de Junone nupciale non minus preside ~a quam commenticie pronuba *SS* VI 6; item oportet quod vestita sit traditio et non nuda, sc. quod traditionem precedat vera causa vel ~a qua transeat dominium BRACTON f. 41b; s**1436** comes Atholie .. agnus innocens ~us ad apicem regni aliorum crimine .. poterat pervenire *Plusc.* XI 9; **1513** inter Jonetam .. sponsam ~am .. et .. sponsum affidatum .. reum *Offic. S. Andr.* 4. **b** Apollo .. citharam suam dederat Orpheo suo et Calliopes filio Oeagri ~o *Natura Deorum* 27; Herculem .. qui Amphitryoniades dictus est a patre ~o *Ib.* 67; s**1193** Tudur .. occisus est, qui fuit filius ~us Resi *Ann. Cambr.* 59; eodem modo solvitur questio secunda de filiis in adulterio natis, quare ~is parentibus sint similes *Quaest. Salern.* P 34; s**1035** obiit Canutus rex Anglorum, cui Haroldus successit, ejusdem regis filius ~us SWAFHAM *app.* 137 (cf. *Eul. Hist.* I 259); fratrem suum ~um, filium regis .. occidit *Flor. Hist.* I 105; pro victu suo cum Joseph patre ~o opus fabrile exercuit RIC. ARMAGH *Def. Cur.* 1407 (*recte* 1307).

2 imagined, unreal because imaginary.

aries iste, qui pro Isaac immolatus est, .. non ~us [MS: putatus], sed verus esse credendus est ALCUIN *Exeg.* 545C; natus est .. Dei Filius .. non ex viri coitu, .. sed ex virgine, .. neque in phantasia, .. neque ~a imagine *Id. Dub.* 1058C.

putatorius [CL], (of implement) used for pruning; (as sb. n.) pruning knife (in quot. fig.).

~ium videlicet vere instructionis (*Transl. Ecgwini*) *Chr. Evesham* 31.

puteal [CL=*structure surrounding the mouth of a well*]

1 spring (in quot. of the Muses).

exinanitus lacrimis ad ~al exsurgo MAP *NC* IV 2 f. 44; mihi nunc primo placere potest ~al quia cum orbe mutate sunt Muse *Ib.*

2 (in gl., understood as) sewer.

hoc ~al .. i. fossa cloacalis OSB. GLOUC. *Deriv.* 444.

putealis [CL], that pertains to a well.

a puteo salis qui aquis ~ibus ibidem componitur R. BOCKING *Ric. Cic.* I 9.

putellum, ~a, ~us v. pictellum.

puteolus [CL puteus+-olus], a (small) well or pit.

vidit quendam puerum cum cocliari haurientem aquam de Secana, et fundere [*sic*] in quendam ~um KNIGHTON I 89.

putere [CL], to rot or decompose, esp. so as to stink.

nec putet in tumulo virginis alma caro BEDE *HE* IV 18 p. 248; miser ille .. ~ebat ex egestionis proprie corruptela R. COLD. *Cuthb.* 93; cum .. putuerim, tum primo sal accipiet [epistola mea] MAP *NC* IV 5 f. 47.

putescere v. putrescere. **putesia** v. putacia.

puteus [CL]

1 well (for obtaining water, sts. w. ref. to natural spring or pool); **b** (spec. named); **c** (fig.).

numquid profundus ~ei [*gl.*: ~eus est locus defossus] latex aut gelidi cisternae limpha .. parvi pendenda putantur ..? ALDH. *VirgP* 9; **957** ad illum concavum ~eum [AS: *pylle*] adjacentem *Lib. Hyda* 172; **1173** pro cordis et cablis ad ~eum *Pipe* 21; tanquam ad fontem vivum, ~eum inexhaustum et indeficientem GIR. *TH* I 13; quare aque ~eorum in hiemali tempore sunt calidiores quam in estate *Quaest. Salern.* B 117; **1258** in j buketto empto ad ~eum iij d. *Crawley* 225; nota quando coronator invenit aliquem submersum in alico ~eo, precipere debet borghaldrium et totum borghum quod ipsi opturent ~eum *Eyre Kent* I 87; in hac .. situla positus homo, sensim rotantibus illis hauritorium, descendere cepit in ~eum *Mir. Hen. VI* III 104 p. 182. **b** non jam similes aquis illis de ~eo Jacob J. FORD *Serm.* 18. 6; **1289** de Willelmo le Skinnere quia projecit cadavera murilegulorum in ~eo Lothmere ita quod aer corrumpitur, ij s. *Leet Norw.* 29; **1338** juxta quendam communem ~eum vocatum Tonewalle *SelCCoron* 41; **1542** dat Georgio Skeles .. pro ij diebus et dimidia circa facturam ~ei S. Cuthberti, xv d. *Ac. Durh.* 742. **c** quo de principio pagina sacra venit: / fons aliis, aliis stagnum puteusve profundus J. SAL. *Enth. Phil.* 1211; verba illa ex ~eo alto apostolici pectoris manancia W. NEWB. *Serm.* 852; cum sit fraudis laqueus / viciorum puteus, / sordium lacuna P. BLOIS *Carm.* 25. 19; debet Christianus extrahere preciosam animam de ~eo peccatorum WYCL. *Ver.* II 150.

2 pit for collecting rainwater.

1361 illos duos ~eos sive illa duo stagna .. in quibus aque pluviales descendunt et receptantur, xx perticatas in longitudine *Pat* 263 m. 19; **1396** Editha Rogers de Wyke demens et insanis submersa fuit in parvo ~eo impleto cum aqua pluviali *SelCCoron* 49.

3 hole or cavity in the ground. **b** shaft of mine or sim.; also perh. (by synecdoche) mine, 'pit'. **c** quarry. **d** brine-pit. **e** lime-pit or -kiln. **f** pit for confining prisoners. **g** burial pit or grave. **h** cesspit. **i** sand pit.

s**1169** prostratis arboribus, lignisque consertis silvas undique condensans, ~eis altis, foveisque profundis campos exasperans .. naturalem difficultatem industria plurimum et arte munivit GIR. *EH* I 5; idem Adam et socii sui implebunt ~eos propriis suis sumtibus et reparabunt (*Middleton MSS*) *HMC* LXIX 88; hic ~eus, A. *pytt WW*. **b** **1294** quelibet tercia mensura proveniens de ~eo minere ferri *Cl* 111 m. 4*d.*; **1357** quodam puteo vocato *colpyte* (*RCoron* 215 m. 37) *VCH Yorks* II 339; **1377** in sinctacione unius ~ei apud Heworth, cum *piks*, *bukets*, et cordis factis pro eodem, vj li. vj s. vj d. ob. in sinctacione alterius ~ei ibidem de profunditate vj *fathom* et quart., pro quolibet *fathom* vj s. et plus in toto vj d., xxxviij s. *Ac. Durh.* 585; **1531** pro candelis pro ~eo Roberto Dawson j Maii iv d. *Househ. Bk. Durh.* 17; **1544** pro factur[a] unius *le horse pompe* pro extraccione aque de ~eis de Ray'ton *Ac. Durh.* 722; **1587** omnes illas mineras sive ~eos carbonum nostrorum communiter vocat' *cole puttes* et *water pittes Pat* 1300 m. 1; ~eos .. et mineras pro stanno inveniendo *Ib.* 1301 m. 17. **c** **1312** in uno ~eo petre empto apud Overton' ad opus domini xiiij s. in dicto ~eo fodiendo xxiiij s. vj d. et ij busellos frumenti. in uno ~eo petre fodiendo apud Bernake ad opus domini iiij s. ij d. *Rec. Elton* 185; **1448** pro xxiiij plaustratis lapidis vocati *freston* de eisdem emptis apud ~eum de Dundreyshull *March. S. Wales* 227. **d** **836** cum putheis salis et fornacibus plumbis *CS* 416; in j ~eo, liiij salinas, et ij hocci redd' vj s. et viij d. in alio ~eo Helperic xvij salinae, in iij ~eo Midelwic. xij salinae *DB* I 172rb; unum Wich in quo erat ~eus ad sal faciendum *DB* I 268rb; s**1245** rex insuper ~eos fecerat salinarum de Witz obturari et everti M. PAR. *Maj.* IV 486; **1581** duo ~ei aquae salse pro ebullicione salis (*Cart. Middlewich*) *Chetham Soc.* NS CVIII 222. **e** **1280** expensa forinseca .. in stipendio j hominis ardentis j ~eum calcis, xix s. (*Comp. R. Michelmersh*) *DCWint.*; **1514** pro combustione unius ~ei calcis *Ac. Durh.* 161. **f** s**1327** quidam vincti, qui in eodem carcere tenebantur .. nitebantur exire, sed comprehensi pro majori parte sunt occisi; frater vero Thomas detrusus in profundiori ~eo miserabiliter obiit *Ann. Paul.* 337. **g** **12..** postea contingit quod priorissa ejusdem manerii strangulata fuit de cato suo in lecto suo noctu et postea tractata ad ~eum quod vocatur Nunnepet *Reg. S. Aug.* 283; **1498** de vj s. viij d. receptis pro putuo ejusdem Ricardi sepeliti in ecclesia habendo *Ac. Churchw. Glast.* 288; **1499** de vj s. viij d. receptis pro j putuo infra ecclesiam vendito Johanni Durstone *Ib.* 330. **h** **1497** licebit .. custodi .. in .. gardino .. plantare arbores et herbas, cloacam illic situare ac ibidem ad ejus mundacionem ~eum fodere *Deeds Balliol* 172. **i** **1396** Willelmus sedebat in quodam ~eo arene dormiendo subtus quandam concavam ripam ~ei predicti *SelCCoron* 50; **1552** ~eus arenosus *CalPat* 372.

4 crater (of volcano).

[montem] terribilem .. eructuantem de ~eo flammam erumpere videbat HUGEB. *Will.* 4.

5 pit of hell.

~eus ille flammivomus ac putidus .. ipsum est os gehennae BEDE *HE* V 12 p. 308; tamquam de ventoso ~eo tetram caliginem exhalatis ut contra divinum et humanum testimonium GOSC. *Lib. Mild.* 10; notus ibi sic ordo perit; perit ordo, sed horror / sulphuris in puteo, flammaque seva furit L. DURH. *Dial.* IV 180; erat .. juxta murum ~eus, gehennalis introitus COGGESH. *Visio* 11.

6 (passing into surname).

1141 hii sunt testes de terra quam Robertus .. dedit .. Deo et Sancto Paulo, .. Algarus ~ei, Odo Parmentarius .. *DC S. Paul.* 62b; **1230** de j d. de Ricardo ~eo pro una acra excolenda *Pipe* 232; **1259** faciatis .. coram nobis venire .. Petrum de Lise, Petrum de ~eo, et Gailardum de Karingnan *Cl* 230; **1290** W. de B. concessit .. Johanni de ~eo totum jus suum *SelPlMan* 35.

putfalda v. potfalda. **puteydes** v. putois. **puthagium** v. picagium. **putheus** v. puteus. **putibunde** v. pudibunde. **putibundus** v. pudibundus.

putidus [CL], rotting, decaying, stinking; **b** (transf., of moral or spiritual corruption, or of physical appearance) disgusting, loathsome.

furva caligo caelesti splendore fugatur et ~um [*gl.*: i. fetidum] laetamen velut timiama seu nardi pistici flagrantia redolet ALDH. *VirgP* 51; puteus ille flammivomus ac ~us .. ipsum est os gehennae BEDE *HE* V 12 p. 308; de ore ac naribus ignem ~um efflantes *Ib.* V 12 p. 306; erant in strata publica qua Romam itur due anicule, quibus nichil bibatius, nichil ~ius W. MALM. *GR* II 171; obscenus, fedus, fetidus, ~us, spurcus, fetulentus .. OSB. GLOUC. *Deriv.* 398. **b** eodem .. anno Edricus .. arte qua multos frequenter circumvenerat ipse quoque conventus, ~um spiritum transmisit ad inferos W. MALM. *GR* II 181; rex .. Philippus .. adulterio .. ~us in malicia perduravit, ideoque dolori dentium et scabiei multisque aliis infirmitatibus et ignominiis merito subjacuit ORD. VIT. VIII 20 p. 390.

putilium v. petilla.

†**putitus**, *f. l.*

sed fautor domesticus sibi quem elegit, / hic non erat putitus [? l. pisticus] quando factum [? l. pactum] fregit (*Bannockburn*) *Pol. Songs* 263.

putois [AN *putois*], polecat, or (?) *f. l.*

vulpes astute et petoides [*Teaching Latin*: puteydes; *gl.*: G. *fulmard*] gallinarum hostes GARL. *Dict.* 136; *ffulmare, beest*, petoides [? l. putoides] .. †ffetonicus [? l. petoncus *or* ffetotrus] *PP*.

1 putor [CL]

1 foul smell issuing from rottenness or putridity, stench.

ille in latebrosum lautumiae latibulum, ubi cloacarum cuniculi ~ores [*gl.*: fetores] stercorum ingesserunt, ferro constrictus mittitur; sed ~or [*gl.*: fetor, *fylþ*] et caligo luce serena et odoramentis fugantur nectareis ALDH. *VirgP* 35 p. 279; sed putor ambrosiam flagrabat nectare suavem *Id. VirgV* 1203; causa festinationis erat ~or inconditorum cadaverum, quorum ita exhalabat cenum ut ipsum violaret celum W. MALM. *GR* IV 374; Christi bonus odor .. ipsum faciebat mortis ~orem penitus non sentire AD. EYNS. *Hug.* V 2 p. 83; ~or, A. *stenche WW*.

2 (fig., of moral or spiritual corruption) bad state or circumstance.

quam teterrimum ~orem pro hac transgressione sustinuerit, pro qua absolutionem a sacerdote verberatus expetiit COGGESH. *Visio* 9.

2 putor [cf. 1 putura+CL -tor], feeder, keeper (in quot. of falcons); **b** (passing into surname).

1275 pro oll[is] ad opus ~orum, iiij d.; .. pro bersis' ad opus dictorum ~orum, vij d. *KR Ac* 467/6/2 m. 12. **b** **1275** Willelmo ~ori et socio suo pro putura xij mutarum, xxxvj s. *KR Ac* 467/6/2 m. 11.

putosius v. putacius. **putrabilis** v. putribilis. **putrare** v. putrere.

putredinalis [CL putredo+-alis], that pertains to or is characteristic of putrefaction.

effimera sepe est causa ~is febris GILB. I 4v. 1; si sit qualitas [sanguinis] .. non ~is, facit sinocham GAD. 18. 2; vel est vicium humoris propter sui substanciam putridam vel qualitatem ~em *Ib.* 20. 1.

putredo [CL]

1 post-mortem decomposition, decay, putrefaction: **a** of animal (esp. human) or vegetable matter; **b** (applied to mortification or necrosis of living being); **c** (as disease of animal). **d** (of building material or building); **e** (fig., of moral or spiritual corruption).

a quis homo qui mortuus est, nec sepultus, nec ~inem habuit carnis? *Ps.*-BEDE *Collect.* 126; signum .. est virginitatis amandae, / quae calcare solet devota mente nefandas / spurcitias mundi spreta putridine carnis ALDH. *VirgV* 235; cadaver nudum vermibus et ~ine desolvendum limus suscepit ALCH. *Ep.* 299; c**1093** collige vermes ejus [sc. amatoris tui] in sinu tuo; amplectere cadaver ejus; osculare stricte nudos dentes ejus, nam labia jam ~ine consumpta sunt ANSELM (*Ep.* 169) IV 48; carneque putredo vermis putredine, pulvis / verme, vetusta novo pulvere terra meat L. DURH. *Dial.* IV 251; [pisces] ~ini .. semper obnoxii GIR. *TH* II 40; quanto magis ~ini huic homini miserrimo nequaquam parcere debeam CHAUNDLER *Apol.* f. 23. **b** neminem visa suorum ~o vulnerum sui magnitudo languoris a quaerenda salute retrahat BEDE *Hom.* II 14. 169; vulnus .. quod jam putruit, et in se horridum virus ex ~ine sui coadunavit EADMER *Beat.* 15 p. 289; menstruum sanguinem, qui retentus in matrice generat ~inem et ventositatem que inflat *Quaest. Salern.* Ba 100; ~o testiculorum vermes generabat M. PAR. *Maj.* I 88; ~ine et concutione vulneris *Eul. Hist.* I 131; s**1413** Henricus quartus .. carnis ~ine .. per quinque annos cruciatus AD. USK. 119. **c** **1319** Henr' Sewetegram vend' Roberto le Charetere ij oves matrices, quos advocavit ei esse sanas, que quidem oves expirarunt pre ~ine *CBaron* 128; **1350** multones .. de quibus in morina ut supra in ~ine *Surv. Durh. Hatf.* 226; s**1317** communis .. ~o et morina bidentium et aliorum accidit animalium *Meaux* II 333. **d** ut nec ~o ligni, nec rubigo ferri, nec ulla prorsus annosae corruptelae injuria attigerit GOSC. *Lib. Mild.* 19 p. 87; **1227** pro centum sumagiis terre que vocate argille .. ad ponendum super torellas inter plancas et sabulonem qui sub plumbo pro ~ine materie iiij d. *KR Ac* 462/10; omnia corrumpuntur et intabescunt in tempore .. turres ad terram sunt dirute; civitates everse; ~ine perierunt fornices triumphales R. BURY *Phil.* 1. 20. **e** a**748** qui sponsam Christi .. ~ine suae libidinis conmaculaverit BONIF. *Ep.* 73; **795** non nos saeculi ambitio, non carnalis delectatio, non luxoriae ~o .. a rectissimo vitalis viae tramite revocent ALCUIN *Ep.* 43; ad unctionem myrrhe hujus ~o virulenta tam in anima quam in corpore scatens repente subsedit J. FORD *Serm.* 21. 5; ut in ea nulla ~inis spiritualis vilitas perduret ROLLE *IA* 251.

2 excrement, bodily waste. **b** (perh. also in general sense) putrid matter.

1344 fecerunt .. latrinas supra dentes, quarum ~o cadit super capita hominum transeuntium [per venellam de Ebbegate] (*Lib. Custumarum*) *MGL* II 449; **1344** latrinas fecerunt .. quarum ~ines cadunt super homines per .. venellam [de Dovegate] transeuntes *Ib.* **b** **1263** ita tantum quod cursus predicte tercie partis aque nullam ~inem appropinquet *Cart. Harrold* 121; **1384** locum predictum mundarunt et putridinem inde projecerunt *PlRCP* 497 r. 233.

putrefacere [CL], **putrefieri** [LL, *supplies some pass. forms*], to cause to rot or decay, to putrefy; **b** (fig., of moral or spiritual corruption).

si corpus nudum putrefit, que sibi cura? NIG. *Paul.* f. 49v. 562; contigit aliquando rusticum quemdam, experiendi gratia, ad femur suum lapidem ligasse: sed ~facto statim femore ad locum pristinum lapis evasit GIR. *IK* II 7 p. 128; humores .. hoc spiritu destituti ~fiunt corrupti, solida vero arefiunt ALF. ANGL. *Cor* 12. 1; generativa .. causa febris .. est humor naturalis ~fiens GILB. I 6. 2; **12**.. palea .. collocetur in campis donec ~fiat *Cart. Glouc.* III 219; **1351** remanent vj ringe brasii ~facte per inundacionem aquarum *Rec. Elton* 378; sic medicina exhibit per vomitum contra sui naturam vel stabit propter regimen nature, et ~fiet vel exibit per secessum contra motum dominum [? l. domini] ascendentis N. LYNN *Kal.* 215; ostia consecrata .. potest eciam per se solam descendere et potest ~fieri et pulsione .. transmutari WYCL. *Apost.* 60; s**1422** rex Anglie .. ~factis omnibus suis entralibus, genitalibus, et spiritualibus membris mortuus est BOWER XV 34. **b** una nocte per temptacionem peccatum commisit et cogitavit quod mane confiteretur. sed iterum et iterum illud perpetravit et sic in consuetudinem cecidit quod jacuit et ~fiebat [ME: *rotede*] *AncrR* 99.

putrefactibilis [CL putrefactus, *p. ppl. of* putrefacere, +-bilis], capable of putrefying. **b** (as sb. n.) thing (in quot. creature) caused by putrefaction.

est .. humidus unde ~is et convertibilis GILB. I 8v. 2; corpus Christi non est ~e OCKHAM *Quodl.* 161; tam arte quam natura cognoscitur ex partibus mixtorum elementa dispariter resultare .. et idem natura patere nobis de carne vel de quocunque ~i omogeneo, quod juxta regulam Aristotelis humo putrescit WYCL. *Log.* II 77. **b** alie .. sunt minus nobiles, ut ~ia, ut vermes, musce, et hujusmodi BACON VII 130.

putrefactio [LL], post-mortem decomposition, decay, putrefaction: **a** (of animal or vegetable matter); **b** (of generative process). **c** (med.) mortification or necrosis. **d** (*aeris ~o*) putrefaction caused by air. **e** (of wine in cask); **f** (fig.).

a caro .. pavonis diu ~oni reluctatur NECKAM *NR* I 39 p. 93; unde non vacat quod manna in diem alterum reservatum scatere cepit vermibus atque computruit, cum autem in sabbatum fiebat reservatio, eam nulla sequebatur ~o S. LANGTON *Serm.* 1. 17; possibile est .. multonibus per ~onem illius feni in stomachis remanentis deperire *Fleta* 168; s**1316** pecora ex herbarum ~one corrupta cadebant WALS. *HA* I 147; de ~one. ea est corporum interemtio, tanto tempore in balneo, vel nostro fimo, dum noctes transierint nonaginta, in humido calore hoc conserva diligenter RIPLEY *Axiom.* 114. **b** vermes et alia similia animalia, quae sunt et generantur ex ~one virtute solis (*Ps.*-BEDE *Sent.*) *PL* XC 1025D; ablata .. hieme auferretur et seminum plurima ~o, ea absente periret eorum vivificatio ADEL. *QN* 71; per generationem de forma corporali fit anima sensitiva, sicut patet in generatis, sicut patet idem [in] ~one PECKHAM *QA* 2; .. utrum possibile sit animalia generari per ~onem BACON VII 10; generata ex ~one, que dicuntur generata ex se SICCAV. *PN* 184; quod patet in generacione per propagacionem et ~onem DUNS *Ord.* II 256. **c** quod si major hemitriteus esset, propter ~onem melancholie intus et extra in motu materie interioris, eger etiam motum et aptitudinem membrorum amitteret P. BLOIS *Ep.* 43. 126C; nervorum contractio propter desiccationem, vel eorundem ruptura pro ~one *Quaest. Salern.* B 120; caliditas et humiditas sunt introducentes ~onem GILB. I 6v. 2; in isto [quarto] intestino primo fit ~o masse et colliguntur ibi sordes *Ps.*-RIC. *Anat.* 35; aliquando ex ~one humorum causatur aliqua qualitas vel humor corruptus, qui est infirmitas OCKHAM *Quodl.* 245; humiditas est mater ~onis et calor pater GAD. 12. 2; s**1427** quia in curacione periculosi vulneris nedum secanda est pars putrida, quinimmo et illa que causa quomodolibet esse poterit aut occasio ~onis AMUND. I 224. **d** de fetore et aeris ~one homines moriebantur *Eul. Hist.* II 233. **e** **1300** in perdicione [sc. vini] per ~onem .. j dolium (*Pipe*) *RGasc* III p. clxiv n. 2; **1301** computat in ~one apud Holmcoltran v dolia vini *KR Ac* 360/14 m. 1d. **f** de ~one grani hujus copiosa caritatis seges exsurgit J. FORD *Serm.* 106. 11.

putrefactivus [CL putrefactus *p. ppl. of* putrefacere+-ivus], that causes or induces putrefaction, putrefying.

caveat a carnibus .. ~is GILB. VII 319v. 2; ulcus est plaga putrida vel ~a GAD. 125. 1; *putrifective*, ~us LEVINS *Manip.* 153.

putrefactorius [CL putrefacere+-torius], that causes putrefaction.

effimera sepe est causa putredinalis febris, cum materia humoralis .. movetur motu ~io GILB. I 4v. 1.

putrefieri v. putrefacere. **putrellus** v. pultrellus.

putrere [CL], **~are**, to be in a process or state of decay.

ne humanae putrent carnes *Anal. Hymn.* LI 252; ~eo .. ~ui verbum neutrum et caret supinis, inde putridus OSB. GLOUC. *Deriv.* 426; a ~eo hic et hec putris .. i. putridus *Ib.* 427; s**1398** vir constans, gratus, sapiens, bene nuper amatus / nunc nece prostratus, sub marmore pudret humatus (*Vers.*) AD. USK 22.

putrescere [CL]

1 to be in a process or state of decay, to putrefy; **b** (fig.).

sic caro [sc. pavonis], mirandum fatu, putrescere

nescit ALDH. *VirgV* 231; **8**.. et ~et, *and forrotað WW*; tumefacto et ~ente corpore infra duas ebdomadas interiit GOSC. *Transl. Mild.* 32 p. 203; purpura cum bisso liquida putrescit abisso (*Vers.*) ORD. VIT. XII 26 p. 417; hec putulentia . . i. fetulentia, et putesco [v. l. ~o] . . quod componitur exputesco . . i. putescere [v. l. ~ere] OSB. GLOUC. *Deriv.* 444; **1169** si manna, prohibente Domino reservatum, . . ~escit et vermes facit J. SAL. *Ep.* 289 (292 p. 670); mirum de his aviculis [sc. martinetis], quia si mortue sicco in loco serventur, ~ere nesciunt GIR. *TH* I 18; facere illud [semen] in terra ~endo mori et per germinacionem transire in arborem seu spicam frumenti GROS. *Cess. Leg.* I 10 p. 65; **1252** quod poni faciat fenum inter cleias regis ne ~ant vel deteriorentur *Cl* 170; sicut plage Domini nostri Jhesu Christi non putruerunt, nec ranclerunt, nec vermes fecerunt *Pop. Med.* 226; in Hibernia scimus insulam esse in qua nullus hominum mori potest, nec corpora mortuorum apportata ~unt *Eul. Hist.* II 14. **b 801** sed si tempus medendi adhuc fieri valeat, sana vulnus caritatis calamo, ne ~at in pejus ALCUIN *Ep.* 237; c**1211** quidam faventes ineptiis suis, ut sordescant amplius et ~escant in stercore suo . . GIR. *Ep.* 6. 234.

2 to be steeped in putrescence.

c**798** quid est enim jumenta in stercore suo ~ere, nisi criminosos quosque in putredine peccatorum suorum jacere? ALCUIN *Ep.* 138 p. 219.

putrescibilis [LL], capable of or liable to decay.

non putrescibili ligno sed perpete saxo H. AVR. *Hugh* 451; scabiosus . . caveat . . a fructibus de facili ~ibus GAD. 43.1.

putrescio [CL putrescere + -io], putrescence.

? **1288** magnum imminet periculum quia . . vina incipiunt incrassari de quo sibi possum credere, quia communiter in Francia nisi sint fortia et viridiora ~oni sunt propinqua *DCCant.* 277.

putriasis v. pityriasis.

putribilis [LL], **~abilis,** liable to decay, perishable.

a**1093** non in voce irrevocabili, nec in scriptura ~ibili ANSELM (*Ep.* 141) III 287; regina . . in quendem militem ephebum, qui juxta ~abilem putride carnis pulchritudinem ei videbatur vernans venusto aspectu . . oculos injecit J. FURNESS *Kentig.* 36; quod patet quia [ferrum] ~ibile est et cedit percussioni, calebs autem non *Quaest. Salern.* B 139; scriptura naturalis fragili calamo, fluido atramento, ~ibili pellicula vel papyro constructa solui non potest BRADW. *CD* 821C.

putride [CL putridus + -e], (in gl., adv. formed upon *putridus*).

putreo . . verbum neutrum . . inde putridus . . unde ~e, ~ius, ~issime adverbia OSB. GLOUC. *Deriv.* 426.

putridere [CL putridus + -ere], to cause to decay, to leave to rot.

1408 utilia tanquam infructuosa suspendit, tanquam mala abscindit et ~it *Reg. Heref.* 60.

putriditas [CL putridus + -tas], rottenness, decay.

putreo . . verbum neutrum . . inde putridus . . unde putride . . et hec ~as OSB. GLOUC. *Deriv.* 426.

putridium v. putridus. **putrido** v. putredo.

putridus [CL]

1 that is in a state of decomposition, rotten, decaying: **a** (of animal or vegetable); **b** (of foodstuff); **c** (as symptom of disease); **d** (fig., of moral or spiritual corruption); **e** (of a leg. judgement).

a quisquis vivere vult, credat in Christum . . incorporetur corpori Christi, ut non sit ~um membrum ALCUIN *Exeg.* 834C; c**1093** [amator tuus] certe non curat nunc amorem tuum quo vivens delectabatur, et tu horres ~am carnem ejus qua uti desiderabas ANSELM (*Ep.* 169) IV 48; **1313** pro xvij peciis meremii . . ad unam combl' novam faciendam super quamdam garderobam . . quia prior comblea fuit debilis et purrita *KR Ac* 469/16 f. 5; nec est credendum quod corpus suum ~um resurrexit ad hanc visionem peragendam; anima tamen sua de limbo venit HOLCOT *Wisd.* 24; aliter separat artifex ramum solidum ab arbore, quem intendit in edificio collocare, et aliter ramum ~um *Ib.* 167; s**1381** corpora, tabe fluentia,

scatentia vermibus, ~a et fetentia WALS. *HA* II 40. **b** carnes penitus defecerant, quibus diu rancidis et ~is vescebantur ORD. VIT. IV 5 p. 197; **1288** dicunt . . quod Johannes Janne vendidit carnes ~as et male salsatas Waltero de Edythorp *Leet Norw.* 9; **1350** Willelmus Brok carnifex vendidit carnes boum et multonum succematas, corruptas, et pro vetustate ~as *Leet Norw.* 80. **c** abscidatur a corpore sicut membrum putredum, quia furor homicidium nutrit GILDAS *Pen.* 17. **d** Sennaar namque, ut diximus, fetor eorum interpretatur. et quid per Sennaar, nisi ~a concupiscentia carnalis socordiae exprimitur? BEDE *Gen.* 128A; c**798** ~a et fluxa . . peccata ALCUIN *Ep.* 137 p. 214; in adulterii fetore diu ~us jacuit ORD. VIT. VIII 20 p. 389; . . pro pulchritudine ~e carnis, que non est nisi velamen putredinis et corrupcionis ROLLE *IA* 258. **e 1382** si judicium dici debeat in se ~um est et corruptum ob hanc racionem quod non datum fuit per ordinem juris *Reg. Aberd.* I 145.

2 (w. ref. to liquid): **a** (of body or water) foul, contaminated; **b** (of drink).

a ita vipereo muro Styx ipsa et palus ~ae undae . . animas, ut putant, rugientes in aeternis fletibus cludunt *Lib. Monstr.* III 13. **b** de rustico quodam aquam ~am bibente *Spec. Laic.* 6; **1311** intelleximus quod per vina ~a et corrupta in predicta villa vendita quamplures tam scolares universitatis quam alii ibidem sepissime infirmantur *MunCOx* 21; flaoces [*sic*; ? l. flasces, flagones, flascones] putridioris meri LIV. *Op.* 24.

3 (med., *febris ~a*) fever that causes or is characterized by decay; **b** (ellipt. as sb. f.) putrid fever.

corpus in fe[bri] ~a non mundificatur omnino apud quietem febrilem GILB. I 14. 1. **b** differentia . . inter ~am et ephimeram est ut signa que dicuntur jam in ~is non contingat reperire . . GILB. I 14. 1.

4 (as sb. f.) plant that stinks, stinking camomile, mayweed (*Anthemis cotula*).

camemilion, i. calanna vel ~a vel *mageþe Gl. Laud.* 376.

5 (as sb. n.) rotten or putrid matter.

c**1390** pons . . cum putridiis [*sic*] fumi et zabuli est obstupatum [*sic*] quod aqua ibidem per dictum pontem tempore pluvie currere non potest *Pub. Works* II 60.

putrificare [ML < CL putris + -ficare], **putrifieri** [cf. CL putrefieri]

1 (trans.) to cause to rot or decay, to putrefy; **b** (alch.).

quod corpus Christi est illud quod frangitur, quod putrifat [? l. ~fit], et quod dentibus masticatur (WYCL. *Conf.*) *Speculum* VIII 508. **b** aurum vivum habet in se quatuor naturas, et quatuor humores. ~fica ergo suum frigidum cum suo calido, et suum siccum cum suo humido RIPLEY 127.

2 (intr.) to become rotten.

1414 de parvis fagis et quercubus ~ficantibus in bosco de Kerwode et Hurstede *Comp. Swith.* 435.

putrilis [ML < CL putris + -ilis], that is in process of corruption.

10 . . . . cujus . . ~i corpori Roma quidem venienti . . sepulturam ordinavit (*Ch.*) *MonA* VI 1042a.

putrinare v. pulvinar.

putris [CL], rotten, putrid; **b** (fig., of moral or spiritual corruption).

a putreo hic et hec ~is et hoc ~e, i. putridus OSB. GLOUC. *Deriv.* 426; potentum scabies et putris pustula / non debet aliqua tangi novacula WALT. WIMB. *Palpo* 137. **b** omnes inpuri vivunt qui sunt Epicuri, / cecati, duri, putres [*gl.*: hic et hec ~is et hoc ~e, a putisso, -sas, frequenter potare], subito morituri GARL. *Mor. Scol.* 418.

putrulentus v. purulentus. **putta** v. pittus.

1 putura [AN *puture*, cf. pultura], food allowance (esp. for forester, servant, or animal), 'puture', the duty to provide or right to demand such an allowance; **b** (for pauper or leper).

1204 instauro terre illius preter semen et ~a servientium *Cl* 9a; **1204** salvo semine terrarum et potura

servientium *Ib.* **1209** quieti . . de †pontura [l. poutura] forestar' ipsius Ricardi et heredum suorum *Fines RC* II 11; a**1251** salvo pouturo [v. l. salva ~a] servientium pacis *Cart. Chester* 561; **1279** si operantur infra clausum de Rayworth tunc erunt ad †pouturam [l. pouturam] propriam *Hund.* II 720b; debet iiij precarias ad metend' sine poutura *Ib.* II 726b; a**1301** de iiij li. . . receptis de extenta illius commoti pro ~a servientum, equorum et hujusmodi in festo S. Mich. *MinAc W. Wales* 76; **1315** de xv li. ij s. de ~a stalorum ex antiqua consuetudine debit' *Pipe* r. 55; **1315** habere solebant de omnibus quercubus . . tannam et ramos; et ~am suam in foresta *SelPlForest* p. xxi n. 1; **1331** bedelli non debent habere offring', thiggyng', filcenale, nec aliquod aliud de patria nisi tantummodo ~am de illis certis tenementis, que vocantur *warelondes SelCKB* V 68; pro vadiis suis et ~a falconum regis *AcWardr* 28; c**1400** percipiet . . nomine piture equi sui ij d. et unum hopp' avenarum *Rec. Caern.* xi n. **b 1290** pro ~a xv pauperum in honore S. Marie xxij d. (*AcWardr*) *Chanc. Misc.* 4/4 f. 38; eidem pro ~a iiij leporar' *Ib.* f. 49d.; **1336** in ~a xiij pauperum panis de stauro et xiij allec de preempto *Househ. Ac.* I 179; amplius prodest homini sua libera voluntate gratuita dare put[ur]am aut calicem aque frigide ipso umente quam quod totum aurum mundi per executores suos pro eo distribuatur post mortem (RIC. ARMAGH *Serm.*) *MS Bodl. 144* f. 66r.

2 putura [AN *poutre*], beam, joist.

1371 in ~a, *reward*, et aliis necessariis pro *le clok*, iiij s. iiij d. *Fabr. York* 10; s**1267** comparavit . . ~am pulpiti in ecclesia et gabuli in refectorio THORNE 1915.

putus [CL], pure or refined.

~us . . i. purgatus et purus, unde et aurum excolatum ~um dicimus, et vites purgatas putas esse affirmamus, et rationem ~am et apertam ~am fore astruimus OSB. GLOUC. *Deriv.* 449–50; captat opes Crassus, ut eas convertat in aurum, / et recoquit purum, possit ut esse putum J. SAL. *Enth. Phil.* 1172.

putuus v. puteus. **puunctus** v. punctus.

puwa [ME *peu*], wooden bench, often enclosed, for certain worshippers in a church, pew.

1423 volo quod decanus dicte capelle Sancti Stephani habeat vj s. viij d. . . . et custos de ~a viij d. *Reg. Cant.* II 270.

puzona [ME, AN *puche* + -*on*], bag, pouch. *Cf. poca.*

s**1311** integram hostiam servans in ore suo . . spuit illud in ~am, et ipsa clausa, posuit illam in aliam ~am, et fecit quandam mulierem invitam . . proicere in latrinam *Ann. Lond.* 187.

pya v. 2 pia. **pychemenon** v. periclymenum. **pycheria, ~um, ~us** v. pichera. **pycoysa, ~us, ~um** v. picoisa. **pyen'** v. paeonia.

pyga [cf. πυγή], maiden (in quot. of nymph).

hec madido crine dat plebi jura marine / solis et ad festum facit ire gregem manifestum, / scilicet equoree pygarum castra choree R. CANT. *Malch.* IV 222.

pygargus [CL < πύγαργος], kind of antelope.

~us est animal mundum quoad esum, ut patet Deut. xiiij. est animal cornutum et barbatum, sicut hircus, minus cervo, majus hirco, unde similis est hircocervo BART. ANGL. XVIII 83.

pygla v. pigula.

pygmaeus [CL < πυγμαῖος]

1 of a pygmy.

homunculi duo, stature quasi ~ee GIR. *IK* I 8.

2 very small, tiny; **b** (of abstr.).

est sacer urbe locus media modicumque laborat / in cumulum pigmeus apex, quem surgere plene, / quem plane residere neges J. EXON. *BT* I 546; membra ferat pygmea gigas fideique columnet / illa basis GARL. *Epith.* I 99; de pigmeo et paupere priorulo celle nostre de Belvero *Reg. Whet.* II 472. **b** et ego in tanto gracias refero, ad quantum pigmea mea virtus virtualiter se protendit *Reg. Whet.* II 429 *app.*; princeps . . nec in molem Titaniam indecenter elatus, nec in pigmee brevitatis paupertatem dejectus, mediocri statura decenter enituit *Ps.-*ELMH. *Hen. V* 6.

3 (as sb. m.) one of the race of pygmies, (also

in a general sense) a very small or dwarfish person or supernatural being.

quoddam invisum genus hominum in antris et concavis montium latebris .. quos Graeci a cubito ~aeos vocant *Lib. Monstr.* I 23; .. ab altero rege, qui pigmeus videbatur modicitate stature, que non excedebat simiam MAP *NC* 11 f. 10; non culpet Sisiphum de curto brachio / pigmeus quispiam sive pomilio WALT. WIMB. *Palpo* 185; non culpet Sisiphi pigmeus cruscula / sed magis Hercules, qui tot miracula / fecisse legitur *Ib.* 186; sunt ibi et homines cubitalis mensure ~ei nuncupati, qui in quarto anno etatis generant HIGD. I 11; pigmeos, i. homines cubitales *WW*.

pygoscelis [πυγοσκελίς], (of waterbird) that has legs set far back.

[puphini] pedibus .. ad posteriora magis positis quam caeteris palmipedibus exceptis ~ibus CAIUS *Anim.* f. 21b.

pykagium v. picagium.

pykewrangum [ME *pikewrang, pikwrong*], a V-shaped floor-timber in the forepeak or afterpeak of a ship.

in uno ligno empto de Henrico Sparu ad unum pykewrang' ij d. *Ac. Galley Newcastle* 168.

pykosa v. picoisa. **pylchia** v. pilchia. **pyllorya** v. 2 pil(l)oria.

pylorus [LL < πυλωρός], **~ium** [πυλώριον=*porter's lodge*], the opening from the stomach into the duodenum, 'pylorus'; also the part of the stomach in which this opening is situated.

piloron vel pilorion ventris, i. fundus stomachi *Alph.* 145; duodenum .. jejuno inferne, supreme pylwro [*sic*] affigitur .. D. EDW. *Anat.* A 4v; ventriculus .. cuius os .. inferius .. πυλωρὸς dicitur *Ib.* B 1.

pympernell' v. pimpernellus. **pynardus** v. puncardus. **pyncell-** v. penuncell-.

pyncennium [ME *pinson*+-ium], sort of (thin) shoe or slipper.

1311 in ij paribus sotular' et j pare de pynceniis pro priore empt. viij s. vj d. *Ac. Durh.* 508.

pyncerna v. pincerna. **pynea** v. pinea. **pynfalda, pynfoldus** v. pundfalda. **pynionata** v. pignonata. **pynka** v. pincta. **pynna** v. pinna **pynnare** v. pinnare. **pynnarius** v. pinnarius. **pynnyo** v. pigno. **pynnonad'** v. pignonata. **pynnyare** v. pinnare. **pynolad', pynonad'** v. pignonata. **pynonatus** v. pinonatus. **pynserna** v. pincerna. **pyntum, ~us** v. pinta. **pyonada** v. pignonata. **pyonia** v. paeonia. **pyp-** v. pip-.

pyr [πῦρ], fire; **b** (as element in name of river); **c** (in etym.).

'ferum' et 'ferrum', '~um' et 'Pyrrum' et si qua sunt similia ABBO *QG* 19; classes quassabit moys et pir tecta cremabit (J. BRIDL.) *Pol. Poems* I 180; pir, i. ignis *Ib.* I 182; non respondetur pir datur inde per ir ELMH. *Metr. Hen. V*; fons dulcoris, pir fervoris, / vox canoris, vis amoris *Offic. R. Rolle* xliii; *ffyyr*, ignis, .. pir .. neut., indecl. *PP*; *an hande*, .. ir, indeclinabile; versus: si pir ponis in ir, perit ir si perforet ir pir *Cath A*; hic ignis, A. *fyr*. .. hic pir, idem *WW*. **b** urgear, o defungar, et o, fratres, vigilate, / Pyr Flegeton calida ne vos absorbeat unda FRITH. 1353. **c** instar pyramidem [*gl.*: ad similitudinem pir, id est ignis] BEDE *TR* 7; pirata, raptor in aquis et dicitur pirata quasi pir ignem habens in rate OSB. GLOUC. *Deriv.* 471; sulphur nempe soli pyr dicitur NECKAM *DS* III 283; juniperus dicitur a pir, quod est ignis *Id. NR* II 82; pergămus ut nutet [*gl.*: pergamus a pir quod est ignis et gamos, mulier, quasi per ignem et mulierem destructa] pergămus milite cincti H. AVR. *CG* f. 7. 25 (v. Pergamon a); juniperus arbor sic vocatur ideo quia gignens ~i [*in marg.*: πῦρ], id est ignem .. HOLCOT *Wisd.* 61; lixapericio dicitur a lixa quod est aqua et pir quod est ignis *Alph.* 104.

pyra [CL < πυρά], pile or heap of wood or other combustible material (for burning persons), pyre, also large fire (produced by setting fire to such a pile).

ut flammantis ~ae [*gl.*: pira est que in modum are ex lignis construi sola [l. solet] ut ardeat; pira enim ignis est; sed pira est ipsa lignorum congeries cum nondum ardet] ALDH. *VirgP* 36 p. 283; quamquam tortores assarent igne tenellam, / in quo nigra picis necnon et pinguis olivi / flumina terrifico crepitabant torre pirarum .. *Id. VirgV* 1824; pira [*gl.*: *bel*] TATWINE *Ars* 68; quod .. est acetum sapori, quod oleum igni, quod ligna ~e H. BOS. *Thom.* III 18; ignem silice eliciunt, piram quam maximam e sarmentorum lignorumque constructam congerie copiose accendunt *Hist. Meriadoci* 350; pyr est ignis, a quo ~a quod est lignorum congeries ad comburendum BACON *Gram. Gk.* 65.

pyracantha [CL < πυράκανθα], kind of plant.

balsamus est arbor similis leuen et in eodem statu ut piracantes *Alph.* 19.

Pyracmon [CL], the name of a Cyclops; **b** (as name of the Devil).

unde Stachius: Martis at hinc lasso mutata Pyragmine tenens / pyragmon est fulmen BACON *Gram. Gk.* 125 (cf. Statius *Theb.* II 599). **b** rex Erebi, vetustissimus ille ~agmon DEVIZES f. 28v.

Pyragmon v. Pyracmon.

pyrale [pyr < πῦρ+-alis], a torch.

surgentia passim / exalant piceas incensa piralia flammas J. EXON. *BT* I 507.

pyramidalis [ML < CL pyramis+-alis], that has the form of a pyramid or cone.

c970 ponens .. super corpus abbatis .. petram piramidalem tres pedes in altitudine (*Chr. Peterb.*) *MonA* I 377a; ideo erit forma earum ~is, est enim pedetentim incipiens a gracili et procedens ad grossius paulatim ALF. ANGL. *Plant.* II 10; quare habet cor formam ~em? NECKAM *NR* II 173 p. 299; cum .. sol sit corpus luminosum, et terra corpus umbrosum, et radii recti sint, et sol sit major terra, necesse est ut sol proiciat umbram ~em et ut umbre conus terminetur a directo puncti oppositi soli in ecliptica GROS. 29; generatur ex una parte ejus cera, ex alia .. piramidalis cera T. SUTTON *Gen. & Corrupt.* 167; **1557** pyramydalem adamantem aureo insertum annulo (*Test. Annae Cleves*) *Exc. Hist.* 301.

pyramidalitas [ML pyramidalis+-tas], a conical shape.

nec extenuatio radii supradicta vera est, sed tantum imaginativa, juxta ~atem lucidi ad centrum oculi a lucido provecta *Ps.*-GROS. *Summa* 508.

pyramidaliter [ML < ML pyramidalis+-iter], in a manner resembling a pyramid or cone.

necesse est illam rorationem in summo esse convexam ~iter GROS. 76; accidit ex raritate plante per quam attrahitur humor frigidus parum coctus, qui per poros ad exteriora attractus, a calore solis ad spinam coagulatur .. et ~iter figuratur BART. ANGL. XVII 149; a quolibet autem puncto corporis solaris super quamlibet partem terre ei objectam exeunt ~iter radii facientes triangulum DOCKING 116; ~iter .. ignem necesse est ascendere BACON *Maj.* I 118; dicunt [e]n[im] qu[od] radii ~iter disgrediuntur a sole PECKHAM *Persp.* III 19.

pyramidare [CL pyramis+-are], to give the appearance of a pyramid or cone to.

comprimit ipsam [plantam] aer, qui est inter raritates ipsius, ~aturque, sicut ~atur ignis in suis materiis, et elevatur ALF. ANGL. *Plant.* II 12; hoc tamen differt quoniam in hiis res apparet ~ata PECKHAM *Persp.* II 37 (ed. Lindberg p. 190).

pyramidicus [CL pyramis+-icus], shaped like a pyramid.

c964 (11c) ad totum †piraticum [MS *corr.* piramiticum] opus aecclesiae calcis atque ad pontis edificium ultro inveniantur parati *CS* 1136.

pyramis [CL < πυραμίς], **~a, ~us**

1 tomb, esp. of monumental (orig. Egyptian) sort w. polygonal (usu. square) base and sloping sides meeting at an apex, pyramid.

quorum Alexander Macedo paucos de valle, ~idibus quingentorum et quinque pedum habentibus longitudinem clausa, lapidum extulit *Lib. Monstr.* III 11; videbam .. duos viros venientes ad me .. ab utriusque parte altaris ex singulis piramidibus *Pass. Indracti* f. 102; corpus in terra vel noffo vel petra vel ~ide vel structura qualibet positum (*Leg. Hen.* 83. 5) *GAS* 600; ille piramides .. que, aliquantis pedibus ab aecclesia illa posite, cimiterium monachorum pretexunt W. MALM. *GR* I 21; altera .. piramis habet xviij pedes et iiij tabulatus in quibus hec leguntur: Hedde episcopus, Bregored .. *Id. Glast.* 32; martyr, revoluta ~ide sarcophagi sui, se in latus erexit W. CANT. *Mir. Thom.* VI 25; nunc .. de piramidibus pauca subiciam, sunt autem piramides sepulcra potentum GREG. *Mir. Rom.* 27; mausoleo aut ~ide locus occupatus munitus est NECKAM *NR* II 189 p. 342; apud Glastoniam inter lapideas ~ides duas in cemiterio sacro quondam erectas GIR. *PI* I 20; inter omnes ~ides mirabilior est ~is Julii Cesaris *Eul. Hist.* I 412.

2 (in gl.) framework hearse (erected over body at funeral or over tomb).

hoc pirama .. i. quedam alta structura que fiebat antiquitus super sepulturam mortuorum OSB. GLOUC. *Deriv.* 427; *heers of dede cors*, piramis *PP*.

3 geom. figure formed by lines radiating from a base to a single common point, pyramid or cone. **b** (*~is rotunda*) cone; **c** (in context of science of optics); **d** (astr.); **e** (w. ref. to a nose).

sepulchrum .. quod in modum piramidis construitur *Pass. Indracti* f. 102; figura corporea ~is est quam continent superficies ab una superficie ad unum punctum oppositum erecte ADEL. *Elem.* XI *def.* 9; formacio vero [*of the sound of the letter* A] in motu a medio est, unde et dilatantur instrumenta in formacione ejus de necessitate, ab infimo vero gutturis incipiens sua figura ut conus, exit ut piramis, os maxime aperiens *Ps.*-GROS. *Gram.* 21; philosophi aspexerunt in proprietatibus sectionum ~idum, et invenerunt radios cadentes super communem planitiem superficiei concave corporis ovalis BACON *Maj.* II 487; ~is, corpus habens latitudinem in imo et acuitur paulatim usque ad acumen completum in summo ut campanile *Id. Gram. Gk.* 65; videndo diversas partes ejusdem materialis alius actus est confusior, et alius distinccior, ut est propinquior puncto conjunccionis duorum axium piramidum radialium WYCL. *Act.* 14. **b** figura rotunda ~is solida est transitus trianguli rectanguli fixo uno suorum laterum angulum rectum continente triangulique circumducti ad locum unde cepit reditus ADEL. *Elem.* XI *def.* 10; ut .. radii .. fracti sicut a cono pyramidali se diffundant .. figuram assimilatam curve superficiei ~idis rotunde GROS. 76; ab hoc circulo procedunt rotunde ~ides PECKHAM *Persp.* I 6 f. 2v; figura que maxime competit fortitudini multiplicationis est ~is rotunda BACON *Tert.* 114. **c** visus fit per ~idem radiosam cujus basis est res visa PECKHAM *Persp.* I 50 (ed. Lindberg p. 132); omne quod videtur videtur sub ~ide, cujus conus est in oculo et basis in re visa, secundum auctorem Perspective OCKHAM *Quodl.* 359. **d** acuminatis instar ~idum tenebris lunam .. aliquando contingi atque obscurari BEDE *TR* 7; in alia .. significatione dicitur signum piramis quadrilatera cujus basis est illa superficies quam appellamus signum; vertex vero ejus est in centro terre SACROB. *Sph.* 89. **e** nasus sub acuta ~ide prominebat R. COLD. *Cuthb.* 70.

4 structure that resembles a pyramid: **a** (assemblage of objects to be knocked down in a game perh. sim. to skittles). **b** ? gable or gable-end. **c** steeple. **d** (*Maia ~is*) sort of 'May garland' or pyramid formed by dancers. **e** (in gl.) ? sort of tray.

a 1168 nam et in rithmachia ludentium hoc indicat jocus, ubi quociens aufertur piramis intercepta, totiens concidunt latera ejus. nonne harum piramidum instar habent seculi potestates J. SAL. *Ep.* 249 (273). **b** *pyk walle*, piramis *PP*. **c 1519** cancellus ibidem est ruinosus. ecclesia et piramis ejusdem non sunt bene reparate *Vis. Linc.* I 62; fenestra piramidis ejusdem est fracta *Ib.* 75. **d 1618** cur non potius sermonem meum converto ad polos aestivos et Maias ~ides in ea invectus et vociferans *REED Glouc.* 381. **e** piramus, *hegh shap oftreys WW*.

pyramoides [LL < πυραμοειδής=*pyramidal*], geom. figure, pyramid or cone.

idem potest dici pyroidos [l. ~es] a *pyr*, quod est ignis, eo quod sit tendens in conum ad modum ignis *Comm. Sph.* 339.

pyrata v. pirata. **pyraticus** v. 1 piraticus. **pyratus** v. pyretus.

pyreium [πυρεῖον], ? a flammable material.

carria, cilcarium, respice in pirium *Alph.* 29; pirium, ciltarium, carpia, rasura panni *Ib.* 145.

pyrena [πυρήν], thorny shrub, barberry (*Berberis vulgaris*).

oxiacanthia, sive pyxacanthis, aut ~a, ab officinis

et vulgo berberis dicitur, aliquibus *pypryge* vocatur TURNER *Herb.* B iv.

pyrethroleum [CL pyrethrum < πύρεθρον + oleum], oil of pellitory.

est .. utile castoreleon, piretroleon, GILB. II 107v. 2.

pyrethrum [CL < πύρεθρον], plant used for culinary or medicinal purposes, pellitory.

ad vocem valid[i]ficandam peretro, cinamomo, sinapis semine *Leechdoms* I 376; diptannus, piretrum, piper, allia, salvia, ruta D. BEC. 2657; piritrum, i. piper longum *Gl. Laud.* 1198; hortus ornari debet .. apio, piritro, lactuca, nasturtio hortolano, pionia NECKAM *NR* II 166; pulvis ad quartanam digerens materiam: recipe .. piretri, eufrasie, urtice .. quantum sufficit; ad dulcedinem in cibis utatur GILB. I 48. 2; thus delet reuma, piper et pyretrum tibi fleuma, / que sunt illius pignora cara soli GARL. *Epith.* IV 299; castoreum proyciatur in naribus vel piper vel piretrum ad faciendum sternutationem GAD. 10. 1; de mentha, petrosilio, salvia, dipthamo, piretro Anglicano potest fieri salsa viridis optima *Ib.* 24. 1; quod animetur cum rebus vegetabilibus calidis, ut sunt piper nigrum, euphorbium, ~um, .. RIPLEY 168.

pyretus [πυρετός], fever.

pyratus Graece, Latine febris *Comm. Cant.* III 15.

pyrgus [LL < πύργος]

1 tower; **b** (fig., ~*us vitae* or ellipt.) extreme crisis of life.

~us, turris OSB. GLOUC. *Deriv.* 473; lupus .. nobiles comites .. in ipsis valvis pirgis [*sic*] ludentes offendens, eos extractis visceribus neci horrende tradidit *Arthur & Gorlagon* 10. **b** posterior pirgus vite tibi sit specularis D. BEC. 303; [mors] non timet divites ardentes murice, / quos pirgus extulit fortune tropice WALT. WIMB. *Sim.* 183; ave mater, ave virgo, / quam in summo vite pirgo / quisquis credit invocat *Id. Virgo* 49.

2 playing piece, (by metonymy) square on playing board, gaming board, or game of chess, checkers, or sim.; **b** (fig.). **c** (*de pirro*, w. ref. to fabric) ? checker pattern.

nobiles .. viri procerum militumque hinc et inde circumsidebant, diversis ludis se spaciantes. quidam enim simulatam pugnam bifaria acie pirgis componebant *Hist. Meriadoci* 371; hic pirgus vel talus, *deiz Gl. AN Glasg.* f. 20b; *tablere, or a table of play or game*, pirgus *PP*; *a poynte of a chekyr*, pirgus *CathA*; hic pirrus, A. *chekyr WW*; hoc pirrum, *the chekyre WW*; hec pirga, *the poynt of the chekyre WW*. **b** es flos in cameris, in bellis es quasi virgo, / in fraudis pirgo [*gl.*: punctus] sperans tutamina queris *Pol. Poems* I 28. **c** a1461 lego .. uxori mee quendam lectum integrum de *purple baudekyn* auri cum omnibus tapetis de airice de pirro lecto illi pertinentibus *Test. Ebor.* II 242.

3 sort of oven.

~us [v. l. pirgus; *gl.*: *fourn, furneys, petiz forn*] in quo coquebantur opacorum [v. l. opacaorum] genera, lagana, et artocree [v. l. artocrea] BALSH. *Ut.* 51.

pyria [πυρία], hot bath.

pir, ignis, inde .. pira [v. l. piria], i. stupha *Alph.* 147.

pyriasis [πυρίασις], ? form of hot bath.

piriasis, allinum [v. l. allumen; ? l. balneum] ignitum *Alph.* 145.

pyriaticus [pyria + -aticus], heated, hot.

piasiticum [? l. piriaticum] clister, i. oleum calidum *Alph.* 145.

pyricudium [pyr < πῦρ + CL cudere + -ium], steel for striking a fire, 'fire-iron'.

habet .. vendenda .. rasoria, cotes, et piricudia [*gl.*: *vyrehyryns, fusils*, A. *furym*], et fusillos GARL. *Dict.* 123; *a fire yren*, fugillus, piricudium *CathA*.

pyrigia [cf. πυραυγής + -ia], form of disease, characterized by fiery pain in the eye.

purigia vel frurigia, i. ignis in oculo *Alph.* 150.

pyritegium [pyr < πῦρ + CL tegere + -ium; cf. ML ignitegium], regulation to cover or extinguish fires announced (by ringing a bell) at fixed time in evening, curfew, also the time of evening at which the regulation is announced.

a1196 ipso die, ad completorium .. conveniant, ibique loquantur .. non tamen ultra piritegium hora loquendi proteletur G. S. *Alb.* I 208; **1275** idem Judeus post piritegium ivit in regia strata contra defensionem majoris et ballivorum [Linc'] *Hund.* I 327b; veniunt ballivi Stanford' ad domos predictorum burgensium aliquando post pulsacionem piritegii nocte *Ib.* I 356b.

pyrites [CL < πυρίτης, cf. CL pyritis < πυρῖτις], kind of stone that produces sparks when struck, *e. g.* flint, iron, copper pyrites.

pirites vel focaris lapis, *fyrstan* ÆLF. *Gl.* 148; lapis periter [*sic*], i. petra focaria de mola *Gl. Laud.* 931; has dum perlustro visu, nitet esse [? l. ecce] pyrites, / qui si tractetur durius igne nocet NECKAM *DS* VI 347; si in pirite sigillum hoc modo sculptum inveneris, turturem sc. et ramum olive ore tenentem *Sculp. Lap.* 452; ~es [TREVISA XVI 77: *perides*] .. est lapis fulvus, aeris similans qualitatem, cui plurimus ignis inest BART. ANGL. XVI 78; lapis pirites lapis est a quo per alisionem calibis vel alterius duri corporis evolat ignis, sed G. in epistolis ad Glauconem exponit lapis pirites, i. lapis miluaris, quem quidam dicunt de lapide lato supra quem solet ignis construi *Alph.* 90.

pyroidos v. pyramoides.

pyrola [CL pirus + -ola], kind of plant, wintergreen.

limonium *named of the herbaries* ~a *is named in Duch wintergraven .. it may be called in englische wyntergreene* TURNER *Herb Names* E i v.

pyromantia [LL < πυρομαντεία], divination by fire.

Varro .. quattuor species divinationis ab elementis mutuatus est, pirimantiam sc., aerimantiam, ydromantiam, et geomantiam J. SAL. *Pol.* 407C; aeromantia [MS: ~ia] incantatio que fit de igne, nam pyr dicitur ignis OSB. GLOUC. *Deriv.* 285; mantice in quinque partes dividitur .. quinta ~ia, id est divinatio in igne ALB. LOND. *DG* 11. 12; chyromantia, quam plene scivimus in nostris diebus velut acrumantiam, et piromantiam, et quasdam alias M. SCOT *Phys.* 97; *a dyvynynge be fyre*, piromancia *CathA*.

pyron [cf. πῦρ], ? sort of fiery substance.

ydragor et piron ana sublimatis fac redire in aquam et coagula; confectio ista ex stagno lunam procreat M. SCOT *Lumen* 268.

pyronomicus [πῦρ + νομικός], that pertains to use of fire.

nisi animam aliquam a corpore, arte ~a separatam, huic operi Χρυσοκοραλλίνῳ praeficeremus *Theatrum Chem.* II 196.

pyropus [CL pyrop(um?) < πυρωπός], red precious stone.

piropus, quidam lapis ignei coloris OSB. GLOUC. *Deriv.* 474; margaritas praeterea legunt in littoribus; quin in rupibus quibusdam adamantes ac ~os quoque MORE *Ut.* 176.

pyrosis [πύρωσις], (med.) inflammation.

pirosis prosopum, i. incendium in facie *Alph.* 145.

pyroticus [LL = *heating* < πυρωτικός], ? that causes heat or is hot.

piratita [v. l. piratica], i. calida *Alph.* 145.

Pyrpyri v. Porphyreus.   **pyrrhichius, pyrricheus** v. pyrrhichius.

pyrrhichius [CL < πυρρίχιος], metrical foot that consists of two short syllables, a pyrrhic.

versus, qui pirrichio clauditur ALDH. *Met.* 10 p. 95; sunt pedes, qui aequam divisionem sortiuntur et velut pari temporum lance ponderantur, quod arsis et thesis aequali discretionis statera gubernat, id est pirrichius, spondeus .. *Id. PR* 112; ~ius ex duabus brevibus temporum duum, ut 'amor' BEDE *AM* 107; partimur .. in aequo hos: spondeum --, pyrricheum ⌣⌣ BONIF. *Met.* 109; est .. 'diffidit urbium' choriambus cum ~io ABBO *QG* 7 (18); si .. breves sunt arsis et thesis, dicitur pyrrhichius, sic ii ODINGTON 90.

pyrrhocorax [CL = (*prob.*) alpine chough], kind of bird, Cornish chough.

primum graculorum genus, quod Graeci κορακίαν vocant, Plinio ~ax est, Anglis *a Cornish choghe*, .. Cornice paulo minor est, rostro luteo, parvo, et in fine nonnihil adunco, frequens est in Alpibus, et apud Anglos in Cornubia TURNER *Av.* E 5v; in subjectis rupibus, ut etiam passim per haec littora, foetificat ~ax [in marg.: *Cornish chough*] rostro et pedibus rubentibus cornix, non Alpibus peculiaris, ut existimavit Plinius CAMD. *Br.* 152.

pyrum v. pirum.   **Pystoria** v. pistorius.   **Pytagoras** v. Pythagoras.   **Pytagoricus** v. Pythagoricus.

Pythagoras [CL], the philosopher Pythagoras, also as name of book.

Pytagoram, nomen libri et philosophi qui primus scripsit *Comm. Cant.* I 12; malva silvatica vel erratica agrestis dicitur moloceagria Pitagoras anitoa .. Zoroastris diadema, Egyptii locortes *Gl. Laud.* 996; certe a ~e assertione excogitatum est, qui primus e medulla, que in spina hominis est, anguem creari deprehendit ALB. LOND. *DG* 6. 19; Pictagoras dixit se fuisse Euforbum in Trojano bello et fuisse peremptum a Menelao WALS. *AD* 195; sinap[h]e Phitagoras inter ea que habent virtutis efficaciam laudat *Alph.* 172.

Pythagoreus [CL]

1 of or connected with Pythagoras or his philosophy, (in quot. as sb. m.) follower of Pythagoras.

Pitagorei edocuerunt ferociam animi tibiis mollire OSB. GLOUC. *Deriv.* 210.

2 (in gl., understood as pers. name).

Pithagoreus, nomen au[cto]ris *GlC* P 433.

Pythagoricus [CL], of or connected with Pythagoras or his philosophy; **b** (of abacus). **c** (*littera* ~*a*) the letter Y. **d** (as sb. m.) follower of Pythagoras; **e** (in tit.).

799 denuo in arcano pectoris mei Pytagoricae disciplinae scientiam, unde necdum discessit, renovare niteris ALCUIN *Ep.* 170; cum Pitagoricum bivium attigisset, seu tedio monachatus seu glorie cupiditate captus W. MALM. *GR* II 167; tanquam Pitagoricos discipulos, qui per quinquennium in scolis silebant, sequi volens GIR. *SD* 12 (cf. id. *Ep.* 4 p. 176: Pittagoricus discipulus); Aristoteles recitabat circa opiniones Pictagoricas et Platonicas et alias BACON II 11. **b** quare et asser in quo hec, idest calculatoria ars depingitur, ab antiquis mensa Pytagorica, a modernis autem vel abax vel abacus nuncupatur THURKILL *Abac.* f. 55v; inspectio tabule que Pitagorica appellatur J. SAL. *Pol.* 409A. **c** c1170 adhuc eorum in incerto est, quia bivium ~e littere nondum transierunt P. BLOIS *Ep.* 51. 156B. **d** ~i .. auditores suos per quinquennium jubent silere et sic demum praedicare permittunt BEDE *Ep. Cath.* 16; Aristotles .. Putagoricos [ed. Maloney: Pythagoricos] et Platonicos et Stoicos invenit errantes BACON *CSTheol.* 33; quam speciem .. ~i repudiant, dicentes in sonis species illas facere consonancias ODINGTON 70; recitat .. philosophus ij Post. igitur Pictagoricos dicere .. BRADW. *CD* 116B. **e** contra Pitagoricos libr. unum, contra Xenocratem libr. unum, de Pitagoricis libr. unum W. BURLEY *Vit. Phil.* 250.

pythella, ~um, ~us v. pictellum.   **pythera** v. fethera.

Pythius [CL]

1 that pertains to the cult title of Apollo at Pytho (Delphi), also understood as referring to Apollo's slaying of the serpent Python there; **b** (*metrum* ~*ium*, understood as) a name of the hexameter.

Delphini, Phocae, sua Phoebo [Phitia] voce R. CANT. *Malch.* IV 203; nosce teipsum, o homo, quia non Fitii Apollinis sed sancti Salomonis est quod legitur NECKAM *Sal.* 30; Phyton est serpens valde magnus quem Apollo interfecit et ideo vocatus est Phytius, et Phytea sunt ludi celebres quos ipse constituit in memoriam tanti facti BACON *Gram. Gk.* 67. **b** quid est Pithium metrum? idem quod exametrum ALDH. *Met.* 10 p. 94; hoc metrum post Homerum heroici nomen accepit, Pithium ante dictum, eo quod Apollinis oracula illo sint metro edita BEDE *AM* 109; quod metrum ante Homerum Pytium dictum est, post Homerum heroicum nominatum BONIF. *Met.* 111.

2 (as sb. m.) Apollo. **b** (transf.) poet. **c** one who divines, (in general sense) sorcerer.

nempe cum Phicium dispari fistula septemque cannis alternatimque sepositis, rutroque pastorali vel baculo, pelleque pastoria penulave pastoraliter compositum .. E. THRIP. *SS* III 1; Phyton est serpens valde magnus quam Apollo interfecit et ideo vocatus est Phytius BACON *Gram. Gk.* 67. **b** Pithi, poetici *GlC* P 427. **c** Phycii sunt quos spiritus Phitonicus replet J. SAL. *Pol.* 408A.

Python [CL < πύθων]

1 serpent killed at Delphi by Apollo, the Python.

quod hoc genere metri oracula primo Apollini sint edita, qui interfecto Pithone Pithius dictus est, qui, ut fertur, cum .. Pithonem serpentem .. sagittis insequeretur, accolae Delfici hoc illum versu et facundiae coturno extulerunt ALDH. *Met.* 10 p. 94; Phyton est serpens valde magnus quem Apollo interfecit BACON *Gram. Gk.* 67; tunc prudens Apollo ~oni subicitur R. BURY *Phil.* 7. 102.

2 one who divines, (in general sense) sorcerer.

phitones, incantatores OSB. GLOUC. *Deriv.* 480; datus rex in sensum reprobum, qui sibi persuaserat phitonem scientie presulem J. SAL. *Pol.* 467A; quia .. polluta est et periculosa via super mare hujus seculi, post ignitos serpentes venitur ad magos et phitones R. NIGER *Mil.* II 51; ideo a Phytio Apolline dicitur ~on qui est divinator et incantator BACON *Gram. Gk.* 67; **1406** datum est nobis intelligi, quod quamplures sortilegi, magici, incantatores, nigromantici .. et phitones infra diecesim vestram existunt *Foed.* VIII 427; *a divine*, auspex, augur, .. fiton, fitonissa *CathA.*

pythonia [Python 2+-ia], one who divines, sorceress.

dictum est ei a †pythoniam [l. pythonia] quod infans Hebreus [regnaturus fuisset] .. alienus .. ab aris nostris THEOD. *Laterc.* 8.

Pythonicus [LL < πυθωνικός]

1 that pertains to possession by demons, divination, or sorcery: **a** (of spirit) that possesses. **b** (of person) possessed by the spirit of divination. **c** (*spiritus ~us*) spirit or power of divination.

a de duabus feminis, quarum alteram a phitonico, alteram ab incubone eripuit demone AD. EYNS. *Hug.* V 8. **b** videbant hominem quendam arreptitium seu phitonicum .. et demonem per os ipsius hominis de quibuslibet secretis evidentius respondentem *Latin Stories* 100. **c** sui autem quo spiritu proferantur hujusmodi .. inquiras, non dico quod pithonico, non demoniaco GIR. *DK* I 16.

2 (as sb. m.) one who divines, (in general sense) sorcerer.

incantatores .. magos, phithonicos, et veneficos *GAS* 249; phitonicorum vero eo perniciosior est consultatio, quo fallacia malignorum spirituum in his manifestior J. SAL. *Pol.* 462A; in phitone inquit; quasi: quia recessit Spiritus Domini, vel phitonicus patrocinetur michi *Ib.* 467A; quidam genethliacos, quidam mathematicos, quidam ariolas, quidam ~os consulant P. BLOIS *Ep.* 65. 192B; c**1320** phitonici seu specularii dicuntur, quorum est ars inspicere in speculis .. in quibus vident, ut dicunt, mirabilia *Hist. Francisc. Eng.* 229.

pythonissa, phitonissa [LL < πυθώνισσα], woman possessed by demons or by the spirit of divination, (in general sense) sorceress, witch; **b** (w. ref. at *I Sam.* xxviii 7 to powers of ventriloquism of the witch of Endor); **c** (in gl., also understood as infernal spirit).

Paulus, / .. / quem pithŏnissa procax clamavit voce proterva; / spiritus abscessit Paulo purgante puellam ALDH. *CE* IV 2. 11; dixit ~ae Philippis futura praedicare LANFR. *Comment. Paul.* 310B; statuentes illam predictam phitonissam mulierem in eminentiori loco in medio eorum *G. Herw.* f. 335; phitonisse, vultuarie, noctivage, .. mendici, balatrones, hoc genus omne totas replevere domos DEVIZES 39v; .. ne phitonissa vera etiam divinaret studuit inhibere AD. EYNS. *Hug.* V 17; **1348** ad dictam Margeriam, que phitonissa demoniaca reputatur *Reg. Exon.* f. 153b; s**1441** quedam phitonissa et incantatrix combusta *Chr. Hen. VI & Ed. IV* 149; *a divine*, auspex, augur, .. fiton, fitonissa *CathA*; *a wyche* .. fitonissa, maleficus, sacrilege *Ib.* **b** pithonissa, quam quidam ventriloquam appellant BEDE *Sam.* 700; sic Saul dum pythonissam consulit cum filiis suis in montibus Gelboe meretur interfici P. BLOIS *Ep.* 65. 193A; phytonisse vocum varietatem in ventre et gutture fingentes et ore, formant voces humanas a longe vel prope, prout volunt, ac si spiritus cum homine loqueretur BACON *NM* 523. **c** phitonissa, spiritus inferni vel divinatrix OSB. GLOUC. *Deriv.* 483.

pytilla, ~um, ~us v. pictellum.

pytissare [CL < πυτίζειν=*to spit out* (*wine tasted*)], to sip or slurp.

aliquando .. delectantur simul .. auditus et gustus, ut cum aliquem sic bibere delectat, ut inter labia sua sonitum quendam pitissando faciat *Simil. Anselmi* 15; potisso, A. *syppy WW*; *to sip*, sorbillare, pitissare LEVINS *Manip.* 140.

Pytius v. Pythius. **pyxacanthis** v. pyxacanthos.

pyxacanthos [CL < πυξάκανθος], **~is,** kind of thorny shrub, barberry (*Berberis vulgaris*).

licium unde fit arbor est liceos appellata sive exaconton [? l. pexaconton], folia habet buxo similia et spinosa .. *Alph.* 101; oxiacantha, sive ~is, aut pyrena, ab officinis et vulgo berberis dicitur, aliquibus *pypryge* vocatur TURNER *Herb.* B iv.

pyxalis [CL pyxis+-alis], that pertains to a box or box-shaped artefact, (in quot. *lanterna ~is*) box-lantern.

c**1255** lanternam .. ~em, cum candela, in choro noctibus .. circumferri constituit *G. S. Alb.* I 60.

pyxare [CL pyxis+-are], to place in a chest, box, or sim. (for storage or transport).

1343 in rotis carucarum de ferro pixandis, iiij d. (*MinAc Adisham*) *DCWint.*; **1442** clericus Tundredi .. pixabit manu sua propria papirum ejusdem curie *Little RB Bristol* I 102.

pyxis [CL < πυξίς]

1 a (usu. small, often ornamented) box or chest, used to contain valuables: **a** (for money); **b** (spec. for money used in testing coin); **c** (for collection of toll or oblation); **d** (for spice or other foodstuff); **e** (for medicine, ointment, or charm, also fig.); **f** (for document); **g** (for tinder); **h** (for fan); **i** (*~is tortilis*) box of plaited wood (in quot. of window-box); **j** (unspec.).

a in offertorio nulla ratione permittitur sacerdoti, ut ~idem .. manu teneat, quo omnem avaritie effugiat suspicionem BELETH *RDO* 41. 50; primus ego dixit, offerens ei pixidem plenam auro *G. Roman.* 345; **1405** recepcio. .. respondent de .. viij d. de pixide coram cruce *Ac. Obed. Abingd.* 67; **1414** aperta pixide invente sunt in eadem xj sinchie continentes cxxiij li. xiij s. iiij d. auri numero *Pat* 394 m. 29; una pixidis communis serrura duarum clavium sufficienter confecta *Lib. Cust. Northampt.* 64; **1533** in solutis .. ad pixidem conventus xiij s. iiij d. *Comp. Swith.* 303. **b** **1280** erit capitalis essaiator, emptor, et ponderator monete, habens unam clavem cujuslibet pixidis denariorum de essaio *RBExch* 987; **1281** cum nos totam monetam nostram in pixidibus inventam .. per bonos et idoneos assaiatores in presencia consilii nostri examinari et assiari fecerimus *Pat* 100 m. 11; **1282** item [custodes] calumpniantur denarios positos in ~ide (*Irish Mint*) *KR Ac* 230/21; **1304** in una pixide ferro ligata pro assayis monete imponendis empta (*Mint*) *KR Ac* 288/30 m. 7; **1449** j pixid' coopert' cum corio nigro pro assaiis auri et argenti imponend' *KR Ac* 294/6. **c** magn[i altaris c]ustos pixidem cum oblatis a latere tenebit *Cust. Westm.* 66; **1294** ballivus vel serviens habere debet alteram clavem pixidum assignatarum ad collecctionem theolonii *Cl* 111 m. 4*d.*; c**1300** de tolneto pixidis per annum, viij marc' ij s. *Reg. Malm.* I 134; **1304** de medietate exituum pixidis nundinarium ville de Stratmeurie' .. de exitibus pixidis mercati ville de Lamp[adarn] *MinAc W. Wales* 294; **1323** de j li. viiij s. vij d. receptis de pixide penitentiarii *DC S. Paul.* 53b; **1350** de exitibus pixidis diebus mercati et aliis diebus *MinAc* 783/15 r. 3. **d** **1303** vij pixidibus de *gingebras*, xxxx s. iiij pixidibus de *pionad*, xij s. *Ac. Durh.* 504; **1350** in una pixide de pynyonade empt' apud Novum Castrum, iij s. vj d. .. in una pixide de *gyngebrace* empt' apud Ebor. .. iij s. vj d. *Ib.* 551; **1410** de j d. de j pixide pro pulvere. de iij d. de ij *cuverkils*. de ij d. de j salario pro sale *Test. Ebor.* III 48; **1517** item pixis pro speciebus et deauratus circa fundum *Ac. Durh.* 293. **e** proferre pixidem in qua lectuarium attulerat insolite fragrancie *V. Chris. Marky.* 49; ignis, pistrinum, pix uncti cum lapidistis, / unge, torqueole, clavorum copia D. BEC. 1872; j pixide argenti ad tiriacam *Cl* 103a; comportes aloen calamitam cynname muscum / muscatamque nucem, macis, odora thyma; / accumules etiam Galieni pyxidas omnes GARL. *Epith.* VI 363; cum mors arcum suum tendit, / turris regem non defendit / neque pixis medicum WALT. WIMB. *Van.* 147; tot habet pixides [ME: *boistes*] maledictus medicus infernalis plenas electuariis *AncrR* 82. **f** sequuntur .. curiam cupidi, codices et pixides ambitiosi GIR. *EH intr.* p. 212; **1276** item quedam littere de attornato .. item cedula continens processum .. hec reposita fuerunt in ij pixidibus, in arca in capitulo ecclesie Herefordensis *Reg. Heref.* 41; **1345** tulit .. quandam pixidem cum quodam brevi domini regis .. et sciendum quod predicta pixedis [*sic*] simul cum predictis brevi et acquietancia remanent [*sic*] in custodia Thome de Metheby, custodis rotulorum .. *SelCKB* VI 43; **1467** soluta pro diversis pixidibus emptis pro warrantis, obligacionibus, et aliis memorandis .. regine intus ponendis et salvo custodiandis hoc anno, xx d. (*TR Bk.*) *JRL Bull.* L 469; **1505** eodem die posita fuit in scaccario obligacio Thome Rigden continens in secunda linea 'de Petham', et imponitur in pixide ubi sunt compotus firmariorum *Reg. Merton* I 301. **g** pro j pixide et *tunder fyryren* et *broches*, j duc. xx s. *Ac. H. Derby* 222. **h** **1576** pro un' pixide .. pro *les fannes Ac. LChamb.* 9/67 f. 42 (cf. ib. 5/35 p. 53: *one box .. to lay our fannes in*). **i** specularia .. competenter sint disposita in domo .. ubi suctina [ed. Scheler: succina] vel pixides [*gl.*: *boystes*] tortiles sub divo ponantur NECKAM *Ut.* 109. **j** hec pixis .. i. bustula, vas, sc. muliebre OSB. GLOUC. *Deriv.* 441; **1234** item, sicut invenimus in adventu nostro de pixide, volumus ut ita remaneat sub tribus clavibus, et cum aliquid .. de dicta pixide sumendum fuerit, per visum abbatis, prioris, et subprioris .. sumatur (*Vis. Bury St. Edm.*) *EHR* XXVII 736; c**1320** omnes .. fuerunt jurati .. quod .. non faciant alias mensuras nisi galones, potellos, et quartas, et quod nullas facient falsas mensuras .. ad modum pixidum aut ciphorum (*Lib. Mem.*) *MGL* III 432; hec pixis, A. *boyst WW*; hec pyxis, -dis, *a box*. hic editur pissis, hic servat aromata pixis *WW*; hoc pixis, hoc alabastrum, A. *a box WW*; hic pixus, A. *a box WW*.

2 pyx, box-like container for spec. eccl. use: **a** (as container for the Host); **b** (as container for a relic); **c** (fig.).

a hic delatum in tructa pisce cristallino [*ed.*: ? l. instructa pisside cristallina] salutare humani generis pignus reconditur GOSC. *Edith* 74; contigit, ecclesia ejusdem loci [Luel] hostiliter combusta, omnia prorsus intus et extra, preter pixidem unam in qua hostia consecrata reposita fuerat, consumpta fuisse GIR. *IK* I 1; **12..** corpus Dominicum pixide cupreo .. reconditum *Chr. Rams.* p. liii n. 2; c**1300** Hurste .. pixis bona ad eukaristiam .. Wokingeham .. pixis ad eukaristiam insufficiens *Ch. Sal.* 369; †**1442** (recte 1342) pixis ad eukaristiam stagneus et sine serrura (*Vis. Totnes*) *EHR* XXVI 110; .. ad orientem cujusdam ecclesie, ubi pixis super altare pendens carebat sacramento eucharistie BLAKMAN *Hen. VI* 13. **b** quedam pixides .. rejecte in signum miraculi super ipsum martyris sepulcrum videri possunt suspense adhuc H. BOS. *LM* 1337A; pixis .. quercina, in qua ciphus de more ponebatur, conbusta erat in pulverem BRAKELOND f. 152v; **1220** pixis quedam continens reliquias *Reg. S. Osm.* I 276. **c** ave, pixis Deitatis WALT. WIMB. *Virgo* 69.

3 sort of chamber of gun or cannon.

unum magnum voglare, nuncupatum Here Johan, munitum tribus piscidis [*sic*], infustatum et ferratum, portans lapidem de undecim pollicibus in cruce, appreciatum iij c li. T[urneys]. item, unum aliud voglare, nuncupatum Mauns, munitum quatuor cameris .. *Collect. W. Worc.* 566.

4 (anat.) acetabulum, cavity of the hip-bone.

vocatur vertebrum a vertendo in pixide ... concavitas, i. pixis, et vocatur ab aliquibus scia, et ita est, et est ibi ligamentum ligans os cum osse GAD. 35. 1; c**1400** *a box þat is clepid* pixis, *haunche & vertebrum sit þeron* (*Lanfranc's Cirurg.*) *OED* s. v. *pyxis*.

pyxus [πύξον], box-tree.

pixus, i. buxus arbor *Gl. Laud.* 1211.

Q

Q [CL]

1 Q (letter of alphabet).

Q littera .. nota est .. honoris cum 'quaestorem' significat BEDE *Orth.* 7; mirum .. quare dixerit Donatus eam [sc. V] nec vocalem nec consonantem haberi, cum inter Q litteram consonantem et aliam vocalem constituitur *Id. AM* 84; similiter scriberetur et diceretur 'cuis' pro hoc nomine 'quis' tam in prosa quam in metro; essent due sillabe et V remaneret in virtute sua et ideo scribitur per Q et fit una sillaba BACON *Gram. Gk.* 51; item 'que' vel 'qui' consuevit olim scribi cum K secundum usum veterem, sed secundum modernos commutatur K in Q, exceptis propriis nominibus et cognominibus *Orthog. Gall.* S 10.

2 (mus.) stop on the monochord.

si Q iterum tertia sua parte excreverit, fit N similiter tonus ab O ODINGTON *Mus.* 83.

q'asula v. 1 crassula.

qu- [*sts., esp. from the eleventh century, influenced by pronunciation of OF qu-, Q became a graph for C and C for Q*], **a** (Q or QU for C); **b** (C for Q or QU).

a coquo [v. l. qoquo], coxi ALDH. *PR* 114 p. 157; quinici, philosophi *GlC* Q 43; quur, quare *Ib.* 278; documenta .. in ista cartula quoadunare decrevi O. CANT. *Const.* 69; edificavit templum ac monasterium sub equonomo et proposito et decano statuit (*Paternus* 8) *VSB* 254; Hugo coqus *DB* I 58va, J. quocus *Form Man* 29 (v. coquus a); rex habet .. xij quotarios *Dom. Exon.* f. 83; quiricinacium [i. e. Cyrenaicum] *Gl. Laud.* 1243 (v. Quirinacius); quiamus *Ib.* 1249; quinodo doroda [i. e. quinorrhoda, cynorrhoda] *Ib.* 1251; quinos batrum [i. e. quinosbatos, cynosbatos] *Ib.* 1252; magister Alexander Nequam de Naturis Rerum NECKAM *NR* I *tit.*; **1221** quirandam, quirendam (v. quirare); **1232** sub quodam quissino, **1270** pro uno quisno (v. cussinus); **1257** ad quoquinam, hec quoquina, A. *kechyn WW* (v. coquina 1a); **1290** unum bancar cum quatuor quicinis [i. e. cussinis] (*Ext. Pri. Modbyry*) *Mon. Exon* 299b; **12 ..** sicut exprimitur in quarta quam habui .. de dicto W. *Cart. S. Neots* f. 118d. s**1381** nec .. milites et armigeri .. fuerunt ausi arma sumere, nec aliquem contra plebem inermem .. quovis quonamine attemptare *V. Ric. II* 26; quianos *Alph.* 152 (v. cyanos b). **b** qui quondam [v. l. condam] vexit populi in deserta piaclum ALDH. *VirgV* 2847; Paternum secuntur octingenti xlvij monachi (*Paternus* 7) *VSB* 254; iij carant' terrae *DB* II 283 (v. quarentena 2); c**1152** de passagio et theloneo et cadrig[agio] (v. quadrigagium); juxta corundam opinionem *Cust. Westm.* 215; **1303** carta piperis .. carta cymini (v. quartus 3a); post cartanas febricitatantes S. SIM. *Itin.* 64 (v. quartanus a); **1344** cota (v. quotus 7a); in alico modorum WILL. 24 (v. 1 plicare 2); **14 ..** cum .. pensione iiij carteriorum frumenti (v. quartarius 2a).

qua [CL]

1 (interr.) by what road? which way?

interrogativa loci sunt iiij, ut ubi, unde, qua, quo, quia contingit esse in loco ut in quiete et ut in exitu a quiete in motum, tercio in motu, quarto in ingressu ad quietem, ut 'ubi sedes', 'unde venis', 'qua transis', 'quo ibis' *Ps.-*GROS. *Gram.* 59.

2 (rel.) in which part, where.

humidus in fundo, tranat qua piscis, aquoso / saepe caput .. mergo ALDH. *Aen.* 56. 5; et sarcofagus, qua pausant membra puellae *Id. VirgV* 1971; sequitur vox ejus qua quaesitoribus suis .. quae loquebantur audisse declarat BEDE *Cant.* 1175; omnes Brittaniae fines, qua vel ipsorum vel Brettonum provinciae habitabant *Id. HE* II 9 p. 97; et qua splendentis se mergunt lora Bootis / . . / qua Cynarura poli fixum regit ABBO *QG prol.* 9.

3 to the extent that, in so far as.

malorum temptationes qua licet evacuari, accusationes repellunt ANDR. S. VICT. *Dan.* 110.

4 (indef. adv. w. *ne* or *si*) by any chance, in any way.

si qua liberius de his .. non tam disceptavero quam deflevero GILDAS *EB* 26; bona .. si qua gerebat vel utilia scribendo vel continenter vivendo aliis in adjutorium cedunt BEDE *Prov.* 1020; divina providentia ne qua Judaeis excusatio remaneret quasi non ipsi sed Romani Christum crucifixerint *Id. Luke* 610; sollicitus ne qua elaberetur, foris ponit militum presidia GOSC. *Wulfh.* 2; plurima .. que vel ficta vel si qua vera fuerint .. magis deputanda insipientie OSB. BAWDSEY clvii; si qua mulier decepta errore persone consentiret in alium cui se crederet nubere P. BLOIS *Ep. Sup.* 58. 8.

quabba [ME *quabbe*], marsh, bog.

1185 quatuor homines de ~a ij s. *Rec. Templars* 17.

quaccum, quactum, -us v. cogere 4.   **quaceolus** v. washellus.

quachetus, *var. sp. of* 2 cokettus.

quod non panificat quodlibet genus panis .. viz. quachetum [*sense a*], wastellum, symnellum *Iter Cam.* 9; quachetus de eodem blado et eodem bultello tam in pane noviter cocto quam in pane siccato ponderabit plus quam vastellus (*Assisa Panis*) *AP Scot* I 312 (676).

quacumque [CL]

1 wherever, in whichever part or direction, by whatever route.

quid .. non ~e iter salutis inquirimus? BEDE *CuthbP* 11; omnem orbem, ~e Christi ecclesia diffusa est *Id. HE* III 25 p. 184; pluviae quacumque vagantur, / pendula discissis fluitant laquearia tignis FRITH. 442.

2 (in gl. understood as) to the extent that.

~e, *suae suide GlC* Q 17.

quadamtenus [CL], to a certain extent, in some measure.

1396 quadantenus (v. programmatizare); de qua figura, quoniam affinis quadantenus est his quae diximus, pauca in fine dicemus LINACRE *Emend. Lat.* 1.

1 quadra [CL]

1 a quadrant section, segment; **b** (of loaf of bread); **c** (of cheese).

~a, A. *a cantel WW*; elilifagus .. frutex est oblonga, multas habens †quadus [v. l. quadras] et albas, folia similia malis citoniis .. *Alph.* 54.   **b** frustum panis quod et ~a dicitur OSB. GLOUC. *Deriv.* 364; hec ~a, -e, i. quarta pars panis *Ib.* 486; non sis natalis patrie dulcedine tanta / captus quin valeas aliena vivere quadra, / si sit opus D. BEC. 1691; wastelllus de ~a ponderabit sex libras sedecim solidos *MunAcOx* 180; pistor, cum inveniatur panis suus de ~a in defectu ponderis duorum solidorum .. amercietur *Ib.* 182; hec ~a, *a cantel of brede WW*.   **c 1308** quilibet homo habuit ~am casei *Crawley* 263.

2 a fourth part, quarter; **b** (of lunar cycle); **c** (of year).

a quarter, sc. quarta pars cujuslibet rei, ~a, quarta *CathA.*   **b** prima ~a lune est humida, secunda est calida, tertia est sicca, quarta est frigida secundum Alkabicium ROB. ANGL. (II) 161; febres que accidunt in decrescentia, ut in tertia ~a et quarta, sunt perniciose BACON IX 190; in illis ~is purgaciones recipere non convenit .. in secunda vero ~a lune et quarta retrahuntur humores ab exterioribus et concurrunt ad interiora N. LYNN *Kal.* 207.   **c** jam ferme anni ~am decurrerat infirmus GOSC. *Mir. Iv.* lxxxiii; Philippicus regnavit ~am cum anno DICETO II 215 (v. dodrans 1b).

3 flat dish or plate, trencher, platter.

curet superioris ~am, si fragmentis onustetur aut ~ram mutet WHITTINGTON *Vulg.* 120; **1550** sex ~as argenteas .. asportaverunt *Pat* 830 m. 13; **1574** duodecim ~as A. *a dozen of trenchers Pat* 1114 m. 34.

4 small square artefact.

1550 pro un' *small mawnde* ~arum val' xx s. *EEC* 626; pro ij *baskets* ~arum continent' vm val' xvij s. viij d. *Ib.* 627.

2 quadra v. quadrus.   **quadrabigata** v. quadribigata.

quadrabilis [ML < CL quadra + -bilis], that can be squared.

putet quod ambiguum est philosopho si omnis circulus sit ~is, et econtra, ymmo si alicujus circuli quadratura sit scibilis WYCL. *Log.* III 59.

quadradans v. quadrantatus.   **quadradecimus** v. quartus.   **quadrafidus** v. quadrifidus.   **quadrafolium** v. quadrifolium.   **quadraga** v. quadriga.

quadragena [ML, cf. CL *pl. adj.* quadrageni]

1 period of forty days; **b** (w. ref. to Christ in the wilderness); **c** (w. ref. to Lent, but excluding Sundays); **d** (w. ref. to indulgences).

cancellarius .. habebat et quattuor millia servientium, per unam ~am W. FITZST. *Thom.* 23; **1213** faciatis pacacionem militum et servientium qui venerunt cum W. le B. et W. de S. in Angliam de prima ~a .. faciatis habere W. le B. xl marcas de ~a sequenti *Cl* I 138a; **1226** liberetis .. octies centum libras ad faciendum liberationes militibus .. missis in Wasconiam .. et magistris et marinellis .. navium .. quas mittimus illuc .. per duas ~as *Pat* 15.   **b** de ~a Christi *Invent. Ch. Ch.* 88.   **c** non quadragenas, non tempora quatuor anni / respiciunt, certant qui vacuare ciphos GARL. *Tri. Eccl.* 121.   **d 1361** cum .. papa .. duos annos et duas ~as de injuncta sibi penitencia misericorditer relaxavit *Fabr. York* 177; septem annos et septem ~as .. de injunctis eis penitentiis misericorditer relaxamus (*Lit. Papae*) *Reg. Aberd.* I 133; **1437** septem annos et totidem ~as indulgencie de injunctis eis penitenciis .. misericorditer relaxare valeant *Melrose* 561; s**1404** indulgenciam dignemini concedere .. pro quinque annis et totidem ~is AD. USK 94.

2 (w. ref. to *II Cor.* xi 24) forty stripes or lashes.

coram martyris sepultura, quasi coram ipso martyre, sancto illo et venerabili fratrum cetu convocato, a singulis fratrum virge disciplina percussiones singulas, velut quasdam secundas ~as apostolicas .. accepit H. Bos. *LM* 1316B; cesus est [Paulus] olim a Judeis, accipiens sc. una minus W. NEWB. *Serm.* 891; si homo homini peccaverit, dignus est accipere ~am unam minus *Eul. Hist.* I 99; *a scowrge*, flagrum, flagellum, quaragena [*sic*] *CathA.*

3 linear measure (of land), perhaps equal to forty poles.

habet abbas .. vj agros prati et iij ~as pascue in longitudine et latitudine *MonExon* 373a; c**1160** habens xv perticatas in latum et vij ~as in longum *Danelaw* 63.

quadragenarius [CL]

1 of or related to the number forty. **b** (w. *numerus* or ellipt.) forty.

utriusque transgressor velut ~iam perfectionem debilis jacendo transcendit BEDE *Acts* 953. **b** ~ius autem numerus qui denario quater ducto conficitur BEDE *Hom.* I 23. 84; **798** nam octogenarii ~ius medietas et viginti quarta pars et denarius octava ALCUIN *Ep.* 133; **798** ~ius .. per decadas quater ductus pae-

nitentiae typum tenere multis in locis constat *Ib.* 143; vigenarius dupplicatus, fit ~ius BYRHT. *Man.* 230.

2 forty years old.

s1100 obiit [Will. II] .. major ~io W. MALM. *GR* IV 333; Petrus cum Joanne hora nona templum ascendit, ibique ~ium ex utero matris claudum mendicantem respexit [cf. *Act.* iii 1] ORD. VIT. II 1 p. 196; ~ius, quadraginta annos habens OSB. GLOUC. *Deriv.* 491.

3 of forty days, forty days long.

audi, benigne Conditor, / nostras preces cum fletibus / in hoc sacro jejunio / fusas quadragenario [AS: *feowertigum fealdum*] *AS Hymns* 62; Jesu, quadragenariae / Dicator abstinentiae *AS Hymns* 64 (cf. *Comp. Swith.* 178: ad matutinas [cantent] 'Jhesu quadragenarie'); ut per ~ium .. exilii tempus, ad stabilem eternitatem .. pertingat [Elias] AD. SCOT *TT* 621A; Moyses .. fuit .. ibi xl diebus et xl noctibus nichil manducans neque bibens, unde et hoc sacro ~io jejunio legem Domini meruit ab ipso accipere Domino *Holy Rood Tree* 45; jejunium suum ~ium *Eul. Hist.* I 74.

4 (as sb. f.) measure of land, perhaps equal to forty poles.

habet abbas .. iij ~as in longitudine nemoris et j in latitudine *MonExon* 373a; **c1145** quia qui se in hiis nimium gravari et injuste asserunt et jure suo ~ia injuste destitui precipientes *Doc. Theob.* 258.

quadrageni [CL], **~us**

1 forty; **b** (in multiplication, w. adv.).

Salvator ~um dierum suo consecravit jejunio KILWARDBY *Jejun.* 164. **b** et inde ducis per partes, i. sexies ~i ccxl THEOD. *Laterc.* 13; omnium pedum catalogus ter ~us et quaternus constat, hoc est cxxiv ALDH. *PR* 112; septies ~i cclxxx BYRHT. *Man.* 30.

2 (sg.) forty years old.

~us, quadragenarius, quadraginta annos habens OSB. GLOUC. *Deriv.* 491.

quadragenus v. quadrageni.

quadragesies v. quadragies.

quadragesimalis [LL]

1 of forty days, (in quot. as sb. n.) period of forty days.

emenso unius ~is circulo Anna .. redemptorem .. vaticinabatur ALDH. *VirgP* 13.

2 of or pertaining to Lent (as time of fasting or marking time of year). **b** (w. *dies*, *tempus*, or sim.) Lent.

722 ordinationes vero presbiterorum seu diaconorum non nisi quarti, septimi, et decimi mensum jejuniis, sed et ingresso ~i atque mediane vespere sabbati noverit celebrandas (*Lit. Papae*) *Ep. Bonif.* 18 p. 32; quinque sunt termini in ecclesiasticis compotibus, i. e. septuagessimalis, ~is, paschalis, rogationalis, et Pentecosten BYRHT. *Man.* 206. **b** ad .. ~ium dierum medietatem EGB. *Pont.* 63; dies erant hiberni et ~es sed in episcopiis et cenobiis ubi novus veniebat rex, initiabantur Paschalia festa ORD. VIT. IV 2 p. 168; in ~i vero tempore, loco casei, constituit unicuique fratrum unam anguillam grossam quotidie cum generale *Chr. Abingd.* I 346; **s947** hortatus est eos, ut tempore ~i, jejunio et castitati vacantes, diebus illis uxorum etiam deliciis abstinerent M. PAR. *Maj.* I 457; **1248** esus piscium .. continuus tibi adeo odiosus .. quod omni fere ~i tempore infirmaris *Mon. Hib. & Scot.* 49b; **1502** lector .. de lectura sua .. cesset tempore ~i *StatOx* 302.

3 due, used, observed, or occurring during a period of forty days; **b** in Lent; **c** (w. *cibus* or sim.). **d** (w. *velum* or sim.) Lent-cloth, cloth hung over images in Lent.

1403 decimis ~ibus (v. decimus 4c); de lapide ~i in qua sedit Dominus Jhesus quando jejunavit *Fabr. York* 151. **b** quatenus ~e jejunium (O. CANT. *Const.* 9) *Conc. Syn.* 73; annua ~i observatione *Rit. Durh.* 14; G. .. ~em observantiam cum fratribus peregit ORD. VIT. XII 32 p. 436; initium jejunii ~is quod vulgo carniprivium nominant GERV. TILB. III 100; **1353** de iiij li. vij s. vj d. receptis de oblacionibus majoribus et sessione ~i ejusdem per annum *Pri. Cold. app.* p. xxvi. **c** in cibo ~i jejunet AILR. *Inst. Inclus.* 12; in quartis feriis victu quadragesimali / .. / contentus H. AVR. *Hugh* 789; **1418** dispensavit ut in eadem illa vice cibis et potibus ~ibus uti possint *Reg. Heref.* 12. **d** **1368** velum ~e *Invent. Norw.* 27; **1498** pro *handlyn* empto pro velo ~i in choro *Fabr. York* 90; **1519** pro c. *fawthoms* cordarum pro suspensione pannorum ~ium ante novum crucifixum ... pro pictione unius panni pendentis coram novo crucifixo in tempore quadragesimali .. *Ib.* 99.

4 of spring. **b** for use in spring season.

1279 item herciabunt .. tempore ~i dum .. abbas seminabit avenam *Hund.* II 656b; **1284** quilibet eorum .. arrabit duas acras sc. j acram ad yemalem et aliam ad culturam ~em (v. 1 cultura 1b). **b** de semine ~i seminentur terre domini *Fleta* 163; dominus tenetur arrare .. ij acras ad semen ~e *Cust. Battle* 57.

quadragesimare [ML < CL quadragesimus+ -are]

1 to exact or pay a fortieth, (in quot. pass.) to be charged a fortieth.

1235 distringe etiam homines nostros de Novo Castro super Tynam .. quod ipsi permittant se per dictos assessores nostros ~ari et quod eis de dicta xl[a] plene respondeant *KR Mem* 14 m. 2*d*.

2 to observe a period of forty days, to keep Lent.

rex apud Sanctum Andream ~avit FORDUN *GA* 110.

quadragesimarius [ML < CL quadragesimus + -arius], of or pertaining to the period of forty days of Lent, excluding Sundays, Lenten.

ultima ~ii jejunii hebdomade FERR. *Kinloss* 83.

quadragesimus [CL]

1 fortieth.

~us quartus .. annus GILDAS *EB* 26; quod vero ascendisse ipsoque ~o die perscrivitur [v. l. perscribitur] in caelum THEOD. *Laterc.* 22; **798** cur septuagesimus et sexagesimus vel quinquagesimus ordo per dies dominicos ante ~um dicatur vel colatur ALCUIN *Ep.* 143 p. 225; testificante hoc Augustino super centesimum ~um nonum psalmum P. BLOIS *Ep.* 19. 70B; **1271** anno regni nostri quatragesimo septimo *Cl* 350.

2 (*pars ~a* or ellipt.) tax or subsidy of one fortieth of rents or chattels.

s1199 precipimus quatenus singuli vestrum ~am partem omnium ecclesiasticorum reddituum .. in subsidium Terre Sancte convertant (*Lit. Papae*) R. HOWD. IV 109; **1199** post collectionem ~e illa moneta fuerit reprobata et alia constituta. .. non ~am sed decimam partem omnium proventuum nostrorum .. miserimus ad ejusdem terre succursum *EHR* LXIII 349; **s1232** concessa est regi pro debitis .. ~a pars rerum mobilium ab episcopis, abbatibus .. et laicis M. PAR. *Maj.* II 224; **1232** provisum est generaliter .. quod predicta et colligatur. .. postquam ~a fuerit particularum de singulis villis .. liberetur .. senescallo singulorum baronum *Ib.* 231; **1234** distringat omnes illos qui ~am debent domino regi ad reddendum dictam xl[am] domino regi, ita quod collectores illius xl[e] sufficienter inde possint respondere *KR Mem.* 13 m. 7; **1242** comes marescallus et homines de Twiford' reddunt compotum de xl s. iij d. ob. de remanenti ~e sicut continetur in rotulo de ~a *Pipe* 114.

3 (w. ellipsis of *dies* or as sb. usu. f.) period of forty days.

tegens nubes sex diebus [cf. *Exod.* xxiv 16], ipsi dies non reputantur in quadragesimis *Comm. Cant.* I 285; **1430** volo quod executores inveniant unum idoneum presbiterum .. celebrantem ibidem pro anima mea .. per unam ~am *Reg. Cant.* II 454.

4 period of forty days of fasting: **a** (of Christ in the wilderness (w. ref. to *Matth.* iv 2); **b** (as period of penitence, imposed or seasonal); **c** (w. special ref. to period before Easter, excluding Sundays) Lent.

a hoc docuit ipse Christus ~am suam cum bestiis exsecutus GOSC. *Edith* (II) 66. **b** presbyter [fornicationem faciens] cum puella, non prelato monachi voto, annos iij vel iv et quadragissimas iij .. de sicco cybo [sc. comedat] EGB. *Pen.* 5. 3; si servus jussu domini sui hominem occidat, xl dies peniteat in pane et aqua, et tribus ~is cum legittimis feriis a carne ex potu se abstineat (*Leg. Hen.* 68) *GAS* 587; usque ad obitum suum nisi predictis festis diebus a carne abstineat tres ferias legitimas in omni ebdomada et tres ~as in anno legitime custodiat BART. EXON. *Pen.* 232; sanctam vero ~am, que incipit ab Epiphania usque in continuos quadraginta dies .. qui voluntarie eam jejunant, benedicti sint a Domino (*Regula S. Franscisci*) M. PAR. *Maj.* III 138; secundum regulam teneamur duas ~as jejunare *Mon. Francisc.* II 91. **c** et perfectam penitentiam per numerum perfectionis Quadragensimae jejunium demonstraret THEOD. *Laterc.* 13; in hoc [loco] semper ~ae tempus agere, in hoc quadraginta ante dominicum natale dies transigere solebat BEDE *HE* IV 28 p. 276; **747** statuimus ut per annos singulos unusquisque presbiter episcopo suo in Quadragissima rationem ministerii sui reddat BONIF. *Ep.* 78 p. 163; ab octava Epiphanie usque ad ~am jejunet duobus diebus [sc. per septimanam]; a ~a vero usque in Pascha jejunet tribus diebus in pane et aqua BART. EXON. *Pen.* 213; constituens .. in ~a [panem] de quartario majorem, ut elemosine pars sibi cederet *Chr. Battle* f. 23v; ~a est tempus quadraginta dierum .. incipiens a prima dominica quadragesimali et se protendit usque ad Domini cenam BART. ANGL. IX 29; cum adhuc puerulus jejunavit fere tota ~a ECCLESTON *Adv. Min.* 120; jejunare debemus per totam ~am exceptis Dominicis diebus *Conc. Scot.* II 75.

5 (as marking time of year). **b** (as season) spring.

reditum nostrum ante ~am non spero futurum ANSELM (*Ep.* 147) III 294; in initio ~e, die S. Gregorii animam .. efflavit W. MALM. *GR* II 180; **1168** circa ~am a Sancto Aegidio reversus sum J. SAL. *Ep.* 244 (272 p. 552); **1255** in .. instanti media quatragesima *RGasc* I *Sup.* 7a; **s1344** circa ~a .. rex .. misit comites .. ultra mare AD. MUR. *Chr.* 156; **s1436** in prima ~e septimana .. in propria camera occiderunt *Plusc.* XI 9. **b** si terre sint tripertite .. eo quod lx [acre] in hyeme, lx in ~a et lx in estate .. debent exarari *Fleta* 159.

quadragessis [LL], forty asses, forty reckoning units, forty.

partire per quintam partem, quinquies octoni quadrais [l. quadragessis] BEDE *TR* 24; item quae ex asse componuntur: assis, dussis .. vigessis, trigessis, ~is (*Ps.*-BEDE) *PL* XC 644A.

quadragies [CL], **quadragesies** [ML], forty times.

ecce habemus 357 gradus et 32 punctos. multiplicentur 19 minutie trecenties ~esies sexies et fiunt 6574 WALCHER *Drac.* 94; hoc est trecenties ~ies sexies, quare 346 dies integri inter duas predictorum conjunctiones inveniuntur *Ib.* 96; quadrus componitur quadraginta .. unde ~ies adv. OSB. GLOUC. *Deriv.* 487; **s1257** habebat .. rex Tartarorum in comitatu suo armatorum pugnatorum ~ies centena milia M. PAR. *Maj.* V 661.

quadraginta [CL], forty (also in comp. numeral); **b** (w. ref. to forty days of Lent).

omelias evangelii numero ~a composuit [Gregorius] BEDE *HE* II 1 p. 76; **798** decem et viginti et ~a septuaginta sunt ALCUIN *Ep.* 133; unum, duo, tres, et quattuor, quater ducti, ~a fiunt BYRHT. *Man.* 230; ecclesia Rotomagensis jam ~a sex pontifices habuit ORD. VIT. V 9 p. 336; **a1141** quatraginta denariis de redditu (*Reg. S. Benet Holme*) *EHR* XXXVII 235; **a1189** me .. dedisse .. quaraginta [*sic*] acras in terra *Danelaw* 97; **1255** pro quatraginta libris dicte monete per annum *RGasc* I *Sup.* 7a; **1279** ad dampnum regis millia librarum *RParl Ined.* 2. **b** **675** ~a dierum spatia in penitendo peragere compellantur ALDH. *Ep.* 4 p. 484; precepit per omne regnum observari ~a dierum .. jejunium W. MALM. *GR* I 11.

quadragintuplus [cf. CL quadraginta, quadruplus], (as sb. n., the number) forty, or (as adv.) fortyfold.

erit hic cubus sexies mille et sexcentuplum et ~um et quadruplum BACON *Maj.* I 234.

quadragissima v. quadragesimus. **quadralateribus** v. quadrus.

quadrangularis [ML < CL quadrangulus+ -aris]

1 that has four angles, quadrangular, of the form of a square, rectangle, or cube.

ceduntur et alii lapides ~es qui .. quasi totius aedificandae fabricae pondus sustineant ANSELM *Misc.* 314; si non potest fieri figura circularis fiat figura ~is M. SCOT *Sol* 718; ille homo nullius figure quia nec

circularis nec ~is nec triangularis Ockham *Quodl.* 391; prima regula largissima perfecta est figure ~is cujus latitudo transit longitudinem Will. 26; longitudo et latitudo ~is claustri Bury continet ex omni parte 80 gressus meos W. Worc. *Itin.* 160; fenestram .. aperuit ~em Ferr. *Kinloss* 71.

2 set in four corners.

1342 ad facturam unius lecti .. de panno tartaryn' viridi cum circulis quadrangular' factis de .. caudis .. et infra quemlibet circulum unum scutum .. cum coopertorio ejusdem lecti habente quatuor circulos in quatuor angulis et unum circulum in medio *KR Ac* 389/14 m. 2.

quadrangulariter [ML < CL quadrangulus+ -aris+-ter], in the manner of a quadrangle, at the four corners.

capitella quae columnis .. imponuntur et ad mensuram basium ~iter regula dictante constituuntur Anselm *Misc.* 314; hinc atque inde candelabra ~iter apposita cereis relucebant ardentibus T. Mon. *Will.* I 18.

quadrangulatus [LL], quadrangular. **b** (as sb. n.) quadrangle, square.

sepes .. palis ~is .. bene sit armata Neckam *Ut.* 103; **1383** una plata argentea deaurata et ~a *Ac. Durh.* 429; in loco tunc vasto modo nemorosa, parvo et ~o .. terre traditi fuerunt *Meaux* I 343; *foure cornarde*, quadrangulus, quadratus, ~us *CathA.* **b** non .. ~um unum magis altero dicitur aut minus R. Orford *Sciendum* 228.

quadrangulus, quadriangulus [CL]

1 that has four angles, quadrangular.

qui juveniores erant ipso accincti quasi mulieres, ~angulaque forma *Comm. Cant.* I 295 p. 354; modius vas ~angulum est, xviij sestarios habens *Ib.* III 68; altare incensi ~angulum fuit, unum habens cubitum longitudinis et alterum latitudinis Bede *Tab.* 488; tetragonus, ~angulus Osb. Glouc. *Deriv.* 594; ad ~angulam tabulam que dicitur calculis bicoloribus, vulgo Scaccarium W. Fitzst. *Thom.* 39; lapides .. ~anguli .. de celo cadentes *Meaux* I 332.

2 (as sb.) unspecified quadrangle. **b** rectangle. **c** square. **d** rhombus. **e** lozenge. **f** (transf. or fig.).

in foro quod .. spatium magnum in ~anguli modum obtinebat, quintanam erigi fecerat Gir. *RG* II 4 p. 50; et accidentia quedam sine magis et minus dicuntur, ut ~iangulus, triangulus; non enim quadrangulatum unum magis altero dicitur aut minus R. Orford *Sciendum* 228; quantitas respicit contingenter quamlibet speciem figure, puta triangulum, ~angulum Ockham *Quodl.* 393. **b** quidam mentiuntur in astrologia dicentes signa esse quadrata, nisi abutentes nomine idem appellant quadratum et ~angulum. signum .. habet 30 gradus in longitudine, 12 vero in latitudine Sacrob. *Sph.* 88; differencia .. inter quadratum et ~angulum hec est, quia quadratum habet quatuor latera ad invicem equalia; ~angulum vero perfectum habet duo latera ad invicem equalia, puta longiora, et alia duo ad invicem equalia sed inequalia lateribus longioribus Duns *Sent.* II 2. 6. 27 p. 347. **c** tricentas vero xxiiij intra se habet ~angulas ista figura *Alea Evang.* 174; ~angula quidem media ix ~as intra se habens *Ib.* 175; nunc mente et pulvere circos / lineat et sperat et, quod quadrangulus orbem / quadruplet, evolvit, laterum qui ductibus exit / et quibus hoc cingit mediumque hoc dividit orbem Hanv. III 145; figura .. habens in se tres ~angulos longa triplex, i. e. trium perfeccionum nota, vocatur Haudlo 116. **d** quidam non quadrata [sc. puncta faciunt], sed per modum ~anguli .. ita, quod longitudo stando sit longior longitudine jacendo ... elmuahim .. oblique sepe protrahitur *Mens. & Disc.* (*Anon. IV*) 41. **e** **1315** tres cape .. texte magnis ~angulis *Invent. Ch. Ch.* 53; **1388** [Capa bruglata] cum diversis hystoriis in ~angulis rosis et floribus intermixtis (*Invent. Westm.*) *Arch.* LII 258. **f** sic intra quaternarium / virtutum cardinalium / firmiter es statutus / ut hoc fultus quadrangulo / sis a lapsus periculo, / sis a ruina tutus P. Blois *Carm.* 27. 8. 46; artem nosti quadrantem circulum, / quem quadrasti, carnis quadrangulum / sphere Dei dans per miraculum J. Howd. *Ph.* 27.

quadrans [CL]

1 fourth part, one quarter.

~antem solent appellare quartam partem cujuslibet rei Bede *TR* 38 p. 251.

2 coin worth one quarter of a penny, farthing. **b** (*ad novissimum ~antem* or sim.) to the last farthing (*cf. Matth.* v 26); **c** (in fig. interp.).

~ans duo minuta habet *Comm. Cant.* III 5; ~ans, quarta pars nummi *GlC* Q 15; a**822** neque ~antem minutam foras resolvat *CS* 368; ecce bonus quadrans: eme panes, pocula, pisces *Babio* 107; allegoricus sensus de vidua et ejus ~ante, i. e. duobus minutis Ad. Dore *Pictor* 159; **1267** in ij sextariis vini †preter [MS *omits*] precomputatum iij s. iiij d. †quartans [MS: q^{m}] (*Ac. Roger Leyburn*) *EHR* LIV 213; mutacio monete et prohibicio ~antis trianguli anno Domini 1279 Gerv. Cant. II *app.* II p. lii; s**1279** mutata est moneta in melius sc. ut tam oboli quam ~antes sint rotundi *Feudal Man.* 102; **1293** J. de B. captus pro quandrant' falsis *Gaol Del.* m. 13; **1310** remanent lxxviij li. et ~anta [*sic*] pro anima *Reg. Cant.* 1078; **1333** centum triginta et septem libre octo solidi quatuor denarii et unus ~ans de superplusagio compati sui *LTR Mem* 105 m. 48; **1410** de quolibet pisce vocato *porpeys* venali, unum ~antem *Foed.* VIII 634. **b** totumque quod erit mei juris usque ad ultimum ~antem exigam *Simil. Anselmi* 82; usque ad novissimum ~antem quicquid possederant ab eis exigere *G. Steph.* 29; presto sum usque ad ultimum ~antem reddere rationem Devizes f. 37v; certe requiret Dominus usque ad novissimum ~antem P. Blois *Ep.* 157. 451C; s**1450** usque ~antem novissimum extenuebat *Croyl. Cont. B* 526 (v. extenuare 1d). **c** in evangelio quarta pars totius mundani corporis, i. e. terra, mistice ~antis nomine censetur; cum mittendo in poenam peccatori dicitur 'non exies inde donec reddas novissimum quadrantem', i. e. donec luas terrena peccata Bede *TR* 4 p. 185.

3 (*~ans aureus* or *auri*) gold coin worth one quarter of a noble or double florin.

1378 in placito detencionis unius ~antis auri quem ei liberavit ad permutandum *Rec. Leic.* II 178; **1401** item j ~ans aureus *Ac. Durh.* 452.

4 (as unit of measurement): **a** (of weight) one quarter of a pennyweight. **b** one quarter of an *uncia*. **c** one quarter of a pound or *as*. **d** (of land) one quarter of a hide, virgate, or acre.

a tamen apotecarii ponunt denarium pro ℈i, sed ℈i non ponderat denarium, sed iij ~antes cum tercia parte unius ~antis J. Mirfield *Brev.* 92; **1425** inventum est quod xxx s. inde numero excedunt dictum standardum in pondere per ~antem ponder' et sic est debiti ponderis *Pat* 419 m. 18. **b** dragma que constat siliquis x et viij, et scripulus qui est siliquis vj et obolus qui est ex tribus, ~antem efficiunt, continentem in se siliquas xxvij. duo ~antes staterem faciunt. duo stateres unciam reddunt *Eng. Weights* 5; uncia est xij pars libre, que constat ex duabus stateris, tribus duellis, quattuor ~antibus ... ~ans constat ex duobus minutis et est quarta pars uncie *Ib.* 33. **c** ~ans sive quadras: iij unciae Bede *TR* 4 p. 184; as .. sive libra .. dividitur etiam in iiij, quarum partes singule ~ans dicitur, tres continens uncias Thurkill *Abac.* f. 62r. **d** totum hoc manerio habet j leugam in longo, in lato dim. leugam et iij ~antes *DB* II 230b; c**1230** Willelmus Dealbator tenet ~antem terre. reddit xij denarios *Cust. Waltham* f. 217; Johannes Scriptor tenet ~antem. reddit per annum xlj d. *Ib.* f. 217v; **1500** medietatem unius ~antis terre mee Cornubiensis, alias vocati *a fyrthyng lond' AncD* C 1444.

5 one quarter of a period of time; **b** (of day); **c** (of year).

si [aliquod temporis spatium] in quattuor [partiri vis], quarta pars ~antis nomen, residuae tres dodrantis accipiunt Bede *TR* 4 p. 185. **b** solares supputantur anni cccclxxv, id est juxta lunarem Ebreorum calculationem ccccxc adjectis ~antibus et embolismorum incrementis Aldh. *Met.* 2 p. 69; diem qui ex ~antibus conficitur mense Februario .. intercalari .. jusserunt Bede *TR* 2 p. 182; sex horis, id est ~ante totius diei *Ib.* 36 p. 249; quarta pars diei .. i. e. horae sex, ~ans consuete vocatur *Ib.* 38 p. 251; sunt ter centenae decies et denique senae / quinque superpositis necnon quadrante jugato *Altercatio* 101; annus solaris .. trecentis sexaginta quinque diebus et ~ante conficitur. .. si cui libet scire quid sit ~ans, agnoscat .. quod est quarta pars diei Byrht. *Man.* 2. **c** **1549** medicina bis in quoque ~ante anni disputationem habebit *StatOx* 348.

6 quadrant, one quarter of a circle.

continebit autem ~ans iste quartam partem circuli divisam in 90 gradus *Turquet* 371; c**1501** vestimentum sacerdotale ex serico cum dalmaticis intext' ~antibus *Cant. Coll. Ox.* I 31; cappa j cum casulis et dalmaticis de serico albo intexta floribus non disparibus ~antibus *Ib.* 35; arcam ligneam ~antis in morem, ubi nunc hujusmodi asservantur vestes, fabricari fecit Ferr. *Kinloss* 76.

7 (astr.) quadrant, instrument used to measure angles.

astrolabium integrum, ~ans justum et spera lignea M. Scot *Part.* 291; sumpto enim astrolabio [ed. 1545, *gl.*: vel ~ante] .. per utrumque mediclinii foramen polo perspecto notetur graduum .. multitudo Sacrob. *Sph.* 85; si .. quis per foramina ~antis vel astrolabii .. perspexerit stellam nauticam Bacon *Maj.* I 225; videat .. altitudinem poli per ambo foramina .. que sunt in ~ante vel in astrolabio et inveniet Parisius altitudinem poli xlviij graduum Rob. Angl. *II* 158;

8 (as nickname or surname).

fratrum .. nomina .. fuerunt .. Bursius, Adelwordus ~ans W. Malm. *Glast.* 23.

quadranta v. quadrans.

quadrantal [CL=*liquid measure that has the volume of one cubic Roman foot*], (in gl.) vessel worth a farthing; **b** (in list of words).

~al, -is, i. quoddam vile vas unius quadrantis pretii Osb. Glouc. *Deriv.* 486. **b** item neutralia: .. lupercal, tribunal, ~al Aldh. *PR* 121 p. 167.

quadrantalis [CL], **~ilis**

1 that consists of one fourth (in quot. of a period of time).

non eget ~ili juvamine ad aequiparandam lunae hendecadem Bede *TR* 46 p. 264; **798** tertius dies dimidius ex duodecim horis et tres horae supra ~iles Alcuin *Ep.* 148; **798** de immutandis quibusdam supputationibus decem horarum vel ~ilis supputationis *Ib.* 149.

2 of a farthing's worth (in quot. w. ref. to bread).

1267 sciendum quod quotienscumque pistor defecerit in pondere panis ~alis citra ij s. vj d. amerciabitur secundum quantitatem delicti (*Assisa Panis*) *EHR* XIV 505; gaole committetur .. et .. ~alem panem hordeaceum tantum pro duobus diebus habeat ad victum *Fleta* 51; quando quarterium frumenti venditur pro xij d., tunc ponderabit panis ~alis de wastello vj li. xvj s. .. panis .. integer ~is frumenti ponderabit unum cokettum et dimidium *Fleta* 71; **13..** quando quarterium frumenti venditur pro xij d. tunc wastellus ~alis albus et bene coctus ponderabit vj li x s. (*Ord. Leic.*) *EHR* XIV 503.

quadrantana [CL quadrans+-ana], **quadrantena** [AN *quaranteine*]

1 linear measure, furlong (equal to forty perches).

11.. boscum .. quod continet in longitudine, inter Wallinghestrete, tres ~enas et xxx perticatas *MonA* III 372a; c**1168** octo acras plenarias et tantumdem amplius quantum spacium pedis et semis continet in latitudine et in longitudine ~ane unius *Ch. Westm.* 282; c**1175** transversum ipsius latitudinis duarum quadratenarum sit in hiis locis .. et inde per predictum fossatum usque in Pont, ubi quartum transversum sit duarum quadratenarum *Cart. Newm.* 45.

2 period of forty days.

1207 precipimus tibi quod habere facias Willelmo de A. et C. uxori sue tres solidos singulis diebus de firma tua ad sustentandum se et pueros suos et facias eos pacari semper de ~ena pre manibus et computent tibi ad scaccarium *Cl* I 96b.

quadrantatus, ~a [CL quadrans+-atus; cf. 2 denariatus, 2 librare 7–8, obolatus], a farthing's worth: **a** (of ale); **b** (of rent or charge); **c** (of land, w. ref. to yearly rental).

a **1305** ingressi fuerunt domum illam ad potandum unam ~am cervisie *PlRCP* 155 m. 148*d*. **b** **1267** dedi .. priorisse .. unum quadrentatum redditus *Cart. Harrold* 63; **1397** novem libratas, decem et octo denarratas, unam obolatam, et unam quandrantatam annui redditus *Pat* 240 m. 8; iiij solidatas, viiij denariatas et unam ~am redditus *Meaux* II 46; summa onerum .. cxxvj librate, x solidati, ij denariati, obolatus et ~us per annum *Ib.* III 226. **c** **1185** in Sutton habet de suis liberis hominibus liiij s. de redditu, et j quadradantem [*sic*] *RDomin* 25; assignavit rex eidem xij libratas, vij solidatas, tres denariatas, et tres ~as

terre *Cl* 409; **1259** rex assignavit eidem . . centum et unam solidatam, sex denaratas, unam quadrentatam, et terciam partem unius obolate terre *Cl* 412; **1268** sex denariatas et ~am terre *Cl* 443; **1359** onerat se . . de xl s., de dictis tribus terminis, de ~a terre, cum dimidio, de Gadgard *ExchScot* 584.

quadrantena v. quadrantana. **quadrantilis** v. quadrantalis.

quadrare [CL]

1 to give a square shape to, make square: **a** to cut (stone) into square blocks (in fig. context). **b** to make (timber) square or rectangular in cross-section.

a tolle saxum ~atum, ibi invenies barbarum *Ps.*-Bede *Collect.* 20; qui bene lapides primo ~ari ac sic in fundamento poni jubentur Bede *Templ.* 744; quos viz. lapides rex ~are praecipit ut magistros ecclesiae conpositos moribus et immobiles animo esse debere signaret. sicut . . ~atum quacumque vertitur stabit ita nimirum vita perfectorum *Id. Hom.* II 25. 437; lapidum etiam, quos cementarius explanare vel ~are voluerit, regula superjacente ferroque tundente tumores exceduntur Anselm *Misc.* 317; in hac domo vivi lapides ferramentis tribulationum ~antur, ut domus in coelis de eis construatur Hon. *Spec. Eccl.* 921D. **b 1285** cariato meremio super placeam et ~ato faciet carpentriam (*Cust. Slydon*) *Sussex Rec. Soc.* LVII 1; **1300** in eisdem [cheveronibus] prostrandis et ~andis *KR Ac* 479/16 m. 1.

2 (math.) to square, multiply by itself. **b** (*~atus solidus* w. number) cubed.

si . . alicujus generis fraccionum fuerit numerus ~andus denominator radicis est subduplus ad denominatorem numeri ~andi (*Algorism*) *EHR* XXIX 716. **b** viginti septem, i. e. numerum ternarium ~atum solidum Bede *Gen.* 99; millenarius numerus qui est denarius ~atus solidus *Id. Sam.* 628.

3 to divide into squares (in quot., of rank or file on gaming board).

si sic per milites et alios nobiles adjuti fuerint [populares], quod ad lineam adversariorum nobilium ~atam perveniant *G. Roman.* 551.

4 to multiply by four, quadruple, make four times as great; **b** (w. *in* & acc.).

s1452 vix fuit in studio scholaris unus de monasterio . . . mox . . talem conatum adhibuit . . ut . . staret numerus scholarium ~atus in studio *Reg. Whet.* I 25. **b** voce ferox, animo preceps, fervente cerebro / audentique ira validos quadratur in artus / Titides J. Exon. *BT* IV 125.

5 (*circulum ~are*) to construct a square that has the same area as a given circle, to square a circle (in quot. fig. or in fig. context).

in rheda . . rotunditas cum quadratura reperitur, ut moneamur a quatuor virtutum politicarum quadratura pervenire ad coronam immarcescibilis glorie. hic quadramur ut in futuro rotundemur, diademate perpetue glorie coronandi. ~ent alii circulum, dummodo nos circulemus quadratum Neckam *NR* II 168 p. 279; artem nosti quadrantem circulum / quem quadrasti, carnis quadrangulum / sphere Dei dans per miraculum J. Howd. *Ph.* 27.

6 to form into the shape of a cross.

piscem quadravit liquido crux amne natantem, / alas motantem volucrem sua crux agitavit Garl. *Mor. Scol.* 327.

7 to make fit, to arrange, fit (squarely) together.

eorundem scematum species . . per ordinem legitime quinquies ~are absurdum non opinor Aldh. *Met.* 10 p. 88; nec durus scopulus calcis compage quadratur *Id. VirgV* 1388; ordine quadrato variis depicta figuris / agmina sanctorum gaudia magna vident Alcuin *Carm.* 70. 1.

8 (intr.) to be in accordance or correspond (with, w. dat.), to square with; **b** (absol.).

dum ~aret vita doctrinae, nec aliter viveret quam vivendum doceret W. Malm. *GP* IV 165; videtur magis opinioni ~are volatice quam veritati historice *Ib.* V 188; ut . . conveniat et ~et sibi ordo vite tue Gir. *PI* I 3; dictis non ~ant dissona facta J. Herd *Hist. IV Regum* 101. **b** ut . . psalmigrafi sententia de utrarumque prosperis vitae successibus historialiter ~are [*gl.*: i. equiperare, *emnettan*, *gelimpan*] et congruere videatur Aldh. *VirgP* 44; referens, quanta veritate somnium et factum ~assent W. Malm. *GP* IV 165.

9 (p. ppl. as adj.) formed into a square shape, square. **b** (w. *lapis*) ashlar, stone block. **c** (w. *agmen*) body of troops drawn up in square formation or (understood as) in fours. **d** (w. *telum*) square-headed crossbow bolt, quarrel. **e** (w. *carta*) codex, book. **f** (fig. or in fig. context).

~ati [*gl.*: *fiþerscytes*] rotundus obolisci globus Aldh. *VirgP* 22; tartarones . . ~atos ex cupro nummos Traces vocitant Ord. Vit. X 20 p. 125; ecclesia . . erat . . ~ata et tante longitudinis quante et latitudinis (*Brendan* 32) *VSH* I 117; [granaria que fecit Joseph, i. e. *pyramids*] . . sunt in parte inferiori ~atissima et amplissima, et in parte superiori prout plus ascendunt magis stricta S. Sim. *Itin.* 60; c**1500** tres annuli aurei . . et duo alii cum *le balace*, unus ~atrus [l. ~atus], alter rotundus *Fabr. York* 214; **1565** nullus scholaris graduatus, socius vel probationarius ullo alio pileo quam ~ato . . extra collegii parietes utetur *StatOx* 386. **b** ~atus lapis sex latera habet et in unoquoque laterum quattuor cornua habet angulariter conjuncta Anselm *Misc.* 305; urbem . . turribus munivit, muro ex ~atis lapidibus cinxit W. Malm. *GR* II 94 p. 201; quia lapidicina . . unde ~ati lapides advehantur ad sex miliaria longe est Ord. Vit. III 12 p. 128; vir bonus ~ato lapidi comparatur quo edificatur domus Dei Alex. Cant. *Dicta* 8 p. 146; **1469** in . . ccxx lapidibus ~atis pro pavemento et ornamento ejusdem capelle *ExchScot* VII 660. **c** nec ~atum agmen neque dextrum cornu aliive belli apparatus in litore conseruntur Gildas *EB* 6; agmen ~atum, miles in itenere quaterna acie incedens *GlC* A 376. **d** prelia precurrunt pedites miscere sagittis: / quadratis jaculis scuta nihil faciunt G. Amiens *Hast.* 382; ~atum telum mediante balista direxit in incertum Gerv. Cant. *Chr.* 593; cum arcubalista ~atum emisserat telum *Id. GR* 91. **e** plurima hic praesul patravit signa stupendus / quae nunc in cartis scribuntur rite quadratis Aldh. *CE* 4. 4. 10. **f** tamquam lapides vivi ad spiritale aedificium aptantur qui . . velut ictu ~antur securis Bede *Ep. Cath.* 48; surgente . . edificio . . ~us lapis imponitur . . . cui perfectus quisque comparatur Anselm *Misc.* 314; illum . . erga se quatuor istis, justitia et veritate et fide et dilectione, ~atum experti erant H. Cantor f. 20; virum Dei tam quam . . vas ornatum virtutibus tamquam gemmis, vas fide solidum, humilitate, prudentia, fortitudine, caritate ~atum P. Blois *Ep. Sup.* 10. 7 (=*Ep.* 211); per lapides . . ~atos significatur stabilitas quatuor cardinalium T. Chobham *Serm.* 13. 49vb.

10 (math.) square: **a** (w. unit of measure). **b** (w. *numerus*) the product of a number multiplied by itself. **c** the number four.

a 1349 iiij capeta nigra, continencia in toto xxxij ulnas ~atas (*KR Ac* 391/15) *Arch.* XXXI 50. **b** numerus ~atus est qui ex ductu numeri in se ipsum producitur quem duo numeri equales continent Adel. *Elem.* VII *def.* 13; cum ducis numerum per se, qui provenit inde / sit tibi quadratus, ductus radix erit hujus, / nec numeros omnes quadratos dicere debes (*Carm. Alg.* 210) *Early Arith.* 77; sunt enim centum decies decem qui est numerus ~atus ipsius x Holcot *Wisd.* 143. **c** quia . . ex omni parte ~atus numerus perfectus dinoscitur . . quatuor temporum jejunia veteres patres instituerunt Egb. *Dial.* 16 p. 411.

11 (mus.): **a** (note); **b** (*b ~a*) sign (designating sharpening from a flat).

a quidam faciunt ~ata puncta cum uno tractu vel sine, ut predictum est; quidam non ~ata, sed per modum quadranguli *Mens. & Disc.* (*Anon. IV*) 41; si ligatura desinat descendendo, et habeat ultimam ~atam, ultima erit longa Haudlo 136; omnis ligatura cujus ultimus punctus descendit ~atus Hauboys 330; omnis nota recta, hoc est ~ata stans, in capite carens omni tractu Wals. *Mus. Mens.* 76; ad laudandum trinum Deum et unicum tres sunt species figurarum ~atarum, ex quibus sex species notarum simplicium formantur Torkesey 58. **b** sane b ~atam [i.e. ♮] ideo adamavit quia ad ejus finem diapente est maxime *Tonale Sal.* xviii; graviorem vocem b rotunda [i.e. ♭] signat, acutiorem b ~ata [i.e. ♮] Odington *Mus.* 97.

12 that has square cross-section.

accessit ad carceris januam in qua erat ingens sera, quattuor ~atis pessulis munita Lantfr. *Swith.* 27; medius [sc. cereus] . . maximus erat et ~atus, alii vero duo mediocres erant et rotundi Ord. Vit. VIII 21 p. 392; herba matricis stipitem habet ~atum rubeum *SB* 23.

13 that extends in four directions, four-directional: **a** (w. *orbis* or sim.); **b** (w. ref. to Christ's cross); **c** (in fig. context).

a astriferum clausit quadrato cardine caelum Aldh. *VirgV* 259; donec quadrati praepollens Conditor orbis / florida sub nimbis formasset saecla supernis *Ib.* 514; in omnibus ~ati orbis partibus Bede *Tab.* 477; velut supernus aer, densis ornatus stellis, quem aureus sol et vaga lucina perornant, dividentes mundum ~atum communi lege Byrht. *V. Ecgwini* 349. **b 987** ~ati pro nobis ferens supplicia ligni *Ch. Burton* 25. **c** audiamus . . qui crucis quatuor sunt dimensiones. lata est et longa, sublimis est et profunda. harum . . dimensionum imperatoris fuit in carne vita quasi vita ejus ~ata, viz. in caritate latissima, in perseverantia longissma, in contemplatione sublimissima et in Dei timore . . profundissima H. Bos. *LM* 1325B.

14 (in quot. w. ref. to Gospels) fourfold.

tum virgo veterum sprevit documenta librorum / et sequitur Christi quadratis dogmata biblis Aldh. *VirgV* 1183.

15 squarely built, robust.

noverit eum [Willelmum] fuisse corpore ~ato colore rufo W. Malm. *GR* IV 321; quod sitit [mulier] est grossa, saliens, quadrata supellex, / longa, levis, rigida, Veneris dum bella triumphant D. Bec. 2098; falcones . . ~ati pectoris ictu [sc. predas] concutiunt violento Gir. *TH* I 12.

16 (as sb. f. or n.) square. **b** quadrangle, square space within a building. **c** (*~atus longus*) rectangle.

figurarum vero quadrilaterarum: alia est equilatera atque rectangula et vocatur ~atum. alia rectangula sed non equilatera et vocatur quadratum longum Adel. *Elem.* I *def.* 23; hujus probatio est, ut ~atum cujus latera ignorantur proponamus. hoc . . ~atum Rob. Angl. (I) *Alg.* 76; egregium ludum scaccorum scire volentes / intendant nostris scriptis ut sint sapientes. / luditur jure [? l. in] tabula quadrataque variata / linea prima tenet magnates nobiliores (*Vers. Corpus*) *Hist. Chess* 519; que secat oblique quadratum linea costam / vincit Neckam *DS* X 153 p. 499; ~atum habet quatuor latera ad invicem equalia Duns *Sent.* II 2. 6. 27 p. 347. **b** in ~ato collegii *Cant. Coll. Ox.* II 152. **c** ~atum longum Adel. *Elem.* I *def.* 23 (v. 16a supra).

17 (as sb. f.) farthing (*cf. quadrans*).

cujus summe decima pars est viij libre, iiij solidi iiij denarii, ~ata *Meaux* III 287.

quadraria, ~ium [LL quadrus+-aria], quarry.

ibi . . ~ia de vj sol' et viij denar' et in Cicestre haga *DB* I 23rb; ibi . . j molinus de x sol' et ~ia de x sol' et x d. *Ib.* 23va; a**1182** (1316) sciatis me concessisse v seliuncas . . et unum ~ium *CalCh* III 319; c**1192** petram ~ii de A. ad sufficienciam ad edificia domus de Melros edificanda *Regesta Scot.* 342; a**1194** inde usque ad viam super Cressekeld' que vadit versus Appelby et usque ad ~iam (*Ch.*) *Cumb. & Westmor. Antiq. Soc.* LXXIX 47; **1230** preterea concessi eisdem liberam viam ultra pasturam meam de ~io suo usque ad predictam ripam ad stagnum dicti molendini emendandum quomodocumque voluerit *Ambrosden* I 294; c**1230** petram ~ie nostre de A. *Melrose* 252.

quadratena v. quadrantana.

quadratilis [CL quadratus+-ilis], that has a square form, squared.

c**1053** abbas et fratres . . habebunt . . quantum sibi opus fuerit de lapidibus ~ibus . . et de petris muralibus *Chr. Rams.* 168.

quadratim [ML < CL quadratus+-im]

1 in a square shape.

1333 pecia meremii . . latitudinis ~im j pedis et quartron' (v. barellus 4); **1329** de undecim grossis peciis maeremii vocatus *bemes* carpentatis pro nova capella quarum quelibet continet de longitudine xxxvj pedum et grossitudine circiter ~im quatuor pedum *KR Ac* 467/7/1.

2 (her.) quarterly, divided horizontally and vertically.

scutum auro pratinoque ~im diremptum Upton *app.* 40.

quadratio [CL = a square], (act of) squaring: **b** (stone); **c** (timber).

quadro, -as .. unde verbalia .. ~o, quadratura, -e OSB. GLOUC. *Deriv.* 486. **b 1417** pro ~one et dolacione (v. dolatio). **c 1454** pro expensis in dolacione et ~one octuaginta peciarum merimmii .. ad fabricam domus *ExchScot* 687.

quadrator [CL quadrare + -tor]

1 one who makes square (w. obj. gen., in quot. geom.).

Euclides vocitor, magnus fueram geometer: circi quadrator Archimedes ego dicor *Vers. S. Alb. Libr.* 220.

2 quarryman, stonecutter (in quot. passing into surname).

a**1317** domus Walteri le Tannur per Will' ~em *Cart. Osney* III 129.

quadratrus v. quadrare.

quadratudo [quadratus + -tudo], squareness.

observata ~ine, cacumen [granarie] .. se valde .. demonstrat acutum S. SIM. *Itin.* 60.

quadratura [CL]

1 (act of) making square, squaring, (~*a circuli*, geom.) construction of a square that has the same area as a given circle, squaring or quadrature of the circle.

quadro, -as .. unde verbalia .. quadratio, ~a, -e OSB. GLOUC. *Deriv.* 486; cujusmodi fuit syllogismus Prissonis de ~a circuli talis .. KILWARDBY *OS* 512; numquid Aristotelem de circuli ~a syllogismus apodicticon latuisset R. BURY *Phil.* 7. 111; hic [Archimedes] libellum reliquit de ~a circuli W. BURLEY *Vit. Phil.* 294; nonne Aristoteles deus tuus et philosophorum clarissimus, ipsomet teste, ~am circuli ignoravit? BRADW. *CD* 108B; ~a quidem circuli est scibilis, ut patet in Predicamentis WYCL. *Eccl.* 100.

2 square or rectangle (also fig.).

haec ipsa trinitas ut de simplici ac recta linea ad ~am perveniat, multiplica tria per tria, fiunt novem BEDE *Gen.* 99; ut .. ipsa fraterni amoris ~a divini etiam amoris altitudine solidetur *Id. Sam.* 628; solam insitae justitiae regulam quasi stabilem ~ae formam ostendunt *Ib. Templ.* 744; magnam ~am bis tam longam quam latam .. circumduco ... intra hanc ~am tabernaculum erigitur AD. SCOT *TT* 689C–D; ~a spacia arree campanilis in medio chori ecclesie .. continet in longitudine xij virgas. item dicta ~a campanilis continet in latitudine xij virgas W. WORC. *Itin.* 60.

3 squareness, the quality of being square in form. **b** (fig., of the cardinal virtues, w. play on number four and solidity implied in squareness).

manus quae .. deformitatem lapidum complanat et ad debitam ~am qua majores minoribus in pariete coaptari possunt artis suae disciplinae perducat ANSELM *Misc.* 313; in reda rotundritas ~a reperitur NECKAM *NR* II 168 p. 279; ~a soliditatem, rotundritas designat eternitatem GROS. *Post. Mark* 357. **b** omnis denique morum elegantia, omnis virtutum ~a, in solo homine isto convenisse praedicatur AD. EYNS. *Hug.* III 1.

4 side of a cube (in quot. in fig. context).

in quadro sex ~e sunt: prelatio, subjectio, prosperitas, adversitas, occultum et publicum ALEX. CANT. *Dicta* 20a p. 195.

5 (astr.) quadrature: **a** state that exists between two celestial bodies when they lie ninety degrees apart on the ecliptic. **b** point at which a celestial body enters each of its four quarters.

a cave ne fuerit luna in ingressui itineris, in ~a solis, aut in ejus opposito BACON V 156; per conjuncciones et opposiciones luminarium et eorum ~as ASHENDEN *AM* IV. 2. **b** in istis ~is fortissima operatio lune est .. secundum quod transit quartas sui circuli BACON *Maj.* I 385; annorum .. mutatio est major per hos ceteros planetas qui secundum suas revolutiones in ~is suorum circulorum .. mutant annos *Ib.*

6 (her.) quartering.

diagoniis, limbis, ~is, angulis .. usi sunt SPELMAN *Asp.* 141.

7 multiplying of a quantity by itself, squaring.

quod itaque ex ductu [v. l. ~a] BH in HD et ZH in seipsam ADEL. *Elem.* III 34.

8 quarry.

c**1180** et petram ~e mee de A. *Melrose* 90.

1 quadratus v. quadrare.

2 quadratus [LL], (act of) making square.

totam .. domus longitudinem et latitudinem angulariter justo ~u metiendo continens ANSELM *Misc.* 314; quadro, -as, verbum activum, unde verbalia ~us, quadratio, quadratura OSB. GLOUC. *Deriv.* 486.

quadravium v. quadrivium.

quadravus [CL quadri- + avus] great-great-great-grandfather.

de .. Ada .. Johannes Aignel .. et de ipso Johanne Johannes et de eodem Johanne Willelmus; de quo Johannes filius Willelmi, pater .. Johannis ... Rogerus .. dedit acram .. Ade Aignel, ~o prefati Johannis filii Johannis G. S. *Alb.* III 20.

quadrellus [LL quadrus + -ellus], **~um**, square-headed bolt or arrow for crossbow, quarrel.

1246 iiij balistas ligneas et viij de cornu .. una cum cc ~is grossis *Cl* 446; *qwarel, arow*, ~um, -li *PP*.

quadrenn- v. quadrienn-.   **quadrentatus** v. quadrantatus.   **quadrepartura** v. quadripartura.

quadribigata [CL quadri- + ML bigata], cart- or wagon-load.

scilicet unam quadrabigatam de ligno cotidie in Bilaia et multuram de Plumtre .. et unam quadrigatam de genesta *Cart. Blyth* 323.

quadricata v. quadrigata.

quadriceps [CL quadri- + -ceps], four-headed.

[ecclesiam] ipsi aliquando bicipitem, alias tricipitem, nonnunquam ~cipitem .. faciunt. quis .. fuisse simul alias duos, alias tres, quatuor etiam aliquando antipontifices nesciat BEKINSAU 751.

quadricereus [CL quadri- + cereus], (set of) four wax candles.

1531 in paracione ~iorum, xij s. *Wills Wells* 81.

quadricolor [CL quadri- + -color], of four colours (in quot. of rainbow).

ille arcus ~or ex sole adversus nubibus formatur BAD. AUR. 144.

quadricornuus [CL quadri- + cornu + -us], four-cornered.

hec ~ua subinfertur figura. .. in hac figura orthogonaliter THURKILL *Abac.* f. 57.

quadriduanus, quatriduanus [LL]

1 that lasts for four days.

iter arripuit et quatriduano confecto itinere ad regem .. pervenit *Arthur & Gorlagon* 4; *foure days*, quatriduanus *CathA*.

2 that has been in a stated or implied condition for four days; **b** (esp. of Lazarus or in allusion to his death, w. ref. to *Joh.* xi 39).

quo decubans aeger quatriduanus aegrotat HERM. ARCH. 40. **b** mortuus quidam quatriduanus, ita sc. quod a die mortis quatuor dies haberet et dimidium .. resuscitatus *Flor. Hist.* II 90; **1307** Christus .. Lazarum quatriduanum mortuum .. e monumento vocavit J. LOND. *Commend. Ed. I* 7; que eciam virtus complexionalis posset quatriduanum mortuum .. ad vitam perfectam .. revocare .. sicut .. fecit Christus BRADW. *CD* 42A.

3 (w. sb.) who or that has been dead for four days (usu. w. ref. to or in allusion to *Joh.* xi 39); **b** (of fish). **c** (as sb. m) one who has been dead for four days (in quot. of Lazarus).

c**798** cur Lazarum quatriduanum [v. l. a quatriduano] resuscitatum alios solvere jussit? ALCUIN *Ep.* 138 p. 217; jam quatriduanus fetes in spelunca conscientie veni foras in confessione AD. SCOT *Serm.* 13. 169B; qui suscitasti Lazarum quatriduanum, resuscita hunc

mortuum J. FURNESS *Kentig.* 7 p. 174; si Lazarus fetebat quia quadriduanus [ME: *stonc of four dayes*], quomodo fetent peccatores quadriennales? *AncrR* 126; quousque corpus suum [Bregwini] quatriduanum putresceret in sepulchro ELMH. *Cant.* 328; frater .. etsi non quatridianus in monumento fetens jacuerit, per xiv tamen ferme dies febricitans in lecto decubuit *Reg. Whet.* II 383. **b** pisces etiam jam quadriduani, nec .. aliquid de pretio putredo aut fetor imminuit P. BLOIS *Ep.* 14. 47C. **c** suffecerunt due femine movere Dominum .. ad suscitacionem quadriduani MAP *NC* f. 13; lacrimatus est Jesus in suscitatione quadriduani jam fetantis NECKAM *NR* II 167 p. 278; cecum a nativitate illuminavit, quadriduanum fetentem suscitavit [Jhesus] GROS. *Cess. Leg.* II 4. 3; qui quatriduano jam putrido clamans dicat, Lazare, veni foras! R. BURY *Phil.* 4. 64.

4 fourth.

non illuc quadriduanum peregit diem, quin .. ad quoddam certamen vocatus veniret G. *Herw.* f. 329.

quadriduum [CL], four-day period.

cum ita sine cibo et potu ~uo perseveraret BEDE *HE* V 19 p. 328; s**1167** rege Francorum ~uo in Vilcassino .. demorante GERV. CANT. *Chr.* I 203; circa corpus .. exanime rite per ~uum celebrate sunt exequie *Canon. G. Sempr.* f. 88; **1403** nec liceat .. ultra ~uum .. se absentare *Cl* 251 m. 29d.; postquam ex egritudine insolita et ignota pleno ~uo jacuisset immobilis *Mir. Hen. VI* I prol. p. 14.

quadriennalis [LL]

1 of (a period of) four years, that lasts or exists in a certain condition for four years.

si Lazarus fetebat quia quadriduanus, quomodo fetent peccatores ~es? [ME: *of four 3er*] *AncrR* 126.

2 that occurs every four years.

1330 collector decime ~is redditus .. per .. papam .. personis ecclesiasticis .. imposite *Lit. Cant.* I 322; c**1331** collectori decime ~is *Comp. Swith.* 263.

quadriennis [LL], **~us, ~ius**, of four years: **a** (of action) that lasts four years. **b** (of person or animal) four years old. **c** (in gl.).

a Normanni .. gaudebant qui ~io conflictu .. vexati fuerant ORD. VIT. VII 11. p. 201; Jeronymus .. ~em penitentiam agens GIR. *GE* II 9. **b** habuerat ex Acca, filia Allae, sorore Edwini, filios duos, Oswaldum duodennem, et Oswium ~em W. MALM. *GR* I 47; de quodam puero quadriennio *Mir. Montf.* 85; **1287** de j bovetto ~i mortuo de morina *Rec. Elton* 20. **c** *four yere*, .. ~us, ~is *CathA*.

quadriennium [CL], **quatriennium**, a four-year period. **b** (~*io, ad* ~*ium*) for four years.

omne tempus quo Dominus noster in terris docuisse describitur, intra quadrienni spatia coartatur BEDE *Luke* 351 (cf. ORD. VIT. I 4 p. 12: intra quadrienni spacia); post quadriennium revertens visitabo te *Id. HE* V 19 p. 329; **798** et erunt totius anni trecenteni sexageni et quinque dies et sex horae; .. hae sex horae per quadriennium ductae faciunt viginti quattuor horas ALCUIN *Ep.* 148 p. 239; **1072** in ea combustione atque abolitione quam aecclesia nostra ante quadriennium perpessa est LANFR. *Ep.* 3 (4); **1167** jam quadriennium michi exulanti elabitur J. SAL. *Ep.* 212 (197 p. 282); **1261** per quadrennium .. per biennium *Cl* 486; quatrienni .. iter LIV. *Op.* 168. **b** Ælfstanus .. quadriennio languens ante obitum GOSC. *Transl. Mild.* 19; **1272** terras .. dimiserat Radulpho .. ad quadriennium *Cl* 500.

quadriennius v. quadriennis.   **quadriennum** v. quadriennium.   **quadriennus** v. quadriennis.

quadrifariam [CL], **~ie** [LL], **a** in four ways. **b** in four parts.

a lunaris annus ~ie accipitur BEDE *TR* 36; lunaris annus ~ie accipitur BYRHT. *Man.* 18; lux ~ie partitur, quia aliqua lux est clara vel obscura, vel multa BAD. AUR. 148; lux .. consideratur ~ie: aut lux est clara aut obscura vel est pauca aut est multa UPTON 100; s**1422** cum regiis armis Anglie et Francie ~ie situatis *Croyl. Cont.* B 515. **b** c**800** aut etiam temporum distributionem, quae ~ie currere noscuntur ALCUIN *Ep.* 243; rex per omnia sollers sollicitudinem regni ~ie partiens, tetrarchas stabilierat .. Westsaxe .. Myrcen secundam portionem, .. tertiam Northymbre vocatam, Æstengle quartam HERM. ARCH. 17; s**1217** exercitus qui erat in Achon ~ie dividus est M. PAR. *Maj.* III 13; fons .. dividitur in quatuor particiones ... fluvius

eciam iste ~ie dispartitur, cum sacra scriptura quadripliciter exponitur GROS. *Hexaem.* XI 23; dividitur jus proprietatis in personas plures . . et quandoque bifarie, trifarie, ~ie per subdivisiones BRACTON f. 68; fratres ~iam partiti [ME: *departid in foure ordris*] qui vocantur religiosi mendicantes in Anglia debent reliquis religiosis humilius . . vivere *Conc. Loll.* XXXVII 29.

quadrifarie v. quadrifariam.

quadrifarius [LL], fourfold; **b** (w. ref. to four Gospels); **c** (w. ref. to four series of alphabetical verses in *Thren.* i-iv). **d** (~*a pars*) each side of four.

~ia conjugationum discrimina possuntne dactilico pedi regulanter congruere? ALDH. *PR* 120 p. 165; **796** si septem in duo divideris, id est in iiij et in iiij, . . fidem sanctae Trinitatis designant, in qua fide omnes gentes salvandae sint, quae per ~ias totius orbis plagas diffusae sunt ALCUIN *Ep.* 113 p. 164; magnitudo ~ia, sed una; ~ia in oris prolatione, una vero in fidei confessione. longum nobis hoc celum ostendit eternitas, latum caritas, altum majestas et sapientia profundum facit AD. SCOT *Serm.* 277C; superiores sermones duo, unus de ~io candore alter de ruboribus totidem disseruerunt J. FORD *Serm.* 5. 1 (cf. ib. 3. 1: de quadruplici candore). **b** ~ia [*gl.*: quadrimoda, quattuor, *fyberdæledon*] evangelicae relationis dicta . . indagando ALDH. *VirgP* 4. **c 796** Hieremiae . . qui quadrivario alphabeti ordine ruituram luxit Hierusalem ALCUIN *Ep.* 102. **d** in cujus horto quadrangulo . . ex ~ia parte . . undique sepium circumvallantium munitione circumsepto R. COLD. *Godr.* 322.

quadrificus [LL quadrus + -ficus], that makes four, (in quot. ~*us nonis*) on the fourth day from the nones.

†astrua rutulat denis jam pene decima [? l. Astraea rutulat denis jam bis pĕne denis] / quadrificus nonis †nonus [l. nonis] denisque kalendis [Virgo *glows golden red on ten, now almost twice-ten (nights)*, iv Non. *and* xix Kal.] *Kal. M. A.* I 419.

quadrifidare [CL quadrifidus + -are], to quarter (person after execution).

c**1307** auditum est quod tractus, suspensus, exinteratus, crematus, quatrifidatus et affixo capite super pontem London' et in Anglia est exaltatus [Willelmus Waleys] *Pass. Scot. Perjur.* 171.

quadrifide [CL quadrifidus + -e], in or into four parts.

quadrifidus . . i. in quatuor partes divisus, unde ~e adv. OSB. GLOUC. *Deriv.* 486.

quadrifidus [CL]

1 split or divided into four.

793 sicut fons paradisum irrigans quadrivido tramite latum diffunditur in orbem, sic fons caritatis . . in quattuor amoris rivos dirivatur ALCUIN *Ep.* 19; ~us, -a, -um, in quatuor partes divisus OSB. GLOUC. *Deriv.* 486; s**1305** trunco in quatuor partes secto . . ~a vero membra ad partes Scocie sunt transmissa *Flor. Hist.* III 124; s**1405** cum multitudine fratrum ordinis ~i *Croyl. Cont. B* 495.

2 that consists of four parts, that extends in four directions; **b** (of the world); **c** (w. ref. to sign of the cross).

s**969** duae . . turres ipsis tectorum culminibus eminebant, quarum . . major . . in ~ae structurae medio columnas quatuor . . deprimebat *Chr. Rams.* 41. **b** pene universum Deo favente cosmum quaterno climate ~um ad Christianae fidei religionem . . converterunt LANTFR. *Swith. pref.*; hic ubi recta fides est et confessio vera / omnia quadrafidi quae machina continet orbis, eia *Trop. Wint.* 25; nostri non erunt laude digni orbis ~i dimensore, quadriviales historie descriptores HIGD. I *prol.* p. 6. **c** ut etiam quadripertita sanguinis distinctio ~um dominicae passionis vexillum quo nos signati liberamur exprimeret BEDE *Hom.* II 7. 138.

3 fourfold. **b** four of a set.

quatuor . . filiae sanctae . . velut paradisiaci fontis ~a emicuere flumina GOSC. *Werb.* 100A; capud omne ~a regione . . circumplectentem R. COLD. *Cuthb.* 112 p. 253. **b** rapientes insontem ~is membris velut ovem patientem, manibusque ac pedibus restrictum, projecerunt in lutulenta palustrium loca B. *V. Dunst.* 6 p. 12.

quadrifinium [CL], place in which four boundaries meet.

hoc bifinium . . . divisio inter duos fines. sic et . . ~ium OSB. GLOUC. *Deriv.* 225.

quadrifluus [LL]

1 (of river) that flows in four directions, that has four branches.

quadrifluis decurrunt flumina rivis ALDH. *CE* 4. 10. 8; late per populos provulgans ore loquelas / plurima quadrifluis seminavit flumina rivis *Mir. Nin.* 156; ~o . . amne, i. quatuor fluminibus currens *fyperfledendre ea GlP* 176.

2 (of world) washed by four rivers (w. ref. to *Gen.* ii 10).

985 per universa ~i orbis climata *CD* 653.

quadrifolium [CL quadri- + folium], (bot.) four-leaved grass, ? herb Paris, quatrefoil (*Paris quadrifolia*).

scholaris . . librorum neglector potius quam inspector . . rosa necnon et quadrifolio farciet librum suum R. BURY *Phil.* 17. 221; quartifolium *ffeterwrt Herb. Harl.* f. 84v; quartifolium, *fetrewurd MS BL Sloane 420* f. 119v; quadrafolium [v. l. ~ium] habet croceum [florem]. A. *fowr leved gras Alph.* 152.

quadriformis [CL]

1 of four parts; **b** (w. ref. to four Gospels); **c** (w. ref. to four elements or four humours).

qui mundo ~i fidem sanctae Trinitatis praedicaturi erant BEDE *Acts* 944A. **b** quattuor . . pedes habet mensa quia ~i ratione omnis divinorum eloquiorum series distinguitur BEDE *Tab.* 410. **c 959** (12c) disponens microcosmum Adam viz. tandem ~i plasmatum materia *CS* 1046; **961** collocans hominem . . ~i plasmatum materia *CS* 1066.

2 that has four sides, square.

denarium non solum ~i firmitate aequalem sed et solidum BEDE *Sam.* 628.

quadriformiter [ML < quadriformis + -ter], in four shapes or ways.

hic et hec quadriformis et ab istis adverbia quadrimode et ~iter OSB. GLOUC. *Deriv.* 487.

quadrifrons [LL], that has four faces (in quot. of Janus).

duas . . facies illi [sc. Jano] figuravere, propter orientem et occidentem; nec non et ~tem appellaverunt, id est Janum geminum propter partes seu elementa quatuor atque tempora quatuor ALCUIN *Suppos.* 1177C.

quadrifurcatus [CL quadri- + LL furcatus], four-pronged.

non scellis sed panellis utuntur . . non ocreis, non calcaribus, sed virgam in manu gerentes in parte superiori quadrifurcata [*sic*] ad equos concitandos *Eul. Hist.* II 126.

quadriga [CL]

1 chariot or wagon; **b** (spec. as drawn by four animals or four-wheeled); **c** (spec. drawn by two animals); **d** (myth.); **e** (Bibl., also fig.); **f** (fig.).

bigae . . et trigae et ~ae pluraliter tantum, sed in nostrorum literis scriptorum et bigam et ~am BEDE *Orth.* 14; currus vel esseda vel ~a . . *cret* ÆLF. *Gl.* 140; ~am cum bobus coaptari precepit saxumque ad sanctam . . edem reduci . . rogavit. saxo . . in curru levato ipse superpositus est ORD. VIT. VI 10 p. 113; c**1150** sciat me concessisse . . ecclesiam et decimas quadrugarum mearum ac molendinum et decimas molendinorum meorum *Reg. Ant. Linc.* III 343; **1180** in acato duarum ~arum ferratarum . . et in conredio aurige *RScacNorm* I 84; J. filius W. cecidit de quadam ~a ita quod obrutus fuit ~a et obiit *PlCrGlouc* 40; **1316** duobus quadragis *CalCh* III 296; **1330** venire debent ad burgum . . cum quatrig' et sumagiis suis *PQW* 619a. **b** quadrus componitur hec ~a, -e i. carruca a quattuor equis agitata OSB. GLOUC. *Deriv.* 486; ~as, *charettes a quatre reus* (GARL. *Dict.*) *Teaching Latin* II 150; **1361** unam ~am de quatuor rotis vocatam *whirleinthecole IMisc.* 184/13. **c** una . . ~a ad duos equos solet portare viginti duodenas

dictorum fasciculorum *Ac. Beaulieu* 199. **d** Paulus Quaestor in Gratiarum actione ait, 'Oceanum rapidis linquens repetensque quadrigis' ALDH. *Met.* 10 p. 87; splendida dum rutilat roseis Aurora quadrigis ALCUIN *Carm.* 42. 1; ~a currus Plutonis eo quod de quattuor hominum etatibus triumphet OSB. GLOUC. *Deriv.* 65; ~am Phebo attribuunt seu quia quadripartitis temporum varietatibus . . anni circulum peragat . . seu quod quaternaria sui diversitate diei spatium emetiatur ALB. LOND. *DG* 8. 6; merueruntt a Jove remunerari, Diana biga, Phebus ~a *Natura Deorum* 17. **e** huic . . prophetae [*Ezech.* ii 9] caelis apertis ~a Domini . . de filio hominis visa est *V. Greg.* p. 102; quod . . ~as Aminadab [cf. *I Par.* xiii 7, *Cant.* vi 11] praecones novi testamenti cognominat BEDE *Cant.* 1186; hec est ~a Aminadab, . . jumenta duo ~am trahentia, clericalem et monachicam disciplinam *Canon. G. Sempr.* f. 54v; per ~as Aminadab . . judiciorum Dei rotunditatem . . a sponsa arbitror designari. has quippe quattuor rotas, quibus divini judicii ~a agitatur, scriptura proponere consuevit J. FORD *Serm.* 61. 12. **f 792** utinam . . ea te vehat ~a ad caelestis regni palatium ubi est honor indeficiens ALCUIN *Ep.* 13; hii sunt pedes quatuor mense, quatuor reguli divine scripture, iiij rote ~e theologie S. LANGTON *General Prol.* 199.

2 wagon-load.

dare ij d. pro utroque summagio et j ~am lignorum et ij gallinas ad Natale . . et qui . . vadit ad lucum pro j ~a debet reddere ij d. (*Surv. Burton*) *EHR* XX 287.

quadrigagium [CL quadriga + ML -agium], obligation to provide transport.

c**1152** quod omnes res abbatie . . sunt quiete de passagio et theloneo et cadrig[agio] et ab omnibus consuetudinibus *Act. Hen. II* I 36.

quadrigamus [LL], married for the fourth time, four times married.

s**1176** [comitissam Nivernensem] accepit Robertus, filius comitis Roberti . . et ita facta est ~a TORIGNI *Chr.* 272.

quadrigare [ML < CL quadriga + -are]

1 to drive a wagon, four-wheeled cart, or cart drawn by more than two animals.

1451 fratres non debent equitare neque bigare neque ~are (*Abbr. Stat.*) *Mon. Francisc.* II 95.

2 (trans.) to transport by wagon.

c**1120** debet prestare . . j die quadrigam ad ~andum fenum domini *Cart. Burton* 28; a**1150** ut sit quietus a ~ando materiem ecclesie *Ib.* 35; reddit x s. et ~atum vinum cum iij bobus *Boldon Bk.* 6; villani de South B. . . inveniunt clx homines ad metendum in autumpno et xxxvj quadrigas ad ~andum bladum apud H. *Ib.*; j quadrigam ij diebus ad bladum ~andum et similiter ad foenum ~andum *Ib.* 11; drengus pascit canem et equum ad ~at j tonellum vini et lapidem molendini apud Dunelm' *Ib.* 36.

quadrigarius [CL]

1 of a wagon or large cart. **b** (*via ~a*, also ellipt.) cart-road. **c** (*pons ~us*) bridge for a cart to pass over.

1315 de ~ia latitudine viginti pedum de mora eorum usque ad ripam *Use ChartR* 101 m. 13. **b 1179** (1328) inter rivulum et viam ~iam que ducit a loco abbatie usque ad Belgh *ChartR* 115 m. 27; a**1189** sciatis me dedisse . . turbam . . et unam ~iam a prefata mansura usque in Trente *Ch. Gilb.* 70. **c 1315** de ponte ~io ultra predictam aquam faciendo *ChartR* 101 m. 14.

2 (as sb. m.) carter, wagoner.

~ius, -ii, qui quadrigam ducit OSB. GLOUC. *Deriv.* 486; ~ius et ~ii qui vehunt merces de uno loco ad alium T. CHOBHAM *Conf.* 309; unus ~ius bercarie . . recipit [. . d.] *Ac. Beaulieu* 317; **1277** ~io regine ij s. *Rec. Leic.* I 178.

quadrigata [CL quadriga + -ata]

1 wagon-load; **b** (dist. from cart-load).

miles duas ~as vini de principe Normannorum in feudo tenebat singulis annis, ex quibus unum modium ad celebrandas missas . . concessit monachis ORD. VIT. VI 7 p. 37; c**1162** de quatuor ~is feni *Regesta Scot.* 208; **1201** de viginti quadricatis de mortuo bosco *RChart* 87a; sex ~as de mortuo bosco

MonExon 257; c**1300** ita quod . . pro qualibet ~a virgarum seu spinarum . . iiij d. reddant *FormMan* 3; **1559** octo lodas sive ~as lignorum *Pat* 946 m. 2. **b** c**1230** diebus quibus metit debet cariare tres ~as bladi et si non metit cariabit sex carettatas in die (*Cust. Ogbourne St. G.*) *Bec* 29; de blado nostro xl ~as et tres carectatas asportavit *Meaux* I 312.

2 carrucate (of land; *cf. carrucata*).

c**1155** in Scaupewic iiij ~as terre et in Graneby unam ~am terre *Eng. Feudalism* 272; [dedi] locum et sedem ecclesie S. . . cum quadrugata terre infra campos *MonA* VI 729b.

quadrijugus [CL], yoked four abreast (of animal).

arseda [v. l. arsedra, l. asseda] . . i. stella [l. sella] ~iis [MS: ~is] OSB. GLOUC. *Deriv.* 31; hec quadriga . . ubi quatuor trahunt equi et ab istis dicitur bijugus et trijugus et ~us, quibus nominibus ipsi equi vocantur *Ib.* 280; ~us, cum quatuor jugatus OSB. GLOUC. *Deriv.* 491; nutare juvencos / quadrijugos facerent vincula claustra calibs GARL. *Epith.* I 462.

quadrilaterus [CL], four-sided; **b** (as sb. n.) quadrilateral.

rectilinee figure sunt que rectis continentur lineis, quarum quedam trilatere tribus rectis lineis, quedam ~e quattuor rectis ADEL. *Elem.* I *def.* 20; omnis area ~a et rectorum angulorum, ex multiplicatione sui lateris cum unitate semel, unam obtinet radicem ROB. ANGL. (I) *Alg.* 82; si mundus esset alterius forme quam rotunde, sc. trilatere vel ~e SACROB. *Sph.* 80; ~a figura est in plano quadrato que sub iv rectis lineis jacet BART. ANGL. XIX 127; laminam unam eris ~am orthogonam sed oblongam WALLINGF. *Rect.* 406; notula musicalis est figura ~a soni numerati *Mus. Mens.* (*Anon. VI*) 399. **b** omnis vero ~i quattuor anguli quattuor angulis rectis equales ADEL. *Elem.* IV 3; totum ~um EG abscindatur WALLINGF. *Rect.* 406.

quadrilibris [CL], a weight of four pounds.

libra componitur . . hec bilibris . . i. duarum librarum pondus, sic et . . ~is OSB. GLOUC. *Deriv.* 310.

quadriliterus [CL quadri- + litera + -us], (of word) that consists of four letters.

quid . . in natura eris nostri considerandum est ex nomine ejus tetragrammato, hoc est ~o, facile percipies ex eris vocabulo seu nomine Anglico quatuor his literis, nempe B.R.A.S. hoc est *bras* quod verbum Latine es significat RIPLEY 116.

quadrimanus [LL], who has four hands.

puer . . natus est quadripes, ~us, quadris oculis *Eul. Hist.* I 311.

quadrimatus [CL], a period of four years.

~us, -i, i. spatium quattuor annorum OSB. GLOUC. *Deriv.* 14.

quadrimembris [LL], fourfold or that has four parts.

tetracolon, ~is sententia OSB. GLOUC. *Deriv.* 592; errant . . multi in syllogismorum ~i divisione NECKAM *NR* II 173 p. 292; ridiculosa . . est divisio si fiat aliqua trimembris vel ~is ita quod duo membris sibi equipolleant ut tantum valeat unum quantum reliquum T. CHOBHAM *Praed.* 286; licet . . distinccionem ~em in genere aliquo modo intelligam. . . declara quomodo contingit quadrupliciter diffinitioni heretical pape heretici consentire OCKHAM *Dial.* 675.

quadrimenstris, -mestris [CL], that lasts four months.

caveant quod universum debitum infra tempus ~menstre persolvant *Conc. Syn.* 824; ~mestres inducie sunt que post sententiam dantur condempnatis RIC. ANGL. *Summa* 23.

quadrimillesimus [CL quadri-+-millesimus], four-thousandth.

s**830** hoc anno, qui est annus ab initio mundi ~us septingentesimus octogesimus octavus M. PAR. *Maj.* I 375.

quadrimium v. quadrivium.

quadrimode [LL quadrimodus+-e], in four ways.

quadrimodus . . et . . quadriformis . . et ab istis adverbia ~e et quadriformiter OSB. GLOUC. *Deriv.* 487.

quadrimodus [LL], fourfold, that has four parts.

quadrus . . hinc etiam dicimus per compositionem ~us, -a, -um OSB. GLOUC. *Deriv.* 487; ~a virtute hoc miraculum processit R. COLD. *Cuthb.* 82.

quadrimulus [CL], (only) four years old.

quadrimus . . i. quattuor annorum . . et inde . . ~us, -a, -um, dimin. OSB. GLOUC. *Deriv.* 14.

quadrimus [CL], four years old.

~us, quatuor annorum OSB. GLOUC. *Deriv.* 491; puerulus . . nec bimus nec trimus aliquid loqui poterat verum etiam non ~us *Mir. J. Bev.* A 301.

quadringentenus [CL]

1 (group of) four hundred.

quater ~i, mille sexcenti BEDE *Apoc.* 177B.

2 four-hundredth.

14.. quadringenteno iotha milleno duodeno, / quem mors accivit, Thomas Arundel obivit GERV. CANT. *app.* II lii (MS in marg.).

quadringenti [CL], four hundred.

alii ~os argenteos cccc dicunt esse *cesaringas Comm. Cant.* I 139; vix . . in tota militia ~i milites erant W. MALM. *GR* IV 378; ~a milia Christianorum corporaliter interierunt ORD. VIT. X 20 p. 128; ~i, quater centum OSB. GLOUC. *Deriv.* 491; est igitur ebdomas abbreviata aut septem anni lunares, et ita septuaginta ebdomades abbreviate sunt septuagies septem anni lunares, id est ~i et nonaginta anni lunares GROS. *Cess. Leg.* II 7. 8.

quadringenties [CL], four hundred times.

foure hundrithe sythes, ~ies *CathA.*

quadringesimalis v. quadragesimalis.

quadrini, ~ae [CL], that consists of four, fourfold.

hoc per ~a competa, viz. per quatuor mundi climata doctrinae apostolicae praedicationibus illuminata ANSELM *Misc.* 319.

quadrinoctium [CL quadri-+nox+-ium], a period of four nights.

binoctium . . i. spatium duarum noctium . .; sic etiam dicimus ~ium OSB. GLOUC. *Deriv.* 370.

quadrinomius [CL quadri- + nomen + -ius], who has four names.

Ochoziam. ~ius fuit iste. dicebatur enim Ochozias ut hic, et Azarias infra, et Achazias in Regum et Joachat parum supra S. LANGTON *Chron.* 176.

quadripartire, ~iri [CL *as p. ppl. only*, LL], **quatripertire**

1 to divide or cut into four, to quarter; **b** (body of felon).

sic . . quatuor custodias exercitus regalis quatripertit quod . . *Ps.*-ELMH. *Hen. V* 122 p. 317. **b** s**1381** et cadaver ejus ~itum quatuor regni civitatibus missum est WALS. *HA* II 34; s**1397** te trahendum . . et quatriperciendum condempno AD. USK 14; condempno te trahendum, suspendendum et decollandum, quadripierciendum *V. Ric.* II 138.

2 (p. ppl. as adj.) divided into four, in four parts, fourfold. **b** (as sb. n.) sort of food that consists of four ingredients or is divided into four parts.

Johannes, quadripertitae [*gl.*: i. quattuor partibus divise, *on fyper to, fyperdæledre*] scriptor historiae et verax evangelicae relationis tetrarcha ALDH. *VirgP* 23; ut etiam quadripertita sanguinis distinctio quadrifidum dominicae passionis vexillum quo nos signati liberamur exprimeret BEDE *Hom.* II 7. 138; ~ito statu naturae humanae *Simil. Anselmi* 125; hec . . contemplatio quadripertitum parit fructum, vilitatem sui, caritatem proximi, contemptum mundi, amorem Dei J. SAL. *Pol.* 480B; quadrigam Phebo attribuunt seu quia ~itis temporum varietatibus, veris viz. et estatis, autumni et hiemis, anni circulum peragat, seu . .

ALB. LOND. *DG* 8. 6; **1232** est autem presens scriptum ~itum, cujus una pars resedit penes dominum Lincolniensem episcopum, alia . . *Ch. Chester* 431; sub temptacione interiore et exteriore continentur cetere ~ite [ME: *four dalen todealet*] sic: . . *AncrR* 79. **b** quadripertitum, *cocunung GlC* Q 16; **10**.. quadripertitum, *cocormete WW*.

3 (p. ppl. as sb. m. or n.) written work that consists of four books or parts: **a** (collection of AS laws); **b** (Latin translation of τετράβιβλον, astrological work attributed to Ptolemy); **c** (treatise by Richard of Wallingford).

a ~itus. . . primus liber continet leges Anglicas in Latinum translatas; secundus . . tertius . . quartus . . (*Quad.*) *GAS* 529. **b** Ptolemeus in primo capitulo ~iti BACON *Maj.* I 243; p**1440** ~itus Tholomei (*Catal. Librorum*) *JRL Bull.* XVI 477. **c** ~itum, quatuor tractatus de corda versa et recta et de sinibus demonstratis WALLINGF. *Quad.* 24.

quadripartite [CL quadripartitus+-e], in four ways.

tres quoque conversiones, diei viz., mensis, et anni, unaquaeque ~e distinguitur et secundum convenientiam ad quatuor qualitates primas elementorum et ad ipsa quatuor elementa GROS. *Hexaem.* IX 10 p. 283.

quadripartura [CL quadri- + partiri + -ura], (act of) making square, (in quot. of timber) making rectangular in cross-section.

1532 pro dolacione et quadrepartura meremii *Ac. Churchw. Bath* 110.

quadripatens [CL quadri-+*pr. ppl. of* patere], that opens or faces in four directions.

num tibi quadripatens oboedit machina ruris? FRITH. 684.

quadripedare, -pes, -plare v. quadru-. **quadripertitus** v. quadripartire. **quadrium** v. quadrivium. **quadrivarius** v. quadrifarius.

quadrivialis [CL], **quadruvialis**, belonging to the quadrivium or four of the liberal arts (usu. arithmetic, music, geometry, and astronomy). **b** (as sb. n. pl.) the subjects of the quadrivium, the four liberal arts.

quia . . omnes sciencias injuste conatur destruere, juste ab omnibus destruetur; primo a scienciis ~ivialibus, grammatica, sc., dialectica, rhetorica, et musica, que de sono et voce considerant BRADW. *CD* 529C; in scienciis . . ~ivialibus sufficienter imbutus FLETE *Westm.* 85. **b** isto secundo modo mathematici dicuntur scientes et periti in ~ialibus KILWARDBY *OS* 71; de . . ~ivialibus in generali J. WALEYS *Compend.* 140rb; ut alati more seraphico super cherubim scanderetis, ~ivialium pennas vobis quatuor adjungentes . . R. BURY *Phil.* 4. 47; fuit [Ptolomeus] eciam in ~uvialibus doctissimus W. BURLEY *Vit. Phil.* 302; **1435** discipline labore in grammatica radicatus studui in logica, deinde in rhetorica, fructum in ~ivialibus promittente *Form Ox* 448.

2 instructed in the subjects of the quadrivium.

de Beda qui fuit ~uvialis a Deo vero magistro GARL. *Epith.* VII 435 *tit*; orbis quadrifidi dimensores, ~iviales historie descriptores HIGD. I *prol.* p. 6 [cf. *Eul. Hist.* I 1: orbis quadrivii dimensores, historicorum descriptores].

quadrividus v. quadrifidus.

quadrivium, quadruvium [CL], **quatrivius**

1 meeting of four roads, cross-roads. **b** (as toponym, w. ref. to Carfax in Oxford).

vade . . ad compitum ubi se findit in ~uvium W. MALM. *GR* II 205; **1236** pratum . . quod extendit se . . a veteri quadrio [?l. quadrivio] Oustmannorum usque ad Kylmehanok *Doc. Ir.* 486; quadrivium dic quatuor esse viarum GARL. *Syn.* 1588D; **1272** ex parte oriental' cimiteri de Bruham quadravio in vico . . et alio vico *RCoron* 1 m. 9; tenendo remotiorem viam ecclesie . . usque ad ~ivium . . et ab inde capiendo viam a dextris *MonA* II 33b. hic quatrivius, *a gateschedelle WW*. **b** **1294** idem appellavit . . A. P. de receptamento unius linthemainis furati ad ~uvium Oxon' *Gaol Del.* 92 r. 2; **1310** carnifices . . apud ~ivium et alibi in locis publicis . . animalia sua interficiunt *MunCOx* 13; **1348** dedi . . unam shopam . . juxta ~ivium ejusdem ville *Cart. Osney* II 41;

libros ejus combussit in ~ivio, presente cancellario abbate Salopie GASCOIGNE *Loci* 116.

2 set of four mathematically based subjects (usu. arithmetic, music, geometry, and astronomy) forming higher division of seven liberal arts (as dist. from the linguistically based subjects of the trivium); **b** (transf.).

1089 sicuti trivii et ~uvii jam prorsus neglecto disciplinae studio (*Lit. Antipapae*) *EHR* XVI 331; volo vos .. legere .. quatruvium H. LOS. *Ep.* 20; ecce nova fiebant omnia, innovabatur grammatica, immutabatur dialectica, contemnebatur rhetorica, et novas totius ~ivii vias evacuatis priorum regulis de ipsis philosophie adytis proferebant J. SAL. *Met.* 829D; ad quasdam que magis ~ivium redolent questiones .. se transferentes .. ut in ~ivio .. cujus studium .. apud Occiduos .. minus vigere solet, scioli viderentur GIR. *GE* II 37; prima .. speculationis pars, sub se ~ivium, id est arithmeticam, musicam, geometriam et astronomiam continens ALB. LOND. *DG* 11. 13; domum .. sibi .. divina edificaverat sapientia per quam non solum trimi [l. trivii] sed et †quadrimii [l. quadruvii] mira pro tempore fuerat subtilitas revelata *V. Edm. Rich. P* 1790A; **s1235** eleganter tam in trivio quam in ~ivio eruditus M. PAR. *HA* II 376; ~ivium .. sic ebiberat [sc. Gerbertus] ut reliquos omnes vinceret *Meaux* I 268 [cf. W. MALM. *GR* II 167: de licitis artibus, arithmetica, musica et astronomia et geometria, nichil attinet dicere, quas ita ebibit ut inferiores ingenio suo ostenderet]. **b 803** maneamus jugiter in caritate perfecta, cujus una pars ad Deum tendit in fide et vitae honestate, altera vero proximos amplectitur in patientia et benignitate. hoc .. ~uvium vestra .. intentio pacifice pergat ... in his morare preceptis, aliosque erudire studeas ALCUIN *Ep.* 264; trivium .. theologicarum virtutum et ~ivium cardinalium trabearum HIGD. I *prol.* [cf. *Eul. Hist.* I 1: theologicarum virtutum norma, et ~ivium cardinalium trabearum].

quadruca, *var. sp. of* carruca.

c**1102** terram unius quadruce [*sense 3b*] de terra illa quam rex Willelmus Haheuise in maritagio dederat *AncD* DD 361.

quadruga v. quadriga.

quadrumeron [CL quadri-+ML merus < μέρος], concoction that contains four parts or ingredients.

~on, i. de iiij miris speciebus *SB* 36; quadrimeron, i. de iiij meris vel meris speciebus *Alph.* 152.

quadrupedalis [LL], of four feet, four feet long.

altare .. sesquipedali crossitudine, ~i longitudine, latitudine trium palmorum W. MALM. *GP* V 222; componitur pes bipes unde bipedalis .. ~is OSB. GLOUC. *Deriv.* 412.

quadrupedare [CL *as pr. ppl.*], to move like or be characteristic of a galloping horse; **b** (pr. ppl. as adj.); **c** (pr. ppl. as sb. m.).

abbrevio, suppedito, quadripedo: Vergilius 'quadripedante putrem cursu quatit ungula campum' ALDH. *PR* 133; velox agmen equorum / qui trepidi fugiunt mox quadripedante meatu ALDH. *Aen.* 99 (*Camellus*) 6. **b** multimodas ferarum naturas quadripedante [*gl.*: i. veloci, *fyþerscite*] cursu per orbem lustrantes *Id. VirgP* 21. **c** tanta fuit peditum, tam barbara vis equitantum, / innumerabilium concursus quadrupedantum W. MALM. *GR* II 135; ~antium audito fremitu *Id. Wulfst.* II 12 p. 35.

quadrupedius v. quadrupedus.

1 quadrupedus [CL], **~ius,** of or characteristic of a (galloping) horse.

~ius, -a, -um unde Plautus in Amphitrione [recte *Asin.*] 'cursu [*recte* calcari] quadrupedio [v. l. quodrupedo]' OSB. GLOUC. *Deriv.* 412.

2 quadrupedus v. quadrupes.

quadrupes [CL]

1 that has four feet or legs: **a** (animal); **b** (abnormal human being). **c** (as sb. m. or n.) four-footed animal, quadruped. **d** (spec.) horse.

a animal ~es GIR. *TH* II 19; animalia ~edia *Quaest. Salern.* B 75 (v. 1 discretio 5a); sicut .. aves sunt ornatus aeris, sic animalia alia, sc. ~eda [v. l. ~edia], sunt ornatus terre S. LANGTON *Gl. Hist. Schol.* 49; apud quos non est animal ~es, non ferrum, non ignis GROS. *Hexaem. proem.* 35; hic .. omnia animalia ~edia .. vivunt de ordeo, fabis siccis totaliter fractis S. SIM. *Itin.* 46. **b** in suburbio Bizantii natus est infans ~es R. NIGER *Chr. II* 141. **c** sanguineas sumens praedas mucrone cruento / quadrupedi parcens nulli ALDH. *Aen.* 36 (*Scinifes*) 4; duo de profundo maris ~edia quae vulgo lutraeae vocantur BEDE *CuthbP* 10; hi lupi et hi leones non sunt ~edes sed daemones ANSELM (*Or.* 9) III 32; quia crura natibus adherebant, exhibebat potius ~edem quam hominem W. MALM. *GP* V 262; omne genus carnis quod in terra conversatur, tam ~edia quam aves in jejuniis non licet comedere BELETH *RDO* 80. 86; ~edia magnum pulmonem sunt habentia *Ps.*-RIC. *Anat.* 25. **d** equus, quadripes [MS: quadrupes], mannus OSB. GLOUC. *Deriv.* 276.

2 that moves on four legs, (in quot. of human being) on all fours.

facultas standi vel ambulandi prorsus defuit quia nec ad standum erigi nec nisi ~es valebat ingredi BEDE *CuthbP* 23; Nabuchodonosor vechors factus et .. pronus et ~es, manibus utens pro pedibus ANDR. S. VICT. *Dan.* 55.

3 (as sb. m.) four-legged stand or support.

1328 unus ~es ferreus pro ollis et patellis superponendis *Reg. Exon.* 568.

quadruplare [CL], to multiply by four, increase fourfold, quadruple; **b** (mus.).

~o, G. *quadrubler* (GARL. *Unus*) *Teaching Latin* II 168; oportet tempus triplicare vel duplicare vel ~are vel plus GAD. 122v. 2; **1410** pro secunda vice eandem summam, ad quam tenebitur in prima vice, duplare; pro tercia triplare astringatur; quod si quarta vice eum contigerit in similibus culpabilem inveniri, dictam summam quadriplare compellatur *StatOx* 206. **b** pausatio composita vel duplex dicitur, quando simplex duplatur vel triplatur vel ~atur GARL. *Mus. Mens.* 7; duplex pausacio est, quando simplex, sive fuerit longa vel brevis, duplatur vel triplatur vel ~atur *Mens. & Disc.* (*Anon. IV*) 58.

quadruplator [CL=*one who multiplies by four or who receives a fourth part*], one who walks with four supports (*i. e.* two feet and two sticks).

~or, senex vel contractus qui duobus pedibus et duobus baculis sustentatus per plateas incedit, quod in Sidonio [*Ep.* V 7. 3] reperies OSB. GLOUC. *Deriv.* 492.

quadruplex [CL], **~icus,** fourfold, that has four parts or aspects; **b** (mus., w. ref. to number of voices); **c** (as sb., note of four perfections). **d** (as quasi-adv.) in a fourfold manner.

querulas .. voces .. Hieremiae ruinam civitatis suae ~ici plangentis alphabeto GILDAS *EB* 1; ~ex, -icis, i. in quatuor partes plicatus OSB. GLOUC. *Deriv.* 486; dico .. ordinacionem quadruplicem necessariam esse, quoniam quilibet locus in terra est ~ex in ejus differencia, sc. retro et ante, dextra et sinistra BACON V 150; **s1283** quadruplice mortis adjudicatur opprobrio [David], viz. ad caudas equarum .. distractus, deinde suspensus, ac postmodum decollatus, deinde corpus .. in quattuor partes .. divisum *Ann. Wav.* 400; ista questio posset habere ~icem difficultatem secundum ~icem distinccionem in divinis DUNS *Ord.* II 20; dicendum quod creatura habet ~icem modum essendi sc. in genere proprio, in Deo, .. in intellectu creato et in modo essendi abstracto W. ALNWICK *QD* 401; ~ex .. invitatorium invenio in Scriptura sacra, a quatuor generibus cantorum cantatum HOLCOT *Wisd.* 74. **b** ut patet inter conductos simplices, duplices, triplices, et quadruplices *Mens. & Disc.* (*Anon. IV*) 60; in duplicibus conductis, triplicibus, ~icibus *Ib.* 71; diatesseron raro in duplicibus determinatur, sed sepius in triplicibus et ~icibus *Ib.* **c** [figura] si quatuor habeat [quadrangulos] ~ex, id est quatuor perfeccionum nota, dicetur HAUDLO 116. **d** sanguis ~ex dealbatur, in mamillis sc., in testiculis, in fontibus, in apostematibus *Quaest. Salern.* N 12.

quadruplicare [CL], **quatriplicare**

1 to increase fourfold, quadruple, multiply by four.

curtinae .. nonne ~ato septenae supputationis calculo hoc est xxviij cubitis in longum protenduntur ALDH. *Met.* 2 p. 64; ille vj ex primo inpari duplicato perfectus existit, hic viij vero ex primo pari ~ato diminutionem recipit sub ostensione cubice quantitatis ABBO *QG* 22 (48); cujus [sceleris] horrorem ~averat loci, temporis, et persone cum sui ipsius immanitate consideratio AD. EYNS. *Hug.* IV 2.

2 to divide into four parts or elements. **b** (w. *arma*, her.) to quadruplicate the arms one bears, to bear quadruple arms.

~are, in quatuor partes dividere OSB. GLOUC. *Deriv.* 491. **b** nota quod quis potest duplicare vel triplicare vel ~are arma sua secundum quod sibi placuerit BAD. AUR. 136; sunt insuper alii qui habent istum [tractum] triplicatum et quatriplicatum UPTON 243.

3 (leg.) to rebut, offer a rejoinder to a triplication or surrejoinder.

quod velit ~are et docere se post haec omnia presentasse, si .. triplicare voluerit et concedere post primam chartam factam esse presentationem BRACTON f. 242b; de qua triplicacione pars dictum J. C. demandabat copiam et diem ad ~andum *SelPlAdm* I 11; **1522** potestatem generalem .. agendi et defendendi, excipiendi, replicandi, duplicandi, triplicandi et, si necesse fuerit, ~andi *HCA* 39/1/95.

quadruplicatio [LL], (leg.) quadruplication, rebutter, rejoinder (usu. following *responsio* or *replicatio*, *duplicatio*, and *triplicatio*).

ad replicationem .. sequitur triplicatio et ad triplicationem ~io ex causa contra exceptionem .. subveniri poterit petenti ope replicationis ... ad replicationem .. sequitur triplicatio et ad triplicationem quadruplicatio .. et sic ulterius ad infinitum BRACTON f. 400b; repplicacio .. est excepcio que competit actori contra excepcionem rei et contra repplicacionem datur tripplicacio reo, et iterum ~o petenti *Fleta* 428; **a1400** pars dicti .. curie porrexit quandam quadriplicacionem in scriptis redactam *SelPlAdm* I 11.

quadruplicitas [CL quadruplex + -tas], the condition of being fourfold.

quadruplex .. unde .. hec ~as, -tis OSB. GLOUC. *Deriv.* 487.

quadrupliciter [LL], **quatripliciter,** in a fourfold way.

hic .. fit ~iter. agit .. homo contra jus nature, .. jus positivum .. jus fidei et contra jus legitimarum occupationum R. NIGER *Mil.* I 45; fluvius eciam iste quadrifarie dispartitur, cum sacra Scriptura ~iter exponitur GROS. *Hexaem.* XI 23; aliquid in scientia consideratur ~iter BACON VII 2; contra istud arguo, ac primo racionem posicionis istorum duco ad oppositum ~iter DUNS *Ord.* I 185; secundum .. quattuor qualitates ~iter combinatas, sc. igni et aeri et aque et terre T. SUTTON *Gen. & Corrupt.* 130; punctus perfeccionis secundum quosdam dicitur quatripliciter, sc. post notam et ante et sub et supra HAUBOYS 196; capitulum quartum obicit ~iter WYCL. *Univ.* 2.

quadruplicus v. quadruplex.

quadruplus [CL]

1 four times as great, fourfold, quadruple; **b** (mus.); **c** (as sb. n.) four times as much.

arcus .. AG ~us arcui GZ ADEL. *Elem.* XIV 1; ~us, -a, -um, i. quadruplicatus OSB. GLOUC. *Deriv.* 453; non potuit [Haroldus] de pari contendere, qui, modico stipatus agmine ~o congressus exercitui, sorti se dedit ancipiti *Found. Waltham* 20. **b** multiplex est, quando major numerus continet minorem ... cujus species dicuntur duplum, triplum, ~um .. quando continet quater: .. bisduplum quod est ~um, dicitur bis diapason *Mens. & Disc.* (*Anon. IV*) 65; dicuntur duplex diapason quod armonice dicitur ~a proporcio *Ib.* 85. **c** pecunia ecclesiis furata sive rapta reddatur ~um, secularibus dupliciter THEOD. *Pen.* I 3. 2; si quis sacrum ex privato subripuerit, utrum fur sit nominandus, an sacrilegus. defensor vult furem esse, qui fur ~um solvat ALCUIN *Rhet.* 7; hujus criminis pena in jure statuta est in ~um, que utinam hodie vel in duplum statueretur GIR. *GE* II 32 p. 323; ex proporcione dupli ad subduplum accipitur symphonia diapason dicta .. ; ex proporcione vero ~i ad subquadruplum, bis diapason SICCAV. *PN* 103.

2 (as sb. m. or n.) something that has four parts; **b** (mus.) four-voice organum. **c** (tooth).

ut infidelium corda domaret et suae ecclesiae munera legis ~o conferret THEOD. *Laterc.* 21. **b** sequitur de quadruplicibus. sonis prepositis et preparatis quartus superveniens in debita quantitate ordinatus, et isto modo ~um nuncupatur GARL. *Mus. Mens. app. P* 96; magister Perotinus fecit ~a optima sicut 'Viderunt,

sederunt' cum habundantia colorum armonice artis; similiter et tripla .. sicut 'Alleluia posui adjutorium' *Mens. & Disc.* (*Anon. IV*) 46. **c** sunt .. in superiori mandibula xvj dentes sc. quatuor ~i atque pares BART. ANGL. V 20; in anteriori parte duo incisores, postea †quadruplici [l. quadrupli] duo, unus ex una parte, alius ex alia, qui duo dentes ultimo loco adveniunt sicut postremo tempore crescunt *Ps.*-RIC. *Anat.* 30; ex utraque parte sunt duo [sc. dentes] qui vocantur ~i GAD. 118v. 1 (v. dualis c).

3 (mus.) the highest of four voices.

~um communiter sumptum .. modum tripli in altitudine et gravitate recipit, quamvis aliquantum excedat in aliquibus locis GARL. *Mus. Mens. app. P* 96.

quadrupunctalis [CL quadri-+ML punctalis], of four points.

primum autem subjectum anguli cujuscunque corporei mathematici est substancia ~is, que est corpus minimum possibile WYCL. *Log.* III 50.

quadrus [LL]

1 square. **b** (w. *lapis*) ashlar block (also in fig. context). **c** (mus., *b ~um*) natural sign (*cf. quadrare* 11b). **d** square in section.

est mihi [sc. fornaci] venter edax, calido qui pascitur igne, / vertice sub quadro fumidus exit odor ALCUIN *Carm.* 64. 4; manca .. erat moneta aurea ~a (*Leg. Ed.*) *Flor. Hist.* I 427; dominium .. ~um circuitum habens *Meaux* I 81. **b** templum super lapides ~os in fundamento subpositas BEDE *Hom.* II 25. 434 (v. fundamentum 1a); non longe vero ab opere ipso quidam lapis ~us jacebat ad operis fabricam omnino aptus EADMER *V. Osw.* 20; turrim .. excelsam et ~o lapide [*sic*] edificatam ANDR. S. VICT. *Dan.* 77; de petris vivis quadris, pariterque rotundis / construit [ecclesiam] in celis ... / sancti quadrati lapides sunt, celte politi GARL. *Myst. Eccl.* 11; ad muros .. domus perfecte ex ~is lapidibus marmoreis ELMH. *Cant.* 135; capellam lapidibus ~is et politis supra .. introitum magne porte construere proponebat *Meaux* II 296. **c** duo vicia sunt intelligenda .. quorum primus est b ~um contra b rotundum .. cantare .. HOTHBY *Contrap.* 333. **d** insertus est vectis taxeus ~us, nec multum grossus AD. EYNS. *Hug.* I 13; prassium .. frutex est ex una radice multas virgas habens albas asperas et ~as *Alph.* 138.

2 (as sb.): **a** a square (on gaming board). **b** cube (also math.). **c** kind of stone. **d** (*in* or *per ~um*) in the form of a square.

a cum vero extra regis terminos prosiliunt [populares], uno ~o contenti semper in directum ascendunt *G. Roman.* 551. **b** millenarius numerus .. quae .. summa juxta arithmeticam rationem aequalibus est †quadralateribus [ed. *PL*: ~a lateribus] BEDE *Sam.* 628; in ~o sex quadrature sunt: prelatio, subjectio, prosperitas, adversitas, occultum et publicum ALEX. CANT. *Dicta* 20a p. 195. **c** lapidum .. vero perspicuorum in parte vel in toto circiter quatuor sunt modi, id est sophi, silices, ~um et marmor *Ps.*-GROS. *Summa* 631. **d** in gyro prioris oratorii per ~um coepit aedificare basilicam BEDE *HE* II 14 p. 114; caterve .. in ~um statute G. MON. X 6; fuerunt ibi plura edificia spaciosa et pulcra ita quod circuitus ipsius loci per ~um continebat x miliaria *Itin. Mand.* 30.

3 that consists of four parts or elements, fourfold. **b** (w. sb. pl.) four.

perlustrant totum quadro sub cardine mundum WULF. *Brev.* 401; a quatuor ~us, -a, -um, i. in quatuor partes effectus OSB. GLOUC. *Deriv.* 486; quadra virtute [*gl.*: quattuor virtutibus cardinalibus] politi GARL. *Mor. Scol.* 86. **b** quinque tenet patulis segmenta oculata fenestris, / per quadrasque plagas pandit ubique vias WULF. *Swith.* I 178; quod .. ~is ecclesia frontibus singulis quidem ternis luminaribus interius et exterius accensis quatuor hominis aetates significare diximus ANSELM *Misc.* 318; puer quidam natus est quadripes, quadrimanus, ~is oculis, iv aures habens *Eul. Hist.* I 311.

quaeratio [cf. CL quaerere+-tio], (act of) bringing, fetching (a sought object).

1466 in ~one unius paris vestiment' Wella usque Tyntenhull' *Ac. Churchw. Som* 190 (cf. ib. 191: in j plaustrata petrarum querente apud Hamdon).

quaer- v. et. quer-. **quaerera** v. quarrera.

quaerere [CL]

1 to search for, seek, try to find; **b** (in text); **c** (mentally).

sacerdotes .. proprii plenitudinem ventris ~entes GILDAS *EB* 66; ~o barbarum quem invenire non possum *Ps.*-BEDE *Collect.* 20; Dei proles descendens .. dragmam perditam quaesitura ALDH. *VirgP* 7; habitationem sancti Ebrulfi quesivit sed per multos dies ~ens neminem qui sibi demonstraret invenit ORD. VIT. VI 10 p. 109; **1220** intravit in cameram suam et quesivit eam per totam cameram *SelPlCrown* 139; **1235** quesierunt eam [peciam de membro suo] cum parvis fusselletis quousque quidam Judeus .. invenit eam (v. fusselletus). **b** scrutate ubi dicte litere sunt scripte sc. rubie litere et eas ~e in hoc margino [*sic*] hujus libri. te docent qualiter dicta verba leguntur *Femina* 2; secundum Joannem Damascenum, libro II (~e!) DUNS *Ord.* III 351. **c** quanto studiosius in eo cultu veritatem ~ebam, tanto minus inveniebam BEDE *HE* II 13 p. 112; studia que servis Dei veram theoriam ~entibus competunt ORD. VIT. III 2 p. 21.

2 to make for, go to, visit; **b** to resort to (a course of action).

si .. externa ~ere [*gl.*: adipisci] regna maluerit ALDH. *VirgP* 6; per montes, campos .. mea cartula, quaere, / pontificem magni nominis et meriti ALCUIN *Carm.* 48. 1; pro salute nanciscenda Uticensem saltum ~erent ORD. VIT. VI 9 p. 61; ad Nathale .. S. clericus j d. et tenetur ~ere ad domum suam apud B. *Reg. S. Aug.* 212. **b** ut criminis hujus judicium .. evadere valeat, .. monachatum ~ere sciatis ORD. VIT. VI 10 p. 126.

3 to pursue w. hostile intent.

puer .. de lecto .. sublatus est et manibus ~entium ne .. vinculis innecteretur subtractus est ORD. VIT. XI 37 p. 292; hostis .. insidiose circumlustrando singula me quesivit R. COLD. *Godr.* 230; **1176** justitie faciant ~ere per consuetudinem terre illos qui a regno recesserunt *G. Hen. II* I 111; s**1205** quere diffugium .. quia abbas ~it animam tuam *Chr. Evesham* 145.

4 seek, try to obtain; **b** (w. abstr. obj.).

omnes qui .. lucra ~unt de populo .. Chananaei appellandi sunt *Comm. Cant.* III 150; homo Dei revertens ad monasterium ~ens panem, et non invento eo *V. Cuthb.* II 2; docuit eos piscando victum ~ere BEDE *HE* IV 13 p. 231; episcopus ~it ab illis xl lib. (*Essex*) *DB* II 107v; predam in alto non ~unt, in imis eorum conversatio GIR. *TH* I 12 p. 38; **1336** in j rete empt' pro pisce querend' ad molend' de S. xij d. *Ac. Durh.* 529; **1357** in lxxvj pert' plumbi quesitis de cineribus plumbi .. xiij s. ij d. *Ib.* 560. **b** in construendo suo monasterio Ceolfriði quaesivit auxilium *Hist. Abb. Jarrow* 6; opem auxilii ab eo quesitura sanctum Dei adiit *V. Gund.* 18; insulani .. pedibus salutem ~entes W. MALM. *GR* I 3; natos pro tiranno genitore vindictam ~entes ORD. VIT. IV 5 p. 190; **1255** forestarii euntes et ~entes auxilium et quando redierunt invenerunt coerum mortuum *SelPlForest* 27.

5 to require, need.

minime audivimus quomodo in Deum moritur, ubi maxime ~itur sanctitas *V. Greg.* p. 109; alia perplura quae tanti operis negotium ~ebat BEDE *HE* V 11 p. 302.

6 to ask for, demand (something); **b** (w. *ab* & abl.).

705 ~ere etenim tue sanctitatis consilium .. animus devotus mihi semper inerat WEALDHERE *Ep.* 22; **1269** nomina eorum quesita fuerunt per coronatorem *SelCCoron* 14. **b** cum .. ab eo frequenter licentiam revertendi ~erem et nullo modo impetrare possem ASSER *Alf.* 81; ?**1122** de itinere tuo unde a me licentiam quesisti *Doc. Bury Sup.* 815; a**1350** procuratores domorum universitatis .. in fine anni ab inquilinis domorum omnium claves ~ant et assumant *StatOx* 70.

7 (w. inf.) to seek, try (to).

me forcipibus rapere ~ebant spiritus infesti BEDE *HE* V 12 p. 307; sub persona conantis erigere mentem suam ad contemplandum Deum et ~entis intelligere quod credit ANSELM I (*Prosl. proem.*) 94; c**1212** totis ~it prosternere nisibus promotorem GIR. *Ep.* 5 p. 202.

8 to seek to know, investigate, try to find out (about): **a** (w. dir. obj.); **b** (w. *de* or *super* & abl.); **c** (w. indir. qu.); **d** (impers. pass.).

a sciscitari et ~ere causam [sc. laetitie] ardentibus ut suplicibus dignanter rem impertiatur W. MALM. *GR* II 225; querenti des verba faceta / ad quesita D. BEC. 1415; ~e diem obitus ut cronicis fratrum Norwici inveni scriptum W. WORC. *Itin.* 78. **b** ~enti mihi de verbo quo Creator dicit omnia quae fecit ANSELM (*Mon.* 33) I 51; exoramus .. ut super hac causa cum sapientibus vestris ~atis W. MALM. *GR* I 88; qui .. altius de mundi ratione quesiverunt ALB. LOND. *DG* 6. 20. **c** ~itur qua hora Dominus surrexerit *Ps.*-BEDE *Collect.* 179; venit ~ere si forte corpus ejus invenire posset BEDE *HE* IV 20 p. 250; qualiter nominetur ~ere nugari est BALSH. *AD* 22; patri suo ~enti quidnam didicisset et quantum .. profecisset, respondit GIR. *GE* II 37 p. 350. **d** primum .. mihi ~endum esse puto, utrum universitas rerum .. sit ex aliqua materia ANSELM (*Mon.* 7) I 20; si ~itur de peccato .. cum peccat volendo, utrum sit necessitate *Id.* (*Praesc. I* 3) II 251; ~itur .. utrum de ente separato possit esse scientia BACON VII 1; **1321** questitum est de vi, precepto, et auxilio et de receptamento ipsius felonis *SelCCoron* 76; quesitum fuit utrum perfectiones creaturarum .. distinguantur W. ALNWICK *QD* 367.

9 to question, interrogate (a person); **b** (w. indir. qu.).

9 .. discutiens, i. judicans, ~ens, vel *swengende WW*; querenti des verba faceta / ad quesita D. BEC. 1414; **1202** vicini et villata de W. quesiti dicunt quod numquam viderunt ipsum fugientem *SelPlCrown* 10. **b** **1221** quesiti quod warantum inde habent dicunt quod nullum *PlCrGlouc* 27; quesita quare non intravit ad auxiliandum viro suo dixit quod non intrasset pro tota Anglia *Ib.* 32; **1221** burgenses quesiti si inde reponere velint super comitatum dicunt quod non *SelPlCrown* 114; **1228** Paulinus quisitus si Rogerus .. tenuit terram illam *BNB* II 247; quesiti utrum sequi voluerint *State Tri. Ed. I* 37; **1350** quesiti qualiter se velint acquietare *Leet Norw.* 81.

10 (p. ppl. as adj.): **a** deliberately contrived. **b** (w. *color*) far-fetched, specious (*cf. exquirere* 4c).

a omnia in me .. supplicia diaboli arte quaesita complentur GILDAS *EB* 74. **b** **1328** colore quesito (v. color 3b); **1452** quorumque quisito colore *Reg. Glasg.* II 395.

quaeribilis [CL quaerere+-bilis], that can be questioned or enquired into.

vel omnino non est vel tantum in sciencia priore; .. ergo de ejus primo subjecto nullo modo est ~e 'si est' vel 'quid est' DUNS *Ord.* III 9; unde istum modum quo panis fit corpus Christi, dicit Damascenus esse credibilem, cum veritas illud dicit, sed non ulterius ~em WYCL. *Apost.* 53; illa est basis omnium aliarum, cujus non est causa ~is *Id. Dom. Div.* 164.

quaeritare [CL]

1 to keep on looking for, search for; **b** (in gl.).

depositum suum ~at GOSC. *Lib. Confort.* 104; diligentius .. ~ans .. semitam permodicam .. repperi WALTH. *Ep.* 98; cum illam scrutatis singulis domicilii sui latebris eversisque omnibus diutino ~ans minime repperisset *Mir. Hen. VI* II 39 p. 105. **b** a quero, ~o, -as, i. sepe querere OSB. GLOUC. *Deriv.* 488.

2 to try to obtain, go after, seek (repeatedly); **b** (w. *victum* or sim.).

coepit sperare pariter et ~are remedium BEDE *Luke* 442; pro sua salute ~anda *Id. Sam.* 580; **1168** dum vident hostes quasi desolatos .. emendicata suffragia ~are et illos implorare patronos quibus opus est defensore J. SAL. *Ep.* 244 (272 p. 556). non privatam gloriam nostram, Deus scit, ~antes *Canon. G. Sempr.* f. 118v. **b** ut .. bestiis .. victum ~andi copia suppeteret BEDE *TR* 7 p. 194; summa inopia victum ~ans, ingenium potius quam ventrem colui W. MALM. *GR* II 170; rusticus .. qui ex officio molendini victum ~abat ORD. VIT. III 13 p. 136; aves liberas auras nido preferunt et propria sibi industria victualia ~antes nunc sublimia celi volatu petunt AILR. *Serm.* 482D.

3 to ask; **b** (w. indir. qu.).

to *aske* .. ~ari, stipulari *CathA.* **b** stabant .. omnes pavore conterriti, et quid agere debuissent invicem ~antes *Mir. Hen. VI* I 1 p. 18.

quaeritari v. quaeritare. **quaerula** v. querula, 2 querulus. **quaerulus** v. 2 querulus.

quaesere [CL]

1 to ask, request (that, in quot. w. *ut* & subj.).

~o ut liceat mihi te de rhetoricae rationis praeceptis parumper interrogare ALCUIN *Rhet.* 1.

2 (1st pers. parenthetically) I ask you, please: **a** (w. request or exhortation); **b** (w. qu.); **c** (w. acc. of person addressed).

a animadverte, ~o, perplexam metricae artis subtilitatem ALDH. *PR* 136; corrige, quaeso, tuos mores et verba vel actus ALCUIN *SS Ebor* 1003; dilige dulce bonum; dilige, queso, Deum L. DURH. *Dial.* IV 260; et cedula [i. e. sedula] mente, ~umus, cogitent executores nostri (*Test. Hen. V*) *EHR* XCVI 91. **b** cui, ~o, thesaurizavi? forsitan michi W. MALM. *GR* II 202; quidnam, rogitans ~o, orthodoxae fidei sacramento commodi affert ..? *Ib.* V 214; set quanti vel quantus esse potest olle tumor contra figulum, ~umus, et fictorem aut factorem suum? GIR. *SD* 128; quis, ~o, post antiquos patres ecclesiam Dei ita in hoc tempore mutantem tam sane predicando tantum erexit ..? *Canon. G. Sempr.* f. 34v. **c** W. MALM. *Wulfst.* III 20 (v. quantuluscumque 2b); dic, ~o te, si tanta mihi tenenda est diligentia stabilitas in loco ..? AD. SCOT *OP* 498.

quaesitare [LL], to try (repeatedly or urgently) to obtain.

sepe petere, postulare, ~are OSB. GLOUC. *Deriv.* 468; aerem ~ant et ventum .. excitant *Eul. Hist.* II 79.

quaesitio [CL]

1 (act of) searching (for).

egressio, ~o, et inventio BEDE *Luke* 381; dictum est de vestigatione et ~one pecoris furati (*Quad.*) *GAS* 191; sponsum, quem prior illa quesisse se dixerat, et cujus ~oni infatigabilis omni hora insistit J. FORD *Serm.* 40. 1.

2 acquisition, procurement.

1403 Willelmo Quarreour pro ~one lapidum *Ac. Durh.* 221; **1459** in .. ~one lapidum, cariagio, et operacione eorundem *Ib.* 278.

quaesitivus [CL quaesitus *p. ppl. of* quaerere+ -ivus], that has the function or practice of searching or seeking to obtain; **b** (as sb. n.) the appetitive faculty (*cf.* τὸ ὀρεκτικόν: Arist. *Anim.* 431a 10).

cum modico lumine superaddito ~o WYCL. *Univ.* 195. **b** hoc est quod dicit Commentator, de ~o et fugitivo parum ante litteram quam ipsi adducunt R. ORFORD *Sciendum* 92.

quaesitor [CL]

1 one who presides over inquiries.

quaestor, ~or qui quaestionibus praeest *GlC* Q 14.

2 one who searches.

sanctae ecclesiae vox est quaerentis .. Dominum suum ... sequitur vox ejus qua ~oribus suis de se sermocinantibus sese semper adfuisse .. declarat BEDE *Cant.* 1175; intrat tacite ~or, intus videt quod perdiderat HERM. ARCH. 34; dispersis per littora ~oribus nullum [cadaver] facile repertum est W. MALM. *GR* V 419.

3 one who collects (in quot. taxes).

exactor, i. ~or *tolnene* [l. *tolnere*] *GlP* 521.

quaesitus [LL], search, investigation, inquiry.

quibus .. temporum particulis idem lunae quadrans adcrescat, majore ~u indiget BEDE *TR* 41; non nisi sollerti ac longo ~u possit inveniri *Id. Cant.* 1222; profundiora ~u digna *Id. Kings* 715; mox ad ea expedienda intentionem retuli, quae curiosis lectoribus non immerito videbantur digna quaesitu FRIDUG. 130; quem alto fossatu et laborioso ~u formidaverat vix inveniendum GOSC. *Transl. Aug.* 17D; omnis rerum natura ~u et inventione difficilis est ANDR. S. VICT. *Sal.* 99; de eis que necessarie videbantur questionibus ejus consulta flagitans. .. congrua ~ui responsa recepit CIREN. I 58.

quaesta [ML < OF *queste*, ME *quest*]

1 search, seeking to obtain (w. obj. gen.).

in ~is suis dicte recuperacionis *Plusc.* VI *prol.*

2 judicial inquiry.

the quest of xij fuerunt xij patriarche. .. hic ~a fuit contra Deum MELTON 248; perjuratores in ~is et assisis CAPGR. *Hen.* 172.

3 (collection of) tax, tribute.

1199 ~am aut procuracionem, aut cabalcatam, aut exercitum aut aliquam aliam injustam consuetudinem *RChart* 7b; **1238** annui redditus et ~e quos nobis debent .. in pecunia numerata *RGasc* I *Sup.* cxxii n. **1242** percipiat ~am nostram de landis Burdegalensibus ... ~am recipiat .. per manus Aquensis episcopi *RGasc* I 55a; ?**1249** custas [MS: q'stas] que vobis annuatim debentur in festo S. Michaelis *RL* II 51; ?**1249** custas [MS: q'stas] que .. Vitali .. in solutionem assignati fuerunt sibi recepit, et .. Vitalem .. exclusit *RL* II 51; c**1255** quando et enim talia eveniunt militi laboratores petunt ab eo, racione illius terre, quod det ad ~am (*BL Add. Ch.* 11236) *V. Montf. app.* 305; **1313** cum .. ~is, talhis, leudis, pedagiis *RGasc* IV 1155 p. 321a; **1314** homines illi certas pecuniarum summas sub certa moneta ibidem currente nomine ~arum seu servicii .. facere promiserunt *Ib.* 1234.

quaestabilis [OF *questable*], subject to tallage.

1400 omnia bona, hereditates, terras, dominia, .. redditus, homines ~es, tallias, quaestus *Foed.* VIII 127.

quaestabiliter, in the manner of one subject to tallage.

1289 tenementum .. prout ab antecessoribus nostris ~iter seu ad questam voluntariam .. teneri consuevit *RGasc* II 528a.

quaestalis, ~ialis [OF *questal*], subject to tallage (Gasc. & Sp.). **b** (sb. m.) feudal dependant.

1276 terris pro quibus vel de quibus fuerint antea homines ligii et ~ales *RGasc* II 14b; **1312** simul cum hominibus ~alibus et feudalibus *Ib.* IV 627; **1316** tales homines ~ales talium dominorum burgenses fieri non poterunt, nisi morati fuerunt pacifice in dicta bastida per annum et diem sine reclamacione dictorum dominorum *Ib.* 1626; **1366** cum omnibus suis .. proventibus, hominibus ~ialibus et affeuatis (*Ch. Regis Castelle, DipDoc*) *Foed.* VI 526. **b 1285** cum .. G. .. esset in possessione tenendi et explectandi homines de P. .. tanquam ~ales suos .. qui ad ipsum jure hereditario .. pertinebant *RGasc* II 265a; **1434** ligeis nostris, feudatoribus, affeuatis .. censuariis .. villatis et ~alibus *Arch. Gironde* XVI 334.

quaestare [ML], to search for, ask for, beg, (also w. ref. to collection of alms).

1308 currant per Angliam ~ando et in absolucionibus excedendo *Reg. North.* 187; **1308** quia ipsum a questoris [elemosinarum] officio .. duximus suspendendum, ipsum ad ~andum admitti in vestris diocesibus nullatenus permittatis et questum suum quem fecit interim sequestretis *Reg. Cant.* 1101.

quaestio [CL]

1 (act of) searching.

querebatur .. et non inveniebatur ~onibus assiduis (*Iltutus* 19) *VSB* 220.

2 attempt to obtain, request, demand.

1362 concedentes eisdem .. potestatem .. [et] super omnibus et singulis ~onibus, debatis, peticionibus, vendicacionibus, et accionibus *RScot* 864a; **12..** nullus ~onem pro negociis aliis in ecclesiis parochialibus admittat *Conc. Scot.* II 25; **1550** pro omni alio onere, exactione, ~one, demanda .. que de .. annuo redditu .. requiri poterunt *Scot. Grey Friars* II 43.

3 (usu. leg.) interrogation, sts. involving torture.

~io, examinatio *GlC* Q 37; horrebat cibos, exosa erat mensa. trahebatur ad refeccionem quasi ad ~onem GOSC. *Wulsin* 22; **1309** quod ~ones fierent absque mutilacione (v. quaestionare b); s**1319** captus est quidam explorator .. et cum vidisset se ~onibus addictum, promisit, si daretur ei penam evadere, totam machinacionem Scotorum revelare *V. Ed. II* 243; s**1318** nulla .. evidencia seu probacione super hoc producta, ~onibus sibi illatis, tandem .. morti est adjudicatus *Ann. Paul.* 283.

4 judicial inquiry. **b** question (put by judge), formulation of point at issue.

totam ejus artis vim in civilibus versari ~onibus ALCUIN *Rhet.* 1; nec quicquam in eadem operis agatur servilis, negotia quoque secularia ~onesque publice in eadem deponantur die *GAS* 253; contra hunc vir domini Wlstanus ~onem instituit, de villis ecclesie sue quas .. ab Aldredo pervasas nec umquam redditas W. MALM. *Wulfst.* II 1; questio civilis vel que de crimine manat A. MEAUX *Susanna* 81 (v. civilis 2b). **b** ~o est constitutio, in qua causae disceptatio constat, hoc modo: 'non jure fecisti,' 'jure feci': ratio est, qua utitur reus, quare jure fecisset .. ALCUIN *Rhet.* 10; **1300** Ranulfus per justiciarios quesitus si quid aliud dicere velit .. nec fuit intentio curie per ~onem ei inde factam quod ad aliquam responsionem .. resilire possit *PlRCP* 131 m. 264*d*.

5 controversy, argument; **b** (as title of Cicero's *Tusculan Disputations*). **c** (*in ~onem venire*) to come into question. **d** (*in ~onem ponere* or sim.) to make the subject of discussion.

gravior de observatione Paschae .. controversia nata est. .. merito movit haec ~o sensus et corda multorum BEDE *HE* III 25 p. 182; mota .. ~one de Pascha vel tonsura .. dispositum est ut .. synodus fieri et haec ~o terminari deberet *Ib.* p. 183; rursus ~o de investituris ecclesiarum, rursus bella, rursus lites agitari, neutris partibus loco cedentibus W. MALM. *GR* V 420; Augustinus .. xvj[c] libro De Civitate Dei .. de monstruosis hominum generibus .. ~onem movet GIR. *TH* II 19 p. 105; **1238** gravem movens adversus regem ~onem et calumpniam, eo quod .. ardua negotia regni perperam tractaverat M. PAR. *Maj.* III 476; **1358** ~ones de temporalibus et decimis erroneas et falsas esse dico *MunAcOx* 211. **b** ut ait Tullius libro primo de Tusculanis ~onibus W. BURLEY *Vit. Phil.* 82. **c** quod si alicui in ~onem venerit quante sanctitatis .. fuerit, legat epistolam Leonis pape .. in qua vocat eum sanctissimum W. MALM. *GP* I 12; solus hanc gratiam meruerit, quod numquam ejus incorruptio vel in ~onem venerit *Ib.* III 126. **d** nisi quia audio te hoc ponere in ~onem, putarem me hoc peccatum una sola compunctione delere ANSELM (*CurD* 21) II 88; nimis erat Latinis difficile eorum episcopos ad consulendum de hac re colligere, nec erat necesse, unde non dubitabant hoc in ~onem adducere *Id.* (*Proc. Sp.* 13) II 212.

6 matter for discussion, problem, question (freq. in acad., philos., or theol. context); **b** (w. indir. qu.); **c** (as section in work); **d** (in title of work).

Dardanus .. multas ~ones arripiens per mentis astutiam *Ps.-*BEDE *Collect.* 324; qui fiunt allegoricae [v. l. alligorice, l. allegoricam] vel tipicam [v. l. typicam] ~onem THEOD. *Laterc.* 12; hac responsione .. non est interrogationis nodus patenter solutus, sed veluti panucula ~onis involuta ALDH. *PR* 140 p. 194; exentesion [l. exegeseon], expositio quaessionum *GlC* E 412; sophismatum, ~onum *Ib.* Q 420; in ~one prima quesitum est 'salubris' penultima correpta an producta dici debeat ABBO *QG* 2 (5); haec ~o non difficile solvitur ANSELM (*Mon.* 61) I 71; assiduis ad discipulos lectionibus ruminandisque et absolvendis ~onum difficultatibus W. MALM. *GR* I 60; copia perplexarum de fide aliisque misteriis ~onum ORD. VIT. X 3 p. 15; hec me sollicitat magis anxia quaestio: 'Quare / flos nullus viridis, sit tamen herba virens?' NECKAM *DS* VIII 167; **1375** magistris et bacallariis .. theologie facultatis in universitate de pluribus ~onibus respondit *Mon. Hib. & Scot.* 356a; **1589** cum scholaribus in grammaticalibus et logicalibus .. et cum baccalaureis in ~onibus philosophicis *StatOx* 441. **b** ~one .. proposita, quae pars ejus tenenda sit, que reprobanda, prima contemplatione dijudicat ADEL. *ED* 21; de ipso potest esse ~o utrum plus dilexerit Dominum AILR. *Serm.* 15. 33; Paulus profundissimas ~ones, cur concluserit Deus omnia in incredulitate et cur subintraverit delictum .. omnes brevi compendio enodavit J. FORD *Serm.* 14. 8; de igne .. ~o est ubinam vera species ignis reperiri queat NECKAM *NR* I 16; prima ~o .. est ~o an est; secunda .. est ~o quid est T. SUTTON *Gen. & Corrupt.* 98. **c** ut legitur xxxij ~one OCKHAM *I. & P.* 8. **d** incipiunt ~ones supra primum methaphisice BACON X 1; scripsit .. librum cujus titulus est, 'de ~onibus suis ordinariis' CAPGR. *Hen.* 178.

7 jurisdiction (in quot. of soke).

participantium quoque causarum partim in socna, id est in ~one sua, rex habet, partim concedit aliis (*Leg. Hen.* 20. 1) *GAS* 560; *in fiht* vel *insocna* est quod ab ipsis qui in domo sunt contubernales agitur; hoc etiam .. *wita* enendabitur patrifamilias, si ~onem habeat querentem vel quesitam (*Ib.* 80. 12) *Ib.* 597.

quaestionare [LL], to question, cross-examine; **b** (w. torture).

1444 quosdam eorum .. per patriam itinerantes cui vel quibus adherentes faventes famulantes sunt

et intendentes diversimodo ~ando *Cl* 294 m. 15*d*.; s**1304** Robertus de Broys, citatus coram rege et ~atus, inducias .. petiit *Plusc.* IX 5; s**1459** ceperunt .. ~are (v. quaestionatio); s**1474** supprior ~atur a quo ipse didicit, quod officiarius tot et tantas habebat pecunias ... qui respondens inquit .. *Reg. Whet.* I 126. **b 1309** ordinatum fuit .. quod si per .. arctaciones .. nihil aliud .. vellent confiteri .. quod extunc ~arentur; ita quod quaestiones fierent absque mutilacione *Conc.* II 314b; **1315** nullus burgensis .. pro aliquo forefacto ~etur, nisi valde diffamatus esset *RGasc* IV 1626; s**1477** acerrimo examine super exercitio damnate artis .. ~atus, confessus est plurima *Croyl. Cont. C* 561.

quaestionarius [CL *as sb. m., mil. title*, LL= *torturer*]

1 that pertains to or contains questions. **b** (sb. m.) one who poses a question or starts a discussion. **c** (sb. n., as title of book).

798 venit viator volando, ~iam auctoritatis vestrae habens in manu cartam .. quaestionibus altiorem quam ingenioli mei adtingere valuisset humilitas ALCUIN *Ep.* 155. **b** a**805** sophista ex academica scola hujusmodi protulit quaestionem. cur non .. dialecticos illi ~io proponimus syllogismos? ALCUIN *Ep.* 307 p. 470. **c** responsio est facilis secundum Raymundum in suo ~io RIPLEY 165.

2 (as sb. m.) one who carries out a judicial inquiry. **b** torturer; **c** (as term of abuse for Danes).

hic ~ius, -ii, qui questionem de reis ante judicem promovebat OSB. GLOUC. *Deriv.* 488; s**1392** quando fiunt placita London' super rebus mundanis et per ~ios ad hoc procuratos contigit .. sentenciam ferri .. minus juste, pars altera .. vult agere ad reprobandum dicta ~iorum *Chr. Westm.* p. 208. **b** ~ius, carnifex OSB. GLOUC. *Deriv.* 492; questioni ~ios suos et carceri carcerarium reliquerunt W. CANT. *Mir. Thom.* III 19. **c** occisis .. omnibus monachis a ~iis, Dani .. sarcophaga sanctorum .. ligonibus confregerunt *Croyl.* 22.

3 one who requests or demands (financial contribution in return for indulgence), pardoner.

s**1240** terram suam per papales ~ios depauperari .. permittit *Flor. Hist.* II 238; c**1250** quoniam quidam ~ii variis illusionibus animas simplicis populi seducunt ... ad alium diem .. infra annum illum eundem ~ium in eadem ecclesia .. nullo modo admittat *Reg. Aberd.* II 19 (=*Conc. Scot.* II 25).

quaestionatio [ML < LL quaestionare+-tio], questioning, interrogation.

1459 ceperunt .. inter se seditiose agere, dividentesque se in partes taliter secum questionare. .. certiorati domini .. de hujusmodi diversitate ~onis *Reg. Whet.* I 343.

quaestionative [LL quaestionatus *p. ppl. of* quaestionare+-ivus+-e], in the form of a question.

c**1508** Burlifer' super sentencias ~e duobus voluminibus *Cant. Coll. Ox.* I 85.

quaestionista [CL quaestio+ista < -ιστής]

1 (acad.) term applied to undergraduate in his last term. **b** (in gl.).

nullus ~a fit sophista BACON XV 292; **1322** statutis .. quibus .. astricti fuerant ~e sub pena inhabilitatis ad ulteriorem gradum in universitate, ne .. facerent festa .. cum responderint ad questionem *StatOx* 126; **1347** ~e .. et quicumque alii gradum scholasticum assensuri in locis puplicis admittantur ut pecunia .. in .. cista .. reponatur *Ib.* 150. **b** *a questioniste*, ~a, -e, hic LEVINS *Manip.* 147.

2 an habitual questioner (w. ref. to scholastic theologian, w. impl. of lack of respect for truth); **b** (transf., of devil).

quam hujusmodi ~ae nihil aliud quam ludant quaestionibus GARDINER *CC* 334. **b** cecidit genus humanum a statu innocencie temptacione diaboli qui fuit primus ~a scripturam falsificans WYCL. *Ver.* I 129.

quaestiosus v. quaestuosus.

quaestiuncula [CL], query, (expression of) dilemma, problem (freq. phil. or theol.); **b** (w. indir. qu.).

disputans .. hujus ~ae partem .. proposuit, solvit BEDE *Sam.* 650; **798** nam velut vermes fenestris involant aestivis, sic auribus meis insident ~ae ALCUIN *Ep.* 143; Deo gratias, bone magister, bene te expedisti de bicorni mea ~a ROB. BRIDL. *Dial.* 10; ~as movent, intricant verba, .. paratiores ventilare quam examinare si quid difficultatis emersit J. SAL. *Pol.* 662A; recepi ~as tuas ... queris instantius utrum consensus faciat matrimonium P. BLOIS *Ep. Sup.* 57. 2. **b** illa ~a relinquenda est utrum aliquod tempus fuerit prius alio NECKAM *SS* II 47. 4.

quaestor [CL]

1 official in charge of administrative, legal, or financial matters; **b** (as member of royal or episcopal household).

praetor .. vel ~or, *burhgerefa* ÆLF. *Gl.* 111; ~or, praeco qui clamat in foro OSB. GLOUC. *Deriv.* 477; quesitor .. unde hic ~or, -oris, i. .. qui in loco judicis exquirit de causis et dicitur ~or per sincopam *Ib.* 487; ex iis ~ores super provincias constituit R. NIGER *Chr. II* 167. **b** ~or palatii sui [sc. episcopi] qui vulgari vocabulo senescallus dicitur GIR. *GE* II 32 p. 321; quidam questores [*gl.*: senescallos] narrabo nobiliores, / postea pretores accipe si memor es *Pol. Songs* I 106.

2 collector of alms in return for indulgences, pardoner.

1266 hospitalium nuncios vel alios ~ores in suis ecclesiis .. admittere minime teneantur (*Bulla Papae*) *Reg. Cant.* II 786; **1285** ordinarii possint .. falsos ~ores laicos, et falsarios capere *Conc.* II 116a; **1368** quamplures falsarii ~ores, pretendentes se attornatos et procuratores prioris et fratrum .. esse .. quam magnas pecunie summas a Deo devotis .. per litteras procuratorias .. falso fabricatas collegerunt *Pat* 278 m. 21*d*.; **1424** quod nullus admittat aliquem ~orem vulgariter vocatum *pardoner* ad predicandum vel publicandum aliquam indulgenciam *Reg. Cant.* III 93; s**1386** firmam cunctorum ~orum regni, qui cum indulgenciis circumire solent et congregare pecuniam ad opus fraternitatis S. Antonii WALS. *HA* II 149; denarii divi Petri, quos pontificius ~or, quem non inscienter collectorem nuncupant, exigit P. VERG. IV 90 (v. 2 collector b); queruntur .. indulgentarii, datarii, ~ores JEWEL *Apol.* H 3v (v. datarius).

1 quaestorius [CL], of or belonging to a quaestor.

~ius, -a, -um, sicut dicimus officium ~ium quod pertinet ad questorem OSB. GLOUC. *Deriv.* 488.

2 quaestorius v. quaestuarius.

quaestuarius [CL]

1 who acts for financial gain (also as sb. m.); **b** (w. ref. to collection of alms); **c** (as sb. f., in quot. w. ref. to *BVM*, *cf.* Jerome *Ep.* 14, *PL* XXII 354) prostitute.

quaestorio, qui questo [l. quaestu] corporis vivit *GlC* Q 38; ~ius, qui quaestu vivit, sicut mercator OSB. GLOUC. *Deriv.* 492; questorius, qui agit causam questoris *Ib.*; **b 1240** nullus predicator ~ius in ecclesiis nostre diocesis admittatur *Conc. Syn.* 352; **1288** permittentes eas elemosinas .. colligendas ... concessione ad dictos ~ios nuncios admittendos .. minime valitura *Reg. Heref.* 172; **1306** presentes .. mitti per ~ios districcius inhibemus, eas si secus actum fuerit carere viribus decernentes (*Lit. Papae*) *Reg. Aberd.* I 132; **1322** in singulis litteris quas eis pro hujusmodi ~iis destinamus, eis firmiter injungamus quod pretextu dictorum ~iorum promocionem non necligant fabrice *Stat. Linc.* I 333. **c** hec ad incarnationem: idem ipse operarii et ~ie filius et splendor glorie et figura substantie Dei Patris H. Bos. *LM* 1382; tunc Aristotelis .. argumenta non proderunt quando veniet ille filius paupercule ~ie judicaturus fines orbis HOLCOT *Wisd.* 201.

2 carried on for the sake of gain.

legum scientia impudica est, quia meretricio more ~ia est et mercalis P. BLOIS *Ep.* 140. 417B.

3 of or made by a quaestor or collector of alms.

1292 durante negotio Terre Sancte omnes alie ~ie collecciones conquiescant, ut sic Terre Sancte subsidium commodius et multiplicius cumuletur *Conc. Syn.* 1112; **1317** cum ad illa supportanda non possit ut pote in redditibus non habundans per se sufficere, ad ~ios modos velit recursum habere *Reg. Carl.* II 157.

quaestuatio [ML < quaestuare+-tio] (act of) collecting financial contributions (impl. under false pretences).

1309 idem Thomas est a ~onis et procuracionis officio .. per episcopum ecclesie Bethlemitane .. sicut ceteri questores ejusdem ecclesie revocatus *Reg. Lond.* 104.

quaestuosus [CL]

1 profitable.

quaestiosus, lucrosus *GlC* Q 32; **1167** qui monasterium Abendonie, utpote ~ius, pro episcopatu receperat de manu regis J. SAL. *Ep.* 228 (236 p. 442); assidue hec meminisse operis est utique negotiosi atque ad omnia virtutum exercitia vehementer ~i J. FORD *Serm.* 10. 2; quomodo ad tam ~am negotiationem, ad tam lucraturas nundinas, cupiditas obdormit humana? P. BLOIS *Ep. Sup.* 41. 2.

2 (of person) financially successful.

de singulis tentationibus quasi de nundinis redeuntes ad incomparabilem et irrecuperabilem thesaurum ~i negotiatores immensa lucra comportant J. FORD *Serm.* 3. 3.

quaestura [CL], office of steward or financial agent.

[episcopus] ista quatuor, ~am, torturam, et exactionem, et prelaturam, vendit et ad pretium certum committit. .. horum .. duorum, sc. questoris et prepositi, violentior est quaestor GIR. *GE* II 32 p. 322; nos hanc olim ~am aliquot per annos gessimus ejusque muneris obeundi causa primum in Angliam venimus P. VERG. IV p. 90.

quaestus [CL]

1 acquisition or pursuit of something (usu. w. gen.). **b** pursuit of profit (freq. w. impl. of avarice).

etsi non ad ~um pecuniae, ad vulgi tamen favorem tribuunt qui sacros ordines non ad vitae meritum sed ad gratiam largiuntur BEDE *Hom.* II 1. 117; hic ~us, -us, i. adquisitio alicujus rei OSB. GLOUC. *Deriv.* 488; oculos .. in ~um pecuniarium non sine sua damnatione convertunt P. BLOIS *Ep. Sup.* 8. 3; quia peccator querit ut sic faciant, et ille non possunt hoc dicere, ideo est anxiatus, per se frustratus in ~u rei ubi non poterit inveniri WYCL. *Ente* 21. **b** sub velamine pietatis .. vesanit .. ceca ambitio, insignis avaritia, impurus et impudens ~us J. SAL. *Ep.* 94; pullulat in questu questus amor HANV. V 290.

2 thing acquired, gain, profit; **b** (transf., in quot. w. ref. to yield of fruit). **c** (fig.) advantage. **d** (*quaestui esse*) to be profitable, advantageous, lucrative.

si .. tam pretiosum ~um denegantibus .. hujuscemodi margaritam invenire non possint GILDAS *EB* 67; appetitus turpis lucri et perjuria inepta / atque rapinarum maculatos crimine quaestus ALDH. *VirgV* 2579; his .. questibus, lucris *GlP* 98; a cardinalibus quorum nares odor lucri ~us causa infecerat A. TEWK. *Add. Thom.* 25; a**1160** alienum fuit semper a proposito hominis aliorum ob avaritiam explorare vitam, ut placeret alii, aut ~um faceret sibi J. SAL. *Ep.* 94; cum quis .. de terra sua in maritagium .. donat, aut habet hereditatem tantum aut ~um tantum GLANV. VII 1. **b** fructuum emolumenta exuberante reditu et multiplici ~u [*gl.*: multo lucro, *gestreo*, *tilunge*] mirabiliter maturescere ALDH. *VirgP* 9 p. 237. **c** debemus .. majorem ~um aestimare cum amamus quam cum amamur ANSELM (*Ep.* 434) V 381; **1166** pro nullo ~u ponam cum scismaticis ad subversionem domus Domini scismatis portionem J. SAL. *Ep.* 168 (167); non ad temporis ~um sed eternitatis .. ordinis beneficia susceperunt GIR. *GE* I 49 p. 136. **d** maximo ~ui fore si costam Hispanie sub festinatione transcurrerent ac perinde multas pecunias ab Africe navibus .. leviter extorquerent OSB. BAWDSEY clvii.

3 income, payment (as tax, alms, or in exchange for commodity or service); **b** (eccl.).

quae stipem quaestus simul et patrimonia gazae / martiribus confert ALDH. *VirgV* 2212; multum .. ~um conflaverant vetule W. MALM. *GR* II 171; meretrix que ~us gratia curiam sequitur OSB. GLOUC. *Deriv.* 10; **1252** emere .. vendere et negociari absque illicito ~u per totam potestatem nostram (*ChartR*) *EHR* XVIII 315; **1399** ad .. ~us et alia proficua earundem navium proveniencia recipienda *Pat* 351 m. 19. **b** turpis lucri gratia providet gregi Dei qui propter ~um et ter-

rena commoda praedicat, cum religionis opera cuncta spontanee fieri debeant BEDE *Ep. Cath.* 65; capellanum .. qui eum sustinuerat .. ~u aque benedicte, quando pauper fuerat BRAKELOND f. 132v; quia predicant propter ~um PECKHAM *Paup.* 16 p. 66; **1308** ipsum ad questandum admitti .. nullatenus permittatis, et ~um suum quem fecit interim sequestretis *Reg. Cant.* II 1101; **1352** mandamus .. ne .. oblaciones ecclesie nostre .. debitas .. dictis procuratoribus vel nunciis sic ~um querentibus .. offerant *Fabr. York* 167.

quaila [OF, ME *quail(l)e*], **qualia,** kind of bird, quail (*Coturnix*).

1384 de .. pluveris, quailis, alaudis, de omnimodis aliis avibus de warenna *Pat* 317 m. 17; *qwaylle, bryd* .. qualia, -lie *PP* 361; qualia .. *a quayle*; .. hec qualia .. *quayle WW*; hec qualena .. *a quayle WW*.

qualena v. quaila.

qualescentia, *f. l.*

1276 postmodum uberiori potitus †qualescentia [? qvalescentia i. e. convalescentia] *MonA* VI 809b.

qualia v. quaila, qualis.

qualibet [CL], (in gl.) by whatever way one likes.

quavis, ~et *GlC* Q 4.

qualifacere [CL qualis+facere], to make (person) like in quality or characteristic (to, w. dat.).

ridiculosissime revera suo suas in serviente paterfamilias quivis ulciscitur injurias, qui delinquentem suo sibi ~it in gaudio substanciave parificabilem E. THRIP. *SS* III 4.

qualificare [ML < CL qualis+-ficus+-are; cf. CL magnificare]

1 to invest or endow with (particular) quality or qualities, to impart a certain quality to, to make or cause to be of a certain sort, to make (thing) such as it is.

natura est vigor quidam universalis .. in universis et singulis quadripartitus, ~atus, et quantificatus, differentes qualitates successive diffundens J. SAL. *SS* 962B; supra diximus vapores in sublimibus vario modo ~ari, et quandoque substantiam sulphuris in nubibus .. inveniri *Ps.*-GROS. *Summa* 638; anima .. ~at materiam secundum modum apprehensionis suae qualitati possibilem PECKHAM *QR* 86; pronomen significat substanciam compositam ex materia et forma, non tamen significat ipsam ut formata est, et ideo nec ut ~ata BACON XV 5; substancia diffinicione ~atur in suis generibus et differenciis WYCL. *Form.* 177; s**1461** spoliabant omnia .. ita quod post se nichil .. relinquerent, nisi grave fuerat nimium, aut tali modo ~atum, quod nulla sua arte secum asportare valerent *Reg. Whet.* I 398.

2 to invest or endow with new or additional quality or qualities, to alter qualitatively, to modify. **b** (spec.) to modify so as to render less severe or unpleasant, to moderate, mitigate (in quot. in leg. context).

non peto si corpus Christi sit ibi [*in the consecrated Host*] visum, aut ~atum, aut rotundum .. NETTER *DAF* II f. 88; circumstancie namque, ut dicunt leges, ~ant actus hominum. ~atur vero mulieris subjeccio hujus judicii censura qualitatibus amarissimis et molestis FORTESCUE *NLN* II 42; **1549** si .. pars rea in primo termino comparuerit, ~etur statim petitio ut inseratur apud acta *Conc. Scot.* II 125. **b** raro aut nunquam admittitur defensio contraria confessioni .. quamvis confitens voluerit illam confessionem ~are vel extenuare *Praxis* 64 p. 81.

3 (p. ppl. as adj.) endowed with the qualities appropriate to a particular office or position, qualified. **b** endowed with superior or exemplary moral or personal qualities, 'of quality'.

1541 potestatem .. presentationes .. super quibusvis dignitatibus et beneficiis .. quibusvis personis ydoneis et ~atis .. factas .. recipiendi et admittendi *Form. S. Andr.* II 128; **1549** habeant .. unum doctorem theologum licentiatum vel baccalaureum in theologia, et similiter canonistam in jure pontificio ~atum *Conc. Scot.* II 100. **b** **1526** licet in dicto monasterio et locis illi subditis .. ~atarum personarum .. vita exemplaris claruerit .. (*Vis. Worc.*) *EHR* XL 88.

qualificatio [ML < qualificare+-tio]

1 distinctive quality, nature, condition, make-up.

1389 medicina carnalis debet ministrari .. juxta eorum .. etatem et complexionis ~onem *Reg. Heref.* 13.

2 modification, mitigation.

1552 nec vicissim licebit ulli rectori, nisi ad hoc ipsum, specialiter habita consideratione totius ~onis, fuerit .. ei facultas concessa in scriptis, ullis questiones .. hujusmodi moventibus .. respondere *Conc. Scot.* II 138.

qualis [CL]

1 (interr.) of what kind or quality? what sort of? (of person, w. ref. to character or behaviour) what kind of?: **a** (in dir. qu., in quot. freq. in rhet. qu., or w. nature of answer implied); **b** (w. correlative *talis*); **c** (as sb.). **d** (in indir. qu. w. subj.); **e** (w. indic.); **f** (in title of chapter or sim.); **g** (as sb.). **h** (in exclamation, implying remarkability or excessiveness in either a laudatory or derogatory sense) what (a)! such (a)!

a ~e est metrum priapeium? [v. l. *add*: respondendum illud unum de durissimis metris esse] ALDH. *Met.* 10 p. 93; ~is et quanta delectatio est in illo qui fecit ipsa delectabilia? ANSELM (*Prosl.* 24) I 118; fili mi .. ~em cepisti non militiam sed dementiam exercere? ORD. VIT. VI 6 p. 33; si .. huic auxilium non negavit qui se suum fore monachum devovit, ~e subsidium his qui ultro vinculis regule illius jam constringuntur suppeditabit? *Ib.* VI 10 p. 134; querenti '~is linea ~i linee vix aut nunquam commensuratur?', responderi potest 'recta curve' BALSH. *AD rec. 2* 158; ad hanc, 'quid est Deus?', congrue respondetur 'justicia'. sed ad hanc, '~is est Deus?', respondetur congrue 'justus' NECKAM *SS* II 64. 23. **b** si tale est amoris fulcimentum, ~e est amoris emolumentum? ANSELM (*Mon.* 70) I 80; **c** querenti 'qualiter ~ia scribunt studiosi?', respondetur 'utilia instructive' BALSH. *AD rec. 2* 158; querenti '~is ~i sit melior' respondet disciplina sacra 'patiens forti' *Ib.* **d** p**675** Simonem .. qui ~em quantamque necromantiae fallaciam .. machinaretur, certamen apostolorum et decem libri Clementis testes sunt ALDH. *Ep.* 4 p. 482; cujus ut meritum vel vita ~is fuerit certius clarescat, unum ejus narro miraculum BEDE *HE* V 1 p. 281; omnia .. judicia quae in absentia sua fiebant, sagaciter investigabat, ~ia fierent, justa aut etiam injusta ASSER *Alf.* 106 p. 93; c**1093** cogita ~e sit Christum sponsum .. contemnere, et hominem mortalem .. filio Dei .. praeponere ANSELM (*Ep.* 168) IV 44; arvina ventris ejus tot delectamentis enutrita cum dedecore patuit, et prudentes .. ~is sit gloria carnis edocuit ORD. VIT. VII 16 p. 255; quoniam, cum aliquid probabile dicitur, non quid sed ~e sit indicatur BALSH. *AD* 20. **e** Herodes .. stupens remansit cogitans quoniam post Augustum Caesarem ~is est virtus qui natus est regis hujus THEOD. *Laterc.* 5; **705** latere quidem tuam notitiam potuisse non arbitror quanta et ~ia inter regem Uest Sęxanorum nostrique pagi regnatores discordiarum jurgia interim pululabant WEALDHERE *Ep.* 22; **793** recogitate nobilissimum nostri temporis magistrum Baedam praesbiterum, ~e habuit in juventute discendi studium, ~em nunc habet inter homines laudem ALCUIN *Ep.* 19 p. 55; c**1086** vos ipsi judicate qui et ~es dicendi estis ANSELM (*Ep.* 120) III 259; s**679** cognoscere .. cupio vestram reverentiam, mecumque tractare, ~is in ecclesiis insule Brittannie .. nuper est exorta dissensio (*Conc.*) W. MALM. *GP* III 100; ut posteri discant ~es in Normannia leges fuerunt sub Guillelmo principe ORD. VIT. V 5 p. 316; s**1459** in tantum delectabatur .. ut .. promitteret .. se .. significaturum .. domino regi quanta sibi humanitas, ~is urbanitas, quam grandisque generositas impensa sibi fuerat *Reg. Whet.* I 332. **f** ~e consilium idem cum primatibus suis de percipienda fide Christi habuerit BEDE *HE* II 13 *tit.*; conjectatio ~e et quantum sit hoc bonum ANSELM (*Prosl.* 24 *tit.*) I 117. **g** Justina .. quanta vel ~ia .. pro virginitate servanda pertulerit, quis .. expedire se posse gloriatur? ALDH. *VirgP* 43 p. 295; manifesta luce patefecit ~es ad ecclesiae regimen adsumi .. debeant BEDE *HE* II 1 p. 76. **h** o ~ia quantaque animam tuam regni Christi praemia in die judicii manerent, si .. GILDAS *EB* 34; heu quantos demens seu quales stragis acervos / a rege spreto pateretur! ALDH. *VirgV* 2530; o ~e miraculum! GROS. *Hexaem.* VIII 11 p. 233.

2 (exclam.) in what a state or condition! how!

heu me, †qualum [l. ~em] me feci! ~is eram, Deus; ~em me fecisti, et ~em me iterum feci! in peccatis eram .. natus, sed abluisti me .. et ego pejoribus sordidavi me ANSELM (*Or.* 8) III 26.

3 (predicatively) in what form or degree? (in quot. in indir. qu.).

~is .. vel quantus idem .. miraculorum signis effulserit, neminem reor expertum ALDH. *VirgP* 26 p. 260.

4 (rel.) of which sort or quality, such as: **a** (w. indic.); **b** (w. correlative *talis*); **c** (w. *hujuscemodi*); **d** (w. repetition of nominal antecedent); **e** (differing in number from antecedent); **f** (introducing sentence); **g** (w. subj., also w. correlative *talis*); **h** (w. ellipsis of vb., also w. correlative *talis*); **i** (n. sg. used adverbially, in quot. w. correlative *talis*); **j** (as sb. n., log.) non-essential attribute, accident (dist. from *qualitas*).

a litteras solutorias de ~ibus fabulae ferunt BEDE *HE* IV 20 p. 250; c**797** date michi .. libellos, ~es in patria habui per .. Egberti archiepiscopi industriam (ALCUIN) W. MALM. *GR* I 65 p. 68 (=*Id. GP* III 112; cf. ALCUIN *Ep.* 121 p. 177); **1093** lacrimae meae .. et rugitus 'a gemitu cordis mei', ~es numquam de me .. memini exisse ANSELM (*Ep.* 148) IV 3; vultu, ~is solet esse morientium anima fugiente, exsanguis W. MALM. *GR* III 237 p. 296; formidantes ne sibi contingeret excidium ~e viderant vel audierant finitimorum ORD. VIT. IX 17 p. 620; idem .. licet minoris adhuc esset .. potestatis .. ~i .. carta potuit institutionem confirmavit *Chr. Battle* f. 107; s**1416** una navis maxima ~em vocamus 'hulkam' sive 'coggonem' *Chr. S. Alb.* 101. **b** Eadbald .. fornicatione pollutus est tali, ~em nec inter gentes auditam apostolus testatur BEDE *HE* II 5 p. 90; talis videtur esse infans, ~is ille puer fuit quem statuit Dominus in medio discipulorum W. MALM. *GR* II 111 p. 116; a**1078** ut .. ibi et talis sis, ubi et ~em te esse vult Deus, .. tibi expedit ANSELM (*Ep.* 69) III 189; universalis potestas non sit talis, ~is est particularis, nec econverso NECKAM *SS* III 93. 3; non habebat tale regnum de ~i accusabant Judei OCKHAM *Pol.* II 678. **c** conventio .. hujuscemodi ~is inter lupos et bidentes .. solet fieri ORD. VIT. IV 7 p. 226. **d** est .. locus undique mari circumdatus praeter ab occidente ..; ~is locus a Latinis paeninsula .. solet .. vocari BEDE *HE* IV 13 p. 232. **e** calculus .. i. lapis parvus ~es solent esse in fundo fontis OSB. GLOUC. *Deriv.* 89. **f** nos .. credimus .. illa misteria esse verum corpus .. salvatoris, adducti .. multis noviter ostensis miraculis. ~e fuit illud quod beatus Gregorius exhibuit Romae. ~e quod Paschasius narrat ... ~e de pusione Judaico .. W. MALM. *GR* III 286. **g** quamquam homo tale aliquod animal possit cogitando sive pingendo ~e nusquam sit confingere ANSELM (*Mon.* 11) I 26; quod vix .. videatur credibile ut talia [monasteria] fecerit episcopus urbis unius, ~ia vix posset rex Anglie totius W. MALM. *GR* II 149 p. 166; quod episcopus novus talia aperta promulgasset libertate, ~ia veteres ipsi nec tacito dampnassent murmure *Id. GP* I 6 p. 13; liberalitate regis Edmundi omnia .. nactus, abbatiam composuit ~is nusquam in Anglia sit fueritve *Ib.* II 91 p. 196; homuncio capro maximo .. insidens, vir ~is describi posset Pan MAP *NC* I 11 f. 10. **h** probas 'quo majus cogitari nequit' non tale esse ~is nondum facta pictura in intellectu pictoris ANSELM (*Resp. Ed.* 8) I 137; edifitiorum decus, oblationum pondus, ~e et quantum in Anglia nusquam W. MALM. *GP* II 74; ~is ibi populus, talis et sacerdos GIR. *JS* I p. 130; ecce qualiter cum natura prava concordat in omnibus doctrina perversa, et ex tali concordia—quia ~is doctor, talis discipulus—conglutinatur hec amicicia *Id. SD* 76. **i** talis .. mihi videtur .. vita hominum praesens in terris .. ~e cum te residente ad caenam .. tempore brumali .. adveniens unus passerum domum citissime pervolaverit BEDE *HE* II 13 p. 112. **j** "dic quomodo tu dissolveres hunc syllogismum ..: omnis grammaticus dicitur in eo quod ~e, nullus homo dicitur in eo quod ~e. nullus igitur homo grammaticus." ".. hoc .. significant ejus propositiones .. tamquam si diceretur ita: omnis grammaticus dicitur grammaticus in eo quod ~e. nullus homo dicitur homo in eo quod ~e" ANSELM (*Gram.* 6) I 150; principaliter est significativum substantiae, et .. unum illud quod significat substantia est, et non qualitas sed ~e (*Ib.* 19) I 165; in quo [tractatu, sc. 'De Grammatico'] .. qualitates et ~ia quomodo sint discrete accipienda exponit et instruit EADMER *V. Anselmi* I 19; in quanto si dominetur / ignis, et in quali, tantus in igne vigor. / si dominatur aque vis in quali, dominatur / in quanto NECKAM *DS* IV 789–90.

5 in which state or condition, as (also w. correlative *talis*).

ex culpa venit vitium, in quo se ipsa, ~is per judicium facta sit, humana natura cognoscat BEDE *HE* I 27 p. 56; c**1075** si bene meminit dilectio vestra ~es vos semper optavi videre praesentes, sufficienter novit ~es vos assidue desiderem audire absentes ANSELM (*Ep.* 51) III 164; non debent, nisi tales esse possint, ~es illi fuissent si non peccassent *Id.* (*CurD* 17) II 75; O si sospes, ~em te .. dimisi, presto adesses ORD. VIT. VII 7 p. 186.

6 (predicatively, w. adverbial force) on which (kind of) manner, as (in quot. w. correlative *talis*).

Lanfrancus .. qui talis Anglie .. emicuit, 'qualis .. Lucifer .. / cum roseo clarum provehit ore diem' W. MALM. *GR* III 269.

7 (indef.) of whatever sort or quality, in whatever condition.

1217 usure .. de quibus oportebit nos necessarie respondere, ~es et quante fuerint *Pat* 50; c**1250** quod nullus pelliparius .. faciat lanam de aliquibus pellibus a festo Pentecostis usque ad festum S. Mich., set vendat pelles ~es fuerint *Stat. Gild. Berw.* 40.

qualis qualis v. qualisqualis.

qualiscumque, ~cunque [CL]

1 (rel.) of whatever sort, of whatever quality or character, whatever sort of. **b** (in parenthetical phr. *~iscumque est* or sim.); **c** (in self-depreciating context); **d** (w. qualifying noun). **e** (in quot. w. *dies*) whatever, whichever.

~iscumque judex homo .. delinquentem judicat, .. justitiam tamen divini examinis .. imitari non potest BEDE *Ep. Cath.* 16; in ~ecumque audientis cor, id est sive docile, sive .. angustioris ingenii, sive infirmum ac fragile, seu .. *Id. Sam.* 513A; c**798** in ~icumque [vv. ll. ~ecumque, quacumque] harum trium mortium genere si quis jaceat, citius ad confessionis .. medicamenta confugiat ALCUIN *Ep.* 138 p. 219; **1093** sed dicunt mihi: '~iscumque sis, te volumus, te non dimittimus' ANSELM (*Ep.* 156) IV 21; quamvis valde impares tuis beneficiis .. tamen ~escumque laudes, ~escumque gratias, non quales scio me debere, sed sicut potest conari, tibi persolvit anima mea *Id.* (*Or.* 2) III 6; occasiones .. contra prefatos fratres .. ~escumque invenit, pertinaciter ventilavit ORD. VIT. XI 3 p. 178. **b** 'luminare majus' est sol, non solum forma sui, ~iscumque est, corporis, sed etiam magnitudine luminis BEDE *Gen.* 23B; flammeus .. gladius, ~iscumque ille est, qui paradisi ostia servat *Id. Hom.* I 12. 62A; utinam tibi et fratribus, ~escunque sint, placeant ALCUIN *Hag.* 665A; **1104** precor .. ut regis litteris scriptum, ~ecumque sit, mihi mittatur ANSELM (*Ep.* 330) V 263; diligenter Romanis servite .. quia legationem domini pape .. deferunt, ipsique, ~escumque sint, magistri nostri sunt ORD. VIT. XII 35 p. 447. **c** si qui forte nostra haec ~iacumque sunt opuscula transcriptione digna duxerint BEDE *Luke* 305A; quia, ~iscunque sum, fama tamen exiit de me quia famulus Christi sim *Id. CuthbP* 37 p. 278; ego .. haec, ~iacumque sunt, dictavi, ita ut mihi tempus .. emendandi non fuit idoneum, vestrae charitatis contentus tantummodo lectione atque emendatione ALCUIN *Dogm* 234C; a**1080** valete, et libellum missum .. nostrarum orationum, ~escumque sint, habete ANSELM (*Ep.* 10) iii 114; **1105** expedit .. animae vestrae quatenus satagatis ut ego, ~iscumque sim, episcopus ecclesiae .. et regno vestro .. celerius restituar (*Ib.* 368) V 312. **d** c**1080** quantum .. abbas prohibere debet monacho, tantum ego, ~iscumque peccator sim .. prohibeo ANSELM (*Ep.* 96) III 223. **e** ut ~icunque die illud [sc. Merciorum regnum] vellent habere iterum, pacifice illis assignaret ASSER *Alf.* 46.

2 (functioning as indef.) of whatever sort (it might be), of any sort whatever, any kind of, of some sort or other; **b** (w. *aliquis*); **c** (implying relative insignificance, or lack of full value or validity); **d** (in self-depreciating context); **e** (as sb. n.).

701 nec quisquam episcoporum aut sacerdotum .. in ea [monasteria] ~emcunque juris ditionem defendere .. presumat (*Bulla Papae*) W. MALM. *GP* V 221; c**750** ut de tractatibus quos .. Beda .. conposuit, partem ~emcunque transmittere dignemini BONIF. *Ep.* 91 p. 207; oratio pro ~icunque homine defuncto ALCUIN *Liturg.* 552B; si ego ad notitiam et amicitiam illius regis ~icunque pacto pervenirem ASSER *Alf.* 79; **1103** quidquid illud sit, per ~emcumque nuntium, ubicumque sim, mandate ANSELM (*Ep.* 292) IV 212; hec litura .. i. feditas non ~iscumque, sed maxime litterarum OSB. GLOUC. *Deriv.* 300; elegit magis incidere in manus hominum, et eciam ferarum ~iumcunque, vel gladii subire sententiam, quam Dei offensum incurrere *V. II Off.* 6. **b** quatenus .. Deus .. stimulos praesentis .. infirmitatis aliqua ~icunque leviori infirmitate mutaret ASSER *Alf.* 74. **c** **795** caritatis dulcedinem litterarum officia implere non possunt, tamen ~ecumque [vv. ll. aliquod, aliquid, ~icumque] lumen illius ostendere nituntur ALCUIN *Ep.* 49; est ~ecunque beneficium reum non esse, qui gloriosus non est *Id. Exeg.* 541D; a**1073** eo enim vivente pacem ~emcunque habemus LANFR. *Ep.* 1 (1 p. 34); non noverat illa .. etas pompaticas edes construere, sed sub ~icunque tecto seipsos Deo immolare W. MALM. *GP* IV 141; Egelredus .. omni tempore suo solicitudinem habuit qualiter posset .. causam ~emcunque fucatam conjecturare, rapere et spoliare bona religiosorum terre KNIGHTON I 7. **d** imperitia .. una cum vilibus me meritis inhibentibus, ne ~emcunque admonitiunculam scriberem GILDAS *EB* 1; post ~emcumque expositionem beati Lucae dictorum .. hunc sanctissimum .. Nazareum .. probare satagam BEDE *Sam.* 500A; c**797** per bonam et devotissimam magistri mei industriam, vel etiam ipsius ~emcumque sudorem ALCUIN *Ep.* 121 p. 177; ergo sancte et beate ac pie N., recognosce me ~emcumque vicarium tuum ANSELM (*Or.* 17) III 70; textum vite ipsius, quem primo exellentie vestre quasi breviatum porrexeram, ~ibuscumque verbis exaravi *Canon. G. Sempr.* f. 35v. **e** c**1437** ~iacunque de mea simplici persona sinistre reportata fuerint .. *Reg. Whet.* II *app.* 381.

qualiscunque v. qualiscumque.

qualislibet [LL], of whatever sort you please, of any sort whatever; **b** (as sb. n.).

universarum ecclesiarum possessiones que liberalitate regum, largitione principum, vel oblatione ~ium libet [v. l. quorumlibet] fidelium eis concesse (*Conc.*) *Ord. Vit.* XII 21 p. 392. **b** quidquid homo intellexerit, intelligit ~libet maxime confuse WYCL. *Ver.* II 120.

qualisqualis [CL al. div.]

1 (rel.) of whatever sort, of whatever quality or character, whatever sort of.

Deus .. quia summum bonum est, non aliunde imo ex se est, quantus quantus, qualis qualis est PULL. *Sent.* 680D; dum potestas queritur, quantum juste potes, enitere ne mala statuatur; postquam autem statuta est, qualis qualis est, ne blasphemes *Ib.* 941C; s**1251** rex Francorum et ejus uxor .. in ~iquali sanitate fuerant corporali, prestolantes misercordiam Dei post flagella M. PAR. *Maj.* V 257.

2 (functioning as indef.) of whatever sort (it might be), of any sort whatever, any kind of, of some sort or other; **b** (w. *aliquis*); **c** (implying relative insignificance or lack of full value or validity, also in self-depreciating context).

non solum autem ei ad ecclesiam illam ~iquali mercimonio et quoquo modo sic obtentam tantum juvamen adjecimus; verum eciam .. GIR. *SD* 92. **b** s**1084** extortis magne pecunie copiis, de quibuscumque aliquam poterat invenire causam ~emqualem [v. l. talem vel qualem] *Flor. Hist.* II 14 (cf. M. PAR. *Maj.* II 19: aliquam .. causam juste sive injuste). **c** **1159** '~iquali cartula', adjecisti. quam enim aliam nisi ~emqualem, viz. ineptam, mittet indoctus et rudis? J. SAL. *Ep.* 60 (110 p. 177–8); vestra tamen dignatio ~emqualem vestri corporis agnoscit particulam D. LOND. *Ep.* 4; s**1194** rex Francorum sub ~iquali festinatione recedens .. ne nil videretur egisse, municipiolum quoddam .. obsidione vallavit DICETO *YH* II 116; cum honore debito .. reservatum mihi qualem qualem honorem illum habeam GIR. *Symb.* I 22 p. 268; s**1239** domini mei .. in quorum oculis tanti eram, ut me ~emqualem in pastorem vobis elegistis M. PAR. *Maj.* III 542; jus quod quis habet in jure presentandi, cum quasi seisina et jure quali quali BRACTON f. 247.

qualitans v. qualitas.

qualitas [CL]

1 attribute, property, distinguishing feature or characteristic; **b** (dist. as *prima*, *principalis*, or *elementaris*); **c** (dist. as *activa* or *passiva*); **d** (w. other qualifying adj.); **e** (rhet., as characteristic of speech or diction); **f** (in astrol. context). **g** power, faculty, capacity.

contra rerum naturam liquentis elementi ~atem soli Deo mutabilem orationum armatura fretus in aliud genus converteret ALDH. *VirgP* 32 p. 271; habet [Brittania] et fontes calidos ... aqua enim .. fervidam ~atem recipit cum per certa quaedam metalla transcurrit, et fit non solum calida sed et ardens BEDE *HE* I 1 p. 10; homo significat ut unum substantiam et ~ates quibus constat homo ANSELM (*Gram.* 19) I 165; justicia .. divina ~as non est, sed est essentia divina NECKAM *SS* I 14. 4; post partum .. sanguis .. naturali meatu fluit in mamillas, et earum virtute albescens lactis recipit ~atem [TREVISA: *þe qualite of melk*] BART. ANGL. V 34; vel due ~ates sunt in tali corpore, ut lux et color, .. vel, si una est ~as sensibilis in tali corpore .. DUNS *Ord.* III 214; habeat .. omnis ymago aliquam aliam ~atem, ut mocionem BRADW. *AM* 58. **b** is [sc. tactus] .. inter primas ~ates et que ab illis oriuntur exigit equalitatem ALF. ANGL. *Cor* 13. 6; potest inmutari a quibusdam qualitatibus fluentibus a primis—ut a viscositate que est ab humiditate, et asperitate que est a siccitate, et a gravitate que est a frigiditate, et a levitate que causatur in esse a caliditate simul et siccitate J. BLUND *An.* 218; quatuor sunt .. elementares ~ates [TREVISA: *qualitees of elementis*] ... est .. corpus hominis compositum ex quatuor elementis, sc. ex terra, aqua, igne, et aere, quorum quodlibet habet proprias ~ates [TREVISA: *propre qualitees*]. sunt autem quatuor prime et principales, sc. caliditas, frigiditas, siccitas, humiditas, que dicuntur prime quia prima labuntur ab elementis in elementata. dicuntur eciam principales quia ab eis omnes secundarii effectus oriuntur. harum ~atum due sunt active, sc. caliditas et frigiditas, alie vero due, sc. siccitas et humiditas, sunt passive BART. ANGL. IV 1. **c** harum .. virtutum ~ates active, calor sc. et frigus, ministre sunt ALF. ANGL. *Cor* 13. 3; BART. ANGL. IV 1 (v. 1b supra); omne agens agit per aliquam ~atem activam. set corpus indivisibile nulla ~ate activa est dispositum; neque enim est durum, neque frigidum, et sic de aliis T. SUTTON *Gen. & Corrupt.* 82. **d** lux vero est ~as innata, nec potens est relinquere suum subjectum J. BLUND *An.* 129; hujusmodi .. passibilis ~as potest appellari sonoritas *Ib.* 153; intentionem appellat Commentator ~atem singularem non cadentem in sensum, que est vel rei nocitiva vel expediens *Ib.* 254; si una est ~as sensibilis in tali corpore DUNS *Ord.* III 214 (v. 1a supra). **e** accidunt .. diccioni accentus, ~as, et figura. ~as .. est ex parte significati prout ipsum distrahi potest in numerum aut fuerit distinctum et numeratum. .. hec disposicio in diccione ~as communis appellatur, altera discreta magisque disposicio est anime quam signi *Ps.*-GROS. *Gram.* 32. **f** incertitudo pronosticandi .. cum propter pronosticationis .. errores tum propter stellarum celi et partium celi seu zodiaci diversas ~ates et virtutes, quia earundem virtutum innumerabiles commixtiones ASHENDEN *AM* f. iv. 1; caput et pes sex linearum sequentium declarant naturam signorum et de die ac nocte, dominos triplicitatum quarum tres prime demonstrant de quolibet gradu ceteras dignitates essentiales quas ibi habent planete, et tres sequentes enucliant sexus et ~ates ipsorum graduum in se. .. ~as: vacui; lucidi; obscuri; lucidi; umbrosi; lucidi ELVEDEN *Cal.* 5–6. **g** has [potentias] ad actum propriis ~atibus utens anima producit ALF. ANGL. *Cor* 14. 2; venenum violentes et laxativas habet ~ates *Quaest. Salern.* Ba 11.

2 nature, character, kind, type, sort: **a** (of thing or abstr., usu. w. gen.); **b** (dist. from *quantitas*); **c** (assoc. w. or w. play on *(in)aequalitas*); **d** (in gram., metr., & rhet. contexts); **e** (*adverbium ~atis*) 'adverb of quality', adverb indicating manner of action. **f** (of person).

a non agitur de ~ate peccati, sed de transgressione mandati GILDAS *EB* 38; mulieres qui abortivum faciunt antequam animam habeat, j annum vel iij xl mas. vel xl diebus, juxta ~atem culpae peniteant THEOD. *Pen.* I 14. 24; hanc bipertitam vitae ~atem [*gl.*: qualitas est dum qualis res sit queritur] hoc modo egregius praedicator dirimit: 'divisa est .. mulier et virgo' ALDH. *VirgP* 17; **1098** impossibile est me hujusmodi vitae concordare aut animam meam in tali episcopatu salvari, cum propter rerum quas dixi ~ates, tum propter meas multimodas .. imbecillitates ANSELM (*Ep.* 206) IV 100; de ~ate causarum: ~as causarum multa est, emendabilium et non emendabilium, et que solum pertinent ad jus regium (*Leg. Hen.* 9) *GAS* 554; si quis .. desiderat scire corporis ejus ~atem, noverit eum fuisse corpore quadrato, colore rufo .. W. MALM. *GR* IV 321; **1556** eorum [statutorum] aliqua, que presentium temporum ~ati non conveniunt *StatOx* 363. **b** etsi quantitate affectus impares, in ~ate tamen non dissimiles ANSELM (*Or.* 10) III 40; cartas in quibus notata erat et metallorum ~as et ponderum quantitas que .. compilator avarus defoderat W. MALM. *GR* II

199 p. 244 (cf. id. *GP* I 23); quomodocumque autem de peccatorum istorum ~ate vel quantitate sentiatur J. FORD *Serm.* 101. 11; circa loca . . sex notentur, sc. quantitas, figura, ~as, numerus, ordo, et distancia intercepta. . . circa ~atem quattuor sunt scienda BRADW. *AM* 6, 11. **c** a**1078** quamquam . . pares non simus morum aequalitate . . sed certe dissimiles non sumus mutui amoris ~ate ANSELM (*Ep.* 16) III 121; de ~ate terre [sc. Hibernie] et inequalitate, et proprietatibus ejusdem variis GIR. *TH intr.* p. 7. **d** quot sunt pedes, qui dupla divisionis ~ate partiantur ALDH. *PR* 112 p. 151; omnis . . conjugationum quadripertita ~as competenter dactilo mancipatur *Ib.* 120 p. 165; da verborum . . exempla conjugationum ~atibus collecta, quas Graeci sinzigias vocant *Ib.* 121 p. 167; vocis ~atem quadripertitam . . auctoritas propalavit: articulatam, inarticulatam, litteratam, illitteratam; quamvis alii duas esse vocis species attestentur, hoc est articulatam et confusam *Ib.* 131 p. 179; dasia est ~as sillabae juxta sonitum spirantis *Ib.* 141 p. 200; ~as nominum est qua intellegitur utrum proprium nomen sit an appellativum BONIF. *AG* 475. **e** 'ut' adverbium est, modo temporis et significat 'postquam', modo ~atis et significat 'quemadmodum', modo . . BEDE *Orth.* 55; *sume* [sc. adverbia] *synd* ~atis, *ða getacniað hwylcnysse* ÆLF. *Gram.* 228. **f** dissimiles . . sunt ~ate, sunt valde justi et impii GILDAS *EB* 62; exterioris hominis natura . . haud difficillime deprehendi potest, ita interioris ~atem [*gl.*: *hwile*] . . a vestra prudentia . . subtiliter investigatam reor ALDH. *VirgP* 3; s**604** ille, "cujus est ~atis?" qui dixerunt, "juvenis tumidus et temerarius" M. PAR. *Maj.* I 261; a**1350** de ~ate admittendorum: . . si . . de aliis quam de moribus vel sciencie, utpote de etate, statura, aut ceteris corporum circumstanciis, dubium quid emergat . . *StatOx* 28.

3 degree of excellence, worth (possessed by thing or person): **a** (of thing or abstr., w. gen.); **b** (of person). **c** (w. ref. to person) social rank, status, or position. **d** (*in sua ~ate*, w. ref. to office-holder) in one's (particular or specific) capacity.

a haec omnia ut gradibus crescunt, ita sibi ~ate naturae praecellunt, nam arbor praefertur lapidi et pecus arbori et homo pecori *Ps.*-BEDE *Collect.* 183; ut singuli . . ~atem [*gl.*: positio loci vel species . . qualis sit] . . propriae virtutis indagantes longanimem patientiae laborem tolerare studeant ALDH. *VirgP* 18 p. 247; **943** quamvis meritorum ~ate non presumam consolari et hortari quemquam (*Lit. Archiep.*) W. MALM. *GP.* I 16; a**1078** si hoc me jubetis tacere, quod utique . . mihi estis ex morum ~ate ANSELM (*Ep.* 13) III 117; **1462** quod . . brasiatores . . visitabunt collegia . . tertia die post . . *entunnyng* cerevisie, ad probandum . . ~atem et quantitatem cerevisie *MunAcOx* II 695; **1565** die sue matriculacionis certam pecunie summam . . persolvat, atque id juxta sanguinis et conditionis sue ~atem *StatOx* 394. **b** si haec surdis auribus audias, . . nos . . licet vilissimae ~atis simus, nullius momenti ducas GILDAS *EB* 36. **c** diverse . . etatis et ~atis ad conversionem venientes suscepit, et secundum regulam . . Benedicti . . instituit ORD. VIT. III 2 p. 20; xc monachi diverse ~atis et conditionis . . secularem habitum . . reliquerunt *Ib.* 12 p. 129; multitudo virorum ac mulierum diverse dignitatis et ~atis . . celeriter basilicam egressa est *Ib.* 14 p. 157; lex ista personarum ~atem distinguit: nam, si clericus fuerit . . RIC. ANGL. *Summa* 17; qui duo, licet homines simplicis ~atis fuissent . . FAVENT 19; **1414** si predicta . . bona mea . . non sufficiant pro rata legatorum prius assignatorum et ~ati personarum et ad implementum satisfaciendi successori meo . . (*Test. Episc.*) *Reg. Cant.* II 40. **d** novus major faciet eligere omnes . . officiarios . . pro anno sequenti . . . et unus quisque officiarius juret in sua ~ate *Cust. Fordwich* 5.

4 (gram. & log.) aspect under which things are considered when thinking about or discussing their nature, character, or condition (esp. w. ref. to quality as one of the Aristotelian categories); **b** (dist. from *quale*; cf. *qualis* 4j); **c** (w. *substantialis*).

legio [*Marc.* v 9] autem Graece dicitur legion. ~as verbi, i. quia electi sunt, i. numeratus exercitus. legion Graece, Latine exercitus, Hebraice Sabaoth *Comm. Cant.* III 69; exceptis his rebus . . sunt significationes, sunt ~antes [*sic*; *gl.*: *gehwylcnyssa*], sunt duo denorum nomina vent[o]rum; sunt loca bis binorum temporum, veris, aestatis, autumni, et hiemis, et qualitantes [*sic*] vel aetates hominum, id est pueritia, adolescentia, juventus, et senectus BYRHT. *Man.* 10; quid . . mirum si . . grammaticus est substantia et non est in subjecto secundum hominem; et grammaticus est ~as et in subjecto secundum grammaticam? ANSELM (*Gram.* 9) I 154; omne quod est, aut est substantia, aut quantitas, aut ~as (*Ib.* 17) I 162; cum talis res sit tantum in tribus generibus, sc. quantitate, ~ate, et ubi SICCAV. *PN* 49; multa sunt in eodem genere predicamentali diversa secundum speciem, que non sunt activa et passiva adinvicem; . . sapor et color sunt in genere ~atis, et tamen non agunt et patiuntur invicem T. SUTTON *Gen. & Corrupt.* 63; per se 'ens autem, hoc quidem, hoc aliquid, aliud quantitatem, aliud ~atem significat' DUNS *Ord.* III 101 (cf. Arist. *Metaph.* VII 16); qui est trinus et unus sine principio et sine fine, sine ~ate bonus et sine quantitate magnus *Itin. Mand.* 146. **b** non ~as sed quale ANSELM (*Gram.* 19) I 165 (v. *qualis* 4j); ~ates et qualia quomodo sint discrete accipienda EADMER *V. Anselmi* I 19 (v. qualis 4j). **c** sunt . . hec . . vel nomina omnino ejusdem . . vel non multum a se differentia, id est forma substantialis, quiditas, essentia, ~as substantialis, principale, significant nominis esse totius *Ps.*-GROS. *Summa* 337.

5 (?) form of ecclesiastical income or revenue.

s**1170** episcopus concessit monachis Cestrie ut cum eorum ecclesias et capellas vacare contigerit, in eis antiquas pensiones et ~ates ecclesiarum et capellarum augere liceat, et ad majorem eorum commoditatem convertere *Cart. Chester* 126.

qualitative [ML < qualitativus+-e], as regards or in respect of *qualitas* (*q. v.*), qualitatively.

divina essentia . . predicatur ~e, ut cum dicitur 'Deus est justus'. justicia tamen divina qualitas non est, sed est essentia divina NECKAM *SS* I 14. 4; hoc nomen 'justus' significat essentiam, sed ~e *Ib.* II 64. 23; dicunt quidam quod si hoc verbum 'peccare' accipiatur ~e ita ut copulet deformitatem sine actu, neganda est hec: 'de naturali potentia potest quis peccare' *Ib.* IV 9. 4; materia dividitur quantitative, genus vero et simpliciter forma ~e KILWARDBY *OS* 314; cum Pater et Verbum sint unum omnino indivisibile, quia essencia que nec ~e nec quantitative componitur (WYCL.) *Ziz.* 472; mutatur . . localiter, quantitative, vel ~e quodlibet quod movetur (HEYTESBURY *Reg.*) *Sci. Mech.* 238.

qualitativus [ML < CL qualitas+-ivus], that relates or pertains to *qualitas* (*q. v.*), qualitative.

convertibilis . . duas habet species, alteram essentialem, ut constructio et destructio, sicut de aqua in christallum, et alteram ~am, ut de dulci in amarum, de calido in frigidum, sicut et de vino in acetum ADEL. *Alch.* 17; aliter . . se habet res in proprietatibus activis, aliter in proprietatibus mere ~is, verbi gratia linea cujus una medietas est alba, reliqua nigra, nec est alba nec nigra NECKAM *SS* III 93. 3; omnis namque alterationis necessario est principium et origo, cum sit alteratio ~a mutatio ab uno esse in aliud *Ps.*-GROS. *Summa* 563; diversitas et multitudo accidens per genus et ejus differentias et omnino per formam ~a est KILWARDBY *OS* 314; quia totum est tale cujus esse perfectum secundum naturam suam consistit in conjunccione suarum partium, non solum ~arum sed quantitativarum OCKHAM *Quodl.* 772; dicunt . . quod duplex est pars corporis . . sc. pars quantitativa et pars ~a WYCL. *Chr. & Antichr.* 660.

qualitatus [cf. CL qualitas, ML qualificare], possessed of or endowed with a (particular) quality or attribute.

unde indefinitam kathegoricam contingit esse ypotheticam scriptam, et cathegoricam contingit esse ypotheticam, tempore longiorem, et utramque pulcram, acutam, aut aliter ~am WYCL. *Log.* II 20.

qualiter [CL]

1 (interr.) in what (kind of) manner? how?: **a** (in dir. qu.); **b** (in indir. qu., w. subj.); **c** (w. indic.); **d** (w. subj. & indic.); **e** (in title of chapter or section, w. subj. or indic.). **f** (in exclamation) in how wondrous a manner! in what a way!

a ~er . . impletis quod sequitur . .? GILDAS *EB* 95; **601** interrogatio Augustini: ~er debemus cum Galliarum atque Brittaniarum episcopis agere? (*Libellus Resp.*) BEDE *HE* I 27; arsis et thesis quomodo vel ~er sillabarum tempora in ionico majori partiuntur? ALDH. *PR* 132 p. 182; ~er . . frater, tibi fuit, vel ~er nunc est? EADMER *V. Osw.* 24; qualiter ergo mori vis nosse? semel morieris L. DURH. *Dial.* IV 57; querenti '~er qualia scribunt studiosi?', respondetur 'utilia instructive' BALSH. *AD rec.* 2 158. **b** evidenter ostendit, ~er se exhibeant suo officio sacerdotes GILDAS *EB* 105; praedestinatio, quod unusquisque habet praedestinationem in mente cujuslibet libri antequam scribat quomodo et ~er consumat eum *Comm. Cant.* I 16; **671** quomodo. . septenae divisionis disciplina . . ~er catalectici vel brachicatalectici . . versus . . colligantur ALDH. *Ep.* 1 p. 477; **1093** ~er autem ille quem scis carnis tuae pulchritudinem appetiverit, soror mea, quomodo dicam? ANSELM (*Ep.* 168) IV 44; de beato Jacobo ~er in Judea et Samaria evangelizaverit . . simpliciter in precedenti libro . . inserui ORD. VIT. II 5 p. 287; **1226** providentes de communi consilio vestro ~er . . tam nostri quam alii immunes ab insidiis . . per mare . . transitum facere possint *Pat* 25. **c** **991** noverint omnes . . fideles . . ~er nobis relatum est . . de inimicitia Edelredi . . regis necnon et Ricardi marchionis (*Lit. Papae*) W. MALM. *GR* II 166; **1075** in memoria vestra semper tenete ~er gloriosus pater vester vixit LANFR. *Ep.* 39 (31); ~er non multo post religiosiori consilio enervata sunt subitam W. MALM. *GR* V 420; dignum est ut . . seriem narrationis . . prosequar, ~er gloriosi principes . . repromissionis terram optinuerunt ORD. VIT. II 3 p. 249; **1234** H. de B. . . posuit se in misercordiam domini regis, ostendens ~er per quosdam emulos suos male tractus fuit, . . et ~er prius ausus non fuit accedere ad dominum regem *BNB* II 667. **d** **1524** statuendum et ordinandum quo et ~er reformentur, conservabuntur, et in antea manuteneantur *Reg. Brechin* II 175. **e** ~er reprehendant infideles quod dicimus Deum morte sua nos redemisse ANSELM (*CurD* I 6 *tit.*) II 53; ~er humana natura corrupta est *Id.* (*Orig. Pecc.* 2 *tit.*) II 141; c**1223** ~er archidiaconi debent sacerdotes instruere in fide catholica *Ch. Sal.* 130 *tit.*; de virtutibus sancti Eadmundi et ~er promotus fuit ad archiepiscopum *V. Edm. Rich C* 608; a**1350** ~er magistri a determinatoribus nichil debent exigere *StatOx* 28; ~er rex Anglie, factus rex Scocie, a Scotis decipitur AVESB. f. 133b. **f** ~er fulguranti adventus vestri lumine attoniti . . reguli . . ad vestrum statim imperium convolaverint; . . ~er eximie strenuitatis vestre . . fama . . gentilium furorem cohibuerit [v. l. add.: hec, inquam, ad plenum singula quis explicabit?] GIR. *TH* III 48.

2 (rel.) in which manner, (also w. correlative *ita*) in such a manner as.

maxima pars paganae multitudinis funditus deleta . . est, ita ~er nunquam . . in una die . . ex eis occisam esse audivimus ASSER *Alf.* 5; venit . . verbum . . quod male tractati fuerunt . . ~er vel quam inhumaniter et extranee hactenus ex neutra parte fieri consuevit *G. Hen. V* 20 p. 142.

3 (expr. purpose) in such a manner that.

quindenos solebat concinere psalmos, desiderans . . gradus ascendere montis Sion, et de profundis ad Deum istius vitae proclamare, ~er celsitudinem posset Divinae majestatis intueri in aeterna beatitudine BYRHT. *V. Osw.* 470.

qualitercumque, ~cunque [CL], in whatever manner, howsoever, in any way whatever; **b** (implying insignificance, usu. in self-depreciating statement) in whatever small way, in whatever manner (however trifling or meagre); **c** (implying freedom from restraint) in whatever way one wishes. **d** (w. ref. to real or potential opposition or objection) no matter how, however much, despite the fact that. **e** in some way or other, somehow.

certum tamen habeo quod vestri ingenii sterilitas vel inopia mei non sit indigna ~mque convivii copia, que hoc modo se habeat ABBO *QG* 1 (4); ~mque ista se habeant J. SAL. *Pol.* 414A; ex cithara tamen ~nque pulsata H. BOS. *LM* 1339C; **1252** pacem universitatis . . nec per alium vel alios ~mque perturbari procurabo *StatOx* 86; ~mque Deus creavit omnia, satis perfecte fuerunt ipsa creata ASHENDEN *AM* f. 4v. 2; **1437** omnibus . . juri, titulo, et clameo, si que eis in predictis mesuagiis . . virtute testamenti predicti vel alias ~nque, competere vel accidere poterint, . . renunciarunt publice *Mem. Ripon* I 131. **b** ecce ego servus tuus et filius ancille tue, ~nque dilector tuus et unice matris tue, non quidem ad tante majestatis tue equalitatem presumptuosus aspiro AILR. *Ed. Conf.* 747B; c**1169** gaudeo . . propter te, quod tandem aliquando ~mque caritas tua refloruit J. SAL. *Ep.* 290 (294 p. 674); pontificalem in Christi pontifice formam . . pontificibus imitandam stylo prout datum fuerit immutata ~mque describam H. BOS. *Thom.* III 5; ne gregi inveniar preesse ad ruinam, cui datus sum ~nque in pastorem A. TEWK. *Add. Thom.* 27. **c** c**1167** vulgares amici . . qui, ut ~mque vivant, vivendi . . abiciunt causas J. SAL. *Ep.* 186 (192 p. 264). **d** pane enim, ~nque aliis cibis varie utamur, assidue vescimur (*Ps.*-BEDE *Psalm.*) *PL* XCIII 761A; **1281** ~nque [prior] deadvocet warennam ibidem ad presens

. . idem prior et predecessores sui hactenus in . . terris suis warennam clamaverunt et hiis que ad warennam pertinent usi sunt *PQW* 391a; **1291** quod . . quatuor sive tres in premissis concordaverunt, ~mque ceteri . . objecerint, . . illorum trium dictum . . teneatur (*PlRExch* 17 m. 48) *Law Merch.* II 62; **1321** predictus R. dicit quod ~mque rotuli testantur contra ipsum, dicit tamen quod . . *CBaron* 134. **e** quia tamen in eo ~mque delectantur, nec omnimodam anxietatem patiuntur. post hanc vero vitam, aut voluptate aut omnino replebuntur anxietate *Simil. Anselmi* 55; publice preconentur principem non esse legi subjectum, et quod ei placet non modo in jure secundum formam equitatis condendo sed ~mque legis habere vigorem J. SAL. *Pol.* 527B.

qualitercunque v. qualitercumque. **quallus** v. qualus.

qualstowum [ME *qualstoue* < AS *cwealmstow*], 'death-place', place of execution.

omnia qualstowa [v. l. gwalstowa], id est occidendorum loca, totaliter regis sunt in soca sua (*Leg. Hen.* 10. 2) *GAS* 556.

qualum v. et. qualis.

1 qualus [CL]

1 (in gl.) basket.

~us, *mand GlC* Q 12; corbes . . i. cophinus vel ~us OSB. GLOUC. *Deriv.* 136; fiscina, corbulus, clitella, ~us, quaxillus *Ib.* 239; qualis et hoc quale, inde . . hic ~us, -li, i. vas quoddam ad uvas colligendum aptatum *Ib.* 489; de parte . . altera ~os [*gl.*: *paners, ottis, lotez*] . . videbamus BALSH. *Ut.* 50; rusticus . . habeat . . cenovectorium, ~um [cf. *Teaching Latin* I 186: quallum; *gl.*: *pan(i)er, hot(t)e*], quaxillum, muscipulam contra mures . . NECKAM *Ut.* 111; *hote*, ~us (*Gl. AN*) *Teaching Latin* I 228; hic ~us, *paner Gl. AN Glasg.* f. 20va.

2 (in gl.) brewer's strainer.

†*hede* [l. *hode*], *brueris instrument*, ~us, -i . . vel calus, -i *PP*.

quam [CL]

1 (interr.) to what degree? how? (in quot. in indir. qu.). **b** (exclam.) to what an extent! how!

ac si saporem praegustans senties, ~m suavis est Dominus GILDAS *EB* 29; per somnum femina sensit, / munere virtutum quam pleno praeditus esset ALDH. *VirgV* 839; ut nescientibus propalarem, ~m profusus in largitate ille sit ASSER *Alf.* 81; Lanfrancus, ex prima collocutione intelligens ~m prope [v. l. quod prope] nichil sciret, abecedarium ipsi expediendum apposuit W. MALM. *GP* II 74; **s1459** se . . significaturum . . ~m grandisque generositas impensa sibi fuerat *Reg. Whet.* I 332. **b** o ~m profusus spei caelestis fomes desperatorum cordibus, te in bonis permanente, inardesceret GILDAS *EB* 34; **p675** illud . . ~m valde a fide catholica discrepat et ab evangelica traditione discordat, quod . .! ALDH. *Ep.* 4 p. 484; et ~m apta similitudo! AD. SCOT *QEC* 15. 826D.

2 (giving superl. force to foll. adj. or adv., also written as one word; this sense is not always distinguishable from senses 5c–e *infra*) to the greatest extent, exceedingly, very: **a** (w. positive of adj. or adv.); **b** (w. compar. of adv.) **c** (w. *multus*, *cf.* CL *quamplures*).

a ~m laboriose ASSER ALF. 106 p. 94 (v. 7b infra); **a1130** deinde Sanctus David . . ~m pluries . . ad predicandum diversis temporum intervallis frequenter illuc transmisit (*Ep.*) GIR. *Invect.* II 10 p. 145; quamvenustus, valde venustus. quampulcher, valde pulcher. quamgravis, valde gravis OSB. GLOUC. *Deriv.* 492; **c1340** talis in tota jurisdiccione . . publice denunciatus quampluries *FormOx* 137; et sic majores fallunt quamsepe minores GOWER *Carm.* 356. 69; **1408** penes . . diversos . . creditores suos, quibus ipse in quammagnis summis est obligatus *Pat* 378 m. 14; **1454** quamdigne domine et amice amantissime *Pri. Cold.* 180; sperabam ~m mox Gallicas naves ad nos venturas, in quibus res meas componere, et simul ipse navigare in Gallias FERR. *Kinloss* 51. **b** **c1335** de fonte bonitatis vestre . . latex gratie . . que vestram universitatem . . quamsepius . . irrigavit *FormOx* 88. **c** **1438** que summa satis racionabilis esset, si sumptus preter necessarios, quos . . in distribucione, libertate, et aliis ~m multis faciunt, mitigare vellent *Conc.* III 531; quod . . timorem habuerat filialem ad Dominum patet in quammultis actis et devotionibus BLAKMAN *Hen. VI* 4.

3 (rel., w. correlative *tam*) to which extent or degree; (*tam . . quam* . .) as (much) . . as . ., not only . . but also . ., both . . and . .; (*non tam . . quam* . .) not so much . . as . .; **b** (w. *quam* preceding *tam*); **c** (w. *adeo* or *ita* instead of *tam*); **d** (without correlative adv.).

tantum proferre conabor in medium . . quantum . . potuero, non tam ex scriptis patriae . . quae . . non compareant, ~m transmarina relatione GILDAS *EB* 4; confugiunt . . miserrimi cives, tam avide ~m apes alvearii procella imminente *Ib.* 25; tam notariorum caracteres ~m [*gl.*: *æghher, and*] grammaticorum periodos colo et commate sequestratim distinctas ALDH. *VirgP* 32 p. 272; ita Graecam quoque cum Latina didicit linguam, ut tam notas ac familiares sibi eas ~m nativitatis suae loquellam haberet BEDE *HE* V 23 p. 348; tam in prima ~m in secunda syllaba ABBO *QG* 13 (30); tam vicinos ~m advenas . . infestabat injuriis MAP *NC* V 5 f. 63v. **b** expectat . . pater, ~m de filii recuperatione festivus tam de filii foris adhuc stantis introductione sollicitus J. FORD *Serm.* 66. 7; in homine . . cor habenti . . oratione ~m continua tam et pura mundissimum AD. EYNS. *Hug.* II 2. **c** illam [edificationem combustam] debebit reedificare adeo bene ~m et illam recepit vel dabit mihi v marcas *Reg. S. Thom. Dublin* 464; posita illa qualitate [sc. beatitudine], est sic qualificatus, ita securus de sua beatitudine, ~m securus sum quod nihil simul est et non est WYCL. *Act.* 46. **d** **1318** illam partem in qua vestrum ~m . . fratrum consensum comperimus inclinantem *FormOx* 45.

4 (without *tam* or other antecedent adv.) to which extent, in which degree, as — as. **b** (*~m cito*, also written as one word; *v. et. cito* 1d) as soon as; **c** (*~m citius* in same sense, also written as one word).

s1308 rex Francie dedit regi Anglie genero suo . . cubile suum, ~m pulcrum oculis non vidit aliud *Ann. Paul.* 258. **b** quamcito deficit inspiratio et exspiratio aeris, moritur J. BLUND *An.* 28; **1209** fugiit quamcito audivit quod predictus H. captus fuit *SelPlForest* 3; quod, ~m cito Lincolniam ad nos rediret, statim ipsum in pristinam familiaritatem . . admitteremus GIR. *SD* 110; **1310** quamcito . . duo clausa pro non clausis teneantur . . ad statum communis pasture . . revertantur *FormA* 66; ~m cito enim [ME: *vor also sone ðet*] caro habet quod appetit, recalcitrat *AncrR* 43. **c** quamcitius . . ad sacros jejunialis abstinentie dies attigerat, statim . . petere a Domino . . non cessavit, quatinus . . GIR. *Spec.* II 24 p. 69; **1265** pecuniam . . ~m citius eam habueritis . . mittatis *Cl* 66; **1407** teneatur . . venientem in contrarium . . ~m citius sibi constiterit denunciare *StatOx* 194.

5 (w. adj. or adv., sts. written as one word or in reverse order, foll. by a form of *posse*) to the highest degree possible, as . . as possible: **a** (w. compar.); **b** (w. positive); **c** (in same sense w. ellipsis of *posse*, w. superl.); **d** (w. compar.); **e** (w. positive).

a **s915** ut ~m citius possent . . exirent FL. WORC. I 124; **s1120** quamcitius commode posset . . redire destinavit H. CANTOR f. 23v; noviciorum magister . . surget ~m quiecius possit *Cust. Cant.* 68; **1359** destinetur . . quambrevius poterit *Lit. Cant.* II 388; **1414** volo quod executores mei perficiant . . cantariam . . citius ~m poterunt post mortem meam *Invent. Ch. Ch.* 178. **b** ego enim ~m breve possum facio ADEL. *QN* 44; **1376** erit parata . . ~m sito [i. e. cito] poterit sine dilacione *Mem. York* I 33; **1487** ~m cito commode poterit *Reg. Whet.* II 287. **c** hostes . . illius . . sibi metuentes, pacis cum eo et concordie fedus ~m citissime inibant *G. Steph.* 94. **d** **s1116** discesserunt et . . quamcitius repatriantes ad propria reversi sunt H. CANTOR f. 12; **s1253** prelati . . regis super hoc quamcitius optinuerunt assensum M. PAR. *Abbr.* 324; **1335** unum de seipsis . . nominent . . quem . . nobis . . quamcicius presentent *Eng. Clergy* 264. **e** ut ad comitem cum suorum suffragiis obsidendum quamfestinus adesset *G. Steph.* 54; meditari cepit quamsedulo quid gracie quidve dulcedinis habeat *Mir. Hen. VI* I 17 p. 48.

6 (foll. compar. adj. or adv., in comparison of dissimilars or, esp., of clausal contents or ideas; freq. w. ellipsis of some sentence element) than; **b** (w. compar. adj. as sb. n.). **c** (introducing *ut* clause w. subj. after compar.) too . . to . . **d** (without compar., but with idea of comparison inherent in meaning of adj.) in comparison with.

magis vultus pilis ~m corporum pudenda . . vestibus tegentes GILDAS *EB* 19; dum xv cubitis excelsior fuit aqua quam montes *Comm. Cant.* I 70; **p675** "heu, heu!" pro tantis erroribus potius ~m "euax, euax!" lacrimosis vocibus . . lugubriter ingeminandum reor ALDH. *Ep.* 4 p. 484; justius multo est de incognitis bonum credere ~m malum BEDE *HE* III 25 p. 187; sciebant enim [pagani] majorem pecuniam se furtiva praeda ~m pace adepturos ASSER *Alf.* 20; nos patimur, etiam ab inimicis, levius non esse sapientes ~m insipientes dici ABBO *QG* 21 (46). **b** si . . quisquam . . / . . potiora cupit, quam pulset pectine chordas ALDH. *VirgV* 67. **c** hujusmodi principia . . sunt distinctiora quam ut demonstratorum distinctionibus conveniant BALSH. *AD* 19; **1170** sapientior enim est ~m ut salutis sue dispendium et filii sui perniciem procuret J. SAL. *Ep.* 295 (297 p. 688). **d** **1321** probatus est regius bussellus insufficiens ~m bussellus de civitate Londoniarum, per cyathos circa decem *MGL* II 382.

7 (without antecedent compar. adv.) rather than. **b** (foll. vb. of choosing or preferring).

unde . . pro ipsarum indiscreta . . virtutum custodia sepe reprehensus, et quod monachus claustralis ~m primas tante gentis esse deberet prejudicatus est EADMER *V. Anselmi* II 12; **1165** bonum est membrum capiti coherere vel saucium, ~m a corpore sequestrari jam precisum G. FOLIOT *Ep.* 155 (=W. CANT. *V. Thom.* 58, *Becket Mat.* V 321); nobis ad propositum accedentibus est discentibus utilem, ~m inaudita fastidientibus jocundam aut inexperta horrentibus gratam, tradere disciplinam BALSH. *AD rec. 2* 136. **b** ut . . / mallet et immunis regi famularier alto / diliciis mundi quam opulentis degere dives ALDH. *VirgV* 2073; ex ore tuo . . discere malo ~m ex aliquo quolibet potare . . magistro *Ep. Aldh.* 6; malentes insuetam disciplinam quam [*Chr. S. Neoti omits*] laboriose discere, ~m potestatum ministeria dimittere ASSER *Alf.* 106 p. 94; malens solus foris livido dolore consumi ~m pie intus letantibus in gaudii communione misceri J. FORD *Serm.* 66. 7; **s1231** elegimus . . resistere ~m eorum oppressionibus . . de cetero subjacere WEND. III 18; **s1302** eligentes . . liberaliter mori ~m serviliter diutius vivere *Flor. Hist.* III 111.

8 (after *alius*, *aliter*, or *secus*) (other) than. **b** (without *alius*, *aliter*, *etc.*) other than.

ut . . aliter . . vivere nequiret, ~m [*gl.*: *þanne*] propriae appellationis dignitas . . permitteret ALDH. *VirgP* 30; sed secus evenit, quam tortor credidit atrox *Id. VirgV* 2307; non debuit alia Dei persona incarnari ~m filius ANSELM (*Incarn. B* 10) II 26; imperator Bizancius et rex Siculus . . homines non habent qui sciant aliud ~m loqui; rebus enim bellicis inepti sunt MAP *NC* V 5 f. 64v; per aliam quantitatem ~m per illam qua incipit GARL. *Mus. Mens.* I p. 39; nullus . . compelli potest ad aliud faciendum ~m ad officium suum pertinet *State Tri. Ed. I* 39. **b** **1285** non habuit illud recuperare ~m per breve de recto (*Stat. Westm.*) *Reg. Malm.* I 73; ne . . in bella seditionesque proruat, nulla ratione ~m pietate tollendas FERR. *Kinloss* 6.

9 (in temporal expr. after adv., usu. written as one word) (earlier, later, *etc.*) than (*v. et. antequam*, *posteaquam*, *postquam*, *priusquam*).

prius tamen ~m suppleti fuissent sex milia annorum dixit quia apparuit . . Jesus Christus THEOD. *Laterc.* 4; cur dicitur vespera prius ~m mane? i. per anadiplum *Comm. Cant.* I 24; nam pridemquam pateretur et cruentis mucronibus truncanda subderetur . . ALDH. *VirgP* 47 p. 302 (v. pridem 1b).

10 (infl. by vernacular; *cf. e. g.* Fr. *comme*, It. *come*): **a** in the manner that, as. **b** (*~m* or *~m si*) as if.

a sub his [presulibus] egit officialem (~m vocant non inepte) FERR. *Kinloss* 39; tunc temporis nos . . Parisiis magisterium (~m dicunt) liberalium artium acti eramus [? l. attigeramus] *Ib.* **b** si diligenter advertas quantum bonum tibi fecit [Dominus] . . ita invenies illum circa tuum profectum occupatum, ~m [ed. *Bibl. Vet. Pat.*: †quam nisi; AN: *cum se il ne fei[s]t autre chose, for . . sulement; come [s']il ne feit aultre chose, fors . . soulement*] quod tibi soli intenderet et ad tuam salutem *Spec. Eccl.* 14.

quam diu v. quamdiu. **quam ob rem**, **quas ob res** v. quamobrem. **quam plurimus** v. quamplures. **quam tocius**, **quam totiens** v. quantocius. **quambrevius**, **quamcitius**, **quamcito** v. quam. **quamcotius** v. quantocius.

quamcumque [ML < CL quam+cumque], however greatly, to whatever degree or extent, or ?*f. l.*

isti ergo plus errant quam quicumque dementes, ~e [? l. quantumcumque] fuerint alienati T. SUTTON *Gen. & Corrupt.* 75.

quamdignus v. quam.

quamdiu [CL]

1 (interr.) for how long a time? how long? **b** (in indir. qu.); **c** (w. *est*).

Deus .. omnipotens, ~u [ed. *OMT*: quam diu] patieris nequitias .. presbyteri? W. MALM. *GR* II 205; hoc .. quandiu perferes? ORD. VIT. V 10 p. 377. **b** quid, cui, quando, ~u, vel quomodo esset dicendum, mira exortatione admonuit *V. Greg.* p. 109; quid facere debeas, et ~u paenitentiae insistere, tibi plenius ostendam BEDE *HE* IV 25 p. 263; discite cum festinatione, quia nescio ~u subsistam CUTHB. *Ob. Baedae* clxii (=W. MALM. *GR* I 60); de Johanne .. quis fuerit, vel qualiter seu quandiu vixerit sub norma monachili, volo .. reserare lectoris intellectui ORD. VIT. V 18 p. 437. **c** c**1300** consideramus quod .. onus .. pensionis hujusmodi .. longum tractum habere nequibit, et nos ~u est benivolum habuistis vestrum et perpetuis temporibus habebitis totum vestrum *Chr. Rams. app.* 390.

2 (w. *est quod*) how long is it since? how long ago was it that? (*cf. diu* 1b).

c**1303** quam diu est quod fuit decollatus? anno regni regis Edwardi vigesimoquarto *Year Bk. 30 & 31 Ed. I* 538.

3 (rel.) for what length of time, as long as: **a** (w. correlative *tamdiu*); **b** (without correlative *tamdiu*); **c** (as two separate words); **d** (in gl.).

a quisque .. tandiu peccatum habet, quandiu ejusdem peccati venia caret PULL. *Sent.* 762B; sed, quia tandiu intus in sua quodammodo Samaria est, quandiu per ea, que de eadem Samaria huc apparentia egrediuntur, nobis non patet AD. SCOT *Serm.* 164B. **b** quandiu stat Colisaeus, stat et Roma *Ps.*-BEDE *Collect.* 94; projiciatur extra aecclesiam et peniteat inter laicos ~u vixerit THEOD. *Pen.* I 9. 5; ~u purae virginitatis comes .. extiterat, illaesum divina tutela protexit ALDH. *VirgV* 53 p. 310; omnia quae necesse habebat .. ipsi cum sociis suis, ~u secum erant, donabat BEDE *HE* V 19 p. 324; Godricus eum dedit pro xiij li. .. quandiu habebat socam *DB* II 126; poterat .. vulgus .. superstitionis ammoneri ~u [ed. *OMT*: quam diu] loca pulvinarium suorum non desineret intueri W. MALM. *GR* I 11; Tancredus .. juravit quod quandiu xl milites haberet, de Jerosolimitano itinere non recederet ORD. VIT. IX 10 p. 548; videbant enim quod ~u animal inspirat et expirat aera, vivit J. BLUND *An.* 28; sit pax, sit magna Anglorum ecclesiae laetitia, ~u puer natus regnum tenuerit, et noster Dunstanus mortalis vitae metas transegerit OSB. *V. Dunst.* 19. **c** quamque diu vixit, Christi praecepta tenebat ALCUIN *Carm.* 818C. **d** dum, donec, ~u *GlC* D 380.

4 up to the time that, until: **a** (w. subj.); **b** (w. indic.).

a **1266** quod .. brevia .. que sunt in custodia sua liberet justiciariis .. custodienda, ~u rex aliud inde preceperit *Cl* 216. **b** repente de convivio illam eduxit, et in secreciori loco .. ~u lassata est, verberavit *V. Chris. Marky.* 23.

5 for a long time.

super his .. abusionibus, quia segnius actum est per prelatos ~u in ecclesia Anglicana, profecto difficilius corrigentur AD. MARSH *Ep.* 247 p. 483.

6 for what length in space, as far as.

c**1260** per semitam que ducit de L. usque W. ex occidentali parte ~u durat boscus versus B. (*Ch. Warton*) *EHR* XVII 294.

quamfestinus, quamgravis v. quam.

quamlibet [CL]

1 (w. adj., adv., or p. ppl.) in whatever degree one likes, however —; **b** (w. adj. & form of *esse*).

erat .. natu nobilis, ~et actu ignobilis BEDE *HE* II 15; c**1102** si ~et parum a vestra bona consuetudine aliquando vel semel sentitis declinare .. ANSELM (*Ep.* 230) IV 135; immo non posset non velle ~et infima, si majora non posset *Id.* (*Casus Diab.*) I 257; graviter peccamus, quotienscumque scienter aliquid ~et parvum contra voluntatem Dei facimus *Id.* (*CurD* I 21) II 89; solet ecclesiarum cultus augustior ~et brutas mentes ad orandum accendere W. MALM. *GR* I 26; tanta .. capacitas, ut ~et conferte multitudini videatur posse sufficere *Id. GP* II 73 p. 145; probe doctus posse sermonem ~et elegantem extemporaliter facere *Ib.* IV 139. **b** a**1089** ~et .. vile sit quod sic amat et a quo sic amatur ANSELM (*Ep.* 32) III 140; ~et longum esset, .. pede impiger contendebat W. MALM. *GP* II 75.

2 (introducing adverbial cl.) however much, (also more strongly) even though, despite the fact that.

non magnopere moveor, ~et adversus stipulatorem veritatis .. livescant ALDH. *VirgP* 58 p. 318; quae .. solent ferratas vincere mentes, / quamlibet existant praedurae cotis adinstar *Id. VirgV* 107; hunc [sc. Danihel] Deus horrenda semper tutatur ab ira, / quamlibet expertus toleret tormenta malorum *Ib.* 360; quamlibet expertus non esset vulnera ferri / .. / attamen illustrem meruit confessio palmam *Ib.* 702.

quammagnus, quammultus v. quam.

quamobrem [CL; al. div.]

1 (interr.) for what reason? why? (in quot. in indir. qu. w. subj.).

s**679** non credo latere vestram sanctam fraternitatem ~m ad hunc venerabilem conventum eam ascriberim EDDI 29 (=W. MALM. *GP* III 100: ascivérim).

2 (rel., connecting clause with specific preceding sentence element) for which reason, for the sake of which, why.

rationem reddens, quam ob rem talia minaretur, ita ait .. GILDAS *EB* 46.

3 (used to establish causal connection more generally with what has preceded, freq. as beginning of new sentence) for which reason(s), wherefore; **b** (*quas ob res*).

quam ob rem .. convertere ad eum .. qui creavit te GILDAS *EB* 30; **672** quam ob rem tuum affabilem discipulatum .. efflagito ALDH. *Ep.* 5 p. 491; ~m nostrae exercitationis sollicitudo horum exemplis .. centenas enigmatum propositiones componere nitebatur *Id. Met.* 6 p. 76; ~m collecta pro hoc in Brittania synodo .. inventa est in omnibus fides inviolata catholica BEDE *HE* IV 16 p. 242; c**1120** ~m comes David manum ejus deinde manum abbatis osculatus est *Regesta Scot.* 5; ~m cito et facile est canonizatio illa celebrata *Canon. G. Sempr.* f. 107v. **b** quas ob res quum miraculorum descripcio id genus sit, magis .. in hiis attenditur devota scribentis intencio *Mir. Hen. VI* I *prol.* p. 8.

quamplures [CL], very many. **b** (superl. *~imus* in same sense; *al. div.*, cf. *quam* 2); **c** (as sb. m.). **d** (n. sg. *~imum* as adv.) in great numbers, most numerously, or *? f. l.*

672 haec et alia ~a quae ad caritatem pertinebant .. prosecutus sum (*Conc.*) BEDE *HE* IV 5 p. 215; ita fervens erat, ut in templo illius ~es sacri ordinis viros locaret OSB. *V. Dunst.* 15; **1293** W. W. pastoris oves ~es vagantes per patriam discurrebant huc et illuc *SelPlMan* 168; in quibus ~a hereticalia, erronea, stulta, ridiculosa, fantastica, insana et diffamatoria .. inveni OCKHAM *Pol.* III 6; **1391** M. de P. est communis procuratrix .. et fecit ~es homines et mulieres perdere argentum suum *Leet Norw.* 71; plures regni magnates ~ibus regni partibus fuerunt decapitati AD. USK 2. **b** reges habet Brittannia, sed tyrannos, .. quam plurimas conjuges habentes, sed scortas et adulterantes GILDAS *EB* 27; s**871** in uno [exercitu] fuerunt duo reges .. in alio fuerunt comites ~imi *AS Chr.*; s**1141** rex cum comitibus ~imis W. MALM. *HN* 489 p. 48; propter signa ~ima *Proc. A. Kyteler* 29; s**1348** pestilentia .. de loco ad locum progrediens subito et occidens sanos ~imos de mane ante meridiem rebus exemit humanis AVESB. f. 119; per istam Philippam .. comitatus Marchie .. per dominia de Clare, Walsingham [etc.] .. cum eorum nonnullis et quam plurimis magnorum dominiorum pertinenciis, gaudet .. augmentatus AD. USK 23. **c** **1310** vidit in Cypro ~imos dicti ordinis qui non credebant bene de sacramento altaris (*Artic. Templar.*) *Conc.* II 358b; contra pestem avaritie, qua ~imi inficiuntur et languent BLAKMAN *Hen. VI* 9. **d** **1417** in presencia domini regis aliorumque ~imum [? l. quamplurium] procerum et magnatum regni Anglie *Reg. Cant.* I 35.

quamplurìes v. quam. **quamplurimum** v. quamplures. **quamplurimus** v. quamplures. **quampulcher** v. quam.

quamquam [CL]

1 (introducing concessive cl., in quot. w. subj.) despite the fact that, even though, however much. **b** (w. lesser degree of opposition implied between statements of main and concessive clauses) although (w. indic.); **c** (w. subj.).

Clemens .. secundus Romanae ecclesiae dispensator, ~am nonnulli Linum et Ancletum in pontificatus regimine nequiquam praeferant ALDH. *VirgP* 25; a**1079** in archiepiscopatu Remensi .. captus est, ~am se sub archiepiscopi Remensis tuitione ire clamaret ANSELM (*Ep.* 55) III 169; s**1066** divina illum [sc. Willelmum] manus protexit, ut nichil sanguinis ex ejus corpore hostis hauriret, ~am illum tot jaculis impeteret W. MALM. *GR* III 244; deinde crepitu ventris emisso turbavit auras. id, ~am fatuis risum imperasset, monachis tamen in immanem dolorem venit *Id. GP* V 275. **b** qui fortunarum amplitudine nichil plus acquisierit, nisi ut plus benefacere posset quibus vellet; ~am ad estimationem vulgi tantum ejus decedebat glorie, quantum accedebat fortune W. MALM. *GP* I 71; 'partiti sunt sibi vestimenta mea ..'; ~am hoc de tunica Domini inconsutili dictum videri potest BELETH *RDO* [ed. *PL*] 96. 99C. **c** cujus .. gloria .. et .. praeconia, ~am specialiter apud Alexandriam et Aegiptum clarescerent, per totos tamen mundi cardines .. percrebruit ALDH. *VirgP* 32 p. 272; tum .. abbas .. exhilaratus tam insperato coelestis thesauri lucro .. gratias egit .. Domino cum magno sc. totius consortii gaudio, ~am compaterentur dispendio fraterno GOSC. *V. Iv.* 86A; ~am Spiritus Sanctus sit de duobus .. non tamen est de duobus diis ANSELM (*Proc. Sp.* 15) II 216; de Alla .. qui, ~am maxima occasio Christianitatis genti Anglorum fuerit, nichil umquam .. de ea audire meruit W. MALM. *GR* I 45; offitium .. magis insito virtutum amore quam litteratura fretus, exercebat; ~am non ita hebes, ut putabatur, fuerit, qui .. necessaria sciret *Id. GP* IV 139; ~am, o filioli mei, quos sane scientie opulenter informavi, uberi partium affluentia sit littera tertia referta, nil reliqui in exponendis illis que vel antiqua vel moderna approbat censura OSB. GLOUC. *Deriv.* 137.

2 (introducing new sentence, elaborating upon what was previously expressed) although in fact, however, yet.

c**1075** ~am si consideremus nos et illum .. multa .. sint cur nos illi sponte .. oboedire debeamus ANSELM (*Ep.* 73) III 195.

3 (w. adj. or ppl.) however much, although, albeit.

cui .. angelum caelestem .. quem ille .. non viderat, .. ~am ingrato ac furibundo, .. demonstravit GILDAS *EB* 1 p. 27; c**1095** ~am recte viventem recteque sapientem, pastorali sollicitudine fraternitatem vestram monere compellor quatenus .. ANSELM (*Ep.* 198) IV 89; ~am voce impeditior, at in consiliis non futilis auctor W. MALM. *GP* I 71; ignotam sibi dictionem, ~am aliis tritam OSB. GLOUC. *Deriv.* 4; interna voluntas asperis et amaris tristicie motibus, ~am occultis, trans modestiam angustatur GIR. *Ep.* 4 p. 182.

quamque [ML < CL quam + que]

1 (in place of *quam* in various senses, usu. *metri causa*): **a** to what degree? how ..? (in quot. in indir. qu.; v. *quam* 1a); **b** (exclam.) to what an extent! how ..! (v. *quam* 1b). **c** (*tam .. quamque* ..) as much .. as .., not only .. but also .., both .. and .. (v. *quam* 3a); **d** (without correlative adv.; v. *quam* 3d).

a ambo .. / permansere simul conjunx cum conjuge casti. / quamque integra foret vivens in corpore virgo, / .. Dominus signis patefecit apertis ALCUIN *SS Ebor* 764. **b** quamque bonum fratres habitare est semper in unum, / ut psalmista canit, ecce jocundus amor ALCUIN *Carm.* 89. 10. 3. **c** orthodoxae fidei famulitio ancillatis .. quaquaversum orbis, tam instantibus quamque futuris .. O. CANT. *Pref. Frith.* 3. **d** multoque lacius concrevit gloria / tui jam nominis, mater Oxonia, / per fratres pauperes in sphera terrea, / quamque per monachos, ut probant opera TRYVYTLAM *Laus Ox.* 164.

2 however (it may be), of whatever sort, or *? f. l.*

contestor pacificas fidelium animas per suas quamque [v. l. quasque] virtutes .. ne pia fratrum studia .. impediant ALCUIN *Exeg.* 646C; non aliter .. / Cicropias

innatus apes amor urget habendi / munere quemque [v. l. quamque] suo J. SAL. *Pol.* 620A.

quamque diu v. quamdiu.

quamquidem, ?*f. l.*

at tamen compellendi non sunt contra oportunitatem permanere, quibus gratia Dei non contulit inter licentiosas consuetudines recte vivere. quamquidem [?l. quoniam quidem *or* quandoquidem] Dominus adjutor est in oportunitatibus in tribulatione SERLO GRAM. *Mon. Font.* 18.

quamsaepe, quamsedulo v. quam. **quamtociens, quamtocius, quamtotius** v. quantocius. **quamtuslibet** v. quantuslibet. **quamvenustus** v. quam.

quamvis [CL]

1 (w. concessive force) no matter how .. however .., although: **a** (w. sb. or adj.); **b** (postpositive); **c** (w. adv., also postpositive); **d** (w. pr. or p. ppl.); **e** (w. expression in abl.); **f** (w. prep. phr.).

a in qua [bestia] tantam veneni copiam adfirmant, ut eam sibi leones ~vis invalidioris feram corporis timeant *Lib. Monstr.* II 23; si in tribus his mihi obtemperare vultis, .. cetera quae agitis, ~vis moribus nostris contraria, aequanimiter cuncta tollerabimus BEDE *HE* II 2 p. 83; tuo me addixi ducatui, ~vis imbecillem militem ANSELM (*Or.* 15) III 62; Tonbertum (quamvis invita) maritum / virgo sortitur GREG. ELI. *Æthelthryth* I 54 p. 354. **b** quod ego audiens et .. devotam .. voluntatem ejus cognoscens, immensas .. Deo grates .. tacitus ~vis, persolvi ASSER *Alf.* 88 p. 73. **c** Aidanum .. virum habentem .. zelum Dei, ~vis non plene secundum scientiam BEDE *HE* III 3 p. 131; flosculos undecunque collectos .. in corpore unius libelli, mixtim ~vis, .. redigere ASSER *Alf.* 89. **d** in exordio Vergiliocentonis, ~vis apocriforum frivola sub specie prophetica continentis, sed tamen legitimam exametri regulam servantis ALDH. *PR* 135 p. 188; tunc temporis Saberct .. regnabat, ~vis sub potestate positus .. Ædilbercti BEDE *HE* II 3 p. 85; nec ipse, ~vis multum laborans, proficere aliquid valebat *Ib.* III 2 p. 150; Osuiu, ~vis educatus a Scottis *Ib.* III 29 p. 196; si .. ceciderit .. de batello, ~vis carcato, dum tamen in aqua dulci, secus quia in salsa *Fleta* 37. **e** Hibernia insula .. usque contra Hispanie septentrionalia, ~vis magno aequore interjacente, pervenit BEDE *HE* I 1 p. 12; sic completum est praesagium sancti pontificis Augustini, ~vis ipso jam multo ante tempore ad caelestia regna sublato *Ib.* II 2 p. 84; fratres suos aetate, ~vis non gratia, seniores ASSER *Alf.* 23; ut de benevola mentis suae devotione Deo succinctim ac breviter, ~vis praeposterato ordine, loquar *Ib.* 74 p. 56; navem suam .. ad desideratum .. portum, ~vis cunctis propemodum lassis suis nautis, perducere contendit *Ib.* 91 p. 77. **f** destructum .. regni statum, ~vis intra fines angustiores, .. recuperavit BEDE *HE* IV 26 p. 268; regni gubernaculum .. haud aliter ... vacillare, ~vis inter fluctivagos ac multimodos praesentis vitae turbines, non sinebat ASSER *Alf.* 91 p. 77.

2 (introducing concessive cl. expressing a possibility, w. subj.) however much, even though, although (it may be the case that).

672 ~vis .. Hiberniae rus discentium .. pascuosa numerositate lectorum .. ornetur, ast tamen .. Britannia .. potiatur .. Theodoro .. et .. Hadriano ALDH. *Ep.* 5 p. 492; si adversum nos ad Deum suum clamant, profecto et ipsi, ~vis arma non ferant, contra nos pugnant BEDE *HE* II 2 p. 84; videri etiam poterit tantum unam justitiam esse et illam in omnibus esse vel, ~vis sint in singulis singule, ob indifferentem tamen similitudinem unam et eandem virtutem in omnibus esse BALSH. *AD rec. 2* 119.

3 (introducing concessive cl. expressing a fact) despite the fact that, even though, although: **a** (w. indic.); **b** (w. subj.).

a in sex milia autem annorum concordant omnes apparuisse Dominum ~vis Scotti concordare nolunt qui sapientia [v. l. sapientiam] se existimant habere et scientiam perdederunt [v. l. perdiderunt] THEOD. *Laterc.* 4; non statim .. sacramenta fidei Christianae percipere voluit, ~vis nec idolis ultra servivit BEDE *HE* II 9 p. 100; Christianas copias contra hostiles exercitus .. tamen ~vis rex adhuc non venerat, dirigens ASSER *Alf.* 38; facinus .. oblivioni non traderem, ~vis indignum facinus est *Ib.* 95; de isto .. manerio tenet Radulfus de M. per vim dim' virg' quae ibi erat TRE, ~vis monachi adquietant eam de geldo *DB* I 4va. **b** igitur expletum est sextum millarium aetatis hujus mundi, aetiam ~vis contradicant qui hoc percipere nolunt THEOD. *Laterc.* 24; ~vis hujuscemodi versus decascemus vocitetur, senas tamen ex eodem adsumpsit species ALDH. *Met.* 10 p. 91; ~vis eos audire noluisset, tolerabatur tamen ab eis .. ob necessitatem operum ipsius exteriorum BEDE *HE* V 14 p. 314; libros ante se recitare talibus imperabat .. quapropter pene omnium librorum notitiam habebat, ~vis per se ipsum aliquid adhuc de libris intelligere non posset ASSER *Alf.* 77; modo se defendit pro xx hidis, quanvis sint ibi xxx hidae numero *DB* I 40rb; pueri qui jacebant in cunis, quanvis [AS: *þeah*] adhuc nullo cibo uterentur, judicabantur .. ac si scientiam haberent (*Inst. Cnuti*) *GAS* 365; ~vis obscuriora sint multa .. non tamen destitimus aliquid verioribus conjecturis in medium producere FERR. *Kinloss* 9.

4 (in gl.).

~vis, scilicet *GlC* Q 3.

quan tocius v. quantocius.

quandalificanter [quandalis+-ficare+-ter], so as to produce a condition in respect of time.

fallitur .. qui fingit .. tempus .. per omnia tempora quandolificanter pereuncia non perire NETTER *DAF* I 30. 2B.

quandalis [CL quando+-alis], of what kind or quality in respect of existence or location in time.

quando habemus concretum predicamenti, tunc convenit illud concretum predicari de substancia ... sed aliquando non habemus concretum correspondens tali absoluto, sicut 'quale' correspondet qualitati et 'agens' accioni. sicut patet quod non dicimus quod 'substancia est quando' nec 'substancia est ubi'. si tamen fingas nomina, ut dicas quod 'substancia est ubicata' et 'substancia est ~alis', ita posset eque faciliter fingi proposito OCKHAM *Sent.* IV 403.

quandalitas [quandalis + -tas], **quandeitas** [ML], condition or respect of time, whenness.

de adverbiis fingunt nomina abstracta, sicut de 'quando' .. '~alitas' OCKHAM *Summa* I 41 (=*Id. Quodl.* 565; cf. *GLA* III 372: ~eitas); ideo notabiliter loquuntur illi, qui .. dicunt quod principia vel condiciones individuantes .. sunt 'hic' et 'nunc': id est ubicacio et ~alitas WYCL. *Act.* 50; tempus magnum multiplicatum per totum mundum sensibilem partesque ejus, presens, preteritum, et futurum; et ex hoc quicquid in aliqua tali parte olim fuerit, vel in posterum erit, ipsum est, non tamen jam est; quia illa potius censetur pars ~olitatis [*sic*] in specie sua, que quidem non est ipsum tempus, sed ex adjacencia temporis causata in re temporali NETTER *DAF* I 28. 1A; vide septem spicas in Genesi, dicte sunt tropice septem anni, non autem principaliter usquam, sed principaliter septem spice secundum substanciam, et septem anni per disparem ~alitatis respectum *Ib.* II f. 137. 2B.

quandeitas v. quandalitas. **quandiu** v. quamdiu.

quando [CL]

1 (interr.) at what time? when?: **a** (in dir. qu.); **b** (in indir. qu.).

a ~o .. abunde vel digne loqui potero? ALCUIN *Dub.* 1036D; ~o respicies et exaudies nos? .. ~o restitues te nobis? ANSELM (*Prosl.* 1) I 99; ~o .. Jerosolimam ire deliberaret ut mortem stimularet? W. MALM. *GR* II 172; ~o .. sperari poterit ulla remissio? OSB. CLAR. *V. Ed. Conf.* 21; amplius idem quesitu videtur .. '~o sit?' et 'in quo tempore sit?' BALSH. *AD rec. 2* 155. **b** ~o gens Pictorum fidem Christi perceperit BEDE *HE* III 4 *tit.*; ut barbari et rustici, ~o eadem prima sabbati .. veniret, minime didicerant *Ib.* 4 p. 135; interrogans .. ille, ~o flebotomata esset puella *Ib.* V 3 p. 285; c**1086** nescio ~o ibo aut si ibo ANSELM (*Ep.* 108) III 241; filio Ethelstano .. qui ~o et quo fine defecerit incertum W. MALM. *GR* II 108.

2 (rel.) at which (specific) time, when; **b** (w. imperf. subj. of purpose) for the time when; **c** (introd. rel. cl. treated as sb.); **d** (w. ref. to recurring point in cyclical system of time-reckoning).

heu quis victurus est .. ~o ista a civibus perficiantur? GILDAS *EB* 62; erat .. ora [v. l. hora] iij quando adclamaverunt Judaei suis vocibus crucifigentes filium Dei THEOD. *Laterc.* 10; p**675** supremum vivorum et mortuorum examen, ~o singulis quibusque pro meritorum diversitate dispar retributio aequissimis judicii lancibus trutinabitur ALDH. *Ep.* 4 p. 486; usque ad annum obsessionis Badonici montis, ~o non minimas .. strages dabant BEDE *HE* I 16; veniente vespera ~o a labore cessatur ALEX. CANT. *Dicta* 152 (cf. *Joh.* ix 4); **1294** dicunt quod Agnes .. glenavit in autumpni ~o potuit conduci *CourtR Ramsey* 211. **b** **1223** G. camerarius, de ccc li. ei promissis ~o iret in Pictaviam, recepit c et xxxix li. .. et non ivit tunc *LTR Mem* 7 m. 16*d*. (10*d*.). **c** erat ~o repente de convivio illam eduxit, et .. verberavit *V. Chris. Marky.* 23; alias [sc. creaturas] .. possibiles .. cognoscit [Deus] noticia simplicis apprehensionis, de ~o cognoscit ista habere esse intelligibile, et posse existere WYCL. *Form.* 234. **d** in vigiliis paschalibus, ~o reciprocis annorum circulis anastasis dominica .. celebratur ALDH. *VirgP* 32 p. 271; a tertia .. hora, ~o missae fieri solebant BEDE *HE* IV 21; Augusto mense declinante, ~o .. poma in viridariis copiam sui volentibus faciunt W. MALM. *GR* III 282; feria secunda ~o mercatus agitur ORD. VIT. XII 37 p. 451.

3 (describing circumstances or conditions of action or event) at such a time as, at times when, when(ever); **b** (in prognosticatory or prov. statement); **c** (describing accompanying circumstances or conditions without true temporal force); **d** (introducing pred. noun clause).

de quibus ambrosia spirabunt tura Sabaea, / quandŏ sacerdotes missas offerre jubentur ALDH. *CE* 3. 82; saburra dicitur ~o lapides et ligna mittunt in navem quae non habent [l. habet] alia honera [i. e. onera] *GlC* 566; ~o missatici regis veniebant ibi, dabant pro caballo transducendo iij d. *DB* I 1ra; sic homini quando sepe infortunia prosunt, ipsaque sit cautis culpa magistra viris WALT. ANGL. *Fab.* (ed. Hervieux) *app.* 12. 7 p. 381; s**1388** nox nostros Anglicos delusit in tantum [quod] ~o ipsi percuterent Scotum incaute, propter unius lingue consonanciam profecto Anglicum ceciderunt *Chr. Westm.* p. 183; cum quasi zizania .. sive palea, ~o ventilabro permundabitur area, a tritico separati .. igne perpetuo comburentur ELMH. *Cant.* 208. **b** bonus annus ~o canis corvo exibet *Prov. Durh.* 6; homo facit sicut fit ~o potest sicut vult *Ib.* 14. **c** veniunt .. a secunda conjugatione, ~o tribrachus in iambum transmutatur, id est cum significationes verbi activi .. in participia .. convertuntur ALDH. *PR* 115 p. 158; de quarum omnium sono nemo dubitat, nisi fortassis tunc ~o inter C et E, vel I, interponitur nota aspirationis, ut 'Chereas' et 'parroechia' ABBO *QG* 11 (25); conduplicatio est color ~o idem verbum conduplicamus VINSAUF *AV* II 2. 26; sunt ista media diversarum diaphanaitatum, ut ~o unum est densius et aliud rarius BART. ANGL. III 17; item fallit illa propositio, ~o est abscissio partis improportionabilis PECKHAM *QA* 116; ~o autem ex autoritate Dei sive justus sive injustus occiditur, lex est bona WYCL. *Ver.* II 86. **d** ancilla .. cum .. veniebat ad monasterio [*sic*], alius homo fuit adhuc molans farinam .. et illa moram faciens exspectabat, ~o locum haberet HUGEB. *Wynn.* 12; conduplicatio est quando motu ire vel indignationis idem conduplicamus verbum VINSAUF *CR* 324; unus modus digressionis est ~o digredimur in materia ad aliam partem materie *Id. AV* II 2. 17; apozima dicitur ~o decoquuntur alique herbe et medicine in aqua *SB* 11.

4 at which same time, while, as.

attamen ad caeli scandunt spiracula sedes / absque chao densis gestantia labara turmis, / quandŏ catervatim vallant caeleste tribunal ALDH. *VirgV* 2349.

5 in view of the fact that, seeing that, since, as.

egestatem nostram quando etiam me tacente cognosis [*sic*], quid opus est pluribus verbis utar? FREE *Ep.* 54.

6 (indef., foll. *ne* or *si*, also written as single word, cf. *nequando*) at any time, ever; **b** (in gl. without *ne* or *si*, or ?*f. l.*). **c** (*siquando*) sometimes. **d** (*quandoquando*) at whatever time, whenever.

601 si ~o [ed. *OMT*: siquando] te creatori nostro .. reminisceris deliquisse, semper haec ad memoriam revoces (*Lit. Papae*) BEDE *HE* I 31 p. 67; a**705** quatenus .. adoptivum prolem .. ditare non recuses, ne ~o invisi audacium aemulorum cunei .. tripudiantes congratulentur, si sobolem .. exheredem .. comperiunt (ÆTHELWALD) *Ep. Aldh.* 7 p. 496; ut si ~o vel lingua lascivire, vel operatio prava mihi subrepere caeperit, mox sociorum .. manu ne cadere valeam sustenter BEDE *Egb.* 6; procurat .. ne ~o ecclesia repentinis atque improvisis malorum incursionibus turbetur *Id. Cant.* 194D; semper sinu gestabat libellum in quo

.. Psalmi continebantur, ut, si ~o vacaret, arriperet et percurreret W. MALM. *GR* II 123; panis .. permodicus si ~o inveniebatur bizanteo comparabatur ORD. VIT. IX 10 p. 551; c**1188** siquando querelam inde erga eos movere voluerint *Regesta Scot.* 258. **b** enum[quam], ~o [? l. ecquando] *GlC* E 194. **c** siquando ornos aut ingentia robora de montibus evulsa radicitus traxit *Lib. Monstr.* I 56. **d** quandoquando veniat, res suas imminutas comperiet LIV. *Op.* 198.

7 (*~o .. ~o ..*) at one time .. at another time .., sometimes .. sometimes ...

conduplicatio est color quando idem verbum conduplicamus, quod contigit .. ~o ex dolore, ~o ex amore, ~o ex indignatione VINSAUF *AV* II 2. 26.

quando quidem v. quandoquidem.

quandocatus [cf. ubicatus; cf. et. *p. ppl. of* CL -ficare, ML qualificare, quantificare], considered in respect of existence or position in time.

exemplum de ubicatis et ~is limitatis: que sunt simul secundum 'ubi' vel 'quando' cum illimitato, sic vel sic, non tamen sunt simul sic inter se DUNS *Ord.* II 362.

quandocumque, ~cunque [CL]

1 (rel.) at whatever time, whenever.

'~mque pertransierit, tollet vos' GILDAS *EB* 79 (=*Is.* xxviii 19); **716** ~mque verbo vel facto peccaverint, hoc jugiter quasi ad laetitiam .. aliis nequissimis spiritibus in medium proferens manifestavit BONIF. *Ep.* 10 p. 13; suum proprium hominem .. libros ante se .. ~nque unquam ullam haberet licentiam, Saxonicos imperabat recitare ASSER *Alf.* 106 p. 94; c**1087** ut ~mque .. a priore sui monasterii revocaretur, absque excusatione rediret ANSELM (*Ep.* 122) III 262; nichil .. ille [sc. Anselmus] turbabatur, sed ~nque illi succlamarent tacens, rursus ad caput sententie inpermotus revertebatur W. MALM. *GP* I 50; **1358** sub tali condicione quod, quundocunque predictus R. .. solverit .. xl li. bone et legalis monete .. quod ex tunc bene liceat predicto W. .. in predicto manerio .. intrare .. sine contradiccione predicti W. *Couch. Furness* I 278.

2 (indef.) at some time or other, at any time, ever.

c**798** si te ~mque Dei misericordia doctorem dignetur efficere ALCUIN *Ep.* 133 p. 201; primo iniquitates remittuntur, postea infirmitates .. sanantur, non ~nque, sed in resurrectione beata qua filii ab omnibus debitis absolvuntur H. READING (I) *Fid. Cath.* 1326B; dare est ~mque dare, et accipere ~mque accipere J. SAL. *Pol.* 682A; **1284** virgarii debent .. triturare prebendum domini cum ad partes illas declinaverit ~nque *Cust. Battle* 67.

quandocunque v. quandocumque.

quandolibet [LL], at some time or other, at any time.

apud nos .. sacerdoti nulla copulatur conjugio, quoniam ~et eam dimittere licet PULL. *Sent.* 924A; **1300** ne .. fratrem R. .. sine nostra speciali licencia ~et admittatis *Reg. Cant.* I 383.

quandolificanter v. quandalificanter. **quandolitas** v. quandalitas. **quandoquando** v. quando.

quandoque [CL]

1 inasmuch as, seeing that.

ille .. ne omnia suo tantum videretur presumere arbitrio, consensit, iturum se ne cunctorum voluntati deesset, ~e legatorum penuria eos ad unum senem .. corpore debilem adegisset W. MALM. *GP* I 58.

2 (indef.) at some (future) time or other, some day; **b** at any (future) time, ever. **c** at some (past) time or other, at one time, formerly; **d** at any (past) time, ever.

immanis leaenae .. ossa tua ~e fracturae GILDAS *EB* 32; sepultus .. est corpore in ecclesia beati Pauli .. ~e in ipso .. resurrecturus BEDE *HE* II 1 p. 79; **1104** confido in Deo .. quia ad honorem ejus ~e terminabitur, nec ecclesia ejus semper sicut nunc tribulabitur ANSELM (*Ep.* 330) V 263; alter meam sedem ~e implebit successione legitima W. MALM. *GP* II 75; valde perterritus quoniam unusquisque de his que gessit Deo rationem ~e est redditurus ORD. VIT. V 15 p. 424; c**1166** gratias itaque interim magnas tibi agit affectus meus, dum aliud non permittit facultas exulantis, auctore Deo, ~e maximas exhibiturus effectu J. SAL. *Ep.* 159 (146). **b** si quis .. vi vel clam ~e minuere seu temerare vel auferre ausus fuerit .. ORD. VIT. V 15 p. 426; si ~e calculus gravior imminet, quasi pellem pro pelle animam tuam dabit dives pro fama sua J. SAL. *Pol.* 502C; conspexit omnem .. creaturam propter solum hominem fuisse creatam, quia si perstitisset ipse in bono, nec ipsa ~e viciaretur W. DAN. *Ailred* 10 p. 19. **c** c**1157** misistis ~e ad nos fratrem Th. N., fratrem W., et aliquos alios J. SAL. *Ep.* 35 p. 64; et cum eo stantes universi, etiam qui ~e cum papa steterunt M. PAR. *Maj.* V 531. **d** **1159** tu quidem, an pigmentarius ~e fueris incertum habeo, certus equidem quod pigmentarios in aliquo imitaris J. SAL. *Ep.* 110 p. 175.

3 at times, now and then, sometimes. **b** (*~que .. ~que ..*) at some times .. at other times .. sometimes ..; **c** (w. *nunc* introducing initial clause in series).

quia .. taedet eas in custodia diutius esse, licentiam foras exeundi quaerunt ~e *Simil. Anselmi* 87; sanctam Egeldridam continuis gemitibus, suspiriis, singultibus, ~e lacrimis corde vel ore ruminando provocare non cessabat ORD. VIT. VI 10 p. 128; centum ducenti cedunt quandoque ducenti SERLO WILT. 2. 32; lacus iste .. totus edificiis consertus, culturis egregiis, hortis ornatus et pomeriis, ab accolis ~e conspicitur GIR. *IK* I 2 p. 35; notate sex raciones quare Deus pro nostro comodo ~e [ME: *oðerhwiles*] se subtrahit *AncrR* 84; ipse [sc. Christus] .. venit ad suum probandum amorem et per miliciam ostendit quod fuit dignus amore, sicut solent ~e [ME: *sumhwile*] milites facere *Ib.* 154. **b** illi .. febricitantem ~e jactabant in aquam frigidam, ~e nimis torrebant, ut fugarent febrem *V. Chris. Marky.* 12; quia ~e per duos dies integros, ~e per tres continue jacuit impotens sui nichil intelligens *Canon. G. Sempr.* f. 162; c**1210** citatio ~e emanat a judice ordinario, ~e a judice delegato *FormOx* 276; hec dictio 'si' ~e respicit totum consequens, ~e verbum consequentis (SHIRWOOD) *GLA* III 23 n. 83; significat .. ~e actum primum, .. et ~e secundum *Ps.*-GROS. *Summa* 137; **1419** vicecomites ~e assignabantur civitati per thesaurarium regis .. et ~e eligebantur per cives *MGL* I 17. **c** nunc in adversarios, ~e etiam in sibi consentientes .. ~e in ecclesiastice pacis possessiones, .. cepit desevire *G. Steph.* 104.

quandoquidem [CL; al. div.], inasmuch as, seeing that, since.

haec de prima et tertia conjugatione .. deprompsimus, ~em de secunda conjugatione .. antibachius haud facile reperiri potest ALDH. *PR* 124 p. 172; quas [gentes] certum est adeo crudeles esse naturali ferocitate ut nesciant malis hominum mitescere, ~em quidam ex eis populi vescuntur humanis carnibus ABBO *Edm.* 5; a**1080** quatenus ego .. illi .. impendam meam curam et dilectionem. et ita fiat, quando quidem ita vultis ANSELM (*Ep.* 58) III 173; c**1093** bene fecistis, quia concessionem vestram mihi .. mandastis, ~em res nec per me nec per vos mutari potest *Id.* (*Ep.* 151) IV 12; qui licet alii plus et alii minus omnes tamen ~em deificati sunt, aequali nomine dicentur 'dii' ALEX. CANT. *Dicta* 5 p. 139; nec sacros canones offendit [sc. hec recens constitutio] sed statuit, ~em a principibus seculi veneratur *Canon. G. Sempr.* f. 57.

quandrant' v. quadrans. **quandrantatus** v. quadrantatus.

quandros, sort of precious or semi-precious stone.

~os est lapis colore quidem vilis [? l. viridis; cf. TREVISA: *quandros is a grene stone and is of grete vertu*] sed eximie virtutis ... et invenitur in capite vulturis. valet contra quaslibet causas nocivas, et ubera lacte replet BART. ANGL. XVI 82; ~os lapis est seu gemma que reperitur in cerebro et capite vulturis coloris candidi: quae replet mamillas lacte, et contra nocivos casus valere dicitur *LC* 260.

quantes v. quantum.

quantificare [ML < CL quantus+-ficare], to determine the size or extent of, measure. **b** (log.) to determine or establish the quantity or quantitative properties of, to quantify.

munera plorantis tristi vultu violantur, / nam data per dantis affectum quantificantur WALT. WIMB. *App.* 2. 9. 19. **b** natura est vigor quidam universalis et spiritualis, ex causa et ratione nascens, primum celo innascens, in universis et singulis quadripartitus, qualificatus, et ~atus, differentes qualitates successive diffundens J. SAL. *SS* 962B; certum est quod talis veritas [sc. quod homo sit quantus] inest homini accidentaliter, ergo est accidens homini, et ad nichil pertinencius deserviret, quam ad ~andum hominem, cum ipsa posita est homo sic quantus, et ipsa ablata desinit esse sic quantus WYCL. *Ente Praed.* 50; hic est dubium quomodo locus ~at locatum et est in illo, cum idem locatum ~at locum. sed dicitur quod multum equivoce dicitur aliquid ~are aliud, et esse in illo. aliquid enim ~at aliud efficienter, sicut Deus ~at omne quantum, et corpus continens ~at suum contentum, sicut et locus. sed quantitas que est dimensio formaliter ~at subjectum suum et efficienter requantificatur ab eodem *Id. Log.* III 10; c**1380** corpus Christi est quantumcunque varie ~atum ibi [sc. in hostia consecrata], cum sit in qualibet parte quantitativa illius hostie; et tamen non ~atur [v. l. ~atus] aliqua hujusmodi quantitate (WYCL.) *Ziz.* 118.

quantificatio [ML quantificare + -tio], (log.) (act of) determining or establishing (the) quantity or quantitative properties (of, w. gen.), quantification.

si motus solum sit in instanti sic, quod in tempore extra instans, tunc oportet concedere de quolibet successivo quod infinitas partes perdidit quas non habet, et per consequens nullam illarum facit ad ejus ~onem, et per idem nulla pars generanda secundum totum facit ad ejus ~onem WYCL. *Ente Praed.* 190; de fine indivisibiliter terminante terminacione quantitiva, ut punctus terminat liniam, instans tempus, et gradus latitudinem. et talis vocatur pars quantitiva indivisibilis, ultra quam non est ~o quoad extencionem, duracionem, vel intensionem *Id. Ver.* III 221.

quantillus [CL], how little or small (in size, extent, or significance); **b** (in rhet. qu.); **c** (in exclam.).

quantus .. inde quantulus .. et ~us, ~a, ~um, ambo diminutiva OSB. GLOUC. *Deriv.* 488. **b** stella comparata soli, ~a queso est? J. FORD *Serm.* 3. 5. **c** quantus / sum! quantillus eram! VINSAUF *PN* 1307.

quantisper [CL *for how long a time?*], (in gl.): **a** how much? (in quot. w. ref. to monetary value). **b** as or so greatly.

a ~er, i. quantum, ut cum dicimus, "~er valet res ista?" et respondendum est, "tantisper valet", i. tantum, vel obolum vel denarium OSB. GLOUC. *Deriv.* 488. **b** ~er, *suae suiðe GlC* Q 18.

quantitas [CL]

1 size, extent, magnitude; **b** (w. ref. to body of human, animal, or sim., occ. dist. from height); **c** (w. ref. to area, in quot. of land); **d** (w. ref. to linear measure); **e** (of time, w. ref. to length of hour, day, or month); **f** (mus., also w. ref. to units of notation representing musical time, duration); **g** (w. ref. to crime, transgression, or sin); **h** (of abstr., in quot. dist. from *qualitas*). **i** scope, extent (of applicability or relevance).

quantum .. exterius erat positum altare holocausti quam incensi .. tantum ~ate mensurae et hostiarum frequentia praestabat BEDE *Templ.* 801A; supra quod repperies tugurium ad ~atem sarcophagi compositum LANTFR. *Swith.* 2; **1229** vicecomes distrinxit eos, sc. quemlibet secundum ~atem tenementorum suorum *BNB* II 278; limones sunt fructus in transmarinis partibus ad ~atem malorum macianorum GILB. III 169. 1; c**1322** vij perlis ~ate pisarum *IMisc* 87/25; a**1332** quedam exposiciones utiles de libro Augustini de ~ate anime *Libr. Cant. Dov.* 14; lapides .. ad ~atem ovorum quadranguli, mixti cum pluvia .. multos homines occiderunt *Meaux* I 332. **b** gigantes .. quorum ossa in litoribus et in terrarum latebris ad indicium vastae ~atis eorum saepe reperta leguntur *Lib. Monstr.* I 54; vir .. stature paulo mediocri plus pusille; corpore tamen pro ~atis captu pervalido GIR. *EH* II 9; hic, nostris temporibus, piscis inventus fuit .. salmonis prope formam habens, tante ~atis [v. l. magnitudinis] ut integer nullatenus vel trahi vel ferri potuisset *Id. TH* II 9 p. 91; fit commixtio utriusque spermatis frigidi, unde fetus parve ~atis in egrediendo minus gravat *Quaest. Salern.* Ba 69; longe majores tunc homines erant ~ate quam modo M. PAR. *Maj.* I 86 (=*Flor. Hist.* I 92); secundum animorum diversitatem et corporum ~atem Roma graves generat, Grecia leves, Africa versipelles .. *Eul. Hist.* II 75. **c** silva est ibi magna, sed ~as non fuit dicta *DB* I 187rb; Britannia .. duplo in ~ate Hiberniam excedit GIR. *TH* I 2; **1506** certam ~atem debatabilis terre *Melrose* 580. **d** quidam solent interrogare cujus ~atis sit aestimandus cubitus quem Moyses .. posuerit BEDE *Tab.* 401B; nunc .. de ~ate

rote solis considerandum est ADEL. *Elk.* 30; pausationum vel tractuum quedam dicitur .. finis punctorum ..... finis punctorum dicitur, ut tractus respicit longitudinem secundum ~atem omnium spatiorum et linearum GARL. *Mus. Mens.* 8 p. 66; ~as insule [sc. Terremoreyn] unius miliaris W. WORC. *Itin.* 70. **e** si lunae quoque quadrantem accomodare negaveris, sed bissextili anno ejusdem ~atis mensem lunarem Februario cujus et antea solebas aptaveris BEDE *TR* 41; ~ates dierum artificialium vulgarium et crepusculorum matutini et vespertini; ~ates eciam temporum a media nocte usque ad aurore inicium N. LYNN *Kal.* 59; ~as hore planetarum diurne ELVEDEN *Cal.* 5. **f** modus perfectus dicitur esse, quandocumque ita est, quod aliquis modus desinit per talem ~atem vel per talem modum sicut per illam qua incipit. .. omnis modus dicitur imperfectus quandocumque ita est, quod aliquis modus desinit per aliam ~atem quam per illam qua incipit GARL. *Mus. Mens.* 1 p. 39; pausatio est dimissio soni facta in debita ~ate *Ib.* 7 p. 64; sonus sumitur hic pro musica, ordinatio sumitur pro numero punctorum ante pausationem, modus sumitur pro ~ate brevium vel longarum *Ib.* 11 p. 75; perfectus dicitur [modus], quando terminatur per eandem ~atem qua incipit *Mens. & Disc.* (*Anon. IV*) 23; quandocunque invenitur punctus magnus et grossus continens ~atem longarum duarum, duplex longa dicitur HAUBOYS 206; 'pausa est omissio vocis in debita ~ate alicujus modi facta' (FRANCO) *Ib.* 334. **g** juxta delicti ~atem GIR. *PI* I 10; **1272** ut delinquentes secundum ~atem delicti puniantur *MGL* III 445; **1280** ultra ~atem delicti *JustIt* 759 m. 17*d*.; a**1350** pena condigna, juxta delicti ~atem, .. puniantur *StatOx* 69; ignorant eciam ~atem culpe pro qua reus pena mortis ad minimum plecteretur WYCL. *Ver.* II 86. **h** haec .. sui carnales adhuc ob inaestimabilem crebrescentium virtutem ejus ~atem simul et qualitatem egerint BEDE *Sam.* 657D. **i** dividitur .. enuntiatio categorica secundum ~atem sic: alia est universalis, alia particularis, alia indefinita, alia singularis (SHIRWOOD) *GLA* III 13.

2 amount, multitude, quantity (also w. specifying gen. or w. *de* & abl.). **b** (w. ref. to money or payment) sum, amount.

paupertas .. inopia mentis est, non in ~ate possessionis *Ps.-*BEDE *Collect.* 293; si statua cujuslibet solubilis metalli .. igne liquesceret .. et eam vellet artifex rursus ex illius materiae ~ate reparare BEDE *Luke* 489A; **720** haut secus animarum nostrarum naviculae magnis miseriarum machinis et multifaria calamitatum ~ate quatiantur (BUGGA) *Ep. Bonif.* 14 p. 22; *sume* [sc. adverbia] *syndon* ~atis, *ða getacniað mycelnysse oððe lytelnesse.* multum *mycel*, parum *lytel*, nil *and* nihil *naht* ÆLF. *Gram.* 228; **1221** juratores .. nesciunt ~atem de minutis rebus *PlCrGlouc* 27; **1462** ad probandum seu examinandum qualitatem et ~atem cervisie *MunAcOx* 695. **b** s**1090** non modica pecunie ~ate regi Philippo occulte transmissa FL. WORC. II 27 (=DICETO *Chr.* 216); **1239** non modica data pecunie quantitate (*Lit. Imp.*) M. PAR. *Maj.* III 635; **1291** si dicta ~as non fuerit expensa .. prefatus minister restituere teneatur ~atem residuam *Mon. Francisc.* II 39; **1293** status ipsius efficitur deterior ad ~atem v s. *SelPlMan* 171; **1312** Isabella filia A. vendidit cervisiam ad ~atem vj d. non valentem *Rec. Elton* 196; **1439** ut solucio ipsa, usque ad integram debiti ~atem, perficiatur BEKYNTON I 184.

3 (math.) quantity (as abstr. concept); **b** (dist. as *discreta* or *continua*). **c** (log. & phil.) property of a thing involved in the questions 'how great?' or 'how much?' and which is (in fact or in theory) determinable by measurement, 'how-greatness' or 'how-muchness', quantity (esp. as one of the Aristotelian categories); **d** (dist. from *qualitas*).

hic viii vero ex primo pare quadruplicato diminutionem recipit sub ostencione cubice ~atis ABBO *QG* 22 (48); dico AG et BD equidistantes et equalis ~atis esse ADEL. *Elem.* I 33; pars est ~as ~atis, minor majoris cum minor majorem numerat *Ib.* V *def.* 1; commentator ibidem sic dicit, quod impossibile est ut numerus et superficies et linea habeant unum genus commune nisi equivoce, verbi gratia ~atem KILWARDBY *OS* 168; dividat AB corpus pedalis ~atis .. in una hora uniformiter KILVINGTON *Soph.* 53; unitas dupliciter potest considerari, viz. prout est quantitas, et sic potest dividi, aut prout est ~atis principium, et sic manet indivisibilis TUNST. 274. **b** quia ista duo que prediximus, sc. unitas et punctus, que sunt duo principia omnium eorum que sunt de predicamento quantitatis, sive sint ~as continua sive discreta SICCAV. *PN* 97; ut ~as discreta, que est principium arithmetice, vel ~as continua, que est principium geometrie WYCL. *Chr. & Antichr.* 659. **c** item an sit alicujus ~atis et an aliquo modo se habeat ad aliquid BALSH. *AD rec. 2* 137; substantia spiritualis neque habet divisibilitatem ~atis nec puncti ..; neque est quantum, neque terminus quanti BACON *Tert.* 173; illa natura univoca que est in genere generalissimo ~atis abstrahitur a natura divisibilitatis *Ib.* 198; materia participat extensionem, que est ~as, sed materia est extensa per ~atem T. SUTTON *Quodl.* 448–9; quantitas remanens [sc. in eucharistia] post consecracionem non est subjective in una qualitate precise, quia illud quod nec est realiter ~as, nec subjective in ~ate nec subjectum ~atis, non est quantum OCKHAM *Quodl.* 461; c**1380** corpus Christi .. non quantificatur aliqua hujusmodi ~ate (WYCL.) *Ziz.* 118. **d** cum talis res sit tantum in tribus generibus, sc. ~ate, qualitate, et ubi SICCAV. *PN* 49; aliud ~atem, aliud qualitatem significat DUNS *Ord.* III 101; circa loca igitur sex notentur, sc. ~as, figura, qualitas, numerus, ordo, et distancia intercepta BRADW. *AM* 6.

4 (log. & phil.) something that has quantity, a quantum (*cf. quantum* 8).

[corpora mathematica] habent posicionem suarum partium et prius naturaliter quam naturalia corpora que non habent posicionem partium nisi per corpus, quod est ~as T. SUTTON *Gen. & Corrupt.* 52; unitas .. potest considerari .. prout est ~as, et sic potest dividi TUNST. 274 (v. 3a supra).

quantitative [ML quantitativus + -e], as regards or in respect of quantity, quantitatively: **a** (in log. context); **b** (in mus. context).

a sint ergo omnes herbe quoniam magis terra participant, magis quidem ~e frigide, earumdem tamen quedam magis efficaciter calide ADEL. *QN* 2; sciendum est tamen quatuor elementa convenisse in compositionem corporis .. Ade, sed ex terra dicitur plasmatum, quia terra predominatur ~e .. in corpore humano NECKAM *NR* II 152; materia dividitur ~e, genus vero et simpliciter forma qualitative KILWARDBY *OS* 314; mutatur .. localiter, ~e, aut qualitative quodlibet quod movetur (HEYTESBURY *Reg.*) *Sci. Mech.* 238; cum Pater et Verbum sint unum omnino indivisibile, quia essencia que nec qualitative nec ~e componitur (WYCL.) *Ziz.* 472. **b** ordines secundi modi perfecti eodem modo et sub eodem numero accipiuntur. sed ~e modo contrario accipiuntur *Mens. & Disc.* (*Anon. IV*) 24.

quantitativus [ML < CL quantitas + -ivus], that pertains or relates to quantity, that possesses quantity, quantitative: **a** (in log. context); **b** (in mus. context).

a integrale .. quasi totum quilibet est spiritus. pars vero quasi tocius cujuslibet pars est spiritus; partes revera quasi tocius integralis sunt ipse virtutes, non autem ~e [v. l. quantitati ve] sed potenciales, ut intelligendi potencia, memorandive, cetereque consimiles E. THRIP. *SS* XI 7; tertio tolle dimensiones ~as et restat nuda substantia, et hec est ultima abstractio et pertinet ad metaphysicum KILWARDBY *OS* 206; de celestibus orbibus .. contingit loqui .. secundo modo ratione ~e nature, sc. quantum ad eorum magnitudinem BACON VII 64; quod nunc perscrutandum est non de partibus ~is, sed de partibus quidditativis, ex quibus constituitur definicio exprimens substanciam rei DUNS *Metaph.* VII 2. 10 p. 216a; cum materie sit duplex subsistencia, sc. substancialis et ~a, sicut per subsistenciam ~am eat individuum de genere quantitatis (BACONTHORPE *Sent.*) *GLA* III 318 n. 692; quia corpus Christi est quantum in eucharistia, quia quantitas corporis Christi est in eucharistia; et tamen non habet modum ~um OCKHAM *Quodl.* 780; quomodo componeretur aliquid ex partibus ~is, nisi causaretur ex illis que actualiter componunt WYCL. *Ente Praed.* 190; Augustinus .. dicit Deum non esse triplicem, quia tunc persone adderent ad magnitudinem tocius, et plura constituerent in una unitate sicut est in partibus ~is et qualitativis nullarum creaturarum *Id. Trin.* 76. **b** 'mensura est habitudo ~a longitudinem et brevitatem cujuslibet cantus mensurabilis manifestans' (FRANCO) HAUBOYS 182 (=TUNST. 254b).

quantitivus [cf. ML quantitativus], (log.) that pertains or relates to quantity, quantitative.

infinitum .. est multis modis: uno modo est per extensionem ~am, sive in longitudine spatii, sive in longitudine durationis, secundum partes sibi invicem ordinatas BACON *Tert.* 193; duplex est magnitudo; est enim quedam magnitudo ~a .. et hoc est magnitudo substantie .. et hec est accidens, sc. quantitas ..; alia est magnitudo non ~a .. et talis is magnitudo potentie et virtutis *Id.* VII 60; aliud est loqui de fine indivisibiliter terminante terminacione ~a, ut punctus terminat liniam, instans tempus, et gradus latitudinem. et talis vocatur pars ~a indivisibilis WYCL. *Ver.* III 221.

quanto [CL]

1 (interrog., w. compar. adv., by) how much? (in quot. in rhet. qu. or exclamation).

~o magis .. mortalium fragilitas, si de propriis meritorum emolumentis .. intumuerit .. infeliciter fraudabitur? ALDH. *VirgP* 11 p. 239; si .. nondum regeneratus sibi usurpans tantopere taxaverat, ~o magis credere fas est, ut .. *Ib.* 25 p. 257; **705** querere .. tuae sanctitatis consilium prospere rebus succedentibus .. animus .. mihi semper inerat. ~o magis in adversis et in difficilibus rerum eventibus tuae providae considerationis industriam consulari .. necessitas meam .. parvitatem perurget WEALDHERE *Ep.* 22; si modo nobis adsurgere noluit, ~o magis, si ei subdi coeperimus, jam nos pro nihilo contemnet BEDE *HE* II 2 p. 83; 'qui recipit prophetam .. mercedem prophete accipiet.' ~o magis pro ipso sepe dicto archiepiscopo, quem nobis valde nimisque collaudastis W. MALM. *GR* I 89; si jusjurandum .. quod puella .. nesciis parentibus .. fecerit judicatur irritum, ~o magis quod ille .. nesciente omni Anglia, .. impegerit videatur non esse ratum *Ib.* III 238.

2 for what price? for how much? (cf. *quantum* 2).

videretis prorsus bona vestra perire, ~o velitis tunc redimere, quod manus regia rediret sicut prius? OCKHAM *Disp.* 16.

3 (rel.) by how much (the more *etc.*, in quot. w. correlative *tanto*). **b** (without compar. or other word implying comparison) in what degree, to the extent that.

quanto fuerint augmenta rogorum / tanto plus sitiunt ALDH. *VirgV* 2621; ~o studiosius in eo cultu veritatem quaerebam, tanto minus inveniebam BEDE *HE* II 13; sceleratus enim, ~o plus vixerit, tanto plus peccabit W. MALM. *GR* II 202; famosus sagittarius .. qui ~o sagittandi peritia major, tanto in nequitiis erat detestabilior ORD. VIT. XIII 23 p. 60; ~o .. flagitiosius et immanius peccatum est incestus, tanto scrupulosius certitudinem consanguinitatis exquiri oportet P. BLOIS *Ep.* 83. 257A; si incessanter amorem Christi rumines .. estimo quod per falsa blandimenta mulieris nequaquam aliquando decipieris; immo ~omagis per inanes blandicias tibi videris allici ac temptari ROLLE *IA* 228. **b** ~o enim in hoc saeculo frangeris, tanto in perpetuum solidaris FELIX *Guthl.* 30 p. 98; quoniam inter fidem et speciem intellectum .. esse medium intelligo, ~o aliquis ad illum proficit, tanto eum propinquare speciei, ad quam omnes anhelamus, existimo ANSELM (*CurD commend.*) II 40.

4 (w. compar. adv. & *posse*) as .. as one is able. **b** (without *posse*) as .. as possible (in quot. *~o citius*; cf. *quantocius*).

ea que ab ipsis .. congesta fuerant, .. elegantiora queque presenti volumine ~o compendiosius potui lucidiusque digessi GIR. *TH intr.* p. 8. **b** cui, cum me, ut ~o citius illud scriberem, urgeret, inquam .. ASSER *Alf.* 88.

quantocimus v. quantocius.

quantocius [LL]

1 as quickly as possible, at once, immediately, forthwith. **b** (in gl.) very quickly or swiftly.

c**625** ut nos, reperta portitoris occasione, .. prosperis ~cius nuntiis relevetis (*Lit. Papae*) BEDE *HE* II 11; regulas ex partibus orationum .. ~cius [v. l. ~cimus] depromito! ALDH. *PR* 140 p. 193; cum ad sacratissimos evangeliorum apices venisset, ~cius [vv. ll. quantoties, quantotius, quan tocius, *gl.*: *swiþe raþe*] cuncta Stoicorum argumenta et Aristotelicas categorias .. despexit *Id. VirgP* 35 p. 277; illis [corvis] .. "in nomine," inquit, "Jesu Christi abite ~tius [v. l. ~cius] BEDE *CuthbP* 20; Cuthbertus .. ad dilectum heremiticae conversationis agonem quamtotius [v. l. ~tius, ~cius] remeare curavit *Ib.* 36; **801** deprecantes, ut ~tius scribantur et remittantur [tractatus], quia nobis valde necessarii sunt propter legentium utilitatem ALCUIN *Ep.* 216; c**1085** (1324) quantocyus petimus ordinari pontificem *Conc.* II 523a; Goduinus et Haroldus ~cius [ed. *OMT*: quamtotius] ad concilium .. venirent W. MALM. *GR* II 199; ille .. reversus in sese quamtocius redit ad piissimum provisorem W. DAN. *Ailred* 22; s**489** Aurelianus Ambrosius .. precepit ut omnes qui potuerunt arma movere ad eum quamtocius convenirent M. PAR. *Maj.* I 220

(=*Flor. Hist.* I 243); **1257** conductum autem securum ad hoc vobis seu vestris nunciis habere liberaliter faciemus, super quo nos reddatis quamcotius [*sic*] certiores *Cl* 115; alioquin certissime sciret Willelmum Normannie comitem .. Pontivum quamtocius [ed. Hamilton: quantotius] armatum aditurum W. Guisb. 4 (cf. ib. 123: quam tocius [ed. Hamilton: quamtotius]); **1393** quia cultus Dei hiis diebus plus minuitur quam augetur, anime defunctorum oblivioni traduntur quamtociens, et devotiones vivorum ab ecclesiis plus solito subtrahuntur *Lit. Cant.* III 21. **b** ~cius, velocius *GlC* Q 25; ~tius, valde cito, quod etiam ~tiens dicitur Osb. Glouc. *Deriv.* 492.

2 ? as quickly as, as soon as, or *f. l.*

Arturus .. interna anxietate cruciatus quoniam tociens [v. l. totiens] evasisset [Modredus], confestim persecutus est eum in predictam patriam G. Mon. XI 2 (cf. *Eul. Hist.* II 361: quamtotius [v. l. quam totiens] evasisset).

quantocyus v. quantocius. **quantomagis** v. quanto.

quantopere [CL], (in quot. used apparently w. sense of composite interrogative) with such great effort, to such a degree.

hec .. est causa, quare ~ere de gente sua prelatos appetant, ut scilicet innata sibi sueque genti vitia .. episcopi tales non abhorreant Gir. *JS* I p. 130.

quantoties, quantotius v. quantocius.

quantulus [CL]

1 (interrog.) how small? how little? (in quot. in rhet. qu., iron.). **b** (exclam.) how little! how small!

~a est hec ejus gloria? W. Malm. *GR* II 109; ~a sunt cenobia Heliense, Burchense, Thorniense, que ille .. suscitavit? *Ib.* II 149; ~a .. simplicitas ut libram argenti, quam cotidie in stipendio accipiebat, regi pro uno equo perdonaret? *Ib.* III 251; ~um illud est, quod in nullo loco loquuntur nisi in capitulo? *Ib.* V 440; ~a .. potest videri hec ejus laudatio? *Ib.* V 44 (=*Id. GP* II 77); ~um autem est testimonium quod ei perhibet Osbernus, qui eum dicit .. ab omni Anglorum orbe semper deflendum, nisi Dunstanus successisset? *Id. GP* I 17. **b** illi Asiam .. inhabitant ... illi Affricam .. tenent ... tertium mundi clima restat, Europa, cujus ~am partem inhabitamus Christiani! W. Malm. *GR* IV 347; quantacumque sint, ~a sunt peccata tua respectu illius misericordie que totius mundi .. suffecit absorbere peccata Rob. Flamb. *Pen.* 3.

2 (rel.) of what small size, what small amount of (in quot. in self-depreciating context); **b** (w. *posse*). **c** (as sb. n., in quot. in self-depreciating context) what small amount (of, w. specifying gen.).

ei .. qui mihi contulit .. ~um habeo ingenium W. Malm. *GP* V *prol.* **b** idem .. electus .. electione sua nondum per dominum papam confirmata, ~a tamen potuit illum auctoritate instituit *Chr. Battle* f. 107. **c** ~um in dicendo facultatis habemus, ad dicendum praestantissima omnium id reservamus W. Poit. I 20.

3 a small amount of, some amount of (no matter how small).

calcaneo ejus insidiatur, qui finem boni operis elatione ~a inficere conatur H. Reading (I) *Mem.* 1319B.

quantuluscumque [CL]

1 (rel.) however small (in size or amount). **b** (as sb. n.) however small an amount, however little.

~acumque ei a Domino foret inpertita gratia, hanc sibi ad salutem sufficere posse putaverit Bede *Hom.* I 22. 103. **b** prius .. quam divisionis fiat probacio est considerandum quod si prius consumpta divisione cum integris ex dividenda summa quicquam .. remaneat, ibidem ~umcumque sit relinquatur, et supra hoc multiplicetur Thurkill *Abac.* f. 61v.

2 (indef.) of however small a size or amount, some amount of (however small); **b** (in self-depreciating context); **c** (w. sb. & pr. ppl., w. adverbial force; cf. sense 2e *infra*). **d** (as sb. n.) any amount (however small), the very smallest amount (of, w. gen.). **e** (n. sg. as adv.) to some degree (however small), to however small a degree.

si te majorem .. alicui credis .. non hoc sine ~acumque jactantia facis Anselm *Misc.* 300; cum [Oswaldus] .. ~umcumque exercitum undecumque conflasset, his sermonibus in bellum excitavit W. Malm. *GR* I 49 (cf. Ciren. I 143: quantulumque); non nostre laudis vel honoris de his gloriam ~amcunque captamus R. Cold. *Cuthb.* 2 p. 5; sperma humanum maxime corrumpitur in corpus humanum quia ut ita dicam humanitate ~acumque participat *Quaest. Salern.* P 14; **c1210** quantulacumque enim caritas, sive contritio caritate informata, sufficit ad delendum [peccatum] P. Blois *Ep. Sup.* 46. 11; ut .. pro ~ocunque tenemento faciat tenens .. sequelam curie etiam invitus M. Par. *Maj.* V 545. **b** meae .. voluntatis erat hic requiescere corpore ubi ~umcunque [v. l. ~umcumque] pro Domino certamen certavi .. Bede *CuthbP* 37 p. 278; omnipotentiam tuam .. queso, ut hanc acceptes lucubratiunculam, ne ~icumque fructu laboris excidam W. Malm. *Wulfst.* III 20. **c** Juppiter tamen, singulis diebus ~uscumque hiemalem asperitatem leniens, seminum satorum spondet saltem et quasi jam predicit proventum Alb. Lond. *DG* 4. 8. **d** quid de sancto sacerdote dicat, si ~umcunque adhuc interni auditus in vobis remanet, auscultate Gildas *EB* 89. **e** sic quoque adulti, licet non diu, attamen ~umcunque cordis contriti compunctione, pravis actibus omnino vacui, atque ipsis impetrata venia prorsus expiati, interim haud ullum inveniuntur habere peccatum Pull. *Sent.* 762B; non sine vicio gule putaverim hominem incolumem bene se habentem prevenire famem et sitim, comedere aut bibere nulla urgente probabili causa famis aut sitis, saltem ~umcumque pauce J. Godard *Ep.* 229.

quantuluscunque, quantulusque v. quantuluscumque.

quantum [CL]

1 (interrog.) what amount, quantity, etc.? how much? **b** (in indir. qu. w. ind. or subj., also w. partitive gen.). **c** (*in ~o* or *in ~is*, in quot. in indir. qu.) to what degree or extent; **d** (*~um* as internal acc. or as adv.).

de alterius [cibo] ~um [sc. potes comedere]? *Latin Stories* 26; ~um .. *how myche* WW. **b** videbam .. ~um securitatis hominibus nostri temporis .. increverat Gildas *EB* 1; nam ~a largiantur ecclesiae ab uno eodemque Domino Christo quis digne possit expedire per ordinem? Theod. *Laterc.* 22; ~um lucis intus habeant demonstravit Bede *HE* II 1 p. 76; totius Albionis incole tripudiarent, .. si ~um boni celitus sibi tunc impartiretur agnoscerent Ord. Vit. IV 6 p. 213; quidam quesivit a Maymundo ~um posset comedere *Latin Stories* 26; secunda [linea] edocet ~um *clok* percutiet vicinius ortui solis Elveden *Cal.* 5. **c** nulli .. dubium est, in ~is [v. l. in ~o] graviora sunt peccata hujus temporis quam primi Gildas *EB* 37. **d** is .. ~um enituerit .. quis .. enarrare sufficiat? Aldh. *VirgP* 20 p. 250; ~um haec agendo profecerit, adhuc praesentia tempora declarant Bede *HE* II 4 p. 88; **s1233** quod rex sit credibilis patet ~um in se ipso Wend. III 67.

2 (*~i*) of how much value? of what worth? **b** (in indir. qu. w. subj.); **c** (*~um* as internal acc. or as adv.); **d** (in indir. qu. w. indic.).

1166 ~i enim facere debeo exercitium litterarum et negotiationem virtutis ..? J. Sal. *Ep.* 197 (158). **b** **1166** illa tamen expressio, quia sibi et heredibus suis contra omnes mortales caveri vult, ~i sit apud eum, ex litteris Teutonici tiranni .. perspicuum est J. Sal. *Ep.* 148 (177 p. 182). **c** quantisper, i. ~um, ut cum dicimus, "quantisper valet res ista?" et respondendum est, " tantisper valet", i. tantum, vel obolum vel denarium Osb. Glouc. *Deriv.* 488. **d** in .. adventu [Willelmi regis] in Angliam fuit ipsa villa combusta, et ideo precium ejus non potuit computari, ~um valebat quando episcopus Baiocensis eam recepit *DB* I 1ra.

3 (rel.) which amount or quantity, the amount or quantity that, as much as (also w. partitive gen.); **b** (w. correlative *tantum*). **c** (as internal acc. or adv.). **d** (*de ~o* w. compar., w. correlative *de tanto*) by how much (the more, *etc.*); **e** (without word expressing comparison, in quot. w. correlative *in tanto*). **f** (*pro ~o*) on account of the extent to which, due to the fact that.

aquam, ~um sufficiat pro sitis ardore, sumat Gildas *Pen.* 2; aliquantulum, ~um meae cognitioni innotuit, de infantilibus et puerilibus .. Ælfredi Asser *Alf.* 21; quod et ~um potest humana discretio discernere et servare, subtiliter ac sapienter adimplere studuit *Ib.* 99; pro reatibus indigenarum invasimus ~um potest in quindecim peragrari diebus Ord. Vit. VII 7 p. 184; **a1189** (1329) quatinus totam terram suam .. et ~um ibi habent brulli, possint excolere et convertere ad terram arabilem *MonA* VI 1066b; in digitum cures digitum si ducere, major / per quantum distat a denis respice, debes / namque suo decuplo tocies delere minorem *Rara Math.* 77. **b** tantum gaudii ac suavitatis tum .. quantum nunc maeroris ac luctus Gildas *EB* 34; qui venit extremus .. / tantundem recipit quantum qui venerat ante Ord. Vit. I 11 p. 46; **1080** ecclesie villarum ~um cimiterii tempore Rodberti comitis habuerunt, vel ~um usque ad illud suprascriptum concilium habuerunt, tantum habeant (*Conc.*) *Ib.* V 5 p. 319; tantum sibi homines retinent ad emolumentum eterne salutis, ~um in elemosina misericorditer distribuunt *Ib.* VI 8 p. 49. **c** de meo cibo [comedo] ~um minus potero. .. [de cibo alterius] ~um majus potero *Latin Stories* 26; religio recta est ut quilibet .. accipiet a coraci mundo ~um minus potest [ME: *se lutel se ha least mei*] cibi vel vestimenti, possessionis aut cujuscumque rei mundane *AncrR* 72. **d** cura parvipensa de quanto pinguius, de tanto accepcius Wycl. *Sim.* 23. **e** **1458** in tanto duo vestra munuscula fuerunt nobis acceptiora, de quanto illorum unum invitat ad bonum, alterum vero .. dat doctrinacionem (*Lit. Abbatis*) *Reg. Whet.* I 321. **f** episcopus .. pro ~o est episcopus Pecock *Abbr.* 616 (v. 4b *infra*).

4 (*in ~um*, also written as one word): **a** to what degree or extent (freq. w. *posse* or sim.). **b** (in context of defining or specifying) to the extent that, inasmuch as. **c** (without verb) inasmuch as one is, according to one's nature as, in one's role or capacity as. **d** (in context of expressing cause or reason) inasmuch as, given that; **e** (in quot. displaying ambiguous equivalence with *eo quo* (*cf.* 4a *supra*) and *in eo quod* (*cf.* 4d *supra*)). **f** (*in ~um ad*) so far as relates or pertains to (*cf.* sense 5 *infra*).

a in ~um novi vel valeo, hujus cupio in omnibus oboedire statutis Bede *HE* III 25 p. 188; **c1063** hec verba mea cordis aure percipite, et in ~um recte sonant agite quod poscunt (*Lit. Abbatis*) Ord. Vit. III 7 p. 99; **1093** hoc retento ut, in ~um possibile vobis erit, nostro semper fruamini quamdiu vivam consilio Anselm (*Ep.* 151) IV 12; miser mori quam fuscatus vivere maluit, .. et, in ~um potuit, ad detrimentum sui obstitit Ord. Vit. XII 39 p. 461; statim juvenis id est mundi vanitas eam inquantum potest allicit, ut ei adhereat *G. Roman.* 327; ut eo ordine .. naturali singula prout acciderint, in ~um fieri potest, provide narrentur *Mir. Hen. VI* I *prol.* p. 8. **b** de celestibus orbibus .. contingit loqui .. uno modo in ~um entes sunt Bacon VII 64; tamen perfecciones eorum, que sunt inquantum animata sunt Duns *Metaph.* VII 20 p. 476; sic vult Anselmus nullum actum esse per se malum in ~um est illius generis Wycl. *Act.* 55; episcopus in ~um est episcopus Pecock *Abbr.* 616. **c** ex tali inquantum tale Duns *Metaph.* IV 2 p. 167; videns Deum per essenciam potest apprehendere Deum ut inferentem sibi lesionem ..... neque hoc debet [movere] quod apprehendit Deum inquantum lesivum sui Lutterell *Occam* 166; Jhesus inquantum Deus non habuit .. universale dominium ab eterno sed ex tempore Ockham *Pol.* II 705; homo in ~um animal est sensibilis, igitur homo est sensibilis Ockham *Quodl.* 607; quecunque religiosa in ~um religiosa Holcot *Wisd.* 166. **d** ad quam .. Karolus ait "elige, Eadburh, quem velis inter me et filium meum .." at illa sine deliberatione stulte respondens ait ".. filium tuum, in ~um te junior est, eligo" Asser *Alf.* 15. **e** similitudo .. qua Pater et Filius sunt similes est essentia, ita quod supposita illa similitudine, non supponitur relatio sed essentia. sed quero utrum hec sit danda 'Pater in ~um similis est Filio distinguitur a Filio.' licet enim essentia divina sic predicetur, tamen respective. hec ergo neganda 'eo quo Pater est similis Filio' .. 'Pater in eo quod est similis Filio, distinguitur a Filio' .. ita scilicet ut hec vox 'in eo quod' causam notet .. si notetur causa remota vera est Neckam *SS* I 14. 5. **f** quoad hunc actum [sc. discursum] logica est prior, et ita prior inquantum ad doctrinam, quia per discursum doctrinamur (Duns *Anal. Post.*) *GLA* III 209 n. 108.

5 (introducing adv. cl. as subj. of vb.): **a** (*~um in me, etc., est*) to the extent that it is in (my, *etc.*) power, as far as it has to do with (me, *etc.*); **b** (*~um ad* without vb.). **c** (*~um ad* w. *attinere* or *pertinere*) so far as concerns; **d** (without vb.); **e** (*~um de* in same sense). **f** (*~um est ad*) as far as it has to do with, as far as it is due to; **g** (*~um est ex* in same sense). **h** (*~um ad* w. other vbs.) so far

as. **i** (*~um ad* without vb.) in comparison with, relative to. **j** in view of, when one considers.

a quis .. ita sanctitatem .. sectatus est, ut hoc, quantum in se est, avide festinaret implere? GILDAS *EB* 106; ipsum, ~um in ipso fuit, .. sui .. successorem constituit ORD. VIT. VI 5 p. 32; ~um in me fuit, omnium dignissimo ecclesie regimen commendavi *Ib.* VII 15 p. 240; turpiter ~um in ipso est me polluit, et immaniter affligit *Ib.* X 15 p. 84; c**1245** ut .. quantum in ipso est .. subjectos ab omni cohibeat illicito GROS. *Ep.* 124 p. 350. **b** ille .. nec .. ad castellum reddendum poterat inflecti. sed nec liceret, si, ~um ad se, reddere disposuisset *G. Steph.* 93. **c** ~um .. ad seculi dignitatem attinebat, magne nobilitatis lampade cluebat ORD. VIT. IV 2 p. 170; **1205** ~um [MS: ?qªnt'] ad patronum pertinet *RChart* 147b; s**1233** quod rex sit credibilis patet quantum in se ipso; sed ~um ad consilium ejus pertinet, dico quod nulla mihi promissio fuit hactenus observata WEND. III 67. **d** quicquid .. contra nature rationem est, id licet ~um ad visum picturaliter decoratum sit, in se .. inmundum .. esse jure dicitur ADEL. *QN* 19; solo obedientie precepto, ~um ad me, abbatis nomen .. suscepi ORD. VIT. III 7 p. 97; ~um ad hoc, specialiter et expresse divina institutione formamur BART. EXON. *Pen.* 11; **1252** nichil juris ~um ad proprium solum habendum clamare potest *SelCWW* 28; ratione quantitative nature, sc. ~um ad eorum magnitudinem BACON VII 64; ~um ad essentiam ..; ~um ad esse *Id.* VIII 26 (v. 4b supra); ergo potestas laicalis suprema ~um ad rem cadit in papam OCKHAM *Pol.* I 20; **1422** quantum ad conventuales, sint omnes per regnum uniformes in habitibus (*Provis. Monachorum Nig.*) *Conc.* III 413b. **e** **1293** presentatum est quod H. le T. est de mala gestione quantum de verbis contumeliosis *CourtR Hales* I 247. **f** quia ~um est ad decrementum A corporis, A umbra decrescit equaliter B umbre J. BLUND *An.* 141. **g** potestas laicalis suprema non videtur, ~um est ex natura rei, majorem repugnanciam habere ad ordinem sacerdotalem OCKHAM *Pol.* I 21. **h** similiter ergo dum dico Spiritum Sanctum non esse genitum, ~um ad veritatem sufficit sed ad ansam calumpnie solvendam proficit ABBO *QG* 21 (47); utrasque ~um ad corpus spectat formosa species decorabat EADMER *V. Dunst.* 16. **i** vis parve stature est et magnam ~um ad se caudam habet *Quaest. Salern.* Ba 4; [pavones] ~um ad comparationes sui corporis magnas habent caudas *Ib.* **j** tante erant ambitiones .. ut .. uter .. civitatem sibi attemptaret. nec mirum, ~um ad honorem et utilitatem ORD. VIT. IX 12 p. 576.

6 (as internal acc. or as adv.): **a** to what extent or degree, to the extent to which; **b** (w. *posse* or sim.); **c** (w. correlative *tantum*, or *tam* & adv.). **d** (*non tantum .. ~um ..*) not so much — as —; **e** (*nichil ~um* w. noun) nothing even so much as. **f** for the extent of time that, for as long as. **g** according to what, as far as.

a vitam .. illius, ~um hominibus aestimare fas est .. dignam esse conperi BEDE *HE* V 6 p. 289; fuerunt .. ~um exterius patuit .. probate legalitatis ORD. VIT. III 12 p. 131; ~um videre sufficimus .. virum assumimus katholicum *Ib.* X 11 p. 64; ipse dux ~um ignavia permisit ejus consiliis usus est *Ib.* 19 p. 110; dicitur .. sua fuisse, ~um sinebat mundus, sine cura curia MAP *NC* V 5 f. 63v; ~um in discenda Dei voluntate fuerit sollicitus AD. EYNS. *Hug.* I 2 *tit.* **b** illa .. proferre conabor in medium .. ~um .. potuero GILDAS *EB* 4; baptizatus ecclesiae rebus, ~um valuit, in omnibus consulere ac favere curavit BEDE *HE* II 6 p. 93; ~um poterat reluctabatur ASSER *Alf.* 97; misericordem omnipotentiam tuam ~um possum queso, ut .. W. MALM. *Wulfst.* III 20; ~um potueritis ab effusione sanguinis manus vestras cohibete ORD. VIT. X 24 p. 151; dum potestas queritur, ~um juste potes, enitere ne mala statuatur PULL. *Sent.* 941C. **c** tantum altrinsecus discrepent, ~um distat dulcis sapa a merulento temeto ALDH. *VirgP* 60 p. 321; ~um pro industria exteriori regi placens, tantum pro interna suimet neglegentia displicens BEDE *HE* V 13 p. 311; si fuerint numeri quotlibet proportionales, erit ~um unum precedens ad sequens tantum omnes precedentes ad omnes sequentes ADEL. *Elem.* VII 12; quorum servitus ~um libera, tantum Deo comprobatur extitisse grata ORD. VIT. VI 9 p. 57; si tam bene novissetis industriam ejus, quantum ego novi *Hist. Durh.* 1 p. 129. **d** nec in illis tantum religionem ~um favorem servitiumque sibi gratum .. attendebat ORD. VIT. X 2 p. 11; s**1261** vos non tantum regis et regni ~um propriis inhiantes emolumentis *Flor. Hist.* II 463. **e** s**1404** Romani .. hospicium invadunt, .. nihil penitus quantum fenestrarum barras in eo relinquentes AD. USK 88. **f** c**1086** ut domnus Serlo ad nos .. ~um juberetis moraturus veniret ANSELM (*Ep.* 108) III 241; non in se glorietur victor .. quia nec ipse stabit nisi ~um jusserit dispositio conditoris ORD. VIT. IV 7 p. 231. **g** exameter versus dactilicus per quot species variari decernitur? ~um metrica ratio declarat, xxxij scemata habet ALDH. *Met.* 10 p. 84.

7 amount, sum, quantity; **b** (math.). **c** (log. & phil.) 'how-muchness' or 'how-greatness', amount, quantity (*cf. quantitas* 3).

clericis egentibus .. immensum ~um nummorum cumulabat W. MALM. *GP* I 43. **b** quod si fuerit equalis, erit equalis. si vero minor, erit eodem ~o minor ADEL. *Elem.* VI 1; supponitur quod aliqua sit comparacio vel proporcio proprie dicta, qualis est proporcio numeralis ~orum ejusdem speciei, sive sit racionalis, que immediate denominatur ab aliquo certo numero, sive .. WYCL. *Log.* II 115. **c** in quanto si dominetur / ignis, et in quali, tantus in igne vigor. / si dominatur aque vis in quali, dominatur / in quanto NECKAM *DS* IV 788, 791; natura indivisibilis spiritualis nullam comparationem nec proportionem habebit ad indivisibile vel divisibile in ~o corporali BACON *Tert.* 173.

8 (log. & phil.) something (having undergone quantification and thereby) having quantity, something having a property or properties for which the answer to the questions 'how great?' or 'how much?' is determinable (actually or in theory) by measurement, a quantum (*cf. et. quantus* 5); **b** (*non ~um*).

vis nutritiva .. dat .. formam novam similem forme rei nutriende et unit illam rei nutriende, et ita adicit ~um ~o J. BLUND *An.* 48; A umbra et B umbra sunt duo ~a, et equalia in principio hujus diei *Ib.* 141; simplex a simplici non exceditur in infinitum, sed solum ~um finitum in infinitum excedit simplex. ~um enim infinitum infinities infinite excedit simplex GROS. 52; substantia spiritualis neque habet divisibilitatem quantitatis nec puncti, quia sua natura est indivisibilis; neque est ~um, neque terminus ~i BACON *Tert.* 173; omne ~um situatum est longum ..... omne ~um est extensum ..... omne ~um continuum permanens et situatum est figuratum aliqua figura OCKHAM *Quodl.* 390–1; per consequens totum non esset actualiter ~um sub aliquo gradu. nam si deperdatur per se causa quantificacionis, necesse est ut proporcionaliter deperdatur quantificacio WYCL. *Ente Praed.* 190. **b** cum angeli sint partes ecclesie, et ipsa est unum corpus continuum .. sequitur quod continuum componitur ex non ~is, cujus oppositum demonstrat Aristoteles multis locis WYCL. *Chr. & Antichr.* 659; non interest pape .. eleemosynam preter evangelium mendicatam excommunicacionibus .. extorquere. sic enim posset papa Christianismum paupertate et paciencia martyrum conquisitum diminuere ad non ~um (WYCL.) *Ziz.* 264.

9 (in title of book, prob. to be referred to senses 7 & 8 *supra*).

1521 questiones de ~o, 2° 'gl'iares' *Cant. Coll. Ox.* I 60.

quantumcum v. quantuscumque.

quantus [CL]

1 (interrog.): **a** of what size, degree, or extent? how great? (also of abstr., or of activity or condition, or of person, w. ref. to power or ability); **b** (in rhet. or indir. qu. w. ind. or subj.); **c** (w. ellipsis of vb.). **d** (as sb. n., in quot. pl.). **e** (agreeing w. subj. of clause, w. adv. force). **f** (in pl.) how many?

a ~us quam magnus dicitur BEDE *Orth.* 46; quot ad numerum pertinet, sicut et tot; ~i et tanti ad mensuram *Ib.* **b** tunc .. ~i persecutorum rabidi furores, ~ae e contrario sanctorum patientiae fuere, ecclesiastica historia narrat GILDAS *EB* 9; p**675** Simonem .. qui qualem ~amque necromantiae fallaciam .. machinaretur, certamen apostolorum et decem libri Clementis testes sunt ALDH. *Ep.* 4 p. 482; vide, Domine, ~a mala facit Penda! BEDE *HE* III 16 p. 159; **960** si pastores .. oculis conspectant vigilantibus ne aliqua .. pereat .. ~a cura ~oque sudore debemus esse pervigiles ob salutem animarum, qui dicimur pastores earum? (*Lit. Papae*) W. MALM. *GP* I 39; sicut .. queritur de homine .. 'que res sit homo' et ' qualis' et '~a' BALSH. *AD rec. 2* 148; tertia [linea] ostendit ~a sit horarum planetarum nocturna, et in pede habetur ~a sit aurora ELVEDEN *Cal.* 5. **c** ego sum maxima feminarum. vis scire ~a? hic michi stanti facile est manu contingere culmen celi *V. Chris. Marky.* 26. **d** quis .. effari valeat .. ~a idem Julianus .. martirizando perpessus sit ALDH. *VirgP* 36 p. 282. **e** qualis .. vel ~us idem .. miraculorum signis effulserit, neminem reor expertum ALDH. *VirgP* 26 p. 260. **f** nostri auctores aliquoties ~os pro numero ponunt BEDE *Orth.* 46; **1419** ordinatio .. ~os homines quelibet warda inveniet ad custodiam portarum *MGL* I 648.

2 (exclam.) of what (great) size, degree, or extent! how great (a)!; (in pl. occ. also construable as) of how great a number! how many!

o ~a ecclesiae matri laetitia, si .. GILDAS *EB* 34; o ~us quosdam attritae frontis pallor ob detectum sceleris reatum tremibundos arguit! ALDH. *VirgP* 32 p. 273; buxeus o quantos obtexit pallor inertes! *Id. VirgV* 1013; o quanto premitur Roma dolore! (*Vers.*) W. MALM. *GR* II 194; illud [sc. cenobium], ut cetera, ~o succubuerit detrimento miserabile, plus sui medietate diminutum *Id. GP* IV 162.

3 (rel.) of what size, degree, or extent. **b** (w. *possum*) of as great a size or extent as one is able. **c** (in pl.) of as great a number as one is able, as many as one can.

cum .. presbyter portionem [sc. reliquiarum] ~am voluit amico dedisset, residuum dedit adulescenti BEDE *HE* IV 30 p. 280; edifitiorum decus, oblationum pondus, quale et ~um in Anglia nusquam W. MALM. *GP* II 74; vectigal ~um volebant .. impune accipiebant ORD. VIT. III 3 p. 53; trado .. monasterii arcagium ~um Goscelinus tenuit *Ib.* V 15 p. 425; libertatem eternam ~am habet Dunelmensis episcopatus MAP *NC* V 6 f. 67. **b** sicam .. in pectus regis .. ~o potest conatu infigit W. MALM. *GR* II 144; vulneratus, ~o potuit conatu, exclamavit ORD. VIT. VII 10 p. 198. **c** vestras scafas et naviculas, ~as habere potestis, simul congregate STRECCHE *Hen. V* 166.

4 (w. correlative *tantus*); **b** (in math. context).

pestifera .. lues .. populo incumbit, quae .. tantam ejus multitudinem .. sternit, ~am ne possint vivi humare GILDAS *EB* 22; tanta parentur tormenta ~a non capit mens nostra .. in tremendo die *Ps.*-BEDE *Collect.* 381; tantam exemplorum copiam .. congessimus, ~am .. pro evidentioris indici gratia sufficere credimus ALDH. *Met.* 8 p. 78; s**1139** tanti reatus conscius ~um nostra secula nusquam vidissent W. MALM. *HN* 472 p. 30; lux .. seipsam per seipsam undique infinities multiplicans et in omnem partem equaliter porrigens, materiam .. secum distrahens in tantam molem, ~a est mundi machina, in principio temporis extendebat GROS. 52. **b** ~a .. [linea] GH ad HD, tanta KT ad TD ADEL. *Elem.* VI 12; ~us .. triangulus ABG ad triangulum AGD, tantus triangulus GDH ad triangulum AGD *Ib.*

5 (as sb. m. or f., w. gender determined by that of the original word referred to; =*quantum* 8, *q. v.*).

ad extensionem non sufficit presencia rei alicui quanto, aliter anima intellectiva esset ~a, cum sit presens toti corpori et cuilibet ejus parti OCKHAM *Quodl.* 390; per partes intrinsecas potest [substancia materialis] esse longa, lata, et profunda; igitur per illas potest esse ~a *Ib.* 407; certum est quod talis veritas .. deserviret .. ad quantificandum hominem, cum ipsa posita est homo sic ~us, et ipsa ablata desinit esse sic ~us WYCL. *Ente Praed.* 50; confirmatur quod homo sit ~us est veritas, presupponens hominem esse et potens deesse ab homine, ipso permanente, ergo distinguitur ab homine *Ib.*

quantus quantus v. quantusquantus.

quantuscumque, ~cunque [CL]

1 of whatever size, extent, amount, or degree, however great or small.

aut .. conatu ~ocumque ad omne interrogationum genus aptabitur que predicta est ratio interrogandi quadripertita, aut .. BALSH. *AD rec. 2* 150; c**1173** omnis ~uscunque cibus fuerit .. apud nos, salutaris est et acceptus P. BLOIS *Ep.* 46. 134B; variis et diversis incedunt semitis femine; quibuscunque anfractibus errent, ~iscunque devient inviis, unicus est exitus MAP *NC* IV 3 f. 46v; ~acumque sint, quantula sunt peccata tua respectu illius misericordie ROB. FLAMB. *Pen.* 3; **1452** nunc .. et instantis et superventuri ~icumque honoris gaudeo specialem accepisse patronum (CHAUNDLER) BEKYNTON I 269.

2 (n. sg. as adv.) to whatever extent, (in quot. w. ref. to time) however long. **b** (w. indefinite force) to whatever degree (however great or

small), to some extent or other. **c** (w. contrastive or adversative force) to no matter how great an extent, however much. **d** (as conj.) despite or regardless of the extent to which, however much, although.

quod ipsum evum angeli ~umcumque durantis sit indivisibile DUNS *Sent.* II 2. 1 p. 220b. **b** importune .. se ingerit, quia sit ~umcunque inhabilis et non est beneficium sue contrate propter magnitudinem cure quod refugit, si sit pingwe WYCL. *Sim.* 23; **c1380** corpus Christi est ~umcumque varie quantificatum ibi, cum sit in qualibet parte quantitativa illius hostie (WYCL.) *Ziz.* 118. **c 1419** alicui ~umcumque in regimen subditorum necessario *Reg. Cant.* I 60; nullam personam ~umcunque sibi noxiam voluit aliquoties mulctari BLAKMAN *Hen. VI* 18. **d 1220** nos, ~umcunque personam vestram amplius dilexerimus, extunc tanto gravius in vos .. manus nostras curabimus aggravare, quanto .. *Pat* 226; **c1250** item dominus M. F., †quantumcum [MS: q^m cū; l. quantumcumque] esset infirmus et in convalescentia, comes vinctum duxit secum; et recidivatus mortuus est *V. Montf. app.* 284; **1289** attendentes quod ~umcumque idem O. se in dicto instrumento confiteatur dictam pecuniam a nobis recepisse, quia tamen in veritate nichil de ea recepit, promittimus .. *RGasc* II 300b; [peccator] qui ~umcunque offenderit nequiter Dominum, .. per oracionem humilem .. poterit .. de omnibus culpis preteritis impetrare veniam *Spec. Incl.* 2. 1 p. 88.

3 (introducing indir. qu.) of what (indefinite or indeterminate) size, amount, or degree? how great (however great that may be)?

c1205 si Deus non scit ~uscumque sit, ergo est major quam ipse intelligat, ergo Deus non perfecte Deum intelligit. nota quod quilibet, sive viator sive comprehensor, scit ~uscumque Deus est P. BLOIS *Ep. Sup.* 29. 29.

quantuscunque v. quantuscumque.

quantuslibet [CL]

1 of whatever size, extent, amount, or degree one likes, no matter how great, of some (unspecified) size, extent, amount, or degree.

quicumque totum librarum numerum et ad hoc ejusdem numeri dimidium conjungere .. posuerit, is quidem numerum marcarum ex illis constitutarum, in quamtalibet [*sic*] multitudine assignare valebis THURKILL *Li.* 127; ~alibet .. industria servatis, assumpta species ultra triduum non durabat GIR. *TH* II 19 p. 106; ~alibet militum vel peregrinorum infinitas intrans urbem .. vel ab urbe exitura .. illuc .. se pro modo suo singuli reficiunt W. FITZST. *Thom. prol.* 10; non movebat vestra .. captivitas episcopos .. ad compassionis affectum, ut vos ad aliquam ecclesiolam qualem qualem etiam cum ~olibet onere servitutis admitterent P. BLOIS *Ep.* 78. 240C; dicentes quod digito moto non movetur aliquid aer, quo major non moveatur, non tamen digito moto ~uslibet aer movetur NECKAM *NR* II 174 p. 309; in accionibus personalibus extra urbes et villas mercatorias .. processus sunt ordinarii, et ~aslibet dilaciones paciuntur non tamen excessivas FORTESCUE *LLA* 53.

2 (as sb. n., in quot. in phr. *ad ~umlibet*) to any extent whatever, as much as one likes. **b** (n. sg. as adv.) to however great an extent one likes, to whatever degree, however much.

sine ea [sc. gratia Dei] nichil potest humana fragilitas, et per eam quevis infirmitas ad quantumlibet grandia convalescit J. SAL. *Ep.* 250 (148). **b** sic nos hostis antiquus .. ~umlibet occulta gerentes, acuto conspicit intuitu GIR. *TH* I 16; ~umlibet plura quot modis equivocari possint facile inveniet .. BALSH. *AD rec. 2* 43 p. 28; ~umlibet inde quisque pro facienda gloria sui nominis laboravit, memoriam suam quasi cinerem posuit HOLCOT *Wisd.* 66; sicut totus mundus racionaliter potest dici proposicio, sic ~umlibet magnum artificiale secundum formam artis dispositivam potest esse proposicio WYCL. *Log.* II 20; nec nisi divino solo nutu, ~umlibet humana sollicitudo elaborasset, creditur extincta tam ferox flammarum voracitas *Mir. Hen. VI* III 95 p. 167.

quantusquantus [CL; al. div.], of whatever size, amount, or greatness, however great.

Deus .. quia summum bonum est, non aliunde imo ex se est, quantus quantus, qualis qualis est PULL. *Sent.* 680D.

quantusvis [CL]

1 of whatever size, amount, or degree you wish.

non modo in populo sed in ~avis paucitate potest quique suam tirannidem exercere J. SAL. *Pol.* 675D.

2 (n. sg. as adv.) to however great an extent or to whatever degree you like.

melior est plane acquisitio talis auro et argento, ac lapidibus ~umvis pretiosis *V. Fridesw. B* 14; si usque ad suppremum judicii diem in satisfaciendo laborarent ~umvis, modicum omnino videri debuisset in .. expiationem tam magne .. pravitatis sue AD. EYNS. *Visio* 27 p. 334.

quanvis v. quamvis.

quapropter [CL *also as interr.*], (rel.) on acount of which, wherefore, (also introducing new sentence) for that reason, therefore.

672 ~er .. aperito gurgitem et sitientia rigato arva mentium, quatinus germen aethralis extaseos .. demum maturescat ALDH. *Ep.* 5 p. 491; ~er dico tibi quia .. ab infirmitate hac sanaberis BEDE *HE* V 19; libros ante se recitare .. imperabat .. ~er pene omnium librorum notitiam habebat ASSER *Alf.* 77; ~er Donati vel Prisciani potius regulis dare operam suadeo ABBO *QG* 4 (12); pertinaces .. interdixit, .. anathematizavit ... qua propter .. contra eum nimis irati sunt ORD. VIT. VIII 11 p. 329; ~er vobis consulo vestras scafas et naviculas, quantas habere potestis, simul congregate STRECCHE *Hen. V* 166.

quaqua [CL], in every place to or through which, wherever; **b** (w. *locorum*).

inde progrediens, diversas partes regni accessit ... ~a pergebat, in armis nemo manebat W. POIT. II 35. **b** ~a locorum adventum ejus fama prenuntiaverat, ei turmatim occurrebant J. SAL. *Anselm* 1026B.

quaqua versum v. quaquaversum.

quaquaversum [ML al. div.; cf. CL quaqua versus]

1 in all directions, hither and thither, everywhere; **b** (without sense of motion); **c** (w. gen.).

quia quaqua versum ecclesia per mundum in diversis gentibus, et tribubus, et populis, et linguis diffusa est BEDE *Tab.* 425B; ut liber cursus ac recursus nullo obstante deferentibus tantum thesaurum ~um pateret EADMER *Ep. ad Glast.* 805A; freno demonia fortiter tenetur et juxta presidentis voluntatem ut animal insensatum ~um minatur ALEX. CANT. *Mir.* 29 (II) p. 218; aper .. impetu validissimo ferebatur in regem, ad quem ~um declinandum .. rex .. preteribat illesus *Itin. Ric.* V 31; **c1257** rei evidentia celebri fama ~um diffusa *Mon. Francisc.* II 268; quod tamen aspiciens ~um non video BRADW. *CD* 636A. **b 975** (12c) his .. limitibus haec praefati ruris particula quaqua versum cingi videtur *CS* 1314; ut .. liberales artes .. ~um patris Oswaldi industria .. pullularent EADMER *V. Osw.* 19; fere .. que .. prius .. reservabantur, nunc ~um turbari *G. Steph.* 1; Kynlusche olim .. locus fuit planus .. quem sylva densissima .. ~um complectebatur FERR. *Kinloss* 13; argenteos calices ~um deauratos *Ib.* 73. **c** orthodoxae fidei famulitio ancillatis, eisdemque ecclesiastico antistantibus proposito, ~um orbis, tam instantibus quamque futuris, Odo .. collegium et .. tripudium O. CANT. *Pref. Frith.* 2.

2 (indef.) in any direction whatever, anywhither; **b** (w. *alibi*).

quociens ~um exit a monasterio *Cust. Westm.* 17; ut ~um a domo recedant *Cust. Cant.* 79. **b** nec ad sartarium nec alibi ~um, illius rei causa, absque licencia speciali incedere poterant *Cust. Westm.* 124.

3 (rel.) in whatever direction, whithersoever, wherever.

in Brittania, ~um imperium regia Eduini perveneRat .. BEDE *HE* II 16 p. 118; peragrata insula tota, ~um Anglorum gentes morabantur *Ib.* IV 2 p. 204; regionem .. ~um finibus suis cingitur pervagati .. Cantiam .. subdidere W. MALM. *GR* II 107; totius Anglie, ~um porrigitur, episcopatibus circuitis .. domum revertor *Id. GP* V *prol.*

quaquina, *var. sp. of* coquina.

1446 quaquina. in quoquina [MS: quaquina] de Berwyk, ij *brasinpottis*, ij patella enea .. (*DCDurh.*, COLD. *Pri.*, *Status 1447*) *Pri.* COLD. lxxxiv.

quaquodcumque v. quicumque. **quaragena** v. quadragena. **quaraginta** v. quadraginta. **quarantana, quarantena** v. quarentena. **quarare** v. squarrare. **quararia, ~ium, ~ius** v. quarrarius. **quarculus** v. querculus. **quarcus** v. quercus.

quare [CL]

1 (interr.) for what reason? why?; **b** (w. ellipsis of vb.); **c** (in indir. qu., w. indic.); **d** (w. subj.); **e** (w. ellipsis of vb.); **f** (treated as sb., reason or justification) why.

Cuneglase .. ~re tantum certamen tam hominibus quam Deo praestas, hominibus .. armis, Deo .. sceleribus? GILDAS *EB* 32; ~re dixit 'iste'? quia non erat Judaeus *Comm. Cant.* III 103; ~re quintus [pes] dactilo competit? ALDH. *Met.* 10 p. 83; ~re non .. nobis porrigis panem nitidum? BEDE *HE* II 5 p. 91; cur taceam quod dicitis? ad quid celo quod proditis? ~re abscondo quod facitis? ANSELM (*Or.* 10) III 40; uxores mea inermes .. ~re veluti captivas in carcere vinctas retines? ORD. VIT. XI 26 p. 253; ~re quidam multum comedit et parum assellat vel mingit, alius nil fere comedit plus tamen assellat vel mingit? *Quaest. Salern.* N 55. **b** "non consequitur." "~re?" ANSELM (*Gram.* 3) I 146; queritur quidam .. arreptus est algore et congelata sunt omnia ejus membra, deinde .. calefactus est, subito acceptus a nausea expiravit, ~re? *Quaest. Salern.* B 83; numquid non potuit nos cum minori gravamine redemisse? immo certe, valde faciliter. sed noluit. ~re? [ME: *for hwi?*] *AncrR* 154. **c** et hoc ~re facit ostendit .. inquiens .. GILDAS *EB* 42; scio .. qui es, et ~re maeres BEDE *HE* II 12 p. 108; **1196** prior de S. summonitus ostensurus ~re .. deforciat Basilie de L. advocacionem ecclesie de L. *CurR* I 20; **1294** preceptum est distringere .. prepositum .. quod sit ad proximam curiam ad respondendum ~re abire permisit unum equum captum .. et posit' in parco domini *SelPlMan* 73. **d** qui cum interrogarentur ~re hoc facerent, nil aliud respondere potuerunt nisi .. BEDE *HE* III 22 p. 173; **c800** inferendum est ~re in Christo non credat .. [sc. esse] proprietatem filii ALCUIN *Ep.* 204; que [sc. filia admiralii Antioche] cum interrogaretur ~re ita fleret, respondit quod .. ORD. VIT. X 24 p. 153. **e** et id ~re, ostendit .. GILDAS *EB* 87; videtur audisse Ysaiam conquerentem, .. et dicit ~re [ME: *hwarfore, þe acheisun hwervore*]: 'quia in medio populi polluta labia habentis ego habito' *AncrR* 52; **13..** revera tales judices / nuncios multiplices / habent—audi quare: / si terram vis rogare, / .. (*De Judicibus*) *Pol. Songs* 225. **f** lupus .. / ad navem se contulit volens transfretare; / "frater," ait nauta "transibis non sine quare" *Latin Stories app.* 170.

2 (rel.) because of which, for which reason, why, (also beginning new sentence) wherefore. **b** for the reason that, because.

Ini .. simili provinciam illam adflictione .. mancipavit. ~re factum est, ut .. episcopum proprium habere nequiret BEDE *HE* IV 15 p. 236; est .. nec hujusmodi principiis uti nec hujusmodi sophismatibus insistere artificiosum; ~re talibus non utentur nisi quos .. BALSH. *AD* 96; miraculum istud fuit magna occasio ~re habitum ordinis illius suscepit *Canon. G. Sempr.* f. 151v; hec .. est causa, ~re quantopere de gente sua prelatos appetant GIR. *JS* I p. 130; causa ~re invenitur forma durabilis et perpetua est quia ex planetis durabilibus et perpetuis est BACON V 159; prima racio ~re est ymago Trinitatis est quia est capax Trinitatis RIC. ARMAGH *Sent.* 405. **b** cum colera .. putrefiat .. fit .. denigratio, ~re fumo et spiritu superiora petentibus pauca emissa cum urina disponunt substantiam urine tenuem et obscuram GILB. I 22v. 2; clare apparet quod episcopo heretico non debet .. obedire; sed licet ab ipso discedere, ~re jam sententia legis divine .. est damnatus OCKHAM *Dial.* 581; J. filius N. C. tenuit Corkbeg et obiit seistus, et W. filius J. C. tenet modo ratione tallii ~re feoffavit per patrem, tenere de se per servitium xij d. *Pipe Cloyne* 9; inter album et rubium non potest esse aliquid equedistans simpliciter, ~re equidistancia simpliciter habet respectum ad extremos UPTON 105.

quarea v. quarria. **quarearius** v. quarriarius. **quareator** v. quarrator. **quarelare** v. quarrellare. **quareli-** v. 2 quarrellus. **quarella** v. 1, 2 quarrellus. **quarellare** v. quarrellare. **quarellum, ~us** v. 1, 2 quarrellus.

quarena, ? sort of architectural element (perh. moulding for window, door, or sim.), or ? sort

of squared or carved stone (cf. *quarrera* 2, *quarria* 2).

1313 pro cc de hertlathis pro fals' mold' ad ~am inde faciendam *KR Ac* 469/12 m. 12.

quarent', quarenta, quarentana, quarenteina, quarentela v. quarentena.

quarentena, ~ana, quarant-, [OF *quarentainu, quaranteinu*, ME *quarentine*], **~ela**

1 (as unit of length) furlong (usu. equivalent to forty rods, perches, or poles); **b** (w. ref. to board-feet of timber for building).

pratum v ~ent' long' et j ~ent' lat' *DB* I 302va; Hals habet xv ~antenas et xiij percas [in long'] et vj ~antenas in latum *DB* II 182; Rattesdene .. habet j leugam et iiij ~entenas in longo et x ~entenas in lato *Inq. Ely* 522b (cf. *DB* II 381b: xvj q'r' in longo et x in lato); tam longe debet esse pax regis a porta sua, ubi residens erit, a quatuor partibus: hoc est tribus miliariis et iij ~entenis [AS: *furlang*] et iij acris in latum et ix ped' et ix granis ordei (*Quad.*) *GAS* 391; leuga .. Anglica duodecim ~enteines conficitur, ~enteina vero quadraginta perticis *Chr. Battle* f. 15; **c1200** x acras terre cum bosco .. sc. unam ~entanam in longitudine et alteram in latitudine *Couch. Kirkstall* 256 p. 182; **c1200** unam mansionem in foresta de E. .. sc. in longitudine super aquam vij ~antan', et versus montem tres et dimidiam ~antan' et quelibet virga unde ~antane mensurabuntur erit viginti pedum *MonA* VI 1025a; **a1250** unum *oyerhalfgerde* super *refurlang* extendens se per duas ~entelas *DL Cart. Misc.* 2 no. 53; **1356** in iij ~entenis clausture circa coopicium claudendis iiij s. vj d., pro ~entena xviij d. *Crawley* 273; sicut se extendit [fossatum quod vocatur] Redeclos usque aquilonem per quinque ~entenas et duas perticas *Croyl. Cont. B* 479. **b 1279** in j ~entena de *bords* ad *pentys* iiij s. ij d. *Comp. Worc.* I 2.

2 (as unit of area) furlong, area of a square of which each side is a furlong in length (understood as equivalent to ten acres).

TRE iij carant' terrae et dim. ... tunc in domino iiij carant', modo iij *DB* II 283; **1325** est ibidem quidam parcus continens xviij ~entinas [MS: quarent'] et xix perticatas, viz. perticatas xviij pedum *Banstead* I 316; **1434** Gilbertus de Gressy dedit eisdem ibidem duas ~entanas bruere, et pasturam ad d oves in eadem *MonA* VI 835b.

3 field, or portion of a larger common field, of indeterminate or unspecified area; **b** (named).

a1187 unum alium selionem qui vadit versus *le west* quantum ~entana durat *Danelaw* 152; **11**.. i. selionem qui extenditur .. usque ad crucem ad liberum egressum et ingressum, et i. selionem in eadem ~entena ex *sud* parte predicti selionis .. et item i. selionem in eadem ~antena alibi *Ib.* 154; **1205** abbas .. et conventus .. in terra sua clausuram per ~antenas facient competentem ... et ex parte orientale incipient, et primam claudent ~antenam *FormA* 80; **a1250** dimidiam acram in eadem ~entela *DL Cart. Misc.* 2 no. 53; **1398** in semine super cx acris jacentibus in diversis ~entenis (*Harmondsworth*) *Ac. Man. Coll. Wint.*; duo selliones inter terram dicti R. et terram meam et ecciam terram dicti R. in eadem ~entena (*Cranfield, Beds*) *Doc. Coll. Wint.* **b 11**.. unum selionem terre arabilis in campis de Reresbi in ~entena que dicitur Hielposhil *Danelaw* 150; **p1200** una acra jacet in una ~entena que vocatur le Clerekesforlong *AncD* C 1868; **c1245** una roda terre in campo de Harewolde in carentela [MS *sic*; *Cart. Harrold* 32: quarentela] Merheg (*Cart. Harrold*) *BL Lansdowne MS* 391 f. 10v; **1381** unam dimidiam acram terre jacentem in campo de Aleresford predicta in ~entina vocata Abovetheweye (*Alresford* 8) *Doc. Coll. Wint.*; **1466** et tres acre terre in eadem ~entela [sc. Pekefelde] *Cl* 318 m. 30*d*. (cf. *CalCl* 374); **1535** in quadam ~entena vocata Longefurlonge (*MinAc*) *Rutland MSS* p. 3.

4 period of forty days, 'quarantine': **a** (in leg. or diplomatic context, as period of time allowed for some action to take place or be carried out); **b** (spec., the period allowed a widow to continue living on her late husband's estate while her dower is determined and assigned; cf. *Magna Carta* 7). **c** (as period for calculating pay or salary). **d** (transf., as name of wilderness where Christ fasted for forty days).

a 1163 tali conditione .. si .. ipsi eum infra tres ~entenas reconciliare regi .. non poterint, quod unusquisque .. dabit regi .. c marcas argenti, et facient infra tres ~enas *Foed.* I 25; **1383** de placito assise frisceforcie de libero tenemento suo ... querela attachiatur infra ~entenam, etc. .. queruntur quod predictus J. del W. disseisivit eos de duobus mesuagiis .. infra ~entenam, etc. *Mem. York* II 11; **1419** major et cives .. consueverunt habere ~entinam suam, sc. respectum quadraginta dierum, ut ipsi interim .. avisare se possint *MGL* I 440. **b 1236** quod .. omnes vidue que post mortem virorum suorum expellantur de dotibus suis, vel dotes suas et ~entenam suam habere non possent sine placito, .. recuperent simul cum dotibus suis .. dampna sua (*Stat. Merton*) *Cl* 337 (=M. Par. *Maj.* III 341, *Fleta* 344; cf. *Reg. Malm.* I 59: carentenam, (*Stat. Rob. III*) *Regiam M* II f. 67v: ~antenam); **1256** quod aliquod maneriorum quod fuit Walteri de P. nuper defuncti .. assignet Margerie, que fuit uxor ejusdem Walteri, tenendum per ~entenam suam donec .. dicte Margerie dos sua inde per regem vel per alium fuerit assignata *Cl* 327; necessaria habeat uxor usque ad ~entenam, nisi ei fuerit sua dos citius assignata Bracton f. 60b; **1283** eidem Isabelle faciatis habere racionabilem ~entenam suam de bonis que fuerunt ipsius defuncti *Cl* 100 m. 4 (cf. *CalCl* 218); **1409** inquisitum est .. si disseisina facta fuerit [predicta Johanna] infra ~entenam; qui dicunt quod sic *Mem. York* I 141; quod mulier habeat ~entinam suam *Reg. Brev. Orig.* f. 175v *marg.* **c 1190** in liberationibus xxv militum qui custodierunt vij castella domini regis .. c et l li. per tres ~antenas *Pipe* 75; **1228** per duas ~entenas, videlicet .. a vigil' Sancti Luce .. ad oct' Innocentium *Liberate* 7 m. 11 (cf. *Cal. Liberate* 59); **1292** vadiorum meorum michi concessorum pro custodia castrorum de D., W., et K., .. incipiendo computare primam ~entenam quarto die Martii anni predicti *Doc. Scot.* I 281; **d** in illa via est Jerico juxta quam ~entana ubi Dominus jejunavit xl dies *Descr. Constant. app.* 263; sanctus Edwardus rex .. obtulit [reliquias vel partes] de quarenta [*sic*] ubi jejunavit [Christus] Flete *Westm.* 69.

5 ?fortieth of an hour, 'moment' (*cf. momentum* 3).

pulsetur ad omnes vesperas et matutinas quatuor vicibus, viz. .. secundus [pulsus] per campanam dulcem, ad estimationem unius ~entane *Stat. Lich.* 21 (=*MonA* VI 1256b).

quarentina v. quarentena. **quarera, ~um** v. quarrera. **quarerarius** v. quarrerarius. **quarerarius, quareria, ~ium** v. quarrarius.

quaretereia, ?housing, quartering (? cf. *carrettaria, carrettarius*).

1198 in ~a et costamento asinorum et asinariorum, et in harnesio equorum et asinorum *RScacNorm* II 310.

quaria v. quarria. **quariator** v. quarrator. **quarina** v. quarria. **quarior** v. quarrior. **quariria** v. quarrarius. **quarlell-** v. 1 quarrellus. **quarnellus** v. 1 carnellus. **quarraria, ~ium** v. quarrarius.

quarrarius, ~erius [cf. ML quadraria, ~ium; cf. et. ME, AN *quar(r)er(e)*, CL -ius], **~urius** [infl. by CL -ura+-ius]

1 (as sb. m.) person who works in a quarry, stone-cutter, quarryman, quarrier.

1280 in conduccione diversorum cementariorum, quarriariorum, hottariorum, carpentariorum .. circa operamen castri et ville *MinAc W. Wales* 10; **1291** Roberto le Blount et Roberto Peny ~eriis de Corfe, pro marmore ad crucem de Charringe *Manners* 115; **1417** Colerne et aliis queruriis pro dccclxxv pedibus .. petrarum *Rect. Adderbury* 17; **1420** in lucracione lapidum per ~arios ad facturam fenestrarum vitrearum *Ac. Durh.* 406.

2 (as sb. f. or n.) place from which stone is extracted (for building), quarry; **b** (in fig. context); **c** (as place-name, in quot. usu. w. ref. to Quarr Abbey, Isle of Wight).

1158 in Ebford j ~ariam quam G. bastardus eis dedit *MonA* VI 53b (=*MonExon* 135a); **c1158** me .. dedisse culturam quarerie de Rependona juxta Trente *Ch. Chester* 119; **1176** ~arium quod G. P. et P. de St. vobis dederunt (*Lit. Papae*) *Papsturkunden in England* I 410; **c1180** dedimus .. eis .. petram quararie nostre de A. ad sufficientiam ad edificia domus .. edificanda *Melrose* 92 p. 80; **1185** particulam terre .. in ~ario nostro de B. *Cart. Rams.* II 335; **1222** pro mille petris .. de quariria sua (*KR Ac* 491/13) *Ac. Build. Hen. III* 130; **c1310** insuper carbonarium et ~arium infra .. rivulum de W. et divisas de P. et I. *Reg. Newbattle* 66; **1337** pro stipendiis xxij hominum frangencium petras in ~eria .. easdemque portancium, et auxiliancium ad veteres muros castri disrupiendos et removendos *Cal. Scot.* III *app.* 366. **b** lapides isti debent esse impoliti et sicut cadunt de ~ario S. Langton *Serm.* 2. 14. **c 1203** taillagium ville de Norhanton' ..: .. richegot de ~aria r. c. de j m. *Pipe* 184; **1256** idem W. dedit et concessit .. abbati et conventui de ~aria .. *FormA* 160; **1323** abbas et conventus de Quareria *FormA* 164.

3 stone extracted or extractable by quarrying (cf. *OED s. v.* quarry sb.[2] sense 2), (also) right of extracting stone (from specified area of land) by quarrying.

c1200 preterea dedi eis turbariam, et petrariam, et quareriam ubicunque invenire poterint in territorio ville de Hepp *MonA* VI 869; **1307** habeant omnia sibi necessaria .. quararium ad edificandum *ChartR* 93 m. 3 (=*CalCh* III 103); **1307** habuerint necessarium et quarer'm ad edificandum *ChartR* 93 m. 2 (=*CalCh* III 105).

4 (as sb. f.) ?square (of town or village, or *cf. carrarius, quarrera* 1b).

1317 quidam officiales .. quoddam aliud pillorium in quareria dicte ville de A. juxta pillorium ipsorum A. et A. ibidem ab antiquo situm .. jam de novo construere fecerunt *RGasc* IV 1710.

quarrator [cf. LL quadrator *'stone-cutter'*], **~iator** [cf. quarriare+CL -tor], person who works in a quarry, stone-cutter, quarryman, quarrier; **b** (passing into surname).

1198 quariatoribus qui trahebant petram de quareliis *RScacNorm* II 310; **1208** quinque quareatoribus .. quorum quilibet habet in die iij d. *Cl* 107a; **1208** quinque ~eatoribus .. quorum quilibet habet in die tres den' *Cl* 113; **1221** carpentar', mazonibus, ~eatoribus, carettar', et hominibus trahentibus ad petrarias nostras *Cl* 453b; **1261** petra quam quareatores quarere de R. foderunt remansit ibidem pro defectu cariagii *Cl* 468; **1287** in vadiis diversorum ~atorum quarriancium in diversis quarreris *Pipe* r. 26; **1300** in stipendiis cementariorum, ~eratorum, fossatorum et aliorum operancium per loca circa muros facta placeam reparanda [*sic*] *Pipe* 145 r. 22; tribus ~iatoribus quolibet capiente per diem iij d. *Ac. Linlithgow* lxiv; **1319** eodem modo mand' est vic' Ebor' de quinquaginta cementariis quorum quatuor sint ~atores *RScot* I 196a; **1371** in potu dato ~atoribus ibidem ... et in potu dato cariantibus lapides *Fabr. York* 7. **b 1208** Osb' quareatori qui habet in die vj d. *Cl* 107a; **1337** Reginaldo ~eatori capienti per septimanam ij s. *Cal. Scot.* III 358.

quarrea v. quarria. **quarreator** v. quarrator.

quarrellare [1 quarrellus+-are], to decorate (surface) with pattern of square- or diamond-shaped markings, to diaper.

1241 magnam .. cameram nostram lambruscari, dealbari, et de coloribus quarelari, et cindulis cooperiri facias *Libertate* 15 m. 14; **1256** magnam cameram nostram ibidem dealbari et quarellari *Ib.* 32 m. 10.

1 quarrellus, ~a, ~um [OF *carrel, quar(r)el*, ME *quar(r)el(le)*, Prov. *cairel*; cf. et. ML quadrellus]

1 square-headed bolt or arrow (usu. fired from crossbow or arbalest), quarrel; **b** (dist. acc. size).

1160 pro m quarell' et apparatu arbelast', ix s. et viij d. *Pipe* 2; **1174** in warnisone cast' de Notingeh' .. pro m quarlell', iiij s. et vj d. *Pipe* 56; **1177** in custamento ducendi cccc ~os ad perficiendum opus de Merleberga, xxix s. et iiij d. *Pipe* 98; **1190** constabulario Lond' c s. ad faciend' grarlell' et *pilez* et arbalest' in Turri Lond' *Pipe* 156; **1205** liberate Waltero de Insul' tres balistas ligneas et mille quarellos bene pennatos et flectatos *Cl* 31a; **1266** comes petit sibi allocari .. fabricam de mille septingentis et septuaginta querellis *ExchScot* I 6; **s1199** quidam armatus .. subito adveniens tetendit arcubalistam atque quoddam quarellum violenter direxit ad regem Oxnead *Chr.* 102; **1304** quendam servientem suum per ventrem cum cayrello letaliter vulneraverunt (*AncC* 14/135) *RGasc* III clxxvib; **a1327** artillator, qui faciat balistas, carellos, arcos, sagittas, lanceas, spiculas (*Reg. Aquit.*) *DuC* I 422; **1343** de .. clxviij gerald' pro springald', iiij arc' pro springald' *KR Ac* 23/32 m. 1; de .. mccccij[xx] xix gerold' et ij magnis ingeniis

Ib.; s**1429** *le pucell* per utraque femora ictu garaldi transfixa est BOWER XV 36 (=*Extr. Chr. Scot.* 226). **b 1242** cariari fac' usque Portes' duo millia grossorum quarellorum et quinquaginta milia gracilium quarellorum *Liberate* 16 m. 8; **1254** xxxiij li. Burdegalensium .. pro xj miliariis quarellorum ad unum pedem quod W. de Ch. .. recepit ad opus municionis in castro Gelosii *RGasc* I 391a; **1266** rex dedit E. filio suo .. quinque balistas .. et tres bokettos quarellorum, de quibus unum bokettum est ad ij pedes et duo ad j pedem *Cl* 83 m. 10; **1284** c milia de quarellis ad ballistas duorum pedum et c milia de quarellis ad ballistas unius pedis *Cl* 102 m. 11; **1305** in xij balistis ..... quarelli unius pedis: et in cc quarellis pro ballistis j pedis emptis .. xviij d. *MinAc W. Wales* 406; **1388** pro uno canone grosso, cum uno foramine pro lapidibus grossis, et x aliis foraminibus pro pellottis vel quarellis grossis (*KR Ac* 400/22) *EHR* XXVI 698.

2 square tile or brick (used in building; *cf. et. OED s. v.* quarrel sb.[1] sense 4).

1278 quarellorum de Flandria (*KR Ac* 467/7) *Building in Eng.* 140; **1279** in vj mill' cc et dim' calami empt' ad hastilaria, muros, et quarellos contra yemem cooperiend' *KR Ac* 467/7/4; **1287** in libera petra de Cadamo et de Reygate, dura petra de Eyllesford', creta et quarell' Flandr' *Pipe* r. 26.

3 square- or diamond-shaped pane of glass (*cf. et. OED s. v.* quarrel sb.[1] sense 3).

de iij panis sex fenestre vitreate. et sunt in toto *chapiterhous* x pane cum quarellis, et quelibet pana iij orle W. Worc. *Itin.* 284.

4 ? sort of (square) cushion (assoc. w. chair, bench, or sim. in quot.; but *cf. et. OED s.v.* carrel 'sort of fabric').

[serviens hospitarii] debet .. stramenta lectorum erigere et componere, quarellos et cathedras, trestellos et mensas loco competenti ponere *Obs. Barnwell* 194; notandum quod stallum sive sedile abbatis ubi sessurus fuerit, semper ornetur quarello sive sit revestitus sive non *Lib. Evesham* 2; in medio .. ponatur subsellium cum quarello ubi abbas sedeat cum voluerit *Ib.* 70; **1398** duo paria bancalium cum octo carrelibus ejusdem forme *Cl* 242 m. 10.

2 quarrellus, ~a, ~um [ME quar(r)el(le)], place from which stone is extracted (for building), quarry (*cf. OED s. v.* quarrel sb.[2]).

1198 quariatoribus qui trahebant petram de quareliis *RScacNorm* II 310; **12..** litera .. pro sclatis fodendis per quarellum ejus de Corkry. .. ad fodendum *sklat* in *quarelle* meo de Corkry *Reg. Tristernagh* 70; **12..** et sic descendendo de illo rivulo usque ad rivulum quarelli nomine Sulhok *Reg. Aberd.* I 30; licenciam .. querendi .. lapides wlgariter *sclaytstayn* dictos in quarella mea de Dalketh .. ad tecturam domorum suarum *Reg. Newbattle app.* xxi p. 307; **1327** in conduccione .. operariorum frangencium lapides in quarella de Haterbergh' (*Yorks*) *Ac. Sheriffs* 49/12.

quarrera [ME, AN *quar(r)er(e)*, OF *quarrier(e)*], **~ura** [infl. by CL -ura]

1 place from which stone is extracted (for building), quarry; **b** (used as setting for public entertainment). **c** (as place-name, in quot. w. ref. to Quarr Abbey, Isle of Wight). **d** land used or suitable for use as a quarry, 'quarry-land'.

c**1199** culturam desuper domum Sercehaie ubi ~era est *Ch. Chester* 272; **1232** quia ~era .. arestata est, ut rex audivit, per quandam quercum ita quod stante quercu illa non potest continuari dicta ~era *Cl* 100; **1238** quod permittat canonicos de Lichefeld fodere petram ad fabricam ecclesie sue .. in quarera de H. *Cl* 46; **1300** in stipendio fabri emenda[n]tis utensilia quaerere de berleghe *Fabr. Exon.* 13 (cf. ib. 137: quarera; ib. 149: quarrera); xiij portitoribus in ~ura quolibet capiente per diem iij d. *Ac. Linlithgow* lxiv; **1315** de ~era in .. W. et de una acra terre super quam querra [*sic*] est *ChartR* 101 m. 12 (cf. *CalCh* III 258); sunt in eodem castro unum ferrum vocatum *chisel* pro petris frangendis in ~era precii ij d. *Capt. Seis. Cornw* 1; **1357** Thorne Bugy querenti petras in querrera pro parietibus circa herbarium .. prioris reparandis, iij s. *Ac. Durh.* 558; **1408** in soluto .. carectariis cariandis [*sic*] .. petras a querera de Teynton *Rect. Adderbury* 3; **1409** pro lucracione minere petre in querrura (*Aud. Durh.*) *EHR* XIV 518; **1419** de lapidicina seu ~eris prope eandem villam quas ad opus nostrum specialiter reservamus *Foed.* IX 727 (cf. *DuC* V 545: quarruris; ib. 554: quaruris); **1464** querrera calcis ibidem reddit per annum xvj s. viij d. *Feod. Durh.* 130; **1532** soluti Americo Dande .. pro cariagio .. tegularum a ~era de Eysh *Househ. Bk. Durh.* 85. **b 1516** ad ludum et demonstrationem martiriorum Felicianae et Sabinae martirum in quarera post muros (*Ac. Bailiff*) *Hist. Shrewsb.* I 328 (=*Med. Stage* II 251; cf. ib.: **1495** pro vino dato domino principi ad ludum in *quarell*). **c 1279** inquiratur de dampnis que abbas de Quarera sustinuit *RParl Ined.* 3. **d 1376** in j dimidia acra quarere empta .. xj s. *Ac. Obed. Abingd.* 29; **1442** empcio querrure: pro v rodis et v ulnis querrure petrarum emptis .. x li., in ij rodis querrure petrarum emptis .. lxvj s. viij d.; pro remocione et cariagio pulveris dictarum vij rodarum et v ulnarum .. vj li. xvj s. *Fabr. York.* 56.

2 quarried stone, stone suitable or ready for quarrying (*cf. OED s.v.* quarry sb.[2]sense 2).

1376 in sol' facta quarerariis et aliis werkmannis frangentibus quareram et operantibus ad stagnum molendini et alibi *Ac. Durh.* 583.

3 (act of) extracting (stone or ore) in or as though in a quarry, quarrying.

1409 pro instrumentis ferreis .. faciendis, tam pro minere, petre, ferri ~ura, quam pro instrumentis ferreis [in] forgeo .. servientibus (*Aud. Durh.*) *EHR* XIV 529.

quarrerarius [ML quarrera+CL ~arius], **~urarius** [infl. by CL -ura+-arius], person who works in a quarry, stone-cutter, quarryman, quarrier.

1319 diversis ~erariis fodientibus liberam petram et alia in diversis quarreris *KR Ac* 286/28 m. 3; **1340** querrerario et cementario frangentibus et sculpantibus petram pro alio butraco ad corneram capelle *Ac. Durh.* 538; **1376** in sol' facta quarerariis et aliis werkmannis frangentibus quareram *Ib.* 583; **1376** Thome Fychet quarerario *Ac. Obed. Abingd.* 33; **1434** in factura j logii in quarera pro eisdem quarerariis pro instrumentis suis inserendis, ij s. x d. *Fabr. York* 55; **1450** in expensis circa querrurarios apud Hedyngton *DocCOx* 327.

quarrerator v. quarrator. **quarreria, ~ium, ~ius** v. quarrarius.

quarria, ~ium [ME *quar(r)ei, quar(r)i*], **~ina** [ME *quar(r)ei, quar(r)i*+CL -ina], place from which stone is extracted (for building), quarry.

c**1166** quod .. teneat .. essartum quod est in campo de F. apud ~ium *Cart. Osney* IV 340; **1291** in quareis emptis apud Aycrop et pro via habenda usque ad eandem, iij s. vij d. *Ch. & Rec. Heref.* 164; **1312** concessi .. eisdem .. ad fodiendam et capiendam petram de quaria mea .. ad stangnum suum et domos .. ibidem facienda et reparanda tantum *Cart. Sallay* 476; **1384** in separali quarea sua .. fodit *KB ContrR* 494 r. 274*d.*; **1507** in quadam ~ea lapidea vocata *a ston' delff Cl* 372 m. 37*d.*; tenent' ~iam sive quarinam de lapidibus tegulat' ad fodend' *Val. Eccl.* II 202b; **1581** omnes carbones, lapides, ferrum, et plumbum, ac alia mettalla de, in, et super mineris, quarr', aut puteis premissorum *Pat* 1205 m. 8; **1583** nobis omnino reservatis omnibus .. miner' et ~eis premissorum *Pat* 1235 m. 32.

quarriare [quarria+-are; cf. OF *quarrer*], to work in a quarry, to do quarry work.

1275 [*if he has to quarry*] queriare [*marl* ..] (*Sidlesham*) *Cust. Suss* I 23; **1287** in vadiis diversorum quarratorum ~iancium in diversis quarreris *Pipe* r. 26.

quarriarius [quarria, ~ium < ME *quar(r)ei, quar(r)i*, quarriare+CL -arius], **~earius** [cf. et. OF, ME *quar(r)eour*+CL -ius], person who works in a quarry, stone-cutter, quarryman, quarrier.

a**1178** prohibeo ne quis .. cementarios, taliarios, ~iarios, sive alios .. operarios .. ab opere abstrahat *Reg. S. Andr.* f. 150b; **1222** Willelmo quareario .. pro mille petris tractandis de quariria sua (*KR Ac* 491/13) *Ac. Build. Hen. III* 130 (cf. ib. 140: Galfrido *le Quareur*); **1280** pro cementariis, hottariis, quareariis, ceterisque operariis ad operamen castri *MinAc W. Wales* 10; **1319** Willelmo de Elsklishall' ~iario *KR Ac* 286/28 m. 3.

quarriator v. quarrator.

quarrior [cf. OF *quarreour, quarrieur*, ME *quar(r)io(u)r*; cf. et. quarriare+CL -or], person who works in a quarry, stone-cutter, quarryman, quarrier (in quot. passing into surname).

c**1230** toftum et croftum que fuerunt Alani quarioris *Dryburgh* 120.

quarrium v. quarria.

quarrucata, var. sp. of *carrucata*.

c**1200** dedi eis unam ~am terre in G. cum omnibus pertinentiis suis *MonA* VI 1025a.

quarrura v. quarrera. **quartadecimanus** v. quartodecimanus.

quartale [ML], a fourth part, quarter: **a** (as unit of weight); **b** (as liquid measure).

a 1404 iiij[or] ~a sturjonis pro xviij marcis *Lit. Cant.* III 82. **b** post decoccionem extrahantur herbe de pastello et ponantur in ~e albi vini vel in patella GAD. 34. 2; **1439** necnon quinque cartell' vini de Rodes contin[en]t' duas buttas vini *Cl* 289 m. 10.

quartaliata [cf. ML quartale+-ata], quarter or quarter's worth (in quot. of land, perh. a quarter of a virgate).

1310 quod feodum est quoddam nemus continens quinque ~as terre et nemoris *Reg. Gasc. A* I 247.

quartallum v. quartellus.

quartanarius [LL], **quartenarius** [cf. ME *quartaine, quarteine* < CL quartana]

1 (med.) one who suffers from quartan fever.

quidam ~anarius cum febre sua incipiente rigor prius eum arriperet et in calore terminaretur, modo in rigore terminatur et in rigore incipit *Quaest. Salern.* Ba 66; aperiuntur carceres, solvuntur vincula, ~anarii evadunt et febricitantes quam plurimi ope sua *V. Edm. Rich P* 1821B; s**1238** ingruente discrasia, non hinc contigit quod se meminit aliquis tot vidisse antea in uno anno ~enarios M. PAR. *Maj.* III 522; yera fortis .. nefreticis, sciaticis, ~anariis subvenit GILB. VII 346v. 1; ~anarii magis estuant .. ad partes exteriores, set causonicus plus estuat juxta cor GAD. 15v. 2.

2 (naut.) subordinate officer of a ship.

1424 ~enarius balingere (v. contramagister).

3 (as unit of measure) quarter (of grain, containing 8 bushels).

a**1190** in quolibet ~inario frumenti lucrari tres d. *Growth Eng. Ind.* 568.

quartans v. quadrans.

quartanus [CL], (med., of fever) that has a four-day cycle, quartan. **b** (as sb. f.) quartan ague or fever.

tytartaeus Graece, Latine ~a febris quae de splene venit *Comm. Cant.* III 15; diliponta est cotidiana, vel tertiana, vel ~a *Gloss. Poems* 103 n. 22; unus ~is febribus laborans, duo hydropici J. FURNESS *Walth.* 82; affectum jam corpus, et ~is algoribus post alias febres congelascens AD. EYNS. *Hug.* V 16 p. 195; alius quidam de clericis ejusdem patris ~is torquebatur febribus *V. Edm. Rich P* 1812A; qui [Hugo illuminator] post cartanas [MS: carteras] febricitantes et fluxus ventris torrentuosos ipsum quinque septimanis continue affligentes, diem clausit extremum .. vj kal. Dec. .. S. SIM. *Itin.* 64; tetraceus, i. febris ~a *Alph.* 184. **b** hic leo noster .. ~e stimulo leonino more vexatur GIR. *TH* III 50; verumtamen ~e insidiantis et imminentis preambulos estus jam presensi P. BLOIS *Ep.* 109. 332D; Baldewinus .. ~a per annum decoctus ad extrema deductus est W. CANT. *Mir. Thom.* II 18; ~a dicitur quia de quarto in quartum invadit et affligit, et est de melancolia, que naturaliter movetur per horam quartam diei GAD. 15. 2.

1 quartare [ML=*to divide into four parts*], (of number) to move to a fourth column.

si autem divisor fuerit decenus secundat a se, si centenus terciat, si millenus ~at, si decenus millenus quintat THURKILL *Abac.* f. 58.

2 quartare [CL quartus+-aris], quire, gathering.

1475 in j ~i paupiri et in j *standisshe* viij d. *Ac. Churchw. Sal.* 17.

quartarius [CL], **quarterius** [ML], **quarte-**

rus, quarterius [cf. AN *quarter*, *quartier*] **1** of or pertaining to a fourth part, (as sb. m., f., or n.) a fourth part, quarter (of land, animal, or due); **b** (of person, to indicate quartering after execution); **c** (anat., of head). **d** (her.) quarter of a shield.

c**1200** sexdecim bovates faciunt tres ~eres [*sic*] feodi militis *E. Ch. Chesh* 8 (2) (v. bovata 1a); preter ix feoda militum et dimidium et unum ~erium quod retinemus in manu nostra *Pat* 51a; constituens .. monachis .. panem .. pondere lx solidorum et in Quadragesima de ~ario majorem *Chr. Battle* f. 23 v p. 68; **1218** pro feodo unius militis, et tribus ~eriis unius militis *Pat* 172; c**1337** heredes Galfridi Iwyn pro j acra de ~erio Matilde Sutton iij d. *Terr. Fleet* 120; per servicium unius ~erii porci quod dicitur *fressyngg'* de redditu vocato *look Reg. S. Aug.* 331 (cf. ib. 332: pro .. quarta parte porci); **1353** pro furnacione unius ~erii unius bovis *Pat* 240 m. 27; **1460** onerat se de vj martis j ~ario *ExchScot* 21; **1477** de iij li. ij ~aris vacce dicte *bowkow Ib.* 432. **b** s**1283** capite amputato ~eria vero ejus fuerunt suspensa *Ann. Cambr.* 107; s**1283** detractus et suspensus corpus ejus divisum in quatuor ~eria *Ann. Lond.* 91; s**1325** Hugo .. tractus, suspensus, decollatus, et quarterizatus, cujus caput Londonias, quatuorque ~eria ad quatuor partes Anglie mittebantur *Flor. Hist.* III 234; s**1317** suspensus et divisus per quatuor ~eria AD. MUR. *Chr.* 27; s**1363** ~eria .. corporis per quatuor partes civitatis contemptibiliter projecerunt J. READING f. 181; s**1436** decapitati et demembrati et in ~eriis per carnifices divisi *Plusc.* XI 10 p. 390. **c** in mania et melancolia fiunt cauteria inter quattuor ~eria capitis GILB. VII 360v. 1. **d** potest quis portare arma quarteriatim .. et tunc integra arma in quolibet ~io sunt depingenda, ut patet in armis regis Anglie, qui portat arma Anglie cum armis Francie quarteriatim BAD. AUR. 136; habemus arma quarteriata ingradata, viz. quando singula arma in ~eriis suis ingradantur UPTON 224.

2 (as unit of dry measure) quarter (of standard measure, sts. w. standard measure in gen.): **a** (of weight or capacity, esp. of corn) quarter (usu. containing 8 bushels); **b** (*magna ~eria*, containing 9 or 10 bushels); **c** (of coal or lime); **d** (of salt); **e** (of nuts). **f** (*~eria petrae* or sim., w. ref. to one fourth of a stone, in quot. of cheese or wool; *cf. et. petra* 6); **g** (of woad, also dist. as *cumulatum* or *rasum*); **h** (of wax, perh. one fourth of a hundredweight, *i. e.* 25 lbs). **i** quarter of a pound (=4 ounces); **j** (*~ius unciae*) quarter of an ounce.

a c**1150** tenuit .. tres ~arios frumenti in parte mea molendini ejusdem ville *CartINorm.* 294; a**1190** quando ~ierium frumenti se vendit pro sex sol. .. quando ~erium frumenti se vendit pro quinque solittis *Growth Eng. Ind.* 568; **1215** una mensura vini sit per totum regnum nostrum, et una mensura cervisie, et una mensura bladi, sc. ~erium Londoniense *Magna Carta* 35; **1265** de sexaginta ~ariis frumenti *Cl* 154; **1289** ad extrahendum ducenta squarteria frumenti *RGasc* II 428a; octo jalonate frumenti faciunt bussellum de quibus octo consistit commune ~erium *Fleta* 73; **1350** frumentum captum .. xiiij ~aria, precium ~arii iiij s. *Reg. Heref.* 333; **14..** decima S. Martini de G. [in] insulis de Gerseyo cum presentacione et pensione iiij carteriorum frumenti *CartINorm* 345. **b** **1325** frumentum: .. in missione apud Rames' clj ringas que fecerunt ix magna ~eria et dimidium *Rec. Elton* 280; octodecim communes ringe faciunt unam magnam ~eriam, excepto Borenuelle, quod facit viginti communes ringas unam magnam ~eriam *Cart. Rams.* III 158. **c** **1232** mandatum est P. de R. quod de calce regis, quam fieri fecit in bosco de C., habere faciat E comitisse S. centum ~eria de dono regis, ad fabricam ecclesie sue de L. *Cl* 162; **1284** pro xij quarter' carbonis emptis ad duas fabricas regis apud Conewey *Kr Ac* 351/9 m. 7; **1337** ~eria carbonum maritimorum (*Cl*) *Foed.* IV 730. **d** xvj toltata faciunt unum ~erium salis *Reg. Roff.* 369; **1304** capiatis .. de quolibet ~erio salis venali unum quad. *Pat* 124 m. 2a; **1276** quolibet anno j ~erium salis et postea quolibet anno xv bz. et qu' *Hal. Durh.* 133. **e** **1209** de iiij ~eriis dimidio de nucibus venditis *Pipe Wint.* 48. **f** **1264** dimidium petre et j ~eriam casei de Coil' preter decimam *Exch Scot* 6; **1539** una petra et unum ~erium petre lane .. iij ~eria petre lane *Feod. Durh.* 304. **g** waydarii solebant vendere waydam per ~erium cumulatum et nunc vendunt per ~erium rasum et hoc fuit levatum tempore Petri de Cancellis ad maximum nocumentum ville sue *PlCrGlouc* 115; **1304** capiatis .. de quolibet ~erio waide venali ij d. *Pat* 124 m. 2a. **h** c**1145** si vero ceram attulerit, non minus vendat simul quam j quarter' (*Lib. Lond.* 8. 5) *GAS* 675. **i** **1296** in una ~eria de *yndabandas* empta de Alexandro Furbur xv. d. in una ~eria de *cynopre*, una libra de *ocre*, et una libra de *brune* emptis de .. J. pictore *Ac. Galley Newcastle* 180; **1364** per empcionem quadringentarum triginta quatuor librarum, cum ~ario zucure, xliij li. xij d. *ExchScot* 182. **j** **1460** perapsides .. ponderantes xliij libras, vij uncias cum ~erio uncie argenti *ExchScot* VII 31.

3 (as monetary unit) quarter of a penny, farthing.

1242 de quolibet bove, vacca, et equo venditis .. de emptore unum obolum: de quolibet porco et bacone, eodem modo unum ~erium *RGasc* I 129a.

4 (as measure of land) quarter of a virgate.

1200 de j virgata terre et de j ~eria in Norton' et Forsull' *CurR* I 149; **1244** tenet unum ~erium hydatum de Pipardeslond, et continet duodecim acras *Cart. Rams* I 442 (cf. ib. 438: aliquando quadraginta octo acre faciunt virgatam); **1287** item abbas de Sautre tenet ~eram terre in Cathewor' *IPM* 50/26 m. 2; **1316** de tota terra sua in quaretario de Henethowe *ChartR* 102 m. 10 (=*CalCh* III 299); **1367** sunt in eodem parco octo quart' subbosci et quodlibet quart' continet xxx acras *IPM* 196/8/15.

5 (as or in measure of length) quarter (of linear measure).

1221 faciatis habere .. tres ulnas et unum ~erum de russetto ad unam capam *Cl* 446a; c**1264** in quadam pecia muri que continet in longitudine octodecim ulnas et unum ~erium *Starrs* I 68; **1271** quilibet pannus cujus ulna valet quatuor solidos et ultra, sit latitudinis duarum ulnarum inter listas, et alii panni viliores .. sint latitudinis septem ~eriorum *Cl* 365; **1344** de muro lapideo apud le Estwatergate; qui quidem murus occupat terram communitatis per tres ~erios unius ulne, versus aquam Thamisie (*Lib. Cust.*) *MGL* II 453; c**1350** in sarracione .. trium ~eriorum unius rode meremii et tabularum *Ac. Durh.* 381; **1422** manice .. non excedant pugnum manus ultra medium ulne in longitudine, et trium ~ariorum in latitudine *Conc.* III 413b.

6 (as liquid measure) quart (usu. containing 2 pints).

1504 recipiant .. in qualibet pandoxacione sua duos ~erios cervisie *Reg. Merton* I 289.

7 (to measure amount of work, *~erium operis*) quarter of day's work (*cf. et. opus* 9).

1346 de v^{xx} v operibus et iij ~eriis unius operis receptis de xxiij custumariis *Rec. Elton* 335; summa: mmdcccxxj opera et iij ~eria *Ib.*

8 (in or as part of unit of time) quarter: **a** (of year); **b** (of hour).

a **1227** de ~erio anni regni nostri viij *Cl* 1; **1233** mandatum est baronibus quod audiant compotum Ingelardi de Cigony vicecomitis Oxon' de uno ~erio anni .. regni regio xvij in forma qua audiverunt compotum Johannis de Ulcot' de tribus partibus anni ejusdem *KR Mem* 13 m. 12; **1289** in principio cujuslibet ~erii duas marcas, primo ~erio incipiente prima die Marcii nunc instanti, secundo ~erio .. *Reg. Heref.* 212; **1292** nec plegios invenire potuit per unum ~erium et plus (*Chanc. Misc.*) *Law Merch.* III 175; **1304** celerarius faciat memorandum quolibet ~erio quot panes deficiunt de qualibet furniatura *Cant. Cath. Pri.* 216; s**1317** emit frumenta pro expensis tocius abbacie fere per ~erium anni, quando quarterium frumenti vendebatur pro xxiiij s. *Chr. Rams. app.* 349; **1368** pro primo ~erio anni .. summa septimane .. summa ~erii primi .. summa secundi ~erii *Ac. Durh.* 571; summa totalis vj ~eriorum in isto compoto clxxx li. xviij s. vij d. *Ib.* 573. **b** s**1456** per ~erium unius hore .. erat terre motus magnus *Chr. Hen. VI & Ed. IV* 152.

9 (generally) part, share.

1211 concessit .. quinque ~erios vinee sitos apud S. Bricium *FormA* 4; **1347** sunt .. c acre bosci .. et sic decimum ~erium est amputabile quolibet anno (v. amputabilis b).

10 a district, part (of town, borough, or city). **b** region (of shire).

a **1271** W. de T. de ~erio australi [Leicestrie] .. invenit fidejussores de sergantya de ipso ~erio fideliter servanda *Rec. Leic.* I 110; **1450** litera regia directa maro ~arii Brechinensis ad inhibendum Johannem C. de B. ne intromittat cum communitate Brechinensi *Reg. Brechin* I 127; **1450** aresta de terris .. per David Balbirny marum ~arii Brechinensis *Ib.* I 146; **1459** de firmis terrarum de Ballingale, tunc existencium in warda domini regis, eo quod heres recuperavit saisinam earundem et cum quibus compotans superius oneratur in ~erio de Faucland *ExchScot* 565; **1471** .. per integras firmas ~erii de Faucland .. per integras firmas ~erii de Edyn .. *Ib.* 92; **1479** de firmis terrarum de Murdocarny in ~erio de Edin .. *Ib.* 569. **b** **1360** compotum collectorum tercie contribucionis infra ~arium de Buchania, infra ~arium predictum *ExchScot* 35.

11 (as instrument for measuring): **a** measuring-vessel, 'quarter-measure' (in quot. for corn, usu. = 8 bushels). **b** piece of metal that usu. weighs 25 lbs., (*dimidium ~erium*) half a quarter (usu. weighing 12.5 lbs.). **c** (as liquid measure) quart (=2 pints); **d** (measuring-vessel for liquid products; understood as containing one third of a barrel).

a omnes mensure per quas solebat vendi .. quelibet .. mensura, sc. ~erium, dimidium ~erium et bussellum, sigillata est sigillo aldermanni *Leg. Ant. Lond.* 167. **b** **1399** aliud sigillum pro mensuris ligni .. simul cum ponderibus viz., dimidium centum, ~erium, et dimidium ~erium plumbi in corio consuta *Mem. York* II 10. **c** **1340** eadem A. utitur falsis lagenis, potellis, et ~eriis; ideo in misercordia et ulterius comburantur *CBaron* 100. **d** cadus est amphora continens tres urnas. urna autem est mensura quam quidam vocant ~arium BART. ANGL. XIX 129 p. 1240.

quartelettum [ME *quartelette*], (as unit of capacity) pint; (as measuring-vessel) pint-pot.

1413 de uno ~o vini de Peyton *Cl* 263 m. 18*d.*; **1455** item ij pottis quarttelettis *of silver covered Test. Ebor.* II 191.

quartellare, quartillare [ML], to divide into four parts, to quarter (usu. her.).

c**1322** suspensus in una gonella ~ilata de viridi et croce *Ann. Paul.* 303; **1340** due pelves .. quarum j cum biberone ~ellat' de armis Anglie et Francie *TR Bk* 203 p. 313; s**1347** vexilla regis Anglie ~ilata de armis Anglie et Francie elevantes KNIGHTON II 51; **1374** j standard' de Worsted' de armis regis ~ellat' *KR Ac* 397/10 r. 3; **1377** salsaria .. signata infra in bordura de armis nostris ~ellatis Angl' et Franc' *Pat* 295 m. 3; **1383** unum os sancti Balbini in una bursa serica ~illata cum albis castellis (*Invent.*) *Ac. Durh.* 428.

quartellus, quartallum [ML], measuring-vessel that contains a quarter of standard measure (of wine, perh. cask or barrel).

hoc ~allum .. i. quoddam vas capiens quartam partem sextarii OSB. GLOUC. *Deriv.* 486; **1439** necnon quinque cartell' .. vini de Rodes continens .. duas buttas vini *Cl* 289 m. 10; **1474** de .. uno ~allo et undecim peciis *wagenscot* (*KR Ac*) *Bronnen* 1746; due bote malavisee cum uno cartello *Ib.* 1747; **1542** contra .. unam terciam partem cccliij buttarum et xlvij caretellarum vini Cretici *HCA Act Bk* 4/136 *d.*

quartenarius v. quartanarius.

quarteragium, ~ia [ME *quarterage*], quarterly payment.

1279 cum quart' debeat mitti apud Rams' triturabit iiij thravas de .. blado *Hund.* II 657a; **1310** precamur quatinus .. districciones .. deliberari precipiatis usque mediam quateragiam *Chr. Rams. app.* p. 395; **1344** colligit ibidem ~ium de hominibus aquam ibidem querentibus (*Lib. Cust.*) *MGL* II 453; **1395** liberatum v fratribus pro ordinariis et quarterag' lxvj s. viij d. *Cant. Coll. Ox.* II 138; **1400** ~ia soluta de termino Sancti Johannis diversis servientibus .. capellano, pro ~io suo *Test. Ebor.* III 19; **1477** magister scole .. capiendo pro suo salario .. pro gramatico x d. ~ii, saltario viij d. et primario vj d. (*Court Bk. Ipswich*) *Educ. Ch.* 422.

quarterare, quarteriare [ML quarterium + -are]

1 to cut or divide into quarters: **a** to quarter (person's body after execution); **b** (timber) to saw into quarters; **c** (stone).

a s**1326** Hugo .. decapitatus et ~atus fuit AVESB. f. 78; iste capellanus [Johannes Ball] ductus fuit ad regem .. et ibidem fuit tractus et ~iatus *V. Ric. II* 33. **b** **1275** pro j ligno ~ato cum iiij bordis xviij d.

KR Ac 467/6/2 m. 8. **c 1276** Johanni le Merimer pro v petris ~atis ij s. ij d. *Ib.* m. 9.

2 (her.) to divide into quarters or to place coats of arms quarterly.

1384 arma . . comitis [Northumb'] que sunt de auro cum uno leone de azureo rampante ~iata cum armis de Lucy que de *goules* cum tribus luciis argenteis consistunt *Pat* 317 m. 16; portat ista arma cum armis regni Francie ~iata BAD. AUR. 108; sunt et alii qui habent arma sua ~iata plana de diversis coloribus . . et portat de auro et rubeo in campo ~iato. et G. sic, *il port quartelle de ore et de goules* Ib. 127; armorum ~iatorum quedam sunt arma ~iata plana, quedam ~iata ingradata, quedam ~iata irrasa, quedam ~iata invecta et quedam arma ~iata indentata. . . tribus . . modis possunt arma ~iari UPTON 222; habemus arma ~iata ingradata, viz. quando singula arma in quarteriis suis ingradantur *Ib.* 224.

quarteriatim [ML quarteriatus *p. ppl. of* quarteriare+-im], (her.) in an arrangement of (four) quarters of a shield, quarterly.

potest quis portare arma ~im . . et tunc integra arma in quolibet quarterio sunt depingenda, ut patet in armis regis Anglie qui portat arma Anglie cum armis Francie ~im BAD. AUR. 136–7; tribus autem modis possunt arma quarteriari. primus vero modus est quando duo diversa arma portantur ~im ut patet in armis regis Francie et Anglie qui de facto portat arma regnorum Francie et Anglie quarteriata UPTON 222.

quarterinus [quarterius < CL quartarius + -inus], that relates to or occurs every quarter (of a year), quarterly.

s1351 operando pro dietis, ~is ac annuis serviciis J. READING f. 162 p. 113.

quarterisare v. quarterizare. **quarterius** v. quartarius.

quarterizare [ML quarterium+-izare < -ίζειν], to cut into quarters, to quarter (person's body, usu. after execution).

s1317 Edwardus Bruys interficitur cum toto exercitu suo et ~atur in Hibernia Ann. Exon. f. 20v; **s1325** (*recte* 1326) postea Hugo Dispensarius filius tractus, suspensus, decollatus, et ~atus . . *Flor. Hist.* III 234 (cf. AD. MUR. *Chr.* 50: tractus, suspensus, decollatus, et in quatuor partes divisus); **s1363** diabolici sacerdotem popularibus incognitum, amputato capite, visceribus effusis, abscissis virilibus, ~abant J. READING f. 181; corpus . . Henrici [sc. Percy] ~atum sive quadripartitum *Dieul.* f. 147rb; corpus de tumulo exhumari et extrahi precepit, et . . postmodum decollari, et membratim dividi et quarterisari *Misc. Scrope* 301; **s1449** novus vicecomes Kantie . . capitaneum in fugiendo in quodam horto occidit. et postea corpore suo Londoniam delato . . decollatur ~atur W. WORC. Ann. 769.

quarterizatio [quarterizare+CL -tio], (act of) cutting into quarters (a person's body as final stage of execution), quartering.

s1381 Johannes Balle . . judicatus est traditor distraccioni, suspensioni, et ~oni Ziz. 273; **s1381** Johannem Balle . . confessum turpissima scelera, traccioni, suspendio, decollacioni, exentracioni, et ~oni, ut usu vulgari loquar, . . Robertus adjudicavit WALS. *HA* II 32; **s1384** per jura regni traccioni, suspensioni, et ~oni subjacere *Ib.* 116.

quarterlegium [cf. ME *quarter*+CL legere+ -ium], quarterly payments.

1413 custodi pro ~iis suis per idem tempus viiij li. *MonExon* 280a.

quartermagister [ME *quartermaister*], (naut.) subordinate officer of a ship.

1502 quilibet contromagister vel quatermagister [percipiat] custumas et subsidia duorum doliorum (*Pat*) *Foed.* XIII 39.

quartern- v. quatern-. **quartierium** v. quartarius.

quartero, ~onus, quartro, ~ona, ~onus, quatro, ~onus [cf. ME *quarteroun, quartroun, quateron, quatron*]

1 a fourth part, quarter (usu. of or as dry measure): **a** quarter of a hundredweight (=25 lbs.). **b** (quarter of a pound, of dried fruit or sim., perh. quarter of couple of frails). **c** (of wool, perh. quarter of a sack). **d** (of silk, perh. quarter of an ounce).

a 1224 nocte venire faciatis ad nos usque Bedeford' . . duos ~rones boni ferri *Cl* 638a; **1233** de vj li. xiiij s. vij d. de xv ponderibus dimidio et ij ~eronis casei venditis *Crawley* 207; **1297** precariam caseus . . in expensis in autumpno ad magnam qui fecerunt j ~ronum *Ac. Cornw* 26; **1303** quod quilibet possit habere stateram unius ~eroni et infra *EEC* 262; **1303** in . . j ~erone cere *Fabr. Exon.* 25; in di. c et quatrone ferri operant' *Ib.* 26; **1340** injunctum est ei quod offerat dicto altari in ecclesia Roffensi j ~rona cere *Reg. Roff.* f. 181 p. 617; **1435** quedam gargonella nuncupata colubrina, portans quinque ~erones plumbi, ferrata et infustata *Collect. W. Worc.* 574. **b 1286** eidem pro ij libris et j ~rono de *cotoune* xviij d. *Rec. Wardr.* 350 p. 36; **1307** pro ij copulis j ~erono et dimidio ~erono ficuum et racemorum pro vj s. viij d. ob. quad. sterlingorum, viz. cujuslibet copule ij s. x d. *EEC* 352; **1307** pro iiij copulis iij ~eronis ficuum et racemorum *Ib.* 358; **1309** in j ~rone de *sukre* v d. *Rec. Leic.* I 264; **1314** in vj^m dcciij ~ronis et vij libris amigdalarum (*MinAc*) *EHR* XLII 198; **1335** in ccj ~ronibus vij libris de *rys* emptis . . *Comp. Swith.* 234; in dcccc dim. j ~ronibus et xiij libris amigdalorum . . unde cc dim. j ~rones empti de B. Lombardo *Ib.*; **1392** pro j ~rono de *clows* . . di. lb. piperis *Ac. H. Derby* 182. **c c1291** unum saccum et unum ~ronem lane *Stat. Merch.* 15/144; **1342** assignavimus . . Willelmo quaterviginti et quinque saccus et tres quatronos lane (*Pat*) *Foed.* V 326. **d 1285** pro x unciis et dimidia uncia et dimidio ~erono serici . . pro ij unciis et j ~erono serici (*KRAc*) *Arch.* LXX 28.

2 (as measure of land): **a** (perh. quarter of a virgate); **b** (of an acre).

a 1279 tenet ad firmam iij virgatas terre et iij ~erones cum prato tante terre pertinente *Hund.* II 771b; **1318** cum Hugo . . habuit unam ~ronam communem in feodo, ex feoffamento Nicholai . . in communa de Surbeton *FormA* 360; **1314** unum mesuagium in villa de D. . . et unam ~ronam terre arabilis in campis ejusdem *AncD* A 8249; **1322** item in ix ~ronibus subbosci et mortui bosci in la Morbay fac[iendis] ad vend[endum] *MinAc* 965/5; **1446** sex acris et tribus rodis terre una dimidia *halfyerdpert* et una ~rona prati in quinque parcellis *Cl* 296 m. 13*d.*; **1468** de et in duobus mesuagiis una virgata et tribus ~ronis terre cum pertinenciis *Cl* 320 m. 17*d.* **b 1298** de . . ~rono unius acre *MinAc* 811/1 m. 1*d.*

3 quarter of a linear measure.

c1295 continet . . tres ~erones unius ulne *AncD* A 1943; **1310** in uno ~rone *bord* empto ad emendanda solaria *Comp. Swith.* 390.

4 (naut., ~ronus or ~roni magister) subordinate officer of a ship.

1441 quatroni . . balingeri vocati le Fflour unde Henry Ffedernecs fuit possessor et vitellarius quatle poulis *Pat* 460 p. 572; **1444** Nicholaus Frychowe, capitaneus duarum balingarum de Falemouth . . ac possessor et vitellarius trium parcium predictarum balingarum, unde Giernek Dutychman fuit magister unius . . et vitellarius tercie partis ejusdem balingere, et quod Hermanus Dawman, Petrus Dutychman, Michael Dutychman et Beerun Bassabas fuerunt ~roni magistri alterius balingere . . unde Henricus Fendernes fuit possessor et vitellarius ~e partis ejusdem *Pat* 458 m. 17*d.*

5 district, area, quarter (of borough, town, or sim.).

1275 de ~rona orientali *Rec. Leic.* I 148; **1354** ~rona borialis ~rona fori porcorum *Ib.* II 95.

quarteronus v. quartero.

quartia [CL quartus+-ia], quarter (in quot. of year).

s1422 rex Henricus sextus . . tunc fuit in etate tres quarcie anni HERRISON *Abbr. Chr.* 5.

quartifolium v. quadrifolium. **quartilare** v. quartellare.

quartilis [CL quartus+-ilis], (astr., of aspect) that pertains to or includes one fourth (of the zodiac), quartile.

~is aspectus est quando inter duos planetas sunt tria signa, que sunt quarta pars zodiaci ROB. ANGL. (II) 176.

quartillare v. quartellare.

quartimagister [CL quartus+magister; cf. et. ME *quartermaister*], (naut.) subordinate officer of a ship.

1461 capitaneis, magistris . . aut ~is navium *Cl* 313 m. 38*d.*

quartina, sort of weapon.

oppida turrita . . / sint in eis . . / torte, quartine, venabula, gesa, sudesque D. BEC. 1874.

quartinarius v. quartanarius.

quartionarius [cf. LL quartanarius], a fourth part, quarter (of unit of measure, in quot. of grain = $\frac{1}{4}$ *caboteau*).

1309 dominus rex habet . . de Emma du Viloun j quartionar' fabarum . . de Colino le Fraunceis xiiij cab[otellos] j quartionar' frumenti (*Assize C. I.*) *S. Jers.* XVIII 279.

quartis [cf. CL quartus+as; cf. et. CL quinquessis, quinques], (sum of) four *asses.*

ut . . item tressis, quartus [v. l. quartis] . . quasi tres asses, quattuor asses proferant BEDE *TR* 4 p. 185.

quarto [ML < CL quartus+-o], (as unit of measure) quarter: **a** (of liquid; esp. wine, perh. one fourth of a sextary); **b** (of coal, perh. one fourth of a hundredweight, *i. e.* 28 lbs).

a 1254 debetur vini . . potest dominus ponere cartonem ad j d. (v. 2 debetur). **b 1375** pro uno ~one carbonum *Tout Papers* II 264.

quartodecimanus [LL], **quartadecimanus, quartodeciman,** one who celebrates Easter on the fourteenth day of the month of Nisan, to coincide with the Jewish Passover.

p675 erat . . genus quoddam hereticorum aput orientales, quod tessereskaedecaditae vocatur, id est quartadecimani, eo quod quarta decima luna cum Judaeis . . Paschae solemnitatem peragunt ALDH. *Ep.* 4 p. 483; Oswius rex preventus consiliis quartadecimanorum qui vocabantur ita quia Pascha in quarta decima luna cum Judeis celebrabant W. MALM. *GP* III 100.

quartogenitus [quarto- < CL quartus+genitus], fourth-born (also as sb.).

volumus . . quod universale jus successionis . . transeat . . ad Humfridum ~um nostrum *RParl* III 576b.

quartria v. quartura. **quartro, quartrona** v. quartero.

quartronarius [quarto, quartronus, cf. ME *quartroun*+-arius], tenant of fardel.

1349 Lanyltwyt . . sunt ibidem j custumarius semivirgatarius et j custumarius quartronar' *IPM* 105 m. 30.

quartronus v. quartero.

quartura, quatura [CL quartus+-ura; cf. ME *quarter, quatter*], quarter (in quot. of year).

1534 (*recte* 1524) per ultimam quartriam [MS: quaturam] anni (*DCDurh. Lib. Hostell.* f. 10v) *Househ. Durh.* 329.

1 quartus v. quartis.

2 quartus [CL]

1 fourth (in series, sequence, or order of time, also pred.); **b** (in comp. numeral). **c** (~us decimus, also written as one word) fourteenth. **d** (~a feria) fourth day, Wednesday. **e** (as sb. f.) the fourth year's day, the additional day of a leap year. **f** (mus.) interval of the fourth. **g** (as sb. m. ~us or ~us decimus) the fourth or fourteenth book or part of a literary work. **h** (as sb. n. in abl. ~o as adv.) on the fourth day. **i** in the fourth place, fourthly. **j** (~odecimo) in the fourteenth place, 'fourteenthly'.

in tertia propinquitate carnis licet nubere secundum Grecos, sicut in lege scriptum est, in quinta, secun-

dum Romanos: tamen in ~a non solvunt, postquam factum fuerit THEOD. *Pen.* II 12. 25; ~us paradisi gurges, qui potissimum septenas Asiae ecclesias inexhaustis dogmatum imbribus irrigabat ALDH. *VirgP* 7; multum insipienter et indocte fecistis in luna ~a flebotomando BEDE *HE* V 3 p. 285; Henricus ~us imperator .. prophanos æcclesiastice unitati adversarios in domo Domini intruserat ORD. VIT. X 1 p. 4; tetravus ~us ab avo OSB. GLOUC. *Deriv.* 21; in ~o libro regum *Ib.* 354; **1262** R. G. in misericordia quia dicit se W. Pesse ~um hominem suum [*as member of francepledge group*] *SelPlMan* 180. **b** usque ad annum obsessionis Badonici montis .. quique quadragesimus ~us ut novi orditur annus mense jam uno emenso GILDAS *EB* 26; Mauricius ab Augusto quinquagesimus ~us imperium suscipiens .. BEDE *HE* I 23. **c** menstrualia quae incipiunt esse a ~odecimo anno pueris *Comm. Cant.* I 113; **p675** ~a decima luna cum Judeis paschale sacramentum celebrant ALDH. *Ep.* 4 p. 483; ~usdecimus psalmorum gradus monet nos concorditer vivere BYRHT. *Man.* 228; cum luna tunc fuerit quadradecima [vv. ll. quadragessima, ~adecima] et in oposita parte celi a sole GROS. *Cess. Leg.* III 6. 10. **d** tertiam feriam, ~am, quintam BEDE *TR* 8 p. 197 etc. (v. 1 feria 3d). **e** in una hora et parum plus habundant xix anni solares cum ~a accepti supra ducentas et triginta quinque lunaciones integras BACON VI 53. **f** consonancie sunt unisonus et quinta, dissonancie sunt tercia et sexta, discordancie sunt ij, iiij, et vij ... de ~a procedit undecima HOTHBY *Contrap. app.* p. 43. **g** unde Josephus in ~o de Nazareis loquens ait .. OSB. GLOUC. *Deriv.* 161; item, idem in eodem [libro *De civitate Dei*] ~odecimo GROS. *Cess. Leg.* I 4. 3. **h** fossarius fuit quando Lazarum de monumento ~o jam fetidum evocavit THEOD. *Laterc.* 19. **i** tercio sic, errans contra fidem est pertinax .. ~o sic, qui in aliqua assercione heresi se firmavit .. quinto, qui nimis in errore persistit OCKHAM *Dial.* 466; tercio, de hoc quod Deus .. ~o specialiter murmurant pauperes .. contra Deum de eo quod .. HOLCOT *Wisd.* 32; primo corpus distemperatur .. secundo infirmatur, tercio moritur, ~o portatur extra domum, quinto sepelitur, sexto a vermibus consumitur *Ib.* 43. **j** **1282** ~odecimo [petimus] ut significent nobis qualiter valeat ipsa concordia stabiliri *Conc.* II 73b; tredecimo potest quis de pertinacia convinci .. ~odecimo convincitur quis errans de pertinacia et heretica pravitate OCKHAM *Dial.* 465.

2 (w. ref. to unit resulting from dividing by 60 for a fourth time, also as sb. n.).

Egyptii vero pro compendio partes temporis alia denominatione, sexagenaria sc., habentes plurimas partes, ut pote secundam, tertiam, ~am, quintam, et sextam hoc modo vocantes: minuta, secunda, tertia, ~a, excogitavere ADEL. *Alch.* 18; si 120 minutorum radicem queris, vertas ea .. in secunda, fientque 7200, et si poneres ~a vel sexta esset opus verius *Ib.* 26; quilibet gradus dividitur in 60 partes que dicuntur minuta, et quodlibet secundum in 60 partes que vocantur tercia. et sic ulterius, quantum volumus in consideracionibus astronomie, per ~a, quinta, sexta, et ultra BACON V 15; Abrachis enim .. posuit quantitatem mensis lunaris 29 dies, 31 minuta diei, 50 secunda, 8 tercia, 9 ~a et 30 quinta fere BRADW. *CD* 470A.

3 (*~a pars* or as sb. f. or m.) a fourth part or portion, quarter (of land, inheritance, or sim.); **b** (of person, usu. pl., to indicate quartering as final form of execution); **c** (of an animal). **d** (her.) quarter of shield, (*diminuta ~a*) canton.

~am partem suae hereditatis optineat THEOD. *Pen.* II 12. 10; quia, si cepisset insulam, ~am partem ejus simul et praedae Domino daret BEDE *HE* IV 14; quadratum igitur quod ex ductu trium ~arum diametri in quinque sextas linee respicientis angulum pentagoni circuli equale pentagono circuli ADEL. *Elem.* XIV 8; et illos vendiderunt pro xv s. ij d. unde idem Willelmus habuit ~am partem ad partem suam *PlCrGlouc* 17. **b** **s1381** malefactores trahi fecerunt, suspendi, et decollari, quosdam in ~as dividentes *Eul. Hist. Cont.* 354; **s1305** cujus .. corpus .. in Scociam transmissum est in ~as, que ad aliorum terrorem in diversis urbibus suspenduntur WALS. *HA* I 107. **c** **1459** summa martarum lxxxiiij marte, j ~a, dimidia ~e marte. summa multonum lij multones, j ~a multonis *ExchScot* VI 529; **1460** xl marte ij ~e *Ib.* VII 13. **d** sunt quidam qui portant unum quarterium sive unam ~am alterius coloris differentis a colore vel coloribus scuti, ut hic: portat arma palata de auro et azorio cum ~a ermetica BAD. AUR. 198 (cf. UPTON 245); diminuta ~a, restat angulus minori nobilitati simile premium. sed antique vidimus clypeis adhiberi solum ut diversos faciat ab aliorum gestamine, nec baronum incognitus SPELMAN *Asp.* 104.

4 (as unit of measure) quarter (of standard measure, sts. w. standard measure in gen.): **a** (of weight, of dry product) quarter of a pound (=4 ounces). **b** (of corn or lime) peck, quarter of a bushel (=2 gallons) (*~a peccae*) quarter of a peck. **c** (as fluid or liquid measure) quart, quarter of a gallon (=2 pints); (*~a Anglicana*; ? understood to contain one gallon). **d** (as or in measure of length, in quot. of fathom). **e** (as monetary unit) quarter of a penny, farthing.

a **1242** pro novies xx squartis avene quas ab eo accepimus *RGasc* I 114a; **1243** pro cc squartis frumenti quas ab eo emi fecimus apud Burdeg' *Pat* 53 m. 15; mandatum est baillivis de Regula quod .. permittant secure transire quater viginti swart' frumenti et quater viginti swart' avene *Ib.* m. 21; **1303** carta piperis debet ij d. .. carta cymini debet iiij d., centum cymini debet ij d. *EEC* 166; **1312** in precio lvij scartarum et dimidie avene .. ad xxv s. iiij d. [Burd'] pro qualibet scarta *RGasc* IV *app.* p. 564a; pro una pictavina dat mihi ~am de synapio *Latin Stories* 114; **1351** de ij de j ~a butiri vendita *Rec. Elton* 367; **1357** expense in providencia medicine .. in j l. nucum musci iiij s. iiij d. .. in j ~a garofili viij d. in j ~a mac' xij d. *Ac. Obed. Abingd.* 14. **b** **1255** pro duobus in squartis calcis que nobis vendidit in Wasconia *Libertate* 31 m. 6; **1255** liberate Ferando Gocelyn, qui est de terra regis Castelle .. xx iiij libras in quibus ei tenemur pro vj^{xx} squartis frumenti *Ib.* m. 7; **1283** dicta domus indigeret quod ad minus sexaginta dolia vini et centum esquartas bladi ad mensuram Burdeg' anno quolibet posset transire libere per flumen *AncC* 47/122; **1289** dedimus licenciam extrahendi .. mille escartas bladi ad mensuram Burdegale *RGasc* II 469a; **1459** ij peccis, j ~a pecce farine avenatice *ExchScot* 525; *a peke*, batillus, ~a *CathA*. **c** **c1280** item inveniet .. panem, legumen, iij alecia, et ~am servisie *Crawley* 232; decoquatur in aqua, ut fiat lib. 1.5 et est quasi ~a, i. Anglicana, non pincta, quia illa quasi tantum continet quantum ~a Anglicana GAD. 4v. 1; de laxativo lib. 1. 5 vel lib. ij que est ~a Anglicana *Ib.* 12v. 2; sint due ~e Anglicane, que erit lagena Anglicana ad minus *Ib.* 66v. 2. **d** **1377** in sinctacione alterius putei ibidem, de profunditate vj *fathom* et quart' .. *Ac. Durh.* 585. **e** **1282** cx^{m} viij^{c} lxxxx libre xiij solidi et j ~a sterlingorum (*Rep. Papal Collect.*) *EHR* XXXII 51.

5 (as part of unit of time or angular measure) quarter: **a** (of year); **b** (of or in day); **c** (of phase of the moon); **d** (of the zodiac).

a **1194** ut canonici per quatuor partes anni in ecclesia sua residentiam faciant .. ut quia xxj sunt nunc per quatuor anni ~as .. in prima ~a decanus .. in secunda precentor .. in tertia ~a thesaurarius .. in quarta cancellarius *Conc.* I 500b; **1518** quater in anno, hoc est semel in qualibet ~a anni *Ib.* III 664b. **b** item sol motu suo et sitibus variis dividit et distinguit diem per signatas medietates et ~as et horas et horarum momenta GROS. *Hexaem.* V 6; supposita quantitate anni solaris esse ccclxv dierum cum ~a integra BACON VI 66. **c** de natura et varietate temporum secundum naturam lunacionum in ~is suis BACON VI 3 *cap.*; primam ~am sue revolucionis crescens lumine .. secundam ~am facit cum est crescens iterum lumine .. terciam ~am facit luna cum jam ab aposicione sua cum sole recedens .. ~am ultimam facit iterum amplius descendens *Ib.* 59. **d** sicut sunt iiij tempora anni ex ~is zodiaci per motum solis distincta ita sunt iiij tempora cujuslibet lunacionis BACON VI 59.

6 measuring-vessel: **a** (for dry goods) vessel that contains a quarter of a bushel, peck. **b** (for liquid) vessel that contains two pints, quart-pot (also dist. acc. material or use).

a **1331** habere ibidem bussellum, dimid' bussellum, galonam, dimid' galonam, ~am, et ulnam et omnes alias mensuras *PQW* 70a; **1427** tres mensuras ereas pro granis, viz. unum modium, medietatem modii, et unam ~am modii *MunAcOx* 284. **b** stat vini quarta [*gl.*: lagena] quam dat sors arce sub arta GARL. *Mor. Scol.* 261; omnes jalones, potellos, et ~os, et omnes alias mensuras tam tabernarum quam aliorum locorum *Fleta* 74; **1306** vendidit [sc. cervisiam] per potellum et ~am non signatas *Rec. Elton* 118; **13..** per lagenas sive galones, per potellos sive floreos, per ~as, per pintas .. (*Nominale*) *Neues Archiv* IV 339; **s1355** pro una ~a vini dissensione suborta .. cum ~a caput ejus fregit AVESB. f. 123v; **1390** unam ollam stanneam de potello, unum ~um j unum gillum *PlRCP* 519 r. 499; **1399** unum busselum eris, dimidium bussellum et *pek* ligni, tercia pars lagene, lagena, potella et ~a ligni pro cervisia *Mem. York* II 10; **1427** quatuor alias mensuras ereas pro liquoribus, sc. unam lagenam, potellam, ~am, et unam pintam *MunAcOx* 284; **1440** duas ~as de electro *Pat* 447 m. 13.

7 (of borough or city) region, district, quarter.

qui .. per diversas ville ~as, .. hospicia assignarent *Ps.*-ELMH. *Hen. V* 69 p. 201.

8 (as personal name) Quartus.

W. MALM. *GR* IV 352 (v. quintus 6).

quarura v. quarrera.

quasi [CL]

1 (as conj., usu. w. subj. to introduce hypothetical comparison) as (would be the case) if, as though; **b** (without verb); **c** (w. *si*); **d** (to introduce etymological explanation of a word).

ita ut .. ad amoena caelorum regna ~i ad propriam sedem tota festinaret ecclesia GILDAS *EB* 9; quod duos occidi 'in livorem meum' [*Gen.* iv 23] ~i diceret, in augmentum punitionis meae *Comm. Cant.* I 56; angelos ascendentes et descendentes videat et inter manus eorum animam sanctam, ~i in globo igneo ad coelum efferri *V. Cuthb.* I 5 [cf. *Gen.* xxviii 12]; templum .. quod Pantheon vocabatur ab antiquis, ~i simulacrum esset omnium deorum BEDE *HE* II 4 p. 88; ipse interea ~i nesciat tacet, dissimulat ~i non videat, dum nos volutamur in periculis W. MALM. *GP* V 194. **b** intravit .. ~i nuntium .. referens BEDE *HE* II 9 p. 99. **c** quasi si quis nauclerum vel aurigam laudari audierit .. OSB. *Mir. Dunst.* 2 p. 130; **1432** lego c. s. .. ad faciendum unum lapidem ad superponendum ibidem in cancello quasi super tumulum meum, patris et matris ac sex fratrum meorum ~i et si simul ibi quiesceremus sub lapide ipso et tumulo uno *Reg. Cant.* II 489. **d** melopeus ~i carminis factor *GlC* M 179; oculus ~i ocior lux *Ib.* O 116; quod Theokesberia dicatur ~i Theotokosberia, i. Dei genetricis curia W. MALM. *GP* IV 157; **a1270** sobrius dicitur ~i sub bria (v. bria); antidotum ~i contra vicium aliquod datum, precipue quod datur per os *SB* 11.

2 (to introduce actual comparison) as is the case with, in the same manner as, like.

laetis luminibus omnes Christi tirones ~i post hiemalem ac prolixam noctem temperiem lucemque serenam aurae caelestis excipiunt GILDAS *EB* 12; nam unaquaque tribus Israhel singulos apostolos in Novum Testamentum quasi duodecim lapides vivos ex Jordanes alueo reddederunt [v. l. reddiderunt] THEOD. *Laterc.* 18; firmamentum .. in quo sunt omnes stellae fixae ~i clavi, nisi vij planetae *Comm. Cant.* I 17; caedunt .. omnia et ~i maturam segetem obvia quaeque metunt calcant transeunt BEDE *HE* I 12 p. 26; Romana ecclesia ~i totum est omnium ecclesiarum; cetere ecclesie sunt ~i ejus partes W. MALM. *GP* I 41; accedens propius vidit in ea egestiones ~i humanas et immunditias circa altare undique magnas GIR. *PI* III 29 p. 313.

3 in the capacity of, as.

qui arguitur pro aliquo delicto et ~i inconsultans refrenatur, cena careat GILDAS *Pen.* 25; ij hidas ex his habuit ~i villanus *DB* I 41ra; Alvricus tenuit de episcopo ~i villanus *DB* I 41rb.

4 (as adv.) more or less, as good as, virtually, almost, (w. number or measurement) about.

propter metum Archelai filii Herodis habitavit in Nazareth .. ~i subocculte THEOD. *Laterc.* 7; Dunstanus, his quae ~i rationabiliter postulabantur contraire nolens OSB. *V. Dunst.* 36; est tamen et alia ratio qua significant aliquid et quod significatur est aliquid, sed non vere aliquid sed ~i aliquid ANSELM (*Ep.* 97) III 227; **s1192** [episcopus] assumpsit .. in quasi capellanum quendam monacum vix adultum DEVIZES 40v; est ~i quarta, i. Anglicana .. quia illa ~i tantum continet quantum quarta Anglicana GAD. 4v. 1; sicut ~i naturale est in contrahentibus se invicem decipere, ita ~i naturale est in litigantibus se invicem velle decipere OCKHAM *Pol.* II 801; de Babilonia illa, ubi soldanus moratur, transeundo versus istam Babiloniam magnam sunt ~i quadraginta diete per desertum *Itin. Mand.* 32.

5 (as modifier or prefix, sts. w. ellipsis of second element) quasi-: **a** (w. sb.); **b** (w. adj. or ppl.) **c** (w. vb.).

a de .. variis figuris causarum que in contractibus et ~i contractibus, maleficiis, aut ~i maleficiis .. varie

oriuntur J. SAL. *Pol.* 640C; **1279** se . . esse in possessione vel ~i possessione omnium premissorum *RGasc* II 58a; preterea, omnis intelleccio, cum ejus esse sit in fieri, habet principium vel ~i principium cujus esse non sit in fieri DUNS *Ord.* II 301; essencia est terminus formalis produccionis et generacionis filii, ergo non ~i materia *Ib.* IV 47; **1313** eundemque Bertrandum constituentes possessorem et ~i [sc. possessorem] omnium predictorum, premissa omnia et singula nos ipsius Bertrandi nomine precario constituimus possidere et quasi, . . dantes eidem Bertrando liberam potestatem quod . . possessionem corporalem et ~i omnium predictorum exnunc adipisci . . valeat *RGasc* IV 973 p. 262b; **1325** petit procurator . . ipsum [archiepiscopum] in possessione, vel ~i, talia . . exercendi . . esse . . decerni *Lit. Cant.* I 155; de . . causa possessionis vel ~i juris parochialis aule . . sive in aula vulgariter nuncupata *FormOx* 458. **b** non enim Paulus aliquid corporeum vel ~i corporeum refert se vidisse W. NEWB. *Serm.* 853; donari non poterit res que possideri non potest sicut res sacra vel ~i BRACTON 14 (v. 1 donare 2a); habeat in intellectu paterno noticiam ingenitam sibi adequatam ~i productam DUNS *Ord.* II 265; ita est in proposito, quia forma inducta per produccionem non est ejusdem racionis cum forma que est ~i fluens vel secundum quam est ~i fluxus *Ib.* II 329; tapetum . . non de stragulato colore . . sed tantum nigro vel ~i (*Invent.*) *Ib.* 401. **c** **1285** ypotecamus . . tradimus et ~i tradimus eidem . . omnia bona nostra *RGasc* II 245b.

6 (eccl., *~i modo geniti*) beginning of the introit for the first Sunday after Easter (*cf. I Pet.* ii 2: *sicut modo geniti infantes*); **b** (*Dominica ~i modo geniti* or sim. or ellipt.) Quasimodo Sunday, Low Sunday, first Sunday after Easter.

1295 post Dominicam qua cantatur '~i modo geniti' *Ch. Sal.* 367; a**1350** post Dominicam, qua cantatur '~imodo geniti' *StatOx* 55. **b** dominus papa quarto idus Aprilis Dominica ~i modo geniti missam celebravit W. MALM. *GR* V 423; c**1235** crastino ~i modo geniti *Ch. Sal.* 215; **1272** in crastino ~imodo *RL* II 345; **1289** curia tenta die Sabbati proxima post ~imodo geniti *SelPlMan* 29; die Pasche . . ~i modo geniti . . die Pentecostes *Chr. Abingd.* II 315; **1364** cuidam histrioni die Dominica ~imodo geniti *Ac. Durh.* 567; **1449** habet diem Lune proximum post Dominicam ~i modo geniti *Eng. Clergy* 215.

quasillarius, quaxillarius [CL quasillum + -arius], pedlar.

peddare . . quaxillarius . . quassilarius *PP* 330.

quasillum, ~us [CL], **quaxillum, ~us** [ML], small wicker basket.

quasilum diminutivae *GlC* Q 22; corbes, cophini, quali, quaxilli OSB. GLOUC. *Deriv.* 148; fiscina, corbulus, clitella, quaxillus *Ib.* 239; qualos, quaxillos [*gl.*: *petis paniers*], corbes . . videbamus BALSH. *Ut.* 50; calathos [v. l. calata], qui [v. l. que] magis Latine quasilla [v. l. quaxilla, *gl.*: *petiz paners*] dicuntur, pensis plena videbamus *Ib.* 52; corium, quallum, quaxillum [v. l. scacillum; *gl.*: *corbale, panier*] NECKAM *Ut.* 111; est cophinus, calatus, cum sporta sportula, corbus, / quam lu [l. qualus] quaxillum simul istis associandum GARL. *Syn.* 1583C; quaxillum, A. *a tappehose WW*; *a baskyt*, aristor, . . cartallum, calathus, . . qualus, quaxillum, sporta, sportula *CathA*.

1 quassabilis v. cassabilis.

2 quassabilis [CL], that can be shaken or battered.

quasso . . inde . . ~is . . i. facilis ad quassandum OSB. GLOUC. *Deriv.* 490; nam latus omne loci nullo quassabile ferro / nec patet unde suo possit ab hoste quati L. DURH. *Dial.* I 289; o mundi lugubris honos et debile robur, / divicie, fati dubio quassabile flatu HANV. VI 179; sicut filum, columpna vel quomodolibet ruptibile sive ~e contingit taliter proporcionari WYCL. *Innoc.* 484.

quassabiliter [ML], (in gl., adv. formed upon 2 *quassare*, 2 *quassabilis*).

quasso . . et . . adverbia quassabiliter vel quassatiliter OSB. GLOUC. *Deriv.* 490.

quassabunde [ML quassabundus + -e], (in gl., adv. formed upon 2 *quassare*).

quasso . . inde . . quassabundus . . et . . ~e OSB. GLOUC. *Deriv.* 490.

quassabundus [ML], (in gl., adj. formed upon 2 *quassare*).

quasso . . inde . . ~us . . i. facilis ad quassandum OSB. GLOUC. *Deriv.* 490.

1 quassare v. cassare.

2 quassare [CL]

1 to cause to move to and fro, to shake repeatedly.

conspicit . . in media planitie stagni unam harundinem . . quae stagni tremulis ~abatur [*gl.*: movebatur] undique limphis FELIX *Guthl.* 37 p. 118.

2 (to affect with heavy or repeated blows so as) to batter, damage, crush (also in fig. context): **a** (person or person's body); **b** (artefact); **c** (plant).

a multum . . usu . . peccatorum inebriati et incessantibus irruentibus vobis scelerum cumulatorum ac si undis ~ati GILDAS *EB* 110; ut saltem in portu quassatus navita flustris / ad requiem tendens obtata sorte fruatur! ALDH. *VirgV* 2810; confregitque pene omnes costas ejus ex uno latere ita ut nisi fovea illum susciperet totus ~aretur WULF. *Æthelwold* 15 (= ÆLF. *Æthelwold* 11); quanto quis major est, tanto majori ~atur sue voluntatis assultu et in predum aliorum diripitur MAP *NC* IV 13 f. 55; **1313** communicatus moriebatur habens capud ~atum de quodam baculo . . precium baculi j d. *SelCCoron* 63. **b** turritas urbes capitis certamine quasso ALDH. *Aen.* 86 (*Aries*) 5; catholicae fidei propugnaculum saecularis argumenti ballista ~atum [*gl.*: confractum, contritum] atrocisque machine arietibus subrutum *Id. VirgP* 36 p. 282; rimosa . . fragilis ingenii barca dirae tempestatis turbine ~ata [*gl.*: confracta] *Ib.* 59 p. 320; vis tempestatis eorum naves ~avit, perdidit, contrivit BYRHT. *HR* 57 p. 56; de quassa vel amissa galea. galla quoque salutis ~atur aut tollitur quotiens de Deo Trinitate aliquatenus male sentitur R. NIGER *Mil.* I 31; celi tonantes quasi bumbardis turris ~ant menia FORTESCUE *NLA* I 12. **c** memor quia calamus ~atus non est conterendus [cf. *Is.* xlii 3] ANSELM (*Ep.* 143) III 289; ne ~atus calamus raucus ut anser incipiam perstrepere OSB. CLAR. *V. Ed. Conf.* 1 p. 68; monasterium . . Glastonie quod . . lamentabiliter est cribratum, dum grano . . puro ejecto palea . . cum granis putridis sub flagello cassandis in horreum eligitur . . ELMH. *Cant.* 265.

3 to disturb (mentally), throw into turmoil.

ne mentes procerum electionis ~arentur penitudine W. MALM. *GR* V 393.

4 to render invalid, annul, quash.

1112 privilegium illud . . a . . papa . . extortum nos . . irritum esse judicamus atque omnino ~amus (*Conc.*) FL. WORC. II 65; s**1209** cujus tandem eleccio quatenus minus canonica ~ata fuit *Chr. S. Edm.* 72; s**1211** papa . . electionem . . episcopi Norwicensis . . ~avit *Ann. Burton* 213; [warrantia] non erit omnino per justiciarios ~anda BRACTON 340; accusacionem . . antiquam, falsam, et ob hoc judicialiter ~atam *Proc. A. Kyteler* 10; **1553** quod panellum ~etur *Entries* 116.

quassatilis [ML], (in gl., adj. formed upon 2 *quassare*).

quasso . . inde . . quassabilis vel ~is et quassabundus . . i. facilis ad quassandum OSB. GLOUC. *Deriv.* 490.

quassatiliter [ML], (in gl., adv. formed upon 2 *quassare*).

quasso . . quassatilis . . et . . ~iter OSB. GLOUC. *Deriv.* 490.

quassatio [CL]

1 (act of) pounding or violent shaking (also fig.).

cessantibus stibariorum rastrorumque pulverulentis ~onibus ALDH. *Met.* 2 p. 67; s**1304** non est destruccio sed . . hostilium castrorum doctrinalis (v. doctrinalis b); s**1415** non ferentes crebras ~ones murorum et edificiorum infra villam WALS. *HA* II 308.

2 affliction, disturbance.

cessavit ~o per vj menses R. NIGER *Chr. I* 32; c**1199** Aaron . . inter viventes et mortuos se flamme objecit cessavitque ~o [cf. *Num.* xvi 47: et plaga cessavit] P. BLOIS *Ep.* 112. 338B; s**1304** sic cessavit ~o tante guerre *Flor. Hist.* III 320.

quassatura [LL], damage that results from battering.

testudo . . est caro glandulosa . . in locis nervosis . . et fit sepe ex cassatura nervorum. curatur . . per fricationem GILB. IV 175v. 2.

quassilarius v. quasilarius.

quassim [ML < CL quassus *p. ppl. of* quatere + -im], (in gl.) by shaking, in a manner that involves shaking.

quatio . . verbum activum, inde . . ~im adverbium OSB. GLOUC. *Deriv.* 490.

quassitare [ML], to shake frequently.

quassito -as, i. sepe quatere [v. l. frequentativum] OSB. GLOUC. *Deriv.* 490.

quasula v. 1 crassula.

quatenus, ~inus [CL]

1 (as adv., interr.) in what measure? to what extent? (in quot., in indir. qu.).

1168 litigii eorum non scribo exitum quia adhuc ignotus est, nisi quod a redeuntibus ab apostolica sede audio eos . . prevaluisse nuntiis regis; sed ~enus incertum est J. SAL. *Ep.* 238 (277 p. 596).

2 (rel.) to the extent to which, so far as.

in tuto . . ponitur ~enus elongatur a seculo, quoniam eatenus appropinquat celo R. NIGER *Mil.* IV 24; supplico quatenus dictum diaconum ad . . sacerdotii gradum, ~enus . . canonica traditio non obsistit . . promovere velitis AD. MARSH *Ep.* 9 p. 92; **1314** nos . . volentes sibi . . ~enus bono modo poterimus, subvenire, vobis injungimus et mandamus quatinus . . sibi . . sitis in auxilium *RGasc* IV 1165; **1342** vobis firmiter injungentes quatinus dictum breve regium, ~enus ad vos attinet diligencius exequi . . efficaciter inducatis *Reg. Roff. Ep.* f. 201v p. 697; **1363** fuimus . . requisiti quatinus . . omnia . . ratificare . . ~enus ad nos attineret . . dignaremur *Lit. Cant.* 441.

3 (as conj., introducing): **a** (indir. statement); **b** (final clause); **c** (indir. command).

a dixit ei ~inus rex sibi dederat servitium illius terrae *DB* II 97b; c**1155** notum vobis facio ~inus do et concedo Willelmo de V. ut . . *Regesta Scot.* II 3; noverit universitas vestra ~enus viri religiosi . . concesserint mihi *Dryburgh* 135. **b** tunc ad palatinas ducitur zetas et imperialis ypodromi vestibulum ~enus [v. l. quatinus, *gl.*: i. ut] cum rege . . altercaretur ALDH. *VirgP* 33 p. 274; c**720** moneo ut intercessionum tuarum studia . . Domino offerre digneris, ~enus sua gratia me faciat incolumem cum tuis protectionibus *Ep. Bonif.* 15 p. 27; accepit . . Johannem . . ~enus [v. l. quatinus] . . cursum canendi annuum . . edoceret BEDE *HE* IV 16 p. 241; proficisceretur ad eundem, ~enus tanti parentis . . cognitionem haberet BEDE *V. Dunst.* 9 p. 79; ut . . sobrietas . . spiritus vestri ante Dei oculos luceat ~enus et interior homo gratia virtutis illustretur W. MALM. *GP* V 221; ~inus singula repertu faciliora sint, prenotanda sunt ex more capitula J. CORNW. *Eul. pref.* p. 258. **c** **747** ut . . moneat ~enus curam . . fideliter †dispensant [? l. dispensent] (v. abbas 1a); **1073** deposcite ~inus . . Deus . . ad meliorem fructum me perducat LANFR. *Ep.* 43 (18); rogans et obsecrans ~enus virum honorifice susciperet EADMER *Wilf.* 11 p. 174; orent . . Deum omnipotentem ~inus nobis prospera nobis tempora largiatur W. MALM. *GP* V 238; petens ~enus ad ecclesiam portaretur GIR. *RG* I 1 p. 22; ~enus AD. MARSH *Ep.* 9, ~inus *Reg. Roff. Ep.* f. 201, **1363** (v. 2 supra).

4 (in gram. treatise, to distinguish spellings).

~enus adverbium loci vel temporis, i. quousque, per E; ~inus conjunctio causalis, i. ut, per I scribendum BEDE *Orth.* 45; ~inus conjunctio causalis, id est 'ut', per I scribendum est ALCUIN *Goth.* 308.

quater [CL]

1 four times.

dumque quater Phebi via lustrat sidera cæli (*Vers.*) ANSELM *Misc.* 351; quare quod ex BA in AG cum eo quod ex AG in seipsam equalem ei quod ex DA in seipsam ~er ADEL. *Elem.* XIII 2; quinquies . . vel ~er per diem elidebatur in terram *Mir. Wulfst.* I 30 p. 132; BVM . . nusquam in sacra scriptura locuta fuisse legitur nisi ~er [ME: *four siþen*] *AncrR* 19; quater [ME: *four siðer*] in anno facietis tondi crines *Ib.* 173.

2 (as multiplier forming distributive numeral, sts. written as one word).

quater senas in fundo maris profundo sospes transegit horas ALDH. *VirgP* 24 p. 256; quater vicibus sedecim milliariis cingebatur. hunc calculum si in unum coagolaveris, fit sexagenarius et quaternarius BYRHT. *V. Ecgwini* 382 (*recte* 372); rex W. tenet Middeltune. pro quater viginti [cf. AN *quatrevynt*] solins se defendit *DB* I 2va; abietibus per quaterdenos [vv. ll. quater ternos, quaternos] vel eo amplius annos in aera crescendo in tantum elevatis AD. EYNS. *Hug.* I 13 p. 40; **1236** perdonavimus .. Hugoni usque ad quaterviginti et quinque marcas *Cl* 226; unde tessarescedecas est una quaterdena BACON *Gram. Gk.* 78.

quaterangulatus [CL quater+angulatus], that has four angles or corners, quadrangular.

1445 unum magnum ketell' eneum, tria *vates* rotunda unum *vate* ~um et cetera necessaria et utensilia *Cl* 296 m. 35*d*.

quatere [CL]

1 to (cause to) move (vigorously) to and fro, to shake. **b** (dice); **c** (milk); **d** (intr. or absol.).

vasa quatit figuli fornax vi fervida flammae *Mir. Nin.* 262; ac si a vento .. folium arboris ~eretur *Mir. Fridesw.* 25; inde et ab eventu sortitus agnomen, Edwinus ~iens caput vocabatur GIR. *Æthelb.* 14. **b** tesseras ~ere W. MALM. *GP* I 44. **c** magnum vas lactis optimi et quatti tulerunt (*Abbanus* 33) *VSH* I 23. **d** teneritate[m] mentium puerorum in corpore parvo quatentium [*sic*] THEOD. *Laterc.* 17; porro soni crepitus proprii me fecit habere / nomen; nam quatiente ferensque crepacula rostro / nuntia sum veris HWÆTBERHT *Aen.* 56 (*De Ciconia avi*) 2.

2 to cause to tremble or resonate; **b** (person; usu. w. fear). **c** (p. ppl. *quassus* as adj.) that trembles, tremulous (of voice).

ymnistae crebro vox articulata resultet / et celsum quatiat clamoso carmine culmen! ALDH. *CE* 3. 14; repercussus .. et ingeminatus letantium clamor ipsa ~it sidera W. MALM. *GP* V 219. **b** solis et exortum maculis variantibus horror / mox subit et nostrum quemque tremore quatit L. DURH. *Dial.* III 138; nec me tremor / suis quatit vicibus P. BLOIS *Carm.* 12. 8. 69. **c** facie ignea, voce quassa, collo ab humeris aliquantulum demisso GIR. *EH* I 46 p. 302.

3 to affect with heavy or repeated blows.

tironum Christi testudinem strofosae fraudis ballista ~ere [*gl.*: conterere, percutere, frangere vel cutere] non cessant ALDH. *VirgP* 11 p. 240; ~ientibus navem procellis .. *Hist. Abb. Jarrow* 33; civitas ista .. cujus jam vetustate quassa menia .. repacatorem desiderant W. MALM. *GR* IV 354.

4 to disturb, throw into turmoil. **b** (pr. ppl. as sb.) thing that disturbs.

pannis .. advolvitur nostras miserias ~iendo THEOD. *Laterc.* 14; **1073** tot .. tantisque tribulationibus terra ista in qua sumus cotidie ~itur LANFR. *Ep.* 43 (18); **1095** quia bellis undique ~imur .. rex extra regnum me procedere .. non permisit ANSELM (*Ep.* 193) IV 82; urbes proximas ~ere [vv. ll. quarere, querere], compatriotarum fines regum inquietare W. MALM. *GR* I 74; regebat justi animum ipse Christus ut nulle illum turbarent tenebre, nulla ~eretur solitudine *Id. Wulfst.* I 4; quis referre potest quot tribulationibus Uticensis ecclesia intus et exterius tunc ~iebatur ORD. VIT. III 5 p. 85; **1333** partibus in quibus prefata cella de Coldingham noscitur esse sita, gravi guerrarum discrimine miserabiliter ~ientibus .. *Pri. Cold.* 10. **b** quia omnis nativitas masculi decimi mensis tangit initia, et sic prodit ad hujus vitae quatentia THEOD. *Laterc.* 13.

5 to render invalid, annul, quash.

dux redit in comitem, quatit et sic curia litem GOWER *CT* III 387.

6 (mus. *pes quassus*) form of figure in chant notation that indicates use of tremulous voice.

pes flexus componitur ex pede et flexa. pes quassus dictus quia voce tremula et multum mota formatur; quassum enim violenter motum est ODINGTON *Mus.* 95.

quatergeminus [LL < CL quater+geminus], octuple, eightfold.

erant preterea alie domus intra eandem urbem ~e

---

habitationis nimia proceritate mirabiles M. PAR. *Maj.* I 53.

quatermagister v. quartermagister.

quaternalis [CL quaternus+-alis], that occurs every four years.

Olympias .. est ~is agon quem statuit Hercules pro exercicio cursus BACON *Gram. Gk.* 64.

quaternare [ML = *to bind quires* < CL quaternus + -are], **quarternare** [cf. ME *quartern*], **quateronare** [cf. quatronus, ME *quateron, quatron*]

1 to divide into four parts, to quarter; **b** (person, as final stage of execution); **c** (her., coat of arms).

si Trinitatem racio quaternaret / pars tibi quarta merito largiretur HOWD. *Cant.* 664. **b s1346** suspensus, decapitatus, evisceratus et ~atus AD. MUR. *app.* 253. **c** 13.. item habeat scuta listata flosculis, avibus, bestiunculis, quaturnata, moncellata, lambata rosis (*Nominale*) *Neues Archiv* IV 342 induti tunicis viridibus quarum quarta pars brachii dexteri crocei coloris fuit, quasi fuissent per predictos patrem et filium quaternonati (*Reg. Roff.*) *MS BL Cotton Faust. B. V* f. 35.

2 to make quires.

to make quayrs [v. l. quayris], ~are CathA.

quaternarius [CL]

1 that consists of four or pertains to the number four, (~*ius numerus* or as sb. m.) the number four.

post tres unus adstat, quem si conjunxeris ternis, fit ~ius [AS: *feower*] .. ~ius [AS: *þæt feowerfealde*] perfectus est numerus BYRHT. *Man.* 200; sive .. tria per quatuor, sive quatuor per tria multiplicaveris, ad ternarium et ~ium, immo ad duodenarium perfectum numerum pervenit ANSELM *Misc.* 319; quod autem ad xv non attingit, ducetur in ~ium, fiunt horarum momenta ADEL. *Elk.* 7; licet .. eis [sc. Sarracenis] eodem tempore quatuor legitimas habere uxores et, qualibet repudiata, aliam semper accipere, ita tamen ut nunquam ~ium numerum transeant PETRUS *Dial.* 63; querere an ~ius sit duplus binario J. SAL. *Pol.* 649B; nullus ponit ea [elementa] ultra numerum ~ium T. SUTTON *Gen. & Corrupt.* 130.

2 fourfold.

quadrigam Phebo attribuunt seu quia quadripartitis temporum varietatibus, veris videlicet et estatis, autumni et hiemis, anni circulum peragat, seu quod ~ia sui diversitate diei spatium emetiatur ALB. LOND. *DG* 8. 6. 202.

3 (as sb. m. or n.) set of four.

quod libet quatuor vitiorum principalium suum habet ~ium vitiorum sibi affinium et annexorum R. NIGER *Mil.* III 26; sequitur propter fructum istius materie videre alium ~ium [MS *adds in marg.*: de quaternario] in quo Christus est contra Antichristum WYCL. *Chr. & Antichr.* 683; Deus .. istum ~ium execravit *Id. Versut.* 103.

quaternatim [ML], **quarternatim** [cf. et ME *quarter, quartern*]

1 in quires, quire by quire.

1439 ut nullum predictorum voluminum seu librorum .. alicui pro copia quaternatim tradatur seu accomodetur *StatOx* 259.

2 quarterly, four times a year.

1562 (1577) decimam partem omnium illorum .. mineralium .. deliberandum quarternatim ad usum nostrum *Pat* 1173 m. 3.

quaternio [LL], **quarternio** [*assoc. w.* CL quartus *or* ME *quartern*]

1 (m. or f.) set of four sheets of parchment or paper folded to form eight leaves, quire, gathering. **b** booklet or pamphlet that consists of a single quire. **c** (pl.) quires as containing literary work or works.

codex habens ~ones septem quas singulis diebus singulas possumus .. percurrere BEDE *CuthbP* 8 p.

182; **800** ut jubeatis ligare et involvere et in modum unius corporis conponere has [v. l. hos] ~ones ALCUIN *Ep.* 201; da mihi .. unum cotem aut subulam ut valeam pungere meos ~ones ÆLF. BATA 4. 16 p. 41; **11** .. hic ~o .. *quaer* WW *Sup.* 104; **s1224** hoc anno data fuit domino regi quintadecima, sicut patet in brevi ejusdem in quarternione sequenti .. *Chr. Peterb.* 8; **1446** pro decem quarternionibus papiri regalis, pro uno magno libro *Ac. Chamb. Cant.* 140a. **b** festinus ~onem promptum paravi .. ac in illa eadem die non minus quam tria alia sibi placabilia testimonia, illo imperante, in eodem ~one .. scripsi ASSER *Alf.* 88; nec scribere nec in tabula nec in scedula nec in ullo pergameno nec in nullo ~one ÆLF. BATA 4. 3 p. 28. **c** incautum judicandum est quod de ~onibus nostris fecisti ANSELM (*Ep.* 146) III 292; pontifex ipse precepit quatinus ~ones in quibus ipsum opus congesseram penitus destruerem EADMER *V. Anselmi* II 72 p. 150; ~ones Malchi ad angelum suum R. CANT. *Malch.* VI p. 145 (*tit.*); **1516** Lupsetus restituit mihi aliquot ~ones tuas quas olim apud se tenuerat. in his est Julii Genius et declamationes duae *Ep. Erasm.* II 502.

2 group of four persons, (spec. mil.) squad of four soldiers.

per noctes singulas singulis hominum ~onibus .. decrevit excubias celebrari *Chr. Rams.* 140; hic ~o, qui habet iiij milites WW.

3 commander of four soldiers.

sciendum quod ~o dicitur aliquando pro aliquo homine qui quatuor milites habet sub se, sicut et centurio qui habet centum OSB. GLOUC. *Deriv.* 486; assit ei [scriptori] quaternus, non dico ~io [*gl.*: ductor militum], qui aliquantam [v. l. quartam] partem exercitus designat [v. l. significat] NECKAM *Ut.* 116; unus de quinque qui alios quatuor ex omnibus quinariis eligatur, qui ~o nuncupetur BOWER XI 28.

4 (her.) quarter (of a shield).

quarta vel ~o est pars una areae quadrifidae majoribus nobilibus, si Leum sequar, ob virtutem concessa, ut vexilli quadratum, de qua prius, clypeoque nunc a dextris sedet, nunc a sinistris. quartam dicimus ab astrologis ductam, qui caeleste schema in quartas dividunt SPELMAN *Asp.* 104.

5 (in gl.).

~o, quatern GlC Q 19.

quaternitas [LL], set of four, quarternity; **b** (in theol. contexts w. ref. to supposed persons of the Godhead, as dist. from *Trinitas*).

causa autem quare non est ibi ~as, sicut est ibi ternitas, ut est A intellectus, B intellectum, C vero voluntas, D volitum, hoc est *Ps.-Gros. Summa* 384. **b** Nestorius .. per hoc non Trinitatem sed ~atem praedicare convincitur BEDE *Luke* 317; legimus in epistolis .. Felicis .. et ~itas magis quam Trinitas in Deo omnipotenti ALCUIN *Ep.* 166 p. 269; cum fide catholica Trinitatem docemur, quomodo ~as personarum inducitur? PULL. *Sent.* 791C; **s1179** quod non Trinitatem astruebat in Deo quam ~atem, tres viz. personas et illam communem essentiam M. PAR. *Maj.* II 312 (=*Id. Min.* I 415); **s1179** quia videtur ~atem innuere potius quam Trinitatem, ecclesia scripta sua reprobavit *Flor. Hist.* II 92; set in Deo quaternitas non habetur / qui in persona triplici semper claret J. HOWD. *Cant.* 664; Joachim innuens quod Petrus [Lombardus] posuerat ~atem in divinis DUNS *Ord.* IV 13.

quaternium [CL quaternus+-ium], series of four, (in quot. as adv.) four times.

qualiter .. quaternium Romam profectus [MS perfectus] est GIR. *PI* I 18 p. 100.

quaterniuncula [LL quaternio+-cula], small quire or pamphlet, booklet.

inter hec .. opusculorum studia quedam ~a in manibus incidit que nativitatem beati Cuthberti .. exposuit *Cuthb. Hib. pref.* p. 63.

quaternizare [CL quaternus+-izare < -ίζειν], to cut into quarters, to quarter (a person, as final stage of execution).

s1441 magister Rogerus Buldyngbrowke suspensus et ~atus HERRISON *Abbr. Chr.* 6.

quaternulus [ML < CL quaternus + -ulus], (little) quire or gathering.

frustra ex isto reples ~os quod orthodoxi omnes

sine scrupulo dicunt esse certissimum NETTER *DAF* II f. 70va.

quaternus [CL], **quarternus, ~um** [cf. ME *quartern*]

1 (pl.) four at a time, four at once.

boves . . ad arata vel plaustra binos quidem jungunt rarius, sed ~os frequentius GIR. *DK* I 17.

2 four together or in a row. **b** (in sg. or w. sb. in sg. as adj.) that forms a group of four. **c** (*bis ~i*) eight.

pergo super latices plantis suffulta quaternis ALDH. *Aen.* 38 (*Tippula*) 1; decursis ~arum [v. l. quattuor] dierum articulis FELIX *Guthl.* 50 p. 154; **797** non ut ceteris annis tricenteni quinquageni ~i sed tricenteni quinquageni terni dies repperiuntur ALCUIN *Ep.* 126; septies ~i xxviij BYRHT. *Man.* 30; **c1161** in litterali studio tantus fuit ut ~as simul dictaret epistolas P. BLOIS *Ep.* 67. 211B; mille CCCC quaterno L ter deno quoque quarto / vertitur hoc seclo, Christo regnante periculo *Hist. Durh.* 10 p. 150. **b** versus xiij sillabarum exameter singulari dactilo cum ~o spondeo constans quinas . . sibi usurpat species ALDH. *Met.* 10 p. 84; onus . . effertur evangelice ~o humero GOSC. *Transl. Mild.* 14; scripsit mihi reverentie vestre diligentia suavior litteram quaterna petitione comprehensam. quarum prima continebat quod . . AD. MARSH *Ep.* 181 p. 326; **1362** si disputatores artium fuerint quatuor, de unica disputacione in hebdomada sint contenti. theologi vero, si sub ~o fuerint vel excedant . . in qualibet septimana de pleno termino disputabunt *Conc.* III 57b. **c** bis denis bisque quaternis civitatibus ac nonnullis castellis GILDAS *EB* 3; **672** bis ~is temporum lustris Israhelitici plebis imperii sceptro fungens ALDH. *Ep.* 5 p. 491; decursis bis ~is [*gl.*: i. e. octo] dierum voluminibus FELIX *Guthl.* 10; **779** aliquam agelli partem . . viz. . . bis ~as mansiones *CS* 232; diocesis bis ~os continens archidiaconatus AD. EYNS. *Hug.* III 1; bis denis bisque ~is civitatibus olim decorata erat [Britannia] (*Lib. Cust.*) *MGL* II 640.

3 (as sb. m. or f.) set of four sheets of parchment or paper folded to form eight leaves, quire, gathering; **b** notebook, booklet, pamphlet.

ubi non in libris, sicut fieri solet, sed in schedulis et ~is P. BLOIS *Ep.* 101. 312C; **12..** unum manuale parvum in ~is (*Vis.*) *Reg. S. Osm.* I 276; **1354** in ij ~is paperi emptis ad jornal' . . inde faciend' *KR Ac* 471/6 m. 11; pro j ~a papiri regal' empta pro patronis pictarie inde faciendis *KR Ac* 471/6 m. 25; **1364** in percameno, et in j ~o de *paper* emptis iij^{s}. vj^{d}. (*Ac.*) *Pri. Cold. app.* p. xliv; **1388** in v ~is papiri emptis pro litteris et aliis in eisdem scribendis, xx d. *MinAc* 1222/3 m. 4; **1390** pro ij quarternis papiri . . *Ac. H. Derby* 19; **c1445** missale antiquum . . cum ~is novis . . in eodem annexis (*Invent.*) AMUND. I 450. **b** dominus papa . . cuidam subdiacono curie . . precepit ut ~um legeret, in quo tociens . . episcopi contineri dicebantur errores J. SAL. *Hist. Pont.* 10; quinque hujus novi operis ~os tibi mitto, ut translegas, non transcribas P. BLOIS *Ep.* 19. 71C; petisti . . ut saltem unum vel duos ~os opusculi nostri . . tibi transmitterem P. CORNW. *Panth. prol.* 38; **s1233** injunctum est ei ut . . restituat ~os et pannos quos apportavit *Ann. Dunstable* 134; **a1350** scribantur in ~o quem penes se habeat cancellarius *StatOx* 88; **1423** iij quarterni vite Sancti Edmundi; j quartern' pro aqua benedicta *Ac. Obed. Abingd.* 98; **1509** ~e noviter conscript' de patronis ecclesie (*Invent.*) *Cant. Coll. Ox. I* 89.

4 (as sb. n.) fourth part, quarter.

s1346 evisceratus et quarternatus; cujus quarterna fuerunt demandata ad suspendenda AD. MUR. *app.* 253.

5 (as sb. m.; as unit of measure) quarter (in quot., of grain, perh. containing 8 bushels).

c1220 dedit nobis quatuor marcas argenti et duos quarternos de braseo et unum quarternum de gruto in gersuma *Cart. Osney* I 113.

6 (as adj.) fourfold.

c830 mater una ecclesia, quaterna, singula / ad corporis instar virtute acti trina (*Arbor Eterna*) *Conc. HS* I 622 (cf. *Apoc.* xxi 16).

quateronare v. quaternare.

quaterpartitus [CL quater+partiri], divided into four parts.

1404 j cofinus ~us continens cartas et munimenta *Ac. Durh.* 394; **1433** hac presenti carta nostra ~a *Leet Coventry* I 144.

quaterviginti v. quater.

quatitare [CL quatere + -itare], to shake or cause to tremble vigorously or repeatedly.

atque domum quatitans clamoso carmine conplet ÆTHELWULF *Abb.* 506.

quatragesimus v. quadragesimus. **quatraginta** v. quadraginta. **quatridu-** v. quadridu-. **quatriennium** v. quadriennium. **quatrifidare** v. quadrifidare. **quatriga** v. quadriga.

quatrinus [cf. quadrinus, quaternus, LL quaternio, *perh. by assoc.* w. CL ternus, trinus], quire (in quot., that contains written text).

perferens mihi ~os vestri gracia transmissos AD. MARSH *Ep.* 102 p. 229.

quatripertire v. quadripartire. **quatriplicare** v. quadruplicare. **quatripliciter** v. quadrupliciter. **quatrivius** v. quadrivium. **quatro, quatrona, quatronus** v. quartero. **quatruvium** v. quadrivium.

quattuor [CL], **quatuor,** four. **b** (eccl. *~or tempora*) Ember Days or Times, four periods of fasting and prayer in the four seasons of the year. **c** (*~or viae*) cross-roads. **d** (in place-name).

Ezechiel . . propheta egregius ~orque evangelicorum animalium mirandus inspector GILDAS *EB* 61; arsin habere reor tempora duo et thesin ~or ALDH. *PR* 118 p. 163; iste . . numerus hanc temporalem vitam . . propter quattuor anni tempora vel propter ~or ventos caeli designat BEDE *Acts* 940; constare ex terra et aqua et aere et igne, quae sc. ~or elementa aliquomodo intelligi possunt sine his formis ANSELM (*Mon.* 7) I 21; ex quatuor elementis omne corpus consistit. humane autem carnes ad terrenam et humidam maxime pertinent qualitatem AILR. *An.* III 7; per lapides . . quadratos significatur stabilitas quatuor cardinalium T. CHOBHAM *Serm.* 13. 49vb; quatuor [ME: *four*] amores capitales sive precipit reperiuntur in mundo *AncrR* 155. **b** quattuor anni tempora BEDE *Acts* 940; ~or temporibus [AS: *on feower timum*] quae ecclesiastice custodiuntur *RegulC* 61; feria quarta, sexta et Sabbato quatuor temporum pronuncientur evangelia ipsorum dierum LANFR. *Const.* 91; **1072** quatuor temporum observatio competenti tempore . . observetur: id est prima hebdomada Martii, secunda Junii, tertia Septembris, eadem Decembris, ob reverentiam Dominice Nativitatis (*Conc.*) ORD. VIT. IV 9 p. 239; **c1220** sacerdotes precipiant instituta jejunia servari, ut jejunium quadragesime, ~or temporum, vigiliarum (*Const. Lond.*) *EHR* XXX 292; **s1338** in jejunio quatuor temporum ante Natale papa fecit vj cardinales AD. MUR. *Chr.* 88. **c** **12..** octo vacce capellani cum equo secundum ordinem pascantur per quatuor vias *Conc. Scot.* II 45. **d** **1230** Colinus de Quatuor Maris *Pipe* 295; **1242** Adam de ~or Maris *Pipe* 247.

quattuordecim [CL], fourteen.

viginti quinque . . et ~im non triginta octo sed triginta novem faciunt BEDE *Acts* 976; ~im sunt epistole Pauli BYRHT. *Man.* 228; **c1160** reddent . . denarios . . quatuordecem *Lit. Cant.* III 379.

quattuordecimanus [CL quattuordecim + -anus; cf. LL quartodecimanus], quartodeciman, one who celebrates Easter on the fourteenth day of the month of Nisan, to coincide with the Jewish Passover.

sunt . . in Brittannia multi episcopi quorum nullum meum est accusare quamvis . . sciam quod quattuordecimanni sunt ut Brittones et Scotti EDDI 12; servus Dei . . peccatum ordinandi a quattuordecimannis in sedem alterius plene intelligens . . *Ib.* 15.

quattuordenus [CL quattuor + denus], fourteenth, (w. *dies* or ellipt. as sb.) fourteenth day.

circus . . decanno venalis . . ad inveniendum Pasca . . i. none Aprilis . . vii terne kalende viii ~e kalende, ix septene idus LUCIAN *Chester* 36.

quattuortemporalis [CL quattuor+temporalis], (eccl.) of or occurring during Ember Days.

omne indictum jejunium devote conservetur, sive quatuor temporale [AS: *sy hit ymbremfæsten*] sive quadragesimale (*Quad.*) *GAS* 297.

quattuorviginti [CL quattuor+viginti, al. div.; cf. et. quater viginti, AN *quatreuvynt*], four times twenty, fourscore, eighty.

1280 sciendum quod quelibet libra continebit quatuor viginti Londrenses et tres solidos ultra *RBExch* 986; **1254** dabimus ei quatuorviginti marcas sterlingorum si . . *RGasc* I 465b; **1281** promittimus dare . . quatuor viginti libras monete Burdegalensis *Ib.* II 135b.

quattus v. quatere. **quatuor** v. quattuor. **quatura** v. quartura. **quaturnare** v. quaternare. **quaxillarius** v. quasillarius. **quaxillum, ~us** v. quasillum.

-que [CL]

1 (enclitic particle that connects a single word to what precedes) and; **b** (to connect last element in a series). **c** (*-que . . -que*) both . . and. **d** (at the beginning of a sentence, to introduce new subject or aspect) and, also.

bonorum dispendium malorumque cumulum . . defleam GILDAS *EB* 1; in fluminibus vel stagnis paludibusque sive in desertis *Lib. Monstr.* II *pref.* p. 218; unde et legem daturus Dominus in igne fumoque descendit BEDE *Acts* 948; dilectissimis in Christo Angligenis fratribus maximeque in monasterio sancti . . Benedicti ABBO *QG* 1 (1); **c1150** sicut carta mea testatur, quam habent, queque etiam apostolico confirmatur privilegio *Ch. Chester* 78; fervet et est felix; negligit estque miser L. DURH. *Dial.* IV 216; [conjuncciones] postpositive quarum sequitur exceptis encleticis 'que', 'ne', 've' *Ps.*-GROS. *Gram.* 58; **1302** de jure patronatus de valoreque fructuum *CartINorm.* 283; dummodo poterit . . in fratrum recipi consorcium inter fratresque . . commanere (v. commanere 2b). **b** quantum habes, tantum vales tantumque te diligo G. MON. II 12; in exordio et progressu fineque *Ib.* **c** truxque rapaxque capaxque feroxque sub aethere spargo ALDH. *Aen.* 93 (*Scintilla*) 8; ceu meditatus erat sacros dedasculus idem / ut psalmista canit, noctesque diesque libellos *Id. VirgV* 1644; meque meosque optans, tanti inter gaudia Patris / in coelis memorem semper habere locum (CEOLFRID) *Epigr. Milredi* 806. **d** inde navigaverunt ad insulam Vulcana. . . cumque illic veniebant . . HUGEB. *Will.* 4 p. 101; estque Johannes bis quadris baptista colendus *Kal. Met.* 37; **c963** sintquae [AS: *ond . . syn*] duo electorum virorum in quolibet negotio procuratores positi *GAS* 211; namque secunda creat nam tertia vascula vitat (RHYG. *Psalt.* 19) *HBS* XLVII 29; Epirote . . Romano subacti sunt jugo. indeque fortuna Romana . . cepit se porrigere ad procul posita regna M. PAR. *Maj.* I 66; sique boni fiant de clero, nos meliores / tunc erimus, que Dei laus ita major erit. GOWER *VC* III 112.

2 (preceding the word it connects) and.

honor, doxa, majestas paxque tripudium LANTFR. *Swith.* 10; rex multa comitumque ducum vallante caterva G. AMIENS 801; **s1224** venit apud Norhamptone ad regem que tunc cum rege pacificatus est OXNEAD *Chr.* 150; caseum facereque butyrum *Fleta* 173; qui fuerat cruciferque patrum primas in honore GOWER *VC* I 1087; doctus et indoctus, pauper que potens moriuntur *Ib.* VI 1125; perdita restaures communia jura que leges / ad regnum revoca *Ib.* 1187; hec tibi, rex, scribo pro tempore nunc que futuro *Ib.* 1199; paceque concordia . . fovendis . . et nutriendis *Croyl. Cont. D* 589.

3 (in tmesis).

ab heri / nudiusque . . -tertius mei (*Rubisca*) *Peritia* X (1996) 72; WestqueMonasterii testificatur opus ELMH. *Metr. Hen. V* 168; **c1410** tibi plura merenti / se censenda vovent corriquegenda (v. corrigere 2a).

queintesiare v. queintisare.

queintisa [ME *queintise*, OF *cointise*, *quointise*], elaborate dress or robe, richly ornamented garment.

1247 quod fieri faciat cointeisas ad opus viij militibus regis *Cl* 540; **1251** de quoyntisis Edwardi. . . quod Edwardus filius regis habeat quoyntisas ad sufficienciam *Cl* 12; **1251** fieri faciat . . tres robas de queyntisis . . de omnibus ~is *Cl* 14; **1251** alia quenitisa fiat . . de supertunicis partitis de pannis ad aurum . . *Cl* 181; **s1254** vestesque festivas, quas vulgus cointisas appellant M. PAR. *Maj.* V 477; **1260** ad coyntisas sibi faciendas *Cl* 116; c solidi appositi in Orbateria ad queyntisas domini in festo Pasche anno xlv *Reg. Heref.* 172; **1290** pro portagio robarum et quyntes' *Chanc. Misc.* 415 f. 8; **1290** pro dictis robis et queyntis' reparandis *Ib.* 4/5 f. 10d.; **1303** Johanni Albon' pictori . . ad faciend' et depingend' quasdam quentesias factas

pro ludo principis in festo Natalis Domini *KR Ac* 363/18 f. 5*d*.

queintisare [ME *queintisen*], to adorn, decorate.

1306 papillonario regis . . pro duobus cignis apparand' et queintesiand' pro festo milicie Principis Wallie *KR Ac* 369/11 f. 190*d*.

quella v. querela.

quemadmodum [CL]

1 (interr.) in what way? how? (in quot. in indir. qu. w. ind.).

interrogatus . . ~um sciebat hoc dicebat demonem . . ad ipsum venisse GIR. *IK* I 5 p. 29.

2 (rel.) in the manner in which, (just) as.

sic iterum veniet ~um eum videtis euntem in caelum [cf. *Act.* i 11] THEOD. *Laterc.* 11; sic per omnia currens ~um gigans per viam [cf. *Psalm.* xviii 6] *Ib.* 19; nam ~um [*gl.*: sicut] examen . . arvorum prata populatur, eodem modo . . ALDH. *VirgP* 4 p. 232; c**1074** Turstanus . . in allodium libere tenuit, et ipse illud predicto sancto loco donavit et subjecit, ~um prescriptus gloriosus rex pleniter concessit *Regesta* 89 p. 121; ~um . . ille in Iliade sua . . ita et iste in . . BERN. *Comm. Aen.* 1; quia ~um anime sunt in motu ita et stelle et ~um anima racionabiliter movetur *J.* FOXTON *Cosm.* 28 d. 3.

3 in the same way as, like.

concidebant . . vulnerati ~um segetes cum a falcatoribus aggrediuntur G. MON. III 3; concidunt . . vulnerati ~um folia arborum in auctumpno *Ib.* IV 9; nulla enim res sic fovet omnia, ~um calor ALB. LOND. *DG* 3. 1.

quenitisa, quentesia v. queintisa.   **querarium** v. quirianus.

quercetum [ML < CL, quercus + -etum], forest of oaks, oak-wood; **b** (in place-name, passing into surname).

ilicetum, ~um, querretum sunt loca ubi crescunt quarcus *CathA* 5.   **b 1191** testibus . . Willelmo de ~o *Cart. Osney* IV 90.

querceus [CL], made or consisting of oak-wood.

an ake, quarcus . . quarcinus, ~eus *CathA*.

quercinus [LL], **quercineus**

1 of oak, oak-. **b** (*arbor* ~*a* or ellipt. as sb. f. or m.) oak-tree. **c** of representation of oak.

simenus, i. viscum ~um *Gl. Laud.* 1374; c**1220** ad quendam truncum ~um *Cart. Sallay* 278 p. 170; **1313** de R. de H. quia tannat cum alia cortice quam cum cortice ~ea faciendo falsitatem in opere *Leet Norw.* 61.   **b** [vipere] non capiantur ex piscinis vel litoribus fluviorum vel marium vel de petrosis quoniam in eis sunt ~e, facientes sitim BACON V 106; habundans arboribus ~is, taxeis . . J. YONGE *Vis. Purg. Pat.* 6; **1460** Thomas Voyse prostravit . . unam parvam ~am in bosco vocato Overhempuie *DL CourtR* 111/1674 m. 1; *an ake,* quarcus, quarculus, ilex, quarcinus *Cath A.* **c** a**1422** lego . . rubeum lectum . . embroudatum in medio de quercubus et sparsim de foliis ~is (*Test. Hen. V*) *EHR* XCVI 94.

2 made or consisting of oak-wood.

trabes acerne sive ~e [v. l. quercule, *gl.*: *de cheyne, de keynn*] NECKAM *Ut.* 119; pixis vero ~a . . conbusta erat in pulverem BRAKELOND f. 152v; **1304** in liij bordis ~is emptis . . pro rotis molendinorum v s. *Rec. Elton* 112; rex ingentes palos ~os et alcinos humo defigi fecit *Croyl.* 4; **1374** maremium ~um *Arch. Hist. Camb.* I 238.

quercula [ML]

1 small oak, oak-sapling.

1257 in bosco . . de Boxtede xx quercus et bosco de Langeho ~as . . ad pontes et clayas inde faciendas ad naves *Pat* 71 m. 9.

2 (bot.) kind of plant or herb: **a** (~*a major*) ground-pine (*Ajuga chamaepitys*). **b** (~*a minor* or ellipt.) germander (*Teucrium chamaedrys*).

a camepiteos [χαμαίπιτυς], ~a major, germandria major idem *SB* 14; germandrea major, camepitheos [χαμαίπιτυς], ~a major idem *Alph.* 74; ~a major, camepitheos [χαμαίπιτυς], crassula major, germandria idem *Ib.* 152. **b** querzolla, i. camedrea [χαμαίδρυς] *Gl. Laud.* 1248; foliorum gariot' sufficienter, absin' parum ~e maj' et mino' GILB. I 48. 2; camedreos, ~a minor, germandria minor idem *SB* 14; camedreos [χαμαίπιτυς] . . quartula minor vel germa andrea *Alph.* 28; cersula, respice in camedrios *Ib.* 36; germandrea minor, camedreos [χαμαίπιτυς], ~a minor idem *Ib.* 74; ~a minor, polion [πολιόν] camedreos, germandrea minor, crassula minor . . valet contra quartanam *Ib.* 152; ~a, A. *germander* aut *Englyshe tryacle* dicitur TURNER *Herb.* A iv (v. germandrea a).

querculinus [ML querculus + -inus], made of oak-wood.

1357 in ccc *girthes* ~is empt' pro cuvis et doleis in officio bracine xvj s. *Ac. Durh.* 558.

querculus [ML < CL quercus + -ulus], (as sb. m. & f.) young oak, small oak-tree; **b** (in phr.).

1233 capi facit aliquo die plusquam ducentos ~os et aliquando trecentos *CurR* XV 452 p. 95; **1251** fecerunt wastam . . de xxxix ~is *IMisc* 5/9; **1257** exceptis quercubus ~is *Cl* 57; **1338** duas magnas quercus . . decem minores quercus . . quadraginta ~os . . succidendo *KR Ext. & Inq.* 10/4; **1386** R. de S. *colyer* succidit quandam frondem de quadam ~o *SelCCoron* 99; **1388** ij ~i et ij fraxini precii ij s. *KR Misc.* 5/30; **1433** in 1 ~is emptis *Fabr. York* 50; *an ake,* quarcus, quarculus, ilex *CathA*; *a sappelynge,* ~us [v. l. ilex] *Ib.* **b** de ipsius ducis . . gestis . . stilus presens, a nemore ~um extrahens, gradum sistat *Ps.*-ELMH. *Hen. V* 55 p. 140.

quercus [CL]

1 oak, oak-tree; **b** (as m., sts. 2nd decl.); **c** (var.). **d** representation of oak; **e** (in surname).

fructiferas itidem florenti vertice quercus / diligo ALDH. *Aen.* 84 (*Scrofa praegnans*) 8; duae partes ejus [bosci] erant in firma regis. tercia vero pars vel tercia quercus erat Eduini comitis *DB* I 752b; c**1152** unam ~um ad Natale Domini ad calefaciendum monachos infirmos *Doc. Theob.* 255 p. 479; **1279** in ij querquibus ad crachos faciendos iiij d. *Ac. Stratton* 230; **1366** quatuor ~us siccas vocatas *wastes* in foresta nostra de Inglewode *Pat* 273 m. 16; **1446** idem rector . . prosterni fecit arbores pomerii et xiiij fraccinos magnas . . et quarcus in magna multitudine, et vendidit *Eng. Clergy* 235. **b 1236** nichil . . cepit . . ad ardendum predictos fagos et ~us *BNB* III 179; **1269** ~us, qui sunt infra forestam *Cl* 25; **1325** in uno antiquo ~o empto . . pro focali iij s. viij d. *Rec. Elton* 275; **1340** in j ~o prostrato . . et eredicando [*sic*] pro j *drovbeam* inde faciendo (*Ac. Adisham*) *DC Cant.*; **1419** in primis in cariacione magni ~i de B. usque D. pro tabulis inde faciendis *Ac. Durh.* 615. **c** quinque sunt species, ~us glandifera viz., ~us, ilex, ornus, et alia que sunt grana unde tinguntur scarlate, ~us eciam est robur idem *Alph.* 131. **d 1411** cape . . due cum ~is aureis *Lit. Cant.* III 113; lectum nostrum de velveto embroudatum in medio de ~ubus et sparsim de foliis quercinis (*Test Hen. V*) *EHR* XCVI 94. **e** Ricardus de ~u *Cust. Taunton* 22.

2 timber of the oak, oak-wood.

archa . . que de ~u nigro compacta est R. COLD. *Cuthb.* 43 p. 90; **1331** pro ij bordis ~u *KR Ac* 469/12 m. 4; **1420** in ij liminibus de quarcu et ij *soles de esch* enit' pro ij *sperys* de novo faciendis in predicta domo *Mem. Ripon* III 144.

3 crown of oak-leaves (given as mark of honour).

~u . . ideo coronabantur quia auxilium et tutamen suis erant sicut quercus quondam per glandes homines pascebat BERN. *Comm. Aen.* 123.

4 (~*us marina*) sea-oak or bladder-wrack.

1597 ~us marinus, *sea oke or wrake* OED s. v. *sea-oak*.

querebundus v. queribundus.

querela, querella [CL]

1 expression of grievance, complaint. **b** (leg.) plaint, suit (usu. instituted without writ); **c** (in name of writ).

quippe qui commune bonorum dispendium malorumque cumulum lacrimosis ~is defleam . . GILDAS *EB* 1; cla[u]so ore que[re]llam Mosi meam suscipe

ut suscepisti *Cerne app.* p. 220; quamlibet ante gemens gestaret corde querelam ALDH. *VirgV* 841; nequaquam . . de Dei judiciis ~las deposituri conveniatis sed . . BEDE *Ep. Cath.* 39; **799** eadem quae vestris inheserat mentibus motio nostri quoque cordis tetigit quaerelam [v. l. quaedam] ALCUIN *Ep.* 170 p. 280; quid species vanas lacrimosis, nate, querellis / prosequeris, haec tu cur peritura cupis? *Id. Carm.* 9. 133; crebre ad Anselmum ex Anglia ferebantur ~e de sceleribus ubique nimium pullulantibus W. MALM. *GP* I 60. **b** c**1065** quatinus ecclesia ista sit libera . . de schiris et hundredis et placitis et ~is et omnibus geldis et consuetudinibus *Reg. Malm.* I 323; ita ut nullus vicecomes ullam ibi habere possit ~am nec in aliquo placito nec in alia qualibet causa *DB* I 172va; c**1198** exceptis quatuor ~is que ad coronam meam pertinent, sc. de roberia, de *murdir*, de combustione, de femina efforciata *Regesta Scot.* 400; **1203** milites missi per ~am ipsius Roberti ad vivend' vulnera . . Osmundi non invenerunt eum vulneratum *SelPlCrown* 29; **1228** me concessisse . . episcopo . . Wellensi et R. Sarum episcopo . . totam illam actionem et ~am quam . . movi per breve . . regis versus eosdem episcopos *Ch. Sal.* 201; **1287** Johannes de P. in misericordia pro falsa ~a versus Ricardum *CourtR A. Stratton* 154. **c 1419** des briefs ex gravi ~a premunicoun serra fait as les tenauntz *MGL* I 184.

2 ground for complaint or grievance; **b** (w. *ad* indicating subject of complaint).

o quantus dolor omnium, quos pastor bonus . . sine ~a rexerat! *V. Gund.* 47; deinde, post decessum ipsius, in curia Alexandri successoris ejus sine ~a conversatus est *Canon. G. Sempr.* f. 41v; **1327** ad applicacione navium et *luftop* et viam ipsius aque et transitum cum omnibus ~is *Pat* 166 m. 27. **b** rex . . Danemarchie . . audita querela illius ducis, letatus est valde ob quod ~am habere posset ad Angliam invadendam *Eul. Hist.* III 3.

3 quarrel, feud, violent altercation.

s**1095** professus sum . . me hunc, de quonunc ~a ista conseritur, Urbanum pro apostolico suscepisse EADMER *HN* p. 63; s**1355** rex cepit in manus suas totam ~am inter scholares et laicos Oxonie suscitatam AVESB. f. 124 p. 423; mitigata prius . . antiqua ~a inter imperatorem et eum G. *Hen. V* 25 p. 172; in eorum bona . . ~a ac in sancti Andree . . opitulacione confidentes *Plusc.* IX 1 p. 223.

4 (med.) complaint, ailment.

medicina . . / subtiles investigat solvitque querelas NECKAM *DS* X 17; [v]ena in occipite incisa valet contra ~am capitis et animi passionem *Tab. Phlebotomiae*.

5 (in gl.).

quaerelus, frequenter in quaerella *GlC* Q 8.

querelari [LL], **~are** [ML]

1 to complain, express grievance.

~are, conqueri OSB. GLOUC. *Deriv.* 492; sublata est omnis materia ~andi adversus uxorem P. BLOIS *Serm.* 676C; nec te moveant ad aliquam ~andi materiam supputationes annorum DICETO *YH* pref. I 267; nonne igitur inconsolabiliter contristabor, incessabiliter ~abor, interminabiliter cruciabor? BRADW. *CD* 118E.

2 (leg.) to complain, bring action or charge (against). **b** (*pars* ~*ans* or pr. ppl. as sb.) a complainant, plaintiff.

1220 Matheus ~avit versus eum per eadem verba que prius *BNB* III 382; **1220** unus ~avit contra ipsum Rogerum presentem *RL* I 102; **1227** videretur superesse adhuc materia ~andi *Reg. Dunferm.* 214; si . . petens ~averit *Fleta* 120. **b 1289** perdonamus Bernardo . . transgressiones . . ita . . quod . . pareat . . respondendo suis ~antibus *RGasc* II 367b; **1345** ex parte comunitatis . . ville Berewici nobis est ostensum quod cum in regno Scotie usitatum sit ab antiquo quod si per partem ~antem vel defendentem pretensum fuisset errorem vel falsitatem *RScot* 660a; **13** . . ad respondem ~anti (v. abatamentum); **1465** inter Edwardum . . partem querelantem . . et dominum W. . . partem ~atam *MunAcOx* 714.

3 (trans.) to implead, to charge, accuse before court. **b** (*pars* ~*ata* or p. ppl. as sb.) a defendant, accused party.

qui . . pro eis fidejubent cum ex dicta causa ~antur *Conc. Scot.* II 26; **1262** de transgressionibus . . unde predicti Galfridus . . et Johannes . . ballivi sui modo ~antur . . *JustIt* 537 m. 1; **1305** Johannes le *peyn-*

tur ~atus per majorem quod ipse cepit et asportavit iij pecias ligni *Rec. Leic.* I 249.   **b 1295** suas excusaciones . . habeat ~atus *Conc.* II 210a; **1349** cum attachiamentes parcium ~atarum *Reg. Rough* 60; **1465** partem querelatam *MunAcOx* 714 (v. 2b supra).

4 to present, discuss, or debate in court.

1203 episcopus . . et socii ejus itinerantes coram quibus loquela ~ata fuit *CurR* II 263; **1204** non habuimus recordum quomodo assisa remansit et ~ata fuit *Ib.* III 215; **1222** fuit . . Henricus in curia et loquela in curia ~ata [fuit] *BNB* II 147; **1230** antequam loquela ~ata esset in comitatu *Ib.* II 356; loquela ~ata fuit coram W. de W. ad ultimum visum franciplegii *SelPlMan* 83.

querelatio [LL querelari + -tio], (expression of) grievance, complaint (usu. leg.).

papa talibus ~onibus intellectis et animo ponderatis . . THORNE 2043; s**1434** acriores . . ~ones . . in irritacionem archipresulatus . . contra . . archidiaconum exponebat AMUND. I 371; s**1437** ut . . porrigeret . . contra abbatem sancti Albani in scriptis ~ones *Ib.* II 128; s**1458** communicaverunt . . cum partibus . . ac audiverunt eorum ~ones, et substancias . . contraversiarum *Reg. Whet.* I 300.

querelator [ML], (leg.) one who brings action or charge (against), plaintiff.

1219 judicium suum de hoc quod W. predictus. . . non optulit se versus eos, sicut ~or est (*Rot. Plac. Jud.*) *DocExch* 294.

querell- v. 1 quarrellus.   **querella** v. querela.

querelositas [LL querelosus + -tas], state or condition of lamenting or complaining, plaintiveness.

praefatus tantae quærellositatis antistes suspiria non ferens WILLIB. *Bonif.* 8 p. 46.

querelosus [LL], plaintive, complaining; **b** (of person); **c** (of act); **d** (in transf. context).

~us ALDH. *PR* 129 p. 177.   **b** esto, querelosus dicens: ego sum studiosus GARL. *Mor. Scol.* 211; hec anachorita est tediosa ~a [ME: *grucinde*] et implacabilis *AncrR* 32.   **c 1327** ad importunam fratrum . . instanciam, ~am, et clamosam *Lit. Cant.* I 240; **1417** ~o clamore . . ad nos delato . . *Conc.* III 381a.   **d 796** ne spreta caritas quartam rugosa fronte vel quereloso [vv. ll. queruloso, queroloso] calamo exarare incipiat ALCUIN *Ep.* 99.

querelus [CL querela + -us], of or pertaining to complaint or grievance. **b** (leg., as sb. m.) plaintiff; **c** (in gl.).

intermissis patri literis ~is ac consiliatoriis premissa seriatim et alia continentibus J. READING f. 188v p. 173.   **b** *a complaynant*, quaerelus, -i LEVINS *Manip.* 25.   **c** quaerelus, frequenter in quaerella *GlC* Q 8.

queremoni- v. querimoni-.

querentia [CL querens *pr. ppl.* of queri + -ia], complaint, grievance.

c**1358** ad supradictam ~iam vobismet ipsis attrahitis *Reg. Rough* 127.

querera v. quarrera.

querestarius, *var. sp. of* choristarius.

c**1440** lego . . clerico capelle non promoto . . xx s. et cuilibet querestario vj s. viij d. *FormA* 433.

queri [CL]

1 to express grievance or discontent, complain; b (w. acc. & inf. or sim.); **c** (w. *quia* or *quod*); **d** (w. *de* & abl. or *ob* & acc.).

ne ~atur amplius adicit ablatis ampliora MAP *NC* V 5 f. 64v.   **b** item ~untur non affluenter sibi epimenia contribui GILDAS *EB* 23; quid . . prodesset auditoribus si doctor suus ventrem suum se dolere ~eretur? BEDE *Cant.* 1157; ideo sub sole calumnias se vidisse ~ebatur quia supra solem noverat judicem esse justum *Id. Ep. Cath.* 83; sic nocturna sibi quererentur somnia tolli WULF. *Swith.* I 1324; jussit . . distribui . . aurum optimatibus, nummos ereos inferioribus, ne se irremuneratos ~erentur W. MALM. *GR* IV 357; querulis satis vocibus caritatem deseri ~itur AILR. *Spec. Car.* II 26. 575D.   **c** tanto maerore ~eris quod numquam litteras meas videas ANSELM (*Ep.* 4) III 104; ~itur caritas vestra quia propter contemptibilia

verba unius clerici non redii in Angliam *Id.* (*Ep.* 330) V 263; non . . ~antur fratres nostri laici quod non tantum psallunt et vigilant quantum monachi AILR. *Serm.* 8. 11. 249.   **d** de quibus ipse Dominus per prophetam ~itur dicens . . BEDE *Cant.* 1149; intellexitque se acrius multo quam oporteret questum fuisse de adflictionibus in hac vita *Id. Hab.* 1237; cum familiares . . de . . puellae infirmitate . . ~erentur *Id. HE* III 9 p. 146; non de te sed de propria ~atur falsitate ANSELM (*Medit.* 3) III 85; absit ob illa quĕri, que noscis turpia quĕri SERLO WILT. 2. 98.

2 (leg.) to complain, bring action in court of law. **b** (pr. ppl. as sb.) plaintiff. **c** *querens* (as dist. from *petens, i. e.* demandant). **d** (~*itur*) complains (as essential part in the wording of *Praecipe in capite*).

1203 non invenerunt eum vulneratum nec aliquem alium querentem et quod idem Robertus questus fuit de Osmundo . . et nunquam de Rogero *SelPlCrown* 29; **1206** Matildis . . ~itur quod W. le B. et E. R. . . eam robaverunt *Ib.* 52; **1219** burgenses de S. ~untur quod ballivi . . injuste capiunt ab eis tholomeum [sic] *BNB* II 14; **1233** ~itur quod ipsa [Margeria] . . verberat forestarium suum *CurR* XV 452 p. 95; **1255** W. de U. baillivus vicecomitis Hunt' ~itur de J. de B. quod . . *SelPlForest* 26; W. de D. ~itur de R. de B. . . de eo quod . . Ricardus gravavit . . Willelmum *State Tri. Ed. I* 5.   **b 1199** inter W. . . ~entem et comitem D. et dissaisientem *CurR RC* I 433; **1219** inter Willelmum filium Walter ~entem et Alanum . . tenentem *BNB* II 56; **1220** petit eum ut clericum ut de eo omni ~enti in foro ecclesiastico justiciam exhibeat *SelPlCrown* 121; habet ~ens jus querendi et petendi BRACTON f. 98v; **1313** ad querelas . . omnium ~encium seu conqueri volencium *Eyre Kent* I 2; s**1451** rex . . indebitatus fuerat prefato ~enti pro expensis hospicii *Reg. Whet.* I 56.   **c 1239** quod warantizet ei custodiam . . quam W. petiit versus D. et unde . . D. vocavit ad warantum P. et D. et W. non venerunt et W. fuit petens D. fuit ~ens *CurR* XVI 670; actor . . sive sit petens vel ~ens uti debet intentione BRACTON f. 106v.   **d 1309** un homme porta le precipe in capite *en quel bref il n'avoit mye en le perclos compris queritur* . . *e purceo que le bref ne fust nyent de forme en taunt qe le queritur defaillit si fust agarde le bref malveys Year Bk.* I (*Selden Soc.* XVII) 166.

3 (trans.) to complain (at), bemoan. **b** to utter in a plaintive manner.

plangere ceu solet ablatum matrona maritum / anxia dum queritur singultu funera sponsi ALDH. *VirgV* 2131.   **b** inter egra tremens suspiria flebili voce talia mecum ~ebatur . . BEDE *HE* III 13 p. 153.

4 (inf. as sb.) complaint, grievance.

1397 absque magis queri lex jubet ista geri GOWER *VP* 70 (= *Pol. Poems* I 349).

queriare v. quarriare.

queribundus [CL]

1 who is willing or ready to complain.

quod in re aliqua corpori necessaria nequaquam aliquando alicui extitit querulus—immo nec ~us—his tantum que dabantur egregia humilitate contentus *V. Neot. A* 2.

2 that should be complained about, worthy of complaint.

1518 parrochiani nullam causam inveniunt querebundam *Vis. Linc.* I 112.

querimonia [CL]

1 expression of grievance or discontent, complaint.

lacrimabilem depromens ~iam [*gl.*: singultum, *heofun*] ALDH. *VirgP* 36 p. 280; ut imperatori . . flebili singultu ~iam [*gl.*: vesaniam, *ceorunge*] ederet *Ib.* 50 p. 306; inter multas ejus lacrimas et ~ias *Hist. Abb. Jarrow* 14; timuit quia de tribulationibus sanctorum ~iam fecerit BEDE *Hab.* 1238; a**1080** noster homo magnam . . se asserit injuriam pertulisse et pro ea re auribus summi pontificis lacrimabilem ~iam intulisse LANFR. *Ep.* 30 (25); merore ultra modum confusus, diutina clamositate ~iis voce attenuata *Natura Deorum* 26.

2 (leg.) plaint, suit, action at law.

c**1145** ne audiam inde super forisfactum queremoniam *Cart. Chester* 20 p. 76; c**1157** alioquin ~iam

super illa ecclesia motam . . fine canonico terminari faciemus *Doc. Theob.* 12; a**1162** gravis super quibusdam parrochianis vestris ~ia quod . . tenuras imminuunt exactionibus *Ib.* 74; **12** . . queremonia de placitis . . nisi propter queremoniam de morte hominis . . (*IMisc* 19/12) *CalIMisc* I 444 p. 147; poterit illud petere . . per queremoniam de intrusione *Leg. Ant. Lond.* 41; **1285** si . . queremonia ad eos [sc. justiciarios] pervenerit . . precipiatur vicecomiti quod 'scire facias' parti de qua sit ~ia . . *Reg. Malm.* I 109.

querimonialis [ML < querimonia + -alis], that contains or refers to complaint or grievance.

s**1245** confecta est . . carta . . ~is ad concilium generale presentanda M. PAR. *Min.* II 502 (cf. id. *Maj.* IV 419: coram concilio querimoniam repostituri); s**1245** confecta est igitur carta ~is super talibus oppressionibus . . *Id. Abbr.* 294; ~ibus verbis auditis (*Tatheus* 14) *VSB* 282.

querimoniari [ML], to express grievance, complain.

querimonia, A. *a playnt*; ~ior, A. *to playne WW*.

querimoniose [ML querimoniosus + -e], in a complaining manner, plaintively.

querimoniosus . . et ~e adverbium OSB. GLOUC. *Deriv.* 488.

querimoniosus [ML < CL querimonia + -osus], motivated by grievance, that expresses complaint.

longo fatigati itinere inopia laticis, ~a voce in audientia Meuthi servi Dei causantur (*Cadocus* 1) *VSB* 30; ~us, querimonia plenus OSB. GLOUC. *Deriv.* 492; crebris orationum gemitibus . . clementiam . . postulabat . . et ut iter propositi sui dirigeret . . sedulo ~us imploravit R. COLD. *Godr.* 47 p. 61.

querista, *var. sp. of* chorista.

1283 in secundo vero gradu subtus stent vicarii diaconi . . item in tertia forma pueros et queristas precipiimus collocari *Pat* 103 m. 9.

queritabundus [CL queri + -itare + -bundus; cf. et. CL queribundus], who complains often.

non queritabundus [*no byssy complainer*] / rursus neque veritatis celator WHITTINGTON *Vulg.* 116.

querna [ME *quern* < AS *cweorn*], hand-mill, quern.

1358 item unam ~am precii xij d. *IMisc* 177/8.

quernestragum [ME *quern* < AS *cweorn* + ME *trai, trei* < AS *treg*], lower part of hand-mill, 'quern-tray'.

1245 molendinum . . in rota emendanda . . in quernestrag' iiij d. ob. in bordis ad idem mol' emptis . . *Pipe Wint.* 11 M 59/B1/18 r. 20.

quernus [CL]

1 of an oak. b (as sb. n.) oak-leaf.

an ake, quarcus, quaralus, ilex, quarcinus, querceus, ~us CathA.   **b** ~um, acleac [l. acleaf] ÆLF. *Gl.* 137.

2 made of oak-wood, oaken.

sed quicumque cupit disrumpens foedera pacis / dirus commaculare domum sub culmine querno ALDH. *Aen.* 75 (*Crabro*) 7; s**1254** materiem ~am quasi plectam contorsit . . M. PAR. *Maj.* V 455; de materie ~a, optime trabeculis colligata et conjuncta G. S. Alb. I 280; ex ~a materie . . et scindulis quernis cooperiri fecit *Ib.* I 290; ad capsidem ~am, in majori arca chartarum contentam . . recurrat *Ib.* I 295.

querquedula [CL], small freshwater fowl, teal (*Anas cruca*).

1538 ~a, *a waterfowle callyd a teale OED* s. v. teal.

querquera [CL], ague, fever, shivering fit.

agu, seknesse . . ~a *PP*; *ffever*, ~a *PP*.

querra, querrera v. quarrera.   **querrerarius** v. quarrerarius.   **querretum** v. quercetum.

querreus, quirreus, quirius [aphaeretic form of LL equarius], equerry, officer in a royal or noble household charged with the care of the horses.

1573 servientem nostrum Robertum Power unum querreorum stabule nostre *Pat* 1096 m. 5; **1579** concesserunt .. Ricardo Awdeley, uni quiriorum stabule sue, officium servientis camini suorum pro cervis capiendis *Pat* 1176 m. 37; **1583** uni quirreorum stabuli nostri *Pat* 1234 m. 22.

querrura v. quarrera. **querrurarius** v. quarrerarius.

querula [cf. CL querela, querulus], complaint, grievance, plaint; **b** (leg.).

qui ~is uxorum fatigati, feminis relictis, pluribus uti viris decreverunt *Eul. Hist.* I 50. **b 781** de aliquibus agellis conflictationis quaerulam cum Offano rege .. habuimus *CS* 241; **1272** in omnibus placitis et ~is motis *Cl* 542; **1328** gravem ~am .. mercatoris nostri .. recepimus (v. pirata 1c); **1381** predictus Simon per ~am suam supponit quod predictus Johannes .. fuit seisitus de denariis predictis *Mem. York* I 128.

querulari [ML < CL querulus+-ari], to express grievance, complain. **b** (leg.) to complain, bring action (against), sue.

c**1197** cum propheta [David] ~ari compellor P. Blois *Ep.* 141. 423A. **b 1437** acciones .. mercatorum .. versus alios mercatores .. ~ancium (*Chanc. Misc.* 68/13/395) *Law Merch.* III 119.

querulatio [ML], complaint, grievance, (leg.) plaint.

c**1430** cui in vinculo pacis omnes alii adherent antistites, absque quacunque causa aut materia ~onis *Reg. Whet.* II *app.* p. 367; pauperum .. causas et ~ones .. audivit Capgr. *Hen.* 130.

querule [CL querulus+-e], in a complaining manner, plaintively.

variam conditionis humane vicissitudinem retractans ~e sapientissimus Salomo *Chr. Rams.* 3.

querulentus [CL querulus+-entus], mournful, lamenting, or grieving.

hinc ~as turbas conspiceres monachorum, inde pallida agmina virginum Wulf. *Æthelwold* 41.

querulose [LL querulosus + -e], mournfully, plaintively.

ad illius vocis equipollentiam quam mater instante eam partu gravidante ~e depromit Osb. Glouc. *Deriv.* 5.

querulosus [LL]

1 full of complaints, complaining: **a** (of person); **b** (of voice, utterance, or expression); **c** (in gl.).

a tranquilla locutione ~os impetitores compressit Ord. Vit. XII 21 p. 386; quia ~i, quia iracundi, quia leves et acediosi Ailr. *Spec. Car.* II 26. 576; in prosperitate effusi, in adversitate ~i *Id. Serm.* [ed. *PL*] 22. 450B; uxor hominis litigiosa .. rebellis, superba, murmurosa, ~a, contumax P. Blois *Ep.* 11. 34C; sicut .. semper fuistis beneficis ingrati, sic estis nunc in vestris profectibus ~i Ockham *Disp.* 16. **b** p**675** lacrimosis vocibus et ~is singultibus lugubriter ingeminandum reor Aldh. *Ep.* 4 p. 484; ~is [*gl.*: garrulis, *ceorigum*] questibus flebiliter ingemescendum *Id. VirgP* 10 p. 238; sodales ~is vocibus petere ut secum quaererent thesaurum .. absconditum Byrht. *V. Ecgwini* 364; **1410** ~is suspiret gemitibus *FormOx* 213. **c 9..** ~is, *sorseofunge WW*.

2 (? in leg. context) that expresses formal complaint.

1303 ex parte magistri R. .. nobis extitit ~a insinuacione monstratum quod .. *Reg. Cant.* 451; **1330** littera ~a .. archiepiscopo .. directa *Lit. Cant.* I 340 *tit.*; **1333** vestra peticio ~a proposita continebat *Mon. Hib. & Scot.* 256a.

1 querulus v corylus.

2 querulus [CL]

1 that expresses complaint or grievance, complaining: **a** (of person or attitude); **b** (of voice or utterance); **c** (in gl.).

a mittuntur ~i legati .. inpetrantes a Romanis auxilia Gildas *EB* 17; hoc opus adversus querulos defendite scurras Aldh. *VirgV* 2833; nec querula in quoque corda movere tua Æthelwulf *Abb.* 32; **1166** frustrati a proposito reversi sunt, ~i quod sua consumpserant, laboraverant et non profecerant J. Sal. *Ep.* 145 (168 p. 110); Herodes .. / .. / ferro transverberat pugnaci parvulos / et Rachel querula deplorat filios Walt. Wimb. *Carm.* 248. **b** ob peccata hominum ~as sanctorum prophetarum voces Gildas *EB* 1; tam flebilis haec querulaque malorum aevi hujus historia *Ib.* 37; ob diram oppressionem ~us planctus Ailr. *Spec. Car.* II 17. 563; ~is satis vocibus caritatem deseri queritur *Ib.* II 26. 575D; nam leo rete subit, non prodest viribus uti, / sed prodest querulo murmure dampna loqui Walt. Angl. *Fab.* 18. 18; quatinus .. quasi ~um carmen venia petita premittatur Gir. *Ep.* 4 p. 176. **c** quaerulus, requirens frequenter *GlC* Q 33.

2 (leg. as sb. m.) a complainant, plaintiff.

non virgis aut baculis ~orum a se per marescallos et ministros arcent accessus Gir. *PI* III 30 p. 318; judex pravus nummo favet / .. nunquam juvans querulum / nisi bursa consulatur Walt. Wimb. *Van.* 74; *ye playntif*, quaerulus, -la Levins *Manip.* 117.

quererius v. quarrarius. **querzolla** v. quercula.
quesquiliae v. quisquiliae.

questio [CL], (act of) complaining, complaint.

questio, *ceoruncg GlP* 745.

questosus [LL questus+-osus]

1 full of grievance, lament, or complaint, plaintive.

Franci .. calamitatibus pressi regem Karolum appetunt, ~is clamoribus unanimiter interpellant. quorum querimoniis rex .. permotus .. Diceto *Abbr. Norm.* 246; ~is clamoribus .. regem adeunt .. conquerentes, populum Christianum ob ejus inertiam paganorum incursionibus deperisse M. Par. *Maj.* I 441 (=*Eul. Hist.* II 190).

2 sad, lamentable.

hec .. lacrymose miserie facies, hic ~e tragedie inhonestissimus modus *G. Steph.* 78 p. 154.

questus [LL], (expression of) grievance, discontent, or protest, complaint.

querulosis ~ibus [*gl.*: fletibus, *murcnungum*] flebiliter ingemescendum Aldh. *VirgP* 10 p. 238; non ~us causa tam severam .. sententiam dedit, sed praevidens .. Bede *Acts* 955; tam fletibus quam ~ibus orat Gosc. *Transl. Mild.* 27; c**1095** sanctas serenitatis vestrae aures paucis ~ibus .. inquietare praesumo Anselm (*Ep.* 193) IV 83; excutit et tumidos flammato pectore questus / evomit, in lacrimas tandem vergente querela Hanv. II 253; lacrimosis ~ibus et petitione affectuosa supplicavit Neckam *NR* II 176 p. 313.

queyntisa v. queintisa.

Queyuuan [Ar. *Kaiwān* < Pers.], Saturn.

forcius .. ydolum incantamentorum et durabilius judicatur quod insidiatur a †Queynuan [l. ~an] sene et a patre sene Bacon V 158.

qui [CL]

1 (interr. pron., adj.) what? which? **b** (in indir. qu.). **c** (to specify character or status of person) what kind of? **d** (leg., *quo jure* or *warranto*) by what right or warrant? **e** (as title of statute).

quod habet nomen ipsa provincia? Bede *HE* II 1 p. 80; **1166** quem successum attulit hec pecuniarum immensitas? J. Sal. *Ep.* 145 (168 p. 104). **b** perquiramus quo tempore, qua aetate mundi adfuerit Christus Salvator in carne Theod. *Laterc.* 1; jussit .. dicere episcopum .. qui esset ritus .. quem ipse sequeretur Bede *HE* III 25 p. 184; in quibus [titulis] notitia erat cui morbo quod balneum deberetur Gerv. Tilb. III 15 (v. cochlea 4a); judex ab ea querebat de qua terra esset et quod negocium ad eos habebat *Latin Stories* 119. **c** scio enim certissime qui es .. et quae ventura .. mala formidas Bede *HE* II 12 p. 108. **d 1196** ostensurus quare et quo waranto deforciat Basilie de Lokele advocacione ecclesie de Lokel' *CurR* I 20; **1228** ostensuri a quo tempore et per quem et quo waranto ballivas suas teneant *Cl* 90; non .. poterit quis alium inplacitare per hoc breve quo jure nisi sit capitalis dominus tocius manerii *Fleta* 263; ad ostendendum quo waranto tenuerit talem terram *Ib.* 400; placita de quo warranto *MGL* I 670. **e** s**1278** in mense Augusti fecit ibidem rex statutum quo warranto W. Guisb. 216; s**1285** de brevi quo warranto Oxnead *Chr.* 266.

2 (interr. pron., used instead of *quis*) who? (in quot., in indir. qu.).

1280 discuciatur qui [*sic*] .. calicem debeat acquitare *Reg. Heref.* 238.

3 (rel. pron., adj., usu. to introduce cl. that defines antecedent) who, that, (sts. w. final subj.) who or that (is to); **b** (w. cl. placed before antecedent); **c** (w. antecedent or equivalent repeated in cl.); **d** (dat. or abl. pl. *quis* for *quibus*).

grex Domini ejusque pastores qui exemplo esse omni plebi debuerunt Gildas *EB* 21; Johannes baptista .. quem et decollavit Herodes Theod. *Laterc.* 9; c**675** magis edito aulae fastigio spreto quo patricii ac praetores potiuntur Aldh. *Ep.* 3 p. 480; de foeminis quae quinquennes concipiunt *Lib. Monstr.* I 27; Domini habemus ducatum qui nos ad caelestia regna perducat Bede *Acts* 940; haec est sancta domus, pacis locus, aula salutis, / .. / in pua [l. qua] multiplicet fratrum convivia large Alcuin *Carm.* 104. 2. 3; electis internuntiis .. qui dextras Danis dent et accipiant ab eis *Enc. Emmae* II 13; eo, quocum [v. l. cum quo] contraxerat, pactum .. inficiante Gir. *TH* II 44; **1278** omnibus et singulis, cujorum [*sic*] interest, intimantes quod .. *Foed.* II 115. **b** qui .. plenitudinem lunae paschalis ante aequinoctium provenire posse contenderit, talis .. a sanctarum .. scripturarum doctrina discordat (*Lit. Ceolfridi*) Bede *HE* V 21 p. 340. **c** sacros umectans artus fetore putenti / qui liquor, ut dicunt, atrum fantasma fugabit Aldh. *VirgV* 1201; **1199** de vj acris terre .. quam terram J. de B. tenet *CurR RC* I 358; **1268** si .. alios libros .. rite audierunt qui .. libri .. sufficiunt ad faciendum sufficientem recompensacionem *StatOx* 26; **1331** tenentes reddunt .. iij sol' .. quiquidem redditus vocatur costillagium (v. costillagium); post expulsionem Edewini .. qui Edewinus .. expulsus est a regno Knighton I 4; **1418** ut .. quemdam pulverem .. facere posset; qui quidem pulvis est talis nature .. quod .. (v. elixir). **d** c**675** lupanarium nugas, in quis pompulentae prostitutae delitescunt Aldh. *Ep.* 3 p. 480; squalida per saltus peterent ut rura locorum / in quis contemplativos decerpere fructus / possent *Id. VirgV* 758; divinae scripturae flosculos .. congregavit quis praecordii sui cellulas densatim replevit Asser *Alf.* 88 p. 74; et quis debilitas artus devinxerat atra Frith. 1317; **10..** in quis, *onþæm WW*; sperne, camena, leves hederas, / cingere tempora quis solita es [*gl.*: quis, pro quibus, *of þaſ* i. e. *of þæm*] *GlP* 127.

4 (without antecedent, rel. pron.) the person who or the thing that. **b** (*quo loci*) at which place. **c** (*quo tenus*) at or until the point in time at which, so long as.

nam qui iram corde multo tempore retinet, in morte est Gildas *Pen.* 18; ante admoneat peccantem ut solus quod male agit confiteatur abati *Ib.* 27; qui semen in os miserit, vij annos peniteat Theod. *Pen.* I 2. 15; cui non datur sensus, non datur et cerebrum *Ps.*-Bede *Collect.* 114; que vidi vel scio loquor Map *NC* V 5 f. 63v; **1254** faciat quod debebit facere secundum usus et consuetudines *RGasc* I 545a. **b** in Wintonia .. quo loci posteritas .. cucurrit vestigia W. Malm. *GR* I 19 p. 23. **c** s**992** quo tenus .. viri .. in hujus vite stadio laborem sui cursus protelaverunt, ecclesia .. felicibus .. sine abbatis regimine successibus viginti quatuor .. annis .. est gavisa *Chr. Rams.* 109.

5 (*est qui*) there is a person who. **b** (pl., as indefinite pron.) some (people), (*qui .. qui ..*) some .. others.

sunt qui dicunt animam ejus non fuisse sub dominio daemoniorum *Comm. Cant.* III 75; principes sublimiores ibi anhelabunt pro ardore; non est qui faciat ventum illis, neque qui tergat sudorem, in tremendo die *Ps.*-Bede *Collect.* 381; c**801** quievit calamus meus quia non fuit qui excitaret eum Alcuin *Ep.* 214. **b** qui certant hastis, qui saltationibus, qui Baccho .. sacrificant Liv. *Op.* 5.

6 (at the beginning of a sentence) this, the aforementioned (person, thing, or sim.), (*quam ob rem*) for this reason, because of this.

672 quam ob rem tuum .. discipulatum .. efflagito Aldh. *Ep.* 5 p. 491; decretis .. que .. discordiam agitasse noscuntur. quibus infensus Wilfridus ad regem .. Ethelredum .. discessit W. Malm. *GP* III 104; ridente rege ac dicente: solum esse hominem qui sciret sic agitare ingenium, nec aliorum curaret odium dummodo complaceret dominum. quibus artibus fretus episcopatum Dunelmensem meruit *Ib.* 134 p. 274; super quibus dicte sorores contra dictum puerum .. in curia de arcubus causam movebant Whittlesey *Cont.* 227.

7 (as indefinite pron., adj.) any (usu. after *si*).

rogo vos .. si qua fides, si qua pietas, ut mea saltem temptetis alleviare tormenta W. MALM. *GR* II 204; si qua tamen esset caro delectabilis .. *Id. GP* IV 137 p. 279; si qua tibi vilis res sit qua sis oneratus / .. D. BEC. 607; **1278** utensilia sua, si qua portaverint (v. 2 comparare b); **1284** si que monialis videatur frequenter cum aliquo homine colloquia copulare .. (v. collocutor).

quia [CL]

1 (explanatory, to introduce principal statement) for: **a** (subsequent statement); **b** (preceding statement).

a nunc ~a ita configit .. non solum fratrum .. imperiis deservire gestio, verum etiam .. ABBO *QG* 1 (3). **b** c**1220** ~a quid me dimidiant? integer esse volo (v. dimidiare 1c); ~a ubi ipsa veritas non est fundamentum, nullius boni operis super edificari poterit edificium *Plusc. pref.* p. 3.

2 (causal) for, because; **b** (without cl. or w. ppl.). **c** (*ideo* .. *~a*) in consequence of the fact that, for the reason that; **d** (w. *enim*, *nam*, or *quoniam*); **e** (w. ref. to relevant working part of writ of escheat).

abscidatur a corpore sicut membrum putredum ~a furor homicidium nutrit GILDAS *Pen.* 18; quare dixit 'iste'? ~a non erat Judaeus *Comm. Cant.* III 103; dictandi tenor terminandus est ~a illustris contionator 'tempus', inquit, 'loquendi et tempus tacendi' [*Eccles.* iii 7] ALDH. *VirgP* 59 p. 319; Aethiopes toto corpore nigri .. ~a sub tertio zonarum ferventissimo .. mundi circulo demorantur *Lib. Monstr.* I 9; nolunt ea facere .. ~a ad operandum pigri sunt BEDE *Ep. Cath.* 22; ei memoriale statutum est. cui cause equum adhuibuerunt .. nanum .. sub pedibus equi posuerunt, ~a protritus occubuit GREG. *Mir. Rom.* 4; testis, inde testiculus .. ~a testatur masculum hominem esse OSB. GLOUC. *Deriv.* 582; parce illis et dimitte, ~a nesciunt quid faciunt [cf. *Luc.* xxiii 34] *Eul. Hist.* I 103; s**1382** fideles contra .. ducem .. ~a magistri Johannis fautorem .. insurrexerant AD. USK 4. **b** beatitudo .. est actus anime ~a felicitacio WYCL. *Act.* 35 (v. felicitatio); **1472** timetur de consumpcione ejusdem [vestimenti] humiditate ~a jacens per longum tempus subtus altare *Fabr. York* 252. **c** et ideo Christus secundum carnem fuit de genere regum et sacerdotum, ~a conjunctae fuerunt inter se tribus Juda et Levi *Comm. Cant.* III 2; c**705** hoc .. ideo agimus ~a 'karitas Christi .. urget nos' [*II Cor.* v 14] ALDH. *Ep.* 8 (11) p. 499; ideo sub sole calumnias se vidisse querebatur ~a supra solem noverat judicem esse justum BEDE *Ep. Cath.* 83; contra hoc quoniam non ideo verum argumento probatur ~a falsum BALSH. *AD* 64. **d** mandatum .. est lucerna. et lex .. est lux, id est plena mentis illustratio. nam lucerna minus sufficiens est ~a solas noctis tenebras illuminat ANDR. S. VICT. *Sal.* 36; per hoc enim comperiendum quoniam et sic diversis ut idem incertum ~a dubitabile BALSH. *AD* 54. **e** licet in cancell' non sunt nisi tres forme brevium de escaeta ~a utlagatus, vel suspensus, vel ~a abjuravit regnum *RParl* I 52b.

3 (to introduce obj. cl. after a verb of saying, knowing, or sim.) that (w. ind. or subj.); **b** (to introduce quot.); **c** (to expand or define dir. obj.); **d** (without cl.); **e** (as variation from *quod*).

dixit ~a apparuit Dominus noster Jesus Christus Salvator noster ad eripiendum genus humanum THEOD. *Laterc.* 4; Aquilam .. et Theoditionem praeposuit septuaginta interpretibus ac si diceret ~a meliores invenit, sicque composuit *Comm. Cant.* I 5; didicerat enim per visionem et quid ille petisset et ~a petita inpetrasset BEDE III 27 p. 193; **1095** sciatis ~a mortuo episcopo honor in manum meam rediit (*Breve*) *SelCh* 109; experto crede ~a omnia mundi dulcia .. amarescunt J. SAL. *Pol.* 386A; tunc cognovit rex ~a angelus Domini erat qui locutus fuit cum eo DICETO *Chr.* I 92. **b** exquisivit .. ab eis Herodes tempus sideris et cum didicisset dixit quia: "ite et scrutamini diligenter" THEOD. *Laterc.* 6; c**1210** scriptum est enim ~a 'frustra rete jacitur ante oculos pennatorum' [*Prov.* i 17] GIR. *Ep.* 2 p. 160. **c** illa [ait] .. unum scio ~a virum non cognovi umquam NEN. *HB* 183. **d** querenti quidnam didicisset .. respondit ~a multum GIR. *GE* II 37 p. 350. **e** **1105** vos scitis ~a .. dictum fuit quod rex mitteret legatum suum Romam ANSELM (*Ep.* 369) V 313.

4 (to introduce consec. cl., usu. w. *ita* or *adeo*) so .. that (w. ind. or subj.).

790 nescio quid peccavi, ~a tuae paternitatis dulcissimas litteras multo tempore non merui videre ALCUIN *Ep.* 7; fontem .. infecerunt veneno efficacissimo, adeo ~a aqua derivata procul corrumperetur *Flor. Hist.* I 258 (cf. M. PAR. *Maj.* I 233: ita ut aqua manans tota corrumperetur); s**1477** ita ~a mercatoribus .. nulla per Angliam secura via patebat *Croyl. Cont. C* 559.

quiamus, *var. sp. of* cyamos [CL < κύαμος]

1 Egyptian bean (*Nelumbium speciosum*).

quiamus, i. faba *Gl. Laud.* 1249.

2 sea onion, squill (*Scilla maritima*).

quioameos, i. squilla minuta *Gl. Laud.* 1247.

quianos v. cyanos. **quiberum, quibib'** v. cubeba.

quibinus [kipa < ME *kipe*+-inus], container, reliquary.

1383 Quintini martiris .. quibinus *Ac. Durh.* 439.

quibuba, quibybes, *var. sp. of* cubeba.

1421 pro j libra quibube pro dictis medicinis (*KR Ac*) *JRL Bull.* XXVI 272; **1534** quibybes vij s. *Rec. Nott.* III 192.

quicio v. quietio. **quicquid, quicquit** v. quisquis.

quicquidcadiae [CL quicquid+cadere+-ia], (as etym. gl.).

quisquilie quasi quicquidcadie, i. quicquid superfluitatis cadit ex arbore vel ex maceria OSB. GLOUC. *Deriv.* 492.

quicumque, quicunque [CL], **quiscumque**

1 (pron., w. antecedent noun) who or which at any time or in any way.

1153 in satisfactione omnium forisfactorum quecumque feci ecclesie sue *Ch. Chester* 115; omnes sui fautores repperit quoscumque prius exactionis sue prosecutores habuisse consuevit R. COLD. *Cuthb.* 55 p. 113; c**1180** sciant presentes et futuri quicumque has litteras viderint vel audierint quod .. *Ch. Westm.* 288; **1230** tenemur eidem reddere .. castellum .. vel escambium .. pro eodem castro .. quodcumque eorum nobis magis placuerit *Pat* 387; quia nunc .. cecus ollas, pelvim, et quecumque sunt ante pedes meos invenio *Latin Stories* 127.

2 (pron.) the person (whoever he may be) who or the thing (wherever it may be) that, whoever, whatever, (to generalize) anyone who or anything that. **b** (w. partitive gen.) whatever of. **c** (as first word of Athanasian Creed).

sed quicumque cupit disrumpens foedera pacis / dirus commaculare domum sub culmine querno ALDH. *Aen.* 75 (*Crabro*) 7; quemcumque sors ostendit, hunc tempore belli ducem omnes sequuntur BEDE *HE* V 10 p. 300; credo .. excellentissima regina, quaquodcumque [*sic*; ? l. quia quodcumque] poposceris a .. filio tuo .., protinus erit impetratum sine mora SIM. GLASG. *V. Kentig.* 4; **1275** preceptum est distringere quemcumque [*sic*] inventus fuerit super tenementum Willelmi *CourtR A. Stratton* 27; **1333** quiscumque .. cancellarium .. armis invaserit .. (v. commissarius 5); [dico quod] quia quicumque salvatur est carus Deo OCKHAM *Quodl.* 585; **1425** quiscumque hanc sententiam tenuerit hereticus est censendus *Reg. Cant.* III 132. **b** et quodcumque mali gessit lasciva juventus / deleat aeternus, caelorum gloria, Christus ALDH. *VirgV* 2823; c**1150** quidcunque juris mihi aut heredi meo vindico *Ch. Sal.* 20. **c** presbiter si responsoria cantat in missa vel quicunque cappam suam non tollat sed evangelium legens super humeros ponat THEOD. *Pen.* II 2. 11.

3 (adj.) whatever, any .. that.

quaecumque illi debebantur supplicia, tu solvere habes BEDE *HE* I 7 p. 19; de homine [dat] iiij denar', quocumque loco emat infra rapum *DB* I 26ra.

4 (indefinite pron.) anyone whatever. **b** (as adj.) any, any whatever.

nisi vel propinquitate vel aliqua dignitate meritorum regis indulgencia quemcumque respexerit (*Leg. Hen.* 20. 3) *GAS* 560; dicendo illud [sacramentum] posse a quocumque non sacerdote dispensari DUNS *Ord.* I 61. **b** si haec mihi affectanti precaria quiscumque [i. e. quibuscunque] e nebulosorum corculis concedenda persentio B. *V. Dunst.* 1; lego .. longam habet le-. . 'lego' .. legis' in quacumque alia significatione correptam ABBO *QG* 6 (16); et non quocunque modo, set similis et connaturalis patri et matri BACON III 281; ad manutenenda quacumque [*sic*] negocia *JustIt* 1095 r. 1; c**1344** ne quis scolaris aut alius quiscunque *FormOx* 167; respectu cujuscunque causabilis seu causati BRADW. *CD* 647A; a**1350** statutum est quod quiscumque possessionatus secundum formam statuti possit licenciari .. *StatOx* 47; **1441** vicarius quiscumque dicte ecclesie .. solvere teneatur *Reg. Cant.* I 313.

quicunx v. quincunx.

quidam [CL]

1 (adj.) a certain, a particular, some unspecified; **b** (*quidam* .. *quidam*) a certain .. a certain other. **c** (*quodam tempore*) once (upon a time). **d** (*quodam modo*, also written as one word) in a certain manner, so to speak.

nova quaedam plasmata, immo diabolica organa GILDAS *EB* 67; fuit quidam [*gl.*: aliquis] apud Thebaidam vir vitae venerabilis Apollonius nomine ALDH. *VirgP* 38 p. 287; melius .. habent quidam codices juxta exemplar Graecum BEDE *Retract.* 1026; sicut poeta quidam de quodam divite dicit, 'diruit, edificat, mutat quadrata rotundis' [Horace *Ep.* I 1. 100] W. MALM. *HN* 481 p. 38; persona quedam vilis et feda MAP *NC* V 6 f. 67; **1225** ita quod quidam homines de navi submersi sunt et una pars vinorum amissa fuit *Cl* 21b. **b** varie sunt consuetudines in ecclesiis .. quedam habent decanum, quedam non P. BLOIS *Ep.* 212. 497B. **c** c**1201** ipse .. una cum serviente hundredi quodam tempore ivit ad capiendum fratrem ipsius R. *SelPlCrown* 41. **d** quae .. angelum .. digito quodammodo demonstravit GILDAS *EB* 1; electionem viz. quodammodo consecrationi prestare contestantes EADMER *HN* 350; ut opus consummatum omnium artium quodam modo videretur imago J. SAL. *Met.* 854B; illum .. super vitam quodam modo gloriosam dilexit AD. SCOT *OP* 599B; tempus .. mensibus hiemalibus dum .. germina nulla producit, masculinam quodammodo obtinet formam ALB. LOND. *DG* 4. 8; differenciarum divisivarum speciem quodammodo .. constitui planum est *Ps.*-GROS. *Summa* 311.

2 some kind of, a sort of.

ideo principatum quendam in creatura nobis .. ostendit BEDE *Ep. Cath.* 15; videbam .. coetum .. sanctorum .. quandam decoris subtilitatem .. oculis intuentium praetendentem OSB. *Mir. Dunst.* 24; non est nisi quedam participacio LUTTERELL *Occam* 170 p. 68.

3 (pron.) a certain person, someone, (pl.) some (people). **b** (*quidam* .. *alii* .. *nonnulli* or sim.) some .. others ...

sicut bene quidam nostrorum ait GILDAS *EB* 92; corpus solis, ut quidam dicunt, in quo quarto die lux posita est *Comm. Cant.* II 1; repperimus quosdam provinciae vestrae .. novam ex veteri heresim renovare BEDE *HE* II 19 p. 123; organa sunt linguae quisdam [i. e. quibusdam] privata sonore WULF. *Brev.* 457; preter quosdam qui Moysi legem secundum Samaritanos tenebant heretice, et alios Christianos, qui Nestoriani erant et Jacobite PETRUS *Dial.* 65; poetarum quidam scribunt .. BERN. *Comm. Aen.* 2; juxta corundam quidam opinionem *Cust. Westm.* 215. **b** pantheras autem quidam mites quidam horribiles esse describunt *Lib. Monstr.* II 7; quidam quidem mox se monastice conversioni fideliter mancipaverunt, alii magis circueundo per cellas magistrorum lectioni operam dare gaudebant BEDE *HE* III 27 p. 192; c**1410** quosdam delicias destinat degustare claustrales, alios sudores disponit suscipere mundiales, nonnullos vero .. *FormOx* 214.

4 (n.) a certain thing, something, (pl.) some (things). **b** (*quaedam* .. *aliqua*) some .. some others.

pro eo quod quaedam de mandatis Domini non compleverat GILDAS *EB* 38; **1264** quosdam cursores .. quedam de bonis quarundum [*sic*] ecclesiarum .. occupasse (*Lit. Regis*) *EHR* XVI 500. **b** dico quod quedam potest Deus facere de potencia ordinata et aliqua de potencia absoluta OCKHAM *Quodl.* 585.

5 (w. partitive gen.) an element of.

et quiddam gravitatis inest que nascitur inde VINSAUF *PN* 1047.

quidamcumque [CL quidam + -cumque], (adj.) whatever or whichever it may be, any.

1364 sum ad visitandum .. ecclesias, clerum et

populum tam nostre [sc. diocesis] et alterius cujusdamcumque peculiaris *Cart. Mont. S. Mich.* 11 p. 12.

quiddit- v. quidit-.

quidec [Ar. *widāj*], (anat.) jugular vein.

ex istis sunt due quidec; et minuuntur in principiis lepre et fortis squinancie *Ps.*-RIC. *Anat.* 44 p. 35.

quidem [CL, v. et. quandoquidem]

1 (to emphasize word, phrase, or sentence) certainly, indeed, at any rate; **b** (to contrast two parallel terms, usu. w. *sed*, *tamen*, or sim.). **c** actually, in fact.

705 latere ~em tuam notitiam potuisse non arbitror quanta et qualia WEALDHERE *Ep.* 22; primum ~em ponimus quod in prima aetate accidisse .. didicimus *V. Cuthb.* I 3; amici autem illius ut ipse rogaverat fecerunt: duxerunt ~em illum ad portum insulae Crugland FELIX *Guthl.* 53 p. 168; primi parentis, carnei ~em licet de carne non nati GIR. *TH* I 15 p. 48; in primis ~em sunt in magno palacio .. *Descr. Constant.* 245; 'perpendis igitur quam manifestus sit iste error?' perpendo ~em et hunc sermonem omni rationis vigore destitutum cognosco PETRUS *Dial.* 29. **b** nunc persolvo debitum .. antea exactum, vile ~em, sed fidele GILDAS *EB* 1 p. 27; crementum quaerere numquam desinit, bonorum ~em si ab Israhel .. regitur, malorum vero, si .. BEDE *Sam.* 582; meminit ~em quod rex Edwardus .. novit autem .. W. POIT. II 11; erat vir, quidam conversatione ~em secularis, mentis tamen devota conversione fidelis R. COLD. *Cuthb.* 47 p. 94; **1188** volentes ~em sed non valentes *Ep. Cant.* 179; cucullatus quidem, monachus tamen nequaquam .. hypocrita nequam *G. S. Alb.* I 221. **c** **1319** Henr' Sewetegrom vend' Roberto le Chartere ij oves matrices, quas advocavit ei esse sanas, que ~em oves expirarunt pre putredine *CBaron* 128.

2 (to reinforce or supplement previous statement) and what is more, and also.

corpora .. xij pedum altitudinem habentia, facie ~em bipertita et naso longo *Lib. Monstr.* I 20.

3 (to emphasize extreme case) even, (*ne quidem*) not even.

tyrannus .. jussit circumcingi regem cum turba, ne ~em unus ex omnibus elaberetur vivus M. PAR. *Maj.* I 398.

quiditas, quidditas [ML < CL quid+-tas], (phil.) real nature or essence of a thing, whatness, quiddity.

sicut posse mori vel necesse mori non est de hominis ~ate, quia aliquando habebit necessitatem non moriendi GROS. 222; substancia, essencia, et hujusmodi que mere quidditatem [v. l. quantitatem, TREVISA: *quidite*] rei significant et divinam essenciam simpliciter et abstracte representant BART. ANGL. I 6; est enim ~as alia incomplexa, que est vera rei essentia ..; alia vero ~as complexa, scilicet cum scitur quid est res per definitionem *Ps.*-GROS. *Summa* 299; essentia .. est veritas rei vel ~as nomine absolute BACON VII 18; ~atem lucis et coloris solo sensu minime comprehendi. hic dicitur ~as coloris species coloris que non discernitur nisi per relaciones ad formas consuetas PECKHAM *Persp.* 1. 60 p. 138; sic intelligendo quidditatem rem distincte tria possunt considerari, sc. formacio conceptus et conceptus formatus et quidditas rei distincte intellecta MIDDLETON *Sent.* I 204b; de simplicitate anime racionalis, quam ponunt quidam .. ex quidditate et esse KNAPWELL *Not.* 198; quidditas rei non est ens in actu, quia sic determinaret esse in actu et ita esset necesse esse, quod non est nisi solus Deus *Quaest. Ox.* 335; volentes tradere quidditatem [v. l. quantitatem] eucharistie continue laborant circa panem et vinum aut circa ipsorum species (TYSS.) *Ziz.* 162.

quiditative, quidditative [ML quiditativus+-e], (phil.) with reference to quiddity, according to or by virtue of essence, quidditatively.

primo, quod quiditas creata est quo aliquid est ens ~e DUNS *Ord.* IV 66; est bonus est sapiens quia ~e est bonus et sapiens *Ib.* IV 274; esse punctum convenit cuilibet puncto ~e univoce et specifice, quod sufficit ad esse speciei WYCL. *Ente Praed.* 2; asserens illam esse quidditative et secundum essenciam panem illum visibilem NETTER *DAF* II f. 87vb.

quiditativus, quidditativus [ML quidditas+-ivus], (phil.) of or pertaining to the essence or quiddity, essential, quidditative.

c1301 utrum respectus sit de conceptu quidditativo alicujus absoluti *Quaest. Ox.* 330; ergo nobilissima cognicio de homine est secundum racionem ejus ~am DUNS *Ord.* I 106; accipiendo .. substanciam sive simplicem sive compositam precise secundum unam racione formalem ~am *Ib.* IV 19; non potest aliquis habere duos conceptus proprios Deo quidditativos, nec unum quidditativum et alium denominativum OCKHAM *Quodl.* 504; videretur per hoc .. excludere .. partes qualitativas et partes quidditativas cum suis totis NETTER *DAF* I p. 123a; **1519** an res ante sui productionem habeant aliquod esse reale quod appelletur esse quidtativum [*sic*] *Reg. Merton* 481.

quidni [CL], (interrog. adv. foll. by vb. in subj.) why not?

~i, quare non *Gl. Leid.* 43. 43; ~i interioris cordis verecundia exteriori faciem rubore suffunderet cum mestus animus indubitanter attenderet quanta sit .. AD. MARSH *Ep.* 242 p. 405.

quidum [CL], (interrog. adv.) how? why?

C.: here, actum est. L.: ~um? C.: quia perimus. LIV. *Op.* 74.

quiere v. quiescere.

quies [CL]

1 (generally) peaceful existence, tranquillity, quiet; **b** (applied to religious life).

dura Parcarum ~es et ferreus leti somnus ALDH. *VirgP* 60 p. 321; priori Dei populo etiam in praesenti datum est ut cum legi Dei oboediret longo tempore in pacis ~ete viveret BEDE *Prov.* 949; **1265** regnum .. tranquillitate et ~ete extitit et persistit *Cl* 121; est .. ~es idem quod requies sive pax, et si componatur cum hac prepositione 'in', erit ibi inquies, i. non ~es BRACTON f. 35. **b** quia securae quietis [*gl.*: silentii] spatium et morosam dictandi intercapidinem scrupulosa ecclesiastici regiminis sollicitudo denegabat ALDH. *VirgP* 59 p. 320; cepit .. tedere Ceolfridum prioratus magisque delectare libertas monachicae ~etis quam alieni cura regiminis *Hist. Abb. Jarrow* 8; cum .. cogeret .. synodum .. de vita monachorum et ~ete ordinaturus BEDE *HE* II 4 p. 88; quis magis libet misticum / summe quietis otium FRITH. *Cives* 9. 6; quisquis .. propter illam ~etem futuram agit quidquid potest quamvis laboriosum videatur quod agit GROS. *DM* 3. 11.

2 repose or rest in sleep (also in fig. context). **b** repose or rest in death. **c** place in which one rests, tomb.

quasi in somnum laxatus deposuit caput, membra in ~etem omnia composuit BEDE *HE* III 11 p. 150; sompnus est ~es animalium virtutum, i. otium quinque sensuum BERN. *Comm. Aen.* 69; etsi [sol] mundo a Deo est donatus ut luceat, ad sua tamen ~etis otia debet frequentius declinare J. FORD *Serm.* 57. 11. **b** **c1130** pro salute et ~ete omnium fidelium defunctorum *Ch. Westm.* 244; illum ingrediamur hortum in quo sepultus est Jesus, per quem manifeste ~es sanctorum in Christo dormientium indicatur J. FORD *Serm.* 119. 7. **c** lumen tuum ad ~etem sancte Edburge deferre cum devotione propera *NLA* I 310.

3 absence of or relief from toil, exertion, or labour, rest; **b** (w. impl. of slothfulness or idleness).

predicavit eis .. laborem continuum et ~etem raram *Canon. G. Sempr.* f. 48v; habet .. etiam ~es illa laborem suum J. FORD *Serm.* 68. 8. **b** qua propter jejuniis atque laboribus studendum est potius quam saturitati et ~eti ALEX. CANT. *Dicta* 19 p. 179; **c1207** increpas me .. quod cum in officio predicationis me solerem jugiter exercere, nunc ignava ~ete consumor P. BLOIS *Ep. Sup.* 42. 2.

4 absence of or relief from suffering or adversity.

decursis .. spatiis pelagi optati litoris ~ete potiuntur BEDE *HE* I 17 p. 34; cum .. sine ulla ~etis intercapedine .. torqueretur *Ib.* V 12 p. 305; ~etis hospicium petiit, accepit, ut hospes et pauper .. per dies aliquot cohabitavit *V. Neot. A* 12; jam vero in statione navibus receptis tutissima quavis tempestate ~es W. MALM. *GP* V 224; post cibum sumptum aliquam .. ~etem habebat GIR. *TH* I 31.

5 absence of motion or movement, rest.

idem enim secundum contrarios motus continue ferri non est possibile. ~es enim intererit ALF. ANGL. *Cor* 13. 10; corpus mobile in quantum ipsum est subjectum motus et ~etis J. BLUND *An.* 18; tali motus discontinuus est .. eo quod ~es intercidit media BACON XIII 424; [pulsus] septimo judicatur ex opere ~etis [TREVISA: *restinge*] et hic dividitur [in] spissum, rarum, et in medium BART. ANGL. III 23 p. 78; cor nutritur cum suis ventribus et earum motibus que sunt diastole et sistole et ~etibus duabus inter ipsas *Ps.*-RIC. *Anat.* 24 p. 10; si [mobile] incipiat moveri primo motu, prius erat in eo ~es T. SUTTON *Gen. & Corrupt.* 184.

6 (mus.) interval of silence, pause, rest.

quarta regula est: continuatio sonorum si post semitonium fit vel tonus et conveniens fit super ~etem, penultima proportio minuitur sive fuerit semitonium vel tonus GARL. *Mus. Mens. app. P* 95; quare quatuor sunt tres breves et una longa propter ~etem temporis cum sua concordantia sive melodia cum brevi pausatione sequenti unius temporis *Mens & Disc.* (*Anon. IV*) 33; nota quod precedentes figure diversimode juxta modos diversos in labore et ~ete possunt intelligi *Ib.* 45; pausatio est ~es vel dimissio soni in debita quantitate temporis .. *Ib.* 57.

quiescere [CL], **quiēre**

1 to (begin to) exist peacefully or in good order, to rest (in).

deliciae ejus sunt esse cum filiis hominum quia desiderat in nostro amore ~escere BEDE *Prov.* 966; nos in pace ecclesiae ~escentes *Id. Ep. Cath.* 61; ego nichil ita magni pendo, quomodo hominem in hujus mundi turbinibus consistentem, universa mundi animo transcendentem, et in amore Conditoris ~escentem, Martham videre ministerio, Mariam desiderio OSB. *V. Dunst.* 23 p. 98; **c1119** predicto loco ~evit pontificalis cathedra usque ad Cnutum regem (*Narratio*) *EHR* XL 226; disponit omnia suaviter, quietus semper et ~escens in sua placidissima caritate AILR. *Spec. Car.* I 19. 522; anima creatur a Deo immediate, ergo in eo immediate ~escit et quietatur DUNS *Ord.* II 9.

2 to rest or repose in sleep; **b** (transf. or fig.).

infantulus cum in cunis supinus ~esceret [*gl.*: dormiret], ex improviso examen apium .. ALDH. *VirgP* 26 p. 260; jam nocturnis tenebris ~eturus accubuit R. COLD. *Godr.* 267 p. 281; venit .. in claustrum cum conventus lectis ~esceret in meridie J. FURNESS *Walth.* 67; in dormitorio .. ~essebant *Cust. Westm.* 88. **b** illi [sc. matrici] est illud intestinum quasi culcitra super quam ~escit *Ps.*-RIC. *Anat.* 40.

3 to rest or repose in death or the grave. **b** (~*ere fine bono*, *in fata*, or sim.) to rest in a good end, to go peacefully to one's fate, to die.

Joseph .. usque ad xij annos aetatis Salvatoris vixit et deinceps ~evit THEOD. *Laterc.* 8; nonnulli vero eundem non generali morte defunctum sed speciali somno soporatum in sarcofago vitaliter ~escere contendunt ALDH. *VirgP* 23 p. 255; duabus noctibus et uno die voluit in sepulchro ~escere BEDE *Hom.* II 10. 152; in villa ubi ~escit humatus Sanctus Eadmundus *DB* II 372; Eduardus, universe carnis viam ingressus, ~escit in eodem monasterio quo pater W. MALM. *GR* II 130; quociens transivit per cimiterium et non oravit pro ibi ~escentibus? T. CHOBHAM *Serm.* 12. 482b; **1432** lego c s. .. ad faciendum unum lapidem ad superponendum .. quasi super tumulum meum, patris et matris ac sex fratrum meorum quasi et si simul ibi ~esceremus sub lapide ipso et tumulo uno *Reg. Cant.* II 489. **b** ipse bono fine ~evit ANSELM (*Ep.* 331) V 265; **1200** si ipsum in fata ~ere contigerit *Ch. Chester* 318; **s1235** die Mercurii post octavas Epiphanie fine glorioso ~evit *Ann. Cambr.* 81; profectus est in Syriam et ibidem felici fine ~evit ECCLESTON *Adv. Min.* 5.

4 to rest, enjoy respite, or find relief from pain or labour. **b** (sts. w. impl. of wrongfulness) to be idle or slothful (also w. inanim. subj.).

dum vero septima jam dies [*sic*] ad requiem properat mundus iste, hoc est elementa ipsa ~escant a servitutem, necesse est ut in suis sanctis Dominus requiescat et ipsi in eum perpetuo †ad [l. ab] omni †fluctuationem [l. fluctuatione] quiescant THEOD. *Laterc.* 24; egressus est tempore matutino de cubiculo in quo infirmi ~escebant BEDE *HE* III 27 p. 193; **c795** nunc tempus est laborandi, tunc ~escendi [cf. *Eccles.* iii 2–8] ALCUIN *Ep.* 76; facite igitur, ut cor meum ab hac laesione ~escat ANSELM (*Ep.* 380) V 324; quodam monte ob nimiam arduitatem difficulter ascenso paululum ~everunt *V. Gund.* 5; exercitum ab assultu oppidi et exercitio belli ~escere jusserat ORD. VIT. XI 45 p.

308; nunquam ~evi, semper laboravi P. BLOIS *Ep.* 9. 25A. **b** in lecto .. funibus intexto meretrix molitiem ~escendi designat BEDE *Prov.* 963; **c801** ~evit calamus meus quia non fuit qui excitaret eum ALCUIN *Ep.* 214; **c803** sic .. implesse caritatis dulcedinem quae meum nullatenus permittit ~escere calamum nec lassescere linguam in dictando *Ib.* 303; item qui nimis se exercitant .. in nimis vero ~escentibus [TREVISA: *þat restiþ to moche*] causa est contraria BART. ANGL. IV 5 p. 98.

5 to rest, find relief from adversity or tribulation.

juxta exemplum Hebreae plebis quae .. contra seipsam divisa .. nunquam externa a clade ~evit *Hist. Abb. Jarrow* 25; salubre suis auditoribus quasi stratum parare in quo a vitiorum tumultibus libero corde ~escant BEDE *Prov.* 963; quibus actis videtur terra ~evisse a proeliis et sors fuisse missa super eam *Id. Acts* 974.

6 to be at rest, lie idle. **b** (of ship, *~ere ad anchoram*) to lie or rest at anchor.

THEOD. *Laterc.* 24 (v. 4a supra); quod movetur non ~escit BALSH. *AD rec. 2* 123; aliquando fit ~escens, aliquando vero movetur ALF. ANGL. *Cor* 16. 18; puer .. ~escit .. toto mense octavo, et nono .. incipit se movere *Quaest. Salern.* B 27; simul potest angelus moveri in uno loco et ~escere in alio OCKHAM *Quodl.* 35; quod patet, quia in nullis duobus instantibus erit Socrates in eodem situ 'A' spacii precise, et spacium super quod movebit Socrates continue ~escet KILVINGTON *Soph.* 29 (d) p. 64. **b 1427** de quolibet vase portagii cxx et ultra .. ibidem ad anchoram ~escente (v. caiagium).

7 (w. act, natural phenomenon, or sim. as subj.) to die down, subside, abate.

~evit parumper inimicorum audacia nec tamen nostrorum malitia. recesserunt hostes a civibus nec cives a suis sceleribus GILDAS *EB* 20; non ~evit accensus donec cunctam paene exurens insulae superficiem .. oceanum lingua delamberet *Ib.* 24; ubi turbo persecutionis ~evit BEDE *HE* I p. 22; ita ~evit controversia .. inter .. W. .. et W. *Reg. Malm.* I 445; **1246** tandem lis mota sub hac forma ~evit *Reg. Paisley* 25; ~everunt offensiones hostiles hinc inde et furores bellici *G. Hen. V* 8 p. 50.

8 to fall or to be silent (also w. inanim. as subj.).

ponderosus .. canis, cum quempiam juxta se transeuntem audierit, semel aut bis post eum latrans, statim ~escit *Simil. Anselmi* 40; nil dicunt edicta boni: responsa quiescunt L. DURH. *Dial.* II 45.

9 (mus.) to pause.

sed quia vox humana ad talia non ascendit, ideo ~escamus infra duplex diapason, si possibilitas sit in voce .. GARL. *Mus. Mens. app. P* 97; longa brevis longa modulando, brevis longa brevis ~escendo *Mens. & Disc.* (*Anon. IV*) 58; iterato si dicendus longa brevis cum duplici pausatione longa brevis, sic est imperfectus sonando et ~escendo *Ib.* 62; nota quod primus punctus tenoris mediat continuando et ~escit in locis .. et ~escit secundum discordantias disconvenientes *Ib.* 83.

10 to desist or refrain (from). **b** (w. inf.) to cease (to).

nec ante a precibus ~escere voluit quam illum a sententia ad consentiendum retraheret OSB. *V. Dunst.* 29 p. 103; ab omni malo ~escunt (*Quod.*) *GAS* 171; **s1201** Innocentius papa ab ordine Cisterciensium pecunias violenter exegit, [sed] ab hac actione ~evit *Ann. Cambr.* 63; nuper deflevi lacrimas set abinde quievi GOWER *CT* III 4. **b** in tempore illius ~evit dare [v. l. dari] censum Romanis a Brittannia NEN. *HB* 164; nos nunquam ~escimus agere perverse, ne ~iescat Deus de malis nostris sua educere bona PULL. *Sent.* 811C; homo dicacitatis amare .. nunquam monacos mordere ~evit DEVIZES f. 40v; docuit .. nigromantiam per regnum Brittannie nec prestigia facere ~evit, donec .. G. MON. II 10 (=M. PAR. *Maj.* I 29, *Flor. Hist.* I 35; *Eul. Hist.* II 227).

11 (w. dat.) to acquiesce or concur (in).

desideriis regiis ~everunt *Conc.* III 352b.

12 (trans.) to cause to rest, to relieve by rest or repose.

cum lassata membra ~evisset [v. l. quievissent] .. WILLIB. *Bonif.* 6 p. 28.

quiescibilis [ML < CL quiescere+-bilis], that can be at rest (as dist. from *mobilis*).

natura est principium motus et status. set sciencia non est de corpore ~i. ergo nec de mobili BACON XIII 1.

quiestio v. quietio. **quiestius** v. quiete.

quietabilis [LL quietare+-bilis], that can be quieted or made to rest.

quia ultimate quietatum non est ulterius ~e DUNS *Ord.* II 26.

quietantia [ML]

1 payment.

1209 summa ~iarum et defectuum xij s. (*Pipe Wint.*) *Crawley* 189.

2 quittance, discharge (as result of payment), or immunity; **b** (w. *ab*, *de*, *in*, or gen. to specify immunity). **c** (*litterae ~iae*) letter of acquittance; **d** (w. ref. to document that certifies quittance or immunity).

a1190 quiete .. teneant .. cum omnibus consuetudinibus suis et quitanciis suis (*Ch.*) *Chr. Abingd.* II 217; **1253** rex concessit Elye B. .. unam navem carcatam vinis .. quietam de omni prisa .. mandatum est camerariis .. quod ipsum Elyam predictam ~iam habere permittant *RGasc* I 366a; **1269** habent omnes libertates et ~ias suas cum soca et saca et *tol et them* (*IMisc*) *MonA* III 57. **b c1096** cum omnibus libertatibus et ~iis supradictis in bosco et plano .. *CalCh* IV 288; **1103** volo .. ut abbas et conventus .. imperpetuum habeant ~ias de theloneis et aliis consuetudinibus (*Ch.*) *EHR* XXIV 425; **1155** cum omnibus libertatibus .. et ~iis de sciris et hundredis .. et aliis omnibus serviciis et consuetudinibus *CalCh* IV 63; **c1168** cum ~ia multure dominice *Regesta Scot.* 45; **c1178** ~iam a theloneis, a prisonibus capiendis et custodiendis .. et ab omnibus hujusmodi consuetudinibus et vexationibus *Ch. Chester* 192; **1190** sciant .. me concessisse .. ~iam decimarum et consuetudinum omnium *Regesta Scot.* 295; de comitatu Cornubie c marce de misericordia et pro ~ia carucagie *SelPlCrown* 7; **1205** nos concessisse .. †quietantatias [*marked for corr. in MS*] suas de omni theloneo *RChart* 154a; **1208** pro habenda †quientancia [*marked for corr. in MS*] de plegiagio *Cl* 113b. **c 1482** literas quitancie et deoneracionis dandum et offerendum *Reg. Aberbr.* II 187. **d 1228** rex inquirat utrum ipse abbas ~iam super consuetudine illa habuerit *Cl* 30.

quietantio v. quietatio.

quietare [LL]

1 to bring or put to rest: **a** (person); **b** (condition or act); **c** (abstr.). **d** (pr. ppl. as quasi-adj.) that puts to rest, definitive, conclusive. **e** (pass., w. inf.) to be content (to).

a fruicio ~at fruentem; una persona non perfecte quietat fruicionem fruentis sine persona quia .. potencia quietata in illa non posset ulterius quietari DUNS *Ord.* II 25; in corpore Christi .. sunt infallibiliter ~ati WYCL. *Conf.* 122; intelligo Cristianum debere reddere racionem de fide cuicunque poscenti, non que ~et omnem protervum vel infidelem poscentem, sed que ~aret vel deberet ~are quemcunque poscentem *Id. Ver.* I 249; **s1403** in sinu nutricis positus non poterat ~ari nisi aliquod instrumentum bellicum sibi traderetur *Eul. Hist. Cont.* 398; **1426** ad omnem crudelitatis et vindicte jacturam bestialiter inclinatur, non faciliter ~andi *Conc.* III 475a. **b** ad ~andas partium .. dissensiones AD. MARSH *Ep.* 4 p. 84; cupiens secundum meam scientiam vestrum ~are appetitum *Pol. Poems* I 124; patet .. quod quelibet essencia .. appetit se appetitu actualiter ~ato WYCL. *Trin.* 60; ut .. vester appetitus ex integro ~etur CIREN. II 17; talia .. que possent hujusmodi perturbaciones .. suscitare. .. post modici temporis intervallum istis perturbacionibus ~atis *V. Ric. II* 33. **c** frigidum exterius ~at motum et claudit poros BACON VI 42; item, qualiter crederet intellectus se ~ari si non ~aretur? DUNS *Ord.* I 82; anima creatur a Deo immediate, ergo in eo immediate quiescit et ~atur *Ib.* II 9; non potest demonstrari; quod circumscripto B ~aretur A in essencia sua: et si posset, esset concedendum quod A haberet duo sufficienter quietativa OCKHAM *Quodl.* 6; Deus ergo liberrime et efficacissime voluntatis potest facere ipsum cessare et ejus mobile ~are BRADW. *CD* 88 D. **d** non erit evidencia ~ans .. antequam descendant ad dictam autoritatem Jacob WYCL. *Ver.* III 259. **e** item domini temporales .. ~antur .. accipere quindecimam WYCL. *Sim.* 57.

2 to acquit, discharge, or release (person from obligation).

tenet W. dimidium jugum .. quod nunquam se ~avit apud regem *DB* I 6rb; **s1196** si nos archiepiscopum Turonensem solveremus et ~aremus de plegio conventionum pacis (*Lit. Regis*) DICETO *YH* II 139; ordinantes quod rex et barones .. se de eisdem ~ent et absorbent *Leg. Ant. Lond.* 59; **1281** Johannes de omnibus expensis .. nos contra quoscumque liberet et ~et *Reg. Heref.* 293; **1339** de .. xl solidis dictos magistros .. ~amus *Lit. Cant.* II 159.

3 to acquit, settle (debt, payment, or obligation).

1200 ad ~anda debita *CurR RC* II 155; **1217** quicquid .. Falkesio .. solveritis, vobis illud ~abimus *Pat* 29; **1239** receperunt de hominibus nostris dicte ville xx li. ad ~andam firmam dicte ville, et illos sicut debuerunt non adquietaverunt *KR Mem* 17 m. 7d.; pro una marca .. singulis annis .. persolvenda, pro omnibus serviciis per eam ~andis *Meaux* I 101.

4 to cancel, surrender, give up (one's claim to). **b** (absol.) to quit, surrender.

1189 ~avimus ei omnes conventiones quas .. pater noster Henricus .. extorsit (*Ch.*) FL. WORC. *Cont. C* 257; **1203** sciatis quod ~avimus fideli nostro S. de Q. ccc marcas quas debet Judeis. hec .. fieri debet quietacio a festo S. Mich' .. in unum annum *Pat* 30a; **1220** wreckum clamans de navibus fractis .. mercandisos .. sibi appropriare presumit, quod quidem wreckum R. rex .. penitus abolevit et ~avit *Pat* 242. **b** pure et simpliciter resignando ~avit *Plusc.* IX 42 p. 298.

5 (intr.) to exist peacefully.

rex ille per multa tempora summa pace ~avit *Eul. Hist.* II 266.

6 to desist or refrain (from).

effeminat eum et facit eum ~are a bellis, dum sc. jacent mane (J. BRIDL.) *Pol. Poems* I 184.

quietas [CL quiescere, quietus+-tas], tranquillity, peacefulness, quiet.

sed et eternaliter durature ~atis eternitate se dampnabiliter defraudare suam .. animam E. THRIP. *SS* VII 7.

quietatio [ML < LL quietare+-tio]

1 (act of bringing to or condition of) rest, peacefulness, quietude.

c1240 non vera sed momentanea et fantastica ~o GROS. *Ep.* 93; hec autem ~o potest esse vel secundum appetitum regulatum racione tantum et sic fruuntur boni summo bono MIDDLETON *Sent.* I 22b; in illo solo est perfecta ~o et delectacio DUNS *Ord.* I 15; per ~onem creaturarum in fine suo naturali significatur bonitas infinita que appropriatur Spiritui Sancto WYCL. *Trin.* 3; velitis .. dimidium in .. supportacionem reparacionis domorum .. priori studencium .. concedere .. premiabini [? l. premiabimini] exuberanter imposterum, si hec parva .. facere dignemini, pro non modica ~one ipsorum *Reg. Whet.* II 391; addendo igitur ad me surdo et muto et apprehenso te seorsum de turba per sensualitatis ~onem, mitto digitum meum in auriculas tuas CHAUNDLER *Apol.* f. 30 p. 136.

2 respite from work or labour, pause, rest.

hic primam facit ~onem, dicens me jam cessare a prophetia, urget dolor capitis .. (J. BRIDL.) *Pol. Poems* I 151; sic terminatur prima distinctio in prima ~one auctoris *Ib.*; post primam ~onem hujus auctoris .. resumit iste auctor prophecium suam *Ib.*

3 (act of) acquitting or exempting, exemption, immunity (from).

c1113 ut bene et honorifice teneant, cum ~onibus [*MonA* VI 1274a: quietudinibus] et consuetudinibus *Regesta* II p. 111; **c1124** omnes autem predictas consuetudines et rectitudines et ~ones et libertates ... confirmamus *Regesta Scot.* 7; **s1196** de ~one clericorum et laicorum DICETO *YH* II 139; **1204** rotulus terrarum datarum .. et quietancionum *Cl* 1a; **1219** sciatis quod petunt tantum ~onem de suis vinis, prisis, et non aliunde emptis, et tantum in portu Burdegale *RL* I 54; ~onem pannagii viginti porcorum .. concessit *G. S. Alb.* I 134; **c1421** fiat eis .. de et

super quibuscumque arreragiis plena ~o (*Test. Hen. V*) *EHR* XCVI 96.

4 quittance, settlement (of debt or obligation), payment.

1165 pro hac autem ~one dedit abbas Westmonasterii predictis fratribus xxiij marcas argenti *Ch. Westm.* 281; **1219** de lx marcis argenti .. quas .. pro hac donacione et ~one .. affidavi *BNB* II 17; **1272** circa ~onem totius pecunie *RL* II 349; **1333** pro ~one decime et quintedecime *RScot* I 231a.

quietativus [ML < CL quietatus *p. ppl. of* quietare+-ivus], that brings to rest or quiet (also as dist. from *motivus*).

sunt tamen earum [virtutum] quedam ~e, quedam autem motive, sed ~e juxta Gregorium Nyssenum .. nobiliores sunt *Ps.*-Gros. *Summa* 592; centrum quod ex natura sua est ultimate ~um est finis ultimus Duns *Ord.* II 114; non respectu ejus quod est in universo ultimate et perfectissime ~um voluntatis *Ib.* II 116; non potest demonstrari quod circumscripto B quietaretur A in essencia sua; et si posset, esset concedendum quod A haberet duo sufficienter ~a Ockham *Quodl.* 6.

quiete [CL], in a manner free from tribulation or disturbance, quietly, peacefully. **b** (w. ref. to ownership or possession) with immunity or exemption. **c** (w. *clamare*) to quitclaim, renounce.

quiete, *gefædlice GlP* 530; Ethelardus per quattuordecim annos ~issime retentum regnum Cuthredo cognato reliquit W. Malm. *GR* I 38; hinc si queratur racio quiestius [*sic*] quam solito cur illi vivant hodie, cause sunt divicie *Feudal Man.* 152. **b** **866** (11c) ut libere et ~e haec mea dona aeternaliter ab omnibus saecularibus negotiis habeant *CS* 514; hoc totum ita emit et ~e tenuit ut inde non serviret cuiquam homini *DB* I 180 vb; c**1098** sicut unquam W. Dunelmensis episcopus melius et ~ius in vita sua tenuit *Regesta* p. 137; a**1123** ut ~e teneret [terram] ab omni servicio .. dum esset in curia regis (*Ch.*) *EHR* XIV 428; a**1130** ita ~e et sine theloneo .. emant vinum .. sicut W. episcopus et monachi .. ~ius .. emerunt in tempore patris mei (*Ch.*) *EHR* XXXV 394; **1220** terra remaneat .. Thome ~e inperpetuum *CurR* VIII 390; **1269** reddidit ei .. tenementa sua ~e de se et heredibus suis inperpetuum *Cl* 379. **c** c**1166** clamamus ~e in eternum Hamoni de Scotot, sex libras argenti *AncD* A 819.

quieteclamare [CL quiete+clamare, al. div.; cf. et. ML quieticlamare], to quitclaim, renounce, give up.

c**1180** remisisse et ~asse omnem calumniam *Melrose* 27; c**1198** ego S. de Gaiola dedi et concessi et ~avi Deo .. et ecclesie B. Petri Westmonasterii totam terram quam .. *Ch. Westm.* 411; c**1223** me .. remisisse et in perpetuum quiete clamasse .. domni de G. .. sectas omnes de curia mea *Ch. Chester* 413; c**1226** pro hac donacione et concessione mea mihi reddit et ~avit predictus S. .. terram *Ib.* 363; c**1353** eos .. ab omni .. accione .. ~avimus *Reg. Rough* 3; omne jus et clameum .. foro se et successoribus suis ~e clamavit *Plusc.* VII 26 p. 101.

quieteclamatio [quieteclamare + -tio], quitclaim.

1296 quam .. baroniam eadem Isabella habuit ex remissione et quietclam' predicte matris sue .. *RScot* 37b; **1450** istam renunciacionem seu resignacionem vel ~onem *Reg. Dunferm.* 431; c**1516** quibus resignatione .. et ~one factis *Form. S. Andr.* I 294.

quieteclamium [CL quiete+clamium ML; cf. et. ME *quiteclaime*, *quitclaime*], (leg.) quitclaim, (act of) renouncing or relinquishing, quitclaim.

1342 pro factura indenturarum et ~ii de Meldeborne *Sacr. Ely* II 107.

quietio [LL]

1 rest (also dist. from *actio*).

item responsio ista non obviat nisi in actione et continuacione, non in cessatione et quiescione; quia Deus non potest resistere nec impedire hominem agentem ne cesset, aut non agentem ut quiescat Bradw. *CD* 579B; quare et erit consequenter possibile devirginatos revirginari per suam accionem vel ~onem libere et contingenter futuram *Ib.* 769C.

2 rest, repose.

per duo fere miliaria usque in monasterium ~onis perpetuae sustulit Gosc. *Wulfh.* 12 p. 431; virgo sancta a loco ~onis surgens *NLA* I 310.

3 (leg.) quittance, immunity.

1153 sciatis me concessisse .. quicionem pasnagii sui *Act. Hen. II* I 58.

quietivus [CL quietus *p. ppl. of* quiescere+-ivus], (phil.) that causes to cease or rest (as dist. from *motivus*).

naturaliterque virtus motiva ad ~am terminatur *Ps.*-Gros. *Summa* 544; jam enim prediximus juxta Averroem virtutem ~am potiorem esse .. virtute motiva *Ib.* 546.

quietudo [LL]

1 peacefulness, good order, quietude.

~o, pax, securitas *GlC* Q 62; juxta altare quam [*sic*] Angli vocant *friþstol*, i. cathedram ~inis vel pacis Ric. Hex. *Hist. Hex.* II 14 p. 62; ut vestre .. possit .. ~ini providere, ut nihil .. tumultus secularis animum vestrum possit perturbare *Chr. Rams.* 326; dissensionum fomitem reprimere, et procurare ~inem studentium non desistat Ad. Marsh *Ep.* 118 p. 248; **1315** ne .. confratrum suorum ~inem amplius inquietet *Lit. Cant.* III 396; **1324** nec remaneat propter aliquam causam, pacem meam vel ~inem meam *MGL* II 649; **1326** propter ecclesiarum suarum ~inem ac pacis unitatem *Cart. Glast.* I 114.

2 respite or relief from work or labour, rest.

s**1385** neglecta tamen corporis sui ~ine laboriosum iter .. assumpsit Wals. *HA* II 126.

3 quittance, immunity.

c**1080** qui vero in predictis cimiteriis antiquitus manserunt, in antiqua ~ine permaneant Ord. Vit. V 5 p. 319; s**1080** que vero quieta fuerunt, eam ~inem habeant quam hucusque solide tenuerunt *Ib.* V 5 p. 322; **1100** precipias tibi ut dimittas terras et homines et omnes res Mauricii Londoniensis in pace et in ~ine esse de warpennis et placitis et omnibus aliis rebus (*Lib. Pilosus S. Pauli*) *Tout Essays* 52 (=*E. Ch. S. Paul.* 17); concedo .. terram illam et consuetudines ac ~ines quas idem Robertus filius Hamoniis .. dedit *Text. Roff.* f. 192; c**1155** (1307) me concessisse .. ~inem pascui et pasnagii *CalCh* III 88; c**1156** (1383) sciatis me concessisse .. omnes terras et leges et ~ines de quibus omnibus seisita erat predicta ecclesia *Ib.* V 292; omnes consuetudines et rectitudines et ~ines suas de thelonio et passagio *Ib.* III 221.

quietumclam- v. quietus 9.

quietus [CL]

1 reposing in sleep.

hora diei circiter septima a qua ad vesperam usque ~us et quasi mortuus permanens tunc paululum revivesco Bede *HE* V 6 p. 290.

2 that is at rest, not moving. **b** (as sb. n.) rest, absence of movement or motion.

aqua ~a, cum ex una parte radium suscipit solis, ex altera ~um et ipsum aliquo in pariete reddit *Simil. Anselmi* 144. **b** est .. primus motus ex ~o sempiterno fluens Alf. Angl. *Cor* 1. 5.

3 peaceful, quiet, free or safe from disturbance, tribulation, or adversity: **a** (of person); **b** (of condition or circumstance).

a castitatem praedicat et ornatum interioris hominis in incorruptione ~i .. Bede *Ep. Cath.* 55; qui ergo in aeternum manere inconcussus ~usque concupiscit .. *Ib.* 93; in ecclesia nemo illa silendo ~ior, sed orando nemo aderat intentior Turgot *Marg.* 9; anima .. ~a sempiterna nata .. non connaturales reformidat passiones Alf. Angl. *Cor* 13. 7; ~us est qui a visibilium appetitu mentem vendicans liberam celestibus et feriatam servat J. Ford *Serm.* 97. 5. **b** oblectatur .. ecclesia suavibus ac salubribus vitae ~ae studiis in eis qui .. Bede *Cant.* 1156; fidem Brittani .. integram .. ~a in pace servabant *Id. HE* I 4 p. 16; noctem illam ~issimam duxit *Ib.* III 11 p. 150; postquam res nostrae ~ae debuerunt esse usque ad reditum meum Anselm (*Ep.* 356) V 298; non potest somnus ejus qui ejusmodi est non vigil esse, non ~us, non operosus, non dulcis J. Ford *Serm.* 97. 5.

4 who or that makes no disturbance or excites violence, peaceable (towards), content (with or about).

1325 faciunt finem pro tota villata pro licencia habendi viam cum carettis suis super terram domini .. et dominus ~us est de transitu suo in omnibus *CBaron* 142; gens .. circa extraneos pia, incolis pacifica, domesticis ~a *Eul. Hist.* II 64.

5 free from toil or labour, relieved from duty or responsibility.

1216 recepimus .. prisonem qui fuit in custodia vestra, et volumus quod vos inde ~i sitis *Pat* 13; s**1349** Johanni .. quondam priori monasterii nostri, sed inde ~o *Meaux* III 17.

6 free, clear, quit (of debt or charge); **b** (applied to release of hostage); **c** (in name of writ).

et quos salvaverit Dominus per misericordiam suam et justiciam eorum, ~i sint et liberi abscedant (*Leg. Ed.* 9a) *GAS* 633; in thesauro liberavit et ~us est *Dial. Scac.* II 12A; **1201** consideratum est quod Robertus reddat ei iij denarios pro illo vino et eat ~us *SelPlCrown* 6; **1221** securus reveniat et ~us de morte illa *Ib.* 94; **1227** quod .. justiciarii eos inde [sc. de suspensione quorundam prisonum sine licencia regis] ~os esse faciant *Cl* 4; **1271** nemo secutus fuit versus .. Willelmum nec Matildam .. et dictus Willelmus et Matilda ~i recesserunt *SelCCoron* 27. **b** **1215** sciatis quod ~am reddidimus .. fideli nostro Nicholao .. Margaretam filiam suam quam habuimus in obsidem pro eo *Pat* 133b; **1217** filiam suam quam habetis in custodia vestra, liberari faciatis ~am *Pat* 118. **c** **1428** *that thei have not theire* 'quietus est' *out of the eschequier for theire discharge RParl.* V *app.* p. 409b.

7 free, immune, exempt (from service or customary payment): **a** (of person or institution); **b** (of animal or merchandise); **c** (of land or immovable property).

a c**1070** ut de lx sol. .. eum et suos clamet ~os *Reg. Malm.* I 330; **1077** eos ~os clamo ab omnibus placitis et querelis *Chr. Rams.* 202; isti fabri ab omni alio servitio erant ~i *DB* I 179ra; **1157** ecclesiam de Bello .. ab omni subjectione et exactione .. ~am proclamavit et liberam *Doc. Theob.* 11; **1195** burgenses nostri ~i sint et liberi de theloneo et pontagio et passagio et pedagio .. (*Ch.*) *MGL* II 655. **b** c**1185** xl porcos ~os pasnagio .. xl porcos .. pasnagio ~os *AncD* A 2199; **1204** eas [merchandisas] ducat quo voluerit ~as de quindena *Pat* 40a. **c** **1067** volo ut sanctus Petrus de Westmonasterio ita ~as habeat et liberas omnes terras .. sicuti erant tempore predicti regis *Regesta* 17 p. 118; c**1085** me concessisse .. quattuor mansuras .. ~as ab omni geldo et consuetudinibus *Ib.* 224 p. 127; Cheping habuit iij domos ~as et modo R. de M. tenet eas (*Hants*) *DB* I 52ra; quia [haec terra] semper ~a fuit de gildo et de aliis erga regem (*Herts*) *DB* I 141ra; una hida .. remansit ~a in manu regis (*Surrey*) *DB* I 352b.

8 (*libera et ~a elemosina*) frank-almoign. **b** (*~us redditus*) quitrent, rent paid in lieu of services.

c**1155** concessisse .. in liberam et ~am elemosinam *Danelaw* 62. **b** a**1200** concessit eidem canonicis ij solidos ~i redditus *AncD* A 2124; a**1217** octo solidatas ~i redditus *Ch. Westm.* 408; **1227** debet x li. de predicto debito [Johannis] pro xxxvij s. et xj d. ~i redditus qui fuerunt dicti J. *LTR Mem* 9 m. 3/1; **1253** concessi .. sex marcatas .. ~i redditus annui *SelPlJews* 16; **1289** confirmavi .. duos solidos annui et ~i redditus *Deeds Balliol* 16; s**1436** recuperacio varii ~i redditus infra civitatem Londiniarum Amund. II 113 *tit.*

9 **a** (*quietum clamare*) to give up entirely (one's right or claim to), to quitclaim. **b** (*quieta clamatio* or *clamantia*, *quietum clamium* or sim.) quitclaim.

a **1165** quietamclamaverunt L. abbati et ecclesie Westmonasterii omnem calumniam quam R. abbas [sc. S. Albani] faciebat adversus ecclesiam Westmonasterii et abbatem pro Roberto T. *Ch. Westm.* 281; s**1181** Ranulfus .. episcopus episcopatum .. deseruit et .. regi Anglie ~um clamavit et cartas suas .. reddidit *G. Hen. II* I 278; terram .. propter quam pater suus excommunicatus fuerat ~am clamavit Gir. *David* 432; **1203** totum jus quod in ea habuit ~um clamavit Thome de H' *Pat* 27b; **1268** cum Edwardus primogenitus noster reddiderit et ~um clamaverit in manus nostras honorem et rappum de Hasting' .. *Pat* 87 m. 28 (27); ut .. relaxaret .. annuum redditum, ac ~um .. in perpetuum acclamaret *Reg. Whet.* I 428.

b **1139** de perpetua et ~a clamatione omnium terrarum ecclesiae Sarum pertinentium *Ch. Sal.* 10 *tit.*; **c1150** de ~a clamantia ecclesie de T. *Ib.* 20 *tit.*; **1195** pro hac concessione et quietoclamio .. abbas et conventus dederunt R. et M. v m. *Pipe* 227; **1196** pro hoc fine et concordia et ~o clamio idem H. .. dedit predicto W. xx marcas argenti *Ch. Sal.* 57; **1203** ~am clamantiam fecit (v. clamantia 2b); pro hac autem remissione et quitaclamacione *Reg. S. Aug.* 513; ut .. relaxaret .. annum redditum, ac quietum .. perpetuum acclamaret. et circa hanc relaxacionem sive ~am acclamacionem .. *Reg. Whet.* I 428; **1530** pro hac recognitione, remissione, quietumclamatione .. Margareta dedit .. c s. *Cart. Glam.* (1895) II 285.

quileya v. gelela.

quilhagium, *var. sp. of* kelagium.

1312 de exitibus magne custume castri Burdeg' .. una cum royano, quilhagio ac incrementis eodem tempore in dicta custuma receptis *RGasc* IV *app.* p. 548b.

quilibet [CL], **quislibet**

1 (as indefinite adj.) whatever, whichever (you please), no matter what or which, any.

ad quemlibet ecclesiasticum, ut non dicam summum, convenientes GILDAS *EB* 66; qui auguria, auspicia sive somnia vel divinationes quaslibet secundum mores gentilium observant .. THEOD. *Pen.* I 15. 4; pudicitiae generositas quam nec illud abolere et obliterare quolibet pacto [*gl.*: aliquo jure, aliquo foedere, *mid ænigere treowþe, ænigere wise*] potest ALDH. *VirgP* 31 p. 270; cujus ordinem miraculi non quilibet dubius relator sed fidelissimus .. presbyter .. narravit BEDE *HE* III 15 p. 158; poterant ire ad quemlibet dominum *DB* I 105vb; abbas vel monachus quislibet [v. l. quilibet] loci illius W. MALM. *GR* II 150; **c1260** pro prato et terra modo ad varect[um] a Pascha jam instanti recipiend' vobis iiij marcas annuatim pro qualibet vestura integra mihi recipienda solvam *AncC* 47/57.

2 each, every.

1199 dedit quolibet anno xij denarios *CurR RC* I 358; **1207** quelibet parochia in quolibet hundredo per se imbrevietur *Pat* 72b; **1231** quod ipse abbas et successores sui .. redderent eidem Beatrice nomine dotis iiij marcas quolibet anno *BNB* II 453; habere .. de qualibet libra solidariorum regis duos denarios *Fleta* 69; regem Francie singulis militibus pro mense quolibet tres aureos dare TREVET *Ann.* 127; **1502** primo die cujuslibet termini *StatOx* 302.

3 (indefinite pron.) whoever or whatever, anyone or anything whatever. **b** a certain (unspecified) person, someone.

quando quislibet vult accipere monachi tonsoram *Comm. Cant.* I 348; impossibile namque est quemlibet sanctorum non aliquando in minutis peccatis .. lapsum incurrere BEDE *Ep. Cath.* 89A; nam dum dicitur de quolibet: 'non est sanus', addubitat aliquis utrum insanum velit intelligi ABBO *QG* 21 (47); canonum auctoribus prohibet ne .. quilibet de clero delatoris fungatur officio *Id. Edm.* 15; dux aut princeps vel quilibet ministrorum eorum W. MALM. *GR* II 150; quislibet eorum [trium hominum] *Chr. Rams.* 83; **1207** ad .. quantitatem auxilii quod nobis quilibet vestrum facere voluerit *Pat* 72a; **1283** quilibet qui tenet unam acram de *gavelmed* habebit allocacionem redditus sui de termino Sancti Michaelis, viz. de ij d. *Cust. Battle* 51. **b** ne forte .. garrulitas .. a quolibet [*gl.*: ab aliquo] criminetur ALDH. *VirgP* 19 p. 249.

4 (pron.) each (of), every (one), (of two) either. **b** any particular, (*quilibet post alium*) one after the other.

1237 remansit cuilibet ipsorum pars sua *BNB* III 212; **s1244** quidam .. dicti cruciferi, a cruce quam quilibet baculo suo bajulabat alligatam *Flor. Hist.* II 282 (cf. M. PAR. *Maj.* IV 394: crucifer dicti .. quia cruces in baculis efferebant); **1295** ij hominibus deferentibus aquam ad mortarium faciendum .., quorum quilibet cepit per diem iij d. *KR Ac* 462/14 m. 1; ambe mulieres judici sunt conqueste et quelibet beneficium legis postulabat *G. Roman.* 277; **1322** iij boves precium cujuslibet xij s. *Lit. Cant.* I 82; tota illa comitiva pupilla et orphana, desolata et orbata dimissa, quilibet .. redit ad propria *Eul. Hist.* I 393; que cruces grandes sunt .. et quelibet earum ponitur in uno curru et deputantur ad custodiam cujuslibet [ME: *eche*] crucis x milia hominum *Itin. Mand.* 102. **b** duo alii milites ad eam venerunt .. quilibet post alium *G. Roman.* 382.

5 (n.): **a** any number or amount (of). **b** (phil.) any question proposed as exercise or discussion, quodlibet (also as title of work).

a **1455** lego xij d. ad quodlibet luminum candelarum *Test. Ebor.* II 200. **b** **1329** item [lego ecclesie sat'] quodlibet Henrici de Gandavo in tribus partibus *DCSal.* 376; per quorum quodlibet potest quis .. convinci hereticus OCKHAM *Dial.* 441; **13..** duo Quodlibet Jacobi de Viterbio (*Catal. Librorum*) *Chr. Rams.* p. 366.

6 (as rel. pron., adj.) that, which.

non sine immensa liberalitate munerum de qualibet vel consimilibus, saltem pro obsequiis tam modici temporis et gradibus recipientium, etas nostra non meminit audivisse *G. Hen. V* 25 p. 178.

quilicet [CL qui+licet; cf. CL quilibet], (indefinite pron., adj.) whatever or whichever it may be, any.

1264 cum .. marinelli .. innocenciam suam super quibuslicet criminibus .. purgaverint *Cl* 81; cum autem albedinis essenciam tria constituant .. duobus manentibus cujuslicet trium potest fieri remissio eritque per hunc modum trium colorum generacio BAD. AUR. 149.

quilina, *var. sp. of* culina.

fulina, coquina, popina, ~a vel culina, ciborina OSB. GLOUC. *Deriv.* 241.

quilismus [cf. κυλισμός], (understood as syncopated form of *quilissimus*, superlative form of supposed *quilos*) (mus.) quilisma.

pes resupinus .. quilissimi .. semitonus virga ODINGTON *Mus.* 94; quilissimi dicti ad similitudinem, quilos enim Grece humus et mus terra, quasi humida terra a recepcione aquarum *Ib.* 95; quilissimi dicti ad similitudinem, quilos enim Grece humor, mos terra, quasi humida terra a recepcione aquarum WILL. 23.

quilla v. cavilla. **quilta** v. cuilta. **quiltric'** v. culcitra.

quimas [Ar. *khamsa*], Arabic numeral 5.

de integrorum .. figuris .. prima eorum figura est igin .. quinta .. ~as THURKILL *Abac.* f. 55v; si v significant ponatur quimas in eodem arcu .. si sex caletis *Ib.* f. 57.

quiminon, *var. sp. of* cyminum.

herba quiminon *þæt is cymen Leechdoms* I 58; quiminon, i. *cumin Gl. Laud.* 1242.

quimi v. quinimmo. **quiminum** v. cheminum.

quin [CL]

1 (used w. adv. to reinforce previous stated or implied negative or to make a correction) not so (rather). **b** (*non tantum .. quin*) not just .. but even.

sed tamen infantum non cedunt corpora poenis; / quin magis horrendas vincunt praecordia virgas ALDH. *VirgV* 1062; sacrificia haec .. nec auxiliari possunt nec .. quin immo quicumque his sacrificia simulacris obtulerit, aeternas .. poenas recipiet BEDE *HE* I 7 p. 19; nolumus molesti esse vobis; quin potius benigno vos hospitio recipere .. curamus *Ib.* I. 26 p. 46; nec alicujus licet inertissimi manus in confertos frustraretur. quin et exanimatorum cadavera Turchi uncis ferreis in murum trahebant .. W. MALM. *GR* IV 357; **1448** matrimonium, quinverius effigiem matrimonii, contraxit *Eng. Clergy* 223; filius quem fuderunt viscera mea .. moleste ferens, me exclusa, regnum invadere .. quin verius usurpare ausus est FORTESCUE *NLN* II 2. **b** **s1290** non tantum temporalia, quin, mirum dictu, spiritualia, vendicioni escaetor exposuit *G. S. Alb.* II 5.

2 (as conj., w. expression that indicates absence of impediment, delay, or objection, usu. w. subj.) so as to prevent (from happening), so that .. not.

non prohibent cor quin omni voluntate fruatur BEDE *Ep. Cath.* 37; **1105** quia ego non audeo differre .. quin meum legatum mittam ANSELM (*Ep.* 368) V 312; nec cordis desidia obfuit quin persequeretur fugitantem W. MALM. *GP* IV 178; **1236** non omiserunt quin perambulaverunt tenementum *BNB* III 172; **a1237** circa personam omittatur quin precipue queratur de falso testimonio *Conc. Syn.* II 222; porcus .. nunquam .. dimitteret quin foderet in sterquilinio T. CHOBHAM *Serm.* 16. 62ra p. 168; non potest deterreri quin amat mulierem LIV. *Op.* 70.

3 (w. expression that indicates absence of doubt, uncertainty, or sim.) (but) that; **b** (w. verb of saying) only that.

nulli dubium quin Filio Dei semper erant angeli et omnes patriciae caelestis virtutes BEDE *Ep. Cath.* 60; de quo quidem dubitare mihi non licet quin ita sit AILR. *An.* I 5; de nullo penitente utiliter est dubium quin salvabitur HOLCOT *Wisd.* 175. **b** unum veridice possum dicere, quin haec omnia in contrarios actus mutentur GILDAS *EB* 109; nequeo dicere quin ex concessis consequatur, quamquam valde metuam quod te suspicor intendere ANSELM (*Gram.* 3) I 147.

4 (after neg. expression, to indicate absence of exemption to general statement) without its being the case that, but that. **b** (to introduce neg. consec. cl.) so that .. not.

nunquam femina intrare potuit quin statim moreretur GIR. *TH* II 4 p. 80; **c1211** dici potest quod anima non erit tunc magis immortalis quam corpus .. nec aliquem locum poterit subintrare anima quin et corpus P. BLOIS *Ep. Sup.* 29. 6; **s1348** nec civitatem nec villam .. reliquens quin majorem partem vel totum interfecit *Eul. Hist.* III 213; **1458** lignum .. nihil timebit sibi penitus quin habebit facere fructum, ac folia .. procreare *Reg. Whet.* I 313; **1479** nullus avis volat in dicta insula quin moritur W. WORC. *Itin.* 172. **b** quis .. animi secreta sic .. commisit, quin potius .. arcana sibi perplurima .. reservaret? GIR. *TH* I 13 p. 44.

quinam [CL]

1 (interrog. adj., in indir. qu.) what or which .. exactly? **b** (*quonam modo*) how exactly?

s1256 inquisiverunt a quodam ibidem orante quodnam esset stallum decani M. PAR. *Maj.* V 586. **b** nesciunt quonam modo *DB* I 373vb.

2 (interrog. pron.) who or what exactly?

unde inter deos orta est discordia quinam deberent victoriam obtinere ALB. LOND. *DG* 15. 7.

quinancia v. cynanchia. **quinancium** v. Cyrenaicus.

quinarius [CL]

1 that contains five things, aspects, or kinds, fivefold.

villa vanitatis, et jugum ~ie curiositatis et uxor voluptatis AD. SCOT *QEC* 2. 806B; in cruce sola .. ~ia fuit effusio sanguinis Christi ideo et canon solus in quinque partes subdividitur GIR. *GE* II 20 p. 267; ~iam sensualis discipline custodiam .. conservaverunt J. FURNESS *Kentig.* 31 p. 216; stigmate quinario est in carne foris / fossus, privilegio superni favoris PECKHAM *Def. Mend.* 237.

2 containing or pertaining to the number five. (*~ius numerus*) the number five; **b** (ellipt. as sb. m.); **c** (in comp. numeral).

798 ~ius numerus .. ad resurrectionem Domini nostri Jesu Christi concurrit ALCUIN *Ep.* 143 p. 226; ~ius numerus perfectus est et in suis partibus constat divisus BYRHT. *Man.* 204. **b** 5^{ae} a ~io, 7^{ae} a septenario .. denominantur ADEL. *Alch.* 2 p. 23 (v. denominare 3); prima .. area ~io, secunda denario, tertia quindenario .. serviente *Id. Elk.* 37 p. 30; in numerorum .. multiplicatione quot insunt ~ii primum vide, et quot ~ios numerus ille .. conpingat THURKILL *Abac.* f. 57; ut per ~ium, qui infaustus est numerus, significantur S. LANGTON *Gl. Hist. Schol.* 44; quia primum super quod fundate sunt omnes res est Trinitas [*gl.* que est Trinitas divina] et per ~ium mediantur et per septenarium perficiuntur BACON V 140; ~ius est melior numeris omnibus *Id. Maj.* II 197. **c** per quinque multiplicantes octogenariam et ~iam virorum summam perficiunt BEDE *Sam.* 662.

3 (as sb. m.) commander among five men.

s1297 statuit eciam ~ios, hoc est, quod unus super quatuor minores preceptum regendi et regulam tenendi haberet *Plusc.* VIII 26.

4 (as sb. f., med.) vein that has five branches.

quedam lata vena dicitur ramosa propter quinque ramos quos habet .., hanc Galienus vocat ~iam RIC. MED. *Anat.* 225.

quinbe v. cubeba.   **quincentesimi** v. quingentesimus.   **quincenti** v. quingenti, quingenties.

quinciacus [cf. ME *quinsie, quincie*, OF *quinancie* < cynanchia+-iacus], one who is afflicted with quinsy, sufferer from quinsy.

dicens, fratres, exite cicius / habitetur vobis quinciacus / alioquin non leget monacus (*Ad Petrum Abaelardum*) HIL. RONCE. 6. 28 p. 64.

quincunx [CL]

1 five-twelfths of an *as*. **b** (as unit of measure) 5 ounces.

semis .. ~x THURKILL *Abac.* f. 61v; de divisione assis .. dividitur in trientem et bissem .. dividitur in septuncem et ~cem *Ib.* f. 62. **b** ~x sive cingus: v unciae BEDE *TR* 4 p. 184.

2 (her.) quincunx. **b** (as quasi-adj.) of quincunx or that resembles quincunx.

gestantur autem lilia et nonnulli flores alii quincunci ordine per aream totam dissipata, quod ideo ~cem appellamus vel divaricationem SPELMAN *Asp.* 139. **b** ~ci ordine SPELMAN *Asp.* 139 (v. a supra).

quincuplex [LL; cf. CL quinquiplex], that consists of five.

distinguit de ~ici universali WYCL. *Univ.* 2; species eciam est triplex, quadruplex, ~ex et cetera *Ib.* 107.

quincupliciter [LL quincuplex+-iter], in a fivefold manner.

capitulum sextum obicit ~iter quod sentencia de universalibus nec probatur nec defenditur ab errore WYCL. *Univ.* 4.

quincuplus [LL], five times in amount or number, fivefold, quintuple, (as sb. m. or n.) fivefold quantity. **b** (in ~*um*, as adv.) fivefold, in fivefold proportion.

erit quadratum quod fiet ex ea in seipsam ~um quadrati ex medietate linee in seipsam ADEL. *Elem.* XIII 1; erat autem quod ex GD in seipsam ~us ejus quod ex AD in seipsam *Ib.* 2; quapropter ~um quadrati linee FT equale est quindecuplo quadrati medietatis diametri circuli *Ib.* XIV 3. **b** ut .. is qui furatus est bovem in ~um puniatur NECKAM *NR* II 161 p. 266.

quindagium v. windagium.   **quindallus** v. quintallus.   **quindare** v. windare.

quindecangulus [CL quindecim + angulus], (geom.) that contains fifteen angles.

cum figuram ~am laterum et equalium angulorum describere intenderimus ADEL. *Elem.* IV 16; in omni figura ~a *Ib.*

quindecennalis [LL], that lasts fifteen years.

s1270 treugas cum eo inierunt ~es OXNEAD *Chr.* 238.

quindecennis [CL quindecim, cf. CL decennis], fifteen years old.

vix ergo ~is processerat palmula in Christo dotalis Editha Gosc. *Edith* 76.

quindecies [CL], fifteen times; **b** (in comp. numeral).

quindecim unde ~ies adverbium OSB. GLOUC. *Deriv.* 487; ~ies et eo amplius extasim passus est W. CANT. *Mir. Thom.* V 9 p. 382; ideo non debetis eukaristiam sumere nisi ~ies [ME: *viftene siðen*] in anno *AncrR* 164. **b** ~ies ternos postquam egit episcopus annos BEDE *HE* V 19 p. 330; **868** (12c) pro .. mille quingentis solidis .. vel ~ies centum siclis *CS* 522; quis duo quindecies, denos pariter quoque quinos / elogio archontes queat infamare maligno? FRITH. 1212.

quindecim [CL], **quindecem** [ML], fifteen; **b** (in comp. numeral).

cum .. longissima dies sive nox xv [i. e. quindecim], brevissima viiij [i. e. novem] compleat horas BEDE *HE* I 1 p. 11; **934** quandam telluris particulam .., id est ~im cassatarum *CS* 704; figuram ~im angulorum et laterum equalium .. describi conveniat ADEL. *Elem.* IV 16; infra ~im dies GIR. *SD* 82. **b 1457** pro quingentis sexaginta et ~em hominibus *Lit. Cant.* III 225.

quindecimare [quindecimus+-are], to pay a fifteenth.

s1225 mercatores .. de omnibus mercandiis suis ~averunt preterquam de stauro domus W. COVENTR. II 257.

quindecimus [LL, fifteenth. **b** (as sb. f.) a fifteenth, tax of one-fifteenth.

littera quindecima praestat, quod pars domus adsto ALDH. *Aen.* 86 (*Aries*) 8. **b 1204** mercandise .. preter blada et vina .. et werellum, que sunt quieta de ~a *Pat* 42b; capitales custodes de xv^a *Ib.* **1276** item liberati pro medietate ~e domini regis, xxviij s. vj d. quad. *Ac. Stratton* 193; s1292 ~a omnium bonorum .. est exacta *Flor. Hist.* III 83; s1344 laici .. concesserunt ~am biennalem sub certis condicionibus AD. MUR. *Chr.* 156; c1353 collectoribus decime et ~e *Reg. Rough* 46.

quindecimviratus [LL], office of *quindecimvir*.

~us officium originem creditur habuisse R. BURY *Phil.* 3. 43.

quindecuplus [CL quindecim+-plus < CL -plex; cf. LL decuplus], fifteen times as great or numerous, fifteenfold quantity.

quapropter quincuplum quadrati linee FT equale est ~o quadrati medietatis diametri circuli .. ADEL. *Elem.* XIV 3.

quindenarius [LL], that contains or consists of fifteen, (w. *numerus* or as sb. m.) the number fifteen.

plures ~io numero si habuerit epactas BEDE *TR* 60 p. 281; jam adhuc et ~io paulisper dicamus BYRHT. *Man.* 228; prima .. area quinario, secunda denario, tertia ~io .. serviente ADEL. *Elk.* 37 p. 30; numerus xv ab unitate per singulas suas partes sibi coacervatus excrescit in centum xx ex cxx econtrario efficit ~ium predicto modo sibi coacervatum GROS. *Hexaem. proem.* 127.

quindennis [cf. CL quindecim, decennis], fifteen years old (in quot., pred.).

beatus Martinus decennis fit catechuminus, ~is militavit R. NIGER *Chr. II* 124.

quindenus [CL *pl. only*]

1 (as adj. or sb.) fifteen. **b** (~*ae kalendae*) fifteenth day of the kalends, the fifteenth day before the beginning of a month.

bis quindenis / .. mansiunculis / .. hunc Wulfricum locupletat (*Vers.*) *CS* 751; ~us, quindecimus [v. l. quintus decimus] OSB. GLOUC. *Deriv.* 492. **b** ~e kalende Mai LUCIAN *Chester* 36.

2 (as sb. f. sg.) a fifteenth, tax of a fifteenth part.

1198 non presumat homo nec femina .. in stannariis .. habere aliquid de stagno prime funture ultra ~am nisi sit ponderatum .. per custodes .. de pondere et cuneo firme *BBExch* I 368; **1204** eas [merchandisas] ducat quo voluerit quietas de ~a *Pat* 40a; **1205** compotus .. ~a mercatorum per portus maris .. item reddunt compotum de c li. et lviij et v s. et xj d. de quindecima Novi Castelli *EEC* 221; videtur enim ipsum velle innuere quod nulli religiosi in Anglia solvant regi decimas, ~as, vel quodcunque pendagium, quantumcunque illi fuerint temporalibus predotati et quantumcunque immineat ardua causa regis WYCL. *Civ. Dom.* II 7.

3 period of fifteen days, a day and the same day of the week a fortnight later; **b** (after church feast). **c** the fifteenth day of a church feast, quindene.

1201 injuste implacitat homines .. S. .. de ~a in ~am et eos talliat *CurR* I 392; **1222** debet unus homo sequi .. hundredum .. de ~a in ~am *BNB* II 161; **1227** ne .. mercatores ultra proximam ~am post prohibitionem nostram in terra nostra Anglie morentur *Pat* 126; **1341** in liberacionibus j carectarii, iij bovariorum, .. capient' quilibet per ~am j buss' *MinAc* 1120/11 rot. 21d.; regem eorum, Gordinum nomine, amiserunt per ~am .. regem eorum amissum querentes tandem invenerunt *Eul. Hist.* III 8; inculta .. barba .. acsi .. ~a fuerit neglecta *Mir. Hen. VI* II 37 p. 100. **b** p1180 infra ~am festi S. Michaelis *Ch. Westm.* 384; **1308** per ~am post natale Domini *Rec. Elton* 139; parliamentum suum apud Loudun

in ~is post purificacionem constituit *Feudal Man.* 120. **c** s1255 circa idem tempus, sc. in ~a Pasche que vulgariter *hokedai* appellatur M. PAR. *Maj.* V 493; **1260** usque ad ~am sancti Johannis Baptiste *Cl.* 55; **1283** essonia de ~a S. Michaelis apud Salopiam (*PlRJews* 40 m. 7d.) *Law Merch.* III 2 *tit.*; in ~a sancte Trinitatis *State Tri. Ed.* I 31.

quinetiam [CL, al. div.], (to reinforce previous statement) indeed, moreover, even. **b** (*non solum .. quin etiam*) not only .. but also.

non minus de hac re quam de externis .. proposuit, .. quin etiam dimidiam partem .. Deo spopondit ASSER *Alf.* 103; ~am .. sagaces .. itidem facere permoneo B. *V. Dunst.* 1 p. 4; usus quin etiam egregia liber[ali]tate *Enc. Emmae arg.* p. 8; per eum sanatus carnis voluetur lubrico .. ~am olim .. cum monachi miraculorum frequentia defessi essent .. non latuit torpor eorum sancti oculum W. MALM. *GP* II 75; ~am de factis et dictis suis quam plurima memorabilia .. post se reliquerunt RIC. HEX. *Hist. Hex. pref.* p. 3; s1287 quippe maris inundacio tam vehementer invaluit, ut .. ~am cadia Londoniarum .. superundavit WYKES 311; ~am Berengarius die Epiphanie moriens recordatus est quot miseros ille adolescens sua secta corripit KNIGHTON I 46. **b** non solum ergo vir Dei iter illorum a primordio narrabat, quin etiam victum eorum et verba ex ordine monstrando explicavit FELIX *Guthl.* 43 p. 134.

quingentenarius [cf. CL quingenarius], that contains or consists of five hundred, (w. *numerus*) five hundred (in quot. in comp. numeral).

debitoribus in evangelio sub quinquagenario et ~io numero denariorum debita laxantur BEDE *Acts* 983.

quingentesimus [CL]

1 (as adj.) five-hundredth.

humanatus est in quinto milario [v. l. miliario] et ~o et ij annorum passus est viro [v. l. vero] et resurrexit THEOD. *Laterc.* 4; anno .. ab adventu Anglorum in Britanniam ~o septuagismo octavo OSB. *V. Elph.* 129.

2 (as sb.) five hundred.

dedit ad illud opus .. quincentesimas libras seu marcas *Hist. Durh.* 2 p. 136.

quingenti [CL], five hundred; **b** (in comp. numeral, also w. partitive gen.).

praebens exemplum quingentis fratribus aequum ALDH. *VirgV* 1507; ~is ere passibus ab harena situs est BEDE *HE* I 7 p. 20; quandoquidem dicimus '~i' pro 'quincenti' ABBO *QG* 9 (22); porro sequens successus solatio fuit quod ~os equites Arabas interemerunt W. MALM. *GR* IV 381; pasturam ad ~as oves (v. centenarius 2b). **b** servorum decies quingentos liberat heros ALDH. *VirgV* 2098; pyramidibus ~orum et quinque pedum habentibus longitudinem *Lib. Monstr.* III 11; silva mille ~orum porcorum *DB* I 24ra; mille et ~as sorores .. Deo famulantes reliquit *Canon. G. Sempr.* f. 113.

quingenties [CL], **quincenties**, five hundred times.

Paulus .. nomen Jesu in epistolis suis quincenti [? l. quincencies] replicavit BRINTON *Serm.* 40 p. 178.

quinguaginta v. quinquaginta.

quinicus, *var. sp. of* cynicus.

quinici, philosophi a canibus vitam ducentes *GlC* Q 42.

quinimmo [CL, al. div.], (to reinforce previous statement or bring new element to it) what is more, moreover, and also. **b** (*non solum .. quinimmo* or sim.) not only .. but also, rather.

flagellatus a cultura Christi flecti nequivit. ~o [*gl.*: magis] pupillam percussoris evulsam .. restituit ALDH. *VirgP* 36 p. 282; o fratres, conversatione ejus dignum me esse non usurpo, quin immo nullius sermone explicari potest *V. Cuthb.* II 1; omnis conditio et uterque sexus exaltant ibi non suum sed nomen Domini solius. quinni[mmo] Spiritus ejus congregat dispersos qui quamlibet diverse morigeratos inhabitare facit unius moris in domo *Canon. G. Sempr.* f. 55v; quinimmo [ME: *ȝet mare*] ejus filii quam cito peccavit omnes mortui sunt *AncrR* 118; c1389 vitare volentes .. quynimo curantes ut .. *Dip. Corr. Ric. II* 67; quimi[mmo], A. *but WW*; c1550 purgabitque fenestras .. quinymmo et ymagines *Reg. Aberd.* II 103. **b 672** non solum

artes grammaticas . . quin immo allegoricae . . oracula ALDH. *Ep.* 5 p. 490; musice sonoritatis dulcedo non tantum delectat modulis, ~o juvat et commodis GIR. *TH* III 12 p. 155; non tantum illibata conservassent, ~o tam nove tamque cruente conquisitionis . . *Id. EH* II 9 p. 325; leprosos: quos non verbi solamine solo / solatur, quinimmo rei verboque refectis / divino, donat fragilis suffragia vite H. AVR. *Hugh* 1046; **1343** non solum impediti . . ~o captivati (*Lit. Papae*) AD. MUR. *Chr.* 150.

quinocarpus, *var. sp. of* conocarpus [κωνόκαρ-πος], pine-cone.

quinocarpus, i. nuclei pinei *Gl. Laud.* 1245.

quinorodon, *var. sp. of* cynorrhodon [CL < κυνόρροδον], dog-rose (*Rosa canina*).

quinodo doroda, i. rosa canina *Gl. Laud.* 1251.

quinos, *f. l.*

quinos [? l. cynes < κύνες], canes *GlC* Q 65.

quinosbatum, *var. sp. of* cynosbatos.

quinos batrum, i. saccum palee *Gl. Laud.* 1252.

quinpotius [CL, al. div.], (to reinforce previous statement) what is more, rather, moreover.

insula, nomen Romanum nec tamen morem legemque tenens, quin potius abiciens germen suae plantationis amarissimae GILDAS *EB* 13; non aciem cordis scabra rubigine perdunt / otia neu propriam linquunt obtundere mentem / quin potius sacros versant sub pectore libros / crebro scrutantis praescripta volumina legum ALDH. *VirgV* 2769; non peccavit labiis suis . . quin potius oculos et manus ad celum dirigens in laudem . . prorupit TURGOT *Marg.* 13 p. 253; in balneo calido de utroque brachio se sanguine minuens spontanea ~ius stulta morte vitam finivit *Chr. Dale* 10; **1326** cetera . . peragere non curastis, ~ius recusastis seu plus debito detulistis minus juste *Lit. Cant.* I 177; **1417** non nostrum sed universalis ecclesie Anglicane commodum attendentes . . nostrorum ~ius ecclesie negociorum gestores . . transmisimus speciales *Reg. Cant.* III 48.

quinquagenarius [CL]

1 that contains or consists of fifty, (w. *numerus* or as sb. m.) the number fifty (also in comp. numeral). **b** (as sb. m. or n.) a set of fifty.

et debitoribus in evangelio sub ~io et quingentenario numero denariorum debita laxantur BEDE *Acts* 983; ~ius qui post quadragenarium exsurgit, ad penitentes pertinet, testante prophetia BYRHT. *Man.* 230; huic Sabbato non immerito ~ius numerus dedicatur AILR. *Spec. Car.* III 6. 583; de illo evangelio . . in quo legitur 'alii donavit quingenta, alii quinquaginta', exposuit de eorum numero, sc. ~io GIR. *GE* II 35 p. 342; quadraginta novem diebus, hoc addito ut impleatur numerus ~ius GROS. *Cess. Leg.* II 7. 3; **1469** quid autem per istum insinuetur eventum, ~ii virtus nobis indicat, quem remissionis numerum esse constat *Lit. Cant.* III 247. **b** decantetur . . unum ~ium [AS: *man singe . . an fiftig*] psalmorum pro rege et omni populo (*Quad.*) *GAS* 169.

2 who is in the fiftieth year. **b** (as sb. m.) fifty-year-old man.

rex, qui regnando ~ius erat *Ps.*-RISH. 537. **b** qui quadragesimum annum attigerint usque ad quinquagesimum annum in ordine seniores appellentur . . ~ius autem in ordine sempecta vocandus *Croyl.* 49.

3 (as sb. m.) commander of fifty men; **b** (w. ref. to *IV Reg.* i 9, 11).

~ii vocantur qui quinquaginta militibus praesunt BEDE *Sam.* 628; penticotarchus, ~ius *GlC* P 348; ~ius vel pentecontarcus, *fiftiga ealdor* ÆLF. *Gl.* 110; **10 . .** penticotharcos, *ealdormen* vel ~ios *WW*. **b** Elias ~ios . . interfecit [*IV Reg.* i 9, 11] P. BLOIS *Ep.* 76. 231C; quinquagenarius non flectit genua / et ignis impiger assumit cornua WALT. WIMB. *Carm.* 523; Helyas . . duos ~ios cum militibus celesti igne combussit *Flor. Hist.* I 34; tempore Achab missi fuerunt duo ~ii Heliam OCKHAM *Dial.* 732.

quinquagenus [CL *usu pl.*]

1 (pl., also in comp. numeral) fifty (each or together).

797 non . . tricenteni ~i quaterni sed tricenteni ~i terni dies repperiuntur ALCUIN *Ep.* 126 p. 186; septies

. . ~i trecenti ~i BYRHT. *Man.* 30; quinquaginta indeclinabile unde ~us OSB. GLOUC. *Deriv.* 487.

2 (as sb. f.) a set of fifty: **a** (of psalms). **b** (of years).

a 1299 qui contravenire presumpserit, ~a psalmorum sequenti die ultra servicium debitum castigetur *Reg. Cant.* 839; si aliquo die contigerit quod missam non audierit, unam dicet psalmorum ~am *Cust. Cant.* 281; **1426** quod censuit . . Augustinus super tercie ~e psalmum xlvi^um *Reg. Cant.* III 137. **b s1250** notandum . . est . . quod in nulla illarum ~arum . . sicut in ultima ~a [annorum] M. PAR. *Maj.* V 191; **s1250** jam fluxerant ex tempore gratie viginti quinque annorum ~e *Flor. Hist.* II 369.

quinquagesies [CL], fifty times (also in comp. numeral).

quelibet istarum est equalis terre ~ies quater BACON *Maj.* I 236; si psalmos nesciat, ~ies dicat oracionem Dominicam *Cust. Cant.* 281.

quinquagesimalis [CL quinquagesimus + -alis], (eccl.) that pertains to Quinquagesima, from the Sunday before Lent to Easter Sunday inclusive.

in tali leticia ~es dies usque ad diem praefatum deduximus CUTHB. *Ob. Baedae* clxii.

quinquagesimus [CL]

1 fiftieth (also in comp. numeral).

de azimis usque ~um diem *Comm. Cant.* I 274; ab ejus resurrectione dies ~us quo Spiritus Sanctus missus est BEDE *Acts* 946; quinquagenarius . . ad penitentes pertinet, testante prophetia, qui constituit quinquagessimum psalmum in ~o loco. alter . . ~us psalmus de ultimo die affatur judicii BYRHT. *Man.* 230; annus erat septingentesimus ~us primus ab Incarnatione Dominica GOSC. *Transl. Mild.* 1; anno ab Incarnatione Domini millesimo ~o indictione quarta ORD. VIT. III 2 p. 18.

2 (eccl.) that pertains to the period from Quinquagesima Sunday to Easter Sunday inclusive, or from Easter Sunday to Pentecost inclusive.

presbiter aut diaconus fornicationem contra naturam faciens . . superpositionem paciantur in unaquaque ebdomada, exceptis ~is diebus BART. EXON. *Pen.* 69 f. 160vb p. 236.

3 (as sb. f.) the period from the Sunday immediately preceding Lent to Easter Sunday inclusive, Quinquagesima, (*Dominica ~ae* or *in ~a*) Quinquagesima Sunday.

798 ~a vero ideo dicitur ut decimas dierum jejunandi omnipotenti Deo offerre valeant et imitari Dominum nostrum Jesum Christum qui quadraginta diebus jejunium . . implevit *Ep. Alcuin.* 144 p. 229; Dominica . . Quinquagessime *Cust. Westm.* 61; **s1308** die Dominica in ~a [v. l. Quadragesima], sc. xxv° die Februarii AD. MUR. *Chr.* 12; Dominica ~e [ME: *in the Sonneday of* ~e; TREVISA: *þe Sonday in* ~a] HIGD. VII 41 p. 296; **1493** Dominica in ~a *Comp. Swith.* 319.

4 the Sunday before Lent, Quinquagesima Sunday.

pro reverentia regenerationis in albis Pentecosten orandum est, ut in ~a oratur THEOD. *Pen.* II 14. 11; a ~a . . quadragesimalem teneant abstinentiam more solito *RegulC* 34; consuetudo docet . . abstinere a Quinquagessima a cibis qui de lacte sive de ovis fiunt ÆLF. *Regul. Mon.* 181; nemo laicorum a ~a capite jejunii, nemo clericorum a ~a usque in Pascha carnes comedat W. MALM. *GR* IV 345; quolibet die a Pascha usque ad ~am ante capud jejunii et eciam in ipsa Dominica Quinquagisime . . *Cust. Swith.* 15.

5 the period from Easter Sunday to Pentecost inclusive.

complevit septies septem dies tanquam suam ~am aut Pentecosten GOSC. *Transl. Mild.* 36; duo Alleluia illa ~a [v. l. per illam ~am] cantamus BELETH *RDO* 131. 136A.

6 (as sb. f. or m.) Pentecost, Whitsunday.

inde usque ~um Pentecosten dicebatur mensis novarum frugum *Comm. Cant.* I 248; diem sacratissimam Pentecosten celebrantes, i. ~am BEDE *Retract.* 998; Pentecoste nominativo casu ~a dicitur *Ib.*

quinquagessimus v. quinquagesimus.

quinquagessis [LL], fifty *asses*.

item quae ex asse componuntur: assis, dussis . . quadragessis, ~is (*Ps.*-BEDE) *PL* XC 644A.

quinquagies [CL], fifty times (also in comp. numeral).

~ies novem et quinquies octo . . cccc et xc calculantur ALDH. *Met.* 2 p. 68; ~ies novies bini cendecusoctus BEDE *TR* 22; septies triceni ducenti decus, septies octoni quinquais sexis *Ib.*; ~ies. quinquaginta vicibus OSB. GLOUC. *Deriv.* 492.

quinquais v. quinquagies.

quinquaginta [CL], fifty.

centum superbos exurens, ~a humiles servans GILDAS *EB* 71; quinquaginta simul stabant simulacra metallis ALDH. *VirgV* 1325; **796** finge in animo quasi ~a annos ALCUIN *Ep.* 114 p. 167; tertium vero non est altitudinis majoris, quam quinguaginta milliariorum, ut dicit philosophus GROS. 89.

quinquagissima v. quinquagesimus.

quinquangulus [LL], (geom.) that has five angles, (as sb. n.) pentagon.

nunc demonstrandum est quomodo supra circulum assignatum ~um laterum et angulorum equalium describi conveniat ADEL. *Elem.* IV 12; quadrata igitur ex AG quod est corda anguli ~i et ex GB que est corda ~i quincuplum quadrati ex DZ *Ib.* XIV 2.

quinquatrus, **~ia** [CL = *festival of Minerva celebrated 19–23 March*], **~es** [LL], **~ium**

1 (in gl., understood as CL *quinque+ater*) period of five 'black' or unlucky days.

pluraliter ~es, -trium, i. quinque atri dies in quibus multa mala Romanis evenerunt OSB. GLOUC. *Deriv.* 23; ~is [v. l. ~ix] quinque atri dies *Ib.* 492; ~ium, festivitas quinque atrorum dierum *Ib.*

2 (in gl., understood as CL *quinque+atrium*) house that has five porches.

hec ~ia, est domus habens quinque porticus sub se *WW*.

quinque [CL]

1 five (also in comp. numeral).

supplantatione centum octoginta ~e milia exercitus Assyriorum nullo apparente vulneris vestigio . . prostrata sunt GILDAS *EB* 72; hoc est bernarum famulantia milia quinque ALDH. *VirgV* 2099; pyramidibus quingentorum et ~e pedum habentibus longitudinem *Lib. Monstr.* III 11; neque magna est [insula Hii], sed quasi familiarum ~e BEDE *HE* III 4 p. 133; lustrum dicebatur spatium ~e annorum ABBO *QG* 20 (43).

2 (*~e Portus*) the Cinque Ports, Dover, Sandwich, Romney, Hastings, Hythe. **b** (*~e Portuensis*) a native or resident of the Cinque Ports.

c1157 ex consuetudine ~i Portuum (*Lydd*) *BBC* 184; **1200** hominibus de ~e Portibus qui petunt curiam inde per libertatem suam *CurR* I 327; **s1264** meridionales Anglie partes maritimas que vulgo ~e Portus appellantur WYKES 147. **b s1257** ~e Portuensibus per mare venientibus WYKES 118.

quinquefarius [CL quinque+-farius; cf. et. ML quinquefariam], that has five (different) natures.

ex . . Tartaris, ex Saracenis, ex Grecis, ex . . Latinis, ex subjectis aberrantibus . . quinquifarius dolor AD. MARSH *Ep.* 146. 5 p. 426.

quinquefila v. quinquephyllon.

quinquefolium [CL] **quintifolium**, (bot.) creeping cinquefoil (*Potentilla reptans*), ? crowfoot or buttercup (*Ranunculus*); **b** (as ornamental design that resembles cinquefoil); **c** (her.).

~ium, *hræfnesfoot GlC* Q 49; herba ~ium þæt is *fiflafe Leechdoms* I 6; ibi crescit . . millefolium . . ~ium ÆLF. BATA 6 p. 99; **10 . .** quinquevolium, *fifleafe WW*. **12 . .** ~ium, i. *quintfoil*, , i. *fifleb WW*; ~ium, pentafilon idem *SB* 36; ~ium, pentaphilon idem, G. *quintefoil*, A. *fivelevedgras Alph.* 152. **b 1245** cum paruris . . breudatis ad modum v foliorum *Invent. S. Paul.* 490.

c portat de argento quintifolium de nigro, G. *il port d'argent ore cinquefoilie de sabull* BAD. AUR. 184.

quinquelina [CL quinque+lina], (bot.) ribwort (*Plantago lanceolata*).

quinquilina, quinquenervia, lanceolata, plantago minor idem . . *lanceley, ribwort MS BL Addit. 15236* f. 183v.

quinquenarius [CL quinque + -eni + -arius], that contains or consists of five, (w. *numerus*) the number five.

1237 Minores Fratres . . equipollentes in ~ario numero . . spem bonam proposuerunt de unitate . . inter quinque patriarchatus (*Lit. Patriarchae*) M. PAR. *Maj.* III 450; **1287** in indicendis purgacionibus . . ~ium numerum . . judices non excedant *Conc. Syn.* II 1029 (=*Conc.* II 148b).

quinquenerbia v. quinquenervia.

quinquenervia, ~ium [ML < quinque+nervus+-ius], (bot.) ribwort (*Plantago minor* or *lanceolata*).

~ia, *lecipyrt GlC* Q 50; **10** . . quinquenerbia, *ribbe WW*; herbam que vulgo plantago dicitur que sub nomine quinquinervie equivocatur alii herbe NECKAM *NR* II 121 p. 199; de foliis salicis, plantaginis, quinque nervie, tormentille . . GILB. I 41v. 1; de folis . . plantagi', tormentille, ~ie *Ib.* I 51. 2; celidonie plantaginis ~ie calcis vive GAD. 121v. 1; ~ia, lanceolata, plantago minor idem *SB* 36; nota quod plantago minor, ~ia et lanceolata sunt idem, G. *launcele*, A. *ribwort Alph.* 14; centinervia, ~ium, plantago minor idem, G. *launcele* A. *ribuurt Ib.* 3.

quinquennalis [CL]

1 that occurs every five years.

1311 de quarta parte decime ~is . . (*Ac.*) *EHR* XLI 355.

2 that lasts five years. **b** (w. ref. to being in a certain condition for five years) of five years.

cum . . regnum ~i jam spacio simul pacifice gubernassent GIR. *EH* II 20 p. 350. **b** si Lazarus fetebat quia quadriduanus [cf. *Joh.* xi 39], quomodo fetent peccatores quadriennales vel ~es [ME: *of four 3er oþer five*] *AncrR* 126.

3 five years old.

s**1178** puella ~is WEND. I 112.

4 (as sb. m.) Roman municipal magistrate who presided over the quinquennial census.

~is, ut magistratus *GlC* Q 66.

5 (as sb. n.) ? payment for quinquennial mass.

1426 aliquod confessionale sive ~e a curia Romana concessum *Conc.* III 469b.

quinquennalitas [CL], (term of) office of Roman municipal magistrate who presided over the quinquennial census.

quinquennalis, ut magistratus. ~us, ipsa temporis aetas *GlC* Q 67.

quinquennis [CL], ~us

1 that lasts five years, five-year. **b** (w. ref. to being in a certain condition for five years) of five years.

cum . . ~em [*gl.*: quinque annorum] Stoicorum taciturnitatem . . didicisset ALDH. *VirgP* 44 p. 296; id ipsum . . agere didicit, non utique in lustrationem terrestris imperii ~em sed in perennem regni caelestis memoriam BEDE *TR* 12; de servitio ~i vel septenni NIG. *Cur.* 159; intra spacium ~e *Mir. J. Bev. C* 327. **b 1168** licet . . jam sim ~is exul . . J. SAL. *Ep.* 272 (284).

2 five years old (also pred. or in comp. numeral).

nam ter quinquennis mortalis aufugit ultro ALDH. *VirgV* 1509; de foeminis quae ~es concipiunt . . et non amplius quam ad annum octavum perducunt vitam *Lib. Monstr.* I 27; puer ~is ORD. VIT. III 9 p. 110; quis . . non obstupesceret ~em [v. l. ~am] virgunculam . . psalmos . . didicisse? *V. Fridesw. B* 3; filium habebat etate ferme ~em nomine Laurentium *Mir. Fridesw.* 110; textor quidam, Salomon nomine,

cujus filia ~is sanguine se suillo commacularat W. CANT. *Mir. Thom.* IV 52 (*recte* 53) p. 366.

quinquennium [CL]

1 period of five years.

~io peniteant THEOD. *Pen.* I 15. 4; Pythagorici . . auditores suos per ~ium jubent silere et sic demum praedicare permittunt BEDE *Ep. Cath.* 16; **801** ante hoc ~ium saeculares occupationes, Deum testor, non ficto corde declinare cogitavi ALCUIN *Ep.* 229; templum . . per te tam brevi ~io . . restauratum GOSC. *Edith* 38; cum per ~ium juventutem ejus languor et anguor deflorassent . . W. CANT. *Mir. Thom.* III 6 p. 265; **1293** allocabunt . . quatuor marcas annuatim per quinquenicium [? l. quinquennium] *Reg. Tristernagh* 62.

2 the age of five.

dicuntur . . in ~io feminas concipere et octavum annum non excedere *Eul. Hist.* I 16.

quinquennius [CL quinque + annus + ius], that pertains to a period of five years.

1269 terris et tenementis que . . Johanna tenet nomine dotis que redimi debent post decessum . . Johanne ad valorem ~ium *Cl* 144.

quinquepartite [cf. CL quinquepertito], in five divisions or parts.

corpus Christi quod se minui in cruce permisit, nedum in brachio sed ~e [ME: *o fif halve*] *AncrR* 33–4.

quinquepertitus [CL], **quinquepartitus** [LL], divided into or that consists of five parts or divisions, fivefold.

non quia ~pertita est distinctio patriae coelestis sed . . BEDE *Tab.* 443; nonne in uno corpore ~partitos habemus sensus (*Adv. Elipandum*) ALCUIN *Dogm.* 275c; multa que ad ~partitum pertinent sensum AILR. *An.* I 50; ~pertitus anime sensus W. DAN. *Sent.* 64 (v. genesis 3); januas cymiterii quinque partitas R. COLD. *Cuthb.* 129 p. 276; quinquies pro nobis Christus sanguinem suum fudit . . inde . . officium misse ~partitum est GIR. *GE* II 20 p. 267; omnibus hoc scriptum quinquipartitum visuris *Hist. Durh.* 3 p. 140.

quinquephyllon [cf. CL quinquefolium, pentaphyllon < πεντάφυλλον], (bot.) creeping cinquefoil (*Potentilla reptans*), crowfoot, or buttercup (*Ranunculus*).

10 . . quinquefila, *hræfnesfot WW*.

quinquessis, quinques [CL], (sum of) five *asses*.

ut, in cantione computorum, pueri . . tressis, quartus, ~quis, sexis, septus . . quasi tres asses, quattuor asses proferant BEDE *TR* 4; ~quessis, i. quinque asses OSB. GLOUC. *Deriv.* 35.

quinquevolium v. quinquefolium.

quinquies [CL], five times; **b** (in multiplication or comp. numeral).

~ies . . est profectus ultra maris salsi gurgites BYRHT. *HR* 16 p. 17; ~ies Mahometum in die orandum precipere dicis PETRUS *Dial.* 68; [epylenticus] ~ies . . vel quater per diem elidebatur in terram *Mir. Wulfst.* I 30; ~ies . . pro nobis Christus sanguinem suum fudit GIR. *GE* II 20 p. 267; decollator cum gladio eum ~ies in collo percussit GASCOIGNE *Loci* 227. **b** demum ~ies bilustris temporum circulis . . theoricam anachoreseos transegit vitam ALDH. *VirgP* 29 p. 267; multiplica per quattuor, fiunt sexaginta. partire per quinque, ~ies duodeni sexais BEDE *TR* 24; septies v aut ~ies vij ad unum . . redit THURKILL *Abac.* f. 57; in unaquaque caterva ~ies mille et quingentos et quinquaginta quinque viros . . collocavit G. MON. X 6; **1256** que continet circiter ~ies centum acras *AssizeR Northumb* 20; Jupiter est equalis Terre nonagesies quinquies BACON *Maj.* I 235; **1430** tenet . . ~ies viginti acras terre *Feod. Durh.* 3.

quinquifarius v. quinquefarius. **quinquilina** v. quinquelina.

quinquimus [cf. CL bimus, trimus, quadrimus], of five years or five years old.

sicut ut dicimus bimus duorum annorum, et trimus trium annorum et quadrimus quatuor annorum, ita et

dicendum est ~us, i. quinque annorum OSB. GLOUC. *Deriv.* 487.

quinquinervia v. quinquenervia. **quinquipartitus** v. quinquepertitus.

quinquiplex [CL], fivefold.

componitur . . plica ~ex OSB. GLOUC. *Deriv.* 454.

quinquiplus [LL], quintuple, fivefold.

~us [v. l. quincuplex], i. quinquies plicatus OSB. GLOUC. *Deriv.* 454.

quinquis v. quinquessis. **quintale** v. quintallus.

quintallus, ~a, ~um, ~e [OF *quintal* < Ar. *qintār* < CL centenarium], (as measure of weight) quintal, a hundred-weight **a** (of metal); **b** (of other substance); **c** (spec. as 112 lbs.).

a insula . . de Cuverfu reddit . . imperatori Constantinopolis singulis annis quindecim ~os auri purissimi . . et pondus quintali est pondus centum librarum auri G. *Ric.* I 204; **1253** quod mittat regi . . tres quindallas ferri et duas aceri *Cl* 174 (=*RGasc* I 358a: ~as); **1253** mittat duo ~a ferri et unum de acero *Ib.* 359b; **1303** ~us vivi argenti *EEC* 161; **1303** in iiij quintenis [? l. quintellis] ferri ad barras fenestrarum faciendis [*sic*] *Fabr. Exon.* 26; **1328** unacum . . ij quintalibus ferri *Reg. Exon. app.* p. 571; **1523** pro CCC kyntallis ferri (*PlRExch* 201 m. 10d.) *Law Merch.* II 130. **b** c**1100** ~us cere . . ~us vermicelli (*Cust.*) *MonA* I 142b; c**1250** ~us cere iiij d., ~us grane iiij d. . . ~us vermiculi ij d. *DCCant. Reg. H* f. 162; **1275** de quolibet ~o cujuslibet mercandise excepto quintallo ferri *Pat* 94 m. 17; **1303** xij denarios de quolibet cere ~o *MGL* II 209. **c 1313** trescenta ~a cere, quolibet ~o ponderante cxij libras cere *RGasc* IV 916 p. 249a; **1355** idem computat in iiij[xx] x ~is fili canabi quolibet ~o continente v petras xij libras et qualibet petra continente xx libras *KR Ac* 385/48.

quintana [CL], **quintena** [ME, OF *quintaine, quintine* < CL quintana]

1 'quintana', street in Roman camp that separates the fifth and sixth maniples, where trading occurs. **b** market place.

~ane, *fifte dæl þære strete ÆLF. Gl.* 145. **b 1362** unam placiam turbar' in fiodo de Beteley quod est setuatum juxta ~anam Cracalmos *AncD* C 5113.

2 quintain, object for jousting at.

~anam erigi fecerat, clypeum viz. fortem posti firmiter appensum GIR. *RG* I 4 p. 50; s**1253** juvenes Londonienses, statuto pavone pro bravio, ad ~enam vires suas et equorum cursus sunt experti M. PAR. *Min.* III 325; s**1253** juvenes Londonie, cum statuto pavone pro bravio ad stadium quod vulgariter ~ina dicitur luderent OXNEAD *Chr.* 195.

3 (med.) fever that has a five-day cycle.

sunt . . alie febres . . et earum nomina sunt ~ana, sextana GILB. I 12. 1; febres . . que nominantur ab auctoribus septene, ~ene, novene *Ib.* 39. 2; quartana . . per hoc distinguitur a ~ana et a flegmatica, que est de materia grossa GAD. 15. 2.

quintare [CL quintus+-are], (of number) to belong in a fifth division or column.

si . . divisor fuerit decenus secundat a se, si centenus terciat, si millenus quartat, si decenus millenus ~at, si centenus millenus sextat THURKILL *Abac.* f. 58.

quintena v. quintallus, quintana.

1 quinterna [cf. CL quintus, LL quaternio, ML quaterna], quire that contains five sheets.

1538 ut patet per quandam quinternam desuper editam et ostensam ac particulariter examinatam super compotum *Rent. S. Andr.* 13; **1539** libros, codicillos, ~as, et cartulas *Form. S. Andr.* II 106.

2 quinterna, ~o [ME *giterne*, OF *guiterne* < CL cithara < κιθάρα], guitar-like instrument, gittern (in quot., in gl., assoc. w. CL *quintus* to indicate that the instrument had five strings).

†*gycern* [MS: *gyterne*], samba, -e, fem. prime, †*citella* [MS: *citolla*], -e, fem. prime, quinterna, -e, fem. prime *PP*; ~o, A. *a gytterne WW*.

quinticia, blossom.

a blossom', colloquintida, quinticie *CathA*.

quintifolium v. quinquefolium.

Quintilis [CL], Roman name for the month of July before the Julian reform.

Julius mensis nomen ~is quod a numero sumpserat BEDE *TR* 12; ~is, Julius *GlC* Q 53; nomine Caesareo Quintilem mensis adauget. / Augustus nomen Caesareum sequitur *Miss. R. Jum.* f. 20 p. 36.

quintina v. quintana.

quintipartitus, ~pertitus [CL quintus + partitus *p. ppl. of* partiri; cf. CL quinquepertitus], divided into or that consists of five parts or divisions, fivefold.

1338 scriptum ~partitum *Conc.* II 614a; sic igitur in terminis ut ponuntur de fide ista ~pertita NETTER *DAF* II f. 88rb.

quintumembris [CL quintus + membrum + -is], that has five parts or divisions.

ex istis patet ~is conclusio Anselmi quomodo quilibet beatus diliget Deum plus quam se ipsum WYCL. *Mand. Div.* 139.

quintuplare [ML quintuplus + -are], to multiply by five.

erit quod quadratum ~abo et quadratum quintuplum WALLINGF. *Quad.* 46.

quintuplex [ML], fivefold, quintuple.

signum beneplaciti . . ~ex est, ut dicit hic versus: precipit et prohibet, permittit, consulit, implet GROS. *Quaest. Theol.* 200; non solum est utilitas ista ~ex radicalis BACON *Tert.* 20.

quintupliciter [LL], in a fivefold manner.

univocacionem sic intellectam probo ~iter DUNS *Ord.* III 18; dico quod ~iter eodem est Deus sapiens et magnus *Ib.* IV 272; obicit ~iter contra excusacionem symoniacam qua dicitur quod spirituale non venditur WYCL. *Sim.* 117; **1466** gula . . in qua ~iter peccatur, sc. in tempore . . in qualitate . . (*Conc. Ebor.*) *Conc.* III 600b.

quintuplus [ML], fivefold, (as sb. n.) fivefold amount, a quintuple.

erit . . diameter solis ad diametrum terre ~um et medietas ejus fere BACON *Maj.* I 234; in quadruplici differentia vel in ~a *Id.* III 275; quod quadratum quintuplabo et quadratum ~um erit 28125 WALLINGF. *Quad.* 46.

quintus [CL]

1 fifth. **b** (in comp. numeral, *~us decimus*, also written as one word) fifteenth. **c** (*~a feria* or sim.) Thursday. **d** (as sb. f., mus.) interval of the fifth. **e** (n. in abl. sg. *~o* as adv.) in the fifth place, fifthly; (*~o decimo*) in the fifteenth place.

in tertia propinquitate carnis licet nubere secundum Grecos . . in ~a, secundum Romanos THEOD. *Pen.* II 12. 25; Orpheus citharista erat Aenius et ~us citharista in Graecia *Lib. Monstr.* I 5+ p. 146; hoc tenet egregio ~us sermone libellus ALCUIN *Carm.* 69. 89; primo capitulo . . tertio . . quarto . . ~o, ut etiam monasteria que seculares homines pervaserant . . docerent regulariter conversari W. MALM. *GP* I 5; digitus . . ~us auricularis OSB. GLOUC. *Deriv.* 167. **b** in quintodecimo regni ejus [Tiberii] baptizatus est Dominus Jesus in Jordane flumine THEOD. *Laterc.* 25; p**675** a ~a decima luna usque ad vigesimam primam ALDH. *Ep.* 4 p. 483; a vespera quartae decimae lunae quod est initium ~ae decimae lunae in vesperam BEDE *TR* 61; Johannes ~us decimus sancte Romane ecclesie papa W. MALM. *GR* II 166. **c** ~a feria, decima hora diei *Comm. Cant.* III 81; ita ut nil umquam ubi . . excepta die Dominica et ~a sabbati perciperet BEDE *HE* IV 23 p. 263; ~a feria ante passionem Domini W. MALM. *GR* V 443; et quarta ~aque feria nocte et die civitati insistebant ORD. VIT. IX 15 p. 604. **d** HOTHBY *Contrap. app.* p. 43 (v. 2 quartus 1f). **e** ~odecimo quis convincitur de pertinacia, qui . . OCKHAM *Dial.* 466; ~o declarant quid intelligunt per simplices usuarios *Id. Pol.* I 303; primo corpus distemperatur . . secundo infirmatur, tercio moritur, quarto portatur extra domum, ~o sepelitur, sexto a vermibus consumitur HOLCOT *Wisd.* 43.

2 (*~a essentia* or sim.) 'fifth essence', quintessence.

~a essentia D. MORLEY 23; essentia ~a NECKAM *DS* I 301; ubi penitus nulla est natura contrarietatis, sicut in illis que sunt de ~a essencia SICCAV. *PN* 41; SACROB. *Sph.* 79. GROS. 11, CUTCL. *CL* 191 (v. 2 essentia 2c); ~a essentia dicitur spiritualis materia quaedam, corporaliter ex omnibus herbis plantis, et aliis quibuscunque rebus vitam habentibus tracta, et ad summum gradum subtilitatis adducta, separationem ab omnibus elementis et impuritatibus *LC* 260; ~um esse cujuslibet elementi per se solum, est animal ex eo solo productum *Ib.*

3 (*~a pars* or ellipt. as sb. f. or n.) fifth part, a fifth. **b** (as sb. f. *~a decima*, also written as one word) a fifteenth (as tax).

habet . . ~am partem silvae pastilis ipsius manerii *DB* I 273rb; arcus . . GB ~a circuli ADEL. *Elem.* XIV 1; relinquuntur . . arcus AG due ~e circuli *Ib.* XIV 2; c**1168** faciendo inde mihi et heredibus meis ~am partem servicii unius militis *Regesta Scot.* 85; **1216** ipsam [civitatem Cenomann'] habeat in tota vita sua et possideat cum tota ~a libere . . et quieta *Pat* 182a; **1242** salvo . . nobis ~o nostro, quod ad nos scitis pertinere de lucro quod in guerra . . perquiretis *RGasc* I 2a; **1297** ~am partem omnium suorum bonorum mobilium . . exceptis hiis que in forma taxacionis . . octave et ~a sunt excepta (*Pat*) *RParl.* I app. p. 239a. **b** **1204** rex . . ballivis portus de Sorham custodientibus ~am decimam, salutem. sciatis quod ad peticionem consellati balistarii nostri perdonavimus mercatoribus de Wasconia qui venerunt in conductu ipsius consellati in Angliam ~amdecimam de cccc libris And[egavensium] *Pat* 43b; **1225** de ~adecima abbatis S. Edmundi . . colligenda *Cl* 21b; **1225** forma ~edecime mobilium Anglie est . . quod medietas tocius ~edecime nostre tam clericorum quam laicorum reponatur in castro nostro Wynton' *Cl* 73b; **1225** clerico euni in comitatum Gloucestrie ad ~am decimam assidendam et colligendam *Pat* 510; s**1225** extorquetur ~a decima ab Anglicana ecclesia *Flor. Hist.* II 182 *tit.* (cf. M. PAR. *Maj.* III 91 *tit.*: concessa est regi Anglorum quintadecima pars rerum mobilium); s**1225** omnes in estimacione ~edecime fraudem facientes W. COVENTR. II 257.

4 (as sb. m.) (the month of) July.

~us, *Giululing GlC* Q 70.

5 (as sb. n.) unit that results from dividing by 60 for a fifth time *i. e.* one sixtieth part of a *quartum*.

BACON V 15, BRADW. *CD* 470A (v. 2 quartus 2).

6 (as personal name) Quintus.

martires Gordanus, ~us, Quartus, Sophia W. MALM. *GR* IV 352.

quinus [CL *usu. pl.*]

1 (pl., also in comp. numeral) five together or at a time; **b** (sg.) quintuple.

dicuntur pentascemi propter praedicta ~a [v. l. quinque] scemata ALDH. *Met.* 10 p. 88; ter ~is annorum voluminibus FELIX *Guthl.* 50 p. 152; cortinae . . ~ae sibimet mutuo conjunctae BEDE *Tab.* 428; huic quoque ter quinos clemens Deus addidit annos ALCUIN *Carm.* 9. 163; septies . . quaterni xxviij; sep' ~i xxxv BYRHT. *Man.* 30; s**1258** corpora . . ~a vel sena in porcariis . . tabefacta M. PAR. *Maj.* V 690. **b** pane quino pisce bino quinque pascit milia / et reffert fragmenta cenae ter quaternis corbibus *Cerne* 168.

2 fivefold.

ex quibus ~a et bina emergit doctrina per quam totus orbis illustratur BYRHT. *V. Ecgwini* 353; schola canente letanias ~as [AS: *fif fealde*] *RegulC* 48.

3 (as ordinal numeral) fifth.

vox est divina quod †Salphays [v. l. Salphad] filia quina . . *Pol. Poems* I 34 (v. †confesse).

quinvero v. quin.   **quinymmo** v. quinimmo.

quinzena [OF *quinzaine*], period of fifteen days, fortnight, quinzaine.

1200 facient summagium quaqua [*sic*] ~a (*Ext. Barton*) *Cart. Rams.* III 274.

quioameos v. quiamus.   **quiperium, quiperum** v. cubeba.

quippe [CL]

1 (to introduce sentence that explains previous assertion) for; **b** (postpositive).

quod nequaquam in praedicto loco adseri potest; ~e absolutus pes est 'omnia' ut in bucolicis ALDH. *Met.* 10 p. 89. **b** meliora sunt vulnera diligentis quam oscula odientis; levius ~e ferenda vibex amici quam adulatio fallax inimici ALDH. *VirgP* 58 p. 318; nam passiva plurimorum generalitas nequaquam jure lacerari debet . . multum ~e genus et species . . abinvicem differunt *Ib.* p. 319; non tamen fructum sed corruptionem metere dicuntur, quia non bonis fruuntur aeternis, fructus ~e a fruendo dicitur, sed pro corruptione in qua vixerant poenas luent sempiternas BEDE *Ep. Cath.* 31; notandum . . quod sicut bonitas hominis bonis omnibus est ad laetitiae incrementum, sic daemonibus et malis omnibus est ad detrimentum. daemonum ~e sanctorum consummatio erit interminabilis luctus et aeterna damnatio ALEX. CANT. *Dicta* 4 p. 126.

2 (causal) because.

cum monachi miraculorum frequentia defessi essent et mediis noctibus eventu alicujus prodigii sese inopes ~e sompni tricarent, non latuit torpor eorum sancti oculum W. MALM. *GP* II 75; Hamelinus . . altero oculorum suorum nihil videbat ~e lumen obduxerat W. CANT. *Mir. Thom.* VI 45; Arbogastes . . se occidit. ~e in ipso congressu bellorum omnia tela conversa sint in hostes impulsu ventorum R. NIGER *Chr. I* 45.

3 (to introduce explanatory rel. cl.) as is to be expected (from one who or from something that). **b** (w. *cum*) as is to be expected when.

non tam ex scriptis patriae scriptorumve monimentis, ~e quae, vel si qua fuerint, ignibus hostium exusta . . non compareant GILDAS *EB* 4; libenter ab officio discedo; ~e qui neque me umquam hoc esse dignum arbitrabar BEDE *HE* IV 2 p. 205; c**1086** de teloneo . . judicatum est quod non deberet dari, ~e quod tempore Edwardi regis nunquam datum fuit *Regesta* 220 p. 127; s**1376** facti sunt ut canes muti ~e qui non pastores sed depastores erant *Chr. Angl.* 104. **b** non habente adversa parte quid responderet ~e cum cartam falsitatis nec auderet nec posset arguere . . unanimi consensu totius curie regie adjudicatum est *Chr. Battle* 216.

4 (to introduce sentence that confirms or illustrates previous statement, usu. postpositive) indeed, in fact.

sacerdotes habet Britannia . . pastores . . sed occisioni animarum lupos paratos, ~e non commoda plebi providentes sed proprii plenitudinem ventris quaerentes GILDAS *EB* 66; et sic ~e credendum est quia homo in primordio factus a Domino aetate legitimus THEOD. *Laterc.* 17; [Ceolfridus] erat . . revera talis . . . nobilibus ~e ac religiosis editus parentibus *Hist. Abb. Jarrow* 2; miraculum . . quod . . idem libellus refert. erat ~e in proximo comes quidam BEDE *HE* IV 10 p. 224; quoties ~e . . remotis in partibus . . natura ludit excessibus! GIR. *TH pref.* p. 21.

quiptare v. quitare.   **quiptatio** v. quitatio.   **quiptus** v. quitus.

quirare, ~ere, *var. sp. of* curare.

1221 in una pela ad ~andum [*sense* 6] stabulam karettariorum *Ac. Build. Hen.* III 40; **1221** item ad ~endum [*sense* 6] maram juxta furnum vj d. *Ib.* 60.

quire [CL], to be able (to).

an ne ipsa quidem virulenta scelerum ac si pocula pectus tuum satiare quiverunt? GILDAS *EB* 29; et in eis qui futuri sunt ad salutem in quantum concesserit ipsa divinitas ipsi soli cognitum quantum nobis expediri queat THEOD. *Laterc.* 24; certius ut quiret Christi cognoscere nutum ALDH. *VirgV* 1273; nequaquam hoc laeta ferre queo BEDE *HE* IV 9 p. 223; dispendium tanti dedecoris minime quibat perpeti LANTFR. *Swith.* 25; credulus esse tuis nullo modo quibo loquelis WULF. *Swith.* I 339; c**1043** nullus umquam tam valide regnum habuit ut mortem evadere quivisset *CD* 769.

quirea, *var. sp. of* cuirea.

1177 pro ij caretis ferratis et ij ~eis [*sense* b] ad ipsas carretas *Pipe* 198.

quirere v. quirare.   **quiriacum** v. quirianus.

quirianus, quirinianus [CL], name of a variety of apple.

costard, appul, quiriarium . . quirianum *PP*; quiriacum, a *costard WW*; *costerd,* querarium *CathA.*

quiriarium v. quirianus.

quirica [quirea + -ica], (bot.) hard outer covering of a spiny plant.

quirica, i. testo de tribulo marino *Gl. Laud.* 1253.

quirina [cf. CL quirinus, ML quirinari], sort of spear.

hec ~a .. i. hasta que ab adversariis in bello adquirebatur Osb. Glouc. *Deriv.* 488; ~a, hasta *Ib.* 492.

quirinacium, quirrinacium v. Cyrenaicus.

Quirinacius, *var. sp. of* Cyrenaicus.

Quiricinacium opium, i. asa *Gl. Laud.* 1243.

Quirinalis [CL = *of or belonging to* Quirinus]

1 (in gl.) of Quirinus, as typically Roman, or warlike.

~i, i. Romanae, *gewunlicre* GlP 639.

2 (as sb. m.) the Quirinal, one of the seven hills of Rome.

septem .. arces, i. montes: Palatinum, ~em, Aventinum, Celium, Viminalem, Esquilinum, Janicularem Bern. *Comm. Aen.* 124.

quirinarium [cf. quirina, CL quirinus + -arium], quintain, object for jousting at, or the field in which it is erected.

quyntene, quirinarium .. campus florum *PP.*

Quirinus [CL = *Roman deity whose functions resembled those of Mars*]

1 title or epithet of Mars.

Mars .. frequentius .. quum seviret Gradivus, quum tranquillus esset, ~us dicebatur Alb. Lond. *DG* 11. 10 p. 234; Romani .. a ~o .. nominari ceperunt M. Par. *Maj.* I 36 (v. Quiris 1); Mars deus belli .. cum bella sevirent apud Romanos dicebatur Gradivus, in pace vero ~us Wals. *AD* 25.

2 (as personal name).

martires .. ~us, Agapitus, Felicissimus W. Malm. *GR* IV 352.

3 stone, said to be found in a hoopoe's nest, that reveals secrets and causes hallucinations if placed under the head of a sleeper.

quirin [Trevisa: *quiryn*] .. est lapis qui upuparum nidulis invenitur Bart. Angl. XVI 83.

4 (in name of illness).

~i sancta plaga, morbus descr' *LC* 260a.

Quiris [CL *usu. pl.* Quirites]

1 (pl.) the citizens of Rome, the Quiritians.

672 acsi istic, fecundo Britanniae in cespite, dedasculi Argivi Romanive ~ites reperiri minime queant Aldh. *Ep.* 5 p. 492; ~ites, cives Romani GlC Q 54; exsul ad hunc populum qui venit ab urbe Quiritum Wulf. *Poem.* 2. 9 p. 12; togatos, i. ~ites, *getunecude* GlP 374; inter has moras ~ites, collato cum presule consilio .. Augustum inopinate acclamant W. Malm. *GR* I 68; illi cum Latiis et ~itibus cito egressi sunt Ord. Vit. X I p. 5; carmina Romam transferuntur que dicacium scholis et didascalis ~itum admiranda censentur *Ib.* X 7 p. 42; Romani vero sive a cyribus, id est, hastis, sive a Quirino, ~ites nominari ceperunt M. Par. *Maj.* I 36.

2 (also sg.) mounted soldier, knight.

aggregat et strictim compellit abire quirites G. Amiens *Hast.* 309; ordine post pedites sperat stabilire quirites *Ib.* 341; hic ~is, -tis, in singulari et ~ites in plurali, i. milites qui hastas secum deferebant Osb. Glouc. *Deriv.* 488; ~ites, milites *Ib.* 492; s**1245** [Soldanus de Yconio] singulis diebus pro tributo mittit ei [regi Tartarorum] mille perperos aureos et unum ~item in dextrario M. Par. *Maj.* VI 114.

3 spear. **b** stick, pole, or mace.

asta, ~is, *sceaft* Ælf. *Gl.* 142; hinc hasta quiris, hinc Quiriacum puto dictum / impulsu cujus hasta cruenta fuit Garl. *Tri. Eccl.* 123. **b** *3erd born before a worthy man*, ~is *PP.*

4 (w. *lapis*, sort of gemstone).

---

lapis ~is: in nido upupae reperitur lapis nomine ~is, qui dicitur esse secretorum proditor, et excitator imaginum in somnis variarum *LC* 248a.

quiritare [CL], to cry or grunt like a boar; **b** (understood as grinding of teeth).

vulpes ejulant, verres ~ant Aldh. *PR* 131 p. 180; et quiritat verres auget et ipse sonos Gower *VC* I 804; *to cry*, verris [est] ~are *CathA.* **b** quirrito .. ffrendeo *PP.*

quirius, quirreus v. querreus.   **quirrinacius** v. Cyrenaicus.   **quirritare** v. quiritare.

quis [CL]

1 (as interr. pron.): **a** (m.) what or which person? who? **b** (n.) what or which thing? what? **c** (in indir. qu., also pred.); **d** (w. partitive gen. or sim.).

a heu quis victurus est .. quando ista a civibus perficiantur? Gildas *EB* 62; quis valet urbane laudes sermone polito / fari sanctorum? Aldh. *VirgV* 1071; quis [AS: *hpa*] replet cellaria sua .. sine arte mea? Ælf. *Coll.* 98; cui [AS: *hpam*] prodest ars tua? *Ib.*; qui vos? Map *NC* I 9 f. 8 (v. forestarius 2c); cujus [ME: *hweðeres*] socius esse vis? cum quo [ME *wið hweðer*] pari vis? *AncrR* 107. **b** c**705** quid ergo de vobis dicetur si .. ? Aldh. *Ep.* 9 p. 502; quid dicam de ingentibus / Altithroni operibus (*Id.*) *Carm. Aldh.* I. 115; **801** quid est hujus saeculi honor nisi grave pondus viatoris? Alcuin *Ep.* 226; quid vis modo? Bede *HE* V 13 p. 311; quid est .. intrare per ostium nisi per Christum introire? Ad. Marsh *Ep.* 247 cap. 8 p. 445; quid istis insanit? Liv. *Op.* 74. **c** haec est recapitulatio caeli et terrae, quid de utroque esset factum *Comm. Cant.* I 30; aut umquam quivi quid constet sillaba nosse Aldh. *Aen.* 100 (*Creatura*) 72; in persona quaeritur quis fecerit, in facto quid fecerit Alcuin *Rhet.* 6 (v. facere 39a); pluribus secum ratiocinationibus agebat quid prestaret, heremum sectari an monachum W. Malm. *GP* I 45 p. 74; ab ipso quesivit quis hoc [sc. fecisset] Map *NC* V 5 f. 65; precepit decernere quid de Hengisto fieri debuisset M. Par. *Maj.* I 221; **1385** ostendit illi pecuniam predictam dicendo sibi "ecce quid inveni hic" *IMisc* 234/5. **d** quis eorum salutari in arca .. nullum Deo adversantem .. non admisit? Gildas *EB* 69; cogitavi .. quid Deo muneris quivissem offerre Byrht. *V. Ecgwini* 349; quid hominum [AS: *hpylc manna*] dulcibus perfruitur cibis sine sapore salis? Ælf. *Coll.* 98; **1181** qui colonorum gauderent, quive gravarentur operibus *Dom. S. Paul.* 112; **1220** quia .. pater absens est .. summoneatur .. ad cognoscendum quid juris clamat in custodia .. M. *SelPlCrown* 138;

2 (as interr. adj.) what? which? **b** (in indir. qu.).

quis vir mortuus bis et semel natus? est Lazarus quem suscitavit Jesus *Ps.-Bede Collect.* 124; quid opus est eucharistia? Bede *HE* IV 22 p. 261; **801** quid opus est nova condere dum vetera sufficiunt? Alcuin *Ep.* 226. **b** c**800** plenus est mundus exemplis quid cui .. evenisset (v. documentum 1); prescribentes quid qua hora fieri expediat J. Sal. *Pol.* 407C; ne cuncteris ergo persolvere / quis sit sensus istius litere Hil. Ronce. 15. 136; cepi .. eruere quis tenor istius, qua gentis origo, qui mores Gir. *TH pref.* p. 20; precipere et jubere quis numerus debeat esse clericorum in ecclesia Ockham *Pol.* I 54; vide quis dies sit hodie *Meaux* I 199.

3 (n. sg. *quid* in phr. to introduce another question) what? **b** (foll. by adv., usu. w. *ergo* or *igitur*) what then? **c** (foll. by conj.).

quid? etiam illa proverbialis aula .. nonne septenis columnarum fulcimentis innixa sustentatur? Aldh. *Met.* 3 p. 64. **b** quid ergo? si versus exameter sex spondeis constiterit, poterit dici dactilicus? Aldh. *Met.* 10 p. 82; quid igitur? in versu sillabarum xvij quot scemata autumas calculanda? *Ib.* 10 p. 88. **c** dum frater fratrem germanum perdit amatum / quid nisi [*what else but* ..] jam faciat, semper et ipse fleat Alcuin *Carm.* 57. 44; quid quod [*what is to be made of the fact that*] illam inveteratam investiture controversiam .. delevit? W. Malm. *GR* V 435.

4 (internal acc.) in what respect? to what extent?

p**675** quid .. prosunt bonorum operum emolumenta, si .. Aldh. *Ep.* 4 p. 481; quid ad te pertinet qua sim stirpe genitus? Bede *HE* I 7 p. 19; quid juvat atroci tantum indulgere dolori? Alcuin *SS Ebor* 625.

---

5 (as adv.) why? **b** (*quid plura* or *multa?*) why say more?

quid huc venisti? Bede *HE* V 13 p. 311; quid species vanas lacrimosis, nate, querellis / prosequeris, haec tu cur peritura cupis? Alcuin *Carm.* 9. 133; quid, quare GlC Q 57; quid miraris partum virgineum? Haudlo 170. **b** quid plura? Gildas *EB* 108; quid plura? Aldh. *VirgP* 35 p. 278; quid jam plura canam? Alcuin *SS Ebor* 61; quid multa? Wulf. *Æthelwold* 33 (= Ælf. *Æthelwold* 22).

6 (as rel pron.): **a** (m.) the one who, whoever. **b** (n.) the thing that, whatever.

a 1108 quis eorum plus vivet, eandem conventionem habeat *Dom. S. Paul.* 127; s**1171** nec fuit quis eis responderet Fl. Worc. *Cont. B* 144; fedus inter eos .. firmaverunt quod .. quis eorum diutius viveret heres esset alterius M. Par. *Maj.* II 122; pauperis non misereatur quis in judicio misericordia sc. remissionis, cui tamen misericordia compassionis est sicut et omnibus miserendum Bracton 107b; c**1381** vel per baptisma fluminum / quis purget catechuminum / non habet quis scienciam (*In Lollardos* 23–4) *Pol. Poems* I 238. **b** non habebat quid commederet vel indueret G. Mon. II 12; sicut triangulus secundum quid est quantitas et secundum hoc subjacet geometrice facultati J. Blund *An.* 21.

7 (as indefinite pron., sts. w. partitive gen.) an unspecified person or thing, anybody or anything, (usu. w. *si*). **b** (in neg. context, exclusive). **c** (as indefinite adj.) any.

si quis vero eorum mitior .. videretur .. Gildas *EB* 21; stuprum dicitur si quis virginem violaverit ante intactam *Comm. Cant.* I 185; c**705** si quis vero praeterea saecularium litterarum nosse laboras .. Aldh. *Ep.* 8; si quid displicuit Christo jam cuncta videnti / moribus in vestris corrigite hoc citius Alcuin *Carm.* 9. 227; quodcunque tempus ad bene vivendum datur, eo quis debet esse contentus Gir. *PI* I 21 p. 146; **1313** cum quis occisus felonice fuerit per diem .. (v. felonice 1a). **b** haec .. diximus ne quis forte novo nos .. argumento .. enigmata cecinisse arbitretur Aldh. *Met.* 7 p. 77; te sine nulla valet dignum quid dicere lingua Alcuin *SS Ebor* 7; ne quis egeret sed perciperet quisquis certa donaria Map *NC* V 5 f. 63. **c** si qua fides, si quis aditus meliori consilio esset, prestaret domi dulce .. otium W. Malm. *GP* I 50 p. 94; si quis in eo postea pastoralis vivacitatis defectus .. repertus fuit Gir. *Spec.* II 25 p. 81.

8 a a certain or particular thing, something. **b** a certain amount (of). **c** (as adj.) a certain, a particular (= *quidam*).

frivolum, leve quid et inutile Osb. Glouc. *Deriv.* 243; dicit eciam quod boscus ille modicum quid est respectu aliorum boscorum episcopatus *Foed. Durh.* 232; omne genus predicatur in quid de sua specie J. Blund *An.* 121; tactus universalior est quam auditus et predicatur in quid *Ib.* 146; tempus est quid continuum Bacon VIII 223 (v. discontinuare 1). **b** inde conversata cum hominibus super terram .. Jesus Christus circa quod per annos xxxiij non plenos parum quid Theod. *Laterc.* 3; **801** parvum quid vini direxi vobis Alcuin *Ep.* 226; alios dominos .. gratificavit, taliter quod contenti erant, quid per dona quid per promissa, pro rege contra Anglicos vivere et mori in sua querela *Plusc.* X 28 p. 359. **c** s**1247** in custodia [Willelmi] de Haverhill quis Lodowycus, aurifaber, occidit uxorem suam *MGL* I 115.

9 (as sb. n., log. & phil.) 'the what' (of), nature, essence.

hinc .. sumptum est ad significationem ejus quod in quid de differentibus numero predicatur J. Sal. *Met.* 891B; secundum quid Duns *Metaph.* V3 (v. colligantia b); aut 'quid' ut in phantasmate habet sufficientem virtutem activam *Id. Ord.* III 219; definicio exprimens quid rei est solum nominum absolutorum: definicio exprimens quid nominis non est proprie nominum absolutorum sed connotativorum et relativorum Ockham *Quodl.* 555; nullam definibile definicione quid rei proprie habet definicionem quid nominis *Ib.* 557.

10 (gen. pl. as sb., leg.) senior justice of the peace whose presence is necessary for certain powers of a court to be exercised, quorum.

1460 ita tamen quod unuc justic' nostrorum ad pacem in com' Norht' conservand' assignat' de le quorum pro tempore existent' sit unus commissionarum .. deputand' ad predict' gaolam deliberand' *Pat* 489 m. 8.

quiscinus v. cussinus. **quiscula** v. quistula. **quiscumque**, **quiscunque** v. quicumque. **quisera** v. cuissaria. **quisinarius** v. cuisinarius. **quisinus** v. cussinus. **quisitus** v. quaerere. **quislibet** v. quilibet.

quisnam [CL]

1 (m. & f.) who, tell me? (usu. in indir. qu.); **b** (of act or abstr.).

respondit .. cujusnam reliquie forent .. notissimum esse EADMER *V. Osw.* 26 (v. 2 conditio 1); quodque mihi dicis quisnam negat? L. DURH. *Dial.* III 281; querenti quisnam eorum abbas esset GIR. *IK* II 4; s**1380** cum pulsaretur clamoribus relictarum feminarum, quarum maritos obtruncaverat, querit quenam sint, vel que causa clamoris earum WALS. *HA* I 440; vir .. mulierem suam audiens .. ac si nesciret, rogavit quisnam esset *Latin Stories* 90. **b** cum .. abbas sciscitaretur quonam modo tam novam et insuetam credere posset legationem GOSC. *Transl. Mild.* 21 p. 185; michi velim .. ostendi quisnam error iste sit PETRUS *Dial.* 28; convenerat in campum frequens cetus adolescentum, cuinam letius [*sic*] ludo vacans non diffinio W. MALM. *Wulfst.* 6; mirabantur .. quonam modo .. advenisset R. COLD. *Godr.* 151; quonammodo radiolus .. sese extendit? NECKAM *NR* 153 (v. radiolus).

2 (n.) what, tell me?

c**675** quidnam, rogitans quaeso .. affert ..? ALDH. *Ep.* 3; et quidnam melius, quid dignius, et quid amandum / aptius invenies utiliusve Deo? L. DURH. *Dial.* IV 264; quidnam fuit illi custodire difficile, qui se a rebus alienis decreverat abstinere DICETO *Chr.* 101.

3 someone, anyone.

inquisivit diligenter, si quisnam illum abeuntem vidisset J. FURNESS *Walth.* 58.

quiso v. cuisso. **quisotus** v. cuissottus.

quispiam [CL]

1 (as pron.) an unspecified person, someone, anyone; **b** (in neg. context). **c** an unspecified thing, something, anything, (w. gen.) unspecified amount share, or degree (of).

cum enim quippiam quis agit vel dicit vel cogitat .. *Simil. Anselmi* 130; si Deus cuipiam aliquid de ipsius salute innotesceret .. W. MALM. *Wulfst.* III 29; si aliquis quempiam quacunque de causa peremisset .. H. HUNT. *HA* VI 39; a ripa usque ad ripam quispiam pertransire potuisset ORD. VIT. XII p. 349; si quispiam de proceribus regni defortiaverit .. *Const. Clar.* 13 (v. diffortiare 3a); si quispiam dicat "errare nolo", nonne eum errare nolle "verum" erit? DUNS *Ord.* III 136. **b** neque ei quispiam dispendium itineris facere praesumeret *Hist. Abb. Jarrow* 32; non tamen putandum est in hac vita quempiam omnem veritatem posse conprehendere BEDE *Hom.* II 11. 161; quae ne facile a quopiam posset contemni .. dignas .. punitiones proposuit *Id. HE* III 8, p. 142; ne vel ipse vel quispiam ex monastica professione foris vagaretur B. *V. Dunst.* 18; monachorum non satis quispiam viderat OSB. *V. Dunst.* 6 (v. 2 conventus 3a); nec cujuspiam regem interrogatio movit OSB. CLAR. *Ed. Conf.* 18 p. 99. **c** nec .. licitum foret intrare, causa quippiam faciendi quod contrarium inibi Deo servientibus esse possit W. MALM. *GR* II 149 p. 168n; c**1160** nec occasione hac vel alia in capitulo vestro juris quippiam se habere arbitretur *Doc. Theob.* 30.

2 (as adj.) an unspecified (person), a certain, a particular; **b** (in neg. context). **c** an unspecified (thing).

servula .. furata fuerat .. atque .. distracta cuipiam viro LANTFR. *Swith.* 20; quicumque aliquam ex navibus per quampiam inertiam .. corruperit *GAS* 255 (v. corruptela 1a); cecus quispiam notus in populo ad cubicularios regis accessit OSB. CLAR. *Ed. Conf.* 14. **b** nec Aristotiles nec alter quispiam WALT. WIMB. *Sim.* 102; haud convenit quempiam gladio accinctum tempore pacis ingredi ad regem *Pass. Æthelb.* 7. **c** ut nequaquam acribus irarum stimulis concitentur [scorpiones], nisi quapiam irascendi materia ad irascendum ea provocaverit. OSB. GLOUC. *Deriv.* 157; quotiens aliquid cujuspiam rei gratia geritur W. CANT. *Mir. Thom.* III 24 (v. casus 4a).

quisqualiae v. quisquiliae.

quisquam [CL]

1 (as pron., m.) an unspecified person, someone, anyone; **b** (following a neg. context).

si quisquam cuperet sacrum temerare pudorem ALDH. *VirgV* 1237; si quisquam .. causam .. turbaverit *GAS* 553 (v. destitutio 1a); si quisquam de proceribus regni defortiaverit *Const. Clar.* 13 (v. diffortiare 3a); virtute concupiscitiva excitante quenquam fortissime ad movendum .. BRADW. *CD* 86C (v. concupiscitivus). **b** nec sibi quisquam sacerdotum de corporis mundi solum conscientia supplaudat GILDAS *EB* 110; c**705** ne quisquam vestrum inertis segnitiei fide torpescat ALDH. *Ep.* 9 (12) p. 501; cum ne adhuc quidem talia loqueti quisquam responderet BEDE *HE* IV 8 p. 221; ne quisquam [AS: *nan man*] rectum disfortiet alicui *GAS* 143 (v. diffortiare 1a); nil ibi quisquam preter funus expectabat GOSC. *Transl. Mild.* 28; nec impetum ejus .. quisquam ausus est expectare GIR. *GE* II 12.

2 (n.) an unspecified thing, something, anything, (w. gen.) any amount or degree (of).

inter haec duo genera funerum aut jugulamur aut mergimur. nec pro eis quicquam adjutorii habent GILDAS *EB* 20; nec tamen .. quicquam proficiebant BEDE *HE* III 19 p. 165; nemo illi quicquam dare voluit R. COLD. *Cuthb.* 49 p. 102; omne .. hujusmodi principium vel in designando quid de aliquorum genere quod nullius species quicquam dicatur vel quid de alicujus specie que nullorum genus .. BALSH. *AD* 18; an hoc ab illo sic diversum ut quia de hoc quicquam enuntiatur *Ib. rec. 2* 123.

3 (as adj.) some, any.

c**1241** si autem sit, sub specie pharmaci curativi, quicquam mortiferum, id querere .. non expedit (v. curativus b); non comeditur panis vel quodquam esibile nisi dum .. digeritur in stomacho WYCL. *Civ. Dom.* III 342 (v. esibilis).

quisque [CL]

1 (as pron., usu. assoc. w. rel. cl. or sim.) each person (also w. *unus* or *singulus*). **b** (as adj.) each, every, (pl.) all. **c** each (of).

secundum, quo quisque sanguine suo per martyrium baptizatur *Ps.*-BEDE *Collect.* 78; ut singuli quique [*gl.*: i. quicumque] libero voluntatis arbitrio dediti .. ALDH. *VirgP* 18; omnes .. precor .. ut .. in suis quique provinciis hanc mihi .. vicem rependant BEDE *HE pref.* p. 8; singulus enim quisque essentialiter est et memoria et intelligentia et amor et quidquid summae essentiae necesse est inesse ANSELM (*Mon.* 60) I 71; serpens .. circuibit Lundoniam, et quosque pretereuntes devorabit (*Prophetia Merlini*) G. MON. VII 5 p. 393 (=M. PAR. *Maj.* I 212); Deus jubet ut quisque proximum suum diligat sicut seipsum [cf. *Matth.* xix 19] ORD. VIT. IV 7 p. 228; cum quosque potestati sue submisisset .. mortuus est M. PAR. *Maj.* I 32. **b** callida .. arte potius quam virtute finitimos quosque pagos vel provincias .. facinoroso regno adnectens GILDAS *EB* 13; licet .. concreparet .. acsi letiferos Sirinarum concentus cum inexpertos quosque [*gl.*: i. homines, multos] ad vitae pericula pellexerint ALDH. *VirgP* 40 p. 292; quod an verum sit peritus quisque facillime cognoscit BEDE *HE* III 3 p. 131; nec fraudabor vos questionibus expeditis, quas vel temptando vel discendo obiciunt quique studiosi ABBO *QG* 1 (4); qui in divinis ac secularibus disciplinis quosque sui temporis sapientes precellere putabatur EADMER *V. Osw.* 4 p. 5; irradiat per queque foramina basilice illa immensa claritas majestatis inclusе FOLC. *V. J. Bev.* 11 p. 258. **c** Acres, quod tenuerunt duo fratres, et quisque habuit haulam *DB* I 11vb.

2 (as indefinite pron.) someone, anyone. **b** (as adj.) some, any.

814 quod si quisque huic largitioni contradixerit contradicat ei Deus *CS* 346; **986** quod si quisque .. inire temptaverit, in penis inferni .. se talionem passurum agnoverit (*Ch.*) *Reg. Malm.* I 320. **b** si moriturus sum, ille me magis quam ignobilior quisque morti tradat BEDE *HE* II 12 p. 108; si sint verbalia feminini generis vel alia queque naturaliter producta .. ABBO *QG* 2 (6); elegantiora queque presenti volumine .. digessi GIR. *TH intr.* p. 8.

3 (to introduce cl.) anyone who or anything that, whoever, whatever.

praeterea sunt metra alia perplura, quae in libris Centimetrorum simplicibus monstrata exemplis quisque cupit reperiet BEDE *AM* 138; ut quaeque erant regulariter decreta sua quoque auctoritate .. confirmaret *Id. HE* II 4 p. 88; quae cuncta in libello ejus .. quisque legerit inveniet *Ib.* III 19 p. 168; solus nosse potuit molem tanti desolaminis quisque semel [v. l. quisquis simul] deflevisse potuit .. amissionem pignoris R. COLD. *Godr.* 330 (v. desolamen).

quisquidem [CL quis+quidem], any sort at all.

1207 (v. praepositura 2); **1377** (v. praeponderatio a).

quisquila v. quistula. **quisquilarium** v. quisquiliarium. **quisquilea** v. quisquiliae.

quisquiliae, ~ia [CL *as f. & n. pl.*], **~ia** [*as f. sg.*], refuse, rubbish; **b** (spec. as chaff or straw); **c** (spec. as husk or paring); **d** (spec. as waste wood); **e** (w. ref. to person).

qui contempta mundi blandimenta velut ~iarum [*gl.*: *æswæpe*] peripsema respuens ALDH. *VirgP* 10; non quod luxu labilia / cosmi quaerunt quisquilia (ÆTHELWALD) *Carm. Aldh.* 2. 102; cum [hirundines] .. adgregatis ~iis nidum fundarent FELIX *Guthl.* 39 p. 122; †~ius [l. ~ias], stercora *GlC* Q 59; peripsema, purgamentum vel ~ea *Gl. Leid.* 35. 195; quo statim ritu ventosae quesquiliarum [*gl.*: i. quisquiliarum] / fructibus et vacuae truduntur ab agmine regis *Altercatio* 49; de ~is collectis parvissimum pondus dragmis quattuor distrahebant J. SAL. *Pol.* 423D; **1437** de x s. v d. de ~iis j nove domus .. venditis *Ac. Obed. Abingd.* 112. **b** velut ~iarum [*gl.*: ~ie, stipule mixte .. palee] ALDH. *VirgP* 10; ~iae, *aegnan GlC* Q 45; ~iae, .. *cornæsceda* ÆLF. *Gl.* 118; omnia .. vilipenderet veluti perituras feni ~ias F. MALM. *V. Aldh.* 66D; ~ie, purgamenta tritica *SB* 36; ~e vel ~ie sunt purgamina bladorum *Alph.* 152. **c** velut ~iarum [*gl.*: *beanscalu*] peripsema ALDH. *VirgP* 10; **9..** ~iarum, *bensæala WW*; ~iae, *æppelscreada* ÆLF. *Gl.* 118. **d** velut ~iarum [*gl.*: surculi minuti, purgamenta corticibus pomorum .. tegumenta de summitate vel de corticibus pomorum] peripsema ALDH. *VirgP* 10; ~ia, surculus modicus *GlC* Q 71; **9..** incipit de lignis .. ~ia, *hagan WW*; **11..** ~ia, *helm WW Sup.* 281; hec ~ie, *a chype WW*; ~e vel ~ie .. sunt ramunculi in nemoribus quos pauperes colligunt *Alph.* 152; **1496** habebunt omnimodos ramos, cortices, quisqualias et alia affolia tocius mearemii circa reparacionem dictorum molendinorum *Pat* 566 m. 10. **e** s**1256** Angli .. submittunt colla omni conculcanti, et alienigenis, tanquam popelli meticulosi ~ie, segnes incurvantur M. PAR. *Maj.* V 597; s**1257** ut ipsos Walenses, hominum ~ias, trucidarent *Ib.* 651.

quisquiliarium [CL quisquiliae + -arium], container for rubbish, receptacle for refuse.

quisquilarium est vasculum vel .. receptaculum ubi quisquilie i. frumentorum purgamenta reservantur BART. ANGL. XIX 129 p. 1244.

quisquilius v. quisquiliae.

quisquis [CL, *n. sg.* quicquid *or* quidquid]

1 (indefinite rel. pron.): **a** (m.) anyone who, whoever. **b** (n.) anything that, whatever. **c** (w. partitive gen.) any amount, number, or degree (of).

a debet ante esse discipulus quisquis doctor esse desiderat *Ps.*-BEDE *Collect.* 143; **673** ~is igitur contra hanc sententiam .. quoquo modo venire .. temtaverit, noverit se ab omni officio sacerdotali .. separatum (*Conc.*) BEDE *HE* IV 5 p. 217; habet .. j obolum de gelto ~is ibi teneat *DB* II 147v; quosquos invenerunt .. neci dederunt H. HUNT. *HA* VI 6; ~is parcit perjuris et latronibus .. aufert pacem et quietem innocentibus ORD. VIT. VIII 2 p. 275; ~is .. ultra quinquagesimum annum sibi vitam promittit, se ipsum male decipiendo plerumque seducit GIR. *GE* II 8 p. 205. **b** in hac epistola quicquid deflendo potius quam declamando .. fuero prosecutus .. GILDAS *EB* 1 p. 25; et quidquid operatur Spiritus Sanctus unum est cum Patre et Filio sine quibus non operatur THEOD. *Laterc.* 24; fantes corrumpunt et quicquid debile fertur caelitus instaurant ALDH. *VirgV* 1088; belua nuncupari potest quicquid [v. l. quidquid] in terris aut in gurgite in horrendi corporis ignota et metuenda reperitur forma *Lib. Monstr.* II *pref.*; **812** cum .. cunctis aliunde usibus quisquilibet *CS* 341; semper .. in vetitum nitimur et quicquid negatur pretiosius putatur W. MALM. *GR* II 167; **1215** quicquit ceperint vel capi fecerint *RChart* 214b. **c** ita ut .. quicquid habere potuisset aeris, argenti, vel auri imagine Caesaris notaretur GILDAS *EB* 7; quicquid pecuniae habuerat, sedulus hoc dispergere .. curabat BEDE *HE* II 1 p. 77; ut quicquid in ea

vitii sordidantis inter virtutes per ignorantiam vel incuriam resedisset . . *Ib.* 9 p. 222; ipse de parte Gallie Celtice . . quicquid militum erat suo ductu trahens W. MALM. *GR* III 233; quicquit prioris officii est *Cust. Westm.* 108; quicquit habet meriti preventrix gracia donat *AncrR* 50.

2 (to introduce qualifying cl.) no matter who, whoever.

laboris mei votis, o lector, ~is es, faveas FELIX *Guthl. prol.* p. 62; a**1158** precipimus ut cantor ecclesie B. Petri Westmonasterii, ~is ille fuerit, predictos habeat solidos *Ch. Westm.* 251.

3 (as adj.) any, whatever, (*quoquo modo* or written as one word) in every conceivable or possible manner (in neg. context, exclusive).

ut nulla possit ecclesiarum vestrarum jactura per cujuslibet occasionis obtentum quoquo modo provenire BEDE *HE* II 18 p. 121; ut ad ecclesiam quoquo modo posset perveniens intraret ad turbam reverentissimi patris Cudbercti *Ib.* IV 29 p. 278; in ceteris . . per empcionem vel cambicionem vel quoquo modo perquisitis (*Leg. Hen.* 20. 2) *GAS* 560; solutio: ad hoc potest dici quoquomodo quod hoc relativum 'qui' refert S. LANGTON *Chron.* 74; **1253** non potest . . precipere vel quoquo modo . . conari GROS. *Ep.* 128; **1410** ne . . carnes vel carnea quoquomodo presumat sumere (v. carneus 1a).

4 each, every (single).

quoquo anno solvantur (*Cons. Cnuti*) *GAS* 293 (v. decimatio 3b); c**1105** (1241) mercatio die Jovis quaqua ebdomada *CalCh* I 258.

5 (as rel. pron., to specify antecedent) that.

omne quicquid jocundum ac delectabile illatum sentitur, mellitae dulcedinis gustum . . praecellit ALDH. *VirgP* 7 p. 234.

quissa v. cuissa. **quissaria** v. cuissaria. **quissellus** v. cuissellus. **quissera** v. cuissaria. **quissettus, quissetus** v. cuissottus. **quissinus** v. cussinus. **quisso** v. cuisso. **quissor'** v. cuissaria. **quissottus** v. cuissottus. **quistiola** v. quistula.

quistula [ME *quiste*+-ula], quail (*Coturnix coturnix*) or wood pigeon (*Columba palumbus*).

de ovis quiscule [TREVISA: *quisquile*]. ova quiscule [TREVISA: *quaile eiren*] sunt parva et rotunda BART. ANGL. XIX 108; *qwaylle, byrd*, quistiola, -le , *PP*; sunt bona . . / quiscula [*gl.*: *quayle*] vel merula, fasianus et ortigometra *Dieta* 56; *a qukayle* [v. l. *qwayle*], quisquila *CathA*.

quitantia, quittantia [ME, OF *quit(t)ance* < ML quietantia]

1 payment.

1157 (1473) do etiam eis ~tanciam et libertatem omnium consuetudinum que ibi pertinebant antecessoribus nostris *Act. Hen. II* I 132; **1156** in ~antia per breve regis xxj li. *Pipe* 80; **1159** in ~antia militum de templo in Framingeham xxj s. *Pipe* 9; **1168** (1366) illas libertates et liberas consuetudines et ~tancias per omnia dominia mea quas habent burgenses mei de Vernolio *Act. Hen. II* I 417; **1208** ex dono Thome de Saunford' ~antiam ij solidorum quos debebant ei reddere *RChart* 174b; **1545** ~tantiis tamen eorundem seu eorum alterius super iis per vos deliberandis pecuniarum summis hujusmodi pro vestra exoneracione facienda habitis et receptis *Conc. Scot.* I cclx.

2 release from debt or obligation, (*litterae de quitantia*) letter of acquittance.

concessimus eisdem civibus nostris ~anciam murdre infra civitatem predictam et in *portsokne Leg. Ant. Lond.* 103; **1279** ad faciendum ~anciam de receptis *Reg. Heref.* 228; **1283** prior de Dunstabli clamat habere . . ~tantiam de murdro et vasto factis in terris suis *Ann. Dunstable* 301; **1369** per literas regis Anglie et suorum commissariorum de ~ancia ostendendas *ExchScot* 344; nova scripta . . et instrumenta de . . libertatibus, excepcionibus, ~anciis [v. l. quietanciis] *Plusc.* VI 33 p. 34.

quitantius, quittantius [quitantia+-us], of or pertaining to a quittance.

1442 produxit in scaccario literas quittancias dicti domini comitis *ExchScot* 116.

quitare, quittare [ME *quit(t)en*, OF *quiter* < LL quietare]

1 to acquit, release, provide with immunity (from an obligation).

1217 Lodovicus ~tat omnes barones et homines de regno Anglie de omnibus terris domini regis ab omnibus homagiis, fidelitatibus, confederationibus et imprisiis *Thes. Nov. Anecd.* I 859; **1255** a questis . . et talliis majorem, milites, et ceteros apud B. . absolvimus et ~amus *CalCh* I 448; nos tuis volentes super hiis indempnitatibus precavere te ac regnum et successores . . absolvimus imperpetuum et ~amus (*Bulla Papae*) *ExchScot* I clxxxiv; **1364** de quibus sic solutis . . episcopum . . absolvimus tenore presencium et ~tamus *Reg. Moray* 162; **1426** ad . . de receptis quoque habitis et levatis quiscumque absolvendum, ~andum, et liberandum *Reg. Cant.* I 238.

2 to quit, release, give up (one's claim to).

1227 noverint . . nos . . omnes pravas consuetudines . . burgensibus . . per nos et per heredes nostros in perpetuum quiptasse *Reg. Gasc. A* 499; **1255** remittimus ac ~amus quicquid ab eisdem . . exinde petere poteramus *RGasc* I *Sup.* 28a; **1256** quod . . quingente marce solventur de pecunia nostra si ~are voluerint, et ~averint jura et acciones *Reg. Heref.* 129; feodum . . perpetuo ~avit [v. l. quietavit] *Plusc.* VI 33 p. 33.

quitatio [quitare+-tio, cf. et. ML quietatio]

1 (act of) acquitting, releasing, or exempting, exemption, immunity (from an obligation).

1283 nos . . de decimis supradictis . . ~onem ydoneam . . concedimus *Mon. Hib. & Scot.* 127b; **1310** infra annum et dimidium haberet relaxacionem et quiptacionem de dicto juramento et homagio a domino rege et duce *Reg. Gasc. A* 59;

2 settlement (of debt or obligation), payment, quittance.

1255 quitamus quicquid ab eisdem . . petere poteramus, . . receptis pro dicta ~one . . cc libris *RGasc* I *Sup.* 28a; **1361** dantes ei plenam potestatem . . de liberatis villis, castris, et fortaliciis . . sufficientem ~onem recipiendi *Foed.* VI 304.

quitatorius [quitare+-torius], that pertains to exemption or quittance, (*litterae quitatoriae*) letter of quittance.

1426 ad . . de receptis quoque et levatis quoscumque absolvendum, quitandum, et liberandum et litteras ~ias dandum *Reg. Cant* I 238.

quitclamare v. quiteclamare.

quiteclamare, quitteclamare [ME *quiteclaimen* < AN *quitecla(i)mer* < quietaclamare], (leg.) to relinquish entirely (a right or claim).

1410 omnia . . sectas et servicia . . remisit et condonavit ac quiteclamavit *Reg. Brechin* I 33; **1496** ad quitteclamandum *Melrose* 590; **1500** unum annuum redditum duarum mercarum . . quitclamo imperpetuum presentis carte mee per tenorem *Scot. Grey Friars* II 29.

quiter [CL quis+-ter], by what means?, how?

videte . . quiter et a quo vocati estis, ad quid faciendum vocati estis *Spec. Incl. epil.*

†quitibiale, *f. l.*

incrustas allutam dic et quitibiale [*sic* MS; ? l. atque tibiale; *gl.*: *lest of a boot*] (*Vers.*) *WW*.

quitissos v. cytisus. **quittantia** v. quitantia. **quittare** v. quitare. **quitteclamare** v. quiteclamare. **quittus** v. quitus.

quitus, quittus [ME *quit(t)e* < CL quietus]

1 (of payment or obligation) that has been settled.

1395 ista pendencia soluta est et ~ta per literas capituli Glasguensis ostensas super compotum *Exch Scot* 366.

2 free, immune, exempt (from).

c**1086** hec omnia ~a et libera Fiscannensi ecclesie remanserunt *Regesta* 220 p. 127; c**1170** quod ipse W. sit ~us de omnibus consuetudinibus *Regesta Scot.* 97; **1255** volumus quod . . a prefata obsederica nobis facienda sit ~us *RGasc* I *Sup.* 52b; **1310** terre . . et

possessiones . . ab hujusmodi oneribus et exaccionibus libere sint penitus atque ~te *Reg. Brechin* II 4; **1316** a curramento ville sint ~ti *RGasc* IV 1626 p. 474b; regnum ab omni subjeccionis . . clameo . . ~um proclamavit . . regnum . . ab omni . . dominii subjeccione . . publice declamavit: liberum, quietum exemptum . . *Plusc.* VI 33 p. 33.

3 a (*quitum clamare*) to quitclaim. **b** (*quita clamatio*) quitclaim.

a 1542 predictum N. . . et assignatos quittum et quittos clamo *Form. S. Andr.* II 10. **b** c**1192** hanc . . vendicionem et quitemclamacionem [*corr.* to quitamclamacionem] feci ego predicte Basilie *Danelaw* 113.

4 quit, free (applied to released hostage as unharmed).

1220 damisellam J., sororem domini regis, quiptam et liberam vobis reddent *DipDoc* I 71.

quiveris [representation of κύριος, κυρία], (anat., understood as) a principal vein found only in women.

est pretearea alia principalis vena in mulieribus tantum, que a Galieno ~is [v. l. quiviris, kivis] dicitur et interpretatur muliebris; et hec ramos duos egressa de epate facit, quorum uterque bifurcatus tendit alter ad mamillas utrasque alter ad duo cornua matricis RIC. MED. *Anat.* 227; rami ~is in muliere certis temporibus clauduntur et certis aperiuntur sicut emorroisdes *Ib.* 228.

quivis [CL]

1 (indefinite pron.): **a** (m. & f.) whatever person (you wish), anyone (no matter who). **b** (n.) whatever thing (you wish), anything (no matter what). **c** (abl. sg. f. *quavis* as adv.) in any way whatsoever.

a quod quivis hoc seculo miretur, Indiam penetravit indeque . . exotici generis gemmas . . reportavit W. MALM. *GP* II 80 p. 177; cujusvis ea [nigromantia] esse videtur ut ad interpretationem veri mortuos valeat suscitare J. SAL. *Pol.* 408A; erat monticulus . . in quem milites aliique venatores ascendere consuerunt . . verum ex loci et rei conditione, relictis a longe sociis, solus quivis ascendit GERV. TILB. III 60; **1237** quevis de predictis mulieribus prius obiret . . *CurR* XVI 102; ut quivis eciam rudis hujusmodi narracionem facillime possit . . apprehendere GROS. *Hexaem.* I 2. 3. **b** rusticos . . ad quodvis promittendum cogebant W. MALM. *HN* 483. **c** *any way*, quavis, ullo modo LEVINS *Manip.* 197.

2 (indefinite adj.) any (that you wish), any (no matter what). **b** (*quovismodo* as adv., al. div.) in any manner whatsoever (in neg. context, exclusive). **c** (as sb. f. abl. sg. as adv.) in any way whatsoever.

bonus Creator . . ad quem solum ab adversis fugiendum, cui soli pro quavis re supplicandum ANSELM (*Mon.* 80) I 87; ne pro quavis causa Romam appellem W. MALM. *GP* I 50 p. 93; omnes . . qui ei adversari quavis de causa contendebant G. *Steph.* 44 p. 94; quevis etas a prima preteritam sibi pretulit MAP *NC* IV 5 f. 47; "pacificis" inquit "reseratur janua quevis" NIG. *Paul.* f. 48v 1. 421; ibi habitat lupus . . cum agno miti quovis et mansueto *Canon. G. Sempr.* f. 55. **b** s**1344** quod . . dispendia supradicta . . fieri non permitterentur quovismodo AD. MUR. *app.* 235; universaque ab eis quovismodo . . ablata J. READING f. 189; **1408** nec se inde intromittant quovismodo *Mem. York* I 176; c**1418** quod ipse dampnum . . non faceret nec fieri procuraret quovismodo *Ib.* II 73; s**1448** nullus . . provisor . . villas, hundredum . . aut maneria . . ingrediatur quovismodo *Reg. Whet.* I 44; **1460** caveant . . ne quovis modo sit inter eos contraversia sed sint omnino unanimes *Paston Let.* 611 p. 214. **c** *everway*, omni modo, quavis LEVINS *Manip.* 197.

quiviscumque [CL as adj. only], (indefinite pron., in quot. n.) anything (you wish), anything whatsoever.

deinde reducta citum rescindit habena volatum / quodviscunque tuus velle videtur equus L. DURH. *Dial.* II 210.

qunnus, *f. l.*

c**1362** ne clochis aut qunnis [l. gunnis], aliisve vestibus . . nisi tabbardis . . desuper . . utantur, nisi cum tempus pluviosum advenerit *Conc.* III 54b.

quo [CL]

1 (interr.) to what place? **b** (in indir. qu.).

a quibus vel quo loci deductus es? P. CORNW. *Rev.* I 205 p. 199; "ubi migravit utraque gloria" ubi 'quo' ponere deberet, 'ubi' adverbium ponens, . . inter adverbia loci motum et statum designantia male distinguens GIR. *GE* II 36 p. 348; interrogativa loci sunt iv, ut ubi, unde, qua, quo *Ps.*-GROS. *Gram.* 59. **b** quid ageret quoque pedem verteret nescius BEDE *HE* II 12 p. 108; utpote quid facerem, possem quo vertere gressum / inscius ALCUIN *SS Ebor* 937; rex interrogavit eos unde essent et quo irent (*Abbanus* 13) *VSH* I 11.

2 (rel.) to which place. **b** to the place from which. **c** in which.

ut quo eum duxerit angelus Dei, illuc eat ALDH. *VirgP* 25 p. 259; quo cum perductus essem . . ductor meus disparuit BEDE *HE* V 12 p. 305; duc, age, quo libeat, sequimur libenter ALCUIN *Gram.* 852C; quo variis populis . . undique lecti / spe lucri veniunt *Id. SS Ebor.* 35; abbas . . ei licentiam eundi quo vellet dedit ORD. VIT. III 4 p. 65; debuit et etiam usque Meneviam et Pembrochiam transire . . . quo tamen ivit, set . . GIR. *SD* 82. **b** ibat quo venerat FELIX *Guthl.* 53 p. 170. **c** intravit cubiculum quo dormire disponebat BEDE *HE* II 12 p. 108; quo aliquando pro ubi ponitur: Augustinus 'invenis domum famosam, quo boni habitant' i. e. ubi habitant ALCUIN *Orth.* 2343; loculus juxta stabat, quo corpus humandum / mox fuerat *Id. SS Ebor.* 1160; decreverunt ut in loco quo sepultus hactenus jacuit quiesceret J. FURNESS *Walth.* 123.

3 for which reason.

quo, *for hwilcum GlS* 211.

4 (w. compar. in correlative sentence) in proportion as . . by that degree, by as much . . by so much.

eo magis . . faciem umectare . . non desinunt, quo . . ALDH. *VirgP* 10; eo magisque . . illecebras saeculi . . didicit esse spernendas quo sublimius illa speculabatur que . . vel metuenda constat esse vel amanda BEDE *Templ. prol.* 738; certius aeternis inhiantes pectore donis, / quo sumpsere prius sibimet terrena per illum ALCUIN *SS Ebor* 604; eoque plus, quod monachi liberius celestibus possunt excubare secretis quo minus frequentantur hominum conventiculis W. MALM. *GP* II 93; flexo plectro et eo dulciores quo acutiores cithare chordas H. BOS. *LM* 1300B; importune pulsaverim, nunc eo instantius quo urgeor gravius *Id. Ep.* 3. 1425B; quo longius illa recedit, tanto propius . . hec accedit *Ib.*; tanto . . gratiores, quo minus meritis uberiores contulit usus gratiarum *Canon. G. Sempr.* f. 33.

5 (w. compar. adv. and *posse*) as . . as possible.

s1345 devocius et humilius quo poteras supplicabas (*Lit. Papae*) AD. MUR. *Chr.* 179; **1451** moneo . . heredem meum . . quatenus quocicius fieri potest plenarie solvat omnia debita mea *Test. Ebor.* II 159.

6 (w. subj.) in order that by these means, so that thereby. **b** (w. compar. adv.) so that by that degree, so that . . the more.

munera nunc largire, rudis quo pandere rerum / versibus enigmata queam clandistina fatu ALDH. *Aen. praef.* 7; donec illi coma cresceret, quo in coronam tondi posset BEDE *HE* IV 1; quo . . illi possitis in coelesti regione adjungi EGB. *Pont.* 93 (v. depositio 3b); postquam compleverat ille / pastor in ecclesiis, specialia saepta petivit / quo servire Deo tota jam mente vacaret ALCUIN *SS Ebor* 1239; divina misericordia . . impiorum meditationem . . frustrata est, quo non per omnia evenirent, sicut proposuerant ASSER *Alf.* 96; suadebat illi fratri ut commederet, quo posset vivere (*Colmanus* 6) *VSH* I 260; putantes ipsum abbatem insidiose quo eos exosos faceret opera eorum fallacia regi annuntiasse *Chr. Battle* f. 63. **b** haec paucula . . congessimus, quo facilius . . clarescat ALDH. *VirgP* 22; propositiones . . brevibus distinctas capitulis quo facilius possent inveniri BEDE *Kings* 715; vidit etiam suum infelix . . carcerem, quo miserabilius . . periret *Id. HE* V 14 p. 315.

quo- v. et. co-.

quoad [CL]

1 as long as.

s874 perrexit Romam et permansit ibi ~ad vixit *AS Chr.*; nunquam ab ejus divelli karitate potuerunt, ~ad vixerunt W. MALM. *GP* V 247; juraverunt . . quod nullus ~ad vixerit de illo subter fugeret collegio ORD. VIT. IX 10 p. 547; **1337** debeat coad vivit . . Dei . . misericordiam implorare *FormOx* 99.

2 until (w. indic. or subj.). **b** in all the time since.

~ad juvenilis aetatis robur adversitatibus assuesceret ABBO *QG* 2; clericatum differente ~ad Roma rediret W. MALM. *GP* III 100; **a1195** ~ad cymbalum percussum fuerit (v. cymbalum 2a). **b** jam jam fere secunda lunatio preteriit ~ad Francorum classis nostris advecta finibus . . infra muri arctissimi ambitum inclusos coercuit OSB. BAWDSEY clxviii.

3 (*~ad minus*, *~ad plus*) at least, at most. **b** (w. *posse*, *licet*, or sim.) as far as, as much as; **c** (w. compar.; *cf. quo* 5).

est ecclesia . . canonice professionis clericos fovens numero quo ad minus septem AD. EYNS. *Hug.* I 1; cui serviet una vel †quod [l. quoad] plus duae pannosae ancillae LIV. *Op.* 128. **b** ~ad possumus (*Ps.*-BEDE) *PL* XCIII 730A; restitit ~ad potuit W. MALM. *GR* II 139; **1159** omnia . . ~ad expedierint et licita sunt . . nostra sint J. SAL. *Ep.* 111; fratribus invitis et . . ~ad licuit contradicentibus H. BOS. *Thom.* IV 19; **c1192** [ecclesiam] ~ad possumus regie protectionis munimine confovere *Regesta Scot.* 316; **1340** supplico, cum instancia †quod [l. quoad] possum, quod dictum mandatum remanere poterit in suspenso *Lit. Cant.* II 218. **c 801** pontificem super negotio suo, ~ad cautius potuit, propensius consuluit *Chr. Abingd.* I 22.

4 as regards, with respect to: **a** (w. acc.); **b** (w. *hoc* or *hoc quod*); **c** (w. inf. or gdv.).

a 1091 decanus omnibus canonicis . . preest ~ad regimen animarum *Reg. S. Osm.* I 214; hoc quidem verum est ~ad pene illationem non autem ~ad absolutionem GIR. *GE* II 32; **1235** coad Deum et coad ecclesiam *BNB* III 135; ~ad testificacionem de morte . . abbatis . . dicit quod nichil fecit contra legem *State Tri. Ed. I* 3; interfecti sunt ~ad [ME: *ase to*] Deum sed vivunt ~ad diabolum *AncrR* 75; **1345** dicit quod ~ad sustentacionem leprosorum . . quod nuncquam fuit aliquid leprosus *Mem. Ripon* I 231; castrum, recorditer ~ad se et proditorie ~ad socios . . reddiderunt AD. USK. 61. **b** videbatur . . justiciariis . . quod peticio Ricardi . . ~ad hoc fuit racionabilis *State Tri. Ed. I* 15; **1321** ~ad hoc quod clamat (v. disclamare 1a); **1345** ~ad hoc quod per inquisicionem . . compertum est quod custos . . debet esse residens *Mem. Ripon* I 231. **c 1337** et quo ad venire faciendum Thomam Bacon *SelCKB* V 103; **1361** dicunt quod quo ad venire vi et armis in nullo sunt culpabiles *Ib.* VI 127.

quoadtenus [CL quoad+-tenus], inasmuch as, seeing that.

1408 supplico quatenus auras vestre pietatis eatenus citius precibus meis porrigere dignemini, ~us ego . . in vestra presencia steterim commensalis quondam in parochia sancti Dunstani *Lit. Cant.* III 108.

quoadusque [LL, al. div.]

1 until, up to the time that (w. indic. or subj.).

ad ejus . . concubitum vir suus accedere non debet, ~e qui gignitur ablactatur BEDE *HE* I 27 p. 55; inter illos exulabat, ~e eorum strimulentas loquelas intelligere valuit FELIX *Guthl.* 34 p. 110; **a1073** ~e legati . . in Normanniam venerunt LANFR. *Ep.* 1; quoad usque vadat ad judicium ferri (*Inst. Cnuti*) *GAS* 339 (*cf. ib. Cons. Cnuti*: donec adeat Dei judicium); pulsemus ~e nobis aperiatur AD. SCOT *Serm.* 160A; **1407** ~e de pensione . . satisfiat *Lit. Cant.* III 100; omnem . . lasciviam . . declinaverat, ~e duxerat . . dominam Margaretam BLAKMAN *Hen. VI* 7.

2 (w. indic.) as long as, while.

1072 cujus communionis . . ecclesia tamdiu abstinuit ~e concilio seipsum exhibuit *Conc. Syn.* 599; in coenobio . . ~e vixit perendinavit GERV. CANT. *Chr.* 127; te obtestor ne ~e vixerimus sermo iste proferatur in publicum (*V. Edw. Conf.*) *NLA* I 341.

quocirca [CL, al. div.], in consequence of which, wherefore; **b** (postpositive).

~a unum ex suis membris ei adversarium immisit ABBO *Edm.* 5; ~a, i. quare OSB. GLOUC. *Deriv.* 491; omnes bonas consuetudines . . in domo . . observari diligenter instituit. ~a benedixit Dominus domui illi J. FURNESS *Walth.* 21; ~a interfectrix excitata iter illuc arripere conabatur SILGRAVE 59 (cf. W. MALM. *GR* II 162: quo excita interfectrix iter illuc adoriebatur); **1300** quo circa nos ex hiis omnibus articulos utiles . . elicientes . . *Ord. Ely* 6; **s1347** ~a tuam . . excellenciam . . deprecamur AVESB. f. 111b. **b** insumpsit ~a consilium ut Meldunum pergeret W. MALM. *GR* V 274.

quocontra [LL < CL quo+contra, al. div.], on the other hand, on the contrary.

~a . . abbatis ejusdem loci et fratrum suorum adversum te gravem querelam accepimus (*Lit. Papae*) ELMH. *Cant.* 378.

quocum v. qui.

quocumque [CL], in whatever direction, to whatever place.

prior claustri, quocunque major prior eat . . LANFR. *Const.* 110; eum qui vos ~e eatis prosequitur . . non . . valetis deserere ANSELM (*Ep.* 1) III 98; ~e [ignis] a medio loco fugiet, quod vitat incurret ADEL. *QN* 49; e quo ~e vadens psalterium frequentabat W. MALM. *GP* IV 140; vaccam candidam . . secum quocunque venerat circumducens GIR. *EH* I 35; erant . . quasi nundine cum rege ~e castra moveret MAP *NC* V 5 f. 63; quotcumque [? l. quocumque] se vertat oportet ut dicam secum ferat BRINTON *Serm.* 21 p. 85.

quocus v. coquus.

quod [CL]

1 (as connective particle) as to which, (w. *si*, sts. written as one word) but if.

vos estis, inquit, sal terrae: quod si sal evanuerit, in quo salietur (*Matth.* v 13) GILDAS *EB* 92; nitor (si verbum deponens est, trocheus erit . . quodsi . . nomen fuerit, pirrichius est) ALDH. *PR* 116; quod si o ante -tus extiterit, semper erit longa, ut 'moveo, motus' ABBO *QG* 4 (11); si cessent reddere laudes, / protinus haec eadem cessabunt dona tonantis, / quod si . . WULF. *Swith.* I 1374; quod si equus suus in via mortuus fuerit, monachi restaurabunt ei *Chr. Battle* f. 19.

2 (introducing noun cl. prepared for by neut. pron.) that. **b** (w. *eo* or *in eo*) in that, for the reason that (w. indic. or subj.).

in hoc discrepare cernuntur quod dispondeus in paenultima, diiambus . . in antepaenultima acutum habebit accentum ALDH. *PR* 127; hoc sirenarum et Scyllae disjungit naturam quod ipsae . . navigantes decipiunt et illa . . miserorum fertur lacerasse naufragia *Lib. Monstr.* I 14. **b** Genesis liber inde appellatur eo quod exordium mundi et generatio saeculi in eo contineatur *Comm. Cant.* I 16; Saul . . et puer ejus errabant, in eo quod hominem Dei munera prophetiae quaerere putabant BEDE *Sam.* 555C; licet eum nonnulli monachorum minus benigne audiant, eo quod clericos . . visus est praetulisse J. SAL. *Pol.* 700C; ita scilicet ut hec vox 'in eo quod' causam notet ratione ejus quod predicatur NECKAM *SS* I 14. 5; longum esset . . quedam ex his que vidi . . memorie commendare, eo maxime quod jam liquet . . qualiter sibi creditis habuerit in talentis *V. Edm. Rich B* 615; **1295** fuit . . W. . . dismaritatus, eo quod uxor ejus obiit (v. dismaritare).

3 (introducing cl. forming subj. or obj. of sentence) that, the fact or circumstance that, how; **b** (introducing a point for consideration); **c** (in chapter title).

hoc distat inter aromata et unguenta, quod aromata sicca fiunt, unguenta commixta cum oleo *Comm. Cant.* III 119; quod pulpa pavonis imputribilis naturae sit, experimentis se comprobasse testatur ALDH. *VirgP* 9; quod . . tam studiose probas 'quo majus cogitari nequit' non tale esse qualis nondum facta pictura in intellectu pictoris, sine causa fit ANSELM (*Resp. Ed.*) I 137; homo sibi insufficiens . . quod magnus, quod pulcher, quod qualiscunque est, formis obnoxius debet, formeque impressori PULL. *Sent.* 680C. **b** additur ad specimen, stat ei quod vertice gallus WULF. *Swith.* I 189; adde quod ymnisonas si cessent reddere laudes *Ib.* I 1372; adde quod volunt se amicos numinibus estimari J. SAL. *Pol.* 745D; readjecto quod Dominus collocavit ante paradisum cherubin ALEX. BATH *Mor.* III 85 p. 165. **c** quod fons venenorum in oriente GIR. *TH* I 39 *tit.*; quod cum priore suo Cartusiam inviserit et visam dilexerit AD. EYNS. *Hug.* I 7 *tit.*

4 (introducing indir. statement, w. subj. or

ind.) that. **b** (after vb. of swearing or promising) that, to the effect that; **c** (w. inf.).

didicit ab eis quod in Bethleem Judeae .. nasceretur THEOD. *Laterc.* 6; dixit quod anima ejus .. esset egressura BEDE *HE* IV 11 p. 226; dixit Ascanio quod masculum haberet in utero mulier NEN. *HB* 150; dicunt .. quod aecclesia .. fuit aecclesiae de Torny *DB* I 208ra; convictum fuit quod .. abbas quem monachi .. asserebant mortuum fuisse .. vivus fuit *State Tri. Ed. I* 4; **1304** suggessit enim .. quod prior .. aliquem .. deputat *Pri. Cold.* 4; nec etiam intelligentes quod aliud esse et aliud est vocari ELMH. *Cant.* 88. **b** qui furem occiderit, licet ei probare cum juramento quod eum fugientem pro fure occidit (*Quad.*) GAS 105; **1216** ut absolvatur, accepto prius ab eo sacramento .. quod .. non recedet *Pat* 7; accipiens promissionem .. quod in semine ejus benedicerentur omnes gentes *Flor. Hist.* I 9; jurati .. quod fideliter .. statuta custodient *MGL* III 445; pepigit cum eo Laban quod quicquam varium colorum de gregibus essent [v. l. esset] quod forent Jacob *Eul. Hist.* I 35; **c 751** suggessit .. sanctitas tua .. quod predecessor .. verbo pollicitationis a te esse munitum *Ep. Bonif.* 87 p. 195.

5 (w. consecutive introduced by *adeo*, *tantus*, *etc.*): **a** (w. ind.); **b** (w. subj.).

a p**1150** anno mcl tam valida erat glacies quod Thamesia potuit per equestres pertransiri *Doc. S. Paul.* 58; s**1184** in illa [nave] fuit talis machina, quod per ipsam Sarraceni debebant armati ire et redire ultra muros civitatis Ulixibonae DICETO *YH* II 30; tantus .. concursus extiterat quod vix domus .. capere poterat auditores GIR. *RG* II 1; s**2** ossa .. adeo grandia quod bimorum esse non possunt M. PAR. *Maj.* I 86; **1316** tenementum .. ita erat destructum per guerram .. quod integram firmam .. solvere non poterat *Kelso* 191; in tantum proficiebat in doctrina quod tota patria mirabatur *Eul. Hist.* I 256; **1451** sic infirmatur quod non possit capitulo .. interesse (v. 2 dimittere 2d). **b** tantam piscium copiam inferebant, quod magno exercitui sufficere putarentur *Croyl.* 26.

6 (consecutive cl. introduced by *sic*, *ita* or *adeo*) with the result that; **b** (without *ita*).

cadunt .. folia, simul etiam et cortex, sic quod totum remanet nudum DICETO *Chr.* I 14; **1216** tradidimus .. castrum .. tenendo .. usque in quartum decimum annum etatis nostre completum, ita quod illis completis, reddet nobis .. idem castrum *Pat* 1; iter .. direxit, adeo quod .. Hugo .. obsessus est .. et .. captus fuit AVESB. f. 77b; pacem .. iniri fecerunt, ita quod David .. filiam .. Isabelle desponsaret *Ib.* f. 78; nullum amicum imperatoris invitabat, sed omnes inimicos ejus, ita quod .. aula imperatoris de inimicis impleta est *G. Roman.* 303; Scoti .. eadem .. occupabant sic quod hujus devencio et redditus modicum .. regi Anglie videbantur proficere AD. USK 65. **b** si .. senio confectus .. vel infirmitate detentus fuerit, quod nobis servire non poterit *Reg. Malm.* II 330; **1301** detentus fuit gravi infirmitate, quod nullo modo potuit accedere ad curiam *SelPlMan* 126; s**878** ibi enim commissum est bellum quod homines nescirent de qua parte major strages facta fuerat *Eul. Hist.* III 8.

7 (in consecutive cl. after vb. of causing, happening, or sim.): **a** (w. subj.); **b** (w. indic.).

a nulla ratione potuit impetrare quod imperator sui fines transgrederetur imperii DICETO *YH* II 40; **1218** vide .. quod habeas ad scaccarium nostrum .. relevia subscripta *Pat* 172; **1227** ad videndum quod propositi illius burgi .. legitime tractent tam pauperes quem divites (*Northampton*) *BBC* 357; **1238** accidit .. plerumque quod terre particula quam sol irradiat, in sue radiositatis virtute aliquid exhalet nubilum de propria tenebrositate GROS. *Ep.* 61 p. 186; contigit .. quod .. rex .. Aethelburgam .. peteret in uxorem *Flor. Hist.* I 302; **1305** quocunque tempore casus .. contigerit quod eis uti possint (*Norwich*) *BBC* 37. **b** s**1312** accidit .. eodem tempore quod rex .. diem clausit extremum TROKELOWE 70; potuit esse quod incubi .. opprimebant mulieres in somnis *Eul. Hist.* I 25.

8 (foll. by indir. command, after vb. of ordering, requesting, or agreeing); **b** (after *velle* or *nolle*); **c** (w. *ita*).

?**1102** praecipio quod omnes terrae .. sint .. quietae *Mem. Ripon* I 93; jussit / quod non impeteret Anglica regna magis GARL. *Tri. Eccl.* 52; petit quod .. per auditores corrigatur *State Tri. Ed. I* 3; preceptum est vicecomiti .. quod capiat .. Johannem *Ib.* 7. **b** volo enim quid [*sic*] Christus assit in propria persona GIR. *GE* I 9 p. 33; nolumus quod hic .. fiat *Id. RG* I 6; **1216** volumus quod vos inde quieti sitis *Pat* 13; s**1327** volumus et concedimus .. quod vicecomites .. nullatenus onerentur *Ann. Paul.* 328. **c 1486** custos dispensavit cum magistro Myll .. durante tempore pestis ita quod suppleat [lecturas] alias *Reg. Merton* I 93.

9 (foll. by final cl., also w. *ita*) so that.

torneiamenta sint in Anglia in v placitis .. ita quod pax terre nostre non infringetur (*Lit. Regis*) DICETO II lxxx; **1216** mandamus .. quatinus .. ad nos veniatis .. ita quod sitis apud Winchelese in festo S. Hillarii *Pat* 17; debet invenire .. coopertura ad hlosam domini .. ita quod oves domini conserventur indempnes *Cust. Battle* 29; **1327** quod fossatum facerent profundum extra portas quod nullus exiret *Lit. Cant.* I 220; quanto velitis tunc redimere, quod manus regia rediret sicut prius? OCKHAM *Disp.* 16.

10 (as causal conjunction) because.

augebantur externae clades domesticis motibus, quod hujuscemodi tam crebris direptionibus vacuaretur omnis regio totius cibi baculo GILDAS *EB* 19; quod palmis in faciem verberatur, nobis veram libertatem donavit THEOD. *Laterc.* 20; isti .. quod se caelibes castos arbitrentur .. arroganter intumescunt ALDH. *VirgP* 10; non mirum si succensuerint quod novos homines .. sibi preferri viderent W. MALM. *GR* II 198; sectam hic Peripatheticam condidit .. quod deambulans disputare consueverat J. SAL. *Pol.* 647D; pulsat januam et quod non statim adest qui apperiat irascitur MAP *NC* IV 16 f. 58v; s**2** Crisostomus dicit ... cui assertioni videtur fidem facere, quod quedam ossa innocentium habentur adeo grandia quod bimorum esse non possunt M. PAR. *Maj.* I 86.

11 (*quod .. quod*, pleonastic or resumptive, esp. in admin. & leg. docs.).

1204 concessimus .. quod si qui venati fuerint .. quod .. misericordiam nostram incidant (v. deafforestare); **1291** consuetudo .. est quod .. quod (v. disobstruere); **1308** perpendens quod, si idem R. .. maneria .. recuperasset, quod baronia .. dismembraretur (v. dismembrare c); **1415** volo quod, si bona mea .. non sufficiant, quod .. (v. defalcatio 3.)

12 as far as (w. subj.).

nullus ante illum Anglus miraculis, quod sciam, viguerit W. MALM. *GR* I 43; **1228** sine contradictione alicujus quod sciat .. absque licencia prioris vel monachorum quod sciat *Feod. Durh.* 224.

13 (in phr.): **a** (w. *licet*) although. **b** (w. *nisi*) except that. **c** (w. *idem*) same as, equivalent to, identical with. **d** (w. *ut*, interr. adv.) for what reason? why? (*cf. utquid?*).

a omnis .. potestas bona .. utenti tamen interdum bona non est .. licet quod ad universitatem sit bona, illo faciente qui bene utitur malis nostris J. SAL. *Pol.* 785D. **b** ambulat undis / jam, nisi quod levius susceperat unda ruentem ALCUIN *SS Ebor* 1370; nihil .. habebat quo uteretur, nisi quod .. irruptionibus .. subtraheret ASSER *Alf.* 53; putabat .. conventum fratrum assuetam missam celebrare, nisi quod stupidum reddebat .. suavitas cantilenae GOSC. *Transl. Aug.* 40C; monachi .. secularibus haud absimiles erant, nisi quod pudicitiam non facile proderent W. MALM. *GP* I 44. **c** nicolaum, idem quod dactylum *GlC* N 116; albus cum sit idem quod habens albedinem, .. significat .. indeterminate aliquid habens albedinem ANSELM (*Gram.* 20) I 166; sicut in Deo idem est quod Deus magnitudo et pulchritudo, ita in homine aliud est quam homo PULL. *Sent.* 680C; Zoroastes, idem quod inventor artis magice *Eul. Hist.* I 30; iste timor idem est quod amor J. FOXTON *Cosm.* C 78d. 1. 1. **d** "domine presul Londoniensis, ut quod sustines quod crucem ipse [sc. archiepiscopus Thomas] bajulat?" episcopus, "bone homo, semper fuit stultus, et semper erit" W. FITZST. *Thom.* 47.

14 (*quod .. non* in place of *quin*, w. indic.).

quo indignatus aper vix se continuit quod eum non voravit WALT. ANGL. *FabP.* 10; **1241** nec potest dedicere quod .. non ammovit bundas .. nec eciam potest dedicere quin debuissent partiri per sortem .. feoda militum *CurR* XVI 1408.

quodammodo v. quidam.

quodamtenus [CL quodam *abl. of* quidam+-tenus; al. div.], to a certain extent.

~us [v. l. quod hactenus] de illa potuit explicari, et ideo nihil prohibet esse verum ANSELM (*Mon.* 65) I 75.

quodlibetalis [ML quodlibetum+-alis], of or having the form of a quodlibet or philosophical or theological discussion.

1510 prima pars ~is Henrici de Gandavo *Cant. Coll. Ox.* I 47; **1521** questiones ~es Henrici de Gandavo *Ib.* I 60.

quodlibeticus [ML quodlibetum+-icus], that exhibits the form of a quodlibet or philosophical or theological discussion (in quot. as sb. n. pl.).

c**1501** ~a sancti Thome (*Invent.*) *Cant. Coll. Ox.* I 22.

quodlibetum [ML < CL quodlibet], philosophical or theological debate or disputation.

~a MIDDLETON *Quodl. tit.*; c**1390** quindecim quolibeta Henrici de Gandavo *FormOx* 242; **1443** cum ~is magistri Hervey *Cant. Coll. Ox.* 5; cujus titulus est De ~is CAPGR. *Hen.* 178; c**1501** quolibeta sancti Thome .. quolibeta Gandavi *Cant. Coll. Ox.* I 41–2; quattuor in sententias non spernendos libros cum quotlibetis magna lucubratione edidit MAJOR IV 16.

quodrox, wheat, spelt.

~ox, i. *farre Gl. Laud.* 1246.

quolibet [CL], to any place or in any direction.

dispersi sunt ~et hi qui verbum receperant BEDE *HE* V 12 p. 302; poterat ire ~et sine licentia *DB* I 6ra; tenuit de episcopo et non potuit ire ~et *Ib.* 41ra.

quolibeta v. quodlibetum.

1 quominus v. quo.

2 quominus [CL, al. div.]

1 (w. subj., in cl. having neg. force) so as to prevent, so that .. not; **b** (after vb. of preventing, hesitating, or sim.).

ne .. nos .. lassos putent ~us illud Isaianum .. caveamus, 'vae .. qui dicunt bonum malum' GILDAS *EB* 37; **957** ~us posteritas violare audeat hoc donum *CS* 936. **b** is ~us haberetur, nihil dubitandum W. MALM. *GP* I 44; id ~us fieret, obsistebat insania *Ib.* V 261; excogitemus .. quid cogitaverit Saul ~us obediret BALD. CANT. *Serm.* 7. 14; ~us cum ipso proficiscerer sum detentus AD. MARSH *Ep.* 32.

2 (w. indic. and *posse*): **a** (after vb. of preventing or sim.) so that .. unable to, from being able to. **b** (after statement of fact) for which reason .. unable to.

a 1269 impeditus fuit ~us .. officium .. libere excercere .. potuit *Cl* 62; ipsum detinuit quo minus clamorem levare potuit *State Tri. Ed. I* 86; s**1387** impediverunt regem quo minus poterat exercere que ad regaliam suam pertinuerunt *Chr. Angl.* 380; ipsos, ~us theolonium .. colligere potuerunt impediverunt *Reg. Brev. Orig.* f. 103v. **b 1322** rescripsimus .. patri quod, ante recepcionem .. litterarum suarum ordinavimus ad dictam ecclesiam .. aliam personam .. presentare, ~us illa vice potuimus annuere votis suis *Lit. Cant.* I 78.

3 (*si ~us*) if it were not so, otherwise, or else.

siquo minus [*sic*] †olioquin [l. alioquin] *GlC* S 317; nam si ~us ex anteactis bonis apud inferos torqueretur [dives] .. recepisset bona post vitam suam PULL. *Sent.* 858B; nos si ~us, Rex noster proprius nostrum .. supplebit imperfectum H. BOS. *Thom.* III 24.

quomodo [CL]

1 how? in what way? **b** (in indir. qu., w. indic. or subj.); **c** (ellipt., in chapter headings).

~o .. aliquid solvetis, ut sit solutum et in caelis ..? GILDAS *EB* 109; ~o vel quo pacto fieri potest ..? ALDH. *Met.* 10 p. 88; rex provinciae illius ~o appellatur? BEDE *HE* II 1 p. 80; queso, ~o nosti cogitatum meum? W. MALM. *GR* III 263; "~o tecum est?" aiebat, "male, domina" *V. Chris. Marky.* 24. **b** ostendens ~o placaretur GILDAS *EB* 42; est mirum ~o audent querere panem ab eo cui suum auferunt *Ps.-*BEDE *Collect.* 379; cum exponerent .. ~o haec vel quando didicissent BEDE *HE* IV 21 p. 258; ~o pronuntiandum sit .., Virgilius ostendit ABBO *QG* 6 (17); *hundret* nescit ~o eam [hidam] habuerit *DB* II 13b; dubium est ~o differunt OCKHAM *Quodl.* 583; lectio docet ~o [ME: *hu*] et quid sit orandum *AncrR* 108; inquirendo ~o se habuit et habeat in humanis *Pri. Cold.* 170. **c** ~o ventis oratione

mutatis rates delapsas revocaverit BEDE *CuthbP* 3 *tit.*; ~o tertiam partem predatae gazae possidentibus remittebat FELIX *Guthl.* 17 *tit.* p. 66; ~o stellarum radiatio . . exagonalis . . inveniatur ADEL. *Elk.* 37 *tit.*; s**1297** Scotti insurrexerunt contra regem et ~o W. GUISB. 294 *tit.*; s**1335** ~o rex Anglorum devastavit Scociam AVESB. f. 82b *tit.*

2 (usu. w. correl. adv.) as.

centum in dextera ~o decem in laeva BEDE *TR* 1; ut, ~o . . tranquilla devotione Domino servierat, ita etiam tranquilla morte . . ad ejus visionem veniret *Id. HE* IV 22 p. 262; quod a 'cedo' ita scribatur preteritum ~o et a 'cado', auctor est Priscianus ABBO *QG* 12 (30); talem . . te vidi ut, ~o tu scis, et diligerem ANSELM (*Ep.* 4) III 104; sic . . inter Deum et homines agitur, ~o inter dominum aliquem et servos illius *Simil. Anselmi* 73.

3 in the manner in which, as.

per sex similitudines sex translationes composuit contra se invicem quomodo quisque unumquemque versum diceret ubi discreparent *Comm. Cant.* I 5; **1238** ita quod possint . . ipsum . . ~o sibi placuerit distringere *FormA* 133.

4 (w. indic. in indir. statement).

705 memor sum ~o . . statutum est WEALDHERE *Ep.* 22; videns ~o conpedes . . fracte fuerant ORD. VIT. VI 10 p. 131; magnum gaudium est videre ~o Dominus noster jacuit in presepio AILR. *Serm.* 20. 4. 309; patet . . ~o alique sunt catholice *Ziz.* 283 (v. catholicatio).

quomodocumque [CL], however, in whatever manner. **b** somehow or other, tolerably well.

haec ~e se habeant W. MALM. *GR* II 160; ostendit poros esse superfluos . . ~e ponantur T. SUTTON *Gen. & Corrupt.* 89; ~e, i. qualicumque modo OSB. GLOUC. *Deriv.* 492; **1388** singuli de Anglia per Prutenos ubicumque, quandocumque, et ~e dicentes se gravatos *Mem. York* II 3. **b** sub caverna montis ~e iter nostrum direximus W. MALM. *GR* II 170; aliquantulum terrarum quo se . . ~e sustentarent indulgens priori *Ib.* IV 340.

quomodolibet [LL], in any way whatsoever.

si quis . . tempore jejunii infirmatur vel ~et vexatur . . licet ei comedere M. PAR. *Maj.* III 355; asserens se nunquam a consilio dicti comitis . . ~em recessurum *Flor. Hist.* II 254; **1317** quod . . ordinacionis . . nequeat ~et derogari *FormOx* 27; c**1394** non permittatur . . priorem . . molestari ~et *Comp. Swith.* 166; **1410** si magister . . causam alterius persone ~et faveat *StatOx* 205.

quonam [CL]

1 (interr.) to what place? **b** (w. indir. qu.).

quonam, quo naufraga tendis? J. EXON. *BT* I 95. **b** s**1385** tam secrete servavit ut ignoraretur . . ~am . . devenisset WALS. *HA* II 121.

2 (interr. in indir. qu.) to what purpose, why.

quonam . . et qua auctoritate flectenda sunt in oratione genua hominis ex concilio Turonensi his verbis BART. EXON. *Pen.* 19.

quondam [CL]

1 formerly, for a period in the past; **b** (w. ref. to tenure of post).

in qua murorum praecelsa cacumina quondam / nunc prostrata solo veterescunt arce ruenti ALDH. *VirgV* 637; ferunt fabulae Graecorum plurima . . ~am fuisse quae nunc incredibilia esse videntur tam de monstris quam etiam beluis *Lib. Monstr.* II 8; Brittania . . cui ~am Albion nomen fuit BEDE *HE* I 1 p. 9; quod ~am Saule ferox, nunc, deposita feritate / agne Dei mitis (ALDH.) W. MALM. *GP* V 197; quo mesuagium Matilda . . condam tenuit *FormA* 157. **b** ad urbem . . quae ex Bebbae ~am reginae vocabulo cognominatur BEDE *HE* III 16 p. 159; c**1220** W. de Heli, ~am regum Anglie thesaurarius *Ch. Westm.* 439; Robertus sancte memorie condam episcopus Lincolniensis BACON *Gram. Gk.* 118; s**1356** aliqui . . progenitorum nostrorum, ~am regum Scocie, ea retroactis temporibus tenuerunt AVESB. f. 132b.

2 at a specific time in the past, once (upon a time).

ut quondam cecinit psalmorum carmine vates: / 'ecce, latex rorat tenebrosus nubibus aeris' ALDH. *CE* 4. 9. 10; quem quondam primogenito ferus intulit anguis WULF. *Swith.* I 531; si itineris illius quo de Becco usque Rotomagum simul ~am perreximus meministis ANSELM (*Ep.* 36) III 143; venit . . exercitus in vallem ubi ~am Deus Sodomam et Gomorram subvertit W. MALM. *GR* IV 377; ~am dum missa finita est, ardens candela per incuriam . . dimissa est ORD. VIT. VI 9 p. 74.

3 (as quasi-adj.) late, deceased.

1290 G., filia condam nobilis viri, domini G. de B. *RGasc* II 558n; W. filius Ricardi dapifer condam patris mei *Danelaw* 57; c**1250** terram condam Galfridi Scolmeyster *Carte Nativ.* 8; **1381** villa de B. condam mariti mei *Couch. Furness* II 158.

quoniam [CL]

1 as soon as.

quoniam festiva dies illuxerat . . / coeperunt fratres . . quaerere WULF. *Swith.* I 427.

2 (introducing cl.) seeing that, inasmuch as, in consequence of the fact that, because. **b** (as second word in cl.) for; **c** (w. correlative adv. or phr.); **d** (foll. by potential subj.).

~am externis prodesse ad fidem non poterat, suis amplius ex virtutum exemplis prodesse curabat BEDE *HE* V 9 p. 299; ~am pretulisti argentum Deo . . venient super te mala W. MALM. *GR* II 165; de rebus meis . . quedam . . spontaneus dedi . . ~am, velimus nolimus, haec omnia relinquimus ORD. VIT. V 19 p. 440. **b** ferrea quem strictis nectebant vincla catenis, / bacchatur quoniam vagabundis passibus amens ALDH. *VirgV* 1482; vestris componite carmen / hoc precibus; patriae quoniam mens dicere laudes / . . properat ALCUIN *SS Ebor* 16; loculus juxta stabat, quo corpus humandum / mox fuerat, vitae quoniam spes nulla manebat *Ib.* 1161; est quoniam dominus mirabilis et metuendus, / qui facit in sanctis signa stupenda suis WULF. *Swith.* I 305. **c** ideoque dicitur panis primo, ~am sic moris est vilissimum cibum semper in principio nominare quando aliquos ad prandium vocant *Comm. Cant.* I 107; draconem . . quem boam vocant ab eo, ~am tantae inormitatis existat, ut boves . . gluttire solebat ALDH. *VirgP* 29; haec avis idcirco confertur flamine sacro, / sola caret quoniam crudelis felle veneni *Id. VirgV* 436; quam et ob hoc arbitror ipsi [Solino] incognitam, ~am insulam inhumane magnitudinis esse GIR. *TH* I 3; quoniam compotus . . est valde necessarius . . ideo . . modus computandi ordinatur *FormMan* 11; ~am attachiamenta sunt principium . . placitorum de *wrang* et *unlauch* . . ideo de attachiamentis est inchoandum *Quon. Attach.* 1. **d** aves, quando ducem vident, eum infestant, qua de causa dux non est ausus volare nisi de nocte, ~am aves interficerent ipsum *Latin Stories* 51.

3 (introducing noun cl.) that: **a** (indir. statement, w. indic.); **b** (w. subj.); **c** (indir. command).

a Herodes . . stupens remansit, cogitans ~am post Augustum Caesarem qualis est virtus qui natus est regis hujus THEOD. *Laterc.* 5; dicente ~am magis penne eorum quam manus hominum . . servande sunt ADEL. *CA* 9; scito ~am tolletur otius potestas imperii de manu tua W. MALM. *GR* II 111; s**1191** dicite illi domino vestro ~am totum ibit aliter quam existimat DEVIZES f. 36v; palam est . . ~am dies mali sunt A. TEWK. *Add. Thom.* 6; revelatum est ei . . ~am is certe quam tantopere desideraverat GIR. *GE* II 11. **b** c**1172** suggerentes ~am aliter esset quam esse deberet *Chr. Abingd.* II 227. **c** mandans ~am, si Hugonem . . contereret . . Lothariense regnum illi contraderet DICETO *Abbr. Norm.* 252.

4 namely.

pati est materie, agere autem alterius potentie ~am forme SICCAV. *PN* 134.

5 (w. orthographic play on *qu-* and homophonic play on *cunnus* 1) the female pudendum.

audivi priorem . . capellanum suum coram episcopo corripientem in hunc modum: "bonus esset, sed nimis diligit ~am." cui ille: "probo per auctoritates Psalterii quod debeo diligere ~am, David enim scripsit, 'Dilexi ~am,' et alibi, 'vide ~am,' et '~am bonus,' et '~am suavis,' et '~am in eternum,' et '~am in seculum,' et '~am confirmata est'" concludens ex his quia firmiter haberi potest quam tot psalmista locis commemorat, approbat, et confirmat GIR. *GE* II 36; *and trewely, as myne housbondes tolde me, / I had the beste* quoniam *mighte be, / for certes I am al Venerien* CHAUCER *CT Wife of Bath's Prol.* 608; **15** . . *thus the fryer lyke a pretty man, / . . / ofte rokkyd the nunnys* quoniam *Eng. Carols* 461. 1.

quoniamquidem [CL quoniam + quidem], for as soon as, no sooner than indeed.

cum Arturus gloriosus tollitur e medio, Britannia singulari victorie spoliata est privilegio—~em que dominabatur, penitus ancillatur *Hist. Arthuri* 88.

quonius v. coinus. **quonubialis** v. conubialis. **quoop-, quop-** v. coop-.

quopiam [CL], to one place or another, somewhere.

Greci . . legatos quopiam missuri sortes in urnam ponebant ALB. LOND. *DG* 9. 12.

quoqu- v. et. coqu-.

1 quoquam v. quisquam.

2 quoquam [CL]

1 to any place, anywhere.

nec illum quoquam discedere sivit ab ipso WULF. *Swith.* I 141; noli . . ~am ire, sed in loco mane W. MALM. *GP* IV 145; s**1139** si quis . . ab Anglia ~am iret, . . *Id. HN* 476; morabatur ibi tenebaturque divino nutu ne ~am digredi posset W. CANT. *Mir. Thom.* IV 10; interrogavit eum si . . clericum ~am precedere . . videret *Mir. J. Bev. A* 306; non consulo ut ~am discedas de domo tua AD. SCOT *OP* 501C.

2 in any place, anywhere.

invenit hostes . . observantes si ~am eum contueri possent *Mir. J. Bev. A* 306; nec adeo facile ~am repperies tot domos religiosas DICETO *YH* I 292.

quoque [CL]

1 in the same way too, likewise.

quod illi intolerabiliter utpote praecipuo mihi ~e licet abjecto GILDAS *EB* 1; in plurali numero reperiuntur ut margines, cardines . ., ita ~e singulari pontifex, artifex ALDH. *PR* 122 p. 169.

2 besides, as well, also; **b** (pleonastically w. *etiam*).

murum . . a mari usque ad mare . . librant; . . in litore ~e oceani . . turres . . collocant GILDAS *EB* 18; petierunt in ea [insula] sibi ~e sedes . . donari BEDE *HE* I 1 p. 12; habet etiam quater xx acras terrae . . tenet ~e v acras terre *DB* I 2ra; si aliae duae personae sunt in Filio et Filius in homine, illae ~e sunt in homine ANSELM (*Incarn.* 6) II 21. **b** componitur etiam ~e hic rhinoceros OSB. GLOUC. *Deriv.* 103.

3 even, indeed. **b** (w. *nunc*) even now.

Hieronimus . . tantis opinionum rumusculis extollit ut Homerum ~e . . vel invidere materiae dicat ALDH. *VirgP* 29. **b** non solum . . hoc vitium, sed et omnia quae humanae naturae accidere solent, et praecipue, quod et nunc ~e . . totius boni evertit statum GILDAS *EB* 21; nunc ~e non desunt . . ob sua facinora redarguti BEDE *Sam.* 601C; sed ~e tunc doctrina prudentium facilis erat . .; nunc ~e doctrinam fidei catholicae prudens quisque . . facile percipit *Id. Prov.* 981.

4 (postpositive as connective in weakened sense); **b** (in expressions of time).

de egressis ~e pretium viri vel ancillae pro anno THEOD. *Pen.* I 7. 5; ipse ~e Hieronimus vocavit eum filium fullonis, i. quasi nichil scientem obscurumque hominem *Comm. Cant.* I 1; innumerosa ~e monstra in Circiae terrae finibus fuisse leguntur *Lib. Monstr.* I 41; est ~e hic dimeter iambicus ABBO *QG* 6 (16); nihil ~e hoc apertium ANSELM (*Ep.* 97) III 226; Aoxianus ~e civitatis ammiratus . . filium ad . . imperatorem misit W. MALM. *GR* IV 360. **b** succedenti ~e tempore . . Fulcoius . . totum dedit cimiterium ORD. VIT. III 12 p. 132; quodam ~e die cum . . Columba venisset ubi erat sanctus puer (*Munnu* 2) *VSH* II 226.

5 (as final element in list).

pueros . . candidi corporis ac venusti vultus, capillorum ~e forma egregia BEDE *HE* II 1 p. 80; hoc . . coram Odone . . et Hugone de Grentemaisnilio, Hugone ~e hic Monteforti et Hugone filio Fulcoldi . . concessum est ORD. VIT. III 8 p. 105; utuntur . . lanceis non longis et jaculis binis . . securibus ~e amplis GIR. *TH* III 10 p. 151; nomine facta Patris, Nati, quoque Pneumatis Almi GARL. *Myst. Eccl.* 109; fraus cocus et cocta componit et ordinat assa / . . fraus facit et facta vendit quoque judicat acta GOWER *VC* V 827.

quoquina v. coquina.

quoquo [CL], to whatever place, in whatever direction.

copiam pergendi ~o vellent tribuit eis BEDE *HE* IV 1 p. 203; incertus . . futuri, ~o rerum dispositor Deus, cui vult et quoquomodo vult fortunam permutans, non eum castellum diutius habiturum previdit *G. Steph.* 91.

quoquoversum [CL =*in every direction*], to any place, anywhere.

a1087 quod si secum abbas illum duxerit ~um tunc abbatis sumptibus sustentabitur *Doc. Bury* 168.

quorsum [CL]

1 to what place? in what direction? **b** (in indir. qu.).

~um, id est, quo versum? ALCUIN *Gram.* 887D; injecta mole lapidis, ~um ei futurus sit casus? ADEL. *QN* 49; ~um, ad quem locum? OSB. GLOUC. *Deriv.* 492; quoversum, A. *uhodurward*? WW. **b** interrogavit eum unde veniret vel ~um gressus dirigeret LANTFR. *Swith.* 37; cito prosequere illos, caute considerans ~um homo ille puerum deducat T. MON. *Will.* I 5; dubitantibus . . vel ~um alias proras verteret *G. Hen. V* 24; ~um jusseris, festinancius gradiendum *Mir. Hen. VI* I *prol.* 6.

2 to what goal or purpose? **b** (in indir. qu.). **c** (~*um haec?* or sim., as rhet. question) what is the point of all this? where is all this leading?

~um queso tanta immanitas? numquid ad vitam? J. SAL. *Pol.* 813A; sed ~um tendo? H. BOS. *LM* 1338C. **b** legantur littere, videatur ~um illarum vergat intentio *Chr. Battle* f. 82v; cognito ~um intentio eorundem vergeret WALS. *HA* II 25. **c** sed ~um ista? ut ex majoribus minora cognoscatis ALCUIN *Gram.* 851C; sed ~um haec? J. SAL. *Ep.* 175 (176); quaeres forsitan ~um hec, et de his quid ad te? ecce quo tendo D. LOND. *Ep.* 12; sed ~um hec? quo tendit apparatus hic tam magnificus H. BOS. *Thom.* III 5 p. 230; ~um ista? omnia ad te et propter te M. RIEVAULX (*Ep.*) 65; ~um hec? NECKAM *NR* II 180 p. 317.

3 (understood as) to whatever place, in whatever direction.

~um, quocumque *GlC* Q 76.

quorsumcumque [ML < CL quorsum + -cumque], in whatever direction, to whatever place, wherever.

~e, i. ad quemcumque locum OSB. GLOUC. *Deriv.* 490; 1239 quoquo modo mutentur mutabilia, ~e vertantur vertibilia GROS. *Ep.* 69 p. 197; ~e tendatur in totali orbe, aut ad orientem aut ad occidentem AD. MARSH *Ep.* 246 p. 430; ~e corpus aliquod moveatur, in quotquot minucias divisum fuerit, manet continue eadem substancia *Wycl. & Ox.* 157 n. 2.

quorulus v. corylus.

quorus [*var. sp. of* chorus], (part of church reserved for) choir, chancel.

1331 infra quorum ecclesie parochialis de P. . . in mei J. notarii pupplici . . presencia personaliter constitutus quandam provocacionem . . legit et interposuit *Cart. Glast.* I 123.

quoscetus v. cotsetus. **quosciens** v. quotiens.

quot [CL]

1 (interr. or exclam.) how many? **b** (in indir. qu.); **c** (in rhet. qu.).

~t sunt flumina paradisi? quatuor: Phison, Geon, Tigris, Euphrates; lac, mel, vinum, et oleum *Ps.-BEDE Collect.* 110; ~t sunt genera versuum in dactilico metro? quinque ALDH. *Met.* 10; ~t creaturas rationales condidit Deus? duas ALCUIN *Exeg.* 517C; ecce ~t sunt undique lacrime, ~t gemitus, ~t suspiria! AILR. *Spec. Car.* I 34. 544; ecce ~t cecitates faciunt divitie . . potentum prelatorum! T. CHOBHAM *Praed.* 104; dicat aliquis . . "~t sunt grana in isto pomo?" (*Cainnicus* 41) *VSH* I 167. **b** dic mihi ~t vitae sanctis leguntur? tres *Ps.-BEDE Collect.* 76; si . . nosse desiderat . . ~t sceleratorum satellites . . conglomerent ALDH. *VirgP* 13; quot pedibus, numeris, rithmo stat musica discant ALCUIN *Carm.* 26. 40; nec scitur ~t hidae sint ibi *DB* I 86rb; barone indicante ~t et qui fuerant proditores agnovit ORD. VIT. VIII 23 p. 408; quibus et ~t modis ipsa sophistica . . ostendimus BALSH. *AD rec. 2* 106. **c** vae, vae; ~t et ~t et ~t vae, vae! ANSELM (*Medit.* 2) III 82.

2 usu. w. correlative *tot* or sim.) as many . . as; **b** (w. *nemo* or *nullus*).

~t pedes habet, tot et orationis partes habeat ALDH. *Met.* 10; ~t plumas in corpore habuit [monstrum], tot oculos, totidem aures et ora *Lib. Monstr.* I 42; tot agens gratias ~t dentes in dono [sc. pectine] numeravi ALCUIN *Ep.* 26; tot homines assumentur ~t sunt sancti Dei angeli ANSELM (*CurD* I 18) II 83; ex qua [arbore] diptice tot possent excidi ~t totius Anglie . . studiis scolasticis quivissent sufficere AD. EYNS. *Hug.* V 18 p. 209; ubi caro imperat spiritui . . ubi tot contradictiones ~t cogitationes T. CHOBHAM *Serm.* 18. 66rb. **b** tot languentes . . sunt restituti . . ~t nemo vivens . . quivit conspicere LANTFR. *Swith. pref.*; cernere ~t nemo vivens in corpore quivit WULF. *Swith.* I 576; reliquit cenobia ~t nullus W. MALM. *GP* III 109.

quotannis [CL], every year.

per quem ~is dies praedictae solemnitatis sedi apostolicae indicaretur (*Lit. Papae*) BEDE *TR* 44; pecuniam que beato Petro de Anglia ~is pendi solet . . cupiens . . habere EADMER *HN* p. 293; adde quod argenti tria magna talenta quotannis / accipit a sterili, quam male ludis, humo L. DURH. *Dial.* II 169; nomen . . vestrum martirologio . . insertum die depositionis vestre ~is in perpetuum celebrabimus *Canon. G. Sempr.* f. 119v.

quotare [ML quota < CL quotus + -are]

1 to mark (document or book) with numerical reference or annotation.

s1238 Stephanus . . archiepiscopus obiit, qui Bibliam apud Parisium ~avit [TREVISA: *coted*], libros Regum exposuit HIGD. VII 34 p. 204; p1291 instrumentum . . . non cotatur quia non kalendatur *TR Bk* 275 *Liber B* f. 170r p. 147 (202); c1420 iste finis consuitur cum contra proxima precedente et quatuor eodem numero sc. xj *Cart. Harrold* 25 (f. 8); iste tres carte simul ligantur et sub eodem numero ~antur sc. xviij *Ib.* 31 (f. 10).

2 to reckon (numerically).

Romani florentes ab urbe condita ~averunt [TREVISA: *þey acounted hir 3eres*] HIGD. I 4; abbatum preteritorum . . tempora quo anno Domini ordinati et defuncti seu quot annis in regimine prefuerint . . non cotavi, . . sed . . subsequencium abbatum acta . . describere non omittam J. GLAST. 83; sponsionibus . . quas cotatas invenies in libro recordorum *G. Hen. V* 18; s1422 scire potestis, / quam pecori grata sit, cum ratione quotata, / sarcina subsidii taliter impositi AMUND. I 85.

quotarius [*var. sp. of* cotarius], (in quot. as sb. m.) tenant of cottage, cottager.

rex habet . . xij quotarios *Dom. Exon.* f. 83.

quotatio [ML < CL quotus + -tio]

1 annotation, reference (added to text).

tractatus vocatus Bromyerd de viciis et virtutibus, cum cotacionibus juris canonici et cibilis . . secundo folio 'cum venerit' (*Catal. Librorum*) *Arch. J.* XV 69; summa Gratiani super decreta cum tractatu Galdrini de auctoritatibus Bibblie, cum cotacionibus Veteris Testamenti et Novi (*Ib.*) *Ib.* 71.

2 reckoning (of time).

innuunt isti versus quod anno Domini mccclxi . . contigit iste ventus. hoc verum est secundum computacionem ecclesie Anglicane sed secundum computacionem ecclesie Romane, vera est ~o superius conscripta AD. MUR. *Cont.* 197; discrepancia ~onis duorum annorum ELMH. *Cant.* 107; tenor originalium codicellorum in hac parte est matriculis preferendus, qui in ~onibus annorum discrepanciam nullam prebet *Ib.* 238.

quotator [ML quotare + -tor], one who reckons.

cronografos, sive annalium ~ores *Reg. Whet.* I 350.

1 quotcumque v. quocumque.

2 quotcumque [CL quot + cumque], however many.

clarum est quod, ~e essent particularia hujusmodi, ipsa diceretur de eis omnibus SICCAV. *PN* 126.

quotennis [LL], of how many years? how old?

quales erunt aut ~es? . . trigesimum illos annum natos velim aut esse majores LIV. *Op.* 347; *howe alde*, ~is *CathA*.

quotid- v. cotid-.

quotiens, ~ies [CL]

1 (interr. or exclam.) how many times, how often; **b** (in indir. qu.).

~ies affliguntur justi BEDE *Apoc.* 164A. **b** sciscitanti ~ies delinquentibus noxarum vincula enodanda forent, respondit . . usque septuagies septies ALDH. *Met.* 2 p. 68; ~ies ibi claritas luminis caelestis . . apparuerit . . in ipso libro . . inveniet BEDE *HE* IV 10 p. 224; coepi . . eruere . . ~ies a quibus et qualiter subacta sit [terra] GIR. *TH pref.* p. 20; 1549 notent ~ies . . contionati fuerint religiosi *Conc. Scot.* II 119.

2 as often as, whenever; **b** (w. *toties* as correlative); **c** (w. *cum*).

aqua benedicta domus suas aspargent ~iens voluerint THEOD. *Pen.* II 1. 11; mansionem . . in qua . . ~ies a labore vacabat orare . . solebat BEDE *HE* IV 3 p. 207; excepto ~iens vocalis ante vocalem producitur, ut 'illius' ABBO *QG* 3 (8); quam laudabile est viro magnifico, ~ies . . pro vindicta reputat vindicare potuisse! GIR. *EH* I 14 p. 251; ~ies sacramentum . . percepisset, . . quandoque per os, quandoque per nares aut aures illud ejecit *Canon. G. Sempr.* f. 69; 1234 ita quod quosciens eam vacare contingeret . . personam idoneam reciperet *BNB* II 660. **b** ~ies dactilus accesserit, toties una sillaba crescit ALDH. *Met.* 10 p. 84; cum . . alternabitur, ~iens unitas numerabit GD totiens numerabit ABHZ ADEL. *Elem.* VII 16; totiens . . doli exceptione quis repellitur, ~iens equitate defensor utitur RIC. ANGL. *Summa* 38 p. 95; 1434 tocies ~ies defectivi inventi fuerint *MunAcOx* 507; 1467 consiliarios nostros speciales ad hospitalitatem nostram hujusmodi tociens ~iens admittere *DCDur. Reg. IV* 196r; 1595 tocies ~ies eadem schola . . vacua fuerit *Pat* 1431 m. 18. **c** 1269 cum ~iens . . vacare contigerit *Cart. Glast.* 160.

3 (as sb. n.) result of division, quotient.

pone sub quatuor duo et sub uno unum, dividendo quatuor per duo, ~iens erit duo, et divide unum per unum, ~iens erit unum *Mens. & Disc. (Anon. IV)* 70.

quotienscumque, quotiescumque [CL], as often as, whenever; **b** (in future prescription).

~iescumque uxori debitum reddo, orare non possum BEDE *Ep. Cath.* 55; virgines . . Deo dicatae . . ~iescumque vacant, texendis . . indumentis operam dant *Id. HE* IV 23 p. 265. **b** ~iescumque legendo didicerit [humanus animus] . . sacros actus antiquorum . . patrum, relinquat cordis duritiam LANTFR. *Swith. Ep.*; 1275 nullam libertatem contra voluntatem domini in nullo tempore vendicabit et ~ienscunque dominus voluerit ad ipsum veniet *SelPlMan* 26; s1290 omnibus tenentibus de abbacia Burgi . . quosciencumque rex Anglie mandaverit abbati de B. *Chr. Peterb.* 131; camerarius debet invenire . . pannos de canabio ~iescunque necesse fuerit *Cust. Swith.* 17; 1595 quandocunque et ~iescunque . . officia magistri et subpedagogi . . vacare contigerint *Pat* 1431 m. 19.

quotlibet [CL quot + libet], however many, as many as you like, an indefinite number of.

qui . . possint in ~et spatia temporum paschales protendere circulos (*Lit. Ceolfridi*) BEDE *HE* V 21 p. 341; si fuerint due linee quarum una in ~et partes dividatur ADEL. *Elem.* II 1; omnis scriptura foret a ~et hominibus hereticabilis WYCL. *Ver.* I 111; ~et modis *Id. Log.* II 87 (v. consignificare); secundum gradus ~et *Id. Ente (Sum.)* 109 (v. discentia).

quotnam [CL quot + nam], (interr., emphatic form of *quot*) how many?

torquere eum . . cepit [tyrannus], querens ~am consilii haberet participes W. BURLEY *Vit. Phil.* 94.

quotquot [CL]

1 however many.

in ~ot minucias divisum fuerit *Wycl. & Ox.* 157 n. 2.

2 (in rel. cl. w. vb.) as many . . as, all who or that; **b** (w. *omnis*).

~ot essent solidi semper unum adderet ipsis et haec est quinta pars *Comm. Cant.* I 400; credebant . . ~ot erant praeordinati ad vitam aeternam BEDE *HE* II 14 p. 114; quorum umbra infirmos quotquot tangebat abire / fecerat incolomes WULF. *Swith. pref.* 581; de uno quoque carro dabat unum denarium ~ot vicibus oneraret eum *DB* I 268ra; ~ot interfuerint cxx

s. reddant (*Quad.*) *GAS* 65; similiter ~ot substantie proposite fuerint, omnes ad unam convertas substantiam ROB. ANGL. (I) *Alg.* 72; de errore ~ot voluit Redemptor eripuit PULL. *Sent.* 743 C; susceptis ~ot ad eum confluxerant regis adversariis G. *Steph.* 42; occiderunt ipsum .. et uxorem suam et filium ejus sc. ~ot fuerunt in domo illa *PlCrGlouc* 83. **b** omnes ~ot veniunt a domno G., referunt quod literas meas desiderat domnus G. ANSELM (*Ep.* 59) III 173; occurrunt omnes ~ot navi poterant .. Angli *V. Ed. Conf.* f. 44; s1253 omnes ~ot fuerunt in Regula .. perpetuo dampnavit exilio M. PAR. *Maj.* V 418.

3 (in main cl. as adj. or sb.) as many as there are, all the available.

contra inhibitionem apostolicam ~ot consecrationi pontificale ministerium prebuerunt H. Bos. *Thom.* IV 30 p. 459; aliis ~ot episcopis, qui consecrationi interfuerant, litteras direxit *Ib.* p. 463; fratres mei, quondam passionis socii .. fere ~ot ab humanis rebus exempti in Christi dormiunt *Ib.* VI 3 p. 497; illi qui patrem peregrinantem secuti non sunt, sive qui secuti et reversi, fere ~ot paterna .. licentia .. accepta sunt reversi *Ib.* VII 1 p. 531.

quotula [CL quotus+-ulus], small part or proportion.

ipsam ecclesie dotem procuravit in aliquali ~a esse .. imposterum ampliorem *Reg. Whet.* I 429.

quotuplex [ML < CL quotus+-plex], of how many parts.

quod officium et ~ex BELETH *RDO* 18. 30 *cap.* (ed. *PL*).

quotuplus [ML < CL quotus+plus], as much .. as.

die jacturam facit ~um fructum quatriduo vix queritat WHITTINGTON *Vulg.* 36.

quotus [CL]

1 having what position (in a numerical series); **b** (in calculation of time).

usque ad ~am generationem fideles debeant cum propinquis sibi conjugio copulari BEDE *HE* I 27 p. 50; notandum .. quod in quolibet hujus tractatus capitulo extra signatum reperitur a ~o Moralium libro idem capitulum transsumptum sit P. WALTHAM *Remed. prol.* 30; in corpore evangeliorum ordinalis numerus .. singularum sententiarum frontibus ascribitur, ut liqueat ~a illa sententia sit in textu hujus vel illius evangeliste SENATUS *Ep. Conc.* xlix; figura numeralis pandens ~us sit liber ille in ordine gradus sui *Libr. Cant. Dov.* 409 (v. dictio 3b). **b** si vis scire ~us cyclus lunaris est, sume annos Domini et, duo subtrahens, divide per xviiij BEDE *Temp.* 14; September mensis, October, November et December principalem sui retinent appellationem, significantes ~i sunt a verno mense, id est Martio *Id. TR* 12; epactae lunam ~a sit in xi kalendis Aprilibus, ubi paschalis est festi principium, signant *Ib.* 50; quantus quam magnus dicitur, ~us cujus aetatis, unde et ~a luna dicitur ALCUIN *Orth.* 2343; primo .. horoscopus ~us sui signi sit, considerandum est, utrum sc. quintus vel decimus ADEL. *Elk.* 37; circa tricesimam noctem vel ~a precedentium non satis recolo P. CORNW. *Rev.* 198.

2 (w. *pars* or sim.) in what proportion to the whole, how great a part or share; **b** (arith., w. ref. to an aliquot part).

novit enim melius quam nos discrimina noctis, / pars quota transierit, pars quota restat adhuc NIG. *SS* 1408; cum proprietatem petit dicere debet an totam rem petat vel ~am ejus partem [cf. *Digest* 47. 2. 52] RIC. ANGL. *Summa* 8; videndum an tenens totam rem teneat [*sic*] .. vel si ejus partem, tunc ~am BRACTON f. 376; 1333 requisiti .. pro ~a porcione feodi prefasti H. tenuit *LTR Mem* 105 m. 75*d.* **b** si queras, unum ~a pars sit senarii, respondetur sexta; ~a duo, respondere potest tertia AILR. *Spec. Car.* I 20. 523; non .. potest dici ~a pars senarii sit vel quaternarius vel quinarius, quia neuter est ejus aliquota S. LANGTON *Gl. Hist. Schol.* 51.

3 of what magnitude; **b** (w. correlative *totus*).

~us, cujus aetatis .. : Augustinus '~us quisque in hac vita existere potest, qui non convincatur esse peccator,' i. e. in qua aetate, quo dierum vel annorum

numero ALCUIN *Orth.* 2343; propone xxiij milites esse, et unumquemque eorum tibi vj marcas debere. et si tunc ~a marcarum summa ex tot minutis summis, id est xx vigies ter vj marcis excreverit, scire cupieris THURKILL *Abac.* f. 56; quantum et ~o pretio emere debuissent edixit W. MALM. *GR* V 411. **b** erat .. quanta unitas in h tanta in h in H. ~a ergo h in H tota H in l. .. quanta .. unitas in h, tanta h in H ... eodem .. modo ~a unitas in z tota z in k totaque k in b ADEL. *Elem.* VIII 9.

4 how many.

s1067 responsum est sibi divinitus .. quod monasterium edificaret ad voluntatem propriam in longitudine pedum, et ~os centos pedum invenisset *Eul. Hist.* III 39; 1457 scripta .. continencia [ad] ~os homines sagitta-rios quelibet civitas, burgus .. erunt onerata *Lit. Cant.* III 228.

5 (w. *quisque*) how many (few).

quae [aetas] universali est deleta diluvio, sicut primam cujusque hominis oblivio demergere consuevit aetatem, ~us enim quisque est, qui suam recordetur infantiam? BEDE *Chr.* 463; quotucuique [l. quotocuique], cuicumque de numero *GlC* Q 80; quantula .. potest videri hec ejus laudatio! ~us .. quisque est qui vel minimum imbutus litteris non alios infra dignitatem suam opinetur! W. MALM. *GP* II 77; ~us .. quisque nostrum est qui jam sole radiante ad illud officium alacriter surgere queat BELETH *RDO* 20. 33 (ed. *PL*).

6 (in gl.) small.

parvus, ~us, pusillus, brevis OSB. GLOUC. *Deriv.* 467.

7 (as sb. f., with ellipsis of *pars*) part, share, proportion; **b** (w. part. gen.); **c** (w. ref. to sum of money); **d** (Sc., w. ref. to portion of goods or money used to pay for confirmation of will).

s1296 ab ipsis suorum proventuum vel bonorum dimidiam decimam seu vicesimam, vel quamvis aliam porcionem aut ~am exigunt vel extorquent (*Lit. Papae*) W. GUISB. 285; s1297 qui .. exacciones laicis persolvendas sub quacumque quantitate, porcione, vel ~a .. imposuerint B. COTTON *HA* 329. **b** 1289 unam senteriam seu ~am lucri semel per annum *RGasc* III 581b; 1344 cota notabilis .. proventuum .. ecclesie *Eng. Clergy* 278; 1300 decimam vel vicesimam seu centesimam, suorum et ecclesie proventuum vel bonorum, laicis persolverint .. aut quamvis aliam quantitatem aut ~am ipsorum proventuum RISH. 463. **c** s1316 hii .. quibus .. aliquid debetur .. ~a remittenda faciunt pactum ut eo citius solvatur residuum *V. Ed. II* p.224; 1355 cum ministri .. universitatis [Oxonie] .. ad ~am .. solvendam .. assidendi fuerint, vel ejus vices gerens .. dictos ministros scriptores, aluminatores, pergamentarios ad ~as hujusmodi .. assideant *CalCh* V 146; 1396 quod nulle imposiciones, contribuciones, taxe, ~e, tallagia, vel auxilia ipsis tanquam alienigenis aliquo modo imponantur *MonA* VI 1416a; 1465 per solucionem .. pro suis laboribus .. ultra cotam quam percipere consuevit *ExchScot* 377. **d** 1420 de ~a solvenda fuit questio facta. deliberatum fuit quod de bonis defunctorum .. consueverunt fieri tres partes ... de tercia parte .. consueverunt executores persolvere .. pro confirmacione testamenti *Conc. Scot.* II 78; 1520 pro confirmacionibus dictorum testamentorum .. et cotis propterea eo pretextu nobis debitis persolvendis *Ib.* I cclxxxvii.

quotuscumque [CL]

1 however small.

ecce mihi interius, ubi ego sum, quicunque sum, .. qualiscunque sum, quotuscunque sum, quantuscunque sum AD. SCOT *TGC* 797C.

2 (w. sg. sb.) each out of whatever number (cf. *quotcumque*, *quotquot*).

nam si quotuscunque parens pro nascituris Deo astare perhibetur, nemo puerorum usque ad diluvium periit PULL. *Sent.* 768C.

quotuslibet [CL quotus+libet], however many, as many as you like.

in quotaslibet dividuntur partes THURKILL *Abac.* f. 62; teneretur sacerdos cuilibet roganti missas quotaslibet eas illi decantandas concedere GIR. *GE* I 49 p. 133.

quovis [CL], to some place, somewhere.

accidit ut .. de insula ~is abscederet R. COLD. *Cuthb.* 27 p. 61.

quoviscumque [CL quovis + -cumque], to whatever place.

perrexere pene singuli, quoviscumque libuit, quieturi R. COLD. *Cuthb.* 35 p. 77.

quovismodus [CL quovis + modus], of any sort.

1485 non capient .. in futurum aliquimoda theoloneum seu alia onera ~a *Rec. Nott.* II 350.

quousque [CL]

1 how far?

qui ad inferna descendit, ~e pervenit? PULL. *Sent.* 829A.

2 how long?

~e, .. dux, servitii debitum mihi detrectas exhibere? W. JUM. IV 14; dixerunt ei uxores, '~e sic cohabitabimus?' (*Brendanus* 98) *VSH* I 148.

3 (rel.) as far as (of space).

Uilfrido administrante episcopatum Eboracensis ecclesie .. ~e rex Osuiu imperium protendere poterat BEDE *HE* IV 3 p. 206.

4 as long as (of time).

1226 Robertus .. qui .. profectus est in Hybernia, habet litteras de protectione, duraturas ~e ibi fuerit *Pat* 58.

5 until: **a** (w. finite vb. indic. or subj.); **b** (w. infin.); **c** (w. correlative *tamdiu*).

a retenti sunt .. ~e Ebrinus .. copiam pergendi quoquo vellent tribuit eis BEDE *HE* IV 1 p. 203; praefuit Ecgfridus .. annis / ter quinis .. quousque / agminibus missis animo trans aequora saevo / .. occubuit ALCUIN *SS Ebor* 836; debet habere hanc socam ~e ei reddantur iij lib' *DB* I 375va; 1203 purget se per judicium ferri, set quia infirmatur ponitur in respectum ~e convaluerit *SelPlCrown* 29; consideratum fuit quod .. remaneret in custodia .. ~e sciatur de voluntate domini regis *State Tri. Ed.* I 37; c1311 debet invenire unum equum .. ad fima .. extrahenda ~e plenius extraantur *Cust. Battle* 156; s1092 ubi satis constabat loci custodes nocturnis umbris exagitatos ~e locus ipse oracionibus piaretur HIGDEN VII 7; c1444 de quo .. redditur .. persoluti fuimus a toto tempore predicto .. viz. donec et ~e subtraccio redditus illius .. facta fuisset *FormA* 34. **b** 1228 nulla bona .. ponantur a nave super terram ~e custummari coram ballivo *EEC* 157. **c** tamdiu frequentes impetus toleraverunt ~e Christiani murum suffodissent ORD. VIT. IX 13 p. 581; tandiu iste stat, ~e cadat HON. *Inev.* 1228A; tam diu permanet .. / quousque creverit tanta devocio TRYVYTLAM *Laus Ox.* 302.

quo warranto v. qui, warrantum. **quoyntisa** v. queintisa.

quum, *var. sp. of* 2 cum.

s991 quum me ab ergastulo carnis exisse didiceris *Chr. Rams.* 100; quum [mulier] .. determinasset eventum Gosc. *Mir. Iv.* lxxxix; quum venisset ad sociorum funera, ait caput [archiepiscopi decollati] R. NIGER *Chr.* II 119; 1227 quum volumus .. justiciam exhiberi (*Lit. Regis*) *EHR* IV 516; corpus .. calcinatur quum consumitur humiditas BACON *Min.* 313 (v. calcinare); 1466 dubitacio quum incipit purgatorium *MunAcOx* 716.

quundocunque v. quandocumque.

quur, *var. sp. of* cur.

quur, quare *GlC* Q 78.

quuyntes' v. queintisa. **quynimo** v. quinimmo. **quyssina** v. cussinus. **qwarva** v. wharfus. **qwerra** v. quarrera. **qwo-** v. quo-.

qwynna, *f. l.*

1537 et in viij li. le qwynna [? l. leqwynna, i. e. lichina, v. lychnus 2, qu- a] empt' de relicta Swynneburn de Novo Castro ad diversa ij s. iiij d. *Ac. Durh.* 697.

R

R [CL]

1 R (letter of alphabet).

P . . cum R 'populum Romanum', significat et subjecta R 'rem publicam' BEDE *Orth.* 7; credo . . vitio librariorum R litteram adjectam sicut frustra panis pro frusta . . *Id. Acts* 993; XPC . . nam CH aspiratum habet figuram in Greco X et R habet hanc P et S habet hanc C BACON *Gram. Gk.* 78.

2 monochord stop corresponding to *paranete hyperbolaion.*

si ergo tonum querimus, superaddatur huic chorde octava pars sui et fiet R, tonum cum S faciens ODINGTON *Mus.* 83.

rabbi [LL < ῥαββί < Heb.], **rabbinus** [ML], **rabbis, rabbita** [cf. ῥαββίς]

1 teacher, master.

~i, magister GlC *Interp. Nom.* 267; rabbi bone, sic volumus semper ÆLF. BATA 4. 27 p. 57; ibi quidem sunt preceptores, i. instructores, et rabbites, i. scribe et sophiste *Ib.* 5. 10 p. 72; o rabies sedisse rabi, dulcique Minerve / intonuisse tuba, nondum pacientibus annis HANV. V 80.

2 rabbi, expert in Jewish law. **b** (w. ref. to *Matth.* xxiii 7; also in Christian context). **c** (applied to Jesus Christ). **d** (as personal name or title, passing into surname).

duodenos Judeorum praeceptores et fariseorum ~ites [*gl.:* i. magistros, doctores, *lareowas*] . . divino confisus clipeo confutat ALDH. *VirgP* 25 p. 258; principes et rabite Judeorum qui Hispaniam inhabitant apud Narbonam . . pariter conveniunt T. MON. *Will.* II 11 p. 94; cum mysterium Trinitatis, licet rabinis quibusdam insinuatae, vulgo tunc prorsus ignoraretur GARDINER *CC* 205; et quae hic tracto, a magno quodam rabino profecta *Ib.* 318; haec a ~inis Hebraicis eduntur expedita, nos silentio trajicimus SPELMAN *Asp.* 5. **b** successores eorum . . rabi [*Matth.* xxiii 7: rabbi] vocitantur atque super kathedram Moisi resident ORD. VIT. VI 1 p. 3; cathedras scanditis magistrales vocati ab hominibus ~i R. BURY *Phil.* 4. 50. **c** ut . . preter Deum in Christum nullus primus seu supremus ~i, pater, et magister fidelium putaretur OCKHAM *Dial.* 853. **d** erat autem quidam inter eos natu major et in lege Mosaica instructor quem Rabi cognominabant COGGESH. *Chr.* f. 52 p. 27; **1244** de Abraham filio Rabi *SelPlJews* 7; tercio, confirmatur racio per Raby Moysen [i. e. Maimoniden] BUTLER 413; **s1189** apud Eboracum quidam post diutinam obsidionem et afflicionem raby, magister Judeorum incidit venas cccc. Judeorum KNIGHTON I 158; sol legis fueram Rabi Moyses mihi nomen / ipseque sal legis Rabi Salomon vocitatus *Vers. S. Alb. Libr.* 220.

rabboni [LL < ῥαββουνί, ῥαββονί < Aramaic], (as form of address) (my) master!, (my) master! (cf. *Marc.* x 51; *Joh.* xx 16). **b** (in gl., assoc. w. CL *bonus*) good teacher or master.

o quam dissimilia sunt: "raboni" et . . ANSELM (*Or.* 16) III 67; o pater, o raboni, morem gere quaeso patroni R. CANT. *Malch.* I 181. **b** ~i, i. bonus doctor ALDR. *Margin.* 68.

rabēre [cf. CL rabĕre], to be rabid, rave.

qui ~et ridet LUCIAN *Chester* 43.

rabettus [ME *rabet, ra(b)bette*], small or young rabbit.

1407 de precio stagg', dam[orum] de fermeson, apr[orum], cunicul[orum], rabett', fen[i], recept' de stauro diversorum maneriorum *KR Ac* 513/2 m. 1; **1463** de precio cccxxv cuniculorum et cccix ~orum proveniencium de warennia domine . . precio cuniculi ij d. et rabetti j d. ob. *Comp. Dom. Buck.* 45; **1473** ad cuniculos et robett' pro expensis hospicii nostri . . capiendos *Pat* 531 m. 3; **1488** cotidie intra forestam

domini regis et cuniculos et rabett' ibidem capit *DL Forest Proc.* 2/11.

rabi v. rabbi.

rabiare [LL], to act in a frenzied or violent manner, to suffer a fit of rage.

c**1307** si scholaris socium suum . . leniter percusserit, vel ~iando deliquerit *Reg. Whet.* II app. p. 311.

rabide [CL], madly, in a frenzied manner.

audit Judaicum vulgus rancidulum / et labrum rabide rugat prominulum WALT. WIMB. *Carm.* 99; quidam eciam equestres in magna pompa cum caballis in campos palam equitarunt et ~e cursu iterato in urbem ad suum libitum redierunt STRECCHE *Hen. V* 170.

rabiditas [ML < rabidus + -tas], frenzy.

equi sui ~atem refrenare conatus J. GLAST. *Chron. Glast.* p. 118.

rabidosus [CL rabidus + -osus; cf. et. CL rabiosus], frenzied.

limfaticus . . rabidosus, rabidus, demoniosus OSB. GLOUC. *Deriv.* 328.

rabidulus [CL rabidus + -ulus], somewhat frenzied.

rabies . . et rabidus . . unde ~us . . diminutivum OSB. GLOUC. *Deriv.* 499; latrat Judaicum vulgus rabidulum, / delirum, fatuum, tamen dicaculum WALT. WIMB. *Carm.* 98.

rabidus [CL]

1 madly violent in nature or behaviour, frenzied, raging: **a** (of person); **b** (of animal); **c** (of limb or faculty); **d** (of conduct).

a 801 sed et viam itineris mei quasi latro ~us continua febris obsidet ALCUIN *Ep.* 225; Judeus rabidus palpator littere / frontose lacerat partum puerpere WALT. WIMB. *Carm.* 95. **b** lupi profunda fame ~i GILDAS *EB* 16; [vitiorum beluae] quae ~is [*gl.:* avidus, voracibus, *mid slitendum, terendum*, rabidus, furiosus, iratus, insanus] molaribus . . inermes . . discerpere nituntur ALDH. *VirgP* 11 p. 240. **c** credita qui rabidis furtim marsuppia palmis / compilat et stipem cupidus clam fraudat egentum ALDH. *VirgV* 2589; pharisaei autem et scribae dicta et facta ejus salutaria ~o ore carpebant BEDE *Hom.* I 18. 82. **d** quantae gloriosorum martyrum coronae, quanti persecutorum ~i furores GILDAS *EB* 9; ~a fame semper insaturabiles erant [Harpyiae] *Lib. Monstr.* I 44; insania mentis agitati ut crucifigeretur ~o clamore petierunt *Eccl. & Synag.* 96; rapidas . . inde ~asque colligit iras MAP *NC* V 4 f. 62.

2 (spec.) affected with rabies (also transf.).

Porphyrius ~us orientalis adversus ecclesiam canis GILDAS *EB* 4; si milites alios defendere noluerint, aut etiam more ~orum canum, eosdem aut seipsos occiderint vel oppresserint, quid de illis nisi quod de ~is canibus debet fieri? *Simil. Anselmi* 128 p. 87; queritur quare ex morsu ~i canis mingat aliquis catulos *Quaest. Salern.* B 256; si mania de morsu canis ~i contigerit . . infra septem dies morietur GAD. 132v. 1.

rabiecula [ML < CL rabies + -cula], tempered or moderate rage or frenzy.

rabies . . inde hec ~a OSB. GLOUC. *Deriv.* 499.

rabies [CL]

1 madly violent nature or behaviour, rage, frenzy; **b** (personified). **c** (of animal).

ad mitigandum hirsuti rabulae rancorem et antiqui livoris ~iem ALDH. *Met.* 2 p. 69; cum effera persecutorum ~ies [*gl.:* i. ferocitas] sacrosanctos ecclesiae tirones . . grassaretur *Id. VirgP* 36 p. 282; ubi simul

exemplum datur fidelibus ne dubitent ~iem persequentium ubi oportunum fuerit declinare fugiendo BEDE *Hom.* I 10. 51; atrocissima impietatis praevalescenti ~ie B. *V. Dunst.* 6 p. 12; his temporibus in Normannia nequitie ~ies nimium crevit ORD. VIT. VIII 12 p. 332; a finibus aquilonis irrupit barbarica ~ies OSB. CLAR. *V. Ed. Conf.* 3 p. 72; Jhesum Judaica suspendit rabies WALT. WIMB. *Carm.* 635. **b** ecce furit rabies, vocat et trahit ad scelus omnes (*Vers.*) ORD. VIT. XIII 19 p. 54. **c** furibunda ferarum ~es [*gl.:* insania, furor, fervor] ALDH. *VirgP* 36 p. 284.

2 rabies: **a** (of dog or wolf, also transf.); **b** (of person).

a tibi, qui Hispanico errore depravatus contra fidem catholicam canina ~ie latrare non times (*Adv. Elipandum*) ALCUIN *Dogm.* 247B; Cenomannis a canina ~ie dicta urbs est antiqua ORD. VIT. VIII p. 249; Thomas Cantuariensis archiepiscopis . . a quatuor aulicis canibus, ~ie plus quam canina furentibus . . quatuor vulnera sustinuit GIR. *EH* I 20 p. 260; primo videas unde fit ~ies *Quaest. Salern.* B 256; fuerunt instituta . . duo jejunia propter quasdam pestes . . quarum una fuit pestis inguinaria, alia ~es luporum T. CHOBHAM *Conf.* 274. **b** ad ~iem hominis . . semen brusci da bibere GAD. 132v. 1.

3 (of natural phenomenon) fury, ferocity.

ecclesiastice legationis causa ad Honorium papam directus marinorum fluctuum ~ie suffocatus animam amisit W. MALM. *GP* I 72 p. 134; statim . . ventorum ~ies concidit, maris tumor resedit *Lib. Eli.* III 132 p. 380; s**1416** non audens propter ~iem procellarum repetere mare *G. Hen. V* 24 p. 164.

rabinus v. rabi.

rabiola, ~ae [cf. AN *ravieles*, OF *raviole* < ? *rapum, rapulum*], sort of food, perh. spinach gnocchi or ravioli made with beet leaf.

s**1243** Clemonam tandem perveniens, oppidum in Forojulii celeberrimum, nobilissima Paterinorum bibi vina, ~as et ceratia, et alia illecebrosa comedens M. PAR. *Maj.* IV 272.

rabiose [CL], in a frenzied manner, madly.

rabies . . unde ~e adverbium OSB. GLOUC. *Deriv.* 499.

rabiositas [ML], frenzied nature.

rabies . . et rabiosus . . et hec ~as OSB. GLOUC. *Deriv.* 499.

rabiosulus [CL], somewhat frenzied.

si hominis laudem, ulla ex parte, minuas, furere quidem, et tamquam ~us, bacchari videbitur STANIHURST *Hib.* 39.

rabiosus [CL]

1 madly violent in nature or behaviour, raging; **b** (of animal); **c** (of conduct). **d** (her.) as synonym of rampant, with both forelegs elevated.

speciosus, ~us, varicosus ALDH. *PR* 135 p. 187; rabies . . inde . . ~us OSB. GLOUC. *Deriv.* 499. **b** a multitudine ~orum luporum circumdatus . . devoratus est G. MON. II 6. **c** per Normannorum ~os proditiones H. HUNT. *HA* X 1; densissima nubes et repentina surgebat ab ortu que terrenis infecta fetibus et ~o spiramine plena, ad instar piscis conglomerata, nigrescit *Ep. ad amicum* 125 p. 127. **d** leonum multiplex est in scutis situs, erectus quem rapacem, rapidum et ~um vocant, nos exultantem . . Hollandiae comes chrisaspis leonem gerit erectum zebellinam hunc et ~um vocant quod jam in pugna vel in praeda SPELMAN *Asp.* 118.

2 (spec. of dog) affected with rabies, rabid.

queritur quare canis ~us timeat aquam neque vult eam videre *Quaest. Salern.* B 255.

rabita v. rabbi.   **raboni** v. rabboni.

rabota [AN *rabot*], hooked rod.

1275 predictus R. C. vi et armis corpus submersum cum ~is et lanceys removit de partibus Nortff' usque ad partes Suff' *Hund.* II 187a.

rabri [Ar. *aḥmar* = *red*], earth that contains iron oxide.

~i [TREVISA: ~i] qui et alio nomine et communi dicitur bolus Armenicus qui est lapis sive vena terre BART. ANGL. XVI 85 p. 758.

rabula [CL], ~us, ~um

1 (as sb.) speaker who rants or shouts. **b** (spec.) hawker, peddler.

ad mitigandum hirsuti ~ae rancorem et antiqui livoris rabiem ALDH. *Met.* 2 p. 69; pastor ovile tuens, ne possit rabula raptor / regales vastans caulas bis dicere puppup *Id. VirgV* pref. 19; rabulus, *flitere in eobotum GlC* R 12; nec deerit rabula [*gl.*: calumpniator, rabidus] quo mens veneranda nitebit FRITH. 1182; effera vis quecumque mali, cum desiit inde / rabbulus ad veteris rixae divortia liber / mordicus ABBO *Carm. Fig.* B 14; ~a, calumpniator OSB. GLOUC. *Deriv.* 509. **b** a reor, reus, -a, -um, unde .. et hic revolus, -i i. mercator clamosus OSB. GLOUC. *Deriv.* 501; revolus, A. *a pedeler WW*; hic revelus, A. *a peder WW*; a pedder, revolus, negociator *CathA*.

2 sound, (vocal) music.

~um, i. organum, A. *glee WW*.

3 (as adj.) noisy, that rants or shouts.

~a, rauca *GlC* R 20; rabies .. et ~us -a, -um OSB. GLOUC. *Deriv.* 499; ~us, rabidus, rabiosus *Ib.* 506; veluti ~us anser admixtus oloribus J. SAL. *Pol.* 552C.

rabulatio [LL = *chicanery*], (in gl.) sb. based upon CL *rabula*.

~o, sermocinatio OSB. GLOUC. *Deriv.* 509.

raby v. rabbi.

raca, racha [LL < ῥακά < Aramaic], foolish, empty, vain (usu. w. ref. to *Matth.* v 22).

racha, inanis *GlC Interp. Nom.* 272; interjectio *is betwuxaworpennyss .. racha, geswutelað æbylignysse* ÆLF. *Gram.* 11; tollamus iram, tollamus raca et fatue prorsus abscindamus a linguis et cordibus nostris J. FORD *Serm.* 90. 6.

racamas [AN *ragamas, ragmas* < Ar. *raqm*], embroidered fabric.

1398 ratamas .. racama *Ac. Wm. Lovney* (clerk of wardrobe of Henry Duke of Hereford); **1401** unum pannum aureum rubeum ragomas *Pat* 364 m 1; **1415** unum vestimentum simplex de vete' ragemas .. unam capam de blod' ragemas .. iij ragmas rubeas de diversis sortibus .. iij ragemas blodias de una sorte *Ac. Foreign* 60 m. 5.

racanare, rachanare [cf. LL raccare, CL cachinnare], to make a noise: **a** (characteristic of donkey); **b** (characteristic of tiger).

a asini inceperunt recanare, homines .. dixerunt: "vox ista vox asinorum est" O. CHERITON *Fab.* 26; asinus aperuit os suum et horribiliter recanavit *Ib.* 68. **b** recano, *to crye as a tygre WW*; *to cry .. tigridum* [est] rachanare *CathA*.

racanatus, rachanatus [cf. racanare, rachanare], harsh or roaring sound, loud noise.

serpens Malvernie .. horrido rachanacu [v. l. recanatu] populum terrebit G. MON. VII 4 p. 394 (= M. PAR. *Maj.* I 212: racanatu; *Eul. Hist.* II 296: rechinnatu).

raccare [? LL], (of tiger) to roar.

tigrides ~ant, tubae clangiunt, tauri mugiunt ALDH. *PR* 131 p. 180; leonum est fremere, rugire; tigridum rachare OSB. GLOUC. *Deriv.* 78.

racatum v. reaccatum.   **raccheristus, raccnihctis** v. radchenister.   **raccus** v. 1 racka.   **race elhamel** v. ras alhamal.

racemari [LL < *back-formation from* CL racematus = *formed in clusters*], to glean (grapes), gather or pick up in vineyard.

~ari, sparsas uvas colligere OSB. GLOUC. *Deriv.* 506.

racemus [CL], ~enus, ~imus, ~ina, ~inus, reisinus [cf. AN *raisin, raisine, reisin*]

1 grape, bunch or cluster of grapes; **b** (of onions). **c** (of garlic) head.

videretur quasi post tergum vindemiatorum aut messorum ~emus vel spica GILDAS *EB* 24; a merulento palmitum ~emo botrum nuncupaverat ALDH. *Met.* 3 p. 72; velut maturescentes palmitum botros ac rubicundos sarmentorum ~emos [*gl.*: clystru, ~emus est botrionis pars et botrio Grecum est, partes botri, croppas] evangelica falce succidens *Id. VirgP* 30 p. 269; ut caper hirsutus rodit cum dente racemos *Id. VirgV* 2845; ~emus, ramus modicus †cumvis [l. cum uvis] *GlC* R 4; onfacium, i. grana de ~emo *Gl. Laud.* 1078; nota quod ea die conficitur sanguis Christi de novo vino .. et benedicuntur ~emi et communicant inde homines BELETH *RDO* 144. 147; onerantur idem [sc. palmites] letitie fructu, dum botri ~emis ditantur NECKAM *NR* II 167 p. 276; **1223** quod habere faciatis .. unum freellum rascemorum *Cl* I 532a; hic ~emus, *a brawnch of grapys WW*. **b** cepe .. de vj ~emis *FormMan* 47. **c** **c1290** pro xix ~enis alleorum iij s. ij d. *Doc. Hist. Scot.* I 139; alleum. item reddit compotum de xl capitalibus sive ~enis receptis *FormMan* 47.

2 raisin (also collect.); **b** (dist. acc. place of origin). **c** (~emus Corinthius or sim.) currant.

1211 in amigdalis, figuis, reisinis portandis apud Wintoniam *Pipe Wint.* 155; **1230** xx li. de ris, et vj coffinis ~emorum *Liberate* 9 m. 4; **1267** in xxx libris ficuum iij s. ix d. in xxx libris reysinorum v s. (*Ac. Roger Leyburn*) *EHR* LIV 212; **1278** in .. cera, ficubus, raycinys et novem lagenis vini *Ac. Durh.* 486; **1282** de quolibet fraello reisinorum *Pat.* 101 m. 14; **1290** in ij fraelis de grassis ficubus viij s. in j fraelo de reisina iiij s. *Doc. W. Abb. Westm.* 173; **1300** pro nucibus, piris, pipere, ficubus, et racen' et aliis fructibus *AcWardr* 58; **1302** pro ij fraellis de *fyges* et reysingis, viij s. vj d. *Sacr. Ely* 17; **1303** pro cc iiijxx ij copulis, j quarterono et dim. ficuum et ~imorum *EEC* 351; **1308** in amigdalis, croco, rys, pipere, galanga, ficubus, resinis, et aliis minutis *Ac. Durh.* 2; **1335** in iiij copulis ficuum et ~enorum *Comp. Swith.* 229; **14**.. de quolibet fraello ficorum et rasinorum *EEC* 213; **1450** in pipere iiij d. in *clowes* iiij d. *masez* iiij d. rasemis iij d. *REED York* 79; **1453** de precio ij *sort* ficuum et rasenorum *Ac. H. Buckingham* 18.   **b** **1285** vj libre ~emorum de Maleg' (*KR Ac*) *Arch.* LXX 32; **1295** centum quinquaginta cofines ~emorum de Maleque *RGasc* III 293a; **1305** super expensis hospicii .. de racem' Mallek' *KR Ac* 370/27 m. 5; de racem' Tanill' *Ib.* m. 6; **1307** in portag' .. ~emorum Tanill' (v. 1 ficus 3c). **c** **c1305** de ~emis Corinth' (v. 1 Corinthius); **1335** in x libris ~enorum de Coryus *Comp. Swith.* 235; **1417** in j quart' ~emorum de Curansz *Ac. Durh.* 56; **1439** d. ~emorum de Curance *Ib.* 70; **1453** pro .. lv lib. reisinorum de Corance *Ac. H. Buckingham* 23; **1453** de .. lv libris resinorum de Coraunce *Ib.* 43; **1531** viij lib. ~emorum Correnc' *Househ. Bk. Durh.* 9.

3 root, race: **a** (of ginger); **b** (of sapling or tree).

a **1275** reddendo inde annuatim .. unam ~inam gingibris ad Natale Domini pro omni servicio seculari *Cart. Osney* I 410; **1431** de .. redditu .. viginti ~emorum zinsibri *Cl* 281 m. 10. **b** **1402** de ~einis et croppes querculorum in Busswode .. de loppis et ~einis meremii (*MinAc*) *Growth Eng. Ind.* 595.

raceinus, racenus v. racemus.

1 racha v. raca.

2 racha [ME *racche* < AS *ræce*], dog that hunts by scent, rach.

aliquas brachas nostri, ~as Scoti .. nominant CAIUS *Can.* 2b (v. 1 bracha).

3 racha [cf. ME *raize, reighe*], ray fish, skate.

aggrediuntur .. virum .. magnis dehonestatum injuriis ita ut etiam caudas ~arum vestibus ejus affigerent W. MALM. *GP* II 84 p. 184.

rachan- v. racan-.

rachementum [AN *rachement*], (arch.) flying buttress, respond, ratchment.

1397 pro xx peciis petre de Bonchirche pro rachement' et clavibus vousur' selarii magni turris lucrand' et scapuland' *KR Ac* 479/23; pro dictis xx peciis petre pro rachiment' et clavibus *Ib.*; pro iij magnis rachiament' ix aliis grossis petris *Ib.*

racheneste v. radchenister.

racheta [ME, OF *rachete* < Ar. *rāḥa*], palm of the hand.

in juncturis que sunt inter assueram et ~am in manu dextra GILB. VII 313v. 1; in raschete manus id est inter digitos *Ib.* VII 360v. 1; in cella sua que sibi semper vacua manebat, sue ~e amplexibus dulcius deliciari *Chr. Witham* 500; ciragra est dolor in lacertis et juncturis manuum et digitis incipiens, ad rasetam manus se extendens, deinde ad radicem manus se movens GAD. 35. 2.

rachetum v. reaccatum.

rachin(e)burgius [LL < Frk.; cf. et. AS *racian* = *to govern* + *burh*], counsellor, guardian.

fuit antea quod infans qui jacebat in cunabulis licet numquam cibum gustasset, a githseris suis, rachinburgiis, putabatur ita eque reus, ac si intelligens esset (*Quad.*) GAS 365.

raciberum [ME *reke* + *bere*], early barley. (*Cf. hastiberum.*)

1365 pro vj bussellis .. mixtil' factis de frumento et racuber' *DL MinAc* 242/388 m. 1d.; in j quarterio racuber' empto .. pro semine, iiij s. *Ib.* m. 2.

racimus, racina, racinus v. racemus.

racium [cf. ME *race*, OF *rais, raiz* < CL radix], root, (~ium zinziberis) race of ginger.

1279 Henricus le Clerk [tenet] vij acras pro ob. j ~ium jungiberis *Hund.* II 328b.

1 racka, raccus, rak(k)a, rekka [ME *racke, rak(ke), rekke*], rack, framework: **a** (for holding fodder for livestock); **b** (for stretching of cloth after being milled) tenter. **c** (for cleaning lead).

a **1279** in presepibus et rackis in nova boveria faciendis *MinAc* 991/19; **1307** custus bidentum .. in j carpentario de novo facienti viiij rackas et emendanti veteres cradeles (*Ac. Combe*) *Doc. Bec* 149; **1337** in stipendio j carpentarii faciendi dictam portam et j rakam stabuli v d. *Househ. Ac.* 209; **1345** item raccos et clayas sufficientes ad fald' bident' xviijxx bidenc' (*Min Ac Langenhoe*) *MS Essex R.O. D/DErM22 sched.*; **1346** in veteribus presepibus et rekkis in bereria emendandis *MinAc Chilbolton*; **1391** in stipendio carpentarii reparantis rakkas in iij bercariis *MinAc Littleton*; **1398** in stipendio j carpentarii reparantis presepes bidencium et emendantis raccas in bercaris ovium matricium *MinAc Whitechurch*. **b** **1322** incrementum redditus .. iij d. de Nichole de Tawiere pro incremento redditus pro quadam placea vasti juxta molendinum pro rekka sua assidenda *Ac. Man. Wint.* (*Houghton*); **1355** pro uno curtilagio et una rakka cum pertinenciis in villa de Briggewater que simul situantur extra portam ejusdem ville .. usque ad predict' curtilagium et rekkam *Arch. Bridgw.* 175 p. 122; **1403** cum shoppis, cotagiis, gardinis, curtilagiis, rekkis, ac aliis omnimodis pertinenciis *Cl* 251 m. 8d. **c** **1329** de .. una raka ferrea ibidem [in plumbaria] pro plumbo mundando *KR Ac* 467/6/1; **1332** de .. raka ferr' ibidem pro plumbbo mundando *Ib.* 469/11 m. 1d.

2 racka [ME *rak, rakke, racke* < AS *racca*], (naut.) parrel, parrel-rope.

1295 in quatuor ancquoris iiij cablis cum una polliva et racka cxij s. vj d. (*Pipe* 140 m. 19 d.) *Sea Terms* II 87; **c1300** in iiij ancoris et iiij cablis a diversis emptis cum una polliva et una racka, cxij s. vj d. *KR Ac* (*Works*) 501/23 m. 2; **1335** in allocacione facta mercatoribus ementibus lanam domini pro eorum rekkis et cordis *Comp. Swith.* 243.

rackare, rakkare [1 racka + -are], to fit with a hay-rack.

1392 in stipendio j carpentarii rakkantis et emendantis bercariam ovium matricum *MinAc Barton Priors*.

racus v. reccus.

rada [AS *rād*]

1 riding-service, escort duty.

1183 facit ladas et ~as inter Stanhopam et Wolsingham *Boldon Bk.* 29.

2 (naut.) place in which ships can lie safely at anchor near the shore, roadstead.

1310 navem .. in quadam ~a que vocatur Halanland' in mari coram Hamburgh' .. per venti contrarietatem anchoratam *Cl* 127 m. 8; **1482** custumas .. provenientes de portu de Leith .. tam de dicto portu quam ~a de Leith *Ch. Edinburgh* 167.

radagia v. 1 ragadia.

radapium [*transcription variant of* CL sagapenum < σαγάπηνον; cf. sagapenum, serapinum]

1 aromatic gum derived from *Ferula persica*, sagapenum, serapine.

radapium sive serapium [v. l. ragapium .. serapinum] gummi est *Alph.* 153; serapinum gumi cujusdem arboris est in Grecia [v. l. *adds* respice in radapium] *Alph.* 166.

2 (conf. or assoc. w.) kind of plant, ?Venetian sumach (*Cotinus coggygria*; cf. CL *thapsos* < θάψος).

radapium, i. tapsus (*MS BL Sloane 284*) *Alph.* 153 v. 1.

radbedripa [AS *rād* + *bedrip*], riding-service rendered at harvest time.

faciet unam bedripam quod vocatur ~am cum duobus hominibus uno die, et valet tres denarios *Cart. Glouc.* III 138.

radchenister, radchenistris [AS *radcniht*], radknight, tenant who performs riding-service.

~ri cum ij carucatis (*Hants*) *DB* I 38vb; in dominio sunt .. vj villani .. et j racheneste cum sua caruca (*Berks*) *DB* I 592a; ibi x ~res habentes vij hidas (*Gloucs*) *DB* I 163ra; unus radchenist' tenet j hidam .. ibi erant villani xxj et ix radchenist' .. hi radchenist' arabant et herciabant ad curiam domini *DB* I 163rb; iiij ~re cum iiij carucis *DB* I 164ra; in dominio sunt iij car' ibi praepositus et ij radchen' et ij Francigen' et .. *DB* I 180rb; c**1120** habet .. de terra sochemannorum v bovatas et dim', iij scilicet et dim' pro x d. et obolo sicut sochemannus et duas quietas sicut raccheristus *Cart. Burton* 29; concessi .. Colnam .. et duos ratenihctes et unam ecclesiam (*Ch.*) *MonA* I 551a; **1138** concessi .. ecclesias, et decimas .. et duos raccnihctes *Cart. Glouc.* I 223; c**1139** manerium de Mayesmore .. Culnam sancti Andree et duos rattnichenes, et unam ecclesiam *Doc. Theob.* 111 p. 333 (=*Cart. Glouc.* I 226).

radea v. radius.

radere [CL]

1 to remove surface of by scraping; **b** (transf.) to touch lightly in motion. **c** (absol.).

vidimus .. rasa folia codicum .. et ipsam rasuram aquae immissam Bede *HE* I 1 p. 13; pastoralem baculum rasit et quod abrasit mittens in scyphum propinavit infirmanti W. Cant. *Mir. Thom.* VI 111 p. 503; quare si sambucus, laurela, vel aliquod tale ~atur superius provocat vomitum, si inferius assellationem *Quaest. Salern* P 59. **b** non repens set quasi terram ~ens Osb. Clar. *V. Ed. Conf.* 25; tandem vix summo radentibus equora remo / excitat amissum reuma repente Notum L. Durh. *Dial.* III 115; [columba] aere tranquillo lapsa deinde, sibi / radit et in montes iter ocius efficit alis *Ib.* III 125. **c** queritur dens apri evulsus ab ore ejus, quare eo vivente ~at, sed eo mortuo non ~it *Quaest. Salern.* B 162.

2 to scrape clean, scrub; **b** (person or part of body).

si apta videtur ad consecrandum [ecclesia], inde evulsa et rasis vel lotis lignis ejus reaedificetur Theod. *Pen.* II 1. 4; de salicis trunco, pecoris quoque tergore raso Aldh. *Aen.* 87 (*Clipeus*) 1; si .. de sanguine stillaverit in terram, lingua lambetur, tabula ~etur *Miss. Heref.* xxxiii; **1422** quod nullus magister nec serviens artificii predicti .. trahat nec ~at, Anglice, *nouther drawe na shafe*, aliquod genus pergameni *Mem. York* II 129. **b** nos discipline ungulis rasi Ailr. *Inst. Inclus.* 26; clarus gracior uve / hiis cruor est, sursum saliens radensque palatum H. Avr. *Poems* 2. 238 p. 77.

3 to remove by scraping (off). **b** to erase (text or writing). **c** (*breve rasum*) writ in which some, but not all, text has been erased; **d** (in fig. context).

ramentum, pulvis quae [*sic*] ~etur de aliqua specie *GlC* R 27; sanies quam ~ebat Ailr. *An.* II 20; fuligo illa est mortue carnis corrosiva que ~itur a funda patelle veteris vel cacabi *SB* 22; traheret .. potestatem sine contradiccione omnes carnes meas a corpore meo ~ere *Latin Stories* 118. **b** c**793** sed et omnia quae vel prosa gradiente vel versu currente dictavi, tuae sanctitatis spectant judicium, utrum digna memoriae an pumice ~enda feroci Alcuin *Ep.* 120; **799** nunc videat pietas si quid sit vestra probandum, / pumice radendum an, pagina quicquid habet (*Vers.* 21) *Id. Ep.* 171 p. 283; lectos cernere qui dignaris, corrige, versus, / radens noxia vatis, delens crimina noxe Osw. *Vers.* 18; **1331** comperta est quedam rastura .. similiter ubi '&' littera prius posita fuit rasta fuit et deleta *Sel CKB* V 65; **1366** rotulos .. recepte ~i fecit *Pat* 273 m. 16; bursam aperuit et legens scelus abhorruit, et ~ens subtiliter, ubi dicebatur 'puerum hunc necabis' *G. Roman.* 316. **c** **1179** A. W. de xx m. pro brevi raso per plegium Osberti .. Helie .. Rogeri *Pipe* 114; **1198** et de ii m. de Willelmo .. pro brevi justic' raso *Pipe* 37; **1200** habendi eum responsurum de brevi raso *CurR* I 181; **1220** breve domini originale fuit rasus [*sic*] quia J. de B. fuit nominatus in brevi .. et nomen ejus rasum fuit *CurR* IX 340. **d** ~e, obsecro, de corde tuo hujus adoptionis nomen in Christo Deo (*Contra haeresim Felicis*) Alcuin *Dogm.* 102B; ~e, frater, haec verba de corde tuo .. quamvis barbam quotidie raseris, si hanc non immutaveris sententiam .. numeraberis cum hircis (*Adv. Elipandum*) *Ib.* 270B; **1157** barathri filius ~endus omnino de libro justorum et omni fidelium congregatione J. Sal. *Ep.* 75 (34 p. 60); cordi, non carte, ponas qui noveris arte / nec si carta cadat sensum de pectore radat Walt. Wimb. *App.* 2. 12 p. 312.

4 to shave: **a** (woman's hair); **b** (man's hair or beard); **c** (mon., w. ref. to giving the tonsure, *i. e.* making or becoming a monk); **d** (iron.).

a coenubialis militiae tirocinium non muliebriter quaesitura rasis [*gl.*: abscisis, *scerenum*] cincinnorum criniculis sub tonsura masculini sexus contra jura naturae sanctorum coetibus aggregatur Aldh. *VirgP* 44 p. 297; quamvis flava caesaries ~eretur [*gl.*: tonderetur, *of ascoren, on ascoren*] et per publicum decalvata traheretur *Ib.* 47 p. 301; illa que leprosa est non potest mundari nisi ~at capillos Ailr. *Serm.* 35. 9. **b** Paulus hostias licet obtulerit, caput raserit, nudipedalia exercuerit .. Bede *Acts* 990A; ministri vel pueri se ~ant [AS: *sceran*] ac balneant *RegulC* 47; barbas suas ~ere devitant ne pili suas in osculis amicas precisi pungant Ord. Vit. XI 11 p. 208; quod totam fatiem cum utroque labio rasam haberent W. Malm. *GR* III 239; si vehemens calor arcem capitis .. invaserit, ~atur caput P. Blois *Ep.* 43. 127B; s**1066** rex dixit .. quod illi rasi et tonsi optimi milites essent Silgrave 76. **c** p**675** hoc ritu tondendi et ~endi, ut vitia resecentur, signatur et ut crinibus carnis nostrae quasi criminibus exuamur Aldh. *Ep.* 4 p. 483; "mihi videtur quod sis .. unus fortis glutto .. ." "etiam, per meam rasam [*gl.*: *gescorene*] barbam et per meum calvum caput sic sum" Ælf. Bata 4. 11 p. 35; rasit .. barbam suam capiteque tonso monachalem cepit habitum G. Mon. VIII 14; **1415** item ij panni de *worstede* pro ij noviciis ~endis *Ac. Durh.* 184; super primo articulo nescit deponere quia non rasus ad tunc *Reg. Heref.* 70; sub hoc abbate rasi sunt .. J. Le .. J. Baxter Ferr. *Kinloss* 31. **d** s**1381** ad ~endum barbas abbatis et prioris .. i. ad decapitandum eos Wals. *HA* I 469.

5 to level (grain or sim.) when measuring for sale, (*mensura rasa*) level measure (sts. dist. from *cumulata* or sim.). **b** (p. ppl. as sb.) level measure.

a**1140** redderet .. iiij ringas tritici .. ad mensuram *del melehous* rasas .. (v. 2 cantellus); a**1166** debet .. unum quart' rasum de avene (*Ch.*) *Med. E. Anglia* 279; s**1206** de fabis siccis j prebendarium rasum vel de novis cumulatum de granario *Chr. Evesham* 218; **1278** de cclj quar. et dim. et j buss. .. de frumento mensura rasa *Ac. Stratton* 215 (cf. ib. 94: mensura sine cumulo); **1319** r. c. de lxxix quar. iiij buss. j peck' avene receptis de Gilberto D. .. per mensuram rasam *MinAc* 992/10 m. 1*d.*; **1336** secundum standardum Angl' et quemlibet bussell' frumenti rasum et unum bussell' de avena .. rasum et alium cumulatum *RScot* 464b. **b** **1270** de toto exitu grangie ordei per rasum lxiij quar. iij buss. *MinAc* 984/2 r. 7*d.*; rasus .. alleorum continet xx flones et quelibet flonis capita *Fleta* 74; **1280** retineat ad opus abbatis unum cronocum bladi et decem rasos avene *CourtR Hales* 590; **1282** in grangia Thome de la Grene j rasa bladi fuit capta *CourtR Hales* 189; **1356** capietur tolnetum [sc. frumenti] per rasum et nihil cum cumulo vel cantello *MunAcOx* 182; **1376** unum bussellum .. per rasam de consuetudine quam prior Ricardus de Mildernyll' deposuit cumul[atam] cum manu sua propria *IMisc* 208/4.

6 to smooth. **b** (transf.) to polish (style).

usum [sc. genus panni serici] vulgo dicitur rasum, quod in eo nullus utrinque sit pilus, apud alios vocatur *setin* P. Verg. *Invent.* III 6 p. 185. **b** ut ego licet rudi sermone rei geste veritatem eloquar, quam ut alius rasis verborum antitesis pro suo arbitrio falsa componat *Hist. Llanthony* f. 31v.

radescere v. radiascere. **radeventia** v. redhibentia. **radia** v. radius.

radialis [ML], that proceeds from a centre, radial: **a** (of light); **b** (geom., of line).

a solus es summa caritate mirandus / luminis lux intermina radialis J. Howd. *Cant.* 243. 2; splendor natus, reflexio radialis / speculum spirans, pervium intuenti *Ib.* 377. 3. **b** non potest videre / quartam celi per pyramidem ~em Bacon *Maj.* II 59; cujuscunque sit figure terminus est linearum ~ium Peckham *Persp.* I 7; quod patet per experimentum in speculis ubi creditur res esse in extremitate linearum ~ium *Ib.* I 67.

radiamen [ML], radiance, shine.

fulgetrum .. jubar, ~en Osb. Glouc. *Deriv.* 245.

radianter [ML], radiantly, in a manner that resembles rays of light (also fig.).

emicanter, splendenter, ~er, emicatim Osb. Glouc. *Deriv.* 199; **1444** cupientes .. virtutes sanctamque religionem .. multiformiter ~erque restaurare (*Vis. Westm.*) *EHR* XXXVII 86.

radiare, ~iari [CL]

1 (intr., of celestial body) to radiate, emit rays of light (also reflected light). **b** to shine brightly (also fig.). **c** (w. light or sim. as subj.) to issue in rays.

cerneret ut nusquam radiantem lumine Phoebum Aldh. *VirgV* 1030; Mercurius .. quasi inexhausta sapientiae luce ~iari [v. l. ~iare] putabatur Bede *TR* 8 p. 196. **b** virgo vestalis .. gemmis auroque ~ians [*gl.*: vel splendens] Aldh. *VirgP* 35 p. 278; stares .. serpentes .. qui in quibusdam squamis auri fulgore ~iabant [v. l. ~iebant] *Lib. Monstr.* III 4; S. Bartholomaeus .. sese ab aethereis sedibus ~iantis [*gl.*: i. e. resplendentis] Olimpi coram illis .. obtulit Felix *Guthl.* 32; **804** confusio est vitae tuae digitos auro ~iare Alcuin *Ep.* 282; **1166** ut ei inimicorum insidie ad exercitia virtutum proficerent et meritorum insignia sic clarius ~iarent J. Sal. *Ep.* 175 (176) p. 168; **1167** sereno vultu, ~iantibus oculis et rosea facie *Ib.* 227 (231 p. 418). **c** sed splendor lucis radiantis ab axe polorum Aldh. *VirgV* 2320; ubi lucem de caelo terris radiasse conspiceret Bede *HE* V 10 p. 301; ejus ut lumen tenebra radiabit, / exitus ejus ut pupilla solaris J. Howd. *Cant.* 110.

2 (trans.) to irradiate, illuminate.

haec adhuc vir cum quo est Deus sermonis ejus igne ~iatus ad ipsum Dominum conversa voce profatur Bede *Prov.* 1024.

3 (p. ppl. *radiatus* as adj.): **a** (of cloth or garment) rayed, striped. **b** (as sb.) rayed or striped cloth. **c** (of person) dressed in rayed or striped cloth (in quot., w. ref. to Carmelite habit).

a pannarii, nimia cupiditate ducti, fallaces vendunt pannos .. scarleticos, ~iatos [*gl.*: *rayes*] et stanfordios Garl. *Dict.* 128; s**1285** eodem anno fratres de Monte Carmeli qui primo deferebant mantella ~iata mutaverunt habitum suum B. Cotton *HA* 167; **1337** in vj uln' de begyno ~iato .. xij s. pro roba Willelmi Couper *Ac. Durh.* 534; **1340** vexillum pro cruce processionali de syndone ~iato (*DCEbor.*) *Fabr. York* 164; s**1278** mutavit Honorius quartus capas Carmelitarum in purum album que prius erant stragulate, ~iate, et birrate Otterb. 81; **1415** ij vestimenta simplicia .. ~iata cum auro (*Ac. Foreign*) *Arch.* LXX 93. **b** **1328** computat .. in empcione unius pecie panni viridis coloris et unius pecie panni de ~iato *ExchScot* 117; **1337** in pannis de burneto, de tanneto, de melleto, et iij ~iatis pro vallectis *Ac. Durh.* 534. **c** **13**.. fratribus qui stragulati, ~iati, vel birrati vocabantur (*Reg. S. Alb.*) *MonA* I xxiii.

radiascere [CL radiare + -scere], to radiate light, to shine.

nitor spiritalis luminis radescens [vv. ll. exardescens, radiascens] Felix *Guthl.* 15.

radiatim [CL radiatus *p. ppl. of* radiare+-im], in (the form of) rays (in quot. transf.).

spiritus Dei . . se porrigit ~im, per omnia ecclesiae membra quae sunt in Christo COLET *Corp. Myst.* 188.

radiatio [CL]

1 (act of) emitting rays of light, radiation.

quomodo stellarum ~o sive exagonalis sive tetragonalis sive trigonalis inveniatur ADEL. *Elk.* 37 *tit.*; in ~onibus et generationibus ignium . . cum ~one visibili GROS. *Com.* 21–22.

2 (geom.) radiation of lines from a central point.

impossibile est quod per viam ~onis radioli transitantes per tres angulos ysopleuri extra circumferentiam circuli inscripti concurrant in . . PECKHAM *Persp.* I 7.

radiator [CL radiare + -tor], emitter of (rays of) light, (in quot., w. ref. to gemstone).

hic berillus angulos profert radiator, / stat aque topacius fervide sedator GARL. *Epith.* VI *Summa* 39.

radicabilis [CL radicari + -bilis], connected to the root or source, (anat., of bodily organ) vital, fundamental.

dicit Arist' quod in omni animali est ~e membrum [TREVISA: *a radical membre*] quod principium est omnium virtutum naturalium et spiritualium et animalium BART. ANGL. XVIII *proem.* p. 971.

radicabiliter [radicabilis + -ter], from the root, originally, primarily; **b** (in respect of origin or descent).

quia ergo omnes paralogismi reducuntur sic ad subjectum primum in quo est ~iter decepcio, patet quod . . BACON XV 346. **b** nos ab Adam ~iter procedentes a paradiso in mundum BRINTON *Serm.* 52 p. 232.

radicalis [LL]

1 of or connected with the root (of plant), radical.

humiditas . . illa ~is [TREVISA: *of þe roote*] derelicta et in radice sic procreata humorem . . invenit in terra sibi similem BART. ANGL. IV 4 p. 92; pars originalis et ~is per quam et stat et firmatur planta, et sic radix est pars originalis BACON XI 227; preterea calor naturalis agit in humidum ~e continue HOLCOT *Wisd.* 107.

2 (of bodily organ or function) vital, principal, (as sb. n. pl.) vital organs.

ne materia inobediens nature attingat . . ad ~ia et corrumpat virtutem cordis GILB. I 14v. 2; spiritus est radix, i. instrumentum ~e, quo mediante cor operatur GAD. 67v. 2; vulnera membrorum ~ium sine deperdicione substantie in pueritia consolidari possunt *Ib.* 122. 2.

3 (transf.) that belongs to the root, radical, fundamental, essential.

quedam sunt membra principalia quia aliorum membrorum inferiorum sunt principia et ~ia [TREVISA: *rootes*] fundamenta BART. ANGL. V 1 p. 116; probamus hanc questionem esse de ipsorum ~i intentione M. SCOT *Sol* 714; principium ~e ex quo res fiunt BACON VII 4; significata communicant in aliqua natura ~i *Id. CSTheol.* 67; non solum est utilitas ista quintuplex ~is . . sed . . *Id. Tert.* 20; omnes nature operaciones in natura radicantur et ipsa natura est omnium ~e principium R. MARSTON *QD* 15.

4 that goes back to the beginning, original; **b** (in astr. context, of zodiacal sign).

c1430 heres . . suo successit patruo, non hereditario jure . . immo virtute pocius cujusdam ~is donacionis, et per viam talliacionis ad heredes mares *Reg. Whet.* II *app.* p. 424. **b** sustentamentum omnium istorum est bonum sydus ~e in quo natus es BACON V 174.

radicaliter [LL], at the root, (transf. or fig.) radically, fundamentally.

1236 cum proles . . uni corpori . . duorum parentum per naturale vinculum naturalis filiationis firmius inhereat . . magisque ~iter inseratur quam capilli capiti vel pili cuti GROS. *Ep.* 23 p. 85; tamen tota relatio . . ~iter originaliterque ab ea procedit *Ps.-GROS. Summa* 381; ad undecim dicendum quod ~iter mutatio illa que est creatio causa est omnium aliarum generalis PECKHAM *QA* 26; species omnium sensibilium vadunt

ad cor quia ibi est ~iter virtus sensitiva BACON *Maj.* II 464; posuerunt quidam quod racio visibilis ~iter et formaliter est in luce UPTON 98; [infidelitas] ~iter ex antiquitate Anglorum nacioni naturaliter innata *Plusc.* VI 34 p. 36.

radicari [CL], ~are [LL]

1 to cause (plant or tree) to strike root, (refl. & pass.) to take root, be (firmly) rooted; **b** (applied to hair); **c** (transf. or fig., w. ref. to being firmly established or settled).

[virgule] ita erant in illa nocte ~ate, ut nullus posset eas evellere *Holy Rood-Tree* 47; s1188 rex . . arborem quandam, Gisortio vicinantem, sed intra [v. l. infra] fines Francie ~atam, precepit incidi DICETO *YH* II 55; 1259 excepta illa particula forinseca ubi pomaria de antiquo ~antur *AncD* A 102; res firma, sicut domus vel arbor ~ata BRACTON f. 136v. **b** [capilli] sine aree sue continuitate ~ari non possunt ADEL. *QN* 20; de capillis in se non ~atis composita, suo capiti imponunt ROLLE *IA* 266. **c** quicquid . . velut visio glutinatum . . et intra sagacis animi conclave ~atum [*gl.*: fundatum, *gewyrtrumod*] ALDH. *VirgP* 35 p. 277; corda . . in caritate ~ata et fundata BEDE *Cant.* 1214; in his enim quasi propriis sedibus debet humilitas requiescere, ~ari et jugiter delectari ALEX. CANT. *Dicta* 2 p. 117; s1169 gentem hic nostram in insula plantare et immobiliter ~are proposuit GIR. *EH* I 9 p. 242; humilitas namque a cunabulis in ejus pectore ~ata J. FURNESS *Walth.* 20; quando nociva humilitas ~atur [TREVISA: *is irooted*] in membris et non potest a calore naturali dissolvi BART. ANGL. IV 4 p. 96.

2 (intr.) to take root or be (firmly) rooted (also transf. or fig.).

arbuscula . . nequaquam ~are valens ariditatem cito attrahit ANSELM (*Ep.* 37) III 146; in quocumque monasterio professus fuerit . . tota mentis intentione amoris radicibus ibi ~are studeat *Ib.*; nulla . . virtus ad fructum crescit qui in humilitate non ~averit R. NIGER *Mil.* I 2 p. 100; in quo ~avit, crevit, fructificavit ecclesia, nisi in cruce Domini? AD. MARSH *Ep.* 246. 9.

3 (in sense of CL *eradicare*) to uproot, eradicate.

habeat . . bisacutam ad ~um [v. l. eradicandum, *gl.*: *enveyeracer*] vepres et . . spinas NECKAM *Ut.* 111; 1289 in spinis et tribulis ~and' ad idem [fossatum] xj d. *MinAc* 840/6.

radicatio [ML], (act of) taking root or (condition of) being (firmly) rooted; **b** (fig.).

si . . Ticius suam plantam in Mevii solo posuerit Mevii erit planta dum tamen in utroque casu radicata fuerit planta. secus autem ante ~onem *Fleta* 177; ibi ergo liliorum istorum secura plantatio, ibi ~o solida, ibi perpetua germinatio J. FORD *Serm.* 44. 11. **b** ad confirmacionem et ~onem fidei BACON I 7; loqui de principiis nature secundum originem, ~onem, fixitatem *Ib.* VIII 5; caritas . . quamvis frequenter minuatur quantum ad fervorem et quantum ad suam in anima ~onem MIDDLETON *Sent.* I 167b; expulsis statim indiciis divine inspiracionis per ~onem malorum ROLLE *IA* 260; [mundo dedisti] propter defectum ~onis in Christo ex ardore solis justicie evanescunt WYCL. *Eccl.* 197.

radicator [CL radicari + -tor], one who plants (? or uproots) trees or plants.

1489 ~ori conducto ad radicandum in pastura prope Maydons Brigge, in parte solucionis majoris summe . . lxvi s. viij d. (*Ac. Thomas Lovell* f. 6) *Rutland MSS.*

radiciter [CL radix + -iter; cf. et. CL radicitus], by, at, or from the roots (in quot. in fig. context).

iste tuas hereses vellens radiciter, Arri NECKAM *DS* V 483.

radicitus [CL], by, at, or from the root: **a** (w. vb. that denotes separation, removal, also transf. or fig.) completely, entirely. **b** (w. vb. that denotes fastening or planting, also transf. or fig.) firmly. **c** (to specify degree or scope) fundamentally, radically, in its entirety. **d** (w. vb. that denotes origin or descent) as if from a root, going back to one's origin.

a quis memoriam malefacti de corde ~us, ut Joseph, evulsit? [cf. *Gen.* l 20] GILDAS *EB* 69; Petrum sequeretur . . Simonicae letiferas necromantiae labruscas ~us [*gl.*: funditus] exstirpantem ALDH. *VirgP* 25 p. 257;

siquando ornos aut ingentia robora de montibus evulsa ~us traxit *Lib. Monstr.* I 56; c1103 quatenus . . vitia . . ~us de domo Dei extirpentur et excludantur ANSELM (*Ep.* 312) V 239; cujus linguam per medium secti gutturis crudeliter extrahentes ~us amputaverunt COGGESH. *Visio* 22; nemora . . succisa et ~us avulsa GIR. *TH* III 2 p. 141; capilli ~us evellantur GILB. II 84. 1. **b** gentium turmas . . debachantes orationum vinculis quasi ~us [*gl.*: radice, omnino, funditus] fixas . . manere fecit ALDH. *VirgP* 38 p. 288; c798 tunc fiunt scrutinia, ut exploretur sepius, an post renuntiationem Satanae sacra verba datae fidei ~us corde defixerit ALCUIN *Ep.* 134; **800** haec . . mentibus nostris ~us infigatur *Ib.* 207; ab herbis . . que terre ~us herent, radicem disputationis sumam ADEL. *QN* 1. **c** nisi animus interne dulcedinis horum progenita possideret ~us naturali privilegio dignitatis R. COLD. *Osw. pref.* p. 328; potius insistendum est ad distinguendum ea ~us ab aliis SICCAV. *PN* 109; repugnant . . intellectui sanctorum doctorum, qui veritates ~us consideraverunt GASCOIGNE *Loci* 81; ipsa namque sola est que celatam quam querimus complete et perfecte denudare sufficit veritatem, et eam ~us declarare FORTESCUE *NLN* II 30. **d** et sic patere quod sapiencia, prudencia, justicia, et alie virtutes cardinales †radicius [l. radicitus] procedunt a timore Dei *Quadr. Reg. Spec.* 35.

radiciuncula [CL radix + -uncula], little root.

s1179 temperies itaque desuper illapsa benignius sementivam, ~is vix aliquantulum innitentem, roris et pluvie succedaneis irrigationibus fecunditati restituit DICETO *YH* I 436.

radicula [CL]

1 little root, rootlet.

elleborus albus . . radicem habet albam habentem multas ~as et stipitem unius cubiti *SB* 18.

2 (bot.): **a** black hellebore (*Helleborus niger*). **b** soap-wort (*Saponaria officinalis*).

a ~a, elleborus niger idem *SB* 36; elleborus niger, ~a, poliorion, vel melampolion idem *Alph.* 52. **b** ~a, i. lanaria vel strictius vel citicia *Gl. Laud.* 1264; ~a *called otherwyse* lanaria *is called in Greeke* struthion . . *I know no Englishe name for it. hovebeit, it myghte be called in English sopewort or skowrwurt* TURNER *Herb Names* F vi.

radietas [CL radius + -tas], radiance, shine.

quadriga equorum fusilis ex auro stabat, in qua ~as solis eque . . fusilis consistebat (ORD. VIT. II 17 p. 422) *PL* CLXXXVIII 176A.

radificare [CL radix + -ficare], to cause to take root (in quot. fig.).

eadem caritate manente, per frequenciam bonorum operum ligatur ne prorumpere libere valeat in actus suos et similiter illa caritas firmius ~atur per subjecti depuracionem R. MARSTON *QD* 321.

radiolus, ~um [LL], ~a

1 (dim.) ray of light.

cum stelle multo sint remotiores a nobis quam sit sol, quonammodo ~us in tam remotum locum sese extendet? NECKAM *NR* II 153 p. 238; ~i transitantes per tres angulos ysopleuri extra circumferentiam circuli inscripti PECKHAM *Persp.* I 7 p. 78; s1439 dum ipse [Phebus] aureos sue lucis ~os in faciem et vultum . . dimitteret AMUND. II 203.

2 spoke (in a wheel). **b** (in wheel of fortune).

ex modiolo oriuntur ~i ad rotas tendentes NECKAM *NR* II 168 p. 279. **b** dividere poterant inter se . . duos versus scolasticorum, ubi prope eventus temporum et varias revolutiones accidentium, satis consequenter loqui videbatur ~us rotarum LUCIAN *Chester* 70.

3 (anat.) rib, as projecting from spine, (pl.) the rear part of the ribcage.

prominebat itaque spina, ~os suos et spondilias patenter ostendens W. CANT. *Mir. Thom.* II 43 p. 204.

4 (her.) baton.

~o quem *baston* vocant juniorem consignabant fratrem, Johannem comitem Pictavensem quartum filium regis Hen. II caeruleo SPELMAN *Asp.* 140.

5 (bot.) polypody (*Polypodium vulgare*). **b** (dub.).

~um, *eofer fearn* vel *brun uyrt Gl. Durh.* 304; herba ~a *þæt is efor fearn piþ heafod ece Leechdoms* I 34; ~a, *eoverfern Gl. Laud.* 1258; ~um, *everferne, rayele MS Cambr. Univ. Libr. Dd. 11. 45* f. 113rb; ~um, *radiol MS Camb. Trinity Coll. O. 8. 2* f. 9vb; ~um, *i hocfern*, i. *polipodie MS BL Sloane 420* f. 119v. **b** ~us, i. yrsos *MS Cambr. Trinity Coll. O 8. 2* f. 9vb.

radiose [CL radiosus+-e]

1 in the form of (light) rays (also transf.).

notandum quod lux solaris dupliciter se diffundit, sc. directe et ~e, et hec dicitur lux primaria PECKHAM *Persp.* I 7; principales species colorum, que sc. ~e multiplicantur, possunt gignere alias secundarias accidentales non ~e multiplicatas DUNS *Ord.* VIII 237; c**1440** tam ~e in partibus, ad instar luminis, verbum istud diffunditur circumquaque, ut .. (*Ep.*) *Reg. Whet.* II 380.

2 (fig.) radiantly, resplendently.

polite, ornate, venuste .. ~e OSB. GLOUC. *Deriv.* 474.

radiositas [ML]

1 state or condition of sending out rays or being radiant, radiance; **b** (applied to air); **c** (applied to urine).

1238 accidit autem plerumque quod terre particula quam sol irradiat in sue ~atis virtute aliquid exhalet nubilum de propria tenebrositate GROS. *Ep.* 61 p. 186; prope sunt ut opinentur caudam quam trahit esse ~atem solis a stella reflexam *Id. Com.* 22; dum ~as solis sit presens eis BACON *Maj.* II 550; isti [radii] omnes alios includunt qui rotunditatem possent ~ate recta generare PECKHAM *Persp.* I 5; quod etiam lux extra ~atem possit, quasi radiose, se diffundere patet per simile *Ib.* I 7. **b** quod autem aeris ~as sit visui necessaria patet *Quaest. Salern.* W 3. **c** clariositas et ~as et subtilitas fiunt propter subtilitatem urine GAD. 16. 1.

2 (applied to eyesight, w. ref. to ability to see).

quod obicit de visu noctue, dicendum quod melius videt de nocte quam de die propter impotentiam virtutis visive, que lucem solis non potest sustinere: ~as vero modica sui organi quam sibi ingeminavit natura ut aliquo modo videre posset de nocte, quia de die non potest R. MARSTON *QD* 271.

3 (in anat. context) radial structure.

in oppilatione epatis .. non talis ~as sed mediocris tenuitas GILB. VI 239. 1.

radiosus [CL]

1 full of rays, radiant, resplendent; **b** (w. reflected light); **c** (transf. or fig.).

quod autem aeris radiositas sit visui necessaria patet, ~a namque corpora prospiciuntur melius et modo citius occurrunt visui *Quaest. Salern.* W 3; cum nox est media nobis tellure sub alta / exequat mediam lux radiosa diem GARL. *Tri. Eccl.* 14; vite velamen sancte nova revelant, / et reserat latebras mors radiosa sacras *Ib.* 116; nec est hoc incredibilius quam quod unum punctuale lucis diffundat infinitas lineas radiosas, manifestando distincte omnia que prius confuse videbantur in †humine [l. lumine] ~o WYCL. *Log.* II 168. **b** item notandum quod crystallus corpus ~um est et pervium radiis solis *Quaest. Salern.* B 142; quare canis rabidus miratur aquam et alia ~a corpora? *Ib.* P 47; gignitur ex glacie crystallus, qui radioso / fulgori solis subditus igne micat NECKAM *DS* III 307; sine sacco ponderoso / sine nummo radioso / nulla lingua radiat WALT. WIMB. *Van.* 28; pyramis igitur ~a sub qua res videtur tota frangitur in ingressu interioris glacialis, excepta linea illa que transit per omnia centra, que axis appellatur PECKHAM *Persp.* I 35 (38) p. 118; velut in ~o speculo illuxisti RIC. ARMAGH *AP* 20. **c** tu solis radius quem radiosa paris GARL. *Epith.* I 8; [donabitur] stola pro fletus tedio radiosa J. HOWD. *Cant.* 234; illibati splendoris ~a nobilitatis meridies *Ps.*-ELMH. *Hen. V* 77 p. 221; dictamen diccionum ruralium est egregium indumentum, quod quidem indumentum et cooportorium ~um, post reserendas cadenciarum terminaciones, exemplaria satis venusta intuenti lucide insinuabo *Dictamen* 334.

2 arranged like rays of light, radial.

omne quoque corpus luminosum sphericum concavum a quolibet puncto sui dirigit unam lineam ~am in centrum illius corporis sperici ad angulos equales super superficiem concavam illius corporis sperici GROS. *Hexaem.* III 16 p. 119 (=DOCKING 117); figura incidencie .. numquam acquirit rotunditatem nisi quatenus causatur a lineis ~is PECKHAM *Persp.* I 7; diffundat .. lineas ~as WYCL. *Log.* II 168 (v. 1a supra).

radius [CL], **~ia, ~ium**

1 ray, beam (of emitted or reflected light); **b** (in optics); **c** (transf.); **d** (in fig. context or fig.).

nequaquam limpido solis ~io [*gl.*: splendore, *leo, leoman*] potiretur ALDH. *VirgP* 32 p. 274; nec lucis radius linquens ergastula cessit *Id. VirgV* 1403; atomi tenuissimi pulveris [? l. pulveres] in ratio [? l. radio] apparent solis *GlC* A 875; debemus considerare ~ium qui de ista stella ortus est AILR. *Serm.* 24. 31. 332; **1174** avelle a sole solis radium, et non lucet P. BLOIS *Ep.* 47. 140A; accipiebam ~ium lune in manu mea *Latin Stories* 25. **b** a**1164** in quod .. cor appetit et in quod ~ius oculi semper tendit J. SAL. *Ep.* 73 (97); visus est vis ordinata in nervo concavo ad apprehendendam formam ejus quod formatur in humore cristallino ex similitudine corporum coloratorum per ~ios venientes in effectum ad superficies corporum tersorum J. BLUND *An.* 89; ita per reflexionem ~orum apparet ymago in speculo *Ib.* 177; ~ium visibilem a folliculo cerebri mitti per opticum nervum ad fenestram oculi dubium .. non est NECKAM *NR* II 153 p. 238; ut quando fit coadunatio fractorum ~iorum in puncto alicujus corporis perspicui BART. ANGL. IV 1 p. 82; fumus et pulvis .. ~iorum visualium aciem hebetarunt R. BURY *Phil.* 4. 63. **c** videbatur ei quod unus ~ius cruoris sui versus celum multum in altum se exiliens BROMPTON 996. **d** tempore .. summo Tiberii Caesaris, quo absque ullo impedimento ejus propagabatur religio, comminata senatu nolente a principe morte delatoribus militum ejusdem, ~ios suos primum indulget, i. sua praecepta, Christus GILDAS *EB* 8; ~io rudis testamenti coruscante ALDH. *Met.* 2 p. 68; splendere scientia, caritatis ~io flammescere AILR. *Serm.* 32. 1; quia semitas justitie ~io suo illustrationis ostendit J. FORD *Serm.* 11. 3; cum ~io serenitatis divini .. *V. Edm. Rich C* 592; [Christus] ut sol in meridie, / fulget summe radiata / radio justicie J. HOWD. *Sal.* 49. 9.

2 spoke (in wheel); **b** (transf.).

ita ut modiolis inserti ~ii canthis firmiter connectantur NECKAM *NR* II 168 p. 279; **1320** [*wheel-spokes*] ~iis [*for carts*] *Fabr. Exon.* 116; **1321** in veteribus rotis carecte .. reficiendis .. ac novis ~iis in eisdem imponendis (v. felgare); est axis duplex radii [*spokys*] sunt, timpana, canti (*Vers.*) *WW*; hic ~ius, A. *spake WW*. **b** atque cum hoc dicto palmam ejus capiti super aurem dextram, pansis digitorum ~iis, applicuit GOSC. *Transl. Mild.* 21 p. 184.

3 (in weaving) shuttle.

sindonis peplum ex tereti filiorum glomere fusoque netum ~iis [*gl.*: ~ii dicti quia radendo fiunt, *hrislum, rislum*] stridentibus et pectine pulsante texebatur ALDH. *VirgP* 38 p. 287; radius, *hrisl GlC* R 11; stilaque tractari longe telasque, creari / et radios miro telis discurrere giro R. CANT. *Malch.* III 561; **11..** ~ium, *risle WW Sup.* 22.

4 strickle.

1585 ~ius .. *that which bakers use to make their meale measures even: streeke or stritchell OED* s. v. *strickle* 1a.

5 sort of fine instrument, perh. a probe.

~ius est instrumentum subtile quod spatomele dicitur ut in Alexandro *Alph.* 153.

6 stripe, streak, line (forming part of a pattern). **b** striped cloth, ray.

1235 j pannus de serico radiatus minutis ~iis variis .. j pannus de serico cum latis ~iis croceis et rubeis, indis et viol' *Chanc. Misc.* 3/4; c**1315** par unum [sc. dalmatica et tunica] de albo panno .. cum quatuor ~iis de aurifugiis ante et quatuor retro *Invent. Ch. Ch.* 57. **b** **1265** pro vj. ulnis et dimidia ~ii tincti in grana *Manners* 25.

7 strip of land, furrow.

c**1240** dimidia acra et quatuor ~ii .. dimidia acra quatuor ~iis minus *Reg. Ant. Linc.* VII 145; ne ad expedicionem carucariorum per minus amplos ~ios deperat cultura *Fleta* 162; per ~ium quadratum terram bonam evertant *Ib.* 163; c**1300** ad quendam lapidem stantem qui est in quodam viridi ~io terre in le Crosteflatt *Reg. Paisley* 102.

8 (her.) arm (of cross).

[hujus crucis] ~ius infimus ceteris est extensior, cui cuspis etiam adjungitur qua vel in terra figatur vel manubrii vice commodius elevetur SPELMAN *Asp.* 101; [ut] hiatus cum ~ii crucis fatiscunt *Ib.* 103.

9 kind of fish, ray, skate.

defrustrare foro radium vel participare / cum sociis caveas, vel carnis portitor esse D. BEC. 1749; **1280** de quolibet batello portante retias. quatuor retias *IMisc* 39/24; s**1294** tam capita quam caudas milvellorum, congruorum, et ~iorum ad coquinam .. conventus veniencium *Cart. Chester* 633 p. 353; **13..** piscator .. habeat .. conchilia, sperlingos .. ~eas, mocheos (*Nominale*) *Neues Archiv* IV 340.

radix [CL]

1 root (of plant or tree); **b** (fig.).

legebam apostoli voce oleastri ramum bonae olivae insertum fuisse, sed a societate ~icis pinguedinis ejusdem [cf. *Rom.* xi 17: socius ~icis et pinguedinis olivae], si non timuisset, sed alta saperet, excidendum GILDAS *EB* 1 p. 26; nascitur atra frutex ex ista radice frondens ALDH. *VirgV* 2710; caudices, ~ices arborum *GlC* C 174; cadex [? l. caudex], radex [? l. radix] *Ib.* C 253; ~ix autem plante mediatrix est inter plantam et cibum GROS. *Hexaem.* IV 30 p. 156; operacio ~icis est attrahere nutrimentum et operacio folii cooperire fructum BACON XI 212; **1307** reddendo .. annuatim nobis quamdiu nos vixerimus unam ~icem zinziberis ad Pascham *AncD* C 4562. **b** germen iniquitatis, ~ix amaritudinis, virulenta plantatio nostris condigna meritis GILDAS *EB* 23; ubi de singulis verborum ~icibus multiplices regularum ramusculos pululasse antiqua .. traditio declarat ALDH. *Met.* 8 p. 78; erutis passionum ~icibus [*gl.*: *wyrtruman*] *Id. VirgP* 16 p. 245; donec altum [*sic*] monasterialis observantiae radicem figeret *Hist. Abb. Jarrow* 11; voluptas .. avolat et transit sed peccatum pertinacem ~icem infigit W. MALM. *GP* V 276 p. 440; hic vir vite venerabilis ab adolescencia sua mente et corpore redoluit castitate, de ~ice patientie florens *Chr. Kirkstall* 122.

2 (in or as name of plant): **a** wort, medicinal herb or plant. **b** radish (*Raphanus sativus*). **c** (*~ix arboris Mariae*) mugwort or tansy. **d** (*~ix dulcis* or *Pontica*) liquorice (*Glycyrrhiza glabra*). **e** (*~ix minutae genestellae*) tragacanth (*Astragalus*). **f** (*~ix zinziberis*) root ginger. **g** (*~ix Herculis*) dog's mercury, annual mercury (*Mercurialis perennis* or *annua*). **h** (*~ix minor*) gorse (*Genista*).

a ~ibus virtuosis oriens precellens GIR. *TH* I 39 p. 72. **b** quod raphanum Greci, nos ~icem vocamus NECKAM *NR* II 60 p. 166; raphanum, A. *radiche*. ~ix quando simpliciter idem. idem significat quod raphanum usuale *SB* 36; ~ix quando simpliciter ponitur pro raphano usualiter intelligitur *Alph.* 153. **c** ~ix arboris Marie, i. atanasia *SB* 36. **d** gliquiritia, i. ~ix pontica *Gl. Laud.* 752; glycyrrhiza *called in Latin* ~ix dulcis *is named in English lycores* .. TURNER *Herb Names* D iiii p. 106. **e** aspaltium, i. minutae genestellae ~ix *Gl. Laud.* 105. **f** **1271** solvent annuatim .. unam ~icem gyngiberis ad natale Domini *Cart. Osney* I 19; **1279** solvit .. per annum .. unum clavum gariofili et unam ~icem ging' *Hund.* II 341b; c**1280** reddendo .. j ~icem zinzebery ad Natale Domini *Carte Nativ.* 467 p. 155; **1294** reddendo .. unam ~icem gingeberis ad Natale Domini *Deeds Newcastle* 39; **1295** reddendo .. unam ~icem zinzeberis ad Pascha .. *Cart. Osney* I 55. **g** ~ix Herculis, A. *mercury or* smerdock *Plant Names* 218. **h** ~ix minor, *genest MS Cambr. St. John's Coll. E 6* f. 81ra.

3 (anat.) embedded or basal portion (of organ or part of body), root, base; **b** (w. ref. to umbilical cord).

[digitum] minimum solum .. super palmae ~icem pones BEDE *TR* 1 p. 179; a**1153** pollex .. debet mensurari ad ~icem unguis pollicis (*Assisa de Mensuris*) *APScot* I 673; non tamen sic constringuntur quin aliquantulum sint aperti per ~icem pilorum interius existentem *Quaest. Salern.* P 43; ~ices [TREVISA: *þe sinowis of felinge*] nervorum sensibilium BART. ANGL. IV 5 p. 97; ~ices [TREVISA: *rootes*] lingue et sensibiles nervi *Ib.* V 21 p. 154; putredo accidit .. a malis humoribus .. ad ~ices dentium venientibus et ipsas corrumpentibus GILB. III 160v 2; [ossa] que sustentamenta et ~ices membrorum nobilium *Ps.*-RIC. *Anat.* 5; in ~ice nasi sunt duo foramina exeuntia ad angulos

lacrimales *Ib.* 28; ciragra est dolor in lacertis et juncturis manuum et digitis incipiens . . deinde ad ~icem manus se movens GAD. 35. 2; spiritus fluens non est ~ix cordis accipiendo cor pro parte principali cordis . . . virtus est in spiritu ut in ~ice, in corpore cordis ut in ramo *Ib.* 67v. 1. **b** illud semen superficietenus matrici alligatur, ex cujus calore prefati spermatis fumositatibus decoctis ab ipsa matrice dividitur et per ~icem per quam nutrimentum accipit tenetur *Quaest. Salern.* B 194.

4 bottom, base, foot: **a** (of mountain); **b** (of castle wall).

a Augustinus episcopus volans per montium culmina quasi aquila, ea quae in montium ~icibus fiunt non considerans *Ps.*-BEDE *Collect.* 318; ad ~ices montis Libani ubi Jordanis fontes sunt BEDE *Nom. Act.* 1036; ad cujus montis ~icem est ecclesia Sancti Petri perpulchra quamvis deserta SÆWULF 74; cujus [montis] ad ~ices . . monasterium construxerat GIR. *TH* III 2 p. 141. **b** ad ~ices pedis castelli defluit amnis piscosus W. MALM. *GP* III 130 p. 270.

5 (fig., of that from which anything stems); **b** (applied to God); **c** (also pl., w. ref. to lineage or descent). **d** (*~ix Jesse, cf. et. Is.* xi 1) root or tree of Jesse (also w. ref. to Christ); **e** (as iconographical subject) depiction of the Tree of Jesse.

dilectio mundi cunctorum est ~ix ac fomes vitiorum BEDE *Ep. Cath.* 92; ad ~icem [*gl.*: i. ad initium] nostri sudoris signum, id est caracter, ponamus BYRHT. *Man.* 204; nusquam amoris stabilitus ~icibus ANSELM (*Ep.* 37) III 146; ~ices alkimie practice multum sciuntur per hec que hic tractavi BACON *Tert.* 42; pro declaracione istius materie supponende sunt due ~ices . . prima, quod nec Deus nec homo concedit quidquam nature peccabili nisi . . alia autem ~ix est quod . . WYCL. *Ver.* III 48; dicor Donatus sum radix grammaticatus *Vers. S. Alb. Libr.* 219. **b** Deum creatorem omnium rerum, ~icem et fundamentum principaliter esse PETRUS *Dial.* 24. **c** hominem enim oportet esse qui de ~ice hominis egreditur GROS. *Cess. Leg.* II 3. 8; David ~ix est universe stirpe [*sic*] sue (*Interp. Apoc.*) *MS Oxford Bodl. Douce 180* p. 97b; s**1339** legi ergo regni Francie sufficiat . . matri, non suo vicio sed nature facto que feminam fecit illam ~ices regias succidisse AD. MUR. *Chr.* 94; nam lex nature, quem divine providencie diximus radium, mulierem a supremo regimine in ~ice humani generis, ubi ipsa genus illud in sexus duos destincxit, naturaliter propellebat FORTESCUE *NLN* II 30. **d** flos virgulti de ~ice [*gl.*: germine, origine] Jesse descendens ALDH. *VirgP* 13 p. 242; ecce illum qui nominatur ~ix Jesse *Eccl. & Synag.* 118; splendida quam felix Jesse est et florida radix WULF. *Brev.* 99; cum ceteri spiritus super florem de ~ice Jesse requiescant J. FORD *Serm.* 9. 6; per eum qui egredietur de ~ice Jesse GROS. *Cess. Leg.* II 3. 9; sed papa . . / non curat quid faciant metentes in messe: / ecce radix Jesse teritur compulsa subesse (*Divers. Ordin.* 12) *Ps.*-MAP 229. **e** **1236** verinam . . in qua depicta sit ~ix Jesse *Cal. Liberate* VI 2417 p. 287.

6 (arith.) root. **b** (*~ix quadrata* or sim.) square root.

~ix, que in geometri latus dicitur, est cujuslibet numeri numerus qui in se ipsum ductus ipsum efficiet, ut 3 novenarii ADEL. *Alch.* 25; ~ix est omnis res ex unitatibus in se multiplicata ROB. ANGL. (I) *Alg.* 68; sexta est dividere, set quinta est multiplicare / radicem extrahere pars septima dicitur esse (*Carm. Alg.* 32) *Early Arith.* 73; minuere, mediare, multiplicare, dividere, et ~ices extrahere BACON *Maj.* I 220; queram ~icem que necessario erit quantitas linee EF que est sinus rectus porcionis EE WALLINGF. *Quad.* 28; si vero gradus fuerunt quorum ~ix querenda est ~ix erit gradus. si vero . . alicujus generis fraccionum fuerit numerus subduplus ad denominatorem numeri quadrandi KILLINGWORTH *Alg.* 716. **b** hujus igitur ~ice quadrata accepta . . ROB. ANGL. (I) *Alg.* 72; postea hujus aggregati ~icem quadratam accipias *Ib.* (v. exprimere 6); inveniam ergo ~icem illius quadrati que est quantitas linee FD WALLINGF. *Quad.* 26; c**1680** regulas arithmeticas . . didici usque ad extractionem ~icis quadraticae *EHR* XIII 310.

7 (in computus) basis of calculation, radix.

quod et faciunt astronomi alii habentes eram, ~ices et tabulas a tempore diluvii institutas BRADW. *CD* 141B; **1387** istud kalendarium . . habet sibi supposita duas tabulas parvas ostendentes aureum numerum et litteram Dominicalem pro omni tempore, sumpto anno in quo fueris pro ~ice . . *SB* 5.

8 (mus.) fundamental note, root (of hexachord). **b** melody of which the rhythm provides the model for a run of notes. **c** sign that indicates time as the root of mensuration.

septem sunt ~ices in gamma, tres super G per ♮ quadratum, due super C per proprium cantum, due super F per ♭ molle AMERUS *Pract. Artis Mus.* 2. 8 p. 22. **b** ordo autem procedit ab uno principio, principium a ~ice. ~ix est quilibet cantus primo datus. exemplum prime ~icis GARL. *Mus. Mens. app. P* 92; que quidem ordinatio fit ab aliquo tropo certo tamquam pro ~ice sumpto, ut in antiphonario et gradali *Mens. & Disc.* (*Anon. IV*) 23. **c** ponitur eciam maxima pro numero mixto cujus ~ix est perfecta, similiter numero mixto cujus ~ix est imperfecta HOTHBY *Cant. Mens.* L 54.

radmannus [AS *rād* + *mann* + -us], radman, radknight, tenant who performs riding service.

Levinus tenuit et inde *radman* episcopi fuit . . iiij *radmans* habentes vj hidas *DB* I 173rb; de hac terra tenent ij ~i ij hidas *Ib.* 173vb; duo vero ~i tenebant iij hidas . . de hac terra tenent ij ~i j hidam . . unus *radman* cum ix car' . . ij *radmans Ib.* 175rb; Osbertus . . tenuit tempore regis Henrici senioris dim. hidam in Goderintone et erat radmanus . . sic amisit episcopus antiquum servitium ~i sui Osberti *RB Worc.* 431; juratores . . dicunt . . quod tres rudmani de W. alternatim faciunt sectam ad hundredum domini R. de H. (*Warwickshire*) *PQW* 78b.

raeda, reda, rheda [CL], vehicle, cart; **b** (understood as) shaft of cart.

circumquaque in rhede vehiculo ad sanctorum patrocinia se deducere faciebat F. MALM. *V. Aldh.* 4. 79B; cadaver [regis] in rheda caballaria compositum W. MALM. *GR* IV 333; hec reda, -e, i. currus vel carrus ad eundum vel redeundum habilis OSB. GLOUC. *Deriv.* 188; rhede sarcinam pannorum imposuerant W. CANT. *Mir. Thom.* IV 7 p. 318; ignorant latera redas terrasque colendas D. BEC. 326; duc melius redas, mea sors! michi spem sine re das SERLO WILT. 18. 68; in rheda . . rotunditas cum quadratura reperitur NECKAM *NR* II 168 p. 279; reddas, quadrigas, carpenta, vel esseda, bigas GARL. *Syn.* 1584B. **b** ~a, A. *a taylle WW*; plaustellum, cursus, epredia, bigaque, reda [*gl.*: *thylle*] (*Vers.*) *WW*.

raedula, rhedula [CL raeda+-ula], (small) cart.

impletur cophinus, instar cujusdam rhedule cum rotulis factus, ut impelleretur rotatu levis motus J. FURNESS *Walth.* 55.

rafan- v. raphan-. **raffarium** v. raparium. **raffata** v. taffata. **rafforarius** v. raffurarius.

raffurarius [cf. raffurnum < OF *rafour*], lime-burner (passing into surname).

1286 Radulfo Rafforar[io] (v. raffurnum).

raffurnum [OF *rafour*], oven for burning lime, lime kiln.

1286 Radulfo Rafforar[io] pro uno raffurn' calcis combusto ad tascham xxx s. *KR Ac* 485/28 m. 4; pro uno raffurn' combusto ad tascham et vacuato, xxx s. *Ib.*

raftera [ME *rafter* < AS *ræfter*], rafter, beam.

debet redditus de bordis et ~is *Reg. S. Aug.* 78.

raga [cf. CL raia], ray or skate (*Raia clavata*).

hec ~a, *raye Gl. AN Ox.* 313.

1 ragadia, ragadies [cf. raga, CL raia], thornback ray or skate (*Raia clavata*). **b** (dist. as *~ia spinosa*).

pallentes generat famosa ragadia morbos NECKAM *DS* III 447; **1285** cum . . de quolibet batello portante ~ias venales ibidem [in villam Bristollie] quatuor ~ie de recta et antiqua prisa ad opus regis capi debeant *SelCKB* I 132; **1290** rex capiat . . de nave haddok' unum centum haddok' pro sex denar. de quolibet batello vel regard' meliorem piscem pro denario et hujusmodi *RParl* I 27a; c**1408** in j ragad' et alb' pisc' *Ac. Durh.* 52; **1430** in j *cunger* et . . regad *Ib.* 61; *fflay or fflatth*, *fysch*, ~ies *PP*; *thornbak*, uranoscopus . . ~ies, -ei *PP*; hec rogaterea, A. *thornbacke WW*; hec ~ia, A. *a ray WW*. *ray or schate* [piscis], ~ia uranoscopus *CathA*; *scate*, ~ia, scatus *Ib.*; allec radagia [*thornebagge*] pecten cetusque balena STANBR. *Vulg.* 12. **b** ore giganteo, spinosa ragadia perdit, / arma canisque maris et spatiosa plays GARL. *Epith.* VIII 531.

2 ragadia v. rhagadia.

ragagia v. rhagadia.

ragana [cf. raga, CL raia], ray or skate.

percipiant de coquina . . medietatem capitum et caudarum ~arum *Reg. Malm.* II 337; **1252** tam de carne quam piscibus excepta ~a *Cl* 261.

ragapium v. radapium. **ragelotus** v. raglotus.

ragemannicus [ragemannus < ME *rageman*+ -icus], (leg.) of or pertaining to a document with a seal affixed to a small strip of parchment.

indenture ragmannice hinc inde firmiter roborate FORDUN *Chr.* XIV 25 p. 367.

ragemannus [ME *rageman*; cf. CL regimen]

1 (leg.) ragman, statute of Edward I (1276) regulating the appointment of justices to investigate complaints, (*placitum* or *inquisitio de ~is*) proceedings under this statute.

1280 placita de ~is et de quo warranto coram J. de Vall' et sociis suis justiciariis itinerantibus in comitatu Notingham in crastino Animarum anno regni regis Edwardi octavo incipiente nono *JustIt* 670 *tit.*; **1286** cum rotulis placitorum de quo waranto et cum inquis' ~orum et aliis memorand' de scacario regis *PQW* 672a; **1287** placita . . regis de quo waranto et ragemann' coram . . Rogero Loveday et Johanne Metingham justic' itinerantibus in com' Glouc' *Ib.* 241 *tit.*; **1293** jur' de rageman' presentaverunt quod . . *Ib.* 378a; **1293** placita de quo waranto et de ragemann' coram . . justic' . . regis itinerantibus apud Novum Castrum *Ib.* 585 *tit.*; **1294** de diversis . . presentacionibus super ~is *JustIt* 543 m. 69.

2 document that contains investigation of complaints, ragman roll.

1281 pro illis et omnibus aliis transgressionibus de eo presentatis in ragemann' de com' Linc' *PQW* 399b; **1287** present' fuit . . coram inquisicionibus de ~is quod . . *Ib.* 252a; **1287** presentatum fuit per xij juratores de ragem' de hundr' de Derhurst quod . . *Ib.* 258b.

3 blank sealed charter.

1399 de ~is comburendis (*Cl*) *Foed.* VIII 109 *tit.*

4 document with a seal affixed to a small strip of parchment.

s**1403** confederati erant ei dux Eboracensis, et comites de Staffurd et Arundel, cum multis aliis, sicut in certis ragmannis conventum fuit BOWER XV 17.

ragemas v. racamas.

raglaria, ~oria [W. *rhaglaw*+-aria, -oria], (W.) office of ragler, raglership.

1334 officium ~orie cum feodo ragloti valet communibus annis in isto commoto vj l. x s. *Surv. Denb.* 152; **1386** officia de rageloiis Ketheynok', Maynordeylo et Maltherlayn in budellariis in comitatu de Kermerdyn *Pat* 321 m. 36; officia de reglawriis commotorum de K. etc. *Ib.*; officia de ~awriis commotorum de K. etc. cum bedelriis *Ib.* m. 22; **1391** concessimus ei officia ~ariarum commotorum de Hanhynnyok et de Genethglym in com' de Cardygan *Pat* 331 m. 32; **1403** rex Anglie . . concesserit . . officia de ~oria et de ryngildia de Turkelyn in Wallia *Cl* 251 m. 12; **1437** litteras patentes . . de officio ~orie commote de Talpont *Cl* 288 m. 12; **1501** cum . . warennis, hundredis, commotis, ~oriis et ringeldiis, senescalciis, amobragiis *Foed.* XII 781; **1505** ad . . occupandum officium ragloti sive ringildi in aliqua ~aria sive ringildiva infra dominium predictum [de Bromefeld et Yale] *Pat* 597 m. 19.

raglarius [W. *rhaglaw* + -arius], (W.) ragler, chief officer of commot.

1485 officium raglatoris sive ~ii com' nostri Carmarden *Pat* 561 m. 27 (9).

raglator [W. *rhaglaw*+-ator] (W.) ragler, chief officer of commot.

1461 compota camerariorum, vicecomitum, escaetorum, rungild', ~orum, firmariorum *Pat* 492 m. 9; **1485** officium ~oris sive raglarii com' nostri Carmarden *Pat* 561 m. 27 (9).

raglotia, raglotta [W. *rhaglaw*], (W.) office of ragler, raglership.

1318 concessimus ei balliam raglauthie commotorum de Ardudon et de Penthlyn in com' de Meronnyth *Pat* 150 m. 14; **1320** rex concessit Henrico Somer ragelottam commoti de Nantonewey et havotriam ejusdem commoti *Abbr. Orig.* I 250b; **1331** ragolotiam commoti de U. *Ib.* II 49; **1335** custodiam ragoltie de Tallabalion *Cl* 156 m. 10; **1340** ballivam ragolatie ryngildie de Dyvehelin *Abbr. Orig.* II 131; **1341** raglotiam commote de Artheloghwet *Ib.* II 148; de qualibet bracena medonis ad vendend' facta racione rogelotie duas lagenas *Rec. Caern.* 154; c**1370** virtute ballive predicte ragelotie clamat habere, de quolibet homine amerciato in commoto de Ardudo et cujus amerciamentum afforatum fuit ad sex denarios, unum denarium et unum quadrantem *Ib.* 156; **1403** officia de ragloria et de ryngildia in Wallia *Cl* 251 m. 12; **1404** cum .. ~ia et wodewardia de Arthelewak *Cl* 252 m. 26; et cum omnibus aliis ad predicta manerium de Aber et villas, ~ias, wodewardios, frythes et havocrias qualitercumque spectantibus *Ib.*

raglottus v. raglotus.

raglotus [W. *rhaglaw*], (W.) ragler, chief officer of commot.

1304 firmis ragelotorum et ringildorum (*Ac. Sheriff of Caernarvon*) *Bull. Board of Celtic Studies* 147; **1315** de firmis diversorum ballivorum, viz. reglatorum [et] ringildorum comotorum comitatus predicti *Pipe* r. 55; de firmis diversorum ballivorum, videlicet raglottorum et ringeldorum *Ib.*; c**1323** Philippus ap Gilbert, ~us ejusdem commoti *IMisc* 92/12; quilibet eorum [nativorum] reddit per annum pro pastu equi ~i ad festum Exaltacionis Sancte Crucis iiij d. *Surv. Denb.* 8; officium ~i de advocar' *Ib.* 152; officium ~i valet in isto commoto per annum .. lxij s. *Ib.* 48; c**1400** raglottus advocarie de Bromfielde et Yale, cujus officium est adventivos et forinsecos homines *Rec. Caern.* xi; raglottus, cujus officium est ut officium vicecomitis, facere summoniciones, attachamenta, arrestaciona et omnibus querelis et causis, que tam ad sectam dominii quam partium coram ipso emerserint .. et predicta singula .. senescallo de curia in curiam presentare et recordare *Ib.*

ragmas, ragomas v. racamas.   **rahot** v. ruach.

1 raia [CL], **~us, reia,** ray or skate (*Raia clavata*).

est vero [piscis] ad modum ~e, habens in summitate spine duas pinnas acutissimas Osb. Bawdsey cxlvi; **1225** die lune cervisia vj d., panis iij ob., ~a xij d. (*KR Ac*) *Househ. Ac.* 140; **12..** de ~is capita et caudas (v. plaicia); **1256** per totum annum capere potest unam morucam, vel unum gunger bastardum, vel unam rayam *AssizeR Northumb* 83; **1309** habebit .. viij brem' pro j d. et j reiam pro j d. *IPM* 16/9 m. 6; *spindeleresbot* qui ducit mulvellum recentem vel ragum .. *MGL* I 374.

2 raia, ~us, reia [ME, AN *rai, raie, ree, rei* < CL *radius*]

1 stripe, line. **b** striped cloth.

a**1135** de uno fussello, quem manu tenebat, cepit per cineres foci quasi reias facere; et .. de ipso fussello .. commiscuit reias quas in cineribus fecerat *BR Will.* I 18. **b** c**1280** in villa de Novo Castro subtus Limam in selda sua ceperunt quatuor ulnas de rayo afforsato (*PIRCP*) *Gild Merch.* II 179; c**1450** item in lxxij rayis pro valectis .. item pro xxvj rayis pro garniamento W. senescalli .. prioris *Ac. Durh.* 633.

2 strip of land, furrow.

c**1155** sciatis me dedisse monachis .. x acras terre de terra mea de H. .. reia ad reiam terrae sue *FormA* 243; c**1190** totam terram illam quam Willelmus carpentarius tenuit in B., sc. quintam reiam totius medietatis de B. *Illust. Scot.* 20; omnis lanceta, omnis *toftman*, et omnis *molman* .. debent spergere unam reiam de *fiens Nomo-lexicon* s. v. *molman*.

raiatus, reiatus [AN *raié* < radiatus], striped, streamed, rayed: **a** (of cloth); **b** (of cup).

a c**1170** nullus preter eos faciat pannos tinctos vel reatos in toto Eboracensyr (*York*) *BBC* 254; **1358** unum tapetum ~um .. ij tuallia cum parruris de cerico viridis coloris ~o cum auro *Invent. Norw.* 4; **1377** j selura cum testera conjuncta in una pecia de alba *satyn* ~a de auro *IMisc* 213/6 m. 3; **1486** nullus preter eos faciat pannos tinctos vel reatos in tota civitate *Pat*

564 m. (2) 23. **b 1215** sciatis quod recepimus unum ciphum reiatum ponderis duarum marcarum *Pat* 146a.

raida v. rhyas.

raigulus, green woodpecker.

coleus, i. raigulus avis *Gl. Laud.* 443.

raila v. railla.

railla, rela [ME, AN *raile, raille,* OF *reille* < CL *regula*], horizontal bar, rail.

c**1155** j tassus avene de xij carretatis ter circumdatis super rellias *RentSurv* R 74; **1301** in emendacione portarum de le Haut cum riliis juxta dictam portam reficiendis et emendandis et cum riliis circa grangiam .. faciendis *MinAc* 991/25; **1303** in reliis faciendis ante pariet' boverie et .. greciis ante hostium boverie emendandis *Ib.* 991/26; **1304** in meremio prosternando ad *reles* molendini (*Ac. Adisham*) *DCCant*; **1308** in relis, virgis reparandis (*Ac. Deopham*) *Ib.*; **1318** pro postis, .. gistis, .. someriis, .. reylis *KR Ac* 468/20 f. 18; pro .. someriis, gistis, raylis *Ib.* 18d.; **1341** pro v copulis crukarum, railis, hengerell', bordes et alio maeremio necessario pro una domo vaccarum facienda *MinAc* 1091/6 K. 4; **1355** in j carpentario conducto .. pro ryelis faciendis (*Ac. Ashere*) *DCCant*; **1535** pro nova factura unius pinfaldi cum raillis de mearemio domini (*MinAc Norf.*) *Rutland MSS* p. 11.

raillare [railla+-are, cf. ME *railer*], to fit or support with rails.

1266 in una careta et duobus carris bastonandis, rilandis, axandis .. et emendandis *MinAc* 1078/8 r. 4; **1379** in stipendiis iij hominum .. ~ancium et bokkestallancium palicium [parci] *MinAc* 1184/8 m. 1d.

raillatio [raillare+-tio], (act of) fitting or supporting with rails.

1571 necessarias reparaciones .. exceptis paleacione, releacione, et fensura foreste predicte *Pat* 1103 m. 3.

raimare, reimare [ME *raimen, reimen,* OF *raiembre, reimbre* < CL *redimere*], to hold for ransom.

1275 obsecramus misericordiam domini regis ut misereatur nostri quia ita sumus reimati *Hund.* II 176a; **1318** qui .. super hoc convictus fuerit seu attaintus sit raymatus [ME: *sal be demanyt*] ad voluntatem regis et perdat servicium in tota vita sua (*Stat. Rob.* I 22) *APScot* 112 (=*Reg. Aberb.* 112); **1318** si quis .. sit convictus seu attaintus de tali alienacione sit adjudicatus ad prisonam regis et sit raymatus [ME: *demanyt*] ad voluntatem regis (*Ib.* 24) *Ib.* 113.

raingia v. 1 renga.   **raka** v. 1 racka.

rakiare [ME *raken*], to rake.

1292 adjuvabit fodere iiij *daywerkes* terre ad linum, seminare, ~iare (v. ligare 1b).

rakka v. 1 racka.   **rakkare** v. rackare.

rallum [CL], **~a, a** scraper for cleaning mud from a ploughshare. **b** razor.

a 1560 Willelmus ap Res accepit quandam rullam vocatam *le ploustaff* in manu sua *Pat* 956 m. 34. **b** *a rasure,* novacula, ~um, rasorium *CathA*.

rallus [CL], (of cloth or fabric) fine; **b** (as sb. f.) towel, shaving cloth.

vestes .. differentes .. textura, trilices, ~as [*gl.*: i. raras, *say*], acupictas, jaculatas .. Balsh. *Ut.* 52. **b** *rylle, thyn cloth,* bralla PP; *thynne clop that ys cleppyd a rylle,* ~a PP; rella pannus est A. *ray* WW; *raster clathe,* ~a CathA; *a schavynge clathe,* ~a Ib.

ralus [dub.], flying serpent.

~us, A. *a fleying addur WW.*

rama v. rammus, ramus.

ramageus [ME, OF *ramage*; cf. CL *ramus*], wild, untamed (in quot., falc.).

1237 si aliquis girofalcus vel falco gentil' ramag' inventus fuerit in balliva sua *Liberate* 12 m. 16; **1330** ad capiend' falcones ~eos et pullos falconum in partibus Northwall' et Suthwall' prout sibi visum fuerit expedire *Pat* 174 m. 22 (=*Cl* 150 m. 8: **1331**); **1333** ad capiendum falcones ~ios, et pullos falconum in partibus North Wall' et Suth Wall' *LTR Mem* 105 m. 156.

ramailius v. 2. ramellus.

ramale [CL]

1 branch, twig (usu. pl.). **b** (in gl. understood as) dry branch.

termite ramali pars mergite, pars cereali, / repit onusta pedes onus illatura sub aedes R. Cant. *Malch.* IV 35; **1166** (14c) licebit eis sine aliquo ferramento vel aliquo ustilio succibili intrare et ~ia que de Wyvede remanserint, que Anglice *spren* dicuntur, colligere *MS Cambr. Univ. Libr. Ee. 5. 31* f. 1; (=*Cart. Bilsington* 21: †remalia); ipse ligna cedens .. securim ex incude recentem inter ~ia labentem medio sinistri pedis infixit W. Cant. *Mir. Thom.* VI 159; nonne hoc spumosum et cortice pingui, ut ~e vetus pregrandi subere coctum? J. Sal. *Met.* 917D; crura rubus fodiat, faciem ramalia cedant Hanv. I 343; cedrus de Libano viset ramale, vetustum / flos fenum Garl. *Epith.* II 201; **1288** pro veteribus roboribus, corticibus et ramallibus venditis *Doc. W. Abb. Westm.* 157; **1299** de ~ibus salicium venditis vij d. (*Ac. Blakenham*) *Doc. Bec* 177. **b** hoc ~e, *a dry brawnche WW.*

2 debris, waste.

1378 pro remale dicte quarere evacuando *Hal. Durh.* 150; **1467** pro *le riddyng* ~ium dicte domus *Ac. Durh.* 154.

ramalis [cf. CL ramale], of or pertaining to branch or twig.

a brawnche, .. frondens, frondosus, ~is participia CathA.

ramallus, ~um v. ramellus.

ramatus [CL ramus+-atus]

1 (of tree) that has many branches, branched.

1303 v s. v. d. de una arbore ~ata cum quinque linguis serpentinis *Ac. Exec. Ep. Lond.* 55.

2 (of bird) that sits on a branch (as dist. from a perch), wild, untamed, or trapped on a branch. V. et. ramerus.

1255 sagittavit quandam columbam ~atam *Hund.* II 68a.

rambricus, frog or toad.

hic ~us, *a paddoke WW.*

ramea v. ramia.   **rameare, ramehare** v. rammare. **ramel-** v. ramell-.

ramellus, ~um [CL ramus+-ellus; ME *ramaile,* OF *ramaille* < CL *ramale*; cf. et. ME, OF *ramel*], ramilia, ramillus, ~a, ~um

1 (collect. also pl.) brushwood, small twigs or branches. **b** stick or sim. (in quot. used for ramming).

1169 de bosco meo concessi et dedi eis in elemosynam carucatas de ~ilia et tres de virga per singulos annos (*Ch.*) *MonA* V 420a; c**1175** sciatis .. me dedisse .. duas karectas omnibus diebus anni in parco meo de Colum ad trahendam ~illam de landis parci et kaetam de mortuo bosco ad focarium .. monachorum *Cart. Colne* f. 16v p. 24; **1211** de x s. vj d. de ~illis de x s. ix d. de salicibus venditis *Pipe Wint.* 153; p**1212** habeant in bosco suo de C., tam de viridi quam de mortuo bosco .. et ~illum ad clausturam (*Corbridge*) *BBC* 57; **1229** reddunt compotum .. de ~illis et subposco vendito *Pipe* 73 m. 16; **1233** quod habere faciat .. x carettatas ~ille in Graveling' ad closturam *Cl* 210; **1241** capiant .. quatuor caretatas ~illorum .. except' quercu, fago, .. ad stagnum reparandum *Fines Suss* 383; **1242** quod permittat abbatem .. capere ~ellam in foresta .. ad focum suum *RGasc* I 97a; **1255** colligunt per dominicos boscos seckallones et ~illa ad focum suum *Hund.* I 26b; **1271** recepit .. ~illos .. ad parcum .. claudendum *Cl* 347; c**1285** recepit de ~aillo ix s. *Chanc. Misc.* 11/4/4; c**1350** debent claudere xxxij virgatas circa curiam de muro sive de spina et ~ille *Reg. S. Aug.* 308; **1374** in v palustris cariantibus ~allum de Benetbank' pro dicto were .. reparando *Doc. Leeds* 111; **1372** de ~elis prostratis .. in parco ij s. *Arch. Bridgw.* I 269 p. 191; **1388** est ibidem quidam boscus forinsecus .. et profectus ~elorum nichil quia vastatur *IMisc* 240/13; **1394** ad cariandum ~ellos et clausuram pro dicta haia facienda (*DL MinAc*) *Arch. Soc. Derb* XI 136; **1430** J. M. vicarius ecclesie de B. putavit remella de arboribus domini *CourtR Banstead.* **b 1348** in .. ij *strykes* pro blado mensurando et ij ramell' pro flora in dictis

doleis ramanda locatis *KR Ac* 552/24; in . . ij ramell' ligneis pro flora rammanda in dol' *Ib.* 552/25.

2 waste chips of stone, rubble.

1396 apud quareram de Hedyndone de terra et ~ailiis ad petram rudendam *DocCOx* 308; **1434** in vadio . . riddancium, mundancium, et nudancium xv rodas quarere apud H. pro meliore adquisicione . . petrarum . . una cum portacione ramell' super ripam, xiij li. *Fabr. York* 52.

ramentum [CL], a shaving, shred, scraping.

~um, pulvis quae [*sic*] radetur de aliqua specie *GlC* R 27; ~um, pulvis qui eraditur de aliqua specie Osb. Glouc. *Deriv.* 506; hoc ~um, A. *ramayle WW*.

ramerus [AN *ramer*, OF *ramier* < CL ramus + -arius], of the woods, wild, untamed.

1249 quod veniret cum ipso ad occidendum unam columbam ~am *IMisc* 3/26.

ramescere [CL ramus + -escere], to put forth branches.

corda te, Domine, rorante virescunt / et sacros norunt edere cogitatus. / ad instar ligni fructuosi ramescunt [v. l. framescunt] / dum diriguntur celice meditatus J. Howd. *Cant.* 24.

Ramesigus, of Ramsey (Hunts).

o ~a cohors Abbo *QG prol.* 4 (v. eremus 2b).

ramex [CL]

1 (anat.) dilation of the spermatic veins, varicocele.

sicut idropsis et ~ex aquosa Gad. 25. 2.

2 a genital area. **b** penis.

a hic ~ex, locus genitalium *WW*. **b** hic ~ex . . i. mentula Osb. Glouc. *Deriv.* 503; ~ex, mentula *Ib.* 508;

ramia [1 ramus + -ia], **ramea** [OF *ramée*], (collect.) branches, twigs.

c**1137** concessi eis . . ~eam de salicibus et oseris que super aqua pendent *Cart. Tutbury* 62 (=*MonA* III 393b); **1315** donacionem . . de duodecim quadrigatis de ~ia in bosco de Neubele singulis annis *ChartR* 101 m. 15.

1 ramiare, ramire [Frk. *hramjan*, cf. et. arramiare], (leg.) to 'arraign', to summon: **a** (person); **b** (assize or lawsuit).

a 1243 bene possunt ~iare ubique infra Tinam et Teysam eos qui emunt vel vendunt sine licencia burgensium Dunelmi *AssizeR Durh* 57. **b 1205** T. . . defendit jus suum . . ita quod magna assisa ~iata fuit inter eos et capta coram justiciariis apud Oxoniam *CurR* III 314; **1222** ad assisam capiendam quam G. de S. aramiavit coram justiciariis . . quod assisam . . quam Alexander . . ~iavit versus Johannem . . capiant *Pat* 344; **1280** T. eo quod alienavit unum lignum de pretio ij d. positam super terram quam ~iavit sectam *CourtR Hales* 126; **1281** W. de W. clericus queritur de W. de T. eo quod sibi detinet ij s. de salario suo . . et ~it sectam *CourtR Hales* 176.

2 ramiare v. rammare.

ramicedrus [CL ramus + cedrus < κέδρος], (wood of) juniper tree.

~i, lignum juniperii *le frut de junipre*, A. *gost on the heth MS Oxford Bodl. Digby 29* f. 43; ~i lignum juniperii G. *le frute de junipere*, A. *gost on þe erth MS BL Sloane 405* f. 15v; ~i, lignum juniperi, idem G. *le fust de junevre MS BL Addit. 15236* f. 7; ramiced[r]us, id est lignum juniperii *Alph.* 153.

ramiculus [CL ramus + -culus], little branch or twig. **b** (collect.) brushwood, debris.

quasi . . ex multis arboribus paucos ~os decerpens *Mir. J. Bev. A* 294; **1280** habebit ~os quos eisdem virgis absciderit (*Cust.*) *Crawley* 235. **b** et habebit vetus maeremium et ramiclum et nichil aliud *Cust. Glast.* 204.

ramificare [ML < CL ramus + -ficare]

1 to cause to spread in the manner of branches, to ramify (in quot. pass.). **b** to spread into divisions or categories.

basilica dirigitur a pelliculis velantibus costas, et ~atur ad assellas, unde nuncupatur vena assellaris Gilb. IV 193. 1; nervi . . parciuntur et ~antur in membris *Ps.*-Ric. *Anat.* 5. **b** hec . . duo genera philosophantium . . ~ata sunt per multas sectas et varios successores Bacon *Maj.* III 63; hec potentia que minime de unitate habet ideo ~atur in diversa secundum speciem *Id.* VII 134.

2 (intr.) to branch, put forth branches (in quot. in fig. context or fig.).

1421 ut ipse in vitali ligno theologice facultatis decenter jam ~ans peramplius frondeat *EpAcOx* 3; congaudeat vestra ornatissima majestas ac regalis dignitas, prolifico germine ~et et accrescat *Regim. Princ.* 168.

ramificatim [ML ramificatus *p. ppl. of* ramificare + -im], in the form of branches, in a manner that resembles branches.

1432 quedam alia de generacione Salvatoris a radice Jesse egressa, adusque eundem Salvatorem ~im apparebat (J. Carpenter) *MGL* III 462.

ramificatio [ML ramificare + -tio], (act or process of) dividing into a branch-like structure, ramification.

propter particionem et ~onem quam [artarie] suscipiunt *Ps.*-Ric. *Anat.* 6.

ramificativus [ML ramificatus *p. ppl. of* ramificare + -ivus], (anat., of vein) that branches out or extends in a manner like that of a tree.

materia opilacionis epatis provenit ad ipsos prius per illud quod colatur ab ipsa ad orificia venarum ~arum ex vena ascendente Gad. 73. 1.

ramiger [CL ramus + -ger], (one) who carries branches.

s**1254** cantantes ~eri et florigeri cum sertis et coronis et musicis instrumentis processerunt venientibus obviam [cf. *Joh.* xii 13] M. Par. *Maj.* V 477.

ramilia, ramilla, ~um, ~us v. ramellus.   **ramire** v. 1 ramiare, rammare.

ramisis [cf. ME *ramse* < AS *hramsa*], (bot.) ? wild garlic, ramson (*Allium ursinum*).

herbarum nomina . . lilium et apium ramisis [*gl.: ramys*] absinthium aron Stanbr. *Vulg.* 11.

Ramispalmarum v. 1 ramus 2.

rammare, rameare, 2 ramiare, 2 ramire [ME *rammen*]

1 to beat or compact (earth) with heavy implement, to tamp, ram; **b** (absol.).

1287 in ij hominibus locatis ad terram ~andam extra exclusas *Pipe Wint.* 11M59/B1/46r. 22; **1363** in radiis . . viij laboratorum operancium super le Ware dicti molendini . . et rameancium argill' subtus dictas *flodgates MinAc* 1015/12; **1389** pro scrutacione omnium defectuum capitis stagni predicti et cum terra et implend' et ~and' *Ib.* 1292/4. **b 1296** custus molendini . . in stipendiis ij hominum pro ramand' et fodiend' sub rota exteriori *MinAc* 840/9; **1325** in stipendio iiij hominum . . ad rudendum et ~andum circa capud molendini predicti (*Ac. Merstham*) *DC Cant.*

2 to fix or make firm by beating down the surrounding soil.

1272 in astra grangie exaltand' et equand' et rameand' et faciend' *MinAc* 935/3 m. 1; in astra grangie exaltand' et ramehand' de novo *Ib.* m. 2d.; **1305** in fossura sub flotgat' ejusdem molendini facienda et iterum adimplenda et ~anda (*Ac. Cliffe*) *DCCant.*; **1344** pro . . fundamento ad dictam domum ~ando *KR Ac* 458/4 D. 1; operario . . perimplenti et ~anti dictos puteos *MinAc* 1140/24.

3 to drive in with heavy blows.

1275 in j puteo fodiendo ad novum standardum imponendum et ramiendum (*Ac. Adisham*) *DCCant.*; **1290** in stipendio j hominis predictum *standdard* ~and' (*Ac. Meopham*) *Ib.*; **1295** in *standard* ejusdem [molendini] circa fodiendo et ramiando (*Ac. Aghene*) *Ib.*; **1333** in duobus hominibus locatis per quatuor dies ad dictum palicium et barreram ~andam quolibet capiente per diem j d. ob. *LTR Mem* 105 r. 194; **1336** in aux'

habend' ad novum meremium [molendini] inponendum et ~andum (*Ac. Bocking*) *DCCant.*

4 to cram, to stuff, thrust (into).

1348 in . . ij ramell' pro flora . . in doleis ramanda *KR Ac* 552/24; in . . ij ramell' ligneis pro flora ~anda in dol' *Ib.* 552/25.

5 to fill (vessel or receptacle) by ramming.

1348 ad dictam floram mensurandam et in dol' predictis imponendam et ad dol' predicta ~anda *KR Ac* 552/25.

rammatio [rammare < ME *rammen* + -tio], (act of) ramming, thrusting, or packing (into).

1311 ~o (*Wivenhoe, MinAc Essex*) *MFG* 29; **1348** cum multura . . bultacione . . mensuracione et ramacione ejusdem flore in eisdem doleis *KR Ac* 552/24.

rammatura [rammatus *p. ppl. of* rammare < ME *rammen* + -ura], act or work of ramming.

1304 in fossura et ~a sub exteriori rota et ad situm predicti *weterloc* (*Ac. Cliffe*) *DCCant.*

rammulus [rammus + -ulus], young male sheep, little ram.

1340 ramulus (*Stapleford Abbots, MinAc Essex*) *MFG* 29.

rammura [cf. rammare < ME *rammen* + -ura], act or work of ramming.

1278 in argilio fodiendo ad parietes camere militum et ramura de postis et posticulis *MinAc* 935/5.

rammus [ME *ram(me)* < AS *ramm*], ~a

1 male sheep, ram.

1276 ~us (*Feering, MinAc Essex*) *MFG* 29.

2 pile-driving machine, ram.

1329 pro una corda . . pro virga ingenii portantis ramam ordinatam pro pilis inde firmandis in aqua, pro majori securitate pontis predicti, inde tractanda . . et eidem pro j pecia de *selyskyn* . . pro eadem rama super virga predicti ingenii inde pendenda *KR Ac* 467/7/1; **1332** de . . ij hamis ferr' cum roddis pro rama ad pontem ducenda . . ij parvis vernis sive ingeniis disjunct' pro ramis ad merem' levandis et firmis *Ib.* 469/11 m. 1d.

Ramnes [CL], one of three centuries of *equites* traditionally instituted by Romulus.

ramneta [? l. ramnetes] equites a Romuli [l. Romulo] constituti *GlC* R 25.

ramnum v. ramum, rhamnus.   **ramnus** v. rhamnus.

ramosus [CL]

1 (of tree) that abounds in branches, branchy.

in saltu nascor ramosa fronde virescens Aldh. *Aen.* 45 (*Fusum*) 1; per tumultum arborem cautius sic ascendit ~am quod inter ramorum latitando densitatem ad libitum totam . . contemplari potuit multitudinem E. Thrip. *Collect. Stories* 220; hujus . . partis divisionem . . modum arboris ~e depingimus Fishacre *Sent. Prol.* 98; suspensus est in ~a quercu T. Chobham *Praed.* 181; profert umbraculum et proteccionem patrocinii veluid ~a ligna Gros. *Hexaem.* IV 29 p. 152; **1310** sigillum meum . . apposui gerens impressam ymaginem cujusdam caniculi gerentis in dorso formam arboris ~i [*sic*] *Reg. Aberbr.* I 279.

2 (transf.) branched like a tree: **a** (of vein or artery); **b** (of antler).

a arterie . . ~e derivantur in quibus . . pulsus . . sentitur Ric. Med. *Anat.* 222; in medio conpositionis est quedam lata vena que dicitur ~a propter quinque ramos quos habet in ipsa substancia epatis et eos dirigit ad pennulas epatis *Ib.* 225. **b** hunc [cervum] beat, hunc mulcet ramose gloria frontis Walt. Angl. *Fab.* 44. 3.

3 (of person or skill) who or that has a wide range, extensive, extended.

[rethor] ledit donec sibi munera plenet / gazis ramosus D. Bec. 1520; plebi vilis erat, hominum mendicus amore / ni tibi ramosum radicet posse nocendi *Ib.* 1595.

4 (in gl.).

~us, diffusus .. expansus, amplificatus OSB. GLOUC. *Deriv.* 508.

rampare [ME *rampen*, *ramper*], (of animal) to rear or stand on the hind leg, (pr. ppl. as adj., her.) rampant.

1245 stola et manipulus de eodem serico breudata leonibus magnis ~antibus *Invent. S. Paul.* 490; **1384** arma prefati comitis [Northumb'] que sunt de auro cum uno leone de azureo ~ante *Pat* 317 m. 16.

rampesia [cf. Eng. *rampire*], (sort of fortification) rampart, mound of earth raised for the defence of a place.

1606 per antiquos muros ejusdem ville [Dovor] modo dirutos et ruinosos vel per ~ias sive fortificationes Anglice vocatas *le rampiers or fortifications Pat* 1700 no. 1.

rampnum v. raninus. **rampnus** v. rhamnus.

ramulus [CL], little branch or twig. **b** (anat., in quot. of artery).

satirion tercia ~os habet oblongos *Alph.* 158. **b** totidem et arteriarum ~i .. procurrunt in renes D. EDW. *Anat.* B3.

ramum [cf. CL aeramen], copper or bronze.

s532 volo ut faciatis mihi talem mensam .. specialem ... mittamus in sufflorium .. stagnum, plumbum et ramnum et electrum, ferrum .. DICETO *Chr.* I 92; metallum est quedam essentia que dicitur secunde compositionis, cujus species sunt septem, sc. ferrum, plumbum, stagnum, ~um, cuprum, argentum, et aurum M. SCOT *Part.* 295; de ~o leviter fit color viridis cum aceto forti et melle *Ib.*

ramunculus [LL], little branch or twig. **b** right to collect small branches. **c** representation of small branch; **d** (in fig. context).

cauliculi, ~i *Gl. Leid.* 29. 48; **1234** wdewardus .. debent habere omnes ramunclos qui cadunt de illo meremio *Cust. Glast.* 57; **1270** de ~is .. quercuum *SelPlForest* 55; **1326** potest vendi de ~is dicti bosci sine destruccione ad valorem de .. *BB St. Davids* 128; sic ~us piri stipiti pomi insertus, postquam coaluerit, ita pomum trahit in naturam piri ut .. FORTESCUE *LLA* 5 p. 16. **b** gardina .. cum herbagio et ~is *Form Man* 25. **c** **1295** tunica et dalmatica .. cum citacis viridibus in ~is *Vis. S. Paul.* 322a; **c1296** cum ~is arborum *Invent. Ch. Ch.* 2; **1445** stola de panno aureo cum scitis [*sic*] diversorum armorum et ramunclis de viridi cerico *Invent. S. Paul.* 522. **d** **1297** cogimur securim ponere ad radicem, ut illa evulsa remunculi pestiferi de cetero non virescant *Reg. Wint.* II 582; **1433** ut .. humiles ~i firmissime efficiantur ecclesie columpne *EpAcOx* 103.

ramura v. rammura.

1 ramus [CL], **~a**

1 branch, bough, twig (of tree or shrub). **b** (w. ref. to Verg. *Aen.* VI 137 *~us aureus*) golden bough. **c** (w. ref. to *Gen.* viii 11) olive-branch as a sign of peace. **d** palm-branch as sign of victory or triumph (*cf. et. palma* 5).

legebam apostoli voce oleastri ~um bonae olivae insertum fuisse [cf. *Rom.* xi 17] GILDAS *EB* 1 p. 26; dulcia de ramis carpunt alimenta ciborum ALDH. *VirgV* 342; sarmentum, ~i qui de vineis exciduntur *GlC* S 35; siquis .. arborem .. prostraverit et inde ~um vel frondem portaverit *DB* I 1rb; cum ~us inseritur stipiti quare stipes non fert fructus sed rami? *Quaest. Salern.* P 60; **1256** exceptis corpore quercus, magistro ~o, et venacione (*IMisc* 9/21) *Cal IMisc* I 217 p. 74; macis .. adheret ipsi nuci muscate circum quidem juxta ~um, ut potest videri in avellana *SB* 29; **1488** si equitator .. poterit extendere usque ad summitatem .. ~e viridis alicujus arboris habentis per majores partes mortuas ~as .. *DL CourtR* 127/1901A. **b** antequam aliquis ad inferos meare possit monet Sibilla querere aureum ~um quo pretermisso nullus ad inferos meatus patet BERN. *Comm. Aen.* 58; Eneas .. ~um aureum postibus Proserpine defixit *Ib.* 116. **c** **s1080** presul etiam pro janvis pacem pretento ~o preferens neci datus W. MALM. *GP* III 132 p. 272. **d** frondigeris tegitur bellantum turma coronis / et viridi ramo victor certamine miles ALDH. *Aen.* 91 (*Palma*) 7; ei Hierosolimam venienti palmarum ~is et laudibus occurrere [cf. *Joh.* xii 13] BEDE *Prov.* 937B.

2 (eccl., *Dominica in ~is Palmarum*, *~i Palmarum*, *Ramispalmarum*, or sim.; *cf. et. Joh.* xii 130) Palm Sunday.

in ~is Palmarum benedictio EGB. *Pont.* 63; **s1175** die Martis proxima ante ~os Palmarum DICETO *YH* I 400; **a1200** tantum in die Ramis Palmarum *Danelaw* 276; **s1257** ante Dominicam in ~is Palmarum villam Mungumbriam .. combusserunt *Ann. Cambr.* 93; **1324** die Lune proxima ante festum ~is Palmarum *CourtR* 183/11 m. 2; *Palme Sonday*, ramispalmarum, indeclinabile *CathA.*

3 (transf.) branch-like structure. **b** deer's antlers. **c** (anat.) vein or nerve. **d** finger or toe. **e** an arm of the Greek letter *Y*.

octavus [lapis] est achates qui nigri coloris est et ~os habet candidos ALEX. BATH *Mor.* IV 11 p. 127; **1430** lego .. domine mee comitisse unum ~um de *corall Test. Ebor.* II 13; **1588** emendacione de iij *fannes* .. cum vj ~is novis *Ac. LChamb.* 79 f. 17v (cf. *Misc. LChamb.* 36 p. 77: *mending of iij fannes with braunches of ivery*). **b** inventa est [cerva] duorum ~orum cornua preferens GIR. *IK* I 1 p. 17. **c** post multas partitiones venarum ~us quidam in duos dividitur ALF. ANGL. *Cor* 14. 2; nervus opticus .. duos facit ~os, quorum unum dirigit ad dextrum oculum et alium ad sinistrum RIC. MED. *Anat.* 215. **d** tege ramos [*gl.*: *telgan*] concrescentes decies / cum mentagris ungues binos quinquies (LAIDCENN MAC BAÍTH *Lorica*) *Cerne* 87 (=*Nunnam.* 93). **e** figure Pythagorice bivium attingentes ~um levum eligitis R. BURY *Phil.* 4. 52.

4 (in fig. context or fig.).

799 ne qua radix ultra amaritudinis ~os venenate dissensionis pululare possit inter sanctissimas ecclesiasticae dignitatis personas ALCUIN *Ep.* 186 p. 313; si hoc tibi persuades, ut vel equalem te illi esse credis, jam quidam ~us superbiae .. ad te se inclinat ut te tangat ANSELM *Misc.* 301; "relictus sum ego" ait ~us ille inutilis AILR. *Spec. Car.* I 15. 518D; hinc speculativam gignit sapientia, gignit / hunc ramum cujus practica nomen erit GARL. *Tri. Eccl.* 100; quare spiritus est radix et cor est ~us ut dicit Avic' GAD. 67v. 1; incipe a superbia et omnes ipsius ~os inquire [ME: *bowes, boȝes*] *AncrR* 129.

2 ramus [*'Ραμᾶ* < Heb.=*height*], heightened, exalted.

~a, excelsa OSB. GLOUC. *Deriv.* 508.

ramuscium, wild garlic, ramson (*Allium ursinum*).

~ium, *hrameson Gl. Durh.* 304.

ramusculus [LL]

1 little branch or twig, shoot. **b** representation of little branch or twig. **c** (in fig. context or fig.).

purpurei et rubicundi flores ex ipsis lignorum ~is [*gl.*: *twy, boh, boginclum*] exorti ALDH. *VirgP* 9 p. 237; caesis de vicina silva ~is BEDE *CuthbP* 32; iste collum trajectus, vel ut quidam dicunt, arboris ~o equo pertranseunte fauces appensus W. MALM. *GR* III 275; ~us, parvus ramus OSB. GLOUC. *Deriv.* 508; tempore vero procedente, calore exteriori et siccitate potentiali liquidiores partes illius ~i consumentibus, ~us ille desiccatur *Quaest. Salern.* B 168; [vulpes] ~os filicis [v. l. salicis] .. mittit in aquam .. et in descensu ~orum natantium aves exterrentur NECKAM *NR* II 125 p. 205. **b** **s1354** emit .. capam .. cum .. ~is foliorum de auro supertextis *Chr. Evesham* 296; **c1400** consuuntur dicte parure per totum cum ~is rosarum de serico habentibus rosas et folia de auro (*Invent. S. Alb.*) AMUND. II *app.* p. 351; **1521** conserta floribus aureis et ~is discoloratis *Cant. Coll. Ox.* I 57. **c** unde .. verborum vimina patulis defusa ~is succreverunt ALDH. *Met.* 4 p. 74; ubi de singulis verborum radicibus multiplices regularum ~os pululasse antiqua .. traditio declarat *Ib.* 8 p. 78; **796** adhuc ex radice cordis nascentes cogitationum ~os ventus temptationum flagellat ALCUIN *Ep.* 97; **1175** ~i enim, qui a pestifera radice infirmitatis multipliciter pullulaverant J. SAL. *Ep.* (323 p. 796); diabolus .. nidos facit de ~is diversarum cogitacionum, ova ponit de munusculis perversarum delectacionum HOLCOT *Wisd.* 61.

2 tine, branch (of deer's antler).

cervus .. frondentibus cornuum ~is numerosus R. COLD. *Cuthb.* 86 p. 181.

ran, violent mental condition or behaviour. **b** open robbery.

ran indeclinabile, i. locus ire unde evenit quod homo efficitur rabiosus OSB. GLOUC. *Deriv.* 499. **b** si Francigena appellaverit Anglum de perjurio aut mordro, furto, homicidio, ran, quod Angli dicunt apertam rapinam .. (*Leg. Will.* 6) *GAS* 487.

1 rana [CL]

1 frog; **b** (as type of garrulity, ugliness, or rancour); **c** (in place-name).

porci grundiunt, ~ae coaxant ALDH. *PR* 131 p. 180; anguis .. qui in vere stagna paludesque colens ~is ac piscibus rabidam replevit ingluviem *Lib. Monstr.* III 5; rubeta, ~a *GlC* R 239; ~e in Gallia et Italia clamose et garrule, in Britannia mute, in Hibernia nulle GIR. *TH* I 28; similiter ex ~is generantur ~e, et ex crisolocanna generantur ~e si dimittantur per aliquot dies in aqua ut putrescant *Quaest. Salern.* B 138; **1287** in md ranis emptis pro sustentacione piscium xxij d. ob., pro c j d. ob. *Pipe Wint.* 11M59/B1/46; accipiatur ~a viridis que est arborea .. que reperitur in Provincia satis .. et de ~a viridi vel paludosa aquea fit idem, tamen non est tante virtutis GAD. 120. 2; bufo, rana [*gl.*: *frogge*], serpens, testudo, vipera, limax (*Vers.*) *WW*. **b** **c675** garrulitas ~arum ALDH. *Ep.* 3 p. 479; in quis .. garrulitas ~arum crepitans coaxat W. MALM. *GP* V 214 p. 359; invidia ut serpens, iracundia ut ~a, ceteraque vitia quasi mortifera animantia ibidem conversantur ALEX. CANT. *Dicta* 1 p. 110; si quis amat ranam, ranam putat esse Dianam SERLO WILT. *app.* 19 p. 155; non queritur solito garrula rana magis GARL. *Tri. Eccl.* 31. **c** filium .. regis Nuth .. experiendi causa in Montem ~arum, nunc dictum Brentecnol .. duxisset W. MALM. *Glast.* 34.

2 (med.) swelling of or under the tongue.

aliud eciam genus apostematis lingue est quod ~a [TREVISA: *a frogge*] vocatur eo quod sicut ~a nascitur sub linguam et aufert usum lingue et ita rana muta dicitur ab effectu BART. ANGL. V 21 p. 154; ~a, est apostema sub lingua *LC* 260b.

3 (bot. *Apium ~arum*) celery-leaved crowfoot (*Ranunculus sceleratus*) or lesser spearwort (*Ranunculus flammula*).

apium ~arum, *water crowfot MS BL Royal 12. G. 1* f. 91v; pes corvi, i. *water crowfoth*, apium ~arum *MS Oxford Bodl. Ashmole 1447* p. 205; apium ~arum sive apium rampnum [? l. raninum] crescit in pratis et habet folium rotundum, aliquantulum oblongum *Alph.* 11.

2 rana [ME *raine*, *rein*, *rene*], strip of land that forms a boundary, ream, ridge; **b** (passing into surname).

c1235 sequendo veterem ~am versus austrum usque .. Middelsike *Cart. Cockersand* 425; sequendo ~am in aquilonali parte de Stodhae Knol usque in Lon *Ib.* 810; **1474** deinde per *le upcast* aratri usque ad quamdam divisam vel ~am .. deinde per dictam ~am usque ad summitatem ejus *Reg. S. Bees* 485; **1542** et in decasu firme unius ~e vocate Sayntwilfryd Rane *Mem. Ripon* III 194. **b** **c1180** testibus .. Johanne de ~a *Feod. Durh.* 100n.

†ranabdus, *f. l.*

1288 abbas .. perspiciens se †ranabdum [l. invalidum] et impotentem ad execucionem vite pastoralis *Cart. Osney* I xiii.

ranacetum v. tanacetum.

rancare [CL=*to growl or roar like a tiger*]

1 (in gl.) to speak fiercely.

to speke hastily, rencare *CathA.*

2 (in gl., ? assoc. w. CL *rancere*) to make bitter.

~are, amaricare OSB. GLOUC. *Deriv.* 509.

rancere [CL], **~ire,** to be rancid, rotten, or putrid; **b** (in list of words).

~et, rancidum est *GlC* R 23; *reestyn, as flesch*, ~io, -cis, -ivi, -ire, caret supinis *PP*; *to be reste*, ~ere *Cath A.* **b** repleo, tondeo, ~eo, spondeo, terreo ALDH. *PR* 120 p. 165.

rancia [*aphaeretic form of* Italian *arancia* < Ar. < Pers. *nāranjī*=*bitter orange*; cf. orengia], **ranciana,** orange-coloured cloth.

1208 pro c et quadraginta tribus ulnis de rautia ad perpunctum .. pro centum et quadraginta et tribus

ulnis rautya ad perpunctum *Cl* 109a; **1221** mittatis . . xl ulnas de rancian' ad opus nostrum *Cl* I 484b.

ranciare [cf. ME *ransaken*], to pursue an inquiry, investigate, examine.

1365 quod nullus coronator nec alias debet ~iare infra baroniam predictam nisi invenerit plegium quod illa domus sit culpabilis et si aliquis cum odorinseco fuerit prosecutus bona sua quod non ~abit sine licencia serjandi baronie *RMS Scot* I 192 p. 57b.

rancidulus [CL]

1 rotten, putrid, rancid.

corcula strophoso violavit vulnere regis, / rancidulis infesta modis FRITH. 606.

2 prone to anger, angry.

~us, iracundus OSB. GLOUC. *Deriv.* 506; audit Judaicum vulgus rancidulum / et labrum rabide rugat prominulum WALT. WIMB. *Carm.* 99.

rancidus [CL]

1 putrid, rancid (usu. of food); **b** (of poison); **c** (in gl.).

carnes penitus defecerant quibus diu ~is et putridis vescebantur ORD. VIT. IV 5 p. 197; quod panes sint muscidi, bacones ~i, pastilli . . putridi O. CHERITON *Fab.* 67; oleum ~um et pingueado ~a et cibi putridi . . faciunt istum morbum GAD. 45. 2; caro ~a, A. *rest flesche WW.* **b 672** ~a virulentaque . . venena ALDH. *Ep.* 5 p. 489. **c** ~is, *bitrum GlC* R 10.

2 (of emotion or action) bitter, resentful, rancorous.

tam ~is [*gl.*: anxiis, fetidis vel amaris, invisis, abhominatis; *progum, biterum, feorigum*] fletuum questibus lacrimabundus lugubriter flevit ALDH. *VirgP* 32 p. 272; contra virum Dei zelantes ~a [*gl.*: *of pron, æfestigum, niþfullum*, amara] livoris invidia torquebantur *Ib.* 32 p. 274; non Mars vulnificus, qui belli semina spargit / rancida Gorgoneis inspirans corda venenis *Id. VirgV* 1328; c**721** omnium bonorum invisor, qui ~a corda virorum inficit malitia *Ep. Bonif.* 14 p. 23; licet error stultorum corruptione ~a Doctrinalis et Accentarii pronunciant delonge, delate, desursum et similia mediam brevi accentu pronunciando (*DCWorc* F 61) *OHS* n.s. XVI 167.

rancinus v. runcinus.   **rancire** v. rancere.   **rancla** v. rancula.

rancor [LL]

1 rancidity.

a *restnes*, ~or *CathA.*

2 animosity, resentment, rancour.

ne rigor et rancor mentis penitralia turbent ALDH. *VirgV* 2653; si . . placidum . . animum et sine querela controversiae ac ~oris haberent BEDE *HE* IV 24 p. 261; **1072** rogavit enim regem ut me rogaret quatinus omnem mentis ~orem adversus eum pro hac causa conceptum omitterem LANFR. *Ep.* 3 (3 p. 54); nullum cordis ~orem habebo adversus aliquem ANSELM (*Ep.* 321) V 251; antiquo ~ore inter Normannos et Francos renovato bellorum incendium exortum est ORD. VIT. VII 14 p. 222; **1167** ex amaritudine potius et ~ore animi quam ex caritatis sinceritate videbitur processisse responsio J. SAL. *Ep.* 220 (227 p. 396).

3 (in gl.).

rangor, nequitia *Gl. Leid.* 34. 43.

rancordia [ML; cf. LL rancor, CL discordia], animosity, resentment, rancour.

~ia, i. ira OSB. GLOUC. *Deriv.* 499; sic blandis tegitur verbis rancordia WALT. WIMB. *Carm.* 233.

rancorditer [ML; cf. LL rancor, discorditer], in an irascible or rancorous manner.

rancor . . unde . . rancors . . unde ~iter adverbium, i. irascibiliter OSB. GLOUC. *Deriv.* 499.

rancors [ML; cf. LL rancor, CL discors], irascible, rancorous.

rancor . . unde hic et hec et hoc ~ors, -dis OSB. GLOUC. *Deriv.* 499; ~ors, iracundus, stomacosus *Ib.* 506.

rancosus [ML; cf. et. ML rancorosus], full of

ill will, malice, or rancour: **a** (of person; in quot. as sb. m.). **b** (of action or conduct).

a c**1100** non humiles spernit, rancosos sub pede sternit *Poem. Hild.* 173. **b** ista rancosa narracio WYCL. *Ver.* II 126.

rancula [AN *rancle*, OF *raoncle*, *rancle = malignant tumour*; cf. et. LL rancor, rancura < OF *rancure*], (med.) sharp or intermittent pain. **b** large tumour.

~a in vulnere est dolor erraticus propter humores descendentes ad locum vulneratum GAD. 127. 2. **b** et dicitur ~a quasi replens locum GAD. 127. 2; rancla dicitur quasi replens membrum, i. tumor magnus *SB* 36.

rancura [OF *rancure* < LL rancor]

1 animosity, resentment, rancour.

1354 ad . . obviandum querelis supradictis, rancoribus, homicidiis et dampnis et ~is que evenire . . poterint in futurum *RGasc* 66 m. 4.

2 (med.) unpleasantness (of or caused by pain).

scitur per tenasmonem et vehemenciam et ~am dolorum qui remanent GAD. 14v. 1.

ranella [ML < CL rana + -ella], little frog.

ranunculus, parva rana vel ~a OSB. GLOUC. *Deriv.* 509; a *froske*, agrecula . . ranula, ~a *CathA.*

ranga v. 1, 2 renga.   **rangea** v. 1 renga.   **rangeator** v. rengator.   **rangia** v. 1 renga.   **rangiator** v. rengator.   **rangose** v. rengose.   **rangum, ~us** v. 1 renga.

raninus [CL rana + -inus], of a frog (in quot. bot., *apium ~um*, celery-leaved crowfoot (*Ranunculus sceleratus*) or lesser spearwort (*Ranunculus flammula*).

apium rampnum [? l. raninum] *Alph.* 11 (v. rana 3).

raniunculus v. ranunculus.

rannarius, rennarius, rennerus [Gael. *rannaire*], butler, steward (passing into surname).

c**1162** teste . . Gillandro Rennero *Regest. Scot.* 226; c**1199** hiis testibus . . Henrico Rennario *Inchaffray* 4; a**1214** testibus . . Gillex° Renn'io *Reg. Dunferm.* 64; a**1235** testibus . . Henrico Rennario *Inchaffray* 48.

rannus, rannusum v. rhamnus.   **rano** v. ranus.   **ransionare** v. ransonare.   **ransionator** v. ransonator.

ransona [ME *ransoun*, AN *rançun*, OF *ransson* < CL redemptio], ransom.

1326 si subsidium sit concessum domino vel communis ~as sit faciend' medietatem solvent utrique domino *BB St. Davids* 258.

ransonare, ransionare [ME *raunsounen*, OF *rançonner* < CL redimere], to hold (person) for ransom.

1377 quod dictus episcopus, contra Deum et racionem et leges regni, fecit rauncionare et recipere argentum de M. de G. . . et quam pluribus aliis qui in guerris ipsius avi nostri contra inimicos suos strenue laborarunt (*Pat*) *Foed.* VII 164; s**1412** hujusmodi homines multandum et raunsonandum *BBAdm* I 386; hujusmodi homines multandum et ~andum *Ib.* 387.

ransonator, ransionator [ransonare < ME *raunsounen* + -ator], one who holds for ransom, kidnapper.

1354 juratores . . presentaverunt quod S. L. de R. et plures alii vi et armis ceperunt c iiij^{xx} li. de J. de S. . . et sunt communes latrones et raunsiatores hominum (*CoramR*) *EHR* LXXIV 666 (= *Nomo-lexicon s.v.*, *DuC* V 704; †renusiator).

ranula [CL], little frog; **b** (as emblematic of garrulity or rancour, applied to critic).

a *froske* . . rana, ~a, ranella *CathA.* **b** quod tanto gratius est et acceptius quanto a ~lis nostris oblatratur intentius OSB. GLOUC. *Deriv.* 510.

ranunculus [CL], ~a [LL]

1 little frog.

~us, parva rana vel ranella OSB. GLOUC. *Deriv.* 509; ~as e sinu projectas prunis impositas comedunt GERV. TILB. III 61; raniunculus parvus et viridis occidatur cujus cor lavetur in vino et succo absin' GILB. IV 105v. 1; saltem nunc veniant illi ranunculi / per quos afflicti sunt Egipti populi [cf. *Exod.* viii 2–14] WALT. WIMB. *Carm.* 530; hin[c] onager rudit, ranunculus [*gl.*: *a lytulle frogge*] inde coaxat (*Vers.*) *WW*; incredibilis ~orum vis agris relicta BOECE f. ccxv.

2 (bot.) celery-leaved crowfoot, ranunculus (*Ranunculus sceleratus*).

multa sunt ~i genera. primum genus ab herbariis pes corvi, a nostris *crowfote* dicitur. ejus flos vocatur *kyngecuppe* aut *a golland*. secundum genus ab herbariis vocatur apium risus, ab historicis herba sardonia, unde risus sardonius originem traxit . . quidam putant vocari nostrati lingua *ache* TURNER *Herb.* C i.

ranus, rano, sort of garment, furred robe, perh. made with fur of miniver.

de vestibus . . hic ~us, *peliçun veire Gl. AN Glasg.* f. 21 ra; hec ~o vel ~us, *pellice de ver Gl. AN Ox.* 326.

1 rapa, 1 rapum [CL], (bot.): **a** a turnip (*Brassica rapa*) or rape (*Brassica napus*). **b** parsnip (*Pastinaca sativa*). **c** (~um terrae) sowbread (*Cyclamen hederifolium*).

a gongolas, i. ~as vel sinapis *Gl. Laud.* 711; gontidis, i. ~a *Ib.* 742; rapapas, i. gungulus *Ib.* 1277; queritur in qua composita commixtione abundet aer et aqua R. in seminibus ~e et amigdalis *Quaest. Salern.* B 153; petrosilium, crocus, cicera, ~e M. SCOT *Phys.* 2 f. 10va; de frigidis herbis . . hec ~a, *rabe Gl. AN Ox.* 648; eruca et ~e, iringi, peonia GAD. 76v. 2; bunias, napicium, ~ia [v. l. ~a] idem, que elixa comeditur. ventrem inflat et carnes replet *Alph.* 24; hec ~a, *a neppe*; hoc ~um, idem *WW.* **b** a *pasnepe*, ~a *CathA.* **c** ~um terre, *erthnote or dilnote MS Cambr. Univ. Libr. Dd.* 11. 45 f. 113va.

2 rapa [ME *rape*, rope < AS *rap*], rope.

1470 et in una ~a pro campana in cancella *Ac. Churchw. Glast.* 282.

3 rapa v. 2 rapum.

4 rapa v. rapus.

rapacitas [CL]

1 quality of being rapacious, rapacity.

inminens sibi famis periculum latrocinio ac ~ate mutua temperabant BEDE *HE* I 12 p. 28; aliquoties judices boni ministros habent rapaces, quorum scelere coinquinantur, si non prohibent ~atem illorum ALCUIN *Moral.* 629; **825** cum violentia ac ~ate . . regis dispoliatus est (*Clovesho*) *CS* 384 p. 528; promitto . . ut ~ates et omnes iniquitates omnibus gradibus interdicam BYRHT. *V. Osw.* 437; furum ~as, argentariorum falsitas W. MALM. *GP* I 18 p. 27; terras . . suas transmarinas Francorum ~ati . . exponere GIR. *EH* II 27 p. 362.

2 (of beast) raptorial or predatory nature.

inter severos leonum rugitus et feroces ursinae ~atis [*gl.*: devorationis, *reafulnysse, hetelnessa*] rictus ALDH. *VirgP* 46 p. 300; hujus . . officium debet esse leonum crudelitatis, lupum ~atis, taurum feritatis, vulpem astutiae *Simil. Anselmi* 94; nonne illud beluine ~atis dices quod . . W. MALM. *GP* I 23 p. 36; pro ingluviei ~ate frendentium luporum multitudo inhabitare consuerit R. COLD. *Cuthb.* 139 p. 288.

3 (assoc. w. CL *rapiditas*) rapidity, swiftness (as of a raptor or natural force).

s**1141** ~atem fluminis . . nando transgressus est W. MALM. *HN* 489; tanta ~ate feruntur quanta avis volans vel pilum baliste W. FITZST. *Thom. prol.* 17; in tam precipiti digitorum ~ate musica servatur proportio GIR. *TH* III 11 p. 153.

rapaciter [LL], in a rapacious manner, rapaciously.

indiscipline vivebant, in res alienas ~iter involabant ORD. VIT. IX 4 p. 482.

rapanus v. raphanus.   **rapapas** v. 1 rapa.   **raparatrix** v. reparatrix.

raparium [CL rapa + -arium; ML=*turnip-yard*], **raffarium** [*assoc. w.* CL raphanus < ῥάφανος], radish.

c**1260** rabbarium, i. *raiz*, i. *redich WW*; hoc ~ium, A. *raddyk WW*.

rapas v. rapa.

rapatorium [1 rapa+-torium], receptacle for storage of turnips.

~ium est vasculum in quo rapule sive rape terra effosse recipiuntur BART. ANGL. XIX 129 p. 1245.

rapax [CL]

1 inordinately greedy, rapacious: **a** (of person); **b** (of part of body or act). **c** (as sb.) rapacious person.

a ad ~aces judices sententiam dirigens ita effatur GILDAS *EB* 43; si quis .. ~ax .. iiij annos peniteat EGB. *Pen.* 4. 1; aliquoties judices boni ministros habent ~aces quorum scelere coinquinantur si non prohibent rapacitatem illorum ALCUIN *Moral.* 629A. **b** utrum tantarum edium destructio imputanda sit Danorum insanis preliis an Anglorum ~acibus conviviis non facile discreverim W. MALM. *GP* V 198; quia ille miserabilis adolescens in thesauros ecclesie consilio malignorum manus ~aces injecit P. BLOIS *Ep.* 10. 30A. **c** si non istos ~acissimos ut Arabiae lupos .. fugeritis, caeci .. in inferni foveam cadetis GILDAS *EB* 68; constat quia ~aces et quae pauperibus auferunt et quae juste videbantur possidere pariter omnia perdunt .. in examine districti judicis BEDE *Prov.* 1004; ~ax, praedo *GlC* R 29; vocat .. philosophia .. iracundos apros, ~aces lupos, torpentes asinos BERN. *Comm. Aen.* 62; agnus rapaces abigit / et vita mortem eligit J. HOWD. *Cyth.* 33. 7.

2 that subsists by catching living prey, raptorial: **a** (of animal); **b** (of part of body, also in fig. context).

a tigres .. sunt valde ~aces et mirae velocitatis *Lib. Monstr.* II 4; pardus est fera ~ax et toto corpore discolor *Ib.* II 6; c**1103** precor .. ut .. ecclesiam quam [ille abbas] inique opprimit, velut a lupo ~ace et oves dispergente [cf. *Joh.* x 12] liberetis ANSELM (*Ep.* 266) IV 181; quantis vigiliis laborat pastor humanus contra insidias lupi ~acis! T. CHOBHAM *Praed.* 56. **b** invidiae ~acibus ungulis GILDAS *EB* 21; ~aci [*gl.*: *grimlice*] ungularum arpagine ALDH. *VirgP* 58 p. 318; pedem unguibus armatum, apertum et ~acem .. nature .. opera contulit GIR. *TH* I 16 p. 49.

3 (assoc. w. CL *rapidus*) that consumes or sweeps away violently or swiftly.

truxque rapaxque capaxque feroxque sub aethere spargo ALDH. *Aen.* 93 (*Scintilla*) 8; ante rapax mundum quam pontus plecteret undis *Id. CE* 4. 12. 13; quae se pro integritatis pudicitia conservanda ~aci [*gl.*: avari, profundo, veloci, *reoh*, *swiftum*] gurgitis alveo per praeceps immerserunt *Id. VirgP* 31 p. 269; hippopotami .. quondam ccc homines una hora in ~aces gurgitum vortices traxisse .. narrantur *Lib. Monstr.* II 9; sirtes, rivi ~aces *GlC* S 316; ad oram ~acissimi amnis forte devenit W. MALM. *GP* II 73 p. 143; fluvius Sabrina quo nullus in hac terra alveo latior, gurgite ~acior, arte piscosior *Ib.* 153 p. 292; Riganum .. et .. Mitunnum .. cum exercitu eorum projecit in flumen ~acissimum *V. II Off.* 4.

4 (her.) rampant.

1365 in sinistra parte ejusdem ymaginis sculptum erat aliud scutum cum uno leone ~ace *DL Cart. Misc.* 2/179; **1390** de xxiiij discis arg' deaur' unius secte, signatis in fundo cum ij leopardis et ij leonibus ~acibus *Ac. Foreign* 25G; portat namque de argento cum leone ~aci rescisso de nigro, et G. sic, *depart d'argent un lyon rampaund recoupe de sable* BAD. AUR. 140; sunt enim leones .. ~aces, etc. sic .. *un leon rampant Ib.* 141; **1402** ij bacini argentei enameliati .. cum armis quorum campus est rubeus engreilatus cum uno griffone aureo ~ace *Invent. S. Paul.* 513; leonum multiplex est in scutis situs, erectus quem ~acem, rapidum, et rabiosum vocant, nos exultantem SPELMAN *Asp.* 118.

rapere [CL]

1 to seize and carry off, snatch away (usu. person, against his will or contrary to his expectations); **b** (usu. leg., woman, also accompanied by sexual assault or coercion). **c** (p. ppl. *~ta* as sb. f.) woman carried off for sexual purpose.

Enoch / quem quondam rapuit divina potentia caeli [cf. *Gen.* v 24: non apparuit quia tulit eum Deus] ALDH. *VirgV* 274; reputans se tanto prophetae qui curru igneo ~i meruit ad caelos [cf. *IV Reg.* ii 11] BEDE *Ep. Cath.* 40; Paulus quando ad tertium caelum ~tus est [cf. *II Cor.* xii 2] *Id. Retract.* 1014; **1093** episcopi et abbates .. ad ecclesiam trahentes reclamantem et contradicentem ~uerunt .. ANSELM (*Ep.* 148) IV 4; juvenis vero mire sagacitatis ~tus ad tribunalia .. H. READING (II) *Cel.* 30; ~uerat me cursor equus ad partes remotissimas MAP *NC* III 2 f. 36. **b** velut Proserpinam .. a Plutone ~tam lacrimosis singultibus lugubriter lamentaretur ALDH. *VirgP* 44 p. 297; ad Racleam civitatem .. unde Helena ~ta fuit a Paridi Alexandro SÆWULF 77; Juliana de C. appellat Robertum .. quod eam vi ~uit .. postea dicit quod concubuit cum ea vi *PlCrGlouc* 19; detestabile crimen est ~ere mulieres ad stuprum T. CHOBHAM *Conf.* 353; **1300** de Ricardo de Berton quia ~uit uxorem Willelmi Stedefast cum bonis mariti sui *Leet Norw.* 52; c**1300** presentatum fuit per duodecim de Y. quod H. ~uit quamdam puellam .. et eam cognovit carnaliter contra suam voluntatem *Year Bk. 30 & 31 Ed. I app.* p. 529; **1301** W. de W. *tynkeler* felonice ~uit A. uxorem J. M. .. et ipsam violavit invitam *SelCCoron* 114. **c** videmus .. ~tas reclamantes et plorantes propter violentiam concepisse, unde apparet illas in hoc opere non habere delectationem *Quaest. Salern.* B 11; tamen qualiscumque fuerit raptus, si ~ta et raptor libere et liberaliter in matrimonium consenserint, stabit matrimonium ROB. FLAMB. *Pen.* 63.

2 (w. *ad* or *in* & acc.) to appoint forcibly or against his will (to an office).

1094 audistis, ut puto, qualiter subito ~tus sim ad archiepiscopatum ANSELM (*Ep.* 176) IV 58; s**1119** nunciatum est regi .. Guidonem Viennensem archiepiscopum invitum et renitentem in papam ~tum et Calixtum appellatum H. CANTOR f. 15 p. 100; cum propter litteraturam et honestatem suam a clero et populo in episcopum ~eretur P. BLOIS *Ep.* 240. 545D.

3 to carry away (with an emotion or desire). **b** (spec., *~ere in ecstasim* or sim.) to bring to ecstasy, (p. ppl. *~tus* as sb.) ecstatic person. **c** (*~i de mundo*, *ad Dominum*, or sim., w. ref. to dying).

dum vero percipiendo ex religiosae vitae consuetudine ejusdem mysterii amore ~iuntur, reprimendae .. non sunt BEDE *HE* I 27 p. 56; siquis vero suam conjugem non cupidine voluptatis ~tus sed solummodo creandorum liberorum gratia utitur .. *Ib.* p. 58; **747** dictu dolendum est quod .. perpauci inveniantur qui ex intimo corde sacrae scientiae ~iantur amore (*Clovesho* 7) *Conc. HS* III 365; ubi [Theokesberia] et edifitiorum decor et monachorum caritas adventantium ~it oculos et allicit animos W. MALM. *GP* IV 157; ~ior ad incertos affectus P. BLOIS *Ep.* 1. 2A; nonne se ~i sentit ad oscula et .. unum quodammodo effici cum Jesu? J. FORD *Serm.* 94. 3. **b** in oromate visionis ~tus et divinae contemplationis culmine sublimatus ALDH. *Met.* 2 p. 66; ~tus [*gl.*: ductus, ablatus] in oromate extaseos *Id. VirgP* 7 p. 235; s**1214** ~tus est .. in mentis excessu per tres dies et noctes, ubi vidit gaudia beatorum et penas reproborum *Meaux* I 395; si quando vero inaniter ~eretur extra se .. per custodiam humilitatis se reducebat ad se *V. Gund.* 33 p. 58; dum .. in extasi supra me ~tus obstupescerem, ecce .. ORD. VIT. X 15 p. 83; hos autem omnes non extra corpora ~tos sed in corporibus estimo talem consolacionem divinitus habuisse *Spec. Incl.* 4. 1 p. 129; unde dictum est in vita S. Edwardi cum ~tus esset in ecstasim J. FOXTON *Cosm.* 82. 1. 9 p. 224; quasi celicola quidam aut ~ptus .. quasi esset homo ecstaticus BLAKMAN *Hen. VI* 16. **c** hoc sc. eis proficiebat immaturae mortis supplicium, qui tali funere ~iebantur GILDAS *EB* 19; dum ipse [Orpheus] .. ~tam Eurydicem lacrimabili deflevit carmine *Lib. Monstr.* II 7; ipse venerabilis ac Deo dilectus abbas Eosterwini ~tus est ad Dominum quarto ex quo abbas esse caeperat anno *Hist. Abb. Jarrow* 13; unde animadverto illum citius ex hac vita ~iendum BEDE *HE* III 14 p. 157; ubi correptus infirmitate .. ~tus est e corpore et .. laudes beatas meruit audire *Ib.* III 19 p. 164; cum tempestas .. cladis .. partem monasterii .. invasisset et passim cotidie [viri] ~erentur ad Dominum *Ib.* IV 7 p. 219; nemo praeter ipsum tempore illo ex eodem est monasterio ~tus de mundo *Ib.* IV 14 p. 235; ut vir .. pacis studiossimus ante ad vitam ~eretur aeternam quam .. *Ib.* V 15 p. 316.

4 to take away (property) unlawfully or by force, to carry off as plunder, (w. animal as subj.) to carry off as prey; **b** (non-material object). **c** (p. ppl. *raptum* as sb.) plunder, (of animal) prey. **d** (absol.).

si non lupus callidus ille agnum .. ~uisset GILDAS *EB* 34; principes .. sicut leones rugientes ~ientes rapinas [cf. *Ezech.* xxii 24: leo rugiens capiensque praedam] *Ib.* 90; pecunia ecclesiis furata sive ~ta reddatur quadruplum saecularibus dupliciter THEOD. *Pen.* I 3. 2; episcopus .. dixit, ut si quis illud [marsupium] ~eret cum sua benedictione iterum redderet aut in talem locum proiceret ut inveniretur ÆLF. *Æthelwold* 22; Augustiniani monachi .. defunctorum archiepiscoporum corpora cum quadam ~iebant violentia W. MALM. *GP* I 7 p. 15; ~uisse enim est dicendus qui ea que alieni sunt juris vendicat suis usibus et suis usurpat viribus J. FORD *Serm.* 104. 10. **b** ~to tantum sacerdotali nomine nec tamen tenore GILDAS *EB* 66; **1256** quod Robertus .. in via regia et vi concubuit cum ea et ~uit ei virginitatem suam *AssizeR Northumb* 92. **c** Danorum ergo gens, assueta vivere ~to W. MALM. *GP* V 256 p. 409; in .. avibus .. que ~to vivunt et rapinis insistunt GIR. *TH* I 12 p. 36; c**1466** tam ex liberacione T. H. rectoris de Pulham, unius executoris dicti militis, quam ex ~to aliorum hominum serviencium et tenencium suorum *Paston Let.* 906 p. 573. **d** ? c**1280** omnes simul ~iunt [AN: *trestuz en funt ravine*] ut mos est predonum (*De temporibus* 31) *Pol. Songs* 136.

5 to seize opportunely, snatch (non-material thing).

nec moratus, Fridericus ~uit verbum, dicens .. W. MALM. *GP* I 6 p. 13; esui carnium indulgebat, quas tamen, statim ut potuit, occasionem ~iens sprevit *Ib.* IV 137 p. 278; veruntamen non sic facile indulgentiam ~imus ut reatum committimus *Ib.* 276 p. 440; intergerit blandimenta mundi, ~turus gaudia celi, laturus cruciamenta inferni PULL. *CM* 203; osculum .. illud ex ore sponsi sui quod ~ere ipsa per momenta meretur .. J. FORD *Serm.* 79. 7.

6 (intr.) to move stealthily, evasively, or furtively, or ? *f. l.*

respondit catus "quando canes me insequuntur, scio ~ere [? l. repere] super arbores et evadere" *Latin Stories* 57.

raphaninus [CL], of or made from radishes.

oleum .. rafaninum BEDE *Tab.* 463; istud voco sirupum rafaninum GAD. 66. 2; fiat sirupus .. ad lapidem frangendum .. quam ego voco sirupum rafaninum *Ib.* 97. 1.

raphanus [CL < ῥάφανος], **~um** [ML]

1 radish (*Raphanus sativus*).

viola, agrimonia, rafanum [*gl.*: *rædic*], filix .. et cetera multa ÆLF. BATA 6 p. 99; rafanus, i. radix *Gl. Laud.* 1254; quod ~um Greci, nos radicem vocamus NECKAM *NR* II 60 p. 166; hoc ~um, *raiz Gl. AN Glasg.* f. 192d; de semine autem rape sicut rapani [TREVISA: *raphane*] fit oleum usibus multis necessarium BART. ANGL. XVII 137 p. 918; raffanus incidit viscositatem GAD. 12v. 1; digerencia flegma sunt radices feniculi, petrosil', rafani, ireos *Ib.* 15. 1; ~um, A. *radiche*. radix quando simpliciter idem. idem significat quod ~um usuale *SB* 36; ~us, i. *neppe ryall MS Oxford Bodl. Ashmole 1447* f. 214.

2 turnip (*Brassica rapa*) or rape (*Brassica napus*).

rafanus albus, *roinduz rafe*, rafanus rubeus, *red rafe MS BL Royal 12. E 1* f. 101; *rape, herbe*, ~us .. rapa *PP*; ~us, A. *rapys WW*.

3 rest-harrow (*Ononis repens*), cammock; **b** (dist. as *acre* or *acutum*).

romeri, i. ~i *SB* 37. **b** ~us [*rendering* ῥαφανίς], romeus, resta bovis idem, bulmago idem, respice ibi, A. *cammoki* vel *resteboef Alph.* 153; ~um acre vel acutum idem, et aliud raphanum quod comeditur usualiter, A. *radich*; quando simpliciter ponitur de acuto intelligitur *Ib.*

4 (understood as) hazelwort (*Asarum*).

asarum, i. rafanus *SB* 11; rafanus, azarus, *whyte rafe MS Cambr. Trinity Coll. O. 8. 2* f. 9vb.

rapia v. 1 rapa.

rapide [CL], in a (violently) swift manner, with rapid movement, quickly, rapidly.

Hydra .. Eurydicen conjugem Orphei in ripa flumi-

nis ~e truncavit et demersit in gurgitem *Lib. Monstr.* III 3.

rapiditas [CL], swiftness, velocity.

rapidus . . et hec ~as OSB. GLOUC. *Deriv.* 503.

rapidus [CL]

1 that moves (violently) fast, swift, quick, rapid; **b** (of river or its course); **c** (of wind or sound); **d** (of vehicle); **e** (of movement or motion).

~us, velox *GlC* R 1; ~issimo, velocissimo *Ib.* R 3. **b** Tigris Assyriorum fluvius eo quod ~issimo cursu ad instar ipsius bestiae a monte Caucaso prorumpit, ab ea nomen accepisse describitur *Lib. Monstr.* II 4; pervenit ad flumen quod muro et harena, ubi feriendus erat, meatu ~issimo dividebatur BEDE *HE* I 7 p. 20; Jordanis flumen de ortu suo cursu ~issimo Mare Galilee . . incidit SÆWULF 75; sita super Sturam, fluvium cursu ~issimum G. FONT. *Inf. S. Edm.* 6 p. 40. **c** frigida quas [nubes] rapidis dispergunt flamina ventis ALDH. *CE* 4. 12. 17; rapulatus, sonus ~us OSB. GLOUC. *Deriv.* 509. **d** Oceanum rapidis linquens repetensque quadrigis (*Vers.*) ALDH. *Met.* 10 p. 87. **e c705** quomodo examina apum . . ~o volatu ad aethera glomerant ALDH. *Ep.* 9 (12) p. 501; paruit draco dictis et cursu ~issimo [*gl.*: velocissimo] fugiens abscessit *Id. VirgP* 52 p. 309; tum brute mentis homines egre licet animadvertentes delictum, ~is passibus jam egressum . . consequuntur W. MALM. *GP* II 76 p. 170.

2 (of animal or part of animal's body) violently fast or swift, fierce, predatory. **b** (her.) rampant.

ac si stridulo cavum lapsu aerem valide secantem saevosque ~i harpagones accipitris sinuosis flexibus vitantem . . salubriter rapuisti ex corvo columbam GILDAS *EB* 34; lurcones rabidi [v. l. rapidi] quem carpunt rictibus oris ALDH. *Aen.* 69 (*Taxus*) 7; cui famulabantur spreta feritate leontes / atque lupi rapidos jussi mitescere rictus *Id. VirgV* 791; mulieres . . quae sibi, dum venatrices sunt, tigres et leopardos et ~a [v. l. rabida] ferarum genera pro canibus nutriunt *Lib. Monstr.* I 22; elato baculo velut ad bestiam et ~am lupam pugnans Gosc. *Aug. Maj.* 57A. **b** leonum multiplex est in scutis situs, erectus quem rapacem, ~um, et rabiosum vocant, nos exultantem SPELMAN *Asp.* 118.

3 (of fire) intense, scorching.

~os . . focos, *wearme fyr GlP* 970.

rapina [CL]

1 (act of) plundering or carrying off as booty or plunder, (leg.) violent theft or robbery; **b** (w. subj. gen. to indicate perpetrator); **c** (w. obj. gen. to indicate thing stolen); **d** abduction (of a woman); **e** (w. ref. to tempting or captivating).

rapinarum maculatos crimine ALDH. *VirgV* 2579; s793 paganorum irruptio . . vastavit terram ~is et homicidiis *ASChr.*; (*Leg. Will.* 6) *GAS* 487 (v. ran); ~a . . multo majus peccatum est quam simplex furtum, quia et rem aufert et damnum facit spoliato, et etiam violentiam ei infert T. CHOBHAM *Conf.* 493; s1234 comes Britannie . . piraticis repinis [l. rapinis] in mari indulsit M. PAR. *Min.* III 271; retinere mercedem ultra terminum, nonne est ~a [ME: *strong reflac*] et species cupiditatis *AncrR* 74. **b** kalumnia superborum et ~a impiorum Ps.-BEDE *Collect.* 381; s1391 resistendo eorum [nobilium] ~is de Angusia eductis *Plusc.* X 11. **c** apostolus glorificat eos qui ~am bonorum suorum cum gaudio susceperunt BEDE *Prov.* 979; diluculo venit virgo et de ~a rerum alienarum volucres increpitans . . W. MALM. *GP* IV 172 p. 309; 1138 de furtiva vinee vel vindemie ~a *Act. Hen. II* I 5; 1151 preterea statuimus ut qui pro invasione seu pro ~a rei ecclesiastice anathemati vinculo innodantur, absolvi nullatenus mereantur donec . . *Conc. Syn.* I 824. **d** 1286 optulit se versus Ricardum . . de placito appelli ~e Alicie filie sue *Eyre Chester* 12 r. 4d.; *a rape*, raptura, ~a LEVINS *Manip.* 26. **e** en, non nostris assertionibus sed scripturae astipulationibus ornatus feminarum ~a virorum vocatur [cf. *Jud.* x 4] ALDH. *VirgP* 57 p. 317.

2 (of animal, act of) preying or carrying off as prey.

[pulli] paulatum instruuntur ad ~am GIR. *TH* I 12 p. 35; in . . avibus . . que rapto vivunt et ~is insistunt GIR. *TH* I 12 p. 36; quare femine avium de

~a [viventium] sunt majores suis maribus et fortiores et audaciores *Quaest. Salern.* N 57 *tit.*

3 (act of) despoiling (person).

hi qui ob filargiriam ~is innocentium et caedibus invigilant BEDE *Prov.* 942.

4 thing seized by force, booty, plunder, prey (of animal).

principes . . sicut leones rugientes rapientes ~as [cf. *Ezech.* xxii 24: leo rugiens capiensque praedam] GILDAS *EB* 90; sciant . . nos has . . terras non injuste rapuisse ~amque Deo dedisse, sed sic eas accepi, quemadmodum . . W. MALM. *GP* V 250; latebras . . fodientes et in eis furta sua et ~as thesaurizantes J. FORD *Serm.* 110. 3.

rapinosus [CL rapina + -osus], inclined or given to looting or thieving, thievish, (as sb. m.) thief, plunderer.

a thefe, auclator . . ~us *CathA*.

rapinus [CL rapina + -us], (of animal) rapacious, ravening.

s1415 velut canes ~i [v. l. rabidi] *Croyl. Cont. B* 501.

rapistrum [CL]

1 kind of wild turnip or radish.

fiat ei super frontem emplastrum de vitro, et farina ordei, et succo ~i *Quaest. Salern.* P 89; in dolore renum ex lapide valet in balneo ~um et ungula caballine campestris, que vocatur Anglice *glete*, et urtica mortua GAD. 97. 2; rapi silvestris, i. ~i *SB* 31; ~um domesticum, anglice *whyt piper MS BL Royal 12. E. 1* f. 101; ~um, A. *wildewyrte MS BL Addit. 15236* f. 20; *wilde turnep is called in Latine* ~um . . *in English rape, and rape seid OED* s. v. *rapeseed* b.

2 wild mustard, charlock (*Brassica arvensis*) or wild radish, white charlock (*Raphanus raphanistrum*).

~um, i. *kerloc SB* 36; sinapis agrestis, ~um idem *SB* 39; ~um agreste majus, i. sinapis *MS BL Royal 12. E. 1.* f. 101; ~um agreste minus, *cherlok Ib.* f. 101v; ~um, A. *cherloke MS BL Addit. 15236* f. 20; amoracea, ~um [v. l. ~um idem G. *carlotes*] *Alph.* 8; ~um, armoceren, A. *kenekel* vel *carlokes Ib.* 153.

rappa, rappus v. rapus.

raptare [CL]

1 to snatch away (forcibly or violently), carry off (in quot. usu. refl. or pass. and in fig. context, sts. w. *ad* or *in* & acc. or adv. to indicate direction). **b** (~ari e mundo) to be snatched from the world, to die.

sed fervidus ac si pullus . . per extensos scelerum campos irrevocabili furore ~atur GILDAS *EB* 35; ab interna stabilitate projecti huc atque illuc mente vaga ~amur . . BEDE *Ep. Cath.* 28; ~amur, trahemur *GlC* R 7; 1175 cum animus meus ad multa deliberatione plurima ~aretur, cogitavi quod . . ARNULF *Ep.* 105 p. 165; sic ab amore Dei tepefactus homo numerosis / raptatur vitiis, fertur et huc et eo L. DURH. *Dial.* IV 230; area zodiaci quo sol raptatur ad ortum HANV. VIII 411. **b** perquirere coepit quo loci in monasterio corpora sua poni . . vellent, cum eas . . ~ari e mundo contingeret BEDE *HE* IV 7 p. 219.

2 to move (part of body) violently.

brachia vel caetera sui corporis membra in diversa ~ando BEDE *CuthbP* 15 p. 204.

3 to render (forcefully) in a certain state of mind or induce to certain action.

timor, ne, fame melioris oblitus, ~ari ambitione archiepiscopatus putaretur W. MALM. *GP* I 47; ne aliquis, splendore metalli ~atus, scrinium abriperet *Ib.* V 255; Warinus . . ecclesie non multum utilis quia majoris spe honoris preceps ~aretur *Ib.* V 265.

raptatim [CL raptatus *p. ppl. of* raptare + -im; cf. et. CL raptim], swiftly, with great speed.

cum aliquid mente posueram, eodem in statu ~im fluens precipitabatur in actum *Ep. ad amicum* 164.

raptim [CL]

1 quickly, swiftly, with great speed or in a (violently) fast manner. **b** (applied to action) within a short period of time.

~im, velociter *GlC* R 5; torrens est nichilominus cum impetu ruens et ~im trahens J. FORD *Serm.* 13. 4; quos caritate Dei succenderit ad opera caritatis violenter et ~im trahit *Ib.* 107. 12; subitus et improvisus flumen ~im pertransiens *V. II Off.* 3. **b** Brittaniarum insulam apostolici sacerdotes ~im opinione, praedicatione, virtutibus impleverunt BEDE *HE* I 17 p. 35.

2 hurriedly, in haste, for a short period of time.

suavitatis Dei quam ~im licet intuendo gustaverant BEDE *Luke* 336.

raptitare [ML < raptare + -itare], (in gl.) to snatch away or carry off (frequently or repeatedly).

rapto . . frequentativum . . et ~o OSB. GLOUC. *Deriv.* 503.

raptor [CL], one who snatches away or plunders, robber, raptor (sts. w. obj. gen.). **b** (~or itinerum) highwayman. **c** one who abducts (usu. woman) in order to ravish, abductor.

sacerdotes habet Britannia . . clericos, sed ~ores subdolos GILDAS *EB* 66; **793** estote rectores populi, non ~ores, pastores, non praedatores ALCUIN *Ep.* 16; a1080 summus vero pontifex ~ores ipsos nisi omnia sua ei redderent terribiliter excommunicavit LANFR. *Ep.* 30 (25); hic pirata . . i. ~or in aquis et dicitur pirata quasi cum pilo et rate pugnans OSB. GLOUC. *Deriv.* 417; ille ~or animarum, sed iste ~or pecuniarum GIR. *GE* II 33 p. 325; potest attendere quod ~ores mundi cito peribunt T. CHOBHAM *Praed.* 276. **b** 1312 pro vispilionibus, murtrariis, ac itinerum ~oribus *RGasc* IV app. p. 553b. **c** armiger infausti Jovis et raptor Ganimidis ALDH. *Aen.* 57 (*Aquila*) 1; Dina . . Sichem ~oris sui violentiam declinasset [cf. *Gen.* xxxiv: Sychem . . rapuit et dormivit cum illa vi opprimens virginem] P. BLOIS *Ep.* 13. 40A; raptores rapit ipsa ipsos H. AVR. *Hugh* 156; tamen qualiscumque fuerit raptus, si rapta et ~or libere et liberaliter in matrimonium consenserint, stabit matrimonium ROB. FLAMB. *Pen.* 63; de ~oribus . . talis . . pena statuitur, quod si quis mulierem nubilem vel innubilem rapuerit ad stuprum, . . ~or tam de injuria quam de violentia et damna parentibus debet satisfacese T. CHOBHAM *Conf.* 354; si aliquis aliquam puellam rapuerit . . ~or tenebitur, capere si possint *Cust. Norm.* 50. 1.

raptrix [LL], one who snatches away or plunders (f.).

rapio . . inde raptor . . ~ix OSB. GLOUC. *Deriv.* 503; sic iniquae ~icis querela dum apud regem aequitatis movet judicia Gosc. *Lib. Mild.* 20 p. 88; Auster erit preda, raptrix Boreasque rapina *Reg. Whet.* I 400; **1479** mors trux vivorum raptrix violenta bonorum W. WORC. *Itin.* 162.

raptura [CL raptus *p. ppl. of* rapere + -ura]

1 abduction, (of person, usu. accompanied by sexual assault or coercion) rape.

fecisti ~am de virgine vel vidua, ann' v BONIF. *Pen.* 433; *a rape*, ~a, rapina LEVINS *Manip.* 26.

2 (act of) catching or taking (in quot. fish).

749 in caeteris utilitatibus fluminum vel ~a [v. l. captura] piscium *CS* 178.

raptus [CL]

1 (act of) snatching away (in quot. person).

canis . . Cerberus Perithoum devoravit quod ad ~um uxoris ejus cum Theseo venerat *Lib. Monstr.* I 36+.

2 (act of) taking away (property), robbery, plunder. **b** (applied to animal) seizure of prey.

vel ~um committebant vel ~ui aliis assentiendo parebant G. *Steph.* 1 p. 2; fama auribus regis insonuit, Bristoenses et publico ~u et clandestinis . . furtis terram turbasse *Ib.* 30 p. 64. **b** sese ab insidiis hostis antiqui quasi a ~u accipitris tutari confidit . . BEDE *Cant.* 1111; [monachos] canum cursibus avocari; avium predam ~u aliarum volucrum per inane sequi,

spumantis equi tergum premere .. potius indulgere W. Malm. *GP* I 44.

3 abduction, (of woman, usu. accompanied by sexual assault or coercion) rape; **b** (dist. from *adulterium* or *fornicatio*); **c** (w. ref. to jurisdiction over cases that involve rape or abduction); **d** (in title of literary work).

carmina casta mihi, fedae non raptus Helēnae Bede *HE* IV 18 p. 247; adulterium vel ~um faciens *DB* I 262a; siquis faciebat sanguinem aut ~um de femina *DB* I 269vb; si convictus de ~u mulierum fuerit ut C. de ~u virginum .. Ric. Angl. *Summa* 37 p. 81; placitum de crimine ~us. ~us crimen est quod aliqua mulier imponit viro quo proponit se a viro vi oppressam in pace .. regis Glanv. XIV 6; dompnus abbas ei fugam objicit et vidue ~um Map *NC* IV 6 f. 49; ~us dicitur cum mulier invita corrumpitur T. Chobham *Conf.* 355. **b** c**1069** de adulteriis et ~ibus et fornicationibus *Conc. Syn.* I 584. **c** hec sunt jura que rex Anglie solus .. habet .. violentus concubitus, ~us, foreste (*Leg. Hen.* 10. 1) *GAS* 556; **1151** in privilegio suo .. retinuit .. homicidium, ~um, incendium *Act. Hen. II* I 24. **d** unde Claudius [v. l. Claudianus] in eo qui inscribitur de ~u Proserpine Osb. Glouc. *Deriv.* 158.

4 transport of mind, rapture.

angelico raptu lustrabat Chaldea regna Aldh. *VirgV* 1476; audio beatum Paulum .. sublimes .. ~us suos divinosque excessus sobria quadam verecundia .. propalantem J. Ford *Serm.* 39. 3; dixit .. quod apparitio Seraphyn facta fuit S. Francisco in quodam ~u contemplationis Eccleston *Adv. Min.* 93; in ~ibus [v. l. captibus] et modis eorum secundum quod diversi diversimode capiuntur ut videant multa que non licet homini loqui Bacon *Maj.* II 171; que de intelligentiis humanum ingenium excedere Plato credidit, posterius idem Avicenna pro ~u intelligentie attemptaverat *Ps.*-Gros. *Summa* 286; vel in sompnis, quando usus sensuum est ligatus, vel quasi in ~u, quando mens non considerat res sensibiles circumstantes *Spec. Incl.* 1. 5 p. 83; beatus Paulus vidit divinam essenciam in ~u Ockham *Dial.* 742.

5 rapid movement: **a** (of group of people). **b** (of river). **c** (of celestial body). **d** (of bird's wing, in quot. applied to person).

a velocissimo ~u faciem transcurrunt abyssi *Ps.*-Elmh. *Hen. V* 37 p. 94. **b** navicula multo remo et ~u fluminis cita W. Fitzst. *Thom. prol.* 15. **c** fixis tarda comes in eisdem raptibus astris Hanv. VIII 415; quando sol ~u [vv. ll. motu; per motum] firmamenti pervenit ad suum meridianum, est illi meridies Sacrob. *Sph.* 91; cujus motu sphere volubili / revolvuntur raptu meabili / te puelle committis humili J. Howd. *Phil.* 14. **d** Ambrosius, frater profundorum, pinnae ~us et aeris volucer *Ps.*-Bede *Collect.* 323.

rapula, ~um [CL], small turnip.

mandit et hec sepe lactucas, rapula, cepe R. Cant. *Malch.* II 365; rapatorium est vasculum in quo rapule [Trevisa: *rapes*] sive rape terra effosse recipiuntur Bart. Angl. XIX 129 p. 1245; regine preclui mors equat vetulas, / que nervis vendicat distentis rapulas, / hillas, artocreas, placentas, hinulas Walt. Wimb. *Sim.* 119.

rapulatus, (in gl.) rapidly repeated sound.

rapulatus, sonus rapidus Osb. Glouc. *Deriv.* 509.

1 rapum v. 1 rapa.

2 rapum, 3 rapa [ME *rape*, OF *rap*, *rat*, *rapt* < CL raptum *p. ppl. of* rapere], (leg.) abduction or violent seizure, (sts. accompanied by sexual assault) rape, ravishment; **b** (w. ref. to jurisdiction over a kidnapper or rapist).

1180 ij m. pro falso dicto de ~o *Pipe* 79; **1200** quod habeat coram .. rege .. corpus Mossei Judei de quo quedam Cristiana Matillis .. queritur de ~o *CurR* I 359; **1201** Marina filia Everwini appellat Rogerum de Baris de ~o, quod ipse eam prostravit et virginitatem suam ei abstulit *Pl. K. or J.* II 342 p. 76; **1219** Gunoka Cunteles appellavit Elyam Alkestair' de ~o et ipsa non venit *Eyre Yorks* 256; Dionisia filia Elie de Nateby appellavit in comitatu Henricum filium Henrici de ~o *EE County Court* 154; **1411** quod sacerdotes .. defamati super crimine fornicacionis non sint indictati de ~a coram justiciariis regis, sicut latrones *Conc.* III 335a. **b** c**1157** cum omnibus libertatibus .. exceptis .. murdro et ~o *Act. Hen. II* I 225; **1178** cum multro .. et latrone et aqua et rato [v. l. rapo] *Ib.* II 107.

3 rapum v. rapus.

rapus, 3 rapum, 4 rapa, rape, one of six administrative districts in Sussex.

aliud est in ~o comitis de Morit' terra est v car' *DB* I 16va (=*MonA* I 103a); in ~o de Harundel sunt xxxiij hidae .. et aliae in ~o Willelmi de Braiose *DB* I 172rb; c**1172** terram que vocatur Prestona que est in ~o de Peveneseia *Act. Hen. II* I 563; **1191** vicecomes debet v s. et ix d. de ~o de Brembla *Pipe* 57; **1199** ~pum de Hastinges debet xx m. pro superassisa *Ib.* 128; **1212** tenuit ~um de Arundello sicut escaitam suam *Fees* I 70; **1214** omnibus militibus de ~pa de Hasting' *Pat* 106b; militibus .. de ~o de Hasting' *Ib.* 116a; **1214** rex reddidit comiti Augi raspum de Hasting' et Tikehill' *RChart* 197b; **1268** cum Edwardus primogenitus noster reddiderit et quietum clamaverit in manus nostras honorem et rappum de Hasting' cum feodis militum et omnibus aliis ad dictos honorem et raptum [*sic*] pertinentibus *Pat* 87 m. 28 (27); **1391** nullus serviens seu laborator, vir vel mulier, exeat hundredum, ~am vel wapentachium ubi moratur ante finem termini sui *RParl* III 405b; **1423** aliquis hominum, tenentium et residentium villatarum, decennarum, wapentachiorum, roparum, lastarum et hundredorum predictorum *Ib.* IV 205b; **1457** quodlibet hundredum, wapentaka, ~a, civitas et burgus *Lit. Cant.* III 227; dividitur haec regio [Sussex] universa politica partitione in sex partes, quas peculiari vocabulo vocant ~os de Chicester, Arundel, Brembre, Lewes, Pevensey et Hastings, quarum unaquaeque (praeter suas centurias) suum habet castrum, flumen, et saltum Camd. *Brit.* 267.

rarare [CL rarus+-are], to refine, or ?*f. l.*

quod .. si collexerit ut terram argentum et similiter ut lutum ~averit [? l. paraverit] aurum Gildas *EB* 59.

rare [CL], seldom, rarely.

melius .. est ut ~ius veniendo facias eum semper tuum diligere adventum Bede *Prov.* 1013; licet ~ius quam debeat .. Anselm (*Ep.* 66) III 186; ~issime vos salutat mea epistola sed cotidie vos aspicit mea memoria (*Ib.* 244) IV 154; quicquid videtur ~ius predicatur uberius W. Malm. *GR* I 49; hoc sane dicendum .. aliud vix in aliquem ~issime cadere Ailr. *Spec. Car.* II 13. 558; ~issime in hoc tractatu partes .. numerabiles sunt proferende Osb. Glouc. *Deriv.* 485; **1166** ~ius scribo (v. raritas 2).

rarefacere [CL], to make (substance) less dense, to thin (usu. by expansion or evaporation), to rarefy, (refl. & pass. *rarefieri*) to become thin or rarefied.

in ipsa namque spiritus animalis multum ~fit et subtiliatur *Quaest. Salern.* B 32; consequiturque de necessitate hujus extensionis partes extremas materie plus extendi et magis ~fieri, quam partes intimas centro propinquas Gros. 54; pars vaporabilium ~facta est in aeris tenuitatem, aere sic ~facto implente locum quem aque deseruerunt *Id. Hexaem.* IV 2. 3; que autem in locis mediis sunt inter medium et ultimum ~fieri et condensari possunt, ut sunt aqua et aer *Id. Flux.* 459; aut corpus celi ~fieri vel rarefactibile esse Bacon IV 437; idem ignis calefacit et ~facit W. Alnwick *QD* 213; si hostia consecrata vel species vini ~fiat, non manet ultra corpus Christi sub illis speciebus Ockham *Quodl.* 442; ~fiat aer *Ib.*

rarefactibilis [ML], that can be rarefied, rarefiable (usu. dist. from *condensabilis*).

ipsa elementa, quia incompleta, ~ia et condensabilia Gros. 58 (v. condensabilis); cum secundum philosophos corpus celi neque sit ~e neque condensabile neque per alterius corporis penetracionem divisibile *Id. Hexaem.* III 3 p. 104; aut corpus celi rarefieri vel ~e esse Bacon IV 437; illa materia .. est ~is et condensabilis Rob. Angl. (II) *Sph.* I p. 148; pars illa epatis est figurabilis et condensabilis et ~is Gad. 57. 2.

rarefactibilitas [ML rarefactibilis+-tas], state or condition of being rarefiable or rarefied.

lumen est in aere secundum diaphanitatem, calor secundum ~atem Peckham *QA* 207.

rarefactio [ML], (act or process of) making less dense, rarefaction; **b** (dist. from *condensatio*).

ex caliditate .. et siccitate est ~o et dissolutio, et ita levitas J. Blund *An.* 222; causa intrinseca possunt esse humores intercutanei, vel superfluitas humorum infra craneum, vel ipsa ~o substantie oculorum *Quaest. Salern.* Ba 36; mane enim dicitur talis ~o obscuritatis, qualis solet esse in aurora que precessiva est lucis diurne Neckam *SS* III 11. 3; et si fit subtiliacio et ~o multa, generabitur eciam ignis et flamma Gros. *Hexaem.* I 7. 2; cause .. conjuncte que est debilitatio aut ~o debetur confortatio et constrictio Gilb. VI 254. 2; ex aeris ~one omnes infra tres menses extincti sunt *Eul. Hist.* II 124; s**1360** ex aeris ~one apparuit quedam nebula lucida quasi ignea *Ib.* III 229. **b** condensatio est motus partium materie ad medium et ~o est motus partium materie ad ultimum Gros. *Flux.* 459; [antiqui philosophi] ponebant fieri ex illo [solo] elemento omnia per ~onem et condensacionem istius T. Sutton *Gen. & Corrupt.* 49; propter localem, propter motum .. condensacionis et ~onis Bradw. *CD* 180 B.

rarefactivus [ML], that rarefies, rarefactive. **b** (as sb.) rarefactive substance.

nunc invenitur [caliditas] ~a et remollificativa liquefactiva et aperitiva [Trevisa: *makeþ þinne and naissche and meltiþ and openeþ*] Bart. Angl. IV 1 p. 84. **b** si [emorroide] nimis clauduntur, apertivis et ~is aperiantur [Trevisa: *schal be opened wiþ medicynes þat neisschiþ and openeþ*] *Ib.* VII 53.

rarēre v. rarescere.

rarescere [CL], **rarēre**

1 to become less dense or solid, to thin out. **b** (transf., of pulse or sound) to become fainter, weaker, or less intense.

ubi lux corpore major, ibi umbra paulatim ~escendo deficit Bede *TR* 7 p. 194; quo altius ascendit, eo ~escentibus tenebris lux ei clarescit *Simil. Anselmi* 99; fumus .. semper ascendit atque ascendendo ~escit et deficit Ailr. *Serm.* 28. 27; ut .. tenebre figurarum ~escant Bald. Cant. *Sacr. Alt.* 643A; hic enim facillime spissatur in illam, comprimente frigore, illaque levissime ~escit in illum, solvente calore Gros. *Hexaem.* VI 1. 4; tercio potest dici quod nubes vel nebula quandoque a radiis et a calore solis ~escit et quando est rarior tunc frigus .. eam magis penetrat Holcot *Wisd.* 62. **b** qui cum elongaretur, ~escere cepit auditus clamoris illius, donec longius subtractus, ex toto evanesceret Alex. Cant. *Mir.* 49 p. 258; verumptamen si somnus nimis prolongetur, pulsus ~escit et debilitatur Bart. Angl. III 24.

2 to be less likely to be present.

~escente copia militiae secularis Bede *Egb.* 11 p. 415; fecundis arvis cultores tantum et semina ~escere Gosc. *Aug. Maj.* 66C; hiems quippe erat, quando maxime peregrini ~escunt Alex. Cant. *Mir.* 39 p. 236; cedit amor, crescit hostis, rarescit amicus Hanv. VI 36; aspera Phebe / indignata sui numerum rarescere civis / .. J. Exon. *BT* I 253; ~escunt cotidie grana in Domini area, sed palee multiplicantur *Canon. G. Sempr.* f. 92v; *to be fewe*, ~ere *CathA.*

3 to occur infrequently or rarely.

1103 ipsi qui coram te tuos excessus extollunt, cum presentia tua ~uerint, hoc profecto validius infamabunt (*Lit. Papae*) Eadmer *HN* p. 181; c**1155** quod .. spirituale est neque terminis circumscribitur .. nec impensum ~escit impendio nec aliqua potest integritatis sue detrimenta sentire Arnulf *Ep.* 12; crebrescunt vitia, et ~escunt virtutes Ailr. *Ed. Conf.* 737C; **1166** ~escunt autem auxilia, etsi ab initio rarissima fuerint J. Sal. *Ep.* 168 (167 p. 98); usum disserendi et sic ad disserendo explicata attendendi paulatim primo ~escere, omnino deinde pretermitti accidit Balsh. *AD* 6; tum usus verborum ~escendo antiquatus, tum .. *Ib.* 7; legum ~uit observancia, pacis turbata est tranquillitas *Hist. Arthuri* 88.

4 (of activity) to become less intense or fierce.

bellum rarescit, fugit hostis, et iste quiescit Nig. *Paul.* f. 47. 1. 223.

rarificare [ML], to make (substance) less dense, to rarefy.

granum terre commissum .. oportet .. per .. calorem naturalem ~ari [Trevisa: *be spradde*] et dilatari Bart. Angl. IV 4 p. 92; mutatio frigidi in calidum corpus ~at Gilb. IV 201v. 1; alia medicina .. ~at sanguinem cordis Bacon IX 101; quanto plus dominatur siccitas, tanto cum majori difficultate subtiliatur et ~atur ac elucidatur Upton 104.

rarificativus [ML rarificare+-ivus], that rarefies, rarefactive.

de lino .. habet enim vim mitigativam, subtiliativam, ~am [Trevisa: *neisssheþ*] Bart. Angl. XVII 97 p. 874.

rariloquium [CL rarus+loqui+-ium], practice of talking little or seldom.

propter ~ium [ME: *þe selt speche*] ejus verba fuerunt magni ponderis et virtutis *AncrR* 19.

rariloquus [CL rarus+loqui+-us], who talks little or seldom.

volo vos esse ~as [ME: *þ' ȝe speken selden*] tuncque pauciloquas *AncrR* 18; Beata Virgo Maria . . fuit ita ~a [ME: *of se lute speche*] quod nusquam in sacra scriptura locuta fuisse legitur nisi quater *Ib.* 19.

raritas [CL]

1 (of substance) thinness of texture or composition. **b** (w. ref. to part that is not solid) gap.

illum [etherem] ~as suffert, istum [humorem] densitas subruit ADEL. *QN* 62; struthio . . pennas habet, quibus tamen a terra non elevatur, quia hinc pondus corporis, hinc ~as pennarum . . volandi usum negant AILR. *Serm.* (ed. *PL*) 415A; ut terra inanis et vacua, vaporali aquarum ~ate obducta, ut appareret arida, detegeretur PULL. *Sent.* 717D; omne corpus cito magnam flammam a se emittens facile ab igne consumitur propter ipsius porositatem et ~atem *Quaest. Salern.* B 121; pars quedam . . est sparsea extra in ~ate membrorum GILB. I 7. 2; potest argui quod rarefaccio, ~as, et densitas sunt accidencia LUTTERELL *Occam* 138 p. 58. **b** pori enim eorum [lignorum] et ~ates humiditate replentur *Quaest. Salern.* N 3 (v. exsiccare); fit putredo . . a cibis in ~ate dentium retentis, qui cum putrescunt dentes corrumpunt GILB. III 160v. 2.

2 rarity of occurrence or fewness in number.

ista provintie longinquitas, illa sanctorum in eis requiescentium pro miraculorum ~ate obscuritas W. MALM. *GP* III 116; si nostris, id est Christianis, temporibus tanta est ~as amicorum AILR. *Spir. Amicit.* I 25. 664A; **1166** quod dilectioni vestre respondeo tardius et rarius scribo . . facit intermeantium ~as J. SAL. *Ep.* 185 (184 p. 210); illud adjiciens perjucundum tibi fore si amici ~atem colloquii pagina compensaret prolixior G. HOYLAND *Ascet.* 252D; hoc dixit Dominus ut ostenderet ~atem bonorum venientium ad epulas ejus T. CHOBHAM *Serm.* 7. 31va; rectitudo stature . . et ~as verborum nisi cum necesse fuerit BACON V 167.

3 (quality or condition of) being unusual, exquisite, or rarely found, rarity.

'rara avis . . nigroque simillima cycno' [Juvenal, *Sat.* VI 165] per hyperbolen nimiam ~atem expressit ANDR. S. VICT. *Sal.* 127; mirabar . . claritatem et ~atem operum MAP *NC* III 2 f. 36.

rarus [CL]

1 that has loose structure or thin texture or composition, (as sb. n.) loosely structured substance, body, or sim. **b** (of sieve) that has large holes.

si materia situata est in membro ~o, cito evaporat: si spissa diu durat GILB. I 11. 2; ~um habet partes discontinuatas BACON III 214 (v. discontinuare 1); nullam mencionem facit de ~o et de denso T. SUTTON *Gen. & Corrupt.* 127; quelibet pars ~i est ~a OCKHAM *Quodl.* 442; in sumitate istorum est aer ita subtilis et ~us [ME: *latsom*] *Itin. Mand.* 10. **b** c**1395** in ij cribris ~is vocatis *ridels* (v. cribrum 1b).

2 that has wide spaces or intervals, characterized by sparseness or scantiness, (w. *a* & abl.) sparsely provided (with).

mansio . . secretior, nemore ~o et vallo circumdata BEDE *HE* V 2 p. 283; cujus cilia ~a a pilis significant hominem simplicem M. SCOT *Phys.* 62 (v. convenire 6b).

3 that occurs rarely, infrequent, occasional, rare. **b** (of person; ~us *sermone* or *in sermone*) who talks seldom.

unde licet ~us sit aspectus, non tamen ~us, sed continuus est affectus ANSELM (*Ep.* 2) III 99; **1166** rarescunt autem auxilia, etsi ab initio ~issima fuerint J. SAL. *Ep.* 168 (167 p. 98); gentem hec [Yslandia] breviloquam et veridicam habet. ~o namque brevique fungens sermone, praejantem non utitur quia mentiri non novit GIR. *TH* II 13 p. 95; pluvia ~a terram facit fructiferam et pluvia nimia facit eam sterilem T. CHOBHAM *Praed.* 75. **b** gravis moribus, sermone ~us, indignationis nescius AILR. *Spir. Amicit.* III 121.

698D; in cultu corporis tui abjectior, in sermone ~ior, in vultu dejectior P. BLOIS *Ep.* 55. 167A.

4 that proceeds in a manner characterized by low intensity or slow speed.

septimo judicatur [pulsus] ex operatione quietis et hic dividitur in spissum, ~um, et in medium BART. ANGL. III 23; motus vero alii ~iores sunt, alii spissiores, sicut patet in omnibus mobilibus. ~i autem et tardi graves efficiunt sonos, spissi et celeres acutos ODINGTON *Mus.* 62–3.

5 rarely occurring, (pl. also as sb. m.) few persons.

671 tanto inextricabilior obscuritas praetenditur quanto ~ior doctorum numerositas reperitur ALDH. *Ep.* 1 p. 477; dum genus humanum truculenta fluenta necarent / . . / exceptis raris . . *Id. Aen.* 63 (*Corbus*) 3; exceptis vitibus et olivis ~ae ferax arboris, frumenti quoque et hordei fertilis BEDE *HE* V 17 p. 318; **802** forte ~i intrant, si peccatores non intrant ALCUIN *Ep.* 246; regulam definiendi artissimam docuit et quam plene aut nullus aut ~us assequitur J. SAL. *Met.* 906C; tanta . . alacritate iter arripuit . . ut velocitatem euntis ~us famulorum . . posset adequare *Lib. Eli.* III 42 p. 281.

6 uncommon, unusual, rare.

nunc igitur raros decerpant carmina flores / e quis virgineas valeant fabricare coronas ALDH. *VirgV* 138; topatius quo rarior / eo est pretiosior FRITH. *Cives* 10. 1; **1210** bene valere vos opto ~issime Roberte *Lit. Cant.* I 21; c**1211** omne quod ~um est plus appetitur GIR. *Ep.* 6 p. 230.

7 (de ~o or abl. sg. ~o as adv.) rarely, infrequently, occasionally.

in sede arbitraturi sedentes sed ~o recti judicii regulam quaerentes GILDAS *EB* 27; sacerdotes habet Britannia . . ~o sacrificantes et numquam puro corde inter altaria stantes *Ib.* 66; raro me quisquam cernet sub luce serena ALDH. *Aen.* 35 (*Nycticorax*) 3; ita ut ~o ibi nix plus quam triduana remaneat BEDE *HE* I 1 p. 12; unde Aristoteles: mulieres que ~o ebriantur cito senescunt [*paraphrasing* Macr. *Sat.* VII 6. 16: mulieres, inquit, ~o ebriantur, crebro senes] OSB. GLOUC. *Deriv.* 191; satis . . de ~o subsequitur victoria, ubi juvenes certamen ineunt contra senes, aut inscii adversus sapientes *Reg. Whet.* I 8; ut de rebus tam de ~o contingentibus habeatur apud posteros noticia magis recens *Ib.* I 395.

ras alhamal [Ar. *ra's al-ḥamal*], (astr.) beginning (lit. head) of Aries.

sole quoque in race elhamel umbra ejus meridiana in cxiij ducatur ADEL. *Elk.* 26.

rasare [ML < CL rasus *p. ppl. of* radere+-are], **raseare** [OF *raser*]

1 to shave.

to schave, radere, ~are, rasitare, tondere *CathA*.

2 to level (grain or sim.) when measuring for sale, (*mensura ~ata*) razed measure.

1299 quia recusat mensuram ~atam *Leet Norw.* 51; c**1350** septem disci cumulati de wouk' faciunt parvam mensuram rasam, que mensura, sexies impleta et ~ata, facit unam mensuram cumulatam *Cart. Rams.* III 159.

3 to level, efface, destroy completely, to raze.

1228 mandatum est vicecomiti Devonie quod . . predictum castrum penitus prosterni et fossata ejusdem ~ari faciat *Cl* 69; **1250** fossatum ad circuitum castri extra castrum ~atum est fere *CalIMisc* I 91 p. 31; **1275** quod fossati ibidem levati . . ~entur et terra inpleantur *SelCKB* I 14. **13 . .** predicta fossata ~eaverunt *Terr. Fleet* 165.

rasarium [rasare+-ium], **rasera**, **raseria** [ML; cf. et. OF *rasier*, *rasiere*]

1 act of filing, or indentation (on a key).

est autem clavis ut vidimus nova arte utroque latere dentata ut et eruditum artificem ~era fatiget et casset Gosc. *Lib. Mild.* 19 p. 86.

2 (as unit of measure, in quot. of grain) strike (usu. containing one bushel).

c**1162** de uno ~ario frumenti . . . de uno ~ario brasii de *masshemalt* de ordeo et avena et dimidium ~arium de *grouthmalt Regesta Scot.* 208; **1315** ccclxxxj

~erias frumenti . . ad sustantacionem stipendiariorum exercitus Angl' (*Pipe* 160 m. 41) *RGasc* III cliiii b; **1319** de uno ~ario frumenti . . et de uno ~ario brasii (*Pat*) *MonA* VI 652a; **14 . .** concesserunt . . xij ~eras de frumento *Feod. Durh.* 169a.

rasca

1 (bot.) dodder (also spec. as ~*a lini*) (*Cuscuta epilinum*).

bruncus, †rasta [l. rasca] lini idem *SB* 13; rasta [l. rasca], A. *doder WW*; ~a lini, podagra lini, runcus gristus, cuscuta, i. A. *doder MS BL Addit. 15236* f. 20; rasta [l. rasca] lini, A. *doder* vel *haynde Alph.* 154.

2 calf's foot, cuckoo-pint, arum (*Arum maculatum*).

barba Aaron, jarus, basga [v. l. rosga] idem, A. *cokkowespitte Alph.* 21; jarus, rasga idem, G. *jaruse* A. *cokkowespitte Ib.* 84; rasga, respice in barba Aaron vel jarus *Ib.* 156.

rascalilium [cf. rasca, ME *rascalde*, *rascaile*+CL lilium], (iron.) the flower of the common people, 'rascalily'.

abbas ire sede sursum / et prioris juxta ipsum / ego semper stavi dorsum / inter rascalilia (*MS Harl. 913*) *Cart. Glouc.* III lxix (=*Mon. Francisc.* II 278).

rascatio [cf. Italian *raschiare* =to scrape], (med.) expulsion of phlegm.

~ones et emunctiones plurime GILB. I 33. 1; [sputum] de gutture exiens exit cum ~one et cum aliqua levi tussi GAD. 53. 1; ~o est aspera sputi educcio vel expulsio *SB* 36.

rascemus v. racemus. **raseare** v. rasare. **rasemus**, **rasenus** v. racemus. **rasera**, **raseria** v. rasarium.

rasetus [cf. AN *racher*], torn.

1388 dim' *seeler* de rub' ~um cum tribus *curteynes* de *tarteryn* rub' prec' liij s. iiij d. *EschF* 1897 m. 4.

rasga v. rasca.

rasilis [CL]

1 that can be scraped smooth or polished.

~e, quod radi potest *GlC* R 30; rado . . et hic et hec ~is OSB. GLOUC. *Deriv.* 503.

2 that involves scraping smooth or polishing.

hec autem cuncta sunt ~i arte polita, quia ista sunt omni sanctitate redemita HON. *GA* 610D.

3 (as sb. n.) instrument for scraping or polishing.

dasile [l. rasile], *boor GlC Interp. Nom.* 89; **9 . .** rotum vel taratrum, *timbor*, †desile [l. rasile], *bor WW*; †desile [l. rasile], *bor GlH* D 292.

rasiliter [CL rasilis+-ter], (in gl.) in a manner that involves scraping or polishing.

rasilis . . unde ~iter adverbium OSB. GLOUC. *Deriv.* 503.

rasim [CL rasus *p. ppl. of* radere+-im], (in gl.) by scraping or polishing.

rado . . ~im adverbium OSB. GLOUC. *Deriv.* 503.

rasina v. resina. **rasinus** v. racemus.

rasio [LL], (act of) shaving.

rado . . ~o OSB. GLOUC. *Deriv.* 503; post ~onem . . cum panno fricemus GILB. II 80. 2.

rasiolum v. rasoriolum.

rasitare [CL], to shave frequently.

~are, frequenter radere OSB. GLOUC. *Deriv.* 508; *to schave*, radere, rasare, ~are, tondere *CathA*.

rasor [CL]

1 barber (passing into surname).

1130 Baldewinus ~or r. c. de x li. de censu foreste *Pipe* 3; **1159** Alanus ~or r. c. de vij lib. *Pipe* 34; rado . . inde hic ~or OSB. GLOUC. *Deriv.* 503; hic ~or, A. *shavere WW*; *a barbur*, barbitonsor [v. l. ~or, tonsor] *CathA*.

2 razor.

1295 j ~or pro j d. *Rec. Leic.* I 363.

rasoriolum [ML < LL rasorium + -olum], small razor.

hoc rasorium unde hoc rasoriolum [v. l. rasiolum], diminutivum OSB. GLOUC. *Deriv.* 503; **1244** Adam de Wyli occidit se ipsum quodam rasoriol' *JustIt* 201 r. 7.

rasorium [LL], instrument for scraping: **a** razor, knife (also in fig. context). **b** farrier's rasp.

a camerarii est procurare . . ~ia quoque, et forcipes, tersoria ad radendum LANFR. *Const.* 151 (=*Cust. Cant.* 196); rado . . hoc ~ium OSB. GLOUC. *Deriv.* 503; in tribus ~iis, hoc est in patientia, discretione, et caritate, quibus radi oportet . . superflua A. TEWK. *Ep.* 10 p. 48; scriptor habeat ~ium [*gl.: rasour*] sive novaculam [v. l. novaculum] ad abradendum [v. l. radendum] sordes pergameni vel membrane NECKAM *Ut.* 116; **1234** reddit per annum j summam saponis, duas petras et duo ~ia conventui Glaston' *Cust. Glast.* 4; vulnus strictum in modum crucis cum ~io incidas GILB. II 87v. 2; dum . . barbam . . ~io tetigisset *Latin Stories* 88. **b 1290** in kariag' et rasor' ad marescallum, ij d. *Ac. Swinfield* 87.

raspare [ME *raspen*, OF *rasper*], to scrape (clean), rasp, (*vinum ~atum* or p. ppl. as sb. n.) wine made after the first pressing of the grapes.

1195 pro faciendo ~ato vino *RScacNorm* I 138; pro ij tonell' amend' ad ~atum regis *Ib.* 209; **1203** quantum vina ~ata rationabiliter valere poterant apud Roth' *RNorm* 84; **1210** ij dolia vini Aucerensis et ~ati *Pipe* 85 (=*Ib.* 83 [**1211**], *Ib.* 83 [**1212**]); **13** . . vinum ~atum (*Nominale*) *Neues Archiv* IV 339.

raspus v. rapus.

1 rasta v. rasca.

2 rasta [LL], unit of measure: **a** (as linear measure); **b** (as measure of land); **c** (as dry measure).

a c1100 due leuue sive miliarii, tres apud Germanos, unam ~am faciunt *Eng. Weights* 4. **b 1155** cum decimis circa montem per duas ~as Saxonicas HADRIAN IV 19. 1390A. **c 1234** prepositus ville [recipit] j panem minori pondere de ~a monachorum et j ferculum *Cust. Glast.* 2.

rastall' v. rastellus. **rastare** v. rastrare. **rastel-** v. rastell-. **rastella** v. rastellus.

rastellare [CL rastellus + -are], **rastillare, rastlare, rastlicare,** to rake (also absol.).

1234 [debet] ~illare post plaustrum *Cust. Glast.* 47; debet . . ~ilare bladum quando alii cariant *Ib.* 50; debet ~illare loca ubi mullones steterunt *Ib.* 53; **a1250** debet . . ~elare post carettas et habere residuum post rastelacionem (*Cust. Chisenbury*) *Doc. Bec* 57; **1269** in aquitancia iij cottar' pro feno ~licando et in grangia tassando *MinAc* 840/1; **1275** in pratis ~landis per iij dies *Ib.* 997/2.

rastellatio [rastellare + -tio], (act of) raking.

c1230 quando cariatur fenum domini, debet cum uno homine rastelare post carettas et habere residuum post rastelacionem (*Cust. Chisenbury*) *Doc. Bec* 57.

rastellus [CL], **rastellum** [ML], **rastella**

1 rake.

1221 J. le R. clericus occidit N. B. quodam ~ello et fugit et postea reddidit se in religionem apud B. *PlCrGlouc* 37; in restello emendando ij d. ob. *Ac. Beaulieu* 261; **1278** nisi quod deberet ipsum percussisse cum ~ella *Hund. Highworth* 103; **1279** habebit die quo operabitur unam quantitatem feni cum ~ello factam que Anglice dicitur *yelm Hund.* II 712a; habebit stramen quantum elevare poterit cum sua ~ella a terra *Ib.* 850; **1279** eundem Ricardum cum uno ~ello prati verberavit *Hund. Highworth* 106; **1295** in uno ~ello ferreo ad plumbum liquefactum inde mundandum *MinAc* 1090/3 r. 1; **1295** in v ~ellis emptis ad fenum adunandum ij d. ob. *Ib.* 1090/3 r. 3.

2 frame for holding fodder, rack.

1211 in v ~ellis ad presepia ovium faciendis *Pipe Wint.* 13; **1235** duobus hominibus reparantibus manjuras stabulorum . . in rastell' reparand', xvij d. in baston', xx d. in †rastolor novis emptis, xviij d. *Ib.*

11M59/B1/16 r. 15; **1281** in stipendiis ij carpentariorum emendencium manger' et rastell' in stabulo *KR Ac* 460/27 m. A1(c); **1289** Godefrido le Hirdeler pro rastell' emptis ad stalla regis *Ib.* 467/20 m. 3; Godefrido le Hirdeler pro ~is et rastris *Ib.* m. 4; **1295** de factura clearum, ~orum et poncium *Prests* 119; **1299** in creech' et rastall' bidentium emendandis (*Michelmersh*) *Ac. Man. Wint.*; **1374** in j operario conducto ad faciend' j rastall' standard' de meremio domini pro boviculis inde comesuris per ij dies, viij d. *MinAc* 840/35.

3 brake, toothed instrument for braking flax or hemp.

a brake, pinsella, vibra, ~ellum *CathA.*

4 kind of bird, perh. thrush (*Turdus*); cf. *rostellus.*

~ella, A. *a thrushe WW.*

raster v. rastrum. **rastilare, rastillare, rastlare, rastlicare** v. rastellare. **rastolor'** v. rastellus.

rastrare [CL rastrum + -are], **rastare,** to rake, to gather together with a rake.

1276 in herba ~tanda ibidem, vij opera *MinAc* 991/18; quousque blade rostrentur et plenarie hospitentur per spacium unius stadii (*BM Add. Ch. 39862d*) *EHR* XLV 219; **1405** . . antequam blada omnia colligentur, rostrantur, ammoveantur, et integre intrentur (*CourtR Elton, Hunts*) *MS BL Addit. 34818 d.*; **1452** ~ro (*Writtle, MinAcEssex*) *MFG*; **c1466** in ij laborariis conductis pro ordeo restando et ligando, xviij d. (*Min Ac* 885/35) *Econ. Condit. app.* p. 95; in . . ordeo ligando vel ~tando *Ib.* 97.

rastratio [rastrare + -tio], (act of) raking.

1466 operantibus super sparcione, ~one, et siccacione tocius herbe (v. furcatio).

rastrator [rastrare + -tor], one who rakes or cleans by raking (away).

quod nullus ponet fimos seu alia turpia in vicis vel venellis, sed faciat asportari per ~ores *MGL* I 258; quod homines cujuslibet warde habeant ~ores . . ad purgandas wardas de diversis fimis *Ib.*

rastrum [CL], **raster**

1 rake.

~rum, *ræce GlC Interp. Nom.* 273; ~er, *egiþe Ib.* R 9; irpices, genus ~rorum [v. l. rostrorum] quod dentes plures habeant OSB. GLOUC. *Deriv.* 292; mox terram ~ris aperiunt, tres cruces inveniunt HON. *Spec. Eccl.* 948A; agros . . ~ro [*gl.: rastel*] mundare NECKAM *Ut.* 113; terra, postquam facta sunt gressibilia pedibus, quorum cepit teri tellus tempore Cahin, quo exerceri cepit, ligones tolleranto et ~ra S. LANGTON *Gl. Hist. Schol.* 42; ecce jacent rastri sic sarcula sicque ligones GOWER *VC* I 279.

2 drag-hoe, mattock.

cessantibus stibariorum ~rorumque pulverulentis quassationibus ALDH. *Met.* 2 p. 67; ~ros, *mettocas GlC* R 19.

rastura v. rasura.

rastus [cf. AN *raster*], erased.

1331 conperta est quedam rastura ut esset alicujus nominis . . et similiter ubi '&' littera prius posita fuit rasta fuit et deleta, et quidam tractus in fine ejusdem rasture factus majoris substancie et incausti nigrioris quam in principio tractus illius rasture reperitur *Sel CKB* V 65.

rasura [CL], **rasurus, rastura**

1 (act of) scraping; **b** (med., w. ref. to lesion, laceration, or sim.). **c** clipping (of coin).

partem glutinati salis a sancto Guthlaco ante consecratam arripiens, in aquam offertoriam levi ~ura mittebat FELIX *Guthl.* 53 p. 168; elcusma, i. ~ura navis de foris *Gl. Laud.* 528; eliquisma, i. ~ura navis de foris *Ib.* 596; **1300** aurum remanens de una pecia auri adquisita de ~ura vasorum in cambio London' *AcWardr* 343. **b** purgat flegma grossum, non calefaciens nec ~uram intestinorum inducens GAD. 28v. 2; fluxus sanguinis . . si ab intestinis est cum ~ura et punctura et dolore et venit paulatim *Ib.* 57. 2. **c s1278** pro ~ura monete multi Christianorum et Judeorum suspendio perierunt *Flor. Hist.* III 52.

2 (mon.) shaving (of beard or tonsure). **b** a shaving, tonsure. **c** shaving-room.

p675 si a nobis . . sciscitentur quis primus auctor ~urae hujus et tonsurae extiterit . . ALDH. *Ep.* 4 p. 482; mediante vero Quadragesimae [v. l. quadragesimali] tempore ~urae [AS: *scerincge*] officio pilorum evellant superfluitatem *RegulC* 35; de ~ura feria tertia instituenda LANFR. *Const.* 104 *tit.*; **1255** fiant ~ture de cetero a quindena in quindenam in estate *Doc. Eng. Black Monks* I 54; mappe . . mensales in refectorio ad quamlibet ~turam . . mutari debent *Cust. Westm.* 103; **1315** liber pro ~tura noviciorum *Invent. S. Ch.* 75; **1417** in xxxvj ~turis per annum iiij s. vj d. *Comp. Swith.* 364. **b 1549** ~turam congruam in coronis habeant *Conc. Scot.* II 90. **c 1411** item: via de ecclesia ad dormitorium, cum reparacione lavatorii ibidem, et subtus nova ~tura plumbata *Lit. Cant.* III 115.

3 (act of) erasing (text or part of text) or the place (in document) where erasure has taken place. **b** thing scraped, a scraping.

cautum est ut de pellibus ovinis fiant quia non facile nisi manifesto vitio ~ture cedunt *Dial. Scac.* I 5V p. 81; **1220** si recepisset breve illud sine ~tura *CurR* IX 340 (cf. ib. 341: finem fecerunt per xx m. pro ~tura); si [carta regia] omnino sit falsa propter ~uram BRACTON f. 34 p. 109; **1280** ~tura est in predicta carta, sc. in data *SelCKB* I 62; fuit . . irrotulamentum . . rasum et adnullatum . . respondit quod de ~tura illa nichil scivit *State Tri. Ed. I* 36; **1293** quedam [carte] . . calumpniate fuerunt per abbatem pro ~tura . . dicens quod fides eis non est adhibenda *PQW* 585b; **1309** hoc manifeste patet per ceram et ~turam in eisdem rotulis inventam et per variacionem incausti et manus scriptoris *SelCKB* II 29; **1331** conperta est quedam ~tura . . nominis (v. rastere); **1397** pro ~uris sive besilamentis rotulorum (*Pat*) *Foed.* VIII 27. **b** denique vidimus, quibusdam a serpente percussis, rasa folia codicum qui de Hibernia fuerant, et ipsam ~am aquae inmissam ac potui datam talibus . . vim veneni . . absumsisse BEDE *HE* I 1 p. 13; si homo sit percussus veneno animalis, ~ura pulveris hujusmodi rerum sanatur BACON *Maj.* II 218; katariacum, i. ~ura cornu cervini *Alph.* 88; pirium, ciltarium [l. tiltarium], carpia, ~ura panni idem *Ib.* 145.

4 (act of) razing (of measure of grain) or razed measure.

a1140 quatuor quarteria et quatuor ringas tritici . . ad mensuram *del melehous* rasas, ita tamen quod remaneat de unaquaque ~ura cantellus *Cart. Rams.* III 163; **1230** dicit quod multociens vidit afferre mensuras hominum de terra prioris in curiam prioris, sc. ~uras et galones *Feod. Durh.* 299; **1309** percipit . . rex in hac parochia ix quar' et iij ~turas aven' (*AssizeR*) *S. Jers.* XVIII 121.

5 instrument for scraping or shaving.

1218 super Willelmum . . invenerunt j ~uram et cotem que fuerunt Petri *Eyre Yorks* 299; **1220** j ~urus inventus fuit sub lecto . . Thome *CurR* VIII 396 (=*SelPlCrown* 134).

rasuramentum [rasurare + -mentum], something produced by scraping.

melanteria, i. de clavorum vetera ferreorum ~a *Gl. Laud.* 1039.

rasurare [CL rasura + -are], to erase (part of text).

1415 accusatus est quod ipse injuste et sine autoritate ~avit rotulos curiarum (*AssizeR*) *March. S. Wales* 59; **1513** fraudulenter ~avit evidenc' et terrur' domini *CourtR Wimbledon* I 74.

rata v. reri. **ratagatio** v. satagatio. **ratahabitio** v. ratihabitio. **ratamas** v. racamas.

ratare [ML], to rate, assess.

c1535 quod predict' annualis reditus pencio esset taxata, ~ata, levata, percepta, et soluta *Entries* 505.

rate [LL], by correct judgement, duly.

c1158 concessisse . . Stentunam . . a nobis ~e et perpetualiter . . tenendam *Cart. Sallay* 49; res . . sic tantummodo comprehendit ~e existens, sive ~e existat per se, sicut substancia sive per aliud, sicut accidencia per substanciam BRADW. *CD* 538C; **1365** ut resignacio . . ~e permaneat *Melrose* 468; **1427** juxta potestatem nobis a partibus . . datam . . ~e et legitime procedentes *FormOx* 461.

ratenihctes v. radchenister. **rates** v. vates. **rathabitio** v. ratihabitio.

rathelare [ME *rathelen*], to raddle, interlace, provide or equip with raddles.

1341 in virgis cindendis et cariandis pro rathelacione dicte domus [vaccarum] . . viij d., et in eadem domo ~anda vj d. *MinAc* 1091/6 K. 4.

rathelatio [rathelare < ME *rathelen*+-tio], (act of) raddling, interlacing, or providing with raddles.

1341 pro ~one dicte domus (v. rathelare).

rathis [ME *rattes*] unit of measure (in quot. of garlic).

1303 summa allearum, sc. xxiiij ~es, debet ob. ad exitum *EEC* 166.

raticula [ML < CL ratis+-cula], small boat.

navicella, navicula, ~a, puppicula OSB. GLOUC. *Deriv.* 382.

ratificare [ML < CL ratus+-ficare]

1 to make valid or binding, to confirm, ratify (law, act, or sim.).

c1149 abbas et conventus S. Ebrulfi ~averunt factum R. sui monachi de donacione ville de K. *Cart. Chester* 507 p. 291; res . . gestas potest vel ~are vel infirmare BRACTON f. 17 p. 66; **1265** nos vero easdem donaciones, dignitates et libertates ac possessiones ~antes *Cart. Chester* 27 p. 82; **s1273** iste Georgius . . confirmavit et †satifiavit [l. ratificavit] et puravit nobis ingressum quem habuimus in terris Johannis de E. . . pro xx marcis *Ann. Dunstable* 257; **1302** quod quidem escambium . . rex . . per cartam suam ~avit *PQW* 109b; **1335** donacionem et concessionem predictas . . tenore presencium ~amus et eciam acceptamus *RScot* 380a; ~avit omnes leges quas Dunwallo Molmuncius ordinaverat *Eul. Hist.* II 239; **1514** hoc . . testamentum . . rite factum ~amus, approbamus *Scot. Grey Friars* II 141.

2 to confirm as correct or acceptable, to sanction, approve.

~ant sancti quod Josephus asseverat BACON *Maj.* I 176.

3 to confirm as available or accessible.

civitatis Venecie probitates estimo superfluum enarrare, cum jam omnibus mare navigantibus sit ~atum *Eul. Hist.* II 112.

ratificatio [ML < ratificare+-tio], (act of) making valid or binding, confirmation, ratification.

1228 carta de ~one carte episcopi Sarum *Ch. Sal.* 199; nisi alienacionem probaverint per dissimulacionem vel ~onem *Fleta* 184; **1358** confirmacio, approbacio, et ~o obligacionum, juramentorum, summissionum . . *Mon. Hib. & Scot.* 312b; **s1359** pro quorum confirmacione ac ~one J. READING f. 171; **s1423** ~o condemnacionis facte per . . AMUND. I 167n.

ratificatorius [ML ratificatio+-tor+-ius], confirmatory, ratificatory, (*litterae ~iae*) letters confirmatory.

1464 has literas nostras ~ias tanti valoris et firmitatis esse volumus ac si tenor literarum commissariorum nostrorum presentibus se verbo in verbum insertus esset *RScot* 412b; **1466** ad hujusmodi litteras ~ias recipiend' *Ib.* 420a; **1502** acetiam de et super literis scriptis et bullis apostolicis omnium premissorum confirmatoriis, approbatoriis, et †satificatoriis [l. ~iis] *Ib.* 551a; **1509** literas suas predicti tractatus et omnium et singulorum articulorum in eodem †artificatorias [l. ~ias] confirmatorias magno sigillo suo sigillatas *Ib.* 568a.

ratihabere [CL ratus *p. ppl. of* reri+habere], to confirm, ratify.

1287 seisina sua et predecessorum suorum a tam longinquo tempore et ~ita et confirmata per dominum regem Henr' *PQW* 242b.

ratihabitatio [cf. CL ratihabitio, habitatio], confirmation, ratification.

1178 per litteras ~onis abatisse *Cart. Worc.* 164 p. 89; mittuntur . . fratres . . cum litteris ~onis, omnes conscii regie voluntatis NIG. *Cur.* 190; cum litteris de ~one ad eligendum Giraldum GIR. *RG* III 10 p. 109; **s1205** [papa] nuncios cum literis suis domino regi destinavit ut rex literas suas patentes de ~one cum priore et xij de discretioribus Cantuariensis ecclesie Romam mitteret *Ann. Cambr.* 65; **s1207** inspectis litteris regis et conventus Cantuarie ~onis super negocio . . OXNEAD *Chr.* 121.

ratihabitio [CL], **ratishabitio**

1 confirmation, ratification.

1167 nonne in consistoriis vestris teritur quod regulariter proditum est, quia ~o mandato comparatur? J. SAL. *Ep.* 200 (235 p. 436); **1175** cum . . literis patentibus ~onem continentibus *Ch. Sal.* 40; de pretractatis cum rathabitione ad terminum reversurus DEVIZES f. 43 p. 83; **c1235** concessio confirmacio necnon et ratahabicio futuris temporibus inviolata permaneat *Inchaffray* 51; **1239** senescallum suum mittat cum litteris suis patentibus de ~one ad respondendum pro eo de dictis scutagiis *KR Mem* 18 m. 11*d.*; **1293** sunt . . in nullo culpabiles . . de precepto, missione, consilio, ~one ejusdem facti *RParl* I 100a; ratishabicio: constituentes rem ratam haberi *Canon. S. Osm.* 10 *in marg.*; ratishabicio et relevacio *Ib.* 32 *in marg.*

2 approval, sanction.

1166 quia neque de mandato meo neque de conscientia aut voluntate aut ~one concepte aut scriptae sunt [littere] J. SAL. *Ep.* 160 (162); ~one regis mutuo consensa dictorum commissariorum omnium et appellatorum a domicilio regis plures officiarios expulerunt FAVENT 13; **1446** de mandato et ratihibicione . . Johannis . . manus violentas in dominum J. M. . . injecerunt *Eng. Clergy* 206; **1517** factores . . causatione et ratihibitione . . exactos *Form. S. Andr.* I 363; **1557** eos . . sex viros Gallicos dolo et consensu seu ~one dicti Johannis Mackeley navem . . cum dictis doliis vini diripuisse *SelPlAdm* II 106.

ratihibitio v. ratihabitio.

ratio [CL]

1 (act of) reckoning, formal account. **b** (*reddere ~onem* or sim.) to render or give account; **c** (w. indir. qu.).

p675 ad perfectam calculi ~onem ALDH. *Ep.* 4 p. 483; calculus, ~o vel sententia vel numerus vel *teblstan GlC* C 12; **1341** ~o administracionis domus de Jarow reddita per . . *Ac. Jarrow* 25 *tit.* **1343** ~o administracioni *Ac. Durh.* 169 *tit.*; **1369** e ~onibus . . Hugonis Pelegrini collectoris Anglie per ipsum camere apostolice redditis de pecuniis et aliis . . rebus *Mon. Hib. & Scot.* 335a. **b** cum rediero . . dicito mihi et faciam eos tibi ~onem reddere *V. Greg.* p. 105; eulogium [? l. elogium] responsum aliquod ubi ~o redditur *GlC* E 338; in Waleton hund' reddit ~onem *DB* I 31vb; in ultimo examine coram Christo et angelis ejus ~onem reddere W. MALM. *GP* V 206; **1282** extra ~onem in dicto libro contentam . . (*Ac.*) *EHR* XXXII 1917; **1330** clerico liberacionis domus domini nostri regis, xlvj s. viij d., de quibus habenda est ~o cum eodem *ExchScot* 311. **c** post aliquanta, ~onem reddens quam ob rem talia minaretur, ita ait GILDAS *EB* 46; huic simile est illud . . Petri cum ~onem redderet Judaeis quare incircumcisis sacramenta baptismi commisisset . . BEDE *Retract.* 1020.

2 explanation, reason, ground, cause, (*~one* w. gen.) by reason of, because of; **b** (w. indir. qu. & ind. or subj.).

que ergo ~o tante diversitatis? certe morum hinc concordia magna, et inde discordia GIR. *SD* 34; **1273** consuetudines quas habent . . ~one burgagiorum que habent in villa de Burthon (*Burton-on-Trent*) *BBC* 50; **1405** auditisque hincinde parcium ~onibus *Cl* 254 m. 9; **1425** pomerium patitur defectum in clausura, ~one cujus laici illac transeunt et utuntur ut communi urinali *Reg. Heref.* 71. **b** nec ulla erit ~o cur illud assequi debeat ANSELM (*CurD* II 1) II 97; nulla est ~o quare in Dei capite scriptum esse debeat credi PETRUS *Dial.* 7; potest . . assignari alia ~o quare novem sunt pene in inferno . . T. CHOBHAM *Praed.* 41; notate sex ~ones [ME: *anchesuns, acheisuns*] quare pro nostro comodo quandoque se subtrahit *AncrR* 84.

3 essence, nature, rationale; **b** (to render Greek -λογία).

ab ipso venerabili viro Paulino ~onem fidei discere . . curavit BEDE *HE* II 9 p. 100; exposita . . ~one Paschalis observantiae ita de Pelagianis . . subdunt: . . *Ib.* II 19 p. 123; ad eorum quae credimus ~onem intuendam . . aliquando conor assurgere ANSELM (*CurD commend.*) II 40; cum divina essentia sit lux lucidissima, omnis cognitio ejus per similitudines, quam per se ipsam obscurior, in ~onibus vero eternis creaturarum in mente divina lucidissimis . . GROS. 142; eadem res potest habere diversas ~ones et sic diversimode nominari BACON *CSTheol.* 39; est . . logica raciocinalis sciencia quia modum raciocinandi docet et ~ones encium considerat KILWARDBY *OS* 578. **b** astronomia, lex astrorum. astrologia, ~o siderum *GlC* A 828; patalogia [i.e. pathologia], ~o passionis *Ib.* P 171.

4 intellectual power or faculty, reason.

comparati jumentis insipientibus strictis . . morsibus ~onis frenum offirmantes GILDAS *EB* 22; cumque ~o operetur in anima, necessario dator ~onis factor est anime PETRUS *Dial.* 23; spiritus . . motui, sensui, fantasie, ~oni similibusque deserviens ALF. ANGL. *Cor* 13. 9; ~o est vis apprehensiva, vis rationabilis est vis motiva et imperans J. BLUND *An.* 82; [bruta] non . . apprehendunt veritatem vel falsitatem cum intellectu careant et ~one *Ib.* 261; vilissimum sepulcrum ~onis est ebrietas T. CHOBHAM *Serm.* 24. 102b.

5 sound reason, sanity.

ut pro virtute vitium, pro mansuetudine insolentia, pro ~one sequatur insania *Quaest. Salern.* B 255.

6 argument, proof, evidence, or knowledge (based on reason); **b** (log. & phil.).

cogitatuum ~onibus vel fratrum religiosis precibus coactus GILDAS *EB* 1; quod ita factum fuisse certissima ~one cognitum est *Ib.* 40; et ~one veritatis et exemplo Dominicae resurrectionis probavit hoc dogma orthodoxae fidei omnimodis esse contrarium BEDE *HE* II 1 p. 75; non hanc primo mensi anni incipientis sed ultimo potius praeteriti lunam esse adscribendam . . memorata ~o probat *Ib.* V 21 p. 339; est . . martir et creditur non ~onibus humanis sed virtutibus divinis W. MALM. *GP* IV 170; **c1270** hec sunt ~ones contra testes Thome de Nevile *SelCCant* 308. **b** facile in eis [trivio et quadruvio] gramaticas costructiones et dialecticas ~ones, et rethoricas orationes intelligit BERN. *Comm. Aen.* 38; in prima ponit ~onem demonstrativam sui propositi T. SUTTON *Gen. & Corrupt.* 62; ~o ista se extendit ad omnem cognicionem sensitivam *Ib.* 89; posuit . . ad hoc probandum ~ones quibus arguunt naturaliter et physice hic . . ponit ~ones quibus hoc persuadent exemplariter et rhetorice HOLCOT *Wisd.* 62.

7 reasoned or rational point of view, action or condition (sts. quasi-personified); **b** (contrasted with *auctoritas*, *consuetudo*, or *voluntas*). **c** (*~o et justitia* or sim. in leg. context, w. ref. to reasonable behaviour or treatment) reason and justice.

ita deprehendent an secundum rectam ~onem sacerdotali cathedrae insideant GILDAS *EB* 92; ~o exigit ut in pleno versu xxiiij tempora sint ALDH. *Met.* 10 p. 82; quod ita fieri oportere illa nimirum ~o cogit quia in Genesi scriptum est: . . BEDE *HE* V 21 p. 339; obstinacissimus, inrationabilis, qui ~one non placatur *GlC* O 12; et humana et divina exigit ~o ut magis tribus episcopis quam duorum monachorum credatur testimonio W. MALM. *GP* I 57; alterum consulit ~o, alterum impellit turbata effrenatio PULL. *Sent.* 880B; **1221** dicit comitatus quod ipsi teloneum de novo et contra ~onem capiunt *SelPlCrown* 91; **1377** contra Deum et ~onem, et leges regni (*Pat*) *Foed.* VII 164. **b** sed hoc auctoritate potius quam ~one valet ALDH. *PR* 122 p. 169; credulitatem . . nostram quam illi auctoritate extorquere volunt, ille ~one roborat W. MALM. *GP* I 46 p. 76; **1157** episcopus Cic' Hylarius cartarum auctoritate ecclesie de Bello simulque ~one cogente *Doc. Theob.* 11; **1221** per consuetudinem illorum . . contra ~onem statutam *SelPlCrown* 91; **s1399** cum . . puer regnat, voluntas sola regnat, ~o recessit, constancia fugata est *V. Ric. II* 211. **c c1168** desicut ipse abbas offert eis et pro eis omnem ~onem et justiciam *Regesta Scot.* 68; **1194** qui aliquem rectaverit de aliquo delicto . . quod injuste et absque ~one et in pace illi forisfecerit, et ille negaverit injuriam et non ~onem et pacem (*Pontefract*) *BBC* 147; **12..** qui negaverit injuriam vel non ~onem et non fuerit inculpatus de aliqua istarum judicabitur in misericordia pretoris et per forisfactum responsum suum recuperabit (*Ch.*) *EHR* XVI 109n.

8 (leg.) right or title.

Ailricus tenuit eadem ~one qua supradictas hidas *DB* I 172vb; laicus quidam posuit calumpniam injuste in unam partem terre quam clerus beatissimi Gunley tenebat ex ~one (*Gundleius* 16) *VSB* 190; ex laicali manu traxit calumpniatam tellurem, que postea subjacuit et subjacere debuit ecclesie sancti Gunlyu per ~onem *Ib.* 192.

9 manner, method, means; **b** (w. ref. to rite).

rex .. tali successu factus audentior ad naves redit et reliquos portus .. eadem ~one invadit *Enc. Emmae* I 4. **b** ordinationem ejus denuo catholica ~one consummavit BEDE *HE* IV 2 p. 205.

10 motto, posy, legend.

1397 cum j *towail* de albo panno lineo cum ~one *Jesu merci IMisc* 266/12.

ratiocinabilis [ML < CL rationcinari + -bilis], that can be considered or arrived at by means of reasoning.

manifestum est quod logice subjectum uno modo dicitur ratiocinacio, alio modo sermo ratiocinativus, tercio modo ens simpliciter ~e KILWARDBY *OS* 578.

ratiocinalis [CL]

1 of or concerned with reasoning.

est .. logica ~is sciencia quia modum raciocinandi docet et raciones encium considerat KILWARDBY *OS* 578; logica .. alio modo est sciencia ~is et sic est una trivialis sciencia divisa contra grammaticam et rhetoricam *Id. Quomodo Deus* 120.

2 based on or agreeable to reason, reasonable.

1408 a servicio magistri sui .. nullo modo se absentabit, sine causa ~i *FormA* 98.

ratiocinari [CL], **~are,** to reason, ratiocinate: **a** (intr.); **b** (w. internal acc.)

a 671 de his prolixo ambitu verborum ~ari stricta epistularis angustia minime sinit ALDH. *Ep.* 1 p. 477; sicuti est ratio instrumentum ~andi quo utimur cum ~amur ANSELM (*Praesc.* III 11) II 279; in magne rationis palatio accubituri ipsius palacii solum quibusdam sententiarum floribus sternamus ut post delectabilius in eo ~aturi [v. l. rationaturi *app. corr. to* ratiotinaturi] sedeamus PETRUS *Dial.* 19; sicut est ~ari sic est intelligere, unde habemus rationem et intellectum J. BLUND *An.* 82; sicut gaudium et letitia .. et de inimicis consequi victoriam .. et cum dilectis ~are BACON IX 71; est igitur logica ratiocinalis sciencia quia modum ~andi docet et rationes encium considerat KILWARDBY *OS* 578. **b** haec enim illi ~abantur qui nullam vitam nisi istam esse credebant BEDE *Ep. Cath.* 35; quidquid ~atus sum non pertinet ad illam ANSELM (*Mon.* 65) I 76; ab anima rationali habemus quod ~amur et intelligimus J. BLUND *An.* 296.

ratiocinarius [ML *as sb. n.* = *reckoning, calculation*], (as adj.) of or pertaining to reckoning or calculation.

hujusmodi tabula memoriae subministrandae gratia puto ratiocinatores olim in subducendis calendis usos esse; nam in trapezis suis seu mensis .. ~iis antique cernitur SPELMAN *Asp.* 85.

ratiocinatio [CL]

1 process or act of reasoning, ratiocination. **b** result of process or act of reasoning, inference, deduction. **c** act of reasoning about, consideration.

quot de mutis aut brutis ~onis argumenta requiruntur cum etiam .. ALDH. *Met.* 7 p. 77; vir vitae venerabilis non fraudis argumento sed ~onis [v. l. rationis; *gl.*: ~o est oratio qua id de quo est questio comprobatur, facundie, *snoterscipes, hrihtlæcinge*] documento .. victoriae palmam adeptus .. *Id. VirgP* 35 p. 278; fiunt per ~onem vel definitionem legis quaestiones, dum alia ratione alter scriptum interpretari nititur ALCUIN *Rhet.* 9; ut eadem quasi mea breviori ~one inveniens ejus [Augustini] confisus auctoritate dicerem ANSELM (*Ep.* 77) III 199; vadit per vias humanae ~onis et per vias philosophie BACON *Mor. Phil.* 195; ~o tam demonstrativa quam dialectica est principium cognoscendi et inveniendi veritatem KILWARDBY *OS* 509. **b** ipse, futurorum presagus, omnes eorum ~ones exivit W. MALM. *GP* I 48; erat .. ~o regis hujusmodi: consuetudo regni mei est .. ut .. *Ib.* I 49; clamores vestros et ~ones: diligenter discutiam ORD. VIT. XII 21 p. 382. **c** c**705** diversarum rerum ~ones conglobans ad instiganda vestri corporis praecordia ALDH. *Ep.* 9 p. 502 (=W. MALM. *GP* V 192).

2 (act of) reckoning, calculation; **b** (w. subj. gen.); **c** (w. obj. gen.).

reddende ~onis summa taxata, viz. circa triginta marcarum millia H. BOS. *Thom.* III 35 p. 299; ubi qualibet die Sabbati, de more, forestarii et nemorum venditores .. cum ~onibus reponebant *G. S. Alb.* I 216. **b 13** .. compotus et ~ones .. officiariorum *G. S. Alb.* II 201. **c** secundo de expositionibus diversorum sermonum, tertio de rationibus [v. l. ~onibus] dierum BELETH *RDO prol.* 15; **1230** noveritis nos concessisse .. quod .. executores testamenti sui sint quieti ab omni ~one compoti *Pat* 342.

ratiocinativus [CL], of or concerned with reasoning, discursive, ratiocinative, (as sb. n.) discursive statement or sim. **b** (gram., of conjunction) that expresses reason.

licet sermo ~us sit significativus, tamen aliunde significativus est et aliunde ~us KILWARDBY *OS* 479; grammatice est docere de sermone quomodo apte significativus sit, sed aliarum duarum [logice et rhetorice] quomodo apte ~us *Ib.*; hec .. sciencia ~a est sive racionalis quia motu racionis docet uti artificialiter *Id. Quomodo Deus* 120; scientificum distinguitur a ~o penes necessarium et contingens DUNS *Ord.* I 226; quia via ~e deduccionis prius oportet cognoscere illud a quo fit abstraccio quam abstractum *Ib.* III 15. **b** sunt ~ae [conjunctiones], quare, quapropter, igitur, ergo BONIF. *AG* 537.

ratiocinator [CL]

1 one who reckons or calculates.

hujusmodi tabula memoriae .. puto ~ores olim in subducendis calculis usos esse SPELMAN *Asp.* 85.

2 one who reasons.

dicant ergo isti ~ores quam habuit Christus in temporalibus potestatem et qua caruit vel abdicavit seu recusavit habere; quod si temptaverint, sermonibus propriis capientur OCKHAM *Brev.* 65; hic sine ratione ~or GARDINER *CC* 97.

3 (in gl.).

ratiocinor, -aris, unde ~or OSB. GLOUC. *Deriv.* 504.

ratiocinatrix [LL], one who calculates or reasons (f.).

ratiocinor -aris, unde ratiocinator [v. l. ~ix] OSB. GLOUC. *Deriv.* 504.

ratiocinium [CL]

1 (act of) reckoning, account, calculation; **b** (w. *de* or *super* to specify object reckoned); **c** (w. ref. to obligation to supply or render account); **d** (w. possessive gen.); **e** (w. obj. gen.).

aut cimilii custodiam aut publici claves erarii aut ~ii varias cautiones .. optinuit J. SAL. *Pol.* 677A; non enim in ~iis, sed in multiplicibus judiciis excellens scaccarii scientia consistet *Dial. Scac.* I 4C; s**1175** quicquid ministri regis .. a preteritis tribus annis .. esculenti vel poculenti causa receperant, venit in ~ium DICETO *YH* I 404. **b** super omnibus que de regis mandato tempore cancellarie in custodia habuerat, ~ia exigit H. BOS. *Thom.* III 35 p. 299; s**1232** cepit a .. ministris suis de redditibus .. ad fisci commodum spectantibus ~ium exigere M. PAR. *Maj.* III 220; s**1232** exegit ab eo ~ium de thesauris suis OXNEAD *Chr.* 162; Gallici post eorum adventum in Angliam ~ia de eorum proventibus non receperunt FORTESCUE *LLA* 48 p. 114; **1489** de quibus non fecit compotum nec raceocinium *ExchScot* 77; **1520** ad compotum, calculum, et ~ium super fideli administracione .. legitime .. compelli *Conc. Scot.* I cclxxiv. **c 1205** mittimus .. P. .. a .. ~iis liberum et absolutum (v. curialis 3a); **1226** ipsum a nexibus curie et omnibus ~iis penitus absolvimus *Pat* 89; **1260** de predictis wardis, ~iis, compotis .. quietum esse .. *Cl* 306. **d 1336** qui ~ia .. custodum .. diligenter audiant *StatOx* 135; **1495** ad audiendum ~ia et compota firmariorum *Reg. Merton* I 66. **e 1223** cum ~io proventuum *RL* I 539; **1345** ~ium administracionis domus de Jarow *Ac. Jarrow* 27; **1452** calculo sive ~io administracionis specialiter reservato *MunAcOx* 657.

2 account that contains outstanding charges; **b** (applied to ransom).

a**1350** ~ia solvant sine .. dilacione seu cavillacione *StatOx* 65. **b** s**1302** cum .. alios sauciassent, alios semivivos ~io magno dimisissent *Flor. Hist.* III 112.

3 (act of) reasoning or inference.

vel illorum ~io vel istorum fastidio perculsus W. MALM. *GR* IV *prol.*; talibus .. et aliis .. ~iis que breviandi causa pretereo, impulsus *G. Steph.* 5 p. 12; s**1254** compertum .. est certis ~iis, regem Anglie extraxisse a regno per in ipsam Wasconiam umbratilem transmigrationem M. PAR. *Maj.* V 450.

4 rational understanding, consideration, or assessment.

est justicia pertinens ad hominem in ~io [*gl.*: i. in racionali regimine secundum Apostolum] sui ipsius et in hiis que sunt inter se et Creatorem suum BACON V 125.

rationabilis [CL]

1 endowed with reason, rational, (as sb. m. or f.) rational creature or person. **b** of or connected with reasoning. **c** (*aetas ~is*) age at which one is capable of reason.

~is creatura irrationabilium gestu et personis utitur ALDH. *Met.* 7 p. 76; [qui habent vj digitos] mente tamen ~es erant *Lib. Monstr.* I 4; Apollinaris .. dicit: Christus tantum Deus et caro est, animam ~em numquam suscepit BEDE *Ep. Cath.* 74; postquam enim de vera ratione dilectio inter ~es nascitur, nequaquam ipsa, quamdiu radix vivit, extinguitur ANSELM (*Ep.* 93) III 220; rex et episcopi et principes et alii ~es et religiosi viri regni Anglorum *Id.* (*Ep.* 441) V 388; c**1223** verus homo factus, ex anima ~i et humana carne compositus *Ch. Sal.* 131; ab Adam, viz. patre omnium mortalium linialiter discendencium *Plusc.* VI 15 p. 6. **b** quod est contra Aristotelem dicentem .. quod omnis voluntas est in vi ~i J. BLUND *An.* 77; ratio est vis apprehensiva, vis ~is est vis motiva et imperans *Ib.* 82. **c 1228** si R. .. ante ~em etatem suam in fata decesserit *Pat* 183; **1413** statum faciant W. filio meo cum ad ~em etatem pervenerit in omnibus terris *Reg. Cant.* II 24.

2 based on or agreeable to reason, reasonable, appropriate, suitable. **b** (*~e est* w. inf. or *quod* or *ut* & subj.) it is reasonable (to or that ..).

episcopus non debet abbatem cogere ad synodum ire nisi etiam aliqua ~is causa sit THEOD. *Pen.* II 2. 3; insula .. in qua nascuntur homines ~i statura nisi quod eorum oculi sicut lucerna lucent *Lib. Monstr.* I 36; ibi .. legetis ~es causas quare nec debui nec debeo .. redire in Angliam. quas tamen causas nolo publicari ANSELM (*Ep.* 330) V 263; ~em Pasche terminum EADMER *Wilf.* 7; non ~i consideratione sed quadam potestatis cupiditate W. MALM. *GP* I 11; **1179** W. B. et W. T. r. c. de x m. pro habenda ~i parte de hereditate uxorum suarum *Pipe* 114; **1214** jurabitis .. quod victualia .. justo et ~i precio vendetis *MunAcOx* 2; **1238** rogavit nos .. quod .. eidem de debitis predictis finem concederemus ~iorem *Cl* 68; s**1279** nec tamen adhuc pristina ~is moneta inter novam discurrere prohibetur OXNEAD *Chr.* 255; **1529** salvum michi et heredibus meis bosc' et wast' et eidem David ap Jeuan ac heredibus suis masculis ~e estov' et communi pastur' *AncD* C 7292. **b** non .. est ~e sequi quocumque nos impetus animi .. impellit ANSELM (*Ep.* 355) V 296; an enim ~e est ut idcirco neget aliquid quod intelligit, quia esse dicitur id, quod ideo negat quia non intelligit? *Id.* (*Resp. Ed.* 7) I 136; ~ius est quod id quod movetur localiter sit causa generationis .. quam quod id quod generatur sit causa ejus T. SUTTON *Gen. & Corrupt.* 184; ~ius tamen est dicere quod sic OCKHAM *Quodl.* 363.

3 that can be calculated or reckoned.

anime ab initio mundi create et in stellis comparibus posite sunt, ut rationabilem ibi motum firmamenti contemplarentur ALB. LOND. *DG* 6. 8.

4 (math., of quantity or ratio) that can be expressed without radical sign, rational (in quot. as sb.).

nam quicquid de ~ibus continetur ibi potest .. proprie ad vitam rationabilem .. facile pertractari BACON *Maj.* I 218.

rationabilitas [CL]

1 state or condition of being endowed with reason, rationality.

'spiritus vester' ~as. 'et anima' sensualitas LANFR. *Comment. Paul.* 340; ~as enim inest anime tam secundum electivam quam secundum discretivam quam secundum detestativam NECKAM *SS* III 90. 15; quia nemo sapiens sine sapiencia, igitur nemo sapiens sine cognicione talium ydearum, neque aliquis virtuosus sine cognicione racionabilitatum faciendarum virtuose WYCL. *Quaest. Log.* 275.

2 conformity with reason, reasonableness.

letitiam et ~atem recipere et habere BACON IX 138; auctoritas scribencium, diligencia recipiencium, ~as contentorum et irracionabilitas singulorum errorum DUNS Ord. I 61.

rationabiliter [CL], in accordance with reason or common sense, reasonably, suitably.

ostendentes per patientiam quam ~iter eam [fidem] servandam didicerimus BEDE Ep. Cath. 57; Dunstanus itaque his quae quasi ~iter postulabantur contraire nolens OSB. V. Dunst. 36 p. 113; possumus .. ~iter asserere quia .. ANSELM (Praesc. III 7) II 273; c1155 sicut illud ~iter disrationavit in curia Ch. Sal. 25; quicquid a me ~iter postulaveris obtinebis Eul. Hist. II 184; 1388 Isabella fuit talis etatis quod cognicionem cum .. viro suo ~iter habere non potuit CoramR 508 r. 29.

rationalis [CL]

1 endowed with reason, rational. **b** (as sb.) rational creature or being.

inter veridicas ~is secundae a nuntiis derivationis creaturas GILDAS EB 1 p. 27; clarum .. est ~em creaturam totum suum posse et velle ad memorandum et intelligendum et amandum summum bonum impendere debere ANSELM (Mon. 68) I 79; ut sicut anima sua, ita et homo ipse ~is sit et discernat PULL. Sent. 737D; an mundus sit ~is vel irrationalis an non BALSH. AD rec. 2 170; anima sensibilis est genus anime ~is et species anime vegetabilis J. BLUND An. 40; ideo potens est secundum eam [libertatem arbitrii] ~is creatura adherere rectitudini et respuere ejus oppositum Ib. 385. **b** omne ~e dicitur in eo quod quale ANSELM (Gram. 6) I 150; ergo quoniam omnis justitia est rectitudo, nullatenus est justitia quae servantem se facit laudabilem nisi in ~ibus Id. (Ver. 12) I 193; animam enim nesciente animato ~i [v. l. racionabili] nihil agere ALF. ANGL. Cor 7. 10; in hac parte quedam eorum [animalium] etiam ~ibus preferuntur GIR. TH I 13 p. 40.

2 of or pertaining to the operation of reason. **b** (rhet.) of or connected with reasoning.

hujus rei causa est infectio melancolie in ~i cellula, cujus infectione inficitur memorialis que est conservatura Quaest. Salern. B 241; tunc querit virtus ~is suam quietem BACON V 74. **b** loci controversiarum quos rhetores status causarum appellant .. sunt ~es aut legales. quot sunt ~es? quattuor, i. facti aut nominis aut qualitatis aut translationis ALCUIN Rhet. 7.

3 (gram., of conjunction) that expresses reason.

[conjunctiones] ~es, quamobrem, praesertim, item, itemque .. BONIF. AG 537; sume [conjunctiones, geþeodnyssa] sind gecwedene ~es. ratio is gescead ÆLF. Gram. 263.

4 agreeable to reason, reasonable.

c1195 salvis inde ~ibus consuetudinibus meis (Chester) BBC 215; 1210 compareas .. per te vel .. ~em responsalem FormOx 277; Eleutherius .. constituit ut nulla esca a Christianis repudiaretur, que tamen ~is et humana esset M. PAR. Maj. I 130; omnibus excepcionibus et defensionibus personalibus et ~ibus que possunt obici contra hoc instrumentum Form Man 11.

5 (math., of number, ratio, or quantity) that can be expressed without the use of radical signs, rational, (as sb. n.) rational number, ratio, or quantity. **b** that can be expressed in rational numbers, that can be counted.

omnis linea communicans linee potenti supra ~e et mediatam item erit supra ~e et mediatum potens ADEL. Elem. X 63; cum ponentur due linee una ~is, altera residua .. Ib. X 79 def. 1; sint itaque due linee ~es communicantes in longitudine Ib. X 80; rationis causa: quadratum etenim residui cum adjungatur superficies equalis ei ad lineam ~em fit latus ejus secundum residuum primum Ib. X 106; linea ergo DH residuum. quod est impossibile. erat enim ~e in potentia Ib. X 106. **b** motus primi mobilis .. qui etiam dicitur motus ~is ad similitudinem motus rationis qui est in microcosmo SACROB. Sph. 86.

6 (as sb. m.) one who gives account (to one's superior).

vicecomitum clericus et ~is effectus W. FITZST. Thom. 3 p. 14; ne forte .. vos tanquam cancellari-

um et ~em suum .. tanquam reum .. fidejussoribus carentem retineat Ib. 43 p. 55.

7 (as sb. n., also fig.) a rationale, breastplate worn by Jewish high priest (cf. Exod. xxviii 15).

ad ornandum ephod ac ~e .. recte in ~i, qui est habitus pectoris sacerdotis BEDE Tab. 400; bene post superumerale ~e judicii sequitur .. duplex .. factum est ~e ut facilius lapidum pondus sustineret Ib.; mysticum namque illud ~e pectoris Aaron ornamentum spiritualiter ejus adornat interiora W. POIT. I 58; induat .. superhumerale, deinde ~e AD. SCOT OP 575A; xij lapides preciosi in ~i super pectus Aaron AD. DORE Pictor 156; superhumeralis tu recte sculptura / racionale opere polimito / in quo fulgore rutilat insignito J. HOWD. Cant. 635; per duodecim enim lapides, quos supra pectus pontifex sutos in essin, id est in ~e, portat victoriam pugnaturis Deus prenunciabat .. essin racionalem vocant BRADW. CD 53E.

8 reasoned exposition or explanation, rationale (as title of book).

~e Divinorum Officiorum BELETH RDO tit.; a1332 ~e R. de Elham Libr. Cant. Dov. 53; 1425 lego ecclesie S. Michaelis .. librum de sermonibus prioris Bartholomei et ~e Divinorum ibidem in libraria perpetuo remanenda Reg. Cant. II 313; 1429 lego ecclesie parochiali unum librum appellatum ~e Divinorum (Test. Ad. Usk) EHR XVIII 316; 1443 item ~e Divinorum, secundo folio quia circa idem (Invent.) Cant. Coll. Ox. I 4; secundum ~a Divinorum (Ord. Sarum) Mon. Rit. II 362.

9 (in gl.).

loica, ~es GlC L 254.

rationalitas [LL]

1 faculty of reason or reasoning, rationality.

omne .. animal potest intelligi praeter ~atem; .. nullus homo potest intelligi praeter ~atem ANSELM (Gram. 3) I 147; ~as .. potentia est ratiocinandi; ratio autem vis et efficacia ejusdem rei PULL. Sent. 737B; contra Avicennam qui dicit quod ab anima rationali est in homine vegetatio, sensibilitas, ~as J. BLUND An. 37; dicendum est quod ymaginatio et intellectus a ~ate procedunt Ib. 43; nonne enim ~as preminet et potentia et dignitate irrationalitati? NECKAM SS I 12. 1.

2 (math., of quantity or ratio) quality of being rational, rationality.

~as et communicatio quantitatum BACON Maj. I 218.

rationaliter [CL], reasonably.

~iter vel rationabiliter adverbia OSB. GLOUC. Deriv. 504; sicut charte regis W. et regis H. . . ~iter testantur Chr. Rams. 324.

rationare, ~ari [ML]

1 to call to account.

1270 ~atus est Thomas de Hiddeley per que servicia tenet tenementa sua CourtR Hales 4; 1274 quia dictus Robertus inde ~atus nihil ostendit nisi longam tenuram, capta est dicta terra in manum domini regis (Chanc. Misc. 10/5/1) S. Jers. II 23.

2 to give account (of), or to deraign, to claim or establish title (to).

modo sunt in manu regis, quia non fuit qui ~arat DB II 222v; 1227 Johannes .. dedit vadium ad defendendum et Nicholaus ad ~andum BNB II 197.

3 (dep.) to use or exercise one's faculty of reasoning, to reason.

nullum animal irrationale ~atur NECKAM NR II 173 p. 288; convenit regi .. quod .. cum suis hominibus ~etur sapienter BACON V 47 (=Quadr. Reg. Spec. 33); c1301 quia ~ari est agere, quia lapis non potest ~ari Quaest. Ox. 353.

rationarius [CL as sb. n.=financial survey], of or pertaining to reckoning or accounts, (as sb. m.) one who produces, examines, or verifies an account, auditor.

an auditoure, auditor, ~ius LEVINS Manip. 222.

rationatio [ML]

1 (act of) reasoning, ratiocination.

reciprocis disputacionum conflictibus ~onum documento indurata regis precordia velut in sereno glacies dissolverunt FAVENT 12.

2 deraignment, (act of) upholding right or title.

11 .. ~onis jam dicte veritas solidata est Cart. Bath 49 p. 50.

rationativus [LL], of or connected with reasoning, 'rationative'.

causa impulsiva et causa ~a .. causa ~a est causa finalis propter quam aliquid fit .. per deliberationem magnam et providentiam T. CHOBHAM Conf. 56; in homine due sunt voluntates, ~a et naturalis, quas sepe in nobis repugnare sentimus Quaest. Salern. B 11.

rationator [LL]

1 one who produces, examines, or verifies an account, auditor.

rationato[r], ambaect GlC R 15.

2 one who reasons or adduces arguments, reasoner.

videtur michi quod moderni ~ores multo magis increpandi sunt quam vel Joachim vel Hildegardis HARCLAY Adv. 78.

rationatus [ML rationare+-tus], (act of) reasoning about, rational or reasonable consideration (of).

c1441 regia majestas .. preeminencia sapiencie, ~u justice fulsita fuerat (J. CARPENTER) MGL III 461.

ratis [CL]

1 (small) boat or ship; **b** (fig.).

Britannia .. vallata duorum ostiis nobilium fluminum Tamesis ac Sabrinae veluti brachiis, per quae eidem olim transmarinae deliciae ~ibus vehebantur GILDAS EB 3; sed clamante Deo luctantes litore limphas / retiferamque ratem caro cum fratre relinquit ALDH. CE 4. 5. 8; dum ligna .. per alveum fluminis .. ~ibus veherent BEDE CuthbP 3; ipsis quoque Scylla ~em Ulixis lacerans marinis succincta canibus describitur Lib. Monstr. II 19; ~is, navis GlC R 28; Rotbertus Friso, sexcentarum ~ium dominus W. MALM. GR III 261. **b** isti .. cum integris animae ~ibus [gl.: erudibus, tignis assertibusque consertum genus; navibus, medicinis] et salva incontaminati corporis lintre ALDH. VirgP 10 p. 238.

2 (in gl.).

hec ~is, the schyppes syde, hec carina, A. a halle WW.

ratishabitio v. ratihabitio.

ratitas [CL ratus p. ppl. of CL reri+-tas], state or condition of being considered, valid, or established, status as a thing.

res dupliciter sumitur .. et sic dicitur a reri .. specialiter autem dicitur a ~ate seu rato, et sic tantummodo comprehendit rate existens BRADW. CD 538C.

ratitudo [ML], state or condition of being considered, valid, or established, status as a thing.

quod diversum est 'quo est' et 'quod est', quia illud quo aliquid est dicitur '~o' ejus, quo autem ipsum est 'quod est' vel 'quid' dicitur 'aliquitas' ejus DUNS Ord. III 184; dicitur quod respectus vestigialis in creatura non fundatur in ~ine rei sed in aliquitate tantum et est formaliter ~o ejus Ib. III 185.

ratitus [CL], that resembles the figure of a boat, (as sb. n. in gl. understood as) halfpenny.

~um, obolus, assis eo quod sit similis rati OSB. GLOUC. Deriv. 507.

ratiuncula [CL], (small or petty) reasoning, argument, or consideration.

798 stultissimum est altissima Dei misteria humanis ~is investigare velle ALCUIN ad Beatum 320; 799 quod mea olim devotio 'de bissexto' paucis inchoavit ~is Id. Ep. 171 p. 282; ~as, partes rationis diminutive GlC R 13; dixi Deum carni unitum ante animam, nec solum dixi, verum et ~as adduxi PULL. Sent. 790D; de captiosis .. atque fallacibus ~is breve preceptum est J. SAL. Met. 931D; sufficit enim ~a frequenter ad peremptionem hereseos NECKAM SS prol. 11 p. 6.

ratius v. radius.

rato, ~us [ME, OF, *rat*, ME, AN *ratoun* < AS *ræt*], rat (*Mus rattus*); **b** (as type of the speedy); **c** (as pest); **d** (as food eaten during famine).

in quodam refectorio fuit quidam murilegus qui omnes mures, excepto uno magno ~o, cepit O. CHERITON *Fab.* 15; hoc . . est tam blasfemum credere, sicut quod corpus Christi sit in natura imperfeccius quam stercus ~onis WYCL. *Apost.* 205; talpa est quedam bestiola ad similitudinem rattonis, non tamen caudam habet longam UPTON 169; si pennam fractam [falconis] extrahere volueris sine dolore, accipe . . sanguinem muris vel ~onis et unge locum *Ib.* 190; ~o, *rotte, raton, ratum WW*. **b** s1381 domos . . tanta agilitate ascenderunt acsi essent ~ones vel spiritu aliquo vecti KNIGHTON II 135; ratones cito fugiunt velut et struthiones *Pol. Poems* I 43. **c** mures majores qui vulgariter ~i vocantur, per imprecationem . . episcopi, cujus forte libros corroserant, expulsi GIR. *TH* III 32; ab omnibus muribus, que ~ones vulgariter dicuntur, . . mordetur et perimitur M. PAR. *Min.* 37; **1314** frater . . tam ex loco pestifero quam ex onere manicarum . . sic impotentes reddebantur quod se juvare non poterant quin a ~onibus roderentur (*KR Misc.* 902/49) *EHR* V 109; **1335** in . . commestione [frumenti] per aves, mures, et ~ones *KR Ac* 19/3 m. 2; **1435** illa nocte ~ones roderunt et laceraverunt ocreas . . vicecomitis *Reg. Brechin* I 78; **1463** destruuntur et devastantur per mures et ~ones infra officium panetrie hospicii predicti . . cc panes *Comp. Dom. Buck.* 56. **d** s1303 xl homines . . castrum tenuerunt viriliter, quamdiu victualia habuerunt, in tantum quod equos, canes . . mures et ~os comederunt AD. MUR. *Chr.* 2; s1419 cives nempe cogente fame comederunt equos suos, canes et ~ones. canes . . x s. vendebantur, ~o vj d. *Chr. S. Alb.* 122; tandem murum ~onumque carnes exoticas, magno comparatas precio, rapida ventris voracitas in suam . . abyssum devorat *Ps.-ELMH. Hen. V* 68; pro fame . . catos, canes, mures et ~ones care emptos comederunt STRECCHE *Hen. V* 172.

ratonarius [ME *ratoner*], rat-catcher.

1357 cuidam ~io capienti ratones infra abbathiam per diversa loca, xv d. *Ac. Durh.* 559.

ratonicida [rato + -cida], rat-killer.

~a, A. *a ratoner WW*.

ratrahere v. retrahere. **rattnichenis** v. radchenister. **ratto** v. rato.

rattornare [OF *ratorner*; cf. CL re- + attornare], to attorn again, to acknowledge oneself liable as tenant of new lord (w. dat.).

1425 dicit inquisicio . . quod eadem Johanna C. eciam jus suum illorum dominii et patronatus eisdem presentantibus vendidit per finem allevatum coram justiciario domini regis et quod tenentes ibidem rattorneaverunt eisdem presentantibus ut veris dominis manerii et feodi ibidem *Reg. Cant.* I 230.

rattus v. rottus.

ratula, kind of bird, perh. corncrake.

~e vero rauce et clamose infinite GIR. *TH* I 14 p. 47.

ratulus [ratus + -ulus], little rat.

9 . . nomina ferarum: . . †raturus [? l. ratulus], *ræt WW*.

ratum v. reri. **raturus** v. ratulus. **ratus** v. rato, reri. **raubum** v. roba. **raucare** v. raucere.

rauce [LL]

1 hoarsely, huskily.

lingua palpitante, ~e prius loqui cepit, et quasi balbutiendo cum difficultate verba formare, ut vix a circumstantibus posset audiri *Mir. Fridesw.* 31; ~e hoc canunt homines, clare angeli W. NEWB. *Serm.* 848.

2 harshly, discordantly.

si sit ibi chorda que ~e sonet aut strepat, ne indicet discordiam, omni studio ad consonantiam reducatur P. BLOIS *Ep.* 142. 427B.

3 (in gl.).

raucus . . unde ~e, -ius, -issime, adv. OSB. GLOUC. *Deriv.* 499.

raucedo [LL], hoarseness, huskiness, lack of clarity: **a** (of human voice); **b** (of bell).

a pilorum fluxu, vocis ~ine, colore livido *Mir. Fridesw.* 80; ~inem et asma RIC. MED. *Anat.* 221 (v. asthma); quidam . . ecclesiastici propter impedimentum vocis ad ipsius meliorationem uvulam sanam incidunt, unde in ~inem incidunt perpetuam GILB. IV 177. 1; quod nullus ~inis causa . . a choro se debeat absentare *Cust. Westm.* 23 (=*Cust. Cant.* 85); pars que vadit ad pulmonem . . contrahit . . ~inem inducendo GAD. 46. 1; *an hasenes,* ~o *CathA*. **b** dum aer offenditur in scissura, ex partium inequalitate et asperitate fit sonus raucus, quod si limetur scissura . . fiet sonus clarus quoniam removetur causa ~inis *Quaest. Salern.* Ba 1.

raucere [*backformation from* raucescere], **~are**, to be or become hoarse, to cause hoarseness.

~io, rausi, rausum ALCUIN *Gram.* 894C; ~io, -is, i. raucum esse OSB. GLOUC. *Deriv.* 499; quot . . juvenes . . vidi ita strenue actus bellicos excercere, cantibus diversisque ludis . . indulgere, quos postea maritatos . . in prehabitis deficere voce ~ata, cantuque derelicto UPTON 203; *to be or make hase,* ~ere *CathA; hase,* ~io *Ib.*

raucescere [LL; CL *as fut. ppl.* rausurus], to grow hoarse, harsh-sounding, strident: **a** (of human voice); **b** (of bird); **c** (of trumpet).

a vox spiritualium aedificatrix ~at et quae canorum . . Dei verbum decoro . . sermone dispensare consuevarat, id tanto remissius . . exsequatur *Ep. Anselm.* 242 (IV 150); vox humana ~t H. BOS. *Hom.* 1404D; vox ~it GILB. VII 340v. 1; te fauces vocantis stridore raucescunt J. HOWD. *Cant.* 95; voces raucescunt mellee *Id. Cyth.* 54. 10; vox ~it et fit grossior solito vel subtilior GAD. 46. 2. **b** cui [grui uni] dum raucescit subit altera deficienti *V. Merl.* 1306; videmus quomodo gallina afficitur ad pullos suos et quo dulcescit affectu, eo magis voce ~it et mirum in modum, quo magis ~it, eo magis pullis dulcescit J. FORD *Serm.* 14. 6. **c** turribus aera sonant, raucescit buccina cantu J. HERD *Hist.* IV *Regum* 153.

raucia v. rancia.

raucidulus [raucidus + -ulus], somewhat hoarse.

raucus, unde ~um, -a, -um, i. aliquantulum raucus OSB. GLOUC. *Deriv.* 499; *hase* . . ~us *CathA*.

raucidus [CL raucus + -idus], hoarse, husky, harsh-sounding. **b** (of music) twangy.

hase . . ~us *CathA*. **b** velut ~um et amarum totum canticum hoc, utpote in inferioribus cithare chordis decantatum H. BOS. *LM* 1299.

raucisonus [CL], hoarse- or harsh-sounding: **a** (of human or demonic voice); **b** (of animal or bird); **c** (of trumpet).

a immundorum spirituum . . clamoribus ~is [*gl.:* hasgrumelum] FELIX *Guthl.* 31 p. 102; vir . . ex crebro continuoque belli clamore voce ~a GIR. *EH* I 6. **b** vox mea diversis variatur pulchra figuris / raucisonis numquam modulabor carmina rostris ALDH. *Aen.* 22 (*Acalantida*) 2; raucisono [v. l. raucisonus] medium crepitare per aethera suescens *Ib.* 35 (*Nycticorax*) 5; inter raucisonos [*gl.:* rugientes hasswege] situm leones *GlP* 225. **c** tum tuba raucisonis reboat clangoribus alte ALDH. *VirgV* 372.

raucitare [raucere + -itare; cf. CL raucitas], to utter a hoarse sound.

palumbes ~ant ALDH. *PR* 131 p. 180.

raucitas [CL], hoarseness; **b** (of trumpet).

timetis ~atem et imbecillitatem mihi evenire ANSELM (*Ep.* 243) IV 153; *hooshed, or hoosnesse,* ~as, -tis, f. *PP; an hasenes,* . . ~as *CathA*. **b** tube vero et lituí clangor et ~as tonitrua BERN. *Comm. Aen.* 109.

raucitudo [CL raucus + -tudo], hoarseness.

s1249 immo etiam valitudinarios cruce signaverunt, predicando et usque ad faucium ~inem clamitando M. PAR. *Min.* III 52 n. 3; cum tamen vix distincte posset concipi pre ~ine loquela sua *G. S. Alb.* II 256.

raucitus [raucere + -tus], hoarseness.

hic ~us, -ui, i. raucitas OSB. GLOUC. *Deriv.* 499.

raucor [CL raucus + -or], hoarseness.

houshed or hoosnesse, . . ~or, -ris, m. *PP*.

rauculentus [rauculus + -entus], somewhat hoarse.

raviatus, raucidus, raucus, ~us OSB. GLOUC. *Deriv.* 506.

rauculus [CL raucus + -ulus], somewhat hoarse.

raucidulus . . i. aliquantulum raucus, quod etiam ~us dicitur OSB. GLOUC. *Deriv.* 499.

raucus [CL]

1 (of person or vocal organ) hoarse, husky, harsh-sounding; **b** (of voice or utterance); **c** (w. internal acc.).

pinguedinis gratia taurorum more ~os GILDAS *EB* 66; habeo [sc. arator] quendam puerum minantem boves cum stimulo, qui etiam modo ~us [AS: *has*] est pre frigore et clamatione ÆLF. *Coll.* 90; quare . . legentes fiunt ~i . . quia in eis arteria est gracilis non potest dilatari legendo . . unde fiunt ~i *Quaest. Salern.* Ba 19; de ~is quippe faucibus tristem habet et lugubrem sonum J. FORD *Serm.* 61. 2; qui communiter sunt reumatici et ~i cito incurrunt ptisim GAD. 50v. 1; *hase,* ~us *CathA*. **b** sit licet inferior, strepitans cum murmure rauco, / illius egregiis sermo meus meritis ALCUIN *WillV* pref. 5; per angustum meatum faucium ~iori sono modulabatur organum W. MALM. *GP* V 277; respondit ille ~a et gemebunda voce "non" ALEX. CANT. *Mir.* 43 (1) p. 243; habes . . in Pantegni quod ~a vox fit ab inequalitate et asperitate trachee arterie *Quaest. Salern.* Ba 1; illi quibus incisa uva . . est plurimum habent ~am vocem *Ps.-RIC. Anat.* 31. **c** pangere candidulos nunc incipe, lingua, triumphos / . . / pro moduloque tuo quamvis raucissima canta WULF. *Brev.* 441; pauper . . qui non putaretur loqui sed ~um ululare W. MALM. *Wulfst.* II 7.

2 (of bird or its cry) harsh, strident, raucous.

ne quassatus calamus ~us ut anser incipiam perstrepere OSB. CLAR. *V. Ed. Conf.* 1 p. 68; ratule . . ~e GIR. *TH* I 14 (v. ratula); [gallina] non voce tantum ~a sed horrida plumis et corpore marcida J. FORD *Serm.* 14. 6.

3 (of musical instrument or metal artefact) harsh-sounding. **b** (of sound produced) harsh, discordant, grating; **c** (w. internal acc.).

cornua rauca sonant et salpix classica clangit ALDH. *VirgV* 1549; scissura . . reddit ~am campanam *Quaest. Salern.* Ba 1. **b** garrio voce carens rauco cum murmure stridens ALDH. *Aen.* 21 (*Lima*) 5; **798** inter ~os tubarum strepitus ALCUIN *Ep.* 149; queritur quare propter foramina superius facta clarius sonet tintinnabulum, et quare propter scissuram ~us in ea fiat sonus *Quaest. Salern.* Ba 1. **c** in cithara hac sicut graves chorde et acute; et graves quidem quasi ~um et spissum resonant, sed tinniunt acute H. BOS. *LM* 1299C.

rauellum [ME *raue* < AS *hreaw* + ‡-ellum], unfulled cloth (used for straining).

1276 in iij ulnis ~i emptis ad lac colandum (*Lydden*) *Ac. Man. Cant.*; **1278** daeria . . in iij pannis de rauel' ad caseum emptis, xij. d. (*Milton*) *MinAc Essex*; **1283** in j ~o empto ad lac purgandum (*Ebony*) *Ac. Man. Cant.*; **1285** in ~o empto ad lac colandum (*Lydden*) *Ib.*; **1297** in rauell' et canevasio ad caseum iiij d. (*Cliffe*) *Ib.*; **1407** empcio panni linei, *streynour,* parur' et rauell': . . et in iij ulnis parur' et rauell' emptis . . iiij s. ij d. *KR Ac* 513/2.

rauma v. rheuma. **rauncionare** v. ransonare. **raungeator** v. rengator. **raunsiator** v. ransonator. **raunsonare** v. ransonare. **raustellus** v. ravustellus. **rautia, rautya** v. rancia.

rava [cf. CL ravus], hoarse voice.

haec rava, -e, i. vox rauca OSB. GLOUC. *Deriv.* 499.

raviare [CL], to be hoarse. **b** (p. ppl. as adj.) hoarse.

~io, -as, i. raucum esse OSB. GLOUC. *Deriv.* 499; ~are, raucum esse *Ib.* 506. **b** ravio . . i. ~iatus, -a, -um, i. raucus *Ib.* 506.

raviatio [CL raviare + -tio], hoarseness.

hec ~o, -is, i. raucitas OSB. GLOUC. *Deriv.* 499.

ravilla [CL *as appellation of lawyer* L. Cassius Longinus a ravis oculis], (understood as) lawyer.

hic ~a, -le, i. causidicus qui clamando efficitur raucus OSB. GLOUC. *Deriv.* 499; ravilla, causidicus *Ib.* 506.

ravis [CL], hoarseness.

~im, nomen indeclinabile, i. raucitas OSB. GLOUC. *Deriv.* 499.

ravus [CL], a colour between grey and yellow, tawny. **b** (as sb. m., understood as) werewolf (*cf.* Hor. *Carm.* III 27. 3: *rava .. lupa*).

~us, -a, -um, i. color ille qui est inter flavum et cesium OSB. GLOUC. *Deriv.* 499; **1553** de ~a chamleta (v. camelotus). **b** a warwolfe, ravus *CathA*.

ravustellus [CL ravus+-ellus], somewhat grey.

ravus .. color .. unde raustellus, -a, -um, dim. OSB. GLOUC. *Deriv.* 499.

raya v. raia. **raycinus** v. racemus. **rayla** v. railla. **raymare** v. raimare. **rayum** v. 2 raia.

1 re [ML], (mus.) second note in hexachord.

BACON *Tert.* 301, TUNST. 233 (v. 1 la); ODINGTON *Mus.* 96, TUNST. 219b, *Cust. Cant.* 425 (v. fa).

2 re- [CL], (prefix designating repeated action).

sunt etiam quedam preposiciones que non separatim construuntur cum casibus sed per composicionem semper ut dis-, con-, re-, se-, an-. .. re dicit iteracionem *Ps.-GROS. Gram.* 56.

re proba v. et. reprobus. **rea** v. reus, Rhea. **reabilitare** v. rehabilitare.

reaccatare [AN *reachater*, *rechater*; cf. reaccatum], to buy back, redeem, ransom (offender).

c**1320** quod nullus rechathetur qui convictus fuerit de homicidio, rapina, vel aliis tangentibus vitam et membra *Reg. Aberbr.* I 250.

reaccatum [CL re-+accatum < OF *achat*, AN *rechat*]

1 (tax on) repurchase.

c**1157** concedo .. quietantias de theloneo et lestagio et passagio et rivagio et sponsagio et omni *werec* et racato (*Hastings*) *BBC* 183; **1191** (1313) liberi .. ab .. omni *wrec* et de recato *CalCh* III 220 (cf. *BBC* 187: rocato); **1205** nos concessimus .. quietantias de racato et de omnibus consuetudinibus *RChart* 153a; **1278** quieti sint .. de tota vendicione acheto et rechato suo per totam terram nostram (*Cinque Ports*) *BBC* 260; **1290** quieti sint .. de achato et rechato *CalCh* II 344; **1336** de tota vendicione achatto et rechatto suo per totam terram .. nostram imperpetuum sint quieti *RScot* 428b.

2 payment made by heir of feudal tenant or sim. on taking possession of estate, relief.

1200 preterea nobis dedit rex Anglie viginti millia marcarum .. propter rechatum nostrum et propter feoda Britannie, que nos ipsi dimisimus *Foed.* I 118; **1214** debet c m. pro habendo precipe .. ita quod si reachat' [corr. from rechat'] vel pacem faciat vel predictam terram per judicium adquirat, predictas c m. regi reddat *Pipe* 175; **1279** ex racheto comitatus Pontivi qui nuper .. debemus .. sex millia librarum Parisiensium *RGasc* III *app.* p. 553a; **1317** rogamus quatinus homagium ipsius Henrici de terris que fuerint .. antecessoris sui .. et rechattam terrarum illarum .. respectuare velitis *Foed.* III 648.

3 payment made to redeem offender, ransom.

si aliquis .. sit convictus vel attayntus de homicidio .. communis justicia fiat de eo sine racheto [v. l. rechato, gl.: sine redemptione vel pretio redemptionis] (*Stat. Prim. Rob.* I 3. 1) *RegiamM* 14 III 29.

4 bribe, payment made to secure thief from legal prosecution.

nullus capiat rachetum hoc est *thieftbute* de latrocinio (*Stat. Prim. Rob.* I 9. 1) *RegiamM* III 31.

reaccedere [ML < CL re-+accedere], to return, approach again. **b** (w. acc. of motion or trans.) to return to.

in crastino .. ~entes vipere .. terribiliter intonant H. BOS. *Thom.* VI 15; ipso jubente pelagus reaccedit, /

quod ad recurrendum iterato reaptat J. HOWD. *Cant.* 115. **b** rex Edwardus .. versus Scociam tendit, Berwicum reaccessit *Meaux* II 285.

reaccendere [LL], to relight, rekindle; **b** (transf. or fig.).

candelam ~dit T. MON. *Will.* VII 18; omnia luminaria prius extincta .. divinitus sunt ~sa *V. Fridesw. app.* 118; accidit .. nocte quadam ut lucerna que coram eo ardebat exstingueretur. cumque puerum suum ad eam ~dendam sepius vocaret .. J. FORD *Wulf.* 32; de candela extincta celitus iterum ~sa *Mir. Wulfst.* 119 *tit.*; solius episcopi cereus lumine est ~sus R. BOCKING *Ric. Cic.* I 76; donec iterum [planete] soli in eodem gradu conjungantur et ~dantur ab eo BACON VI 78. **b** caveamus .. ne ignem .. accendamus fomite vitiorum. .. quasi post extinctionem idem ignis ~ditur BEDE *Hom.* I 12. 62; tepidos, ne ex toto congelascerent, ~dere et nutantes, ne retrorsum ruerent, retinere AD. SCOT *OP* 596A; veteres carbones ~dere molientes, .. comitem .. ad partes Anglicanas revocarunt *Flor. Hist.* III 256; **1328** carbonibus odii inter proceres ~sis *Conc.* II 548a.

2 to resuscitate, revive.

suscitavit defunctum, et habitum ~dit exstinctum AD. SCOT *Serm.* 20. 208D.

reaccensio [CL re-+LL accensio], rekindling, relighting.

de lucerne exstincte ~one J. FORD *Wulf.* 32.

reacceptare [ML < CL re-+acceptare], to receive back, recover.

venerunt .. ad reddendum chartas et quemdam librum .. qui librum .. ab eis reciperet sed chartas ~are differret *G. S. Alb.* III 343 (=WALS. *HA* II 28); providebatur .. ut .. rex castella .. que Johannes .. alienigenis tradidit .. in manus regias ~aret *Meaux* I 435.

reacceptio [CL re-+acceptio], (act of) receiving or taking back, recovery.

1138 castra .. invasa .. detinebant. que omnia .. rex .. recuperavit. post ~onem .. dictorum castrorum .. episcopum .. vinculavit *Meaux* I 120.

reaccersitus v. rearcessere.

reaccipere [ML < CL re-+accipere], to receive or take back, regain, receive again; **b** (estranged wife); **c** (authority or status).

s**1249** in crastino et etiam incontinenti pro quantocunque pretio cruce signatis deponentes et ~cipientes .. M. PAR. *Maj.* V 73; ponent psalteria sub natas .. et post prandium ibi ea ~cipient *Cust. Cant.* 386; **1331** quare Willelmus .. quondam novitius citra annum professionis sue habitum secularem ~cepit *Lit. Cant.* I 394 *tit.*; ~ceptis .. literis suis, reversi sunt nuncii GRAYSTANES 12; s**1152** miserabilis Anglia .. per ejus adventum, quasi vite paulisper spiraculum ~cepit *Meaux* I 133. **b** s**1253** Rogerus Bigod .. filiam regis Scotie, quam antea sinistro consilio seductus spreverat, salubriter ~cepit M. PAR. *Maj.* V 382; qui .. uxorem .. dimissam ante baptismum propter fornicationem post baptismum vel ante ~cepit irregularis est J. BURGH *PO* VII 4 f. 99v; ad ista respondet H. B. .. dicens quod hoc videtur verius, nisi in casu ubi vassallus †ipsium [l. ipsum] feudum daret uxori sue, ut sibimet ~ciperet in dotem UPTON 53. **c** s**1047** Edsinus autem ~cepit archiepiscopatum illum post mortem ejus *ASChr.*; concesserunt, ut de functo ecclesia R. .. jus suum .. ~ciperet *Chr. Rams.* 172; propter ~ceptam beneficii retribucionem WYCL. *Sim.* 92; in proximo foret venturus cum magnificencia et gloria ~cipere sibi regnum OTTERB. 261; meretur .. ~cipere illam .. majoritatem *Reg. Whet.* I 6.

reaccusare [ML < CL re-+accusare], to accuse again.

gens, quam culpe labes exterminat, / reaccusat, qui culpam terminat J. HOWD. *Ph.* 133.

reachat' v. reaccatum.

reacquirere [ML < CL re-+acquirere], to get back, reacquire.

s**1216** juravit quod .. amissa per regem J[ohannem] eis reacquireret M. PAR. *Min.* II 179; s**1259** cum rex nec haberet animum readquirendi perdita nec pecuniam ad conducendum exercitum RISH. I; s**1376** dux .. egit .. ut dominum de Latimer .. in pristinam graci-

am reciperet ... postquam reacquivisset .. dominum de L. .. sumpsit audaciam *Chr. Angl.* 103.

reactio [ML < CL re-+actio], reaction.

nec potest assignari modus quo aer causaret illam illuminacionem carbunculi nisi per viam reflexionis aut ~onis BRADW. *CD* 662E; tercia confirmacio est ex impossibilitate ~onis duorum elementorum simul et semel secundum easdem partes WYCL. *Log.* 79.

readducere [CL re-+adducere], to bring back.

s**1461** filium, qui, postquam perierat, iterum reinventus est, iterumque ~tus ad presenciam suam *Reg. Whet.* I 393.

readeptio [CL re-+adeptio], (act of) reacquiring, recovery; **b** (w. ref. to recovery of Henry VI).

1472 pro ~one carte libertatum civitatis Cantuar' *Ac. Chamb. Cant.* 143. **b** anno ab inchoacione regni regis Henrici sexti quadragesimo octavo et readopcionis [v. l. readepcionis] anno primo *Croyl. Cont. C* 554; **1470** teste me ipso apud Westmonasterium xxij die Octobris anno ab inchoacione regni nostri quadragesimo nono et ~onis nostre regie potestatis anno primo *RScot* 425b.

readicere [CL re-+adicere], to add as a further point.

readjecto quod dominus collocavit ante paradisum cherubin et gladium versatilem ALEX. BATH *Mor.* III 85 p. 165.

readjornare [CL re-+adjornare < OF *ajorner*; cf. AN *reajorner*], to adjourn again.

1290 concessit .. rex .. quod placita adhuc coram ipso pendentia de quo waranto ~entur in singulis comitatibus suis usque adventum justiciariorum in partibus illis .. et quod interim post adjornacionem sic factam remaneant sine die *RParl* I 37.

readjungere [ML < CL re-+adjungere], to attach or associate again.

1365 cum .. archiepiscopus .. advocaciones ecclesiarum de E. et de M. .. nobis .. restituerit, redintegraverit, et readjunxerit *Lit. Cant.* II 471.

readmissio [CL re-+admissio], (act of) admission again, readmission (in quot. w. ref. to errant monk).

receptio cujusdam fratris ... ~o cujusdam capellani honoris AMUND. I 86 n. 1; s**1454** quanta materia scandali .. accreverat .. in egressione .. fratris, tanta .. gloria in regressione et ~one ipsius [sc. apostate] *Reg. Whet.* I 141.

readmittere [ML < CL re-+admittere], to admit again, readmit; **b** (w. ref. to errant monk).

1300 Roberto de Neketon, pro vadiis suis a xxix die Septembris, quo die readmissus fuit ad vadia *Ac. Wardr* 213. **b 1327** via .. per quam Thomas .. ad suum statum possit ~i *Lit. Cant.* I 233; s**1454** ut illi .. consentirent .. in dicti fratris regressum ... sic readmissus fuit frater dictus iterum *Reg. Whet.* I 143.

readoptio v. readeptio. **readquirere** v. reacquirere.

reaedificare [CL], to rebuild, reconstruct; **b** (fig.).

si apta videtur ad consecrandum inde evulsa et rasis vel lotis lignis ejus ~etur [aecclesia] THEOD. *Pen.* II 1. 4; ad murum civitatis et pontem ~andum *DB* I 262vb; hic .. cenobium quod .. Wandregisilus edificaverat sed Hastingus dissipaverat ~avit ORD. VIT. III 1 p. 10; **1167** Itali .. ~averunt Mediolanum, .. catholicos reduxerunt episcopos J. SAL. *Ep.* 218 (242 p. 474); **1255** domos et terras suas rehedificent et excolant *RGasc* I *Sup.* 29a; s**1314** eodem anno, in aestate, crux campanilis Sancti Pauli fuit de novo ~ata *Ann. Lond.* 232; ipsam novam construccionem diruens, cepit de novo ecclesiam que nunc est ~are *Meaux* I 234; domos ecclesiasticas .. reparare, ~are, et ornamenta altaris .. providere faciant *Conc. Scot.* I cclxxii. **b** ad reedificantem clamat abjecta [mens] J. HOWD. *Cant.* 314; qui in tribus diebus destructum ~avit templum sui corporis mittat vos auxilium *Reg. Whet.* II 432.

reaedificatio [LL], rebuilding, reconstruction; **b** (w. ref. to *burhbote* or *brigbote*); **c** (fig.).

de ecclesie ministerio vel ~one ejus THEOD. *Pen.* II 1 *tit.*; in ejusdem urbis ~one DICETO *YH* I 409; super ~one turris campanarii *Reg. Malm.* II 172; s**1229**

super ~one castri .. intendentibus M. Par. *Maj.* III 173; c**1340** ad reparacionem vel ~onem domorum vel murorum *FormOx* 125; edificia .. sunt .. collapsa, ita quod ad ipsorum ~onem proventus possessionum .. minus sufficiunt *Lit. Cant.* III 308. **b** †**934** (11c) excepto pontis vel arcis ~one et viatica expeditione contra hostes *CS* 701; **1198** (1293) nullus .. pontium ~onem .. per vim aut per consuetudinem exigat *CalCh* I 425; †**958** (14c) preter expedicione, pontis arcisve ~one *CS* 1021. **c** cum .. loquebantur de rehedificatione animarum, redibant angeli O. Cheriton *Par.* 86.

reaffinare [CL re-+affinare < AN *affiner*], to refine.

1300 cum stipendiis quorundam affinatorum ~ancium idem argentum purius apud London' pro utensilibus comitisse de Bar inde faciendis *Pipe* 145 r. 22.

reafforestare [CL re+afforestare], to restore to the legal status of a forest.

1258 petunt remedium quod bosci et terre infra metas foreste non existentes, qui per ambulationem proborum hominum .. deafforestati fuerunt, per voluntatem suam ~avit *SelCh* 374; **1397** quousque dicta foresta ~ata existat *Pat* 240 m. 20.

reagere [CL re-+-agere], to act again or in turn.

sic indubitanter haberet in se principium ~endi; reciprocative quippe sunt actiones et passiones physicorum. omne .. passivum physicum ~it in patiendo Siccav. *PN* 134; si nihil potest agere ulterius ~endo in idem passum in quod prius egit Duns *Sent.* II 13. 1. 7 p. 625b.

reaggravare [CL re-+aggravare], (leg.): **a** to increase the severity (of a penalty). **b** to subject to reaggravated excommunication.

a **1428** processus formandi illosque semel et pluries aggravandi et ~andi, sententias promulgandi *Mon. Hib. & Scot.* 371b; **1484** si J. et R. .. aggravacionis sentenciam .. sustinuerint .. processum nostrum hujusmodi duximus ~andum et per presentes ~amus *Dign. Dec.* 69 p. 138; **1516** penas .. declarandi, illasque aggravandi, ~andi, interdicendi .. facultatem concedimus *Foed.* XIII 575; **1545** si .. paternitas vestra .. excommunicationis et aggravationis sententias .. sustinuerit indurato, .. processu nostros ~andos duximus et ~amus *Conc. Scot.* I cclxiv. **b** c**1520** monendi, suspendendi, excommunicandi, aggravandi, ~andi, et interdicendi *Conc. Scot.* I ccxlii.

reaggravatio [reaggravare+-tio]

1 (act of) making penalty or sentence more severe.

1519 penas, cum earum aggravatione et ~one *Conc.* III 683b.

2 aggravated sentence of excommunication.

1518 sub pena suspensionis, excommunicationis, aggravationis, ~onis, et interdicti aliisque ecclesiasticis sententiis *Form. S. Andr.* I 3.

realgar [Ar. *rahj al-ghār*], arsenic disulphide, realgar.

de repressione ~aris. ~ar est maneries terre que assimilatur auri pigmento et est nimis venenosa Gilb. Angl. III 155. 2; similiter est de veneno corrosivo, sicut est arsenicum, flos eris et redelgar Gad. 105. 1; apposuit ~ar expressum cum albumine ovi *Ib.* 118. 2; **1363** quoddam venenum vocatum resalgard *Proc. J. P.* 374; ~ar quidam dicunt quod est quedam vena terre, alii quod sit confeccio quedam *SB* 36; **1418** operabatur .. in .. pulveribus viz. .. resalger, vertegrees, sal niter *CoramR* 629 r. 18*d.*; **1421** de Marco Conteryn' pro iij balis zinziberis, j bala piperis, j bala canelle, j bala clowis, vij barellis reisalgi *EEC* 513; resalgar .. vena terre *MS BL Sloane 420* f. 119v; ~ar vena terre est *MS BL Addit. 15236* f. 7; resalger est vena terre *MS BL Sloane 405* f. 15v; ~ar vel risalgar est vena terre, inde habemus experimentum ad ratos et mures capiendum *Alph.* 156; ~ar est auripigmentum rubeum *LC* 261.

1 realis [LL]

1 that exists or occurs, real; **b** (dist. from *vocalis* or sim.); **c** (w. ref. to friendship). **d** (of agreement or sim.) binding (also as sb.).

1298 moras .. ~iori purgacione cupientes .. excusare *Reg. Cant.* 534. **b** vocales erant et non ~es electiones, vocibus .. et non votis emisse Gir. *JS* II p. 158; pugna vocalis pugne ~is mater est Neckam *NR* II 107; [dissensio] tantum erat vocalis et non ~is Gilb. VI 244. 1 (v. casualiter b); s**1301** vestra .. potestas verbalis est, nostra ~is *Flor. Hist.* III 110; s**1339** solum .. de gestis hominum ~is accio, non verbalis concepcio, ponderatur (*Lit. Regis*) Ad. Mur. *Chr.* 97; **1442** tantis .. beneficentiis .. vocales gracias rependere nequeam; ~es vero ut agam prorsus inops et pauper sum ego Bekynton I 208. **c** sentio quid sentis doleoque realis amicus / que bene non sentis L. Durh. *Dial.* I 147; in tam frequenti vocali benevolentia .. experiebatur perraram ~em amicitiam Ad. Marsh *Ep.* 30 p. 124. **d** **1232** hec est amicabilis composicio et pacis reformacio ~is et perpetua *Ch. Chester* 431; **1237** hanc .. ~em compositionem se .. servaturos promiserunt abbas et conventus *Ch. Sal.* 241; **1239** ut .. hec compositio reale robur et perpetuum obtineat *Ib.* 251; in cujus execucione ~i volumus hunc ordinem observari (*Test. Hen. V*) *EHR* XCVI 96; ad .. convencionem ~em mutuo consensu devenerunt Flete *Westm.* 136; **1426** in signum vero hujusmodi ~is institucionis possessionisque .. sigillum vestrum .. apponatis *Reg. Glasg.* 319.

2 (phil.) that has an objective existence (not merely in appearance, thought, or language).

distat .. inter revelationem et emissionem et inspirationem: prima fit cum materia et forma, secunda sine materia cum forma, tertia sine materia et forma; prima est ~is, secunda spiritualis, tertia intellectualis, vel prima est sensibilis, secunda intelligibilis, tertia intellectibilis J. Sal. *SS* 959D; quamvis movere et intelligere per indifferentiam ~em sint in substantia eterna, non tamen est simile Bacon VII 34; fuit ergo Deus quando nulla fuit ejus diffinitio etiam ~is Neckam *SS* I 18. 14; objectum, in quantum habet 'esse' in intellectu, non habet 'esse' ~e sed tantum intencionale Duns *Ord.* III 158; relacio ~is T. Sutton *Duns* 88 (v. identitas 1a); relinquitur .. quod in Deo sit realiter idem cognoscens et cognitum, essencia et idea, potencia et objectum .. quia non est in eo multitudo ~is vel distinccio nisi supposicionum *Ziz.* 79.

3 (phil.) that relates to (real) things. **b** (as sb. m.) adherent of realism (as dist. from nominalism), realist.

cum in tota disputacione ~i requiratur ratio terminorum et propositionum et argumentorum Bacon *CSTheol.* 35; omnes intenciones premisse, etsi sunt accidencia rei, ut intellecta est, scripta vel prolata, tamen sicud accidencia ~ia non dicuntur de subjecto suo .. Lutterell *Occam* 40. **b** **1168** nosti .. nominalium tuorum .. minus placere sententiam ... ut ergo compendiosus agam tecum meorum more ~ium J. Sal. *Ep.* 240 (238).

4 (leg.) that pertains to goods or property; **b** (dist. from *personalis*).

1434 laudum et arbitrium .. quod fiat ~e et perpetuum .. laudum, arbitrium, seu sentencia ~e fiat et perpetuum Amund. II 102; **1449** ipsos ad possessionem ~em restituere cum suis juribus et pertinenciis universis *Reg. Paisley* 83. **b** **1228** compositio realis .. et non personalis (v. compositio 4a); **1232** renuntiamus .. omni .. exceptioni personali et ~i *Pat* 514; **1362** concedentes eisdem .. super omnibus et singulis questionibus, debatis, .. et accionibus .. ~ibus, personalibus, sive mixtis *RScot* 864a; in accionibus personalibus extra urbes, processus sunt ordinarii ..... in ~ibus accionibus .. in Anglia .. celeriores Fortescue *LLA* 53; **1546** ac omnia bona .. tam ~ia quam personalia *Dign. Dec.* 132 p. 232; **1595** quod ipsi et successores sui .. valeant in omnibus et singulis causis querelis accionibus ~ibus, personalibus, et mixtis cujuscunque placeis locis *Pat* 1431 m. 18.

5 (by assoc. of two meanings of *actualis*, *i. e.* 'that involves action' and 'actual, real') that involves activity.

sic affectavit horas explere reales / ipsum ne quando reperiret septima fessum H. Avr. *Hugh* 976.

2 realis [AN *real* < CL regalis], royal, of or due to the king or queen. **b** (*littera ~is*) letter addressed to the king. **c** (w. *iter*). **d** (as sb.) gold coin, rial. **e** (in place name, in quot. misinterpr. of etymology of Rievaulx).

1335 ccccxxx florenos ~es *CalPat* 140; **1359** salvis eciam nobis et aliis serviciis ~ibus *Pat* 256 m. 13; **1385** invenit quamdam piscem ~em vocatam cete projectam super terram per aquam de Humbre .. que quidem piscis pertinebat domino regi *IMisc* 233/16; **1389** ita semper quod .. servicia ~ia et omnia onera eisdem terris et tenementis pertinencia faciant et supportent *Pat* 328 m. 1. **b** c**1330** princeps ecclesie militantis [i. e. papa] per suas ~es literas, coram regia .. excellencia .. vos in brachio seculari constituit defensorem J. Mason *Ep.* 14 p. 203. **c** **1279** precludunt iter ~e quod ducit de Smethefeld (v. iter 6b). **d** **1272** apud Brand' in amissione cambii de ~ibus ad flor[inos], j flor' *KR Ac* 308/15 m. 5. **e** in partibus borealibus in loco qui dicitur ~is Vallis Trokelowe 125.

realitas [ML < 1 realis+-tas], (phil.) quality of being real or having actual existence, real nature, reality.

c**1301** aut .. dicit ~atem in diversitate nature a Deo vel non *Quaest. Ox.* 336; modi grammaticales, qui precise dicunt modum concipiendi rei absque aliqua ~ate correspondente tali modo concipiendi Duns *Ord.* II 239; est una res, habens virtualiter sive preeminenter quasi duas ~ates, quia utrique ~ati ut est in illa una re competit illud quod est proprium principium tali ~ati ac si ipsa esset res distincta *Ib.* 356; habemus .. tria, per ordinem: ~atem opinabilem, quiditativam, et exsistencie *Ib.* III 189; modicam vel nullam ~atem ponunt alique relaciones preter ~atem subjectorum Wycl. *Log.* III 7; restat, ~ati amplius accedendum, videre sensum formarum ydealium vel exemplarium *Id. Form.* 170.

realiter [LL]

1 really, in fact, in reality; **b** (dist. from verbally, nominally, apparently, or spiritually); **c** (w. *vere* or sim.).

Lanfrancus subjecit: vel habere ~iter Lanfr. *Comment. Paul.* 322; mandaverit .. ut bona mobilia et immobilia .. tradant integraliter et ~iter indilate (*Bulla Papae*) W. Guisb. 387; **1401** ~iter et cum effectu mittent *Foed.* VIII 206; **1435** cujus quidem scripti quod ~iter vidimus et intelleximus tenor sequitur in hec verba *Cl* 286 m. 19*d.*; 'tradatur', i. e. de facto sive ~iter tribuatur Lyndw. 81I; literas regias .. judicialiter et ~iter exhibuit *Croyl. Cont. D* 588; **1516** neque licebit .. ulli incorporato .. in aliqua facultate presentare quousque ~iter promotus fuerit ad aliquem alium gradum *StatOx* 333; **1595** unum corpus corporatum et politicum per idem nomen imperpetuum duraturum ~iter et ad plenum ordinamus *Pat* 1431 m. 18. **b** aut ~iter aut nomine W. Malm. *Glast.* 70; quibus visis, immo et ~iter gestis T. Mon. *Will.* VI 18; membra pudoris ~iter abscidere; .. castrare nos spiritualiter debemus Neckam *NR* II 140 p. 220; s**1308** duos reges in uno regno istum verbaliter istum ~iter conregnare *Ann. Paul.* 259; sed profecto nedum spiritualiter, sed et temporaliter, ~iter, et de jure, ipse fuerat rex Judeorum Fortescue *NLN* II 11; revera ut personatus in comediis, apparenciam habens, et ~iter non existens *Ib.* II 71. **c** corpus Christi vere et ~iter mutatur localiter Ockham *Quodl.* 594; s**1423** etsi .. propheticam prepedicionem veraciter interponere possem, ~iterque cum propheta dicere .. Amund. I 100.

2 (phil.) in reality (w. ref. to objective existence or true nature).

hec tria, intellectualiter solum et non ~iter distincta Bacon VII 5; licet sint unum in corpore per carnalem affeccionem, tamen in anima duo sunt, que abinvicem ~iter differunt *G. Roman.* 280; ~iter per accidens non cognoscitur Deus, quia quidquid de ipso cognoscitur, est ipse Duns. *Ord.* III 11; a**1345** res .. non distinguuntur .. ~iter per differencias sed solum conceptualiter (v. conceptualiter); quod in Deo sit ~iter idem cognoscens et cognitum, essencia et idea, potencia et objectum et ita de ceteris; quia non est in eo multitudo realis *Ziz.* 79.

3 in respect of property.

ubi agitur ~iter vel personaliter Bracton 401b.

reamare v. redamare.

reamplexari [CL re-+amplexari], to embrace again (in quot. fig.).

1237 rogamus .. vestram dilectionem quam gratuito sine nostris meritis nos preamplexantem brachiis vestre dilectionis .. ~amur Gros. *Ep.* 38.

reanimare [LL], to bring back to life, revive, reanimate.

tantum habet herbarum medicinalium delectum ut fetus suos ~are ab imperitis putetur, sed revera ipsis

mederi novit, etiam cum fere usque ad mortem lesi sunt Neckam *NR* II 123.

reannectere [CL re-+annectere], to reattach, reannex.

1365 quamdiu dicte ecclesie . . elemosinarie nostre remanserint integre et pacifice reannexe *Lit. Cant.* II 472.

reappellare [CL re-+appellare]

1 to call or summon back.

1315 si aliquis furatus rem . . plus valentem ij solidos . . banniatur de villa . . perpetuo, nisi bajulus et jurati ex causa ipsum reapellarent *RGasc* IV 1626 p. 474.

2 to make another appeal against judgement.

in audientia cardinalium suas appellationes renovarunt pro . . personis propriis et pro ecclesiis suis, ad sedem apostolicam ~antes H. Bos. *Thom.* IV 22.

reaptare [CL re-+aptare], to put in position again.

ipso jubente pelagus reaccedit, / quod ad recurrendum iterato reaptat J. Howd. *Cant.* 115.

rearare [CL re-+arare], to plough again.

1222 ~avit et seminavit terram *BNB* III 611.

rearcere [CL re-+arcere], to keep back, prevent from approaching.

s1097 centum viri . . fuerant deputati qui pontem vel fluminis vadum volentes transire violenter ~erent M. Par. *Min.* I 90.

rearcessere [CL re-+arcessere], to summon back or again.

quo recedente jam et usque ad vicinam capellam . . progresso, mori incipiebam. ille a ministris reaccersitus . . me invenit hominem exuisse Ad. Eyns. *Visio* 26.

reardescere [CL re- + ardescere], to burn again.

ardesco . . quod componitur ~o, -is Osb. Glouc. *Deriv.* 31; *to byrne*, . . ardescere, ex[ar]descere, re[ar]-descere *CathA*.

rearmare [CL re-+armare], to rearm, refortify.

quanta dearmarunt . . / tanta rearmata nocte fuere loca Elmh. *Metr. Hen. V* 324.

rearripere [CL re-+arripere], to resume (in quot. a journey).

s1423 priusquam . . iter sic ruptum ~eret Amund. I 129.

reascendere [CL re-+ascendere]

1 (intr., of person) to climb or go up again; **b** (fig.).

descendam libens his ducibus etiam in Aegyptum; tantum si ducunt, reducant, si cogunt descendere, et ~ere faciant Ailr. *Jes.* III 31. **b** ipse . . ad omnium virtutum exercicia sublimius ~it Birchington *Arch. Cant.* 17; **1401** ut de peccato contritus ad alciorem gradum generaliter ~at *FormOx* 201.

2 (intr., of inheritance or right) to pass back to an older generation.

descendit . . jus . . recta linea vel transversali et numquam ~it eadem via qua descendit Bracton f. 62b; eo [sc. felono] convicto [jus] numquam descendet ad heredes sed ~et ad capitales dominos a quibus primo processit *Ib.* f. 375v.

3 (trans.) to remount (a horse).

se ab equo demisit . . . cum . . archipresul equum suum ~eret, rex ascendenti ascensorium aptavit H. Bos. *Thom.* V 1; reascenso equo, ibat viam suam gaudens *Mir. Wulfst.* II 16 p. 175.

reassidere [CL re-+assidere], to set in place again.

1322 in iiij perticatis veteris palicii . . removendis et iterum ~endis *MinAc* 1146/11 m. 2.

reassignare [CL re-+assignare], to put back to use, restore.

ornamenta ministerio consecrata divino . . post eorum ablucionem, priusquam usui altaris . . ~entur, reconciliari debent a domno abbate *Cust. West.* 59; **1293** priori . . residuum ~avit set exitum ejusdem residui ad opus domini regis retinuit *PQW* 227b; ~atis hospiciis veteribus inquilinis R. Bury *Phil.* 7. 114.

reassumere [CL re-+assumere]

1 to take back, reacquire. **b** (w. *habitum*) to adopt the religious (or secular) life again, to revert to a certain way of life. **c** (w. abstr. obj.) to recover.

reddens rotulos . . antequam fuit demandatus et postea illos ~psit *MGL* II 297; Willelmus Waleys . . villam Berwici ~psit *Meaux* II 285; **1451** libeat . . illa ad usum suum proprium ~ere *Reg. Heref.* 15. **b** de cenobio exivit et habitum secularem, quem reliquerat, ~psit Ord. Vit. III 3 p. 45; **1295** concedimus . . ut . . priorem habitum [sc. nigrum vel canonicorum regularium] ~ant libere *Reg. Carl.* I 51. **c** s1142 ~ptis viribus obsedit imperatricem W. Guisb. 44; natura racionalis voluntatis rectitudinem ex se deserens non potest eam nisi auxilio superno Dei ~ere Wycl. *Quaest. Log.* 247.

2 to readmit (person) to an office (w. *ad* & acc.).

nec duobus tunc sequentibus annis ad idem officium ~etur Fortescue *LLA* 24.

3 to resume: **a** (office or power); **b** (belief or habit).

a **1281** officium procuratoris in se vel eorum alterum ~endi *Reg. Heref.* 27; **1362** causis . . alium procuratorem loco sui substituendi et procuratoris officium ~endi *Cart. Mont. S. Mich.* 11 p. 13; s1339 officii nomen . . assumere vel assumptum . . retinere seu dimissum ~ere (*Lit. Papae*) Wals. *HA* I 214; s1423 substituciones hujusmodi revocandi, et officium procuratoris in se ~endi Amund. I 123; **1515** salvo . . semper jure . . iterum ~endi potestatem *Mem. Ripon* I 129; c1516 cum . . potestate . . eum . . et eos . . revocandi et penitentiarie officium hujusmodi in se ~endi *Form. S. Andr.* I 29. **b** s1340 equitatem et justiciam . . facere meditamur bonasque consuetudines tempore progenitoris nostri . . promulgatas ~ere (*Lit. Regis*) W. Guisb. *Cont.* II 338; easdem opiniones et alias multo pejores ~pserunt Wals. *YN* 325.

reassumptio [CL re-+assumptio]

1 reacquisition, recovery, restoration.

de ~one manerii de Skyrena in manus nostras, quondam dimissi Roberto de H. . . Robertus . . manerium cum pertinenciis suis . . reddidit *Meaux* III 146 *tit.*

2 readmission (of person).

1327 pro recepcione et ~one ejusdem [sc. apostate et fugitivi] *Lit. Cant.* I 234.

3 resumption (of office).

s1091 Aldwinus abbas . . depositus est a concilio . . et . . post quinque annos recuperavit abbaciam . . cujus tempore, post ~onem abbatie . . *Chr. Rams. app.* 341; c1337 bedelli superiores singulis annis in ~one virgarum suarum in congregacione regencium *StatOx* 137.

reaticus v. ridicatus.

reatitudo [CL reatus+-tudo], guilt, sinfulness.

talem . . te . . exhibendum stude, ut induli muneris praemia non cum ~ine sed cum commodis animarum ante tribunal . . Judicis repraesentes (*Lit. Papae*) Bede *HE* II 8 p. 96; quanta . . ~inis culpa teneantur obstricti hi qui . . perniciosissimam superstitionem . . amplectuntur *Ib.* II 10 p. 102.

reator, one who produces or delivers lime, or ? *f. l.*

1198 reatoribus [? l. quarreatoribus] qui faciebant et apportabant calcem *RScacNorm* II 310.

reattachiamentum [CL re- + attachiamentum < AN *reattachement*], (leg.) second summons to court.

una cum panellis, ~is, attachiamentis . . et omnibus aliis adminiculis assisas, juratas, et certificationes . . tangentibus *Reg. Brev. Jud.* 30.

reattachiare [CL re-+attachiare < AN *reatta-cher*]

1 to refasten, reattach.

1374 pro . . veteribus bordis vento solutis et sufflatis super dictum molendinum ~iandis *DL MinAc* 507/8227 m. 30.

2 (leg.) to seize (a person) by authority of a writ.

1204 consideratum est quod reatachietur quod sit in octabis S. Martini responsurus *CurR* III 184; **1413** petendo breve de resum' recogn' assise predicte et de ~iand' predictos Willelmum et Johannem *Cl* 262 m. 3; quod ~ias predictum I. quod fit coram justiciariis nostris apud Eborum . . auditurus recognicionem assise *Reg. Brev. Jud.* 30v.

1 reatus v. raiatus.

2 reatus [CL]

1 offence, sin; **b** (in context of confession or amendment); **c** (w. defining gen.).

Ælfegus antistes quendam furem pro multiplici ~u flagellis cesum mitti jussit in cippum acrioribus suppliciis cruciandum Wulf. *Æthelwold* 46; si quis pro aliquo ~u exulatus fuerit a rege . . nullus nisi rex sibi dare pacem poterit *DB* I 336va; venalium ~uum saluberrimos cruciatus J. Sal. *SS* 958A; dicere plurima tu minime potes absque reatu, / crimina nascuntur cui multi multa locuntur D. Bec. 638; quod Christus venit nostros delere reatus Garl. *Myst. Eccl.* 149. **b** confessus est ~um suum Bede *HE* IV 23 p. 263; ?**904** nisi ~um suum correxerit Deumque satisfactione placaverit *Ch. Malm.* 23; ~us [AS: *agyltinges*] nostri confessio indulgentiam valeat percipere delictorum *Rit. Durh.* 18; donec confessus ~um, et ablatum restitueret, et promitteret correctionem Ailr. *Ed. Conf.* 757C; **1336** ut qui sibi non sufficit pro suis ~ibus satisfacere, de suffragiis alieni reconciliacionis remedium consequatur *Lit. Cant.* II 118; que [uxor] coacta verberibus ~um profitetur Wals. *YN* 15. **c** spreto libertatis arbitrio ~um [*gl.*: culpam] sceleris perpetrare compellitur Aldh. *VirgP* 31; ut sic absolvar ~u supervacuae levitatis Bede *HE* IV 17 p. 246; monachus . . demoniaco instinctu furti ~um perpetravit Wulf. *Æthelwold* 33; monte fractura, domi invasio, obstitus, exercitus ~us (*Cons. Cnuti*) *GAS* 317 (cf. ib. *Quad.: fyrdunga*, id est expeditionem); in lege Danorum habet pugne ~um (*Cons. Cnuti*) *GAS* 319 (cf. ib. *Quad.: fyhtpitan*, id est forisfactum pugne); vereor . . ne mendacii . . contraham notam . .; ~um vereor majestatis, ne . . crucem videar meruisse J. Sal. *Pol.* 624B; si quis . . aliqua in libello . . non verisimilia . . reppererit, non . . mendacii ~um nobis imputet T. Mon. *Will.* I *prol.* p. 4; mors . . que totum genus Adam per inobedientie ~um uno morsu absorbuit J. Ford *Serm.* 106. 10; a1350 decretum est eum perjurii ~um incurrere qui . . libros naturales vel logicales . . se jurat audisse, nisi eos cum textu et questionibus audierit *StatOx* 34.

2 (state of) guilt or sinfulness, obligation to pay penalty as result of offence; **b** (w. ref. to original sin).

cum . . ultra modum appetitus gulae in sumendis alimentis rapitur . . habet exinde animus aliquem ~um (*Libellus Resp.*) Bede *HE* I 27; cruor caedis signum est et fuga ~us saepe signum solet esse Alcuin *Rhet.* 27; a peccato redemit, a ~u purgavit, a pena gratanter absolvit H. Reading (I) *Haeret.* I 14; sic a sanctorum numero / reatu pro innumero / mea distat perversitas J. Howd. *Cyth.* 13. 8; **1313** T. de K. . . qui unius sacrilego . . presbiterum interfecit ab excommunicacione quam per hoc incurrit et ~u hujusmodi homicidii . . remittimus *Reg. Carl.* II 95; **1464** proprium suum ~um cognoscens. . . immunitatem . . peciit (v. immunitas 4a). **b** ex ~u primae praevaricationis Bede *Cant.* 1070D; a805 nec a ~u primae prevaricationis liberari posse, nisi per gratiam et mysterium mediatoris Dei et hominum, domini nostri Jesu Christi Alcuin *Ep.* 309; licet peccatum non habeat actu, habet ~u Pull. *Sent.* 762B; potest . . aliquis deserere actum peccati . . remanente ~u? . . dicitur originale remitti quia transit reatu et non actu P. Blois *Ep. Sup.* 28. 29.

3 †reatus, *f. l.*

1434 laudum et arbitrium supradicta rata habentes . . quod idem laudum, arbitrium, seu sentencia reale fiat, perpetuum, seu †treata [? l. rata *or* realia] et perpetua . . . . . necnon laudum, arbitrium seu sentenciam . . reale seu realem persistere . . declaramus Amund. II 102.

reaudire [CL re-+audire], to audit (account) again.

1291 licet dicto Getto .. compotum predictum exigere, ~ire et reexaminare quociens voluerit *Law Merch.* II 57.

reauferre [CL re-+auferre], to take or snatch back.

Sappum quem illis .. concesserat ~re voluit ORD. VIT. III 2 p. 25.

rebaptizare [LL], to baptize a second time, rebaptize.

utrum heretici essent ~andi .. R. NIGER *Chr. I* 29; heresis latrat Novatiana, que ~abat *Id. Chr. II* 121; **c1218** non intendo te ~are et si tu non es baptizatus ego baptizo te *Conc. Syn.* 70; **s402** eos qui in Trinitate erant baptizati, ~abat M. PAR. *Maj.* I 175; quod nullus ~etur set cum dubitat, dicat "si non es baptizatus, ego baptizo te" GROS. *Templ.* 7. 19; declaravit Constantinum .. esse hereticum et secundo ~atum ab Eusebio Nichomede episcopo *Eul. Hist.* I 193; de ~andis ab hereticis baptizatis (WYNTERTON) *Ziz.* 219.

1 rebatare [OF *rebat*, ME *rabet*+CL -are], to fit together tongued and grooved pieces of wood: **a** (w. ref. to handle of tool); **b** (w. ref. to cask).

a 1318 fabro pro x martell', xviij hachis et xx chisell' et punson' cementariorum rebatand', asseriand', et reparand' ad tascam *KR Ac* 468/20 f. 13*d*. **b 1377** in vij circulio ad ligand' et rebatand' eadem dola *Min Ac* 818/7 m. 9.

2 rebatare [ME *rebaten*, OF *rebatre*, *rabatre*], to deduct.

deducendum et ~andum. redit' et servit' exeunt' de manerio illo, aut aliqua inde parcella per eundem annum inde tantummodo deductis et ~atis *Entries* 137va.

rebataria [1 rebatare+CL -aria], process of tonguing and grooving boards or fitting tongued and grooved or rabbeted boards together (in quot. to make cask or barrel).

1288 pro rebataria vij dol' vini (*AcWardr*) *TR Bk* 201 p. 20.

rebatarius [1 rebatare+CL -arius], one who makes tongues and grooves in planks or fits together tongued and grooved planks, one who rabbets (in quot. w. ref. to shipbuilding).

1304 in stipend' vj rebattariorum per .. vj dies *KR Ac* 12/6.

rebateria v. rebataria.   **rebattarius** v. rebatarius. **rebbusa, rebbussa** v. robousa.   **rebealliter** v. rebelliter.   **rebelare** v. 1 revelare.   **rebellanus** v. rebellis.

rebellare [CL], ~ari

1 to rise in opposition, to offer (armed) resistance, rebel (against); **b** (w. dat.); **c** (w. *adversus*, *contra*, or *in* & acc.); **d** (in gl.).

de ipsis montibus, speluncis ac saltibus .. continue ~abant GILDAS *EB* 20; ceteras [urbes] .. confirmandas putabant si de ~antibus graves penas sumerent W. MALM. *GR* I 10; totam insulam, nemine ~ante, sibi vindicaverunt GIR. *TH* III 6 p. 146. **b** patrienses .. regi Danisque ferventissime ~are ardentes *Enc. Emmae* II 5; **s1173** reginam Alienor .. ad ~andum viro suo, regi viz. seniori, Pictavenses sollicitaverant R. NIGER *Chr. II* 175; **c1300** ad dominium et obedientiam nostram rediit et regi Francie ~avit *RGasc* III 401n; villam de Bruges, sibi ~antem .. sibi subjugavit *Plusc.* VII 1; Brytones ~averunt Romanis, sed imperator Severus .. bello perdomuit eos *Eul. Hist.* II 265. **c** Judaei contra Romanos ~averunt BEDE *Chr.* 498; ~arunt adversus regem Osuiu duces gentis Merciorum *Id. HE* III 24 p. 180; contra paganos infatigabiliter ~avit ASSER *Alf.* 55; filii regis Guillelmi .. in Normanniam cum grandi exercitu conveniunt ut .. nos qui contra illos ~avimus .. puniant ORD. VIT. VIII 11 p. 330; vicecomes Scrobesburie .. in regem ~avit et .. urbem contra illum fere uno mense tenuit *Ib.* XIII 37 p. 113; **s1145** adversus regem ~ari disposuit *G. Steph.* 91. **d** ~or, -aris OSB. GLOUC. *Deriv.* 64.

2 to fight back, attack; **b** (w. *in* & acc.).

tresque ducis fratres fratrem per bella secuti / usque rebellantes cedunt perimuntque phalanges *V. Merl.* 35; regem .. ad hostile prelium provocavit rex .. confectus senio, timens ~are, declinavit aliquociens impetus adversariorum *V. II Off.* 2. **b** Franci .. in editiori solio eminentes liberi gloriarentur, et in illum ~are Christo juvante meditarentur ORD. VIT. X 24 p. 148.

3 to oppose, resist, be disobedient to: **a** (w. dat.); **b** (w. *in* & acc.).

a 1239 quis est filius qui patris repellit disciplinam? .. increpat apostolus ~antes paterne discipline GROS. *Ep.* 127; pape sive catholico sive heretico ~are OCKHAM *Dial.* 714; de pena ~antis magistris mistere sue *MGL* I 456; de hominibus decollatis per Andream Aubrey majorem, quia ~averunt ei *Ib.* I 563. **b** ille .. verbis et actibus michi derogavit ..... fidem suam michi mentitus in me ~avit ORD. VIT. VII 15 p. 231.

rebellator [CL rebellare+-tor], rebel.

1569 falsi proditores et ~ores *Entries* 413; **1573** aliquos tales Hibernicorum aut Hibernorum Scoticorum qui ~ores, proditores, aut felones rei comperti aut subjecti fuerint *Pat* 1104 m. 31.

rebellatrix [CL], rebellious, insubordinate (f.).

late nota referemus digna, ut ea calumniari non possit ipsa ~ix obstinatia *V. Kenelmi pref.*

rebelliare v. rebellare.

rebellice [CL rebellis+-icus+-e], in a rebellious or insubordinate manner, disobediently.

1382 quidam ligeorum nostrorum .. qui nuper contra pacem nostram in conventiculis et congregacionibus ~e se habuerunt et hostiliter insurrexerunt (*Cl*) *RParl* III 394a; **1396** adinvicem confederati ~e resisterunt predicto priori *Pat* 346; **1417** cum nativi homines .. debita .. ~e retraxerunt (v. conventiculum 1b); se super delicto suo ~e tenuit justiciar, in nostri contemptum .. et contra formam ordinacionis *Reg. Brev. Orig.* 190v.

rebellio [CL], ~ium

1 revolt, rebellion, armed resistance. **b** civil discord.

pauca .. de contumacia, de subjectione, de ~ione .. dicere conamur GILDAS *EB* 2; **a738** donec ~iones et temptationes et minae Saracenorum quae apud Romanos nuper emerserunt .. conquieverint BONIF. *Ep.* 27; provintialibus .. in ~ionem excitatis bello regem persequi conatus W. MALM. *GR* I 38; Anglia .. justitiae prius sedes, pacis habitaculum omnis .. ~ii effecta est magistra *G. Steph.* 1; ibi nimirum exercitu, ibi numerosis opus est viribus, ubi ~io GIR. *IK* I 5 p. 58; [barones marchie] regni fines contra Wallenses continua ~ione defendunt GIR. *Invect.* I 2 p. 91; **1407** bona que fuerunt Bertruc de Baigx, et que, occasione revellionis sue, confis[ca]ta extiterunt *Arch. Gironde* XVI 16. **b** ~ium, discordia OSB. GLOUC. *Deriv.* 509; ventorum rabies et quaeque rebellio cives / affliget tristis dum desinat ira tonantis J. CORNW. *Merl.* 235; semina vel internae ~ionis vel externae incursionis MORE *Ut.* 85.

2 insubordination, disobedience. **b** act of insubordination.

a ~ione quam contra ecclesiam Cantuariensem incepisti ANSELM (*Ep.* 472) V 420; Walkerii .. episcopi quem Northanimbri, populus semper ~ioni deditus, abjecto sacrorum ordinum respectu .. trucidarunt W. MALM. *GR* III 271; unde hujusmodi contumacia sive ~ium exortum est *Cust. Westm.* 205 (=*Cust. Cant.* 244). **b 1443** bannita fuit .. Lucia .. meretrix, pro multiplicibus ~ionibus et perjuriis, quibus antea juraverat se extra universitatem .. excituram *MunAcOx* 533.

3 rebel.

Eboracum, unicum ~ionum suffugium W. MALM. *GR* III 248; ~io, qui rebellat OSB. GLOUC. *Deriv.* 509; **s1234** quod comes Ricardus .. captus fuit et ~io mortuus M. PAR. *Min.* II 371; **1305** parti Scottorum adherendo tunc inimicorum et ~ionum domini regis existencium *RParl* I 184a.

rebelliose [CL rebellio+-osus+-e], in a rebellious manner, rebelliously.

1569 seipsos false, ~e et proditorie cum magna multitudine rebellatorum .. insimul insurrexerunt *Entries* 413rb.

rebellis [CL], ~us, rebellious, insubordinate, disobedient, in unlawful opposition (also transf. & in fig. context); **b** (w. dat.); **c** (w. *contra* or *in* & acc.). **d** (as sb.) rebel.

certat carnem frenare rebellem / spiritus ALDH. *VirgV* 103; ~is fortitudo crebris ictibus subjicitur GOSC. *Transl. Aug.* 21C; cancellarius post illum in terra illa ~i relictus est H. BOS. *Thom.* II 11; **1231** clerici ~es et incorrigibiles qui cum delinquunt a cancellario et magistris se corrigi nolunt (*Oxford*) *BBC* 161; **1292** monachos .. inobedientes et ~es *FormOx* 301. **b** ut .. inter ~es fidei barbaros .. residerent BEDE *HE* II 5 p. 91; evenit homini, ut ipsa sua caro ~is ei esset .. quia ipse ~is erat Creatori suo in actibus suis ALCUIN *Exeg.* 522D; Thetbaldum .. devotari fecit quasi arrogantem et Deo ~em W. MALM. *GR* V 405; Dacia, quam .. sibi jam ~em iterum subjugaverat GIR. *TH* III 8; de heredibus .. ~is dominis suis *Fleta* 10; **1336** venerunt ad villam S. Johannis quam eis †rebellani et contrariani munerunt [MS: rebellam et contrariam invenerunt] *Illust. Scot.* 59. **c** parens perpetuo in Deum ~is sanctissimos caelo fructus effudit W. MALM. *GR* I 74; **1371** dicunt quod H. S. .. est ~is contra constabularios et recusat vigilare in estate *SessPLincs* I 166; **1407** cognovit se esse ~us contra juramentum suum *BB Wint.* 93. **d** est .. jus rectorum ut .. reprobos .. et ~es sub asperitatis correctione redarguant B. *V. Dunst.* 26; subjectis facilis, in ~es inexorabilis W. MALM. *GR* III 267; **1308** .. ~us fuit recusans servire .. domino suo in officio prepositure *Year Bk. Ed. II* I 13; discolos, repelles seu qualitercumque delinquentes .. ad viam ducendo correccionis WYCL. *Compl.* 91; de ~ibus contra servientes et ministros civitatis *MGL* I 249; **1433** pro adhibendo fidelem diligenciam in punicione ~ium *StatOx* 245.

rebellitas [ML < CL rebellis+-tas], insubordination, rebelliousness.

1365 attachiati fuerunt pro eorum ~ate facta ad supervisores de mestero pellipariorum *Pl. Mem. Lond.* A 10 m. 10; **1375** noluit se justiciari per constabularios .. set per ~atem suam ab eadem villa recessit in regis contemptu ac contra formam ordinacionis *SessPLincs* I 22.

rebelliter [ML < CL rebellis+-ter], in an insubordinate manner, disobediently, rebelliously.

qui enim ~iter vivit et discere atque agere bona recusat WYCL. *Ver.* II 194; rebealliter se habent contra communitates ville .. nolentes ad servicium predictum .. debitam facere contribucionem *Reg. Rough* 204; ~iter participantes et contrafacientes *Conc. Scot.* I cclxv.

rebellium v. rebellio.   **rebellus** v. rebellis.

rebendatio [CL re-+bendare < ME *bende*+ -tio], repair or replacement of border or edge (of garment).

1534 pro ~one melioris vestimenti *Ac. Churchw. Bath* 112.

rebeneficiare [CL re-+beneficiare < CL beneficium+-are], to repay a benefit, confer a benefit in return.

hoc .. erit intellectus et diligentes maxime hoc et honorantes et ~are ut amicis ipsis curantes et recte et bene operantes BRADW. *CD* 104D; et ~are ut amicis ipsis curatis recte et bene operantes *Ib.* 181C.

rebibere [ML < CL re-+bibere]

1 to drink again or a second time; **b** (in fig. context).

11 .. protinus tabernam adeunt, / quod *buslusse* dicimus bibunt et rebibunt (*Descr. Norfolciensium* 127) T. Wright, *Early Mysteries and Other Latin Poems* (1838) 96; bibo componitur .. ~o, -is OSB. GLOUC. *Deriv.* 67; sumens vina bibo, producte deinde relibo. / vix numquam rebibo, vix Bachi pocula libo NECKAM *Poems* 453. **b s1457** perfidie venenum .. taliter .. evomuit, quod .. ipsum ~ere .. nullatenus ausus erit *Reg. Whet.* I 288.

2 to spit out, 'backwash'.

ut decet, ore bibas vacuo, si prandia libas; / nec denuo rebibas [*gl.*: non retro bibas]. rudis es si morsa relibas GARL. *Mor. Scol.* 177.

rebimare v. rebinare.

rebina, ~um, ~ium [OF *rebin*], second or third ploughing (of land that has lain fallow).

rebina

c**1250** si in temporibus warrecti, ~e et seminis, non fuerit necesse in precariis carucarum, tunc .. arabit unum sellionem *Cart. Rams.* I 463; **1272** in arrura, warecta, et ~io de acra infra *portfeld* xij d. *Ch. & Rec. Heref.* 132; **1284** in j precaria carucarum continente xxxij carucas ad ~um in estate *Ac. Wellingb.* 36.

rebinare, ~ere [OF *rebiner* < CL re-+binare]

1 to double.

dubler, duplicare, †rebimare [l. rebinare] *Gl. AN Ox.* f. 154v.

2 to plough for a second time.

1152 reddet .. totam saisonem waretatam et xl acras ~atas et faldicium et femicium secundum facultatem suam *Dom. S. Paul.* 133; novalia iterando ~are [*gl.*: *rebiner, sterin, feleen*] NECKAM *Ut.* 113; **1251** reddent dictam terram .. cultam, seminatam, waretatam, et ~atam [*CatAncD*: †relimatum] *AncD* A 7385; **1271** in vinea .. discalcianda, fodienda, cindenda, et ~enda iiij li. xv s. *Arch. Cant.* XLVI 142n; in vineiis discalciandis et compostandis et eisdem fodiendis at cindendis, ligandis, ~endis, et reparandis vij li. xx d. *Ib.* 144n; **1309** warectabant et ribinabant (*Sutton*) *MFG*; **1313** in quadam vinea in manerio de Northflet liganda, ~anda .. *MinAc* 1128/4 m. 3; ad quandam vineam in manerio de Trenham ~endam *Ib.*; c**1315** in cij acris .. terre seminatis cum frumento warectand', rubinand', et arand' .. pro qualibet acra rubinata iiij d. (*Ac. Templar.*) *LTR Ac* 19 r. 38d.; **1321** omnes custumarii debent cc acras terre predicte de dominico quolibet anno warectare, ~are, arare, et cum bladis domini seminare, herciare, sarclare, metere, colligere, ligare, et domi cariare WHITTLESEY 195; **1400** xv acre terre warectate et rubinate et seminate cum frumento (*Eastwood, Essex*) *AncD* D 300; **1403** [terre] binate et ~ate *CalPat* 281; quos .. campos .. bene warrect' et revivat' cum tercia arrur' in bona seisina sursum redderet *Entries* 184ra.

rebinatio [rebinare+-tio], second ploughing. **b** (*secunda ~o*) second reploughing, third ploughing.

1273 de xliij arruris venditis de tempore seminationis ordei et ~onis *MinAc* 935/3; tempore seminationis avene et ~onis ad ordeum *Ib.*; c**1300** rubinatio (*Brightlingsea*) *MinAc Essex.* **b** **1351** pro j precaria xiij carucarum tempore secunde ~onis (*MinAc*) *Econ. Condit.* 61.

rebinere v. rebinare.

rebinura [rebina+-ura], second ploughing.

nec in warectum debent mitti fimi, quia per ~am fere subverterentur .. set ante tempus seminandi .. distribuantur *Fleta* 165.

rebis [cf. CL res+bis], a name for the philosopher's stone. *Cf. reiben.*

sic lapis est unus, una medicina, que secundum philosophos dicitur ~is, id est ex binare, sc. ex spiritu albo vel rubeo, in quo multi fatui erraverunt, diversimode exponentes illud 'est rebis in dictis rectissima norma figuris' *Correct. Alch.* 11; lapis ~is, lapis de montanis, est testudo, ~is *LC* 248.

rebitare v. rebitere.

rebitere [CL], to go back, return.

~are, redire. Plautus 'si non rebitas huc' OSB. GLOUC. *Deriv.* 509.

reblanchiare [CL re- + AN *blauncher*, OF *blanchir*], to whiten again, to replate (with silver or tin).

1205 quod nullus vetus denarius reblangietur et qui eum reblangiaverit sit in misericordia nostra .. et amittat quod reblangiavit *Pat* 54b.

reblandiri [ML < CL re-+blandiri], to flatter again.

blandior componitur ~ior, -ris OSB. GLOUC. *Deriv.* 72.

reblangiare v. reblanchiare.

reboare [CL]

1 to call or bellow back, resound, re-echo; **b** (of music or musical instrument).

boves mugiunt vel ~ant ALDH. *PR* 131; supernorum reboat concentibus aula *Id. VirgV* 1888; ~at, resonat,

reclamat, remugit *GlC* R 88; ~are, resonare, clamare OSB. GLOUC. *Deriv.* 508; s**1226** cum tumultu valido ~antium legistarum properans M. PAR. *Maj.* III 111. **b** tum tuba raucisonis reboat clangoribus alte ALDH. *VirgV* 372; laus heremitarum reboet clangore tubarum / excelso Regi WULF. *Brev.* 597; nullo decem cordarum ~ante officio .. nec Gregoriano politis dulcis armonie organo BYRHT. *HR* 4; vox resonet laudesque tonet, quas mens pia donet! / mente pia cum leticia reboet melodia R. CANT. *Poems* 30. 7; litui clangebant, bucine ~abant ORD. VIT. IX 9 p. 526; talis .. melodia .. insonuit qualem .. numquam audivit .. post aliquam morulam totum illud melos in ecclesia ~avit J. FURNESS *Walth.* 68.

2 (trans.) to utter (loud sound).

aurea quadrupes .. bombosae vocis mugitum ~asse [*gl.*: i. intonasse, i. vociferasse, *hlydan, hlowan*] describitur ALDH. *VirgP* 20; sacer .. flatus / qui facit humanas asinam reboare loquelas BEDE *CuthbV* 74; conlaudant omnia Christum, / Suuiðhunumque simul reboat laus sancta patronum WULF. *Swith.* I 1068; alleluia pium reboent tibi corda piorum *Id. Brev.* 211; kastra Dei reboant te constituente celeuma / Davidicumque melos castra Dei reboant *Id. Poems* 11; carmina .. / plurima de sanctis pulchre reboavit amicis ORD. VIT. V 18 p. 438.

reboatio [CL reboare + -tio], re-echoing, resounding.

boo, -as, i. sonare .. componitur reboo .. unde .. ~io OSB. GLOUC. *Deriv.* 74; ~ones PS.-ELMH. *Hen. V* 20 (v. echo).

reboator [CL reboare+-tor], one who calls or bellows back, one who utters a loud sound.

boo, -as, i. sonare .. componitur reboo .. unde ~or OSB. GLOUC. *Deriv.* 74.

reboatus [LL], shouting or bellowing back, uttering a loud sound.

boo, -as, i. sonare .. componitur reboo .. unde .. hic ~us, -ui OSB. GLOUC. *Deriv.* 74.

rebraccatio v. rebroccatio.

rebroccare [CL re-+broccare], to patch, cobble. **b** (p. ppl. as adj.) patched.

clowtyn clothys, .. resarcio .., ~o, -as, -avi *PP*. **b** *clowtyd as schoone or oder lyke*, pictaciatus .. ~atus *PP*.

rebroccatio [rebroccare+-tio], act or practice of patching or cobbling.

clowtynge or koblynge, †rebraccacio [l. rebroccacio] *PP*.

rebroccator [rebroccare+-tor], patcher, cobbler.

clowter, or coblare .. ~or *PP*.

rebullire [CL re-+bullire], to boil again (in quot. w. ref. to washing, in fig. context).

quomodo es ~itus et candidatus? quis te sic ~ivit et dealbavit? (*Dunstanus*) *NLA* I 293.

rebursio [AN *reburs* < LL reburrus+-io], quality of being stiffly erect, (of hair) bristliness.

habebat capillos crispos et .. sursum erectos ..; quam capillorum ~onem adhuc videmus in iis qui de ipsius Gisleberti genere descendunt *Mir. Crisp.* 736C.

rebursus [AN *reburs* < LL reburrus+-us], (of hair) that sticks up, bristling.

habebat capillos crispos et rigidos atque sursum erectos et, ut ita dicam, ~os ad modum pini ramorum, qui semper tendunt sursum, quare cognominatus est Corspinus, quasi crispus pinus *Mir. Crisp.* 736C.

rebus v. res.

recacia [CL re+cacia < OF *chace*], right to drive livestock back across someone's property.

c**1300** cum libera chacia et rechacia ad aquam predictam *DCCant Reg. J* 79; **1315** cum libera chacia et rechacia ad omnimoda averia sua de .. Swanneslund usque Kyngeston' super Hull' habere consueverunt *RParl* I 330a; **1366** quod non faciat de cetero chaciam et rechaciam per averia sua commorant' apud W. in campo de E. *Hal. Durh.* 52; toftum .. et pasturam .. dcc ovium in G. et C. cum chacea et rechacea de una ad aliam, quandocumque eis placuit *MonA* VI 917; eis

.. concedentes .. canonicos habituros .. aisiamenta .. et chaciam et rechaciam de grangia eorum de P. pro averiis et cariagiis suis *Meaux* III 33.

1 recaciare [CL re+caciare < AN *cachier*, OF *chacier* < LL captiare], to drive back: **a** (domestic animal); **b** (person).

a c**1155** ad caciandum et ~iandum .. animalia sua (v. caciare 2a); **1238** cum libero ingressu et egressu ad omnimodo averia sua et pecora chacienda et rechacianda *E. Ch. S. Paul.* 258; **1257** si contingat quod averia .. transierint .. infra .. clausa .. bona modo retaciantur sine inparcacione *FormA* 310; averia nostra .. tunc recascientur ad pasturam sine imparcamento *AncD* C 5870; **1327** bestias .. chacione valeant ad aquanda: et exinde .. rechaciare et reducere .. *MonA* I 53b; **1362** omnes tenentes sui habeant liberum introitum et liberum exitum ad omnia averia sua chaceanda et rechaceanda et ad omnia alia necessaria ducenda et reducenda *Pat* 265 m. 4. **b** s**1293** retaciati sunt a multitudine magna velut oves in ovile W. GUISB. 246.

2 recaciare [CL re-+ME *cacchen*, AN *cachier*+-are], to fasten again.

1236 mandatum est custodi foreste de Windles' quod .. faciat habere Symoni, carpentario regis .. vj punzunos et vj *clavuns* ad ~iandum warderobam regis ibidem, que inclinata est in unam partem *Cl* 394.

recalceare [CL re-+calceare]

1 to put shoes on (person, also refl.) again; **b** to put (shoes) on again.

discalcient se fratres et .. lotis pedibus, ~iant se [AS: *eft sceogian hi*] *RegulC* 40; eum discalciabunt, pedesque illius .. inter manus suas tenebunt .. et cum eum ~iaverint .. *Cust. Westm.* 175; sedeat et discalcietur. ac scandaliis cum pertinenciis ~ietur *Lib. Evesham* 14. **b** abbas .. egredietur et in capella revestiarii calceamenta ~eaturus ducetur *Chr. Abingd.* II 337; botas domini abbatis, si mandato affuerit, reverenter cum genuflexione discalciare et post locionem ~iare *Cust. Cant.* 174.

2 to buckle (belt) again.

denodato bracili anterius et extracto inponant novis femoralibus, et deposito veteri et novo assumpto et ~iato reponant caligas, pedules et calciamenta *Cust. Cant.* 10.

recalcitrare [CL]

1 to kick out or backwards: **a** (of animal, also fig.); **b** (of foetus).

equo insideat .. neque cespitanti neque ~anti NECKAM *Ut.* 99; ~antium ad hec jumentorum ictibus aucta lesione GIR. *EH* I 46 p. 303; bobus ~antibus *Id. GE* I 51 p. 147; propter tres causas est necessarium jejunium .. secunda causa est ut dometur jumentum ne lasciviat caro et ~et T. CHOBHAM *Conf.* 276; c**1300** casus ubi equus ~ando interfecit custodem *Year Bk. 30 & 31 Ed. I app.* 528; s**1298** dextrarius .. regem jam ascendentem ~ando dejecit, ejusque lateri calces posteriores allidens, duas ei costas confregit WALS. *YN* 214. **b** nono [mense] refectus [puer] resumptis viribus incipit se movere frangens nervos dum .. ~at ad exitum, vite idoneus nascitur *Quaest. Salern.* B 27.

2 to be refractory or obstinately disobedient, to manifest vigorous opposition (to) (also w. abstr. subj.); **b** (w. dat.); **c** (w. *contra* or *in* & acc.).

cum eum coeperint ad meliora stimulare et ejus vitia corripiendo resecare, ~at atque irascitur *Simil. Anselmi* 81; obedientia non ~at; patientia non murmurat BALD. CANT. *Serm.* 10. 36. 499; provocans versipellem ejus naturam et perversam ~andi voluntatem GIR. *SD* 84; dux adhuc ~ans, in Normanniam .. Francorum regem .. sollicitavit M. PAR. *Min.* I 45; s**1294** murmurantes adversum patrem familias pro denariis diurnis, ~ando discesserunt a regia clientela *Flor. Hist.* III 89; s**1352** paucos de Francigenis ~antes interfecerunt alios .. AVESB. f. 121b; omnibus viis et modis possibilibus ~ant, murmurant, et resistunt *Spec. Incl.* 1. 2. **b** Christiane fidei .. ~averunt ORD. VIT. IX 10 p. 562; Tripolitanus .. rex .. Christianitati nimium ~abat patrumque leges .. relinquere formidabat *Ib.* 14 p. 592. **c** cesus fecit documentum stultum esse contra potentiores ~are W. MALM. *GR* II 125; tam scelerose contra nos et cum scandalo tanto ~are presumpsit GIR. *SD* 4; clerus .. contra benefacientes eis .. stulte ~at WYCL. *Ver.* III 268; per duos [regis] filios .. calcaribus aureis adornari obtinuit. .. in ipsos .. ~ari non erubuit AD. USK 121.

recalcitratio [ML < CL recalcitrare + -tio]

1 kicking out or backwards (in quot. fig.; *cf. Act.* xxvi 14).

set recalcitracio stimulo non nocet *Carm. Lew.* 885.

2 recalcitrance, insubordination, disobedience; **b** (w. ref. to rebellion); **c** (w. *contra* & acc.).

s**1434** perrexit protinus cum spiritu ~onis ad viros pravi sensus AMUND. I 370. **b** Cenomanni contra Normannos rebellaverunt . . Hoellus . . semper fidelis extitit et in quantum potuit, truculentam ~onem dissuasit. pertinaces . . interdixit ORD. VIT. VIII 11 p. 329. **c** quam detestabilis etiam bonis viris contra parentes et sanguine propinquos . . talis videtur ~o GIR. *SD* 8.

recalcitrosus [CL recalcitrare, ML recalcitratio + -osus], likely to kick back, recalcitrant.

o utinam nunquam vir honestus ascenderet equum cespitantem aut succussantem aut ~osum aut . . stimulis negantem NECKAM *NR* II 158.

recalefacere [CL], to make warm again (also fig.). **b** to reheat (food).

quia calor cordis respirat ad dextram partem et ipsum ~facit *Quaest. Salern.* P 143; ignea . . lingua tua et ignitum eloquium tuum, et ~fieri desideramus cor nostrum a te de Jesu tuo J. FORD *Serm.* 2. 2; stuppa incenditur in furno a quo ignis tarde extrahitur, et tunc redit et ~facit furnum GAD. 135v. 1. **b 1289** de A. J. quia ~facit carnes, pisces, et pastillos post biduum seu triduum *Leet Norw.* 32; **1391** vendidit . . aucam ~factam (v. recalefactor); **1395** omnes coci Notingham vendunt carnes et pisces aliquando crudas et ~factas, nocivas corpori humano *Rec. Nott.* I 270.

recalefactor [CL recalefacere + -tor], one who reheats food.

1391 R. Cook est communis ~or omnium victualium et vendidit fratri J. W. unam aucam recalefactam in periculum *Leet Norw.* 71.

recalere, recalescere [CL]

1 to grow warm or hot again, (of body) to regain vitality.

cumque proles progreditur, / ovorum alvo oritur, / neque illos qui genuit / vermis, idem recaluit (ÆTHELWALD) *Carm. Aldh.* 2. 132; incipiunt medicante Deo recalescere palmae WULF. *Swith.* I 1610; flammae . . voraci / immittunt rigidam nimio cum pondere massam, / que statim prunis recalescit et igne rubescit *Ib.* II 340; rigantur ossa, carnes marcide ~escunt AILR. *Ed. Conf.* 755B; caleo componitur ~eo, -es OSB. GLOUC. *Deriv.* 88.

2 (transf. or fig.); **b** (w. ref. to love or lust).

ut . . lumen scientie redeat, voluntas ignita ~escat BALD. CANT. *Commend. Fid.* 609; inter amplexus pii patris cum ~esceret et respiraret cor afflicti P. BLOIS *Serm.* 15. 604C; mutuis . . incalescunt amplexibus, et in antiquas delicias ~escit senecta J. FORD *Serm.* 62. 8. **b** ut pristini fraternitatis affectus . . recuperentur et ~escant, ne . . longa locorum intercapidine refrigescant ALDH. *Met.* 4; duas sorores per quas amicicia sepe ~escebat in conjugio habebant ORD. VIT. III 11 p. 120; ergo magis capior / et acrior / vis flamme recalescit P. BLOIS *Carm.* 10. 3a. 45.

recalificare [CL re- + calificare; cf. recalefacere], to reheat.

seraphin . . ~ans ea et resuscitans in similem caliditatem BART. ANGL. II 8.

recallvere v. recalvare.

recalumniare [CL re- + calumniare], to claim or lay claim to again.

a**1087** si quid super eos recalumpniaverint, inter vos justiciam teneatis *Regesta* p. 129.

recalvare [CL recalvus + -are], to make bald (again). **b** (p. ppl. as adj.) bald (at the back of the head).

to make belde, decalvere, decapillare, recallvere *Cath A.* **b** *belde be hynde*, . . ~atus *CathA.*

recalvaster [LL], who has a bald forehead or receding hairline. **b** (understood as) bald at the back of the head.

erat . . secundum veteris legis sentenciam ~er et mundus "num" inquit "quia calvus sum, reprobandus appareo?" R. BOCKING *Ric. Cic.* 296. **b** *belde be hynde*, recalvus, ~er *CathA.*

recalvus [CL], who has a bald forehead or receding hairline. **b** (understood as) bald at the back of the head.

quod propter se, fetidissimum hominem, simis naribus, ~a fronte pilosisque humeris, . . discreparent W. BURLEY *Vit. Phil.* 116. **b** *belde be hynde*, ~us, recalvaster *CathA.*

recambire, ~iare [CL re- + LL cambire, ML cambiare], to exchange again.

si autem non traxerit [vitulus] in jugo vel in carro, tercia pars precii restauratur empturi, nec ~ire debent *Leg. Wall. A* 153; **1507** quilibet possit . . per se, factores . . et servientes suos, emere, vendere . . cambiare, excambiare, ~iare *Foed.* XIII 164.

recambium [ML < CL re- + cambium], office or place of exchange.

1503 concedimus . . custodiam cambii, excambii, et ~ii nostri infra villam Cales' *Pat* 592 m. 2.

recana- v. racana-.

recandescere [CL], **recandēre** [ML], to gleam or glow again; **b** (fig.); **c** (in list of words).

quia memoratum lintheum quod sacros artus texerat ita novum, nitidum, immaculatum atque illesum ~uit Gosc. *Lib. Mild.* 19 p. 87. **b** recandescet mundicia J. HOWD. *Cyth.* 15. 6. **c** candesco . . componitur incandesco . . et ~esco, -is OSB. GLOUC. *Deriv.* 87; candeo componitur . . ~eo, -es *Ib.*

recanere [CL re- + canere], to become white again (in quot. in list of words).

caneo componitur incaneo . . et ~eo, -es OSB. GLOUC. *Deriv.* 89.

recantare [CL re- + cantare], to sing again; **b** (in list of words).

satis siquidem supra et cantatum et ~atum, quanta fuerit tolerantis virtus in exsilio H. BOS. *LM* 1345D. **b** canto componitur . . ~o, -as OSB. GLOUC. *Deriv.* 85.

recantatorie [recantare + -tor + -ius + -e], by singing again or in reverse order.

canant palinodice, id est ~ie GARL. *Dict.* 133.

recapere [CL re- + capere; cf. recipere]

1 to take back: **a** (person); **b** (property into king's 'hand').

a de excommunicatis ~iendis *Reg. Brev. Orig.* 67 *in marg.* **b 1267** tenementa . . ~ias in manum nostram *Cl* 295; **1271** ita quod . . terciam partem . . redditus in manum nostram ~ere . . possimus *Cl* 339; **1291** breve . . de ~iendo manerium predictum in manum domini regis *RParl* 66a.

2 to take again.

1405 summaria ~iatur . . informacio valoris navium et mercimoniorum *Lit. Cant.* III 90.

3 to recapture; **b** (transf., in board game).

1354 evaserunt a gaola predicta . . . ~ti fuerunt apud B., et remissi in prisonam *G. S. Alb.* III 49; s**1413** in Angliam fugierunt et ~ti justicia de iis facta est . . ubi tracti erant ad caudam equorum *Plusc.* X 14. **b** tunc semper capias adversarium tuum in puncto .t. et ipse ~iet per .vi. *Ludus Angl.* 163.

recapitare [CL re- + 2 capitare], to refit (plough) with head.

1373 in iij carucis ~andis, vj d. *MinAc* 1144/1 r. 6.

recapitatio [recapitare + -tio], refitting of head (on plough).

1358 in ~one vj carucarum per vices tempore seisine yemalis *MinAc* 1078/5.

recapitulare [LL], to repeat, usu. in summary form, recapitulate. **b** to start (something) again from the beginning.

per atavos et tritavos rursum singillatim ordinem genealogiae ~ans ALDH. *Met.* 2; ea quae . . latius digesta sunt, ob memoriam conservandam breviter ~ari placuit BEDE *HE* V 24 p. 352; non inutile duxi aliqua de superioribus ~are, que sive per oblivionem negligenter, sive propter brevitatem scienter dimissa sunt GERV. CANT. *Combust.* 27; ut in calce libelli, premissa ~ando negotium, quasi sub epilogo, concludamus GIR. *GE* II 39; ultima . . pars orationis rethorice est conclusio sive epilogus. quando sc. breviter ~antur ea que dicta erant ut melius memorie commendentur T. CHOBHAM *Praed.* 267; libet omnium regum Anglie qui huc usque regnaverunt et nomina et regna . . ~are, ut . . historie series clarius elucescat M. PAR. *Maj.* I 421; de Ascensione Domini incipiens conclusio sive epilogus. quando sc. breviter ~antur ea evangelio de ipsa pretermiserat, ~at CAPGR. *Hen. app.* III 222. **b** si sine domino aut termino placitare cogitur aliquis injustum est, et per judicium poterunt ~are placitum ejus et emendare (*Leg. Hen.* 61. 6) *GAS* 582; orbiculari . . motu fines suos amor peragit, et unde sumit initium, illuc suo denuo revolvitur impetu, ut inde interim ~ari possit et in semetipsum sine cessatione recurrere J. FORD *Serm.* 93. 6.

recapitularis [ML < LL recapitulare + -is], of the nature of a summary, that summarizes; (in quot. as sb. n. pl.) summary, recapitulation.

~ia [cf. M. PAR. *Maj.* I 421: recapitulatio] regnorum et regum . . libet omnium regum Anglie . . et nomina et regna recapitulare *Flor. Hist.* I 463.

recapitulatio [LL recapitulare + -tio]

1 summary, repetition, recapitulation.

paradisi valvam . . quem cherubin rumphea versatili . . conclusisse ~o [*gl.*: i. narratio, prescriptio, *frumspellung, titelung*] geneseos originaliter declarat ALDH. *VirgP* 16; anacephaleosin, repetitionem vel ~io *GlC* A 628; ~o . . brevis supradictorum a capite est repetitio. in ~onibus tamen quedam frequenter adduntur, sed que supradicta non destruant ANDR. S. VICT. *Comm.* 280; ultimo ponit etiam philosophus in oratione sua epilogum, id est conclusionem sive ~onem. . . debet . . ~o esse brevis ut non videatur tam recordatio quam quedam decisio T. CHOBHAM *Praed.* 303; prout in ~one . . ad finem . . capituli subsequentis . . evidencius propalatur *Cust. West.* 16; ~o totius processus a principio KILWARDBY *OS* 654.

2 revised point from which one begins.

676 (12c) anno ~onis Dionysii, id est, ab Incarnatione Domini nostri . . sexcentesimo septuagesimo sexto *CS* 43.

recapitulativus [recapitulare + -ivus], characterized by recapitulation, recapitulative.

tunc sequitur secunda pars principalis ~a . . et recapitulat media per que declaravit propositionem BACON XII 9.

recaptio [CL re- + capere + -tio]

1 taking back (of property or land); **b** (w. ref. to property seized in distraint); **c** (w. ref. to partial reclamation of bequest in case of testator leaving insufficient legacy).

1270 ~o manerii de Hederset' domino Willelmo Malerbe iiij s. x d. *IPM* 38/16; **1298** quoddam capitale manerium in villa Leycestr' quod non extenditur propter ~onem *Ib.* 81 m. 5. **b 1284** breve regis de ~one averiorum *PS* 1693/21; de ~one averiorum. . . B. averia . . A. iterum cepit ea occasione qua prius ea ceperat *Reg. Brev. Orig.* 86. **c 1420** si bona mea et catalla mobilia . . satisfacere noluerint ad complementum denariorum in presenti testamento meo legatorum tunc lego et volo quod per discrecionem executorum meorum racionabiliter defalcacio et ~o fiant de omnibus legatis meis predictis *Reg. Cant.* II 220.

2 recapture: **a** (of person); **b** (of place).

a J. de H. . . recaptus extitit, postquam a gaola . . evasit . . tempore evasionis praedicte, vel aliquo momento ante ~onem ejusdem *G. S. Alb.* III 52. **b** s**1298** de ~one Berwici *Meaux* II 270.

recaptor [CL re- + capere + -tor], one who takes back, seizes again, or recaptures.

de redisseisoribus ~oribus averiorum eadem occasione qua prius *Fleta* 142.

recarcare [CL re- + carcare; cf. AN *recharcher*,

recharger, OF *rechargier*], to reload: **a** (goods); **b** (ship).

a **1267** de viij ballis alluti ad discarcandum de nave et ~andum, ij s. viij d. *MinAc* 1031/20 m. 4; **1294** si que de vinis .. discarcata .. fuerit, ea .. Petrum .. ~are permittatis *RGasc* III 249b. **b** **1424** easdem mercandisas ibidem vendendo et navem .. cum aliis mercandis licitis .. ~ando et exinde cum navi .. sic ~ata versus partes proprias .. redeundo *RScot* 250a; **1433** carrakam illam de aliis bonis mercibus et mercandisis ~ando et exinde cum carraka sic ~ata ad partes suas proprias .. redeundo *TreatyR* m. 12; **1472** navem predictam de bonis et mercandisis predictis discarcando .. aliaque bona .. emendo et cum eisdem navem predictam ~ando et cum eadem nave sic ~ata .. transeundo *Pat* 529.

recard- v. reward-. **recare** v. reccare. **recari-** v. recarri-.

recarpentare [CL re-+carpentare], to repair (woodwork).

1272 in parietibus boverie ~andis que fracte fuerunt de posticulis .. cum j carpentario .. ij d. ob. *MinAc* 935/3 m. 1; **1272** in camera militum ~anda fere de novo *Ib.* m. 2.

recarpentaria [CL re-+carpentare+-aria], repair of woodwork.

1272 in ~ia grangie que fere cadit xiij s. iiij d. *MinAc* 935/3 m. 1.

recarpentatio [CL re-+carpentare+-tio], repair of woodwork.

1293 in refeccione, levacione, et ~one coquine *Min Ac* 935/13.

recarriagium [CL re-+carriare+-agium], carriage or transportation back.

1316 in cariagio xiij prison' ad deliberacionem gaole de Ely .. et recariagio ij prison' apud Wys[bech]' *Min Ac* 1132/13 B 6d.; **1328** per hujusmodi cariagium et recariagium ipsa vina devenerunt ita debilia quod ad majus precium vendi non poterant *KR Ac* 78/3 m. 1; **1471** pro cariagio et recariagio xij *sakkes* lane .. ij s. ij d. *Ac. Bridge House* f. 183.

recarriare [CL re-+carriare < CL carrus], to carry or transport back.

1221 in recariando easdem cordas usque London' *Cl* I 450b; brasium .. ad molendinum .. cariare et exinde recariare *Reg. Brev. Orig.* 127; **1541** libertates .. eundi, redeundi, cariandi, et recariandi *Foed.* XIV 727.

recasciare v. recaciare.

recastigare [CL re-+castigare], to punish or discipline again.

castigo componitur ~o, -as OSB. GLOUC. *Deriv.* 97.

recasus [CL re-+casus], a falling back, relapse (in quot. fig.).

item qui recasu in tenebras lumen exstinxerunt, h[u]ic non solum fides, sed voluntaria confessio, meror, et recompensatio est necessaria COLET *Sacr. Eccl.* 89.

recatum v. reaccatum.

recausare [CL re-+causare], to cause in return.

de labore causante efficienter sanitatem finaliter ~antem et tamen repugnat ipsa temporaliter esse simul WYCL. *Dom. Div.* 161; sequitur enim: tam ordinacio quam ordinancia Dei causatur a creatura ordinata, igitur omnes creature subjacent divine ordinancie. nec obest istam causam, quecunque fuerit, subjacere divine providencie vel ordinancie, et tamen ~are illam objective *Id. Ente* 191.

recautum [LL], receipt, countertally, foil.

anxio apparuit pater ejus in somnis et ubi esset ~um, quo illa cautio vacuata fuerat, indicavit AILR. *An.* III 19; residet clericus .. cum ~is, hoc est cum contrataleis de recepta *Dial. Scac.* I 5B; de qua .. talee fiunt a camerariis quia de hiis brevia non habent. miles .. argentarius horum ~a habet, id est contrataleas *Ib.* I 6K.

reccare [OF *rëechier*, ME *rakken*], to rack (wine), to draw off (wine) from the lees after it has settled. **b** (w. vessel as obj.) to fill with racked wine.

1236 de vinis reckatis ad opus regis *Cl* 268; **1238** iiij dolia .. vini rectati *Cal. Liberate* 346; **1244** mandatum est custodibus eorundem vinorum quod ea recari et ei liberari faciant *Liberate* 20 m. 4; **1264** de vj doliis boni vini rettati *Cl* 342. **b** **1237** mandatum est ballivis de Sandwic' quod duo dolia vini faciant in villa sua ~ari de illis que arestantur ibidem *Cl* 422; **1237** vj dolia vini rekata *Cal. Liberate* 286; **1241** vj dolia vini .. de quibus iij sint ~ata et iij supra matrem *Liberate* 15 m. 7; **1243** de vinis regis .. retari faciant j dolium vini *RGasc* I 203a; **1262** de vinis regis .. ~ari faciant duo dolia *Cl* 32; **1265** ~ari v dolia *Cal. Liberate* V 188.

recceciare v. receptare.

reccus [cf. reccare]

1 (of wine) racked, drawn off from the lees.

1232 mandatum est G. camerario London' quod de melioribus vinis reckis que venerunt de novo apud L. retineat ad opus regis xx dolia vini *Cl* 49.

2 (of vessel) filled with racked wine drawn off from the lees.

1232 emi faciant ad opus regis iv dolia vini Wasconiensis ~a *Cl* 81.

3 (as sb. n., act of) drawing wine off from the lees: **a** (*seisona ~i*) period (between January and Easter) during which wine was drawn off from the lees. **b** (*vinum de ~o*) wine that has been drawn off from the lees. **c** (*dolium de ~o*) vessel filled with wine that has been drawn off from the lees.

a **1317** mille dolia vini, viz. de proxima seisona vindemiarum quingenta dolia et de sequenti seisona ~i residua quingenta dolia .. et residua quingenta dolia vini de dicta seisona ~i .. in quindena Pasche proxime future *RGasc* IV 1699; **1342** de primis vinis de prisa nostra in seisona de reek' *Cl* 171 m. 43. **b** **1225** duo dolia [vini] de ~o in excambio pro duobus doliis vini super meram *Cl* 236; **1237** xxj dolia vini de ~o *Cal. Liberate* 283; **1253** sexaginta dolia vini de retto quieta de prisa *RGasc* I 374b; **1254** habeat quaterviginti dolia vini de recto hujus anni *Ib.* I 342a; **1254** vina capta tempore vinorum de recto *Ib.* I 344a; **1341** vinum viz. de vendagio inter festa sancti Michaelis et Natalis Domini et aliud de vinis de reek' *Cl* 168 m. 14. **c** **s1199** omnia tunella .. postquam venerint de Rech [l. rech'] post tempus presentis musti, sint e mutatione R. HOWD. IV 99; **1250** unum .. bonum dolium [vini] ad opus regis et quinque de raco vel de prisa *Cl* 388; **1312** duo dolia vini, unum viz. de vindemia et aliud de ~o *Cl* 130 m. 25.

rececciatrix v. receptatrix. **recedens** v. 1 residere.

1 recedere [CL]

1 to withdraw, go away (also pass. *s. act.*). **b** (w. *ab* or *de*) to go away from. **c** (w. *ad* or sim.) to retire to. **d** (leg., w. *in*) to revert to.

ad adventum ejus spiritus ~ssere maligni BEDE *HE* IV 26 p. 271; **1221** capellanus .. fuit ad convivium .. et in reditu suo versus domum submersus fuit et .. W. .. H. .. fuerunt ad idem convivium et in simul ~sserunt *PlCrGlouc* 14; **1255** W. fuit extraneus et ignotus et statim post illam mortem ~ssit nec actenus rediit *SelPlForest* 19; **s1345** magnates redierunt in Angliam. quibus ~ssis dominus T. D. .. laudabiliter versus Gallos et Britones se habuit AD. MUR. *Chr. app.* 244; quamdiu fuerunt nobiscum, omnia bona in domo nostra abundaverunt; ex quo ~sserunt, bona nostra defecerunt *Latin Stories* 112; ~do, A. *to go ayen WW*. **b** ~sserunt hostes a civibus nec cives a suis sceleribus GILDAS *EB* 20; occasiones quaerit qui vult ~dere ab amico suo *Ps.*-BEDE *Collect.* 229; in India a qua prius Hercules terrae motu fugatus ~ssit *Lib. Monstr.* II 6; si .. ad portum civitatis naves venirent vel si .. a portu ~derent *DB* I 262va; **c1197** si forte prefatus R. et uxor ejus de villa ~sserint *Ch. Westm.* 312; **1215** cum exercitus ille de terra mea ~ssus fuerit *Ch. Chester* 394 p. 390; **1301** postquam ~ssistis de villa Glasguensi .. et postquam resecit [*sic*] classis vestra de Buth *Doc. Scot.* II 437. **c** cum ~ssissent domum .. predones GILDAS *EB* 25; accepta ab eo benedictione ad cognatas undas maris ~sserunt *V. Cuthb.* II 3; **1460** rogo detis michi licenciam ~dendi ad conventum Norwici ad mutandum vestimenta mea *Paston Let.* 612 p. 215. **d** post decessum vitae ejus ~det [terra] in manum abbatis *Chr. Rams.* 233.

2 to move back or away, recede: **a** (of the sea); **b** (of heavenly body); **c** (transf., in time).

a accedente ac ~dente reumate BEDE *HE* III 3 p. 132; ingenti saxo quod cotidie fluctu ~dente detegitur .. illisum est ORD. VIT. XII 26 p. 413. **b** lunam non minui nec crescere dicunt sed, a sole inlustratam, a parte quam habet ad eum paulatim vel ab eo ~dendo vel ei propinquando nobis candidam partem revolvere vel atram BEDE *NR* 211. **c** quanto ~ssimus longius a die nativitatis nostre, tanto propinquiores mortis termino facti sumus P. BLOIS *Ep.* 141. 424A.

3 (w. *ab* or *de*) to become detached (from). **b** to be subtracted.

pes ejus ~ssit a junctura, ita quod surgere non potuit *Canon. G. Sempr.* f. 149. **b** a quo tempore precedentis noctis inicium non ~edit, quod ad diem resurrectionis .. pertinere non dubium est ORD. VIT. IV 9 p. 239; quia hoc fecit provocatus ab hostibus .. plurimum de quantitate criminis ~ditur P. BLOIS *Ep.* 50. 149A.

4 to pass (away), vanish: **a** (of feeling or condition); **b** (of thought or opinion). **c** (of mus. phr.) to leave off, stop.

a subitam diei caliginem cito ~ssuram opinatus W. MALM. *GP* V 266; sensit omnem dolorem de corpore suo ~ssisse ORD. VIT. VIII 19 p. 385. **b** nec hoc ~dat a vestra memoria, quod .. ABBO *QG* 39; quorum opinio ab aula ~ssit eo quod non consonat nomini GILB. I 57. 2 (v. aula 3b); duo alii quorum nomina a mea ~sserunt memoria *Chr. Dale* 8. **c** quidam Lumbardi quandoque ponunt ultimam [sc. concordantiam], quandoque non, et ~dunt sub intentione concordantie ultime in eodem *Mens. & Disc.* (*Anon. IV*) 79.

5 (in phr. *e carne ~dere* or sim.) to pass away, die.

ipse .. moriens e carne recessit *Epigr. Milredi* 812; ipse opere in medio moriens e carne ~ssit W. MALM. *GP* IV 163; episcopus infirmatus a superis [*sic*] ~ssit et ad superos evolavit ORD. VIT. IX 13 p. 582.

6 (leg.) to withdraw, retire: **a** (w. *sine die*, of defendant) to go quit of a charge or allegation. **b** (w. *ab* or *de brevi*, of plaintiff) to withdraw from suing a writ.

a **1206** et Margaria ~dit sine die *SelPlCrown* 54; ~ssi fuerunt sine die versus quemdam Willelmum .. per non prosecutionem ipsius Willelmi *State Tri. Ed. I* 40; **s1300** bene sperabant per defectum procuratorii partis adverse de curia illa libere ~dere sine die *G. Durh.* 22; vicecomites ~sserunt sine die *MGL* I 406. **b** venit .. et dixit quod non vult sequi breve istud et ~dit de brevi suo *Eyre Yorks* 3; **1272** petiit a rege licenciam ~dendi a quodam brevi regis de quadam assissa nove disseisine, quam impetraverat *Cl* 537.

7 to withdraw from, give up (a way of life), to retire from (office), to withdraw one's service from (a person); **b** (pass. *s. act.*).

potius ab episcopatu ~dere quam sub eo degere maluit ORD. VIT. XI 7 p. 192; ortis .. simultatibus inter ipsum et Lincoliensem episcopum ~ssit, et .. Gunterius de Bello .. successit *Ib.* XI 33 p. 282; gens a primo pastoralis vite vivendi modo non ~dens GIR. *TH* III 10; **1204** sciatis quod pacem quam dilecti .. fecerint cum illis qui a fidelitate et servicio nostro †recessesserunt [l. recesserunt] *Pat* I 44b. **b** **1272** nullus .. alterius servientem in servitio suo recipiat .. nisi idem serviens a priori domino suo .. licite fuerit ~ssus *MGL* III 443.

8 to dissociate oneself, to fall away in allegiance (from). **b** (man.) to resign homage and give one's allegiance to a different lord.

si ~sserit ab aecclesia catholica in congregationem hereticorum .. xij annos peniteat THEOD. *Pen.* I 5. 10; **747** quae [gentes] sic a Deo ~dentes fornicatae sunt BONIF. *Ep.* 73 p. 151; ~dentibus .. aliis episcopis a communione Anselmi propter quasdam discordiarum occasiones *V. Gund.* 33; ~dente de cetu apostolico Juda proditore ORD. VIT. II 13 p. 346; **1153** si Willelmus vel sui ~sserint a fidelitate comitis Leecestrie *Ch. Chester* 110 p. 124. **b** **a1083** sciatis me concessisse manerium quod Feringes nominatur .. et sokemannos ac terras eorum, qui non possunt ullo jure de eodem manerio ~dere (*Ch. Willelmi I*) *Regesta* I 123; non poterant cum terra ~dere ad alium dominum *DB* I 41ra; Leuuinus [tenuit] dim' hidam, qui potuit ~dere cum terra sua et dedit geldum domino suo *DB* I 28ra; unus [burgensium] erat ita dominicus regis ut

non posset ~dere nec homagium facere sine licentia ipsius *DB* II 116; homo .. qui cum .. tyrannum .. sub cujus dominio fuerant valde timeret, omnia bona sua ad alium regionem .. premisit ... dominus ille misit post servum qui ab ejus domino ~debat .. *Latin Stories* 62; **1290** quia ipsa A. quondam ~ssit penitus de libertate domini ideo dat domino iiij l. vj s. viij d. ita quod possit redire ad eamdem et jus suum quod habet ad predictam terram prosequi *SelPlMan* 38.

9 (in phr. *~dere quietus* or ellipt.) to retire clear, to clear oneself of debt or charge.

1203 non malecredunt inde W. et ideo .. ~dat inde quietus *SelPlCrown* 72; **1271** Willelmus et Matilda quieti ~sserunt *SelCCoron* 27; **1414** sic ~ssit quietus *DL MinAc* 1631; **1423** sic ~ssit *Ib.* 1498.

10 (tr.) to withdraw, remove.

1446 Rogerus .. recessit Henricum .. et Thomam .. servientes suos extra decenam, ideo ipse in mis' *CourtR Carshalton* 61.

2 recedere v. 1 residere. **recedivus** v. recidivus. **recella** v. rescella. **recencere** v. recensere.

recens [CL]

1 lately done, that has recently occurred. **b** recently made, created, or constructed, new. **c** recently arrived (also of one who converts or enters monastic life). **d** newly acquired. **e** (leg., *vis ~s*; *cf. frisca fortia, freshfortia*) fresh force, *i. e.* recent power (of law), action in lower court analogous to assize of novel disseisin. **f** (*de ~i*) recently.

nec adhuc priorum retibus malorum expeditus priscis ~tia auget malis GILDAS *EB* 28; ~tis impiorum exterminii oblitus BEDE *Gen.* 179D; inveteratus usus placet .. nullus novis .. serenitatem .. indulget. totis conatibus in sententiam veterum reptatur, omne ~s sordet W. MALM. *GR* III 292; Deus .. antiqua miracula nostris etiam temporibus ~ia ostendit ORD. VIT. VIII 2 p. 273; Anglorum ~s narrat historia quod .. missus est dux Haroldus J. SAL. *Pol.* 598C. **b** protoplaustus, ~tis [*gl.*: novus] paradisi colonus ALDH. *VirgP* 11; antiquum .. monasterium, non ~s, non novum, non moderno tempore constructum OSB. CLAR. *V. Ed. Conf.* 10; erigebat quisque templa ~tia W. MALM. *GR* V 445; componitur .. recenseo .. i. numerare, et unde .. ~s .. i. novus OSB. GLOUC. *Deriv.* 116; **1201** postea ostendit quandam plagam antiquam quam dixit .. Walterum ei fecisse et non ostendit eam †recestem [l. recentem] *CurR* I 469; recentis .. vulneris J. HOWD. *Cyth.* 31. 5. **c** ~i specie inconsueta suspensus *V. Greg.* p. 84; ~i rudoque adhuc populo Dei *Ib.* p. 89; cum ~s de lavacro .. pars major exercitus arma capere .. temtaret BEDE *HE* I 20 p. 38; quos et judicavit aliis religiosiores, quia erant ~tiores et regule arctioris *Canon. G. Sempr.* f. 50v. **d** obsequium praebens praedas oblita recentes ALDH. *VirgV* 1439; veteres terre reddite, ~tes possessiones addite W. MALM. *GP* IV 178. **e** **1260** per breve de vi ~ti de libera communa sua *PlRChester* 1 m. 3. **f** amicitias siquidem de ~ti contraximus P. BLOIS *Ep.* 32. 108B.

2 that belongs to a period of past time near to the present, modern.

ut pristini fraternitatis affectus quos praeteritorum evolutis annorum circulis conciliasse .. denoscimur, ~ti .. memoria .. recalescent ALDH. *Met.* 4; nescit adeo ~s scriptor, omni probamento desertus GOSC. *Lib. Mild.* 2; quicquid .. de ~tioribus etatibus apposui, vel ipse vidi vel a viris fide dignis audivi W. MALM. *GR* I *prol.*; exempla ~tium historiarum ..... quia Brenni historia alicui forte nimis remota videbitur .. J. SAL. *Pol.* 613D.

3 that retains its original qualities, not deteriorated, fresh (also in fig. context); **b** (of colour) not sullied or tarnished, bright. **c** (of memory) vivid.

occurrit medele qui ~tem cruorem capitis imbiberat stipes W. MALM. *GR* I 49; cadaver .. adhuc integrum cum ~ti cruore acsi tunc idem vir obisset ORD. VIT. IV 14 p. 267; librum .. quasi quibusdam ~tium virtutum vernantem floribus H. BOS. *LM* 1303B. **b** vestes .. omnes ~ti splendore nitentes W. MALM. *GP* III 134; ~tibus adhuc coloribus illustratas GIR. *TH* II 38 p. 123. **c** ~te adhuc memoria calamitatis ... at .. cum successisset aetas tempestatis illius nescia BEDE *HE* I 22 p. 41.

4 (of food) fresh, undecayed. **b** (of fish or meat) fresh, unsalted. **c** (of cheese) recently made, not matured. **d** (transf., of purchase of fresh food). **e** (as sb.) fresh food.

massas caricarum conficiunt de ~ibus ficis ALDH. *PR* 114; ut .. ~tibus [*gl.*: i. juvenis, novis] hortorum holusculis vesceretur *Id. VirgP* 38; massa de ~tibus uvis *GlC* P 54; longam Quadragesime inediam ~tibus cibis compensantes W. MALM. *GR* II 225. **b** caro ~s sale conditur ut exsiccato umore sanguineo vermescere nequeat BEDE *Mark* 227; subsidium .. carnium .. ~tium seu rancidarum ORD. VIT. XI 26 p. 253; salse .. aque lacrimarum .. salvant animam a putredine sicut sal conservat carnes ~tes ne putrescant T. CHOBHAM *Serm.* 1. 6ra; **1353** W. de C. .. carucarius non vult servire nisi per dietas .. et non vult comedere carnes salsas sed ~tes (*JustIt*) *Enf. Stat. Lab.* 196; **1449** sunt communes regratarii piscium ~tium marinarum *Mun AcOx* 590; **1468** in quatuor martis salsis et una ~te *ExchScot* 548. **c** ingentem facile perfindit acumine cippum, / quis veluti caseum praecidit lacte recentem WULF. *Swith.* II 579; excisus tenue sit caseus inveteratus, / scindaturque recens spisse cenantibus illum D. BEC. 2608; caseus ~s humectat ventrem, vetus stringit BART. ANGL. XIX 73. **d** **1453** empciones ~ces in officio coquine *Ac. H. Buckingham* 22. **e** **1463** pro vitulis, porcellis, capon', gallinis, et aliis volatilibus, pisce ~te, marinis et aque recentis *Comp. Dom. Buck.* 49.

5 (of hide) untreated, raw.

ut ~tis [*gl.*: i. nove viriditatis] corii cruditate nuda martiris membra cingerentur ALDH. *VirgP* 35 p. 279; corio ~ti vitulino nudum eum constringunt BEDE *Mart.* 1121A; **1280** nec corea ~cia emere *Gild Merch.* II 178; **1294** nec coreas vel pelles virides, crudas, ~tes aut salicas emat *Ib.* II 46; **1402** quod nullus emet .. pannum crudum nec coria ~cia *Ib.* 192.

6 (of water) fresh, salt-free. **b** (transf., of fish) that lives in fresh water, freshwater.

quare a quatuor partibus urbis per artificiosos meatus veteres aquas ~tes venire fecerunt GREG. *Mir. Rom.* 18; **1290** E. et R. capiunt pisces aqua rescenti cum retibus que non sunt de assissa *Leet Norw.* 34; galee .. flumen aquae ~tis .. intraverunt AD. MUR. *Chr.* 126; **1443** diversos aque ~tis conductus, cum .. machinis et pipis plumbeis .. construere *Foed.* XI 33; **1453** per aquas salsas vel ~tes *RScot* 360a; **1546** cum .. piscariis tam in aquis ~tibus quam salsis *RMS Scot* 768/1. **b** **1427** in piscibus ~tibus et marinis *Ac. Durh.* 272.

7 (of air) untainted, pure, fresh.

1314 loca eis sub cloacis communibus preparantur ubi ex fetibus aer inficitur .. nec valet aer ~tior advenire (*Rec. Domin.*) *EHR* V 109.

8 not exhausted, fresh.

Christiani .. ~tes vires resumpserunt et quadam nova eis superveniente audacia .. ORD. VIT. IX 15 p. 606; ~tes magistri e scolis et pulli volucrum e nidis sicut pari tempore morabantur, sic pariter avolabant J. SAL. *Met.* 829C; recentes demones qui sensim veniunt / altis clamoribus astra percuciunt WALT. WIMB. *Carm.* 558; s**1346** in crastino quatuor acies ~cium Gallicorum supervenerunt et .. decimum sextum congressum inierunt. Anglici .. quamvis hesterno labore fessi, .. viriliter restiterunt BAKER f. 122v.

9 renewed, fresh.

nepotibus ~s deserti orphani fervebat invidia W. MALM. *GR* II 188; religionis normam, usquequaque in Anglia emortuam, adventu suo suscitarunt; videas .. monasteria novo edificandi genere consurgere, ~ti ritu patriam florere *Ib.* II 246; ita .. vires refloruisse ut .. ~ti emicaret juventa *Ib.* IV 373.

10 (as adv.) recently, just.

'~s feci' dicimus, non recenter, utentes nomine pro adverbio BEDE *Orth.* 47; mulier una cum ~s nato parvulo *Id. HE* II 16 p. 118; quod si qua paupercula pregnans vel ~s enixa ei nunciabatur *V. Gund.* 29; ecclesiam ~s factam W. MALM. *GP* II 73; sole ~s orto GIR. *TH* II 7 p. 87.

recensēre [CL], **~ĕre, ~iare**

1 to count, reckon (also dep.). **b** (w. *in* or *inter*) to reckon among.

post catalogum ducum .., post ~sitam populi summam BEDE *Ezra* 818; quid .. dulcius quam majorum ~sere gratiam, ut eorum acta cognoscas W. MALM. *GP* I *prol.*; illic omnes occidue phalanges ~site sunt et plus quam quingenta milia pugnatorum reperta sunt ORD. VIT. X 20 p. 120; ~situs, -a, -um, numeratus OSB. GLOUC. *Deriv.* 116; s**1217** pirate regis Anglorum ex obliquo venientes ~siti sunt in parte adversa naves quater viginti magnas M. PAR. *Maj.* III 26; Gallici .. ~sientes potentiam nostram ad perstandum *G. Hen. V* 11. **b** **704** qui .. suo inoboediens existit auctori non poterit inter ministros ejus .. ~seri (*Lit. Papae*) *CS* 110; in tuorum numero / fac nos recenseri S. LANGTON *BVM* 2. 5.

2 to give a full account of, recount, or review one by one (mentally, orally, or in writing); **b** (w. sg. obj.). **c** (w. acc. & inf.) to relate that.

dictando descripseram sine sudoris .. contritione rimanda ac ~senda ALDH. *PR* 142; ab initio seculi annos singulos ~sens W. MALM. *GR* III 292; donorum que supradiximus eum dedisse recordatus omnia ~suit et .. confirmavit ORD. VIT. V 16 p. 434; in diebus ejus multiplicata sunt mala in terra ut, si quis ea summatim ~seat, historiam Josephi possit excedere J. SAL. *Pol.* 615C; rumores quos ~tiare mihi tam fidelis nuncius poterat GERV. TILB. III 12; errorum quam plurimi .. sunt transmissi .. quos ultimo †retentabo [MS: r'tentebo; l. recencebo] OCKHAM *I.&P.* 3; ~siens eis dicta penalia legis predicte exequenda in rebellem populum *G. Hen. V* 6; s**1457** si tu .. omnia jam dicta .. quotidie ~ceres, stupesceret tibi memoria *Reg. Whet.* I 270. **b** secunda seculi aetas .. cujus tota serie ~sita .. Augustinus .. conclusit BEDE *Chr.* 470; ~sito jam a monachis assidentibus psalterio usque ad illum versum W. MALM. *GP* III 109. **c** G. de G. .. Neustrie ducem mestus adiit, et ingens damnum sibi per illum evenisse ~suit ORD. VIT. XI 2 p. 162.

3 to bring back to mind, recall.

vagationem cogitationum .. non alio facilius ordine quam memoria saepe dicti ac semper ~sendi dominici sanguinis cohibemus BEDE *Cant.* 1132; ~sus, recognitus *GlC* R 110; ~set, commemorat *GlP* 572.

recensiare, recensientes v. recensere.

recensio [CL], act of counting, enumeration, review.

recenseo, -es, i. numerare .. unde .. ~o, -onis OSB. GLOUC. *Deriv.* 116.

recensire [ML < CL recens+-ire]

1 to renew, restore, clean, (in quot. p. ppl.).

vasa recensīta [*gl.*: *rinces*] sed poma recensīta dicas; / hec [*gl.*: vasa] renovata sapis, numerata sed illa tenebis H. AVR. *CG* f. 9v 27; *renewyd*, resensitus, .. renovatus: Roma recensīta, set vasa recensīta dicas; / hec renovata sapis, renovata set illa tenebris *CathA*.

2 (p. ppl. of fruit) fresh.

~itus, A. *newe rype WW*.

recensitio [CL], survey, review.

convenientius alium laboris nostri locum occupabunt, cum ad ~onem episcoporum ventum fuerit W. MALM. *GR* I 83; quod sit legentium quedam confusio gestorum per omnes annos ~o *Ib.* II 121.

recensitus v. recensere, recensire.

recensor [CL recensere+-or], one who enumerates or relates.

dum hec scriberem, relatorem sive ~orem quempiam non habebam, qui .. dicendorum materiam mihi proponeret ANDRÉ *Hen. VII* 19.

recentatio [cf. recentiare+-tio; cf. ML recensire], water that has been used for washing or cleaning.

piscina .. secus dextrum altaris cornu ad ~ones et recincerationes demittendas GIR. *GE* I 10 p. 36.

recenter [LL]

1 recently, newly, just now.

'recens feci' dicimus, non ~er, utentes nomine pro adverbio BEDE *Orth.* 47; fidei testis est hesternus abbas Scollandus qui tunc aderat cum haec ~er facta celebrarentur GOSC. *Transl. Aug.* 44B; nec pudeat te sic in hoc studere .. quasi nunc id ~issime incipias ANSELM (*Ep.* 64) III 180; recens .. unde ~er, ~ius, ~issime, adv. OSB. GLOUC. *Deriv.* 116; **1202** [carta] videtur esse ~er facta *CurR* II 136; numquam me voluistis dimittere inconsultum, sed vestrum subsidium et dulciloquium cum sanissimo concilio vestro

michi benigniter impartiri vetencius, vero Londoniis [?l. impartiri. recencius vero Londoniis], cum de equo fueram destitutus etc. *FormOx* 326.

2 at once.

1265 filius Johannis .. cecidit in quodam fossato et submersit se per infortunium. .. pater ejus ~er quesivit eum *SelCCoron* 1; **1271** de ictu .. obiit. et dicta Aubre ~er levavit huttesium *Ib.* 18; **1309** quidam R. .. post mortem .. J. ~er intravit tenementa illa et per annos et dies seisinam suam inde continuavit *Year Bk.* I (*Selden Soc.* XVII) 49.

recentia [ML < CL recens+-ia], the state or quality of being recent, new, or fresh; **b** (w. ref. to lack of training or instruction).

doleo, quod inter primitias dominationis sue et in ~ia unctionis regie hoc presumit P. Blois *Ep.* 10. 28B; propter pravi tamen exempli tam vehemenciam quam ~iam Gir. *SD* 18; **1231** ne forte incidens in manus Romanorum, dum ex ~ia injurie fervet furens libido vindicte, periculum incurrerem Gros. *Ep.* 3 p. 22; sponse meus [Christe], suavitas expectata, / viror veris, recencia liliorum J. Howd. *Cant.* 318. 2. **b** meam ruditatem et ~iam patenter exposui *Croyl.* 76.

1 recentiare v. recensere.

2 recentiare [ML < CL recens+-are], to renew, refresh, restore.

1232 quod .. picturam .. camere obtenebratam per loca ~iari .. faciat *Liberate* 10 m. 11.

recentivus [CL recens+-ivus], fresh.

arbor que vocatur laurus viridosa [propter] continuam viriditatem, ~o odore grata Oxnead *Chr.* 284.

recentulus [CL recens+-ulus], somewhat recent, new.

recens .. inde ~us, -a, -um, i. aliquantulum recens Osb. Glouc. *Deriv.* 505; *newish*, ~us, novitius Levins *Manip.* 145.

recepta [ML < CL receptus *p. ppl. of* recipere]

1 a reception, harbouring (of a felon after commission of his offence). **b** amount of money received. **c** account of money received.

a 1218 qui publice confessus fuit latrocinium suum et alios tanquam socios suos appellet de latrocinio vel ~a *Cl* I 361b. **b 1209** summa tocius ~e xlvj li. xvj s. ij d. *Crawley* 189; **1218** dicit quod .. N. fuit .. propositus suus et non potuit reddere compotum suum de ~a sua, et ipse cepit catalla sua eo quod fuit in multis areragiis *Eyre Yorks* 372; **1252** de ~is, misis, et expensis quas posuit in construendo .. castrum *RL* II 91; **1252** si .. mise ipsius comitis excedant summam .. exituum et ~e *Ib.* 384; **1295** tenentur respondere de .. arreragiis et ~is *Reg. Carl.* I 42; **1302** summa totalis omnium ~arum ccciiij li. xix s. j quad. *Sacr. Ely* II 21. **c 1255** ~a Henrici prioris de Bernewell' et Magistri Symonis de Allel' collectorum decime *Val. Norw.* 209.

2 office in which to receive money on behalf of the king, Receipt of the King's Exchequer; **b** (w. ref. to receipt roll of the Exchequer).

est .. inferius scaccarium quod et ~a dicitur, ubi pecunia recepta numeratur et scriptis et tallis committitur *Dial. Scac.* I 2; **1236** mandatum est G. auri fabro quod .. faciat .. apud Westmonasterium fieri oriolum quod est inter novam cameram regis et ~am versus Tamisiam *Cl* 245; **1341** mandavimus quod omnes denarios de exitibus camararie .. provenientes ad ~am scaccarii nostri Anglie deferat *RScot* 605b; **1366** summam .. pro redemcione nuper regis Francie, in ~a nostra liberatam .. quod ipse .. rotulos dicte recepte radi fecit *Pat* 273 m. 16; **1377** pro xij *quyssyns* .. pro camera stellata infra ~am scaccarii ordinatis (*IssueR*) *EHR* XXVI 16; **1451** cum .. rex .. assignasset .. querent quindecim libras .. per quandam billam eandem summam continentem, levatam ad ~am scaccarii *Reg. Whet.* I 56. **b** scriptor iste v s. de fisco recipit et scriptor cancellarie alios .. v ex quibus ad utrumque rotulum et ad summonitiones et ~as inferioris scaccarii membranas inveniunt *Dial. Scac.* I 5V; **1222** pro duobus forulis ad imponend' rotulos recept', vj d. *ReceiptR* 5 r. 8*d.*; **1366** de quibus summis per unam talliam levatam et rasam in rotulis ~e predicte [sc. scaccarii] duplicem allocacionem cepit *Pat* 273 m. 16.

3 medical recipe, prescription, receipt.

medici .. in ~a medicinali inveniunt fere omnia vocabula herbarum .. de aliis linguis Bacon *CSPhil.* 467; foliorum quando simpliciter ponitur in ~is folia sunt gariofili *SB* 21; de materialibus et ingredientibus ~as medicinales *Pol. Poems* II 173 *gl.*

receptabilitas [LL receptabilis+-tas], capacity to be received (*cf. receptibilitas*).

hoc erit ablatio motus vel sensus secundum liquiditatem materie et ejus ~atem a membris Gilb. II 116. 2.

receptaculum [CL], **~us, ~a**

1 vessel or place in which thing is received or stored, container, receptacle; **b** (w. defining gen.); **c** (w. ref. to part of body).

fonticuli per occultas fistulas aquas .. in ~um .. emanant *G. Steph.* 28; quia sperma naturaliter non habet aliquod ~um in membris *Quaest. Salern.* B 43; oceanus ad occulta ~a .. revocans undas Gir. *TH* II 3 p. 78. **b** avida viscerum ~a .. implere contendunt [apes] Aldh. *VirgP* 4; sinum, exterius sinuatae vestis ~um Bede *Orth.* 26; ut montem potius quam corpus divinis reficeret lectionibus, et ~um casti pectusculi, Sancti Spiritus flatu perfusum, gustu nectare devote suppleret sensum B. *V. Dunst.* 5; tanto auri et argenti spectaculo ut ipsi parietes ecclesie angusti viderentur thesaurorum ~is W. Malm. *GR* IV 341; Empedocles non ponit vacuum in corporibus, set ponit poros plenos subtili corpore ~os solidorum T. Sutton *Gen. & Corrupt.* 78; ampla quoque regalis ~a pectoris curarum turbas .. recipit *Ps.*-Elmh. *Hen. V* 67. **c** avida viscerum ~a Aldh. *VirgP* 4 (v. 1b supra); cum .. appetitus gulae in sumendis alimentis rapitur, atque idcirco umorum ~a gravantur, habet exinde animus aliquem reatum (*Libellus Resp.*) Bede *HE* I 27 p. 60; quid est cor? ~um vitae Alcuin *Didasc.* 976D; **9..** ~a, viscera *WW*; hota [*gl.*: hotis est auris nervosa et cartiloginosa, vocum et sonorum ~um] *Gloss. Poems* 103; alvus .. dicitur ~um illud in quo sordes sunt Osb. Glouc. *Deriv.* 34; o venter, ~um tocius immundicie *Ep. ad amicum* 123.

2 place of refuge, shelter, retreat; **b** (of animal); **c** (of wrongdoer); **d** (*~um exercere*) to take refuge.

monachi multi .. habent .. excisum in saxosa rupe montis parvas ~as ubi et ubi Hugeb. *Will.* 4 p. 99; latrones .. illum rapientes in suum ~um nemoris Alex. Cant. *Mir.* p. 236; Ascalonem, que hostibus esset ~o, nostris obstaculo W. Malm. *GR* IV 388; **1224** habebit .. liberum ingressum in castrum predictum .. et liberum exitum et ~um in eo cum gente sua *Pat* 483; **1240** ab omnibus .. mercatoribus in baillia tua commorantibus seu ~um habentibus *Cl* 236. **b** auriga .. currus ~i Ursi Gildas *EB* 32; **c705** brumalia mansionum ~a densarum catervarum cohortes [sc. apium] .. ad aethera glomerant Aldh. *Ep.* 12 p. 501; lustrum .. pro ferarum ~is .. accipitur Osb. Glouc. *Deriv.* 313; ad familiare .. ~um se transfert falco noster Neckam *NR* I 27; inveniuntur .. pisces maris .. cum fuerit luna crescens lumine exeuntes de ~is suis Bacon VI 62; ad ~um faciendum .. equarum et vaccarum *Cart. Sallay* I 40. **c 1251** duo quercus in publica via que ducit per medium bosci nostri .. sunt ~a malefactorum .. in .. periculum transeuncium *Cl* 498. **d** cum .. apud Sanctam Columbam archiepiscopus ~um exerceret et rex Anglie ei in nullo posset nocere *Meaux* I 191.

3 room for reception or retreat.

~um, habitatio receptionis et xenodochium *GlC* R 103; episcopus .. habebat ~a intus in æcclesia, ut cottidie potuit aspicere ubi sancti requiescebant Hugeb. *Will.* 4; habent .. ibi feminae sua ~a et sacraria ubi orare et gratias Deo agere .. et salutaria sacramenta possint percipere Gosc. *Aug. Min.* 746; **s1262** combusta sunt .. apud Westmonasterium camera et capella et ~um et alie plures domus officiales *Leg. Ant. Lond.* 51; **1304** habeant iidem senescalli .. clericum juratum .. et ~um ad quod honeste valeant declinare *Ord. Ely* 25.

4 that which contains (parts).

distinccio est scissurarum duarum vel trium ~um *Dictamen* 338.

5 (understood as) act of receiving (w. play on sense 1).

de Mariae perpetua virginitate, quae ante sacri seminis ~um [*gl.*: i. uterum, i. sinus, habitaculum, *anfengce*] virgo .. exstitit et post .. puerperii praeconium virgo .. permansit Aldh. *VirgP* 40.

receptamen [CL receptare+-men], (act of) receiving or harbouring (wrongdoer).

1285 subtraxerunt se pro burglaria et ~ine latronum *DocCOx* 223.

receptamentum [CL receptare+-mentum]

1 (act of) receiving, entertaining, harbouring; **b** (wrongdoer); **c** (stolen goods).

1197 A. prepositus de Cirecestre .. xx s. pro recetamento Edmundi *Pipe* 128; **1198** de v m. de villata de C. pro recitamento Edmundi *Pipe* 6; **1214** nec calumpnienter abbas, monachi .. recettamento si aliquis de familia eorundem in venatione nostra delinquet *MonA* V 268b. **b** idem appellat R. de S. de ~o latrocinii ita quod receptavit eum et socios *PlCrGlouc* 18; **1225** malecredunt eum de ~o latronum et societate latronum *SelPlCrown* 116; indictaverunt .. Willelmum .. de ~o eorum postquam utlagati fuerunt *State Tri. Ed. I* 28; **c1320** R. et J. rectati sunt de facto, et W. de consensu et ~o *MGL* I 90; **1350** pardonavimus archiepiscopo .. pro omnibus homicidiis, roberiis, rapinis, feloniis, latrociniis, incendiis, ~is felonum *Foed.* V 692. **c 1219** non cognoverunt ~um roberie *CurR* VIII 81; **1254** ~o latrocinii *Cal. Liberate* IV 172; **1313** sectatores processerunt ad judicium .. pro ~o .. bonorum *Eyre Kent* I 88.

2 place of refuge, retreat, dwelling, (in quot. *habere ~um*; *cf. receptaculum* 2).

s1296 ad obsidendum castrum .. in quo Robertus .. et alii habuerunt ~um *Meaux* II 262; **1315** heredes sui habeant ~um suum in capitali messagio predicto *Year Bk.* XVII (*Selden Soc.* XLI) 187.

receptare [CL]

1 to take back, (refl.) to withdraw.

aut quo Saturni se frigida stella receptat L. Durh. *Dial.* IV 165.

2 to receive, give shelter to, entertain. **b** to harbour (wrongdoer); **c** (stolen goods).

1153 comes Leecestrie ~are debet ipsum comitem R. et familiam suam in burgo *Ch. Chester* 110 p. 123; **1216** mandamus vobis quod .. ipsum .. infra castra .. ~etis *Pat* 5; **1253** quod nullus Judeus ~etur in aliqua villa sine speciali licentia regis *SelPlJews* xlviii; **13..** propter simplicitatem edificiorum ~ari non possumus .. nec .. exercere visitationis officium *Conc. Scot.* II 64; **1490** ad alias aulas, ubi favorabiliter ~antur, se .. divertere consueverunt [scolares] *StatOx* 296. **b s1175** rex Scotie et homines sui nullum amodo fugitivum .. pro felonia ~abunt *G. Hen. II* I 97; **1203** appella Willelmum .. quod ipse recettavit utlagos regis in domo *SelPlCrown* 34; **1220** ~avit eum cum duobus equis quos habuit de camberlano .. quem occidit *Ib.* 121; **1231** de vj d. de Radulfo Longo quia recetavit Osbertum B. qui non est in tascha *Pipe Wint.* 11M59/B1/15 r. 13*d.*; **1255** R. fuit apertus malefactor de venacione cum leporariis, et .. ~atus fuit in domo *SelPlForest* 21; **1275** Margeria le N. non fuit recettetata .. in domo Willelmi cissoris *CourtR A. Stratton* 111; **1275** Margeria le N. reccecíata fuit in domo sua que fuit reccecciatrix malorum *Ib.* 112; **1276** Matilda lotrix recettiavit unam ancillam .. contra defenc[ionem] *Ib.* 33; **s1276** bercarius noster .. occidit quendam hominem, et postea per nos non fuit recettatus *Ann. Dunstable* 270; **1327** R. le K. convictus .. quod .. seminavit discordiam ... consideratum est .. quod nullus ipsum resettat *Gild Merch.* II 320; **1340** R. de A. est etatis xij annorum et non est in decena, et quod pater suus eum recitavit et hospitavit *CBaron* 97. **c 1201** ipse .. roberiam ~avit in domo sua, ita quod ibi erat distributa inter .. robatores *SelPlCrown* 42.

3 to accept, approve (in quot. w. inf.).

omnis homo debere mori nascendo receptat L. Durh. *Dial.* IV 59.

receptarius [CL receptare+-arius], one who harbours wrongdoer or receives stolen goods, resetter.

1288 Isabella .. receptat quandam mulierem, latronam ut credunt, et habent ipsam suspectam ut pro ~io *Leet Norw.* 15.

receptatio [ML < CL receptare+-tio], (act of) receiving, entertaining, harbouring; **b** (wrongdoer); **c** (stolen goods).

cepit .. rex civitatem in manu sua .. pro ~one W. B. sine waranto *Leg. Ant. Lond.* 10. **b 1194** de

~one malefactorum *Cur* I 27; s**1249** oportuit regem illuc venire ut mundaret tam civitatem de consensu et ~one, quam ipsos predones de malefactorum presumptione M. PAR. *Abbr.* 306; **1252** ~o latronum *Cl* 49; **1270** inponunt ei .. quod .. inimicos receptavit .. et .. defendit omnes inimicicias et ~ones *JustIt* 618 r. 19*d*.; quamdam billam super .. ~one felonum *State Tri. Ed. I* 68; super ~one quorumdam de suis qui quendam nuper interfecerant indictatus OXNEAD *Chr.* 273. **c** de bonorum [detentorum] .. amocione vel occupacione aut ~one *Reg. Cant.* 215; **1553** super criminibus falsitat' et furti, ~onisque bonorum furatorum *Entries* 486vb.

2 place of refuge, retreat, haven.

s**1104** hec .. urbs, portum habens, .. tranquillam prebere potest navigantibus ~onem ac stationem M. PAR. *Min.* 199.

receptator [CL]

1 one who shelters or harbours, resetter; **b** (wrongdoer); **c** (heretic); **d** (stolen goods).

s**1180** rex Francorum .. beati Thome .. in tribulatione et exilio ~or et protector M. PAR. *Min.* I 418. **b** **1201** ipse .. fuit ~or illorum burgatorum, sc. Roberti de H. et Alani Forestariorum *SelPlCrown* 4; **1208** quod ipsi [latrones] et ~ores eorum deducantur secundum legem Anglie; s**1217** tanquam regis proditores et domino pape rebelles, et proditorum ~ores M. PAR. *Min.* II 213; **1270** R. de F. .. est eorum recettator et conscenciens malefactis suis *SelPlForest* 54; de burgatoribus .. et eorum ~oribus *Fleta* 25. **c** fautoribus, defensoribus et ~onibus hereticorum OCKHAM *Dial.* 634; principalis ~or .. Lollardorum WALS. *HA* II 291 (=*Id. YN* 439). **d** pecora que dominus tuus furti ~or educat ut vendat impinguata M. PAR. *Maj.* V 577; ~or latrocinii *Quon. Attach.* 83 (v. defamare 2e).

2 collector, receiver (of tax or sim.).

1569 collectoribus seu ~oribus hujusmodi fructuum *Scot. Grey Friars* II 209.

receptatorium [CL receptator+-ium], fine for receiving or harbouring (in quot. stolen goods).

1276 imponens ei ~ium furti unam marcam *Hund.* I 53a.

receptatrix [CL receptare + -trix], one who shelters or harbours (f., in quot. in criminal context).

1275 Margeria le N. .. que fuit rececciatrix malorum *CourtR A. Stratton* 112; **1288** mulier manens in domo J. de L. est ~atrix latronum et maximam suspicionem habent de ipsa *Leet Norw.* 15; **1293** scivit ipsam esse latronissam et ~atricem felonie *Gaol Del.* 87 r. 21*d*.; **1308** dicunt quod Matildis Motshole est communis ~atrix de aucis et gallinis furatis in suburbio (*JustIt*) *EHR* XL 418; **1310** transgressiones .. perpetrantur .. per receptatores et ~atrices (v. lupanatrix); **1332** Johanna de Grossi fuit ~atrix et consiliatrix ejusdem Lucette ad conceland' bona predicta et ea deferend' in partibus extraneis *JustIt* 1166 r. 18*d*.

receptibilis [LL]

1 capable of receiving; **b** (w. obj. gen.).

phantasia sc. ut est ~e et retentibile, cogitativa ut est ~e non tamen retentibile sed intuibile .. similiter in intellectiva memoria et intelligentia .. dicuntur receptive KNAPWELL *Not.* 195; propter libertatem atque imperiositatem voluntatis, propter quas nec coaccionem sustinet nec ~is est ullo modorum ipsius BRADW. *CD* 644B. **b** addunt .. dialectici quod omne simile ~e possit esse dissimilitudinis ALCUIN *Dogm.* 25B; [gladius] una parte sectilis, nec umquam auri aut argenti ~is W. MALM. *GR* II 131; frigiditas facit eas [materias] quiescere in suis perfectionibus; humiditas que primum instrumentum est passivarum ~is est figure NECKAM *SS* III 13. 2; ipse autem celestes sphere, quia complete sunt, non ~es rarefactionis aut condensationis GROS. 57; humores .. fundunt se ad loca magis fluxus ~ia GILB. III 165. 2; corpora hominum que sunt ~ia cibi et potus BACON V 67; quia tot sunt appetitus materie ad formas quot sunt forme ~es in materia DUNS *Ord.* II 15.

2 who can be received or given shelter.

1295 Alicia Briddle non est ~is infra libertatem domini, et ideo prohibitum est ne aliquis ipsam ospitetur *CourtR Hales* 326.

3 acceptable (also as sb. n.). **b** (of coinage) current.

per omnia simpliciter existimem sicut predictorum, sed quasi pro veritate si cui libuerit verisimiliterve ~ium contemplacione E. THRIP. *SS* X 14; opposita principiorum .. cum fuerint famosa sunt magis ~ia a multitudine .. quam ipsa principia BACON *Maj.* III 6. **b** quattuor denarios Turonensium parvorum competencium, communiter ~ium *RGasc* II 263b.

receptibilitas [LL receptibilis+-tas], capacity to receive (*cf. receptabilitas*).

materia autem propter duplicem potentiam ipsius, susceptibilitatem sc. impressionum et earundem ~atem GROS. 58; cum Deus .. creat omnes species creaturarum quas possibile est esse, ut prebeat se participandum omni nature possibili participare illo secundum ~atem illius nature *Id. Cess. Leg.* III 1. 9; [angelus] dicitur .. speculum propter luminis ~atem BART. ANGL. II 2; quod dat aquositatem sanguini, dat viam ejus putrefactionis quod propter sui ~atem cito putrescit GILB. I 25v. 2; nec erit differencia in formarum ~ate KILWARDBY *OS* 285; ~as, vel potencia recipiendi SICCAV. *PN* 135.

receptio [CL]

1 (act of) receiving, fact of being received; **b** (sacrament). **c** receipt (of money).

1179 post ~onem litterarum nostrarum (*Bulla Papae*) ELMH. *Cant.* 432; a die ~onis litterarum vestrarum AD. MARSH *Ep.* 8 p. 91; **1336** recipientes a prefata comitissa litteras suas ~onem frumenti et vini .. testificantes *RScot* 395a; super ~one bonorum .. fecerunt acquittanciam *Hist. Durh.* 3; s**1341** post harum ~onem litterarum WALS. *HA* I 235; ~o, A. *a receyvynge WW*. **b** ob reverenciam Passionis Christi et ~onis sacramenti *Plusc.* X 25. **c** **1254** litteras .. testificantes ~onem .. pecunie *RGasc* I 313b; **1263** receptis ab eo litteris suis patentibus summam ~onis denariorum illorum contingentibus *Cl* 222; custodibus maneriorum qui de propriis ~onibus expensas suas faciunt *Ac. Beaulieu* 264; sciendum quod de qualibet grossa ~one fiat summa in fine *FormMan* 13; **1408** compotum .. camerarii Scocie .. de omnibus ~onibus suis et expensis *ExchScot* 65.

2 (act of) receiving, admitting to protection, shelter, or lodging; **b** (of wrongdoer or stolen goods); **c** (of ship).

~o Johannis apostoli apud Effesum (*Cal. Willibr. Jun.* 24) *HBS* LV 33; receptaculum, habitatio ~onis et exenodochium *GlC* R 103; **1309** quod in ~one fratrum [sc. Templariorum] .. recipiens et receptus .. deosculabantur se in ore, in umbilico .. et in ano *Conc.* II 331b; prior per hujusmodi ~onem nimis onustus GRAYSTANES 44; bulla de indulgentia, ne coquamur .. ad provisionem sive ~onem ELMH. *Cant.* 46. **b** ~o quoque fugitivi, secundum legem quesiti (*Leg. Hen.* 23. 6) *GAS* 561; *tundbreche* fit pluribus modis, emissione, evocacione, ~one, excussione (*Ib.* 40. 2) *Ib.* 567. **c** scopulo .. aptum navium ~oni portum faciente GIR. *IK* I 12.

3 acceptance or undertaking (of task or post).

Wilfrido reverso et post ~onem sedis defuncto, successit Acca W. MALM. *GP* III 117; **1279** ad ~onem beneficiorum ecclesiasticorum inhabiles habeantur *Mun AcOx* 40; **1559** beneficiati compellantur ad ~onem s[acrorum ordin]um *Conc. Scot.* II 159.

4 acceptance, approval, acknowledgement.

si forte Deus aliquid interim operaretur, unde illi [sc. regi] domni papae ~o persuaderetur ANSELM (*Ep.* 176) IV 58; querendum est, quare ecclesia universalis talem recepit veritatem? vel quia sic divinitus approbatur .. et tunc absque tali ~one ecclesie vere est catholica OCKHAM *Dial.* 419.

5 (fact of) meeting with resistance.

interius vero meremio terra et tignis excisis in antris et diverticulis pro ~one hostium et hostilium *G. Hen. V* 4.

6 medical recipe.

~o ad omnia predicta: recipe euforb', spume marine' fumi columbini ... fac pulverem GILB. II 80v. 1; purgetur cum .. pill'is de ~one ejus acutis *Ib.* II 105v. 1; mora .. domestica dicuntur citomora que in ~onibus margarui [*sic*] poni dicunt silvestria *Alph.* 120.

7 (astr.) reception.

quod scias motus septem circumstancium in conjunccione et in opposicione et in ~one BACON V 160.

receptior v. receptivus.

receptive [ML receptivus+-e], by way of reception, in a receptive manner.

in luce .. non est liber [oculus] a passione, quoniam patitur inmutationes ~e J. BLUND *An.* 134; si recipiat species in se, ergo habet in se potentiam passivam .. cum ergo potencia activa sit secundum ipsos ipsius anime, oportet quod ipsa informetur specie. et hoc vel ~e vel transformative PECKHAM *QA* 95.

receptivitas [ML receptivus+-tas], ability or readiness to receive, receptivity.

secundum proportionem ~atis *Ps.*-GROS. *Summa* 310 (v. particularitas).

receptivus [ML < CL receptus *p. ppl. of* recipere+-ivus]

1 able to receive; **b** (contrasted w. *activus, effectivus*, or *electivus*); **c** (w. obj. gen.); **d** (as sb. n.).

1267 potentie ~e respondet dator forme BACON *Maj.* II 433; similiter in intellectiva memoria et intelligentia respectu ejusdem dicuntur ~e KNAPWELL *Not.* 195. **b** potencia activa comproporcionalis est essencie cujus est potencia; potencia autem passiva sive ~a non, set est talis potencia infinitiva in essencia finita DOCKING 110; potest .. Deus facere aliquid perfeccius A; non enim deficit possibilitas ~a ex parte creature creabilis, neque possibilitas effectiva ex parte Creatoris BRADW. *CD* 131C; nullo magis est sensus ~us quam elicitivus WYCL. *Act.* 11. **c** ut patet in aqua est vis ~a impressionis sed non vis impressionis recepte retentiva J. BLUND *An.* 246; corpus inferius, participatione ejusdem forme cum superiore corpore, est ~um motus ab eadem virtute motiva incorporali GROS. 57; oportet ut inchoetur [sc. lux Christi] a medio gentium que sunt hujus lucis ~e *Id. Cess. Leg.* III 3. 3; cor est primum sanguinis ~um et ideo in medium ponitur BART. ANGL. IV 7; si fingatur, aquas marinas sua grossitie receptiores [l. receptiviores] esse impressionis celestis *Ps.*-GROS. *Summa* 624; materia est informabile sive ~a forme OCKHAM *Dub.* 51. **d** inanis .. est lucis diffusio ubi non est lucis ~um GROS. *Cess. Leg.* III 3. 3; nunc autem licet forma contra quam inclinatur ~um non inducatur nisi per agens violentans passum DUNS *Ord.* I 36.

2 (in arch. context) that holds or receives.

hic sepultus jacet in medio introitus portici ecclesie, contra columnam ostiorum ~am *G. S. Alb.* I 328.

receptor [CL]

1 one who receives, receiver; **b** (of grant, inheritance, or sim.).

nos rudes regraciatores et avidissimi ~ores, onusti divinis beneficiis R. BURY *Phil. prol.* 3. **b** **1275** habitator .. possit dimittere vel legare .. sua bona .. cui voluerit, dum tamen .. bonorum ~or faciat .. ville quod alius qui dederit .. faciebat *RGasc* II 14a; **1354** inter dominum H. .. traditorem, et dominum J. .. ~orem H. .. ad firmam dimisit .. ecclesiam suam *Reg. Rough* 279.

2 (as officer) collector, manager, receiver: **a** (of money or tax); **b** (of goods). **c** (*~or generalis*) receiver-general.

a s**1189** rex constituit J. fratrem W. Marescalli custodem et ~orem omnium excaitarum *G. Ric. I* 91; **1205** nos constituimus W. de W. .. et R. de C. ~ores omnium exituum et proventuum archiepiscopatus Cantuariensis *Cl* I 48b; **1225** sit ad scaccarium .. ad respondendum de firma comitatus de Hunted' de quarta parte anni viij regis qua ipse fuit ballivus et ~or *KR Mem* m. 14*d*.; constituit ij monachos ~ores .. proventuum .. monasterii *Chr. Rams.* 342; compotus Fratris J. .. ~oris scaccarii prioratus *Comp. Swith.* 224; a**1420** comp. W. B. monachi Dunelm', ~oris denariorum proveniencium de minera carbonum apud Raynton *Ac. Durh.* 708. **b** ad manus granatarii et ~orum omnia bona monasterii, tam in bladis quam in pecunia, proveniunt *Obs. Barnwell* 188; **1322** fui in servicio ipsorum [sc. prioris et conventus] et bonorum suorum ~or in .. manerio .. de Chartham *Lit. Cant.* I 90; **1334** rex .. Roberto de Tughale ~ori victualium suorum apud Berewicum .. salutem *RScot* 263b. **c** **1453** recepta denariorum de ~ore generali *Ac. H. Buckingham* 11; **1501** ~ores in scaccario [archiepisco-

pi] generales *Eng. Clergy* 195; **1533** acquietantiam ~is generalis .. domini regis *Comp. Swith.* 223.

3 one who receives or admits: **a** (to protection, shelter, or lodging); **b** (to monastic order). **c** harbourer, resetter (of wrongdoer).

a Domine sancte .. omnium ad te venientium pius ~or EGB. *Pont.* 54; quod .. priori claustri .. ab hospitum ~ore est humiliter intimandum *Cust. Westm.* 85. **b** **1309** in receptione sua .. ~ores .. dogmatizabant illis, qui recipiebantur, Christum non esse verum Deum *Conc.* II 331b. **c** **1169** Edwinus de H. .. debet ij m. quia non habuit quendam ~orem utlagati quem plegiavit *Pipe* 168; **1269** de hospitatoribus extraneorum et ~oribus malorum *CBaron* 71; nullus perturbet canem .. ad insequendum latrones vel capiendum malefactores ... quicumque contra fecerit .. sit adjudicatus tanquam ~or transgressionis *Reg. Aberbr.* I 251.

receptorius [LL]

1 that receives into shelter. **b** (as sb. n.) place of refuge, dwelling.

rogabant .. dominum ut .. descenderet in corda fidelium, locum viz. sui semper amoris ~ium BEDE *Sam.* 641; [Cestria] legionibus ex longinquo venientibus ~ia quondam ad repausandam fuit LUCIAN *Chester* 45; habet .. Cestria .. amnem .. piscosum et .. ~ium navium ab Aquitania .. venientium *Ib.* 46. **b** tempus est ut celo recepto .. Martini pedissequum, terre quoque .. monstremus commendatum. qui licet hoc gemino arcente ~io, terra viz. et celo, videri a nobis ultra non possit AD. EYNS. *Hug.* V 19.

2 relating to the collection or keeping of money or goods: **a** (as sb. n.) office in which to receive money on behalf of the King, Receipt of the King's Exchequer. **b** (eccl.) treasury. **c** (as sb. f.) office of a receiver, receivership.

a non sedentibus ad scacarium sed existentibus in parva camera que est juxta ~ium prope Thamisiam *Leg. Ant. Lond.* 161. **b** **1342** in iij vertinellis .. iiij gumphis, vj vectibus factis de ferro domini pro camera ~ii *Sacr. Ely* II 117; in factura iiij veccium pro fenestris vitreis in ~io sacriste iij d. *Ib.* **c** **1469** commissiones super .. collectorie et ~ie officiis .. revocando *Mon. Hib. & Scot.* 426b.

3 (as sb. n.) vessel or sim. that receives or stores, container, receptacle. **b** (as part of candlestick) holder, socket.

remove ~ium cum illa aqua et serva seorsim RIPLEY 202. **b** j candelabrum cum ij ~iis *Cant. Coll. Ox.* I 38.

receptrix [CL], one who shelters or harbours (f., in quot. in criminal context).

1275 imponendo ipsam esse ~icem latronum cum non fuerat *Hund.* I 465b.

receptus [CL *as 4th decl.*], **~us** [*as 2nd decl.*]

1 (act of) getting back, recovery, rescue.

a reskew, ~us, recuperatio LEVINS *Manip.* 95.

2 (act of) receiving, reception.

hydriae vocantur vasa aquarum ~ui parata BEDE *Hom.* I 14. 70; ingredientibus erat a dextris ille locus qui specialiter dominici corporis ~ui paratus est *Ib.* II 10. 153; constructa domuncula cultiore ~ui corporis ejusdem *Id. HE* III 19 p. 168.

3 amount of money received.

c**1284** summa totius ~us in denariis, viij^{xx} et xvij li. vij s. *Reg. Malm.* I 201; **1335** ~us minuti exituum proveniencium de bracino et coquina *Comp. Swith.* 227 *in marg.*; **1347** eadem cista cujuscumque ~i infra diem fiat reposicio indilate et in quodam registro tam solventis quam ~i fiat mencio specialis *StatOx* 150; sic remanet clarus valor et ~us dictarum .. ecclesiarum .. xix libre *Meaux* III 99.

4 office in which to receive money on behalf of the king, Receipt of the King's Exchequer.

officiarius ~i domini regis *MGL* I 35; **1444** Waltero Stocker clerico in ~o domini regis apud Westmonasterium *Cl* 294 m. 18*d*.

5 withdrawal, retreat. **b** (*~ui signa canere* or sim.) to sound the retreat.

R. in urbe remanserat, qui nostris ~ui provideret si necesse foret W. MALM. *GR* IV 365; eductus bene disposítos tutosque receptus / advertit NECKAM *DS* III 377 p. 403. **b** ut pretio mollitus bellum solveret, metallo prestrictus ~ui caneret W. MALM. *GR* I 35; Eustachium comitem cum militibus quinquaginta aversum et ~ui signa canere volentem ORD. VIT. III 13 p. 151; canere eductui, canere ~ui, in lituis suis ductilibus W. FITZST. *Thom.* 23.

6 place or means of refuge, shelter, retreat.

omnes socios .. sibi receptui consuluisse, .. se solum, abjurata natali terra, nec illuc posse redire nec hic ~um habere W. MALM. *GR* IV 388; audiens virgo plura sibi loca ~ui latibuloque satis apta patere, Flamstedam elegit *V. Chris. Marky.* 31; **1255** H. .. malefactor in foresta .. visus fuit in parco B. .. cum arcu et sagittis, et quidam alius cum eo cum arcu et sagittis .. set nullum recettum habent in patria quod scire possunt *SelPlForest* 116; dicimus .. unicum ~um nostrum et perfugium esse ad misericordiam Patris .. per Jesum Christum JEWEL *Apol.* Bviii.

7 acceptance, approval.

populi consensu atque ~u non episcoporum jussu recipiuntur et probantur BEKINSAU 740.

recessio [CL]

1 action of going back, withdrawal, departure, retirement; **b** (of fever).

anachoresis, remotio vel ~o *GlC* A 596; repetere statuunt horas aviti regni. .. dolebant .. divites ejus ~one, cujus semper amabili fruebantur conlocutione *Enc. Emmae* III 11; nec tamen cessat .. mulieris insania, quin omnibus qui virum Dei tempore suae ~onis hospitio faverant perscrutatis .. transmitteret ministros OSB. *V. Dunst.* 27 p. 101; were et wite partes restituant cui proveniet prelacione, ~one, retencione, vel cravacione (*Leg. Hen.* 88. 18a) *GAS* 604; queritur quare corpus post animam ~onem non nutriatur, cum ante anime infusionem in utero nutriatur. *Quaest. Salern.* B 95. **b** donec hora ~onis febrium transierit BEDE *HE* III 12 p. 151.

2 backwards or reverse movement (contrasted w. *accessio*); **b** (w. ref. to passing of time).

videtur quod herba sit proprie que in una solis periodo secundum accessionem et ~onem complet etatem naturalem GROS. *Hexaem.* IV 28; percipimus experimento quod accessio et ~o maris est ex quadam rarefactione et condensatione ejus *Id. Flux.* 460; totum zodiacum mobilem moveri motu accessionis et ~onis secundum latitudinem ascendendo et descendendo BACON *Maj.* II 474; motus accessionis et ~onis [stellarum] 8 spere vocatur HARCLAY *Adv.* 82. **b** in ipsa [sc. eternitate] .. nulla divisibilitas, nulla majoritas, nulla minoritas, nulla prioritas, nulla posterioritas, nulla mutabilitas, nulla accessio, nulla ~o .. BRADW. *CD* 826B.

recessor [CL recessus *p. ppl. of* recedere + -or], one who withdraws or departs.

si fueris potus non ultimus esto recessor D. BEC. 1385.

recessus [CL]

1 withdrawal, retreat (freq. contrasted w. *accessus*, also fig.); **b** (of heavenly body). **c** (of tide) ebb.

qui [sc. Deus] locis non distenderis, nec temporibus variaris, neque habes accessus et ~us ALCUIN *Dub.* 1032C; 'quia recesserunt a me'. qualis est iste accessus et ~us? non fit de loco ad locum, sed de affectu in affectum, si amas mundum, recessisti a Deo AILR. *Serm.* 2. 10. 266; licet avaritia recedente recedat luxuria, non tamen ~us avaritie causa est quare luxuria recedat T. CHOBHAM *Praed.* 164. **b** sol .. cujus accessui et ~ui obnoxia est quatuor temporum varietas NECKAM *NR* II 156 p. 249. **c** accessus, *flod*; ~us, *ebbe* ÆLF. *Gl. Sup.* 183; de accessu maris et ~u NECKAM *NR* II 17 p. 138 *tit.*; s**1338** tendens a Crawmonde Ilande usque Bernbougale qui propter tunc ~um maris aridus apparuit *Extr. Chr. Scot.* 173.

2 departure; **b** (w. ref. to Christ's Ascension). **c** period of absence; **d** (w. ref. to death).

primo ~u ejus a spiritu Dei inbutus cito conversus revocans eum dixit .. *V. Cuthb.* II 8; quantum nunc in ~u meo gaudebis, tantum iterum in adventu .. tristaberis B. *V. Dunst.* 22; c**1130** causam †recessuras [l. recessus] sui de Malvernia .. ostendisse *Ch. Westm.* 248A (cf. ib.: causa ejus recessionis); rex hostium audito ~u pedetentim eos sectatus ORD. VIT. X 10 p. 59; **1230** post ~um suum ab Anglia *RL* I 382; **1369** per compotum factum inter ipsum et dictum vicecomitem factum super expensas regis ibi factas ante ~um suum *ExchScot* 345; hic ~us, *a departynge WW*. **b** patet .. cur eundem Spiritum .. consolatorem cognominat quia nimirum corda discipulorum quae ~us ipsius maesta reddidisset hujus consolaretur .. adventus BEDE *Hom.* II 11. 159. **c** **1220** recordantur justiciarii itinerantes quod breve originale venit in ~u eorum de comitatu illo *BNB* II 82. **d** cum longo confectus senio sciret inminere diem ~us sui BEDE *Hom.* I 9. 47; **1160** pre etate et egritudine .. ~um minatur spiritus (*Lit. Archiep.*) *Ep. J. Sal.* 121; ejus .. ~um deflerent irremediabilem N. DUNSTABLE *Chr.* 29; si egrotus insompnietatem passus fuerit et sepius ad hostium attenderit signat se ~um placere J. MIRFIELD *Brev.* 64.

3 retirement (from office).

1287 pisa: de remanenti post ~um Henrici prepositi .. *Rec. Elton* 25 (cf. ib.: avena: de remanenti post H. prepositum); **1358** in solucione facta domino Willelmo de Hexham canonico, in partem solucionis viginti marcarum pro iiij^{xx} quarteria pisarum ab eo empta pro c quarteria xl d., unde xxv quarteria venerunt ad granarium ante ~um suum *Ac. Durh.* 125.

4 secret place, hiding-place, innermost room. **b** (transf. or fig.) inmost recess, depths (of heart or soul).

redi .. e longinquis .. peccatorum ~ibus ad pissimum patrem GILDAS *EB* 29; ~us, *heolstras GlC* R 70; de ~ibus, i. de occultis vel de secretis interioribus, *of heolhstrum*, *of diglum GlH* D 228; fontis Siloe ~us W. MALM. *GR* IV 369; domicilium .. casa, ~us OSB. GLOUC. *Deriv.* 175; sanctuarii interioris ~um in prostibulum permutatum J. SAL. *Pol.* 676B; lar, thalamus, camera, simul et penetrale, recessus GARL. *Syn.* 1590A. **b** de latebrosis animae nostrae ~ibus [*gl.*: i. visceribus, i. exitibus] et clandistinis praecordiorum latibulis eliminatus ALDH. *VirgP* 12; velut fetidam melancoliae nausiam de ~ibus [*gl.*: i. visceribus] falsi pectoris evomuisset *Ib.* 32; oro te non gravetur majestas tua solvere, quod animi mei ~us diu volutarunt W. MALM. *GP* I 6; quanto frutex perniciosa altius in ipsis anime ~ibus radices infixerit AILR. *Spec. Car.* II 21. 570; ipse a finibus terre a cunctis cordis nostri ~ibus ad te supplex clamat "Abba Pater" J. FORD *Serm.* 6. 9.

5 return.

W. .. fuit ad cervisiam quandam .. et in ~u suo supervenit R. .. et eum vulneravit *PlCrGlouc* 15; **1274** in ~u domine regine versus Kenigton *Househ. Henr.* 400.

6 rendering of account.

1224 cotidie metet dim' acram et inde habebit j garbam in ~u *BNB* III 47; **1373** si predicte acre blad' majoris precii in ~u suo inveniantur *Hal. Durh.* 121; totam pecunie summam qu[am michi de]liberastis ultimo in ~u *Dictamen* 369.

recestem v. recens. **recetamentum** v. receptamentum. **recetare** v. receptare. **recett-** v. recept-. **recettetare** v. receptare.

rechabita [LL Rechab < Heb. + -ita], one who lives according to the principles of the family of Jonadab, son of Rechab, esp. w. regard to abstinence from alcoholic drink (*cf. Jer.* xxxv 2–19).

~e, quia juxta mandatum Jonadab filii Rechab abstinuerant ab omni potu P. BLOIS *Ep.* 7. 21B.

rechacea, rechacia v. recacia. **rechathare** v. reaccatare. **rechatta, rechattum, rechatum** v. reaccatum. **rechedingna** v. rechedipna.

rechedipna [ML, *aphaeretic form of* trechedipna (cf. Juv. *Sat.* 3. 67) < τρεχέδειπνα], light garment worn by women, smock.

hoc recidinna, -tis, i. vestis tenuis ad sumendum et reiciendum apta OSB. GLOUC. *Deriv.* 100; reciduina, vestis rusticorum *Ib.* 509; feminarium .. regilla, pepla, palla, rechidigna [ed. Scheler: recidigma, *gl.*: tenue pallium; ed. *Teaching Latin*: richidiplum, *gl.*: *pal suztrainaunt*] que Grece stole vocantur BALSH. *Ut.* 53; rechedingna, *riveroket*, *rochet* GARL. *Unus* 12.

rechidigna v. rechedipna. **rechinnatus** v. racanatus. **rechum** v. reccus.

recia, (bot.) ? vervain (*Verbena officinalis*).

peristeron, .. verbena, ~a, columbina *Alph.* 142.

reciaculum v. retiaculum. **reciancia** v. reseantisa. **reciare** v. 3 rettare.

1 recīdere [CL]

1 to fall backward; **b** (fig.).

violentia mortis ~ens supremum efflavit W. MALM. *GP* V 260; videbatur aliquando levius habere, aliquando ~ebat in lectum *Id. Wulfst.* III 21; scio .. lapidem vel sagittam, quam in nubes jaculatus sum, exigente natura recasuram in terram, in quam .. ~ere necesse est J. SAL. *Pol.* 447D; demonem .. jam in fossa ~entem percussit in caput MAP *NC* II 27 f. 33v; Pluto dives dicitur quod in terras ~ant et de terris oriantur universa ALB. LOND. *DG* 6. 1. **b** conabar assurgere ad lucem Dei et ~i in tenebras meas ANSELM (*Prosl.* 18) I 114; de his qui ab hac luce aversi ~erunt in tenebras primas immo et pristinis densiores, nil mea interest J. FORD *Serm.* 57. 12; si Scyllam .. evasero, .. non ~am in Charybdin P. BLOIS *Ep.* 39. 119C.

2 to relapse, sink back (into crime or condition).

locus .. in idem discrimen ~it W. MALM. *GR* II 108; rex .. adversante fortuna in miserias ~ebat *Ib.* II 165; **s1130** in prius vitium ~erunt *Id. HN* 453 p. 6; deinde, si forte ~erit, .. facie cauteriatur GIR. *PI* I 10.

2 recīdere [CL]

1 to cut off (also fig.); **b** (hair). **c** to cut down, lop (tree), to cut back, prune (foliage). **d** to cut (purse). **e** (her., p. ppl. as adj.) couped.

exoramus ut legi sacre adversantia censorio ense ~at ORD. VIT. VII 7 p. 178; putatus, amputatus, recisus OSB. GLOUC. *Deriv.* 478; recutita, inquit [Isaias], sabbata i. e. Judaica, quoniam recisam verendorum cutem habent BELETH *RDO* 135. 139 [ed. *PL*]. **b** cunctos .. capillos .. jubentur radere; ut recisa superflua levitate mortalium actionum, quidquid in eis vivae perfectionis inventum sit, licentius consecretur auctori BEDE *Sam.* 505D; nam crines summo de vertice passos / pontificis dextra primum titulante recidit FRITH. 178; **s1130** milites .. crines suos ~i equanimiter tulerunt W. MALM. *HN* 453 p. 6; hispida caesaries, barba recisa parum J. SAL. *Enth. Pol.* 5; forpex a crine recidat / omne supervacuum VINSAUF *PN* 979. **c** cum materiam significat, masculino modo: 'stirpem recisum' BEDE *Orth.* 52; in putatione .. sarmenta sterilia ~untur, ut ea quae praevalent uberius fructum ferant *Id. Cant.* 1227A; ex utroque parentum, dolabro generationis, origo nostri exterioris hominis recisa traducitur PULL. *Sent.* 729A; cardetum falx aggreditur, doctrina recidit / ramnos et tribulos, vivificatque rosas GARL. *Tri. Eccl.* 100. **d** mulier quedam .. plangebat sibi bursam domini recisam MAP *NC* II 5 f. 25. **e** membra autem leonis, uti et caeterorum animalium, alii recisa gerunt .. alii autem .. discerpta SPELMAN *Asp.* 121.

2 to cut through.

fallit eos cippus clavi compage solutus, / cultelli medius facili virtute recisus WULF. *Swith.* II 654; invenit occasionem non solum ~endi et rescindendi vinculum dilectionis J. FURNESS *Walth.* 8.

3 to cut, mutilate.

caput cujus [Christi] est elisum / nunc spinarum acie, / et nunc corpus est recisum / telorum acucie J. HOWD. *Sal.* 31. 10.

4 to cut out: **a** (w. ref. to *Dan.* ii 34). **b** (transf.) to remove; **c** (refl.).

a et Danihel Christum narrat de monte recisum ALCUIN *Carm.* 70. 1. 6; cernit per visum Daniel de monte recisum / absque manu lapidem *Vers. Worc.* 101. **b** hic .. inquietavit regem, incitans ut .. subditis .. ~eret .. quicquid inveniretur ultra certam dimensionem ORD. VIT. VIII 8 p. 311; sacerdotale .. officium .. plurimis quam sepe pro culpa ~itur et ab eo nonnulli crebrius deponuntur H. READING (I) *Dial.* VII *Ep.* 1229A. **c** ut cadentes deorsum conlapsi sunt crudeliter, qui se inmundo replentes spiritu ab eo prius ~erunt *V. Greg.* p. 98.

5 to cut back, curtail, dock. **b** to cut short (time); **c** (sound). **d** to abbreviate. **e** (*stylo recisiore* or sim. w. ref. to writing) in a concise manner, rather or more briefly.

juxta proporcionem fructuum .. ab eadem capella divisorum amputatorum vel recisorum *Reg. Kilmainham* 55. **b** cavendum est ne .. reciso tempore penitencie, duplicia recipiamus in dampnacione *Mir. Cuthb. Farne* 3; gratiam .. spatio recisiore firmavit ad plenum exuberans et fervens affectio P. BLOIS *Ep.* 32. 108B; infra annum vel biennium .. vel etiam infra recisius tempus RIC. ANGL. *Summa* 37 p. 87. **c** blandeque recisos / furatur vox blesa sonos J. EXON. *BT* IV 51. **d** illud quod in ipsis titulis positum est, sc. de ratione fidei, velut superabundans ~entes, illum quem 'Monoloquium' nominavi, 'Monologion' vocetis ANSELM (*Ep.* 109) III 242; quedam .. ne prolixitas taxationis nostre fastidio legentes oneraret adbreviando ~i ORD. VIT. IX 18 p. 623. **e** hanc exhortatiunculam meam stylo recisiore exarare decreveram, sed amor qui finem nescit vix finem potuit invenire scribendi P. BLOIS *Ep.* 102 325D; pauca hec tibi stylo recisiore perstrinxi *Ib.* 140. 421D; ut talibus recisiore verbo respondeam, Deus ideo factus est homo ut homo fieret Deus *Id. Serm.* 5. 576D; hec de illis amplam, recisiore stilo perusus, facio mencionem *Ps.*-ELMH. *Hen.V* 92 p. 270.

6 to cut short, settle (controversy or sim.).

nulla inter se controversia que non facile mediatorum judicum cognitione ~eretur W. MALM. *GR* IV 372; rebellionem urbium subjugaturus questionemque de investitura suo libito recisurus *Ib.* V 420.

7 to cut off, cancel.

cum .. ad .. concilium ventum esset, et jam quae ~enda recisa et quae statuenda videbantur statuta fuissent EADMER *V. Anselmi* II 38.

recidgma v. rechedipna. **recidin-** v. recidiv-. **recidinna** v. rechedipna.

recidivare [ML < recidivus + -are]

1 (intr.) to fall back, relapse (into illness); **b** (in fig. context); **c** (in gl.).

unctio extrema quotiens ~averit iterari poterit GIR. *GE* I 33; refert B. se non vidisse crisim ad bonum in octava, sed de vj refert se vidisse crisim ad bonum et non ~asse GILB. I 54v. 2; dominus M. F. quantumcum esset infirmus et in convalescentia comes vinctum duxit secum, et ~atus mortuus est *V. Montf. app.* 284; convalescentes cito moriuntur quando ~ant in egritudine propter debilitatem sui BACON IX 81; orator ~atus in tertianam incidit ANDRÉ *Hen. VII* 116. **b** jam aliquantulum ab accessu febris liberata [ecclesia] respiravit; vultis ut ~et? S. LANGTON *Serm.* 2. 19. **c** reciduare, saepe cadere OSB. GLOUC. *Deriv.* 509.

2 to relapse, sink back (into sin or error); **b** (w. *ad* or *in* & acc.).

si .. aliquo modo mundatus fuero, facile ~abo P. BLOIS *Serm.* 11. 591C; sacramentum altaris quod confirmat penitentem et confortat ne ~et et iterum in peccatum cadat *Spec. Eccl.* 66; qui et post penitenciam ~ans secundo est lapsus .. resurgere non valebit BRADW. *CD* 21A; pudor suus de criminis deteccione .. foret sibi .. frenum constringens ne alias residivent WYCL. *Ver.* II 83; peccator semel resurgens a morte culpe numquam .. debet †recidinare [l. recidivare] BRINTON *Serm.* 8 p. 27; **1419** videbatur expediens quod fieret per eos abjuracio errorum et heresum et si umquam residivarent .. quod tunc tanquam relapsi .. essent juxta sanciones canonicas puniendi *Reg. Cant.* III 56; *to turne agayn the gudnes*, apostrophari .. ~are *CathA.* **b** **s1237** ut .. in latam sententiam ~aret M. PAR. *Maj.* III 382; **1238** si accidat eos in idem vitium ~are GROS. *Ep.* 50; diutissime vitam impiam continuavi, immo sepissime ad eadem scelera ~avi UHTRED *Medit.* 203; **1420** ne negligencia in defectum pristinum ~et *StatOx* 228.

3 to recur: **a** (of illness); **b** (of abstr. condition).

a quartane insidiantis .. estus jam presensi; .. vereor ne in me ipsius malitia ~et P. BLOIS *Ep.* 109. 333A; recruduit dolor, et periculosior quam prius ~avit infirmitas *Id. Opusc.* 817C. **b** et si hec heresis alicubi exstinguitur, alibi sicut capita hydre multiplicius ~at P. BLOIS *Serm.* 61. 740B; **1265** tumultuosis credebamus pacem dedisse negociis, que jam majori strepitu ~ant *Cl* 67.

4 (tr.) to renew, revive, make active again.

reciduo, -as, i. renovare OSB. GLOUC. *Deriv.* 100; reciduare, restaurare *Ib.* 506; †recidinare [l. recidivare], renovare *Ib.* 508; **s1297** Scotis jamdudum .. ~atis ad pugnam *Flor. Hist.* III 102.

recidivatio [ML < recidivare + -tio]

1 (med.) relapse, recurrence of fever or illness.

venti australes .. egritudinum ~onem, podagram, et pruritum commovent BART. ANGL. XI 3; lac ficuum circulariter verruce impositum radicitus separat sine ~one GILB. III 170. 1.

2 relapse into error or wrong-doing.

s1423 ne .. nos non absque periculo in ~onis inciderimus laqueum AMUND. I 179; de ~one N., confratris nostri .. nullis valet verbis aut verberibus a sue insolencie excessibus deterreri *Reg. Whet.* II 451; residivatio: sic meretur indurari a Deo, i. e. non liberari .. a malis culpe et pene, in que per peccatum cecidit GASCOIGNE *Loci* 222; cavillaciones Witcleff contra confessionem sacramentalem pro ignorancia sacerdotis de ~one confessi NETTER *DAF* f. 248. 4a; **1527** de fornicacione, incontinencia, et ~one *Reg. Heref.* 190.

3 withdrawal, retractation.

ex frivola ~one conventus .. consensu *Meaux* III 232.

recidivia [CL recidivus + -ia], relapse into error or wrong-doing, backsliding.

1314 cancellarius diffamatur de ~ia cum Johanna de Lyndesay, que prius peperit sibi *Mem. Beverley* I 314.

recidivus [CL]

1 (of something undesirable) recurrent, renewed; **b** (of illness); **c** (of dispute or sim.). **d** (understood as) transient (also as sb. n.).

~us, -a, -um, renovatus OSB. GLOUC. *Deriv.* 100; **1173** ~am veremur tempestatem *Ep. J. Sal.* 320 (311 p. 764); exiit edictum a Philippo rege, ut describeretur Gallicus orbis, et oneraretur ecclesia decimationibus ~is P. BLOIS *Ep.* 20. 74C; ~us, *recheable* GARL. *Unus* 161. **b** quoniam ~o dolore spiritus mulieris conturbatus fuerat *Mir. Fridesw.* 109; ~o jam morbo redivivaque malitia GIR. *IK* II 14. **c** quo .. opibus alienis aucti contra eos ad ~um certamen revertantur ORD. VIT. IV 3 p. 172; inter Normannos et Flandritas ~a dissensio prodiit *Ib.* IV 8 p. 237; **c1168** ne in litem veniant ~am que ante nos gesta sunt *Royal Writs* 44 n. 1; ~e contentionis *Melrose* 145; **1515** concordiam .. ne in ~e contencionis scrupulum relabantur .. roboramus *Dign. Dec.* 53 p. 85. **d** **958** quamvis omnia .. temporalia sint .. tamen ut ~a successoribus nostris tutiora permaneant, apicum seriæ testiumque adfirmatione roboranda sunt *CS* 1042; **959** ~is caducarum possessiunculis rerum *CS* 1052; **962** ~i terminus cosmi appropinquare dinoscitur *CS* 1083; **963** non inmemor .. mihi ~a fore concessa ut hiis strenue eterna lucrarer *Ch. Burton* 20 (cf. *Chr. Abingd.* I 183: recidua .. eterna dapsilitate [MS: dapsilis] lucrarer).

2 (as sb. f. or n.) recurrence, renewal, regrowth.

~a, *edgrowung* ÆLF. *Gl.* 149; desideria carnis .. qui in corde tuo penitus aruerant, quodam ~o venenosae propaginis revirescunt P. BLOIS *Ep.* 111. 334C; **1263** quod dictum negotium non patiatur ulterius recedivum *RL* II 234; **s1324** placet Scotis in pacem perpetuam treugas convertere ..... animadvertens rex Anglie quod .. Scoti .. proni essent ad ~um concordie *V. Ed. II* 276.

3 relapse, recurrence: **a** (med., of disease); **b** (of moral failure or defect).

a noveritis .. dominum O. de G. post tempus autumpnale frequencius passum fuisse febrium ~um *DC Cant.* 256. **b** pravos motus mentis cohibeat, ne per incontinentiam ~am incurrat W. CANT. *Mir. Thom.* VI 19; non necesse est iterari [confessio] nisi ~um patiamur GIR. *GE* I 16; si .. post tale juramentum passus fuerit ~um T. CHOBHAM *Conf.* 214; multa comperimus que visitatione nostra correxisse credidimus, jam passa fuisse multipliciter ~um PECKHAM *Ep.* 363; **1291** in antiquum reincidere ~um (*Ep.*) B. COTTON *HA* 211; **s1459** ubi cito transgressio remittitur .. ne proniores .. sint isti .. ad ~um, servet princeps planam viam justitie *Reg. Whet.* I 347.

4 (as sb. n.) stump (of tree), branch that has been chopped off.

cum multa morarentur .. arborum ~a [*gl.*: *recoupures*] gressum BALSH. *Ut.* 45; *a stub*, ~um *Cath A.*

reciduare v. recidivare. **reciduina** v. rechedipna. **reciduus** v. recidivus. **recillator** v. refocilator. **recillatrix** v. refocilatrix.

recincerare [OF *recincer*+-are], to rinse or wash.

1239 caveat sacerdos cum ipse recinxerat manus suas et calicem cum aqua et vino post communionem (*Syn. Sodor*) *MonA* V 255b; resincerat sacerdos manus suas, ne alique reliquie corporis et sanguinis remaneat in digitis W. H. Frere *The Use of Sarum* (1898) I 87n.

recinceratio [recincerare+-tio], water that has been used for rinsing or washing.

piscina .. secus dextrum altaris cornu ad recentationes et ~ones demittendas inseratur GIR. *GE* I 10 p. 36; resincerationes sumit. in qua lotione dicit .. *Ord. Ebor.* I 110; sumptis omnibus resinserationibus calicis *Ib.* I 113.

recindere v. rescindere.

recinere [CL], to sing or chant back.

data munera si recinat, concinat, *þonne þæt hyt dær togenys singe GlP* 134.

recingere [CL], (of tunic, understood as) to gird over.

recincta, *ofergyrdum*, *GlP* 407.

recinium, recinum v. ricinium. **recinxerat** v. recincerare.

recipere [CL]

1 to admit (person), make welcome; **b** (w. ref. to *Luc.* xvi 9). **c** to harbour (outlaw or sim.); **d** (w. dat. of place).

cum Theseo .. quem et ipsum jam in mortis periculo constitutum adveniens Hercules liberavit et ob id quasi ab inferis receptus dicitur *Lib. Monstr.* I 36+; cum .. a rege honorifice receptus esset ASSER *Alf.* 80; **c1130** ut fraternaliter et amicabiliter ~iatur *Ch. Westm.* 248A; cum archiepiscopi Eboracenses .. monasterium illud habuissent, canonicos recepit W. MALM. *GP* IV 155; **1205** mittimus ad te xvj minatores et j ingeniatorem, mandantes quatinus illos trepiatis [l. recipias] et eos in .. loco ponas *Cl* I 27b; custodes in ingressu .. qui devote ~iant invitatos .. et alios non invitatos excludant HOLCOT *Wisd.* 75; ut consimiliter in pane et vino eum ~erent, sicut Melchisedech Abraham a cede quatuor regum cum victoria revertentem *G. Hen. V* 15. **b** si .. amicos qui nos '~iant in aeterna tabernacula', facere jubemur 'de mammona iniquitatis', quanto magis de intelligentia veritatis ANSELM (*Ep.* 81) III 205. **c** qui exulem receperit sine licentia regis *DB* I 1rb. **d** non .. omnes .. virginum catervas caelestis sponsi thalamo ~iendas .. evangelicus sermo spopondit ALDH. *VirgP* 16; clericum .. persecutores fugientem hospitio recepit BEDE *HE* I 7 p. 18; a ternis piscatoribus faselo receptus terram solus attigit ORD. VIT. XII 26 p. 4.

2 to admit or readmit (person) to condition, status, or profession (w. dat., *ad* or *in* & acc.). **b** (*in monachum ~ere* or sim.) to receive as a monk or into a monastic order. **c** (*in deditionem ~ere* or ellipt.) to receive in surrender.

ut .. in gaudium æterni regni tecum me ~iat *V. Cuthb.* IV 9; Odo .. institit, ut .. fidelitas nostra supplicare pro filio suo, quem a servitio vestro exclusistis, deberet. .. precor .. ut illum ~iatis invitati nostris precibus ANSELM (*Ep.* 18) III 125; qui eum ad hominem receperit (*Quad.*) *GAS* 71; in patriarchatum primae sedis Britanniarum receptus EADMER *V. Dunst.* 24; rex .. revestivit illum de suis et in amicitiam ejus receptus est *Id. V. Anselmi* II 56; aut legitimam uxorem ~eret aut pro illicito repudio sententiam anathematis subiret ORD. VIT. XII 21 p. 379; **1203** arestavit eum donec inveniret plegios standi recto .. et quando dominus suus venit pro eo optulit ei per plegios et noluit .. eum ~ere *SelPlCrown* 19; **1230** vobis .. precipimus quod ipsum Willelmum ad dictum cuneum ~iatis ad operandum inde monetam nostram *LTR Mem* 11 m. 5; rex .. poterit utlagatum de gratia sua inlegare et ~ere eum ad pacem suam extra quam prius positus fuit BRACTON f. 131; cujus .. contricioni papa congaudens illum gratie sue recepit *Meaux* II 322; Henricum, filium Henrici Perci .. in Angliam revocavit et ad graciam recepit STRECCHE *Hen. V* 147. **b** **1125** si heres ejus monachus esse voluerit, ea conventione ~ietur qua et pater ejus est receptus *Ch. Westm.* 247; Juliana monialis de Sempingham et ab ipso magistro G. recepta in ordine *Canon. G. Sempr.* f. 147v; **1221** ad judicium de abbate qui illum recepit in monachum *SelPlCrown* 86; **1314** in ordinem fratrum predicatorum canonice recepti (*KR Eccl.* 1/12) *EHR* V 107. **c** quos .. aut occidit aut in deditionem recepit BEDE *HE* II 9 p. 100; recepto castro W. POIT. I 9.

3 to receive into a group, include (w. *in* & abl.). **b** to receive, have put in, contain. **c** (med.) to be compounded of.

Deus .. in caelestis vos patriae congregatione ~iat (*Lit. Papae*) BEDE *HE* I 32 p. 70; **s1281** idem abbas recepit predictos Philippum et Isabellam et heredes ipsius I. in singulis beneficiis et oracionibus que de cetero fient in ecclesia sua *Cart. Chester* 336 p. 223; omnes reges .. in sua dicione recepit CIREN. I 104. **b** ~it .. hora iv punctos BEDE *TR* 3; locus .. in quo ~iuntur animae eorum qui in bonis .. operibus de corpore exeunt *Id. HE* V 12 p. 308; nec in se ~it distinctiones locorum aut temporum, ut hic vel illic .., aut nunc vel tunc ANSELM (*Mon.* 22) I 41; urinarium, i. vas ad ~iendam urinam OSB. GLOUC. *Deriv.* 608; **c1265** [domus] recepit .. aulam .. capellam .. coquinam *DC S. Paul.* 35b. **c** medicinam ~ientem aloe vel mirabol' GILB. III 123v. 2; ceroneum dicitur a cera quam recepit in magna quantitate *SB* 15; cerotum dicitur a cera quod omne cerotum ~it ceram vel aliquid loco cere *Ib.*

4 to acquire, take possession of, seize. **b** to take back.

quando episcopus Baiocensis eam [villam] recepit *DB* I 1ra; ut post tercium haeredem .. aecclesia .. ~eret [manerium] *DB* I 46b (v. conventio 2b); **1470** monete Anglicane quas .. de manibus .. procuratoris nostri preter et contra voluntatem absque aliquid juris titulo violenter recepit *DCDurh. Reg. IV* 203; **1422** siqui post mortem nostram ostendere sciverint quod quicquam de eis injuste receperimus aut quicquam injusto titulo .. de eis rapuimus (*Test. Hen. V*) *EHR* XCVI 91. **b** Normanniam veniens brevi totam cepit, vel potius recepit W. MALM. *GR* V 398; **1203** cepit porcos illos ut in dampno sui et eos racionabiliter imparcavit et eos obtulit amittere per vadium .. Ricardo et ipse noluit eos ita ~ere *SelPlCrown* 90.

5 to consent to take, accept; **b** (bribe).

801 beatus qui in hoc saeculo labores ~it et in futuro requiem habebit ALCUIN *Ep.* 221; me ad onus ejus stupidum et accipere renuentem increpavit, et post increpationem anulum me ~ere coegit *V. Gund.* 48; cui cum assentirent caeteri, ego tractatum subscriptum recepi ADEL. *QN intr.* p. 1; **1198** R. recepit anno preterito quietum predictum vadium *Pipe* 125; dat ij m. pro habenda inquisicione si sit culpabilis necne; ~iuntur per plegium *PlCrGlouc* 13; prior sancte Trinitatis .. recepit .. facere et reparare pontem de Walebroke *MGL* II 409. **b** **1288** R. le ffulere cognoscit latrones et cissores bursarum et ~it de eis munera ne caperentur *Leet Norw.* 19.

6 to receive (something asked for in return), be in receipt of, be given; **b** (stolen goods); **c** (money or sim. as due return or as result of sale); **d** (sacrament); **e** (office).

nec mora, congrua quaesitui responsa recepit BEDE *HE* I 27 p. 48; dabant terrena ut a Deo ~erent celestia ORD. VIT. V 12 p. 395; Elfegus ut pallium ab apostolico ~eret .. Alpes transcendit W. MALM. *GP* II 76; **c1270** inter .. priorem .. et conventum .. tradentes et .. militem ~ientem viz. quod .. prior et conventus tradiderunt .. totam terram suam *Cart. Bilsington* 89; **1330** noveritis nos litteras .. recipisse [*sic*] *Lit. Cant.* I 330; **1342** liberalitatem quam sacerdotes .. sua nomina inserentes in matriculis .. solebant respicere [*sic*], in exaccionem censualem vj denariorum .. illicite convertentes *Conc.* II 701a. **b** J. de H. .. et A. propositus de W. receperunt catalla ejusdem W. et concelaverunt, et .. dicunt quod eo tempore quo catalla receperunt non fuit W. rettatus de aliquo latrocinio *PlCrGlouc* 69. **c** annuum vectigal ab eis ~ere sprevit ORD. VIT. XIII 8 p. 17; **1190** ipse R. rescipiet illam marcam argenti in solutione debiti sui *AncCh* no. 56; **1206** tam de predicta summa quam de recepturis expensis *Pat* 65b; **1375** R. de F. recepit *thefbote* quod A. G. habuit ex quodam latrunculo *Leet Norw.* 63; W. S. recepit *blanket* precii xij d. quam K. famula sua furata fuit de eo nomine *thefbote Ib.* 66; **1395** noverint universi .. nos .. recipisse [*sic*] .. abbate .. et .. conventu xxvj libras *Lit. Cant.* III 48; **c1463** considerabat quod .. tam singulares monachi vel canoneci tantum per se resiperent xl s. per annum *Paston Let.* 61; **1479** receptori generali, fatenti et ~ienti super compotum v li. *ExchScot* 560. **d** de his in synodo dicitur, x° anno communionem sive oblationem ~iant THEOD. *Pen.* I 5. 10; **1559** ministrare sacramenta eucharistiae aut matrimonii, vel eadem ~ere *Conc. Scot.* II 175. **e** ut nullus aliengena ibi ~iat aliquem ecclesiasticum ordinem ANSELM (*Ep.* 447) V 395.

7 to recover, regain, receive back; **b** (w. ref. to mental or physical health).

fines suos .. simul et libertatem receperunt BEDE *HE* III 24 p. 180; quamvis non negandum sit eos habuisse libertatem ~iendi .. rectitudinem, si .. ab ipso primo datore illis redderetur ANSELM (*Lib. Arb.* 3) I 211. **b** sanum sapio; ~i .. sensum anime mei BEDE *HE* III 11 p. 150; si .. ad reliquias sanctorum peteret, perditam posset ~ere lucem *Ib.* IV 10 p. 224; se .. perditas dudum vires recepisse sentiens *Ib.* V 4 p. 287; dum .. precamina fundunt, / caeca diem vidit, sermonem muta recepit WULF. *Swith.* II 215; filius vester .. gravem aegritudinem passus, tandem .. integram sanitatem recepit ANSELM (*Ep.* 268) IV 183; in hac pollicitatione a pio pontifice ovis morbida ~itur, antidotum salubris penitentie adhibetur, et sic demum perfecta sanitate recepta *V. Gund.* 18; paralitica soliditatem recepit artuum W. MALM. *GP* III 109.

8 a to take (med., ingredient of medicine). **b** to take up (with a purpose). **c** (w. *habitum*) to take the habit, adopt the religious life. **d** (w. *crucem*) to take the Cross, become a crusader.

a idromel sic fit: ~e ij partes aque et tertiam mellis *SB* 24. **b** ut .. ad defensandum contra prophanos predones virga [*sic* MS; l. virgam] justicie ~eret ORD. VIT. XI 10 p. 199. **c** judicavit se non digne curam pastoralem .. accepisse, nisi etiam et habitum religionis ~eret A. TEWK. *Add. Thom.* 30; **1208** debet clericus ille presentari Thome .. et ~ere habitum citra festum S. Michaelis *SelPlCrown* 56. **d** **a1200** recepit crucem pro me (v. crux 9a).

9 to take in, absorb, adopt. **b** to catch, contract (disease or sim.).

byssus .. solet .. candidum in sese ~ere colorem BEDE *Tab.* 425D; aqua .. fervidam qualitatem recipit, cum per certa .. metalla transcurrit *Id. HE* I 1 p. 10; ut superfluam humiditatem non ~iunt, ita .. nec mingunt ADEL. *QN* 10; apozima dicitur quando decoquuntur herbe vel medecine in aqua ita quod virtus herbe aque mandetur et sic virtus medecine per os ~iatur *SB* 11. **b** ~ere in pedibus frigus GAD. 52. 2 (v. frigidus 3).

10 (w. abstr. obj) to take, receive, derive, incur; **b** (w. *mortem*).

quicumque his sacrificia simulacris obtulerit, aeternas inferni poenas pro mercede ~iet BEDE *HE* I 7 p. 19; hic viij vero ex primo pari quadruplicato diminutionem ~it sub ostensione cubice quantitatis ABBO *QG* 22 (48); quatenus .. cum illis a Deo retributionem ~iatis ANSELM (*Ep.* 172) IV 54; penitens consolationem et quisque anxius ~iebat allevationem ORD. VIT. IV 15 p. 274; **1226** diem prefigatis quo .. coram vobis compareamus justiciam recepturi *Pat* 65; heremita contristatus est valde et malam opinionem ab illo recepit habere *Latin Stories* 11. **b** W. P. verberavit P. de P. ita quod per ictus recepit mortem set tunc vixit per xxj septimanas *PlCrGlouc* 99; **1363** cecidit in quodam vase plena [*sic*] aque boliante per quod recepit mortem *SelPlCoron* 40.

11 to approve, allow, admit of, count as acceptable or valid, to acknowledge; **b** (oath or homage). **c** (w. *ad* or *in* & acc.) to accept or acknowledge (person) as.

versus heroici exametri xiv sillabarum primo loco et secundo dactilum ~it ALDH. *Met.* 10; metrum iambicum senarium ~it iambum locis omnibus BEDE *AM* 135; qui pascha catholicum et tonsuram coronae .. ~ere nolebant *Id. HE* III 26 p. 189; quod autem dicis .. ratio non ~it PETRUS *Dial.* 35; ut eis .. satisfaciamus qui hanc litteram [sc. Y] in orthographia ~iunt OSB. GLOUC. *Deriv.* 629; **1294** attornatum quem N. D. loco suo attornare voluerit ad sectam pro eo faciendam .. loco ipsius N. sine difficultate ~iatis *SelPlMan* 79. **b** R. de M. noluit ~ere homagium Gilberti H. *RDomin* 5; **1258** non venit ad legem ~iendam de Richero .. prius sibi invadiatam *SelPlMan* 52; aldermanni omnes solebant se in una secta vestire .. ad equitationem majoris ad ~iendum sacramentum suum apud Westmonasterium *MGL* I 35; **1468** dedimus vobis potestatem ~iendi sacramentum .. abbatis *Lit. Cant.* III 243. **c** Willelmus eum in patrem et archiepiscopum .. recepit W. MALM. *GP* I 23; si Urbanus in Anglia ~eretur ad papam *Ib.* I 49.

12 to accept as credible or true. **b** (p. ppl. as adj.) received, accepted.

tripertitam humani generis distantiam catholica ~it [*gl.*: accipit] ecclesia, . . quomodo virginitas, castitas, jugalitas tripertitis gradibus separatim differant ALDH. *VirgP* 19; Orientales Saxones fidem quam olim . . abjecerant, instantia regis . . receperunt BEDE *HE* III 22 p. 171; habet . . hec generatio ingenitum vitium, ut nichil quod a modernis reperiatur putet esse ~iendum ADEL. *QN intr.* p. 1; promissa . . Grecorum licet versipelles sint ~iamus ORD. VIT. X 12 p. 74; si autem [appellatio] non ~iatur, causam, quare non ~iat, debet judex assignare RIC. ANGL. *Summa* 37 p. 86; **1316** quod [notarius] . . omnimoda instrumenta sub sigillis nostris quibus utimur in contractibus . . ~ere possit *RGasc* IV 1559; Manichei . . Vetus Testamentum minime receperunt OCKHAM *Dial.* 418. **b 1549** vetus et receptus invocandi modus *Conc. Scot.* II 116.

13 (in leg. phr.): **a** to take, accept (chirograph effecting settlement of claim). **b** (*diem ~ere*) to be assigned a day for appearing in court.

a 1214 magistrum J. marescallum domini regis ad cirographum illud ~iendum loco mei assigno *Ch. Westm.* 487; **1232** de rescipiendo cirographo suo *CurR* XIV 2413. **b c1157** Jordanus se die prefixa probaturum dicebat, . . sed Joannes diem ~ere recusavit J. SAL. *Ep.* 56; **1196** receperat diem in Banco (v. 1 dies 11a); **1220** se essoniavit Willelmus, et habuit diem per essoniatorem suum in octabis sancti Hillarii; et Radulphus tunc presens fuit et dixit quod noluit ~ere diem *CurR* VIII 192; **1226** ad diem ~iendum . . procuratores constituimus *Pat* 65.

14 to receive, listen to, hear. **b** (w. *quod*) to hear or learn that.

qualiter hec verba mea sentitis vel ~itis (*Lit. Abbatis*) ORD. VIT. III 7 p. 99; singularem habuit gratiam in confessionibus ~iendis SERLO GRAM. *Mon. Font.* 74; sacerdotes instituit, qui languentes et egrotos quotidie visitarent, confessiones ~erent, viaticum preberent *Ib.* 123. **b 1296** insinuante nobis Lucia . . recepimus quod . . Symon et Lucia . . tres inter se liberos procreassent *Reg. Cant.* 110; **1326** quibusdam enim recepimus litteratoriis argumentis quod . . rex et . . regina convenient in unum *DCCant.* 273.

15 (refl.) to betake oneself, retreat, take refuge.

orantes sub divo, si serenum esset; si tempestas, in porticus proximas sese ~ientes BEDE *Templ.* 775B; Guido vix elapsus Brionio se recepit W. MALM. *GR* III 230; abscedit et in hospitium, quod prope erat, se ~it H. BOS. *Thom.* III 19; Hispanicum mare . . de occidentali se inter Hiberniam et Hispaniam ~iens oceano GIR. *TH* I 2; quoties . . aliqua molestia illata fuerit, statim evolantes in lacu quodam procul inde remoto se ~iunt [anates] *Ib.* II 29; non fuit domus que eos capere possit sed . . fecerunt eis casas parvulas . . ubi se ~erent pauperes SERLO GRAM. *Mon. Font.* 123; **s1233** evasit de castello . . et recepit se . . in . . capellam (cf. censura 1b).

recipernus v. reciprocus.

reciprocabilis [CL reciprocare+-bilis], that can return or move back to its starting point (in quot. w. *in seipsum*).

in re circulari nec principium nec finem esse intellige: quicquid . . id esse potest, in se ipsum ~e est ADEL. *QN* 55.

reciprocare [CL]

1 to return, move back; **b** (w. *in se*, in quot. pass.). **c** (tr.) to return to.

~are, recurrere OSB. GLOUC. *Deriv.* 506. **b** ex reciprocacione . . spiritalis motus anime in se, sequitur motus cordis qui in se ~atur GROS. *Hexaem.* X 2 p. 293. **c** promiserunt ei quod . . ad eum redirent . . . ~ato calle Italiam repedarunt ORD. VIT. III 3 p. 54; cum silvam egredi festinarent, ~ato itinere ipsam heremum ceperunt circuire *Ib.* VI 9 p. 62; solemnitas solemnitatum dicitur [Pascha], et ideo per omnes Dominicas ~atur HON. *GA* 677A.

2 (tr.) to reciprocate, give or do in return, feel, feel by way of return; **b** (w. *in* + acc.).

1197 amicitia . . alternatim ~at affectum totum, suum judicans quicquid alteri sibi fuerit illatum *Ep. Cant.* 417. **b** anima potest inficit de carne, quia caro similes impressiones illis quas recepit ab anima nata est in animam ~are PECKHAM *QR* 66.

3 to change, interchange. **b** (*in se ~ari*) to be exchanged.

ad tutelam . . bene vivendi, doctores inclyti, . . per illam syncopen a qua nullus grammaticus excusatur, statum et transitum ~antes in vobis P. BLOIS *Ep.* 174. 469C; ordinem judiciarium ~arunt, eos autem dignos pena dimiserunt, aliorum autem auferebant res, alios pro illis punientes FAVENT 4. **b** nonne . . elementa coloris spoliatione et transpositione partium et formae . . nove adventu in se ~antur? NECKAM *NR* I 19 p. 65.

4 to sing antiphonally.

semper ~abant predictum versiculum quasi per spacium unius hore (*Brendanus*) *NLA* I 143.

reciprocatio [CL]

1 movement back and forth (in quot. w. ref. to tidal ebb and flow).

scis unde prodeat terrarum mocio, / fluctus equorei reciprocacio WALT. WIMB. *Carm.* 395.

2 return motion, movement that leads back to the starting point.

de illis [amnibus] . . que vel in se orbiculariter currunt vel in mare fluentia ab eodem item fluxum sumunt . . satis patet. . si . . in aquarum cursu hunc . . ~onis reditum recipimus ut ea in se currere credamus ADEL. *QN* 57; ipse vitalis tocius anime motus est quedam de se spiritalis egressio et in se reciproca reversio; . . ex ~one . . spiritalis motus anime in se, sequitur motus cordis qui in se reciprocatur GROS. *Hexaem.* X 2 p. 293.

3 alternation, interchange, mutual return or exchange (of feelings). **b** change, reversal (of fortune). **c** (in gl.).

sincere . . ~onem dileccionis *Reg. Whet.* II 397. **b** mortis simulacrum est sine dubio / elementaria reciprocacio WALT. WIMB. *Sim.* 160; omniaque sua mobilia per hujusmodi ~ones devorata pro mulcta confiscantur FAVENT 3. **c** ~o, alternatio OSB. GLOUC. *Deriv.* 509.

reciprocativus [ML < CL reciprocatus *p. ppl.* of reciprocare+-ivus]

1 that leads in the reverse direction, that denotes return to a place.

s1311 viam incedens ~am . . Petro de Gavastone adherere et secreta consilii tutorum regni non formidabat revelare *Flor. Hist.* III 148.

2 that involves reciprocal action.

sic indubitanter haberet in se principium reagendi; ~e quippe sunt actiones et passiones physicorum SICCAV. *PN* 134.

3 that changes, or recurrent, successive.

s1314 sub ~a presentis anni revolutione *Flor. Hist.* III 168.

reciprocator [CL reciprocare+-tor], one who gives back or gives in return.

†reciprocatur [l. reciprocator], qui dat quod accepit *GlC* R 39.

reciproce [CL]

1 back and forth, to and fro.

testiculos . . erutos . . inter mulierculas huc illucque pedibus suis ~e jactarent *Mir. Wulfst.* II 16 p. 171.

2 in turn, in return.

cause . . suus conformatur effectus, et ~e causa . . effectu suo dicitur esse consimilis J. SAL. *Pol.* 432C; vestra epistola . . per harum bajulum nobis ~e transmittenda *FormOx* 42.

3 reciprocally.

patet quod una familia super aliam corruet et destruent ~e WYCL. *Sim.* 10; partes simplices non resistunt sese sibi reciproce *Id. Trin.* 58.

reciprocitas [CL reciprocus+-tas], exchange, reciprocity.

extremitates . . alterationi exposite sunt propter mutuam elementorum ~atem NECKAM *NR* I 16 p. 56.

reciprocus [CL]

1 that moves to and fro, that involves movement back and forth; **b** (of tidal ebb and flow).

crustulae . . quam penniger praepes indefessis famulatibus et ~is [*gl.*: i. iteratis] volatibus . . advexerat ALDH. *VirgP* 28; vita a quibusdam diffinitur quod ipsa est spiritus ~us GROS. *Hexaem.* X 2 p. 293. **b** ~a [*gl.*: i. iterata, i. habundantia, i. iterum venientia, iterum fluentia, *eftflowu*] purissimi fontis redundantia ALDH. *VirgP* 9; Memphitica tellus, quam Nilus ~is [*gl.*: i. iteratis] fecundat fluentiis *Ib.* 28.

2 that involves return motion, in the reverse direction; **b** (w. *iter* or sim.); **c** (transf., of a process). **d** (abl. as adv.) back, in the reverse direction.

ipse vitalis tocius anime motus est quedam de se spiritalis egressio et in se ~a reversio GROS. *Hexaem.* X 2 p. 293. **b** ~um iter non repetiit ORD. VIT. X 18 p. 101; papa omnes . . anathematizavit . . qui crucem Domini gratis acceperant et iterum non perfecto remeaverant, nisi ~um callem iterarent *Ib.* X 20 p. 118; per ~um callem cum suis equum . . regiravit *Ib.* XIII 32 p. 90. **c** humorum . . autem generatio quedam est recta sed non ~a, de phlegmate enim per decoctionem fit sanguis, sed non econverso BART. ANGL. IV 6. **d s1298** reciproco regis fert Anglia dedecus egis BOWER XI 30.

3 alternating, done by turns, (w. ref. to sung verses) antiphonal.

cuncta quae ~o corporeae vivacitatis spiraculo vescebantur ALDH. *Met.* 2 p. 63; et reciproca Deo modulemur carmina Christo *Id. CE* 3. 43; reciproca suo modulantur carmina Regi ÆTHELWULF *Abb.* 615; itemque perpendit easdem post versum et versum voce ~a . . primum versiculum . . repsallere B. V. *Dunst.* 36; antiphona dicta quod sit vox ~a ODINGTON *Mus.* 100.

4 a (of action or process) that operates in both directions, mutual. **b** (of thing) that is given in answer or opposition.

a ~a [*gl.*: i. iterata, *geedlæsend*] sententiarum disputatio ALDH. *VirgP* 35 p. 278; postquam ipse spiritus superbia ductus superiori suo, qui est Deus, servire contempsit, mox justo judicio ab inferiori suo, carne sc., ~am legem in se suscepit H. READING (I) *Dial.* 1195C. **b** scripta . . ~a responsa ad ea, quae postulata fuerant, siluerunt BEDE *HE* II 19 p. 123; dimisit . . nuntium responsione vacuum ne ~is relatibus jurgiorum campus aperiretur W. MALM. *GP* I 50; ad beneficia ~a sciatis nos obligatos *Lit. Cant.* I 13; Anglos . . in servitutem redigere consueverant . . ut et ipsi quoque ab eadem gente in servitutem vice ~a jam redigantur GIR. *EH* I 18; concedens cuilibet adjuvanti ante Deum ~um pretacte indulgentie suffragium *Croyl. Cont. A* 113; hoc . ., cum seipso bello dimicans intestino, certamen sibi indixit ~um, in quo se conterens et a se contritus erexit se supra se *V. Edm. Rich* P 1785A.

5 successive (sts. of circular motion): **a** coming one after another in uninterrupted sequence. **b** (w. sg. sb.) following another of the same kind in a regular sequence.

a tempora reciprocis convolvens menstrua cyclis ALDH. *Aen.* 6 (*Luna*) 2; cruenta tortorum severitas ~is [*gl.*: i. alternis] vicibus toties elisa . . nec mitescere nec miserescere novit *Id. VirgP* 51 p. 307; ~is temporum successionibus W. MALM. *GP* V 192; solet . . contingere ut . . brumalia sevientium ventorum flabra ~is alternatim cursibus succedant *Ib.* V 199. **b** ~a [*gl.*: iterata, *geedlsesend*] tortoris nefandi ferocitas . . anthletis . . martirii merita cumulavit ALDH. *VirgP* 36 p. 283.

6 (gram.) reflexive.

jam igitur dicta sunt tria relacionum genera, ~um quod est 'sui', suppositum quod est 'qui', appositum quod est hujus proprie ipse *Ps.*-GROS. *Gram.* 44; hoc pronomen 'se' ~um HALES *Sent.* I 78.

7 twofold, two acting together.

Christianus et Doria ~is [*gl.*: i. alternis, i. iteratis, *edlæhtum*] cruciatibus singillatim artabantur. ille in . . latibulum . . ferro constrictus mittitur, . . ista ad prostibula scortorum . . truditur ALDH. *VirgP* 35; tum reciproca virum claudunt ergastula sacrum: / arta catenarum constringunt vincla lacertos / necnon et collum nectunt cum crure gemello *Id. VirgV* 1209. portus . . cujus introitu sunt due . . turres . . cathenas reciper-

num [v. l. reciprocum *as gl. on following word*] mutuo prohibentes ne navis quevis sine licencia introeat vel exeat per easdem *G. Hen. V* 4.

recirculari [CL re + circulare], to revolve, circle round repeatedly.

unde et philosophus 1. *Ethic. . .* 15° dicit fortunam multoties ~ari circa eosdem, ~ari, inquit passive BRADW. *CD* 271B.

recirculatio [recirculari + -tio], revolution, (repeated) cycle.

quid est luna? . . direccio navigancium, signum solemnitatum, ~o mensium W. BURLEY *Vit. Phil.* 378.

recise [ML < CL recisus *p. ppl. of* 2 recidere + -e], in a shortened or concise form, briefly.

[epistolas meas] propter materie tenuitatem ~ius . . me scribere oportebat P. BLOIS *Ep.* 1. 2A.

recisio [CL recisus *p. ppl. of* 2 recidere + -io]

1 (act of) cutting back, pruning (in quot. fig.).

modestia qua fit ex . . superfluo diligens et cauta ~o EADMER *Virt.* 583A (=W. MALM. *Mir. Mariae* 115).

2 cutting off.

filioque in anulos lorice inducto, quo finem rescisionis significavit (*Wlfricus*) *NLA* II 512.

recisura [CL recisus *p. ppl. of* 2 recidere + -ura], off-cut, remnant, chip (of wood or stone).

dei creandi materiam lignum vel lapidem esse non posse, quorum ~ae vel igni absumerentur vel in vasa . . humani usus formarentur BEDE *HE* III 22 p. 171.

recitabilis [CL recitare + -bilis]

1 fit to be told, worth giving an account of or repeating.

promere gestio cerula mansio cum sit aquosa / quam sit amabilis et recitabilis et numerosa R. CANT. *Malch.* IV 256; fertur . . eum dixisse, licet non sit ~e, tres prestigiatores . . populi sibi contemporanei universitatem seduxisse M. PAR. *Maj.* III 521.

2 fit to be read out, repeated aloud.

quam frequens, quam familiare, quam votis pariter et voce illis fuit decretum . . Augustini ~e ELMH. *Cant.* 149.

recitabulum [ML < CL recitare + -bulum], lectern.

de ~o TATWINE *Aen.* 10 *tit.*; ~um, ubi recitatur, lectrum analogium OSB. GLOUC. *Deriv.* 509.

recitamen [CL recitare + -men], (act of) reading aloud.

cito . . unde . . ~en, -inis OSB. GLOUC. *Deriv.* 113.

recitamentum v. receptamentum.

1 recitare v. receptare.

2 recitare [CL]

1 to read aloud.

lectiones . . quae . . ut ~entur . . excerptae sunt GILDAS *EB* 106; laicus non debet in aecclesiis lectionem ~are THEOD. *Pen.* II 1. 10; haec est propria . . illius consuetudo die noctuque . . aut per se ipsum libros ~are aut aliis ~antibus audire ASSER *Alf.* 81; ut si quando haec ~anda audiant, interius viz. in corde frequenti meditatione plantent O. CANT. *Const.* 69; episcopi capellanus cunctorum in audientia clero silente sic [cartam] ~avit ORD. VIT. X 11 p. 63; nulla arbitri sententia est quam scriptam edidit litigatoribus et non ipse ~avit RIC. ANGL. *Summa* 35 p. 72.

2 to go through (written text), read out.

cum . . singulos epistolarum textus ~ans [*gl.*: i. legens, relegens] . . pupillarum obtutibus specularer ALDH. *VirgP* 2; in orthodoxorum bibliothecis ubi . . Hieronymi commenta ~antur [*gl.*: i. leguntur] *Ib.* 49; tu, pater, haec recitans nostros non sperne labores ÆTHELWULF *Abb.* 808; **s742** hec et his similia anxie inquirentes et undique privilegia antiqua requirentes et ~antes *AS Chr.*; abbas debet librum scribere, prior accepto legendo ~are, supprior adjunctis agniculis Christi operando complere LUCIAN *Chester* 72; **1279**

eandem [sc. composicionem] in plena curia comitatus Cestrie ~atam in rotulo qui dicitur Domesday procuraverunt irrotulari *Cart. Chester* 308 p. 205.

3 to give an account of (orally or in writing).

ab angelis ~antur peccata nostra initio congregata in tremendo die *Ps.*-BEDE *Collect.* 381; cur ~em subventiones quas multis impendisti ANSELM (*Or.* 14) III 56; miles ei . . multa cepit recensere et notissima signa ~are ORD. VIT. VIII 17 p. 375; ex quo contigit ei factum quoddam memorabile, quod ob utilitatem legentium hic volumus ~are *V. Edm. Rich P* 1782A; in ista questione sunt multe opiniones, quas non omnes intendo ~are DUNS *Ord.* IV 231; primo ~at opiniones antiquorum philosophorum . .; secundo ponit propriam sentenciam T. SUTTON *Gen. & Corrupt.* 114.

4 to state, record (in a document).

herba pulicum est idem quod eupatorium secundum quosdam, ut ~at J. Mesue in medicinis laxativis *Alph.* 79; acta sunt haec omnia . . prout suprascribuntur et ~antur *FormA* 441; **1587** pro consideracionibus in eisdem literis patentibus resitatis *Pat* 1303 m. 11.

5 to cite, quote (author or text).

hic male ~at appellantem et sibi falsum imponit, quia nusquam dixit quod clavis sciencie est . . a clave potencie separata OCKHAM *Pol.* II 825.

6 to cite, summon, call (again): **a** (person or group); **b** (meeting).

a si quis supersedeat et hundredi judicium reprobet, ut in eum denique ~etur, det hundredo xxx denarios (*Quad.*) *GAS* 192 (=*Cons. Cnuti:* iterum summonitus); **1269** ville debent citari ante adventum justiciariorum preter abjurationem terre et tunc debent ~ari in adventu justiciariorum *CBaron* 89. **b** secundum . . halimotum teneri debet post Nativitatem Domini; . . quartum halimotum ~abitur post Nativitatem . . Johannis Baptiste *MGL* II 104.

7 to decree.

ut pacem ita custodiant, sicut [rex] ~avit [*gerædd*] et sapientes ejus (*Quad.*) *GAS* 182; non parcatur alicui diviti vel egeno, amico vel inimico quin publicum ~ari [*AS:* recceanne] (*Ib.*) *Ib.* 474.

recitatio [CL]

1 (act of) reading aloud.

post evangelii ~onem et 'Agnus Dei' decantationem BYRHT. *V. Ecgwini* 389; non plus laudis habent, si res recitentur inepte, / quam sine premissis, recitatio facta venuste VINSAUF *PN* 2065; non interfuit ~oni communicacionis in curia, sed contractui interfuit *Feod. Durh.* 227; **1549** magistro Yale pro ~one penuli . . v s. v d. *REED Cambridge* I 158.

2 act of going through, reading over (written text) (in quot. at *inspeximus*).

1331 quam inspeccionem, ~onem, et confirmacionem ipsius E. reg' *PQW* 59b; non obstante aliqua omissione et non ~one aut mala et prepropera ~one in eisdem litteris *Entries* 410vb.

3 account, narration, enumeration.

hec autem que breviter et facile diximus . . sufficiant ad presens de ~one mirabilium mundi M. SCOT *Part.* 298.

recitative [recitativus + -e], by way of reporting or quoting; **b** (w. ref. to eucharistic prayer).

loquitur disputative et ~e ideo quasi disputando et inquirendo dicit "dicamus quater vel pluries", ita quod modicum dicit de propria intencione sed modo pro, modo contra BACONTHORPE *Quaest. Sent.* 3D; quia Hieronymus non asserit sed ~e scribit HOLCOT *Wisd.* 8; dicere . . ~e est commune ad interrogationem et improbacionem ad yroniam et quodcumque aliud nudum dicere WYCL. *Ver.* II 71; nec vidi hanc descripcionem in lege ecclesie vel a sancto doctore expressam nisi ~e *Id. Sim.* 14. **b** aliis dicentibus quod [oraciones 'hoc est corpus meum' et 'hic est sanguis meus'] ponuntur ~e, et tamen conversive, et non sunt assertive, nisi completa conversione (TYSS.) *Ziz.* 149.

recitativus [CL recitatus *p. ppl. of* recitare + -ivus], that involves reporting, quoting, or stating indirectly.

triplex est dicere . . diccio assertiva, diccio ~a, diccio improbativa WYCL. *Ver.* II 71; **1391** quedam . . exposuit . . litterarum nostrarum . . ~a . . et eciam responsiva *Dip. Corr. Ric.* II 91.

recitator [CL]

1 one who recites, reads aloud, or declaims.

cum literas Romam perlatas ~or legeret LANFR. *Corp. & Sang.* 413; bardi Kambrenses et cantores seu ~ores GIR. *DK* I 3; res sicut habet se / sic vocem recitator habe VINSAUF *PN* 2040; **1358** qui, quemadmodum citatus idiota auditas voces effigiat, sic tales ~ores fiunt omnium nulliusque auctores *Mun AcOx* 208; ~or: . . si quid restat, fiet vos valete et plaudite, spectatores optimi LIV. *Op.* 286.

2 one who repeats (something heard).

que vero tantum demissa per aures . . horum non assertor sed ~or existo GIR. *TH* II *pref.* p. 75; videndum est, qualiter persone dignitatum in ecclesia ab antiquitate gentilium et Judeorum originem habuerunt. . . lectores carminum ~ores, acoliti scriptores carminum BELETH *RDO* 14. 28 [ed. *PL*].

recitatorie [CL recitare + -torius + -e, CL recitator + -ius + -e], by means of reading aloud, in the manner of one who recites.

lectio tum docentis est, tum discentis, ut in scholis, . . tum recitantis, ut in ecclesia vel mensa . . . si de recitante . . lectio mea ~e verbis subservit aliorum VINSAUF *AV* III 111.

reck- v. recc-.

reclamantia [cf. clamantia, CL reclamare, reclamatio], (act of making) a counter-claim.

1274 non obstante ~a predicte regine aut regis . . ad predictam ecclesiam idoneam personam admittat *SelCKB* 9.

reclamare [CL]

1 to call (someone) repeatedly. **b** to call back, (in quot. falc.) to reclaim. **c** to call on, invoke, praise. **d** to declare, state (also absol.). **e** (intr.).

visum in alia parte fluvii piscatorem ~at ad se venire SULCARD f. 12v. **b 1250** fecit tractare unam alam galline et ~are fecit illum austur[c]um *IMisc* 4/19. **c** ubera virgineo felicia lacte reclamo, / quo princeps alitur, dena alimenta viris GARL. *Epith.* VI 171. **d** quod non ita esse cum Aristotelis sententia ~at locutio consueta . . ABBO *QG* 24 (46); **1274** nos ~antes peccato ab ipso in omnibus et contentos *Foed.* II 34; **1339** ad certificandum nos de gestu et voluntate singulorum et maxime de nominibus ~ancium in hac parte *RScot* 575b. **e** tum tuba raucisonis reboat clangoribus alte, / fistula cum citharis reclamans aethera pulsat ALDH. *VirgV* 373; reboat, resonat, ~at *GlC* R 88.

2 to object, protest; **b** (w. acc. & inf.). **c** (refl. w. *ad* & acc.) to make a complaint to. **d** (trans.) to object to, protest at.

me episcopi . . ad ecclesiam trahentes ~antem et contradicentem ANSELM (*Ep.* 148) IV 4; acclamantibus cunctis, ~antibus nullis . . consecrandus deducitur W. MALM. *GP* V 223; populi . . acclamaverunt, et non fuit qui ~aret MAP *NC* V 6 f. 67; **1224** quando Nicholaus vir suus reddidit se religioni . . ipsa ~avit et noluit permittere ipsum reddere se religioni *BNB* II 714; si tali merito matrem atrociter / torquendam judicas, reclamo fortiter WALT. WIMB. *Carm.* 276; invito et ~ante *Meaux* II 321. **b** de clerico usque ad diaconatus officium se indignum ~antem promoveri fecit R. MERTON f. 92v. **c** si in aliquo loco injusta affligantur oppressione, ~ent se ad nos vel nostros judices et plenam jubebimus justitiam fieri W. MALM. *GR* I 93. **d** Stigandum deposuit . . violentiam ~antem *Id. GP* I 23.

3 (mon.) to accuse again (in chapter).

clamatus semel aut quociescumque, postquam sederit, non ~abitur *Cust. West.* 190.

4 to revoke, retract, withdraw, demand the return of.

rex Johannes ~avit homagium per eum regi Anglie inepte . . factum *Plusc.* VIII 21.

5 (feud., leg.) to act in response to action against oneself: **a** (w. acc. of person) to appeal to; **b** (w. double acc. or *ad* & acc.) to vouch or appeal to as (patron, overlord or feoffor); **c** (w. acc. & inf.) to avow, claim.

a c1077 episcopus reclamabat super abbatem sacam et socam . . . . . facta est supradicta reclamatio W.

episcopi super abbatem. abbas hanc defendit, episcopus legitimos testes inde ~avit *Pl. Anglo-Norm.* 17. **b** ipse ~at advocatum episcopum Baiocensem et praepositus suus inde noluit placitare (*Surrey*) *DB* I 30rb; hanc invasit W. .. super regem sed ~at dominum suum ad protectorem *Ib.* 137vb; ~at P. vicecomitem ad protextorem et liberatorem *Ib.* 141vb; ~at regem defensorem *DB* II 125b. **c** episcopus .. ~at se habere debere .. (*Midx*) *DB* I 130rb; de hac virga ~at Alanus comes iij partes se habere juste debere. nam inde erat saisitum quando mare nuperrime transivit (*Herts*) *Ib.* 141vb.

6 to assert counter-claim to (also w. *contra* or *super*): **a** (land or property); **b** (office).

a c**1077** episcopus ~abat super .. abbatem sacam et socam (v. 5a supra); **1081** A. .. ecclesiam et villam injuste requirebat .. et quod Arfastus episcopus neque successores ejus de prefata ecclesia et villa nichil ~are debebant *Regesta* I *app.* p. 122; hanc [terram] ~ant homines E. comitis de qua fuerunt saisiti per duos annos *DB* I 138va; hoc manerium emit Willelmus episcopus Lundon' a rege .. et modo ~at episcopus Lundon' *Ib.* 140ra; xxx acras quas L. praepositus ~avit ad feudum Ricardi *DB* II 103; veritatem .. dicant de tribus virgatis terre quas R. de A. ~at *Chr. Abingd.* II 84; **1203** precipimus ut nullus a modo aliquid ~et in E. sed abbas .. et fratres .. quiete terram illam .. habeant *RChart* 106a; **1222** J. cognoscit quod postquam T. venit ad etatem et habuit terram suam non ~avit contra cartam illam *BNB* II 168; insule quas quondam Atho .. ~averat seu sibi pertinere vendicaverat *Plusc.* VII 26. **b** renunciavit pontificatui spondens regi et archiepiscopo se dum viveret illum non ~aturum EADMER *HN* p. 285.

reclamatio [CL]

1 (act of) calling out in response, objection, protest. **b** (phys.) resistance.

c**1152** decimationem .. liberam et quietam ab omni ~one et querela *Doc. Theob.* 78; a**1161** electionem ab Alecenstrensibus in capitulo suo canonice factam patienter et sine ~one susceperunt *Ib.* 1; qui et regis contradictionem, omnemque Cantuariensium ~onem irritam duxit J. HEX. *HR Cont.* 303; rex Henricus quintus, ac .. rex Henricus sextus .. communi consensu et assensu tocius regni illius pacifice ac sine cujuscunque contradiccione aut ~one facta, bona fide regnaverunt FORTESCUE *Def. Lanc.* 4. **b** sunt motus pure naturales, qui causantur ex proporcione majoris inequalitatis, que est dominium moventis super motum, sine eius ~one vel prohibicione WYCL. *Log.* II 144.

2 counter-claim, opposing claim.

c**1077** facta est supradicta ~o (v. reclamare 5a); **1131** per ~onem Rogerii Salesberiensis episcopi .. sciatis me reddidisse .. Rogerio .. ecclesiam Malmesberie *Ch. Sal.* 6; **1190** ita ut predictum manerium .. ad nos post decessum ipsius absque ~one ullius persone vel alicujus ecclesie libere revertatur *Ch. Westm.* 304; **1204** prior .. de predictis ecclesiis .., non obstante ~one ejusdem abbatis, disponat *CurR* III 112; **1263** sine contradictione, ~one, seu impedimento nostri vel heredum nostrorum (*Newport*) *BBC* 253; **1342** in illo dispendioso negotio inter nos et .. monachos sancti Martini Dovorie, ipsorum ~one calumpniosa pendente *Lit. Cant.* II 250; **1408** causam ~onis .. metuens, .. supplicat .. quatenus .. litteram manumissionis .. concedere dignemini *Ib.* III 108; plenam jurisdiccionem habuit in predicto hospitali absque ulla ~one .. alicujus persone FLETE *Westm.* 115.

reclamativus [CL reclamare+-ivus], responsive.

presertim cum salutare tibi sit id admodum, sit et oneris cachinabiliter importabilis laudabilissime ~um E. THRIP. *SS* XI 13.

reclamatorius [ML < CL reclamare+-torius]

1 pertaining to the act of recalling, (in quot. as sb. n., falc.) the act of recalling, (*ad ~um redire*) to come back to a recall, to return when called back.

ex habundanti .. cibo inpinguantur [accipitres] et tunc insolescunt aut pigrescunt ac ad ~ium redire sepius dedignantur UPTON 173; si .. predam non capiat magno impetu in altum ascendit [girfalcus] et pre indignatione vix ad ~ium redit *Ib.* 187.

2 pertaining to protest, that expresses an objection.

s**1433** dissencio et contradico ac reclamo ... requisivit abbas .. scribam .. quatenus .. instrumentum componeret insereretque omnia verba sua ~ia in scripturis suis AMUND. I 363.

reclamium [ML], counter-claim; **b** (in theol. context).

c**1256** tenendum .. absque ullo impedimento vel ~io aut calumpnia de nobis et heredibus nostris imperpetuum *Reg. Ant. Linc.* III 58; **1267** manerium meum .. libere .. ingrediantur, et idem .. sine ~io mei .. teneant *Cl* 503; **1276** absque ullo retenemento et ~io mei vel heredum *Reg. S. Aug.* 277. **b** nobis igitur in amore Dei deflagrantibus et minus salvatorem recognoscentibus quasi ~ium fecit cum in cruce poni sustinuit (W. LEIC. *Sim.*) *MS Lincs* f. 91rb.

reclangere [CL re- + clangere], to resound, make a noise (in quot. w. internal acc.).

teque Patris Nati, rogo, Spiritus, alma reclangit / en ubi, sancte .. carmina .. / .. chors DUNST. *Vers.* 13.

reclaudere v. recludere.

reclavare [CL re-+LL clavare], to nail on again, to fit with nails again.

1378 in lx clavis emptis pro tabulis super molendinum ~andis, iij d. (*MinAc Fornsett*) Frances Davenport *The Economic Development of a Norfolk Manor* (new ed. 1967) lv; nonnulli ex utroque latere clavi, quibus carine fabrica jungebatur .. e suis sedibus dissoluti .. minabantur naufragium ... ad usque destinatum portum pervenit Londonias, nondum licet ~ata navicula Deo gracias *Mir. Hen. VI* III 124.

reclinare [CL]

1 (tr.) to place on or against (for rest); **b** (one's head); **c** (refl.); **d** (transf.); **e** (pass. in middle sense). **f** (intr.) to take rest.

hunc .. genitrix pannis involvit, in praesepio ~avit BEDE *Sam.* 534B; cum post lacrimas juges fessam [anum] sopor ~asset, .. protelavit excubias W. MALM. *GP* I 66; in praesepi, sc. in pabulo animalium, ~atur, quia corpus ejus fidelibus ad pastum vitae datur HON. *Spec. Eccl.* 818C; elevabatur .. ~abatur et efferebatur manibus alienis qui jam sibi subvenire non poterat R. COLD. *Godr.* 178; filius Dei .. pannis involutus et in presepio ~atus ALEX. BATH *Mor.* I 1 p. 145. **b** non invenit ubi caput ~et BEDE *Mark* 244C; ~avit caput ad cervical *Id. HE* IV 24 p. 262; quasi dormire volens caput suum super marmoreum gradum ~avit ORD. VIT. III 4 p. 66; non habebant miseri, divites tamen, ubi nocte illa capita ~arent P. BLOIS *Ep.* 14. 48B; caput reclines in abysso splendoris J. HOWD. *Cant.* 368. **c** ipse ad parietem se ~ans leni somno quiescebat EADMER *HN* p. 67; columba in australem altaris partem declinavit, et super tumbam beati Odonis .. se ~avit *Id. V. Dunst.* 27; ipsa Virgo fuit reclinatorium, in cujus Christus se ~avit uterum HON. 505B. **1396** J. stabat et se ~abat ad salicem et sic dormitando cecidit in rivulum *SelCCoron* 51. **d** fessam angustiis mentem in somnum ~anti puella refulsit gloriosa GOSC. *Transl. Mild.* 18 p. 177. **e** ut .. ipse sopori ad parietem ~atus indulgeret W. MALM. *GP* I 49 p. 88; super lectrinum in latus alterum ~abar *Croyl.* 57. **f** convenit totus exercitus ad locum ubi ipsa nocte ~aret *V. Ed. II* 202; ut in throno eternali absque tremore tranquilla quietudine valeatis hereditarie ~are *Regim. Princ.* 167.

2 to put down (thing). **b** to cause to subside.

calicem .. quem super altare ~averat W. GUISB. 305. **b** jam votis sacrisque modus, jam fessa reclinat / flamma apices J. EXON. *BT* III 48.

3 to cause to depend on; **b** (refl.); **c** (pass. in middle sense).

patrium in vos ~at affectum W. MALM. *GR* V 449; Julius [sc. Caesar] .. in fortuna sua, ut dicebat, et legionum virtute spem ~abat *Id. HN* 478 p. 35. **b** quatenus .. mollius se .. in sui conditoris affectu ~ent BEDE *Cant.* 1105C; manda mihi qualiter in voluntatem carnaliter alium diligentis—tuam dicote ~es, vel in sententiam te spiritualiter diligentium declines ANSELM (*Ep.* 17) III 124. **c** de me desperata in vobis ~abar W. MALM. *GR* II 204; rex .. iram .. repressit, tum quoniam sponsio episcoporum non bene processerat, in eorum ~atur consilium, volens ut Anselmus .. pelleretur regno *Id. GP* I 49.

reclinatio [LL]

1 action of leaning or resting (against something).

~one .. capitis humilitatem suam significavit BEDE *Luke* 460; ab hujus arboris umbra .. in qua et refrigerium habes ab aestu et repausationem a lassitudine et ~onem quoque ad somnum J. FORD *Serm.* 102. 8.

2 (of thing, in quot. eyelid) drooping or slanting.

cujus oculi sunt multi motus aut duri sive tardi intuentes tamen acute cum ~one carnis ciliorum significant hominem valde malitiosum M. SCOT *Phys.* 64.

reclinatorius [LL *as sb. n. only*]

1 (as adj.) suitable for resting on.

quasi quodam innixorio seu ~io fulcimento, seu fundamento ipsum sustinente ne cadat BRADW. *CD* 178D.

2 (as sb. n.) seat; **b** (w. ref. to *Cant.* iii 10).

sacris vestibus cum festinacione se exuens, et estimans illas super ~ium ligneum secus altare ponere WHITTLESEY *app.* f. 10v p. 155. **b** ~ium aureum est spes perpetuae quietis fidelibus promissae ALCUIN *Exeg.* 650B; suspirabat et cum regina Saba illud summi Salomonis ferculum, illud ~ium aureum GOSC. *Edith* 52; ~ii aurei ingens est gloria, per quod tibi mysteriorum arcana signantur G. HOYLAND *Serm.* 98C.

3 resting place, place for lying down; **b** (spec., for the head, also w. ref. to *Matth.* viii 20). **c** (of tomb). **d** (fig., esp. of *BVM*).

~ium, fulcrum OSB. GLOUC. *Deriv.* 509; tam despicabile .. presepii ~ium J. FORD *Serm.* 93. 8; *a bedde*, accubitus .. clinosus, lecticulis, ~ium *CathA.* **b** indutus forma servili ~ium capiti non quesivit in terris J. SAL. *Pol.* 523C; **1167** ubi credibile est vulpes foveas invenisse .. et parvulo cujus natalis celebrabatur pene ~ium defuisse *Id. Ep.* 202 (212); cum .. vagi et profugi super terram ~ium suo capiti non haberent P. BLOIS *Ep.* 78. 240A; sequaris Christum loculos habentem, permittas alios in districtiori via quam apostolis comendavit sequi, loculis carentem et capitis ~ium non habentem PECKHAM *Kilw.* 134; jam actus in exilium, tenuem in Galliis queritando victum, eciam capitis ~ium non haberet WALS. *YN* 139. **c** hec domus .. conclave et ~ium erit ipsius martyris Albani *G. S. Alb.* I 87; s**1307** juxta feretrum gloriosi regis Edwardi .. suis regalibus membris merito dignissimum ~ium suscepit *Flor. Hist.* III 138; juxta ipsum sacrati regis ~ium *Mir. Hen. VI* III 91. **d** quando aliunde sperem beneficia sanitatis si mihi clauditur illud ~ium aeternae pietatis? audi ergo, domina, .. propitia (*Orat.*) *PL* CLVIII 946C; illa [Maria] pietatis ~ium, illa miserorum refugium episcopo per visum apparuit W. MALM. *Mir. Mariae* 189; precessit puerum suum puer Jesus, ostendens ei presepium paupertatis sue, ~ium humilitatis sue AILR. *Spec. Car.* I 34. 540; tu nutantis es bacillus / tu Tonantis es pulvillus / et reclinatorium WALT. WIMB. *Virgo* 66.

4 place to rest or lean on or against: **a** (w. ref. to *Joh.* xiii 25). **b** (fig.) support.

a si tibi [Johanni] gloriosum pectus illud fuit familiare ~ium ANSELM (*Or.* 11) III 44; hinc discipulus ille, quem diligebat Jesus, cujus ~ium capitis sacrum illud pectus factum est AILR. *Spec. Car.* II 17. 565. **b** ipse spiritus mei ~ium, dolorum meorum dulce solatium AILR. *Spir. Amicit.* III 126. 700.

reclinis [CL], that leans back or lies down, inclined, reclining.

quamvis obliqua reclinem [*gl.*: s. stipitem, i. pronum curvatura crebri accolarum bipennes certatim succiderent ALDH. *VirgP* 26; ~es, *suae halde GlC* R 69; ~e, *gehylded GlP* 804.

recludere [CL]

1 to open (door or sim.); **b** (enclosed space); **c** (organ of perception). **d** (obstacle to access). **e** (pass., w. *ad* & acc.) to open towards.

manifestatur .. quod sola carnalis pudicitiae immunitas caelestis regni claustra reserare [*gl.*: ~ere, aperire] nequeat et solitaria nequaquam paradisi valvam ~ere valeat ALDH. *VirgP* 16; reclusum, apertum *GlC* R 47; pedis impulsu valvas debilitans, biforem reclusit cardinem W. MALM. *GP* II 95; mulier ..

semper clauso ostio foras stetit. . . ipsa . . dixit quod nisi ostium ~eret, in puteum . . saliret *Latin Stories* 90. **b** claviger o caeli! portam qui pandis in aethra, / candida qui meritis recludis regna Tonantis W. MALM. *GP* V 197. **c** ergo gravi veluti de somno surgeret, ille / recludens oculos patri respondit amato ALCUIN *SS Ebor* 1201; apostoli . . cecis lumen refundebant, surdis aures ~ebant HON. *Spec. Eccl.* 963C. **d** reclusis . . a dormitorio in ecclesiam omnium parietum obstaculis, vidit monachum . . a lecto egressum W. MALM. *GP* I 46. **e** cum . . appropinquaret porte que ad aquilonem ~itur *V. Fridesw. B* 13.

2 (transf.) to uncover, display, disclose, make known.

arcana mentis ipsorum ~entes et abstrusa praecordiorum reserantes facundi sermonis clave patefaciant ALDH. *VirgP* 27 p. 264; nam rudis et priscae legis patefecit abyssum / septuaginta duos recludens bargina biblos *Id. VirgV* 1623; emundabat . . ecclesiasticus orator prius conscientiam, ut sic accederet ad ~endam misticorum scriptorum intelligentiam W. MALM. *GR* I 59; *demostrer* . . edere, reserare, ~ere *Gl. AN Ox.* f. 154r.

3 to shut (door or sim.); **b** (enclosed space); **c** (book).

1412 omni nocte . . fenestras apertas, et ostium librarie infallibiliter reclaudendo *StatOx* 220. **b** cistam, reserant quam clave silenter, / . .; rursum munimine kapsam / recludunt pausante viro, clavimque reponunt / sub pulvinari WULF. *Swith.* I 315; accedunt quo carcer erat paulo ante reclusus; / . . ibi nam / sera jacet reserata solo sine clave *Ib.* II 659; dux igitur perterritus antra recludit *Brutus* 329. **c** **1412** libros apertos . . librarie . . reclaudendo *StatOx* 220.

4 to bar (again): **a** (gate); **b** (way). **c** (fig.) to preclude.

s**1217** porta statim ~ebatur [v. l. denuo claudebatur] flagello ut prius posito ex transverso, sicque porta illa fugientibus nimis molesta fuit M. PAR. *Maj.* III 22. **b** istis armis fugiendi ~itur exitus ÆLNOTH *Cnut* 129; in odium defalte ~eretur ei via dicendi contra assisam quare remaneret BRACTON f. 239. **c** **1217** adversariis nostris facultas nocendi possit ~i *Pat* 111.

5 to enclose, shut in, confine (person or animal); **b** (w. ref. to monastic seclusion, also p. ppl. as adj.); **c** (p. ppl. as sb. m. or f.) recluse, anchorite, anchoress. **d** (transf., *domus reclusa*) enclosed monastic house, monastery.

in Veteri Testamento bos cornupeta ~i praecipitur LANFR. *Cel. Conf.* 628A; rex . . Offa . . sese lugens, in cenaculo interiori ~ens, per tres dies cibum penitus non gustavit *V. II Off.* 25; grues velut oves ante se abigens, in custodiam reclusit (*Albeus* 43) *VSH* I 62; Gog et Magog . . cum semine eorum pessimo recluso post portas Caspias BACON *Maj.* II 234; Dominus ipsum [bovem] ~ere non tenetur OCKHAM *Dial.* 553; vivit . . in requie et deliciis quasi porcus reclusus ad impinguandum *Itin. Mand.* 142; s**1417** decretum factum est, quod reclusi ederent in conclavi; . . mox . . ut servitum fuit inclusis, . . foramen clausum fuit tribus seris WALS. *YN* 475. **b** Ælfwen religiosa reclusa quedam . . solitarie vivens HERM. ARCH. 8; erant ibi due anus recluse, quibus nihil sanctius, nihil concordius W. MALM. *GP* I 66; fideles reclusos qui celesti theorie in muris Jerusalem intendebant peragravit ORD. VIT. XIII 33 p. 95; **1265** in heremitorio . . ~i *Cl* 29; **1265** sciatis nos concessisse . . fratri R. de G., capellano, hermitorium nostrum juxta Crepelgate ad inhabitandum . . et ad ipsum in eodem ~endum *Pat* 83 m. 21. **c** combusta . . ecclesia sancte Marie, reclusa una ustulata, que speleum suum nec in tali necessitate deserendum putavit W. MALM. *GR* III 282; **1224** faciatis etiam habere recluso in eodem castro moranti tunicam et pallium *Cl* I 649b; **1252** mandatum est Ricardo . . et Rogero scissori quod habere faciant recluso sancti Eustachii Turris Lond' unam robam sibi convenientem de dono regis *Cl* 291; dic anachoritas, reclusos, ac eremitas GARL. *Syn.* 1581C; **1286** quicunque fuerit dominus de predicto hameletto solvet annuatim cuidam recluse que vocatur Mariun quemdam redditum . . de quo . . redditu predicta reclusa habet quandam cartam feoffamenti *IPM* 45/1 m. 4; s**1327** nullo egens quo reclusus et monasticus indigebat [rex Edwardus] MORE *Chr. Ed. II* 315; s**1428** hic . . domum recluse fieri ordinavit cum adjutorio Willelmi abbatis *Chr. S. Alb.* 28. **d** domus de ordine predicatorum . . reclusa existit *Reg. Brev. Orig.* 21 (*recte* 20).

6 (usu. w. *in* & abl.) to shut up, imprison.

cunctos tuos in horrido tartarum loco reclusos . . absolvisti *Nunnam.* 78; captivi . . qui nondum fuerant dimissi jussit ut arctius solito custodirentur; dimissi, si capi possent, ~erentur EADMER *HN* p. 45; ipsum . . apud Chinonem castrum fere xxx annis in carcere reclusum tenuerat ORD. VIT. XI 16 p. 216; in castello de Brystoll custodiendus ~itur *Lib. Mem. Bernewelle* 56; in quadam nova turri per noctem illam ~itur *V. Ed. II* 270; filia regis . . xij tantum annorum, in castro de Windisor custodita, et per annum et dimidium reclusa *Plusc.* X 14.

7 to shut up (thing, in cupboard or sim.).

ordinatio ostiarii: . . sic age quasi redditurus Deo rationem pro his rebus quae istis clavibus ~untur EGB. *Pont.* 11; candelam extinxit, linteolo mundo involvit et in scrinio suo reclusit ORD. VIT. VIII 21 p. 392; claves armariorum in quibus libri annuales et libri cantus ~untur, custodie succentoris assignabuntur *Obed. Abingd.* 374.

8 to surround (land) with a fence, to enclose (land) again, to restore enclosure.

fecit prosternere xl cheverones et ij quercus in predicto parco et illa vendidit . . ad emendandum et reclaudendum predictum parcum, qui fractus erat *CurR* XVI 1874.

9 to shut out.

janitor indignos cum clave recludere debet GARL. *Myst. Eccl.* 379.

10 (w. abl.) to bury (also fig.).

ab incepto specimine quod eterno fortassis silentio ~etur desistunt ORD. VIT. VI 1 p. 1; princeps . . dolendus . . humo reclusus est *Plusc.* VIII 1.

11 (p. ppl. as sb. f.) sluice, lock (*cf. excludere* 3a).

1367 omnimodum maeremium ad predicta molendinum, domum, reclusas, baias et stagnum reparanda *Pat* 276 m. 26.

reclusagium [CL reclusus *p. ppl. of* recludere+ -agium], cell for a recluse.

1219 concessimus fratri R. de B. ~ium castri nostri de Bristollo *CL* I 400a; **1221** prior obiit eo quod reddidit se in ~ium *BNB* III 428; **1232** rex concessit Annore . . quod teneat c solidatas terre . . ad se sustentandam quamdiu vixerit in ~io *Pat* 501; s**1237** inclusa in ~io . . super montem extra Bristollas *Ann. Tewk.* 105; **1321** commissio pro ~io anchoriste Herefordie . . que anachorete vitam ducendo cupit *Reg. Heref.* 205.

reclusaria [CL reclusus *p. ppl. of* recludere+ -aria], enclosed space or building.

1274 item dimidia acra ad capud ejusdem acre butans super ~iam inter terram Agnetis Witehode . . et Radulfum [*sic*] Bray . . . item dimidia acra ex parte occidentali vie regie inter ~iam et villam Blyde *Cart. Blyth* A 32.

reclusio [LL=*opening*], act or state of being shut up, enclosed; **b** (w. ref. to monastic seclusion).

de ~one x tribuum . . . respondit quod artius includeret eos *Flor. Hist.* I 65; si ex non ~one bovis . . mors viri vel mulieris accidit, Domino non recludenti minime imputatur OCKHAM *Dial.* 553. **b** **1321** eam [anchoristam] . . recludatis in loco predicto, officium quod in hujusmodi ~one fieri consuevit debite . . peragendo *Reg. Heref.* 205; s**1414** Celestini . . profitentes regulam Sancti Benedicti . . se astringunt ad ~onem perpetuam WALS. *HA* II 300 (=*Id. YN* 450); s**1428** sui successit in honorem et ~onem monialis de Markyata *Chr. S. Alb.* 27.

reclusorius [CL reclusus *p. ppl. of* recludere+ -torius]

1 that involves enclosure (in quot. w. ref. to monastic seclusion).

non potest alter conjugum transire ad heremum vel religionem ~iam J. BURGH *PO* V 25 f. 81vb.

2 (as sb. n.) cell for a recluse.

c**1237** dedi . . Johanne nepti mee que se in ~o apud C. Deo servituram devovit . . iij s. annuatim *Cart. Osney* II 483; **1237** pro Willelmo recluso London'. mandatum est constabulario Turris London' quod rex concessit patri Willelmo . . quod habeat ~ium suum in ballio ejusdem Turris . . et quod illud ~ium ei habere faciat *Cl* 424; **1244** faciat habere J. de E. xx s. ad ~ium suum faciendum *Liberate* 20 m. 4; **1245** mandatum est ballivis de Stratton quod faciant habere Alicie . . iij quercus in bosco de S. ad domum ~ii sui faciendam *Cl* 368; miles . . fugiens . . ad desertum inveniensque ibidem unum ~ium pulsans manibus intus heremitam . . inveniens *G. Roman.* 421.

3 enclosure for animals, pinfold.

~ium, A. *a pyndfold WW.*

reclusus [CL reclusus *p. ppl. of* recludere+ -tus], monastic seclusion, the state of a recluse.

ibi quondam in ~u manxit Christo dedita HIL. RONCE. 49.

reclutare [CL re-+clutare < ME *clut*+-are, AN *cluter*], to patch, stick together (again).

duo cerei quos solebant custodes feretri ~are et cereum cereo superponere BRAKELOND f. 151v; **1245** [casule] ~ate . . et fracte *Arch.* L 484; prius ruptam clam reclutant / primatus ecclesie *Pol. Songs* 52.

recogitare [CL]

1 (intr.) to reflect.

~ans . . virgo, secum cepit revolvere utrumne mandatum expleat an desistat *V. Chris. Marky.* 56.

2 (tr.) to consider, think over; **b** (w. ref. to *Isa.* xxxviii 15); **c** (refl.); **d** (w. acc. & inf.); **e** (w. *quam* & indic.); **f** (w. indir. qu.).

s**1102** cum . . regie . . districtionis ~assent equitatem, . . rectitudinem facere . . velle profitentur *Chr. Battle* f. 42; imo quod verius est, si quis Christum bene ~et, non dico episcopum sed nec etiam Christianum vere profitebimur, nisi . . verba non opera faciant Christianum H. BOS. *Ep.* 1431D; ~a, obsecro, jus regis, et mente pertracta qualiter potestatem regiam sub lege et a lege nature sumpsisse exordium . . FORTESCUE *NLN* I 18. **b** ~abo ergo dies perditos in amaritudine anime mee P. BLOIS *Ep.* 14. 51B; Domine, ~abo tibi omnes annos meos in amaritudine anime mee UHTRED *Medit.* 196. **c** isti quietem non habent dum bene se ~ant [ME: *ham* . . *biþencheð*], quia tarde pullos producent de tali nido, qui sunt opera bona *AncrR* 42. **d** non statim obstrepat, sed ~et multa posse fieri supra se L. DURH. *Ep.* 264; a**1201** ~abam utile michi esse et honorificum ut ecclesie de Waltham aliquod certum beneficium conferrem *E. Ch. Waltham* 253. **e** c**1041** cordetenus studeamus ~are quam fugitiva est vita praesens *CD* 769; ~a . . quam terribilem vindictam Deus in anteriores reges exercuit W. MALM. *GR* I 80. **f** quidnam horum feceritis, ~ate GILDAS *EB* 95; cum . . ~aret quanta beneficia operetur Deus erga infirmantes *Mir. J. Bev. A* 312; cogita et ~a intra te, quam sis et mente et corpore infirmus AD. SCOT *QEC* 19. 832D; plurimas noctes ducebam insompnes, ~ans mecum quid super hoc fieri posset P. CORNW. *Rev.* 198; **14**. . miser, recogita si quid remedium / habere poteris ante judicium (*Vers.*) *Medium Ævum* XXXVI 250.

3 to call to mind, recollect.

memento resuscitationis tue, ~a redemptionem . . tuam ANSELM (*Medit.* 3) III 84; in communem perrexit sententiam, ~ans illud proverbium 'vox populi vox Dei' W. MALM. *GP* I 14; ~ans pristinos annos in canonicatu . . suo J. FURNESS *Walth.* 34; est notandum quod iste cinis intense ~atus fugat tentacionem HOLCOT *Wisd.* 60.

recogitatio [LL], reflection, consideration.

onus meum grave crucis ejus ~one levigabo J. FORD *Serm.* 86. 8.

recognitio [CL]

1 formal investigation, inquiry, inquest by jury. **b** (~*o sui*) self-examination. **c** statement, report.

si calumpnia emerserit inter clericum et laicum de ullo tenemento, . . ~one xij legalium hominum . . terminabitur, utrum . . *Const. Clar.* 9; M., qui tenens est, ponit se inde in assisam meam et petit ~onem quis eorum majus jus habeat in terra illa GLANV. II 8; est autem quedam ~o que vocatur de morte antecessoris *Ib.* XIII 2; nulla fiet ~o in foro seculari super possessione quam viri religiosi . . xx annis vel amplius possederint DICETO *YH* 87; **1202** ponit se in magnam assisam domini regis et petit ~onem utrum illas consuetudines capere debeat *SelPlCrown* 21; **1215** ~ones de nova dissaisina, de

morte antecessoris et de ultima presentatione non capiantur nisi in suis comitatibus *Magna Carta* 18; **1294** ne aliquis ponatur in assisis, juratis, vel ~onibus aliquibus extra comitatum nisi terras .. habeat ad valentiam centum solidorum .. per annum *MGL* II 204. **b** quia vexatio dat aliquando intellectum et sui ~onem .. dixerunt ad invicem "stultum est quod conamur" (*Brendanus* 101) *VSH* I 149. **c** facta est ista recordatio et ~o cujusdam partis consuetudinum et libertatum et dignitatum antecessorum suorum *Const. Clar. pref.* p. 163.

2 acknowledgement (as true or valid), approval.

c**1150** itaque ~onis juris sepe dictarum sanctimonialium reddicionis et concessionis mee testes sunt subscripti *KR Misc. Bks.* 20 f. cxlii; **1191** carta .. de restitutione et ~one cujusdam carte *Ch. Sal.* 50.

3 coming to accept the fact of recognition (in quot. as title of book, the pseudo-Clementine *Recognitiones*).

quam strenue Simonem magum persecutus .. superavit, Clemens Romanus .. in libris ~onum enucleavit, unde idem opus itinerarium Petri nominavit ORD. VIT. II 2 p. 229.

4 acknowledgement, admission.

recessus autem ~o est indignitatis propriae et admiratio majestatis eterne J. FORD *Serm.* 58. 9; molendina ei .. concessit metu majoris pene in prisona .. et ad hoc fecit ipsum abbas affidare quod .. faceret ~onem et .. ductus fuit coram justiciariis .. et liberatus a ferris, et inde fecit ~onem *State Tri. Ed. I* 33; c**1320** P. recognovit .. tenementa cum pertinenciis esse jus ipsius J. ... et pro hac ~one *Crawley* 465.

5 acknowledgement of debt or obligation specified within a record, payment made as surety, recognizance. **b** document recording acknowledgement.

1259 fecit suam recongnicionem de predictis iv marcis una cum predicto R. ad solvendum illas quatuor marcas tempore predicto .. *RGasc* II 429b; **1268** debita .. ad ~onem eorum qui sibi in dictis debitis tenebuntur faciant irrotulari (*London*) *BBC* 213; **1331** littera missa .. tenentibus .. pro ~one palfredi in novitate .. prioris *Lit. Cant.* I 408 *tit.*; **1507** recognoverunt se et eorum utrumque pro se debere .. viginti marcas. .. condicio istius ~onis talis est quod si .. *Cl* 373 m. 26*d*. **b** custos talis civitatis et talis clericus ad ~ones debitorum accipiendas deputati *Fleta* 139; **1321** execucionem de debitis illis levandis, si termini solucionis debitorum illorum, in ~onibus illis contenti, non fuerint observati, faciunt *MGL* II 322.

6 acknowledgement (of something received). **b** (*in ~onem quod*) in recognition of the fact that.

de hac terra per singulos annos reddunt viij d. ad aecclesiam de Wirecestre pro *cirsette* et ~one terrae (*Worcs*) *DB* I 174ra; donationem super altare .. posuit et inde pro ~one tunc unciam auri ex karitate monachorum recepit ORD. VIT. V 12 p. 399; **1148** quando eis hanc donacionem feci, propter hoc dederunt mihi de ~one xxiij marcas *Ch. Chester* 86; **1156** abbas post hanc recongnicionem factam concessit mihi .. villam predictam *Reg. S. Ben. Holme* I 106; c**1160** pro hac donatione dedit michi R. .. iij marcas argenti de ~one *FormA* 42; c**1220** dederunt michi predicti burgenses decem marcas sterlingorum in ~onem (*Okehampton*) *BBC* 239; **1230** idem Rogerus pro eadem ~one dedit et concessit eidem Johanni xx acras terre *BNB* II 356. **b** solvere tenetur cancellarius unum denarium domino regi .. in ~onem quod cancellarius habet assisam ex dono domini regis *MunAcOx* 458.

7 payment in acknowledgement of lordship (by absentee serf).

chivagium .. dicitur ~o in signum subjectionis et domini de capite suo BRACTON 6b; **1274** de ~one nativorum xix s. iij d. (v. chevagium 1e); **1278** J. filius R. D. est tannator et manet apud H., set dat per annum pro ~one ij capones *SelPlMan* 94; solvit dicto abbati annuatim iij solidos iiij denarios pro turno vicecomitis .. annuali redditu et annuali ~one *Chr. Peterb.* 153; **1312** respondet .. de iiij ferris cum clavis ad palefridum domini abbatis de W. fabro de ~one ut possit manere extra feodum domini *Rec. Elton* 182; c**1345** de xij d. de annua ~one Rogeri le Hayward, ut possit deservire quo voluerit *Comp. Swith.* 145; **1449** de viij d. de annuali ~one Johannis Cuppere senioris nativi domini ut possit morari extra dominicum domini quamdiu domino placuerit *Crawley* 476.

recognitor [ML < CL recognitus *p. ppl. of* of recognoscere + -tor]

1 member of a jury impanelled for an assize or inquest.

a**1200** ponunt super ~ores quis illorum majus jus habeat *CurR* I 11; **1205** pro convincendis xij juratoribus .. qui fuerunt ~ores in assisa nove dissaisne (v. arramare a); **1218** pro defectu ~orum quia tantum duo venerunt .. et ix se essoniaverunt *BNB* II 5; juraverunt ~ores se numquam scivisse illam terram fuisse separatam ab ecclesia BRAKELOND f. 138; **1287** eadem assisa per eosdem ~ores venit recognitura si .. *Eyre Hunts app.* 518; precipimus tibi quod distringas .. ~ores juratos summonitos in curia nostra *State Tri. Ed. I* 32; **1333** abbas recuperet seisinam suam de redditu predicto per visum ~orum *Reg. S. Aug.* 185.

2 critic, judge, editor.

1529 munus proxime missum duplici nomini summum et quod Augustini authoris consummatissimi, et quod Erasmi ~oris exactissimi *Ep. Erasm.* VIII 293.

recognizare [CL recognoscere + -izare], (leg.) to try by jury.

1284 quod vicecomes habeat corpora eorum .. ad ~andum, etc. [*sic*] *Law Merch.* III 4; **1315** venire faciat .. xij .. per quos .. ad ~andum *Year Bk.* XVII (*Selden Soc.* XLI) 32.

recognoscere [CL]

1 to inquire, seek to ascertain, (leg.) to investigate by jury. **b** to examine, question (person); **c** (w. indir. qu.). **d** (pass. w. *quod*) to find on sworn inquiry that.

a**1136** facite ~ere per probos homines de comitatu .. *Pl. Anglo-Norm.* 139. **b** **1305** que .. gentes recognite fuerunt de morte predicta et clamate ac forbannizate *RGasc* III 461a. **c** **1094** fac ~i per homines hundredi de Middeltone quas consuetudines abbas S. Augustini habere debet in villa de Newingtone *Pl. Anglo-Norm.* 66; parati sacramento ~ere si O. pater predicti G. fuit saisiatus GLANV. XIII 3; precipio quod sine dilatione faciatis ~i, per sacramenta legalium hominum de hundredo, quot porcos quietos de pasnagio abbas .. solebat habere *Chr. Abingd.* II 221; **1200** ad recongnoscendum utrum esset capella pertinens ad ecclesiam de Ann' .. an libera *CurR* I 191; **1218** assisa venit recognitura quis advocatus presentavit *BNB* II 1; venire facias [juratores] ad ~endum super sacramentum suum si .. Henricus et Nicholaus abbettaverunt .. Willelmum indictari de .. homicidiis *State Tri. Ed. I* 31; [jurati] parati sacramento ~ere per quos quedam inquisicio capta fuit *MGL* I 437. **d** **1201** recognitum fuit quod ipse fuit villanus regis *SelPlCrown* 3; **1221** postea recognitum fuit quod nunquam secta facta fuerat nec aliquod appellum *PlCrGlouc* 114.

2 to get to know, perceive, learn.

~unt populum in ea qua reliquerat credulitate durantem BEDE *HE* I 21 p. 40; delectat pertinacem animum quid mali alius gesserit ~ere W. MALM. *GP* II 79.

3 to recognize (person or thing previously known).

non .. sine causa manus suas potius ac pedes quam vultum quem aeque noverant eos videre ac ~ere jubet BEDE *Hom.* II 9. 141; quod quia ipse Beda pro compendio notitie subjecit .. ipsius verba lector ~at licebit W. MALM. *GR* I 54; multos .. vicinorum suorum qui nuper obierant presbiter ibidem recognovit ORD. VIT. VIII 17 p. 368; gladium nostrum apud Brechene cum ipso postea viderunt et etiam in domo nostra apud Landu recognoverunt GIR. *SD* 96.

4 to acknowledge as a fact or as being so, admit, declare; **b** (w. inf., acc. & inf., or *quod* or *ut* & indic. or subj.). **c** (w. compl.) to acknowledge as.

1220 assignantes .. pasturam suam .. sicut eam .. habere consueverunt, et sicut eis recognitum fuit .. coram .. justiciario *Pat* 239. **b** modo tandem recognovit illum non esse de feudo abbatis *DB* II 447; palam recognovit quod proditorum nequissimam voluntatem ab eis audierit ORD. VIT. IV 14 p. 265; **1209** ille recognovit quod ita fuit et manucepit homines suos veniendi coram justiciariis *SelPlForest* 8; c**1215** W. de Verdon senior recognovit ut omnes rustici sui de feodo de W. faciant annuatim in hyeme araturum unius diei ecclesie S. Werburge *Cart. Chester* 149 p. 150; **1257** Johannes .. recognovit restituere Ade .. equum quem ab eo cepit *Cl* 494; antequam .. W. obiit venit ipse coram serviente hundredi et aliis recognovit quod nullus eum interfecit *SelPlCrown* 78; finem fecit cum predicto comite per cc marcas, et eas recognovit se debere eidem comiti *State Tri. Ed. I* 10; **1321** recognovit se coram coronatoribus .. felonice furasse unum pullum griseum *DocCOx* 171; **1321** recognovit se esse latronem et occidisse quemdam J. de Ofbotelhul *SelC Coron* 67; s**1356** Scoti .. recognoverunt capcionem .. ville .. fatue fuisse factam AVESB. f. 131b; precepit .. ut .. ipsum regni heredem et suum futurum ~eret dominum TREVET *Ann.* 358. **c** s**1292** recognovit regem Anglie fore Scocie capitalem dominum RISH. 128; Paulus tam Festum quam Cesarem suum judicem recognovit OCKHAM *Pol.* I 122; s**1342** Edwardum heredem legitimum regemque verum Francie ~ens AVESB. f. 98b.

5 to make formal acknowledgement of, avow, recognize (esp. leg. or feud.): **a** (crime or fault); **b** (allegiance); **c** (w. ref. to title to land); **d** (undertaking given or document certifying it); **e** (truth of statement); **f** (w. indir. obj. w. ref. to obligation, claim or right); **g** (person; also w. compl. or *in* & acc.) to recognize the authority of.

a qui nichil inculpationis ~it, totum si vult abnegabit (*Leg. Hen.* 48. 3) *GAS* 571; fures .. abstulerunt caballos ... culpam suam ~entes, .. reliquum vite sue sub jugo regularis discipline ejus Deo devote servierunt (*Boecius* 11) *VSH* I 90. **b** summo pontifici .. sine contradictione debeant fidelitatem prestare et homagium ~ere WEND. II 75. **c** cognosce si terra de Isham reddidit firmam monachis ... si vero temlanda tunc firmam monachis ... si vero temlanda tunc fuisse invenietur, qui eam tenet de abbate teneat et ~at *Chr. Rams.* 207; c**1145** canonicorum assensu et bona voluntate concessimus eam [ecclesiam] Normanno clerico in vita sua tenendam et ~endam de ipsis canonicis singulis annis per duos solidos .. persolvendos *Doc. Theob.* 146; **1236** assisa mortis antecessoris summonita fuit .. sc. quod .. R. recognovit totam predictam terram .. esse jus ipsius thesaurarii .. et illam remisit *Cart. York* 34 p. 50. **d** **1201** recognoscere finem factam inter eos et recognovit cartam suam quam eis fecerat de terra illa *CurR* II 51. **e** primo cuncta negare coepit sed postmodum a Teodelino convictus rei veritatem recognovit ORD. VIT. III 3 p. 59; **1275** G. presens .. defendit verba curie .. et recognovit quandam veritatem *SelPlMan* 140. **f** hoc testatur hundredum quod audierunt ~ere Scalpino (*Essex*) *DB* II 59; W. non recognovit predicto abbati nisi quattuor solidi [*sic*] sc. quod .. W. recognovit .. abbati .. plenarie servicium quarte partis unius *Doc. Bury Sup.* 15; **1232** W. venit et recognovit coram eisdem baronibus [de scaccario] predicto Henrico advocacionem predicte ecclesie .. salvo sibi jure suo de reclamando in posterum si voluerit *KR Mem* 11 m. 8. **g** c**1230** debet etiam novos abbates donis et auxiliis ~ere, et similiter procuratores (*Cust. Quarley*) *Bec* 59; **1279** ad alternacionem cujuslibet domini de Stanton' debet ~ere eundem dominum de spervario vel dabit dimidiam marcam eidem domino *Hund.* II 713b; **1443** Amedeum quendam .. in papam .. ~unt BEKYNTON I 222.

6 (Sc.) to seize, to resume possession (of land), to recognosce.

1266 de Warkclon j marcam, que recognita fuit tempore Alani hostiarii contra justiciarium pro vasta domini regis *ExchScot* 14; castrum cepit [rex Alexander] .. ac omnes alias terras et possessiones illius in suis manibus fecit ~i BOWER X 29 (cf. *Plusc.* VII 28); comitatum de Huntyngton ad possessionem propriam recognovit [rex Henricus II] *Plusc.* VI 18 (cf. BOWER VIII 3: cui .. idem rex Anglie comitatum .. restituit); **1434** non onerat se .. de firmis tenandrie [*sic*] de Glyn .. recognite in manibus regis, eo quod dictus Robertus falsarius literarum regis convincebatur *ExchScot* 590.

recoldellum [cf. CL re- + ME *colt* + -ellus], kind of horse (in quot. from Spain).

1254 unus habuit quendam ~um de Span' cum una alba stella in fronte et cum tribus pedibus albis *CurR* 151 m. 25d.

recolentia [ML < CL recolens *pr. ppl. of* recolere + -ia], remembrance, recollection, memory.

a mynde, cogitacio presencia complectitur .. memoria preterita retinet, mens futura providet, ~ia, memorialis, noys Grece *CathA*.

recolere [CL]

1 to cultivate again; **b** (fig., in quot. p. ppl.) cultivated, refined.

terre .. reculte fuerunt et aliis bladis .. reseminate *Meaux* III 184. **b** veste nigra multi candent, virtute reculti [*gl.*: expoliti] GARL. *Mor. Scol.* 439.

2 to perform, celebrate (again).

tempora .. / .. quibus et solemnia semper / missarum celebrasse Deo sese recolebat ALCUIN *SS Ebor* 834; apostoli Thome solemnitatem dum plebs Christiana festive ~it ORD. VIT. XII 8 p. 334; beatus Lasrianus, cujus hodie sollempnia debita veneratione ~imus (*Lasrianus* 1) *VSH* II 131.

3 to worship, honour (again). **b** (gdv. as title or w. *memoria*) venerable, honourable.

homo .. ingenio pollens et ratione, vultuque .. gaudens et sermone colit et ~it Creatorem GIR. *TH* I 13; Getam, qui tante sapiencie .. fuit ut a paganis tamquam Deus ~eretur *Plusc.* VI 15. **b** **1290** ~ende memoriae R. comes Mortonie *Cart. Mont. S. Mich.* 4 p. 5; **c1300** ~ende memorie domini .. prioris *Lit. Cant.* I 6; **1439** progenitor ~endissimus *EpAcOx* 193; **s1458** ~ende pater et domine *Reg. Whet.* I 321.

4 to recollect, remember; **b** (w. gen. or *de* & abl.); **c** (w. acc. & inf. or *quod*); **d** (w. indir. qu.).

multa mirabilia .. aguntur, ex quibus est quod nuper factum ~imus *V. Cuthb.* IV 16; ~it, meminit *GlC* R 155; alios .. multos quos nominatim nequeo ~ere ORD. VIT. VIII 17 p. 370. **b** in quo .. die quasi antiqui ~ens operis .. declaravit salvationem se jam mundi perfecisse BEDE *Gen.* 35C; **c1266** de omnibus dampnis .. domino Y. per me illatis non ~o *Deeds Balliol* 328; de aliis miraculis factis de quibus ad presens certitudinaliter non ~it *Canon. S. Osm.* 64; cum ~ere .. valeatis interclusionis ac incarceracionis vestre CHAUNDLER *Laud.* 115. **c** ~at et reminiscatur .. meam mediocritatem radicem future locutionis .. sumpsisse ALDH. *Met.* 4; **948** ~ens ibi coenobium .. esse fundatum *CS* 872; tumidus .. princeps acerbe secum ~ebat quod Odo presul .. primus illi restiterat ORD. VIT. X 4 p. 16; quia brevem sermonem me aliquando dictasse ~o G. STANFORD *Cant.* 212 n. 54; bene ~it quod dum esset forestarius semel insecutus est quemdam servientem monachorum .. quia asportaverat viride sine licencia *Feod. Durh.* 239; **1427** a principio hujus epistule ~o me dixisse *Cop. Pri. S. Andr.* 143. **d** **1192** si bene ~o quam solida .. fuerit fidei vestre et amoris integritas P. BLOIS *Ep.* 143. 429A; **1276** feoffatus fuit .. per dominum H. regem .. et non ~unt quo anno *Hund.* II 34b; quot alia jocalia ad presens non ~it quia quedam de ipsis jocalibus vidit et quedam non vidit *Tri. W. Langton* 224.

5 to hold in memory, make mention of, remember, commemorate. **b** (gdv.) memorable.

vocat .. hoc biduum sextam feriam et sabbatum, in quo ~itur luctus et mesticia apostolorum ORD. VIT. IV 9 p. 242; nec rem similem in Anglia factam vel presens etas vel ulla ~it antiquitas GIR. *RG* II 16; ejus mors non ~itur *Eul. Hist.* I 236; gesta laudabilia ad memoriam reducentes ... dum eorum merita ~imus *Plusc. pref.*; Brude .. qui ultimus regum Pictorum .. fuisse ~itur *Reg. S. Andr.* f. 51a. **b** oppidum .. quod hostis defendebat rex per ~endum insultum nobiliter conquisivit *Ps.*-ELMH. *Hen. V* 119.

6 to consider, bear in mind (also w. gen. or *de* & abl.).

~ite quam inscrutabilia sunt judicia Dei *V. Cuthb.* IV 8; numquam coronari regio fastigio acquievit, dum se servum Domini majestatis prona reverentia ~it GOSC. *Transl. Mild.* 6 p. 163; Saulem et Josiam .. ~e .. et ne parili ruina cum tibi subjectis precipiteris .. precave ORD. VIT. XI 25 p. 244; ~ens moniti matris evasit periculum WALT. ANGL. *FabP.* 25 p. 390; ~ens sanctitatis suorum in ecclesia Cantuariensi predecessorum *Flor. Hist.* II 292; **c1380** ~ens de benevolencia quam vestra reverencia penes me .. affectans *FormOx* 319.

recollectio [ML < CL recollectus *p. ppl. of* recolligere+-tio]

1 action of gathering together, collection (of produce, tithe, or sim.)

1282 de quibus sunt expense per collectores singularium episcopatuum ipsius regni, computata pecunia per superintendentes aliis expensis tam in mittendis nuntiis quam in aliis opportunitatibus ~onis quam ipsius decime factis *EHR* XXXII 51; **1305** ad expensas racionabiles circa ~onem .. fructuum [ad rectoriam de F. spectancium] *Reg. Cant.* 806.

2 concentration of thought, recollection.

multiplicior cordis distractio et minor ~o, major depressio J. WALEYS *V. Relig.* 2.

recolligere [CL]

1 to gather up or together, (re)assemble: **a** (people, also mil.); **b** (animals, also fig.); **c** (things).

a omnes .. gentes quae in variis erant provinciis ac linguis divisae .. ~endas audivit BEDE *Gen.* 136; longe lateque dispersos et cunctos in una caelesti Jerusalem ~endos agnovit *Id. Sam.* 646C; recollectis ex fuga militibus W. MALM. *GR* IV 383; **s1403** putans exercitum ejus denuo ire congregare .. sed antequam eos in ordine ~ere valuit, rex .. omnem eorum ordinem .. laceravit *Plusc.* X 20. **b** **801** ~ite oviculas errantes cum gaudio ALCUIN *Ep.* 223; Petre, pastor Christi, ~e ovem Christi ANSELM (*Or.* 9) III 31; quibus Apollo commonitus equos adhuc paventes recollegit *Natura Deorum* 26; vermes, qui de ejus corpore per pavimentum transibant, cum scopa quadam ad se ~ebat et in locum unde exierant remittebat (*Mochua* 6) *VSH* II 186. **c** plagis gesta difusa / [salutifera] / mistice †relegunt [l. recollegunt] / nova, vetera (*Arbor eterna*) *Conc. HS* I 623; sanguinem et cerebrum .. effusum .. in pelvim ~unt W. FITZST. *Thom.* 150.

2 to gather, receive.

ut famulos suos, multis jam periculis jactatos .. sinu clementie ~at W. MALM. *GP* V 194; **1202** ~imus vos in amorem .. et servicium nostrum *Pat* I 20a; in hospitibus ~endis et in aliis operibus misericordie *Reg. Malm.* I 265; **1287** ne clerici .. consanguineas .. in domibus suis alimentorum gratia presumant ~ere (*Stat. Exon.*) *Conc. Syn.* 1015; **1294** ita .. quod .. abbas et conventus ~ant .. fratres .. ad amicabiles affectus *Mon. Francisc.* II 60; **1305** si .. erga nos .. se pacifice habere voluerit .. ipsum in graciam ~ere .. erimus prompciores *Reg. Cant.* II 673; **1318** nuncios nostros .. paterna affeccione recommendatos habentes et experta benivolencia ~entes .. circa .. negocii consummacionem .. invigilare dignemini *FormOx* 37.

3 to gather, harvest.

qualiter mel ~ant [apes] BART. ANGL. XII 4.

4 to gather, collect (money).

1282 de pecunia decime recollecta *EHR* XXXII 52; **c1327** sexaginta libras, quas tedio fecimus magno ~i J. MASON *Ep.* 29 p. 210.

5 to gather together (facts), summarize.

~endo igitur dicimus verbum habere duas construcciones racione specificacionis compositorum *Ps.*-GROS. *Gram.* 64; breviter .. ~ens dico .. AD. MARSH *Ep.* 216; ut itaque breviter ~amus predicta, credo quod sentencia fuerit B. Augustini, cui concordant supra dicte opiniones R. MARSTON *QD* 425; palam est .. qui deberent esse librorum precipui dilectores R. BURY *Phil.* 14. 186; particulares regulas .. intendo pro posse meo ex diversis libris predictorum astrologorum summarie ~ere ASHENDEN *AM* 2rb; **1467** ex parte predictorum prioris et capituli, sentientium se ex premissis gravaminibus omnibus et singulis et que ex eis et eorum quolibet recoligi [*sic*] poterunt in hac parte indebite pregravari, ab eisdem gravaminibus omnibus et singulis ac que ex eis et eorum quolibet ~i poterunt ad .. sedem apostolicam et dominum nostrum papam directe et ven[erabilem] curiam Eboracensem supradictam pro tuitione in scriptis extitit et est ut asseritur legitime appellatum *DCDurh. Reg. IV* f. 193v.

6 (refl.) to withdraw together or into a group (also w. *in* & acc.); **b** (in spiritual context).

1287 [clerici] in solo ecclesie edificia sibi necessaria studeant edificare .. in quibus absque ulla vagatione honeste se ~ant (*Stat. Exon.*) *Conc. Syn.* 1025; **1425** in domum predictam se ~entes .. prelocutorem .. elegerunt *Reg. Cant.* 103; **1451** ut studio oracionis major pateret occasio .. singulis diebus a .. completorio fratres omnes .. usque ad primum signum .. diei sequentis se ~ant et includant *Mon. Francisc.* II 88. **b** ~e teipsum cum consociis tuis in castra regis superni ALCUIN *Dogm.* 120C; primus .. gradus contemplationis est ut anima in seipsam conversa tota se ~at in seipsam. secundus est ut seipsam consideret qualiter fuerit ipsa sic in se recollecta sive reducta *Spec. Eccl.* 128.

7 to recover, take again; **b** (strength or faculties, also refl.).

quidquid .. ab ipsa ecclesia alienatum est ~at *Chr. Rams.* 219; ensis manu excidit, ad quem ~endum cum se inclinasset, omnium incursu oppressus .. W. MALM. *GR* III 251; sicut infans qui etiam lac educere non curat ab ubere, papillam tamen uberis lambit et intus labre ~it ad delectationis augmentum J. GODARD *Ep.* 223. **b** ~at vires suas anima mea, et toto intellectu iterum intendat in te domine ANSELM (*Prosl.* 18) I 114; in medio triclinio uno pede lapsus, altero se recollegit W. MALM. *GR* II 139; ut ibi recollectis viribus hostes .. aggrederetur *Ib.* II 180; ille recollecto spiritu torvisque luminibus .. hanc orationem habuit *Ib.* II 201; oblivionis vitio hesit sed ab astante monacho ammonitus memoriam recollegit *Id. GP* IV 177; Cynthia per mensem rediviva recolligit ignes GARL. *Epith.* I 249.

8 to recall, remember; **b** (w. *secum*).

injuriam quam Rome intulisti ~ens indignor G. MON. IX 15; forma a sensibus apprehensa in phantasia .. ~itur BART. ANGL. V 3. **b** ~at secum quod annus octingentesimus quartus decimus .. effluebat, quando Karolus Aquisgrani sepultus est DICETO *YH* 157; scripture testimonia secum ~ens GIR. *Æthelb.* 3.

9 (leg.) to accept, agree to: **a** (summons); **b** (adjournment).

a comes non vult aliquam ~ere summonicionem de terris et tenementis in comitatu Cestrie que facta sit alibi extra comitatum Cestrie *BNB* III 146. **b** **1241** W. consensit quod placitum illud placitaretur in curia G. propter libertatem domini sui salvandam et diem recollegit de veniendo in curia domini sui, et vicecomes fecit venire illos quatuor milites ad curiam .. ad diem quem .. W. recollegit in comitatu *CurR* XVI 1813; **1261** ad ~endum .. predictos diem et locum *RL* II 171; **1263** si dictus L. diem illum recollegerit *Cl* 294; **1268** petiverunt ex parte vestra nuncii quod .. Rogero .. mandemus ut .. vobiscum aliquem diem ~at ad inde faciendum et recipiendum prout in forma pacis antedicte continetur *Cl* 496.

recollocare [LL], to assemble or gather again.

in silvam discessit usquequo sui sibi ~arentur. collectis .. in unum omnibus .. *G. Herw.* 372.

recommassare [CL re-+LL commassare], to heap or join together again.

remiscuit ipsum nobis [Christus] et ~avit corpus suum in nos, ut unum quid fiamus, sicut corpus capiti copulatur NETTER *DAF* II f. 42.

recommemorare [LL], to remind again.

1490 timens ne .. dominum ~et pro augmentacione .. cessavit a peticione *Reg. Heref.* 126.

recommemoratio [LL], remembrance.

1299 celebrabimus in ~onem beneficiorum *Reg. Wint.* I 84.

recommenda [CL re-+commenda; cf. OF *recommande*], act of commending oneself, commendation, recommendation, greeting (in epistolary address).

s1423 post humilem ex cordis visceribus ~am promptum paratumque animum ad omnia genera mandatorum AMUND. I 100; Roffensi episcopo .. de Sancto Albano abbas, intimam ex cordis visceribus ~am *Reg. Whet.* II 429.

recommendabilis [CL recommendare + -bilis], praiseworthy, commendable.

a1400 vestra ~i presencia in partibus exuberante .. et sic utique vestra absencia nobis deploranda prejudicium parturit *Pri. Cold.* 78.

recommendare [CL re-+commendare]

1 to commend, entrust, commit; **b** (person or soul to God or to prayer); **c** (body for burial); **d** (to memory).

ipse vero ~et eis ipsas obedientias, si non aliter ordinandas esse decreverit LANFR. *Const.* 141; **1342** nos et .. agenda nostra vestre propiciacionis manibus votivo recommendamus affectu (*Lit. Regis*) AD. MUR. *app.* 226. **b** cernens mortem corporis esse vicinam, .. fratribus benedicens ac Deo animam suam ~ans (*Berachus* 26) *VSH* I 86; **c1360** animas .. Thome .. Thome .. Willelmi devotis vestris obsequiis habeatis ~atas *Lit. Cant.* I 9; **s1333** ut .. nos miseracioni

divine sedulo ~ent *G. Ed. III Bridl.* 117; Deo .. nos .. devotis oracionum instantiis ~are curetis AVESB. f. 90; ~ando animas .. Johannis et Matildis cotidie in .. missa [de S. Spiritu] *Ac. Obed. Abingd.* 80; **1433** ita quod sim ~atus specialiter precibus eorundem parochianorum diebus dominicis *Reg. Cant.* II 487. **c** **1426** ~o corpus meum ad sepeliendum in capella beate Marie Virginis *Wills N. Country* 34. **d** non solum ipsam ymaginem sed et ejus ordinem ad precedentem proximam et sequentem similiter diligenter memoriae ~et, ut quo voluerit eundo vel redeundo possit de singulis faciliter memorari BRADW. *AM* 84.

2 to present as worthy of favourable acceptance. **b** (p. ppl. as adj.) commendable.

1321 latorem presencium .. vestre clemencie ~amus *Reg. Heref.* 205. **b** sit .. pietati vestre ~atior Hugonis .. indomabilis pervicacia AD. MARSH *Ep.* 191.

3 to recommend, praise, mention as worthy; **b** (person).

1225 laudabilem constantiam .. ~antes *Cl* II 73a; **1268** tibi iterato precipimus quod idem mandatum nostrum juxta tenorem ejusdem taliter exequaris quod diligenciam tuam merito ~are debeamus *Cl* 296; o libri .. quot rerum millibus typice viris doctis ~amini in scriptura nobis divinitus inspirata R. BURY *Phil.* 1. 27. **b** virtutes ipsorum laudum preconiis attollebat. quosque condignis muneribus gratificans et pro laboribus ~ans, letos dimisit ad propria *Flor. Hist.* III 121; laudabant juvenem omnes, personam ipsius apud dominum papam multipliciter ~antes *V. Ed. II* 251; quidam frater minor .. in suo sermone ~avit regem Ricardum, dicens quod viveret *Eul. Hist. Cont.* 389.

recommendaticius [ML < CL recommendatus *p. ppl. of* recommendare+-icius], **a** (*litterae ~iae*) letters commendatory; **b** (ellipt. as sb. n.).

obtinuit litteras regias ~ias domino pape pro eo directas GRAYSTANES 25 p. 78; quia venit adulando cum literis principum ~iis RIC. ARMAGH *Serm.* 42; **1415** ad .. litteras tam dimissorias quam ~ias *Reg. Cant.* III 349. **b** scio opus non esse ~ia pro inclyto comite AD. MARSH *Ep.* 30 p. 129.

recommendatio [ML < CL recommendare+-tio]

1 (act of) commending, commendation (in quot. of soul to God).

habebatur in conventu, pro ~one quondam invictissimi regis Anglie .. officium mortuorum *Chr. Angl.* 265.

2 (act of) recommending (person or thing) as worthy or desirable.

quem .. transmisit regine matri sue cum ~one supplici presentandum *Eul. Hist.* III 134.

3 (act of) commending or praising, commendation, praise. **b** greeting (in epistolary address).

determinavit contra eum .. in materia ~onis, probando quod domini spirituales .. sunt ante dominos temporales recommendandi (STOKES) *Ziz.* 302; honorem et ~onem habere meruit *Plusc.* IX 25. **b** **1218** summo pontifici, H. .. rex, ~onem et pedum oscula *Pat* 184; reverendo patri Innocentio, Dei gratia summo pontifici, magnates et universitas regni Anglie, ~onem cum pedum osculo beatorum *Flor. Hist.* II 294; **1395** summo pontifici, post humillimam ~onem pedum oscula *Reg. Heref.* 114; beatissime pater, filiali debita ~one premissa *Dictamen* 341; regi Henrico .. frater Thomas de Walsigham [*sic*] .. humili cum ~one salutem WALS. *YN* 3; **1438** post ~ones obnixas ac pedum oscula beatorum (*Lit. Regis ad Papam*) BEKYNTON I 1.

recommendativus [ML < CL recommendatus *p. ppl. of* recommendare+-ivus], of or concerned with recommendation, (in quot. of part of an oration).

1408 primo, verbum ~um. secundo, narrativum .. tercio, exhortativum et supplicativum *Chr. S. Alb.* 31.

recommendatorius [ML < CL recommendare+-torius], of or concerned with recommendation, (in quot. as sb. f. or n. pl.) letter of recommendation.

1282 (v. recommittere 2b); **1303** vicecancellario regraciatoria et ~ia negociorum domini in curia *Reg. Cant.* II 653.

recommercium [CL re- + commercium], goods, merchandise.

1258 quecumque .. carecte .. relatorum abducantur violenter ad .. magnatum ~ia et victualia transvehenda *Ann. Burton* 419.

recommittere [ML < CL re-+committere]

1 to commit, entrust, commend: **a** (person or cause) to the keeping of; **b** to commit, consign (person) to (prison).

a an, causa vestra Altissimo ~missa, intenditis vestrum propositum prosequi, aut .. supersedere ad tempus, quousque mundus .. fiat paullisper tranquillior *Reg. Whet.* II 426; **1433** quod in precibus inibi missarum tempore populo exponendi eis sim nominatim specialiter ~missus *Reg. Cant.* 486. **b** **1279** ~missus fuit gaiole burgi de Novo Castro *AssizeR Northumb* 359; **1587** ~mittebantur gaole *Pat* 1300 m. 23.

2 (*recommissum habere* or sim.) to have commended, to approve, recommend; **b** (person); **c** (w. acc. & inf.).

1394 cum .. rex dictam ecclesiam habeat in intimo ~missam ..; inducentes .. ut .. regem et ejus exercitum .. habeant specialiter commendatos *Lit. Cant.* III 30; **1419** clerum et populum .. sic excitare velitis ut statum felicem .. regis specialius .. ~missum habentes ea que ad pacem sunt .. rogare studeant *Reg. Heref.* 64; **1454** procurator .. hujus rei prosecucionem et finalem expedicionem .. habet singulariter ~missam *Pri. Cold.* 180. **b** **1282** litera .. recommendatoria: ipsum vobis habere velitis favorabiliter recommissum et sic sibi vestri favoris .. benivolentiam impertiri *Foed.* II 215; **1400** [te] .. honoribus et insigniis clericalibus .. privamus .. rogantes .. curiam [secularem constabularii et marescalli] quatenus favorabiliter ipsum W. velit habere ~missum *Conc.* III 260a; **1421** Thomam priorem .. predecessorem nostrum .. habere dignemini .. fraternalibus precibus ~missum *Lit. Cant.* III 142; s**1423** vestra, si placeat, beatitudo vestros filios quamquam novissimos .. adeo specifice habere ~missos AMUND. I 148; **1438** personam .. ad presidenciam ejusdem ecclesie favorabiliter suscipere ~missam BEKYNTON I 4. **c** mee .. tantillitatis etatem jam provectam uberius promovendam .. eadem majestas dignetur habere ~missam AD. USK 87.

recompaginare [LL], to fit together again: **a** (parts of dismembered body); **b** (abstr.).

nullatenus ista [hominum corpora distracta a bestiis] recolligi possunt, ideoque ~ari nequeunt H. READING (I) *Haeret.* 1288A; viderunt hominum corpora .. scissa ... dicunt non posse ~ari ea. non est .. resurrectio mortuorum *Id. Mem.* 1323B; descissum capisterium pristina integritate restituit et .. ~ando consolidavit R. COLD. *Cuthb.* 103; omnia membra particulatim ~are nitentes *NLA* II 564. **b** speranti .. unitatem sancte ecclesie ~are, que partim discissa est .. quadam potestatis cupiditate W. MALM. *GP* III 113.

recomparatio [CL re-+comparatio], comparison, (in quot. *ad ~em* w. gen.) in comparison with.

non sunt condigne hujus temporis passiones ad ~onem retributionis eterne P. CORNW. *Rev.* 201.

recompendere [CL re-+compendere; cf. CL compensare], to pay (in return). **b** (*vices ~ere*) to repay, make recompense (to).

altarium .. oblationes in .. prepositorum laicorum manus contradere vel recompensa sibi mercede *G. Steph.* 13. **b** nisi ego impedissem, tu rex Britannie fuisses, propterea vices tibi recompendo [v. l. recompenso]; volo quod tu sis rex in terra ista [sc. Armorica] *Eul. Hist.* II 270.

recompensa [ML recompensus *p. ppl. of* recompendere; cf. ME, AN *recompense*]

1 recompense, compensation, payment. **b** (*in ~am* w. gen.) in recompense or compensation for.

non licet homini sine ~a curam rectoris subtrahere WYCL. *Sim.* 108; **1405** rex precepit capitaneo .. ordinare nostris .. bonorum captorum restitucionem vel ~am *Lit. Cant.* III 92; **1424** volo et dono in ~am vicario dicte ecclesie .. xx s. *Reg. Cant.* 286; **1476** pro aliqua spirituali ~a rependenda rursus pro temporalibus favoribus nobis .. impensis *FormA* 336. **b** a**1254** in dignam obedientie ~am *Collect. Ox.* I 43; elemosinario in ~am lactis de la Rye ex elemosina conventus xiij s. iiij d. *Ac. Obed. Abingd.* 26; in ~am devocionis (*Serm.*) *Ziz.* 511; **1417** lego .. xx marcas, in ~am unius capellani celebrare soliti in quadam cantaria *Wills N. Country* 16; **1437** in honoris seu commodi ~am BEKYNTON I 10; s**1452** charta libertatis regie .. nuper ecclesie concessa .. in ~am .. vestimentorum et jocalium *Reg. Whet.* I 26; **1475** [custuma] quam .. rex recipit in ~am certe summe .. debite *ExchScot* 319.

2 equivalent.

1396 sufficienter et legitime fecerat ~am *MunAcOx* 236; **1409** si aliqui determinaturi libros logicales .. rite non audierint dummodo alios libros .. audierint, qui libri .. sufficiunt ad faciendum ~am, ad officium determinatorum admittantur *StatOx* 201.

recompensabilis [LL recompensare+-bilis], that may be recompensed.

c**1402** laudabili sed vix ~i laboris opere .. universitatem venustavit *FormOx* 196.

recompensare [LL]

1 to pay in return, repay; **b** (w. *vices* as obj.). **c** (w. *pro* & abl.) to give by way of recompense or in requital; **d** (w. *talionem* or *ultionem* as obj.) to inflict revenge.

propter honorem Britolii quem .. cognato tuo .. dedi .. tibi per singulos annos ~abo ccc[tos] marcos argenti ORD. VIT. XII 22 p. 394; ~o, -as, i. reddere, persolvere OSB. GLOUC. *Deriv.* 446; **1282** sumptus quos .. ballivus .. se posuisse .. docere poterit .. ~ari seu allocari faciatis eidem *RGasc* II 150a; propter aurum copiosa manu ~atum, caput ejus tibi cedet in premium CIREN. I 290. **b** Christus .. a morte aeterna nos redemit. quas vices tanti honoris illi ~amus? *V. Gund.* 23. **c** qui laedit salutem alterius, non sufficit si salutem restituit, nisi pro illata doloris injuria ~et aliquid ANSELM (*CurD* 11) II 68; mala pro bonis ~aris *G. S. Alb.* I 112; **1277** ut aliquid gratie eidem decanatui pro receptis .. beneficiis ~are debeamus *Ch. Sal.* 355; proventus omnium .. tenementorum .. de claro percipiebat, pro nulla parte eorum nobis aliquid ~ando *Meaux* II 190. **d** gravi inter Alpes frigore correptus misere interiit, digna sibi ultione divinitus ~ata, ut qui ab amore caelestium friguisset in corde, per frigoris asperitatem periret in corpore OSB. *V. Dunst.* 32; plures ingentem pecunie massam accipiendo castigavit et pro nobilium reverentia parentum qui talionem .. ~are possent, velle suum .. dissimulavit ORD. VIT. VIII 23 p. 411.

2 to give as a reward or recompense; **b** (w. ellipsis of object).

beatae perennis vitae felicitas quae singulis quibusque meritorum emolumentis ~abitur ALDH. *Met.* 2 p. 63; interim ~atus hic honor nonnulla consolatio erat presentis afflictionis H. BOS. *Thom.* IV 27 p. 440. **b** **994** (12c) sibi servientibus .. in hoc quoque terrestri habitaculo .. ~ans *CD* 687.

3 to make return for, reward (service, benefit, or sim.); **b** (w. abl. of reward).

1216 donec .. obsequium suum dignius .. ei ~averimus *Pat* 14; unicuique servitium .. secundum cujusque meritum ~avit M. PAR. *Min.* II 3; bona, que homo non remunerat ingratus, Dei largitas plenius ~abit *Id. Abbr.* 319. **b** temptat dominus fidem turbarum et probatam digno praemio ~at BEDE *Luke* 449; amplissimo premio bona sibi .. ab ipso impertita ~ans W. MALM. *GP* I 22; beneficia beneficiis ~are voluit ORD. VIT. III 3 p. 60; quam pietatem .. multiplici dono ~avit *Ib.* IV 1 p. 168; si .. amor est ~andus amore, ergo et major majore et equalis equali BRADW. *CD* 348A.

4 to make up for (loss, damage, suffering): **a** (w. person or personification as subj.); **b** (w. abstr. subj.).

a s**1190** promisit .. quod bene ~aret eis labores suos *G. Ric. I* 119; natura provida, ~are volens eis tante detrimentum jacture, alimenta eis ministrat NECKAM *NR* I 23 p. 72; s**1213** nec obstabit aliqua pactio .. quo minus et damna ~entur et restituantur ablata (*Ch. Regis*) WEND. II 72; precipiens ut dampnum panni sui sibi ~aret *Mir. Wulfst.* II 14. **b** unius .. hore felicior proventus longi temporis ~abit incommoda G. HOYLAND *Ascet.* 289C; si .. ambo defaltam fecerint, ~ari poterit defalta cum defalta *Fleta* 376.

5 to make compensation for (misdeed, in quot. w. abl.).

[sileo] a meipso, quia mea confessione non arguo, nec satisfactione redimo, nec bonis operibus ~o P. BLOIS *Serm.* 1. 562D.

6 to pay (someone) in recompense: **a** (w. money); **b** (w. abstr.).

a 1456 regina aliter erit ~ata, ad plenam performacionem decem millium marcarum *Reg. Whet.* I 258. **b** regis .. cujus laboris pretium majorum precibus ~ari postulo NEN. *HB pref.* p. 127.

7 to balance: **a** (w. acc.) to serve as an equivalent for. **b** (w. acc. & dat. or abl.) to make equivalent to, match with.

a quod isti defuit de primatu, supplebat affectus, et quod ille minus habuit ex affectu, collata dignitas ~abat AILR. *Ed. Conf.* 769B. **b** nisi dicta sua factis efficacibus ~et WYCL. *Ver.* I 217.

8 to weigh in the mind.

secum plane intelligens, et saepius in cordium suorum secretis recompensans, se esse pro tanti viri vindicta finitimae morti ferme deputatum B. *V. Dunst.* 14.

recompensatio [LL]

1 return, repayment, recompense, compensation (also w. gen., *de* or *pro* & abl.); **b** (*in ~onem* or sim., w. gen.) in recompense or as compensation for, in retaliation for.

quod neminem uspiam lederet .. et sibi bona facientibus .. justae ~onis emolumentum retribueret LANTFR. *Swith.* 35; sui federis non recordantes nec beneficii, ~onem addiderunt iterum debellare Herwardum et suos *G. Herw.* f. 336b; promittebat se dampnificatis omnibus .. ~onem debitam prestiturum DICETO *YH* 145; **s1197** ut .. ab eo susciperet sufficientem ablatorum ~onem M. PAR. *Min.* II 61; largus est .. qui confert beneficium optimum sine spe recumpensationis BACON VII 61; ad recipiendam ~onem .. de bonis suis .. arestatis *Leg. Ant. Lond.* 139. **b** pica .. in ~onem brevitatis alarum cauda longiore munitur NECKAM *NR* I 69; **1223** pro ~one multiplicis lesionis quod sustinet ecclesia nostra *Ch. Sal.* 172; **1334** sciatis quod .. in ~onem dampnorum .. concessimus ei unum mesuagium in villa de Berewico *RScot* 264a; **1380** fratribus mendicantibus .. in ~one frumenti quod solebant habere de manerio de Retton, ij s. *Ac. Durh.* 588; rex ad ~onem hujus injurie .. monasterio multas libertates scribitur concessisse THORNE 1827; **s1383** ad ~onem malorum .. ordinaverunt ut totam terram Scocie .. ferro et flamma .. infestaret *Plusc.* X 5; misit ei idem rex, in ~onem sui dampni BLAKMAN *Hen.* VI 11.

2 reward.

debito ~onis [*gl.*: i. remunerationis, *edleanes*] emolumento fraudabitur et laboriosi certaminis palma privabitur ALDH. *VirgP* 16 p. 245; vite presentis labor pro eterne quietis ~one tolerandis appetitur *V. Gund.* 3; sicut enim bonitas munere Dei ita quoque malitia reatu sui meretur ampliorem .. pro meritorum quantitate librata ~onem PULL. *Sent.* 702A.

3 satisfaction, fulfilment (in quot., of vow).

in voti ~one construendum .. regiis copiis monasterium AILR. *Ed. Conf.* 751D; si ecclesiam quam in peccatorum suorum remissionem et voti ~onem renovandam susceperat *Ib.* 771A.

4 equivalent, substitute.

1268 si aliqui .. libros .. non omnes .. quos .. semel deberent audivisse rite audierint, libri [alii] .. sufficiunt ad faciendum sufficientem ~onem *StatOx* 26.

recompensator [ML < LL recompensare+ -tor], one who recompenses or requites; **b** (w. ref. to *Matth.* xix 29).

1443 ut non serviciorum immemores, sed grati ~ores videamur BEKYNTON I 165. **b 1380** penes centenarium ~orem Jesum *FormOx* 327.

recompensatorie [LL recompensare + CL -torius+-e], by way of repayment or compensation.

camerarius triginta et unum solidum coquinario annuatim reddet; coquinarius ~ie de his denariis cellerario tria sextaria mellis et quadrantem annuatim reperiet *Obed. Abingd.* 389.

recompensio [ML < LL recompensare+CL -io], repayment, recompense, compensation. **b** (*in ~onem* or sim. w. gen.) in recompense or compensation for.

1524 c m. sterlingorum in plena solutione, satisfactione, et ~one pro parte una dimidii manerii *Cart. Glam.* (1890) II 265. **b c1150** dedi monachis .. totam pasturam de Estwella ... ipsi vero monachi in †recomprehensione [l. recompensione] hujus elemosine pro me .. facient (*Ch.*) *Eng. Feudalism* 285; **1272** in ~onem unius domi, quem .. rex cepit in parco ipsius *Cl* 522.

recomplicare [CL re-+complicare], to wind round.

nexilis a tergo coma compta recomplicet aurum VINSAUF *PN* 601.

recomprehensio v. recompensio.

recompromissarius [CL re-+compromissarius], (as sb. m.) delegate (chosen to collect financial contribution).

1339 ordinatum fuit .. quod fieret .. contribucio per singula monasteria .. pro nunciis ad curiam Romanam mittendis .. ad quam .. contribucionem colligendam .. electi fuerunt pro ~iis .. capituli, abbates *Conc.* II 657b.

reconcedere [CL re-+concedere]

1 to grant again or in return.

c1190 croftum .. quod .. nobis .. abstulit, nobis iterum ~cessit, in escambium pro duobus croftis *Meaux* I 227; recognovit et ~cessit eidem A. totam predictam terram .. in dotem ipsius A. BRACTON f. 303b; **1309** ~cessit ei omnia tenementa sua *PQW* 825b; clerus Anglicanus concessit regi decimas triennales; cui rex ~cessit, per chartam suam, tale privilegium WALS. *YN* 283; **1450** iidemque Simon et Ricardus ~cesserint predictis nuper duci et Alicie predicta maneria *Cl* 301 m. 13; **1573** concedimus .. Laurencio Dyas .. et Johanni Webster quod ipsi unum mesuagium .. dare possint et concedere ... T. W. et R. M. .. concessimus eciam ac concedimus eisdem Thome et Ricardo ulteriorem licentiam quod ipsi mesuagium .. ac cetera premissa .. ~cedere possint predicto Johanni *Pat* 1107 m. 38.

2 to agree again.

1232 per consensum conventus .. nominaverunt .. priorem. .. sic ~cessit conventus *MonA* II 81.

reconciliare [CL]

1 to bring back into partnership or agreement, reconcile; **b** (abstr.); **c** (intr.) to bring about an agreement or act as reconciler between (two others).

qui furtum faciebat, penitentia ductus semper debet ~iari ei quem offendebat THEOD. *Pen.* I 3. 3; qui .. contra consulem rebellaverant principi suo ~iati sunt ORD. VIT. IV 12 p. 257; *accorder* .. concordare, ~iari *Gl. AN Ox.* f. 153r; hoc non est aliud, quam dicere, quod [anime in purgatio] non essent ~iate ad Deum OCKHAM *Dial.* 763. **b** ut pacem inter Deum et hominem .. mitteret, ut angelicam et humanam naturam ~iaret ORD. VIT. XII 21 p. 380. **c 705** quia nullo modo possum inter illos ~iare et quasi obses pacis fieri WEALDHERE *Ep.* 22.

2 to be reconciled to or with (w. acc. or dat.).

sacrificio Agni Dei oblato, Deo ~iavit ADEL. BLANDIN. *Dunst.* 11; in quos peccaverat fratribus ~iaturus GOSC. *Mir. Iv.* lxxviii; uxor si .. reliquerit virum .. et moretur cum adultero .. amittat .. actionem suam petendi dotem .. nisi vir .. sponte .. eam ~iet et secum cohabitare permittat *Reg. Malm.* I 99.

3 to restore (peace or sim.). **b** to restore to peace. **c** to repair (breach).

quanta est furibundae libidinis ferocitas et .. quanta est ~iati [*gl.*: pacificati] pudoris pietas ALDH. *VirgP* 45 p. 299; tanta ei virtus ~iande pacis inerat ut quicumque discordes ad eum venirent, ejus mellifluis mitigati sermonibus pacifici remearent ORD. VIT. VI 9 p. 78; ille lapis in quo hoc signum est habet potestatem ~iandi amorem inter virum et mulierem, et inter nebulones et adulteras *Sculp. Lap.* 449; fragilis treuga sepius rupta sepiusque reconsiliata BOWER VIII 12. **b p675** salvatore nostro a summo caelorum fastigio descendente ut .. mundum pace .. ~iaret ALDH. *Ep.* 4; regnum reconsilians, reprimens elatos *Carm. Lew.* 270. **c** ceteris .. violati foederis clasma concorditer ~iantibus [*gl.*: i. pacem habentibus, i. quiescentibus, concordantibus, pacificis] solus ultricem mortis vindicatam exsolves ALDH. *VirgP* 38 p. 289.

4 to restore (person into a community): **a** (exile); **b** (penitent, to communion w. church).

a s1213 exulati sunt ~iati in terris sine aliqua retencione cujuscunque rei *Eul. Hist.* III 106. **b** mulier si duobus fratribus nupserit, abiciatur usque in die mortis; in extremis tamen propter humanitatem ~ietur (*Leg. Hen.* 70. 17) *GAS* 589; episcopus a nodo quo manus nostre ligabantur nos absolvit et ante altare .. ~iavit W. MALM. *GR* II 174; **1332** ut .. officium celebretis .. consecrando crisma sanctum, et ~iando penitentes *Lit. Cant.* I 477; [ad] excommunicacionis .. sententiis involutos .. absolvendum et reconsiliandum *Eng. Clergy* 190.

5 to reconsecrate, rededicate: **a** (church ornament); **b** (church or cemetery, esp. after bloodshed).

a papa dicebat mensam altaris motam nec ~iandam nec iterum consecrandam nec amplius in altare reputandam ANSELM *Misc.* 322; donec sacerdos .. aque benedicte .. aspersione .. fontem ~iaverit GIR. *TH* II 7 p. 89; ornamenta ministerio consecrata divino .. post eorum ablutionem, priusquam usui altaris reconsignentur, ~iari debent a domno abbate *Cust. Westm.* 59; ~ientur ista linceamina vel hee pallee altaris vel albae iste seu hec altaris sacri ornamenta ministerii usui preparata *Cust. Cant.* 114. **b** aquam .. benedixit et ecclesiam quam contaminaverat .. ~iavit ORD. VIT. XII 25 p. 409; **1301** quum ecclesia .. per effusionem sanguinis sit interdicta, ad .. episcopi .. refugium recurrentes .. licentiam ~iandi .. concedentis *Chr. Rams.* 371; **1329** ad ~iandum cimiterium [in quo famuli rixantes ad verbera cum effusione sanguinis processerunt] *Lit. Cant.* I 301; **s1357** miserunt .. episcopum .. ~iare unam ecclesiam extra muros per mortem .. pollutam KNIGHTON II 95; **1371** ecclesia .. et reformata et reconsulta [? l. reconsiliata] per episcopum Herefordie *IPM* 135/223/13; **1414** ad dedicandum, consecrandum et ~iandum ecclesias conventuales, collegiatas et parochiales capellasque et cimiteria ac altaria .. vobis .. committimus potestatem *Reg. Cant.* III 326; ecclesias, cimiteria, monasteria et alia loca ecclesiastica .. polluta .. reconsiliari *Eng. Clergy* 197.

reconciliatio [CL]

1 (act of) bringing into agreement, restoration to good relations, reconciliation (also w. obj. gen.). **b** mutual agreement, compact.

705 hac .. pro causa ad conventum Coenredi regis episcoporumque ejus et ducum reliquorum quem nuper de ~one Ælfðryðae inter se habuerunt licet advocatus non veni WEALDHERE *Ep.* 23; dissensio ab alio inchoet, a te ~o W. DONC. *Aph. Phil.* 10. 14d; inducias .. a rege petierunt .. ut .. exigerent vel auxilium defensionis vel permissum ~onis ORD. VIT. XI 3 p. 170. **b 825** ista .. ~o confracta est (*Syn.*) *CS* 384; hanc ~onem .. cum signo sanctae crucis Christi roborabo *Ib.*; **838** ego Celnoð gratia Dei archiepiscopus hanc ~onem et istam confirmationem cum signo sancte crucis Christi roboravi et subscripsi *CS* 423.

2 (of God and man); **b** (of one who reconciles, w. ref. to Christ).

tertium tempus fuit regressionis sive ~onis vel justificationis, quod fuit a nativitate Domini usque ad ascensionem ejusdem, per quam facta est gratia hominibus BELETH *RDO* 55. 60; accipitur pax pro ~one ad Deum OCKHAM *Dial.* 762; secundus [status] a Christo in finem, qui dicitur ~onis [ME: *reconsiliacion*] HIGD. I 4 p. 30. **b** Maria .. filius tuus est ~o peccatorum ANSELM (*Or.* 7) III 23.

3 restoration to a community: **a** (of exile); **b** (of penitent to church).

a exules restituti. quorum ~onem cum sibi nocituram archiepiscopus non dubitaret, .. Romam ivit W. MALM. *GP* I 22. **b** ~o penitentium in Coena Domini, tantum est ab episcopo, et consummata penitentia THEOD. *Pen.* I 13. 2; sequebatur penitentium ~o, misse celebritas, crismatis benedictio W. MALM. *Wulfst.* III 18; si quis ante absolutionem sive ~onem ex morbi vehementia obmutuerit GIR. *GE* I 40 p.

116; in signum dampnacionis eorum .. ut rubore suffusi ad humilitatis gratiam et ~onis effectum .. inclinentur *FormOx* 165; **s1217** post reconsiliacionem regis Anglie, quia ecclesie Romane ipsum cum regnis suis feodataria fecit *Plusc.* VII 8 p. 69 (cf. Bower IX 31: Johannem regem Anglie tunc reconsiliatum ecclesie Romane feodatarium).

4 reconsecration, rededication (of church or churchyard, esp. after bloodshed).

benedictio in ~one aecclesie ubi sanguis effusus .. fuerit Egb. *Pont.* 58; ecclesie pacem fractam pleniter emendet .. et ecclesie ~onem [AS: *mynstres clansunge*] (*Inst. Cnuti*) *GAS* 283; prohibuit ei ne citra .. loci illius purgationem et ~onem .. celebraret Gir. *PI* III 29; **1329** pro ~one cimiteri *Lit. Cant.* I 300; **s1313** miles .. vulneravit .. armigerum in ecclesia .. et ab eadem hora remansit ecclesia suspensa donec fuit per .. archidiaconum .. reconciliata et post ~onem sentencia excommunicacionis super ecclesie violatores fuit promulgata *Ann. Paul.* 274; **13** .. statuimus quod cum ecclesia vel cimiterium sanguinis vel seminis effusione polluta fuerit vel pollutum .. ipse polluens precacionem racione ~onis .. ecclesie vel cimiterii persolvat *Conc. Scot.* II 73.

reconciliator [CL], one who reconciles, reconciler; **b** (Christ); **c** (of priest).

c**798** multum offendisti Deum tuum, et alium non vis habere ~orem nisi te ipsum? Alcuin *Ep.* 138 p. 217. **b** Christum .. caelestium et terrestrium ~orem Aldh. *Met.* 2; verus mediator Dei et hominum, verus humani generis redemptor ac ~or Bede *Ep. Cath.* 114; ~or humani generis, obsecro te propter nomen tuum *Cerne* 127; postquam constat hominem illum Deum et peccatorum esse ~orem, dubium non est quod omnino sine peccato esse Anselm (*CurD* II 16) II 117. **c** si iratus est eis Dominus, sacerdos medius intercedat, et in tempore iracundie fiat ~or P. Blois *Ep.* 112. 338B.

reconciliatorie [reconciliatorius+e], by way of bringing about agreement or reconciling.

presbyteri .. doceant .. aliquando simboletice, i. e. reconsiliatorie vel collective J. Garl. *Dict.* 133.

reconciliatorius [CL reconciliator+-ius], that reconciles.

possunt etiam in hac copula tria oscula considerari: ~ium, remuneratorium, contemplatorium. .. de primo accipitur remissio peccatorum, in secundo munus virtutum, in tertio cognitio secretorum G. Stanford *Cant.* 228.

reconciliatrix [CL reconciliare+-trix], that reconciles (f.); **b** (as sb. w. ref. to *BVM*).

et in tam divina et deifica virtute ~icis hostie nichil esse permittas alienum P. Blois *Ep. Sup.* 1. 5; aperte videtur injuriosum ~ici hostie, quod viatico munitus et moriens projiciatur in fossatam *Ib.* 24. 8; in aviculam .. gratie singulorum ~icem Neckam *NR* I 51 p. 103. **b** dic, mundi judex, cui parces, dic, mundi ~ix, quem reconciliabis Anselm (*Or.* 6) III 17.

reconcinnator [CL re- + concinnare + -tor], one who rearranges.

isti ~ores et novae fidei mangones Gardiner *CC* 454.

reconculcare [CL re-+conculcare], to trample on, crush, or oppress again (in quot. fig.).

s1259 timebant insuper, quod eosdem communes regni inimicos facerent, aut secum clanculo reducendo, aut postea exhortationibus subdolis reconciliando ad incolarum confusionem majorem erroremque novissimum pejorem, Angliam subintrare ~andam M. Par. *Maj.* V 730.

1 recondere [CL]

1 to put away or in, store (usu. for preservation or later use, also transf. or fig.); **b** (treasure); **c** (relic); **d** (harvest or sim.).

locus .. receptaculi, quo armamenta ~untur, armamentarium nuncupatur Aldh. *PR* 140; sacra regnandi precepta .. memoria libenter ~idit et postea sancte factis propalavit W. Malm. *GR* II 197; libros egregios eis oblatos statim in scriniis ~ere Gir. *DK pref.* 2; **1244** unam kuppam faciendam ad eukaristiam desuper altare .. in ea ~endam *Liberate* 20 m. 13; antra, in quibus ~erant victualia que habebant *Flor. Hist.* III 317; dicens ne timeat, quia in ea [Maria] Deus ~idit [ME: *had*] sacramentum suum ad salutem mundi *Itin. Mand.* 70. **b** in caelis dispersa talenta recondit

Æthelwulf *Abb.* 199; munus .. mihi in cordis arca semper ~itum Anselm (*Ep.* 49) III 162; sicut vas .. diligenter .. politum in thesaurum ~itur, sic anima omnium vitiorum a contagione mundata paradisum introducitur Ord. Vit. VIII 17 p. 370; **1308** truncus .. in quo elemosine .. ~antur (v. emolumentum 2b). **c** reliquias .. sua in theca ~idit Bede *HE* IV 30 p. 280; reliquias beati Albani, ad illud tempus obscure ~itas W. Malm. *GR* I 87; apud S. Johannem Dangele, ubi caput Baptiste ~itum habetur Gir. *TH* II 7; corpus .. facta capside ex auro et argento .. jussit in tesauro ~i precioso in ecclesia Herefordensi *V. II Off.* 24; **s347** ossa Sancti Andree .. Constantinopolim ~ivit *Eul. Hist.* III 267. **d** cogitur quisque de horreo priscae actionis quod ~idit proferre Bede *Prov.* 960; tarda maturitas frugum, ut vix ad festum sancti Andree messes ~erentur W. Malm. *GR* IV 322; messes suas in horreis ~i precepit Ord. Vit. X 8 p. 48; **s1259** quod in pluribus regni partibus ad festum omnium sanctorum vix messes ~erentur Rish. 3.

2 to bury, inter.

corpus ipsum de porticu ablatum prope altare esset ~endum Bede *HE* III 19 p. 168; sepulchrum sanctissimi confessoris Paulini, qui in veteri aecclesia ~itus fuerat *V. Gund.* 18; nec longe ecclesia Cecilie martyris et ibi ~iti sunt Stephanus, Sixtus .. et non longe pausant martires W. Malm. *GR* IV 352; facta est .. hec .. translatio postquam a beato Dunstano ~itus fuerat anno nonagesimo secundo *Id. GP* V 267; **s1170** corpus .. in cripta quadam sepultum ~erunt *Meaux* I 196.

3 to conceal. **b** (p. ppl. as adj.) hidden in obscurity, unknown (in quot. of birth).

Oceano Titan dum corpus tinxerit almum / . . / tum sequor, in vitreis recondens lumina campis Aldh. *Aen.* 58 (*Vesper Sidus*) 5; sensum purissimum sub vilitate litterae ~itum Bede *Prov.* 1011; abditum, ~itum, absconditum *GLC* A 73; reliquias in maceria ~idit, ideoque pueros ut archanum eos lateret abesse compulit Ord. Vit. VI 10 p. 108; nox atra fretum celumque recondit L. Durh. *Dial.* III 167; nebula eos densa solis aspectu ~idit (*Brendanus* 52) *VSH* II 290. **b** is fuit Hardingus nomine, apud Anglos non ita ~itis natalibus procreatus W. Malm. *GR* IV 334.

4 to re-establish.

†retutitus [l. restitutus] reconsus Osb. Glouc. *Deriv.* 509; Scipio cum Romanorum exercitu illam [sc. Carthaginem] penitus destruxit. postea a Romanis ~ita est *Eul. Hist.* II 49.

2 recondere v. retondere.

reconditio [LL], (act of) storing (in quot. w. obj. gen.), storage.

quod .. vas .. sculptura .. decoratum Dominici corporis et sanguinis ~onem .. cernitur hactenus deservire *Chr. Rams.* liv n.

reconditorium [ML < CL reconditus *p. ppl. of* recondere+-torium], receptacle, place for storing or preserving; **b** (fig., of human breast, chest); **c** (resting place of saint).

scrinium, repositorium, ~ium Osb. Glouc. *Deriv.* 590. **b** cum .. illud divinorum carismatum †recondiorium [l. reconditorium] sacerdotalis manus oleo sacro contingeret pectus Gosc. *Wulsin* 8; **c** factum est merito dici celeste in terris sanctuarium tot sanctorum ~ium W. Malm. *GR* I 21.

reconferre [ML < CL re-+conferre], to grant or confer again.

1311 recontulit magistro R. de B. ecclesiam de Pekham *Reg. Cant.* 1206.

reconfirmare [ML < CL re-+confirmare]

1 to confirm or ratify again.

1188 indulgentiam nobis idcirco extremam .. non ~at quia non solent hujusmodi indulta temporaliter innovari *Ep. Cant.* 210; de pace .. ~anda *Plusc.* VI 43 (cf. Bower VIII 77: concordiam renovavit).

2 (eccl.) to confirm (sacramentally) again.

rebaptizati scienter seu ~ati scienter non debent ad ordines promoveri J. Burgh *PO* VII 5.

reconfirmatio [reconfirmare+-tio], renewed confirmation or ratification.

sexcentas libras .. ecclesie concessas, et ulterius .. ecclesie .. confirmatas, sed posterius .. amissas .. et

retractas, perquisivit .. iterum; iterumque .. fecit ipsas .. fore ecclesie securiores. et circa .. novam ~onem .. sexaginta librarum exposuisse fertur .. ultra summam decem librarum *Reg. Whet.* I 432.

reconfiteri [CL re- + confiteri], to confess again.

credo quod non tenetur ~eri sed debet dicere: prius peccavi sed confessus fui Edmund *Summa* 181.

reconfortare [CL re- + LL confortare], to strengthen or inspire with fresh courage.

per eorum duces ~ati, intrepidi ad pugnam preparant *Plusc.* IX 1; quo .. subjectos amodo indubitate pacis beneficiis recomfortet *Croyl. Cont. C* 573.

reconfortatio [CL re-+LL confortatio], renewal of strength or force.

misso exercitu magno ad eorum ~onem *Plusc.* IX 35.

recongn- v. recogn-.

recongratulari [CL re-+congratulari], to rejoice again (in quot. w. acc. & inf.).

tumuli claustrum vegeto discessu .. hilariter incedens est aspernatus dum se revivus reconvivis reconvivere est ~atus E. Thrip. *SS* X 12.

reconjungere [LL], to join together again, reunite.

cum per plures annos provinciam Scotie probabiliter rexisset, ~cta provincia Anglie a ministro generali .. minister Hibernie creatus est Eccleston *Adv. Min.* 52; **1348** filum et pergamenum .. cum glutino ~cta *CalPat* 131.

reconquaestare [CL re-+conquaestare], to reconquer, conquer again.

1309 dominus J. rex vi armata per binas vices ~avit has insulas super ipsum regem Francie *S. Jers.* XVIII 12 (=*PQW* 822).

reconquirere [CL re-+conquirere], to reconquer, conquer again.

s1237 non poterunt iterum Carrochium rehabere nisi illud de gratia optineant imperatoris, vel ~atur M. Par. *Min.* 401.

reconsecrare [ML < CL re-+consecrare], to consecrate again.

1270 nulla suberat .. causa quare iterato dedicari seu ~ari [sc. ecclesiam] deberet *SelCCant* 161; **1298** commissio ~andi ecclesiam .. per sanguinis effusionem .. dudum .. exsecratam *Reg. Cant.* 280.

reconsiderare [CL re-+considerare], to reconsider.

resipit, ~at *GlP* R 140.

reconsignare [LL]

1 to seal again (the door of a building).

ostium ei cum benedictione aperit et post ingressum ostium ~at usque diem alterum *Meaux* I 140.

2 to give back, return, consign again: **a** (person); **b** (artefact); **c** (land or possession); **d** (act, or abstr.).

a c**1155** beata Æðelburga te suam Christo ~abit oviculam Osb. Clar. *Ep.* 40. **b** progrediens viro a quo eam [sc. pyxidem] acceperat, ~avit Ben. Pet. *Mir. Thom.* III 20; cappas sericas, dalmaticas, turribula .. et textos .. que omnia adquietavi et vobis ~avi Brakelond f. 129; postquam illa rex clauso pugillo tenuit, noluit expansis digitis illa, licet postulantibus, ~are M. Par. *Abbr.* 248. **c** donec ipse Jordanus .. ~avit in manus episcopi .. illam medietatem [ecclesie] Brakelond f. 138; iratus coegit Eustachium ~are in manu sua munitionem de Bahanburch J. Hex. *HR Cont.* 291; **s1299** quod rex Francie .. refeoffaret regem Anglie .. et ~aret .. libere .. Wasconiam Rish. 389; **s1192** totam Terram Sanctam ei ~ans *Meaux* I 267. **d** ipse filius innumeris ibi signis tunc et deinceps exhibitis, hostia cognoscitur sanctitatis. quibus ab antiquitate celo ~atis, exequamur pauca ex multis moderni et nostri temporis *V. Kenelmi* 17; Dominus omnium .. non minorem partem nostri obsequii vobis ~et in regno suo quam nobismet ipsis provenire optamus Osb. Clar. *V. Ed. Conf.* 11 p. 89; unus ..

graviter eum percussit. cui ~ato ictu sub aure vicem illi reddidit G. Herw. f. 334.

3 to give back, resign (office).

quarum exemplo Ciriacus [i. e. Siricius] papa tunc Romane sedi presidens accensus, ~ata sui apostalatus dignitate .. earundem comes efficitur virginum (Ursula) NLA II 491.

reconsignatio [LL reconsignare + -tio], (act of) giving back, returning, consigning again.

c1250 audire cupientes que per eum in die reconciliationis in ablatorum ~one, promissis vel donariis forent conferenda MonA IV 148b.

reconsil- v. reconcil-.

reconsolidare [CL re- + consolidare], to make (bones) firm again.

pars [ossis] confracta semel detrita ~ari non potuit R. Cold. Cuthb. 92 p. 204; carne restituta, ossibus ~atis, perfectam sanitatem recepit W. Cant. Mir. Thom. II 24.

reconstituere [CL re- + constituere], to restore (in quot. to health).

reperit se sanitati et fortitudini, quam ante morbum habuit, integre .. ~tum J. Furness Walth. 98.

reconstruere [LL], to rebuild, reconstruct.

c1259 aqua Humbrie .. grangiam .. consumpsit, et omnia edificia de Saltaghe nos fecit .. amovere, remotius a dictis inundationibus ~enda Meaux II 91.

reconsuere [CL re- + consuere], to sew together again, (in quot. transf.) to repair.

ruptarum turrium scissuras ~unt Ps.-Elmh. Hen. V 97 p. 279.

reconsulere [CL re- + consulere], (in gl., compound formed on consulere).

consulo componitur ~o, -is Osb. Glouc. Deriv. 110.

reconsultus v. reconciliare.   **reconsus** v. recondere.

recontinuare [CL re- + continuare], to prolong, continue (possession).

1453 si contigerit supra obligatum Osmundum et P. ac J. .. manerium de S. .. reciperare vel ~are versus aliquem .. de omnibus terris .. sic recuperatis vel ~atis Cl 303 m. 12d.

recontinuatio [recontinuare + -tio]

1 prolongation, continuation.

1588 ad hanc curiam domina regina .. in ~onem redditus et servicii honoris sui de Clare concessit .. Ricardo Pollarde .. unam parvam parcellam terre DL CourtR 119/1840 f. 12.

2 resumption, restoration of continuity.

aqua .. per discontinuationem corrupta, per ~onem eadem numero generatur Bradw. CD 868A; 1453 a tempore hujusmodi recuperacionis sive ~onis Cl 303 m. 12d.

recontristare [CL re- + contristare], to make (someone) sad in return, to take revenge on.

c1240 per non contendere nec repunire nec ~are quenquam sed 'percutienti in maxilla dextra prebere et alteram', evangelica perfectio Gros. Ep. 108.

reconvalescentia [reconvalescens pr. ppl. of reconvalescere + -ia; cf. LL convalescentia], recovery of health and strength.

1302 tanto extenuacione corporis exinanitum .. quod desperabatur communiter de ~ia sui status Reg. Cant. 617; s1423 cum .. indies ingravesceret morbus, .. misit ad ipsum papa indies nuncios cum .. exenniis, quatenus spem daret ~ie Amund. I 150.

reconvalescere [CL re- + convalescere], to recover strength, health, or spirit.

1450 vel appulsi naufragium passus vel passi applicuerit vel applicuerint infirmari contigerit expectare quousque ~uerit et ~uerint RScot 338b; tantam consolacionem .. in se accepit quod .. de die in diem in corde magnifice ~uit Plusc. X 31.

reconvenatam v. reconvenire.

reconvenire [CL re- + convenire]

1 to reassemble, reconvene.

1449 ab invicem discedant illic in crastino ad mane hora septima ~turi Cap. Aug. 118.

2 (leg.) to resummon, to issue a countercharge against.

parati fuerant incontinenti coram judicibus eisdem .. nos, si lis procederet, ~ire Gir. SD 100; 1231 persona ecclesie de Uptona ~it eum super predictis decimis BNB II 419; s1215 turbatus archiepiscopus .. proposuit .. quod abbas teneretur sibi .. facere professionem ... et ~iens ipsum archiepiscopum quod .. clericos suos .. cum de jure non possit excommunicasset Thorne 1867; 1403 inter eumdem J. D. partem ~ientem ex una parte et prefatum T. partem ~atam [sic] ex altera parte Foed. VIII 298; si quis fuerit citatus ad respondendum in causa diffamationis, si actor etiam diffamaverit reum, reus potest in ipsa et eadem causa ~ire actorem, hoc est, nulla praecedente citatione, dare libellum in praesentia actoris seu ejus procuratoris. sed in istis casibus reconventionis procedendum est simul in contestatione litis .. et prolatione sententiae atque in omnibus usque in finem litis Praxis 187.

reconventio [reconvenire + -tio; cf. CL conventio], (leg.) re-summons, counter-charge (brought against plaintiff by defendant in a suit).

1208 si forte preventi fueritis ab episcopo et facti rei, sicut adhuc sumus, nihilominus per ~onem eadem petatis Chr. Evesham 229; ut si usurpator agat per assisam ad retinendum id quod usurpavit, spoliatus recuperet per ~onem spoliati Bracton f. 226; sicut enim sentencia lata a judice alicujus solummodo per ~onem in aliis casibus quam in casu ~onis non esset nulla tanquam a non suo judice lata Ockham Brev. 55; in casibus ~onis precedendum est .. in contestatione litis Praxis 187 (v. reconvenire 2).

reconvertere [LL]

1 (w. in & acc.) to turn back (into).

1421 procellas litigiose tempestatis in auram prioris gracie ~versas Lit. Cant. III 141.

2 to recommend, commit.

s1458 supplicamus pro nostra .. salute dignemini orare, et sanctis oracionibus dominorum, patrum vestri .. conventus, nos ~vertere Reg. Whet. I 320.

reconviciari [CL re- + conviciari], to revile or reproach in turn.

ab aliis etiam conviciatus non ~iabatur, illius discipulus qui cum maledicretur non remaledixit H. Bos. Thom. IV 26 p. 429.

reconvivere [CL re- + convivere], to live or spend one's time in company once again.

~ere E. Thrip. SS X 12 (v. reconvivus).

reconvivus [CL re- + con- + vivus], companion, contemporary.

revigoratus .. tumuli claustrum .. est aspernatus dum se revivus ~is reconvivere est recongratulatus E. Thrip. SS X 12.

recooperare v. recooperire.

recooperire [CL re- + cooperire], ~are

1 to cover again. **b** to cover (hayrick with straw), thatch.

vultus capitis abscisi discooperiatur .. et cum cessare volueris ~iatur caput G. Ric. I 196; 1289 in eodem stanstardo discooperiendo et recooperiendo de terra (Aghene) Ac. Man. Cant. **b** 1284 custumarii debent ~ire tassos domini per xxxj dies IPM 39/9 m. 4.

2 to reroof.

1241 magnam eciam cameram nostram ejusdem castri que discooperta est ~ire [facias] Liberate 15 m. 16; 1275 in parva grangia recooperienda ad taskam, j traversorio empto ad magnam grangiam, dicto traversorio inponendo, grangia predicta ~ienda lathis et clavis emptis ad eandem xv s. iiij d. ob. quad. Ac. Stratton 62; 1308 in stipendiis unius tectoris .. pro grangia et boveria ~anda per diversa loca MinAc 1022/3 m. 5; plumbum cum quo cancellus erat coopertus .. ven-

didit .. et .. cancellum ~uit cum tigulis Eng. Clergy 235.

recoperire v. recooperire.

recopia, (bot.) devil's-bit scabious (Succisa pratensis).

14.. recorie, ~ie, morsus demonis, forbytene MS BL Sloane 282 f. 172rc; 14.. recoree, ~ee, morsus demonis, forbetene MS Cambr. Univ. Libr. Dd. 10. 44 f. 110va.

recopulare [CL re- + copulare], to connect, link, or join together (again).

Lucas .. seriem generationis .. per Nathan in David ~ans usque in Adam perduxit ad Deum, caput videlicet replicans ad caput Alcuin Dogm. 160B; [siccitas] naturaliter est destructiva quia humiditatem substancialem que materialiter subnutrit et partes ~at pariter destruit et consumit Bart. Angl. IV 3.

recoquere [CL]

1 to boil again, to reconstitute by cooking, (in quot. transf., p. ppl., w. ref. to myth of Medea and Pelias) youthful, having a new lease of life.

sex, inquam, doctos discumque rotare recoctos / ilico presentant alii R. Cant. Malch. II 156.

2 to reheat, subject again to fire, to remelt (metal).

sicut recoctum aurum in fornace detrimentum non sustinet Pull. Sent. 827D; captat opes Crassus, ut eas convertat in aurum, / et recoquit purum, possit ut esse putum J. Sal. Enth. Phil. 1172.

recorda v. recordum.

recordalis [recordum + -alis], ~ialis, of memory.

quarto patet quod ex frequencia numerorum occursorum generatur in memoria organica quidam habitus quo homo pronificatur ad imaginandum et efficiendum circa tales numeros occursores, et illum vocat Augustinus numerum ~ialem Wycl. Innoc. 486.

recordari, ~are [CL]

1 to call to mind, remember; **b** (w. acc. or gen.). **c** (w. acc. & inf., indir. qu., or quod & indic.) to recollect that. **d** (w. dat.) to give a reminder to, cause to remember.

comminisci, ~ari GlC C 559; hec vobis doctrina, si ~amini, cum lacte matrum affusa est sacerdotum verbo W. Malm. GR IV 347. **b** ~are patrum fratrumque tuorum supervacuam fantasiam Gildas EB 30; a pronominibus .. tribrachum haud umquam dirivatum reminiscor, quamvis .. poematibus insertum ~er Aldh. PR 117 p. 162; ~antes psalmigrafi dicentis 'mirabilis Deus in sanctis suis' et reliqua V. Cuthb. III 2; omnia quae sibi dicta erant ~ans Felix Guthl. 52 p. 166; antique amicicie ac donorum .. ~atus, omnia recensuit Ord. Vit. V 16 p. 434; tam enormiter in memoria lesus fuerat, ut psalmos, quos antea corde tenus optime noverat, multis abinde diebus quasi de novo ~antem videremus Gir. TH III 34; ~ati sunt .. antique prophetie Meaux III 56. **c** audisse se ~abatur 'ne in hieme vel sabbato fuga vestra fiat' [cf. Matth. xxiv 20] Felix Guthl. 18; non .. sine dolore ~ari valeo quod .. mei spiritalis alumpni .. corporali presentia minime perfruor Abbo QG 1 (2); ut ~eris quam fugitiva sit vita presens W. Malm. GR I 81; ~atus crudum se allec comedisse, percusso pectore peccatum ingemuit Id. GP I 65; ~antes quod ante sanitatem .. in nos faciebat impetum Ib. V 275. **d** cantor principium octavi responsorii, deinde totum versum, ~ando abbati, flexis genibus cantabit Obed. Abingd. 369.

2 to relate in words.

de hiis que ~ata sunt coram cancellario .. et .. justiciariis .. et in rotulis eorum irrotulantur Fleta 76; major et aldermanni debent oretenus ~are omnes consuetudines suas antiquas PQW 449b; quod libertates et liberas consuetudines suas ~are possint coram justiciariis Ann. Paul. 330.

3 to record in writing, to put on record; **b** (w. quod & indic.). **c** (of document).

leges avi mei Henrici regis ~ate et conscripte publice coram omnibus recitentur Grim Thom. 31; precipio tibi quod facias ~ari in comitatu tuo loquelam que est inter illum et illum .. et habeas recordum illius

loquele coram me GLANV. VIII 10; **1279** sicut coram nobis ~atum est (*Nether Weare*) *BBC* 261. **b 1201** comitatus ~atur quod ipse primo appellavit R. de J. de eadem roberia *SelPlCrown* 6; comitatus ~atur quod idem A. petiit versus eum fenum ad valenciam v s. *PlCrGlouc* 6. **c** prout dicti rotuli plene ~ant *Leg. Ant. Lond.* 242.

4 (leg., as name of category of writ to remove case from county court to royal court).

checun parole qe vendra hors de cunte ou de curt etc. *en la curt le rey vendra par* ~ari *ou par* pone *si par* ~ari *dunk vendra la parole ou le record en bank MS BL Addit. 31826* f. 65v.

recordatio [CL]

1 act of calling to mind, recollection. **b** (*beatae ~onis* or sim.) of blessed memory. **c** (act of) commemoration, preserving in memory.

a**719** licet corpore separemur, tamen ~one jungamur *Ep. Bonif.* 13 p. 21; **956** cum ob ~onem aevi labentis memorandi litterae inventae dinoscuntur *CS* 957; usque hodie in synagoguis suis habent Judei fimbrias jacinctinas ob ~onem legis celitus date ANDR. S. VICT. *Comm.* 126; unde nihil aliud est memoria quam preteritorum ~o *Quaest. Salern.* B 280; non obstante illa identitate memoriae ad intelligenciam sive ~onis ad intelleccionem DUNS *Ord.* II 320. **b** quid referam sanctae ~onis [*gl.*: i. memorie] Athanasium ALDH. *VirgP* 32 p. 272; vir beatae ~onis Guthlac FELIX *Guthl.* 25; beate ~onis femina ABBO *Edm.* 14; c**1156** et omnia in ejusdem statu quo fuerunt tempore Herberti pie ~onis predecessoris vestri reduci faciatis *Doc. Theob.* 129; domine Juette religiose ~onis AD. MARSH *Ep.* 54; **1275** temporibus inclitarum ~onum Ludovici . . et . . Henrici . . regum *RGasc* II 9a; **1301** felicis ~onis Nicholaus papa quartus *Reg. Cart.* I 150. **c** ac per hoc non solum veteris facti ~o verum etiam in novos adoptionis filios novus in ea spiritus sancti celebratur adventus BEDE *Hom.* II 17. 194; ob ~onem . . orationum suarum W. MALM. *GP* V 233; quod siquidem in illius misterii ~one frequenti securitas humane salutis consisteret *V. Edm. Rich C* 607.

2 (act of) recording, record (esp. leg.).

~onem curie regis nulli negare licet (*Leg. Hen.* 31. 4) *GAS* 564; **1164** apud Clarendune facta est recognitio sive ~o cujusdam partis consuetudinum et libertatum antecessorum suorum (*Const. Clar.*) M. PAR. *Maj.* II 223; habet . . [scaccarium] hoc commune cum ipsa domini regis curia in qua ipse in propria persona jura discernit quod nec ~oni nec sententie in eo late licet alicui contradicere *Dial. Scac.* I 4B; securum fecerant archiepiscopum quod nunquam scriberentur leges, nunquam illarum fieret ~o GRIM *Thom.* 3; **1186** homines per quos loquela illa presentabitur . . post ~onem a curia libere . . recedant (*Fordwich*) *BBC* 149; quatinus . . rerum istarum ~one paterna tibi gloria gloriam accumulet GIR. *EH pref.* p. 224.

recordativus [LL], that brings to mind or recalls, commemorative (also w. obj. gen.).

virtus ~a est per quam ea que obliti fuimus recordamur GILB. IV 186. 2; sic representare non est nisi ducere intellectum in noticiam ~am vel rememorativam alicujus creature OCKHAM *Quodl.* 311; tanquam memoriale et signum ~um passionis Christi (SAUTRY) *Ziz.* 408.

recordator [CL recordari+-tor], recorder, law officer appointed by city or borough to record proceedings and customs.

1319 quod major et ~or civitatis . . alia feoda non capiant pro officiis suprа dictis *MGL* II 272; **1321** juxta recordum ~orum Gilde Aule (v. recordum 3d); ~or civitatis Londoniarum erit . . unus de peritissimis . . apprenticiis legis totius regni, cujus officium est, semper ex parte majoris dextra in placitis recordandis et judiciis proferendis consedere *MGL* I 42; **1416** Johannis . . ~oris civitatis *Reg. Heref.* 95; ejus fratre seniore . . nuper ~ore Londoniarum AMUND. I 427. **1509** Walterus Courci ~or ville Kilkennie *Lib. Kilken.* 126.

recordatorium [CL recordari+-torium], title of a book of records.

hec et alia . . insignia memoranda patent in . . foliis antiqui libri vocati ~ium dicte civitatis *MGL* I 61.

recordatrix [CL recordari+-trix], that records (in quot. w. obj. gen.).

rerum preteritarum ~ix . . evidencia J. GLAST. 31.

recordia v. recordum. **recordialis** v. recordalis.

recordum, ~a, ~ia [AN *record(e)*]

1 memory.

scriptorum calamo mandatur multa recordo *Reg. Whet.* I 423.

2 act of relating verbally or committing to writing. **b** oral report or written record of events (usu. leg.); **c** (of royal administration); **d** (mun.); **e** (man.). **f** (*curia de ~o*) court of record, court whose proceedings are formally recorded and valid as fact.

s**1425** has . . litteras scripserat testimoniales. . . post hanc habitam litterarum ~iam, jussit abbas . . ut . . ipsi ei . . optatas impenderent reverencias AMUND. I 202. **b 1166** A. A. reddit computum de c marcis ut habeat ~um curie regis de placito inter ipsum et A. R. *Pipe* 20; **1199** pro habendo ~o loquele . . quam habet in curia regis (v. loquela 7b); **1230** summoneat . . G. et G. quod tunc sint ibi ~um audituri *Cl* 384; **1235** R. de T. attornavit Rogerum de K. versus Hugonem de T. ad audiendum ~um *Cl* 154; **1266** ~um illud sub . . sigillis quatuor legalium hominum qui ~o illi interfuerunt habeas coram justiciariis *Cl* 260; nullus potest in comitatu . . aliquid dedicere de ~o adversarii sui *Fleta* 115; **1314** quia . . certiorari volumus super ~o et processu cujusdam inquisicionis . . precipimus quod ~um et processum ejusdem inquisicionis nobis distincte et aperte sub sigillis vestris sine dilacione mittatis *SelCCoron* 70; **1365** de ~a serjandorum . . statutum est quod summonicio redigatur in scriptis . . alioqui fiat ~a verbo (*Stat. Davidis II*) *RegiamM* III f. 58; **1466** custodem . . ~orum (v. custos 5d). **c** s**1329** judicio parliamenti et regis ~o distractioni et suspensioni addictus est *Meaux* II 360; **1409** (1431) tenorem cujusdam ~i in rotulis memorandorum Scaccarii . . Hibernie existentis *Lit. Cant.* II 154; **1542** inspeximus inter ~a et irrotulamenta curie augmentacionum . . quoddam decretum *Deeds Balliol* 164; sua que Westmonasterii custodiuntur scrinia seu, ut vocant, ~a, claro nobis testimonio sunt hoc illorum esse mendacium CHAUNCY *Passio* 104. **d 1274** inrotulatum est in rotulis camerariorum civitatis, qui sc. rotuli habent ~um *Leg. Ant. Lond.* 149; **1321** oretenus reddent juxta ~um recordatorum Gilde Aule *PQW* 472b; ~a et processus coram majore et aldermannis habita . . ore tenus recordari *MGL* I 43. **e 1196** ut vicecomes faciat ferre ~um illius loquele *CurR* I 19; **1290** hoc paratus est verificare per ~um rotulorum seu xij juratores *SelPlMan* 35; **1343** dictum breve de magna districcione non concordat cum ~o, in tantum quod in dicto brevi inseritur 'Cirestr' et in ~o 'Cirencestr' *Cart. Ciren.* 130. **f 1587** curiam de ~o (v. curia 5e).

recoree, recorie v. recopia.

recoronare [CL re- + coronare], to crown again.

regem Ricardum iterato ~ant (*MS BL Harl. 3600* f. 232v) M. V. Clarke *The Deposition of Richard II* (1930) 35.

recorporativus [LL], that restores the body to its former condition, restorative.

laurus alia est laciorum foliorum, alia tenuiorum, sed utraque virtutis ferventis sunt atque ~e *Alph.* 95.

recorrigere [CL re-+corrigere], to reform, set right, or correct again.

nec . . excitatum ad scelera vulgus potuit ~i atque ad simplicitatem fidei . . revocari BEDE *HE* II 5 p. 92.

recrastinare [CL re-+crastinus+-are]

1 to postpone, put off till another time.

prudentius est . . hodiernum bonis concessum occupare diem quam spe dubia bonum ~are propositum *Chr. Battle* f. 34v.

2 to use up (a period of time) in delay.

sicque interdiu scevo exemplo in exorsis, die diem ~ante et regie opes que ad fabrice accelerationem cedebant pro libitu et dispensantur *Chr. Battle* f. 13v.

recrastinatio [LL], delay.

673 si qua . . ab aliquo injuste ablata sunt, restitui absque ~one censemus (*Lit. Papae*) ELMH. *Cant.* 245.

recreabilis [LL], that provides or involves recreation, refreshing.

1422 cum . . laborantibus post claustralis ponderis tedium ~is solacii concederetur grata merces *Conc.* III 415b.

recreamen [ML < CL recreare+-men], refreshment, consolation.

ave, flentis consolamen, / laborantis recreamen EDMUND *BVM* 1. 31; **1448** princeps celestis qui suis dat recreamen / hostibus infestis defendat se precor, amen *REED York* I 74.

recreans v. recreantus, recreare. **recreantia** v. recreantisa.

recreantisa [OF *recreantise*], acknowledgement of or fine for defeat in judicial combat.

1157 Selida debet lx s. pro ~a *Pipe* 114; **1180** debet lx s. de recreantissa Roberti *RScacNorm* I 30; finito autem duello pena lx s. imminebit victo nomine ~e GLANV. II 3; si sponsus [uxoris rapte] victus fuerit [duello], xl s. et j d. dabit pro ~a *Cust. Norm.* 50. 5; in curia seculi mos est si quis victus in duello ~ie verbum emiserit, de cetero non pro homine reputabitur W. LEIC. *Sim.* (*MS Lincs*) f. 87va; **1231** abbas exigebat ab eodem Roberto xl s. et j d. nomine recreauntise tanquam ipse convictus esset in campo *BNB* II 398; sic percutiatur inter eos duellum . . . et si appellatus victus fuerit . . non sufficit quod appellatus cognoscat se fuisse socium suum, vel latronem, vel aliquid consimile ad ~iam, nisi dicat illud verbum odiosum, quod recreantus sit BRACTON f. 153; **1317** [*let Richard and John* (*appellers after acquittal of appellee*) *be taken for recreance*] recreancia *CourtR Wakefield* IV 196.

recreantisia, recreantissa v. recreantisa.

recreantus, recreans [OF *recreant* < *recroire*], recreant, confessing oneself to be overcome or vanquished, craven.

1198 consideratum est quod duellum sit inter eos, et vadiatum est . . . postea venit idem Edwinus et non voluit apponere visum suum. ideo consideratum est quod Edwinus remanet ~s (*AssizeR*) *Selden Soc.* LXVIII 3; nisi dicat illud verbum odiosum, quod ~tus sit BRACTON f. 153; **1368** duello ibidem inter eos percusso, predictus probator devicit . . Gilbertum, qui quidem G. se redd[idit] recreant[um] et dixit se clericum esse *Pat* 278.

recreare [CL]

1 (of God or divine agent) to create anew, to recreate; **b** (pr. ppl. as sb. m., of Christ) one who creates anew.

baptismatis sunt gratia ~ati BEDE *HE* III 1 p. 127; Deus . . est pater rerum creatarum et Maria mater rerum ~atarum ANSELM (*Or.* 7) III 22; quia sicut nihil existit, nisi quod Deus facit, ita nihil ~atur, nisi quod filius sanctae Marie redimit EADMER *Virt.* 568B; cum Deus nichil sine ratione creaverit et ~averit, qui fieri potest ut credam sanctos patres . . quicquam preter rationem edicere? W. MALM. *GR* IV 334; proponat ei beneficia que contulit ei Deus creando et ~ando J. BURGH *PO* V 7. **b** plus est recreare quam creare . . . ex potestate ~antis infiniti erit quod presens sit cuilibet recreato . . oportet, quod recreator sit in recreato et ei fiat presens, si debeat stare in esse recreati, id est in esse gracie BACON *Mor. Phil.* 399; sicut esse nature se habet ad creatorem, sic esse gratie ad ~antem *Ib.*

2 to restore to a good or normal physical condition (esp. from state of weakness or exhaustion), to strengthen; **b** (fig. or in fig. context). **c** to supply (person) with food or sim. in order to restore him.

convaluit [infirmus] . . cito recreatis viribus ALCUIN *SS Ebor* 1202; algida privatis recreantes membra pupillis WULF. *Brev.* 581; licet . . sic possim sine famis molestia jejunare, satis . . possum . ., cum debeo, quantum expedit corpus alimentis ~are ANSELM (*Ep.* 243) IV 153; properaverunt ubi homines et jumenta potu ~ati sunt ORD. VIT. IX 14 p. 594; dulcibus mens sompniis languens recreatur P. BLOIS *Carm.* 5. 6. 1; [aves hiemantes] absque alimentorum juvamine . . occulto nature beneficio ~ate . ., tamquam a somnis experrecte, cum zephyris redeunt GIR. *TH* I 20; ubi et diebus aliquot ~andi respirandique gratia perendinavimus *Id. IK* II 12; **1205** ipsum equum de superesse marescalciari et †reovari [MS: recriari] faciatis *Cl* 40a. **b** a**705** delicatioribus solertiae cibis ~ando ad vegetam usque pubertatem provexisti *Ep. Aldh.* 7 p. 496; constantia . . vere fidei et amore benigni Jhesu ~ati ad monumentum ejus cucurrerunt ORD. VIT. X 20 p.

130. **c** benignus in pauperibus ~andis atque elemosina danda *Hist. Abb. Jarrow* 19; ~are, nutrire *GlC*
R 36; s**1346** conati sunt obsessos .. de victualibus ..
~are *Meaux* III 63.

3 to refresh (sense or person physically or
mentally).

flabat illis ventus cum suavissimo odore de fra-
grantia arborum, quo multum ipsi ~abantur (*Brendanus* 53) *VSH* I 127; s**1235** cum in virginis inspec-
tione visum aliquandiu ~assent, .. confirmaverunt
matrimonium M. PAR. *Maj.* III 319; tuus nos recreet
suavis aspectus J. HOWD. *Cant.* 317; hostia preclara,
Christus puer, agnus et ara, / hic presentatur: Symeon
videt et recreatur *Vers. Worc.* II 9.

4 to refresh, cheer (mind or spirit). **b** (refl.) to
take recreation, to recover one's spirits.

~atis animis iter moliti W. MALM. *GR* IV 383.
b [canonici claustrales] in ortis et gardinis congruis ad
hoc .. se ~ent, et non alibi (*Vis. Leic.*) *EHR* IV 308;
injungimus .. ut .. infra loca claustralia et gardinos ..
vosmetipsos ~etis *Ib*.

recreatio [CL]

1 (divine) re-creation, new creation.

tempus ~onis incepit ex quo Adam ejectus fuit
de paradiso BELETH *RDO* 95. 97; tanquam majoris
sit potentie gratia ~onis quam beneficium prime
creationis *Mir. Fridesw. prol.* 1.

2 act or means of restoring person to good
physical or mental condition by means of food,
drink, or rest, refreshment, recreation.

qui magna detentus egritudine ut asserebat, ad
Alexandretam ~onis gratia donec convaluisset dis-
cesserat ORD. VIT. IX 9 p. 537; **1234** ad refectiones
carnium aliasque necessarias ~ones .. de communi faciant procurari (*Vis. Bury*) *EHR* XXVII 733;
1234 precipimus ne aliquibus pateat facultas vescendi
carnibus nisi debilibus et egrotis et ~one indigentibus
(*Vis. Westm.*) *Ib*. 737; [fratres] noluerunt venire in
conventum post infirmitatem suam .. ne forte non
possent redire ad ~onem ECCLESTON *Adv. Min.* 89;
c**1305** humiliter supplicabat quatinus ad ~onem corporis et virium .. sibi licenciam concederet specialem
G. *Durh.* 52; s**1426** sicut somnus post vigiliam, ita
etiam ~o fratribus censetur necessaria post laborem
AMUND. I 215.

3 pleasurable activity intended to provide relaxation or refresh the spirit, pastime, entertainment; **b** (w. ref. to monastic relaxation).

1260 mandatum .. quod mittant aliquem batellum
cum vexillis ornatum et cum juvenibus .. qui in aqua
Thamesie .. ludere possint ad nostram .. ~onem *Cl*
76 m. 5*d.*; **1280** transmittimus vobis ad solatium et
~onem .. duos gerofalcones *Foed.* II 1075; **1341** pro
~one et deducti .. in gardinis (v. deductus 2b); ~onum
erant ei solacia aucupacio et venacio, quibus quociens
vacavit, .. multum indulsit WALS. *HA* I 328. **b 1526**
~ones honeste et religiose .. fiant infra libertates monasterii, funditus exclusis secularibus, duobus tribusve
diebus in ebdomada (*Vis. Thame*) *EHR* III 715; c**1530**
injungimus .. ut nullus vestrum exeat .. in parcum
aut alibi, ~onis immo potius vagacionis gracia (*Vis.
Leicester*) *Ib.* IV 308.

recreator [LL]

1 one who recreates or makes new (in quot.
of Christ).

Domine Jhesu, creator et ~or noster W. MALM. *GP*
V 251; sicut creator se habet ad creaturam, sic ~or
ad recreata BACON *Tert. Sup.* 74.

2 one who revives or restores to a good condition.

Domine Deus .., monstrator viae errantium, ~or
dolentium *Nunnam.* 78; erat .. viduarum consolator
.. pauperum ~or WULF. *Æthelwold* 28 (= ÆLF. *Æthelwold* 19); s**1056** ecclesiarum amator, pauperum ~or,
viduarum et pupillorum defensor M. PAR. *Maj.* I 525;
1336 pauperum ~orem, afflictorum consolatorem *Lit.
Cant.* II 115.

recreatorium [CL recreare + -torium], pas-
time, recreation (in quot. in title of book).
b place for refreshment or recreation.

Stephanus Hawse vel Hawes .. scripsit ~ium volup-

tatis BALE *Index* 415. **b** *recreacyon, hows of refreschynge*, ~ium, -ii, n. *PP*.

recreatrix [CL recreare + -trix], one who recre-
ates or makes new (f., in quot. of *BVM*).

sicut ergo Deus est Pater et Creator omnium, ita
haec Virgo est mater et ~ix EADMER *Virt.* 586B (= W.
MALM. *Mir. Mariae* 120).

recreatura [CL recreare + -ura], that which has
been created again, re-creation.

ut primogenitus creature sit idem primoregenitus
~ae COLET *Sacr. Eccl.* 56.

recreatus v. recreare, recredere.   **recreauntisa** v.
recreantisa.

recrebrescere [CL re- + crebescere], to become
frequent again.

signis ~entibus et prodigiis GIR. *IK* II 14.

recredentia [recredens *pr. ppl. of* recredere +
-ia; cf. credentia], bail, agreement by which
prisoner or hostage is released temporarily once
guarantee for his return is given.

1279 Johannes dedit ad ~iam .. Amanevo medietatem parve justicie de Lingonio et medietatem
pedagii ferri crudi cum fructibus inde perceptis *RGasc*
II 77a; **1295** [*the king of France shall deliver the king's
hostages under an understanding for their redelivery*] sub
~ia *CalCl* 451; **1314** ubi ~ia vel malleuta, secundum
foras et consuetudines partium illarum, dari debent,
denegate fuerunt *Foed.* III 505; **1361** tractatus .. super ~ia dictorum obsidum et elongancia terminorum
solucionis financie regis Francie *CalExch* I 199.

recredere [CL re- + credere; cf. AN *recreire*,
OF *recroire*]

1 (intr.) to admit defeat (in judicial combat).

1170 debet dim. m. quia ~idit de duello suo debet
dim. m. ad judicium *Pipe* 102.

2 to tire, exhaust, (in quot. p. ppl. as adj.
representing OF *recreü* p. ppl. of *recroire*) (of
horse) exhausted.

1290 pro .. equis conductis .. quis equi sui proprii fuerunt recruti per viam *Doc. Scot.* I 134; **1290**
pro restauro unius runcini .. qui quidem equus fuit
recreatus in servici regis (*AcWardr*) *Chanc. Misc.* 4/5 f.
45; **1295** de xj animalibus recrutis per viam in fugando
de partibus Scocie *Doc. Scot.* II 16; **1300** de iij equis
recrutis vend' per eundem ad diversa precia de equis
venientibus de partibus Gawed *AcWardr* 13.

3 to undertake to restore.

dominus S. de M. .. occupavit .. xv dolea vini que
dictus A. habebat penes se .. que vina dictus comes
solvere noluit vel ~ere dicto A. pro ipsis cuilibet
justiciam offerenti *V. Montf. app.* 319; **1283** bona ..
capta .. per gentes nostras .. restituatis .. et interim
omnia ~antur *RGasc* II 221b.

4 to release on bail.

1313 sibi .. justiciatum predictum tanquam heredi
.. deliberare vel saltem sibi ~ere secundum consuetudinem parcium illarum *RGasc* IV 1018; **1315** alioquin arrestatus cum caucionibus ~atur, nisi suspicio
appareret quare deberet teneri *Ib.* 1626.

recrementum [CL], waste product, (in quot.
~*um ferri*) slag.

~a ferri, *sinder LC* 261a.

recrescentia [CL recrescens *pr. ppl. of* recre-
scere + -tia], new growth.

1392 destruendo novam ~iam subbosci ibidem
IMisc 252/12/3.

recrescere [CL], (intr.) to grow again, to grow
back.

nam post legationem factam prior ad plenum recrevit capillatura GOSC. *Transl. Mild.* 21 p. 185; tempore
crescente caro consolidata recrevit, / obduxitque cutis
vulnera veste nova NIG. *SS* 1287; **1269** ne animalia ..
boscum intrarent ita quod subboscus ejusdem possit
~ere *SelPlForest* 48; **1295** ad assartandas spinas et
runcias qui recreverunt in assartis infra parcum *Min
Ac* 1090/3 r. 5.

recristare [CL re- + cristare], (arch.) to add new
coping, to recrest (wall or room).

1237 crestari faciat capellam .. et emendari faciat et
~ari aulam nostram *Liberate* 12 m. 14.

recroneum [CL re- + croneum, AN *recroin*],
cull (of old or weak animals), (in quot. *de ~o*) by
means of a cull.

c**1312** red' comp' de cclxx multonibus .. de quibus
.. mactantur pro lardar' de ~io pro expensis autump-
nalibus xx *LTR Ac* 19 r. 30*d.*; **1339** de iij s. .. de vij
vacc' debilibus de recron' *DL MinAc* 1091/6.

recronium v. recroneum.   **recrudere** v. retrudere.

recrudescere [CL], to break out again (also
fig.); **b** (w. *in* & acc.).

etenim re simul peracta, libidini non satis fit, sed
semper ~escit ALB. LOND. *DG* 6. 5. **b 1152** in filium
ejus ira ~uit ARNULF *Ep.* 7; si fonti liquentia superfun-
das, accessio transit in rivulis, si camino ignem adicias,
in ligna incendium ~escit J. SAL. *Pol.* 480C; **1179** in
me vehementius regis ira ~uit ARNULF *Ep.* 132.

recrutus v. recredere.   **recta** v. 2 rettum.

rectangulus, rectiangulus [LL]

1 right-angled; **b** (of triangle).

superficies ABGD equilatera est atque ~angula
ADEL. *Elem.* I 45; alia est tetragonus longus, estque
figura ~iangula sed equilatera non est *Id. Euclid* 148;
parallelogrammum ~angulum, cujus utraque latitudo
uni lateri quadrati AB equalis sit ROB. ANGL. (I) *Alg.*
82; ~angule magnitudines e distantia vise peripherie
apparent. sed quia ~angule figure .. non possunt esse
nisi equilatere .. quadrata per distantiam apparent
rotunda BACON *Maj.* II 114. **b** nunc demonstrandum est quomodo supra triangulum assignatum
sive ~angulum sive obtusangulum sive acutangulum
circulus continens fieri debeat ADEL. *Elem.* IV 5.

2 (as sb. n.) right angle, rectangle.

hec .. area vel ~angulum BG inscribitur, cujus simul latitudo GD dinoscitur ROB. ANGL. (I)
Alg. 82; differentie primi gradus equilaterum, inequi-
laterum. differentie secundi caudatum, incaudatum.
differentie tertii ~angulum obtusiangulum *Mus. Mens.
(Anon. VI)* 400; maculae .. Anglis *mascles* appellantur, plerumque confossae, non solidae, sed ~angulis
semper gaudentes SPELMAN *Asp.* 114.

3 (as sb. m.) name of an astronomical instrument, rectangulus.

~angulus domini Ricardi de Wallyngford ... in
artem componendi instrumentum ~anguli. ~angulum
.. concepimus ad rectificandum cursus et loca stellarum errancium et fixarum WALLINGF. *Rect.* 406;
~angulus omnium circulorum magnorum in spera solos diametros continet *Ib.* 414; termeni Arabici in
instrumento astrolabii: .. *isbaa* est scala ~anguli sive
quadrati ad capiendum altitudines W. WORC. *Itin.* 240.

1 rectare v. reccare.

2 rectare [CL rectus *p. ppl. of* regere + -are]

1 to govern, manage, rule.

1220 si terram suam de partibus nostris dominus
rex alicui ~andam commiserit *RL* I 139.

2 to maintain correctly.

1344 papatum Romanum et regalia sancti Petri, ac
jura ipsius ecclesie .. adjutor eis ero ad defendendum
et rettandum seu recuperandum contra omnes homines
Reg. Heref. 11.

rectatio v. 1 rettatio.

1 recte [CL]

1 in an upright position, vertically.

mulieres venerunt ad monumentum, nec flexerunt
genua sed ~e inspexerunt sepulchrum BELETH *RDO*
121. 126; signum ~e oriri dicitur cum quo major pars
.. equinoctialis oritur SACROB. *Sph.* 98 (v. oblique 1);
si .. partes sequentes ~ius oriuntur in zodiaco GROS.
23 (v. majoritas 4); in ascensu vere longa simplex
supra longam duarum perfeccionum ~e stat HAUDLO
126.

2 in a straight line or direct manner, squarely.
b (*ut ~ius*, w. *posse*) as directly as possible.

nunc ~e ad aethera . . luminum . . acies . . librant GILDAS *EB* 67; aratra eorum non ~e incedunt; oportet . . eum ad rectum haec tramitem revocare BEDE *HE* V 9 p. 297; **1283** ~ius procedit, **1289** prout ~ius itur (v. guttile); **1397** N. in defensu sui ipsius cum uno baculo . . percuciebat unum de . . latronibus . . ~e in capite per quod statim postea obiit *SelCCoron* 101. **b** clamores vestros . . ut ~ius potero, diligenter discutiam, opitulante Domino ORD. VIT. XII 21 p. 382; **1289** dehinc non eundo versus Motam . . set ut ~ius iri potest de . . gottili ad pratum *RGasc* II 436a.

3 correctly, accurately, without error, rightly; **b** (w. ref. to orthodox belief).

exameter ~ius dicitur an exametrus? ALDH. *Met.* 10 p. 82; de quo . . ~e ac veraciter dici potest BEDE *HE* V 8 p. 294; quia aquila ab acumine oculorum vocatur . . ~e per auream aquilam . . idem praeclarus vir totius sapientiae thesauro decoratus exprimitur WULF. *Æthelwold* 3; sed hec qui ~e judicare volet, consiliis ministrorum imputabit W. MALM. *GR* V 418; ~e semibrevis nuncupabitur minorata HAUBOYS 272. **b** si quis baptizatur ab heretico qui ~e Trinitatem non crediderit, iterum baptizetur THEOD. *Pen.* I 5. 6; omnis Christianus . . veram fidem semper intelligere ~e . . discat (*Cons. Cnuti*) GAS 303; **1556** ut universitas sit purgata hereticis, et non ~e de fide catholica sentientibus *StatOx* 364.

4 with moral rectitude, in conformity with right conduct.

Petrus a Deo Patre doctus ~e Christum confitetur; vos autem moniti a patre vestro diabolo inique salvatorem malis actibus denegatis GILDAS *EB* 109; qui recte vivunt concessa lege tororum ALDH. *VirgV* 88; quas si recte, si bene, si efficaciter ipso actu vultis reddere ANSELM (*Ep.* 243) IV 153; ipse in Normanniam ut ibidem omnia ~e et utiliter edomaret properavit ORD. VIT. IV 8 p. 237; c**1298** cum recte vivas, ne cures verba malorum (*Dunbar* 8) *Pol. Songs* 161.

5 in accordance with law or justice, justly, deservedly.

hoc manerium emit abbas . . a quodam taino qui terram suam ~e poterat vendere cui vellet *DB* I 177vb; sunt iv molini quorum medietas ~e pertinet ad praedictum manerium *Ib.* 182va; punit . . Deus ~e peccatores, non pro nihilo sed propter aliquid ANSELM (*Orig. Pecc.* 6) II 147.

6 with good reason, rightly, justifiably.

quam ~e me comparasti stulto illi ANSELM (*Resp. Ed.*) I 135; quia . . quondam archiepiscopatui Eboracensi subjecti, ad tempus non excurrerunt nostrum, ~e in referendo proprium non occupant locum W. MALM. *GP* III 116.

2 recte v. rectus.

rectificabilis [ML rectificare + -bilis]

1 that can be straightened.

sequitur quod infinitum sit reliquo majus; quia rectificaret Deus lineam girativam (cum sit secundum se totam ~is) et pretendat ipsam in infinitum versus oriens WYCL. *Log.* II 147.

2 that can be corrected or remedied.

quodammodo ~e est, minus ergo malum est quando subtilis [cibus] precedit J. MIRFIELD *Flor.* 150.

3 that can be regulated.

licet ex se posset conformare potenciam conformabilem sive ~em aliunde DUNS *Ord.* I 215; quod est regulativa potencie practicantis aliunde quam a se ~is *Ib.* 225.

rectificare [ML < CL rectus + -ficare]

1 to make straight, straighten (also fig.). **b** to set on a straight course (w. play on sense 2). **c** to make level.

Christus lignum [i. e. baculum] illud ante obliquum sic ~avit, quod nullum vestigium obliquitatis in eo apparuit (*Samthanna* 17) *VSH* II 258; rectificatque / curvum, que rectos solet incurvare dicta H. AVR. *Hugh* 844; sequitur quod unum infinitum sit reliquo majus; quia ~aret Deus lineam girativam . . et pretendat ipsam in infinitum versus oriens WYCL. *Log.* II 147; s**1461** per ipsum ~abatur linea stirpis regie, que per sexaginta annos . . stabat . . sub obliquacione *Reg. Whet.* I 412. **b** stella set errantem maris Evam rectificavit GARL. *Mor. Scol.* 332. **c** perpendiculum basis vocatur filum quod in superficie columpne

appenditur cum modico pondere, ad ~andum situm tocius rectanguli WALLINGF. *Rect.* 416.

2 to set right, correct, remedy, restore to a proper state, reform; **b** (person); **c** (error); **d** (defective state).

~ate sunt mensure vini . . et pannorum M. PAR. *Abbr.* 216; **1258** quod . . ordinetur ~etur et reformetur status regni nostri (*Foed.*) *SelCh* 372; ad ~andum officia sacerdotum (WYCL.) *Ziz.* 262. **b** correptio est dispositio ad correctionem . .; correctio est ipsum [hominem] ~are HALES *Qu.* 510; licite ~are clericos et prelatos delinquentes *Plusc.* XI 5. **c** **1268** errorem . . ~are volentes *Cl* 479; si autem in aliquo defeceris, cum cote vel lina potest ~are ODINGTON *Mus.* 85; ~are debet errorem *Ziz.* 256. **d** cynamomum ~at omnem putrefactionem . . . sic et devota ad Deum obediencia omnia humana deformia reformat . . et sordida purgat KILWARDBY *Jejun.* 172; magis malum est quando subtilis [cibus] sequatur quoniam corrupcio numquam ~atur per subsequencia J. MIRFIELD *Flor.* 150.

3 to direct, guide, rule; **b** (w. play on sense 1b). **c** to determine correctly (*cf.* MED *s.v. righten* 5b).

papa regit Petri navem . . . / sortiti nomen qui sunt a cardine, cursum / navis rectificant GARL. *Tri. Eccl.* 141; logica uno modo dicitur 'domina scientiarum', in quantum ~at omnes alias sciencias, sicut manus ~at se et omnia alia membra BACON XV 196; illa [regula] que cor ~at [ME: *riwleð*] et complanat ut sit sine convexo aut concavo . . . hec regula est semper interior et cor ~at [ME: *richteð*] *AncrR* 5–6; constituimus loycam nostram tanquam regulam ~antem scripturam WYCL. *Form.* 219. **b** dicunt doctores quod in statu innocencie ~asset intellectus judicium sensus sic quod non vagaretur errabundus ut modo WYCL. *Ver.* II 24. **c** ad ~andum cursus et loca stellarum . . WALLINGF. *Rect.* 406.

4 (alch., med.) to rectify, purify, refine, distil.

ceraton fit de oleis vel aquis ~atis 6 per alembich M. SCOT *Lumen* 266; ~ando sanguinem ad sui nutrimentum exprimendo aquositatem *Ps.*-RIC. *Anat.* 38; immo ignis id [sc. aurum] humectat, decorat, et ~at DASTIN *Ros.* 3; cum sale combusto bene ~ato RIPLEY 152; ignis extrahitur a vino . . et ~etur per crebras distillaciones quousque phlegma aqueum . . ab eo auferatur *Ib.* 163.

rectificatio [LL]

1 (act of) making straight.

rectificata maxima linea mundi haberet duo extrema cum medio et proporcionem finitam ad quamlibet ejus partem, manens continue causata, ut mundus. hec tamen ~o est impossibilis WYCL. *Log.* III 47.

2 (act of) setting right, remedying, restoration to a correct state, correction; **b** (person); **c** (defective state).

1380 requisivimus . . quatinus . . universa in statum pristinum et debitum repararent. . . pro ~one eorum que non recte innovata fuere, zelati sumus BEKYNTON I 84; s**1461** de titulo regis Edwardi Quarti ad regimen regni; deque fractione ipsius, ac eciam ~one *Reg. Whet.* I 413 (cf. ib. 414: quod fractum fuerat, iterum bene consolidabat). **b** de conversione infidelium aut de ~one malorum Christianorum BACON *Tert. sup.* 11; ad ~onem sacerdotum debemus ardenter consurgere, ne paucorum facinus sit multorum perdicio (WYCL.) *Ziz.* 262. **c** complexio bona convertit materiam corruptam ad ~onem BACON IX 21.

3 guidance, direction.

[regula] una circa direccionem, altera . . circa exteriorum ~onem *AncrR* 5.

4 rectification, purification, distillation.

~onis novissima signa sunt candor et crystallina serenitas BACON *NM* 547; debet . . cum reliquis fecibus vij ~onum calcinari in terram crystallinam RIPLEY 340; donec sit bene subtiliata per naturalem ~onem omnium elementorum *Id. Axiom.* 116.

rectificativus [ML rectificare + -ivus]

1 restorative.

electuariis frigidis in estate, in hieme calidis odoriferis ~is aeris et nebularum et aquarum GILB. VII 361. 2; nisi fermentetur compositum confortativum . . nec ~um franget nocumentum nocivi aut dulce dulcificabit amarum BACON IX 116.

2 that regulates.

si noticia divina esset practica, ipsa esset ~a vel regulativa in volicione divina DUNS *Ord.* I 225.

rectificatrix [rectificare + -trix], one who or that which regulates or forms according to a rule (f.).

~ix [v. l. modificatrix] est musica GROS. 2 (v. modificatrix).

rectilineus [LL], (of figure or angle) bounded or formed by straight lines.

quando que angulum continent due linee recte fuerint, ~eus angulus nominatur ADEL. *Elem.* I def. 9; ~ee figure sunt que rectis continentur lineis, quarum quedam trilatere tribus rectis lineis, quedam quadrilatere quattuor rectis . . lineis concluduntur *Ib.* def. 20; quilibet item angulus ~eus est in infinitum major anulo contingentie NECKAM *NR* II 173 p. 301; demonstrationes geometrice de lineis rectis et angulis ~eis competunt in radiis visualibus et angulis quos constituunt KILWARDBY *OS* 77; in angulo contingencie, qui si infinicies abscindatur ab angulo ~eo, nunquam tamen eum consumit totaliter PECKHAM *QA* 116; superficialium quidam est ~eus et quidam obliquilineus WYCL. *Log.* III 48.

rectilogus [CL rectus + -logus < -λoγos] right-minded.

plane patet quod oportet omnem philosophum ~um ponere talem formam WYCL. *Form.* 179.

rectiloquus [CL rectus + -loquus], who speaks correctly. **b** (as sb. m.) person who speaks correctly or says what is right.

in campos veterum procurrens carpere flores, / rectiloquos ludos pangeret ut pueris ALCUIN *Carm.* 42. 6. **b** ut faciunt ~i *Ziz.* 468; per istos assertores et omnes ~os, sacra scriptura sufficiens est de utilibus ad salutem BUTLER 413.

rectio [CL = *act of directing*], condition of being straight or perpendicular, straightness, perpendicularity.

perpendiculum, id est instrumentum quo plumbo a filo, et gnomone pendente, ~o sive obliquitas operis perpenditur, hoc est, examinatur P. VERG. *Invent.* III p. 210.

rectitudo [LL]

1 straightness. **b** (in ~inem or sim.) in a straight line, vertically. **c** upright position, erectness.

rigor, ~o *GlC* R 188; per merita virginis sue ipsum curavit et digitos et manum contractam in naturalem reformavit ~inem *Mir. Fridesw.* 70; in ~ine bonitas operis, in curvitate notatur operis perversitas HALES *Qu.* 489; ~o et curvitas . . que collocantur sub figura BACON *Maj.* II 6; linea contingenter respicit ~inem et curvitatem OCKHAM *Quodl.* 393; s**1454** si velit . . mihi pater . . benevolus existere vultumque retractum in recurvum iterum in ~inem revocans *Reg. Whet.* I 134. **b** omnis nota aut sub regula oritur et regulam transgreditur aut sub regula oritur et usque ad regulam deducitur aut in regula oritur [nota] et in ~inem extenditur . . . regulam voco lineam . . que plumbo facta manum scriptoris rectam ducit J. TILB. *AN* 319; vena . . ad cor cum venit in ~ine diafragmatis transmittit ramos ad ipsum nutriendum *Ps.*-RIC. *Anat.* 44 p. 33 (cf. 41 p. 27: perpendiculariter); venit [vena] in ~inem ascellarum *Ib.* p. 34; deinceps ab eodem in ~inem cujusque spondilis duo alii separantur rami *Ib.*; non est procedere in infinitum secundum ~inem T. SUTTON *Gen. & Corrupt.* 154. **c 1100** qui . . stans jacenti ad sullevandum manum porrigit, nunquam jacentem eriget, nisi et ipse curvetur. caeterum quamvis casui propinquare inclinatio videatur, statum . . ~inis non amittit (*Lit. Papae*) *Conc.* I 379a; ad similitudinem Dei factus est homo ut in corpore propter venustatem, decorem, ~inem *Eul. Hist.* I 18.

2 moral straightness or uprightness, goodness, virtue.

si . . mores . . tuos in ~ine ac simplicitate servare studueris BEDE *HE* V 12 p. 309; quos a via ~inis exorbitantes in viam justitie reducere gestiebat EADMER *V. Osw.* 14; sicut boni . . pravos ad ~inem . . student incitare, sic perversi . . rectos ad pravitatem . . nituntur incurvare ORD. VIT. III 3 p. 51; indicens actioni ~inem ne sit reprehensibilis J. SAL. *Pol.* 760c; bonitati vel ~ini divine nichil est contrarium BACON VII 100;

s**1423** laudesque referens ex visceribus pro incurvabili ~ine vestra AMUND. I 80.

3 correctness (of thought, expression, or practice).

balbis .. ~inem loquelae largiendo, claudos .. incolomitati pristinae restituendo ALDH. *VirgP* 34; a**702** apostolicam fidei ~inem .. servare (*Lit. Papae*) W. MALM. *GP* V 221; non est illi aliud veritas, quam ~o ANSELM (*Ver.* 2) I 178; ~o hujus praxis 'amare Deum' necessaria est ... sed ~o hujus praxis 'colere Deum in sacrificio altaris' est contingens; quandoque .. est actus rectus, ut modo, quandoque non, ut in Veteri Testamento DUNS *Ord.* I 182; **1326** volentes .. hujusmodi opiniones sophisticas amputare et nostrae intencionis ~inem singulis explicare ex habundanti *Lit. Cant.* I 202.

4 justice, fairness. **b** (w. *facere* or *tenere*) to deal justly, judge fairly. **c** executed justice, judgement, sentence. **d** that which fulfils justice, penalty, satisfaction.

juxta canonicae ~inis normam WILLIB. *Bonif.* 5 p. 24; intellexit vir acrioris ingenii unius tantum partis auditis allegationibus non debere proferri sententiam. .. videbatur ejus responsio in ~inem propensior W. MALM. *GR* II 199; correxit id divina ~o .. succedente Athelwoldo *Id. GP* II 75; patienter ferre nequeo, quod meam michi ablatam hereditatem perspicio et violentia prevalente omnis michi denegatur ~o ORD. VIT. X 8 p. 52; ~inem .. et satisfactionem pro reatu legitimam offerebant *Ib.* XIII 23 p. 61; **1224** ut eorum quilibet in te ~inem regie dignitatis agnoscens, non metuat in sinu tuo ponere causam suam (*Lit. Papae*) *RL* I 540. **b** **1106** de domibus .. et annonis viridis .. fiat ~o justo judicio comitatus (v. annona 1a); monachis ~inem faciens, super altare vadimonium suum posuit ORD. VIT. V 13 p. 402; tene ~inem nobis et nos tuis juste optemperabimus jussis *Ib.* VIII 10 p. 322; nisi ad judicium ~inem facturus remearet, publicum hostem judicavit *Ib.* XI 3 p. 170; si R. .. aliquam calumpniam inde fecerit, facite ~inem inter eos *Feod. Durh.* 145n. 1. **c** si quis ~inem devitans effugiat, solvat illud simpliciter .. qui eum ad illud jacture servavit (*Cons. Cnuti*) *GAS* 195; in centenariis necnon et in aliis placitis volumus ut puplica ~o teneatur vel decernatur .. et ut inducietur donec perficiatur (*Ib.*) *Ib.*; amodo paciamur hominem quemque .. puplica ~ine dignum esse et ut illi justum judicium judicetur (*Ib.*) *Ib.* 309. **d** a**1083** domino nostro regi offer ~inem per amicos et per fideles internuntios LANFR. *Ep.* 53 (57); dixi me libentes facturum illi ~inem si qua culpa in me adversus illum inveniretur ANSELM (*Ep.* 176) IV 59; nisi sapientes majorem illi ~inem judicent (*Cons. Cnuti*) *GAS* 89; iratus .. precepit .. ut de illata injuria ~inem ab eo sumeret G. MON. VIII 19; de tantis injuriarum tuarum cumulis senatus ~inem petere decrevit *Ib.* IX 15; **1221** recepturi emendationes et rectituri [? l. rectitudinem] de injuriis nobis ab eis illatis *RL* I 177.

5 right, privilege.

aut nulla libertatis ~ine dignus habeatur [AS: *oðđe he ne beo æniges freorihtes wyrðe*] (*Cons. Cnuti*) *GAS* 323; taini lex est, ut sit dignus ~ine testamenti sui [AS: *bocrihtes*] (*Quad.*) *Ib.* 444; si tainus provehatur ad consulatum, sit postea dignus ~ine comitis et honore. et si *massere* ascenderet, ut ter magnum suum, fuit deinde taini dignus ~ine [AS: *þegenrihtes weorðe*] (*Ib.*) *Ib.* 459; et si barones sunt qui judicia non habeant in hundredo ubi placitum habitum fuerit, ad propinquiorem ecclesiam ubi judicium regis erit, determinandum est, salvis rectitudinibus [v. l. salvo jure] baronum ipsorum (*Leg. Ed.*) *GAS* 633; c**1160** salvis ~inibus corone *Ch. Sal.* 32; inquisivit utrum ecclesie ejusdem ville antiquitus decima ab illis hominibus daretur, nolens sc. eam sua ~ine minuere pro alicujus donatione sibi suoque loco oblata *Chr. Abingd.* II 143; c**1360** cum omnibus suis pertinenciis, ~inibus esscaetis et aysiamentis *Reg. Newbattle app.* 16 p. 302; a**1530** ceterasque possessiones et ~ines et libertates *Reg. Paisley* 89.

6 that which is owed as custom by right or as penalty; **b** (paid as service); **c** (w. ref. to homage to king).

899 ut illi qui hanc terram habeant sint fideles et amici episcopo et suam ~inem quam *circsceat* et *saplsceat* dici solet et *to began byrg* reddant *CS* 580; **10..** de telonio dando ad Bylyngesgate: .. homines de Rotomaga, qui veniebant cum vino vel craspice, dabant ~inem sex solidorum de magna navi *EEC* 155; omnibus annis deinceps reddantur Dei ~ines in omnibus rebus (*Quad.*) *GAS* 261; rex .. dedit ecclesiae Christi .. omnes exitus ejusdem aquae ab utraque parte fluminis, ita ut natante navi in flumine cum plenum fuerit, quam longius de navi potest securis parvula super terram projici debet a ministris ecclesiae Christi ~o navis accipi *Text. Roff.* 37; c**1200** noverit .. nos .. confirmasse .. omnes decimas et obventiones et ~ines .. quas de eisdem villis .. percipere consuevit *MonA* II 419b; c**1230** quieti sint .. [de] ~inibus et de omnibus mercatis *Melrose* 176; si forte aliquis deforciaret domino regi ~inem suam, archiepiscopi, episcopi, et archidiaconi debent eum justiciare *Const. Clar.* 13. **b** dent unum equum in servitio regis et pro forisfactura faciebant ~ines in Forham *DB* I 197rb; qui .. simul habuit uxorem et concubinam, nemo presbiter faciat ei ~inem [*Inst. Cnuti*: servitium] (*Cons. Cnuti*) *GAS* 349; post illum annum faciat omnes ~ines que ad eum attinent (*Quad.*) *Ib.* 447; universe persone regni qui de rege tenent in capite .. sequuntur et faciunt omnes ~ines et consuetudines regias *Const. Clar.* 11. **c** ut, secundum judicium .. suorum baronum, in curia sua ~inem ei faceret, constringere voluit [Willelmus]; sed id agere, nisi in regnorum suorum confiniis, ubi reges Scottorum erant soliti ~inem facere regibus Anglorum .. nullo modo Malcolmus voluit FL. WORC. II 31.

rectituri v. rectitudo.

rectivus [CL rectus+-ivus], that directs or regulates.

non nego tamen quod eadem sit sui ~a et aliarum. logica enim sic est sibi et aliis communis quod ipsa est dispositiva et ordinativa tam sui quam aliarum KILWARDBY *OS* 581.

recto v. rectus.

rector [CL]

1 one who or that which steers or guides. **b** guide (of horse), rider. **c** (~*or navis* or sim.) helmsman, ship's captain.

erret .. homo exterior .. prout animo ~ore ducitur GIR. *EH pref.* p. 223. **b** equus .. ~ore carens .. laxatis habenis fugientes preveniens urbem ingressus est ORD. VIT. IX 5 p. 532. **c** j liber homo Edricus ~or navis regis (*Norf*) *DB* II 200; quo congressu ~or de galeata regis percussus interiit OSB. BAWDSEY clxxvi; obstupescente navis ~ore qui ad aplustre residebat, ventis et astris invigilans W. CANT. *Mir. Thom.* IV 50; s**1190** ascribitur navis regimini ~or unus doctissimus, et xiiij ei vernule electi in ministerium supputantur DEVIZES f. 29; seipso usus clavo, remige et velo, idem navis et ~or ejus MAP *NC* II 19 f. 30v; mandamus quod eligatis duos magistros ~ores ad eas [galias] regendas *Pat* 52b; **1222** firmarius debet invenire navem et ~orem navis *Dom. S. Paul.* 68; **1312** ~orem navis illius [de Herewyk'] et nautas ejusdem capiendo et .. carceri mancipando *RGasc* IV 689.

2 one who directs, superintends, or is in charge of (also w. obj. gen.), leader. **b** (in mil. context) commander. **c** (eccl., ~*or chori*) cantor, precentor, leader of choir.

qui vulgo irrationabili absque rectore factus [murus] non tam lapidibus quam caespitibus non profuit GILDAS *EB* 15; c**1212** nullus quidquam ex eis [sc. possessionibus] contra ~ores ejusdem operis †detenire presumat *Ch. Chester* 273. **b** Balad .. ingentem exercitum aggregavit et contra Christianitatem quam sine ~ore putabat festinavit ORD. VIT. XI 26 p. 249; pro absentia regis .. comes .. trevias acceperat .. finito .. termino treviarum omnis plebs .. ~ore viduata quid ageret ignorabat *Ib.* XIII 22 p. 59. **c** cantor .. tenetur interesse regimini chori ad missam cum ceteris ~oribus chori ... in omni duplici festo ~ores chori de cantibus injungendis et incipiendis tenetur instruere *Offic. Sal.* 3; eodem die inchoata sequencia precentor cum quatuor ~oribus chori vestibulum introeat *Process. Sal.* 88; statio ad vesperas ante crucem in sabbatis per estatem duo cantores sive ~ores chori *Ib.* 96.

3 one who rules, governs or has authority over (often w. obj. gen.); **b** (divine); **c** (w. ref. to queen bee). **d** one invested w. royal authority on behalf of another, regent.

exin Britannia omni armato milite, militaribus copiis, rectoribus licet immanibus .. spoliata GILDAS *EB* 14; **801** crede .. nobilissimi patris tui, ~oris et imperatoris populi Christiani, benedictionem te consequi ALCUIN *Ep.* 217; **948** Edmundus rex Anglorum ceterarumque gentium .. gubernator et ~or *CS* 869 (=W. MALM. *GR* II 143); Soldanus apud Persas qui apud Romanos Augustus, totius Orientis et omnium Saracenorum ~or W. MALM. *GR* IV 360; beata est .. secundum sententiam Platonis respublica cujus ~or est philosophus *Ib.* V 449. **b** expectantes a justo ~ore omnium Deo carnificibus severa quandoque judicia GILDAS *EB* 11; ~orem mundi Christum regem .. et apostolos rogemus *Ps.*-BEDE *Collect.* 383; monarchum mundi, ~orem [*gl.*: gubernatore[m], dispensatorem] poli ALDH. *VirgP* 40; clementissimus humani generis ~or servis suis condoluit ORD. VIT. VIII 6 p. 304; attende quam benignus creator, quam munificus munerator .. quam providus ~or .. J. FORD *Serm.* 15. 5; quando ~or mundi [ME: *weldinde*] voluit sic esse pauper, incredulus est qui nimis diligit et cupit divicias seu bona mundi *AncrR* 96. **c** quando .. rex earum [apum] nequit volare, tunc ferunt ipsum turba apum, et si fuerit ~or vivus, mares erunt in una parte et femine in alia. .. ~ores autem duorum sunt modorum, unus est niger et alius est rubeus et hic melior est ... ~ores .. apum raro pungunt BART. ANGL. XII 4. **d** **1216** sigillo comitis W. Marescalli, ~oris nostri et regni nostri *Pat* 3; s**1217** Marescallus .. regis et regni ~or, congregavit exercitum grandem M. PAR. *Maj.* III 30; **1217** teste comite W. Marescallo ~ore nostro et regni nostri *RL* I 8; s**1417** jussit ergo regni ~or [sc. dux de Bedfordia] ut responderet conformiter ad objecta WALS. *YN* 485.

4 (eccl. & mon.); **b** (w. ref. to bishop); **c** (w. ref. to rector of parish, sts. dist. from *vicarius*); **d** (of religious order); **e** (of monastery).

elegit .. reges, pontifices, duces, decanos, praepositos caeterosque ecclesiae suae ~ores, qui .. gregem Deo renatum .. regerent cum justicia B. *V. Dunst.* 2; dignus qui animarum ~or esset qui se ipsum regere nosset. itaque prius .. abbas, deinde .. episcopus W. MALM. *GP* V 247. **b** hunc Deus omnipotens praesenti rector ut esset / ecclesiae dederat (*Epitaph. Episcopi*) *Epigr. Milredi* 811; praesul et insigni clarissime dignus honores, / .. / mente meos sensus stolidos tu conspice, rector *De lib. arb.* 67; Calixtus revocavit [oblationes] ad medium, sc. ad apostolice sedis ~oris publicum usum W. MALM. *GR* V 435; tibi .. Dorobernie civitatis archiepiscope .. omnes ecclesias Britannie earumque ~ores subicimus (*Lit. Papae*) *Id. GP* I 36; Luxovium ~ore caruit et dominicus grex pastore digno carens lupinis dentibus patuit donec illi .. Johannem .. episcopum destinavit ORD. VIT. X 19 p. 117. **c** s**1269** excommunicaverunt .. omnes qui .. manus violentas in ~ores aut clericos injecerunt *Leg. Ant. Lond.* 123; s**1291** qui taxaverunt per sacramentum virorum ecclesiasticorum viz. ~orum, vicariorum, et capellanorum parochialium B. COTTON *HA* 198; **1300** parochiales ecclesie ac ipsarum curati seu ~ores *Reg. Carl.* I 127; **13..** quilibet ~or seu vicarius aut alius beneficiatus *Conc. Scot.* II 64; hic ~or, *a person, persun WW*. **d** quicquid loquitur a ~ore ordinis et a toto conventu audiatur LANFR. *Const.* 174; G[ilbertus] de Sempingham primus ordinis illius institutor et ~or *Canon. G. Sempr.* f. 122; **12..** pastorem et patrem ac nostri ordinis ~orem concessus .. (*Const. Fratrum de Penitentia*) *EHR* IX 123. **e** quingentorum circiter monachorum archimandrita et ~or [*gl.*: i. gubernator] extiterat ALDH. *VirgP* 38; Ælfstano huius triumphi bajulo, summi Augustini auguste domus ~ore GOSC. *Transl. Mild.* 17; Guntardus coenobita .. post obitum Rodberti abbatis Gemmeticensibus ~or datus est ORD. VIT. IV 10 p. 244; non veritus ipse abbas et ~or lapides et cementum ad fabricam apportare, panes coquere, aut ceteras mundicias facere HIGD. VI 23 p. 170 (=KNIGHTON I 37).

5 (acad.) master, rector: **a** (of school); **b** (of college). **c** (of university) chancellor. **d** (at Oxford or Cambridge) proctor. **e** regent, Master of Arts presiding over disputations in the Schools.

a a**1108** ~oris scolarum de Abyrnethyn et coram cetibus totius universitatis .. ibidem degentibus *E. Ch. Scot.* 14; **1255** damus et una hanchia venacionis et unus leporarius inventi fuerunt in domo magistri H. tunc ~oris scolarie Huntidon' *SelPlForest* 21; **1321** ~orem scholarum gramaticalium civitatis nostre Cantuariensis *Educ. Ch.* 260. **b** **1412** omnes gardiani, custodes, prepositi, et ~ores collegiorum *Stat Ox* 222; **1442** ~oris sive custodis et scolarum collegii beate Marie et Omnium Sanctorum in Oxonia *FormOx* 467; **1449** per ~orem collegii *Cart. Osney* III 242. **c** **1451** episcopus Glasguensis ac successores sui .. sint ~ores, cancellarii nuncupati, qui habeant supra doctores, magistratos, et scolares, ac alios de universitate studii .. potestatem *Mon. Hib. & Scot.* 383b; **1549** ~or Universitatis Sancti Andreae *Conc. Scot.* II 84. **d** c**1250** duo ~ores per cancelarium et magistros deputati una cum duobus burgensibus juramento astricti congruam domorum faciant taxacionem in publicam scripturam redigendam per eosdem *Stat. Cantab.* 205; s**1327** ~ores et procuratores dicte universitatis [Oxonie] *Ann. Paul.* 332; c**1340** ~ores uni-

versitatis Cantebrigie .. vos [cancellarium] .. rogamus quatinus citetis .. scolarem .. infra jurisdiccionem vestram commorantem *FormOx* 131. **e** magistri regentes in decretis et legibus, et duo ~ores pro artistis AD. MARSH *Ep.* 192 p. 347; c**1497** injungat .. magister omnibus sociis quod .. eligant duos ~ores, viz. unum fratrem minorem et alium magistrum de universitate .. qui .. auctoritatem .. habeant scolaribus .. supervidendi *Deeds Balliol* 309.

6 master of a craft-guild.

non aldermannis sed ~oribus singulorum misterorum bille misse fuerant per majorem *MGL* I 41.

rectoratus [ML < CL rector+-atus], rectorship, office of rector.

1431 solvat .. rectori .. pro tempore ~us sui .. xl s. *Reg. Heref.* 239.

rectoria [ML < CL rector+-ia]

1 benefice held by a rector; **b** (dist. from *vicaria*).

1271 in domibus spectantibus ad ~iam istam *SelC Cant* 261; **1271** qui ad ~iam .. fuerit admittendus *Ch. Sal.* 357; s**1363** papa pluralitates revocavit, decernens .. sufficere clerico ~iam cum quatuor prebendis WALS. *HA* I 298; **1417** super reparacione mansi sive domuum ~ie dicte ecclesie *Wills N. Country* I 16; **1460** citetur rector de K. ecclesie qui eandem [scolam] regere .. deberet ad docendum quo jure dictam ~iam possidet *Reg. Moray* 270; **1556** pecunie, que ex fructibus ~iarum per .. reges dimissarum *StatOx* 367. **b** appropriavit sibi .. de primo anno primos fructus, tam de episcopatibus, abbatis, prioratibus, prebendis, ~iis, vicariis, quam de ceteris minutis beneficiis *Flor. Hist.* III 131; utrum octo mesuagia .. sint libera eleemosyna pertinens ad ~iam vel vicariam *G. S. Alb.* III 41.

2 house belonging to a rector, rectory.

1365 insultum fecit prefato Johanni in ~ia ecclesie beate Marie *Pl. Mem. Lond.* A10 m. 20; **1378** pro gardinibus infra ~iam *Ac. Durh.* 387; fractis hostiis et fenestris tam ipsius ecclesie quam ~ie .. in .. ecclesiam .. se intrusit THORNE 1979.

rectrix [CL regere+-trix]

1 (as adj.) that which corrects or puts right.

preparet exitui sordes compunctio, mentem / evocet os, rectrix pena dietet eam GARL. *Epith.* III 384.

2 (as sb.) one who rules, governs or has authority over (f.; also w. obj. gen.); **b** (eccl. & mon.); **c** (in list of words).

virga illi in manu, ~icis dignitate pretenta, croceo vel cereo colore prelucida GOSC. *Transl. Mild.* 30 p. 199; titulus filie regis: ~ix orbis terrarum FORTESCUE *NLN* II 2; mater virgo pia titulo domus ista Maria / est tua dos propria sua sis rectrix ope dia R. ESK 46; **1513** teste Katerina Anglie regina ac generali ~ice ejusdem *ConfirmR* 49. **b** **1291** ecclesia de Falle priorissa de Ambresbury ~ix *Taxatio Ecclesiastica* (1802) 188a; **1342** domina priorissa et conventus ibidem ~ices sunt ejusdem ecclesie (*Vis. Totnes*) *EHR* XXVI 116. **c** hic rector, -oris, ~ix, -cis OSB. GLOUC. *Deriv.* 493.

rectula [LL], etym. gl. on *regula*.

per allegoriae regulam [*gl.*: regula dicta quod sit recta quasi ~a] ALDH. *VirgP* 15 (*cf.* Isid. *Etym.* XIX 18. 2).

rectum v. reccus, rectus, 2 rettum.

rectus [CL]

1 straight, not crooked. **b** (anat. w. *intestinum*) rectum (also as sb. n.). **c** (mus., of ligature) upright, whose second element is higher than the first and third. **d** (fig.).

murum .. construebant .. ~a ab oriente in occasum linea BEDE *HE* I 12 p. 27; linea ~a est ab uno puncto ad alium extensio ADEL. *Elem.* I 4; sigillum beate Marie herba est que facit hastam ~am et folia aspera et spissa *SB* 39. **b** anus .. ~um intestinum nuncupatur RIC. MED. *Anat.* 224 (v. 1 anus b); quod ~um et longanon appellatur omnium intestinorum infimum est D. EDW. *Anat.* A 4. **c** duplex est ligatura, ~a et pendens. ligatura ~a est quando prima figura est inferior secunda vel quando ultima quadrata est inferior penultima HOTHBY *Cant. Fig.* 331. **d** per virgam vero ideo rhetoris sermo accipitur, quia, sicut virga, ~us esse et flexibilis in oratoribus debet justitie et veritatis tenor ALB. LOND. *DG* 9. 4.

2 (of a route or motion) straight, direct, that proceeds in a straight line; (abl. *~a via* or sim.) by a direct route, straight; **b** (fig. or in fig. context, also w. play on senses 7 and 8). **c** (of argument) that proceeds directly from premise to conclusion. **d** (abl. as adv.) straight, directly.

~issimo callis tramite tenus usque perrexit FELIX *Guthl.* 24; protinus et rectum capiunt vestigia gressum WULF. *Swith.* I 1431; s**1009** venit .. exercitus paganorum ad Sanduuic et ~a via perrexerunt Cantuareberi *AS Chr.*; de callibus ~is quae habent per civitatem introitum et exitum, quicumque in illis forisfecerit regi emendabit *DB* I 2ra; rectum gressum refert domum qui accessit loripes W. MALM. *GP* II 86; columna ignea .. navem ~o cursu ad litus perduxit *Ib.* IV 184; ibis cum tuis ~a via ad cellam tuam (*Ita* 24) *VSH* II 125; claudus fingitur [Vulcanus] quia ignis numquam ~us sed anfractuosus incedit ALB. LOND. *DG* 10. 4. **b** a ~o religionis tramite errabundis anfractibus exorbitans ALDH. *VirgP* 38; a ~o veritatis tramite divertunt BEDE *HE* V 21 p. 338; insulam .. ritus sacrilegos adhuc anhelantem, ad ~um tramitem inflectens W. MALM. *GR* I 76; musice cantilene modulamina ~o sillabarum tramite lustrare *Id. GP* V 195; quid esset opus facto ut Britones sui a denuo conversi ~um callem ecclesiasticarum observationum ingrederentur *Ib.* 215. **c** in utroque processu, sc. ~o et reflexo, premissa est aliquo modo notior et prior conclusione T. SUTTON *Gen. & Corrupt.* 66. **d** **1201** eos duxerunt ~o in boveriam *CurR* I 381.

3 (of succession) direct: **a** (w. *linea*); **b** (w. *heres*).

a illi etenim qui ~a linea descendunt semper illis preferuntur qui ex transverso veniunt GLANV. VII 3; omnes .. quotquot a communi stipite .. descendunt .. per lineam ~am in infinitum sunt heredes recti et justi *Fleta* 370. **b** quidam .. dicere volebant filium postnatum ~iorem esse heredem quam nepotem GLANV. VII 3; **1254** V. F. de M., ~us heres Giraudi de P. *RGasc* I 335a; **1266** donec nos vel heredes nostri terram et redditus predictos ~is heredibus reddidimus [*sic*] *Cl* 191; **1430** reversione spectante ad ~um heredem .. Willelmi *Feod. Durh.* 34n; manerium .. cedat .. ~is heredibus .. Johannis *FormA* 412.

4 directed squarely, facing directly. **b** (*oculis ~is*) with direct gaze.

hostis es et civis, hec ~a fronte repugnant / juncta sibi melius, civis, amicus erunt J. SAL. *Memb.* 1007C. **b** ~is oculis super pontificem intendere non valebat EADMER *HN* p. 30; nescio quo aut invidie vel superbie spiritu idem inflatus, ~is oculis me intueri non poterat *Chr. Battle* 190.

5 (math., of angle) formed at the junction of two lines perpendicular to each other, right. **b** (as sb. m. or n.) right angle.

earum .. alia est rectangula unum angulum ~um habens, alia obtusangula aliquem angulum obtusum habens ADEL. *Elem.* I *def.* 22; quoniam omnis area quadrilatera et ~orum angulorum, ex multiplicatione sui lateris cum unitate semel, unam obtinet radicem ROB. ANGL. *Alg.* 82. 15. **b** angulus .. qui ~o major est obtusus dicitur ADEL. *Elem.* I *def.* 11; propter hoc quod angulus talis hexagoni valet ~um et tertiam recti BACON *Maj.* I 161.

6 (gram.): **a** (w. *casus*) nominative, not subject to grammatical modification. **b** (w. *substantivum*) in the nominative case. **c** (as sb. m.) nominative case.

a illa nomina quae ~o casu .. superius congessimus ALDH. *PR* 136. **b** substantivum obliquum potest adjungi alii substantivo oblico, et ~um obliquo, ut 'capa Sortis' BACON XV 49. **c** equivocatio te non decipiat; quam in obliquo reperies, et non in ~o GIR. *TH* II 17.

7 correct, proper, true, agreeing w. facts or standards; **b** (of belief). **c** (mus.) normal (as dist. from altered, double-length). **d** normal, voiced (as dist. from a rest). **e** (of death) natural (as dist. from violent).

Brettones quamvis .. catholicae ecclesiae statum pascha minus ~o .. inpugnent BEDE *HE* V 23 p. 351; sicut ~us ordo exigit ut profunda Christianae fidei prius credamus, quam ea praesumamus ratione discutere ANSELM (*CurD* I 1) II 48; imperiis ejus [sc. grammatice] se recta locutio subdit / .. grammaticus recta contentus erit, logicusque / vera, rhetoricam nobile schema juvat NECKAM *DS* X 53; **1216** faciendo ~as et debitas consuetudines de predictis mercandisis *Pat* 2; **12..** multociens vidit afferre mensuras .. in curiam prioris, sc. rasuras et galones, et quando ~a erant signo prioris signari *Feod. Durh.* 299. **b** p**675** unitatem fraternitatis ~ae fidei sectatores ALDH. *Ep.* 4 p. 482; fidem ~am et orthodoxam exposuimus BEDE *HE* IV 15 p. 239; catholicus, ~us *GlC* C 75; laus bone vite et ~e doctrine ORD. VIT. VIII 20 p. 390. **c** ~a .. brevis est que unum solum tempus continet GARL. *Mus. Mens.* 1 p. 37; quandocumque due minime inveniuntur inter duas semibreves perfectas, vel habentes valorem duarum semibrevium perfectarum, una est ~a, sc. prima et secunda altera *Fig.* 41; omnis nota preter largissimam vel est ~a vel altera, vel secundum alios vel est minor vel est major WILL. 24. **d** omnis discantus tam voce ~a quam omissa reguletur HAUBOYS 184. **e** de ~a morte sua *PlCrGlouc* 82, **1276** per ~am mortem (v. mors 1e).

8 morally right, righteous (also as sb. n.). **b** (as sb. m.) righteous person.

ad ~um vitae iter differtur conversio GILDAS *EB* 36; si tu recta facis, ne cures verba malorum ALCUIN *Carm.* 62. 90; ana, i. sursum vel equale si ~um interpretatur *Alph.* 10. **b** viribus invisis sanctos in calce perimo / rectos ex armis propriis prosternere nitor BONIF. *Aen.* (*Superbia*) 266; sicut boni .. pravos ad rectitudinem .. student incitare, sic perversi .. ~os ad pravitatem .. nituntur incurvare ORD. VIT. III 3 p. 52; ~us .. merito est vocatus, quia sanctus cogitatione, verax locutione, justus vixit operatione W. DAN. *Sent.* 57 p. 324.

9 just, fair, lawful. **b** (as sb. n.) that which is just, justice. **c** (*aliquem de ~o requirere*) to demand justice of someone.

nos geminas olim genuit natura sorores, / quas jugiter rectae legis censura gubernat ALDH. *Aen.* 23 (*Trutina*) 2; primi parentes nostri .. immortalitatem .. ~o Dei judicio perdiderunt (*Lit. Papae*) BEDE *HE* I 27 p. 54; omnis .. actio que fit ~a, id est justa voluntate, ~a est; .. si vultis cognoscere que vestra voluntas sit ~a, illa .. est ~a quae subjacet voluntati Dei ANSELM (*Ep.* 414) V 360; supra ~am weram [AS: *rihtwere*] .. due libre emendantur (*Quad.*) *GAS* 467; justas leges et ~a judicia .. divitibus et pauperibus eque sanxit ORD. VIT. IV 3 p. 177. **b** homo qui inimicum suum residentem scit non ante impugnet eum, quam sibi ~um postulet (*Quad.*) *GAS* 75; si ille cujus armis malefactum est se adlegiare audeat .. Dei ~um est (*Ib.*) *Ib.* 363 (cf. ib. *Cons. Cnuti*: justum secundum Deum); per homicidium in ecclesia, per Dei ~um diffortiatum (*Leg. Hen.* 87. 6a) *Ib.* 602. **c** non ante impugnet eum, quam ipsum ter et per bonos plegios de ~o requirat (*Leg. Hen.* 82. 1) *GAS* 598.

10 (*~um facere*, *~um tenere* w. dat.) to do justice, give satisfaction, make amends.

DB I 182vb etc. (v. facere 18a); a**1088** si aliquis sibi aliquam inde fecerit injuriam, vos illi ~um facite (*Ch. Regis*) ELMH. *Cant.* 349; c**1096** ibi ~um teneant aliis et justitiam suam habeant *CalCh* IV 287; si aliquis supervenerit qui rectum in predicta terra clamet, et oportuerit me regis justitia seu alterius primatis coactum inde ~um tenere *Chr. Rams.* 273; ipsum .. quia plenarium sibi ~um non fecerat ad divinum examen provocavit ORD. VIT. VIII 27 p. 448; **1206** preceptum est quod teneat appellantibus ~um in curia sua *SelPlCrown* 53.

11 (*~o* or *ad ~um*): **a** (w. *esse*, *stare*, or *venire*) to appear in court to defend one's suit. **b** (w. *habere*, *reddere*, or sim.) to produce (someone) in court to stand trial.

a si ipse [sc. Willelmus] in ea [sc. terra] aliquid reclamaverit, sit ipse abbas inde ad ~um termino convenienti *Chr. Rams.* 217; c**1117** ponantur per plegios omnes illi homines qui eam ceperunt; ut sint ad ~um regi quando eos habere voluerit (*Lit. Reginae*) ELMH. *Cant.* 354; quicumque autem alium plegiaverit de stando ad ~um .. si non habuerit eum ad ~um pro plegiatione illa incidet in misericordiam GLANV. X 5; nullum .. fugitivum .. de terra regis receptabunt in Scottia .. nisi voluerit venire ad ~um in curia regis et stare judicio curie DICETO *YH* 397; **1219** acceptis ab eis plegiis de stando ad ~um, si quis versus eos loqui voluerit *CurR* VIII 42; A. fugit pro timore .. et redeat et det plegios standi ~o *PlCrGlouc* 48. **b** si latro plegiatus aufugiat, et plegius infra xij menses possit eum rehabere, reddat eum ad ~um (*Quad.*) *GAS* 203; quodsi aufugeret, et dicerent, quod non possent habere eum ad ~um, daretur eis terminus .. xxx dierum et

unius diei (*Leg. Ed.*) *Ib.* 645; quodsi rectati fuerint, ad ~um in hundredo eos habebunt (*Leis Will.*) *Ib.* 519; **1202** ad eos justificandos et ad ~um producendos *CalCh* I 380; ipse est cruce signatus et iter suum arripuit ita quod non potest habere eum ~o *PlCrGlouc* 57; **1227** Robertus de Bello Campo debet xx m. quia non habuit homines suos ad ~um *LTR Mem* 9 m. 8*d.*

12 (as sb. n.) law, body of law.

nec parcant pro aliqua re populi ~um recitare (*Quad.*) *GAS* 139; ut habeantur in anno burgmotus ter et scyremotus bis, et intersit presul comitatus et aldermannus, et utrumque doceant Dei ~um et saeculi (*Ib.*) *Ib.* 203; vetus ~um .. est, ut pro omni furata pecunia, secundum precium ipsius anticipacio detur (*Cons. Cnuti*) *GAS* 391; **1275** idem Judeus excommunicatus est, secundum legem et consuetudinem Judaismi ... Judeus pro culpa sua juxta ~um et consuetudinem Judaismi dudum excommunicatus fuerit *SelPlJews* 87.

13 justice as administered, judgement.

si quis sit mortis reus et ad ecclesiam confugiat, vitam habeat et emendet, sicut ~um sibi consulet (*Quad.*) *GAS* 91; si quis eum difforciet, sint ambo unius ~i digni (*Ib.*) *Ib.* 221; si quis eum defendere presumat, sint ambo unius ~i digni (*Ib.*) *Ib.* 337.

14 claim, right of claiming, right. **b** (*breve de ~o*) writ of right, writ to recover land or real property on an assertion of best title to it. **c** that which is owed, dues, duties.

c**1162** W. de Mundevilla concessit abbatie de Rufordia omne recte [*sic*] suum et calumpniam quam habuit in terra de Cratela (*Ch. Rufford*) *Thoroton Soc.* XXX 394; **1167** Aelina uxor Roberti .. debet xx m. pro ~o domus sue et terre de Lunt q. requiruntur in Essexa *Pipe* 3; R. filius N. reddit compotum de xl m. pro ~o feodi x militum *Pipe* 13; c**1195** ita quod nec predictus R. nec aliquis heredum suorum in domo aut terra predicta amodo aliquod ~um clamabunt *Ch. Chester* 244; facta est summonitio .. ut audiretur querela et ~um comitis de Clara *BRAKELOND* f. 136; **1225** recognovit ~um ejusdem Hugonis de iiij maneriis *BNB* III 69; quod in jure scripto jus appellatur, id in lege Anglie ~um esse dicitur *Fleta* 370; **1458** salvis .. cuilibet partium .. suis titulo, accione, et ~o, que habet propter aliquam evidenciam arreragiorum (*Lit. Regis*) *Reg. Whet.* I 305. **b** super una hida in Dumeltune, quam clamabat per breve de ~o tenere de domo Abbendonie *Chr. Abingd.* II 236; breve .. de ~o nunquam vertitur per narracionem ad breve proditum super possessione *Fleta* 309; qui jus habet in tenemento .. poterit illud petere per breve de ~o vel per naturam brevis de introitu *Leg. Ant. Lond.* 41; **1296** M. relicta H. G. .. tulit breve de ~o per quod peciit dotem suam de sexaginta et quatuor acris terre *SelPlMan* 122; **1307** recuperavit per judicium curie .. super .. brevi de ~o .. quod breve supremum est et alcioris nature quam istud breve de forma donacionis vel aliud breve *Year Bk.* I (*Selden Soc.* XVII) 3; breve istud est quoddam breve de ~o, per quod quod iidem J., L. et H. nituntur recuperare coram justiciariis officium predictum *MGL* I 365. **c** villani ~um est varium et multiplex .. in quibusdam terris debet dare landgablum (*Quad.*) *GAS* 445; qui Dei ~a contratenendo, fecerit homicidium (*Leg. Hen.* 13. 11) *Ib.* 558.

15 oath or pledge, wager of law.

postquam aliquis dissaisitus legem vel ~um domino suo vadiaverit .. saisitus esse debet (*Leg. Hen.* 53. 6) *GAS* 574.

recubare [CL]

1 to recline; **b** (w. ref. to *Joh.* xiii 23).

non in lecto sed juxta sedens vel ~ans cum esset in camera vestitus et cinctus parum quiescebat *V. Edm. Rich B* 617. **b** merito super pectus ejus ~at quem majore ceteris sapientiae et scientiae singularis munere donat *BEDE Hom.* I 9. 46.

2 to lie down (for rest or sleep).

stratis recubans porcaster .. / juncis *ALDH. VirgV* 2779; ~ans in lectulo jacebat *BEDE HE* IV 14 p. 233; huic in somnis tempore gallicinii .. antistes adstitit, dicens "idcirco te in stratu tuo ~ante visito .." *WULF. Æthelwold* 42; juxta hos sub duabus fornicibus ~ant due seniores imagines ex marmore *GREG. Mir. Rom.* 13; tenellus pusio somno pregravante equo delabitur ibique ~ans securus malorum totus soporatur *V. Kenelmi* 5; exercitu .. in castellario quodam .. pernoctante, his duobus simul .. ~antibus *GIR. EH* I 4; brachia palma pedes telluris matris adorant / cogna-

tum gremium, quo recubare petunt *GARL. Epith.* III 152.

3 (tr.) to lay or fix in place again, to re-lay.

1285 in petra molendini ~anda (*Ac. Adisham*) *DC Cant.*; **1291** in stipendiis unius plumbarii sursumtrahentis tabulas occidentalis partis magne turris et ~antis easdem et soudantis eas *KR Ac* 479/15 m. 2; **1321** circa lapides trahendos, portandos et ~andos *KR Ac* 482/3 m. 2; **1357** pro petris in eadem brecka [stagni molendini] removendis et ~andis *MinAc* 507/8226 m. 4*d.*

recubatio [CL recubare + -tio], act of relaying, laying or fixing in place again.

1321 in xij operariis circa remocionem et ~onem meremii et lapidum laborantibus *KR Ac* 482/3 m. 1.

recuberare v. recuperare.

recubitare [CL recubare + -itare], to lie down, recline (repeatedly).

notandum quod similiter ex omnibus verbis supradictis dicuntur frequentativa .., dicimus enim ~o, -as, decubito, -as *OSB. GLOUC. Deriv.* 91.

recubitor [CL recumbere, recubare + -or], one who reclines (on).

ille pectoris Domini ~or *BEDE Luke* 407.

recubitus [LL]

1 act of reclining or lying down; **b** (w. ref. to *Joh.* xiii 23).

~us, A. *syttynge or lyynge WW.* **b** ~um illum sacrum super pectus Jesu J. *FORD Serm.* 45. 2; non est veritus recumbere in sinu Jhesu discipulus ille quem .. diligebat Jhesus. plane ille .. vis minus habet reverentie, plus fiducie W. *NEWB. Serm.* 825.

2 something to recline on; **b** (w. ref. to *Matth.* xxiii 6).

regem a paupere distantem habitu / et sceptro, sedibus, mensa, recubitu *WALT. WIMB. Carm.* 372. **b 1159** in domo domini mei primos ~us non usurpo J. *SAL. Ep.* 110; primos in cenis ~us *ELMH. Cant.* 200.

recubus [cf. CL recubare + -us], recumbent, reclining.

antistes sanctus, qui tecta a matre rogatus / virginis intrabat recubamque ex more salutat *ALCUIN SS Ebor* 1128.

recudere [ML < CL re- + cudere], to refashion, hammer out by beating or striking; (in quot. fig. w. ref. to literary composition); **b** (transf., of muse).

tale prorsus miraculum in vita beatissimae virginis Amelbergae quam nostro stylo ~imus legitur *GOSC. Werb.* xxiii; unum ex inventis stilo nostro non ~imus, sed eisdem verbis quibus illud antiquitus dictatum legitur subnectimus *Id. Milb. pref.* 201n; mentis in incude studiose cude, recude, / denique quod deceat excude *VINSAUF PN* 1615. **b** mutescunt muse, torpent velut ore Meduse / nude, confuse, saxoque rigente recuse [*gl.:* repercusse] *GARL. Mor. Scol.* 18;

recuditura [OF *recosdre, recoudre* < CL re- + consuere + -ura], (act of) sewing again, repairing by sewing.

1290 pro reparacione viij mantellorum, iiij caparum, et iiij coopertariorum que submersebantur .. xxvj s. viij d. pro ~a dictorum mantellorum, capparum, et coopertoriorum *Househ. Eleanor* 66.

1 recula [CL], small object, trifle, bauble, (pl.) bits and pieces.

jam vestes et reculas suas in fascem colligaverat *GOSC. Transl. Mild.* 37 p. 208; recula, parva res *OSB. GLOUC. Deriv.* 506; aperta est arca quedam reculas [v. l. regulas, *gl.:* beubelés vel *jueus*] multimodas continens, .. apisces, infulas, pillea .. *BALSH. Ut.* 53; sicut sanari dicitur de hac liba, de ~a, de ferro, de medico R. *ORFORD Reprob.* 39; *lytyl thyng,* recula, -e *PP.*

2 recula v. 2 regula.

reculare [ML < CL re- + culus + -are; OF *reculer*], (intr.) to move or start back, retreat.

equo insideat [sc. equitaturus] neque .. recalcitranti

neque ~anti [*gl.:* ~ant] neque recursanti *NECKAM Ut.* 99.

reculcare [CL re- + calcare; cf. CL inculcare], to trample on again, go over again: **a** (fig.) to repeat. **b** (transf.) to depress.

a ne ~are videar que a clarissimo preoccupata sunt ingenio W. *MALM. GP* I 47. **b** multum repletur ista vena quare ~antur spiritus, et fit putrefactio *GILB.* VII 325. 2.

reculpare [CL re- + culpare], to blame or find fault with (person).

tunc oportet ut die congruo xxx consacramentales habeat, quorum nullus in aliquo ~andus sit (*Leg. Hen.* 66. 9a) *GAS* 586.

recumbere [CL]

1 to recline, lie on (in quot. w. ref. to *Joh.* xiii 25); **b** (in fig. context).

ostendunt quia .. discipulus ille quem diligebat supra pectus recubuerit *BEDE Hom.* I 9. 46; tanti apostoli, qui super pectus Domini ~ere dignus fuit *Id. HE* III 25 p. 184; tu ille Johannes, cui familiare fuit ~ere supra illud gloriosum pectus *ANSELM (Or.* 11) III 42; ego sum Johannes .. qui supra pectus Domini in cena recubui (*Mir. Ed. Conf.*) *Anal. Boll.* XLI 126. **b** ut eos .. mater ecclesia in suo sinu ~entes non videat *GILDAS EB* 26; hanc [ecclesiam] celesti Domino supplex commendo et in ejus gremio ~ere desidero *ORD. VIT.* V 3 p. 308.

2 to lie down (for rest or sleep). **b** to lie down again, to go back to bed.

intra oratorium ad corpus sanctum recubuit *ORD. VIT.* IV 15 p. 278. **b** ciphum .. ille surgens cepit .. et deinde regrediens in cubiculo recubuit (*Brendanus* 12) *VSH* II 274.

3 to recline or be seated at table.

ante usum stopadiorum [*l.* stibadiorum] in tribus lectulis ~ebatur *GlC* T 259; juxta ducem ~bat quem rex ipse partibus de cena dignatus fuerat W. *MALM. GR* II 144; sacrista laicus .. in futuro sedeat et ~at in prandio ad mensam generosorum *Stat. Linc.* II 179.

4 (fig.) to sink into (w. *in* & acc.).

convivia vertuntur in lamenta ... intentio epularum ~bit in exitium *GOSC. Mir. Iv.* lxii.

recumpensatio v. recompensatio.

recuperabilis [ML < CL recuperare + -bilis], that can be restored or repaired (also as sb. n.). **b** restored, recovered.

quoniam et illud erit ~e *ANSELM (Ep.* 12) III 116; de his .. quia fuerunt ~ia, minus est fortasse dolendum *EADMER Breg.* 833B; quicunque aliquam ex navibus per quampiam inertiam .. corruperit, et tamen ~is sit *GAS* 255; **1479** per decidencium firmarum burgalium .. prout fides facta fuerat de non ~ibus super compotum *ExchScot* 634. **b** sic medicinatur puero virtus deifica .. ut .. reperiatur sanus ... ita pueri ~is exstiterat elegantia ut rectus sedens .. caperet .. thymi folia *HERM. ARCH.* 30.

recuperabiliter [ML recuperabilis + -ter], with the possibility of recovery or restoration, so as to be recoverable.

illa [libertas] .. quae caret rectitudine, alia caret ~iter, alia irrecuperabiliter *ANSELM (Lib. Arb.* 14) I 226; noto secundo quod libertatum alia est per se ut Dei, alia creata, et talis est multiplex, quedam habens rectitudinem, quedam carens .. carens quedam caret ~iter, quedam irrecuperabiliter *WYCL. Quaest. Log.* 245.

recuperamen [CL recuperare + -men], (act of) regaining, recovery.

s**1429** super tam gratioso ~ine sui juris *AMUND.* I 272.

recuperantia [CL recuperans *pr. ppl.* of recuperare + -ia], regaining of possession, recovery.

1435 priorem requirebat quatinus .. dignaretur eundem [heredem] .. ad terras et possessiones .. quas pater suus .. dum viveret, tenebat .. erant in manibus .. prioris .. propter defectum ~ie veri heredis per spacium unius mensis *Cop. Pri. S. Andr.* 112.

recuperare [CL]

1 to recover (something lost, confiscated, or sim.), regain possession of something (from); **b** (money); **c** (land); **d** (person); **e** (absol. or ellipt.).

1166 pro ~andis libris quos G. magistro P. .. commodaverat J. SAL. *Ep.* 168 (167 p. 94); quare tunc dentes non producuntur nec amissi ~antur *Quaest. Salern.* P 123; **1372** repertum est in curia quod W. A. ~et versus tenentes ville unam garbam sigittarum [*sic*] *Hal. Durh.* 113. **b 1253** licebit dicte Licoricie ~are totum debitum predictum ccc li. super heredes suos *SelPlJews* 19; **1296** W. S. pro auxilio habendo ~andi debita sua dabit domino priori dim. marce *Hal. Durh.* 8; **1333** xxiij s. iiij d. quos rex ~avit hic in curia versus eundem Robertum *LTR Mem* 105 m. 169; pecunia namque restitui ac ~ari potest, fama autem vix aut nunquam *Regim. Princ.* 121. **c 1145** si forte eveniret quod ipse H. vel heredes sui terram illam ~arent *Ch. Chester* 71; tenebat . terram .. quam super comitem de Clara ~averat GIR. *RG* I 9; petivit auxilium, quo regnum amissum ~are quivisset M. PAR. *Maj.* I 57; **1256** sexaginta acris .. quas dudum ~avimus versus quosdam burgenses nostros de E. (*Scarborough*) *BBC* 334; s**1357** respondit rex .. quod licet ipse perdiderat terras antecessorum suorum pro tempore, ipse ea [*sic*] ~aret cum Deus voluerit KNIGHTON II 95. **d** de fugitivo, si ~atus fuerit *DB* I 26ra; propter peccata nostra ipsum amisimus, si eundem volumus ~are, certe ut ad penitentiam convertamur .. admonemur BELETH *RDO* 102. 107; tali modo ~avit ipse uxorem suam *SelPlCrown* 136; hic semper in luctu manebo donec filium meum ~o *G. Roman.* 296. **e 1219** si Henricus amittat per assisam, ~et versus Ricardum *CurR* VIII 82; BRACTON 176b (v. imbladatio).

2 to recover, regain (w. abstr. obj.); **b** (health or sim.). **c** (feud. w. *seisina*) to regain possession (w. gen. or *de* & abl.).

ut hanc [imaginem] quam in primo parente perdidimus, per gratiam ejusdem Conditoris ~emus in nobis BEDE *Gen.* 29; qualiter .. provincia Orientalium Saxonum fidem, quam olim exsufflaverat, ~averit *Id. HE pref.* p. 7; c**1225** [numerum cuniculorum] recuberabit (v. chova); domina mea, sancta Maria, quando ~abo tam grande quod nunc perdo gaudium? AD. EYNS. *Visio* 4; mox eundem honorem ~avit RIC. HEX. *Stand.* f. 37; gens Hibernica .. pristinam libertatem ~avit GIR. *TH* III 42; s**1345** circa ~anda et defendenda jura nostra hereditaria (*Lit. Regis*) AD. MUR. *Chr.* 165; **1382** David de Lyndesay, ex eo quod non ~avit statum et possessionem terrarum suarum ante festum Sancti Martini *ExchScot* 102; palmam et candelam, designantes victoriam de hoste ~atam *Drama* I 166. **b** accidit ut venissent Wintoniam .. viginti sex egri causa ~ande sanitatis ÆLF. *Swith.* 11; unde puer et calorem et salutem ~avit *Natura Deorum* 54; post modicum tempus ~ata plena sanitate accessit ad tumbam sancti, gratias agens Deo *Canon. G. Sempr.* f. 150v; **1341** pro mora sua ibidem causa convalescencie ~ande, xl s. *Ac. Durh.* 542; sic ~ant visum *SB* 34. **c** c**1209** quando saisinam terrarum Richesmundesire ~avi *Ch. Chester* 339; **1249** tota curia dicit super sacramentum suum quod .. R. majus jus habet in predicta terra quam aliquis alius. et ideo ~et saisinam suam *SelPlMan* 21; **1293** per considerationem ejusdem curie ~asset [rex Norwagie] seisinam suam versus .. episcopos .. de quibusdam redditibus *RScot* 19a; s**1313** Hospitelarii ~averunt seysinam de terris et tenementis militum Templi *Ann. Exon.* 20v.

3 to restore, revive, renew; **b** to restore (person) to health or vigour (also in spiritual context). **c** to bring back into use, re-establish (law, institution, or sim.).

ut pristini fraternitatis affectus quos praeteritorum evolutis annorum circulis .. copulasse denoscimur, recenti .. memoria ~entur et recalescant ALDH. *Met.* 4; in quibusdam .. coeptum deseruisti amorem, quem nisi ~averint, lucis eos promissae munere privabo BEDE *Apoc.* 137C. **b** restat ut quotquot ad salutem vitamque ~amur aeternam non hoc nobis ipsis .. tribuamus BEDE *Hom.* I 4. 21; **751** proposui aliquantulum .. fessum senectute corpus requiescendo ~are BONIF. *Ep.* 86 p. 193; cum perditi fuissemus culpa nostra, .. bonitate tua .. ~asti nos ALCUIN *Dub.* 1031C. **c 747** statuimus ut per annos singulos canonorum decreta .. in sinodo legantur et ~entur BONIF. *Ep.* 78 p. 163; Pippinus .. coepit .. synodalia confestim ~are instituta ac canonica .. instaurare mysteria WILLIB. *Bonif.* 8 p. 45; **1166** nec video quibus .. possitis uti instrumentis ad ~anda vel conservanda jura ecclesie vestre J. SAL. *Ep.* 148 (177).

4 to make up for, compensate for.

formice in estate majora ferunt onera quam sunt eorum corpora, unde parvitatem corporis ~ant magnitudine virtutis UPTON 162.

5 (leg.): **a** (*ad loquelam ~are*) to revoke a plea. **b** (inf. as sb. n.) right of recovery by legal action. **c** (*~are habere*) to be allowed to recover or regain possession of, to receive redress or amends.

a in omni curia .. si cui imponitur quod in placito dixerit aliquid quod ipse negat se dixisse, nisi possit per duos intelligibiles homines de auditu convincere, ~abit ad loquelam suam (*Leis Will.*) *GAS* 511; **1203** J. .. et A. reddunt compotum de ij m. ut ad loquelam suam ~are possint *Pipe* 99. **b 1243** vocaverunt Johannem ad warantum, salvo ~are suo, versus Willelmum le Zuche *CurR* XVII 2276; **1262** recapietur in manu regis sine lite salvo eciam regi ~are suo si idem R. aliquid occupaverit quod per cartam regis ad ipsum non pertineat *Cl* 52; **1395** ipse non est eadem persona versus quem primum ~are talliatum fuit *RParl* III 335a. **c** dimittetur tenens .. ita ut petens tale ~are habeat versus eum .. si iterum inde placitare voluerit GLANV. I 32; habuit ~are suum versus priorem BRACTON f. 260; **1285** breve per quod donator haberet ~are suum deficiente exitu satis est in usu in cancellaria (*Stat. Westm.*) *StRealm* I 72; **1272** consideratum est quod predictus S. habeat ~are suum versus dictum N. de predictis xl s. cum lucro *SelPlJews* 63; **1292** quod heredes .. habeant suum ~are per breve de vasto .. et quod recuperent tenementa vastata et dampna *RParl* I 79a.

recuperatio [CL]

1 (act of) recovery or regaining: **a** (possession); **b** (person).

a multum per omnem modum ecclesia aucta est, in ~one viz. plurimarum terrarum, quas .. laici tenentes in haereditatem sibi vindicabant EADMER *HN* p. 263; **1340** in ~onem terre sancte (*Lit. Regis*) AVESB. f. 88b; s**1356** pro quorum [regni et corone Scocie] ~one magnos et graves labores hucusque sustinuimus (*Ch. Ed. Ballioli*) AVESB. f. 132; **1437** J. B. pro factura unius instrumenti super ~one carbonum decimalium de Fulforth ij s. *Ac. Durh.* 233; de .. puella .. que causa fuit ~onis regni *Plusc.* VI *prol.* p. 5. **b** expectat usque adhuc piissimus pater, quam de filii ~one festivus tam de filii foris adhuc stantis introductione sollicitus J. FORD *Serm.* 66. 7; plures nuncios .. per regionem .. miserunt, ut venirent sequi patronum suum et pro ejus ~one contenderent (*Abbanus* 50) *VSH* I 31.

2 (leg.) recovery of possession, right, or sim. by means of legal process, form of conveyance. **b** right to reopen legal process.

ut ipsi pro ~one suarum hereditatum quas calumniabantur primum haberent ictum certaminis ORD. VIT. XIII 43 p. 127; c**1162** jure suo sibi in partis alterius ~one salvo per omnia permanente G. FOLIOT *Ep.* 294; **1340** pro nostri defensione et nostrorum ~one jurium, compellimur ad arma recurrere (*Lit. Regis*) AVESB. f. 88b; **1573** quod ipse duo messuagia .. dare possit et concedere, alienare, aut cognoscere per finem vel per ~onem in curia nostra coram justiciariis nostris de Banco apud Westmonasterium *Pat* 1107 m. 36. **b** dicunt .. quidam quod non nisi custum et expensas et primum breve amittet, loquelam autem non; sed de novo placitum incipiet. alii dicunt quod loquelam versus adversarium penitus amittet sine omni ~one GLANV. I 32.

3 recovery of or restoration to: **a** (office); **b** (health or vigour); **c** (good relations).

a praecipit .. ut nullam haberem communionem cum illis qui de manu vestra investituras acceperunt ecclesiarum .. nisi .. sine spe ~onis quod acceperant desererent ANSELM (*Ep.* 308) IV 230; **1119** qui investitus fuerit honore quo investitus est absque ulla ~onis spe omnimodo careat (*Conc.*) ORD.VIT. XII 21 p. 276. **b** nisi his [vinculis peccatorum] relaxatis membrorum posse ~one sanari BEDE *Mark* 147B; 'hanc [Mildretham] requirendo recipies non solum vite sospitatem sed etiam diuturnitatem.' .. bis hec vidi et audivi per somnium mee ~onis solamina GOSC. *Transl. Mild.* 30 p. 199. **c** domina, .. via reconciliationis, aditus ~onis ANSELM (*Or.* 7) IV 20; amicos suos, qui eos in necessitate adire poterant, sine spe ~onis prescindunt et penitus evellunt NIG. *Ep.* 18.

4 (act of) repairing, restoring, rebuilding.

856 exceptis tribus, expeditione videlicet pontis arcisve ~one *CS* 491; **1485** pro .. ~one troni in scalis, cordis, et aliis reparacionibus *ExchScot* 338.

recuperativus [CL], that relates to or involves recovery.

959 rex Offa .. ~iva privilegia .. scribere jussit *CS* 1048.

recuperator [CL], one who regains or recovers (in quot. of Christ).

florem .. prolapsi ~orem mundi praefigurantem ALDH. *Met.* 1; inclina aures tuas ad populi vota .. ut .. a te ~orem suum sensus semper attollat intentos EGB. *Pont.* 65; per Jesum Christum servatorem et ~orem nostrum ALCUIN *Liturg.* 470A.

recurrere [CL]

1 to run or move back or in reverse; **b** (w. ref. to acrostic or telestich). **c** (*~entibus litteris*) by return of post.

scimus .. quod ubi hoc aequor aestuare coeperit, ipsa hora aliud incipiat ab aestu defervere; et hinc videtur .. quia recedens aliunde aliorsum unda ~at BEDE *TR* 29; de quo plura vetat narrari Musa recurrens / carminis ad finem ALCUIN *SS Ebor* 1393; reciproco .. i. recurrere OSB. GLOUC. *Deriv.* 501. **b** utriusque operis prefationem versibus ~entibus ingeniose intexuit, ut in illo 'de virginum laude' singulae istius versus litterae 'metrica tirones nunc promant carmina castos' singulos versus prefationis a capite ad finem inchoarent, eedemque per numerum versuum retro acte eundem versum effingerent W. MALM. *GP* V 196. **c** ?**1167** super statu vestro .. orans attentius ut vestris ~entibus literis michi fidelius innotescat J. SAL. *Ep.* 211 (210); **1167** paternitatem vestram affectuose sollicitamus, ut ~ente littera [v. l. ~entibus litteris] et nuntio per vos citissime audiamus .. si fecerit vobiscum Deus quod facere consuerit sperantibus in se BECKET *Ep.* 322; discretioni vestre supplicamus attentius, quatinus .. consilium vestrum ~entibus litteris .. velitis .. impartiri DICETO *YH* 137; ~entibus litteris nos velitis instruere, quare in causa ista procedere non possitis P. BLOIS *Ep.* 83. 259B.

2 to return (to point of origin); **b** (fig.). **c** to recur. **d** (*in sese ~ere*) to turn in on itself.

si vivat, redeat, nidosque recurrat ad almos ALCUIN *Carm.* 57. 19; astriferas .. glorificus recucurrit ad arces FRITH. 16; dux ab incepta virtute cito defecit, et mollitie suadente ad lectum et quietem avide ~it ORD. VIT. VIII 5 p. 299; quum enim alie stelle tarde ad ortus suos ~ant, Mercurius .. octavo decimo die in ortu suo invenitur ALB. LOND. *DG* 9. 5; totus .. sermo a principio per tramites suos ad idem principium decurrebat et ~ebat P. CORNW. *Panth. prol.* 41; sic procedendum est usque finem tabule; qua completa, ~endum est ad principium N. LYNN *Kal.* 201. **b** hec de rege ad presens succincte memorasse sufficiat, jamque ad destinatum narrandi ordinem sermo ~at EADMER *HN* p. 45; licet ordinatio episcoporum ad sanctum et primam sedem ~at W. MALM. *GP* I 11. **c** omnia quae ad solis et lunae, mensis et septimanae consequentiam spectant, eodem quo prius ordine ~unt (*Lit. Ceolfridi*) BEDE *HE* V 21 p. 341; sub abbate quoque scollando, post plurima anniversaria ~ente ejusdem natalicii solennitate GOSC. *Lib. Mild.* 9. **d** dumque palam timet internum spirare dolorem, / in sese gravius ira recursa fuit *Latin Stories* 210.

3 (w. *ad*) to have recourse to, fall back on.

~ere .. aliquando usque ad lectiones illas .. necessarium duximus GILDAS *EB* 106; aquis cessantibus, ab omnibus ad necessaria explenda ad vinum ~ebatur *G. Steph.* 19; ?**1167** ad eum ~ens meditatio qui nos in omni tribulatione consolatur J. SAL. *Ep.* 192 (202 p. 294); casus in quibus exprimere peccata non oportet sed ad generalis potius confessionis medelam ~ere GIR. *GE* I 37; **1340** necessarie, pro nostri defensione .. com pellimur ad arma ~ere (*Lit. Regis*) AVESB. f. 88b.

recursare [CL], to run or move backwards or in reverse; **b** (w. ref. to palindromic or telestich verse).

equo insideat .. neque recalcitranti neque ~anti [*gl.*: *arere curaunt*] neque reculanti NECKAM *Ut.* 99. **b** versus fingunt varie metra variantes, / .. / hos endecasillabos, illos recursantes *Ps.*-MAP 28.

1 recursus [CL]

1 movement in reverse direction, backward

course; **b** (of heavenly body); **c** (w. ref. to movement back and forth).

hujusmodi ergo ut fiant, necesse est fieri ~um a corde ad cerebrum, et e converso *Quaest. Salern.* B 280. **b** noverat hic cursus stellarum sive recursus / astrorumque viam monstrare per astrologiam R. Cant. *Malch.* V 6; ipse . . in medio vij spherarum, ut diximus, constituta, earum stationes, cursus et ~us, sed et elevationes et depressiones sua vi variare ab astrologis comprobatur Alb. Lond. *DG* 8. 19. **c** hinc [sc. ab arce] in castellum pons despicit atque recursus / huc et eo faciles pons adhibere solet L. Durh. *Dial.* I 387; **1554** accepimus qualiter diversi artifices et homines artis manualis aut educati ad vel in cursu artis mercatorum . . utuntur et occupant dictum ~um mercandise ad et a partibus transmarinis *Gild Merch.* II 360.

2 cyclical motion. **b** recurrence, periodical occurrence. **c** repetition.

totus solaris lunarisque ~us ordo in se sua per vestigia revolvitur Bede *TR* 47 p. 265. **b** paschalique dedit sollemnia certa recursu Alcuin *SS Ebor* 1446; incipiente suum gyrare Novembre recursum Wulf. *Brev.* 39; anni remeante recursu *Ib.* 51; sic operata virgo in sua Tanetensi insula, iterum lucifero ~u habitare se comprobat in sua Augustiniana Cantuaria Gosc. *Transl. Mild.* 26; renovant mundum solis luneque recursus J. Sal. *Enth. Phil.* 993. **c** unum idem se somniasse frequenti ~u verborum iterabant W. Malm. *GP* III 130.

3 recourse, resort or application to a person or thing for assistance or sim. **b** (*habere ~um ad* & acc.) to have recourse to. **c** thing or person applied to. **d** (leg.) appeal.

olim . . ~us magnus fuit pape Romano ad querendum ab eo . . an liceret sic, vel e contrario modo facere Gascoigne *Loci* 93. **b** **1220** talis [seneschallus] ad quem ~um possitis habere si erga vos offenderet *RL* I 126; **1262** ita tamen quod quidam fons . . remaneat inobstrusus, ut visnetum . . habeat ~um ad fontem illum *IAQD* 2/17; si . . ab assisa nove disseysine recessum fuerit, statim habeatur ~us ad assisam mortis antecessoris Bracton f. 104; usque quo possit haberi ad papam ~us Ockham *Dial.* 817; **1380** vestram reverenciam paternalem, ad quam ~um habeo singularem deprecor . . quatinus sumptus necessarios . . dignemini providere *FormOx* 312; **1412** si de statutis . . controversia oriatur, poterit universitas ad copiam [sc. statutorum] . . habere ~um, cujus omnino judicio stetur *StatOx* 212; **1440** apud Dreux, ad quem [*sic*] ~um habuit [cf. *warrant: dont il feut natif*] *Cl* 290 m. 3; pro singulis querelis ad apostolicam sedem habere ~um *Reg. Paisley* 34. **c** ~us, i. receptor [sc. latronum] J. Burgh *PO* V 5E. **d** a**1200** si . . fratres leprosi . . tres solidos . . non solverint . . prior et conventus habebunt liberum ~um ad redditum illius terre *Danelaw* 53.

2 recursus v. rescussus.

recurvare [CL]

1 to bend back, (in pass.) to be or become bent backwards. **b** to reverse (breath, so as to breathe in).

hic baculus ex osse et ligno efficitur . . . os ~atur, ut populus errans per doctrinam ad Dominum retrahatur Hon. *GA* 610D; si super palme . . arboris lignum magna pondera imponas, non deorsum cedit . . sed adversus pondus resurgit et sursum nititur ~aturque J. Sal. *Pol.* 551D; he . . lamine a pedibus incipientes ducebantur per tibias et femora usque ad humeros et ita ~abantur in culo Coggesh. *Visio* 21; sinuosa [figura] dicta quia ~atur ad similitudinem baculi pastoralis Odington *Mus.* 94; tridens . . fuscinulla est maledicta tradicio diabolica . . ex adinvencione proprie consuetudinis super stipitem scripture legis veteris ~ata Wycl. *Blasph.* 184. **b** nobilitatio soni est augmentatio ejusdem vel diminutio per modum superbie, ut melius videatur, in grossitudine, ut bene audiatur, in fictione, ut melius appetatur, in dimissione, ut spiritus ~entur Garl. *Mus. Mens. app.* P 96.

2 to cause to bend down (in quot. fig.).

quo enim serius quis ad metam pertransit itineris, quo pluribus obstaculis obiter retardatus et pluribus retinaculis ~atur J. Godard *Ep.* 221; per peccatum eciam ~aris in affectu et claudus effectus es Chaundler *Apol.* f. 29b.

recurvitas [CL re-+LL curvitas], backwards curvature, bending back.

etsi collum longum habuerit [butorius] ipsum breve

tanta ~ate facit ut cum pisces . . illi quasi nichil premeditanti . . approximaverint, eos ad se in colli extensione trahit Upton 183.

recurvus [CL], curved, bent; **b** (w. ref. to shepherd's crook or pastoral staff).

bucina pastoralis est et cornu ~o fit Bede *Orth.* 13; cujus [fluminis] ab aeria largo sinuamine ripa / [murus] se referens arvum grande recurvus obit L. Durh. *Dial.* I 394; accipitres . . quibus rostra ~a et acuta . . natura dedit Gir. *TH* I 12; ille genas torquet, linguamque recurvam / porrigit in sanctum, quasi deridere videtur H. Avr. *Hugh* 1082; tali igitur edulio hamum ~um fecit concupiscibilem M. Par. *Maj.* V 347. **b** hic baculus apud auctores pedum vocatur, eo quod pedes animalium illo retineantur. est enim lignum ~um quo pastores retrahunt pedes gregum Hon. *GA* 610A; baculos sanctorum in superiore parte ~os Gir. *TH* III 33.

recusabilis [LL], that can be refused or rejected.

juratores . . minus sufficientes et essoniabiles sive recusabiles Bracton f. 215b; hic procedat assisa per xij ad minus qui nulla ratione sint ~es *Ib.* f. 255b; *refusable,* ~*is, -e* Levins *Manip.* 4.

recusantia [CL recusans *pr. ppl.* of recusare+ -ia], recusancy, refusal (in quot. w. ref to refusal of Catholics to attend services of the Church of England).

1593 tenentes duarum parcium terrarum et tenementorum Elizabeth Ferrers recusantis . . que indebita existit domine regine nunc in xl l. racione ~ie sue *RecusantR* I 345.

recusare [CL]

1 (intr. or absol.) to make an objection, protest.

monachis . . ~antibus et contradicentibus Anselm (*Ep.* 266) IV 181.

2 (tr.) to reject, refuse, be willing to accept. **b** (leg.) to deny (charge). **c** to challenge, reject (person, also p. ppl. as sb. m.).

nec petit Augustum pactam sibi reddere sponsam, / conjugium . . sponte recusans Aldh. *VirgV* 2102; recussat, abnuit *GlC* R 154; hoc habeto praemii quod apostolatus nostri consortio heri recussando tempsisti B. *V. Dunst.* 20; lapidem una cum anulo ~avit et dixit "sufficit mihi unus anulus quem habeo" *V. Edm. Rich P* 1807D; quidam volens ostendere amice sue quod tantum eam diligeret quod nullum periculum pro ipsa ~aret *Latin Stories* 47. **b** Cobham scelus omne recusat *Pol. Poems* I 433. **c** **1238** jurata . . ponitur in respectum . . pro defectu recognitorum, quia quidam de prius electis ex causa ~antur . . . et . . loco ~atorum electi sunt *CurR* XVI 148F; ponatur, quod aliquis appellet a papa, vel ~et eum allegando . . quod papa . . asseruit fidem Christianam esse falsam Ockham *Dial.* 547; **1368** si per partem appellantem vel appellatam tanta multitudo judicum . . ~ata fuerit quod residui non ~ati non sufficiant pro judicibus assignandis *StatOx* 167.

3 (w. inf. or gd.) to be unwilling, refuse (to do).

exempla coriambo congruentia congerere . . non ~es Aldh. *PR* 130; Dei confessorem ferire ~avit Bede *HE* I 7 p. 21; regem formidantes illius jugo subici omnino ~abant, eique totis nisibus resistebant Ord. Vit. XI 20 p. 224; **1365** quia ~avit vendere pullanos domino *Hal. Durh.* 49; **1420** ad custodiendum mare . . ~averunt *KR Ac* 49/33; qui ~ant vel nequeant his aliquando consulere in communi Ferr. *Kinloss* 5.

4 (pr. ppl. as sb.) recusant, one who refuses to submit to authority or comply with request (in quot. one who refuses to act as executor); **b** (w. ref. to one who refuses to attend services of the Church of England).

1452 si non susceperit administracionem et actualiter administraverit execucionem hujus testamenti sui, sed quod portio illius ~antis accrescat proximo consortii suis sive consortio suo *MunAcOx* 656. **b** **1589** de terris et tenementis Thome Lawe . . ~antis qui indebitatus existit domine regine (*Northants*) *Pipe*; **1593** compotus firmarum et aliorum debitorum ~ancium *RecusantR* I 1; **1605** contra ~antes papistas *StatOx* 482.

recusatio [CL], (leg.) challenge, rejection.

utuntur nomine appellicionis, quo poterunt largius, sc. provocacione largissime sumpta; imo eciam usus permittit pro ~one Ockham *Dial.* 547; **1368** de ~one judicum per procuratores assignatorum *StatOx* 168.

recusativus [LL], that has the force of refusing or rejecting.

quae [literae] remissae consilio quorundam aliquando fuerunt allectivae, aliquando etiam unitate sancti ~ae Herm. Arch. 26.

recusatorius [LL], that contains or involves a refusal, rejection, objection, or appeal; **b** (leg., w. ref. to appeal grounded on ineligibility of a judge).

proposuit procurator archiepescopi quasdam excepciones ~ias contra magistrum Baldredum Graystanes 19. **b** si . . reus dederit materiam ~iam . . omnia per hujusmodi judicem recusatum gesta sunt nulla *Praxis* 133.

recussare v. recusare.   **recussio** v. rescussio.

recussorium [CL recussus *p. ppl.* of recutere+ -torium], hammer.

~ium, A. *a hamour WW*.

recussus v. rescussus.   **recutere** v. rescutere.   **recutrent** v. rescutere.

1 reda v. raeda.

2 reda [ME *rede*], (manorial custom of) ploughing and sowing.

iiij virgate terre et dimidium [*sic*] debent seminare et arrare ix seliones terre in quibus seminabunt proprio custu ix trugas frumenti, que vocatur ffeda [l. ~a] *RBHeref.* 5; xv virgate terre, quas custumarii tenent, debent arrare et seminare xlv acras frumenti sumptibus suis propriis, et vocatur ~a *Ib.* 16.

redactio [LL]

1 (act of) bringing back.

admensuratio . . nihil aliud est ex virtute vocabuli nisi ad mensuram, et subintelligitur ~o Bracton f. 229; admensuratio . . nihil aliud est quam ~o ad mensuram *Fleta* 262.

2 (act of) bringing or rendering (into certain form or condition).

temperantia est omnium illicitorum motuum corporis et animi refrenatio et eorum ad modestas et honestas actiones ~o W. Donc. *Aph. Phil.* 3. 26 p. 23; **1367** statutum quando legebatur post suam in formam ~onem *StatOx* 166.

3 (in gl.).

redigo . . et hec ~o Osb. Glouc. *Deriv.* 30.

redagator [CL re-+indagator], class of forest officer.

1316 nolentes quod prefatus W. . . seu prefatus A. . . racione premissorum . . justiciarios, forestarios, viridarios, redargatores seu alios ministros nostros foreste quoscunque occasionentur molestentur in aliquo seu graventur *Cart. York* 18 p. 28.

redalbare [CL re-+dealbare, re-+daubare, OF *redauber*], to replaster, to daub or whitewash again.

1272 in stipendio j hominis redaubantis parietes salsarii *MinAc* 935/3 m. 2; **1308** in parietibus . . dirutis relevandis et redalbandis *Ib.* 1079/18 m. 8.

redamare [CL], reamare [ML], to love in return.

dulci pacis quasi foedere nexum / unanimemque sui generis redamabat amicum Bede *CuthbV* 429; ut a discipulo magistrum amari, imo et a magistro discipulum reamari oporteret Pull. *Sent.* 818B; si princeps amaverit, debet reamari *Carm. Lew.* 729; timeo ne id quod amo non ita me reamet Rolle *IA* 269; sicut amat Dominum et per consequens sicut ab eo appetit reamari Wycl. *Ver.* II 148; etsi eum facie tenus reamaret, ejus . . munera plus amavit Wals. *HA* I 120; nichil significamus aliud quam homines amantem Deum redamare Colet *Rom. Enarr.* 143.

redamatio [CL redamare+-tio], (act of) loving in return, reciprocated love.

refovet exhalando vaporem suavem mediacionis, ~onis, et oracionis celice et sincere BRADW. *CD* 395D; haec ~o in nobis est cum spe et debet esse firma COLET *Rom. Enarr.* 143.

redambulare [CL], to walk back, return.

~are, redire OSB. GLOUC. *Deriv.* 509.

redamor [CL re-+amor; cf. et. ML reamor], love in return, reciprocated love.

ea vehementiori amaritudine meam animam affligunt que meo amori meorum amatorum ~orem subripiunt H. LOS. *Ep.* 10 p. 15; in quo amore et ~ore consistit hominis justificacio COLET *Rom. Enarr.* 143.

redaperire [CL re-+aperire; cf. et. ML reaperire], to reveal anew, make visible again.

mendacem speciem mors verax aperit / quando palloribus lac frontis operit / cum nexus phisicos deloricaverit / lutum sub rosea gena redaperit WALT. WIMB. *Sim.* 137.

redargator v. redagator.

redarguere [CL], **redargui**

1 to express criticism of, criticize, rebuke (person or conduct); **b** (w. gen. to specify object of reproach); **c** (w. *de, in, prae, pro,* or *super*); **d** (w. *quod* & subj.).

pravos falsorum fidelium mores ac vitam ~it atque ad tramitem veritatis reducit BEDE *Cant.* 1176; laudans .. auctoritatem .. ~endi superbos ac potentes *Id. HE* III 17 p. 161; quo .. et inscios instituere et contumaces ~ere deberet *Hist. Abb. Jarrow* 4; reprobos .. et rebelles sub asperitatis correctione ~ant B. *V. Dunst.* 26; nemine tamen ejus lasciviam ~ere auso OSB. *V. Dunst.* 27 p. 100; illos vero major tepide ~ebatur *Leg. Ant. Lond.* 55; bene me ~it et erubescere fecit ROLLE *IA* 178. **b** Walenses .. ne ~i possint avaritie tanta retinent verecundia largitatis et hospitalitatis reverenciam, ut .. MAP *NC* II 20 f. 30v; ne quomodolibet avaricie turpiter ~eretur *V. II Off.* 4; **1246** numquid ex hoc .. imprudentie poterit ~i? GROS. *Ep.* 121 p. 344. **c** concedis .. omnes post Moysen prophetas pro ejus lege confirmanda venisse, non in aliquo ~enda? PETRUS *Dial.* 4; de legis preceptis, que minime observamus, nequaquam ~endi sumus *Ib.* 59; super quo modeste a familiaribus ~tus .. respondit W. MALM. *GP* IV 141; pro cujus copula a sancto Dunstano ~tus .. ad repudium mulieris est coactus *Chr. Rams.* 19; sese de longa desidia ~ens .. *V. II Off.* 10; s**1298** tu homo crudelis es et pre nimia crudelitate tua .. ~i te W. GUISB. 325; s**1244** ne de ingratitudine posset ~i *Ann. Lond.* 41. **d** unde ille, quod feminam attigisset que .. umbratice sanctimonialis fuisset, a Sancto Dunstano ~tus, septennem exegit penitentiam W. MALM. *GP* II 87 p. 191; in eo multum ~endus quod cenobium votivo affectu repromissum thesauris parcendo non construxit *V. II Off.* 10.

2 to prove wrong, refute.

~it, convincit *GlC* R 138; **1167** hec non apostoli distinctio est sed ~ti philosophi Trassimachi J. SAL. *Ep.* 200 (235 p. 436).

3 (in gl.).

~it, verberat *GlC* R 159; basilion entaticum .. habet .. radices longas; virtus est ~entis [Diosc. iv 18: στρυφνὴ γευομένῳ] *Alph.* 114.

redargutio [LL]

1 expression of strong criticism, rebuke, reproach, reprimand; **b** (w. subj. gen.); **c** (w. obj. gen.).

eum .. flagello satis ~one correxit *V. Greg.* p. 92; quos et quas dire arguit terribilique ~one pressit BYRHT. *V. Ecgwini* 384 (*recte* 374); terrebat et luminis majestate, et digna inter dignos propriae indignitatis ~one GOSC. *Mir. Iv.* lxv; factus sicut homo non audiens et non habens in ore suo ~ones [cf. *Psalm.* xxxvii 15] AILR. *Spec. Car.* I 34. 543; ut nulla offensio impunita aut defectus .. penes eos absque ~one pertranseat *Cust. Westm.* 164 (=*Cust. Cant.* 209). **b** s**1256** sed ipsius versuta ~o regis postea testimonio patuit denudata M. PAR. *Maj.* V 552. **c** inconstantia mentis [regine] .. oppressio ac rapina .. servum Domini in ~onem sui multoties acerba invectione armabant EADMER *Wilf.* 26 p. 186; criminis propalatio aut erroris sive impietatis ~o coruscavit J. FORD *Serm.* 16. 6; de ~one simulancium egritudines W. BURLEY *Vit. Phil.* 388.

2 refutation.

adicit sophistarum metas quinque procurantium quomodo adversarius in ~onem incidat J. SAL. *Met.* 930B; methe autem [sc. disputationum] sunt quinque, ~o, falsum, inopinabile, nugatio, solecismus (SHIRWOOD) *GLA* III 19.

redargutor [ML < CL redarguere+-tor], one who criticizes strongly, reprover.

s**1253** migravit .. ab hujus mundi .. exilio sanctus Lincolniensis episcopus Robertus .. domini pape et regis ~or manifestus M. PAR. *Maj.* V 407 (=*Id. Min.* III 146).

redaubare v. redalbare.

redbana [AS *rædbana*], accessory to murder.

qui ad occidendum aliquem innoxium ~a vel dedbana fuerit (*Leg. Hen.* 85. 3) *GAS* 600.

redda v. ræda.

reddere [CL]

1 to give back, to return, restore (property or possession); **b** (pleonastically, w. *retro*); **c** (condition or state); **d** (to certain condition).

pecunia ecclesiis furata sive rapta ~atur quadruplum THEOD. *Pen.* I 3. 2; utraque, quod mandit, quod ruminat ore patenti / comminuens reddit famulans sine fraude maligna ALDH. *Aen.* 66 (*Mola*) 7; ea quae furtu de ecclesiis abstulerint, ~ere debeant BEDE *HE* I 27 p. 50; s**833** ~itum est Loduvico regnum *Chr. S. Neoti* 130; **1153** si comes Leecestrie vel isti viginti milites aliquid ceperint de rebus comitis Cestrie, totum ~etur *Ch. Chester* 110 p. 124; **1220** si quidam capellanus de D. qui venit ad gaolem ad inquirendum de pannis et aliis rebus que ei furate fuerunt ipsum deliberasset de prisona monstraret ei pannos suos et eos illi ~eret *SelPlCrown* 128. **b** **1268** venit ad domum fraternitatis .. et cepit iij equos et adduxit secum et requisitus fuit de fratribus .. quod ~eret retro dictos [equos] .. et .. ~ebat retro ij equos *JustIt* 618 r. 17. **c** benedictionem aquae ab eo petivit credens si obitu addicta esset, facilius moriretur [v. l. moreretur], aut si vita ~ita [v. l. ~enda], citius sanaretur *V. Cuthb.* IV 3; benedixit Deum qui tales hospites ad ~endam sanitatem emiserat *Ib.*; Wilfrido .. domum, ~ita pace, regresso, multis annis episcopatus vacavit W. MALM. *GP* II 96 p. 205. **d** quibus sancta Victoria .. spopondit se .. urbem incolomitati ~ituram ALDH. *VirgP* 52 p. 309; ad pristine salutis valitudinem ~itum se esse intellexit FELIX *Guthl.* 41 p. 130; pulsato demone sanitati pristinae ~ita [est uxor] *V. Cuthb.* II 8.

2 to give, hand over, deliver, (sts. w. *sursum*) to surrender; **b** (account or reckoning); **c** (person, refl., usu. w. ref. to entering religious order or surrendering into captivity). **d** (inf. *~ere* as sb. n.) surrender.

Albanus respondit: "sacrificia haec quae a vobis ~untur daemonibus .." BEDE *HE* I 7 p. 19; c**1086** terra de Lenc, quam ego ~idi .. Deo et ecclesie de Evesham ad mensam fratrum *Regesta* 245 p. 128; c**1155** ante nos probavit illum Johannem .. ~idisse in manum Radulfi prioris quicquid administracionis et juris habuerat per clavem ejus ecclesie *Doc. Theob.* 140; **1285** Ricardus .. tenementa prefato Thome dedit et in curia sursum ~idit tenenda sibi *CBaron* 121; **1288** H. G. ~it sursum unam rodam et unam *bot* continentem dim. acram *SelPlMan* 107; **1289** Ricardus Loverd ~it in manus domini unum cotagium cum pertinenciis *Ib.* 32. **b** post aliquanta, rationem ~ens quam ob rem talia minaretur ita ait .. GILDAS *EB* 46; si pro omni etiam otioso verbo rationem in die judicii ~ere cogamur quanto magis .. BEDE *Prov.* 1016; ideo sunt in manu regis, quia nemo fuit qui ~eret compotum *DB* II 279; **1130** Restoldus ~it compotum de lx lvj li. et xij s. blanc' de veteri firma de Oxenefordsc' *Pipe* 2; ne .. cogaris .. lese majestatis ~ere rationem J. SAL. *Pol.* 396D; cellerarium ad ratiocinia ~endum .. convenit GIR. *Spec.* III 17 p. 239. **c** seculares qui se ~iderint in domibus nostris et omnem proprietatem reliquerint .. equalem portionem habeant *Inst. Sempr.* *lxix; c**1207** cum per fidem posuit quod se ~eret H. domino suo filio W. *SelPlCrown* 41; **1220** vicecomes mandavit quod [Walterus] reddidit se religioni *CurR* VIII 259; J. le R. clericus occidit N. B. quodam rastello et fugit et postea ~idit se in religionem apud B. *PlCrGlouc* 37; cum Willelmus .. ~idisset se prisone nostre recepturus quod justum fuerit *State Tri. Ed. I* 28; s**1355** alioquin ipsi Francigeni extunc se ~erent captivos regi Anglie AVESB. f. 126v p. 430; ut consideraret .. quod cicius se ~eret cum suis quam gentem suam exponeret capcioni et gladio *G. Hen. V* 16 p. 116. **d** hic reddit se civitas domino regi .. acceptamus ait tam vos quam reddere vestrum R. MAIDSTONE *Conc.* 287.

3 to perform, render (service).

1236 forinseca servitia ~unt Willielmus et socii sui *Cust. Battle* 126.

4 to yield, result in.

decies centum ~unt [TREVISA: *makiþ*] M BART. ANGL. XIX 123 p. 1225; pausatio .. perfecta dicitur illa .. quando ~it talem modum post sicut et ante GARL. *Mus. Mens.* 7. 7; omnis pausatio primi modi .. si ~iderit talem modum post se sicut ante .. *Mens. & Disc.* (*Anon. IV*) 57; in talibus non computatur intervallum, sed tractus quamvis ~at talem modum sicut ante *Ib.* 63.

5 to give or utter in response, (*~ere verba* or sim., w. ref. to uttering in response). **b** (*~ere promissum*) to give back a promise (fulfilled), to fulfil a promise.

alternis vicibus reddens oracula sanctis / qualiter ornetur verax concordia fratrum ALDH. *VirgV* 735; quaecumque itaque verba ~untur quaerenti 'quid facit.' .. ANSELM *Misc.* 337; plurimas frustra ~i contingit responsiones BALSH. *AD rec. 2* 163; hoc monet ore lupus: .. / reddit verba canis .. WALT. ANGL. *Fab.* 51. 9; castra hostium petunt, eosque acriter invadunt: qui ita ex improviso occupati inutiliter prelium ~iderunt M. PAR. *Maj.* I 252; quod ipse pater sibi ~et [ME: *wull ȝelden*] mercedem virge debitam *AncrR* 63. **b** **1219** cognoscit cartam patris sui, set videtur ei quod non debet ei respondere de hoc debito, quia pater suus non potuit denarios annuos dare de camera ipsius Giliberti, per quod ipse teneretur ~ere promissum ejus *CurR* VIII 62.

6 a (w. person as subj.) to pay as rent or sim. **b** (w. property as subj.) to yield in rent. **c** (p. ppl. *reddita* as sb. f.) rental payment, rent.

a **1201** ~endo annuatim nobis viginti solidos .. de quibus omnibus non ~idebant [*sic*] prius nisi decem solidos tantum *RChart* 94a; **1202** si aliquis burgensis vendiderit res suas non burgensi et ille noluerit ~ere, licet burgensi capere namium suum (*Egremont*) *BBC* 164; **1202** quam sepius summonitus ~ere noluit .. *SelPlCrown* 18; **1205** unde finem fecit versus .. Rogerum per xv marcas reddendas .. Rogero .. et nisi ad terminum illum ei ~isset [*sic*], posuit ei in vadium totam terram *CurR* III 337; **1205** debuit .. Rogero ad Natale iij marcas et ad Pascha iij marcas .. et nisi .. ei ~ideret [*sic*], posuit in vadium terram suam *Ib.* **b** **1086** totam decimam omnium aliarum rerum mearum, de quibus juste et recte debet Deo decima ~i *Ch. Westm.* 462; Dovere .. ~abat xviij libras *DB* I 1ra; hagæ ~entes xj lib. de gablo *DB* I 56rb; hoc manerium non ~ebat censum TRE nisi victum monachis *DB* I 164ra; c**1166** unum molendinum quod ~it c s. per annum *Regesta Scot.* 55; dicta villa ~ebat tempore Petri vj li. et x s. et viij d. *RDomin* 3. **c** silva c porcorum et de ~ita silvae ij sol' *DB* I 136rb; silva l porcorum et de ~ita silvae ij sol' *DB* I 141va; **1170** inquiratur .. quid inde exierit de singulis hundredis .. sive in ~itis sive in perdonis (*Inqu. Ballivorum*) *SelCh* 177.

7 (eccl. & mon.) to repeat (by heart, also absol.), (p. ppl. *redditum* as sb. n.) the part of service repeated by heart.

1234 novicii .. nec si sacerdotes fuerint ad majus altare celebrare permittantur donec ea que secundum monasterii consuetudinem de ecclesiastico servitio corde tenus scire tenentur pro posse suo plene et integre ~iderint (*Vis.*) *EHR* XXVII 731; non .. ita ~ent, ut cito exonerentur, sed ut ~ita ad plenum sciant, atque suo perpetuo memoriter teneant *Cust. Westm.* 159; si servicium suum nondum perreddiderit, poterit repetere voce suppressa; set nullatenus ~ere debet *Ib.* 194; **1298** constituantur duo juniores qui servicium suum ~iderunt ex parte una chori *Reg. Cant.* 814.

8 to render, bring to certain state or condition or to cause to turn out in a certain way (usu. w. double acc.).

ut plebs quam Christus pretiosi sanguinis ostro / reddidit immunem sublata fraude maligni ALDH. *VirgV* 585; Paulus Atheniensibus Deum quem ignorantes colebant notum ~idit BEDE *Cant.* 1119; omnia

.. membra .. mobilia .. habebat exceptis brachiis .. quae sanctus auctoritate sibi a Deo collata .. inutilia ~idit WULF. *Æthelwold* 33 (=ÆLF. *Æthelwold* 22); et ne te de termino ~am suspensum .. W. MALM. *GP* I 54 p. 101; cum enim usus scientiam disserendi abundantiorem ~eret BALSH. *AD* 4; **1526** statuimus .. quod monachi .. circa divina officia et maxime nocturna sese diligentiores ~ant (*Vis.*) *EHR* XL 91.

reddevancia v. redhibentia.

reddibilis [CL reddere+-bilis], that can be given or handed over as payment, payable.

in B. sunt ij sol. ~es vicecomiti *Kal. Samson* f. 94v; **1233** vicecomes habet diem in octabis Clausi Pasche, ita quod reddat omnia debita que ~ia sunt in crastino sancti Hilarii *KR Mem* 13 m. 12*d*.

reddibitio v. redhibitio. **reddire** v. redire. **redditarius** v. reddituarius.

redditio [CL]

1 (act of) giving back or restoring, repayment (of money). **b** restoration (of condition).

quia penituit illum ecclesiasticis rebus .. abusum fuisse .. quomodo melius hanc ~onem facere posset excogitavit RIC. HEX. *Hist. Hex.* II 9 p. 55; **1240** ad compellendum me tam ad solucionem principalis debiti quam pene pretaxate ~onem *KR Mem* 18 m. 15; cuidam .. prestiterat .. ultra summam novem librarum, de cujus pecunie ~one eundem .. absolutum penitus facit, et quietum *Reg. Whet.* I *app.* 474. **b** ad .. martyrem Edmundum .. deducitur, nec exauditur, quippe cujus ~o sanitatis altari [sc. sancto Yvoni] .. reservabatur GOSC. *Mir. Iv.* lxxx.

2 (act of) giving, delivering, or handing over, (*sursum ~o*) surrender; **b** (w. subj. gen.); **c** (w. obj. gen.).

nemo forisfaciat feodum suum .. nisi propter feloniam vel ~one [v. l. reditionem] spontaneam (*Leg. Hen.* 88. 14) *GAS* 604; **1131** sciatis me reddidisse .. et concessisse .. ecclesiam Malmesberie .. hanc .. ~onem .. et concessionem factam .. confirmo *Ch. Sal.* 6; **1204** pro hac concordia, ~one, quieto clamio, et concessione *RChart* 125a; **1265** reddidimus .. regi .. mesuagia ... pro hac .. ~one .. dedit .. rex decem marcas *Cl* 126; **1312** dictus R. istam dimidiam acram sursum reddidit in curia set dicunt quod A. de J. tunc tenens illius terre pater predicti R. huic ~oni noluit consentire propter quod videtur eis ut dicunt quod ista ~o non debet valere *CBaron* 134. **b 1285** Alanus intravit in eodem [tenemento] per ~onem predicti Roberti (*Eyre*) *DocCOx* 228; **1298** concessimus .. terras et tenementa .. que habuimus ex concessione et ~one Roberti (*Newcastle-on-Tyne*) *BBC* 41; **1371** habuit .. cotagium ex dimmissione et sursum ~one predictorum J. et M. *Hal. Durh.* 111; **1449** ex ~one Roberti Davy nativi domini habendo *Crawley* 479; **1560** pro j tofto et j virgata .. terre native .. que devenerunt in manus domini ex ~one predicti Thome Syms *Crawley* 521. **c 796** quanta decimarum ~o .. exigebatur ALCUIN *Ep.* 111 p. 161; querendum est autem in ~one manerii a pastoribus de animalibus, de numero, de modo (*Leg. Hen.* 56. 3) *GAS* 575; **s1139** plures .. ad ~onem castellorum .. adduxit W. MALM. *HN* 468 p. 25; **a1189** nisi ea condicione qui de ~one catalli sui tuti sint (*Ch.*) *EHR* XVI 98; **s1191** post ~onem castellorum illorum *G. Ric. I* 207; **s1139** rex .. plures captos ad ~onem castellorum coegit *Flor. Hist.* II 60; quod .. intendant facture et ~oni compoti (*RParl*) *DocExch* 42.

3 act of giving (or thing given) as reward, retribution, or compensation.

sciebam misericordiam Domini sed et judicium timebam. laudabam gratiam sed ~onem unicuique secundum opera sua verebar GILDAS *EB* 1 p. 26; si is contrarius rebellare armis nititur et sic occiditur, jaceat semper absque ~one [AS: *licge ægylde*] *GAS* 257; **1231** quilibet tenens dare solet de mesuagio suo quod tenuit vij den. pro vendicionibus et empcionibus faciendis et pro aliis libertatibus habendis et pro *strattegavel*, et dicit quod omnes tenentes ipsius prioris gratis intraverunt in predictam ~onem *BNB* II 514.

4 (act of uttering in) response.

nunc Solonis ista ~o exponenda mihi occurrit "more philosophi taceo" W. DONC. *Aph. Phil.* 1. 16.

5 recitation, repetition.

1511 non reddiderunt memoriter sicut religiosi solent, sed solum in libro, et tamen sunt dimissi ab hujusmodi ~one .. de redditione, Anglice *rendryng* (*Reg. W. Warham*) *MS Lambeth Palace* f. 41v.

6 rent, revenue, return.

decimas habent de omnibus ~onibus regis *DB* I 52va; in totis ~onibus per annum reddit xxxv lib' *DB* I 152vb; habet omnes ~ones socharum et omnes consuetudines inibi pertinentes ad dominicum victum et regis servitium et suum *DB* I 172va; dimisit huic ecclesie .. decem et novem solidorum ~onem singulis annis *Chr. Abingd.* II 108; hec omnia .. consistunt in redditibus et ~onibus BRACTON f. 35v.

redditivus [LL]

1 (med.) that gives back or restores, restorative.

causa ~a seu revocativa quemadmodum flatus aut res inflammabiles cito ut oleum, sulphur, et similia. he cause in febribus reperiuntur GILB. I 6. 2.

2 (gram.) that gives or expresses, (*rationis ~us*) causal, that expresses cause or reason.

[nomina] ab actu imponuntur ut interrogativa, ~a, distributiva, ficticia, numeralia *Ps.*-GROS. *Gram.* 37; conjunctiones .. rationis ~ae sunt quas Priscianus proprie causales vocat .. ut nam, namque, enim .. LINACRE *Emend. Lat.* f. 33.

3 that yields or produces (w. obj. gen.).

scientia / virens ut oliva / seritur in pueris / hora sementiva / floret in juvenibus / fructus redditiva GARL. *Poems* 615.

redditor [LL]

1 one who gives back, repays, or restores.

Deo sumus debitores .. necesse est ut .. simus ~ores AD. SCOT *OP* 565D; fateor me debitorem, scio .. me condignum non esse posse ~orem *Id. Serm. pref.* 95A; psalmista .. semetipsum ~orem voluntarium .. recognoscit R. BURY *Phil. prol.* 2; **c1350** primus stipes T. et verus ~or *Reg. S. Aug.* 129.

2 one who gives or delivers.

cum lumine pervigil oravit et gratias vite sue ~ori persolvit R. COLD. *Cuthb.* 134 p. 283.

3 one who gives as reward, retribution, or compensation.

in ulciscendis impiorum sceleribus patiens ~or describitur esse Deus (cf. *Sirach* v 4) *G. Steph.* 96 p. 188; si pecus fuerit, redditor Deus erit LUCIAN *Chester* 58; quod relictis omnibus secuta sit Christum, ejusdemque hereditatis debitorem teneat Christum, expectetque ipsum ~orem J. FORD *Serm.* 117. 6; **1401** reddite gratias Christo .. unicuique secundum merita justissimo ~ori BEKYNTON I 154.

reddituals [ML redditus+-alis], **redditalis** [ML], of or pertaining to (the payment of) rent, rent-. **b** (*domus ~alis*) house that yields rent. **c** (*rotulus ~alis* or *~ale* as sb. n.) rent-book, rental.

1242 dedit .. lx libras ~uales *RGasc* I 164b; **c1273** pro duodecim denariis ad terminos ~uales dicte ville consuetas (*Congleton*) *BBC* 58; **c1320** compertum est per evidencias diversas ~uales quod .. *Reg. S. Aug.* 182. **b 1335** domibus ~ualibus .. exceptis quas liceat ei ad terminum annorum .. dimittere *Eng. Clergy* 272; **1371** in cooperacione et emendacione domus ~ualis hoc anno, iiij s. *Fabr. York* 8; **1437** domus ~uales ex quibus vicariorum stipendia partim colligi debeant et levari *Stat. Linc.* II 402; **1437** domus ~uales ecclesie pertinentes *Ib.* 411. **c 1261** ~uale de Clynton et Dynulton *RentSurvR* 730 m. 14; rotulus ~ualis factus de omnibus maneriis abbathie *Reg. Malm.* I 138 *tit.*; **c1300** necesse est ut habeat rotulum ~ualem in quo sunt nomina tenencium terrarum et quantitas terre *FormMan* 15; **1302** de burgensibus de Flynt pro redditu suo assiso .. ut patet per ~ale *MinAc* 771/2 m. 3 (cf. ib.: ut patet per rotulum ~alem); **1304** ut patet per ~ale [v. l. extentam] *MinAcW. Wales* 300; ~uale rectorie de T. renovatum in festo sancti Michaelis *Reg. S. Aug.* 249; **1438** de ix s. iiij d. et receptis de camerario .. prout patet in antiquo reddunali [l. reddituali] *Comp. Swith.* 442; **1460** de ix s. iiij d. ob. de camerario .. prout patet in antiquo ~ali *Ib.* 449.

reddituare [ML redditus+-are]

1 to let for rent or payment.

c1273 quod .. burgagia .. et terras ad burgagia sua pertinentes .. que infra .. dominum approviari et ~ari poterint .. habeant .. pacifice (*Congleton*) *BBC* 49.

2 to provide with (source of) rent or payment.

1423 Thomas comes Moravie ~atus et possessionatus ad m marcas *RScot* 242b.

reddituarius [ML redditus+-arius], **redditarius** [ML], of or connected with (the payment of) rent: **a** (as sb. m.) one who pays rent, tenant. **b** one who collects rent, rent-collector. **c** (as sb. f.) rent-book, rental. **d** (as sb. n.) rent.

a 1236 reditarii de Yetlingtun ubicunque fuerint manentes debent per annum xxiiij s. *Fees* 598; **1271** quorumdam ~uariorum qui vocantur *selfoders' Cl* 346; **1271** sunt ibi ~arii et reddunt per annum pro auxilio habendo iiij s. set predicti ~arii aliquando mutant prepositum suum, ita quod reddant ad voluntatem eorum *IPM* 40/6 m. 2; item ~arii qui vocantur *selfoders* reddunt per annum iiij s. *Ib.* m. 4; **1449** Willelmo Sharpe *gentilman* ac senescallo domus Minorissarum extra Algate London .. et Thome Redlegh jam ~uario predicte domus *Cl* 299 m. 13*d*.; **1464** Reginaldo Longedoun zonario et Johanni Dey ~uario civibus Londonie *Cl* 316 m. 28*d*.; **1478** erga illius subditos ecclesiasticos et seculares, colonos quoque et ~uarios, necnon doctores *Mon. Hib. & Scot.* 480b; **c1521** parochiani arrendatores, decimatores, ~uarii coloni, laboratores .. *Form. S. Andr.* I 103. **b 1338** in stipendiis j messoris et ~uarii, xvj s. *Hosp. in Eng.* 165. **1402** ut intentiores ac ferventiores ~uarii pariter et factuarii nostri sint ad solvendam summam quadraginta milium nobilium predictam *Foed.* VIII 238; **1471** damus igitur in mandatis .. omnibus et singulis nostris justiciariis, officiariis .. pactionariis, ~uariis .. *Ib.* XI 732. **c 1404** ut patet per antiquam ~ariam *Ac. Churchw. Glast.* 95. **d 1333** de remanenti firme comitatus .. viz. .. v s. de hominibus de Y. pro averia per annum nec v s. de ~ariis qui vocantur albini *LTR Mem* m. 184*d*.

1 redditus [ML, *also assoc. w.* CL reditus]

1 (act of) giving, handing over, or delivering, (*~us computi*) rendering of account.

1392 conventui in ~u compoti vj s. iiij d. *Ac. Durh.* 213.

2 revenue, income.

viduis, orphanis, ac peregrinis, ex justis ecclesiae ~ibus subvenire OSB. *V. Dunst.* 34 p. 110; **1159** dimidietatem coriorum mee coquine et omnium occisionum mearum ... hos autem ~us coquine mee et occisionum mearum habebunt monachi per illam terram tantum *Regesta Scot.* 131 p. 194; **a1190** sciatis me concessisse .. totum ~um salis mei *Danelaw* 302; absentisque Thome rĕditus confiscat, honores / deterit H. AVR. *Poems* 27. 83; **s1341** fiscales ~us enormiter sunt diminuti AVESB. f. 96v p. 335; **1443** de sufficientibus ~ibus provideri BEKYNTON I 222.

3 rent; **b** (paid in kind); **c** (paid in service); **d** (dist. by form): (*~us albus*) blanch-farm, rent usu. paid in silver; (*~us assessus, assisus, assize*) fixed rent; (*~us capitalis*) rent payable to overlord; (*~us extente*) rent specified in extent; (*~us liber*) rent of freehold; (*~us mobilis*) rent on movable property or chattels; (*~us oneris*) rent-charge; (*~us quietus*) quit-rent; (*~us reservatus*) rent reserved; (*~us resolutus*) rent resolute (paid by landlord); (*~us siccus*) rent-seck; (*~us vitalis*) life-rent.

1070 hec sunt ecclesie et decime .. ex omnibus ~ibus que michi redduntur ex hiis mansionibus et omnibus ibidem appendentibus *Regesta* 35 p. 119; nichil exigere poterunt, pro relevio nisi ~um unius anni duplicatum *Fleta* 5; **1292** nullus .. ~um pecuniarum .. ad firmam dimittet .. absque consensu .. sociorum *MunAcOx* 57; **1298** domum habeat .. pro quodam annuo ~u *MGL* II 95; **1327** ~us forinsecus *IPM* 5/1 m. 4; **1367** si continuat .. ~um quatuor denariorum .. a retro esse *Mem. Ripon* I 122; **1476** et de xl s. annui ~us de Kinblathmonth *ExchScot* 337. **b c1163** sciatis me concessisse .. totam decimam mei ~us frumenti de F. *Regesta Scot.* 248; **1583** ~us galinarum et ovorum ac alios redditus mobiles quoscumque *Pat* 1235 m. 9. **c 1300** prior pecit quod predictus Robertus diceret utrum petit predictum redditum secundum formam statuti domini regis nuper editi de corrodio et liberacionibus vel secundum antiquam et communem legem ut ~um servicium

provenientem [*sic*] de certis tenementis *PlRCP* 131 m. 264. **d** c**1283** albus ~us domini regis, de quo abbas nichil habebit *Cust. Battle* 124; primo anno recepit inde xij l. de assiso ~u *RDomin* 2; **1204** xx solidos de ~u assise [MS: ass'o] de quodam sokagio *CurR* III 215; c**1210** preter ~um assisum de predicto tenemento *Ch. Sal.* 74; **1222** de ~u assesso *BNB* III 445; c**1300** de certo ~u assise per annum *FormMan* 12; **1416** de ~u capitali (v. capitalis 11); **1304** de communitate ejusdem commoti de quodam ~u assiso dicto ~u extente soluto terminis Pasche et S. Mich. *MinAc W. Wales* 284; a**1270** abbas de Egnesham habet manerium de Cherleburi, et habet in eodem de libero ~u x s. iiij d. *Cart. Eynsham* I 8; dederunt .. duos marcatus annui liberi et quieti ~us *Mon. Francisc.* I 512; **1451** una cum libero ~u quinque solidorum exeuncium de iiij bovatis terre Rad'i Babthropp ibidem *Ac. Durh.* 135; **1535** de precio iiij caponum proveniencium de ~u mobili dictorum liberorum tenencium ibidem .. xij d. (*MinAc*) *Rutland MSS* 257; **1583** ~us mobiles (v. 3b supra); **1386** fuit seisitus de redditu predicto in dominico suo ut de feodo ut de oneris *JustIt* 1498 r. 6; s**1456** concessiones reddituum, ~uum onerum, annuitatum summe seu summarum pecunie *Reg. Whet.* I 252; **1543** omnia et singula mesuagia .. ~us oneris, ~us siccos ac ~us super quibuscumque dimissionibus et concessionibus reservatos, annuitates, annuales redditus *Pat* 725 m. 3/29; **1276** rex H. .. dedit cuidam militi de Britania cujus nomen Nesti c solid' annui et quieti ~us de quibusdam homagiis vocatis soka Breton *Hund.* II 179b; **1553** ~us siccos ac ~us super quibuscumque dimissionibus et concessionibus reservatos *Pat* 863 m. 35; **1311** est ibidem de ~u resoluto, viz. ad auxilium vicecomitis comitatus predicti, per annum xij d. *IPM* 22. 10; **1295** dicit quod nullam fidelitatem neque aliquod aliud servicium ei inde facere debet eo quod redditus ille est quidam siccus ~us quem percepit de quodam .. libero tenente *PlRCP* 108 m. 139; **1540** ~us bis sine sicco *Pat* 689 m. 51/4; **1560** inter terras .. Jacobo pertinentes in vitali ~u *Scot. Grey Friars* II 161.

4 property that produces rent or income.

aut enim in universo mobili suo reus judicatur .. aut in omnibus immobilibus, fundis sc. et ~ibus, ut eis exheredetur *Dial. Scac.* II 16; **1233** cum oporteat me transitum facere per ~us meos in comitatu Eboracensi *RL* I 421; c**1287** qui manent in ~u magistri Godefridi de Norton habent fenestram nocentem transeuntibus *Leet Norw.* 2; **1325** de vij d. ob. de novo ~u Hugonis M. cum iij d. de vetere ~u *Rec. Elton* 265; **1335** cum omnibus shopis in Althermanbury et ~ibus sub muro capitalis mesuagii predicti *IPM* 214. 25 m. 2; **1349** desuper gutter' ad ~um de la Pirie .. in gutter' novi ~us juxta cimiterium *IMisc* 163/4; **1404** custus reddit' .. in [reparacione] .. parietum ~us et altarium infra novum chorum per G. Plasterer per xlix dies xxiiij s. vj d. .. cementi et lapidum pro reparacione reddit' *Fabr. York* 27; **1419** in *sleddyng* novi meremii ab orto palacii usque pavimentum pro ~u fabrice, x d. *Ib.* 39; **1431** scituabatur inter tenementum Johanis Grafton ex parte una et ~um Ricardi Bonell ex parte altera *CalPat* 107.

2 redditus v. reditus.

redducere v. reducere.

redecima [CL re-+decima, decimus], second tithe.

1113 (1290) confirmavi .. omnes donationes et elemosinas .. in ecclesiis et decimis et ~is *CalCh* II 362; dedit .. ecclesiam S. Marie .. cum ~a thelonei et decima molendinorum ORD. VIT. III 2 p. 37; **1153** dedit .. ecclesiam de P. cum terra et decima que ad eam pertinet et ~am dominii ejusdem ville *Act. Hen. II* I 54; c**1161** sciatis me concessisse .. †redeemiam [l. redecimam] vini qui ad cellarium preter primam decimam que solito more datur ad torcularia *Ib.* I 298; **1200** sciatis nos dedisse .. ~am dominii ejusdem ville et ~am W. et S. et ~am de Bura (*Ch.*) *MonA* VI 1022b; **1201** sciatis nos concessisse .. ~am dominii ejusdem ville *RChart* 95a.

redecimare [CL re-+decimare]

1 to decimate for the second time.

novem interfectis, decimum quemque dimisit, decimosque reservatos summa cum crudelitate ~avit CAMD. *Br.* 258.

2 to exact a second tenth of, to tithe again.

1240 tunc omnes fructus .. de terris predictis ~ari faciatis *Cl* 223; domini seculares non debent de civili reditu decimare, non solum quia eorum tenentes decimant de frugibus, pascuis silvis, et animalibus domesticis, que vocantur decime prediales, cum dominis secularibus supercrescit novum lucrum reditu, preter lucrum tenencium decimatum, sicut enim racione innovacionis ~ant semel decimata WYCL. *Civ. Dom.* I 322.

redecimatio [redecimare+-tio]

1 second or repeated decimation.

s**1066** recitans .. seditiones quas fecerant .. de decimatione et ~one Normannorum SILGRAVE 77 (v. decimatio 1).

2 second tithe or tithing, exaction of a second tenth.

decimam .. molendinorum .. et ~onem promptuariorum suorum addidit ORD. VIT. VIII 3 p. 281; **1154** ~onem dominii castri B., vini, vinearum, torcularium HADRIAN IV 12. 1379B; c**1187** retenta ecclesie ejusdem ville ~one hominum suorum quod ibi habebat *Act. Hen. II* II 365; s**1226** habet .. omnes minutas decimas et ~ones bladi, ut dicit *Reg. S. Osm.* I 296; **1243** totam decimam totius dominici R. .. ~ones de dominico S. .. ~ones de dominico R. .. confirmamus (*Ch.*) *MonA* III 280b; **1296** Willelmus comes Albemarl' .. dedit et concessit .. abbati et conventui .. ~onem omnium casiorum suorum *IMisc* 56/15.

rededicare [CL re-+dedicare], to dedicate anew, to rededicate (church).

ut ecclesiam a se dedicatam ~are non presumeret FLETE *Westm.* 44.

rededucere [CL re-+deducere]

1 to bring back (to trial); to deal with anew (judicially).

que per preceptum nostrum vel predictorum justiciariorum posita fuerunt post certum diem ad talem terminum apud talem locum .. ~antur [v. l. deducantur] *Fleta* 437.

2 to bring back (to a spec. condition).

unde deficienti tam remisse cotidie regis majestate, prefectus ejus in spem regni redeductus [v. l. deductus], regiam face suprema cum vij filiis .. est ingressus E. THRIP. *SS* III 21.

redeemia v. redecima. **redelgar** v. realgar.

redeliberare [CL re-+LL deliberare], to give back, restore, deliver again.

c**1350** in fine anni .. ecclesiam .. et .. terram croppatam ~abit *Reg. Rough* 280; omnia bona .. fideliter ~abit *MonExon* 405b; **1527** ad ~andum eosdem [boves et vaccas] servitoribus abbatis *Reg. Aberbr.* II 474; **1564** nec dictas duas pecias velveti et bissi eidem V. ~ari fecit *Entries* 4.

redelinquere [CL re-+delinquere], to sin again, to reoffend.

non ignarus quod delinquentibus impunitas perniciosa delicti parere perniciosum sepe consuerit incentivum ~endi E. THRIP. *SS* II 19.

redell- v. ridellus.

redemptio [CL]

1 (act of) buying or buying back. **b** (eccl., w. ref. to purchase or payment for appointment).

ad augenda tam militum stipendia quam virtutis exempla commodior eorum ~o censenda videtur quam peremptio GIR. *EH* I 14 p. 251; c**1333** in ~one cujusdem libri de Coldingham post spoliacionem xxx s. *Ac. Durh.* 521. **b** s**1362** obieruntque [*sic*] dominus Johannes, episcopus Lincolniensis, cui successit provisorie, mediante tamen gravi ~one, dominus J. de R. J. READING f. 180v p. 155.

2 repayment, settlement (of debt). **b** payment for exemption from labour service. **c** (leg.) compounding (of larceny or felony), composition.

quia quidquid auri effodere poterimus post ~onem debitorum nostrorum et sumptus victualium, inferemus in thesauros ipsius J. FORD *Serm.* 13. 1. **b** **1281** si predicti virgatarii fecerint ~onem cum domino pro operacionibus suis *CoramR* 60 r. 33*d*. **c** de W. J. pro ~one latrocinii *Leet Norw.* 39; **1293** indictatus .. de ~one furti, silicet de eo quod recepit de quodam Roberto Serle, qui furatus fuit duos bussellos bladi in grangia sua, xx s. pro ~one ut eum dimitteret *SelCKB* II 147.

3 (leg.) act or means of redeeming oneself from punishment, redemption, atonement, judicial fine or payment. **b** wergeld. **c** (*~o sanguinis* or sim.) merchet. **d** (*~o monetariorum* or sim. or ellipt.) fee paid by moneyers on receiving office or on change of coinage.

eoque defuncto, pro ~one peccati auxiliaribus annumerata pecunia honori restitutus est W. MALM. *GP* II 91 p. 197; exceptis muneribus regiis et reatuum ~onibus aliisque multiplicibus negociis ORD. VIT. IV 7 p. 224; cui [Petro] velut in peccati sui ~onem pastorale munus est impositum J. FORD *Serm.* 17. 8; **1293** quilibet heres .. habebit omnes libertates quas pater suus habebat .. sine aliqua ~one *Rec. Leic.* I 219; **1322** ad satisfaciendum nobis de ~one sua occasione cujusdam transgressionis *SelCCoron* 78; **1315** fines et ~ones delinquencium contra formam statuti predicti *MGL* II 213; **13..** patietur judicium collistrigii sine aliqua ~one pecunie (*Vellum Bk. Leic.*) *EHR* XIV 505. **b** que quidem primum est ut sua ~one [AS: *his agenne wer*] se Deo et regi tradat (*Cons. Cnuti* 2. 4) *GAS* 281; quicunque dignus esse voluerit purgacione aut ~one [*Quad.*: wera; AS: *weres wyrþe*] si quis eum peremerit .. (*Ib.* 20) *Ib.* 323; amittat manum aut dimidiam ~onem sui [*Quad.*: weram; AS: *þolige .. healfes weres*] quae communis sit domino et episcopo (*Ib.* 36) *Ib.* 339; amittat vitam vel vite .. ~onem [AS: *þolige lifes oþþe weregildes*] (*Ib.* 61) *Ib.* 351. **c** c**1175** quod nullus burgensis burgi predicti ratione burgagii vel dimidii burgagii ullo modo esset talliatus seu ~onem sanguinis faciet .. (*Tewkesbury*) *BBC* 98; **1237** H. dicit quod non potest filiam suam maritare sine ~one *Cur* XVI 122; **1241** exigit ab eis tallagium merchettum ~ones filiarum et alia villana servicia *Ib.* 1822; c**1255** mei burgenses .. liberi et immunes a ~one filiorum et filiarum semper extiterunt (*Christchurch*) *BBC* 143; **1287** nec potest filiam suam maritare sine ~one *Rec. Crondal* 87; c**1320** fines nativorum pro ~one sanguinis *Cant. Cath. Pri.* 219. **d** **1159** idem vicecomes r. c. de lvj marcis .. de ~one monetariorum *Pipe* 25; **1169** Wigerus monetarius de m. de ~one sua *Pipe* 105; de misericordia autem Judeorum et de ~one monetariorum, sicut de sponte oblatis dictum est, sua portio secundum formam predictam regine debetur *Dial. Scac.* II 26B p. 157; s**1180** precepit quod .. non caperetur alia moneta in Anglia quam illa nova .. et rex monetarios suos redemit, i. ad ~onem coegit *G. Hen. II* I 263.

4 (act of) procuring the release of prisoner or captive by paying a sum of money, ransom. **b** sum of money required for the release. **c** (*ponere ad ~onem*) to put to ransom.

pecuniam .. ad redemtionem eorum qui injuste fuerant venditi dispensabat BEDE *HE* III 5 p. 136; nec ego [papa] .. pro capitis mei ~one eum investituras permittam impune habere W. MALM. *GP* I 58 p. 112; sponte destruxit castrum Montis Acuti quod suum erat pro ~one domini sui Goisfredi de Meduana ORD. VIT. III 2 p. 27; s**1319** pro ~one sua et fratris sui dedit Scotis marcarum duo milia *Ann. Paul.* 287; incarceratus pro ~one [ME: *raunsun, ranceum*] obligatus qui nullo modo posset a carcere liberari nisi per suspendium vel solucionem plenariam aut ~onem *AncrR* 38. **b** ~o regis excrevit ad centum millia librarum argenti DICETO *YH* I 283; s**1229** homines captos diversis cruciatibus torquent et ad gravissimam ~onem compellunt M. PAR. *Maj.* III 166; s**1193** taxata est redemptio ejus [regis] .. ad centum quadraginta milia marcarum argenti *Flor. Hist.* II 108 (cf. M. PAR. *Maj.* II 398: pro [v. l. de] ~one regis diutius tractatum est). **c** **1220** ceperunt ipsum Warinum et eum adduxerunt et ad ~onem posuerunt *CurR* IX 349; **1451** quatuor vicibus captus et ad ~ones excessivas positus *Pat* 473 m. 5.

5 deliverance from sin or its consequences, redemption. **b** (w. gen. to indicate) deliverance from.

Christus, salus et redimptio [v. l. ~o] nostra THEOD. *Laterc.* 12; ut sit virginitas pax, castitas ~o [v. l. redemtio, *gl.*: liberatio], jugalitas captivitas ALDH. *VirgP* 19 p. 248; Salvator, unica mundi ~o [*gl.*: liberator, liberatio] et conservandae castitatis alma praefiguratio *Ib.* 23 p. 254; placuit Ecgfrido regi, pro ~one animae suae .. terram .. donare *Hist. Abb. Jarrow* 11; redemtionem generis humani per passionem, resurrectionem, ascensionem .. Jesu Christi BEDE *HE* III 17 p. 162; in inferno nulla est ~o PULL. *CM* 211. **b** neque enim est ~o captivitatis humanae nisi in sanguine ejus qui dedit semet ipsum redemptionem pro nobis BEDE *Acts* 953.

redemptivus [ML < CL redemptus *p. ppl. of*

redimere + -ivus], of, connected with, or subject to ransom.

1313 qui fuerunt divites fiunt redemptivi (*Bannockburn* 95) *Pol. Songs* 266.

redemptor [CL]

1 one who settles (debt) or buys out (of a predicament).

in servos vendimur et ancillas et obsides in tabernis absque ~ore jacemus R. Bury *Phil*. 4. 66.

2 (~*or litium*) one who buys rights dependent on the outcome of lawsuit.

concinnatorem vel ~orem litium esse non licet J. Sal. *Pol*. 574B; ideo constitutio imperialis ab officio postulandi removet litium ~ores P. Blois *Ep*. 26. 92B.

3 one who buys out or commutes.

cum Lacedaemoniis lex esset, ut hostias nisi ad sacrificium quoddam ~or praebuisset, capitale esset, hostias is qui redemerat, cum sacrificii dies instaret, in urbem ex agro coepit agere, cum subito magnis commotus tempestatibus fluvius Eurotas . . magnus et vehemens factus est . . Alcuin *Rhet*. 15.

4 (theol.) one who redeems or delivers from sin, usu. w. ref. to Jesus Christ as Redeemer of mankind.

Monarchum mundi, Rectorem poli, ~orem [*gl.*: liberatorem] soli [v. l. seculi vel soli, *gl.*: terre] archangelo pronuntiante Aldh. *VirgP* 40 p. 292; profecto . . habet protectorem humani generis Redemtorem Dominum nostrum Jesum Christum (*Lit. Papae*) Bede *HE* III 29 p. 198; commendant et suas et omnium animas in manus . . ~oris Gosc. *Transl. Mild*. 5 p. 161; qua die ~or mundi resurrexit a mortuis V. Chris. *Marky*. 42; tibi, ~or vite mee et susceptor anime mee, Domine Deus meus, gloria, laus, honor, et imperium . . J. Ford *Serm*. 101. 13; **1269** in contumeliam ~oris nostri *Cl* 116.

redemptrix [LL], (as adj., f.) who or that redeems or delivers from sin, (as sb. f.) redeemer (in quot. w. ref. to the Host or the Church).

missale sacramentum . . pontifex sollemnizat mundique redemtricem [v. l. redemptricem] pro se et pro humani generis populo hostiam immolat Gosc. *Edith* 90; indigne conficiendo aut percipiendo . . gloriam victricis et ~icis hostie . . P. Blois *Ep. Sup*. 2. 24; merito jam sponsa redemptoris sui quodammodo facta ~ix ad desideratos eum jure quodam vendicabit amplexus J. Ford *Serm*. 89. 10;

redemt- v. redempt-.

redentitare [cf. CL re- + dentire; cf. et. denticare], (in gl. understood as) to shout repeatedly.

redentitare [v. l. redeptitare], iterum atque iterum clamare Osb. Glouc. *Deriv*. 509.

redestillare, (-dist-) [CL re- + destillare], to distill again.

quod distillatum est redistilla tercio et quarto *RB Ossory HMC* 254.

redestinare [ML < CL re- + destinare], to send back.

opinionem quorumdam peritissimorum regni juris peritorum sibi ~are postularet *Plusc*. VIII 3 p. 122; nuncio remunerato eundem ad dominum suum ~avit *Ib*. IX 5 p. 228.

redevantia, redeventia v. redhibentia.

redhibentia [CL redhibens *pr. ppl. of* redhibere + -ia], **redeventia, redevantia** [OF *redevance*], due, payment.

c**1200** (**1421**) sciatis nos concessisse . . villas, redditus, redevancias, decimas (*Pat*) *MonA* VI 1069a; c**1175** dedi . . redditus, reddevancias, decimas, ecclesias, molendina *Act. Hen*. II II 29; **1253** quicquid servicii, redevancie, usagii et obediencie nobis . . debebatur *Reg. Gasc. A* II 384; **1279** deveria, servicia et redevencias . . regi Francie . . faciebatis et prestabatis *RGasc* II 83a; **1309** annuatim servicia et redevancias consuetas ob premissa . . nobis . . faciet et impendet more aliorum tenencium *CartINorm*. 237; salvis redibenciis, obedienciis, et justiciis, et retentis quas . . hactenus habere consuevimus *Ib*. 238; **1313** omnia, deveria, redibencie, obvenciones, redditus, proventus, et quelibet jura nobis competencia

RGasc IV 973; **1314** ex . . quibuscumque, deveriis seu radevenciis ordinariis seu extraordinariis *Ib*. IV 1133.

redhibere [CL]

1 to give back, return, restore.

itaque expeditionem in Brittaniam movit quae excitata in tumultum propter non ~itos transfugas videbatur Bede *HE* I 3 p. 15; quod sibi preberi per vos rogat et redhiberi R. Cant. *Poems* 292. 7; nec ille prestantius valuit ~ere offitium utpote qui propinquiorem tendebat ad exitum W. Malm. *GP* IV 186; si ergo res magna possit accedere rei minori, puta jumento fundus, redibito jumento et fundus preciosus rediberetur, quod esset inconveniens, cum propter rem minimam que displicet, res optima que placeret rediberetur, et ita quandoque in fraudem edicti retineretur, illa altera redibita Vac. *Lib. paup*. 163; c**1255** liceat abbati Cestrie . . v predictos solidos redibere *Cart. Chester* 481 p. 279; dicitur miles quidam uxorem suam sepelisse revera mortuam, et a chorea redibuisse raptam et postmodum ex ea filios . . suscepisse Map *NC* II 13 f. 27v.

2 (in gl. or list of words).

redibeo, redibitio Aldh. *PR* 140 p. 197; redibere, retinere *GlC* R 40; redibere, representare *Ib*. R 129; debeo componitur redibeo . . rursus debere et redibitor Osb. Glouc. *Deriv*. 268.

redhibitio [CL]

1 (act of) giving back, returning, or restoring.

in injuriam . . tuam fieri videtur, si inter tot tua bona unum hoc tacitis majoribus cum gratiarum redibitione [vv. ll. reddibitione, redditione] velut singulare predicetur Anselm (*Ep*. 7) III 109 (= V. Gund. 13); satis enim ad benefitiorum redibitionem vobis teneor D. Lond. *Ep*. 1; cum in redibitionem sancte crucis nulla posset ethnicus supplicatione deflecti Devizes f. 36 p. 47; et quandoque dubitabile fuit utrum venirent in causam ~onis P. Blois *Ep*. 101. 312C; totum . . cor ejus vendicandum ad gratie ~onem J. Ford *Serm*. 47. 1.

2 (in gl.).

reddibitiones, retributiones *Gl. Leid*. 48. 60.

redhibitor [LL = *payer of a debt*], (in gl., understood as derived from CL *debere*) one who gives back, returns, or restores.

debeo componitur redibeo . . et redibitor, redibitus, redibitio . . i. debita Osb. Glouc. *Deriv*. 268.

redhibitorius [CL], of or connected with giving back, restoring, or returning; (as sb. f.) return (of goods or sim.).

c**1166** siquidem in rebus donatis nec quanto minoris, nec redibitoria locum habet, sed omnem actionem excepto spontanee liberalitatis elidit Arnulf *Ep*. 51 p. 93; si in fraudem juris vendat rem parvam, et hominem majoris precii dicat accedere, nulla est accessio edicto, sicut nomine accessionis non tenetur redibitoria Vac. *Lib. paup*. 163; accio enim quanto minoris et redibitoria in multe alie sunt personales, nec tamen perpetue *Ib*. 246.

redibilis [CL redire + -bilis], that can return, capable of returning.

secundum ergo sentenciam Augustini voluntas angelica a Deo aversa de sui natura est magis ~is, convertibilis, quare et mutabilis, quam humana Bradw. *CD* 524B.

redibilitas [CL redire + -bilis + -tas], return or ability to return.

tempus . . volatile est, irredibilitate irreparabile . . impossibilis ~as J. Waleys *V. Relig*. 1 f. 218vb.

redibitio v. redhibitio.   **redibue** v. reduvia.

redicere [LL], to say again, answer, reply (to).

c**1296** cui [sc. priori Cantuariensi] negocium . . sic expedire coneris ut non obstante quod in religione †Cycestriensis [*recte* Cisterciensis] ordinis professus extiterat possemus eum redicere prout in . . bulla . . continetur *Reg. Cant*. 520.

redictio [LL redicere + -tio], (mus.) repetition or response.

secundum vicium est ~ones specierum nimis cantare Hothby *Contrap*. [ed. Coussemaker] 333.

rediculum v. reticulum.   **redierato** v. redire.

redifferre [CL re- + differre], to delay, put off again or repeatedly.

conventus autem more suo distulit, distulit et redistulit H. Bos. *Thom*. V 2 p. 468.

redigere [CL]

1 to drive or send back; **b** (without implication of return) to place.

[Dominus] cervices inimicorum tuorum subtus calcaneum tuum ~et [*gl.*: i. e. revocabit vel retorquebit; restituet vel reponet] Felix *Guthl*. 49 p. 150. **b** est tempus quoddam determinatum post conceptionem seminis quod in corpus humanum ~itur, quo nascitur anima cum corpore Alb. Lond. *DG* 6. 15.

2 to bring back, restore (to a certain condition or sim.).

hanc urbem . . rex Ethelstanus in potestatem Anglorum, effugatis Britonibus, redactam, turribus munivit W. Malm. *GP* II 94 p. 210; ibi . . volebat telluri recludi; ibi cupiebat carnem in suam originem ~i *Hist. Arthuri* 88; quidam volunt quamdam affinitatis speciem inter Robertum . . et Emmam . . fuisse redactam *Eul. Hist*. II 184; quem pontem rex suis sumptibus in gradum pristinum mox redegit Strecche *Hen*. V 167.

3 to bring (into a certain condition or state). **b** (~*ere in scriptum* or sim.) to put into writing, to record, redact.

statim rigentis cippi duritia invisibili contrita potestate ad nihilum ~itur [*gl.*: pro rediebatur vertitur, *wæs gewend*] Aldh. *VirgP* 35 p. 279; pro ignominiosa insaniae [v. l. insania] in qua horribiliter redactam . . et saliva pollutam olim jam pudicam et castam sciens [uxorem] V. Cuthb. II 8 p. 92; erat rex Elfredus barbarorum infestatione ad hoc redactus inopia ut . . W. Malm. *GP* III 129; libertatem in servitutem et e converso ~ebat Map *NC* V 4 f. 61; unde virtus ita . . ipsius animam occupaverat . . et in suum redegerat obsequium quod . . V. Edm. Rich *P* 1781D; **1306** in statum debitum ecclesiam nostram ~ere . . et ipsam ad suas libertates quantum possumus ~ere Dign. Dec. 70 p. 82; magistrum suum in exilium ~i procuravit *Eul. Hist*. I 207. **b 885** istae donationes et concessiones in scriptis erant redactae (*Test. Regis Alfredi*) *CS* 555 p. 188; multa et illius temporis miracula in scriptum non sunt redacta *Found. Waltham* 24; **1217** quas [sc. libertates] distincte in scriptum redactas . . vobis mittimus *Pat* 31; **1240** reddent rationem, redacto in scripturam augmento ejusdem peccunie *StatOx* 76; oportuit ut illius populi vita et conversacio prophetalis nostra [*sic*] salvacionis in autenticam ~eretur scripturam Gros. *Cess. Leg*. I 9. 2 p. 48; **1254** quod reddigat [*sic*] in scripto quantitatem precii . . baconum *RGasc* I 380b; ~entes ergo summam doctrine Aristotelis de materia in tribus proposicionibus Siccav. *PN* 57.

4 to convert (from one form to another), to reduce (to).

ne terra penitus in solitudinem ~eretur . . Gildas *EB* 7; universus pulvis pigmentarii omnia virtutum opera designant quae ideo non integris pigmentis sed in pulverem redactis comparantur Bede *Cant*. 1122; **1198** ad ~endum in legalem monetam (v. l essaium 2b); presbyter . . combustus est et . . in cinerem redactus Gir. *GE* II 18 p. 253; c**1298** in hac [sc. Northumbria] . . cunei Scotorum / redigunt in cineres predia multorum (*Dunbar* 170) *Pol. Songs* 173; **1313** frumentum . . ~ere faceret in farinam (v. abducere 1d).

5 to reduce (in amount or quantity) or to concentrate.

quod si secunde infra xxx fuerint, negligantur, si vero supra xxx, in suum totum ~entur Adel. *Elk*. 8; quas [portiones] . . in unum commemorat ~endas Gir. *TH* I 7 p. 31; competit ei remedium quod id quod excedit et nocet ad debitum numerum ~atur *Fleta* 262.

6 to bring into line (with), to make to conform (with), to relate (to).

'malus', 'navis' . . ad trochei regulam ~itur ex longa et brevi Aldh. *PR* 113 p. 152; verba autem tam primae conjugationis quam tertiae quae in tribracho proposuimus, quando ad significationes participiorum ~untur, solutione ultimae sillabae in -ans aut in -ens anapesti legibus rite famulabuntur *Ib*. 119 p. 163; hoc modo ~it Dominus omne verbum positivum vel negativum in 'facere' Anselm *Misc*. 338.

7 to pass, spend (time).

dies pre diro vulnere / redigis tres in tumulo J. HOWD. *Cyth.* 77. 3.

redilectio [CL re-+LL dilectio], mutual or reciprocated love or affection.

1441 meipsum in plegium tue ~onis habe BEKYNTON I 171.

redil- v. ridellus.

redimen [*contr. for* redimimen < CL redimire + -men], surrounding ground, adjacent land.

1155 concesse sunt aquimolum cum ~ine seu adjacentiis suis extra portam .. ubi molendinum construxistis juxta pontem HADRIAN IV 24. 1394A.

redimentum [*contr. for* < CL redimire + -mentum], (circular) ornament.

hoc ~entum, est ornamentum *WW*.

redimere [CL]

1 to buy back or recover by purchase.

una virga terrae quam Alvric habuit in vadimonio pro dimidia marka auri et necdum est redempta *DB* I 75vb; hanc terram habuit abbas in vadimonio .. concessu Engelrici quando ~ebant Anglici terras suas *DB* II 360v; cujusdam militis manerium, pro octoginta libris sterlingorum .. ab ipso milite ~endum *V. Edm. Rich P* 1806D; **1268** cum Willelmus .. terras suas .. ~erit [*sic*] *Cl* 466; **1329** officium suum .. non agat nisi magnis muneribus contra formam sacramenti sui ~atur *Cl* 147 m. 2; **1330** magistro Johanni Tod, ad ~endum libros suos, captos in Anglia, ix li. vj s. viiij d. *ExchScot* 311; pecuniam leto corde dispersimus atque libros impreciabiles luto redemimus et arena R. BURY *Phil.* 8. 129.

2 to buy, to secure by purchase.

multos sacerdotio irruentes potius vel illud paene omni pecunia ~entes GILDAS *EB* 66 p. 63.

3 to ransom (from captivity).

si in captivitatem per vim ducta ~i non potest THEOD. *Pen.* II 12. 20; multos quos pretio dato redemerat redemtos postmodum suos discipulos fecit BEDE *HE* III 5 p. 136; ut autem se ~eret a captione Walerami invadiavit eam [carucatam terrae] .. pro j marca auri *DB* II 217; **1159** Ricardus filius Estrangi r. c. de c marcis pro se ~endo *Pipe* 41; **1287** R. venit et super hoc convictus liberatur prisone, et est alibi; est redemptus *SelPlForest* 62; cum sacco peccunie .. ad eum ~endum [ME: *acwiten, for to reimen him wiþ*] et liberandum *AncrR* 38.

4 (leg.) to buy off so as to free from charge, obligation, claim, or capital punishment.

episcopus et abbas hominem sceleratum servum possunt habere si pretium ~endi non habet THEOD. *Pen.* II 2. 5; si quis in exercitu .. pacis infractionem perficiat, vitam perdat aut weregildo ~at [AS: *polige lifes oþþe weregildes*] (*Quad.*) *GAS* 351; **c1214** de K. clerico de L. sequestracionem ecclesie sue per pecuniam ~ente GIR. *Ep.* 8 p. 264; **1240** villani .. ~ent filios, si de terra recesserint *Reg. Pri. Worc.* 15a; **1279** sunt villani ~entes sanguinem *Hund.* II 668b; **1284** debet sectam hundredi de tribus septimanis in tres septimanas, et potest secta illa ~i per annum per xij denarios *Deeds Balliol* 13.

5 to rescue, deliver, redeem (from sin). **b** (pr. ppl. as sb.) the Redeemer. **c** (p. ppl. *redemptus* as sb.) redeemed person or creation.

Judas Scariot .. / .. / qui Dominum lucis redimentem sanguine saecla / vendidit ALDH. *CE* 5. 9; veneranda Dei proles descendens ovem erraneam redemptura [cf. *Luc.* xv 4–8; *gl.:* liberatura] *Id. VirgP* 7 p. 234; Deus homo .. qui nos sua passione ac morte ~at BEDE *Prov.* 1029D; illi .. manui debemus quod a Christo redempti sumus, huic quod in Christo glorificati J. FORD *Serm.* 26. 2; quod redempti sanguine tuo .. ad flumina .. Babylonis .. retulimus pedem *Ib.* 109. 4. **b** floris alvus vincentis lilium / redimentis hoc

fugit pretium J. HOWD. *Ph.* 309. 2. **c** nullatenus judicari debet alienum redemptis quod redemptionis est proprium AD. MARSH *Ep.* 58 p. 167; sicut .. Creator se habet ad creaturam .. sic Redemptor ad redempta sive ad eos qui sunt in esse gracie BACON *Maj.* II 399.

6 to hold for ransom.

s1189 Ricardus rex deposuit a bailliis suis Ranulfum de Glanvilla .. et fere omnes .. vicecomites et ballivos eorum et omnes redemit usque ad ultimum quadrantem G. *Ric. I* 90; **s1196** nec justitiam querunt sed litigia fovent, multiplicant appellationes, ~unt placitantes GERV. CANT. *Chr.* 541; quos .. sibi retinuit incarcerandos, ~endos vel judicialiter puniendos *V. II Off.* 4; **1217** si aliquis captus fuit et convictus de capcione venacionis graviter ~atur si habeat unde ~i possit *SelPlForest* lxv n; **1224** terram .. depredando et comburendo, et homines .. quosdam interficiendo et quosdam ~endo *Pat* 483; **s1263** urbem cum castro sic adeptus, burgenses incarceravit, et villam ad mille libras miserabiliter redemit *Flor. Hist.* II 487; **c1290** cancellarius laicum sic imprisonatum ~it ita graviter quod fere destruitur *MunAcOx* 50;

7 (leg.) to amerce, (*~ere monetarios*) to cause moneyers to make certain payment on receiving office or a change of coinage.

s1180 precepit quod .. non caperetur alia moneta in Anglia quam illa nova .. et rex monetarios suos redemit, i. ad redemptionem coegit G. *Hen. II* I 263.

8 to make up, compensate or atone for.

multis opus est peccata sua bonis operibus ~ere BEDE *HE* IV 23 p. 265; elemosinis per ecclesias peccata [propria] ~ens W. MALM. *GR* II 182; nulla que adhuc emineret redemit vitium exterioris deformitatis animi virtute *Canon. G. Sempr.* f. 38; **c1321** temporis amissionem et expensarum .. magnitudinem .. notarii suis laboribus ~erunt [*sic*] *FormOx* 75; hoc in signum quod peccatum Ade ~endum esset [ME: *shulde ben bought ageyn*] in eodem loco *Itin. Mand.* 52; **1293** fuit suspensus ubi pocius esset ~endus *SelCKB* II 147; decorem accipit in distinccione ordinum et pudorem ~it vilitatis NETTER *DAF* II 192ra.

9 to fulfil (vow or promise).

donec .. aut votum ~eret aut impleret AILR. *Ed. Conf.* 751A.

redimibilis [ML < CL redimere + -bilis], that can be redeemed or atoned for, redeemable.

licet humanum genus dicat peccatum suum ~e per mediatorem Jesum WYCL. *Ver.* III 138.

redimiculum [CL], head-band, diadem, ribbon; **b** (fig.).

~a, auri cingula *GlC* R 124; ridimicula, *cynewiððan Ib.* R 186; ~a sunt ornamenta cervicis *Gl. Leid.* 10. 8; suis ornamentis ~is ac monilibus composita GOSC. *Aug. Maj.* 43A. **b** turpis adulterii labes redimicula morum / vellit HANV. IX 260.

redimire [CL], to encircle, to wreathe round; (generally) to adorn, decorate; **b** (in fig. context or fig.); **c** (in gl.).

~itus Thomas pallio in archiepiscopum eminuit W. MALM. *GP* III 121; quod .. et inter epulas reginam Vasti corona ~itam introduci jusserit HON. *Spec. Eccl.* 1070C; multiplici .. opere fabrili gemmarum, auri, et argenti premunierat se .. ille Tovi quo ~ire posset corpus crucifixi *Found. Waltham* 11; in cappis et casulis, dalmaticis et tunicis, et ceteris, ~itis auro et margaritis *Ib.* 16; **s1255** etiam pavimentum auleis ~itum M. PAR. *Maj.* V 513; stropheum est zona gemmis eciam auro ~ita seu ornata BACON *Gram. Gk.* 156. **b** sed hominem sanctum .. / .. / rex etiam Christus magno redimivit honore ~ Mir. Nin. 51; in principale .. ecclesiam omni nitore suo ~itam quasi virgo .. invehitur GOSC. *Transl. Mild.* 16 p. 175; crismate signati albis vestiuntur, quia immortalitate ~iti per mortem Christi in regno Dei .. coronabuntur HON. *Spec. Eccl.* 928C; **s1137** accepit .. Alienoram, plus corporis quam anime moribus ~itam, in uxorem *Flor. Hist.* II 59; Dei sacerdos, honore regis ~itus FORTESCUE *NLN* I 6. **c** *joly* .. lascivus .. ~itus .. gaudiosus *PP*.

redimittere [LL], (leg.) to grant or release again, to re-demise.

villam et grangiam pro centum libris annuis .. redimiserunt et retradiderunt monasterio *Meaux* II 183.

redimpendere [CL re-+impendĕre], to give or bestow again.

ejus et munere compta testula rubra ~at vera symbola *Miss. Westm.* I 368.

redinsertare [CL re- + insertare], (in gl., understood as) to insert again.

~are, denuo inserere OSB. GLOUC. *Deriv.* 506.

redinteger [ML, cf. CL redintegrare], restored, revived, or intact.

949 (14c) actum est hec [*sic*] redintegrum munificencie munus meo meorumque nobilium decreto munitum *CS* 878.

redintegrare [CL], **reintegrare** [LL]

1 to restore, repair (physical damage, also in fig. context).

956 tocius Britannie provinciarum providencia templa divina ~are dispono *CS* 921; festines .. texta ipsius [ecclesiae] ~are GOSC. *Transl. Mild.* 21 p. 184; ad ruinosa queque templorum ~anda W. MALM. *GP* V 252; mihi maximus labor incumbit ut fracta ~em, amissa recuperem, scissa resarciam AILR. *Inst. Inclus.* 32 p. 676; oblata frangitur, quia panis angelorum nobis in cruce frangitur, ut fractio peccatorum nostrorum per comestionem ipsius reintegretur HON. *GA* 563B; vitrum non frangitur nisi violenter tangatur .. hec fraccio reintegrari [ME: *beon ibedt*] potest medicina contricionis et confessionis *AncrR* 54; **1385** ipsam ecclesiam reintegrare si forte reintegracioni hujusmodi non sit .. *Pat* 320 m. 13.

2 to restore (to a former state or condition), renew; **b** (number or quantity); **c** to restore (a condition or practice).

956 nos esse credimus ~atos ad vitam *CS* 965; **c1093** summi Patris fuit consilium ut sanctam civitatem suam celestem, sc. Jerusalem .. morte dilectissimi Filii intercedente ~aret *Regesta* 341 p. 134; ejus exemplo omnino ~atus est [Herluinus] G. CRISPIN *Herl.* 34; in priorem statum et formam rediit miser superbus denuo redivivus ac ~atus COGGESH. *Visio* 21; sanctus Kyeranus benedixit axem, et statim reintegratus est sicut prius fuerat (*Ciaranus* 14) *VSH* I 205. **b** inde cognoscitur quod ex societate bonorum hominum numerus illorum qui diminutus erat ~atur EADMER *Beat.* 15 p. 287; **a1350** quod custodes cistarum .. super deficiente condempnentur ad reintegrandum dictas cistas *StatOx* 77. **c** **799** ita et horum usus in manibus scribentium ~andus esse optime videtur ALCUIN *Ep.* 172; cui .. salus est ~ata GOSC. *Edith* 277; nisi .. illorum .. cognicio legentibus ~etur *Id. Milb.* 201; hinc mundo eternitatem attribuunt non quod semper idem sese habeat .. sed quod semper durando et cursus suus ~ando ad quandam se eternitatis formulam constringere videatur ALB. LOND. *DG* 3. 9; **s1212** nec in posterum fama sua reintegrata *Ann. Lond.* 15.

3 to restore after separation, bring together again, reunite.

quinque portiunculas Medie ~avit et in unum conjungens mense regali appropriavit GIR. *TH* III 5 p. 145; [anima mundi] que .. quamvis quasi membratim per mundi corpora dividatur, semper tamen se ~are videtur ALB. LOND. *DG* 12. 5; preceperat .. ut Alverniam .. mense regali reintegraret GIR. *PI* III 2 p. 231; ventilabatur fama inter vulgares caput [Ricardi comitis Arundell] corpori ~ari *Dieul.* f. 143vb p. 47; corpus .. antea per singula mutilatum membra reintegrans ANDRÉ *Hen. VII* 39.

redintegrascere [ML < CL re-+integrascere], **reintegrascere**, (in gl.) to be restored, renewed, or reunited.

et integro, -as, quod non est in usu sed inde dicitur integrasco, -cis, quod componitur reintegrasco [l. redintegrasco], -cis OSB. GLOUC. *Deriv.* 287.

redintegratio [CL], **reintegratio** [LL]

1 restoration, renewal.

quod mensis lunae sit luminis lunaris circuitas ac ~o de nova ad novam BEDE *TR* 11 p. 204; **903** (14c) acta est .. hujus kartule ~o anno Dominice incarnationis DCCCCIII *CS* 600; osculum .. ad amoris ~onem quandoque puellis ab amasiis dari convenit *Quaest. Salern.* B 255; est reversio ad amicum, est curatio vulnerum, est federum ~o J. FORD *Serm.* 62. 10; **s1256** pro tranquillitate universitatis Parisiensis et fidei ~one M. PAR. *Maj.* 599; **1385** reintegracioni (v. redintegrare 1).

2 reunification, reunion.

pro . . unione et reintegratione Christianorum *Conc. III* 289b; circa Grecorum reduccionem orientalisque ac occidentalis ecclesie ~onem BEKYNTON I 134.

redintegrator [CL reintegrare + -tor], one who restores, renews, or reunites.

tam dispersores quam ~ores *Chr. Evesham* 76 (v. dispersor).

redintrare [CL re- + intrare], to enter again, re-enter.

quotiescunque . . homo capitur ~abit de novo *Ludus Angl.* 163.

redipiscere [cf. CL redipisci], to obtain again, recover.

1200 quandam ecclesiam dederat cuidam nepoti . . Hugonis unde post ~ere voluit *CurR* I 256.

redire [CL]

1 to come or go back, to return; **b** (dist. from *ire* or *venire*). **c** (in a board game). **d** (in med. context, w. dislocated bone of a joint as subj.) to return to place.

domum nusquam ultra ~iit GILDAS *EB* 14; bene instructus patriam ~iit BEDE *HE* III 27 p. 192; ~ierant enim jam Roma nuntii et casso labore semitam triverant W. MALM. *GP* I 56; cum, seniore tempore arridente, ~isset Angliam *Ib.* V 263; **1226** quod cum ipse ~itus a peregrinacione sua audisset . . sua sponte se reddidit prisone nostre *Pat* 37; **s1028** [Olaphus] qui redierat [l. redierat iterato] effugavit, sicque victor ~iit in Angliam M. PAR. *Abbr.* 163; **1283** mandamus . . quod viginti et sex milia solidorum . . habere faciatis executoribus . . ita quod pro defectu solucionis predicte . . executores ad nos necesse non habeant ~eundi *RGasc* II 197a. **b** qui omnem istinc eundi tragoediam et illinc ~eundi [*gl.*: revertendi; remeandi] clementiam attonitis spectatoribus resurgens de tartari profundo patefecit ALDH. *VirgP* 36 p. 283; longa pompa euntium et ~euntium W. MALM. *GP* III 134; **1194** ut cum batellis suis . . ire valeant et ~ire (v. ire 3b); **c1206** in veniendo vel in ~eundo *Regesta Scot.* 475; **1208** cum tempore itineris sui in ~eundo et eundo per vij annos *SelPlCrown* 56; ut nullus vestigia equorum suorum versus Scociam eundo, ymmo pocius ~iundo, perciperet *Plusc.* IX 5 p. 228. **c** tunc ille homo captus ~ibit ad paginam t𝜙 et intrabit cum vj in t *Ludus Angl.* 162. **d** quando fit talis dislocacio . . percuciat eum fortiter in mento . . et statim ~ibit GAD. 128. 1.

2 to redound, recoil, spring back (in quot. fig., as retribution).

in malefactores malefacta redire solebant D. BEC. 1674.

3 (in discourse or narrative) to return to a previously mentioned point or topic. **b** (in song) to return to a repeated phrase or refrain.

quia . . dixerat filios Noe terram secundum cognationes et linguas . . divisisse, ~it ostendere quomodo fuerint homines ab invicem disjuncti BEDE *Gen.* 123; deinde ad loca solis et lune ~eundum est ADEL. *Elk.* 31 p. 24; hec hactenus: nunc ad rem ~eamus ANDR. S. VICT. *Comm.* 275; ~eamus ad id quod aiunt PULL. *Sent.* 955C (v. fulcire 3a); ut . . de morte H. comitis dicatur aliquid, paululum ad superiora ~eundum est *Obsess. Durh.* 4; sed ut ad superiora ~eat stilus *Id.* 8. **b** cantilene particulam ad quam sepius ~ire consueverant, quam refectoriam seu refractoriam vocant GIR. *GE* I 43 p. 120.

4 to return, revert (to a former or certain activity, state or condition); **b** (to one's senses); **c** (to life); **d** (to memory); **e** (of material or non-material thing).

impii vero qui majoribus implicati sceleribus vel numquam sanctae mysteria fidei perceperunt vel post accepta ad apostasiam ~ierunt BEDE *Prov.* 1000; post obitum ipsius abbatissae ~ierunt ad pristinas sordes *Id. HE* IV 23 p. 265; proinde a fatuis suspitionibus discedant, in gratiam antistitis ~eant W. MALM. *GP* V 219; in priorem statum et formam ~iit miser superbus denuo redivivus ac redintegratus COGGESH. *Visio* 21; ~itur . . contra comitem Leycestrie ad minarum sevitias AD. MARSH *Ep.* 30 p. 127 (v. despectio 1c). **b** quod commissum, ubi ad cor suum ~iit, gravissime exhorruit BEDE *HE* IV 23 p. 263; o anima mea . . ~i prevaricatrix ad cor AD. SCOT *Serm.* 41. 374D; **s1190**

ut autem ~iret ad cor et medelam suis excessibus collatam sentiret . . in carcerem est retrusus DICETO *YH cap.* I 280; ad altare perductos, tanquam experrectos et ad se ~euntes obstupescas GIR. *IK* I 2 p. 33; **1276** sperans . . quod idem L. per ipsius mediacionem ad cor ~iret *TreatyR* I 135 p. 56. **c** cujus [Christi] praestabat defunctis umbra medelam / dum sani rursus redeunt ad lumina vitae ALDH. *CE* 4. 1. 17; imperat interea multatum morte cadaver / surgere de nigris anima redeunte latebris *Id. VirgV* 1411. **d** sollicite scribenti repente ad memoriam ~iit [*gl.*: venit, occurrit, recurrit] quomodo Caecilia . . jugalitatis consortia . . contempserit ALDH. *VirgP* 40 p. 292. **e** ubi postea, ~eunte temporum Christianorum serenitate, ecclesia est . . extructa BEDE *HE* I 7 p. 21; acervus lapideus . . qui quantum preeminet littore fluctibus vacuato, tantum prenatare videtur ~euntibus undis et grandiora queque velantibus jam repleto GIR. *TH* II 8 p. 90; draco . . ille annum designat qui bene caude sue ultima devorat quia annus et in se per sua vestigia ~it et . . proventum omnium devorat frugum ALB. LOND. *DG* 1. 6; habitus redit, et privatio cedit H. AVR. *Hugh* 1260; si vis ut vinum ~eat postquam actornatur GAD. 135. 1; ut rediat [v.l. redeat] pietas nil valuere preces GOWER *VC* I 1190.

5 to return an allegiance (to).

s1193 si autem Hugo noluerit ~ire ad regem Anglie . . oportebit regem Anglie facere grantum Hugoni racionabiliter R. HOWD. III 218.

6 (leg.) to return from exile or outlawry.

1202 H. filius W. presbyteri utlagatus fuit pro morte R. R. per sectam R. R. et post ~iit per breve . . regis *SelPlCrown* 22; ipse H. ~iit post utlagaria *Ib.* **1203** Alanus si voluerit ~eat quia nullum est appellum racione supradicta *Ib.* 34; Arnaldus fugit pro timore et non malecreditur et ideo non interrogetur ut ~eat et det plegios standi recto *PlCrGlouc* 48; Ricardus . . fugit pro morte illa . . preceptum est vicecomiti quod si ipse ~ierit, capiat de eo plegios *Ib.* 85; **1323** J. W. . . captus . . pro eo quod ipse abjuraverat regnum Anglie . . et ~iit sine warento de . . rege, obiit in prisona castri N. *SelCCoron* 80.

7 (of property) to return to former owner, revert.

quatinus post obitum suum . . manerium ~iret ad monasterium *DB* I 43va; post mortem ejus ad aecclesiam debebat ~ire *DB* I 47ra; **s1299** obiit . . Edmundus comes Cornubie . . qua de causa comitatus . . Cornubiae ~iit ad coronam *Meaux* II 272; post decessum eorum debuit terra . . ~ire in dominio ecclesie et abbatis *Chr. Rams.* 228.

8 to result, arise.

cum . . constet quod multiplicato illo quod provenit ex divisione cum divisore ~eat census tuus, qui est 2 res et semis ROB. ANGL. (1) *Alg.* 152.

redissaisina [CL re- + dissaisina, AN *redeseisine, reddisseeisine*], dispossession, after a prior judgement reinstating the person dispossessed in the land, redisseisin (as defined by the Provisions of Merton, 1236).

1236 finem fecit cum rege pro quadam rediss[eisin]a *KRMem* 15 m. 16/2; **1241** G. de C. qui captus est et in prisona pro redisseisina detentus *Cl* 285; **1249** Hugo filius R. . . quem pro redisseisina rex capi precepit et incarcerari, satis punitus est pro dilicto *Cl* 210; **1259** detentus in prisona . . per preceptum regis pro redisseisina facta Petro . . de tenemento in H. *Cl* 438; sustinebit penam disseysine vel [v. l. et] redisseysine BRACTON f. 216b; **1320** de reddisseisina facta super assisam frisce forcie *SelCKB* IV 101; **1321** cum fines de redisseisinis aut purpresturis . . ad . . regem pertineant . . *MGL* II 355; juxta formam statuti Westmonasteriensis de hujusmodi redisseisinis provisi *Reg. Brev. Orig.* f. 206v.

redissaisire [CL re- + dissaisire], to dispossess again, redisseise.

1387 nullus predictorum . . ipsam A. de tenementis predictis iterum injuste redisseisiverunt *IMisc* 236/19 m. 3.

redissaisitor [CL re- + dissaisitor], (leg.) one who dispossesses a person again, redisseisor.

1259 de redisseisitoribus a prisona deliberandis *Cl* 438; quedam [injurie] vero in duplo, sicut de redisseisitoribus, de captoribus hospiciorum et victualium *Fleta* 64 *bis*; in brevibus de redisseisina adjudicentur

. . dampna in duplo, et sint redissisitores . . irrepleggiabiles per commune breve *Reg. Malm.* I 94.

redisseis- v. redissais-.   **redistillare** v. redestillare. **reditarius** v. reddituarius.

reditio [CL], (act of) coming back, return.

item eo componitur redeo . . unde hec ~o OSB. GLOUC. *Deriv.* 188; continuat illam ~onem sui in se et inde continuatur celi conversio circularis SICCAV. *PN* 175.

reditivus [ML < CL reditus *p. ppl. of* redire + -ivus]

1 (of person) who returns (in quot. from captivity).

carmen de monacho menti sedet edere Malcho / olim captivo, captura post reditivo R. CANT. *Malch.* I 2 p. 47.

2 that reaches back in scope or effect, retroactive, regressive.

ipsa etiam [voluntas], quatenus est ~a super se, alterius rationis est quam quatenus simplex supponitur *Ps.*-GROS. *Summa* 382.

reditus [CL]

1 (act of) coming back, return; **b** (leg., after being summoned). **c** (in med. context, of dislocated bone of a joint) to return to place.

cognita . . condebitorum reversione et ~us denegatione GILDAS *EB* 19; **c1107** neque . . video illum in cujus potestate maxime est ~us meus ANSELM (*Ep.* 347) V 286; **1201** Osbertus de R. appellat Odonem H. quod ipse assultavit eum in redditu suo de foro de Bomine *SelPlCrown* 5; **1220** post ultimum redditum . . regis . . de Hibernia in Angliam *CurR* IX 79; certe et ipsum prestolari . . bonum est et pendere ad ~um Jesu magne virtutis opus est J. FORD *Serm.* 100. 6; **c1320** ponantur in respectum usque ad reditum abbatis . . *Reg. Aberbr.* I 318; **a1332** sermo ejusdem [sc. J. Crisostomi] post primi exili ~um *Libr. Cant. Dov.* 40; sic intravimus vallem socii xiiij numero sed in ~u [ME: *at the comynge out*] fuimus nisi novem *Itin. Mand.* 106. **b** **1364** Hugonem super non redditu suo habere . . excusatum *Lit. Cant.* II 466. **c** deinde reducatur [os] ad locum a quo exivit, et tunc redit, et illud significat sonus qui auditur in ~u ejus GAD. 127v. 2.

2 revenue, return (of rent). **b** rent. **c** (~*us siccus*) rent-seck. **d** property that produces rent.

dum universi facultatum ~us [*gl.*: ægifta, gestreon] et copiosa quaestus stipendia ad agapem pauperculis mendicantibus venirent ALDH. *VirgP* 52 p. 308; **722** de ~u . . ecclesiae vel oblatione fidelium quattuor faciat portiones *Ep. Bonif.* 18 p. 32; ~us, tributa agrorum *GlC* R 84; **c800** ab omnium fiscalium ~uum, operum, onerumque . . vindictis . . *CS* 201 p. 285; dives . . locus conferret otium pro ubertate ~uum sed afferret penitudinis tedium per copia necessariorum W. MALM. *GP* I 45; **1178** prima questio est que sit summa ~uum non que sit conversatio subjectorum P. BLOIS *Ep.* 15. 53A; uberrimorum ~uum opulenciam Dominus ditando sublimavit M. PAR. *Edm.* 222. **b** **a1240** ad solucionem dicti ~us *Cart. Mont. S. Mich.* 76; audito eciam, quod rex Francorum statuisset de thesauris suis et ~ibus . . de singulis viginti solidis singulos denarios mittere usque Jerusalem TREVET *Ann.* 58; patet . . quare domini seculares non debent de civili ~u decimare . . WYCL. *Civ. Dom.* I 322. **c** **a1539** ut de ~u sicco de messuagio predicto exeunte *Entries* 73b. **d** in silva et ferrariis . . et aliis ~ibus *DB* I f. 219va.

3 (~*us cervisiae*) scotale.

1195 vulneratus fuit in ~u cervisie . . et Robertus . . fuit cum illo . . in ~u illius cervisie *CurR RC* I 145.

4 (in gl.).

~us, facultates *Gl. Leid.* 35. 276; ~us, substantia *Ib.* 48. 45.

redius, (in gl.) messenger, domestic servant.

~ius, verna, praeco *GlC* R 107; ~ius, verna, vernaculus OSB. GLOUC. *Deriv.* 509.

redivivus [CL = re-used]

1 restored to life, revived: **a** (of person or

person's body); **b** (of other natural things); **c** (transf. & fig.).

a catacumini cadaver .. de porta mortis ~um [*gl.*: iterum vivum, *cuced reaw*] erexit ad lumina vitae ALDH. *VirgP* 26 p. 261; **931** somata jam ~a *CS* 677; neque enim aliter coelestis ejus Spiritus operatus est, quam si in terra ~o corpore suo quotidie veniret OSB. *V. Dunst.* 46 p. 128; ut regium semen .. possit .. ~o germine suscitari GIR. *EH* II 27 p. 363; in priorem statum et formam rediit miser superbus denuo ~us ac redintegratus COGGESH. *Visio* 21; eum [puerum] .. vagitu et motu quasi reddivivum recepe-runt *Mir. Wulfst.* I 8; libens .. cum sua supplicatrice .. descendit suumque sibi ~um reddit filium post fatalitatem E. THRIP. *SS* X 11. **b** [he auicule] ~a plumarum renovatione singulis annis immutantur GIR. *TH* I 18 p. 51; ave, virgo, cujus rore / mundus ante flaccens flore / redivivo floruit WALT. WIMB. *Virgo* 73. **c** bellum horrendum instaurant, ~a [*gl.*: iterum inchoata, iterum viva] certamina voti compotibus instruunt ALDH. *VirgP* 12 p. 241; ~a flamma facem suam illuminat GOSC. *Edith* 71; anno .. Domini mcxxiii .. iterum malignitatis spiritu ~us bellorum turbo exoritur ORD. VIT. XII 33 p. 438; **s1190** ~a inter cives et peregrinos fit exorta perniciosior altercatio *Itin. Ric.* II 16 p. 159; Christianitas tamen post ea qualicunque modo iterum ~a refloruit J. FURNESS *Kentig.* 27 p. 209; intellectiva virtus surgit ~a [*gl.*: iterum viva] GARL. *Mor. Scol.* 263.

2 (as sb. f.) flax, linen.

ut sit virginitas purpura, castitas rediviva [*gl.*: linum, restituta, *flex*], jugalitas lana ALDH. *VirgP* 19 p. 248.

redobator v. redubbator.

redoccare [CL re-+LL occare], (in gl.).

redoccare [v. l. roccare], scindere OSB. GLOUC. *Deriv.* 509.

redodapion v. rhododaphne.

redolentia [ML < CL re-+LL olentia], fragrance, redolence; **b** (fig.).

ut .. in salubrem misceantur ~iam .. ut fiat thymiama .. orationis adolende coram Domino AD. MARSH *Ep.* 247. 12 p. 451; reges tres tria munera / mirram cum auri specie / thus necnon redolencie J. HOWD. *Gaudia* 7. 5; de candore, ~ia .. ossium monachorum mortuorum *G. S. Alb.* I 366 *tit.*; eorum [cipressorum] tanta est ~ia, quod aliud non videtur nisi paradisus Dei et opus pigmentarii S. SIM. *Itin.* 20; ignis .. sed inutilior et vilior quoad cineres, et gravior ad ~iam et odorem *Eul. Hist.* II 100. **b** Lincolnie sedes, o quem non preterit equi / calculus o cujus morum redolencia celum / spondet et esse nequit virtus altissima major HANV. I 147.

redolere [CL]

1 to be fragrant, give off a smell (also fig.): **a** (pleasant); **b** (unpleasant). **c** (pr. ppl. as adj.) fragrant, redolent.

a putidum laetamen velut timiama seu nardi pistici flagrantia ~et [*gl.*: odorem dat, *stanc* vel *stemde*] ALDH. *VirgP* 51 p. 307; aliquando solus olfactus, ut cum aliquis defert feniculum naribus suis suspensum ut sibi suaviter ~eat *Simil. Anselmi* 14 p. 42; inter quas quasi dumos, rari boni velut rose ~ebant PULL. *Sent.* 775A; **1189** quod ex scripturis veterum .. ~et (*Lit. Imp.*) GIR. *PI* III 17 p. 268; queritur quare si aliquis nucem muscatam de sero comedit, urina in crastina die ~ebit *Quaest. Salern.* R 6; **1336** fama .. pietatis .. per regni climata redolevit [*sic*] *Lit. Cant.* II 117. **b** ~entia, fetentia *æþmmigende, fulstincende GlP* 208; fetet amarusca, similis redolet camamilla (*Vers.*) *Alph.* 28. **c** aromatizans, ~ens *Gl. Leid.* 12. 20; ~ens odor est medius inter duos olentes odores J. BLUND *An.* 202; que melius poterant ornant redolencia currum [sc. Phebi] / gloria, lux renitens, splendor et omne decus GOWER *VC* I 19; [medius lapis] sub quo G. de G. in ~enti poliandro integer quiescit STRECCHE *Hen. V* 160.

2 (trans., usu. fig.) to smell of: **a** (w. acc.); **b** (w. abl.).

a Christiane moralitatis formam instruebat, ipsarumque rerum secularium prudentiam omnino ~ebat DOMINIC *V. Ecgwini* I 7 p. 83; Aldelmi ad eum scripta, maximam vim eloquentie et scientie ~entia W. MALM. *GP* II 75; verba in ea posita sunt heretica aut heresim ~entia R. MELUN *Sent.* II 70; **1169** vestra ~et pagina caritatem J. SAL. *Ep.* 298 (296); multis igitur signis et indiciis indolem pravam ~entibus GIR. *SD* 132; **1282** tardior ad ea omnia que videntur carnis delicias ~ere PECKHAM *Ep.* 261 p. 344. **b** Ambrosium vero superni nectaris ambrosia ~entem [*gl.*: fraglantem, pollentem] ALDH. *VirgP* 26 p. 260; virtutum meritis redolens, ut nomine florens *Id. VirgV* 896; neque enim mirandum si membra illius ~eant unguentis BEDE *Cant.* 1086.

3 (in gl., assoc. w. CL *dolere*).

redolit [? l. redolet], satis dolet *GlC* R 133.

redoles [CL re-+dolere+-es], (gl. as *salus*).

redoles, salus *GlC* R 158.

redolescere [LL], to be fragrant, give off a smell (also fig.). **b** (pr. ppl. as adj.) fragrant, redolent.

ipsa [BVM] .. cum misericordibus ~escit suaviter ut oliva BRINTON *Serm.* 9 p. 30; **1426** in .. vestris operibus .. pacis ~escit suavitas *Conc.* III 477b; **1435** flos immarcidus sue fame dignissime laudis fragrancia ~escit in populo *EpAcOx* 120. **b** simplicitas vultus, redolescens oris honestas HANV. IX 433.

redomare [CL re- + domare], (in gl. understood as) to reduce to obedience, 'reclaim' (hawk).

recleymyd, as hawkeys, ~itus *PP.*

redonare [CL]

1 to give back or in return.

779 hoc pro certo Christo donatori bonorum omnium ~are constat *Ch. Roff.* 10 p. 13; suscipiens .. illa domina de manu Christine ramum: de ipso sumens ~abat offerenti ramusculum *V. Chris. Marky.* 24; amor potens et redonaverit / tibi regem quem sic rapuerit J. HOWD. *Ph.* 985.

2 to give back as new, to restore, renew. **b** to present (person) with again or as new.

spe vitae ~andae BEDE *Luke* 418. **b** munus sane virtuosum, quo amisso lumine celitus ~atus sum, annis undenis exactis illapse cecitatis *Pass. Æthelb.* 14; sibi devotos .. non tam vita ~at quam et superna beatitudine .. coronat R. COLD. *Cuthb.* 63 p. 126.

3 to restore (person or thing) to condition.

angelica .. medela pristinae saluti est ~atus ADEL. BLANDIN. *Dunst.* 2; de ipsa ejus manu bibens es refocilatus ac pristine sanitati ~atus EADMER *V. Anselmi* I 13 p. 23; cum in illo [v. l. illud] nescio quis mortuus projicitur, tactis ejus sanctis ossibus etiam vite pristine ~atur AD. SCOT *QEC* 7. 813C; spem .. concepit se per eum sanitati ~andum W. CANT. *Mir. Thom.* II 36 p. 446.

redonatio [ML < CL re-+donare+-tio], (act of) giving back, return. **b** repayment.

ceteri vicarij diaconi quilibet cereum de uno quart' et sic ad matutinas habebunt sine ~one *Stat. Linc.* II ccxxx; †**984** (16c) damus totam abbathiam .. in manum meam funditus et sponte resignantes ut per meam ~onem de firmiore .. gratulentur possessione *CS* 872 p. 20 (=*Croyl.* 33). **b s1360** omnes .. vel onerati aliquo onere seu ~one [OF: *redevance*] (*Treuga*) J. READING f. 176v p. 145 (=WALS. *HA* I 293).

redoperire [LL], to uncover.

~ire, aperire. ~tus, apertus OSB. GLOUC. *Deriv.* 509; hic Phebus .. / .. / aurosi gloriam vultus redoperit WALT. WIMB. *Carm.* 307.

redorsare [CL re-+dorsum+-are]

1 to write on the back of, endorse (document).

fiat collacio seu computatio quindecim dierum a die capcionis terrarum in manu regis ~ata a retro brevis seu in dorso illius retornati a ballivo missi ad regem (*Stat. Rob. I* 16. 5) *RegiamM* III 40.

2 (p. ppl. as adj., of horse) sway- or broken-backed, injured or wounded in the back.

queritur quare equus ~atus si totus exponatur radiis lune non moritur *Quaest. Salern* P 113; queritur quare equus ~atus, i. vulneratus in dorso, et totus nudus si soli exponatur non leditur *Ib.* R 1; reduco ad memoriam quamdam radii lunaris efficaciam qui pervenit ad ulcus caballi ~ati NECKAM *NR* II 153 p. 238; de equis .. hic palefridus .. ~atus, *redois derere Gl. AN Glasg.* f. 21rc.

redressare, ~ere [ME *redressen*, OF *redrecier, redresier*], to repair, redress.

1295 in viiij^xx perticatis muri lapidei circa parcum ~andis ad taskam *MinAc* 1090/3 rot. 1; **1317** in j cementar' redrescent' altare sancti Stephani in choro *Fabr. Exon.* 76; **1407** hujusmodi questiones, contenciones, dampna, .. reformandum, ~andum, sedandum .. *Foed.* VIII 466.

redshanca [Eng. *redshank*], redshank (*Totanus calidris*).

palustris avis quaedam longis et rubris cruribus, nostra lingua ~a dicta TURNER *Av.* F. iiv.

redubbator [CL re-+dubbator], one who dubs (cloths or hides) again.

1284 de redobatoribus [vv. ll. redubatoribus, ~oribus] pannorum furatorum, eos in novam formam redigentibus et veterem mutantibus *StRealm* I 57a.

reducere, redducere [CL]

1 to lead or bring back, (refl. & pass.) to return; **b** (med., dislocated limb to its original position); **c** (in text or narrative); **d** (gaze, fig.).

illico sponsis earum prodentibus nuper ad apostasiae cloacam velut molosi ad vomitum, relapsis chiliarco cum equestri turma insequente Romam ~untur [*gl.*: iterum ducuntur, *gelædde*] ALDH. *VirgP* 51 p. 307; ipsa me qua venimus via reduxit BEDE *HE* V 12 p. 308; ipsa exivit arcente nemine. at pater ut agnovit misit festinanter post eam et reduxit invitam *V. Chris. Marky.* 23; Haroldus .. petivit a rege Normanniam ire et fratrem suum atque nepotem, qui obsides tenebantur, liberare, liberatos ~ere EADMER *HN* p. 7; **c1167** ut si in invio sumus, ~amur ad viam J. SAL. *Ep.* 154 (156); **1203** fugit in comitatum Staffordie cum quibusdam de catallis .. occise .. et in comitatu illo capta fuit et ~ta in comitatum Salopsire *SelPlCrown* 34; utquid senex iste reverti curavit? diabolus ipsum ad nos reduxit GIR. *SD* 40; sic fiat usque viij homines adversarii redducantur in puncto [*sic*] 'a' *Ludus Angl.* 163. **b** deinde ~atur membrum dislocatum GAD. 127v. 2. **c** ista .. questio ~itur ad caput ubi census radicibus equatur ROB. ANGL. (I) *Alg.* 146; dico quod illa major proposicio non est prima sed ~itur ad istam 'omne imperfectum ~itur ad perfectum' DUNS *Ord.* II 240. **d s1188** quatinus oculos majestatis vestrae ad nos .. ~atis, nobisque sublimitas vestra securum .. transitum .. provideat (*Lit. Imp.*) DICETO *YH* II 53.

2 (*~ere ad memoriam* or sim.) to bring back to the memory, to call to mind, remember; **b** (w. *quod* or sim. & ind. or subj.); **c** (w. indir. qu.); **d** (w. *de* & abl.).

cum nobis ad memoriam ~it operationem suam quam operatus est in nobis BEDE *Cant.* 1156; ~to ad mentem tremendo illo tempore *Id. HE* IV 3 p. 211; ejus attollendo merita, ille seipsum deprimebat, sua ad memoriam ~endo peccata *V. Gund.* 33; se nihil aliud .. ad mentem ~ere posse dicebat nisi unum forte GIR. *GE* II 11 p. 219; **1235** cartis .. auditis simul cum testimonio .. respondit .. rex quod non reduxerat ad memoriam predictas cartas nec predictum donum *CurR* XV 1305. **b** tandem ad memoriam reduxit quod eum pridem perfidia regno pulerit .. BEDE *HE* III 7 p. 141; cognovit .. hominem et quia vestimentum ejus morientis acceperit, ad memoriam reduxit *Ib.* III 19 p. 166; non ~ens ad memoriam quod Dominus per prophetam admonet ABBO *Edm.* 15; **1168** impetrare non potuit ut verba tollerentur quibus .. papa ~it in memoriam regis quod .. J. SAL. *Ep.* 261 (280 p. 612). **c** appropinquante .. die anniversaria prioris viri sui hec mulier apud se ~ebat in memoriam quanta bona recipisset de eodem in vita sua *Latin Stories* 82. **d 1209** episcopus Winton' [debet] j tonellum vini, quia non reduxit ad memoriam regis de zona danda comitisse de Albemar' *Pipe* 172.

3 to bring back for consideration or interpretation, to rethink.

hoc est dictum: si bene vel male fecerimus .. vel alio modo potest ~i. ista regina est natura humana .. *G. Roman.* 293; vel aliter potest ~i. rex iste est Deus, tres filie tria genera hominum *Ib.* 392.

4 to bring back, restore (to a certain or former state or condition): **a** (person or part of body); **b** (substance); **c** (in math. context); **d** (time of day).

a eundem rediviva sospitate subnixum de inferni voragine reduxit [*gl.*: *teah*] ad lumina vitae ALDH.

VirgP 45 p. 299; ut nos qui peccando iram Dei incidimus ipse reconciliando ad Dei pacem ~eret Bede *Hom.* II 9. 140D; pena unius reduxit ad sanitatem ceteros ne furerent, ne streperent . . W. Malm. *GP* V 256; **1315** dictum A. in possessione *[sic]* terrarum predictarum . . ~atis vel ~ere faciatis *RGasc* IV 1367; igitur sine omni contradiccione potest Deus ~ere Adam post peccatum ad pristinum statum innocencie Ockham *Quodl.* 597; enancium . . veretri vulnera ad sanitatem ~it *Alph.* 57. **b** caliditas . . dissolvit terrestria in aquosa et aquosa in aerea inferiora et media ~it [Trevisa: *bringiþ*] in sua superiora Bart. Angl. IV 1 p. 82. **c** quod si item numeri primi in eos qui eorum in se luctu producti sunt ~antur, erit ut . . Adel. *Elem.* VIII 12; reduc, hoc est multiplica, medietatem radicum in se, et fiunt 4 Rob. Angl. (I) *Alg.* 128. **d** s**1491** dum sol diem sabbati proxime sequentem redduxit ad ortum surrexerunt predicti J. J. et sui cohortes *Sanct. Durh.* 45.

5 to bring back or deliver in return as result of previous action. **b** to bring back as result of obligation or agreement, to render (service).

1326 super nostris racionibus et motivis illa peticione ~tis *Lit. Cant.* I 174; postea respondebo ad ea que sunt disputative ~ta contra me (Kyn.) *Ziz.* 43. **b** a**1176** reddendo . . annuatim xij denarios et ~endo quodlibet servicium *Cart. Sallay* 525.

6 (log.) to bring syllogism into a different but equivalent form.

consequencia sic ~itur *Ziz.* 102.

7 (p. ppl. *reductus* as adj.) drawn back.

hoc ille metu turbatus, longe ~to capite debilitatoque rigore genuum, lapsus humo concidit W. Malm. *GP* II 87; serena fatie, roseo rubore suavis, dentibus candidis, labiis paululum ~tis, *Ib.* IV 184.

reducibilis [ML < CL reducere + -bilis], that can be reduced or referred (to), reducible.

si potuit fuisse falsum sine initio, ergo ~e fuit in falsitatem sine initio Gros. 175; de generibus uno modo contingit loqui quantum ad essentias suas et sic non sunt ~ia . . alio modo quantum ad esse naturale et transmutationem et sic ~ia sunt Bacon VIII 35; omne verbum impersonale est ~e ad personam per aliquid prius ipso *Id.* XV 81; unitas enim essencialis qua substancia dicitur una ad predicamentum quantitatis non reducitur; tu autem arguis ac si quelibet unitas esset ~is ad predicamentum quantitatis Middleton *Sent.* I 216a; quorum actuum neuter sit ~is ad alterum nec ambo ad tercium Wycl. *Act.* 14; omne enim per accidens est ~e ad aliquod per se *Id. Trin.* 57.

reductibilis [CL reductus *p. ppl. of* reducere + -bilis], that can be brought back (to a former state or condition), reducible.

limbus deauratus . . volubilis ac replicabilis, at tamen pro spissitudine sua sine alicujus adjutorio iterum ad rigorem pristinum per se ~is R. Cold. *Cuthb.* 42 p. 87.

reductilis [CL reductus *p. ppl. of* reducere + -ilis], that is brought back (to its original position).

quos rotet eternum, versentque reductile pondus / Sisyphium Hanv. VII 381.

reductio [LL]

1 act of bringing back (to a proper or original position); **b** (leg.). **c** (med., w. ref. to restoration of dislocated joint) reduction.

de Babylone in Hierusalem ~o vasorum Bede *Ezra* 858; **1440** circa Grecorum ~onem orientalisque ac occidentali ecclesie redintegracionem Bekynton I 134; **1450** in solucione facta diversis Scotis pro ~one et adquisicione diversorum librorum (*Ac. Farne*) DC *Durh.*; **1480** ~o Christi de Egipto xj die Januarij D littera W. Worc. *Itin.* 278. **b** eorum etiam est consecucio et ~o furum sine calumpnia (*Leg. Hen.* 23. 5) *GAS* 561; **1340** clamat habere . . capcionem omnium prisonum . . et custodiam eorundem, duccionem et ~onem coram quibuscumque justiciarijs . . regis *SessPCambs* 6. **c** difficilis dislocacionis sunt . . juncture digitorum . . et ideo ~o earum est difficilis eciam Gad. 127v. 2.

2 diminution or decrease in size or extent, reduction. **b** reduction in amount or number.

solis . . calore recedente aer infrigidatur et ex illa frigiditate humiditas condensatur et congelatur et ita florum ~o et coarctatio *Quaest. Salern.* P 55; **1545** super earundem ~one . . et annullatione *Form. S. Andr.* II 338. **b** tabula ~onis integrorum ad minucias physicas Killingworth *Alg.* 716.

3 reduction, abridgement, or epitome.

1395 tres libri Ysopi Atheniensis de fabulis, cum earum ~one *Catal. Durh.* 70.

4 (alch.) conversion (into).

quis adinvenit metallorum decoctionem, alterius in alterum ~onem? Map *NC* I 1 f. 7v.

5 act of referring to, relation.

physicus materiam principaliter considerat et omnes alias causas per ~onem ad istam Bacon VIII 62.

6 (log. & phil.) reduction.

fundamentum tocius hujus ~onis (Kyn.) *Ziz.* 103.

reductivus [ML < CL reductus *p. ppl. of* reducere + -ivus]

1 that leads or brings back (to): **a** (place); **b** (condition).

a 'vias reduces', i. ~as ad patriam Trevet *Troades* 15. **b** est . . caliditas . . inferiorum ad superiora ~a [Trevisa: *bringiþ and lediþ*] Bart. Angl. IV 1 p. 82; reminiscentia . . cum est per se universalium et principiorum usque in actum reminiscendi ~a Ps.-Gros. *Summa* 483; sanitas . . potest virtute contineri in qualitate absoluta ~a aliarum ad equalitatem, que equalitas est sanitas Duns *Metaph.* VII 12 p. 402a.

reductor [CL], one who brings or leads back (also in fig. context).

liberatorem hominis lapsi a culpa et pena et ~orem illius ad gloriam quam peccando amiserat Gros. *Cess. Leg.* III 1. 1 p. 119; ovis optat erronea [mens] reductorem J. Howd. *Cant.* 314; quia famosus homo ut ovis perdita [cf. *Luc.* xv 4] ipsum ~orem cognoscat facilius Wycl. *Blasph.* 178; **1401** rogavi . . episcopum ut mandaret quod equus meus ad domum suam duceretur, et sic quod habui in bursa dedi ~ori Wyche *Ep.* 531.

reductorium [ML *as adj. only*], instrument that reduces, in quot. as title of Biblical commentary that reduces information to its moral sense.

p**1440** ~ium morale, 2° fo. 'unde tacere' (*Catal. Librorum*) *JRL Bull.* XVI 478.

reductus [CL reducere + -tus]

1 (act of) bringing back or returning, return.

dicit ipse [Tobias] de ductu ad Medos . . dicit apostolus de ~u Bede *Tob.* 927; sicque rotato continuatim orbe reductur circulus, quo ~u ad suum principium ejus figurae continuetur ambitus *Enc. Emmae arg.* p. 6.

2 (~us spiritus) act of drawing breath.

quod . . magno staret Edmundus hanelitu crebroque ~u spiritus Map *NC* V 4 f. 61v.

redulus, (in gl.) heap of wood.

hic redulus [v. l. redibus], lignorum acervus Osb. Glouc. *Deriv.* 501.

reduncare [ML < CL re- + uncare; cf. CL reduncus], to make curved or hooked.

~are, curvare Osb. Glouc. *Deriv.* 509.

reduncus [CL], curved back.

uncus, curvus, obuncus, ~us, aduncus Osb. Glouc. *Deriv.* 623; pro rosula trunca letatur spina redunca [*gl.*: bis curvata] Garl. *Mor. Scol.* 58; nil cetus fortier obluctans proficit / cum hamum branchie reduncum inicit Walt. Wimb. *Sim.* 188.

redundanter [ML < CL redundans *pr. ppl. of* redundare + -ter], abundantly, copiously.

habundanter, opime, affluenter, exuberanter, ~er Osb. Glouc. *Deriv.* 399.

redundantia [CL]

1 (act of) flowing back.

reciproca purissimi fontis ~ia [*gl.*: flumina, eftflowende wætere] Aldh. *VirgP* 9 p. 237.

2 redounding or recoiling (of an action or effect).

a**1290** in contemplacione Moisi tanta fuit intensio fervoris in divina quod redundabat in omnes vires inferiores . . causa ~ie in Moise fuit integritas et colligancia virium naturalium obediencium racioni *Quaest. Ox.* 135; qui prope est ei qui tam gravem ictum recepit, redundabit in eum . . leve est pati ~iam [ME: *þe bulting*] pro ipsius amore qui tam gravem ictum recepit ut nos protegeret a baculo diaboli in pena infernali *AncrR* 143.

3 abundance or superabundance.

ad ~iam liberae voluptatis Bede *Ep. Cath.* 32; aiunt . . esse insulam . . quam fabulantur nullo . . possessore aut habitatore universis aliis quas incolunt homines terris possidendorum ~ia usquequaque praestare Anselm (*Resp. Insip.* 6) I 128.

4 (gram.) pleonasm, redundancy.

alioqui non videtur antiquitas ~iam hanc [sc. pleonasmon] ne in notissimis quidem valde refugere Linacre *Emend. Lat.* f. 1 v.

redundare [CL]

1 to flow back.

~at, refluit *GlC* R 125.

2 (w. river or other liquid as subj.) to overflow; **b** (in fig. context).

quem Fison fluvius paradisi fonte redundans / mire portendit pandens misteria rerum Aldh. *CE* 4. 10. 5; complentur valles et larga fluenta redundant *Id. VirgV* 2046; furentes ~antis Sequane gurgites Ord. Vit. XII 16 p. 349; ex ictu humores . . ~averunt ad nervum opticum et visus defecit *Quaest. Salern.* B 212; attende, lector, quia nunc ~ant fluctus maris, nunc in se redeunt Neckam *NR* II 17 p. 138. **b** sciencie tante flumen tam subito late ~ans quasi miraculum videretur V. *Edm. Rich.* C 597; fons suavitatis eterne redundat J. Howd. *Cant.* 238.

3 (w. receptacle as subj.) to be filled to excess, to overflow.

~abunt torcularia vino quia interna suavitas aeternorum corda cunctorum fidelium in laudem sui Conditoris accendit Bede *Prov.* 951.

4 to abound (with, in quantity or degree).

dudum limpha fui squamoso pisce redundans Aldh. *Aen.* 19 (*Salis*) 1; si ecclesia virginibus ~et [v. l. redundat, *gl.*: multiplicatur, habundet] sicut caelum sideribus resplendet *Id. VirgP* 53 p. 310; quaecumque corda amore virtutum ~ant Bede *Cant.* 1164; plerumque contingit ut aliquis ~et vitiis *Simil. Anselmi* 81; pluvia temperata descendit et terra bonis omnibus ~avit [v. l. habundavit] Petrus *Dial.* 34; [pulsus] plenus est qui quadam humiditate ~are [Trevisa: *when it semeþ somdel moist*] videtur Bart. Angl. III 23; quibus [reis] justi precordia / merore redundancia / perseveranter obruunt J. Howd. *Cyth.* 58. 11.

5 to redound, to turn (to) or result (in). **b** to redound, recoil (upon).

s**1139** in injuriam ergo regis Stephani ~are, . . quod ei tanta vis illata sit W. Malm. *HN* 473; quum homicidium in damnum ecclesie . . ~are posse . . affirmaret *Chr. Rams.* 50; **1254** quod a vobis . . factum est et in alterius prejudicium non ~at *Reg. Paisley* 86; **1283** negocia ad commune proficuum . . ville ~ancia *RGasc* II 210a; quia hujusmodi responsio [vicecomitum] multum ~at in dedecus . . regis *Reg. Malm.* I 106; **1290** que ad . . dignitatis sue lesionem . . ~ant *MunAcOx* 48; **1405** dampna in debilitacionem regni nostri notorie ~ancia *Cl* 254 m. 14. **b** **797** sanguinis ultio in filium usque ~avit Alcuin *Ep.* 122 p. 179; verum in ipsam ~avit [v. l. ~at] maledictum suum *V. Kenelmi* 16; **1220** si delictum ibi fuit, hoc potius ~abat in justiciarios quam in comitatum *CurR* VIII 223; ubi magnus ictus est, ~at [ME: *hit bulteþ*] super illos qui prope sunt. re vera qui prope est ei qui tam gravem ictum recepit, ~abit in eum *AncrR* 143; omnes . . ministrorum rapine ~ant in magistrum ut archihereticum Wycl. *Sim.* 78.

6 to be present in excess, (pr. ppl. as adj.) redundant, excessive, superfluous.

luctus ubique sonat, desolatio ubique redundat Wulf. *Brev.* 661; si fuerit concordans, tenor erit resonans sive ~ans *Mens. & Disc.* (*Anon. IV*) 86; **1514** potestatem habeant examinandi . . statuta . . et ea que . . ~antia . . videbuntur cassandi . . *StatOx* 330;

pleonasmos . . accidit autem, cum una pluresve dictiones ad legitimam constructionem non necessariae in oratione ~ant LINACRE *Emend. Lat.* f. l v.

7 (in gl. understood as) to decrease.

to decrese, decrescere, ~are *CathA*; *to wayne*, discrescere, ~are *Ib.*

redundatio [CL]

1 reverse flow, ebb.

fuere qui dicerent hujusmodi maris ~onem pervenire ex violento concursu brachiorum oceani NECKAM *NR* II 17 p. 138; c**1280** ne in dampnum . . abbatis et conventus per predicte aque ~onem aliquando . . cedere possit *DCDurh. Reg. I. i* f. 52; ~ones maris . . et reverberaciones Humbrie *Meaux* III 122.

2 overflow.

c**1180** usque ad superius caput de Blakepulles, cum ~one aque, et octodecem pedes ultra refullum aque (*Ch.*) *MonA* V 326a; post conceptum, menstrua retenta priusquam fetus indigeret eis, fuit ~o humorum circa spiritualia, sc. circa cor et pulmonem *Quaest. Salern.* Ba 68; ubera . . ab ubertate traxere vocabulum quam ex ~one superflua ad necessariam ministrationem naturali virtute dispensant J. FORD *Serm.* 111. 7; non valens transmeare ob ~onem fluminis WALS. *YN* 63.

3 rebound, recoil.

s**1303** cum tormenta regis Anglie jacerent lapides indesinenter contra muros castelli . . post ~onem lapidis stetit . . Thomas cum manutergio, et extersit lesuram de muro *Flor. Hist.* III 311.

redundivum [cf. CL redundare, -ivus, reduvia], (in gl., understood as) hangnail.

a wortewalle of a nayle, ~um *CathA.*

redundus [CL redundare+-us], abundant (in).

quedam insula . . que . . multa est virtute ~a R. COLD. *Cuthb.* 111 p. 247.

reduplicare [CL], to double in amount, number, or size, to redouble, reduplicate (also p. ppl. as sb. n.).

secundo modo accipitur reduplicacio propriissime quia ~atum sive sumatur pro toto . . sive pro aliquo quod includitur in intellectu ejus DUNS *Ord.* II 42; aliqua ergo reduplicativa ~at gracia cause, et aliqua gracia proporcionalis concomitancie WYCL. *Log.* II 96; *to reduplicate*, ~are LEVINS *Manip.* 42.

reduplicatio [LL], (act of) doubling in amount, number, or size, repetition, reduplication.

ad propositum . . dico quod si ~o ista quantum ad utraque ista accipiatur in majori, ipsa est vera et minor est falsa DUNS *Ord.* II 42; intelligendo illud quod sequitur ~onem accipi secundum racionem suam formalem *Ib.* 367; ad hoc est exemplum: homo enim et non-homo sunt opposita immediata, et tamen formaliter de aliquo cum ~one neutrum dicitur *Ib.* 368; quando igitur accipitur pro majori quod relatum secundum illud esse realiter distinguitur a suo correlativo quo realiter refertur ad ipsum, potest esse ~o racione fundamenti vel racione relacionis W. ALNWICK *QD* 22.

reduplicative [ML < reduplicativus+-e], by reduplication, reduplicatively.

non intelligitur ly inquantum ~e ita quod denotet causam DUNS *Metaph.* I 1 p. 22; quandoque superaddit ~e [v. l. reduplicacione] racionem corporis in quantum talis substancia WYCL. *Conf.* 123; notandum quod terminus reduplicativus quandoque tenetur ~e, quandoque simpliciter, et quandoque comparative *Id. Log.* II 97.

reduplicativus [ML < CL reduplicatus *p. ppl. of* reduplicare+-ivus], of or connected with reduplication, reduplicative, (log. & phil., of proposition) that has a limiting repetition of the subject expressed, (as sb. f.) reduplicative proposition.

quedam est proposicio mere categorica et aliqua hypothetica et aliqua que non est hypothetica per conjuncionem expressam, equipollet tamen hypothetice, ut proposicio exclusiva, copulativa, ~a, et proposiciones in quibus ponuntur ista verba incipit, desinit, generari, corrumpi vel consimilia (DUNS) *GLA* III 226n. 186; ~a infert suam prejacentem, sicut . . OCKHAM *Quodl.* 607; a proposicione ~a, reduplicacione

manente affirmata, ad suam prejacentem est bona consequencia *Ib.* 608; patet quomodo . . secuntur ~a vel talis condicionalis WYCL. *Log.* I 208; cum omnis talis causalis sit ~a, et non econtra, patet quod conformis est divisio ~arum. aliqua ergo ~a reduplicat gracia cause, et aliqua gracia proporcionalis concomitancie *Ib.* II 96; ego . . non dubito ~am istam, intelligentem de opinione venerabilis Anselmi . . esse impossibilem (WYCL.) *Ziz.* 454.

reduvia [CL =*hangnail*].

1 (in gl., pl., assoc. w. CL *induviae*) clothes, garments.

induvie et ~ie, indumenta OSB. GLOUC. *Deriv.* 293.

2 slough (of snake).

redibue [l. reduvie], serpentium spolia OSB. GLOUC. *Deriv.* 508.

redux [CL]

1 who or that leads (back), (as sb.) one who leads (back).

celi ergo aperiuntur, ut hec columba super baptizatos descendat, ~uxque eos januam per apertam in alta transvehat PULL. *Sent.* 851D; ~ux, dux, ductor OSB. GLOUC. *Deriv.* 509; que [aquile], pre se . . ~ucem [accipitrem] agitantes . . perurgere videbantur W. CANT. *Mir. Thom.* VI 66.

2 who or that comes back, returning.

secundus ordo circuli decemnovenalis complectitur indictiones xv annorum circuitu in sua semper vestigia ~uces BEDE *TR* 48; ferme in extrema caducorum margine nostram suscipiendo fragilitatem . . quatinus humanam ~ucem naturam . . a perpetue liberaret dampnatione necis LANTFR. *Swith. pref.* p. 254; homines sua culpa viam justitie deseruerunt, sed Dei gratia ~uces PULL. *Sent.* 743D; cui Marte secundo / Eoos populata Friges victoria leta / faverat et reduci comites plausere triumphi J. EXON. *BT* I 465; sceptri nutat honos; faustos in regna meatus / fata dabant, reduci sed dira, sed aspera donis *Ib.* 470.

3 of or connected with coming back or returning, of return, return-.

migratur itaque ab omnibus infrunite, a quibusdam tamen obstinate sine spe venie et a quibusdam spe ~i suo tempore R. NIGER *Mil.* III *prol.* p. 161.

reeffluere [CL re-+effluere], to flow out again (in quot. fig.).

1421 ut anime nostre mutue fraternitatis ~erent in salutem *Lit. Cant.* III 141.

reeicere [CL re-+eicere], to oust, eject in turn (from possession of land).

si ipse heres dominum capitalem ejecerit et ipse dominus statim eum reejecerit [v. l. ejecerit, rejecerit] BRACTON f. 252.

reek- v. recc-.

reelidere [CL re-+elidere], to crush or smash again.

ut [crucis improperium] nos necantem gladium / cruorem per innoxium / relidat efficacius J. HOWD. *Cyth.* 67. 12.

reeligere [ML < CL re-+eligere], to select or choose again, re-elect.

convocato provinciali capitulo reelegerunt eum ECCLESTON *Adv. Min.* 128; quod aldermanni civitatis illius . . sint amobiles et amoti et anno sequente non ~antur *MGL* I 142; s**1415** quod nullo unquam tempore ~antur in papam dominus Balthazar Cossa . . nec Petrus de Luna WALS. *YN* 455; s**1415** fuit . . in patrem et pastorem istius ecclesie reelectus *Reg. Whet.* I 5 *tit.*

reelongare [CL re-+LL elongare], to elongate again.

12. . licenciam faciendi et firmandi stagnum molendini sui fullon' . . et reparandi et refirmandi, elongandi, et ~andi usque ad terram meam solidam *Cart. Newm.* 200.

reemendare [CL re- + emendare], to mend again.

ad domos et sepes ~andas quod opus fuerit *DB* I

68ra; **1281** edificia . . que reparacione indigent . . ~etis et reparatis *RGasc* II 132b.

reemendatio [ML < CL re-+emendatio], repair or ? compensation.

1573 licebit . . omnes hujusmodi sepes, muros, fossas . . et omnia alia quecumque clausur' in hujusmodi perambulacione facienda, si sibi viderit expedire, deponere, rumpere, frangere, includere et libere . . pertransire . . sine aliqua satisfaccione seu ~one *Pat* 1104 m. 31.

reemere [ML < CL re-+emere; cf. CL redimere], to buy back.

1309 in iij corbellis reemptis de panetria viij d. *Rec. Leic.* I 265.

reemptio [ML < CL re-+emptio; cf. CL redemptio], (act of) buying back, etym. gl. on *redemptio*.

redemptio est ~o ut ita dicam (S. LANGTON *Quaest.*) *MS Cambridge St. John's Coll.* 57 f. 220va.

reentrare [CL re-+OF *entrer* <CL intrare], to enter again, re-enter.

1379 licebit . . in omnes terras et tenementa . . ~are et ea rehabere *Reg. S. Aug.* 196.

reequitare [ML < CL re-+eqintare], to ride back.

festinanter ~avit STRECCHE *Hen. V* 181; **1429** equitando usque Welford', et ~ando *Ac. Obed. Abingd.* 108; **1478** equitavi per le Moore . . ~avi usque villam Peryn W. WORC. *Itin.* 38; a**1564** redeundo ~ando *Entries* 618v.

reerigere [ML < CL re-+erigere], to raise, construct, or set up again, to re-erect; **b** (transf., mus. neume).

partem ecclesie quam Lanfrancus edificaverat adeo splendide reerexit ut . . W. MALM. *GP* I 72; s**1454** si velit dormitorium . . collapsum . . rursus ~ere *Reg. Whet.* I 138. **b** resupina, dicta quia super supinam virgam ~itur ODINGTON *Mus.* 95.

reeskipp- v. reskipp-.

reexaminare [ML < CL re-+examinare], to check or examine again, re-examine.

1283 ad ~andum compotum . . constabularii *RGasc* II 222b; **1288** dicit quod . . inquisicio minus sufficienter fuit examinata . . et . . petit quod inquisicio ~etur *Reg. Malm.* I 263; concordatum est quod assisa predicta ~etur *State Tri. Ed. I* 65; **1291** licet dicto G. . . compotum predictum exigere, reaudire et ~are quotiens voluerit (*PlRExch*) *Law Merch.* II 57; **1587** omnia . . singula coram vobis in causa appelationis utrumque allegata . . ~etis *Pat* 1300 m. 15.

reexcommunicare [CL re-+LL excommunicare], (eccl.) to excommunicate again.

s**1222** quia ab iniquo judicio episcopi appellavit, ~atur et Romam revertitur *Ann. Worc.* 415.

reexcussio [CL re-+LL excussio; cf. et. recussio], act of delivering or seizing (castle) again.

1253 et in ~one [v. l. rescussione] castri Rogeri de Monte Alto contra David filium Lewelini et suos xvi li. et j m. *Pipe Chesh* 79.

reexpandere [CL re-+expandere], to unfold again.

s**1338** reexpanso velo eis perpetuo valedixit *Extr. Chr. Scot.* 173.

reexpellere [CL re-+expellere], to drive out or expel again.

sunt nonnulli felones qui, cum capi debeant, fugiunt ad ecclesiam . . , qui extrahi non debent nec ~i *Fleta* 45.

reexspectare [LL], to expect or await again (cf. *Is.* xxviii 10).

expecta . . , ~a, non est tempus vindicte sed sustinentie H. Bos. *Ep.* 4. 1429B; quo ille responso fractus et contristatus expectare et ~are cepit juxta verbum propheticum J. FORD *Wulf.* 96 p. 121; oportet sapientem animarum medicum expectare et ~are G. S. ALB. I 171; **1341** qui, ut ait Isaias, deridendo ludificant

dicentes: 'manda, remanda . . expecta, ~a . . modicum ibi, modicum ibi' (*Lit. Regis*) *Conc.* II 661b.

reextendere [CL re-+extendere], to assess (value of land or sim.) again (*cf. et. extendere* 5).

1290 ubi villata terre dimissa fuit ad vij marcas, iterum fecit extendere ad x marcas . . et eschaetor bene cognoscit quod fecit ~ere manerium predictum (*Pet. Parl.*) *DocExch* 66; **1304** terra reseisiatur in manum domini regis et ~atur *RParl* I 16b.

refabricare [LL], to repair, restore, remake (also fig.).

fabrico . . et componitur ~o OSB. GLOUC. *Deriv.* 235; **1304** custus molendini . . in ij daggesos ~and' cum ferro empto ad molend' *MinAc* 997/15; **1440** ad militantis ecclesie ~andam unionem (*Lit. Regis*) BEKYNTON II 98.

refacere v. reficere.   **refactiva, refactura** v. refectura.

refalcare [ML < CL re-+falcare], to mow again.

1236 in v acris apud H. falcandis et prato apud R. falcando et prato de B. ~ando *Pipe Wint.* 11M59/B1/17 r. 10.

refamulari [ML < CL re-+famulari], to serve in return.

~ari enim oportet ei qui graciam fecit BRADW. *CD* 345A.

refarcinare [CL re-+LL farcinare], to stuff again.

farcino . . i. replere et componitur ~o OSB. GLOUC. *Deriv.* 214.

refarcire v. refercire.

refare [AS *reafian*], to plunder, rob, reave.

wealreaf, i. mortuum ~are est opus niþingi (*Quad.*) *GAS* 393; sepe . . boni judices habent malos vicarios et ministros ~antes [v. l. nefandos, AS: *reafgende*] quorum reatibus ipsi domini constringuntur (*Ib.*) *Ib.* 475; *weilref* dicimus, si quis mortuum ~abit armis aut vestibus aut prorsus aliquibus, aut tumulatum aut tumulandum (*Leg. Hen.* 83. 4a) *Ib.* 600.

refari [CL re-+fari], to utter or speak in return, to reply.

cui canis eximia responsum voce refatur (*Vers.*) *Latin Stories* 158; orat opem, petit auxilium, nec muta refantur GOWER *VC* II 505; mors vocat, ipse tacet, nilque refatur ei *Ib.* VII 784.

refectarius, ~uarius [CL refectus *p. ppl. of* reficere+-arius; cf. et. ML refectorarius], of or pertaining to a refectory: **a** (as sb. m.) refectioner, refectorer. **b** (as sb. n.) refectory.

a a1128 ~arius habet victum militis *Chron. Peterb. app.* 167; assignavit ~uario septem solidos annuatim SWAFHAM 105; pro vj solidis annuatim ~ario [*ed. alters to* refectorario] solvendis *Cart. Chester* 407 p. 256 (cf. *ib.* 408); **1441** ~ario pro tenemento P. . . ij s. *Ac. Obed. Abingd.* 120; **1526** dompnus Thomas Peverel ~uarius dicit omnia bene preter hoc . . *Vis. Wells* 216. **b** s1272 omnia . . pretiosa, tam in thesauro, vestiario, ~uario quam in ceteris ecclesie illius officinis OXNEAD *Chr.* 241.

refecte [CL refectus *p. ppl. of* CL reficere+-e], in a restorative manner or in a manner that involves food or refreshments, or ? *f. l.*

dicius et refectius [v. l. refertius] nobilitari mensam voluit ut ex reliquiis . . gracius consolaretur egenos J. SAL. *Thom.* 11 p. 307.

refectio [CL]

1 (act of) repairing or restoring, repair, restoration. **b** restoration (of person to strength or health); **c** (of abstr., in fig. context or fig.).

si quis urbis ~onem [AS: *burhbote*] sive pontis ~onem [AS: *brycgbote*] neglexerit, solvat regi cxx solidos (*Cons. Cnuti* 65) *GAS* 353; ad ~onem æcclesiae [AS: *to cyricbote*] debet omnis populus secundum rectum subvenire (*Ib.*) *Ib.*; **1376** ad quarum [domorum] ~onem sive reparacionem et ad supportanda alia onera eisdem . . mulieribus *Arch. Hist. Camb.* II 185; **1485** sol' Y. W. operacione super prostrationem

meremii . . ac operant' super ~onem rotarum, facturam de *le forbay Ac. Durh.* 624.   **b** c795 quia ~o egeni salus est divitis ALCUIN *Ep.* 32; **845** (11c) ab hospitorum ~one vel venatorum etiam equorum regis *CS* 450; maceratione ergo assidua corpus est castigandum, et ~one quotidiana refovendum, ut et maceratio corpus in servitutem redigat, et relectio [l. refectio] servituti vires exhibeat PULL. *Sent.* 915B; **1324** in ~one pauperum, hospitabilitatibus, divinorum celebracionibus *MunCOx* 43.   **c** cunctis ecclesiam intrantibus ~onem verbi caelestis offerunt BEDE *Tab.* 411D; pro panibus tuis vetustis parati sunt tibi novi, constitues eos in ~onem cordium spiritualium fidelibus toto orbe terrarum *Ib.* 413A; jam . . verba continent . . exaudicionem peticionis dilecti filii et ~onem humilium per doctrinam praedicationis *Eccl. & Synag.* 115; devota legis Dei meditatio . . cujus fructus proximorum edificatio et divini amoris ~o sit J. FORD *Serm.* 71 *tit.*; fructus . . ventris hujus est vitalis ~o mentis et que ex ~one consequitur salus *Ib.* 71. 7.

2 (act of) alleviating or relief.

grana vite ad vitam, ad refrigerium estus, ad sitis ~onem, ad medicamen dolorum J. FORD *Serm.* 53. 6.

3 (act of partaking of) food, meal, refection. **b** (act of) providing or supplying with food.

non sum tam vorax ut omnia genera ciborum in una ~one [AS: *on anre gereordinge*] edere possim ÆLF. *Coll.* 102; post ~onem in claustro sedeant donec servitores de refectorio exeant LANFR. *Const.* 96; dies brevis est et propter Dominicam isto die multum occupamur, et propter binam ~onem AILR. *Serm.* 1. 46. 218A; hora ~onis *Cust. Westm.* 2; dormitacio . . post ~onem . . mire corpus reficit BACON V 74; s1332 omnes qui ~oni ipsius coronacionis interfuerunt *Meaux* II 366. **b** **1438** Nicholao Rutherfurde, ad ~onem marchiarum tempore guerre . . x li. *ExchScot* 32.

refectiuncula [CL refectio+-uncula]

1 light meal.

temperata ~a frui, *to use temperate dyet* WHITTINGTON *Vulg.* 43.

2 donation for additional allowance of food or drink, pittance.

a pittance, ~a LEVINS *Manip.* 22.

refectivus [ML], (med.) that repairs or restores, restorative.

virtutes . . naturales quatuor, que sunt digestiva, appetitiva, ~a, et expulsiva GILB. VI 241.

refectoralis [LL refectorium+-alis], prepared in or for a refectory.

cibis ~ibus tantum sint contenti *G. S. Alb.* II 441; s1428 cum cibaria ~ia ante hec tempora . . fuerunt nociva valde *Chr. S. Alb.* 29.

refectorarius [ML]

1 of or connected with the refectory, (as sb. m. or f.) refectioner, refectorer.

post cenam refectis servitoribus colligant ~ii mappas festivas, et bene plicatas reddant celerario conservandas LANFR. *Const.* 130; **1147** Radulfo ~io *Chr. Rams.* 273; **1239** quod committant . . Philippo qui fuit ~ius officium anniversarii et ~ii *Cl* 158; habet . . ~ius de Bertuna ter in anno v onera straminis ad ornandum refectorium *Chr. Abingd.* II *app.* p. 313; sciendum quod nullus caseus debet ministrari extra refectorium nisi ex gracia ~ii *Cust. Swith.* 15; **1415** Margareta Syleyerd refector[ar]ia, Isabella H., et I. B. monasterii sive prioratus moniales *Reg. Cant.* III 361; **1530** domina Cecilia Starkey ~ia *Vis. Linc.* II 125.

2 (as sb. f.) office of refectorer.

dat per cartam hospitalarie octo solidos et ~ie octo solidos SWAFHAM 118; assignavit etiam hostilarie et ~ie annuum redditum sexdecim solidorum WHITTLESEY 129.

3 (as sb. n.) refectory.

1156 ad opus ecclesie et omnis domus, claustrorum, reffectorarii, dormitorii et omnium officinarum et vinearum *Act. Hen. II* I 121.

refectorius [CL reficere+-torius; cf. et. LL refectorium]

1 to which one returns (in quot. of refrain of song), or (as sb. f.) refrain (*cf. reficere* 4).

quandam cantilene particulam ad quam sepius redire consueverant quam ~iam seu refractoriam vocant GIR. *GE* I 43 p. 120.

2 (as sb. n.) refectory.

cenaculum, ~ium *GlC* C 318; **877** (12c) fratribus intus ad ~ium aliquam partem terrae . . concedens donabo *CS* 544; dato tintinnabuli signo ~ium [AS: *beod œrn*] introeant *RegulC* 26; usquequo intrant more solito in ~ium ÆLF. *Regul. Mon.* 187; c1073 rogavi ne hoc anno aliquam vel in ~io vel in capitulo, aut in monasterio lectionem legeret LANFR. *Ep.* 43 (18 p. 98); s1280 compertum est quod abbas . . in ~io raro comedit . . infirmos non visitat, carnibus publice vescitur *Reg. Ebor.* 23; januas claustri et hostium ~ii fregit GRAYSTANES 26 p. 81.

3 maintenance, provision (in quot. of food).

est villa quedam . . cujus altera pars ad ~ium Sancti Johannis dependet, altera vero Sancto Cuthberto hereditario jure pertinet *Mir. J. Bev. A* 300.

4 infirmary.

hoc ~ium, *a fermory WW*.

refectualis [cf. CL reficere, refectio], of or pertaining to food or refreshment.

s1290 refeccione diurna aut exennio ~i tantummodo exceptis OXNEAD *Chr.* 276.

refectuarius v. refectarius.

refectura [ML < CL refacere, reficere+-ura]

1 repair.

1180 in refactura molendini diruti per cretinam *RScacNorm* I 29; **1195** in reficiend' molendinis . . in ~a molendini *Ib.* 132; **1239** (1422) vel propter fracturam aliquam que accidit in molendino vel propter †refactivam [l. refacturam] *Foed.* X 244.

2 (restorative) meal or refreshment.

1386 xxvj s. viij d. solutos annuatim forestariis domini regis pro refectur' eorundem *IMisc* 236/14.

refeffare v. refeoffare.

refellere [CL], to refute, prove to be wrong or false: **a** (person); **b** (opinion, assertion, or act).

a ~or, revincor; ~o, refuto *GlC* R 135–6; quisquis aliunde quam de Taneto et aliorsum unquam quam ad sanctum Augustinum translatam jactitaverit, omnimodis ~imus Gosc. *Lib. Mild.* 3; in hoc loco ~untur quidam molesti expositores qui in utroque vehementer nichil volunt accipere in Veteri Testamento ad litteram, nichil in Novo ad allegoriam ROB. BRIDL. *Dial.* 113; nos . . et ~ere sine iracundia et . . sine pertinacia parati sumus J. SAL. *Pol.* 650D; hic [Joannes XXII] facile . . ~itur OCKHAM *Pol.* III 79. **b** hereticorum stultitiam apostolica auctoritate ~ens BEDE *Ep. Cath.* 85; diligenter videndum, ne quo pacto hoc genus argumentationis ~i possit ALCUIN *Rhet.* 28; quia et adversa fronte argumentationum episcoporum ~ere videbatur superbum W. MALM. *GP* I 57; c1153 quorum maledicorum assertiones . . nos zelo Dei ~entes . . *Doc. Theob.* 37; ista accusacio ~itur in semetipsos [Judeos] nam juste fecit in hoc quod justos pretulit ipsis malis HOLCOT *Wisd.* 93.

refeoffamentum [CL re-+feoffamentum; cf. ME *refeoffement*], re-enfeoffment.

1307 per ~um per ipsum dominum regem eidem comiti inde factum *IPM* 127/12; **1388** seisiti . . sit tali condicione quod . . refeoffabunt dictum J. B. . . de tali statu ut dictus J. B. velit demandare et in casu quod dictus J. B. obierit sine peticione ~i predicti . . feoffabunt exitum dicti J. B. *IMisc* 241/20 m. 11; **1425** in primis idem H. vult quod iidem J. et R. feoffati sui ipsum refeoffabunt . . ipso autem H. absque hujusmodi requisicione et ~o factis decedente vult *Reg. Cant.* II 324.

refeoffare [CL re-+feoffare; ME *refeffen*, OF *refeffer*], to enfeoff again or in return, to re-enfeoff: **a** (person); **b** (w. *de* & abl.); **c** (w. *in* & abl.).

a s1299 quod rex Francie Philippus ~aret [MS:

reofeffaret] regem Anglie Edwardum et reconsignaret libere .. Wasconiam *Ann. Ang. & Scot.* 389; **1388** ~abunt dictum J. B. (v. refeoffamentum); **1434** [manerium] tradent, dimittent, et inde ~abunt nos *FormA* 206; **1452** cum .. concesserimus .. R. B. ... et R. R. omnia terras et tenementa nostra .. in .. H. .. ea intencione quod cum ipsi .. requisiti fuerint ~ent nos et heredes nostros *Cl* 302 m. 5*d.*; **1497** intencione quod .. inde ~arent dictos J., R., et E. *AncD* B 362. **b** s**1294** rex Anglie feofavit .. regem Francie de tota Vasconia *Ann. Dunst.* 384; s**1302** dedit regi comitatum et omnes terras suas sub .. pacto quod refeffaret eum de eisdem W. GUISB. 352; **1396** cepit anulum ejusdem hostii in manu sua et tradidit dicto Galfrido in manu sua nomine seisine sic iterum dicendo "*Here I gyve the Geffrey fulle seison in this maner of Workeslegh* .." et sic ~avit eundem Galfridum de toto manerio supradicto *Enr. Chester* 69 2. 11; **1422** licet cepius requisitus ad dictam Aliciam de predicta pecia marisci ~andam non ~avit, set ipsam ~are recusavit *CourtR* 192/49 r. 1*d.* **c** ad ~andum electum in tota regalitate et dignitate KNIGHTON I 286; **1425** vult quod iidem J. et R. feoffati sui ipsum ~abunt in omnibus terris et tenementis *Reg. Cant.* II 324.

referare v. reserare.

refercire, refarcire [CL]

1 to cram or stuff full, (sts. fig.; p. ppl. *refertus* also as adj.) crammed or stuffed full, abundant.

auscultantur .. non Dei laudes .. sed propriae, quae nihil sunt, furciferorum ~erto [v. l. ~ertae] mendaciis simulque spumanti flegmate GILDAS *EB* 34; urna aurea caelesti munere ~erta [*gl.*: inpleta] ALDH. *VirgP* 45 p. 299; insulam Tanetum .. cunctis .. rerum copiis ~ertissimam .. irrumpunt GOSC. *Transl. Mild.* 3; regis Henrici erarium, quod tota ex antiquissimis regibus Anglia copiose ~erserat *G. Steph.* 4 p. 8; Esonia civitas .. navalis commercii ~ertissima [v. l. confertissima] *Ib.* 16 p. 32; ut sc. escis plurimis castrum Bristoe ~arcirent *Ib.* 26 p. 56; materna et matertere vestre natura plene ~ertus GIR. *SD* 66; contigit .. ut .. Willelmus super sedile in .. dormitorio .. matutinarum oblitus, sederet, ~erto ventre, potibus inebriatus *G. S. Alb.* I 224; solaria .. et fenestre .. ~erti de nobilioribus dominabus et mulieribus regni *G. Hen. V* 15 p. 112.

2 to fill up again, replenish (in quot. fig.), or ?*f. l.*

1549 ad .. ecclesiastici status tranquillitatem ~arciendam [? l. resarciendam] *Conc. Scot.* II 81.

referendariatus [ML < LL referendarius + -atus], office of referendary.

1426 prelati et clerus .. magistrum J. C. .. in ipsorum referendarium .. elegerunt .. presidentes prefatum magistrum J., onus ~us .. in se suscipiendum .. admiserunt *Conc.* III 488a.

referendarius [LL *as sb. only*]

1 (as adj.) of or for reference.

ad faciendum librum ~ium consuetudinum *Stat. Linc.* II 370.

2 characteristic or typical of referendary.

1417 ex quorum nunciorum ~ie relacionis inicio leta quedam percepimus qualiter .. *Reg. Cant.* III 48.

3 (as sb.) one who reports, referendary (usu. eccl. or royal).

Audoenus, Dagoberti regis ~ius, ideo dictus, quia per eum publice conscriptiones annulo seu sigillo regis ad illum relate confirmabantur M. PAR. *Maj.* I 279; †**605** (13c) ego Angemundus ~ius approbavi *CS* 5; **1281** eorum que inveniemus dominum R. D. .. ad vos ~ium faciemus PECKHAM *Ep.* 188 p. 222; **1295** statum regni .. Anglie plurimorum ~iorum eloquiis .. audivistis *Reg. Cant.* 13; s**1317** Hugo Geroldi qui fuit referandarius Clementis pape AD. MUR. *Chr.* 26; s**1415** instabant .. Gallicani domini et regis ~ios deprecabantur ut .. WALS. *HA* II 308; **1451** Vincencius .. pape refferendarius et subdiaconus *Reg. Heref.* 8.

referibilis [CL referre+-bilis], that can be referred, referrible.

quia non est a Deo, nec ~e in Deum R. ORFORD *Reprob.* 56; non est ejus referre ad aliud, non tamen contrarie, quia non appreciatur objectum ut non ~e ad aliud DUNS *Ord.* II 118; intenciones secunde, cum non possint fundare relacionem realem ad Deum, non sunt in Deum ~es OCKHAM *Sent.* I 372; si obicitur quod voluntas perplexa secundum doctores coacta dicitur, videtur tamen quod coaccio referribilis est ad corpus cui voluntas compatitur WYCL. *Dom. Div.* 126.

referire [CL]

1 to strike in return, to hit back.

lex est equa, dolum referire dolore, dolorem / in caput unde fuit egressus habere regressum VINSAUF *PN* 191; sepe sagittantem didicit referire sagitta *Ib.* 201.

2 to strike again.

lictores .. feriunt et ~iunt .. donec coronam capitis separarunt a capite H. Bos. *Thom.* VI 8 p. 506.

referrare [CL re-+ferrare], to shoe (horse) again.

1319 in xv ferris cum clavis emptis .. pro dictis equis retro ferrandis xv d. in xiij dictarum ferr' remend' et referrand' iij d. ob. *MinAc* 992/10.

referre [CL]

1 to lead, move, or bring back. **b** (*pedem ~re*) to return, go back. **c** (fig.) to represent, suggest, bring (back) to a sense.

remanserunt cum beato Furseo tres angeli .. qui eum ad corpus ~rent BEDE *HE* III 19 p. 166; c**1086** et Herbertus decanus retulit denarios quos acceperat de sepulturis, de wacis, de signis sonatis *Regesta* 220 p. 127; Henricus vocatur puer, nomen avi ~ens, utinam felicitatem et potentiam quandoque relaturus W. MALM. *HN* 519 p. 73; ut vel de fimbria vestimenti ejusdem aliquam particulam ei ~ret GIR. *IK* I 11 p. 83; set vix pax illum retulit (*Vers.*) *EHR* V 320. **b** inde pedem referens conscendit passibus Alpes *Mir. Nin.* 35. **c** ei [quadrato] parallelogrammum rectangulum cujus utraque latitudo uni lateri quadrati AB equalis sit, cujusque longitudo utraque rerum seu radicum medietatem ~at, applico ROB. ANGL. (I) *Alg.* 82; folium est leve .. gustum nardi ~ens *Alph.* 68.

2 to pay (back) as due or give as a return, render. **b** (*gratias ~re* or sim.) to give thanks. **c** to assign, give, concede.

adjuramus filias Hierusalem ut amoris nostri magnitudinem ad Deum ~ant BEDE *Cant.* 1161. **b** donatori omnium de satietate sua gratias ~ant BEDE *HE* I 30 p. 65; tam diligenter gratias Deo vivo ~re CUTHB. *Ob. Baedae* clxi; gratias tibi reffero *Nunnam.* 63; c**1165** ut vobis gratias ~amus et vobis pro illis obnoxiores existamus *Doc. Theob.* 120; **1217** grates .. vobis multas ~imus *Pat* 21; **1333** vobis graciarum acciones ~imus cumulatas *Lit. Cant.* II 4. **c** non omnia dicta et scripta apostolica sunt ejusdem auctoritatis, nec eis eundem timorem et honorem est necesse ~re OCKHAM *Pol.* I 165.

3 to bring back or deliver as report, news, or narrative, to relate, narrate (also absol.); **b** (w. acc. & inf. or sim.); **c** (w. *de*); **d** (w. *quod* & ind. or subj.); **e** (w. indir. qu. & ind. or subj.); **f** (supine abl. *relatu*). **g** (pr. ppl. as sb.) one who informs or reports. **h** (p. ppl. *relata* as sb. n. pl.) narrated or reported things.

ut poeta heroico exametro ~t [*gl.*: narrat] ALDH. *VirgP* 20 p. 249; ut referunt nobis veterum documenta virorum *Id. VirgV* 232; e quibus unum quod inter alia rettulit miraculum praesenti nostrae historiae inserendum credidimus BEDE *HE* III 13 p. 152; quibus sibi relatis, non enim iis interfuit, vir venerandus *V. Gund.* 11; mors .. et vita medium non habent neque ~unt mortui ALF. ANGL. *Cor* 1. 4; c**1225** finem negotii vestri quam citius potero ~abo [*sic* MS] *RL* I 258. **b** quem ab Athanasio magicae fraudis necromantia de Arsenii corpore sublatum fallaciter retulerunt [*gl.*: narraverunt, dixerunt, *arehton*] ALDH. *VirgP* 32 p. 273; ~t .. Clemens Alexandriae .. ambos hos .. de numero fuisse hos .. septuaginta apostolorum BEDE *Retract.* 998; quinimmo ~ebat non se illud facturum pro discrimine capitis, ut infamaret auctoritatem apostolice sedis W. MALM. *GP* III 101; s**1189** venit .. nuntius ~ens reginam Francie fuisse defunctam (v. desolare d); in hac conspiratione ducentos sexaginta viros fuisse conscios ~tur [*corr. from* ~untur] M. PAR. *Maj.* I 76. **c** de quibus Arator poetica facundia fretus ~t ALDH. *Met.* 2 p. 70; **1380** retulit michi .. Johannes .. de incolumitate status vestri *FormOx* 313. **d** ut .. ~ret mane quod ingressi per rimas ostiorum vel fenestrarum radii lucis omnem diurni luminis viderentur superare fulgorem BEDE *HE* IV 7 p. 220; ~ebatque presbyter quod fuisset episcopus prona obsequela sancto Cuthberto devotus W. MALM. *GP* II 82; retulerunt nobis quod .. arti sagitifere semper fere venandisque leporibus valde frequenter .. indulsistis GIR. *SD* 138; **1433** relatum erat procuratoribus .. quod quidam doctor juris in ordinario suo retulisset scolaribus quod dicta eleccio non fuisset valida *Stat Ox* 255. **e** quantus tunc ibi popularis clamor fuerit quis ~at? W. MALM. *GP* V 218; omnimodos quanta virtute subegerit hostes / Guthlaci robusta manus .. / Musa refer H. AVR. *Guthl. proem.* 4; s**1231** monachi .. retulerunt quomodo fuerant a suo desiderio defraudati M. PAR. *Maj.* III 208. **f** et hoc et alia praetermissa quae erant relatu digna dicantur BEDE *Gen.* 30C; de quo quiddam refero quod forsitan aliquibus nimis humile atque indignum relatu videbitur ALEX. CANT. *Mir.* 42 (I) p. 241; queque relatu et memoria digne videbantur W. DONC. *Aph. Phil. prol.* 6; mythus .. id est fabula jocosa et relatu dulcis OSB. GLOUC. *Deriv.* 346. **g** s**1227** cumque prefatus Walerannus hoc a ~entibus cognovisset M. PAR. *Maj.* III 124. **h** si [fama] minor est meritis, crescat. si par, solidetur. / si major, recidat. Petre, relata refer L. DURH. *Dial.* I 212.

4 to submit (usu. to higher authority) for consideration, decision, or sim., to refer.

1287 que quidem verba habent ~ri ad cur' baron' et non ad visum franci pleg' *PQW* 245a; s**1311** si autem dubium orietur in ipsis, quod tunc ~etur causa ad curiam W. GUISB. 395.

5 to relate (to) or connect (with), to treat in relation (to). **b** (p. ppl. *relatus* as adj., usu. dist. from *absolutus*) that exists in relation to some other thing, not independent or absolute, relative.

omne itaque quod inique committitur vel cogitatur ad peccatum est ~endum BEDE *Ep. Cath.* 118; duarum pyramidum similium .. erit proportio unius ad alteram sicut proportio lateris unius ad latus quod ei ~tur ter repetita ADEL. *Elem.* XII 8; aurum .. in mysticis ad puritatem sensus, argentum vero ad eloquii ~tur claritatem ALB. LOND. *DG* 9. 5; et sic ὅς et ὅστις apud Grecos possunt ~ri ad τις τι infinitum et interrogativum BACON *Gram. Gk.* 158; materia et forma sunt relata *Id.* VII 7; per comparationem ad subjectum in quo radicantur et ad quod refferantur, quod est anima et sic non corrumpitur *Ib.* VII 17; quoniam de musica presens est pertractacio, et ipsa quidem est de numero relato ad sonum, prior de arithmetica arbitror exponendum ODINGTON *Mus.* 44; quid est formam esse ad se? aut ~ri ad se, aut distingui realiter a quolibet alio OCKHAM *Quodl.* 640. **b** et mihi quidem animam utrimque intuenti relata difficiliorem parit intellectum .. relate .. et absolute Aristoteles integram tradit doctrinam ALF. ANGL. *Cor prol.* 2; absoluta siquidem organo non utitur nec obligata est, relata organorum beneficio tota fere in actum ducitur *Ib. prol.* 3; relata [sc. norma] opinionem parit et non multis scientiam *Ib.* 15. 2; constat .. ad hos actus potentiam anime inesse sed relatam [vv. ll. relativa, relatas] in corpus sc. adaptum *Ib.* 16. 11; tam de sapientia relata modis predictis quam absoluta BACON *Tert.* 22; numerorum alius par, alius impar. numerorum alius absolutus, alius relatus *Mens. & Disc.* (*Anon. IV*) 64.

1 rĕfert v. referre.

2 rēfert [CL]

1 (impers.) it is of importance, it makes a difference (to): **a** (w. abl. f. poss. pron.); **b** (w. gen.); **c** (w. *ut* or *quin* & subj.); **d** (w. indir. qu. & subj.).

a quid nostra ~t? ADEL. *QN* 72; pacem amplector, quantum mea ~t ab ea non deviaturus W. MALM. *GP* I 49. **b** c**1077** quorum officii ~t nova semper et inaudita fingere LANFR. *Ep.* 17 (41). **c** si dies placiti sit contramandatus .. nichil refert quin contramandatus judicetur (*Leg. Hen.* 59. 1) *GAS* 577; magnopere ~rt ut gens inimica .. eorundem opera vel debilitari possit vel deleri GIR. *EH* II 38 p. 395; **1167** Ciceronem .. scripsisse memini quia sapientis judicio ~rt plurimum cui quis obligetur [cf. Cic. *Fam.* 15. 11. 2: magni interest cui debeas] J. SAL. *Ep.* 186 (192); quid .. ~rt autorem a proposito asserere falsum? .. nec ~t .. quin, si fuerit falsa, demonstrarent Deum mendacem WYCL. *Ver.* II 67. **d** stultus si qua rēfert, que sint ea nil, puto, rēfert SERLO WILT. 2. 103; si [libellum] mutaverit, ~t an petat minorem vel majorem summam ex eadem causa vel rem aliam RIC. ANGL. *Summa* 10 p. 7.

2 to differ (from).

~t, distat, *todælð* GlP 346; quid autem ~t merces clericorum a mercede laicorum? NIG. *Cur.* 170.

refertare [ML < CL refertus *p. ppl. of* refercire + -are], (in gl., understood as) to cram or stuff full again.

~are, implere OSB. GLOUC. *Deriv.* 509.

referte [CL refertus *p. ppl. of* refercire + -e], abundantly, copiously.

castella sua escis et armorum copiis . . ~issime supplebant G. *Steph.* 78 p. 56.

refertio [CL refercire + -tio], act of cramming or stuffing full.

farcio componitur refercio . . et hec ~o OSB. GLOUC. *Deriv.* 215.

refertismus [CL referre + -ismus < -ισμός], passage (in text), point of reference, or ? *f. l.*

in quo refertismo [? l. rebaptismo] apostoli compilantur signacula et characteres triplicis testamenti NETTER *DAF* II f. 180rb (cf. ib. 181v. 1c: nec tamen rebaptizamus).

refferre v. referre.   **reffidiatio** v. refrigidatio.

reficare [CL re- + -ficare; cf. et. CL reficere], to make or perform again.

1301 Nillata de Romesle summonita quod sit ad proximam curiam ad ~andum presentacionem eorum de transgressione . . sicut presentaverunt ad magnam curiam *CourtR Hales* 432.

reficere [CL]

1 to restore, repair (artefact).

si opus fuerit et rex praeceperit, murum ~ient *DB* I 154ra; Alvuinus [tenet] j domum liberam pro muro ~iendo *Ib.* 154rb; tunc in domino iiij car[ucae], modo ij, et ij possent refieri *Ib.* II 325; si aliqua pars ecclesiae destricta ~itur . . ANSELM *Misc.* 322; ut omne burgum refectum sit [AS: *sy gebet*] xiiij noctibus supra rogationes (*Quad.*) *GAS* 157; rex Edgarus . . illud [monasterium] refecit in solidum W. MALM. *GP* II 73; eam [ecclesiam] ille reparavit . . tectum plumbo refitiens *Id. Wulfst.* III 10; debent . . invenire . . hominem . . ad molendinum refaciendum *Chr. Battle* f. 18 p. 58; **1289** castra, loca, et edificia refieri seu reparari faciat *RGasc* II 360a; c**1295** fossatorum mundancium et ~iencium stagnum pro aqua ducenda ad molendinum *KR Ac* 260/7 m. 8; ad molendinum ~iendum cum necesse fuerit *Cart. Chester* 562 p. 320.

2 to renew, revive, restore (person, strength, or health); **b** (light).

cum . . allocutione ejus refecti . . domum rediremus, ecce subito . . BEDE *HE* V 1 p. 281; refectis fratribus [AS: *gereordum gebroþrum*], ecclesiam intrantibus, agatur signum nonae *RegulC* 30; sicut ille refecit unum Dei hominem in lacu leonum [cf. *Dan.* xiv 32] WULF. *Æthelwold* 5; tu me fecisti et refecisti, et omnia mea bona tu mihi contulisti ANSELM (*Prosl.* 1) I 98; solus tactus ut cum aliquem immoderate refectum contrectare oblectat ventrem suum *Simil. Anselmi* 14; donis quosdam ~iens, alios flagellis erudiens OSB. BAWDSEY clxxxii; [causidici] nisi mulceantur obsequiis et ~iantur muneribus sibi fieri injuriam suspicantur J. SAL. *Pol.* 564B; **1170** librum vestrum de nugis curialibus legi et mirabiliter me refecit P. BLOIS *Ep.* 22. 82A; **1226** quo quidem die ~ietur conventus cum vino *Doc. W. Abb. Westm.* 224; dormitatio . . post refeccionem . . mire corpus ~it, replet, et corroborat BACON V 74; in hospitio refecti sunt . . milites et armigeri *Meaux* II 107. **b** dicitur sol in oceanum mergi et ibi fatigata ~ere lumina ALB. LOND. *DG* 8. 16.

3 to supply, provide (again), replenish.

ut . . ~iat salina in refectorio sale *Cust. Westm.* 74.

4 to do in return.

si tu feceris hoc vel illud, et ego faciam hoc vel illud et si iste rex vel populus fecerit istud illi, et iste ~iet istud isti BRADW. *CD* 654D.

5 (intr.) to take a meal, to eat; **b** (pr. ppl. as sb.).

quibus horis debent fratres orare, vel legere . . sive ~ere ÆLF. *Regul. Mon.* 196; si tempus sit quo fratres semel ~iunt, simul omnes dicant versum LANFR. *Const.* 159; **1234** fratres in firmaria commorantes . . in una mensa ~iant (*Vis. Bury*) *EHR* XXVII 732;

si . . in refectorio ~ere voluerit . . *Cust. Westm.* 8; medietas conventus uno die ~iat in misericordia, et altero die altera medietas in refectorio *Reg. Malm.* II 383. **b** quod monachus dictam missam celebrans . . extra refectorium . . reficiat . . et in comestione cibaria ~ientium benedicat *G. S. Alb.* I 450; in hospicio refecti sunt . . nec unquam visa fuit tanta multitudo ~iencium in domo nostra *Meaux* II 107.

6 (in gl.).

recreata, reforta, refecta, *geedhyrte* GlP 197.

refigere [CL = *to unfasten*]

1 to drive in, fix in again.

1167 si dominus Pictavensis ad alicujus preces clavum ~at in oculum [cf. *Num.* xxxiii 55] latusque sagitta perforet J. SAL. *Ep.* 254 (221); visceraque ejus patefacta palo in terram refixo circumligantes M. PAR. *Maj.* I 153; clientum . . cordas [tentorii] . . †refigencium [*ed.*: defigencium] G. HEN. V 24 (v. defigere 2a).

2 to fasten, fix (person in place).

s**1306** suspensus eminus quia latro, truncatus capite ut homicida, refixusque eculeo per dies viginti igne quoque finaliter est combustus *Flor. Hist.* III 134.

refigurare [LL], to provide with shape or figure again, refashion, reshape (also abstr. or fig.).

unde sibi presto est et preterita ~are et absentia representare et futura augurari ADEL. *QN* 28; ut non sit ei liberum et facile restitui, hoc est ~ari, si velit denuo preceptis tuis . . deservire BALD. CANT. *Serm.* 7. 62; s**1411** tamquam denuo natus statum ante exilium aliqualiter ~are incepi AD. USK 118.

refina v. resina.

refingere [CL re- + fingere], to remake, reshape or re-arrange.

qui falsum pingunt sub fraudeque vera refingunt GOWER *Carm.* p. 363. 4.

refirmare [LL]

1 to reinforce, strengthen (again).

1234 tabulamenta petrarum excisarum ~ari *Cal. Liberate* VI 2406; s**1261** ~atis seris et clausuris *Op. Chr.* 6 (=*Flor. Hist.* II 464: reformatis); **1280** in stottis ferrandis et ~andis de clavis fabri ij s. (*Ac. Ruckinge*) *DCCant.*; **1341** in stottis et jumentis ferrandis et ~andis (*Ruckinge*) *Ac. Man. Cant.*

2 to reinforce (fortification).

Willelmus . . qui hoc castellum ~averat *DB* I 186ra; **1219** ad ~andum castrum suum de C. *Cl* I 386a; s**1195** castella multa Normannie subvertit que rex Anglie postmodum ~avit R. HOWD. III 301.

reflammescere [ML < CL re- + flammescere], to flame or blaze again (in quot. fig.).

quatinus . . fidei fervor . . ut igne caritatis ~escat GIR. *IK* II 14 p. 151; (=*Id. Invect.* V 18 p. 198: reflamascat).

reflare [CL], to blow in a contrary direction (in quot. fig.).

si nequeo proficere, ~ante adversitate, non domino regi . . sed . . peccatis meis id imputo W. FITZST. *Thom.* 53 p. 64.

reflavere [CL re- + flavere], to become yellow again.

flaveo . . componitur ~eo OSB. GLOUC. *Deriv.* 238.

reflectere [CL]

1 to bend or turn back so as to face the opposite direction; **b** (w. ref. to writing); **c** (p. ppl. *reflexus* as adj.) recurved. **d** (log., dist. from *rectus*) that returns to its initial point or proceeds indirectly, (of syllogism) that proceeds from conclusion to premise.

nec mora, ventus, qui a meridie flans urbi incendia sparserat, contra meridiem reflexus . . BEDE *HE* II 7 p. 94; jamque reflexo pede Elphegus superaverat Alpes OSB. *V. Elph.* 130; contra naturam facies humana reflectit / ad terram vultus, nata videre Deum J. SAL. *Enth. Phil.* 1085; manus . . in adversam brachii

partem reflexa *Canon. G. Sempr.* f. 163; in modum retorte vel serpentis se ~ens GRIM. *Pass.* 1743E; rex cum dedecore ad Angliam abenas reflexit BOWER XIII 18. **b** restat . . ut presentis tractatus finem ad inicia ~amus LUCIAN *Chester* 73; at ne longius a serie propositi videar evagari, ad exequias defuncti noster calamus est ~endus *Hist. Arthuri* 88; s**1265** his expositis stilum nostrum ad orientales provincias ~amus WYKES 169. **c** pinnula procedit, pauloque reflexior exit / et fugit in longum tractumque inclinat acumen HANV. II 97; gestabat . . virgam pastoralem non spericam etiam auratam ac gemmatam . . sed de simplici ligno tantum reflexam J. FURNESS *Kentig.* 13. **d** in utroque processu, sc. recto et reflexo, premissa est aliquo modo notior et prior conclusione T. SUTTON *Gen. & Corrupt.* 66; si autem teneatur quod actus reflexus distinguitur ab actu recto, tunc dico quod visio lapidis videbitur alia visione OCKHAM *Quodl.* 79; non accipitur actus rectus et reflexus proprie, quia illud dicitur proprie reflexum quod incipit ab eodem et terminatur in idem *Ib.* 165.

2 to cast or throw back, to reflect (light).

qui . . experti sunt quod radii solis incidentes in speculum ~antur GROS. *Com.* 22; cum radii omnes reflexi eant in oppositum *Ib.* **1239** speculum recipiens incidentiam radiorum solis eosque ~ens . . *Id. Ep.* 127 p. 360; quemadmodum moto speculo super quod ~itur radius solis, commovetur et reflexus radius *Id. Hexaem.* V 10. 3 p. 167;

3 to turn away (from an existing course), divert (also fig.). **b** (p. ppl. *reflexus* as adj., of road or path) that does not proceed in a straight line, winding.

sed mentem Deo dicatam nec minarum ferocitas ~it [*gl.*: convertit, curvavit] nec blandimentorum lenitas demulcet ALDH. *VirgP* 33 p. 274; rexit et erexit nec te via prava reflexit (*Vers.*) *V. Gund.* 49; clementia vero cor regis ad generum et filiam emollivit et benigniter reflexit ORD. VIT. XII 22 p. 394; ita agamus nostras festivitates ut mens nostra non ~atur ad istas terrenas delectationes AILR. *Serm.* 25. 6. 337B; s**1387** comes [Arundellie] . . vela reflexit versus castellum de Brest WALS. *HA* II 155 (cf. *V. Ric. II* 78). **b** dum lustrat latum reflexo tramite mundum ALDH. *VirgV* 1074; qui mirabili dispositione Dei precibus earum allubescens in reflexo calle caecas praefatum perduxit ad locum LANTFR. *Swith.* 5.

4 (intr.) to turn one's thoughts (to), to ponder or reflect (upon).

per quid cognoscitur actus super quem ~imus DUNS *Ord.* III 270.

5 (p. ppl., *actus reflexus*) reflex act, act of the intellect that has as its object a first act.

actus . . reflexus qui ponitur in intellectu non est versus, nisi a veritate primi actus; ergo propter illum actum reflexum non est danda major certitudo in intellectu . . . propter actum reflexum danda est major certitudo intellectui quam sensu DUNS *Metaph.* I 4 p. 58b.

reflectum, refletum v. riffletum.

reflexe [ML < CL reflexus *p. ppl. of* reflectere + -e], by way of reflection.

comprehendere . . stelle a visu non recte sed ~e, ut ostenditur in perspectiva GROS. *Hexaem.* V 23. 2 p. 184; aliter . . triplicatur visio secundum quod fit recte, fracte, et ~e BACON *Maj.* II 162.

reflexibilitas [ML < CL reflexus *p. ppl. of* reflectere + -bilis + -tas], ability to turn back or to reflect (upon).

actus . . intelligendi . . super se ipsum erit reflexivus . . . latet autem originaliter hec ~as super se non in universalitate et infinitate virtutis et potencie . . Ps.-GROS. *Summa* 379.

reflexio [LL]

1 (state of) being bent or turned back: **a** (med., w. ref. to reflex action); **b** (w. ref. to diacritic sign that has recurved form).

a similiter in altero sexu ad collum matricis in interioribus consimili modo fit ~o nervorum RIC. MED. *Anat.* 218; extensiones extremitatum, excreaciones, ~ones membrorum, tremor corporis BACON V 68. **b** dum variis curvationibus, circumflexionibus, ~onibus, inflexionibus, demissionibus, elationibus, ut notas explicet Tullius intendit J. TILB. *AN* 320.

2 (act of) throwing back, reflection, (of light), (*angulus ~onis*) angle of reflection (*cf. et. OED s. v. reflection* 2a). **b** reflection (of image).

transitus efficit hoc jubarisque reflexio solis Neckam *DS* IV 204; in speculo potest incendi stuppa ex ~one [Trevisa: *reboundinge*] radiorum et conburi Bart. Angl. IV 1 p. 82; si .. concursus radiorum ascendentium per ~onem factam sicut a speculo concavo .. Gros. *Com.* 22; demonstrat perspectivus .. quod angulus incidencie est equalis angulo ~onis Wycl. *Trin.* 55; folia .. que contra lucem externa mirabilem ~onem ostendunt Elmh. *Cant.* 97. **b** per speculum fit ~io speciei visibilis ad nos, et oculus videt se per radium reflexum ad angulos rectos et videt alia per radios reflexos ad angulos obliquos Bacon *Tert.* 112.

3 (act of) turning aside, diversion.

sic stelle in celo vise apparent minores propter ~onem visus in pertransitu corporis celi ad minus profundum in corpore celi Gros. *Hexaem.* V 23. 2 p. 184; unde stelle habent duas causas quare apparent parve: elongacionem viz. a visu et ~onem radiorum ad minus profundum celi *Ib.*; accidit epiciclo in motu nisi ~o qua declinat nunc ad orientem nunc ad occidentem Bacon IV 451.

4 (phil.) inward turning of the mind, reflection.

hec ~o voluntatis super se est quasi quedam .. innovatio vel repeticio modorum essendi in divinis *Ps.*-Gros. *Summa* 382; primum intelligit per ~onem et conversionem Bacon VII 88; si .. phantasma, causans aliquam intelleccionem, habet naturaliter causare ~onem super illam intelleccionem, pari racione et reflexionem reflexionis, et sic in infinitum Duns *Ord.* III 268.

reflexive [ML < reflexivus+-e]

1 by reflection (of light or mirror-image).

cum videtur per aquam ~e, reflectitur species visus ab aqua usque aerem visum a remotis et non species rei Bacon *Maj.* II 78.

2 (phil.) by reflection, reflectively.

semper cum ad utrumque ejus terminum pervenerit, iterum quasi ~e movetur ad alterum Bacon IV 422; alio modo ~e intelligendo, se intelligere, illud esse actu (Duns) *GLA* III 212.

reflexivus [ML < CL reflexus+-ivus]

1 that moves in the opposite direction.

nullus motus ~us est continuus .. immo accidet quies intermedia Bacon IV 441.

2 of or pertaining to reflection, (also w. *super se*) reflective.

actus enim intelligendi similiter et hic volendi, cum sit respectu omnis actus universalissimus, necessario super se ipsum erit ~us *Ps.*-Gros. *Summa* 379; qui actus .. nobilissimi sunt .. ac super se ~i, cujus causa est nobilitas et universalitas *Ib.* 382; ~a visio, que est debilior, homini potest assignari Bacon *Maj.* II 163; utrum in actu ~o [v. l. reflexo] .. consistat beatitudo *Quaest. Ox.* 324.

1 reflexus v. reflectere.

2 reflexus [CL], (act of) turning back or in the opposite direction. **b** (act of) bending back; (med.) reflex action.

retrogradum rex citissime faciens ~um *G. Steph.* 31 p. 68. **b** articula pedum preminentia incipiebant levi inflexu et ~u constringendo perornare R. Cold. *Cuthb.* 48 p. 100; mirum in modum manus illa argentea quasi ~us carneos habere [cepit] *NLA* II 184.

reflorare [CL re-+florare], to adorn with flowers again.

spoliatum / flore pratum / dum seviret Aquilo / ver colorat / et reflorat / levi favens sibilo P. Blois *Carm.* CC 3. 15. l. 5 p. 485.

reflorere v. reflorescere.

reflorescere [CL], **reflorere** [LL], to bloom or flourish again. **b** (transf.) to be restored to health or well-being.

~uit terra, rediit viridantibus arvis annus .. frugifer Bede *HE* IV 13 p. 231; numquid avulsa stipula reflorescet? J. Howd. *Cant.* 202. **b** ut .. ~eat ac exultet

in Deum vivum cor et caro sua Gosc. *Edith* 269; visa est .. vetula .. in juvenculam ~uisse W. Malm. *GR* IV 354; pudendorum sanies solo ejus visu in sanitatem ~uit *Id. GP* I 46; pullulante vigore restitutus est et ~escente colore .. W. Cant. *Mir. Thom.* VI 89 p. 484; **1168** confido spe haud dubia quod circa eum et suos antiquorum gratia successuum precibus ecclesie ~ebit J. Sal. *Ep.* 233 (239); immensa religionis propagatione per illius .. merita cotidie ~ente *Canon. G. Sempr.* f. 126; refloruit cutis, resedit tumor, totumque corpus agile et sanum repertum est Senatus *Wulfst.* 108; **1469** ordo ipse ad laudem Dei et exaltacionem fidei catholice ubi libet ~escat *Mon. Hib. & Scot.* 461a.

refluamen [LL], backflow (in quot. fig.).

his dans grammaticae rationis gnaviter artes, / illis rhetoricae infundens refluamina linguae Alcuin *SS Ebor* 1433.

refluctuare [ML < CL re-+fluctuare], to flow or flood back, (in quot. fig.).

primi rursus inundat / diluvium luxus solitumque refluctuat equor Hanv. VI 365.

reflue [CL refluus+-e], in a manner characterized by bending or turning back on itself.

quasi concham torno inflexam et ~e compositam R. Cold. *Cuthb.* 48 p. 99.

refluere [CL]

1 to flow back (from a position), recede, (of sea) to ebb. **b** to flow back (into a previously occupied position); **c** (fig.). **d** (transf.) to come back, return.

navem appulsam estus oceani ~ens .. destituit W. Malm. *GP* III 100; est rupis quedam marina .. cujus cum ex uno latere equor influit ex altero ~it Gir. *TH* II 3 p. 78; **s1247** mare .. contra suum morem consuetum non ascendit vel ~it per duos dies M. Par. *Min.* III 20; **14..** memorandum ista domus modo abbuttat super le Sandhill ubi aliquando fuit aqua de Tyne fluens et ~ens *DCDurh. Misc. Ch.* 6607d. **b** '[mare] occulto meatu in suos ~ere fontes, et solito per suas amnes gressu recurrere' Bede *NR* 40 p. 226 (=Pliny *Hist. Nat.* II cvi 224); mare fluit, et recedit ut ~at Alcuin *Exeg.* 682C; quare in quibusdam provinciis mare effluat et ~at et in quibusdam non *Quaest. Salern.* N 58; ut illuc flumina ~ant, unde fluunt P. Blois *Opusc.* 895B. **c** vagas has et vanas, fluxas et fluidas, fluentes et ~entes cogitationes H. Bos. *Thom.* III 13 p. 216. **d** ~as, *gecerrende GlS* 212; cum .. natura .. ad Deum recurrit, et vitio quod prevaricata contraxit ad carnem ~it H. Reading (I) *Dial.* V 1196C.

2 to flow again, (in quot. of wound) to bleed.

ligans sibimet refluentia vulnera Alcuin *SS Ebor* 795.

reflura [cf. CL refluere+-ura], flow, flowing (in quot. of blood).

1218 serviens de T. .. testatur quod .. venit ad eum et monstravit ei sanguinem recentem et unam ~am et nullam plagam *Eyre Yorks* 197.

refluus [CL]

1 (of water, esp. of or w. ref. to sea or ocean) flowing back, ebbing, (also w. ref. to motions of sea in general) fluctuating, ebbing and flowing. **b** (as sb. n.) backflow, overflow, discharge (in quot. of millpond). **c** (transf.) that comes back or returns.

loco ~is undique pelagi fluctibus cincto Bede *HE* IV 28 p. 276 (cf. id. *CuthbP* 42); monachis .. quos Lindisfarnea glauci / insula clara maris refluis circumluit undis Bede *Cuthb V* 380; unde quo glaucis cupiunt crispare fluentis / littora quin refluis satagunt nudare meantes / cursibus Æthelwulf *Abb.* 96; in vicina insula undique aquarum irrigatione cingente ~a R. Cold. *Cuthb.* 65 p. 132; cum totum jam sinum elapsis undis ~um mare deseruit Gir. *TH* II 2 p. 77. **b 1279** levando quoddam molendinum et stagnum unde ~um aque regalis fundatur ad nocumentum patrie (*Plac.*) *Pat* 280 m. 9. **c** metarunt etenim ter seni themata cicli / in sese refluos juncto monade recursus Frith. 277; nec prius in refluos venient haec tempora soles, / immatura nimis quam tristia fata luatis *Ib.* 635.

2 (transf.) that turns or is turned back or away, sloping back or away, bent back.

quamvis .. mundanae dispensationis curis, velut scopulis ~is algarum illisionibus, et undarum .. vorticibus, fatigatus Aldh. *PR* 142 (143) p. 203; caro [sc. cujusdam contracti] .. que vaga undique erat ante et ~a, in maturitatis planiciem respirabat R. Cold. *Cuthb.* 48. p. 100.

3 (of spring or well) that flows back or continuously.

asserunt quidam ex .. solis caloribus ~as aquarum scatebras contractas esse G. Steph. 18 p. 38; gurgite refluo mederis arenti, / ut humus unda fructibus onustetur, / pastus ut afferat suaves alendis J. Howd. *Cant.* 177.

refluvium [CL refluere+-ium], rising or flood tide, flow, flood (of sea). **b** backflow, overflow, discharge (from mill pond).

maris alluvio .. exeundi vel commeandi nostris prohibebat viam. comperto .. a Mauris quod nos maris ~ium seclusisset .. Osb. Bawdsey clxxv. **b c1220** me concessisse .. sedem molendini sui .. et stagnum ejusdem molendini et ~ium aque *Ch. Chester* 293.

refluxio [ML < *supine of* CL refluere+-io], (action of) flowing back, (esp. w. ref. to ebb-tide, also tidal movements or motions of sea in general); **b** (in leg. context, used as measure of time). **c** backflow, overflow, discharge (from mill).

festinanter ad mare fluctuacionis tendito, quod .. pro te fugiet continuo sine reditu ~onis ad consueta loca iterato (*Illtutus* 13) *VSB* 212; notandum .. quod ~o aquarum aliquando fit naturaliter, aliquando accidentaliter *Quaest. Salern.* N 58; queritur unde contingant ~ones maris *Ib.* P 136; de causis rerum, de ~one oceani, de ortu Nili P. Blois *Ep.* 101. 313A; nolo .. discutere utrum venti ex ~onibus maris proveniant an ex nubium perturbatione Neckam *NR* I 18 p. 62; **1359** propter ~onem et incrementum maris (*CoramR*) *Pub. Works* I 251. **b a1135** inter burgensem et mercatorem si placitum oriatur, finiatur ante tertiam ~onem [v. l. influxionem] maris (*Newcastle-on-Tyne*) *BBC* 217; si placitum oriatur inter burgensem et mercatorem, terminari debet infra terciam ~onem [MSc.: *flud*] maris *Leg. IV Burg.* 8; ille homo .. super quem invenit plegium erit attachiatus ad respondendum actori infra terciam ~onem maris, .. sc. infra unam diem et unam noctem (*Leg. IV Burg.*) *AP Scot* I app. V p. 362 (=*RegiamM* I f. 150v); si ballivi fecerint terminare aliquas querelas inter burgensem et mercatorem post terciam maris ~onem per dilacionem voluntarie *Iter Cam. Artic.* 317b (=*RegiamM* I f. 170v). **c** ita quod ultima sedes molendini non auferatur per ~onem aque sui molendini *Reg. S. Thom. Dublin* 242 p. 205.

refluxus [ML < *supine of* CL refluere+-us]

1 (action of) flowing back, (w. ref. to sea or tidal river) ebbing, ebb; **b** (in leg. context, as measure of time). **c** (w. ref. to motions of sea or tidal river in general) flow, flood, tide (in some quot. spec. w. ref. to rising or flood tide). **d** backflow, overflow, discharge (from mill).

similiter oceani quotidianus fluxus certus et ~us H. Bos. *LM* 1354D; Dublinie portum quoties medio ~u retrogradis undis mare destituit, Britannicum Milverdie .. medio influxu redeuntibus aquis jam restituit Gir. *TH* II 2 p. 77; unde fluxus marini et ~us perveniant, questio est nondum soluta perfecte Neckam *NR* II 17 p. 138; **s1296** in ~u .. aque remanserunt naves in sicco et palude. tunc homines civitatis .. ex ipsis navibus quasdam combusserunt *Ann. Dunstable* 402 (cf. Trevet *Ann.* 343, Wals. *HA* I 56); fractis pontibus, via non †potuit [l. patuit] domino nostro regi nisi .. in ~u maris Ad. Mur. *Chr.* 216; quamvis mare plenum esset, siccum tamen introeundi aditum, in loco in quo in ~u iter esse solet, inveniunt *NLA* I 237; **1404** navem .. invenit .. confractam, et, ~u maris transeunte, reperit eam exquisita malicia .. perforatam *Lit. Cant.* III 79; *ebbe off þe sea*, ~us, -us *PP*. **b s1109** concesse sunt ei inducie xl dierum, et unius ascensus maris et ~us, que lex omnibus Angliam abjurantibus usque in hodiernum diem custoditur M. Par. *Min.* I 212; **1321** si mortem subire debeat pro prodicione, ligabitur ad columpnam que est in Tamisia .. ubi attachiantur batelli, sic ligatus permansurus per duos fluxus et duos ~us aque predicte *PQW* 472. **c** Thamasis fluvii, qui ex magnitudine marisque ~u plus mare sapit quam fluvium Gerv. Tilb. II 17; cum .. vir Dei ad Boannam

flumen pervenisset, marino ~u illud extunc exundabat (*Boecius* 16) *VSH* I 91; **s1296** quarum [navium] naute .. portum ingressi et ad terram applicantes conflictum ineunt cum villanis, ubi quatuor navibus perditis cetere cum ~u [v. l. cum ~u fluvii] salve et integra revertuntur [v. l. retrahuntur] TREVET *Ann.* 343 (=WALS. *HA* I 56; cf. *Ann. Dunstable* 402); **1341** per contrarietatem venti et reflux' maris agitati fuerunt usque ad quemdam locum qui vocatur Iminghame Crik *IMisc* 146/5; quod B. quandam walliam ipsius A. inter †salmas [l. salinas] suas apud S. et ~us maris ibidem, pro salvatione †salmarum [l. salinarum] illarum contra ~us hujusmodi .. erectam, fregit, per quod †salme [l. saline] predicte per ~us .. inundate fuerunt *Reg. Brev. Orig.* f. 92v. **d** **a1190** (1291) molendinum .. cum prato et decursu et ~u aque, cum stagno et uno tofto *CalCh* II 390 (=*MonA* VI 916a); **12..** [quod stagnum molendini] habeat octo pedes altitudinis desuper pontem de Tempres, ita quod ~us aque libere jaceat super feodum meum de O. *Antiq. Salop* X 379; **1268** una cum attachiamento stagni et molendini eorum ad terram predicti W. de B. ascendendo per aquam, cum ~u et agistiamento aque *Cart. Chester* 575 p. 330; **c1280** quod per nullum opus manufactum ~us aque cooperiat vel deterioret capitale mesuagium suum *Ib.* 809 p. 445; **1283** pro ~u aque molendini sui super terram predicti Symonis *Cust. Battle* 40.

2 (transf., *fluxus et ~us* or sim.): going away and coming back, coming and going.

opes fluxisse, refluxum / non habuisse dolet HANV. VI 345; **1321** temporis amissionem et expensarum importabilem magnitudinem, ex absencia testium per fluxum et ~um scolarium successivum multociens contingentes *FormOx* 75.

refocilamen [ML < LL refocilare+-men], relief (of suffering or of person from suffering; *cf. refocilatio* 1 & 2, *refocilatus*).

†**961** (12c) quod si quisque .. presumptivo peregerit temptamine, hoc in tetrico infernalium sine ullo ~ine sustineat cruciamine *CS* 1073 (cf. ib. 1009).

refocilantia [LL refocilans *pr. ppl. of* refocilare+-ia], restoration, revivification.

carcer .. eis non cedit ad penam, sed magis ad solacium et ~illanciam suorum corporum delicatam *Conc.* III 14a.

refocilare [LL]

1 to relieve (the lot or condition of), to refresh; **b** (mind or spirit); **c** (besieged fortification).

p675 peccatricem .. misericorditer ~ilat [v. l. ~ilatus] dicens .. ALDH. *Ep.* 4 p. 485; propter laborem viae in pratis .. paululum lassos revocilare [vv. ll. ~illari, ~ilare; *PL* CI 704B: ~illare] equos volens ALCUIN *WillP* 20 p. 131; eos qui semineces in plateis et compitis omni solatio destituti jacebant ~ilando WULF. *Æthelwold* 29; caritas enim ~illabat eum poculo, set pulsabat celum oratio W. MALM. *Wulfst.* II 12; **s1191** exercitus .. diversorum fructuum ~illabatur abundantia *Itin. Ric.* IV 25 p. 282; **s1215** barones cum cartis suis spe vana ~illati ad urbem Londoniarum remearunt M. PAR. *Min.* II 159; de ista cithara processit tanta melodia quod imperator cum gaudio est ~illatus *G. Roman.* 413; cum triumpho Calusius pervenit ubi se et suos refosillavit, lesos fovit et curavit STRECCHE *Hen. V* 154. **b** ut pauxillum ad ~illandam animam cibi caperent GILDAS *EB* 20; ~illatoque rursus spiritu, cum parumper anhelaret FELIX *Guthl.* 50 p. 156; theophanie .. que animam ad celestia .. suspirantem .., etsi non reficiant, ~illant tamen et illustrant H. BOS. *Thom.* III 13 p. 217; ut .. amantis animum .. ~illes GIR. *Symb.* I 10 p. 237; ut extra / non egeat pasci, refoscillateque supernis / deliciis anime natura cohereat H. AVR. *V. S. Fred.* 170; **1320** mentem .. spiritualis pabuli theologica .. veritas .. ~illat *FormOx* 19. **c** castro .. armatis et victualibus refossilato *Extr. Chr. Scot.* 172.

2 to cherish, foster, tend to.

c705 quasi nutrix gerula dilectos alumnos extensis ulnarum sinibus ~ilans [v. l. ~illans] ALDH. *Ep.* 12 p. 501 (=W. MALM. *GP* V 192).

3 to relieve (condition or affliction), to mitigate.

cum panis copia plebis inopiam ~ilantes [vv. ll. ~illantes, revocilantes, *gl.*: confortantes, confirmantes, *hyrtende* ALDH. *VirgP* 38 p. 291; **a705** meam .. pallentem habitudinis maciem largissima blandae sponsionis epimenia affluenter ~ilabat *Ep. Aldh.* 7 p. 496; non tam parentes animi ~illando languores quam diffidentis ignavie animando torpores AD. MARSH *Ep.* 53 p. 161; vigiles .. qui .. observarent ne .. corporis languorem ~illaret LESLEY *RGScot* 411.

refocilatio [ML < LL refocilare+-tio]

1 (act of) restoring or revivifying, (act of) relieving the lot or condition of, restoration, revivification, refreshment, relief; **b** (w. subj. gen.); **c** (w. obj. gen.).

erat .. eis delectatio atque ~illatio suavis cantus avium (*Brendanus* 28) *VSH* I 115; dederunt preciosa queque pro cibo, aurum, argentum et lapides preciosos, quasi dicat: tanta erat panis caristia; 'ad refocillandum animam' non sustentandam in suo robore vitam, sed ad miseriam minuendam, quod ~illatio significat PECKHAM *Exp. Thren.* I 36; **s1404** jusserunt ut .. daretur illis spacium ~illationis post ingressum insule sex horarum WALS. *YH* 405 (=*Id. HA* II 261); *recreacyone or refreschynge*, recreacio .. ~illacio *PP*. **b** paucis .. relicta est vivifici panis ~illatio J. FORD *Serm.* 41. 8; **s1321** ut quicunque ~illacionibus uteretur aquarum .. morbum .. leprosorum incurreret *Flor. Hist.* III 196. **c** **854** (12c) ad pauperum ~illationem *CS* 474 p. 72; **c970** (12c) quoddam rus .. olim ab Aþulfo rege tocius sui regiminis rura decimante ad ~illationem pontificum predicte Wintoniensi aecclesiae .. largitum est *CS* 1151; nullam alibi recipere corporis ~illationem H. READING (I) *Adjut.* 1349B; utrum ad animarum ~illationem et non corporum transirent hostie sacrate a fidelibus sumpte GIR. *GE* I 18 p. 54; stomachum per calorem sui factum vacuum et inane ad sui ~illationem attrahit cibum BACON VIII 208; empto loco pro ~illacione [TREVISA: *fore ese and reste*] navigancium HIGD. I 164; **s1459** pauculas ibidem facerat morulas .. pro aliquali pedestris sue plebis ~illacione *Reg. Whet.* I 338.

2 mitigation (of condition), relief.

sperans in Domino daturum [vv. ll. dari, dandam] sibi ~ilationem [v. l. ~illationem] aliquam laboris sui per intercessionem tanti viri Guthlaci FELIX *Guthl.* 52 p. 164.

refocilativus [ML < LL refocilans *p. ppl. of* refocilare+-ivus], that restores or revivifies.

non ad ~illativum animarum edulium sed ad pruritum pocius aurium auditorum R. BURY *Phil.* 6. 88.

refocilator [ML < LL refocilare+-tor], (in gl.) one who restores or revivifies, cherishes or fosters.

a nurys, alumpnus .., nutritor, .. re[fo]cillator *Cath A.*

refocilatrix [ML < LL refocilare+-trix], who or that restores or revivifies, cherishes or fosters (f.).

purulentis animarum ulceribus medicina ~ilatrix ALDH. *Met.* 2 p. 71; *a nurys*, .. alumpna, .. altrix, .. nutrix, .. re[fo]cillatrix *CathA.*

refocilatus [LL refocilare+-tus], relief (of suffering or of person from suffering, in quot. w. specifying gen.; cf. *refocilatio* 1 & 2, *refocilamen*).

†**949** (10c) si quis .. hoc decretum .. infringere temptaverit .. se .. in perpetuum sine ullo subtractionis †resocilatu [l. refocilatu] dampnaturum persentiat *CS* 880 (cf. *MonA* I 456a: refocillatu).

refocilium [LL refocilare+-ium; cf. et. CL focus, foculus, foculum]

1 (in gl.) object or device (variously understood) used to bank or contain a fire (esp. at night).

retrofocinium vel lignificum, *treffuer* (GARL. *Dict.*) *Teaching Latin* II 146; retropoficinium, G. *trefuer* (*Ib.*) *Ib.* 148; retropoficinium, G. *trefuer* (*Ib.*) *Ib.* 151; *herth stok or kynlyn*, reposialium, .. repoficilium *PP*; *kynlyn, or harth stoke*, ~ium *PP*; *plate of a fyyr erth*, lamina .. vel repofocilium .. vel repocilium *PP*; repofocilium, A. *an hedbronde WW*; nomina instrumentorum ȝule: .. hec fax, *brande* .. hoc ricrepofocilium, *ȝolestok WW*; *an hude*, repociculum [v. l. repofocilium] *CathA.*

2 (in gl.) bellows (for fire).

hoc reposilium, A. *a fyirbelowys WW.*

3 (in gl.) ? Yule-log.

ego sedi retro retropofocinium [*gl.*: *yolstoc, corr. in later hand to yolstock*] et commedi meum lucibruciunculum (GARL. *Dict.*) *Teaching Latin* II 145.

refocil- v. refocil-.

refollare [refollum+-are; cf. OF *refoler, refouler*], to flow back or overflow.

1204 ita levavit molendinum illud, quia .. plus quam medietas aque †resulat [l. refulat] super terram eorum *CurR* III 155; **c1250** dedi .. totum vivarium de B. cum omnibus pertinentiis suis .., cum stagno superiori et inferiori et eorum attachiamentis ex utraque parte, et cum refullo aque undecumque refullaverit *Cart. Haughmond* 199; **1371** vivarium integrum vocatum *le Neremulnepol* cum stagno et *le cowail* integre tam longum et latum sicut solebat refolere *Cl* 204 m. 4*d*.

refollatio [refollare+-tio], flowing back or overflowing. **b** right to conduct such flow over a specified piece of land.

1241 dicit quod disseisivit eum de una turbaria .. et de quadam placia terre que fundata est per refullacionem aque ..... quod postquam predicte excluse levate fuerunt .. per refullacionem aque concavatur terra .. ita quod per concavaciones illas in pluribus locis fundata est terra .. ita quod quedam via .. constupate sunt [*sic*] *Cur* XVI 1859; **12..** dedi .. medietatem molendini .. sc. .. in aquis et in stagnis, in gurgitibus et in pontibus, .. in eundo et redeundo per terram et aquam .. reddendo inde annuatim .. iiij d. .. domino de G. pro refulacione aque *AncD* A 10686; **1315** terra quam .. tenet .. artatur per ~onem dicti gurgitis *IMisc* 75/16. **b** **c1220** concessi eisdem monachis refulationem aque et maris sufficientem ad opus molendini eorum *Couch. Furness* II 243; **c1235** duas moras .. una cum stagno ad vivarium .. cum refullacione aque ejusdem vivarii *Cart. Shrewsb.* 125 p. 110; **1412** G. B. dat nobis xvj acras terre .., cum refulatione aque et maris sufficienti ad opus molendini nostri (*Tabula*) *Couch. Furness* II 24 (cf. ib. II 243 supra).

refollum [AN *refoill*, OF *refol, refoul*], backflow, overflow, discharge (of millpond or fishpond, also w. ref. to right of conducting such flow over a specified piece of land or w. ref. to channel or sim. constructed to allow or direct such flow of water).

c1150 me dedisse .. duo molendina .. et liberum accessum ad molendina in viis et semitis et †Resul [*sic*; l. reful'] *CalCh* IV 235; **1176** excepto quod retinui .. situm vivarii .. et tantum terre quantum idem vivarium cum toto ~o suo poterit occupare *MonA* V 662b; **a1189** et in longum .. ex estparte quantum refullum stagni ipsius molendini durat *Danelaw* 135; **c1257** me .. concessisse .. totum jus clamium .. in toto stagno de B., cum longitudine, latitudine, refulso *Cart. Chester* 421; **1262** quod .. possint firmare bedum et stagnum .. et fossatum vel kaeum erigere et refulum facere super terram de H. *Cart. Mont. S. Mich.* 35; **1287** concesserunt .. quamdam placeam cujusdam alneti .. salvo eis refulsu aque ductus et stagni eorundem *Cart. Chester* 425; **1290** molendinum de W. cum stagno et sede molendini et libero cursu totius aque .. et totum refullum [*CalCh* II 382: †resullum] stagni *ChartR* 77 m. 16; ne stagnum faciat vel exaltet vel prosternat per quod nocere possit vicino, ut si per refullum aque submergat tenementum vicini *Fleta* 268.

refontare v. refrontare. **reforamen** v. reformamen.

reformamen [CL reformare+-men; cf. ML reformamentum], repair, restoration.

sarcimen, sarcimentum, reparamen, reforamen [v. l. roforamen; l. reformamen] OSB. GLOUC. *Deriv.* 560.

1 reformare [CL]

1 to change or alter (for the better), to amend, reform; **b** (w. ref. to changing character or habits of person); **c** (w. ref. to reorganizing or reordering collection of texts or documents). **d** (in leg. phr. *ad placiti principium ~are*) to go back to the beginning of a plea (for the purpose of reviewing and potentially altering a decision reached in it).

1238 abbatias .. [visitare], corrigentes et ~antes que correctionis et reformationis officio viderint indigere

(*Stat. Benedict.*) M. PAR. *Maj.* III 509; c**1460** si ista .. cum omni possibili celeritate .. non ~averitis, timendum valde supponitur de insurreccione plebis *Paston Let.* 605; **1514** omnia .. statuta examinata et ~ata *StatOx* 330. **b** presul .. / ecclesiam recreans Domini plebemque reformans ORD. VIT. V 9 p. 339; facilius est informare rudes quam ~are perversos GIR. *TH* I 12 p. 35. **c** epistole .. collecte corpus rediguntur in unum, singule locum suum retinentes et ordinem. .. si quis .. ipsas epistolas diligentiori manu poterit ~are in melius, non erit qui invideat A. TEWK. *Prol. Thom.* 300; **1449** quatenus isti .. deputati possint cistam .. ~are, utilia munimenta congregando, inutilia subcongregando extra congregationem *Mun AcOx* II 728. **d** quodsi domino ejus videatur ut injuste quid actum sit, potest ad placiti principium ~are, sive suus homo susceperit vel non susceperit inde judicium (*Leg. Hen.* 61. 13a) *GAS* 582.

2 to shape or form anew, to form in turn or in response; **b** (in explanation of vision, w. ref. to formation of image in the mind).

omnia nomina .. quae ad amphibrachum superius .. congessimus .. versa vice bachium ~abunt in ceteris casibus excepto nominativo, .. et vocativo singulari ALDH. *PR* 123 p. 170; [verba] quae in pirrichio edidimus .. in plurali epitritum primum ~abunt *Ib.* 137 p. 190; a Rogerio .. ternarius infirmorum numerus ~atus est ORD. VIT. III 7 p. 101; c**1257** fratres a meniis .. proscripti nova molientes versutie argumenta, instar hydre sibi ~antis capita *Mon. Francisc.* II 271; **1403** desideramus .. vestrum benignum responsum super hiis nobis ~ari *Foed.* VIII 288. **b** quare spiritus ille [sc. visibilis] sicut a speculo, ita ab albissimo non repercutitur vitro, ut vultum reformet ADEL. *QN cap.* p. 3.

3 to restore (to previous form or condition); **b** (w. *pax* or sim. as obj.); **c** (w. *ad* or *in* & acc. or w. dat.).

sicut .. sex diebus Deus mundi plasma formavit .. ita hominem decet sex diebus per jejunii plasma spiritu ~ari [v. l. spiritum ~are] FELIX *Guthl.* 30 p. 100; Domine .. viscera ejus in terra sana, .. carnis et sanguinis materiem ~a EGB. *Pont.* 97; c**1176** debebant molendinum illud novum facere vel vetus ~are *Regesta Scot.* 188; Josedech .. sacerdotem de genere Aaron redire precepit, et ritus veteris solemnitatis ~are R. NIGER *Chr. I* 13 (cf. M. PAR. *Maj.* I 54 (=*Flor. Hist.* I 57): ut ritus .. ~aretur); **1239** ad ~andum Romanum nomen, sicut in diebus antiquis (*Lit. Imp.*) M. PAR. *Maj.* III 547; videns .. rex hominem ex lupo ~atum *Arthur & Gorlagon* 22; s**1335** castris ruptis ~atis et fortificatis *Plusc.* IX 33 [=BOWER XIII 35: firmatis castris]. **b** s**1140** si forte .. pax ~ari posset W. MALM. *HN* 486 p. 44; quanquam eosdem invite jurare .. prenosceret, voluit .. in diebus suis pacem ~are *G. Steph.* 4; **1258** loquela .. remanente in statu quo nunc est, nisi pax fuerit interim ~ata *SelPlMan* 57; **1321** amicicia inter eos .. aliquantulum ~ata *MGL* III 288; **1341** ad dictam concordiam ~andam (*Lit. Regis*) AVESB. f. 98; bella non gerimus, pacem moribus non viribus ~amus *Eul. Hist.* I 428. **c** dispersa gemmarum fragmina, quae .. germanorum simplicitas .. minutatim in frusta friabat, in pristinum ~avit [*gl.*: i. recuperavit, i. exponit, i. innovavit, *geedniwude*] statum ALDH. *VirgP* 23 p. 254; Osbirhtum regem quem expulerant in solium ~antes W. MALM. *GR* II 120 (=CIREN. I 380); Eadgarum .. Willelmus ~avit solio *Ib.* IV 311; Deus .. qui hominem sua culpa perditum ~asti ad vitam *V. Fridesw. B* 10 p. 107; pia mater et virgo que Thiophilum gratie ~avit GIR. *GE* I 34 p. 107; Orphei carminibus ad superos revocatur, quum luculenta oratione luci stimulus ad equitatem ~atur ALB. LOND. *DG* 8. 21.

4 to restore (to the possession of, w. dat.), give back.

ut cuncta preter duodecim villas juri ecclesie ~aret W. MALM. *Wulfst.* I 13; **12..** anulum ostendite et digito cui extractus est iterum ~ate (*Mir. Ed. Conf.*) *Anal. Boll.* XLI 126; c**1228** de reformatione capelle eis facta ab isto episcopo, dicit quod presens fuit .. ubi lecte erant litere episcopi de ~anda eis possessione capelle de C. *Feod. Durh.* 266; si quid eis forisfactum fuerit, etc., ~ari faciatis *Reg. Brev. Orig.* f. 26.

5 to reconcile, to settle or resolve (dispute or difference), to correct or make amends for (transgression, error, or misdeed). **b** (refl.) to reconcile oneself (to someone).

1401 ad .. attemptata .. contra formam .. treugarum .. ~ari petendum et optinendum *Foed.* VIII 204 (v. reformatio 4); **1405** hujusmodi questiones, contenciones, dampna .. ~andum, redressandum, sedandum (*Ch.*) *DuC* V 648; **1415** lego A. .. uxori mee omnia bona mea ad debita mea persolvenda, funeralia mea peragenda, commissa mea ~anda, ac in pios usus fideliter disponenda *Reg. Cant.* II 116; s**1158** reges .. apud Karleolum pro suis negociis ~andis convenientes *Plusc.* VI 18 (BOWER VIII 3 *omits* ~andis); quousque controversie .. et lites inter .. comitem et .. abbatem pendentes .. debite discusse fuerint et ~ate *Croyl. Cont. B* 487. **b** dicti A. et R. adinvicem se pacis osculo ~arunt *RGasc* II 296b.

6 (eccl.) to visit (with a view to instigating necessary reform or correction), to perform a visitation.

to vysett, visitare, visere, re-, ~are ..... *a visitoure*, reformator proprie in religione, visitator *CathA*.

2 reformare v. reformidare.

reformatio [CL]

1 (act of) changing or altering (for the better), amendment, reform; **b** (w. obj. gen.).

'sed timorem Dei', nec hoc tantum sed etiam 'desiderium' ~onis LANFR. *Comment. Paul.* 240 (*II Cor.* vii 11); c**1223** visitationis officium exercentes .., predicationi, exhortationi, correctioni, et ~oni insistentes *Ch. Sal.* 160; **1238** abbatias .. [visitare], corrigentes et reformantes que correctionis et ~onis officio viderint indigere (*Stat. Benedict.*) M. PAR. *Maj.* III 509; doctor Johannes de Capistrano fecit multas predicaciones et ~ones in regno inclito Hungarie de episcoporum moribus malis GASCOIGNE *Loci* 9. **b** ut .. circa omnium ecclesiarum informationem ac ~onem assidue vigiletis P. BLOIS *Ep.* 168. 464B; s**1213** legatus in Angliam venit .. diligentem tractatum habens cum conventu [Westmonasterii] de ~one spiritualium et temporalium M. PAR. *Maj.* II 544 (=*Flor. Hist.* II 146); **1239** pro negotio Terre Sancte et ~one imperii, solempnem curiam duximus indicendam (*Lit. Imp.*) *Ib.* III 564; **1444** pro expensis suis .. versus dominum Cant' pro ~one collegii *Cant. Coll. Ox.* II 164; s**1274** ibi .. erant .. Tartarum et Grecorum ambassiatores, pro ~one certorum fidei articulorum *Plusc.* VII 29; **1549** morum in ecclesia Scoticana ~o *Conc. Scot.* II 82.

2 (act of) restoring (to previous form or condition), restoration (w. obj. gen.); **b** (w. *pacis* or sim.).

s**321** ad dampnationem istius [sc. Arrii] et integre fidei ~onem .. concilium .. congregatur *Flor. Hist.* I 180 (=M. PAR. *Maj.* I 159: confirmationem); a monachis qui sibi .. remedium sanitatis mentisque ~onem dulciter repromittunt *Croyl. Cont. B* 538. **b** ad beneficia impendenda veloces, et in caritatis ~one et conservatione seduli J. FORD *Serm.* 16. 5; **1218** ex quo reddiderimus ipsi Lodovico debitam ei pecuniam pro ~one pacis inter nos et ipsum facte *Pat* 159; ut inter .. comites Tolose et Leycestrie desideranda pacis ~o proveniat AD. MARSH *Ep.* 216 p. 381; **1306** ad honorem Dei pacisque ~onem .. omnem remittimus rancorem et malam voluntatem (*Swansea*) *BBC* 40; cum formari deberet aliqua pax .. ducebatur agnus et occidebatur et .. sanguis ejus effundebatur in pacis ~onem *G. Roman.* 334; s**1298** omnia que pacis ~onem tangerent WALS. *HA* I 73.

3 (act of) restoring (to the possession of, w. dat.), giving back.

c**1228** de ~one capelle eis facta ab isto episcopo *Feod. Durh.* 265 (v. reformare 4); sufficit ei pro commodo proprie seysine ~o BRACTON f. 366b.

4 (act of) reconciling, settling or resolving (dispute or difference), correcting or making amends for (transgression, error, or misdeed), reconciliation, restitution; **b** (w. obj. gen.); **c** (w. ref. to hindering criminal activity, or ? *f. l.*).

1401 ad .. attemptata quecumque .. contra formam et effectum treugarum predictarum, per quoscumque partis adverse, reformari petendum et optinendum, consimilemque ~onem pro parte nostra faciendum et ordinandum *Foed.* VIII 204; a**1406** fiat per locum tenentem aut ministros suos .. partibus conquerentibus debita et justa ~o (*Stat. Rob. III*) *RegiamM* III f. 64v; s**1377** fiunt .. predaciones, depopulaciones .. excedentes qualemcumque ~onem sive respectuacionem BOWER XIV 37 (cf. *Plusc.* X 2: fiunt depredaciones, depopulaciones .. sic quod ex utraque parte .. sine ~one .. patriam vastabant). **b** s**1238** vocatus legatus ad ~onem illius deformationis, .. priorem Cantuarensem deposuit M. PAR. *Maj.* III 492; **1318** circa premissorum gravaminum correctionem ac ~onem debitam et festinam *Mon. Hib. & Scot.* 201b; **1404** quousque civibus .. dampna passis dampnorum suorum fiet refusio et ~o *Lit. Cant.* III 82; **1434** quod ipse supervideat .. quod celebraciones .. debite .. fiant .. et de defectubus informet .. decanum .. pro ~one eorundem *Reg. Cant.* II 594; **1443** ista sunt magna .. mala Oxonie .. pro quorum ~one maxime instaret qui sciret et qui posset *MunAcOx* 536; **1444** in ~one et satisfaccione mesprisionum et extorcionum (*Test.*) *Paston Let.* 12 p. 24. **c** area illa ubi Wathlinge et Ikelinge conveniunt per Henricum regem Anglie senem primitus sartabatur, ad famosissimi latronis Dun nomine et sociorum suorum ~onem [*or* ? l. refrenationem] (*Lib. Pri. Dunstable* cap. 23) *DuC* VI 72 (cf. *MonA* VI 239a: ad hujusmodi malitiam refrenandam).

reformativus [ML < CL reformare + -ivus], that restores (to a previous form or condition).

est .. Deus alicujus potencie restitutive deperditorum, reparative destructorum, et ~e deformatorum BRADW. *CD* 89A.

reformator [CL = *one who remoulds or reshapes*]

1 one who alters or changes (for the better), one who amends (in quot. in eccl. context, w. ref. to visitation), reformer.

a visitoure, ~or proprie in religione, visitator *Cath A*; **1490** Cantuariensis archiepiscopus, tocius Anglie primas, et apostolice sedis legatus, visitator, inquisitor, ~or, ac judex a sede apostolica .. deputatus *Conc.* III 632a.

2 one who restores (to a previous state or condition), one who renews or makes anew (w. obj. gen.); **b** (w. *pacis*); **c** (of God).

fit hic .. / .. / omnium defectuum tantus reformator, / illi ut obediant Cesar et viator RIPLEY 426. **b** c**1174** si pacis ~ores esse non possumus P. BLOIS *Ep.* 155. 450A; clarigator es, et inducias spondes? caduceatoris [*gl.*: caduceator, induciator seu pacis ~or] hoc esset NECKAM *NR* II 173 p. 287; s**1268** pacis ~ori *Flor. Hist.* III 14. **c** alia [oratio]: 'Deus humani generis benignissime conditor, et misericordissime ~or' ALCUIN *Suppos.* 1204B (=EGB. *Pont.* 123); perceperunt quia omnipotens mundi conditor ac ~or ulcisci se voluit de inimicis WILLIB. *Bonif.* 8 p. 51; Deus, omnium rerum conditor, humani generis ~or, coelestium terrestrium et infernorum creator EGB. *Pont.* 90; Domine Deus meus, formator et ~or meus ANSELM (*Prosl.* 14) I 111.

reformatorium [CL reformare + -torium], amendment, reform (in quot. w. obj. gen.).

1417 quod futurus summus pontifex .. [debeat] reformare ecclesiam in capite et Romana curia secundum equitatem et bonum regimen ecclesie .. super materiis articulorum, alias per naciones in ~io oblatorum que secuntur, viz.: primo de numero .. cardinalium; item de .. (*Conc.*) *Chr. S. Alb.* 106.

reformidare [CL]

1 to shrink from in fear, be afraid of, dread; **b** (w. ref. to a future or anticipated event); **c** (w. inf.); **d** (absol., foll. by *ad* & acc.).

mala futura expavesco, presentia minime ~o PULL. *Sent.* 826C; **1165** adversus eum .. cujus astutiam remoti, vicini potentiam, severitatem subditi ~ant ARNULF *Ep.* 42 (=*Ep. Becket* 162; *Becket Mat.* V 306: †reformant); [cornices] nidificantes .. nec humanos accessus ~ant GIR. *TH* I 22. **b** impietas magni Dei ~at adventum ALCUIN *Exeg.* 1022B; religio in his adeo vera, adeo probata, consistit ut nullius reprehensionis aculeos ~et J. SAL. *Pol.* 691D; **1168** amicorum .. qui pro libertate ecclesie patiuntur aut imminentia sibi pericula ~ant *Id. Ep.* 243 (241 p. 460); non noverce privignus, non matrone quantumlibet offense maritus toxicata pocula ~at GIR. *TH* I 38; publice predicatur .. quam obstinatus in ambitione sua nec perditionem .. nec lepram .. ~et P. BLOIS *Ep.* 120. 352C; timeo judicium ejus, et propter iniquitatem meam ejus justitiam ~o *Id. Serm.* 623C. **c** regem, redemptorem, salvatoremque tuum saltem me nominare ~as ALCUIN *Dogm.* 297A; discat ab adulescentia non ~are ante multos loqui *Id. Rhet.* 42; in homine hujusmodi non est caritas, qui servos caritatis eo modo detrectat, quo se tractari ab alio ~at *Tract. Ebor.* 681; c**1168** quod de illo timeo, dicere ~o J. SAL. *Ep.* 233 (239 p. 456); si .. usus solempnitati ~es occurrere, dices hoc nomen 'qui' teneri essentialiter NECKAM *SS* I 31. 11. **d** ille ~ans ad tantae Dominae majestatem,

sed renuens credere quasi aniles fabulas ad nuntii vilitatem Gosc. *Transl. Aug.* 33B.

2 to shrink from for reasons of caution or taste, to shun, recoil from.

si . . vulnus . ., ejus ~ans cruditatem, celas medico . . PULL. *Sent.* 900C; quisquis offendit supplicii reus est; si supplicium refugit, offensa crescit. unde iratus Deus et qui eam, que ultro fit, ~at anxietatem. illam infligit quam toleres invitus longe graviorem *Ib.* 901C; qui malitiam, quam mundus in publico habet, ~ans solitudini se includit *Ib.* 940C; si . . tanta est molestia nuptiarum . ., ut eas sapiens ~et J. SAL. *Pol.* 755B.

refortificatio [CL re-+LL fortificatio], (act of) fortifying again, refortification.

veniens . . apud Perth, eandem reparari ordinavit, ad cujus construccionem et ~onem sex abbates mandavit *Plusc.* IX 34.

refortiuncula [cf. ML fortiunculum, refortificatio], small fortified place (in quot. w. ref. to fortified tower or peel).

ad W. de S. . . qui in ~a sua de Horton latens . . WALS. *HA* I 153 (cf. TROKELOWE 101: in pelo de Horton).

refoscillare, refosillare, refossilare v. refocilare.

refovere [CL]

1 to restore warmth to, warm again.

plumis suis genitorum frigida membra ~entes NECKAM *NR* I 65; terra . . constricta frigore hiemis relaxari et ~eri solis calore desiderat ALB. LOND. *DG* 2. 4.

2 to revive, restore, reinvigorate; **b** (transf.). **c** to revive or restore the spirits of.

quia . . repellendi ac destruendi essent . . cives, sed post ostensionem irae minantis, coelesti protinus miseratione ~endi BEDE *CuthbP* 40; tua regna perimunt te, sua regna refovent te (*Vers.*) Gosc. *Edith* 83; securitas . . repulsis latronibus habitatores terre ~ebat ORD. VIT. IV 7 p. 214; consentientes . . quorum hospitio refoti et . . occultati ad nefas subito proruebant *Ib.* XII 3 p. 322; in definicione negocii distulit me turgiditas et superbia secularium, set ~it honestas et amor domesticorum LUCIAN *Chester* 38; eterno bravio coronandus ~etur P. WALTHAM *Remed. prol.* 28. **b** in ara pectoris splendorem veri luminis ~entes W. MALM. *GP* I 35; mense . . Julio tranquilitas pacis . . Normanniam ~it ORD. VIT. XIII 30 p. 85. **c** nec minus ipse tamen refovens normaliter omnes / aethralem vitam testatur jure sequendam FRITH. 1329; que celestis armonia . . omnes quadam suavitatis dulcedine interius demulcet ac ~et COGGESH. *Visio* 33.

3 to foster, nurture, support. **b** to support or encourage (idea or course of action). **c** (pr. ppl. as adj.) encouraging, supportive, soothing (in quot. of voice).

vir . . severus in corripiendis peccantibus, mitis in ~endis paenitentibus *Hist. Abb. Jarrow* 19; **797** sit tibi . . benigna sollicitudo in ~endis humilibus ALCUIN *Ep.* 124; **804** superbos et contumaces . . castiget, humiles et quietos piis exortationibus ~eat *Ib.* 267; nos semper ab hoste tuere, / et patrio affectu nos jugiter refove WULF. *Poems* 15; mater . . ~e pullum tuum, resuscita mortuum tuum, justifica peccatorem tuum ANSELM (*Or.* 10) III 41; homines ad confessionem peccatorum venientes jocunde suscipiebat, benigne ~ebat W. MALM. *Wulfst.* III 7; quem Deus defensat ac ~et, nemo deicere vel adnichilare prevalet ORD. VIT. VII 5 p. 170. **b** petitionem . . transducendae virginis benignis modo pollicitationibus ~it, verum in tempus . . oportunius . . uti tantam rem protelavit Gosc. *Transl. Mild.* 9. **c** serenissimus consolator . . apparuit, eique ~entissima voce dixit . . Gosc. *V. Iv.* 86B.

4 to care for, attend to the needs of.

601 ita illum dilectio vostra . . suscipiat, ut . . ipsum consolationis suae bono ~eat (*Lit. Papae*) BEDE *HE* I 28; pedes ungimus Domini cum pauperes ejus verbo consolationis . . ~emus *Id. Hom.* II 4. 128; c**1155** hec domus tam caritativa . . est in suscipiendis hospitibus, in Christi pauperibus et infirmis ~endis *Doc. Theob.* 286.

5 (in gl.).

~endi, revocilandi [i.e. refocilandi] *GlC* R 151; recreata, refata, refecta *geedhyrte GlP* 197; *cokryn,* ~eo *PP.*

refractarius [CL], contradictory, refractory (in quot. in leg. context).

si ~ius sit hic colonus et litem continuare voluerit, sciat sibi penam prestitutam *Jus Feudale* 197.

refractio [ML < CL refractus *p. ppl. of* refringere + -tio]

1 (act of) bending or deflecting the course of (a ray of light), refraction; **b** (in fig. context).

inquirere . . annon fiat iris per radios incidentes vel per reflexionem vel per ~onem BACON *Maj.* II 185; secunda visio est per ~onem WYCL. *Dom. Div.* 187 (v. refringere 3). **b** s**1422** si in speculo interne consideracionis teipsum tibi objectum statueres, animadverteresque debite et absque radiorum ~one AMUND. I 92.

2 (act of) turning back the course of (a beam of light), reflection, or ? *f. l.*

experimenta . . quibus cognovimus quod ~o [v. l. reflexio] radii super speculum fit in angulo equali angulo incidentie GROS. 75.

refractoria [CL refractus *p. ppl. of* refringere + -toria], that 'breaks' a song into repeated segments, or (as sb. f.) refrain.

quandam cantilene particulam ad quam sepius redire consueverant quam refectoriam seu ~iam vocant GIR. *GE* I 43 p. 120.

refraedatio ME *refraiden, refreidne,* AN *refraider, refraidir, refroidir,* OF *refroidier* + CL -tio], cooling, chilling (in quot. of bodily temperature).

quibus stimulationibus rex in iram et rancorem excitatus est, que a nonnullis causa ~onis, et postea mortis ejus, dicte sunt fuisse naturalis CAPGR. *Hen.* 66 (cf. H. HUNT. *HA* VII 43: causa . . refrigidationis [v. l. refridationis]).

refraenare v. refrenare.   **refraenatio** v. refrenatio.

refragabilis [CL refragari + -bilis], (in gl.) that can resist or be resisted.

refragor . . i. resistere, inde . . hic et hec ~is et hoc ~e OSB. GLOUC. *Deriv.* 223.

refragabiliter [refragabilis + -ter], (in gl.) in a resisting or resistible manner.

refragor . . i. resistere, unde . . refragabilis . . unde ~er adverbium OSB. GLOUC. *Deriv.* 223.

refraganeus [CL refragari + -aneus], that is in opposition (to, w. dat.). **b** (of bishop, w. play on *suffraganeus,* also as sb. m.).

audiens . . dominus papa quedam alia Deo et sancte ecclesie ~ea fieri in regno tuo (*Excerpta e Codice Lansdowniano*) Becket *Mat.* IV 172. **b** **1166** quoniam . . nominis sui rationem deberent agnoscere, et se vobis suffraganeos, non ~eos [*other MSS omit*], exhibere *Ep. Becket* 162 p. 307; laici . . qui de concilio regis erant et circumsteterant, et suffraganei episcopi, imo ~ei, eum . . condemnaverunt GRIM *Thom.* 47; laici . . et suffraganei ejus episcopi, imo magis ~ei, eum . . condemnaverunt *Id. Pass.* 1740A; **1283** pro quibus veraciter relevandis quos suffraganeos dedisse gratia putabatur, quam ad [? l. quoad] aliquos sed non omnes ~eos malitia exhibet manifeste PECKHAM *Ep.* 497.

refragare v. refragari.

refragari [CL], ~**are** [ML], (absol.) to act or be in opposition, to oppose, resist, (also w. ref. to words or speech) to speak or militate against, refute; **b** (w. dat. of person or thing opposed or resisted); **c** (trans. or absol.).

quem Deus infidum caeli clamavit ab arce: / "quid me persequeris dura cum calce refragans" ALDH. *CE* 4. 2. 6; mare furit, venti ~antur, imber imminet BEDE *Luke* 436D; te degenerem . . dixisse me non denego, et reprobam, atque tante gratie expertem ut nec tu ~ari queas approbare contendo *Eccl. & Synag.* 56; si quis ~averit vel resistat (*Quad.*) *GAS* 191; tantus . . fuit consensus, non ~ante etiam patre Th. Wigornensi antistite, ut . . W. MALM. *GP* III 120; ut . . inutilis scribentium censeatur auctoritas, ubi sententia potior ~atur J. SAL. *Pol.* 637C (=SICCAV. *PN* 131). **b** plurima . . participia tempore praesenti spondei legibus non ~antur, sed suffragantur, ut dicens, ducens, vivens . . ALDH. *PR* 114; ipsa . . verba tam indocte

quam furtive inserta, et plane temporum ac rerum rationi ~antia Gosc. *Lib. Mild.* 3; qui recte legi vel justo judicio ~abit [v. l. ~averit], reus habeatur erga eum cui pertinebit (*Quad.*) *GAS* 321; rex epistolam . ., quia sue voluntati ~ari viderat, occulendam putavit W. MALM. *GP* I 57; huic conclusioni ratio ~atur ALB. LOND. *DG* 6. 11; omnia . . que nec legi divine nec legi nature ~ant OCKHAM *I & P* 5. **c** eum nobis imitari libet, ~ari non licet P. BLOIS *Serm.* 770A.

refragatio [LL], opposition, resistance.

988 (11c) ut . . illo foeliciter absque ullius ~one perfruatur *CD* 666; c**1144** ut que . . predictis monachis annuatim reddi . . constituta sunt . ., rata absque ulla ~one sive controversia et inconcussa remaneant *Doc. Theob.* 247; cum mortis viam iniret, jussit utrasque [terras] sine ~one restitui W. MALM. *GP* V 242; **1155** ne tractu temporis ea que semel terminata sunt iteratis ~onibus perturbentur (*DCCant. Cart. Ant.* A. 51) *Lit. Cant.* III *app.* 367 (=GERV. CANT. *Chr.* 164); a**1161** que pro religiosarum personarum quiete statuta sunt, ne pravorum ~onibus perturbentur ELMH. *Cant.* 390; **1162** incivile ac juri contrarium esse videtur ut semel recte terminate iteratis ~onibus perturbentur *E. Ch. S. Paul.* 146.

refragator [CL], one who opposes or resists, opponent (also w. obj. gen.).

impavidus praedicator, qui fuit pervicax fidei ~or [*gl.:* i. negator, *wiþersaca*] ALDH. *VirgP* 43 p. 295; refragor, -aris, i. resistere, inde ~or OSB. GLOUC. *Deriv.* 223; **1509** ne illius deifici precepti ~or esse videar *Reg. Merton* 377.

refragatus [CL refragari + -tus], (in gl.) opposition, resistance.

refragor . ., i. resistere, inde refragator, ~us, refragatio OSB. GLOUC. *Deriv.* 223.

refragium [LL], opposition, resistance.

conquirenda tamen hujusce refragia sectae FRITH. 1186.

refraudare [CL re-+fraudare], (in gl.) to defraud.

to begyle . . decipere, eludere, fallere, ~are, . . *Cath A.*

referemere [CL re-+fremere], (in gl.) to rumble, roar, growl, grumble, mutter again or in turn (*cf. fremere, infremere*).

fremo componitur infremo . . et ~o, -is OSB. GLOUC. *Deriv.* 235.

refrenaculum [CL refrenare + -culum], check, restraint.

asinus . . sepe . . chami ~o ab illis pascuis et cibariis per que transit nequiter cohercetur UPTON 151.

refrenare [CL]

1 to hold back, rein in (horse).

Christi caelibes . . corporeosque titillationum gestus velut indomitos bigarum subjugales ferratis salivaribus ~antes [*gl.:* i. retinentes, prohibentes, *gewyldende*] ALDH. *VirgP* 26 p. 260.

2 to hold back or restrain (moving person, object, or phenomenon, also transf.) **b** to hold back or check (movement, in quot. in transf. context).

nam lentos stimulant monitis, celeresque refrenant (*Vers.*) ORD. VIT. XI *pref.* p. 160; verba Dei forment animum, linguamque refrenent J. SAL. *Enth. Phil.* 1839; quis tempestates varias ventosque refrenat? NIG. *Laur.* f. 33v. 1. **b** ALDH. *VirgP* 26 p. 260 (v. 1 supra); ad ~andos lascivos suae carnis sive animae motus BEDE *Ezra* 895; qui, juvenilis aetatis impetum non ~ans ABBO *Edm.* 16.

3 to hold back or restrain (person from course of action, also w. *ab* & abl.); **b** (transf.). **c** to check or restrain (natural feature or process); **d** (w. *mens* or *animus* as obj.); **e** (w. abstr. as obj., or as subj. of refl.).

qui arguitur pro aliquo delicto et quasi inconsultans ~atur, cena careat GILDAS *Pen.* 25; rex . . eos . . regia virtute ab inferiorum insectatione ~are moliebatur ORD. VIT. XI 36 p. 290; caute . . antiqui, ut . . a temerariis ipsos ausibus refrenarent, talia confinxerunt GIR.

GE II 24 p. 285; teipsum debes ~are a viciis et concupiscenciis cavere *G. Roman.* 325. **b** neque belvae . . / . . celsorum Christi militum / refrenarunt propositum (ÆTHELWALD) *Carm. Aldh.* 2. 64; rex David arma gerit dum Nabal perdere querit. / obviat Abigail, mulcet David, arma refrenat *Vers. Cant.* 23. **c** sic quoque fluctivagi refrenans caerula ponti, / mergere ne valeant terrarum litora limphis ALDH. *VirgV* 5; mox effrenis illuvies ~ata et salus est redintegrata GOSC. *Edith* 277. **d** clementia, qua ~atur mens EADMER *Virt.* 582D (=W. MALM. *Mir. Mariae* 114. 5); hujus rei noticia multorum animos conterruit, et ab ausu temerario refrenavit R. COLD. *Cuthb.* 109; vide . . quam exquisito nature . . artificio ab illicitis amplexibus animos bene institutos ipsa turpitudo refrenaret GIR. *GE* II 2 p. 177. **e** quasi tenerrima nobilis infantiae lascivia duro disciplinae pedagogio ~etur [*gl.*: dometur, *hi si geweld*] ALDH. *VirgP* 16 p. 245; a sacrilegis ausibus . . se pravorum temeritas refrenaret GIR. *Æthelb.* 17; debemus . . ebrietatem ~are per abstinentiam, ingluviem per jejunium S. LANGTON *Serm.* 2. 9; anima . . ad cognicionem sui ipsius non potest venire quousque instructa fuerit ~are quamlibet ymaginacionem corporalem *Spec. Eccl.* 129 (cf. EDM. *Spec. Relig.* 129: ymaginacionem corporalem . . relegare); potest anima talem appetitum ~are R. MARSTON *QD* 440; passiones sunt ~ande per habitus virtuosos OCKHAM *Quodl.* 179; cum tu dominus omnium sis, noli potenciam tuam in ullo constrictam aut ~atam limitatamve esse putare CHAUNDLER *Apol.* f. 16b.

4 (intr.) to hold (oneself) back, refrain (from doing something, also w. specifying *ab* & abl.).

piorum sophistarum doctrina est . . ab infestatione simplicium ~are ORD. VIT. VII 15 p. 242; volentes . . ausu temerario . . civitatem introire, nec propter metum supervenientem ~are FAVENT 12.

refrenata v. refrenare, refrenatio.

refrenatio [CL], (act of) restraining, checking, or holding back, restraint (usu. w. obj. gen.).

blasphemiae . . malum medicamento sanatur per . . linguae †ob [l. ab] omni inutili locutione ~onem *V. Furs.* 305; temperantia est omnium illicitorum motuum corporis et animi ~o W. DONC. *Aph. Phil.* 3. 26; anima libere facit ~onem appetitus honoris sibi propositi R. ORFORD *Sciendum* 210; talem . . ~onem [sc. appetitus] anima facit et ante deliberationem et post R. MARSTON *QD* 440; vitaciones periculorum, curaciones infirmitatum, et refrenac[i]onem malicie *Medit. Farne* f. 57r; cessante causa, cessat effectus, cum ergo racionabilitatis maliciarum †refrenata [l. refrenatio] fuit causa quare Hebreis fuit lex data in scripto . ., cum populus Christianus jam sit infrenatus laude divina . ., racionabiliter cessare debet effectus, sc. scriptura legis BUTLER 409; ad . . latronis . . reformationem [? l. refrenationem] (*Lib. Pri. Dunstable* cap. 23) *DuC* VI 72 (v. reformatio 4c; cf. *MonA* VI 239a: ad hujusmodi malitiam refrenandam).

refretare [CL re-+fretum+-are; cf. CL transfretare], to cross the sea again, to go back across the sea.

cepit Arturus arma vertere in Hybernienses, quos sine pietate laceratos coegit domum ~are G. MON. IX 6.

refricare [CL]

1 to rub again, to make sore again by rubbing (in quot. transf.). **b** (fig., w. *memoria* as obj. or as subj. of pass. form) to excite or revive the memory (of something unpleasant, w. gen.).

turpe est, maxime homini orthodoxo, ~are injurias et odiorum sopitos cineres denuo suscitare P. BLOIS *Opusc.* 894B. **b** addit . . vulnera super dolorem vulnerum, ut ad cumulum supervenientis mali preteritorum malorum memoria ~etur P. BLOIS *Opusc.* 809B; debet . . penitens semper ~are memoriam peccati sui, non ad delectandum, sed ad dolendum pro eo T. CHOBHAM *Conf.* 6.

2 (transf.) to go back over (past event) in thought or speech, rehearse, reiterate.

~are, revolvere *GlC* R 114; **1171** quia audivimus sacerdotem niti ~are quod factum est ARNULF *Ep.* 77; debemus . . actus preteritos tenaci sepius ~are memoria P. BLOIS *Serm.* 751D; **1296** visis articulis in littera tua . . contentis, ne ea singula ~emus tibi breviter intimamus quod . . *Reg. Cant.* 519.

3 (in gl. or list of words).

're' praepositio . . praeponitur quibusdam partibus orationis, ut removet, ~at . . ALCUIN *Orth.* 2344; frico componitur . . ~o, -as, et confrico . . et ab istis verbalia OSB. GLOUC. *Deriv.* 238.

refricatio [ML < CL refricare+-tio]

1 (act of) rubbing again, making sore again by rubbing (in quot. fig.). **b** (transf., *~o memoriae*) excitation or reviving of the memory.

non . . eorum nomina vel exempta ex inopia reticentur . . sed ne mentes lugentium adhuc immoderato dolore sauciatas recentium ~one vulnerum gravius ulceremus J. SAL. *Pol.* 396A. **b** propter memorie ~onem, que ad mentem facinus revocare solet GIR. *TH* II 24; prohiberi fecit ne cantilena illa, propter memorie ~onem, que ad mentem facinus revocare posset, de cetero per episcopatum suum caneretur *Id. GE* I 43 p. 120; ad regie potestatis indignationem . . per memorie ipsius ~onem revocari denuo non formidant *Id. Spec.* III 12 p. 197; non est ista . . presentia dicenda, sed sola memorie ~o et excitatio GARDINER *CC* 558.

2 (act of) going over or dealing with again, rehearsal, reiteration.

1281 alioquin premissa in judicialem ~onem et exitum tristiorem poterunt revocari PECKHAM *Ep.* 165 p. 197.

refridatio v. refrigidatio. **refrigd-** v. refrigid-.

refrigerare [CL]

1 to bring down the temperature of, to cool down, to chill, make cold; **b** (in med. context, w. ref. to 'cooling' of inflammation).

in Novembri tempus ~abitur ORD. VIT. IX 12 p. 572; ab eodem ore exit aer ~ans et aer calefaciens NECKAM *NR* II 108 p. 189; c**1290** pro expensis quas fecit circa duos equos de curribus domicellarum ~atos curandos *KR Ac* 352/14 m. 5; ferrarium est id quod invenimus in trunco in quo faber ~at forcipem *SB* 21. **b** proinde . . egritudinis intestine seviente gravedine, tanti caloris edatior flamma languentium ylium intestina succenderat, quod vix aliquando aliquo refrigerii rore, vel umbre subtegmine mediante, ~ari potuerat R. COLD. *Cuthb.* 119 p. 264.

2 to refresh (physically or mentally), restore. **b** (in med. context, w. ref. to temperature). **c** (gd. absol. or ellipt.) to refresh oneself, take refreshment, rest. **d** to bring relief to (from physical or mental suffering, anguish, or hardship); **e** (w. ref. to soul in hell or purgatory); **f** (fig., in quot. absol.). **g** to relieve, mitigate (pain or suffering).

799 quaerens amatorem meum, ut ejus dulcissimo alloquio ~arem animam meam ALCUIN *Ep.* 167; s**1013** Bathan . . adiit, ibique exercitum suum ~ando consedit FL. WORC. I 167 (cf. M. PAR. *Maj.* I 490, *Flor. Hist.* I 536, CIREN. II 149); adventasse eum mihi ambigo, ad hoc utique ut animam ~et sitientem J. FORD *Serm.* 43. 7; sub umbra . . dilecti sui . . sedere sponsa et ~ari dulce putat ac saluberrimum *Ib.* 92. 9. **b** motus quidem ergo et spiritus manifestum quoniam principium et prorsus inchoatio refrigerationis hinc, et respirare quidem et humido ~ari ad salutem ejus qui in hac particula est caloris natura adepta est ALF. ANGL. *Cor* 16. 16. **c** s**1097** cum in itinere essemus, et ~andi gratia a via paulisper declinassemus EADMER *HN* p. 102; in Angliam fugerunt, et a rege Henrico ~andi benigniter suscepti sunt ORD. VIT. XI 7 p. 192; clipeo innitens post fatigacionem, ~andi gratia humi resedit *Hist. Arthuri* 84. **d** cum et aque et flamme faciat mentionem, ab ista se conquerens cruciari, ab illa se postulans ~ari AILR. *An.* III 30; si paganus judex ob justum judicium meruit de penis ~ari HON. *Spec. Eccl.* 864A. **e** quidam . . dicunt narratum a Romanis, sancti Gregorii lacrimis animam Trajani imperatoris ~atam vel baptizatam *V. Greg.* p. 105; vidi . . quam maxime . . per opera misericordie . . omnes adjuvari et ~ari in penarum locis AD. EYNS. *Visio* 26 p. 328. **f** o vulnus quod refrigerat / o telum quod cum lacerat / tunc introducit gaudium J. HOWD. *Cyth.* 10. 7. **g** qui dum . . Deum deprecaretur . ., quo per sancti . . interventionem ~aret intolerabilem sui cruciatus dolorem LANTFR. *Swith.* 24.

3 (in gl.).

friget, refrigerat *GlC* F 313; ~ati, *gerunnenes* [perh. as 'congealed'] *GlP* 721.

refrigeratio [CL]

1 (act of) causing to cool down, cooling (in quot. in fig. context); **b** (med., w. ref. to temperature). **c** (transf., w. ref. to emotion).

quid sperare sibi debet sponsa de umbra sponsi sui? . . puto quia protectio, ~o, et absconsio ejus . . et nunc ab estu eam tentationum carnalium, nunc autem a spiritualium . . ardore vitiorum defensare consuevit J. FORD *Serm.* 38. 7. **b** fortitudo . . caloris remedium querit ~onis [TREVISA: *the strengþe [of hete] sechiþ remedye of colde and of kelinge*] BART. ANGL. III 23; s**1135** rex in iram . . excitatus est . . unde causam naturalis ~onis et postea sue mortis . . recepit BROMPTON 1020 (cf. H. HUNT *HA* VII 43: refrigidationis; cf. et. CAPGR. *Hen.* 66: refrædationis). **c** 'non sit fuga vestra in hyeme', id est in ~one karitatis S. LANGTON *Gl. Hist. Schol.* 39.

2 (act of) refreshing or relieving, refreshment, relief (in quot. in fig. context). **b** (in med. context).

si . . ~o illa modica vehementius accenderit sitim meam J. FORD *Serm.* 43. 7. **b** motus . . et spiritus manifestum quoniam principium et prorsus inchoatio ~onis hinc ALF. ANGL. *Cor* 16. 16.

refrigerativus [ML < CL refrigerare+-ivus], (med.) that has a cooling effect or quality, cooling, (in quot. as sb.) material that has a cooling effect or possesses the power to cool; **b** (in gl.; *cf.* σταλτικός 'astringent').

secundum quosdam tamen solis ~is purganda est materia GILB. 52. 1. **b** scaltica, i. refrigerativa *Gl. Laud.* 1307.

refrigēre [ML < CL re- + frigēre], to cool down, to grow cold again (in quot. in transf. context). **b** (transf., of emotion or abstr.) to lose force or vigour, cool down.

refriguit mox calor pestilens, a spiritu fornicationis et immunditie circa vitalia succensus KETEL *J. Bev.* 284. **b** martyr . . caritatem novissimi temporis, †qui [l. que] ~uerat, excitabat W. CANT. *Mir. Thom.* VI 91; sicque fide populi crescente, refriguit estus / gentis barbarice NIG. *Mir. BVM* 2117; sicut ille fervens erat fide fervente, sic iste . . fervens . . fuit jam ~ente GIR. *EH* I 20; fidei fervor, qui jam refrixerat [v. l. refriguerat] *Id. IK* II 14; s**1234** fidelium circa negotium crucis tepuit, immo potius caritas ~uit generalis M. PAR. *Maj.* III 288; **1309** quod in . . purificacionibus . . in dicta ecclesia unicum denar[i]um offeratur . ., ~ente et procul posita caritate dampnabiliter statuerunt *Reg. Cant.* 1105.

refrigerium [CL]

1 cooling, coolness; **b** (in fig. context). **c** (med., w. ref. to cooling of fever, inflammation, etc.; *cf. et.* sense 2d *infra*).

tuus hic ignis michi frigidus esse videtur. / . . / ecce refrigescunt artus nec ab igne calescunt / . . / flamma refrigerium michi dat, fit pruna pruina NIG. *Laur.* 2121; ista refrigerium largiri flamma videtur; / flamma calore carens modicum . . timetur *Ib.* 2149; [Britannia] habet ab occidente calorem, ab aquilone ~ium OXNEAD *Chr. Min.* 412. **b** nisi animam cupiditatis igne succensam crebre visitationis ~io temperes J. SAL. *Pol.* 488A; patent nobis per gratiam tuam grana vite ad vitam, ad ~ium estus J. FORD *Serm.* 53. 6; **12..** decrevimus estum tui animi quem jocunditas et clerimonia . . accenderunt . . nostre determinationis ~io temperare (*MS Oxford, All Souls 182*) *Collect. Ox.* I 46. **c** dolor omnis abscesserat, et quasi novo perfusa ~io vigorem pristinum membra cuncta resumpserant AILR. *Ed. Conf.* 786B; vix aliquando aliquo ~ii rore R. COLD. *Cuthb.* 119 (v. refrigerare 1b); omnis . . illa membrorum combustio exinanita penitus et extincta in ~ium potius et temperiem conversa est *Mir. Hen. VI* II 42.

2 refreshment, rest, respite; **b** (w. ref. to heaven). **c** place of refreshment, rest, or respite. **d** relief (from physical or mental suffering, anguish, or hardship); **e** (w. obj. gen. of person or thing to whom or which relief is given); **f** (w. obj. gen. of condition from which relief is offerred). **g** (w. ref. to relief of soul in hell or purgatory). **h** consolation, solace.

hujus [sc. Eadwardi] sceptrigerium . . quod Angliae . . afflicte maximum fuit ~ium HERM. ARCH. 17; qualiter assidue vel in Hiberniam recedentes vel in Angliam revertentes ibi suave capiant ~ium LUCIAN *Chester* 58; adhuc presenti tempore tenebre cernuntur

ignorancie, ubi rex Arthurus locum ~ii sit sortitus *Hist. Arthuri* 90; ave [sc. Jhesu] qui refrigerium / te preparas et premium / currentibus in stadio J. HOWD. *Cyth.* 99. 1; **s1302** non legitur evenisse ut tanti per tantos tribus vicibus bellatim in uno die, sine ~io interveniente, turmatim sunt devicti *Plusc.* IX 1. **b** nonne .. animae tuae caelestis portas pacis ac ~ii praecludis? GILDAS *EB* 30; **c780** ut .. merearis locum ~ii, lucis, et pacis recipere ALCUIN *Ep.* 1; perducite eam ad ~ium paradisi BYRHT. *V. Osw.* 452; sic sit per prospera et adversa transeamus, per ignem et aquam, donec perveniamus in ~ium vite celestis ROLLE *IA* 169; **1504** Deus .. da anime .. regine .. ~ii sedem, quietis beatitudinem, et luminis claritatem *StatOx* 313. **c** ad sanctorum tibi .. fidas speluncas ~iaque GILDAS *EB* 34; angeportus, ~ium navium *GlC* A 621; angiportus, i. ~ium navium, *hyð* ÆLF. *Gl.* 109. **d** jacet .. miser .. tantillumque ~ii potitur, quod sanguis purulentus ab oculis cum spica hordei detrahitur HERM. ARCH. 26; Gundulfus .. desideratam dilecti sui dilectoris .. presentiam ardenter amplectens, ~ium consolationis intime .. corde exhilaratus recepit *V. Gund.* 32; sed et aliarum rerum imagines se probat vel ad ~ium cernere vel tormentum AILR. *An.* III 30; cum .. Sarracenis .. amicitiam contrahebat, ut ~ium Christianis qui sub eis erant redimeret R. NIGER *Chr. I* 70; ita ut inter cudem et malleum nullum tibi quiescendi speretur ~ium *Chr. Angl.* 196. **e** ut .. ob ~ium viantium .. aereos caucos suspendi juberet BEDE *HE* II 16 p. 118 (=CIREN. I 125); **s630** rex Eadwinus .. fontes juxta vias ob ~ium viantium per calamos ereos conduxit M. PAR. *Maj.* I 274 (=*Flor. Hist.* I 305). **f** venio .. ~ium paupertatis mee expetere a sancta virgine Margareta GOSC. *Transl. Mild.* 22 p. 187; quid est sompnus vigilanti? ~ium laboris *Leg. Ant. Lond.* 186. **g** ad ~ium anime ejus *V. Greg.* p. 105; missa pro defunctis cantatur, quoniam .. ~ium habent illi qui sunt in purgatorio BELETH *RDO* 51. 57; quanto sepius .. pro eis [sc. animabus] offertur sacramentum altaris, tanto amplius ~ium percipiunt GIR. *GE* I 49 p. 133; hec .. cenobia, quasi quatuor flumina de paradiso Cisterciensis ordinis, in ablutionem peccatorum et animarum ~ium produxit Fons vite J. FURNESS *Walth.* 50 p. 262b; illius [sc. Marie] .. beneficiis ab hora exitus sui multiplicia receperat refrigeria AD. EYNS. *Visio* 48. **h** **c799** ~ium est quoddam caritatis apicibus exerere flammas et vice lingue frui litterulis ALCUIN *Ep.* 290; **c804** quoddam est amantis ~ium aestuantis animi fervorem verbis vel litteris explicare *Ib.* 275; grande mihi praestat ~ium litteratoria confabulatio tua H. BOS. *Ep.* 35. 1467.

3 fund provided for relief of the poor, alms.

cuidam monacho delegavit solidos non paucos .. in pauperum ~ia pro salute anime sue dispensanda AD. EYNS. *Visio* 43 p. 361; de oblationibus fidelium et pauperum ~io census regius cumulabatur *Meaux* I 197.

refrigescentia [LL], cooling (of the warmth of emotion), weakening, lessening.

1377 curialium, qui ex ~ia caritatis sitiunt hec temporalia (WYCL.) *Ziz.* 268; ista .. religiositas anticristi est causa omnium bellorum et ~ie caritatis WYCL. *Ver.* I 72.

refrigescere [CL]

1 to cool down, grow cold again.

ecce refrigescit craticula, flamma tepescit NIG. *Laur.* 2111; ecce refrigescunt artus nec ab igne calescunt *Ib.* 2117; cum videres obscuratum / jubar, quo clarescere / sol mendicat, et humatum / jam jam refrigescere J. HOWD. *Sal.* 38. 11.

2 a (of emotion or activity) to lose warmth or vigour, cool down. **b** (of person) to lose zeal or fervency (also w. specifying abl.).

a ut pristini fraternitatis affectus .. recalescant, ne .. longa locorum intercapidine ~ant ALDH. *Met.* 4; refrixit [*gl.*: defecit, *acolode*] .. / cultus deorum *GlP* 668; fidei fervor, qui jam refrixerat [v. l. refriguerat] GIR. *IK* II 14; pravi consilio prevalente, et hesterna devotione ~ente *Id. PI* II 13; superabundabit iniquitas, ~et charitas HOLCOT *Wisd.* 94; illi .. commixti fidelibus instar aque fervide, in aura gelida ~ere faciunt caritatem multorum WYCL. *Apost.* 67; **1426** ne hec virtutum radix in hoc loco, quod absit, sic de cetero ~at erga fratres .. mandamus .. ut .. (*Ordin. Abbatis*) AMUND. I 215. **b** cum .. accepto conversationis fervore paulatim tepesceret, et torrido coenubialis vitae rigore .. sensim ~eret ALDH. *VirgP* 31 p. 270; quedam [mulieres] solummodo signis et diacinnis commovent [? l. commoventur], commote facile ~unt, he non nisi citum ac velocem querunt coitum *Quaest. Salern.* B 12.

refrigidare [ML < CL re-+LL frigidare], to make cold, to cool, chill (in quot. in med. context). **b** (pr. ppl. as adj.) that has a cooling effect or quality, cooling.

s1135 hec .. comestio .. senile corpus letaliter ~ans .. fecit perturbationem; contra quod natura renitens excitavit febrem acutam H. HUNT. *HA* VII 43 (=TORIGNI *Chr.* 125, W. COVENTR. I 154; cf. CAPGR. *Hen.* 66: infrigidans). **b** humectat corpus hominis lac acre refrigdans D. BEC. 2759.

refrigidatio [refrigidare+-tio], cooling, chilling (in quot. in med. context).

s1135 rex in iram .. excitatus est, que .. causa naturalis ~onis [vv. ll. refrigdationis, refridationis], et postea mortis ejus causa, fuisse dicte sunt H. HUNT. *HA* VII 43 (=TORIGNI *Chr.* 125 [vv. ll. reffidationis, refridationis], W. COVENTR. I 154; cf. CAPGR. *Hen.* 66: refrædationis).

refringere [CL]

1 to break again. **b** (transf.; in quot. p. ppl.) 'broken', imperfect.

rigiditas fluctuosa confregit fossam; secundo renovavit, et ~egit undositas operationem secundam (*Illtutus* 13) *VSB* 210. **b** 'contraria non possunt esse simul in eodem subjecto.' verum est in esse completo et perfecto, tamen esse possunt in esse ~acto (*Ps.*-BEDE *Sent.*) *PL* XC 980C.

2 to break (abstr. force or quality); **b** (p. ppl. as adj. of person or act) shaken, shattered, worn down. **c** (transf.) to overcome, surpass.

crescente in bonis ardore virtutis agendae, crescit et immundis spiritibus ardor ejusdem impediendae ac ~ingendae virtutis BEDE *Sam.* 575C; ut nostrae mentis desiderium terrendo ~ingat vel etiam .. integritatem spiritalis nostri propositi corrumpat *Id.* 583D; passio dominica .. diaboli ~ingebat audaciam *Ib.* 609B; ~acto malignorum spirituum conatu catervam .. inveniunt esse salvandam *Ib.* 665D. **b** at Willelmus ~actior consuetum leporem intulit, ut diceret .. W. MALM. *GR* V 439; cum ille [sc. Suanus] .. totam Angliam devastans, in terra sancti Edmundi nichilo ~actiores minas anhelaret *Id. GP* II 74; Theophilus austeritate verborum nihilo ~actior *Id. Mir. Mariae* 130; tante .. penurie, ut egeret etiam pane diurno. sed nihilo ~actior in amorem Dei tolerabat equanimiter .. fortuitum casum *Ib.* 197. **c** quidquid majores nostri potuere, refringo / de facili, facilis questio queque mihi NECKAM *Poems* 115.

3 to bend or deflect the course of (a beam of light), to refract.

arcus in aere quadricolor ex sole adverso nubibusque formatur, dum radius solis immissus cavae nubi repulsa acie in solem ~ingitur (Isid. *De Natura Rerum* 31) BEDE *NR* 221; triplex .. est visio corporalis, sc. directa, ~acta, et reflexa. . . secunda visio est per refraccionem, quando ad medium partes radiorum hinc inde declinant a rectitudine perpendiculari penetrante continue irrefracte WYCL. *Dom. Div.* 187.

refriscare [ML; cf. OF *refrischier*, AN *refreschir*, *refrescher*, ME *refreshen*, friscare]

1 to restore or comfort, to provide refreshment for.

1428 nullus .. de .. partibus Flandrie ducet .. victualia ad .. Francos .. causa adjuvandi, ~andi, aut confortandi eos contra regem Anglie *Foed.* X 390.

2 to restore to good condition, renew, freshen (artefact).

1316 pro iij lagenis sagiminis recentis ad ~andum dictos coler' et furellos predictos *KR Ac* 99/21 m. 1.

refrondescere [LL], (in gl.) to put forth foliage or become leafy again.

hec frons .. unde .. frondesco, -is, quod componitur ~o, -is OSB. GLOUC. *Deriv.* 227.

refrontare [ML < CL re-+frons+-are], (in gl.) to drive back from before or in front.

†refontat, a †fonte repellit *GlC* R 115 (cf. *Ps.*-Isid. *Gl.*, *PL* LXXXIII 1369): refrontat, repellit a fronte).

refuga [CL]

1 one who runs away or flees; **b** (w. *ab* & abl., in quot. transf.).

currunt .. sequitur quos turba repente. / irruit illa furens ceu flamma vorans, focus urens, / ardet, desevit, refugas viso grege sprevit R. CANT. *Malch.* I 326. **b** Judei .. ut quosdam ab errore suo ~as [ed. *OMT*: refugos] ad Judaismum revocarent .. W. MALM. *GR* IV 317.

2 (in pejorative sense) one who runs away from what is right or proper, fugitive, deserter, renegade (also w. specifying gen.); **b** (transf., in quot. w. *ab* & abl.); **c** (w. ref. to Satan, freq. in apposition w. *angelus*); **d** (w. ref. to Antichrist, in quot. w. *ab* & abl.); **e** (w. ref. to sinner or sim., also in apposition or w. abl.). **f** (*fidei* ~*a* w. ref. to heretic).

s1305 [Willelmus Waleys] fuerat nempe facinorosus, fallax, ~a, osor pietatis, predo sacrilegus RISH. 226; **s1305** quidam Scotus dictus Willelmus Waleys, ~a pietatis, predo, sacrilega *Flor. Hist.* III 123; Sathan, omnium malorum et impiorum et ~arum pater *Eul. Hist.* I 124. **b** hec [sc. vesana cupiditas] a luce charitatis ~a semper in tenebris sectatur devia H. READING (I) *Dial.* IV 6. 1184C. **c** fuit .. ~a ille aliquando in contuitu Creatoris gloria et honore circumdatus, sed mox ut elatus patuit ruinae ALCUIN *Dub.* 1071D; angelus ille ~a .. qui .. spiritum superbie concepit H. READING (I) *Dial.* VII 2. 1235B; ille .. superbus et ~a angelus, cum affectasset similis esse Altissimo BALD. CANT. *Sacr. Alt.* 714C. **d** eumdem antichristum .. quem apostolus .. nominavit .. ~am utique a Domino Deo . . . Deus, cujus honorem impiissimus ille ~a sibi vendicare praesumet ALCUIN *Dogm.* 51B-C. **e** sic Christus a patre post ~as servos mittitur HON. *Spec. Eccl.* 933C; in neutra parte transfugam spiritum a ~a homine missum pretergredi permisit *Ib.* 953C; a ~is qui non sanctificant in se nomen patris, tenebrosis et cecis separantur H. READING (I) *Fid. Cath.* 1339C; istos et hujusmodi peccatores et unitate spiritus sancti ~as et extorres *Id. Mem.* 1309D. **f** **s1209** crux contra Albigenses .. in Francia predicatur. multitudo igitur Gallicorum contra fidei ~as profecta .. TREVET *Ann.* 182 (=WALS. *YN* 128).

refugare [LL *dub.* < CL re-+fugare]

1 to drive back in flight, chase back, cause to retreat (usu. in mil. context).

Tancredus .. eos .. fugientes in urbem ~avit ORD. VIT. IX 8 p. 514; **1292** latrones illos ~averunt usque terram com' Glouc' per tres leucas *RParl* I 73b; **s1340** exierunt de eadem villa c equites, quos sagittarii Anglici ~arunt *Meaux* III 46; **s1188** quem [sc. regem Anglie] rex Philippus subsequens iterum in suam patriam ~avit *Plusc.* VI 32 p. 31; **s1338** a domino L. de P. disrupta est eorum phalanx et ~ata et destructa *Ib.* IX 35; *to chase*, fugo, re-, con-, diff-, ef- *CathA*.

2 to herd or drive (animal) back; **b** (in fig. context). **c** (absol.).

c1302 si animalia sua .. in predictis terra et bosco .. pro defectu clausture inveniantur, nullo modo inparcentur sed sine lesione et dampno ~antur *Cart. Sallay* 163; **1311** si animalia .. exceptis capris aliquo tempore in divisis, clausis, vel assartis .. pro defectu clausure intraverint, non importabuntur sed sine lesione ~abuntur *MonA* V 541a; **c1350** debent tempore pascionis fugare porcos .. ad nemora, et ~are Cantuariam *Reg. S. Aug.* 308; **1383** licebit .. comiti .. omnimoda animalia sua ultra brueram predictam fugare et ~are ad mercatum vel alibi *G. S. Alb.* III 261; **1428** ad fugandum et ~andum tam averia sua propria quam aliena *Rec. Leic.* II 239. **b** **1386** quia .. nec vult .. redire ad ovile ecclesie .. currit post eum cum hoc baculo ad ~andum eum, *dryve hym aȝen*, invitum *Ziz.* 507. **c** habeurunt quoddam chiminum ad fugand' et cariand' a regia via .. usque predictam acram terre, et ab eadem acra terre usque regiam viam ~and' et recariand' *Entries* 618. 1; et ab eadem alta via regia redeundo, reequitando, ~iendo, et recariando *Id.* 618v. 2.

3 to drive away from, relieve (besieged fortification; *cf. refugium* 3).

s1333 custodes quindecim dierum inducias petierunt, et si infra idem tempus .. villa per suos non fuerit ~ata, .. villa .. Anglicis redderetur *G. Ed. III Bridl.* 112; **s1333** ita quod .. equites ducenti deberent ingredi villam de Berewyk .. et ex hoc haberetur villa

.. optime ~ata *G. Ed. III Bridl.* 113; s**1333** ex hoc haberetur villa Berwici optime ~ata *Meaux* II 369; s**1341** peregrinos se esse .. S. Andream .. visitare necnon predictum castrum †refutare [l. refugare] et de victualibus instaurare, asserebant *Ib.* III 49; s**1344** quinquies amovit obsidiones Francorum, et villas cum castris obsessas strenue †refutavit [l. refugavit] *Ib.* III 53.

refugatio [refugare+-tio]

1 (act of) herding or driving (animal) back.

1364 salva priori et omnibus averiis suis fugacione et ~one per moram predictam .. ad pasturas consuetas *Hal. Durh.* 30.

2 (act of) driving away, relieving. **b** (act of) bringing relief to (besieged fortification), relieving, relief.

s**1340** suburbium ville .. et clx naves .. combusserunt, et d armatos pro ~one dicti incendii ex adverso venientes occiderunt *Meaux* III 43. **b** s**1346** ad ~onem castri de R., quod .. dux Britannie .. obsedit *Ib.* III 64.

3 safety, asylum, refuge.

1369 captus fuit per inimicos Scocie tunc temporis, et fregit prisonam. et venit apud Kirkebride .. pro †refutacione [l. refugacione] habenda *IPM* 211/7.

1 refugere v. refugare.

2 refugere [CL]

1 (w. dat., prep., or adv.) to flee back or retreat (to place of safety or refuge). **b** to flee for shelter or protection to (person or his protection).

sed mox timore concurrentium amissa preda, ad naves ~erunt W. MALM. *GR* I 43; Franci a feritate morum .. dicti, quod .. Alanos in Meotidas paludes ~ientes ejecerint *Ib.* I 68; plusquam trecenti milites .., eo pene solo conspecto, intra munitiones ~ere *Ib.* III 232; eorum horrore ita sum affectus ut, si terra dehisceret, si celum patesceret, tuto michi utrobique ~iendum non estimarem *Ib.* III 268; expoliati .. corporibus tantum illesis Romam ~ere *Id. GP* III 115 p. 251; qui egressam de urbe contra se aciem ~ere intra menia compulerunt ORD. VIT. III 14 p. 155. **b** ~iat reus offensae matris ad pium filium benignae matris ANSELM (*Or.* 6) III 16; anxius .. ~it ad te .. peccator *Id.* (*Or.* 13) III 50; adhuc .. contra ejus animadversionem ad Jerosolimitas ~ere potestis ORD. VIT. XI 28 p. 265; illi .. metuentes a rege opprimi .. ~iebant ad presidium sui potentis patroni *Ib.* XI 36 p. 290.

2 to recede from sight, to vanish.

Irim huic adjungunt, quia sicut illa ornatus varios pingens, momentaliter ~it, ita fortuna .. est fugitiva ALB. LOND. *DG* 4. 6.

3 (trans.) to shrink or recoil from, (transf.) to shun, avoid, keep away from (situation or activity); **b** (w. inf.); **c** (absol. or ellipt.).

affectum saltem intellegibilis asinae .. non ~ito GILDAS *EB* 1 p. 27; his qui .. ipsam verborum Dei lectionem .. pro saevissimo angue ~iunt? *Ib.* 98; ?**796** quidam in felicitate alterius hilarescit, infelicitatis tempestatem ~it ALCUIN *Ep.* 106; a**1078** tutius est homini, infirmitatem suam semper timendo .. tam magnum onus ~ere ANSELM (*Ep.* 61) III 176; obedientiam, pater, non ~io W. MALM. *GP* I 52; servum .. arguens infidelitatis, qui presentiam velit ~ere domini ORD. VIT. VI 9 p. 80; certissimum .. haberetur hujusmodi eum scelera summo semper studio ~isse W. S. ALB. *V. Alb. & Amphib.* 25 (*recte* 15); in duobus refugiis istis ex longo pacis usu .. hominum frequentiam aves .. non ~iunt GIR. *TH* II 40. **b** si .. quisquam .. / et cantu gracili refugit contentus adesse ALDH. *VirgV* 70; cum vicesima prima die mensis Pascha Dominicum celebrare ~iunt (*Lit. Ceolfridi*) BEDE *HE* V 21 p. 338; a**1078** expedit ei ut .. aliorum mores aut loci consuetudines .. etiam si inutiles videantur, dijudicare ~iat ANSELM (*Ep.* 37) III 146; .. ut non ~iat ab aliis hominibus talis agnosci qualem se .. esse agnoscit EADMER *Beat.* 15 p. 289; quod feratur [Oxeneforda] pestifer esse, singulis ~ientibus sui dampno periculi veritatem rei experiri W. MALM. *GP* IV 178; sapientia .. superfluum verborum ornatum respuit; non quod facundie jungi ~iat, sed .. ALB. LOND. *DG* 9. 2. **c** amnuere [i. e. abnuere], ~ere *GlC* A 520; c**1105** consulo .. ut si tota vestra congregatio .. vos instanter elegerit ad hoc .. ne omnino ~iatis neque impersuasibilis existatis ANSELM (*Ep.* 345) V 283; puerulum .. ad monomachiam apposuit, ceteris clientibus inerti timore ~ientibus W. MALM. *GR* II 188; in abbatem electus, quamvis multis excusationibus ~ere niteretur *Id. GP* I 47; frustra cardinales .. trivissent operam, nisi ~ienti pretendissent pape obedientiam *Id. Wulfst.* I 11; **1166** ego .. me ad hoc opus non ingero, sed nec ~io quidem si me decreveritis itineris vestri .. fore consortem J. SAL. *Ep.* 182 (179).

refugiarius [CL refugium+-arius], who or that provides relief or respite (in quot. as sb. f.).

s**1118** Matildis .. Anglorum regina .. pauperum alumna et omnium miserorum ~ia .. obiit *Croyl. Cont. A* 129.

refugium [CL]

1 place or means of shelter or protection, refuge; **b** (transf. & fig.); **c** (by metonymy, of person).

sospitem tete .. / servet Herus .. / mite reddens refugium / robustum per suffragium (ÆTHELWALD) *Carm. Aldh.* 5. 71; s**1006** tantus timor invasit omnes .. propter exercitum [Danorum]. redit itaque rex ad solitum ~ium *AS Chr.*; hanc .. Asilum accepimus dictam, quod ibi Romulus, ut augeret civium numerum, statuisset omnium reorum ~ium W. MALM. *GR* II 172; Frage urbis .. ad quam omnium pessimorum .. ~ium erat ORD. VIT. XIII 8. p. 17; c**1155** consecravi quoddam cimiterium .. ad ~ium hominum ipsorum G. FOLIOT *Ep.* 336; in duobus ~iis istis .., hominum frequentiam aves et fere non refugiunt GIR. *TH* II 40 (*v.* 2a *infra*). **b** ad hanc fidem .. nos .. invitatis, hoc solum tutum ~ium nobis monstratis ANSELM (*Or.* 10) III 36; unicuique .. pro castitate certanti sponse ~ium est, quatenus operimento pie erubescentie studiose cooperire se studeat J. FORD *Serm.* 52. 6; a**1161** quoniam de ratione aliud non potuimus .. ad ultimum tandem ~ium venientes .. purgationem ab ipso .. recepimus (*Bulla Papae*) ELMH. *Cant.* 406. **c** quis .. universis ecclesiae filiis tutum publicum conspicuumque ~ium .. habetur? GILDAS *EB* 93; [Guthlacus] solus ~ium et consolatio laborum illius [sc. Æthelbaldi] erat FELIX *Guthl.* 52 p. 164; o beata fiducia, o tutum ~ium! mater Dei est mater nostra ANSELM (*Or.* 7) III 23; o rectorum ecclesie rector .. qui omnibus tribulatis ad ~ium constitutus estis (*Lit. Abbatis*) ORD. VIT. III 7 p. 99; sicut dicimus quod Deus est creator, ~ium, etc. OCKHAM *Quodl.* 602.

2 protection, safety, shelter; **b** (leg.). **c** (w. ref. to protection offered to accused by church building or sim.) sanctuary, asylum.

asilum, templum ~ii *GlC* A 846; ubi est ~ium, si sub dilecto tuo est periculum? ANSELM (*Or.* 11) III 44; perfugium, locus ~ii OSB. GLOUC. *Deriv.* 470; securitatis et ~ii loca, propriaque domicilia GIR. *TH* I 8; propter ~ium et pacem non tantum hominibus verum etiam pecoribus et avibus .. exhibitam *Ib.* II 40; 'civitates', id est civitatem Ebron scilicet. non enim erat eis nisi una civitas ~ii S. LANGTON *Chron.* 100. **b** super omnia ~ia regis ~ium est. .. ~ium regine est conducere hominem trans fines patrie ... ~ium *penteylu* est conducere hominem ad finem *kemwt* in quo sit .. *Leg. Wall. A* 111; transgredienti pacem illam [sc. Dei et regis] nusquam erit ~ium *Ib.* **c** c**1000** si quis ~ium crismalis alicujus sancti aut ~ium baculis aut cymbalis fregerit, .. in dura penitentia .. per v annos permaneat. .. si quis ~ium evangelii fregerit .. per vij annos in dura penitentia permaneat (*MS Camb. Corpus Christi 265* f. 96) *EHR* X 721–2; **11** .. cum silva et prato et maritimis, cum decimis, oblationibus, sepulturis, territoriis, ~iis, et libera communione earum *Lib. Landav.* 44; unam de domibus suis .. cum omni territorio suo .. immolavit cum omni sua libertate, et cum ~io ecclesie sancti Petri de Landavia, archiepiscopo Teliavo et omnibus successoribus suis *Ib.* 121 (=*MonA* VI 1221a); c**1160** ut predicta de Inverlethan ecclesia .. tantum ~ium habeat in omni territorio suo quantum habet Wedale, et ne aliquis .. pacem predicte ecclesie .. super vitam et membra sua audeat violare *Regesta Scot.* 219; c**1183** ita quod quicunque reus ad dictam domum causa ~ii accesserit, postquam fuerit infra fossata memorata, sit liber et absolutus ac si esset in monasterio aut in ecclesia consecrata *Act. Hen. II* II 351; gens Hibernica castellis carens .. ecclesiarum .. ~iis .., et precipue ecclesiatici viri, seque suaque tueri solent GIR. *TH* II 55.

3 aid, assistance, relief.

suppetium, ~ium *GlC* S 651; cenodochium .. i. domus in qua cenandi ~ium est pauperibus OSB. GLOUC. *Deriv.* 115; s**1338** duas galeas .. custodientes portum castri, ad finem quod nullum subsidium vel ~ium per mare eisdem deintus poterat pervenire *Plusc.* IX 36;

refugus [CL]

1 that runs away or flees, fleeing, fled (also w. specifying gen.); **b** (w. *in* & acc.); **c** (transf. or in fig. context, in quot. w. *ab* & abl.).

'descenderunt super cadavera volucres et abigebat eos Abraham' [*Gen.* xv 11]. volucres ~os dicit, qui semper volunt contaminare victimas Trinitati a te oblatas (*Ps.*-BEDE *In Pentateuchum*) *PL* XCI 235C; inde secedebat in ecclesiam, totaque die .. mundanorum ~us celum anhelabat W. MALM. *Wulfst.* III 18. **b** Ethiopas qui, in arcem David ~i, claves portarum .. tradiderant W. MALM. *GR* IV 369. **c** habentes pressuram in mundo, ut in illo pacem tenerent, ab ipso ~i fuerunt [? l. non fuerunt], sed ipsum refugium potius habuerunt (*Ps.*-BEDE *John*) *PL* XCII 870A; Judei .. ut quosdam ab errore suo refugas [ed. *OMT*: ~os] ad Judaismum revocarent .. W. MALM. *GR* IV 317; Dei clementia nos filios vocat, et a se ~os et ad eterna supplicia properantes nos revocat HON. *Spec. Eccl.* 880B.

2 that shrinks or draws back, receding (in quot. transf., w. ref. to hair).

"antea" inquit "crispabis pectine ~um a fronte capillum quam ego vicecomitisse indicam repudium", cavillatus in virum cujus pertenuis cesaries pectinem non desideraret W. MALM. *GR* V 439 p. 510; [Wlstanus] demulcebat .. caput ipsius, cui jam ~is a fronte capillis dampnosa cesaries erat *Id. Wulfst.* III 17.

3 that bends or curves away or back.

pars ima [sc. insule] recessu / abditiore jacens refugos falcatur in arcus J. EXON. *BT* III 213; molles .. arcuat artus / in talos refuga cervice VINSAUF *PN* 653.

refulare v. refollare.

refulcire [CL re-+fulcire], to prop up, support, strengthen (in quot. fig.).

veste nigra multi candent, virtute reculti; / castri, consulti, divina lege refulti [*gl.*: ferviati, appodiati] GARL. *Mor. Scol.* 440.

refulgentia [CL], brillance, resplendence.

1268 viro .. quem nobilitas sanguinis et ~ia probitatis .. reddat inter ceteros clariorem *RL* II 323; omnia que considerantur in sacra scriptura aut spectant ad Dei intrinsecam perfeccionem aut ad ~iam sue perfeccionis per multiplicem operacionem MIDDLETON *Sent.* I 11.

refulgere [CL]

1 to radiate light, shine brightly (also in fig. context). **b** to shine with reflected light, gleam (also in fig. context). **c** (fig.) to shine forth, be resplendent (*cf.* sense 3 *infra*).

approximante .. solis ortu .., quando lucet quidem .. dies, sed minime adhuc donec sol ortus ~get BEDE *Gen.* 23D; et Phoebus vicit tenebrarum regna refulgens ALCUIN *Carm.* 59. 7; hinc quadriga Dei, cherubin comitante, refulget, / quae Christi in mundum tempora sacra sonat *Ib.* 69. 155; miles erat Christi Petrus, sed tempore quo sol / indutus vera carne refulsit humo NECKAM *DS* V 256; agmine stellarum multo varioque refulget / celestis via, que lactea nomen habet *Id. Poems* 114; lux inmensa de celo ~sit (*Berachus* 31) *VSH* I 84; ignis divini amoris in eo ~gens (*Lasrianus* 27) *Ib.* II 138. **b** de arcu. .. rarius .. aestate quam hieme, et raro noctibus, nec nisi in plenilunio cernitur utpote de luna ~gens BEDE *NR* 31 p. 221; monile .. quod .. tanti fulgore luminis ~gere videbatur *Id. HE* IV 21 p. 256; aurea lux mundi, .. / et decus ecclesiae, gemmisque corona refulgens ALCUIN *Carm.* 28. 28; si ipso [sc. plumbo nostro] expurgato omnino, solum purum argentum examinatum ~geat H. BOS. *LM* 1328D. **c** dum sermo de his per multarum scripturarum auctoritatem velut excelsi sideris fulgore olim humano generi paene ubique ~sit *Lib. Monstr. prol.*; perfecti quique vera internae sapientiae luce ~gent BEDE *Tab.* 489B; caritatis .. quae sicut aurum .. ita ceteris eximior virtutibus .. singulari luce ~get *Id. Templ.* 757C; o quam perspicuo radians splendore refulget / coetus apostolicus, niveo candore venustus WULF. *Brev.* 398; populi et familie sue ~get leticia, quasi corona aurea sole repercussa DOMINIC *V. Ecgwini* I 21; martyrii decus his contulit una dies. / celum luminibus tantis et Roma refulgent NECKAM *DS* V 259.

2 to be visually conspicuous, to appear brightly or conspicuously (also fig.).

cortinae .. ita intus in superioribus variato suae picturae flore ~gebant ut .. BEDE *Tab.* 429D; in purpureo colore possit ipsa effusio sanguinis .. intellegi; .. merito talis species inter alias in umero sacerdoti ~get *Ib.* 467C; linteum .. in quo ejusdem Salvatoris imago mirabiliter depicta ~get ORD. VIT. IX 11 p. 564; imaginem .. Dei, que ~get in homine P. BLOIS *Serm.* 762A.

3 (of person, usu. w. abl.) to be conspicuous (for); **b** (of conduct or quality) to stand out.

propter .. doctrinam et opera quibus ~gebat in mundo BEDE *Tab.* 401D; apostoli .. virtutibus ~gentes *Id. Acts* 954A; hic martyr faustus, hic sacri pontifex haustus, / ambo refulgentes, celo terraque potentes R. CANT. *Malch.* VI 277 (=*Id. Poems* 292. 6); dum sullimi laude virtutum ~get, temptationem diaboli .. expertus est W. MALM. *GP* IV 138; Flavius insignis virtutum flore refulsit (*Vers.*) ORD. VIT. V 9 p. 341; tante excellentie noster Albanus titulo ~gebat W. NEWB. *Serm.* 895; ille [sc. clericus] ~gens serenitate, iste [sc. monacus] simplicitate LUCIAN *Chester* 69. **b** quanto magis in vultu illius hominis .. summa virtus et sapientia ~gebat BEDE *Cant.* 1165B; talibus egregiis .. ista patronis / emicat alma dies, quibus est subjecta refulgens WULF. *Brev.* 437; predecessorum quorum vita evidentibus miraculis insignita manifeste ~sit ORD. VIT. VIII 26 p. 436; vita .. apostolis ore Domini commendata magis ~get in fratribus minoribus quam in te PECKHAM *Kilw.* 128.

refulgescere [ML < CL re-+LL fulgescere], (in gl.) to shine brightly or gleam.

fulgeo .. inde fulgesco, -is .., et ~o, -is OSB. GLOUC. *Deriv.* 212.

refulgurare [ML < CL re- + fulgurare], to shine forth, to appear brightly or conspicuously.

certe apud Sceftoniam splendidum regie sanctitudinis ~at speculum, quoniam .. deputatur quod eo loci .. feminarum chorus .. etiam ipsa prestringit sidera W. MALM. *GR* II 163; inventum multum gemmarum, quarum raritas, nostris regionibus incognita, ibi nativo decore ~at *Ib.* IV 371.

1 refullare v. refollare.

2 refullare [re-+fullare < AN *fuller*], to full (cloth) again.

c1250 si velint, facient texere et fullare pannos faciendos de predicta lana tincta et ~are similiter, si velint, pannos tinctos sine tolneto *Ch. Derb.* 1487.

refullatio v. refollatio. **refullum, refulsum, ~us** v. refollum. **refultus** v. refulcire. **refulum** v. refollum.

refumare [ML < CL re-+fumare], (in gl.) ? to emit smoke or fumes again

fumus .. inde .. fuma, -as, quod componitur ~o, -as OSB. GLOUC. *Deriv.* 211.

refundere [CL]

1 to cause to flow back, pour back; **b** (pass.) to flow back; **c** (transf., w. ref. to movement of moon). **d** to pour out in return; **e** (transf.). **f** (p. ppl. *refusus*) ? turned back.

quicquid biberat mingendo ~it W. CANT. *Mir. Thom.* IV 47; tunc lacrimas fundo, guttas quas poto refundo NECKAM *Poems* 453. **b** fluvius .. Nilus omnia monstra .. gignit eo gurgite quo se ad ortum dirigit et quo item flexus a Mari Rubro ad occasum ~itur *Lib. Monstr.* II 21; aestus .. in oceanum refusi unde venerant redeunt BEDE *HE* IV 14 p. 238; sanguinis instar enim per singula membra refusi L. DURH. *Hypog.* 68. **c** sicut luna per dies xv .. naturali cursus sui tarditate de occidente in orientem vespertina ~itur BEDE *TR* 29. **d** ducebatur .. Albanus ad locum .. ubi .., fuso pro omnibus sanguini agni proprium sanguinem refusurus erat W. NEWB. *Serm.* 896. **e** sepius aut lucrum vel honoris adepcio vani / fratrum sermones dat magis esse reos: / sub tritici specie zizannia sepe refundunt GOWER *VC* IV 1083 (*cf. Matth.* xiii 25–40). **f** quendam .. qui .. sotulares late refusos velut monachiles pedibus protendit R. COLD. *Godr.* 204.

2 (usu. w. dat.), to restore, give back, return. **b** to cast back (charge or accusation).

gallo canente spes redit, / aegris salus refunditur [*gl.*: *hæl bið ongean gesend*] *AS Hymns* 7; Christe .. / .. / lumen refundens [*gl.*: *ageotende*] perditis *Ib.* 42; lumen refunditur [*gl. biðagean-gesænd*] caecis *Ib.* 136; ut .. se devotaret non induturum clamidem, nisi a patruo .. sibi refusam consequeretur hereditatem W. MALM. *GR* V 397; apostoli .. per Spiritum Sanctum cecis lumen ~ebant, .. mutis linguam solvebant HON. *Spec. Eccl.* 963C; de sinu pectoris tui venit quod honestatem ~eret, quod humilitatem saperet, quod graciam redoleret LUCIAN *Chester* 38. **b** ab ipso .. in pleno consistorio ad injurias respondente, et objecta crimina non incompetenter evacuante pariter et ~ente GIR. *Catal. Brevior* 422.

3 (w. *in* & acc.): **a** to divert (from one to another). **b** to pour or cast (anger or malediction) upon. **c** (w. *culpam*) to cast guilt upon, to blame. **d** to cast the blame for (deed or injury) upon, to blame upon.

a quam excusationem Deo afferrem, cum imperator suas in me partes ~isset? W. MALM. *GR* II 202; **s1066** vulgus militum .. mussitabat insanire hominem qui vellet alienum solum in jus suum ~ere *Ib.* III 238 (=*Eul. Hist.* III 35); nichil .. in archiepiscopi dumtaxat electione voto indulgens suo, in commune arbitrium ~it electionem *Id. GP* I 67; ~it .. in matrem excellentiam pignoris, dum beatum dicit ventrem gratia tam beati oneris W. NEWB. *Serm.* 826; nec jus ultra illud tempus in alterum potest ~ere WYCL. *Civ. Dom.* I 250. **b** in quem [sc. S. Amphibalum] carnifices .. omnem iracundiam suam ~entes W. S. ALB. *V. Alb. & Amphib.* 31; maledictiones crebras in capud auctoris tam mali exempli tamque nocivi ex corde ~unt GIR. *SD* 18. **c** **1169** salva gratia sua, ipsi in nos culpam ~ere non debuerant (*Lit. Archiep.*) *Ep. Becket* 571; cum .. de tantis .. enormitatibus in prelatos precipue culpam ~erem GIR. *TH* III 32; sic Adam refudit culpam in mulierem, muliere effundente in serpentem ALEX. BATH *Mor.* IV 18 p. 156. **d** **s1190** loci .. incole, cum propter hoc discuterentur a regiis, in peregrinos, qui jam abierant, factum refuderunt W. NEWB. *HA* IV 7 (=W. GUISB. 91); rex .. in omnes Jerosolimitas injuriam hanc ~ere nitebatur. sed ad preces populi, in solos auctores ultus est M. PAR. *Maj.* I 87 (=*Flor. Hist.* I 94).

4 to pay back, refund (money expended). **b** to pay (amount owed by custom or as tithe). **c** to pay (sum of money in exchange for something to be received, in quot. w. ref. to purchasing benefice). **d** (w. abstr.) to render (thanks or satisfaction) in return.

1160 testes .. parati probare patri Alberede pecuniam quam Willelmus ab eo receperat esse refusam J. SAL. *Ep.* 89 (131 p. 230); **1217** non videmus ubi pecuniam illam competencius ei possemus ~ere *Pat* 50; **1230** preceptum est quod dicti homines ~ant dicto R. illas decem libras quas ipse solvit dicto comiti *LTR Mem.* 11 m. 7*d.*; **1267** ut possint me .. per .. bona nostra distringere pro predicta pecunia, una cum dampnis et expensis sibi .. ~endis *Deeds Balliol* 327; **1307** si .. deafforestacio non fiat, obligo me habendum .. in predicta summa pecunie predictis abbatibus .. ~enda *Cart. Glast.* I 184; reges Anglorum .. proventus vacantium ecclesiarum prelatis .. succedentibus integre ~ebant *Croyl. Cont. A* 111. **b** **1291** nos .. promittimus .. quod si que vobis .. de jure vel consuetudine debeantur occasione benediccionis premisse, plenarie ~emus vel faciemus ~i (*DCSal.*) *HMC Var. Coll.* I 348; **s1244** asserebat .. omnem pecuniam, quam Anglia refuderat in usus pape, dominum imperatorem in usus suos suscepisse *Flor. Hist.* II 283. **c** penitens: .. "vicini mei ecclesiam concupivi, quia ditior mea fuit ... refudi ergo ei decem libras." sacerdos: " .. refusio fieri potest" ROB. FLAMB. *Pen.* 117; de clericis qui .. multa refusa pecunia tanquam in foro venali dignitates emunt et prebendas *V. Ed. II* 198. **d** **1220** vobis inmensas gratiarum ~imus actiones *Cl* 436a; licet Herodes Mariagnem in nullo mestificare vellet, illa non curabat parem viro ~ere gratiam M. PAR. *Maj.* I 78 (=*Flor. Hist.* I 84); patet quod .. Christianus speraret in nomine Christi .. et yperduliam devocius sibi ~eret in cujus virtute fiunt hec omnia WYCL. *Civ. Dom.* I 68; **c1380** sic curamus promovere quod adversarius vester .. pro quibuscumque gravaminibus que sustinuistis .. de satisfaccione condigna vobis .. plenarie ~enda .. se submittet *FormOx* 388; **1451** pro impensis laboribus dignas gracias ~imus toto corde *Pri. Cold.* 171.

5 to return something of commensurate value in exchange for: **a** to make restitution for (damage caused or injury inflicted). **b** to repay (gift received or service rendered).

a **c1211** questione dignum videtur, quando rapinas omnes singulis injuriam passis et violenter ablata ~ent GIR. *Ep.* 6 p. 236; **1259** vastum vel venditionem .. non faciant de boscis, domibus ... et si fecerint .., damna plene ~ant *SelCh* 394 (=*RL* II 397, *Reg. Malm.* I 48, *Leg. Ant. Lond.* 233); **1265** de robberia .. convicti .. omnia dampna ~ant conquerentibus *Cl* 132; **1403** restituant in effectu, suaque dampna ~ant *Foed.* VIII 287; **c1404** ut .. jam talem .. locum aut statum obtineat, qui quadriennii perpessam injuriam honorifice redimat aut ~at *FormOx* 200. **b** detestabile diffidentie vitium, quo mens blasphema desperat Dei virtutem, Dei sapientiam .. aut posse, aut nosse .. cum multiplici superne largitionis fervore sibi impensa ~ere AD. MARSH *Ep.* 173 p. 314; quomodo grate posset gratis data ~ere R. BURY *Phil. prol.* 3.

6 to cause to return to liquid state, to remelt (metal), melt down again, (w. *in* & acc.) to recast or refound (artefact into a new form). **b** (p. ppl. transf.) changed.

in eodem plumbo [sc. in quo lavacrum ejus calefiebat] in acerram refuso defuncte dehinc corpusculum evectum est GOSC. *Edith* 92; **1329** pro qualibet libra [sc. plumbi] sic ~enda *KR Ac* 467/6/1 (v. refusio 2). **b** vir maturus canitie decenti refusus, baculo innixus R. COLD. *Godr.* 542.

7 to reject, refuse (person in some capacity; *cf. refutare* 2). **b** (commodity, as being of inferior standard or quality; also p. ppl. as sb. n. w. ref. to waste material).

filiam nondum septennem, regis Aragonie filia, .. pulcherima et virilibus amplexibus ydonea, refusa, .. duxit [rex] uxorem AD. USK 9. **b** **1314** de xxiiij saccis lane bone .., et de ij saccis lane de refuso (*Min Ac*) *EHR* XLII 197; **1325** de refusis et ramis fraxinum prostratis in parco pro defectibus et bretag' .. faciend' .. venditis (*Skipton*) *MinAc* 1147/23 m. 2; **1407** de xiiij d. de refuso meremii remanente de meremio ale beati Nicholai nuper combuste vendito *Ac. Churchw. Glast.* 139; **1421** pro xiiij barellis sulfuris refus' et debilis, xxj balis *dates* putrid', pr' xxviij li. *EEC* 495.

refusare v. refutare.

refusio [LL]

1 (act of) flowing back. **b** overflowing, flooding.

saxi duritiès .. tota late concava in modum pene lapidei vasis excisa, quam natura sola talem effecerat, quia aquarum crebra distillatio et ~o talem eam .. reddiderat GIR. *GE* II 10 p. 215. **b** Adelingea est non maris insula, sed .. stagnorum ~onibus et paludibus inaccessa W. MALM. *GP* II 92.

2 (act of) causing to melt or become liquid again, melting down, remelting.

1329 pro ~one quinque wagarum et xij lib' veteris plumbi .. computat pro qualibet libra sic refundenda *KR Ac* 467/6/1.

3 (act of) repaying or refunding, repayment (of expense incurred), (also) restitution, compensation (for damage caused or loss sustained). **b** payment (towards or for acquisition of something).

1221 habeant coercionem ad compellendum partem renitentem ad ~onem expensarum per injuriam vel culpam .. factarum *Ch. Sal.* 108; **c1230** renunciatum est hinc inde omni petitioni expensarum circa litem factarum et omni ~oni damnorum hinc inde perpessorum *MonA* II 80b; **1252** restitutionem spoliatorum et ~onem dampnorum et expensarum eisdem .. facere concessit *DCLichf.* 158; **1276** dampnorum et expensarum .. ~onem *Reg. Malm.* I 428; **1404** bona suprascripta fuerunt .. arrestata; que .. bona .. ad usum Anglicorum, quousque civibus .. dampnassis dampnorum suorum fiet ~o et reformacio, reserventur *Lit. Cant.* III 82. **b** ~o fieri potest ROB. FLAMB. *Pen.* 117 (v. refundere 4c); **1427** item .. lego ad summum altare .. unum front[al]e .. ita tamen quod .. nomen meum in obitu hujusmodi inseratur absque ulteriori sumptuum ~one in ea parte facienda *Reg. Cant.* II 373.

refusum v. refundere.

refutabilis [CL refutare+-bilis], that may be rejected, rejectable.

patet quod vilis discordantia sive tediosa, que est

sexta, et ~is ab omnibus in majori parte *Mens. & Disc.* (*Anon. IV*) 80.

refutantia [CL refutans *pr. ppl. of* refutare+ -ia], renunciation (of legal claim or right; in quot. w. ref. to document acknowledging such renunciation or quittance upon satisfaction of debt upon which claim was based).

1389 concessit .. solvere .. recipienti .. liij ducatos boni et puri auri .. ~iam et sufficientem acquietanciam de solutis deferenti et ea .. tradenti THORNE 2193.

1 refutare v. refugare.

2 refutare [CL]

1 to oppose by argument, (to strive or attempt to) refute (opinion, belief, or argument), to contradict (rule).

quae [verba] .. preteritum in -ui mittunt, hanc regulam ~ant ALDH. *PR* 137 p. 191; Brittanni, cum .. neque versutiam nefariae persuasionis [sc. heresis Pelagianae] ~are verbis certando sufficerent BEDE *HE* I 17 p. 33; refellere, ~are *GlC* R 55; in causis, actionibus, et foro civili, captando, insinuando, inveniendo, disponendo, ~ando, et confirmando, nullas .. naturalis rhetorice partes omittunt GIR. *DK* I 12 p. 187.

2 to reject (person, usu. in some implicit or understood capacity), (also in leg. context) to repudiate. **b** to reject (idea, statement, or practice); **c** (p. ppl. as sb. n.); **d** (absol. or ellipt.); **e** (in gl.).

inter credentes, qui Christum corde fatentur, / et diffidentes, qui Christum fraude refutant ALDH. *VirgV* 1544; **799** Ambrosius, Augustinus, Hieronimus, et caeteri, quos tu, Albine, ~as et hereticos judicas *Ep. Alcuin.* 182 p. 306; **c1083** nondum .. insula nostra priorem ~avit, nec utrum huic obedire debeat sententiam promulgavit LANFR. *Ep.* 59 (52); **1275** ad quem diem dictus R. ipsum J. ~avit, et extra servicium suum .. reliquid [*sic*] *SelPlMan* 156; nec .. eorum filios .. monachatum suscipere volentes, .. ~avit *G. S. Alb.* II 202. **b 640** quosdam provinciae vestrae .. pascha nostrum .. ~antes (*Lit. Papae*) BEDE *HE* II 19; **c675** sacrosancta potissimum praesagmina ~atis philosophorum commenticiis legito ALDH. *Ep.* 3; **p675** quod sint in provincia vestra quidam sacerdotes et clerici tonsuram sancti Petri .. ~antes *Ib.* 4 p. 482; tam .. egritudine quam voce vera predicat, que velut phantasmata ~averat GOSC. *V. Iv.* 85D. **c** sin .. invidis aemulorum abdicamentis ~ata tempnuntur B. *V. Dunst.* 1. **d** posset .. versus etiam ex dactilis sex constare, si moderno tempore metrici non ~arent ALDH. *Met.* 10 p. 89. **e** abdicare, repellere vel ~are *GlC* A 37; abdicat, ~at [vel] exheredat vel abieecit [l. abicit] vel alienat *Ib.* A 51; ~at, reprobat *Ib.* R 48.

3 to refuse to accept (something offered), to decline, reject; **b** (in leg. context); **c** (w. abstr. obj.); **d** (w. inf.); **e** (in gl.).

ut potius viridibus herbarum fasciculis .. vesceretur, .. cum tamen cocturam et assaturam .. praeparatam ad edulium ~aret [*gl.*: i. respueret, execraret, *wiþsoc, ascunede*] ALDH. *VirgP* 38 p. 288; potumque cibumque refutat *V. Merl.* 483; **1169** post comminatorias vestras, quas sepius ~averat, vix tandem recepit BECKET *Ep.* 466 p. 520; munera .. spernit, ~at brevia MAP *NC* III 2 f. 34v; **1226** quod moneta sua .. cum moneta nostra .. currat, ita quod in Pictavia inter monetam nostram non ~etur *Pat* 98; **1300** de Sarra *le hattere* quia ~at poll[ardos] et crok[ardos] pro servisia *Leet Norw.* 53; cultores vinearum arridentis temporis munera non ~ant *Ps.*-ELMH. *Hen. V* 71 p. 204. **b 1303** quia ~avit [*Collect. Staffs* VII 110: †refusavit] communam [*sic*] legem, ideo remittitur gaole et ponitur ad penam *Gaol Del.* 62/1 m. 3. **c** contempta mundi blandimenta .. respuens ac carnalis luxus lenocinia ~ans [*gl.*: i. despiciens, renuens, *wiþsacen*] ALDH. *VirgP* 10 p. 238; indultae jugalitatis consortia ac pacta proci sponsalia obtentu castitatis ~ans [*gl.*: respuens, abnuens vel abominans] velut spurca latrinarum purgamenta *Ib.* 40 p. 292; illa, non ~ans impudentiam dum modo vitaret verecundiam W. MALM. *GR* II 190; ipsi donatores hujusmodi homagia capere tenentur, quod si ~averint .. *Fleta* 198; optime .. suis meritis competebat, qui [sc. Adrianus] totius Anglicane ecclesie ~abat primatum, primum .. sortiri monasterium ELMH. *Cant.* 206; ego .. fateor quod licet curas ecclesiarum parochialium mihi oblatarum ~avi, propter diversa impedimenta in corpore meo et infra, tamen .. GASCOIGNE *Loci* 51. **d** ille .. pregravari curarum pondere ~avit ORD. VIT. XIII 44 p. 131. **e** ~ant, rennuunt *GlC* R 145.

4 to refuse (command or performance of obligation). **b** (w. inf.) to refuse (to do something). **c** (absol.).

1211 de purchasiis. .. de xx s. de hominibus de Uppelanda pro tasso ~ato *Pipe Wint.* 64; **s1216** dum rex monochum pruna gustare preciperat, .. ipse .., non ausus ~are preceptum, .. de prunis gustavit *Plusc.* VII 6. **b** cur eadem nece mori ~abat, quae sub hac proditione necatum filium aeterna requie frui nulla tenus dubitabat *Enc. Emmae* III 7; fame tam .. firmate derogare fidem ~o W. MALM. *GP* I 41; commatres vel filiolas violare refutes D. BEC. 539; **c1250** quod .. sepedictus Maredud .. recipere a nobis alias ~avit *RL* II 66; **1306** ~avit facere sacramentum ad colligendum talliagium *Rec. Leic.* I 251; **s1214** inducies [v. l. inducias] bellandi regi .. humiliter requirenti concedere arroganter ~arunt *Plusc.* VII 2. **c** jussi ut ei subjectionem abnegarent, prorsus ~arunt W. MALM. *GP* I 49.

5 to renounce, relinquish, abandon (legal claim or right, benefice or office), (in quot. usu. w. *in manu* or *in manum* & gen. or poss. pron.) to resign (into the hands of).

1147 ea [jura] in manum domini pape .. ~averunt *Doc. Bec* 12; **c1152** ipse B. illi R. decimationem illam liberam et quietam ab omni reclamatione et querela de cetero in manu nostra ~avit, et cartam quam inde habebat ei reddidit *Doc. Theob.* 78; **c1154** ecclesiam de F. quam tenebat in manu episcopi sponte ~avit (*Lit. Archiep.*) J. SAL. *Ep.* 35 (5); **1163** omne jus quod sibi .. vendicabant, in manu domini regis .. omnino ~averunt *Reg. Ant. Linc.* II 12; **c1178** prior prefate ecclesie de F. .. per hanc compositionem ~avit quicquid juris ecclesia sua habere clamabat in ecclesia de C. *Ch. Heref.* 58; in manum [Roberti] .., quem jam tunc invenit episcopum, terras et redditus canonicorum, quos injuste pater et frater suus usurpaverant, †~ante [l. ~avit] *Episc. Som.* 24; **a1185** Henricus .. ecclesiam de A. cum cultello plicato super altare B. Rumoni optulit; et abbas similiter et conventus jus suum in predictis ecclesiis .. per cultellum plicatum in manu Henrici ~averunt (*Cart. Tavistock*) *EHR* LXII 368.

1 refutatio v. refugatio.

2 refutatio [CL]

1 (act of) rejecting, rejection (of person in some capacity), repudiation.

s1160 tractatum est de receptione pape Alexandri et ~one Victoris; et consenserunt Alexandro, reprobato Victore TORIGNI *Chr.* 207.

2 (act of) refusing to accept (something offered, w. obj. gen.), refusal, rejection.

de ~one munerum Alexandri J. WALEYS *Compend.* III 2. 3.

3 (act of) refusing (to undertake some task or course of action), refusal (in quot. w. obj. gen.).

s1191 post ~onem ineunde pacis secundum antedictum tenorem inter nos et Tusculanum R. HOWD. III 103 (=W. COVENTR. I 437); **s1432** ~o oneris collectionis decimalis. prior .. eas [sc. litteras] acceptare renuit, causaque ~onis referens ortabatur gerulum ut eas ad dominum suum iterum apportaret AMUND. I 304.

4 renunciation (of legal claim or right, in quot. upon satisfaction of debt upon which such claim was based), quittance; **b** (w. ref. to document acknowledging such renunciation or quittance).

1220 promisit .. quod socii sui cartas ~onis super predicto debito et accessionibus et penis nobis conficient, et quod nos super predicto debito .. liberabunt *Pat* 260; **1269** de quibus septingentis marcis eidem suppriori alias litteras ~onis tradidi *DCDurh. Misc. Ch.* 4033. **b 1333** ad recipiendum fructus .. necnon super receptis accopas de saluto sive ~ones plenarie faciendum *Reg. Exon.* II 688; **1389** visis libris, monumentis, registris, ~onibus, aliisque evidenciis universis, .. invenimus abbatem .. nobis .. plenarie .. persolvisse THORNE 2193.

refutatorius [ML < CL refutare+-tor+-ius]

1 that rejects or refuses, (*apostoli ~ii*, eccl. law) letter(s) disallowing appeal.

1348 commissarius .. tradidit .. procuratori .. prioris et conventus .. ad appellacionem eorum interpositam apostolos ~ios *Conc.* II 743b; **1519** hanc nostram responsionem loco apostolorum ~iorum .. dicto appellanti mandavimus assignari *Form. S. Andr.* 220n. 1; si judex .. cum appellatur .. assignaverit apostolos ~ios .., si .. non appellaveris a denegatione vel assignatione apostolorum ~iorum, succumbes in causa *Praxis* 240 (cf. **1686** dictus J. .. ad eum [sc. regem] .. appellavit, sed domini [episcopi] noluerunt deferre appellationi, et assignarunt ei apostolos ~ios *EHR* XXIX 739).

2 that renounces, relinquishes, or abandons (legal right to payment), (*litterae ~iae*) letters refutatory.

1298 ad faciendum eidem .. episcopo litteras de recepto et quietancie de pecunia quam receperis ab eodem, et ad recipiendum litteras ~ias quietancie et de soluto a singulis dictorum procerum de summa .. soluta *Reg. Cant.* I 239.

rega [ML < Occitan *rega*], unit of land-measure (Fr.).

1311 iiij sadones et iiij ~as terre in loco vocato Aucodonher. item xiij ~as vinee in loco vocato Al Pud Delagrava *Reg. Gasc. A* I 116; dedit .. xj ~as vinee in loco vocato La Caussada *Ib.* 281; vendidit .. xvj aregas vinee ... item vendidit .. ix ~as vinee *Ib.* 283.

regad- v. 1 ragadia. **regainum** v. rewainum. **regalbord-** v. righoltborda.

regalia [ML < ME, OF *regalie, and n. pl. of* CL regalis *used as sb. f.*], **~ium**

1 royal dignity, royal prerogative, royal power, kingship, regality; **b** (as title or form of address). **c** (in pl.) royal rights, privileges, or prerogatives.

12.. declaramus .. quod .. letitia natalicio tempori jure presidens .. suam taliter moderaret ~iam ut, accedentibus purificationis solemniis, clerimonie locus datur *Collect. Ox.* I 47; **c1279** rex et sui senescalli .. asserebant .. se habere .. jus ~ie in bonis episcopalibus, sede vacante *RGasc* II 58a; **1388** jus ~ie nostre .. ad quod illesum .. conservandum in coronacione nostra astricti sumus *Dip. Corr. Ric. II* 61; **s1387** querebatur .. an illa nova statuta .. derogant ~ie et prerogative .. regis *Chr. Angl.* 380 (=KNIGHTON *Cont.* 238, *Chr. Westm.* p. 159, WALS. *YN* 351 *Eul. Hist. Cont.* 361–2); **1399** homines meos quoscunque .. a juramento fidelitatis et homagii .. omnique vinculo ligeantie et ~ie [OTTERB. 212: ~ii] ac dominii, quibus mihi obligati fuerint, .. absolvo (*Abdic. Ric. II*) *Ann. Ric. II* 255 (=CAPGR. *Hen.* 104, *Reg. Moray* 383); **1405** pro omnimodis prodicionibus .. contra nos et ~iam nostram .. perpetratis *Cl* 254 m. 13. **b 1415** supervisionis .. onus hujus testamenti .. regem .., si sue illustrissime complaceat ~ie, genibus provolutus .. supplico .. super se assumere *Reg. Cant.* II 87. **c 1356** damus et concedimus .. Edwardo regi Angl' .. regnum, regimen, titulum, et coronam Scocie, una cum insulis maris et omnimodis ~iis, dignitatibus, honoribus, prerogativis, .. *RScot* 787b; **s1213** rex Johannes .. pape .. Angliam et Hiberniam .. offerebat .. salvis sibi et heredibus suis libertatibus et ~iis que corone regie deberent pertinere *Meaux* I 391.

2 royal right, privilege, or prerogative granted by monarch to lord holding land under him, (also sg. in collect. sense) royalty, regality. **b** (Sc., *dare* or *tenere in puram ~iam* or sim.) to grant or hold (land or lordship) with regal rights, to grant or hold as a regality (cf. sense 2d *infra*). **c** (w. ref. to territorial or tenurial unit of jurisdiction, the lord of which exercised royal rights, privileges, and prerogatives within its bounds) regality; **d** (Sc.); **e** (Ir.).

1399 una cum ~iis, regalitatibus, franchesiis, libertatibus .. ad insulas, castrum, pelam, et dominum predicta .. pertinentibus sive spectantibus *Foed.* VIII 95; **1418** nos .. dedisse .. abbati et monachis .. totam et integram ~iam sive regalitatem omnium .. terrarum Eskdalie et vicecomitatum de Drumfrees, tenend' .. sicut nos .. dictam ~iam aut regalitatem de Eskdalemure de .. rege tenuimus *Melrose* 512 p. 499; **1473** omnibus libertatibus et ~iis suis perantea usitatis .. utantur (*Pat*) *Foed.* XI 784. **b 1396** nos .. dedisse .. abbati et monachis de Passeleto .. omnes terras .., redditus, et possessiones .., in unam integram et liberam baroniam et in puram et perpetuam ~iam seu regalitatem *Reg. Paisley* 72; **1450** tenend' .. prefatas civitatem, baroniam, et terras .. de nobis .. in meram, puram, et liberam regalitatem vel ~iam *Reg. Glasg.* 376; **1451** de certis terris, redditibus, et possessionibus

.. in unam integram baroniam annexis, ac in puram et perpetuam elimosinam et in meram regalitatem seu ~iam dicto monasterio .. concessis *Reg. Paisley* 72. **c** **1499** infra ~iam et manerium sive dominum nostrum de Extildesham et Extildeshamshire in comitatu Ebor' *FormA* 337. **d** a**1406** ordinatum est quod domini habentes ~ias .. bis in anno teneant itinera justitiarie (*Stat. Rob. II* 33) *Regiam M* II f. 70. **e** a**1189** sciatis me dedisse .. de terra mea que est infra ~ium de Corc *Reg. S. Thom. Dublin* 241.

regalicum [CL regalis+-icum; cf. AN *regalis*], (bot.) mock liquorice (*Galega officinalis*).

1548 ~um *is also named* ruta cararia, galega, et gaiarda. .. *it maye be called in Englishe mocke licores, because the leaves are lyke licores* TURNER *Herb Names* H iiii.

regalis [CL]

1 of or belonging to a king; **b** (w. ref. to Roman emperor). **c** of or belonging to the (office of) king, for the use or that is a possession of the Crown, royal; **d** (*piscis ~is*, kind of fish reserved by custom or convention to the sovereign; *cf.* 1 *piscis* f). **e** (of abstr.) belonging or pertaining to the (office of) king or to the Crown, royal; **f** (w. ref. to emblem or insignia of royalty, also spec. to coronation regalia); **g** (w. ref. to badge or emblem worn by royal servant or royal supporter); **h** (w. ref. to royal council or counsellor). **i** (of tax or service) due or payable to the king.

Johannes [Baptista] .. vetitos ~is [*gl*.: i. regis] tori hymeneos compescens ALDH. *VirgP* 23 p. 254; c**720** angit .. infestatio ~is, quia accusamur apud eum ab his, nobis qui invident *Ep. Bonif.* 14 p. 23; difficulter posse sublimitatem animi ~is ad humilitatem .. inclinari BEDE *HE* II 12 p. 107; s**1135** reliquie ~is cadaveris H. HUNT. *HA* VIII 2 (v. abbatia c); s**1422** corpus ~e, quod tot hostium insultus evasit, .. egritudinis insultu vexatum est *Ps.*-ELMH. *Hen.V* 127. **b** quae cum .. ~ibus [*gl*.: i. regis, i. regiis] placuisset obtutibus ALDH. *VirgP* 25 p. 259; tum sopor .. regales occupat artus *Id. VirgV* 630. **c** **901** (10c) pro comutatione illius terrae .. quae prius erat foras concessa in dominium ~e *CS* 587; TRE vicecomitatus de Waruuic cum burgo et cum ~ibus maneriis reddebat lxv li. *DB* I 238ra; emendetur prout interfectio fere ~is mihi emendari solet (*Ps.-Cnut* 19) *GAS* 623; Slanius .. primo quinque portiunculas Medie redintegravit, et in unum conjungens mense ~i appropriavit GIR. *TH* III 5. **d** sicut wreccum maris, thesaurus inventus, et grossus piscis, sicut balena, sturgio, et alii pisces ~es BRACTON f. 14; **1343** episcopus habeat .. wreccum maris .., tam de piscibus ~ibus quam de aliis rebus .. ad terram .. projectis (*Pat*) *Foed.* (ed. RC) II 1225a; **1386** (v. piscis 1f); a**1399** item clamat habere omnes pisces ~es captas seu inventas infra feodum dominii sui predicti (*Fees*) *DL* 40/1 m. 16*d*. **e** tyrannici potentatus ruinam et ~is [*gl*.: i. regis] monarchie discrimen ALDH. *VirgP* 21 p. 251; a**1087** preter sex ~es forisfactiones *Doc. Bury* 168 (v. forisfactio 2b); c**1090** ut .. libere illud possideant ~i auctoritate impero *Regesta app.* p. 132; c**1245** ~is inunctio signum est prerogative susceptionis septiformis doni Sacratissimi Pneumatis GROS. *Ep.* 124 p. 350; prefectus .. ad ~ia exercenda negocia eadem die urbem exierat *Hist. Meriadoci* 384; quedam regina olim .. a dignitate ~i deposita fuit (*Hist. Roff.*) *Anglia Sacra* I 365; **1369** dum tamen jura ~ia observentur illesa *RScot* 932a; s**1399** quod rex .. staret in suo ~i potestate et dominio promiserunt *Dieul.* f. 145. **f** praefecti filius .. / qui famosus erat regali fasce ALDH. *VirgV* 1932; stemma, corona. stemma, ornamentum ~e *GlC* S 518; s**1189** duo comites .. unus illorum .. portans sceptrum ~e .., et alter .. portans virgam ~em *G. Ric I* 81 (=M. PAR. *Maj.* II 349, BROMPTON 1159); s**1189** interim rex deposuit coronam suam [R. HOWD.: ~em] et vestes ~es, et leviores coronam et vestes sumpsit *G. Ric. I* 83 (=R. HOWD. III 11); **1220** quo de gracia .. vestra felicius in ~i sede respiramus *Pat* 268; **1265** de iij virgis ~ibus argenti longis et j sceptro ~i auri *Pipe* 113 r. 2*d*.; s**1307** rex et regina .. coronas ~es .. susceperunt *Flor. Hist.* III 142. **g** s**1399** isti .. signa ~ia in scapulis, album cervum quasi resurgentem, deferebant *Dieul.* f. 144v. **h** s**1238** nec placuit adventus [sc. imperatoris Constantinopolitani] in conspectu regis et ~ium consiliatorum M. PAR. *Maj.* III 481; quamvis pars maxima ~is consilii dissuaserant hujusmodi propositum *G. Hen. V* 9. **i** sunt in dominio xlv [hidae], et erant quiete ab omni servitio ~i *DB* I 163rb; †**855** (12c) ut sit tuta .. ab omnibus secularibus servitutibus, necnon ~ibus tributis majoribus et minoribus, sive taxationibus quod nos dicimus *witereden CS* 483; **1212** tenet de domino rege .. faciendo inde servicium ~e, sc. inveniendo inde iiij milites *Fees* 80; **1217** pro omni servicio et seculari exaccione, salvo ~i servicio *Pat* 115; **1234** nomina libere tenentium de abbatia Glaston' per servicium ~e *Cust. Glast.* 4; de feodis militaribus, et serjeantiis, et aliis de quibus fit homagium et ~e servitium BRACTON f. 84; †**878** (17c) ab omnium ~ium tributorum .. libera *CS* 545 (=*MonA* II 406b).

2 founded or constructed by or under the patronage or protection of the king or Crown: **a** (of monastery or abbey); **b** (of road or highway).

a **1189** ut prefata abbatia in perpetuum libera et in capite de corona nostra sit, sicut .. alie abbatie ~es *MonA* IV 364. **b** si quis in ipsa ~i via sanguinem fuderit .. regi emendabit *Text. Roff.* f. 170; **1243** malefactores pacem regis perturbantes .. quia viam ~em et communem fregerunt *RGasc* I 216b; **1276** in quodam itinere ~i (v. iter 6b); super iter ~e *FormMan* 7 (v. iter 6b); a**1324** talem clausum faciant per vias ~es versus predictum molendinum *Reg. Malm.* II 348; Belinus .. quatuor ~es vias cum privilegio munitas per insulam sterni fecit *Eul. Hist.* II 145.

3 that issues from or by the authority of the king. **b** (*moneta ~is*). **c** (w. ref. to standard measure).

958 (13c) habeat .. meum regare [*sic* MS] donum *CS* 1034 (=*Chr. Abingd.* I 252); rex ad Natale domini .. nulla distribuit ~ia indumenta OXNEAD *Chr.* 184. **b** **1292** expense forincece facte .. apud B. in moneta ~i *KR Ac* (*Nunc.*) 308/13 m. 4. **c** **1382** xvj pedes ~es (v. pes 7d).

4 (of lineage or blood) originating from or connected with a king or line of kings, royal; **b** (w. ref. to progeny of Roman emperor); **c** (w. *regnum*); **d** (w. ref. to social rank). **e** (of person) of royal or regal rank or status.

si .. peculiari ex omnibus nationibus populo, semini ~i gentique sanctae .. Dominus non pepercit GILDAS *EB* 1 p. 26; Aedilthryda .. / orta patre eximio, regali et stemmate clara BEDE *HE* IV 18 p. 248. **b** Constantinam ~i prosapia genitam ALDH. *VirgP* 48. **c** domino .. Acircio .. illustris ~is regni regimina dispensanti ALDH. *Met. addr.* p. 61. **d** **1486** sive mercatores .. sive peregrini, aut alii cujuscumque condicionis, status, seu gradus fuerint, eciamsi ~i, ducali, archiepiscopali, comitali [*sic*], aut inferioris gradus homines *RScot* 473b. **e** ~ium [*gl*.: pro regum] personarum pictores ALDH. *VirgP* 60 p. 322.

5 possessing the rank and rights or exercising the office and duties of a king, royal, regal; **b** (w. *sacerdotium*, *cf. I Petr.* ii 9). **c** (of 'royal' right or privilege, granted by king to lord holding land under him) regal, royal.

c**757** Ethilbealdum .. quondam ~em tyrannum *Ep. Bonif.* 115 p. 249. **b** 'genus electum' et '~e sacerdotium' ALDH. *Met.* 2 p. 70; princeps .. factus est a Deo .., unde et debetur ei ~is sacerdocii dignitas in eternum *Canon. G. Sempr.* f. 114v; domino W. .. Eliensi episcopo et .. regis .. cancellario, Petrus .. salutem et ~e sacerdotium salubriter exercere P. BLOIS *Ep.* 108. 332A. **c** **1473** cum [episcopi Dunolmenses] .. monetam sterlingorum .. juxta libertatem suam ~em .. fabricari .. consueverint (*Pat*) *Foed.* XI 783.

6 (transf., w. ref. to thing considered by its dominant or exalted position to fulfil a role analogous to that of king) that rules or is dominant, royal, regal: **a** (*culmen ~e*, w. ref. to lion); **b** (of mind or part of body).

a morsus .. luporum / horridus haud vereor regali culmine fretus ALDH. *Aen.* 39 (*Leo*) 5. **b** c**780** mens ~is, que homini data est, discernere debet quae sint cavenda et quae sint sequenda ALCUIN *Ep.* 1; organicorum .. alia sunt quibus fit servitium, et sunt ~ia; alia sunt instrumentalia serviencia *Ps.*-RIC. *Anat.* 17.

7 of a quality or scale befitting or appropriate to a king, regal, 'fit for a king'; **b** (w. ref. to behaviour or manners).

velut lento careni defruto, quod ~ibus ferculis conficitur ALDH. *VirgP* 4; istam voco medicinam ~em. et iste aque et potus hic sunt pro delicatis et pro dominabus et pro divitibus .., nec debent doceri laicis GAD. 33v. 2. **b** regem recipiendo se satis prudenter et more ~i gerebat *Ps.*-ELMH. *Hen. V* 90.

8 (in med. context, *morbus ~is*) 'king's evil' (in quot. w. ref. to leprosy; cf. *regius* 7).

sic .. crudescens multabat poena secundum / morbo regali plectendo lurida membra ALDH. *VirgV* 956.

9 (in place-name): **a** (*~is Mons*, w. ref. to Royaumont Abbey north of Paris). **b** (*~is Locus*, w. ref. to Rewley Abbey near Oxford).

a **1260** quo die corpus primogeniti prefati regis apud ~em Montem traditum fuit sepulture *Cl* 267. **b** **1288** ad respondendum abbati ~is Loci Oxon de averiis *CP* 40/72 m. 48; **1433** tenementem abbatis et conventus de Loco ~i *Cart. Osney* II 399; **1453** abbati de ~i Loco pro *workeheys*, xviij d. *Ib.* III 299; c**1455** edificavit *le locke* juxta ~em Locum, et compositio facta est inter nos et ~em Locum *Ib.* I xv.

10 (bot., in plant name, *pulegium ~e*) penny royal (*Mentha pulegium*).

glicon, gliconum idem sunt, i. pulegium ~e *SB* 22; *SB* 32, *Herb. Harl. 3388* 80 (v. pulegium 1); pulegium ~e, gliconeum idem *Alph.* 150; **1597** pulegium ~e *for difference sake betweene it and wilde time which of some is called* pulegium montanum (GERARDE, *Herbal* 672) *Alph.* 150n. 11.

11 (in gl.).

avultis [i. e. avitis], ~ibus *GlC* A 943.

12 (as sb. m., w. ref. to member of royal household, court, or entourage, royal official or servant, 'king's man'; perh. also w. ref. to member of royal family); **b** (w. ref. to soldier in royal army); **c** (? w. ref. to lord in parliament or member of king's council); **d** (? w. ref. to regent exercising power in place or in name of king); **e** (w. ref. to supporter of 'royal' faction in civil discord or conflict; *cf. et.* senses 12a, b *supra*, by which some quot. might also be construed); **f** (in exclam. or war-cry; w. quot. *cf.* esp. senses 12b, e *supra*).

casus ~ium a maligna manu hostilis gladii omnem amaritudinem renovavit *V. Cuthb.* III 6; literas ab eo ad chohibendam ~ium .. violentiam impetravit G. COLD. *Durh.* 11; baronia sua tota, quam 'regalia' ~es appellant, ipsum [sc. episcopum] illico destitui jussit GIR. *Hug.* I 8 p. 104; c**1228** episcopos, et ~es tempore vacationis *Feod. Durh.* 254; s**1251** nec .. civilis habebatur hos[pes] qui regi et ~ibus hospitia .. exhibuisset M. PAR. *Maj.* V 199; **1328** plures clerici dominorum regum Anglie ad instanciam ipsorum regum et ~ium ad regimen pontificalis officii .. sunt assumpti *Lit. Cant.* I 276; non solum aulici et ~es, set et clerus et prelati STRATFORD *Serm.* 89; s**1291** cujus [sc. regine] temporibus .. incole nullatenus per ~es opprimebantur, si ad aures ejus .. querela .. pervenisset WALS. *HA* I 32. **b** s**1217** irruit quidam de ~ibus et per ocularium galee .. cerebrum effudit M. PAR. *Maj.* III 22; s**1224** ~es castellum ingressi, equos, arma .. lucrati, .. revertuntur *Ib.* III 86; s**1417** non .. destitere ~es inimicis insistere, sed .. insurrexerunt acrius WALS. *HA* II 324. **c** c**1382** milites et alii .. ex parte regni et parliamenti requirebant archiepiscopum cum suis suffraganeis ut finem facerent de .. heresibus; et rex cum ~ibus promittebat eis legale adjutorium *Ziz.* 272; **1399** supplicans dominum meum regem, omnes ~es, et totum parliamentum (SAUTRY) *Ziz.* 408. **d** tunc ordinatum fuit per ~es apud Eltham et prelatis notificatum quod regina uxor regis, quia gravida fuit et impregnata, die dominica in Quinquagesima coronaretur *Hist. Roff.* f. 55v. **e** post mortem regis baronum maxima strages / subsequitur, domina predominante proba. / illam juverunt regales, Falco, comesque / Willelmus GARL. *Tri. Eccl.* 55; de altera ~ium confusione *Flor. Hist.* II 497 *tit.*; s**1216** facta .. est congressio Francorum et baronum cum ~ibus apud Lincolniam *Ann. Durh.* 2; s**1325** quod Henricus .. deferret arma fratris sui comitis Lancastrie, quod visum est ~ibus regis injuria *V. Ed. II* 281; s**1264** Symon de Monte Forti junior .. introitu ~ium in municipium pro posse dimicando restitit *Flor. Hist.* II 488; s**1217** exercitus veniens Lodowico in auxilium captus est a ~ibus in mari *Feudal Man.* 97. **f** his .. gestis [sc. archiepiscopo interfecto], egrediuntur milites .. vociferantes "~es! ~es!" *V. Thom. A* 78 (*recte* 75) p. 141; s**1242** facto congressu acclamatum est terribiliter .. hinc "~es, ~es", inde "Montis Gaudium, Montis Gaudium", sc. utrius regis insigne M. PAR. *Maj.* IV 213.

13 (as sb. n. pl., also collect. sg.) emblems and adornments of royalty (esp. as used in coronation).

portabat certe gladium, sed pro officio; utebatur ~ibus, sed pro sacramento AILR. *Ed. Conf.* 767C; **1166** ad conduc' ~ia filii regis in Norm', vij s. *Pipe* 101; **1170** in .. conducendo thesauro, et hugiis cum ~ibus, et rotul' et taleis de thesauro vij itineribus, lxiij s. et v d. *Pipe* 126; **1204** recepimus a .. Norwic' episcopo .. ~ia nostra, sc. magnam coronam nostram, gladium .., tunicam .. *Pat* 35a; **1230** recipimus .. per manus ejusdem Th. .. viij cofras cum jocalibus nostris, et quoddam ~e de panno serico albo cum corona et sceptro et virga de argento deauratis .., quodquidem ~e constat sex libris et quindecim denariis *Pat* 335; **1276** per serjanciam inveniendi carbonem ad fabricand' coronam domini regis et suum ~e (*Eyre R. London*) *Lond. Ed. I & II* II 133; s**1308** tradidit .. rex .. portiunculas ~is S. Edwardi diversis .. baronibus, ut puta crucem, sceptrum, virgam, calcaria, et gladios, sed coronam .. tradidit Petro ad portandum *Ann. Paul.* 261; **1325** per serjantiam inveniendi carbonem ad fabricandum coronam domini regis et suum ~e *KR Mem* 99 m. 144.

14 (as sb. n. pl., also sg.) royal right, privilege, or prerogative. **b** (w. ref. to customary service or payment due to king from tenant). **c** (eccl., *~ia Sancti Petri*) regal right, privileges, or prerogatives inherent in or associated with the temporal dominion or lordship of the papacy (in quot. in oath taken by archbishop or abbot).

Philippo regi Francorum mortuo, successit Lodovicus filius ejus, qui strenuus armis ~ia sua plurimum ampliavit R. NIGER *Chr. I* 88; **1214** salvo nobis ~i nostro, sc. in electione abbatis, et in redditibus ecclesiasticis vacantibus, et excaetis conferendis *Pat* 107b; **1217** de comitatu Sumersete, quem ei dedimus cum omnibus pertinenciis .., salvo ~i nostro nobis *Pat* 86; **1334** cum .. regalitatibus, libertatibus, ~ibus .. *Foed.* IV 616 (v. regalitas 2c); ~ia .. regis fundantur in suis legibus, ideo contempnere legem cujuscunque regis foret contempnere ejus regalitatem WYCL. *Ver.* II 3; **1583** cum .. curiis, letis, visibus franci plegii .. ac omnibus aliis ~ibus .. dicto capitali mesuagio .. spectantibus *Pat* 1235 m. 19. **b 1243** prior .. tenet .. in pura elemosina de G. de D., et G. de domino rege in capite, nullum inde faciens ~e *Fees* 764; G. de L. tenet .. unum mesuag' et iij virgat' terre .. pro homagio suo, secta cur', et debet pro eodem ten' de regal' iiij s. *Hund.* II 765b; Th. de D. tenet .. iiij acras terre pro homagio suo redd' iij d. per annum et regal' q^a^n accidit pro omni servicio. .. redd' per annum vij d. pro omni servicio salvo regal' ad quantitatem tantam terre *Ib.* 765b-766a. **c** c**1285** papatum Romanum et ~ia Sancti Petri adjutor eis ero ad retinendum et ad defendendum *Chr. Rams. app.* 368; papatum Romane ecclesie et ~ia Sancti Petri adjutor eis ero ad defendendum et retinendum *DCCant. Reg. Q* f. 24b; s**1334** papatum Romanum et ~ia S. Petri adjutor eis ero ad retinendum et defendendum (*Hist. Roff.* f. 76v) *Anglia Sacra* I 373; **1497** ad retinendum et defendendum papatum Romanum et ~ia sancti Petri *Ch. Beauly* 111.

15 royal right, privilege, or prerogative, granted by monarch to lord holding land under him, royalty, regality; **b** (eccl., also sg. in collect. sense, in quot. freq. w. ref. to temporalities of a bishopric, archbishopric, or abbey, when these are held directly of the king). **c** (Sc.) territorial or tenurial unit of jurisdiction, the lord of which exercised royal rights, privileges, or prerogatives within its bounds, regality.

1252 nolimus quod per aliquod delictum, transgressionem, factum, ~e [*RL* II 383: transgressionem factam regule], seu occasionem aliquam inpediantur vel molestentur *Cl* 207; **1334** cum .. regalitatibus, ~ibus, libertatibus .. *RScot* 280a (v. regalitas 3a; cf. *ib.* 607b). **b** s**1093** ~ia ergo pro more illius temporis principi fatiens, septimo kalendas Octobris Cantuarie assedit W. MALM. *GP* I 49; s**1182** archiepiscopus .. per anulum .. electum [sc. episcopum Rofensem] instituit ~ium possessorem DICETO *YH* II 13; propter ~ia .. ecclesiis data, ad fas omne nefasque pontifices a regibus provocantur GIR. *GE* II 38 p. 360; **1201** pro debitis que Ebor' archiepiscopus nobis debet, .. cepimus in manum nostram baroniam et ~ia que archiepiscopus .. de nobis tenet *RChart* 102a; baronia sua [sc. episcopi] tota, quam ~ia regales appellant GIR. *Hug.* I 8 p. 104; **1313** dicit [prior] quod hujus modi curia non est libertas nec ~e, per quod dicit quod ipse non debet domino regi inde ad hoc breve respondere *PQW* 313a. **c 1453** concedimus liberam facultatem emendi et res proprias vendendi .. ubique per ~em nostram *Reg. Glasg.* 397.

16 (as sb. m. or n.) sort of coin, royal, real.

1292 xxxvj li. xix s. viij d. regal', que valent xxxvj flor' xix reg' prob', [? qui] regal' val' ix gra' *KR Ac* (*Nunc.*) 308/14 m. 3.

regalitas [ML < CL regalis + -tas]

1 royal quality, kingliness, royalty. **b** (transf.) regal character (in quot. of place).

jurare secundum matris officium .., celata patris ~ate MAP *NC* V 6 f. 70v. **b** s**1300** multum .. sibi [sc. filio regis] placuit loci ~as et crebra fratrum solacia *Chr. S. Edm.* 75.

2 royal dignity, royal prerogative, kingship, regality; **b** (as title or form of address). **c** (in pl.) royal rights, privileges, or prerogatives.

instituta Cnudi regis .. ad laudem et gloriam Dei, et suam ~atem [AS: *cynescipe*], et commune commodum, habita (*Quad.*) *GAS* 279; **1220** nos fecit repentinus emulorum nostrorum incursus a nostra longius ~ate esse alienos *Pat* 268; **1260** dictam curiam de hiis tantum que spectant ad ~atem secundum capitula consueta et usitata in illa curia .. tenebunt *Reg. Ant. Linc.* III 289; s**901** Ædwardus filius ejus .., scientia literarum patre inferior, sed re[gali]tate incomparabilior OXNEAD *Chr.* 5 (cf. W. MALM. *GR* II 125: regni potestate); s**1291** sufficientem securitatem faciat .. restituendi idem regnum cum tota ~ate, dignitate, dominio, libertatibus RISH. 127 (=WALS. *HA* I 37); regalia .. regis fundantur in suis legibus, ideo contempnere legem cujuscunque regis foret contempnere ejus ~atem WYCL. *Ver.* II 3; hii .. partes suas tenebunt a rege Anglie .. nec ipse Johannes de Balliolo quicquam ad ~atem pertinens in aliorum partibus exercebit BOWER XI 8 (=*Plusc.* VIII 9). **b 1219** fuisse .. gratulatum de literis quas sibi vestra dignata est ~as delegare *RL* I 53. **c 1334** necnon cum dominicis, dominiis, escaetis, forisfacturis, et reversionibus quibuscunque, ~atibus, libertatibus regalibus, liberis consuetudinibus, .. ad eadem villas, castra, comitatus, forestas, et constabularias .. spectantibus seu pertinentibus (*Lit. Regis*) *Foed.* IV 616; **1356** concessimus .. domino Edwardo regnum et coronam Scocie .., una cum dignitate regali, ac insulis maris, et omnimodis ~atibus nostris, dominiis, homagiis, et serviciis .., feodis, advocacionibus .., ac omnibus aliis .. que ad dicta regnum et coronam .. pertinent AVESB. f. 132b; asseruistis quod sanctissimus pater noster per viam presumcionis temerarie ~ates nostras, quas in patrimoniis beneficiorum possidemus ecclesiasticorum, subtrahere non veretur *Dictamen* 344.

3 royal right, privilege, or prerogative, granted by monarch to a lord holding land under him, (also sg. in collect. sense) royalty, regality. **b** (Sc., *dare* or *tenere in liberam ~atem* or sim.) to grant or hold (land or lordship) with regal rights, to grant or hold as a regality (*cf.* sense 3d *infra*). **c** territorial or tenurial unit of jurisdiction, the lord of which exercised royal rights, privileges, or prerogatives within its bounds, regality; **d** (Sc.). **e** (*sedes ~atis*, w. ref. to bishop's throne in Durham Castle).

c**1228** requisitus de *tol*, dicit quod nullus habet nisi episcopus, quia solus habet ~atem *Feod. Durh.* 233; **1285** omnes acciones .. quas habuerunt vel quocunque modo habere potuerunt versus abbatem [et conventum] de Waltham et omnes homines suos nomine ~atis ad hundr' .. *PQW* 238a; **1334** castrum et constabulariam ville de J. .. tenend' .. una cum feodis militum, advocacionibus .. ac cum hundredis, mercatis, .. dominiis, ~atibus, regalibus, libertatibus, et liberis consuetudinibus .. ad castrum et constabulariam .. spectantibus *RScot* 280a (cf. ib. 607b); dominus .. habere consuevit omnia .. proficua qualitercumque emergencia ex ~ate, sc. wreckum maris, placita marinar', prisam vinorum .., et omnia alia .. ut de ~ate dictis castro et honore spectancia *Capt. Seis. Cornw* 124; illa abbathia .. majus ac majus .. dotata usque ad tempus .. Canuti, qui eis dedit ~atem et libertatem cum terris et tenementis KNIGHTON I 28; **1435** dominii de Tyndale et de werke .. una cum diversis ~atibus, dominiis, castris, pilis, fortaliciis *Cl* 286 m. 17. **b 1358** teneant .. terras suas .. in liberam ~atem cum loquel' corone et ceteris .. privilegiis ad regalitatem pertinentibus *Melrose* 435 p. 400 (cf. ib. 508: in liberam ~atem cum sequelis corone); **1364** totam terram nostram de G. .. tenendam et habendam dictis religiosis in puram et perpetuam elemosynam ac in liberam ~atem *RMS Scot* 144; **1372** cum addicione subscripta, quod ipse et heredes sui dictum comitatum .. teneant .. in libera ~ate .. cum placitis quatuor punctorum corone nostre, et cum omnibus .. que ad veram regalitatem pertinent *Ib.* 400; **1396** in puram et perpetuam regaliam seu ~atem *Reg. Paisley* 72 (v. regalia 2b); **1450** nos .. dedisse .. W. episcopo Glasguen' .. civitatem Glasguensem, baroniam de Glasgu, et terras .. vocatas Bischope Forest in liberam, puram, et meram ~atem *Reg. Glasg.* 376. **c 1392** sub pena forisfacture ejusdem meremii, nisi hujusmodi meremium fuerit alicujus ~atis regni *Mem. York* I 33; **1414** quod tenentes .. patris nostri infra com' palatinum Lancastrie hereditates suas, in manum .. patris nostri .. seisend' et capiend', extra eandem manum .. patris nostri .. per liberacionem in cancellar' ~atis ibidem habend' prosequantur, ut est moris .. racione ~atis supradicte *RParl* 46b; **1575** infra ~atem de Hexham *Pat* 1123 m. 33. **d 1327** pontem .. jacentem infra dominium et ~atem nostram *Reg. Dunferm.* 370 p. 253; **1328** de libere tenentibus ~atis de Abirbroth *ExchScot* 104; **1370** bona nostra .. ubicumque fuerint, nullo dominio sive ~ate vel libertate except', fore distringenda *Kelso* 513; a**1390** premissa omnia fiant per ministros ~atum et baroniarum sicut per ministros regis, quando .. homicidium infra ~atem vel baroniam perpetrari contigerit (*Stat. Rob.* II 5) *RegiamM* f. 60; **1509** ballivus .. abbatis .. totius sue ~atis et baronie de Brochtoun' *Melrose* 581 p. 604; **1573** de totis et integris .. terris .. jacen' infra dominium et ~atem de Melros et vicecomitatum de Roxburgh *Ib.* 607 p. 650. **e** iste [sc. episcopus Dunelmensis] aulam in castro Dunelmensi transmutavit; quod ibidem due fuere ~atis sedes *Hist. Durh.* 11.

regaliter [CL]

1 in a manner characteristic of a king, royally, regally; **b** (transf.). **c** (w. ref. to mode of rule or governance, dist. from *politice*) in the manner of a monarch or autocrat, autocratically.

Wada dux .. in fugam versus est, et Eardwlfus rex victoriam ~er sumpsit ex inimicis BYRHT. *HR* 59; c**1076** teneant .. tam bene et tam plene sicut Haroldus comes melius et liberius tenuerat .. et sicut egomet postea ~ius possedi *Regesta* 123; a**1089** regali stirpe progenita, ~er educata .. me in patrem eligis LANFR. *Ep.* 61 (50); tu .. ~er feceris si .. Deum .. competenti devotione demerueris W. MALM. *GR* II 121 (=*Id. GP* III 130); rex .. cum filio suo Willelmo, .. cum procerum et militum multo comitatu, ad papam ~er venit H. CANTOR f. 18v; in primo conquestu .. fuerunt reges xlviij, et tres femine ~er regentes OTTERB. 8. **b** superato .. ~er principe demoniorum, .. [Dominus] elegit .. famulos fideles BYRHT. *V. Ecgwini* 351. **c** non minoris esse potestatis regem politice imperantem quam qui ut vult ~er regit populum suum .. sufficienter est ostensum FORTESCUE *LLA* 11; distinguit tractans jus regis ~er regnantis a jure regis politice et ~er dominantis *Id. NLN* I 16.

2 in a manner suitable or fit for a king, regally, splendidly.

praecepit equum, ita ut erat stratus ~er, pauperi dari BEDE *HE* III 14 p. 156; filiam suam .. Merciorum regi .., nuptiis ~er factis, ad reginam dedit ASSER *Alf.* 9; tres coronas aureas mirabiliter ac ~er fabrefactas *G. Roman.* 345.

regalium v. regalia. **regalius** v. regaliter. **regard-** v. 1 ragadia, reward-. **regardor** v. rewardator. **regargium** v. rewardum. **regaris** v. regalis. **regatus** v. rogatus.

regelare [CL=*to unfreeze, thaw* (*trans.*), LL *also=to become cold, cool off* (*intr.*)], (in gl.).

gelo componitur ~o, -as, et congelo .. et ab istis verbalia OSB. GLOUC. *Deriv.* 258.

regelascere [CL re- + gelascere], (in gl.) ?to freeze again.

gelo, -as verbum activum, .. unde .. gelasco, -is, quod componitur ~o, -is OSB. GLOUC. *Deriv.* 258.

regeneramen [CL regenerare + -men], regeneration, renewal (in quot. spiritual).

nostrum Deus igitur nobis det optamen / illius in speciem per multiplicamen, / ut gustemus practice per regeneramen / ejus fructus uberes et ter dulces. amen RIPLEY 426.

regenerare [CL]

1 to cause to be reproduced or formed afresh, to cause to regrow, to regenerate.

[unguentum] mire tyneam destruit et capillos ~at ut bis in septimana opus caput radi GILB. II 83v.

1; vulneri superponantur, quia sanguinem stringit et carnem ~at et vulnus consolidat GAD. 124. 1.

2 to renew, to cause to be born again (spiritually, usu. w. ref. to baptism).

'pater domini nostri Jesu Christi, qui per magnam misericordiam suam ~avit nos in spem vitae aeternae' GILDAS *EB* 106 (=*I Petr.* i 3); parturientis gratiae vulva in baptisterio ~atus [*gl.*: i. baptizatus] ALDH. *VirgP* 43; didicit se aqua baptismatis non esse ~atum BEDE *HE* III 23; puerum .. ex peccatrice .. progenitum, sacro fonte ~atum OSB. *V. Dunst.* 35; vos a peccatis abluti et prima regeneratione ~ati ANSELM *Misc.* 312; **1298** degeneres filios .. sancta mater ecclesia ~ans et eos suis lactans uberibus *Reg. Cant.* I 225; **s1452** fili per graciam jam ~ate ad salutem AMUND. I 87.

regeneratio [LL]

1 regrowth, regeneration: **a** (of crop); **b** (of flesh).

a inveni montem .. in quo frumentum nascens vij vel viij annis in granariis illesum conservabatur, quia natura unius terre est altera melior in ~one nutrientium BACON IX 38. **b** ad ~onem .. carnis, fiat unguentum ex .. GILB. III 174. 1.

2 renewal, rebirth, regeneration: **a** (literary); **b** (spiritual, usu. w. ref. to, sts. as synonym for, baptism; *cf. Tit.* iii 5); **c** (dist. as *prima* or *secunda*).

a per pravos compilatores, translatores, et transformatores nova nobis auctorum nomina imponuntur et, antiqua nobilitate mutata, ~one multiplici renascentes degeneramus omnino R. BURY *Phil.* 4. 68. **b** pro reverentia ~onis in albis Pentecosten orandum est, ut in Quinquagessima oratur THEOD. *Pen.* II 14. 11; accepit .. fidem et lavacrum sanctae ~onis BEDE *HE* II 14; **c790** nec tibi plus est in ~one Sancti Spiritus fratris quam mihi ALCUIN *Ep.* 58; quos ~onis [*gl.*: *eftacennisses*] misterio innovare dignatus est *Rit. Durh.* 35; lavacro ~onis et renovationis illos perfudit, et sacro crismate linivit J. FURNESS *Kentig.* 4 p. 169; **1343** ecclesie .. in qua per ~onem Christiano nomini est ascriptus *Eng. Clergy* 262. **c 799** dominus .. noster Jesus Christus solus sic potuit nasci, ut secunda ~one non indiguisset; .. in Johannis baptismo non fuit ~o, sed quaedam praecursoria significatio ALCUIN *Ep.* 166 p. 270; vos .. prima ~one regenerati ANSELM *Misc.* 312 (v. regenerare 2).

regenerativus [ML < CL regenerare+-ivus]

1 (med.) that causes to be reproduced or formed afresh, that causes to regrow, regenerative (in quot. as sb. n., w. ref. to substance applied to wound or ulceration).

illa crustula infecta sic elevetur et removeatur, et tunc rubea caro remanens infundens sanguineas guttas sine aliqua infectione curetur per ~a GILB. III 173v. 1; pone super ulcus .. apostematis medicamen .., et deinde .. concavum repleatur cum ~is, sicut sunt thus, .. gumma pini, .. GAD. 124. 1.

2 that renews or causes to be born again (in quot. transf., w. ref. to baptism).

aquas quae .. baptismi jus induerent et .. contra praevaricationis malum vim ~ae sanctificationis conciperent BEDE *Luke* 358B; inchoata est .. sexta etas .. a die qua baptizatus est [Christus], propter vim ~am datam aquis DICETO *Chr.* 55n. 5 (=M. PAR. *Maj.* I 81, *Flor. Hist.* I 88); vim ~am ab aquis incipiens, divinam potentiam mutatione aquae in vinum .. declarat P. BLOIS *Serm.* 10. 592B; Dominus in baptismo suo vim ~am contulit aquis NECKAM *SS* I 25. 18.

regeneratrix [LL], that renews or causes to be born again (f.; in quot. transf., w. ref. to baptism).

per aquas ~ices regressus nobis ad celestia patet BEDE *Gen.* 46D; post acceptum undae ~icis lavacrum *Id. Hom.* I 12. 63 (cf. id. *Mark* 138D: per lavacrum undae ~icis; cf. *Tit.* iii 5).

regenitor [CL re-+genitor], one who produces or causes to be born again, one who creates anew, regenerator, recreator (in quot. transf. w. ref. to God).

in ministerio paternitatis Dei, qui verus est ~or omnium COLET *Eccl. Hier.* 271.

regens v. regere.

regentia [LL]

1 (acad.) office or position of regent, regency; **b** (w. *necessaria*) duty of compulsory teaching, beginning in the year after inception.

c1380 recommendamus .. magistrum H. C. qui anno jam transacto rexit Oxonie .. vos .. rogantes quatinus subsidium vestrum pro sua ~ia eidem .. conferatis *FormOx* 312; **1423** Elyas Vare .. regens necessarius in nostra universitate existit, et sue ~ie actibus obligatur virtute prestiti juramenti *EpAcOx* 8; novi .. unum cancellarium universitatis .. qui .. per xij annos antea rexit ibi in sacra theologia, et per totum tempus illius ~ie .. GASCOIGNE *Loci* 14; **a1477** in habitu sue ~ie *StatOx* 39n. **b 1508** si aliquis magister regens in artibus .. a sua necessaria ~ia et ab omni actu scholastico absolutus sit *StatOx* 322; **1510** supplicat frater W. G. doctor sacre theologie quatenus secum gratiose possit dispensari pro sua necessaria ~ia secundum dispositionem commissarii *Grey Friars Ox.* 338; **1525** compleat necessariam ~iam *Ib.*; **1569** unde accidit ut onere legendi et disputandi premerentur [quidam in artibus magistri] ad longum tempus sine ulla fruitione necessarie sue ~ie *StatOx* 398.

2 political dominion, rulership.

non video quod aliam ~iam Wallaceus habuit nisi illam quam accepit: verum .. ~iam bene exercuit MAJOR IV 15.

regere [CL]

1 to direct, guide (person or his steps, also absol.); **b** (refl.).

filo glomeris ~ente gressus meos W. MALM. *GR* II 111; [cecus] comite .. previo, qui titubantes gressus ~eret, ad locum venit *Id. GP* V 266; quadam .. die .. rusticus ~ente baculo venit, qui .. clamare cepit, "domine archiepiscope, redde mihi lumen oculorum meorum" ALEX. CANT. *Mir.* 44 (II) p. 245; alii dicunt quod pergo componitur ex pede et rego .. quasi pedem ~o OSB. GLOUC. *Deriv.* 462. **b** surrigo .. i. sursum me ~o .. et dicitur surgo quasi sursum me ~o OSB. GLOUC. *Deriv.* 495.

2 to direct the course or motion of, guide, steer: **a** (animal or vehicle); **b** (ship, also absol.); **c** (movement, activity, or conduct).

a dum aratri stibam .. neglegenter ~eret [*gl.*: duceret, disponeret] ALDH. *VirgP* 31 p. 270; in manibus aurea virga qua equitaturam ~ebat W. MALM. *GR* II 205; elevatur stiva .. qua ~itur aratrum NECKAM *Ut.* 112; veredarii ejus incaute vehiculum suum ~entes super quendam pontem .. cadere permiserunt evolutum M. PAR. *Maj.* V 431; puerum secum in equo sedere fecit, qui equum ~eret et viam illi ostenderet *Latin Stories* 62. **b** navigo, -as, i. navem ~ere OSB. GLOUC. *Deriv.* 369; hic remex, -gis, i. ille qui ~it *Ib.* 484; nauta qui ~it totam navem sedet semper in fine *Regim. Princ.* 94. **c** nocturnos regimus cursus ALDH. *Aen.* 79 (v. 3a infra); Deus .. eidem .. florentis imperii moderamen ~endum [*gl.*: custodiendum, *recend*] commisit *Id. VirgP* 53 p. 311; invictum animum inter adversa et prospera rexit W. MALM. *GR* III *pref.*; vere rex victor, animum virtute ~ens *Ib.* III 48 p. 191; una .. manu .. in securi percutiunt, pollice desuper manubrium .. extenso ictum .. ~ente GIR. *TH* III 10 p. 151; **c1214** ut divinorum administratio in eadem ecclesia debitis ~atur observationibus et solempnibus celebretur officiis *Dign. Dec.* 2 p. 4; ~ere actus ejus [sc. regis] FORTESCUE *NLN* I 20 (v. 4a infra).

3 to control (means of guiding, usu. in fig. context). **b** to control (object) physically, to have control of; **c** (part of body).

672 Theodorus summi sacerdotii gubernacula ~ens ALDH. *Ep.* 5 p. 493; nocturnos regimus cursus et frena dierum *Id. Aen.* 79 (*Sol et Luna*) 8; **705** domino reverentissimo .. Berctualdo totius Brettanie gubernacula ~enti WEALDHERE *Ep.* 22; Æthelbald .. Occidentalium Saxonum post patrem regni gubernacula rexit ASSER *Alf.* 17; frenos nobilium reximus [*gl.*: *we begymdun*] urbium *GlP* 13; **†675** (12c) ego Leutherius .. episcopus, pontificatus Saxonici gubernacula ~ens *CS* 37 (=W. MALM. *GP* V 199). **b** sceptra regens mundi .. Christi gratia ALDH. *Aen.* 7 (*Fatum*) 4; quondam qui regni sceptra regebat *Id. CE* 4. 12. 4. **c** juvenibus etiam cum veteranis baculo ~entibus membra debilia *Chr. Battle* f. 108v; nervos lingue motivos sic impedivit quod ipsa non potuit ~i nec suo more reflecti, et sic defuit loquela *Quaest. Salern.* Ba 47; secundum organum corporis quod nimis est difficile ~ere ratione est cor HOLCOT *Wisd.* 27.

4 to direct the activities of, control (person or group; *cf. et.* sense 9 *infra*); **b** (w. ref. to monk or other person living under a rule). **c** (gdv. as sb. m., app.) monk or canon regular. **d** (w. ref. to education; *cf. et.* sense 8 *infra*); **e** (w. ref. to leading or conducting choir, also pr. ppl. as sb. m.); **f** (refl.) to conduct oneself.

~ere .. dicatur aliquis alium cum is qui ~itur ad alterius, sc. ~entis necessitatem et utilitatem presens statuitur *Ps.*-GROS. *Gram.* 62 (v. 11 infra); cum ista [sc. lex nature] regem sub quo tu [sc. jus regis] militas ~at, numquid et te ejus famulum ipsa gubernabit? nihil vere aliud est ~ere regem quam regere actus ejus FORTESCUE *NLN* I 20. **b** sicut .. clerici in numero regentium continentur et rectorum, sic monachi numerum et ordinem tenent ~endorum GIR. *Spec.* II 23 p. 66; monachi .. ~antur *Ib.* (v. 7a infra). **c** si unquam in ea [sc. ecclesia Menevensi] .. rector emerserit aut ~endus qui .. causarum aleas ausus fuerit experiri GIR. *Invect.* V 2 p. 184. **d 11..** ~ere clericos *EHR* VI 249; ~ebat assidue frequentiam scholarum KETEL *J. Bev.* 281 (v. 8a infra). **e** cantoris officium est chorum in canticorum elevatione et depressione ~ere *Offic. Sal.* 3; solet .. chorus ~i omni die Dominica, et omni duplici festo, et .. *Ib.* 20; in omnibus festis in quibus chorus ~itur *Miss. Sarum* 145; quando cantatur missa de Domina in choro, cum regimine chori, .. portabit .. chorum suos quaternos de officio, et tradet unum cantori et chorum ~enti, ceteros juvenibus ex utraque parte chori *Cust. Cant.* 145. **f** ipsum [sc. ducem Clarencie] .. regie majestatis locum tenentem in regno Francie .. pro absencie sue tempore decretum regale constituit, eidemque modum se ~endi in hoc pregrandi negocio, quem utinam observasset, punctuavit *Ps.*-ELMH. *Hen. V* 107.

5 to guide or govern (morally).

quid .. iniquius potest .. esse .. negotium, quam .. propriis adinventionibus aliquem et libidinibus ~i GILDAS *EB* 4; Hii .. cujus monasterium .. ~endis .. eorum [monasteriorum] populis praeerat BEDE *HE* III 3; **c793** hoc [mandatum] .. pernecessarium esse constat .. maxime his qui gregem Christi ~endum accipiunt ALCUIN *Ep.* 74; **c799** pater .. se sciat rationem reddituRum de ovibus, quas recipit ~endas ALCUIN *Ep.* 286; dignus qui animarum rector esset qui se ipsum ~ere nosset W. MALM. *GP* V 247; **1356** si .. temporalia .. archiepiscopatus .. ad manus regias applicentur, ita quod archiepiscopum de spiritualibus vivere et ~i oporteat *Lit. Cant.* II 341.

6 to direct the affairs of, control, govern. **b** to manage the affairs of (estate or manor), to be in charge or have control of.

spetietenus illi regis nomine donato, cuncta intus et foris ~ebat pro libito W. MALM. *GR* I 68 p. 70; supremus rerum Auctor .. ratione omnia ~it *Ib.* IV 334; registrum .. i. liber quidam ex cujus dictis ~itur ecclesia OSB. GLOUC. *Deriv.* 495; non est aliquod causatum ~ens universum mundum J. BLUND *An.* 354; 'utrum pronoea (que Latine providentia vocatur) mundum ~at' ut Stoici dixerunt, 'an non' ut Epicurei BALSH. *AD rec. 2* 133 p. 86. **b** petunt pariter basternis praedia nota, / quae procul in Tusciae felices parte regebant ALDH. *VirgV* 2298; quod .. is qui modo rem ~it mille et quadringentas libras marsupio suo quotannis annumeret W. MALM. *GP* IV 183; domunculam nostram exilemque familiam et exiguam ~ere non potuimus et more solito ac debito .. gubernare GIR. *SD* 62.

7 (eccl.) to direct or manage the affairs of, to be in or have charge of, to govern (also absol.): **a** (of (arch)bishop or canon, w. ref. to see, diocese or cathedral church); **b** (of pope, w. ref. to apostolic see or the Church). **c** (of abbot or abbess, w. ref. to monastery or abbey). **d** (of priest, w. ref. to parish).

a Justus .. Hrofensem ~ebat ecclesiam BEDE *HE* II 7; una [parrochia] data Daniheli, qui usque hodie ~it *Ib.* V 18 p. 320; **c1074** is post paucos sui introitus dies Dorobernensem aecclesiam ~endam suscepit LANFR. *Ep.* (3 p. 38) (=W. MALM. *GP* I 25); quos [pagos] ~it episcopus qui .. habet sedem Lincolie W. MALM. *GR* I 101; clerici .. ~ant et loca regiminum teneant; monachi .. regantur GIR. *Spec.* II 23 p. 66. **b** sanctus apostolicae qui rexit culmina sedis ALDH. *VirgV* 542; Gregorius .. pontificatum Romanae et apostolicae sedis sortitus rexit annos xiij BEDE *HE* I 23; rexit .. ecclesiam temporibus imperatorum Mauricii et Focatis *Ib.* II 1 p. 79; archiepiscopus .. qui postea sedem apostolicam rexit W. MALM. *GR* V 426. **c** monasterium quod .. Cynefridus rexerat. sed non multum ante Tunberto .. ~endum commiserat *Hist. Abb. Jar-*

row 2; monasterium Mailros quod .. tunc abbas Eata .. ~ebat BEDE *HE* IV 25 p. 269; monasterium .. quod .. Aldhelmo .. ~endum contradidit W. MALM. *GR* I 29; **a1163** de fratribus predicte domus .. quemcunque voluero .. eligam ad ~endam domum quam statuam *Reg. Paisley* 2. **d** sacerdos quidam .. qui parrochiam ~ebat M. PAR. *Maj.* II 213.

8 (acad.) to direct or govern (school or course of study). **b** (intr., usu. of master after inception) to lecture or teach, to be or carry out the duties of a regent; **c** (w. specifying *in* or *de* & abl.). **d** (pr. ppl. *~ens*) lecturing, teaching, regent (also as sb., prob. in most cases w. *magister* to be understood); **e** (w. *actualiter*); **f** (w. *necessarius*); **g** (w. specifying gen. or *in* & abl.); **h** (*magister ~ens*); **i** (w. *actu* or *actualiter*); **j** (w. specifying *in* & abl.). **k** (*doctor ~ens*); **l** (*~ens theologus*); **m** (*non ~ens*, w. ref. to person not, or no longer, teaching or lecturing; also as sb., usu. w. *magister* to be understood). **n** (Sc., pr. ppl. *~ens* as sb.) regent (*cf. OED s. v.* regent 3b). **o** (as sb., ? w. ref. to class of constable or sim. at Oxford, responsible for maintenance of public order (*cf. MunAcOx* 38n. 5); *cf. et. MunCOx* 8, 9–10, 14).

cum in claustrum venissemus ubi schole ~ebantur ALEX. CANT. *Mir.* 45 (I) p. 248; a Lanfranco susceptus, magnum ei levamentum ad scolas ~endas fuit W. MALM. *GP* I 45 p. 74; **c1137** preter eos qui scolas S. Marie de Archa et S. Martini Magni ~unt *Act. Ep. Winchester* 79 (=*E. Ch. S. Paul* 217, *HMC Rep.* IX app. 1 p. 45b, *Educ. Ch.* 90); scholasticus quidam .. Beverlacum petiit, cupiens ibidem .. scholastice discipline studium ~ere .. KETEL *J. Bev.* 281; **11..** ~ere scholas *EHR* VI 249; venit .. ut scholam apud S. Albanum ~eret *G. S. Alb.* I 73. **b 1245** qui doctus in artibus studuisti, tum ~endo, tum audiendo per decem et octo annos .. in jure canonico et civili *Mon. Hib. & Scot.* 44b; **s1253** noluerunt .. fratres .. juribus universitatis subjacere, sed pro voluntate propria ~ere et cessare M. PAR. *Abbr.* 330; **1260** magistro H. de B., scolari Oxonie, qui in proximo incipiet ~ere in decretis, tres damos ad festum incepcionis sue *Cl* 297; **a1350** quia pauci sunt in medicina regentes .. qui prius rexerunt ad presentati deposicionem poterunt vocare *StatOx* 42; **c1380** magistrum H. C., qui anno jam transacto rexit Oxonie *FormOx* 311; **1478** ita quod quilibet eorum taliter incepturus teneatur necessario ~ere per xxiv menses a die incepcionis sue *StatOx* 290. **c 1253** statuit .. quod nullos .. incipiat in theologia nisi prius rexerit in artibus in aliqua universitate *StatOx* 49; **1324** scolares .. sint presbyteri qui in artibus liberalibus seu philosophia rexerint *Stat. Mich. Cantab.* 641; hic Reymundus .. in jure canonico Bononie rexerat excellenter TREVET *Ann.* 227; rexerat in tribus universitatibus Parisius .. de artibus, Oxonie de decretis, et apud Cantebruggiam de theologia *Ann. Paul.* 274; **a1350** nullus .. robam cum pallio deferat, nisi prius in aliqua facultate rexerit in aliqua universitate *StatOx* 39; postquam rexi Oxonie in theologia xij annos GASCOIGNE *Loci* 175; **1589** nullus .. qui gradus inferiores non susceperit et in artibus non rexerit *StatOx* 441. **d 1306** in congregacione sollempni ~encium et non ~encium *StatOx* 22; **1334** universitatem vestram predictam et filios vestros devotos ~entes ac etiam non ~entes in eadem *Collect. Ox.* I 9; **a1350** statutum est quod non admittantur magistri in congregacionibus ~encium nisi continue legant *StatOx* 56; **c1382** post consilium suum deliberatum cum procuratoribus et aliis ~entibus secularibus *Ziz.* 299; **1452** concessa erat gratia omnibus ~entibus, quod liceat cuilibet eorum scribere literas regratiatorias, commendatorias, et testimoniales *MunAcOx* 735; quousque potestas dispensandi cum bonis statutis retrahatur a ~entibus et a procuratoribus universitatis GASCOIGNE *Loci* 3. **e a1350** si unus tantummodo fuerit actualiter ~ens .. aliqui magistri arcium liberalium ad scolas medicine transmittantur *StatOx* 42; **a1407** quod nullus actualiter ~ens citetur absque licencia speciali *Ib.* 197. **f 1423** Elyas Vare .. sacre theologia professor, ~ens necessarius in nostra universitate .. existit, et sue regencie actibus obligatur virtute prestiti juramenti *EpAcOx* 8; **1438** senior necessarius ~ens *StatOx* 258; **1554** discretum necessarium ~entem *Ib.* 362. **g 1275** fratrem Willelmum Cumynum .. tunc temporis in domo Fratrum Predicatorum de Perth in theologica facultate ~entem *Mon. Hib. & Scot.* 107a; **1330** gradu ~entium in artibus, qui continue pondus diei et estus supportant, penitus pretermisso .. duximus supplicandum quatinus ad indigenciam dictorum magistrorum .. *Foed.* IV 411; **a1350** quia pauci sunt in medicina ~entes *StatOx* 42 (v. 8b *supra*); **1360** predictus .. monachus omnes ~entes artium in inceptione sua vestivit robis *MunAcOx* 223; **1425** antiquo statuto quo ad ~entes arcium .. in suo robore permanente *StatOx* 230; **1502** omnes doctores .., inceptores, et bacalarii in divinis, qui antea fuerint in artibus ~entes in universitate *Ib.* 303. **h s1238** canonicis dicte Oseneye magistrisque Oxonie ~entibus *Ann. Lond.* 35; **1412** visitacionem .. omnium doctorum, magistrorum ~encium et non ~encium, ac scolarium .. universitatis [Oxonie] *RParl* III 652a. **i a1231** quod quilibet scolaris habeat magistrum proprium actu ~entem *StatOx* 82; **c1278** ex communi consensu magistrorum actualiter ~entium *MunAcOx* 38; **1311** quod quicquid magistri actu ~entes in duabus facultatibus [cum m]ajori [parte] no[n] regencium judicaverint, statuendum totum pro statuto [perpetuo] habeatur *Collect. Ox.* II 218. **j** cancellarius et omnes magistri ~entes in sacra scriptura .. et ceteri magistri ~entes in decretis et legibus AD. MARSH *Ep.* 192 p. 347; **1382** magister W. J. ~ens in artibus *Ziz.* 307; **a1408** quod nullus magister ~ens in artibus legat ordinarie ultra binam vicem aliquem librum de veteri logica *StatOx* 192. **k 1311** per .. cancellarium Oxonie, venerabilesque doctores in sacra pagina tunc ~entes *MunAcOx* 88. **l c1240** ne .. a patrum et majorum vestigiis, et conformitate ~entium Parisius theologorum, manifeste recedatur GROS. *Ep.* 123. **m 1306** (v. 8d *supra*); **1311** (v. 8i *supra*); **1334**, **a1350** (v. 8d *supra*); **a1407** pro quiete ~encium et non ~encium *StatOx* 197; **1412** (v. 8h *supra*); in magna congregacione ~encium et non ~encium in Oxonia GASCOIGNE *Loci* 28. **n 1414** quod determinantes admitterentur per decanum facultatis et ~entes qui habeant considerare eorum sufficienciam (*Acta Facult. Artium, St. Andrews*) *OED* s. v. *regent* 3b; **1453** rectores .., decanos, procuratores nacionum, ~entes, magistros, et scolares *Mun. Univ. Glasg.* I 6; **1572** ~entes .. dialectice, logice, physice, moralis philosophie, metaphysiceque preceptis edocendis sedulo incumbant (*New Found. Univ. Glasg.*) *EHR* XIV 252n. 3; **1577** tres .. ~entes ..: primus precepta eloquentie .. et Grece lingue institutionem profitebitur .., proximus dialectice et logice explicande operam dabit .., tertius ~ens physiologiam omnem .. enarrabit .., geographiam, et astrologiam profitebitur (*Ib.*) *Ib.* 255n. 6. **o 1278** ex communi consensu magistrorum actualiter regencium una cum consensu majoris Oxonie et aliorum burgensium .. erat ordinatum quod in municipio et suburbio Oxonie tantum erunt xxxj regratarii [v. l. ~entes], ut patet post .. *StatOx* 106 (=*MunAcOx* 38).

9 to possess or exercise political dominion over, to rule (over), govern: **a** (region or realm); **b** (people, group, or nation; *cf. et.* sense 4a *supra*); **c** (of God or divine agency); **d** (absol.). **e** (*~ere imperium*) to possess or exercise dominion (in quot. usu. w. specifying gen.). **f** (pr. ppl. *~ens* as sb.) one exercising power in name or in place of king, regent (also in appos.).

a post haec imperio regeret cum Claudius orbem ALDH. *VirgV* 1869; impius Augustus, qui mundi regna regebat *Ib.* 2201; Severus .. fortissime quidem rempublicam sed laboriosissime rexit BEDE *HE* I 5; Constantius, qui vivente Diocletiano Galliam Hispaniamque ~ebat *Ib.* I 8; Egelredus .. regnum adeptus obsedit potius quam rexit annis triginta septem W. MALM. *GR* II 164; ad quatuor milites qui tunc .. vicecomitatum Suthsexie ~ebant *Chr. Battle* f. 87v. **b** ad cunas Bethlehemitici ducis populum Israhel gentesque postulatas in virga ferrea recturi ALDH. *Met.* 2 p. 69; eis quibus te ~endis divina praefecit auctoritas BEDE *HE pref.* p. 5; gens quam ~ebat Anglorum *Ib.* III 3; **a816** ad plebem suam ~endam (*Lit. Regis*) W. MALM. *GR* I 88 p. 87; jure regens cives (*Vers.*) *Ib.* II 135 p. 151. **c** simul cum Sancto superna / Flatu regenti saecula (ALDH.) *Carm. Aldh.* 1. 200; Pluton .. qui tetris tartara sceptris / rexit *Id. VirgV* 1379; Deum .. qui caelum et terram et humanum genus creasset, ~eret et judicaturus esset orbem in aequitate BEDE *HE* III 22 p. 172; Populonia, Juno quia videbatur ~ere populum OSB. GLOUC. *Deriv.* 476. **d** in primo conquestu .. fuerunt reges xlviij, et tres femine regaliter ~entes OTTERB. 8. **e** princeps, imperium qui Romae rexerat amplum ALDH. *VirgV* 1039; Neptunus .. / qui regit imperium ponti *Ib.* 1339; pater .. / imperium mundi .. regebat *Ib.* 2060; iniquum postulatu ut imperio decedat quod tanto favore civium ~endum susceperit W. MALM. *GR* III 238 p. 298. **f** in quibusdam communitatibus non unus solus, sed plures preficiuntur ~entes OCKHAM *Dial.* 485; **1421** Henricus .. heres et ~ens regni Francie *Entries* 442b; ~ens .. Francie et non rex Francie FORTESCUE *Def. Lanc.* 3; post cujus [sc. Edwardi] discessum Joannem Cunnyngum ~entem Scoti et non Guillelmum Wallaceum eligunt MAJOR IV 15; **1559** requisitione illustrissime .. regine ~entis *Conc. Scot.* II 142; **1567** avunculi nostri Jacobi Moravie comitis, .. nostri regni ac ligeorum nostrorum ~entis *Scot. Grey Friars* II 235.

10 to lead, command (mil. force).

†mampularis [l. manipularis] dux qui ~et exercitum *GlC* M 64; Aimarus .. episcopus, qui postea exercitum illum rexit prudentia, auxit eloquentia W. MALM. *GR* IV 348.

11 (gram.) to govern (case).

consulo ~it in diverso sensu duos casus; dicimus enim consulo tibi .. et consulo te OSB. GLOUC. *Deriv.* 110; quando determinatur [adjectivum] per obliquum quem ~it, per omnes casus contingit ipsum determinari excepto vocativo, quia vocativum non ~it VINSAUF *AV* II 3 p. 298; ob hoc dicitur hec prima construccio personalis et dicitur quod verbum ~it hunc casum ex vi persone. regere vero dicitur aliquis alium cum is qui regitur ad alterius, sc. regentis, necessitatem et utilitatem presens statuitur *Ps.*-GROS. *Gram.* 62; solum verbum est illud cum quo nominativus construitur et a quo ~itur BACON XV 103; illud adverbium 'pridie' ~it istum accusativum 'kalendas' *Ib.* 185; per hoc .. patet quos casus ~unt preposiciones Grece *Id. Gram. Gk.* 13; 'exigens' et 'exactum' dicuntur constructibilia talia, quorum alterum dicitur .. ~ere alterum ex vi aliqua DUNS *Ord.* V 332 (=*Id. Sent.* I 21. 5 p. 215).

regerere [CL], to carry or bear back.

relata, regesta *GlC* R 137; qui .. hujus sancti .. reliquias .. nostras ad plagas accedere jussit, si quoquo terrarum sit hinc regerendus, nobis .. demonstrabit *V. Neot. A* 19.

regerminare [CL], to bud or bloom again.

s1248 tota .. hiems in vernam versa est temperiem; videres igitur arbores in Februario ~are M. PAR. *Min.* III 43 (cf. id. *Maj.* V 47: germinare).

regester v. register. **regester-** v. registrum. **regesterium** v. registerium. **regestor** v. register. **regestrum** v. registrum.

regestum [ML < CL regestus *p. ppl. of* regere, LL *in pl. only*; cf. et. ML registrum, regestrum], book into which official documents are transcribed, register.

s1199 quas .. litteras .. Giraldus .. in ejusdem pape ~o scribi procuravit R. HOWD. IV 106 (=W. COVENTR. 157).

regetum v. 2 rocheta. **regeus** v. regius. **reggaltum** v. righoltum.

regibilis [LL], that can be directed or ruled.

omnis volicio Dei .. est immobilis, et per consequens non est .. ~is, ducibilis, gubernabilis WYCL. *Dom. Div.* 149.

regie [CL], in the manner characteristic of a king. **b** in royal circumstances, (*nasci regie*) to be born to a father who is a king.

quicquid Henricus fecerat vel tyrannice vel ~e, comparatione deteriorum visum est peroptimum H. HUNT. *HA* VIII 1. **b** quod [Henricus] solus omnium filiorum Willelmi natus esset ~e, et ei regnum videretur competere W. MALM. *GR* V 390.

regifice [CL], in a manner befitting a king, regally, splendidly.

rex Richardus fuit .. duci Albanie .. presentatus, cum quo ~e quo ad statum honoratus BOWER XV 9.

regificus [CL]

1 fit for a king, royal, splendid.

aulam regiam .. in ~am Christi vertit ecclesiam GOSC. *Aug. Min.* 752B.

2 characteristic of a king, kingly, royal. **b** (w. *libertas*) granted by a king, that is (specifically) in the king's power to grant.

infantem .. conspicuum, .. habentem in corpore notam quasi ~um signum GOSC. *Wulfh.* 1. **b** †**972** (12c) hanc .. totius abbatie .. ~am libertatem .. a sede apostolica .. corroborare *CS* 1280 (=*Ib.* 1258, *MonA* I 383a, H. ALBUS 36).

3 of royal descent, belonging to a royal kindred, royal.

non patrie urbes, non ~um patrimonium .. celos ingredientem ejus flectebant animum GOSC. *Edith* 51;

adducebat dextra virginem ~am *Id. Transl. Mild.* 21 p. 182; illa .. procos et amatores ~os angelica pudicitia repulit *Id. Werb.* 101C (ed. *OMT* 2 p. 34).

regignere [CL], to bear or give birth to again (in quot. w. ref. to baptism). **b** to give birth to in turn.

Dei filius, ex virgine sancta natus, baptismo sancto regenitus, vere ecclesie filius effectus est, et nobis omnibus frater esse incepit (G. FOLIOT *Expositio in Cantica Canticorum*) *PL* CCII 1297A. **b** stella maris, de fonte venis fontemque regignis / nectareum GARL. *Epith.* I 47.

regilla [CL regillus *treated as sb. f.*], (in gl., understood as) royal clothing.

regina .. unde .. hec ~a, -e, i. vestis regine OSB. GLOUC. *Deriv.* 493; ~a, vestis regia *Ib.* 508; ~a, A. *a quenyscloth WW.*

regimen [CL], **regmen** [LL]

1 control of course or direction (in quot. of plough), steering. **b** apparatus of steering, (in quot. fig., in pl.) reins of power, rulership (*cf. gubernaculum* 2), (also w. ref. to that which is ruled) realm, kingdom (*cf. et.* sense 5 *infra*, w. which some quot. might also be construed).

est .. aratrum difficilis ~iminis [*gl.*: *guvernement*] cum .. in terra gipsea .. sit inpressum NECKAM *Ut.* 112. **b** Domino .. imperii sceptra gubernanti, illustris regalis regni ~imina dispensanti ALDH. *Met. pref.* p. 61; sceptri dum solus tunc regmen in orbe tenebam TATWINE *Aen.* 22 (*Adam*) 2; terrigenas .. duco ad caelestia regna, / viribus ut freti tradant ad corpora paenas, / regmina veniturum captantes aurea saecli BONIF. *Aen.* (*Spes*) 60; claviger aethereus servat qui regmina caeli ALCUIN *Carm.* 88. 17. 1; pontificalis apex .. / Eadfridus .. sanctorum regmina servans ÆTHELWULF *Abb.* 94; **955** nonus .. annus adest ex quo regalia erexit [?l. rexit] ~imina *Ch. Burton* 13; o Dee cunctipotens cosmi qui regmina flectis *De lib. arb.* 167.

2 control (of conduct or movements); **b** controlling agency or influence, mechanism of control.

cerebrum .. sensus et motus, fantasie, estimationis, rationis, memorie ~imen [v. l. regnum] tenet ALF. ANGL. *Cor* 3. 2; potius .. ponendum est mundum habere animam, cum stabilius sit ejus ~imen J. BLUND *An.* 353; quando est [anima] in corpore, convertit ipsa aciem animi et intentiones suas ad ~imen corporis *Ib.* 371. **b** [Icarus] ~imine cere soluto decidit in mare *Natura Deorum* 123; complexio .. neque sui ipsius neque caloris cordis ~imen est ALF. ANGL. *Cor* 7. 5; superni ~iminis provida moderacio, per quam sudoris vestri vigor .. vitia superabit AD. MARSH *Ep.* 143 p. 272; tandem unus illorum [sc. philosophorum] .. cum ab aliis .. interrogaretur .. quid se scire arbitraretur, respondit se scire ignium ~imina RIPLEY 135.

3 guidance, governance, direction (of person, his or her behaviour, activities, or education, w. obj. gen.); **b** (w. subj. gen.); **c** (fig.; quot. might also be construed with sense 5 *infra*). **d** (of school or college, its operation or procedures, w. obj. gen.); **e** (w. subj. gen.); **f** (w. ref. to acad. regency; *cf. regere* 8). **g** active directing, conducting (of choir). **h** (of abstr.); **i** (*~imen animarum*). **j** (gram.) governance, ruling (of one word or its case by another). **k** charge, care, responsibility (for process or affair).

ascendens .. Moyses ad Dominum, Aaron et Hur .. in campestribus ad ~imen populi dereliquit BEDE *Tab.* 396 (cf. *Ex.* xxiv 13–14); quia gravius adolescentie certamen superaverat, ad forcius infirmioris sexus ~imen .. assumptus est *Canon. G. Sempr.* f. 39; ubi vir Dei vacans contemplationi et gregis sui ~imini reperitur *V. Edm. Rich P* 1803B; **1422** volumus .. quod avunculus noster dux Exon' habeat persone sue [r]eg[i]me' et gubernacionem (*Test. Hen. V*) *EHR* XCVI 99 (cf. ELMH. *Hen. V Cont.* 159); ut in ipsorum ~imen et tutelam preessent *Ps.*-ELMH. *Hen. V* 46; ducem .. Exonie .. ad ~imen persone venerabilis Karoli Francorum regis .. deputavit *Ib.* 107. **b** militum Christi .. x milia sub distincto Juliani ~imine [*gl.*: potestate, regula, gubernatione, *gymene*] ALDH. *VirgP* 36 p. 282; o genus est superum felix, me virgine nancta: / regmine nempe meo perdono piacula terris BONIF. *Aen.* (*Misericordia*) 92; cujus [sc. Dunstani] magisterio multum proficiens. tandem monastici ordinis habitum ab ipso suo cepit, humili devotione ejus ~imini deditus WULF. *Æthelwold* 9 (=ÆLF. *Æthelwold* 6). **c** sola duarum / et regimen [v. l. duarum / regmen] hominis aliaque sceptra patrabo HWÆTBERHT *Aen.* 39 (*De i littera*) 4. **d** a**1350** quod quicumque scolas gramaticales .. tenere voluerint, sub pena privacionis a ~imine scolarum, ac sub pena incarceracionis .. subeunde, ab hujusmodi lectura desistant *StatOx* 23; **1433** juxta exigenciam officii quo fungimur super ~imine dicti collegii *Deeds Balliol* 302. **e** demum ad elecciones et cessaciones, ac modum ~iminis cancellarii, procuratorum, et bedellorum progreditur *StatOx* 199. **f** propter paucitatem regencium in artibus, quorum plurimi onus ~iminis pre paupertate relinquant *StatOx* 73. **g** per octabas dicatur eadem missa nisi festum cum ~imine chori intercurrat *Miss. Sarum* 156 (cf. ib. 145: in omnibus festis in quibus chorus regitur); quando cantatur missa de Domina in choro, cum ~imine chori *Cust. Cant.* 145; **1350** in choro per notam psallant, si commode fieri potest, vel ad minus in festis cum ~imine chori *Lit. Cant.* II 502; **1416** cum ~imine chori secundum usum Sar' ecclesie *Reg. Cant.* III 29. **h** rex regum .. / .. de rerum regmine rector ALDH. *VirgV pref.* 29; sicut ad ~imen nature [TREVISA: *to þe reulinge of kinde*] exiguntur sensus et virtutes, ita .. BART. ANGL. III 22; humores .. quia stant sine ~imine nature, putrescunt et inficiunt locum dolorosum N. LYNN *Kal.* 209; domini R. abbatis, in cure pastoralis ~imine proximo succedentis *Croyl. Cont. B* 497. **i** c**1072** ut nullus episcopus vel archidiaconus .. causam que ad ~imen animarum pertinet ad judicium secularium hominum adducant *GAS* 485; decani officium est quod omnibus canonicis et vicariis cum animarum ~imine et morum correctione preemineat *Offic. Sal.* 1. **j** construccio intransitiva cum verbo non absolvitur a ~imine; set vocativus casus intransitivam habet construccionem cum verbo .., quare non absolvitur a ~imine BACON XV 110. **k** **1460** magister B. accipit super se magnum ~en .. et .. si pecunia legata .. non fuerit .. distributa, erit ad magnum dedecus *Paston Let.* 612.

4 (eccl.) control or direction of affairs (of church, monastery, or (arch)bishopric), government, rule ; **b** (w. obj. gen.); **c** (w. subj. gen.). **d** period of governance, 'reign'. **e** (? w. ref. to that which is ruled, in quot. to body of monks in given monastery, collectively).

morosam dictandi intercapidinem .. ecclesiastici ~iminis [*gl.*: gubernationis] sollicitudo denegabat ALDH. *VirgP* 59 p. 320; **705** quod adhuc infelicius est ecclesiastici etiam in hanc ipsam dissensionem qui sub ipsis [sc. regibus] ~iminis gubernacula sortiuntur .. de utraque parte inplicantur WEALDHERE *Ep.* 22; cepit interea tedere Ceolfridum prioratus, magisque delectare libertas monachicae quietis quam alieni cura ~iminis *Hist. Abb. Jarrow* 8; longe convenientius clerici loca ~iminum tenent. .. clerici .. regant et loca ~iminum teneant, monachi vero regantur et pascantur GIR. *Spec.* II 23 p. 66; commemorat .. prioris .. modum ~iminis, quomodo vivebat .. *Hist. Durh.* 2 p. 133; s**1458** quia lucerna ~iminis .. avunculi mei, ecclesie .. de Tynemutha prioris, .. jam .. reponitur .. super candelabrum *Reg. Whet.* I 312. **b** nonnulli Linum et Ancletum in pontificatus ~mine [v. l. ~imine; *gl.*: i. potestate, *wissunge*] nequiquam praeferant ALDH. *VirgP* 25; quales ad ecclesiae ~imen adsumi .. debeant BEDE *HE* II 1 p. 76; solus ut illum pontificii preibat honore, / regmine qui fruitur sedis apostolice *Epigr. Mildredi* 810; vacavit sedes Lundonie, et ad ipsius favorem Rodbertus de Sigillo .. tunc monachus de Redingas, vir bonus ad ~imen illius sedis accitus est J. HEX. *HR Cont.* 309; Thomas .. deposito prioratus ~imine in insulam Farne secessit GRAYSTANES 5; .. secularitas in curatis .. est omnino ab ecclesia depellenda, et commune ~imen [ME: *governail in comoun*] ecclesie .. est .. resumendum *Concl. Loll. XXXVII* 37. **c** c**1085** (1324) petimus ordinari pontificem, quatenus .. nos sub hujus ~imine salubriter militare possimus *Conc.* II 523a. **d** obiit .. abbas .. anno sui ~iminis duodecimo ELMH. *Cant.* 174; ecclesiam .. strenuissime rexit. .. anno octavo sui ~iminis .. FLETE *Westm.* 105. **e** a**786** salutat te Hereca abbas in salutatione sancta et omnis ~imen [*sic*], qui in suo caenubiale [*sic*] vita maneat *Ep. Bonif.* 135.

5 possession or exercise of political dominion, rule, rulership, government; **b** (w. obj. gen.); **c** (transf.). **d** (w. ref. to that which is ruled) realm, kingdom.

aethereum qui servat regmine regnum ALDH. *VirgV* 2873; †**699** (12c) sponte .. sua seipsum meo ~imini [v. l. regimonio] commisit *CS* 101 (=*Chr. Abingd.* I 10); hodie .. Gasconia et Aquitannia tota eodem quo et Britannia ~imine gaudet GIR. *TH* III 9; c**1245** ut .. suo ~imini subjectos ab omni cohibeat illicito GROS. *Ep.* 124 p. 350; s**1199** dimisit Johanni fratri suo ~en Anglie *Feudal Man.* 93; lex nature .. mulierem a suppremo ~imine in radice humani generis .. naturaliter propellebat FORTESCUE *NLN* II 30. **b** c**601** Deus bonos quosque ad populorum ~imina perducit (*Lit. Papae*) BEDE *HE* I 32 p. 67; **1286** has litteras patentes sigillo ~imini regni Scoc' deputato fecimus sigillari *Reg. Aberbr.* I 333; ut regionis sue statum experiatur et ~imen *Ps.*-ELMH. *Hen. V* 113; fratri meo duci Bedfordie custodiam et ~imen ducatus Normannie .. committendum fore decerno *Ib.* 127 p. 333. **c** ille cui consulatus vice ~imen [*gl.*: custodia, dominium, *recedom, wissung*] ceterarum [sc. apium] commissum est ALDH. *VirgP* 6. **d** arbiter aethereo jugiter qui regmine sceptra / disponis ALDH. *Aen. pref.* 1; c**970** (12c) ab Aþulfo rege tocius sui ~iminis rura decimante *CS* 1151; huic .. in ~inis sumministratione succedit filius Eadbaldus BYRHT. *HR* 2.

6 (w. ref. to specific scheme or method of regulation or governance): **a** order(ing), disposition. **b** (in med. context, freq. w. *sanitatis* or sim.) regime, regimen. **c** (in acad. context) course (of study).

a in fovendo attenduntur duo, sc. inicium et ~imen vel dispositio, quia tunc incipit .. animal .. disponi secundum membra S. LANGTON *Gl. Hist. Schol.* 40; et cum omnia ista concurrunt in convenientia secundum ordinem, tunc salvum est ~imen corporis, et procedunt omnia cum incolumitate et quiete nature *Ps.*-RIC. *Anat.* 24 p. 10. **b** secundum hoc ~imen dirigas et curiose nutrias, et cum signa digestionis apparere inceperint manifesta, tunc multo ~imine et subtili reficies RIC. MED. *Signa* 35; ~imen completum sanitatis ..; quod consistit in his que sunt cibus, potus, somnus, vigilia, motus, quies, evacuatio .. BACON *NM* 540; tunc habet aliud ~imen usque ad complementum lxx annorum *Id.* V 131; in debito ~ine corporis et prolongationis vite ad ultimos terminos naturales *Id.* IX 181; capitulum 18m, de ~imine replecionis et inanicionis. .. capitulum 21m, de sompni et vigilie ~imine KYMER *tit.* p. 551; ut pro vestre sanitatis ~imine congruior et apcior constituatur dieta *Ib.* 3 p. 552. **c** Deus, qui me studium Oxonie et ipsius doctoratus ~imen trienale .. concessisti perficere AD. USK 74.

7 rule of conduct (as observed by a religious community).

sanctimonialium sub ~imine [*gl.*: sub regula, *under gymene*] coenubii conversantium ALDH. *VirgP* 58; frater erat quidam sancte sub regmine celle ÆTHELWULF *Abb.* 321; normalis sese dedans sub regmine vitae FRITH. 74; quae ter quinque vivens annis / regularibus sub pannis / claustrali regimine *Anal. Hymn.* XL 372; **1305** abbates monasteriorum et aliorum locorum conventualium, dicti ordinis [sc. Cisterc'] ~iminibus presidentes (*Bulla Papae*) *Couch. Furness* I 562.

regimentum [CL]

1 guidance, governance, control (in quot. freq. w. obj. gen.); **b** (legally invested).

~um, regimen, gubernaculum, remigium, remulcamen OSB. GLOUC. *Deriv.* 506; ~um totius mundi est a prima causa .. et .. non est aliquod causatum regens universum mundum J. BLUND *An.* 354; ab una et eadem anima potest procedere ~um per universitatem orbis *Ib.* 356; anima est in corpore humana ad ~um corporis humani *Ib.* 378; nisi rationis arbitrium subvenerit ad ~um utriusque illarum virtutum [sc. vis concupiscibilis et vis irascibilis] *Ib.* 415; quia .. colera nigra ad os stomachi, et ita ad cor et ad cerebrum et ad corporis vitam et ~um solum est nutrimentum GILB. II 104. 1. **b** **1438** monasterium .. notabile .., ville predicte ~um magna ex parte gerens BEKYNTON I 24.

2 (med., or in med. context, in quot. usu. w. *corporis*) control of the body or its health, regimen. **b** regulation or control (of disease; in quot. in title of book).

magis .. disserit de corpore quam de anima quoniam majorem habet notitiam de corporis dispositione et de ipsius nutrimento et ~o *Quaest. Salern.* B 3; causa instimulans et cogens naturam est morbi fortitudo, .. calor aeris, error ~i, .. BACON IX 206. **b** a**1350** incepturi .. in medicina .., quantum ad practicam, librum ~i Acutorum, vel Librum Febrium Ysaac, seu Antidotarium Nicholai, legisse tenentur *StatOx* 41.

regiminium v. regimonium.

regimonium [ML < CL regere+-monium],

~ia [CL regere+-monia], governance, ruling. **b** management, control (of conduct). **c** (in gl.).

†**676** (12c) regnante ac gubernante ~ia regni Osrici regis, anno recapitulationis Dionysii *CS* 43 (=*MonA* II 264a); †**699** (12c) sponte .. sua seipsum meo regimini [v. l. ~io] commisit *CS* 101 (=*Chr. Abingd.* I 10); †**801** (13c) ego B. rex regni ~ia dispensans *CS* 282 (=*Chr. Abingd.* I 16). **b** c**745** incorrectis qua ratione cura ~ii [v. l. regiminii, regiminis] Christianae conversationis injungitur? (DAN. WINT.) *Ep. Bonif.* 64 p. 134. **c** ~ium, gubernatio *GlC* R 104; ~ium, regimen OSB. GLOUC. *Deriv.* 506 (ed. Mai).

regina [CL]

1 queen (as consort of a king or in her own right); **b** (w. *consors* in apposition) queen consort. **c** (w. *mater* in apposition) queen mother. **d** (in place-name, in quot. w. ref. to Queen's Hithe, London). **e** (w. ref. to daughter of Roman emperor). **f** (w. ref., perh. erron., to mistress of king). **g** (in phr. *lana ~e*) wool of the highest quality (*v. lana* 2e).

ut regina gestat rubicunda crepundia collo ALDH. *VirgV* 611; eadem .. nocte .. pepererat ~a filiam regi BEDE *HE* II 9 p. 99; habet rex sacam et socam excepta terra aecclesiae Sanctae Trinitatis, et S. Augustini, et Eddevae ~ae *DB* I 2ra; a**1089** Lanfrancus .. gloriosae Scotorum rigine [*sic*] M. salutem et benedictionem LANFR. *Ep.* 61 (50); s**918** hec [sc. Edelfled] .. domina tante potentie fertur fuisse ut a quibusdam non solum domina vel ~a, sed etiam rex vocaretur H. HUNT. *HA* V 17; Dedalum .. legimus Pasiphe ~e vaccam fecisse in qua inclusa a tauro violata est BERN. *Comm. Aen.* 37; s**1195** rogavimus eundem, ut ~am suam, quam a se consilio iniquo amoverat, affectu maritali tractaret M. PAR. *Maj.* II 412; [potens rex] ostendit ei [sc. domine] suam potenciam, narravit ei de suo regno, optulit ut eam faceret ~am [ME: *cwen*] omnium que possedit *AncrR* 153; **1559** concilium decrevit serenissimam dominam nostram ~am .. deprecandam, ne .. *Conc. Scot.* II 166. **b** **1280** W. de K., attornatus ~e consortis *SelPlJews* 107. **c** s**1328** dicitur .. quod albe carte fuerunt, et totum per ordinationem ~e matris AD. MUR. *Chr.* 57; s**1328** fuerunt ibi hastiludia solempnia, quibus interfuit ~a mater AD. MUR. *Chr.* 57; s**1344** fuerunt .. ibidem domina regina Philippa, .. domina ~a mater, domina Isabella, .. *Ib. app.* 231. **d** **1220** temporibus H. regis avi nostri, R. avunculi nostri, et regine Alienor' quamdiu Hutha ~e fuit in manu ejus in parte dotis sue *Cl* 425b; **1221** de Heth' ~e: .. Ricardo de Ripar'. cui Ripam ~e in Lond' .. commisimus custodiendam *Cl* 478a. **e** praefatas .. regina [sc. Constantina] monebat, / virgineum .. ut servent .. aevum ALDH. *VirgV* 2116. **f** s**1236** obiit domina Johanna domina Wallie, uxor Lewelini, filia regis Johannis et ~e Clemencie *Ann. Tewk.* 101. **g** habet Humfridus camerarius unum villanum in custodia causa codunandi lanam ~ae *DB* I 30 va; **1238** faciendo inde debitum servicium, sc. colligere lanam ~e per loca debita .. vel solvere per annum ad .. scaccarium xx s. *KR Mem* 17 m. 3*d*.

2 woman who has rank or pre-eminence: **a** (applied to BVM as queen of heaven). **b** (*~a autumnalis*) autumn or harvest queen.

a Maria, virgo perpetua, .. supernorum ~a [*gl.*: domina] civium ALDH. *VirgP* 40; videbat .. ~am celi .. stantem ante se *V. Chris. Marky.* 26; ad interventum ~e celorum AD. MARSH *Ep.* 199 p. 358; nec est dubium .. quin ~a mundi sit devota subditis suis PECKHAM *Kilw.* 123; ~a regni glorie HAUDLO 174; filius nominatur rex Judeorum, sed mater, que ~a celorum est, nunquam regina dicitur Judeorum FORTESCUE *NLN* II 6. **b** **1476** solut' Roberto Wygsell ij d. quos dedit cuidam ~e autumpnali apud Eastry ex assignacione domini prioris *DCCant.* D. E. 53.

3 (transf.) name of a chess-piece.

ejus [sc. regis] atque dextrum latus regina possideat (*Vers. Wint.*) *Hist. Chess* 514; cum vero [pedes] expleto cursu ultimam tenet lineam, ~e dignitatem adipiscitur NECKAM *NR* II 184; ~a sive domina, que dicitur fertze, capit et vadit oblique J. WALEYS *Schak.* 464 (cf. *Arch.* XXIV 220); quintus .. est ~a, cujus progressus est de albo in nigrum, et ponitur juxta regem *G. Roman.* 552 (cf. ib. 676: de nigro in nigrum vel de albo in album); rex sedet in medio, cum quo regina locatur (*Vers. Corpus*) *Hist. Chess* 519; rex, rocus, alphinus, miles, regina, pedinus (*Vers.*) *CathA.*

4 (used w. ref. to f. creature, thing, or abstr., that is considered foremost or dominant in its class or situation).

ut sit virginitas ~a, [*gl.*: regis conjunx], castitas domina, jugalitas ancilla ALDH. *VirgP* 19 p. 248; hanc .. civitatem [sc. Bizantium] .. tui nominis vocabulo nominabis, ita ut ~am [*gl.*: dominam] illam facias *Ib.* 25 p. 259; integritas .. virtutum regina vocatur *Id. VirgV* 185; mors .. omnium ~a est formidinum *V. Greg.* p. 109; ad ipsam tocius regionis ~am metropolim .. Lundonias devenit *G. Steph.* 2; hec scripturarum regina vocatur, eandem / divinam dicunt J. SAL. *Enth. Phil.* 443; de aquila que velut ~a [TREVISA: *as queene of foules*] inter volucres optinet principatum BART. ANGL. XII 2; Anglia .. insularum ~a merito .. nuncupatur OXNEAD *Chr. Min.* 412.

5 (bot.): **a** (*~a*) angelica (*Angelica*), or perh. white dead-nettle, archangel (*Lamium album*). **b** (*~a* or *~a prati*) ? meadowsweet, meadsweet (*Filipendula ulmaria*) or ? balm (*Melissa officinalis*).

a senecion, angelica, que est ~a, coriandrus .. herbe note sunt NECKAM *NR* II 166. **b** **12..** ~a, i. *reine*, i. *medwurt WW*; odorem bonum faciunt .. ~a prati et pulegium montanum GAD. 86v. 1; colligantur in estate flores albe spine et flores ~e prati *Ib.* 117. 1; ~a prati, A. *moderwort SB* 36; ~a prati, *medewort Alph.* 156; ~a prati, A. *medesewte WW*; *mayden grisse* [v. l. *maydyngresse*], ~a prati *CathA.*

reginalis [ML < CL regina+-alis]

1 of or pertaining to a queen. **b** (*collegium ~e*) Queens' College, Cambridge. **c** Queen's College, Oxford.

de .. malevola .. regina .., quae omnia contraria .. omni populo ita peregit .. ut a ~i solio proiceretur ASSER *Alf.* 13; quia .. nondum ~i conubio participarat *Pass. Æthelb.* 3 p. 237; s**1189** domina Alienor regina .. ~em curiam circumducens .. sicut ei placuit profecta est *G. Ric. I* 74 (=R. HOWD. III 4, BROMPTON 1155); magnificentie ~is officiosa devotio AD. MARSH *Ep.* 17; s**1101** ~em dignitatem .. M. PAR. *Min.* I 189; s**1382** etiamsi regali, aut ~i, vel imperiali .. prefulgeant dignitate WALS. *HA* II 78; deinde ~is [*Ps.*-ELMH. *Hen. V* 113: regalis] nobilitas .. multas et varias ipsius [regionis] partes intendebat visere ELMH. *Hen. V Cont.* 148; ~is coronacionis *Ps.*-ELMH. *Hen. V* 112; **1574** ordinaciones .. redactas .. sub magno sigillo a serenissima ~i majestate clericis irrotulamenti confici .. curavit *Pat* 1110 m. 8. **b** **1526** quando tecum ipse Senece libros ac Jeronimi quosdam in ~i Cantabrigie Collegio perlegi (ROB. ALDRIDGE) *Ep. Erasm.* VI 1766 p. 435; **15..** Collegii ~is prefecturam .. triennio administravit (*Hist. Roff. Cont.*) *Anglia Sacra* I 382. **c** **1549** Collegium ~e *StatOx* 359.

2 (as sb. m.) member of queen's party or faction.

s**1252** sic .. regales contra ~es, Pictavenses contra Provinciales .. debacchantur, ac si certarent qui eorum .. regno prefore .. mereretur M. PAR. *Maj.* V 352.

reginaliter [ML reginalis+-ter], in the manner or fashion of a queen.

facta est .. sanctimonialis professa velata ante mortem, et supra velum apposita est corona, et vestita est ~er, et sic sepulta est M. PAR. *Maj.* V 354.

reginela v. reginella.

reginella [CL regina + -ella], (bot.) meadowsweet (*Filipendula ulmaria*; *cf. regina* 5b, also *roynet*, *medewort* at *Plant Names* 220, and 'in low Dutch, *reiinette*' (GERARDE) at *Alph.* 156n. 10), or perh. balm (*Melissa officinalis*; *cf. reynette*, *medewort* at *Plant Names* 174).

~ela, i. remede, A. *medewort Alph.* 156.

regineus [CL regina+-eus], of or pertaining to a queen. **b** (*collegium ~eum*) Queen's College, Oxford.

1550 inter tenementum .. Johannis D. ex boreali, communem venellam que dicitur Cailparis ex australi, tenementum .. Thome P. ex orientali, et communem plateam ~eam ex occidentali *Scot. Grey Friars* II 43; **1555** in guerris ~eis contra veteres hostes et inimicos hujus regni idem invaden' *Melrose* 646. **b** **1565** Collegium ~eum *StatOx* 385.

regino v. regio.

reginula [CL regina+-ula], minor or petty queen.

regina .. unde hec ~a, -le, diminutivum OSB. GLOUC. *Deriv.* 493; sed post est dicta Wallia / a Gwalaes reginula [TREVISA: *the quene*] (*Ps.*-MAP) HIGD. I 38 (=*Ps.*-MAP 132, *Eul. Hist.* II 132).

regio [CL]

1 relative position, direction. **b** (*e ~one*) in a straight line, directly (in quot. freq. w. *opponere* or *oppositus*; also transf., without sense of motion or physical direction). **c** opposite (to, w. gen.), on the other side (also w. *alia*); **d** (w. ref. to figures in astr. table); **e** opposite one another, face to face. **f** from the opposite direction. **g** in opposition (also *a ~one* in same sense); **h** opposed (in character or nature), opposite. **i** for one's own part, on one's own side (on the other hand). **j** in contrast, on the contrary, on the other hand.

e ~one qua hostium sperabatur adventus, vallem .. intuetur BEDE *HE* I 20; e ~one boreali suum quique in meridiem salutant successorem, Laurentius Mellitum, .. Deusdedit Theodorum GOSC. *Transl. Aug.* 25A; gentiles e ~one maris pugnantes ORD. VIT. IX 10 p. 560; erigere .. nullum eorum [sc. digitorum] poterat, nec dirigere, nec .. in quamlibet ~onem regirare vel reflectere R. COLD. *Cuthb.* 108 p. 243; adeo letifero sompni proventu oppressus occubuit, quod multis sepius et crebrius illum in diversas ~ones reflectentibus evigilari omnino non potuit *Ib.* 112 p. 250. **b** videbam e ~one quantum securitatis hominibus nostri temporis .. increverat GILDAS *EB* 1 p. 26; quarta decima die mensis primi sit statuta solemnitas .. quando luna soli opposita e ~one deprehenditur (*Anatolii Liber*) BEDE *Wict.* 5; viderat illam .. pollicem dextrum frequenter protendere et signum crucis fronti e ~one pingere W. MALM. *GR* II 218 (=*Id. GP* II 87); ipsi .. Deo se e ~one ponit oppositum J. SAL. *Pol.* 465C; Novum Testamentum testamento inferorum quasi e ~one oppositum est BALD. CANT. *Sacr. Alt.* 666B; felices .. quos nec pavore concutit e ~one irruens ventus P. BLOIS *Serm.* 752C. **c** fenestrae octo, totidemque e ~one lampades .. pendentes (ADAMNÁN *De Locis Sanctis*) BEDE *HE* V 17; Sur quae est e ~one, sive ut alibi scriptura dicit contra faciem, Aegypti BEDE *Sam.* 596C; a basi tabulae unius meridiani lateris usque ad basim tabulae quae esset e ~one in latere septemtrionali *Id. Tab.* 432D; dum .. jam .. e ~one ejusdem monasterii .. devenirent *Id. CuthbP* 3; si ille ex una parte ignis accumberet, et illorum [sc. serpentium] grex ex alia ~one se calefaciendo discumberet R. COLD. *Godr.* 55; s**1100** que [sagitta] .. regem e ~one stantem letaliter vulneravit ORD. VIT. X 15 p. 87. **d** recurrens ad regularem paginam .., ante ac retro inspiciens, quod signum quemve mensem e ~one habeat adnotabis BEDE *TR* 19. **e** c**1157** partibus .. e ~one constitutis, .. dictus R. .. ecclesiam sibi restitui postulavit (*Lit. Archiep.*) J. SAL. *Ep.* 4 (55 p. 94) (cf. ib. 13 (113), 22 (74)). **f** vento e ~one surgente qui ad optatum littus vectores .. appulit J. SAL. *Anselm* 1025D (cf. EADMER *V. Anselmi* II 23: ventus ex alio latere surgens). **g** rex .. innumeram e ~one manum contraxit dignitatem suam .. asserturus W. MALM. *GR* V 395; c**1161** expetivit vos Sathanas, ut .. erectis parietibus e ~one eam .. scindat .. unitatem (*Lit. Archiep.*) J. SAL. *Ep.* 79 (119); occurrit hinc religiosus archiepiscopus, .. malleus impiorum ... viderit qui voluerit quis e ~one procedat *Id. Thom.* 22 (=*Id. Ep.* 304 (305 p. 726)); e ~one consistunt utriusque cultores *Id. Pol.* 638C; vox omnium psallencium .. non dissona debet esse set consona ... non unus insipienter protrahat et alter a ~one contrahat, aut unus humiliet et alter vocem extollat; set nitatur unusquisque vocem suam intra sonum chori includere continenter *Ord. Ebor.* I 3. **h** qui a victrice concupiscentia sic victus est .. ut eam diligat, consequens est ut concupiscentiam spiritus, que e ~one est, odio habeat BALD. CANT. *Tract.* 6. 465A. **i** gentiles .. muros .. suos magna vi defensare ... e ~one Galli nichil intemptatum relinquere ORD. VIT. IX 7 p. 501; milites .. Turcos .. invenerunt, et audacter .. in prelium convenerunt. illi vero e ~one pertinaciter restiterunt, confisi .. multitudine sua *Ib.* IX 15 p. 601. **j** eleemosynas largiter dantes, sed e ~one immensum montem scelerum exaggerantes GILDAS *EB* 27; consistunt e ~one quam plurimi nequaquam dissimulantes propositum sed ambitionis .. insignia preconantes J. SAL. *Pol.* 680A; superius .. est .. que principis sint officia .. diligenter expositum. unde facilius et paucioribus poterunt innotescere que e ~one dicenda sunt de tiranno *Ib.* 777D; laudantur apostoli

quod .. secuti sunt redemptorem. .. increpantur e ~one discipuli, quod tardius credidissent GIR. *TH* I 13 p. 43.

2 area of the earth, territory, region; **b** (transf. or fig.); **c** specific district or territorial unit, locality, region. **d** (assoc. w. *rex*, *regnum*, *regere*, *etc.*) kingdom, realm; **e** (used in Domesday Book w. ref. to royal demesne, perh. spec. w. ref. to 'ancient demesne' of lands held by the Crown in the time of King Edward; *cf. regnum* 3i). **f** (w. ref. to 'voting nation' at Council of Constance; *cf. regnum* 3j).

alii transmarinas petebant ~ones GILDAS *EB* 25; lynces .., quae in Syria et in India et ceteris quibusque ~onibus nascuntur *Lib. Monstr.* II 5; in mortalitate illa quae plures depopulavit ~ones *V. Cuthb.* IV 6 (cf. BEDE *CuthbP* 33: pestilentia .. exorta illis in partibus); interrogavit [Gregorius] .. de qua ~one vel terra essent adlati BEDE *HE* II 1; **s1139** tota .. ~o circa Gloecestram usque profundas Guallias W. MALM. *HN* 480 p. 36; ~o .. septentrionalis dividitur in septem climata. et dicitur clima tantum spatium terre, per quod sensibiliter variatur horologium. idem namque dies estivus aliquantus est in una ~one et sensibiliter est minor in ~one propinquiore austro GROS. 24. **b** sublatus in caelum in quadam secreti climatis ~one .. generali mortis debito caruisse dinoscitur ALDH. *VirgP* 20 p. 250; supernae beatitudinis regnum, a quo in longinquam ~onem discessimus BEDE *TR* 64; imperiosus amor dominandi quendam .. archilevitam adeo traxerat in ~onem dissimilitudinis ut .. *V. Will.* 271; in ~one illa gaudii eterni .. regina caritas de omnibus .. triumphat J. FORD *Serm.* 12. 5; per sensus exteriores itur in ~onem dissimilitudinis cum filio prodigo J. GODARD *Ep.* 237; ponantur [ymagines] in ~one derelicta ab hominibus et deserta BRADW. *AM* 17. **c** in ~one quae vocatur Elge BEDE *HE* IV 17 p. 244; nascitur illa .. in regno paterno, in ~one Cantia, in regio vico nuncupato Kymesinthia GOSC. *Edith* 41; sicut .. denarius a moneta dinoscitur, cujus ~onis sit, sic ab istis monachus, cujus sit ordinis *Simil. Anselmi* 90; media mihi libere erit ~o [=*the Midlands*] *Enc. Emmae* II 13; si quis falsum testimonium .. tulerit .., solvat regi aut domino ~onis [AS: *landrican*; cf. *Quad.*: terre domino] per collicipium (*Cons. Cnuti*) *GAS* 339; **c1255** quod quelibet carucata terre de consuetudine ~onis continet c iiij^xx acras *Reg. Roff.* 64. **d** eo tempore quo Ecgfridus rex Pictorum ~onem depopulans *V. Cuthb.* IV 8 (cf. BEDE *CuthbP* 27: dum Egfridus .. eorum .. regna .. devastaret); per totam ~onem [AS: *ofer eall [Engleland*; cf. *Quad.*: per totam Angliam] (*Cons. Cnuti*) *GAS* 389; municipiis suis .. redditis, .. et rex securior et ~o illius esset pacatior *G. Steph.* 34; **c1168** extra ~onem Scotie *Regesta Scot.* 26; regalis nobilitas .. ut regionis [MS: reginonis] sue statum experiatur *Ps.*-ELMH. *Hen. V* 113; Deo, qui, quando vult, transfert et immutat ~ones et regna, et quibus vult ea tribuit WALS. *HA* II 405; lex nature .. mulierem a suppremo regimine .. propellebat. quo mulier incapax redditur ~onis que jam petitur, ita ut si eam de facto mulier invadat, occupet, vel usurpet, non per hoc ipsa ejus domina efficitur vel regina FORTESCUE *NLN* II 30. **e** Suafha' pertinuit ad ~onem, et rex E. dedit R. comiti (*Norf*) *DB* II 144 (cf. *Dom. Exon.* f. 83: dominicatus regis ad regnum pertinens); terra regis de ~one quam Rogerus Bigotus servat (*Suff*) *DB* II 281b (cf. ib. 289b: terrae regis de regno); tenet in domino vj soc' pertinentes in Tornei, man' regis de ~one (*Ib.*) *Ib.* 408b (cf. ib. 119b: hoc manerium fuit de regno). **f** **s1416** hoc anno veniebat imperator Segismundus et nominavit Angliam ~onem HERRISON *Abbr. Chr.* 4 (cf. LIV. *Hen. V* f. 12b: hoc in concilio statutum est ut Anglia nacionis nomen obtineret).

3 (transf., of physical space): **a** (area of sea or ocean). **b** (astr., area or region of celestial sphere); **c** (spec. any of the eight signs of the zodiac which does not include either an equinoctial or solstitial point, dist. from *signum cardinale*; cf. LUCAN *Pharsalia* III 253–5). **d** (astr., regions of three-dimensional space). **e** (column or row in astr. table). **f** (metrical foot). **g** (mus., portion or segment of piece of music, place or location in a composition or on a page). **h** (mus., as gloss on 3 *plaga*).

a ita cum marinis leonibus, tigribus, .. et omni genere ferarum .., per proprias sui maris ~ones transierint *Lib. Monstr.* II 32. **b** siquidem omnia signa etsi non formae figura ~onum tamen suarum conjunctione et computandi sibi ratione cohaerent BEDE *TR* 16; ut aequinoctialem vocent zonam vel circulum illam caeli ~onem qua sol circa aequinoctia .. mundum consuevit ambire *Ib.* 34. **c** distinguntur inter signa cardinalia et ~ones: nam signa cardinalia dicuntur duo signa in quibus contingunt equinoctia; ~ones vero appellantur signa intermedia SACROB. *Sph.* 107. **d** sol et luna stant in flamma, id est tenent igneam ~onem BERN. *Comm. Aen.* 78; circulum lunarem, qui est superior finis sublunaris ~onis *Ib.* 89. **e** quinta circuli decemnovenalis ~one lunaris cyclus includitur, a quarto ejus incipiens et tertio completus in anno BEDE *TR* 56. **f** quare quintus [pes] dactilo competit? quia semper in versu .. quintam ~onem proprie obtinet, minusque lenis est versus qui quinto loco spondeum ..... spondeus a quibusdam imus pes cognominatur, quod ~onem sextam sibi vindicet ALDH. *Met.* 10 p. 83; quae est definitio caesurae tetarti trochaici ..? cum in quarto loco vel ~one pars orationis cum dactilo terminatur *Ib.* p. 96. **g** tertia regula est: pone colores loco sonorum proportionator[um] ignotorum, et quanto magis colores, tanto sonus erit magis notus ... item loco coloris in ~one cujuslibet pone cantilenam, notam, copulam, vel punctum, vel descensum vel ascensum alicujus instrumenti, vel clausam *lay* GARL. *Mus. Mens. app. P* 97. **h** **12..** modernorum .. expositio est ista: impares, inquiunt, dicuntur authenti eo quod sint sicut auctorabiles super pares. nam autenticum Grece auctoritas dicitur Latine. pares vero dicuntur plagales a plaga, quod est ~o. nam pares de ~one sunt, de qua sunt impares, id est eundem finem participant, qui quidem finis ~o appellatur HIERONYMUS DE MORAVIA, *Tractatus de Musica* (ed. S. M. Cserba, Regensburg, 1935) 20 p. 156.

4 (in gl.): **a** ? in the opposite direction, backwards (*cf.*. 1f *supra*). **b** ? boundary-line (*cf. OLD regio* 4).

a e ~one, retro *GlC* E 282a. **b** ora, ~one fines *GlC* O 243.

regiola [ML =*gate* (v. *DuC* V 669 s. v. 3 regia) < CL regia+-ola], (in gl.) small royal dwelling or palace.

regio .. unde .. hec regia .., i. domus regalis, .. et hec ~a, -le diminutivum OSB. GLOUC. *Deriv.* 494.

regionalis [LL; cf. CL regionaliter], of or belonging to a region, (*~e concilium*) provincial council.

habitum est ~e concilium apud Westmustier. presedit W. apostolice sedis legatus DICETO *YH* I 281.

regionarius [LL], of, belonging to, or native to a region. **b** (eccl., as title of official attached to one of the *regiones* of Rome, rather than directly to the papal palace or to one of the titular churches of the city).

regio .. unde ~ius, -a, -um, i. de regione existens OSB. GLOUC. *Deriv.* 494; ~ius, de regione *Ib.* 505. **b** ingressus Joannes subdiaconus ~ius primae sedis tulit pallium de collo ejus (ABBO *Epitome de XCI Romanorum Pontificum Vitis*) *PL* CXXXIX 551A; illic suscepit sigillum imperiale per Theophanium ~ium *Ib.* 567B.

regionatim [CL], region by region, on a regional scale.

consurgere palam in arma non confidunt [Angli], sed ~im de pravis conspirationibus tractant W. POIT. II 46.

regirare v. regyrare. **registare** v. registrare.

register, regester, ~or [cf. ME *register*, *regester*]

1 registrar.

s1289 justitiarii, et alii tam ~istri quam clerici, carceri mancipantur *Meaux* II 251; **1540** qui .. prothonotarius, ~estor regius, aliique notarii superius nominati (*Reg. Cant.*) *Conc.* III 854b.

2 register.

a register, ~ester *CathA*.

registerarius [register+CL -arius], registrar.

1407 .. Benedicti clerici ~ii de Poterne usque Geinge in negociis domini *Househ. Ac.* 426.

registerium, regesterium [ME *registeri*, *regesteri*], ? bookmark (*cf. et. registrum* 4).

a regestery, ~esterium *CathA*; **1503** missale cum signaculo argento et cum ~isterio ejusdem metalli *Invent. Ch. Ch.* 132.

registralis [ML < registrum+-alis], of, pertaining, or belonging to a register or registry. **b** (*domus ~is*) registry.

1283 ut bona ecclesie nostre .. in pecunia numerata, in vasis .. ornamentis ecclesiasticis, libris et processibus judicialibus ac ~ibus nobis restituantur PECKHAM *Ep.* 425 p. 550. **b** **1502** in domo ~i domini prioris Dunelm' ista recognicio facta est *Sanct. Durh.* 80.

registrare [LL], to write, enter, or copy into a register (or sim. official collection or record of documents, names or procedures), to enroll, (en)register; **b** (absol.); **c** (*clericus ~ans* or ellipt. as sb. m.); **d** (w. ref. to books entered by title in library catalogue).

1264 procuratores .. sic transgrediencium nomina tenentur fideliter ~are *StatOx* 36; **1270** iste compotus non est ~atus, eo quod est contencio de x s. ix d. *MinAc* 984/2 r. 1; quod idem ordo [sc. placitandi in curia domini regis] in forma communis scripture non ~atur, quam plures se ipsum scire conantes .. impedit et retardat HENGHAM *Magna prol.* p. 1; **s1302** de expensis .. electionis prescripte .. in curia Romana persolutis. .. magistro P., ut citius ~arentur, quatuor Turonenses *G. S. Alb.* II 57; **s1296** rex .. cancellario suo precepit hanc litteram registari [*sic*] ad perpetuam memoriam rei geste RISH. 159 (cf. TREVET *Ann.* 346, WALS. *HA* I 57: registrari); ipsa .. sentencia quam .. papa Alexander tulerat pro monasterio .. de verbo ad verbum inventa est ~ata THORNE 1867; **1424** in dicta .. cedula quam nobis .. tradiderunt fideliter ~andam (*Lit. Papae*) *Canon. S. Osm.* 2; **1430** per cartam .. que ~atur in libro dimissionum fo. 95 *Feod. Durh.* 72; **c1520** ut singula testamenta .. fideliter in uno libro ad hoc apto .. ~ent *Conc. Scot.* I cclxxiv. **b** finiunt acta anni septimi. finit etiam et labor registrantis, propter senectutis egritudinisque repugnantiam in negotio ~andi *Reg. Whet.* I 322. **c** **c1357** exp' min': .. cuidam ~anti dimissiones terrarum per prioratum a tempore mortalitatis, v s. *Ac. Durh.* 560; expense circa privilegia apostolica. pro bulla de jejunio: pro charta .., pro scriptore .., .. in registro viij flor', item clerico ~anti ij gr' ... bulla de perinde valere pro firmis: .. pro registro .., pro clerico ~ante (*Ac. Abbat.*) AMUND. II *app.* 271; *Reg. Whet.* I 322 (v. b supra). **d** est inter Fratres Minores Oxonie et ~atur 'epistole Pauli apostoli'; et est ille liber in libraria conventus, sed non in libraria studencium GASCOIGNE *Loci* 103; hoc scriptum suum super psalterium .. est Oxonie inter Fratres Minores et ~atur ibi ille liber 'epistole Pauli a[postoli]' *Ib.* 126; illud scriptum contra luxuriam .. vidi Oxonie .., et est inter Minores, in libro ~ato 'E[piscopus] Lincoln' j' *Ib.* 138.

registrariatus [registrarius+-atus], office of registrar.

1543 officium registrarii sive †regrariatus [l. registrariatus] nostri et successorum nostrorum *MS Kent Archives DRC/R.* 7 f. 2.

registrarium v. registrarius.

registrarius [register+-arius]

1 (as sb. m.) registrar; **b** (*~ii liber*) book of a registrar, register. **c** (in acad. context).

1309 in registro domini J. .., comitis palatini de Lomello ~ii *Reg. Whet.* II *app.* 309; **1381** ego N. H. .. archiepiscopi supradicti actorum scriba et ~ius *G. S. Alb.* III 164; **1429** per notarium publicum, curieque Cantuarie .. ~ium, et ejusdem curie actorum scribam AMUND. I 252; **1448** dicit .. nomen .. suum intitulatum fuisse per ~ium ipsius reverendi patris .. inter nomina aliorum ad hujusmodi subdiaconatus ordinem promovendorum *Eng. Clergy* 222; **1530** per seipsum vel seipsos, nec per ejus vel eorum registrarios, scribas, appretiatores .. *Entries* 603. 2; pertinent .. ad hanc curiam [sc. cancellariam] .. clericus ad examinationem literarum patentium, ~ius, clerici irrotulamentorum .. CAMD. *Br.* 143 (v. cancellaria 2c). **b** **1344** bona quecumque nobis .. debita .., necnon officialis Herefordensis sigillum, vasa, et ~ii libros *Reg. Heref.* 3. **c** **c1470** quod unus magister artium notarius publicus .. in scribam, ~ium, et tabellionem cancellarii et universitatis .. habeatur ... .. ~ius pro suo labore exequendi officium predictum .. quattuor marcas .. per annum recipiet *StatOx* 285–6; stipend' .. unius ~ii scribentis omnia acta et gesta in dicto collegio per annum, xxvj s. viij d. *Val. Eccl.* II 264; **1584** pro quolibet doctore .. incipiente duodecim denarios ~io universitatis pro nominibus eorum in librum universitatis inscribendis .. persolvet *StatOx* 435; **1590** hoc decretum relatum

est .. et confirmatum .. in presentia mei J. H. notarii publici et ~ii *Ib.* 442.

2 (as sb. n.) register.

1408 hec sunt consuetudines .. ville Beverlaci .., ut patet per vetus ~ium in magno papiro registratum *Doc. Bev.* 8.

3 (as sb. n.) place in which register is compiled or kept, registry.

1416 eosdem processus officiali curie nostre Cant' effectualiter liberent penes eundem seu in registro [*Conc.* I xxv: ~io] curie nostre .. remansuros *Reg. Cant.* III 19.

registratio [ML < LL registrare + -tio], (act of) copying or entering (document) into a register, registration; **b** (w. obj. gen.).

1449 pro multitudine rotulorum, obligacionum inutilium, et aliorum que non sunt digna ~one *MunAc Ox* 728; certos .. deputare qui .. que digna essent ~one, et ad commodum universitatis utilia, incistarent *Ib.*; **1506** scribam .. duos denarios et non ultra pro dicta ~one .. recepturum esse *StatOx* 322; **1530** pro probatione .. aliquorum .. testamentorum, vel pro scriptione, sigillatione, appreciatione, ~one .. *Entries* 603. 2. **b** **1363** littere .. quarum tenor in registro .. continetur .. sunt amisse; et quia .. in ~one tenoris ejusdem apparet evidenter erratum .. (*Lit. Papae*) *G. S. Alb.* III 166; **c1400** pro scriptura testamenti et ~one ejusdem *Test. Ebor.* III 20; **1444** pro sigillacione et ~one ejusdem [sc. littere reformacionis collegii] *Cant. Coll. Ox.* 164; **c1470** ne ~o talium actuum tante universitatis .. communis scribe ob defeccionem amodo pretereatur *StatOx* 285.

registrator [ML < LL registrare + -tor], registrar (in quot. in eccl. context).

1379 de singulis .. procuratoribus, ~oribus, et notariis publicis .. minime beneficiatis .. duos solidos *Reg. Heref.* 37; **1414** magistro Johanni Perche curie nostre Cantuarien' ~ori *Reg. Cant.* III 313; **1428** magistro P. W. notario publico et .. scriba et notario in absencia magistri Johannis E. ~oris *Heresy Tri. Norw.* 40; **1449** magister S., sepe dicti patris [sc. Norwycensis suffraganei] ad tunc ~or *Reg. Whet.* I 152.

registratura [ML < LL registrare + -tus + -ura], (act of) copying or entering (document) into a register, registration (in quot. w. obj. gen.).

c1520 pro ~a cujuslibet testamenti *Conc. Scot.* I cclxxiv.

registrum, regestrum [ML; cf. ME, OF *registre*, ME, AN *regestre*; cf. et. LL regesta *n. pl. p. ppl.* of regerere, registrare]

1 book into which documents, customs, forms of procedure, or lists of names are copied, register; **b** (w. ref. to collection of epistles of Gregory the Great); **c** (w. ref. to volume of collected works by given author); **d** (w. ref. to list of cases scheduled to be heard in a court on a given day); **e** (transf. & fig.).

meam .. negligentiam, qua eas quas meis amicis factitavi literas non retinui, atque ~istri forma uno in corpusculo non collegi H. Los. *Ep.* 1; **1278** liberavit eis ~istrum de brevibus originalibus, in quo ~istro illud verbum non fuit *SelCKB* I 43; **1281** ego .. apostolica auctoritate notarius .. prescriptam commissionem de ~estro ipsius domini Sabinensis transcripsi *Reg. Heref.* 289; **1334** procuratoria, instrumenta, et litere .. consignentur, et eorum vera copia sumptibus partis remaneat in ~istro *Conc.* II 573b; **1412** tenorem quarumdam litterarum .. predecessoris nostri in archivis seu ~estero apostolicis repertarum *Cart. Cockersand* 1067; **1419** quod consuetudines et custume civitatis irrotulentur in aliquo ~istro, et semel vel bis per annum legantur, et inspeccio inde nulli negetur *MGL* I 657; nomina .. rerum ecclesiasticarum: .. hoc ~estrum, *a regyster WW*; **1506** inspectis .. antiquissimis universitatis ~istris. in quibus .. determinatorum nomina antiquitus intitulata fuere *StatOx* 321. **b** Gregorius, Romae urbis episcopus, .. scripsit .. infinitas epistolas, quarum collectio ~istrum dicitur (HON. *De Luminaribus Ecclesiae*) *PL* CLXXII 228A; Gregorius in ~istro: 'si quis ..' BART. EXON. *Pen.* 97 f. 170ra; vetulam Brunichildem .. potentem reginam cui .. Gregorius papa, ut in gestis pontificalibus et ~istro declaratur .. faverat ORD. VIT. VI 9 p. 66; **a1332** ~istrum beati Gregorii primum, libri xiv *Libr. Cant. Dov.* 33; sic

divisit .. papa Gregorius episcopatum unum in duos, ut patet in ~istro suo, libro octavo, epistola prima GASCOIGNE *Loci* 68. **c** illud scriptum .. est inter Fratres Minores Oxonie, in hoc ~istro 'E[piscopus] Lincoln' j', sc. folio vicesimo quinto GASCOIGNE *Loci* 138. **d** **1334** statuimus .. quod singuli predicti in sessionibus singulis .. tempestive veniant, et nullatenus recedant ipsis non finitis absque presidentis .. licentia. item statuimus quod post finitum ~istrum [v. l. statim finito ~estro], cause pauperum audiantur et celeriter terminentur *Conc.* II 573a. **e** optimo magistro, librorum ~istro HON. *Sig.* 495D; vivi panis te canistrum / confitemur et registrum / tocius ecclesie WALT. WIMB. *Virgo* 121; hec [sc. sacra scriptura] .. est totius vite humane doctrix et ductrix, speculum et ~istrum BRADW. *CD* 802C; neque .. frater R. W. nostre recordacionis excidat a ~istro *Croyl. Cont. B* 497.

2 place in which register is compiled or kept, registry.

1416 eosdem processus officiali curie nostre Cant' effectualiter liberent penes eundem seu in ~istro curie nostre .. remansuros *Reg. Cant.* III 19 (cf. *Conc.* I xxv: registrario); **1429** uni parti ejusdem scripti indentati penes ~istrum dicti reverendi patris remansure sigillum suum apposuit *Heresy Tri. Norw.* 88.

3 storeroom, treasury (*cf.* LL *regestus* 'treasure, store', *regestoraria* 'storekeeper', *registoria* 'treasurer').

sic iteranda modo venus affert lucra registro GOWER *VC* III 199.

4 device for marking one's place in a book, bookmark (occ. spec. acc. material).

scriptor .. habeat .. ~istrum [*gl.*: cordula libri, cordam libri vel *clavun, seine, senie*] et punctorium NECKAM *Ut.* 116; a rego .. / regalis, et regnum, rengno, corregno, registrum [*gl.*: quidam liber vel *seine*] GARL. *Unus* p. 66; **1392** pro ~istro argenteo portiforii domini *Ac. H. Derby* 279; **c1432** aliud missale parvum .. cum clapsulis de argento et ~istro deaurato .. item aliud missale .. cum clapsulis argenti et ~istro de argento (*Catal. Coll. Wint.*) *Arch. J.* XV 66; *a syne of a buke*, ~istrum *CathA*.

5 (fig. or transf. in sexual context, w. play on sense 4).

magister de cetero / ludat cum magistra / dicens "crura candida / nobis subministra" / ostendendo mentule / turgida registra, / ceu gerat in dextra baculum clavamque sinistra GARL. *Poems* 7. 11.

regitivus [ML < CL regere + -ivus]

1 that directs, controls, or governs, governing, directive (also w. obj. gen.). **b** (w. *virtus*).

iste spiritus [sc. naturalis] est virtutis naturalis proprie regitivus [TREVISA: *propirliche reuliþ and governyth þe kinde vertu of lif*] BART. ANGL. III 22; ex humoribus spiritus ~i corporis [TREVISA: *þe spiritis þat reuliþ þe body*] generantur et in esse conservantur *Ib.* IV 4. 1; sicut caput membris omnibus suprapositum est et omnium ~um J. WALEYS *Commun.* I 2. 1; in omnibus que in unum ordinantur, aliquid invenitur alterius naturaliter ~um FORTESCUE *NLN* I 18. **b** fit .. tremor [manuum] propter accidentia anime .. ut ex ira in qua spiritus vehementer depellunt nervos, et virtus ~a reducitur *Quaest. Salern.* B 303; mulier .. quam sic privaverat defectus ~e virtutis omni motu corporis, quod quasi corpore emortuo jacebat *Mir. Wulfst.* I 2; notus enim subitus est vite victricus, hostis / nature, virtus quo regitiva stupet GARL. *Tri. Eccl.* 31; usque ad complementum l annorum, tunc accidit vel adest ei virtus ~a voluntaria, et tunc habet aliud regimen usque ad complementum lxx annorum BACON V 131; corpora celestia et sunt corpora et luminosa sunt. in quantum corpora, magnitudinem habent et dimensiones; in quantum luminosa, virtutem habent ~am, motivam, et alterativam eorum que infra se continentur KILWARDBY *OS* 97; tertio, in corde alimento decocto, .. virtus ~a distribuit per arteries et venas spiritus triplices cum sanguine membris augendis WYCL. *Log.* III 112.

2 that directs the affairs of, that has charge of, governing, ruling (also w. obj. gen.). **b** of or pertaining to governance or rule.

contra ~os culminis ecclesiastici prepositos AD. MARSH *Ep.* 247 p. 459; quanta virtus ~a residet in summo pontifice, tanta virtus resident in tota ecclesia N. FAKENHAM *Concl.* 126; potestas secularis .. non .. pape .. superior esset. patet hec conclusio propter vim

~am tocius ecclesie *Ib.* 127; quare populum .. semper oportet unum preficere tocius corporis [politici] illius ~um FORTESCUE *LLA* 13. **b** **c1245** rex unctus .. debet .. ex septiformi spiritus munere in omnibus suis ~is actibus, virtutibus divinis et heroicis pollere GROS. *Ep.* 124 p. 350; dispensationis Dominice, que .. ad ~um Eborace metropolitane fastigium .. sublimavit archipresulem AD. MARSH *Ep.* 247 p. 440.

regiuncula [CL regio + -uncula], small region or geographical territory: **a** (Sc., w. ref. to petty kingdom); **b** (Eng., w. ref. to county).

a continet ea plaga [sc. Otolinia Pictorum regio] hac etate Fifam, Fothricam, et Ornevallem ~as prisca pollentes ubertate BOECE f. 63. **b** nec crediderim .. familiam celebrem et antiquam agro Suffolcienci symbolum suum .. aliunde fabricatam, quam ex Uffordorum clypeo, ~e comitum SPELMAN *Asp.* 49.

regius [CL]

1 of or belonging to a (particular or specific) king. **b** (of person or group of persons) who belongs to the retinue of the king, who works in the service of the king or Crown.

quare tantas peccaminum ~iae cervici sponte .. innectis moles? GILDAS *EB* 33; **s1251** quod cum auribus ~iis instillatum fuisset M. PAR. *Maj.* V 214; furor ~ius et indignatio *Ib.* 215; ob ~iam animi ejus et vultus et meritorum dignitatem, ab omnibus diligebatur (*Oswynus*) *NLA* II 269; in ~ie necis excidium .. atrociter .. conspirarunt *G. Hen. V* 2; quos [articulos] pars utraque non solum verbo ~io, verum sigillis regis .. ratificat *Ps.-ELMH. Hen. V* 90 p. 252; **1549** gubernationis personae nostrae ~iae *StatOx* 341. **b** omnis multitudo ~ia *V. Greg.* p. 88; a ~iis austurcariis *Dial. Scac.* II 25; **s1251** hic .. cum primum curiam ~iam lambere cepisset M. PAR. *Maj.* V 242; pars ~ii exercitus .. cives Londonienses .. trucidarunt *Flor. Hist.* II 496.

2 of or belonging to the king by virtue of his office; **b** (w. *avis* or *piscis*, w. ref. to kind of bird or fish reserved by custom or convention to the sovereign; *cf. avis* 1d, *piscis* 1f). **c** (of tax) due or payable to the king. **d** (*liber ~ius*, w. ref. to Domesday Book).

Paulinus veniens cum rege et regina in villam ~iam quae vocatur Adgefrin BEDE *HE* II 14 p. 114; nascitur .. in ~io vico nuncupato Kymesinthia Gosc. *Edith* 41; quando aliquid super dominum regem injuste occupatur, ut in dominicis ~iis GLANV. IX 11; custodia sigilli ~ii M. PAR. *Maj.* V 130 *tit.*; senescallus domus ~ie Dieul. f. 145; iste .. in forestia ~ia .. principalis custos AD. USK 27; sigillis ~iis *Ps.-ELMH. Hen. V* 90 (v. 1a supra). **b** piscis ~ius, rumbus, vel cetus, vel alius hujusmodi *Dial. Scac.* II 7c; fit interdum ut aves ~ie regi qualibet ex causa promittantur, accipitres sc. vel falcones *Ib.* 25. **c** quietum ab omni scoto ~io *DB* 12b; **1267** yssak' et custumam reyam (v. issacum). **d** **c1100** sicut liber ~ius hoc testatur (v. 2 liber 3c).

3 (of abstr.) of or pertaining to the kingship; **b** (w. ref. to emblem or insignia of royalty). **c** (*parliamentum ~ium*).

1198 ex majestatis regie / progenie (*Pol. Poem*) *EHR* V 319; eum quasi ~ie majestatis [occisorem] M. PAR. *Maj.* III 498; **c1288** ratione dignitatis ~ie *Laws Romney Marsh* 39; **1369** in .. ~ie dignitatis nostre prejudicium *RScot* 932a; **a1399** contra .. jus ~ium BEKYNTON I 287 (v. regalia 1a); nec ullus eorundem .. in statu suo ~io ledebatur *Ps.-ELMH. Hen. V* 90. **b** trabea, vestis ~ia, toga purpurea *GlC* T 297; **s1139** quasi ~ie corone insidiatores J. WORC. 54 (v. corona 3b); **1457** de proprietate corone ~ie *ExchScot* 379 (v. corona 3b). **c** **c1412** dominorum qui in parliamento ~io sedem habent *StatOx* 218.

4 founded or constructed by, or under the patronage or protection of, the king or crown (in quot. w. ref. to road or highway); **b** (*via ~ia* in fig. context; *cf. Num.* xxi 22); **c** (w. ref. to royal verge); **d** (*pax ~ia*); **e** (w. ref. to legal case reserved to the king as touching upon matters involving infraction of king's peace or protection).

emendatio fracti pontis in via ~ia (*Inst. Cnuti*) *GAS* 614; si in via ~ia fiat assultus super aliquem, *forestal* est (*Leg. Hen.* 80. 2) *GAS* 596; dicitur .. proprestura .. quando aliquis in civitate domini regis super ~iam plateam aliquid edificando occupavit GLANV. IX 11; strata ~ia, que Watlyngestrata dicitur, fecit resecari *G.*

S. Alb. I 39; statuit ut .. vie ~ie ad civitates ducentes immunitate confugii gauderent *Eul. Hist.* II 145; **1503** ipse cum R. B. .. in alta via ~ia insultum fecerunt in quendam R. M. *Sanct. Durh.* 91. **b** ut nec .. a ~ia vitae via .. declinemus BEDE *Templ.* 780B; **c800** ut via ~ia pergens ad perpetuae civitatis portam pervenire merearis ALCUIN *Ep.* 281; abbate .. ~iam catholicae fidei viam demonstrante *RegulC* 1; qui versus celi regiam / te nobis viam regiam / paras amoris studio J. HOWD. *Cyth.* 91. 4–5; grammaticorum .. volumina .. renovare studuimus, ut stratas ~ias sterneremus, quibus .. futuri scholares incederent R. BURY *Phil.* 12. 177. **c** **1280** quidam malefactores .. infra virgam ~iam usque R. accedentes, Rogerum de B. .. ejecerunt *Pat* 99 m. 8*d.* (cf. *CalPat* 413). **d** **s1260** pacis ~ie perturbationibus *Flor. Hist.* II 442; W. comes .. pacem ~iam fregit *Chr. Angl. Peterb.* 124. **e** in causis ~iis, *grithbreche* c solidi, *stretbreche* c solidi .. (*Leg. Hen.* 35. 2) *GAS* 566.

5 issuing from or by the authority of the king; **b** (of abstr.); **c** (w. ref. to standard measure). **d** (of land) held from the king.

1288 servientes .. universitatis .. per breve ~ium fecit attachiari suggestionibus suis mendosis *MunAc Ox* I 44; **s1399** omnes .. latrones .. per adventum istius ducis ad pacem sive cartis ~eis sive nummo sunt revocati *Dieul.* f. 144. **b** **c1245** tenetur rex inunctus preminentius .. omnes ~ias et regiminis sui actiones dirigere GROS. *Ep.* 124 p. 350; si hos ~ia non terreret censura, minime peragerent jussa, vicit vero cordis pietatem ~ius terror *Pass. Æthelb.* 10. **c** **1329** per virgam viginti pedum de ulna ~ia *Reg. Ant. Linc.* I 275; **1438** duo cotagia cum pertinenciis simul jacencia in Stamforde .. in longtitudine viginti sex virgas ~ias *DCDurh. Reg. III* f. 310r. **d** curiam adivit ~iam possessiunculam suam repetiturus, qua fuerat circumscripto judicio destitutus *Mir. Wulfst.* II 15 p. 163.

6 (of lineage or blood) originating from or connected with a king or line of kings, royal. **b** (of person) of royal descent or lineage, royal.

successit in regnum Ini de stirpe ~ia BEDE *HE* V 7 p. 294; quanta .. et quam laudabili ~io in sanguine diligentia GIR. *TH* III 48 p. 191. **b** sub sancti abbatis amphibalo, latera ~iorum tenerrima puerorum .. crudeliter .. laceravit GILDAS *EB* 28; baptizatus et Yffi filius Osfridi, sed et alii nobiles ac ~ii viri BEDE *HE* II 14 p. 114; defunctus .. ~ius juvenis regio tumulatur sepulchro *Enc. Emmae* II 14.

7 (of right, privilege, or prerogative, granted by king to lord holding land under him) regal, royal.

1134 ut habeant [monachi] .. omnes ~ias libertates, murdrum, mortem hominis .. (*Ch. Hen. I*) *EHR* XXIV 210; **1313** qui clamant .. libertates ~ias, ut furcas .. et alia que ad coronam pertinent (*Articuli Itineris*) *Eyre Kent* I 35; **1391** ratione prerogative nostre [sc. episcopi Dunelm'] ~ie *Hist. Durh. Script. app.* clxix.

8 (transf., of something considered as equal to a king among its kind) regal.

accipiter est avis ~ia UPTON 173 (v. avis 1d; cf. ib. 172: est .. aquila quasi regina inter volucres).

9 of a quality or scale befitting or appropriate to a king, regal, 'fit for a king'.

~io .. sepulchro *Enc. Emmae* II 14; votive basilice .. quam .. ~ia magnificentia .. statuit GOSC. *Edith* 86; ut .. cibus refectionis sit aridus et simplex, non frixus, .. vulgaris, non ~ius .. J. GODARD *Ep.* 229.

10 (in designation of disease, *v. EHR* XCV 3–27): **a** (*morbus ~ius*) jaundice. **b** leprosy. **c** (*~ia valetudo*) leprosy; **d** (fig.). **e** (*morbus ~ius*) scrofula or sim. **f** (*~ium unguentum*, *v.* quot.).

a ~ius morbus, corporis color efficitur sicut pedes accipitur [l. accipitris] *GlC* R 32. **b** secundus a .. summitate cerebri planta tenus morbo ~io [*gl.*: i. lepra] turgescens .. fetidum exalavit spiraculum ALDH. *VirgP* 32 p. 272; **751** de his qui ~io morbo vexantur .. .. hi extra civitatem comitari debebunt (*Lit. Papae*) *Ep. Bonif.* 87 p. 197; ut .. nonnullos etiam ~ius morbus, medicis sane incurabilis, per merita virginis relinqueret W. MALM. *GP* IV 171; totum corpus .. morbo ~io correptus extabuit .., postulis per totum corpus protuberantibus *Ib.* V 271; miser cui .. morbus irrepserat quem ~ium vocant .. qui totus virulenta stillabat sanie *Id. Wulfst.* II 7; exeuntibus illis [sc. archiepiscopo et ejus familiaribus] occurrit multitudo morbo ~io laborantium, pauperum, et infirmorum A. TEWK. *Add. Thom.* 12; nunc fimi fedior fetet effusio / quam sentit quilibet in morbo regio WALT. WIMB. *Sim.* 18. **c** extra urbem .. ~ia valetudine fluentibus ligneas [domos] locavit W. MALM. *GP* I 44 p. 72; ~ia valitudo totum corpus ejus purulentis ulceribus occupans .. episcopus .. nullum invenit remedium quoad vixit leprosus *Ib.* II 73. **d** quia ~ius morbus, id est lepra anime, ut unguento curatur (HON. *Cant.*) *PL* CLXXII 425D. **e** hec oculum dextrum ~io morbo inflata GOSC. *Edith* 294; de cura scrofularum ..... vadat ad regem ut ab eo tangatur .., quia iste vocatur morbus ~ius et valet tactus .. regis Anglicorum GAD. 28v. 2; reges .. Anglie .. per tactum manuum suorum .. infestos morbo quodam qui vulgo ~ius morbus appellatur .. curant FORTESCUE *Def. Lanc.* 3. **f** ~ium unguentum .. ita dictum quod ~ius morbus eo curatur (HON. *Cant.*) *PL* CLXXII 425C.

11 (bot., in names of plants): **a** (*hasta* or *hastula ~ia*, woodruff (*Asperula odorata*) or sim. **b** (*scopa ~ia*) hypericum, St. John's wort (*Hypericum perforatum*).

a ÆLF. *Gl.* 133; **10..** *WW*; *Gl. Durh.*; **12..** *WW*; *SB* 11; *Ib.* 23; *WW*; *PP* (v. hastula 3); GILB. III 149. 2; GAD. 49. 2; *Herb. Harl.* *3388* f. 80v; *Alph.* 16; *Ib.* 125; *PP*; TURNER *Herb.* A3 (v. 1 hasta 7). **b** scupa regia, epericus *Gl. Laud.* 569; scopa ~ia, i. herba S. Johannis secundum quosdam *SB* 38; scopa ~ia, ypericon, fuga demonum .. herba Johannis idem, .. A. *Seint Joneswert Alph.* 177 (cf. ib. 78: scopa ~ea).

12 (as sb. f. or n.) royal dwelling or palace, royal court or hall; **b** (applied to bishop's palace); **c** (*caeli* or *caelestis ~ia*); **d** (fig.). **e** (w. ref. to court circle and its members).

hec ~ia, -e, i. domus regalis OSB. GLOUC. *Deriv.* 494; conspicatus ingentem ~iam, aureos parietes, aurea omnia .. R. NIGER *Chr. II* 155; hec sunt Londonis: pira pomusque, regia, thronus *Staura Civ.* 1; coronatam reginam, hiis completis solemniis, deducunt in ~iam *Ps.*-ELMH. *Hen. V* 112; hec ~ia, est domus regis *WW*. **b** **s1254** unam magnam ~iam lapideam plumbo coopertam cum pertinentiis construxerat apud Ely M. PAR. *Maj.* V 454. **c** prosilit de ergastulo / carnis evulsus clanculo / clavigero et regiae / caeli adhesit munitae (ÆTHELWALD) *Carm. Aldh.* 2. 87; sed cella mea quam angusta est, dicas. at celi ~ia amplissima est GOSC. *Lib. Confort.* 77; sputis exuberans plus luto vilescit / flos quo celestis regia serenatur J. HOWD. *Cant.* 89; versus celi regiam *Id. Cyth.* 91. **d** si illud insigne ~ium aliqua .. violentia concussum corruerit, suo regnatrix solio humi dejecto utrumne exsulabit? PULL. *Sent.* 691A; presbyter inde manus lavat, ut, vestigia sordum / si qua manent, penitus mundentur regia cordum GARL. *Myst. Eccl. add.* 150; venie vena, regia speciei, / stola candescens, diadema decoris J. HOWD. *Cant.* 244. **e** **s1306** corredia monasterialia, sed sicut in ~ia equitabant, cum uno equo vel bino *Flor. Hist.* III 131.

13 (as sb. f.) part of church or cathedral (*cf. basilica* 1b & c; in GOSC. quot. perh. also w. ref. to structure as a whole).

inter quam [sc. turrim] et templi ~iam sanctus Dei famulus corpore humatus fuerat LANTFR. *Swith.* 2 p. 272 (cf. WULF. *Swith.* I 450: inter templique sacram .. aulam); Suuithunus .. infra templi ~iam gloriosissime translatus WULF. *Æthelwold* 26; perfectam .. ~iam totam .. omnicolore pictura .. decoravit [v. l. totam ~iam tabulatis desuper cameravit, totam vero basilicam .. omnicolore pictura .. decoravit] GOSC. *Edith* 86–7.

reglatus v. raglotus.

reglutinare [CL = *to unglue, unstick*; LL = *to join together again*]

1 to cement or join together again (in quot. transf.).

dicti reges de mutua pace ~anda per interpositas .. juraverunt personas BOWER VIII 77 (cf. *Plusc.* VI 43: pro pace ~anda et continuanda).

2 (in gl.).

glutino .. i. conjungere .. componitur .. ~o, -as, unde ~atus, et reglutinatio OSB. GLOUC. *Deriv.* 259.

reglutinatio [CL reglutinare + -tio], (in gl.)

OSB. GLOUC. *Deriv.* 259 (v. reglutinare 2).

reglutinatus v. reglutinare. **reglutire** v. regluttire.

regluttire [CL re- + gluttire], to swallow again.

s1454 mundum, quem dudum evomuit, ~utivit ad tempus iterum, et nequaquam ipsum, tanquam cibum vetitum, semper posterius fastidivit *Reg. Whet.* I 144; **s1457** intoxicator ille .. qui perfidie venenum imbiberat .. ipsum modo taliter evomuit quod .. ipsum rebibere seu ~utire nullatenus ausus erit *Ib.* I 288.

regmen v. regimen.

regnabilis [CL regnare + -bilis], that can be ruled or governed, rulable, governable.

†arbe terna [l. arbor eterna] diva, summa, / apostolorum pectora / sonans, summa / celi †regna bi bis [l. regnabilis] bina / proclamata, tripodia tentrix, fidei mensa *Conc. HS* I 622.

regnaculum v. regniculum.

regnalis [CL regnum + -alis; cf. regalis], of or belonging to the king, royal.

1409 civitatem Baione ~em, subditam dicto domino nostro regi *Foed.* VIII 578; ad ipsum dominum nostrum regem .. et ad suam curiam ~em seu consistorium ~e reclamo, appello, et provoco *Ib.*

regnare [CL]

1 (intr.) to hold the office or exercise the powers of a king (or sim. ruler), to rule, reign; **b** (impers. pass.); **c** (w. abstr. subj. or fig.). **d** (w. ref. to coming or succeeding to the throne). **e** (of regent exercising power for or in place of king). **f** (pr. ppl. as sb.) ruler, king; **g** (w. ref. to regent exercising power for or in place of king). **h** (of God, Christ, or divine agency); **i** (of saint in heaven); **j** (of mythical king or pagan god). **k** (trans.) to rule or reign over (in quot. fig.).

Joram .. qui .. fratres suos, ut pro ipsis ~aret .., trucidavit GILDAS *EB* 41; ut per divinationem addisceret quis ~aturus fuisset post ipsum [sc. Augustum Caesarem] THEOD. *Laterc.* 8; atavorum regum gemma et ~aturorum nepotum emicat stella GOSC. *Edith* 41; omnes reges Jude .. in insipientia et injusticia ~averunt GROS. *Cess. Leg.* II 3. 12 p. 88; Hengist non fuit rex neque regulus immo dux, licet ita scriptum sit quod tanto tempore ~avit W. WORC. *Itin.* 326. **b** **c1225** semper bene valeat magnanimitas vestra et utinam diu et feliciter ~etur *RL* I 275; ~avit .. xxij annis M. PAR. *Maj.* I 28 (= *Flor. Hist.* I 33); in eodem Sedechia terminatum est regnum Judeorum, in quo .. ~atum est annis quingentis et quatuordecim *Ib.* I 41 (= *Flor. Hist.* I 55). **c** [virginitas] inter ceteras virtutum infulas summi principatus sceptra et ~andi monarchiam gubernare dinoscitur ALDH. *VirgP* 7; sedem Augustorum, qua nunc monarchia mundi / post Romae imperium sub caeli culmine regnat ALDH. *VirgV* 523. **d** **s1422** hoc anno ~avit rex Henricus sextus HERRISON *Abbr. Chr.* 5 (cf. ib. **s1429** coronacio regis Henrici Sexti). **e** **s1327** ~avit Rogerus de Mortuo Mari et regina imperavit circiter iv annis (*Hist. Roff.*) *Anglia Sacra* I 368. **f** **s1141** ne regnum vacillet, si ~ante careat W. MALM. *HN* 493 p. 54; **c1268** quis jussit? ~ans *MunAcOx* 37; sed angustiaris / quando contemplaris / cruce saucium / principem regnancium J. HOWD. *Sal.* 20. 7. **g** **s1330** barones regni Anglie in punctu magne dissensionis fuerunt, sed major pars ipsorum dictis ~antibus assistebat AVESB. f. 78b. **h** Johannes [Baptista] .. prima rudi dumtaxat ~ante [*gl.*: i. moderante, perseverante, persecutante] gratia asperrimae poenitudinis lima ALDH. *VirgP* 23; Deus .. / regnator mundi regnans in sedibus altis *Id. VirgV pref.* 4; natura Dei .. / omnia regnando dispensat saecula *Ib.* 44; ut .. vellent .. / .. Creatorem regnantem credere Christum *Ib.* 689; **844** (13c) ~ante in perpetuum domino nostro Jhesu Christo *CS* 443 (= *CS* 601, *Chr. Abingd.* I 31, 56). **i** [Hieronymus] voti compos saltu regnabit in alto ALDH. *VirgV* 1652; qui evectus florentibus / paradisi cespitibus / sociatus sublimibus / angelorum cum milibus / regnat, istic per saecula / carpens aeterna gaudia (ÆTHELWALD) *Carm. Aldh.* 2. 93; **1549** contra negantes aliquas animas sanctorum cum Christo jam ~are usque ad diem judicii *Conc. Scot.* II 120. **j** Pluton .. qui .. / .. inferni furva regnavit in aula ALDH. *VirgV* 1379; ut Jovem pro flammea ~andi cupidine summo detruderent Olympo *Lib. Monstr.* I 55. **k** o inclite juvenis .. secreta Deo regnaris ditissima campis beata nimis BURGINDA 10.

2 to hold or exercise political dominion. **b** (w. dat.) to exercise political dominion over, to rule over.

fracta est .. Roma a Gothis .., ex quo tempore Romani in Brittania ~are cesserunt BEDE *HE* I 11. **b** illis Anglorum provinciis, quibus ~avit Osuald BEDE *HE* III 3.

3 (transf., of person) to be dominant, to be in charge, be in control. **b** (of condition or influence) to be dominant or supreme, to exercise a dominant influence, hold sway.

nec .. / .. umquam regnet contemptu serva superba ALDH. *VirgV* 137; femina .. / regnat regnatrix hominum D. BEC. 1961 (v. regnatrix). **b** spiritus in toto sed regnant corpore flabra ALDH. *Aen.* 68 (*Salpix*) 5; virginitas .. / .. / in qua non regnat fallax petulantia saecli *Id. VirgV* 102; ~ans in rege diligentia boni ORD. VIT. IV 7 p. 215; propter ebullitionem humorum decurrentium ad locum predictum vel ascendentium ad caput, calore interius ~ante *Quaest. Salern.* Ba 80; c**1211** quomodo ibi sanctitas ubi sola cupiditas ~at et nulla caritas? GIR. *Ep.* 6 p. 232; ventre renitente regnabunt gaudia mente NECKAM *Poems* 453; presumpserunt .. investigare philosophiam per se sine doctore, ita quod facti sunt magistri .. antequam fuerunt discipuli; et ideo ~at apud eos error infinitus BACON *CSPhil.* 426; pestilencia communis ~at Oxonie impetuosa *Dictamen* 374; c**1500** dum superstes estis, et vita ~at in vobis *Let. Ch. Ch.* 87.

regnari v. regnare.

regnatio [ML < CL regnare+-tio], (act or fact of) ruling or reigning, rule, reign (in quot. esp. w. ref. to period of time during which king is in power). **b** (transf.) dominance.

1219 post ~onis sue principium *RL* I 52; tyrannides .. dicuntur equivoce ~ones pretense WYCL. *Civ. Dom.* I 8; advenit .. Scociam magna cleri comitiva, regis Eugenii ~onis anno xj FORDUN *Chr.* III 8 (=BOWER III 8); prophetavit idem vir sanctus de capcione, liberacione, et ~one ejusdem Stephani usque ad mortem OTTERB. 67; de residuo ~onis sui [sc. Ricardi regis] tempore Alexandri abbatis .. referetur *Meaux* I 288; anno ejusdem regis xliij° etatis sue et ~onis [sue] xxvij° *Plusc.* VII 11 (cf. BOWER IX 55: regni sui). **b** nimia ~o humorum complexionis preter solitum M. SCOT *Phys.* 103.

regnativus [ML < CL regnare+-ivus], that rules or governs, governing, ruling.

comparat Salvator virtutem ~am ecclesie (WYCL. *Ente*) *MS Vienna ÖNB 4307* f. 165v.

regnator [CL], one who reigns or rules, ruler (in quot. king or sim.); **b** (pagan god); **c** (God or Christ); **d** (transf., saint).

tertius accepit sceptrum regnator opimum, / quem clamant Ini .. gentes ALDH. *CE* 3. 35; **705** inter regem Uest Sexanorum nostrique pagi ~ores WEALDHERE *Ep.* 22; te [sc. Carolum] .. dextra regat Domini, / ut felix vivas, lato regnator in orbe ALCUIN *Carm.* 45. 73; ipsi .. ~ori Edwardo GOSC. *Edith* 286; Cnuto Danus et hostis potius Anglorum quam ~or *Chr. Wallingf.* 65. **b** Neptunus, fama dictus regnator aquarum ALDH. *VirgV* 1338. **c** ille superi ~or Olimpi et Rector caeli ALDH. *VirgP* 2; donec prodiret Christus Regnator in orbem *Ib. VirgV* 333; en Regnatoris saeclorum nomine ditor, / regno inter Christi semper vernacula vernas BONIF. *Aen.* (*Pax vera Christiana*) 115; nec ~or coeli virginalis uteri dedignatus est angustias intrare ALCUIN *Dogm.* 47A; excelsi solii ~or, aeterne Deus *Id. Liturg.* 534A; at postquam summi voluit Regnator Olimphi, / virginis intactae thalamos invisere gratis FRITH. 12. **d** **13..** [Dunstanus] ascensor euge celice / regnator et Olympice, / felix coronis utere / Deique regnum posside *Anal. Hymn.* XI 190 p. 112.

regnatrix [CL], who rules or governs, (sb. f.) ruler, governess (in quot. in fig. context); **b** (w. obj. gen.).

si illud insigne regium aliqua .. violentia concussum corruerit, suo ~ix [sc. anima] solio humi dejecto, utrumne exsulabit? PULL. *Sent.* 691A. **b** vera putat fari .. maritus, / non recolens anima quod femina quelibet Eva / regnat regnatrix hominum, scelerumque paratrix D. BEC. 1961.

regnatus [ML < CL regnare+-tus], rule, governance, government.

~us .. duo sunt modi; ~us .. stabiliens acciones .. est ~us optimus, et .. gentes obedientes isti ~ui sunt optime; et ~us stabiliens operaciones .. est ~us stolidus BACON I 23.

regnicola [LL], **~us**, inhabitant of a kingdom or realm (in quot. in pl.), subject (of king or queen); **b** (dist. from foreigner); **c** (dist. from clergy or church).

1189 ad cujus [sc. Friderici Barbarosse] obitum universis ejus fidelibus, et presertim ~is, quasi .. celi luminaria tenebrescunt P. BLOIS *Ep.* 172; **1266** pacis istius .. inter predictos reges et regna et eorum ~as *Chr. Man. app.* 332; s**1100** rex Willelmus .. Rufus qui .. totum fere regnum Anglie in .. omnium ~arum dispendium .. afforestavit WYKES 14; **1327** mala innumerabilia que hujusmodi occasione guerrarum renicolis [*sic* MS] utriusque regni .. contingebant *Kelso* 537 p. 433; quia .. prodidit nequiter Robertum Tresylian tempore parliamenti quando domini temporales contra quosdam ~as erant moti *Chr. Westm.* p. 207; in poetria doctissimus inter cunctos ~as nostris temporibus (WALS.) AMUND. II *app.* 305; quamvis non habeant [regine] potestatem ~as puniendi FORTESCUE *NLN* II 45; **1522** sentientes nos, ecclesiam nostram .. et burgos omnes .. clerum et populum nobis subjectum, .. et cunctos hujus regni ~os plus posse in futurum ledi *Form. S. Andr.* 227. **b** **1360** tam de extraneis quam de ~is *ExchScot* 13. **c** magnum tenuit parliamentum in quo a clero et a ~is ad sui exspedicionem magnum exegit subsidium STRECCHE *Hen. V* 154; **1457** nobiscum .. Anglicana .. letatur ecclesia, et ~e exultent in hymnis et canticis *Ch. Sal.* 377.

regnicolus v. regnicola.

regniculum [CL regnum+-culum], small or petty kingdom, sub-kingdom.

s**1264** idem regulus [sc. Mannie] homo regis Scocie devenit, homagium sibi pro suo ~o faciens FORDUN *GA* 56 (cf. BOWER X 18, *Plusc.* VII 25); in hoc conquestu [sc. per Brutum facto .. qui .. duravit per annos mxlviij] .. regnum quater fuit divisum, semel in trina, bis in bina, et tertio in regnacula quinque OTTERB. 8.

regnoscere [ML < CL re-+(g)noscere; cf. et. CL recognoscere], to determine (by inquiry), to come to know (in quot. w. indir. qu.).

1189 summone predictos milites post visionem factam .. ad ~endum per sacramentum quis majus jus habeat in eodem marisco *Croyl. Cont. B* 456; in quanta .. cordis et corporis puritate per presentis vite lubricum transierit, ex ejus verbis .. fidelis lector facile ~it *V. Edm. Rich P* 1805E.

regnosus [CL regnum+-osus], (in gl.) dominant, domineering.

dawngerosy, rignosus *CathA.*

regnum [CL]

1 office or power of a king (or sim. ruler), kingly state, kingship; **b** (w. ref. to position of mythical king or pagan god). **c** period of a particular king's rule, (in quot. freq. in dating formulae).

omnis ~i, auri, argenti, et .. propriae voluntatis distentionibus ruptis GILDAS *EB* 34; quamquam .. diadema ~i .. praeferatur ALDH. *VirgP* 9 p. 237; Augustus .. qui in sua potestate ~um quinquaginta annis tribus obtinuit BERN. *Comm. Aen.* 123; ad instar Domini Jesu, rex pariter et sacerdos, .. ~um .. et sacerdotium condit in semetipsum J. FORD *Serm.* 67. 11; contigit eo tempore .. regem Athulphum Romam mittere primogenitum suum Alfredum a .. papa Leone .. in regem successoremque ~i Anglicani consecrandum *Brev. Hyda* f. 288v; quamvis mulieres in ~is summis versari valeant etiam et debacchari, ipsas tamen ~o hujusmodi investiri prohibet lex nature FORTESCUE *NLN* II 30. **b** hii [sc. filii Aloei] a ~o suo Jovem depellere volunt BERN. *Comm. Aen.* 108. **c** xl et primo anno .. ~i ejusdem [Augusti] Caesaris THEOD. *Laterc.* 2; post regem Cnutum filii ejus Haroldus quinquennio, Hardecnutus biennio, nam is subita morte raptus est, ~a cum vita terminaverunt GOSC. *Transl. Mild.* 18 p. 176; hic primis pubescentis ~i temporibus .. vicinis regibus fuit ridiculo W. MALM. *GR* I 9; **1263** anno rengni regis Henrici .. quadragesimo septimo *Cl* 229; s**1100** hic [sc. Henricus] tertio paterni ~i sui [TREVISA: *of his fadir kyngdom*] anno in toro regio genitus HIGD. VII 416 (=KNIGHTON I 113); a principio ~i regis Alexandri usque ad nativitatem Christi *Ann. Exon.* 5v.

2 political control, dominion. **b** (transf.) control (in quot. w. gen.).

rectores .. relictos ad enuntianda .. Romani ~i molimina leaena trucidavit dolosa GILDAS *EB* 6; Romanus miles equester / arbiter imperio dum regni sceptra regebat ALDH. *Aen.* 99 (*Camellus*) 2; Edwardus filius Elfredi .. litterarum scientia multum patre inferior, sed ~i potestate incomparabiliter gloriosior W. MALM. *GR* II 125. **b** fuerunt .. hii [humores] necessarii ad corporis constitutionem, et ad ipsius ~um [ed. 1601: regimen; TREVISA: *reuleynge*] et conservationem BART. ANGL. IV 6.

3 community ruled by king (or sim. ruler), kingdom; **b** (w. specifying gen. pl. of people constituting kingdom); **c** (w. specifying gen. sg. of place or name of kingdom; in quot. also in pl.); **d** (w. specifying adj. of place or name of kingdom; in quot. also in pl.); **e** (fig.); **f** (w. ref. to Kingdom of heaven or sim., usu. w. specifying gen. or adj.; in quot. also in pl.); **g** (dist. from *regnum terrae* and *regnum inferni*); **h** (w. ref. to kingdom or realm of Satan or sim.); **i** (used in Domesday Book w. ref. to property belonging to the royal demesne; *cf. regio* 2e). **j** (w. ref. to 'voting nation' at council of Constance; cf. *regio* 2f).

stolidi proceres, qui mundi regna regebant ALDH. *VirgV* 1779; in ~o paterno, in regione Cantie GOSC. *Edith* 41; quanto magis quod ille .. de toto ~o necessitate temporis coactus impegerit videatur non esse ratum W. MALM. *GR* III 238; c**1162** tenendum .. sicut aliquod toftum in aliquo burgo tocius ~i mei *Regesta Scot.* 212; quanto ~um potius est comitatu, tanto sensit ministerium suum in melius profecisse DEVIZES f. 25v; **1237** de consueta gracia et optenta rengni nostri consuetudine *KR Mem* 15 m. 21; s**1333** rex Anglie .. ejecit David le Bruys regem Scocie de ~o suo *Ann. Exon.* 21v. **b** Artaxerxis ~i Persarum gubernacula tenentis ALDH. *Met.* 2 p. 69; ~o Nordanhymbrorum praefuit rex .. Aedilfrid BEDE *HE* I 34; eodem .. tempore quo cepit ~um orientalium Anglorum, surrexit ~um orientalium Saxonum W. MALM. *GR* 98; in terra Anglorum, et in ~o Scotorum sumus AD. SCOT *TT* 723C; Judeorum .. ~o J. FORD *Serm.* 77. 2; ~um Cantiorum .. ~um Westsaxonum .. ~um Merciorum .. ~um Anglorum .. ~um Saxonum .. ~um Northimbrorum .. ~um Britonum in Cornubia et Wallia R. NIGER *Chr. II* 136–7 (cf. W. MALM. *GR* I 99–104). **c** princeps / qui sceptrum regni Solimis erexit ALDH. *VirgV* 2140; ut populus domini liquit Memphitica sceptra / .. / usquequo promissae telluris regna capessit *Ib.* 2481; c**1092** Willelmus rex Anglorum omnibus judicibus suis .. ~i Angliae salutem *Regesta app.* p. 135; **1177** ducatum Northmannie, .. ducatum Britannie, ~um Anglie, ~um Scotie, ~um Hibernie, ~um Wallie P. BLOIS *Ep.* 66. 201A; **1257** rengno Anglie *Cl* 159; ~um suum Anglie ..... de .. ~i Francie regimine *Ps.*-ELMH. *Hen. V* 107. **d** p**675** domino gloriosissimo occidentalis ~i sceptra gubernanti .. Aldhelmus .. salutem ALDH. *Ep.* 4 p. 480; unde Memphitica ~a sceptrum imperiale gubernat *Id. Met.* 2 p. 65. **e** Lavini, laboris ~a. Dardanide, animi potentie BERN. *Comm. Aen.* 50; loquens ea sine cessatione .. que sunt de ~o caritatis dilatando J. FORD *Serm.* 12. 8; contende ambos [animos] .. simul in ~um mansuetudinis captivare *Ib.* 22. 5; ~o mortis penitus evacuato .. vita et letitia .. in perpetuum regnent *Ib.* 83. 9. **f** ita ut .. ad amoena caelorum ~a quasi ad propriam sedem tota festinaret ecclesia GILDAS *EB* 9; quanta .. animam tuam ~i Christi praemia in die judicii manerent *Ib.* 34; p**675** si .. Petro claves caelestis ~i .. collatae sunt ALDH. *Ep.* 4 p. 485; perpetuas regni sumens .. coronas *Id. VirgV* 1767; ubi ~a perennia petens tres suos filios .. regni temporalis heredes reliquit BEDE *HE* II 5; a**1195** qui .. hanc elemosinam meam auferre voluerit, auferat ei Deus ~um vite *Feod. Durh.* 132n; versus Jerusalem, que est ~um celorum [ME: *þe riche of heovene*] *AncrR* 74. **g** revelabo .. omnibus regnis [ME: *to alle kinedomes*] tua pudenda peccata, regno terre, regno inferni, ~o celorum *AncrR* 123. **h** daemonis ut regnum necnon et sceptra tyranni / diruat in mundo ALDH. *VirgV* 314; ~o inferni *AncrR* 123. **i** R. de T. tenet castellum de Cliford. Willelmus comes fecit illud in wasta terra quam tenebat B. TRE .. istud castellum est de ~o Angliae, non subjacet alicui hundret neque in consuetudine (*Heref*) *DB* I 183rb; terre regis quas Godricus servat: .. Sparle ten' rex Ædwardus et hoc manerium fuit de ~o. sed rex Edwardus dedit Radulfo comiti (*Norf*) *DB* II 119b; terrae regis de ~o quas Picot custodit (*Suff*) *DB* II 289b; dominicatus regis ad ~um pertinens in Devenescira *Dom. Exon.* f. 83. **j** in hoc .. concilio [sc. Constancie] Anglia nomen nacionis sive ~i, quod ante hec tempora .. apud alienigenas consequi non valebat, .. est sortita *Ps.*-ELMH. *Hen. V* 35.

4 area under control of, or territory ruled by, a king (or sim. ruler), realm; **b** (w. ref. to Roman empire, also in pl.); **c** (w. ref. to geographical area more than, or instead of, political unit) region, realm.

provincias .. per retia perjurii .. sui facinoroso ~o adnectens GILDAS *EB* 13; quatuor in mundo regnorum surgere sceptra ALDH. *VirgV* 335 (cf. *Dan.* ii 37–40); regulis quos pater sub jugum miserat rebellantibus, ~i mutilatus dispendio .. perfidie tormenta pendebat W. MALM. *GR* I 10. **b** rex [sc. Domitianus] .. Romae qui regna regebat ALDH. *CE* 4. 5. 12; ossa illius ad tutelam ~i [*gl*.: i. imperii] Romanorum .. translata *Id. VirgP* 24 p. 257; draconem / .. / qui .. / Romani regni vexabat .. catervas *Id. VirgV* 548; nam pater [sc. Constantinus] auguste regnorum sceptra gubernans *Ib.* 2059. **c 705** quaelibet oportet latorum ~orum transmarina aggredi rura ALDH. *Ep.* 12 p. 501; sic felix Asiae convertit dogmate regnum *Id. CE* 4. 8. 16.

regor, *?f. l.*

regor [? l. reus], debitor *GlC* R 92.

regracitorium v. regratiatorius. **regradarius** v. regratarius.

regrade [CL re-+gradus+-e], ? by proceeding in an opposite or reverse direction, (in quot. *~e multiplicare*) to multiply in reverse, *i. e.* to reduce the number of, diminish.

esto miser qui dives erat, numerabit amicos / more lupi rĕgrădē multiplicantis oves R. PARTES 228.

regraderia v. regratarius. **regradiator** v. regratator.

regratare, ~ere [ME *regraten*, OF *regrat(t)er*, AN *regrat(i)er*], to buy (goods) in order to resell in same market or locale at a higher price, to regrate, (also) to resell (goods so obtained, in quot. illegally or in contravention of governing regulations).

1279 quod nullus carpentarius emet meremium infra villam ad ~andum *Gild Merch.* II 290; **1289** similiter .. aculpatus quod .. ~ere facit de carbone, avenis, et feni [*sic*], et aliis diversis rebus venalibus *Rec. Leic.* I 207; **14..** de hiis qui ~unt [v. l. ~ant] grana .. pisces .. aut alia bona quecumque, exaltantes primum precium, et ei in cariori foro vendent [v. l. ea in cariori foro vendentes] quam in principio vendi debeant, in detrimentum domini regis et legiorum ejus *BBAdm* I 231.

regrataria v. regratarius.

regratarius, ~erius [ML; cf. ME, AN *regrater*, *regraterie*]

1 (as sb. m. or f.) one who buys goods (esp. foodstuffs, in quot. freq. illegally or in contravention of regulations) in order to resell in same market or locale at a higher price, regrater, 'huckster'. **b** (spec. at Oxford; *cf. MunAcOx* 38 n. 5, *StatOx* 106; *cf. et.* regere 8o, *regratator* b).

1221 concedunt quod emant et vendant in grosso .. per alios dies quam in die mercati, set ipsi nunquam vendere .. ut ~arii .. debent eo quod nunquam fuerunt inde in seisina ... set ~arii sui solebant emere privatim dum cives fuerunt apud monasterium et venderent ad lucrandum *SelPlCrown* 89 (=*Eyre Worcs* 568); **1226** de lampredis non vendendis reg'tariis: mand' est .. quod nullus piscatorum .. vendat lampredas regretariis ad illas carius vendendas *Cl* 95b; **1258** quod [nullus] ~arius vel ~aria emat .. victualia .. ante primam horam (*Grimsby*) *BBC* 295; ~arii [MSc.: *hukstaris*] qui emunt et vendunt ad lucrum non emant aliquam rem ad revendendum ante terciam pulsatam in yeme et primam in estate *Leg. IV Burg.* 66; quod nullus ~ius vel regraterissa emat pisces nisi post terciam, nec forstallet civitatem de .. aliquo .. cibo; quod si fecerit, imprisonetur per xl dies, vel abjuret officium suum per annum et diem. .. item, quod nullus ~ius emat coria nisi in foro domini regis *Chain Bk. Dublin* 234; de ~ariis calumpniandis: primo quod emunt bona ante horam debitam ..; secundo quod emunt extra burgum foristallando; tercio quod utuntur falsis mensuris *Iter Cam.* 19; **1357** quod aliquis mercator allec recens, ut illud recens aliis more regradarii venderet, nullatenus emeret *Pat* 253 m. 7*d*.; **1412** pistores .. communiter portant nocturnos panes suos venales .. ad domos ~ariorum panum vocatorum *hukesters of brede* ... ordinatum est .. **1449** quod .. sunt communes ~arii piscium recentium marinarum, et causant eas magis duplo carius vendi *MunAcOx* 590. **b 1278** de numero ~ariorum [v. l. regencium] *StatOx* 106 (*MunAcOx* 38: regentium [v. l. regratorum]); **1305** quod licet .. de certo numero ~ariorum .. ordinatum .. fuisset, vos .. ultra numerum predictum usque ad centum ~arios .. nuper poni fecistis *MunCOx* 10 (cf. ib. 8); **1310** quod licet .. ordinatum fuisset quod certus numerus ~ariorum .. haberetur, per quos officia regratarie .. exercerentur, vos .. ~arios ultra numerum predictum hujusmodi officia .. exercere permisistis .., in ipsorum .. scolarium .. dispendium non modicum et jacturam *MunCOx* 14.

2 (as sb. f.) the activity or practice of a regrater, regrating.

s1199 quod nullum vinum ematur ad ~ariam [v. l. ~eriam] de vinis que applicuerint in Anglia R. HOWD. IV 100 (=*Ann. Burton* 200, W. COVENTR. II 153); **1258** quod .. quidam de eadem villa piscem illum prevenientes, illum postmodum per ~eriam vendunt in eadem villa in .. communitatis .. non modicum gravamen *Cl* 312; **1380** omnia .. felonias et transgressiones, forstallarias, ~arias, et alia predicta tangentia *RParl* III 85a; **c1422** de placito quare ipsi .. emerunt xxv torcas pro l s., et postea .. vendiderunt .. diversis sutoribus .. pro octo marcis in regraderia et excessu contra legem *Treat. J. P.* 266; **1440** in perpetuum habeant omnes fines pro transgressionibus, .. concelamentis, ~ariis et foristallariis, manutentiis .. AMUND. II 228 (=*Reg. Whet.* I 33).

regratatio [regratare + -tio], (act of) buying goods (in quot. illegally or on contravention of regulations) in order to resell in same market or locale at a higher price, regrating.

1298 ita tamen quod omnes pistores et braciatores furnient et bra[cient infra] muros et vendant infra et extra ita quod nulla inde fiet regratacio [MS dub.] infra (*Doc. Caernarvon*) *Bulletin of the Board of Celtic Studies* IX iii (1938) 241; **1406** Joh' Pak by the fire convictus pro pellibus et ~one *Rec. Aberd.* 223.

regratator [regratare+-tor], **1 regratiator**, one who buys goods (esp. foodstuffs, in quot. usu. illegally or in contravention of regulations) in order to resell in same market or locale at a higher price, regrater. **b** (spec. at Oxford; *cf. MunAcOx* 38 n. 5, *StatOx* 106; *cf. et. regere* 8o, *regratarius* 1b).

1290 aliquibus regratoribus [vv. ll. regratatoribus, regretatoribus] *MunAcOx* 49 (v. regrator a); **1328** in finibus regradiatorum circa festum S. Martini, xl s. *LTR Mem.* r. 30; **1368** punicio .. violatorum assise mensurarum et ponderum, forstallatorum, et ~atorum, et excessuum aliorum infra burgos et villas mercatorias .. commissorum *RScot* 919a; **1383** superior debet cognoscere .. de ~iatoribus et forstallatoribus victualium vel aliarum rerum venalium ad villam veniencium .., et si convicti fuerint inde committantur gaole *Lib. Kilken.* 76; **1387** communes ~iatores piscium *SessPWarw* 64; **1446** E. C. est communis ~iator panis *CourtR Carshalton* 59; **14..** pistores, braciatores, vinetarios, ~atores, forstallatores, et omnes alios transgressores *Reg. Brev. Orig.* f. 279v; **1496** de ~atoribus et forstallatoribus *Pat* 579 m. 9/15. **b 1304** quod cum composicio facta sit .. quod regratiatores non debent esse .. nisi ad numerum xxxij, .. burgenses .. numerum illum .. augmentarunt ad dampnum populi; et eciam quod rex precipere velit quod nullus regratarius seu tabernarius vinorum permittat quod clerici sedeant seu hospitent noctanter in tabernis suis *RParl* I 163a.

regratatoria [ML regratator+-ia], (act of) buying goods (in quot. illegally or in contravention of regulations) in order to resell in same market or locale at a higher price, regrating.

1511 quod L. fitz H. .. habeat libertatem .. quod libere possit emere et vendere tempore opportuno omnes mercandisas .., absque aliqua regratator' inde per ipsum facta *Lib. Kilken.* 120.

regratatrix [ML regratare + -trix], **regratiatrix,** female regrater.

1381 Johanna S. est communis ~atrix omnium minutorum victualium *SessPWarw* 57; **1443** quod Julia Woddcokk' est ~iatrix panis *CourtR Carshalton* 49.

regratere v. regratare. **regrateria** v. regratarius.

regraterissa [ME, AN regrater+LL -issa; cf. AN *regrateresse*], female regrater.

1241 pro Simone le Gros .. qui manet in domo Ydonee ~e *Liberate* 15 m. 12; **1288** quemdam ignotum qui prostravit seldam cujusdam ~e cum victualibus sui super stallum suum jacentibus (*CourtR St. Ives*) *Law Merch.* I 32; **1294** plegii B. de H. ~e cervisie, quod veniret .. ad respondendum de transgressione vend' servic' contra assisam *SelPlMan* 113; **1300** de R. de M. pistore pro v s. deficientibus in uno obolato panis invento in manibus duarum regratissarum [*sic*] (*CourtR St. Ives*) *Law Merch.* I 75; **1302** de Margareta .. pistrice pro wastello Alicie de N. ~e deficiente quadraginta denarios (*Ib.*) *Ib.* I 83; **1419** quod nulla ~a transeat Pontem Londoniarum .. ad panem emendum. .. item, quod nullus pistor ullius creancie beneficium ~e faciat, quamdiu illam noverit in debito *MGL* I 341.

regratia [ME *regratie*; cf. et. AN *regrat*], (act of) buying goods (in quot. illegally or in contravention of regulations) in order to resell in same market or locale at a higher price, regrating.

1406 quod nullus burgensis .. ea [bona predicta] forstallet, nec in grosso emat ad revendendum in ~ia *Doc. Bev.* 23.

regratiari, ~iare [CL re-+ML gratiare, gratiari]

1 (intr.) to give or return thanks, to be grateful, express gratitude (also w. *de* or *pro* & abl. to indicate reason for gratitude); **b** (w. dat. of person to whom gratitude is expressed, also w. *de* or *pro* & abl., *super* & acc. or abl., *quia* or *quod* cl. or sim., to indicate reason for gratitude).

s1170 quo optento, archiepiscopus ~ians licentiam rogavit ut liceret ei .. M. PAR. *Min.* I 354; **1259** licet .. de tot beneficiis .. ~iari quamplurimum tenemur .. (*Cl*) *RL* II 139; **s1259** quibus honorifice a rege susceptis ac reverenter ~iando exauditis, remisit eos .. in regnum suum *Flor. Hist.* II 428; **1371** de immensis laboribus vestris .. ~iamus pro viribus nostris, ut tenemur *Reg. Heref.* 8; **1442** pro vestris favoribus assiduis .. impensis, ~ior toto corde *Pri. Cold.* 144. **b** etsi doletis carnaliter .., ~iari potius debetis Altissimo .. quia .. P. BLOIS *Ep.* 169. 465A; **1229** domino pape scripsimus, ~antes eidem pro vobis super gratiam quam [*Foed.* I 308: gratia qua] vobiscum egit dum in captivitate teneremini *Cl* 234; quia auctores veridici .. juverunt nos .., ~iandum eis est, sicut Aristoteles .. ~iatur suis predecessoribus BACON *Maj.* III 13; **1283** de eo quod .. concessistis nobis facere subsidium .., vobis plurimum ~iamur *SelCh* 462; **1303** vobis specialiter ~iamus ut tenemur *Chr. Rams. app.* 380; **1341** ex eo quod .. esse vultis de conservatione honoris nostri soliciti, vobis .. ~iamur ex corde (*Lit. Regis*) AD. MUR. *Chr. app.* 270; **s1367** literas direxit indignacione conceptas, ~ians generositati sue quod, ipso in partibus extraneis .. occupato, terras .. suas .. invadere .. dignatus est .. promittens condignam remunerationem J. READING f. 194b; **c1380** abbati .. mei nomine ~iare dignemini de sua benevolencia *FormOx* 324; dux .. gratias agit Deo ... deinde plebi, pro .. fide et gratitudine quam in eis invenit, ~iatur uberrime WALS. *HA* II 405; **1527** quo facto, ~abitur dominus episcopus canonicis de honorabili receptione sua et laboribus circa eum habitis *Stat. Linc.* I 555.

2 (trans.) to thank (person), to give or return thanks to (also w. *de*, *pro*, or *super* & abl. to indicate reason for gratitude); **b** (in phr. *Deo ~iato* or sim.).

s1268 alienigene, ~iati et remunerati a rege, revertebantur ad propria *Flor. Hist.* III 16; propalabo, gloriam Christi ~ians, ut .. ROLLE *IA* 234; **s1066** ~atus .. pro tam necessario munere .. ad meum monasterium revertebar *Croyl.* 75; **s1295** vos ~ior de curialitate .. mihi facta *Ann. Worc.* 524; **1402** super quo .. magnificentias vestras .. ~iamur *Foed.* VIII 277. **b c1307** status nostri continenciam .. quam, ~iato Altissimo, .. continuatam sensimus prosperis incrementis (*DCCant.*) *HMC Rep. Var. Coll.* I 280; **s1346** rex Anglie cum toto exercitu suo, Deo ~iato, manens integer et illesus AD. MUR. *Chr. app.* 247; **s1365** predicantur .. plura gravia futura, quoniam superior fieret triplex conjunccio ... preteritisque temporibus diebusque predictis elapsis, ~ietur Altissimus, Anglis, nisi in animalibus, nocuerunt J. READING f. 185b.

regratiatio [ML regratiari+-tio], **regratio,** (act of) giving or returning thanks, (expression of) thanks.

1235 quod in litteris directis ballivis regis non fit mentio de aliqua ~one *Cl* 70; **1285** ut .. ad loca unde exeunt beneficiorum flumina, dignis ~onibus revertantur *Foed.* II 313; **1324** littera ~onis amici: .. pro .. benevolentia vestra .. grates vobis rependere *Lit. Cant.* I 132 *rub.*; **1332** littera ~onis .. pro servicio nobis exhibito *Ib.* I 482 *rub.*; **1338** littera prioris .. domino electo Londoniensi ... et eadem littera .. ~ones .. Deo factas pro sui status novitate continet *Ib.* II 186 *rub.*; **c1435** salutacio .. ~o .. motiva .. narracio .. peticio .. conclusio .. subsalutacio *FormOx* 444.

1 regratiator v. regratator.

2 regratiator [ML < regratiari+-tor], one who gives or returns thanks, one who expresses gratitude.

nos rudes ~ores et avidissimi receptores, onusti divinis beneficiis infinitis R. Bury *Phil. prol.* 3.

regratiatorius [regratiari + -torius], that expresses thanks or gratitude (in quot. w. *brevis, littera,* or *epistola*). **b** (as sb. f. or n.) letter of thanks. **c** expression of thanks or gratitude.

1335 littera ~ia .. archiepiscopi ..: .. vobis .. regratiamur ex corde, quod .. *Lit. Cant.* II 98 *rub.*; **13..** litera ~ia *FormOx* 266 *rub.*; **c1390** litteras .. ~ias de suis sollicitudine et labore *Pri. Cold.* 58; **1451** literam ~iam hec omnia superius dicta apercius exponentem *Pri. Cold.* 171; **1452** quod liceat .. scribere literas ~ias, commendatorias, et testimoniales .. sigillo communi universitatis sigillandas *MunAcOx* 735; **s1458** perrexit .. ad suum studium, scedulamque cum calamo sibi sumens scripsit .. epistolam laudatoriam sive ~iam *Reg. Whet.* I 312; rescripsit .. prefato monacho quamdam brevem ~iam *Ib.* I 321. **b c1299** ~ium domino R. de B. ..: .. de magno zelo quem geritis .., vobis graciarum referimus acciones *Reg. Cant.* I 297 *rub.*; **1303** vicecancellario ~ia: .. pro immensis laboribus .. per vos .. impensis, vobis gratias referimus adimmensas *Ib.* II 653 *rub.*; **1380** ~ia domino pape de provisione facta .., et rogatoria pro translacione *Dip. Corr. Ric. II* 6 *rub.*; **s1423** has .. premittens ~ias, .. versus consilium properavit Amund. I 79; **1441** quod ~ias pro te suas mitti michi feceris Bekynton I 171. **c s1437** alloquebatur eos, post regracitoria pro suis piis laboribus, sub ista forma Amund. II 143; **1439** audito .. qualiter .. quosdam ex regionibus nostris patres ad cardinalatus apicem assumere dignati estis, nostras superinde ~ias .. vestre sanctitati demisimus Bekynton I 39.

regratiatrix v. regratatrix. **regratio** v. regratiatio. **regratissa** v. regraterissa.

regratitudo [cf. gratitudo, regratatio], (act of) buying goods in order to resell in same market or locale at a higher price, regrating (in quot. as restricted activity).

1278 quod omne genus ~inis [MS: regratitudiniis] prohibeatur usque ad horam terciam (*MS BL Lansdowne 564* f. 109) *Rec. Coventr.* 31 p. 41.

regrator [ME, OF *regratour*; ME, AN *regrater*]

1 one who buys goods (esp. foodstuffs, in quot. occ. illegally or in contravention of regulations) in order to resell in same market or locale at a higher price, regrater. **b** (spec. at Oxford; *cf. MunAxOc* 38n. 5, *StatOx* 106; *cf. et. regere* 80).

1279 quod omnes ~ores possunt emere vitulos, porcellos, multones vivos, et vendere coctos et non crudos, nec uxores carnificum qui regratum tenent carnes non vendant crudas *Rec. Leic.* I 180; **1357** hujusmodi emptoribus qui ~ores communiter appellantur *Pat* 166 m. 6; **1419** quod nullus ~or vendat .. victualia ante horam prime. item quod nullus bladerius nec ~ores .. victualium exeant civitatem ad emenda aliqua victualia *MGL* I 250. **b 1278** de numero regentium [v. l. regratorum] *MunAcOx* 38 (cf. *StatOx* 106: regratariorum); **1290** quod non liceat aliquibus ~oribus [vv. ll. regratatoribus, regretatoribus] aliqua victualia .. emere ante horam nonam *MunAcOx* 49; **1356** clamant habere .. punicionem forstallatorum, et ~orum, et omnium venditorum vel emptorum victualium .. contra privilegia universitatis *MunAcOx* 174; **1428** dicunt quod J. H. est communis ~or correorum *DocCOx* 180.

2 grocer, victualler.

1359 de qualibet fenestra sutorum, regrectorum, fabrorum, cissorum, pellipariorum, percamniorum, et aliorum hujusmodi, quadrantem in septimana *Doc. Bev.* 2.

regratrix [cf. regrator], one (f.) who buys goods (in quot. bread) in order to resell in same market or locale at a higher price, regrater.

1357 quod ~ices [ponerent] panem vendendum in fenestris suis et ne abscond[er]ent in archis nec angulis, nec venderent panem cum butiro seu caseo vel ovis *Rec. Leic.* II 107.

regratus, ~um [AN *regrat*], (act or practice of) regrating. **b** ? license to regrate, ? premises from which goods (in quot. meat) are regrated, ? (coll.) goods acquired to resell at a higher price (in accordance with the practice of regrating).

c1270 quod nullus .. emat carnes nec pisces frixas ante horam terciarum vendendum ad ~um *Arch. Bridgw.* 10; **1278** quod Ric' de N. de cetero non faciet ~um de tinctur' nec granarium tenebit *Rec. Leic.* I 170. **b 1279** nec uxores carnificum qui ~um tenent carnes non vendant crudas *Rec. Leic.* I 181 (v. regrator a).

regrect- v. regrator.

regredi [CL]

1 to go or come back, return. **b** (w. *ad* or *in* & acc.); **c** (w. acc. of destination); **d** (w. internal acc.); **e** (foll. by inf. indicating purpose); **f** (fig. or in fig. context). **g** (in mil. context) to withdraw, retire.

qui .. de Brittania ~ssus, ad gentem Boructuarorum secessit Bede *HE* V 11; **c801** litteris .. vestris illum admonere, .. [ut] pietatem imperialem poscat ~diendi facultatem Alcuin *Ep.* 220; jam Christus astra ascenderat / regressus [AS: *ongeangecyrred*] unde venerat *AS Hymns* 95; tum forte antistes aberat ..; ~sso res nuntiatur W. Malm. *GR* II 175; ~ssus maris aestus famulante sinu nautas excepit *Id. GP* III 100 p. 216; vos .. cavete ne .. occasionem preliandi hostibus detis .. quousque ~ssus fuero Ord. Vit. VII 5 p. 174. **b** angelus apparens ad Joseph jubet ut ~diatur in Judeam terram Theod. *Laterc.* 7; ad supradictum locum .. unde pervenit est ~ssus Felix *Guthl.* 26; [passer] mox de hieme in hiemem ~diens tuis oculis elabitur Bede *HE* II 13; postulat Quoenburg .. ut ocius ~diaris ad eam *Id.* V 3; illis .. omnia .. in manus patroni resignantibus et ad locum unde exierant ~ssis *Chr. Dale* 9; **s1289** ~ssus est dominus E. rex in Anglia[m] de Ispania et partibus transmarinis *Ann. Exon.* f. 15v. **c** Scottiam ~ssus est, tractaturus cum suis quid .. facere deberet Bede *HE* III 26 p. 189; mea Mildretha fecit me propriis pedibus domum ~di Gosc. *Transl. Mild.* 30 p. 200; Normanniam ~ssus, .. ab omnibus quasi monstrum exsufflatus, in exilium .. discessit W. Malm. *GR* II 178; ita rex .. regnum ~ssus est *Ib.* V 399; inde monasteriolum ~ssus est in amentiam versus interiit Ord. Vit. III 2 p. 29. **d** viam expeditus ~diens consuetos lares repetiit W. Malm. *GP* V 266. **e** eidem Mariae et alteri .. ~dientibus .. nuntiare discipulis quae .. viderant occurrens apparuit Alcuin *Exeg.* 1000A (cf. ib. 987D: ~ssus est ut narraret). **f** ut ad recensitionem episcoporum quasi post diuturnam digressionem in callem ~diar W. Malm. *GP* III 110; his .. decursis, ad Eboracum ~dietur oratio *Ib.* III 118. **g** hostes .. oculis obnubilatis nec retro ~di nec ante tendere valuere W. Malm. *GR* II 127; Balduinus .. vulneratus est, et inde Albamarlam .. ~ssus est Ord. Vit. XII 2 p. 316; hoste urgente in portam ~di compulsus est Gir. *EH* I 21.

2 to go back (to previous condition, occupation, activity, or state of mind, w. *ad* or *in* & acc.); **b** (w. *ad* & gdv.); **c** (in eccl. context, w. ref. to departing from monastic profession). **d** to go back (in time or temporal sequence).

a contemplationis culmine ad hoc ~ssus quod in intellectu communi et prius fuit Bede *Acts* 972D; finita recapitulatione, quam exempli causa interposuerat, ~ditur ad ordinem *Id. Apoc.* 152C; in quietem ~ssus animi, vidit mentis oculo divinam adesse presentiam W. Malm. *GP* II 84; ad cor ~ssus, preteritarum virtutum fomite fidei rapuit flammam *Ib.* V 269; nunc ad propositum nitor opus .. ~di Ord. Vit. VIII 22 p. 405; his .. dictis .. ~diar ad annalis hystorie seriem unde sum aliquantulum digressus *Ib.* XI 33 p. 283. **b** nunc ad disserendas res sancto Ebrulfo datas ~diar Ord. Vit. VI 5 p. 32; nunc ad quedam nitor enarranda ~di que .. seniorum relatione didici *Ib.* VI 9 p. 67. **c** si .. sponte sua intrasset monasterium ante etatem legittimam et cum dissimulatione parentum per annum et diem stetisset in monasterio, .. ei ~di non liceret Peckham *Puer Obl.* 433. **d** ad hos dies [sc. ad juventutis annos] non cupit ~di Alcuin *Exeg.* 591D; cum .. jam dixisset 'venerunt ad monumentum', ~essus est ut narraret quomodo venerunt *Ib.* 987D.

regressibilis [CL regredi+-bilis], that can return to a previous state or condition, reversible.

dicit Aristoteles quod inter privationem et habitum non est ordo ~is J. Blund *An.* 132; semper post habitum sequitur privatio; non est / ordo regressibilis. sed sanctus fortiter Hugo / instat in his: habitus redit, et privatio cedit H. Avr. *Hugh* 1260.

regressio [CL]

1 (act of) going or coming back, returning, return; **b** (*~onem facere*) to return. **c** (w. ref. to retrograde motion of celestial body). **d** (fig. in phr. *tempus ~onis*, w. ref. to period of history after the Fall and the Age of the Prophets between the Nativity and the Ascension of Christ); **e** (w. ref. to Paschal season of church year); **f** (transf., w. ref. to returning to a given point in the performance of a responsory or sim.).

illis .. angeli videntur, ut .. Ascensionis tristitiam ~onis commemoratione consolarentur Bede *Acts* 942B; post ~onem regis in Egyptum M. Par. *Maj.* I 41 (=*Flor. Hist.* I 55); **s1193** Johannes .., audito fratris infortunio, atque de ~one fratris diffidens Oxnead *Chr.* 94; est .. quidam flexus per meatus subterraneos et in diversas partes terre, et huic respondet ~o aquarum per flumina ad ipsum [sc. mare] Bacon VIII 22. **b** via qua venit ~onem facit Osb. *V. Elph.* 129. **c 1197** regem Ezechiam, quem honoraverat Dominus ~one solis et fuga Sennacherib P. Blois *Ep.* 138. 410C (cf. *Is.* xxxviii 8). **d** tertium tempus fuit ~onis sive reconciliationis vel justificationis, quod fuit a nativitate Domini usque ad ascensionem ejusdem, per quam facta est gratia hominibus et predicatio evangelii Beleth *RDO* 55. 60D (cf. ib 55. 61–2, 56. 63). **e** hoc .. tempus, sc. paschale, vocatur tempus ~onis, quod significat tempus quod erit post diem judicii, quando ad patriam vite .. regrediemur Beleth *RDO* 112. 117B. **f** versus .. dicitur a vertendo, vel quia nos in orientem vertimus, vel quia a versu ad responsorium fit ~o vel quandoque ad aliud officium Beleth *RDO* 38. 46C.

2 withdrawal, departure.

non fit corruptio vegetative et sensitive propter ~onem intellective .., set propter corruptionem ipsius corporis ex cujus principiis educuntur Bacon VII 17.

3 (action or right of) resorting to a person for remedy, assistance, or compensation, recourse.

c1318 scientes quod ad amicum non fictum est ~o .. ex preteritis futura sperantes .. gratitudinem vestram .. exoramus quatinus .. *FormOx* 35.

regressus [CL]

1 (action of) going or coming back, return; **b** (w. gen. of place from which one returns); **c** (w. ref. to right of free return).

post ~um filiorum Israel de captivitate Ælf. *EC* 14; ovis errabunde ~um P. Blois *Ep.* 88. 277A; eum rex Francie regaliter exhibuit usque ad ~um ejus in Angliam A. Tewk. *Add. Thom.* 35; clericus .. diabolum illum super revelanda causa flexionis duorum genuum sacerdoti in progressu suo et unius genuum in ~u adjuravit *Spec. Laic.* 32 p. 54; **1305** si dum extra monasteria .. constiterint .. pecunias aliquas eos recipere forte contigerit, in eorum ~u ad monasteria .. dictas pecunias traderent bursariis (*Bulla Papae*) *Couch. Furness* I 562; hoc [*sic*] progressus, *a goynge forthe.* hic ~us, *a tornyng agayne WW.* **b** eodem die, post mundi victoriam, post inferni ~um, ascendere memoratur ad coelos Alcuin *Suppos.* 1225C. **c 1248** sciendum quod bene liceat dicto W. appruare sibi et suis infra dictas divisas, ita tamen quod iidem abbas et conventus .. habeant liberum et largum ingressum et ~um *MonA* V 357b.

2 (action of) going back (to previous condition or occupation).

dum relatori, si .. secundum dictores suos mentiatur, difficilis sit ~us ad veniam W. Malm. *GR* III 248; dum .. a natura carnis ad spiritualem tendit, ..

commotionibus carnis contra irruentibus reducitur ad ~um in vitia BERN. *Comm. Aen.* 21; inter privationem et habitum est ordo irregressibilis . . . ergo si lux et tenebre privative opponuntur, a tenebris in lucem non potest fieri ~us J. BLUND *An.* 131.

3 (leg.) return to possession (of, w. *ad* & acc.), (right of) re-entry, regress. **b** (eccl., right of) returning to a benefice, regress. **c** (Sc.) agreement between a vassal alienating property and his superior lord, by which lord obliges himself to receive vassal back into his former position or status upon redemption of the alienated property, (also) right of re-entry, or process whereby re-entry is obtained, under such an agreement.

1171 manerium . . concessi . . ita quod neque ego neque heredes mei ~um habeamus vel calumpniam aliquam versus aliquos de prefato manerio (*Reg. Godstow*) *MonA* IV 364a (=*Ambrosden* (ed. 1695 p. 127)); c**1180** si in solutione statute pensionis mulieres vel fratres cessaverint, habebunt monachi de W. ~um ad rem suam, ecclesiam viz. S. Albani *Ch. Westm.* 288. **b 1520** in eventum ~us, ingressus, seu accessus in et ad archidiaconatum ecclesie . . S. Andree principalem *Form. S. Andr.* II 96. **c** reversioni sive pacto de retrovendendo affinis est ~us; sed in hoc differunt, quod reversio sit pactum inter venditorem et emptorem, ~us inter vasallum vendentem et dominum superiorem *Jus Feudale* 171; jus reversionis in assignatum transierit, isque redemerit, et ex ~u fuerit sasitus, feudum . . novum dicetur, et naturam conquestus habebit *Ib.* 172; apud Anglos nulla est reversionum mentio, nulla ~us; ejus enim loco utuntur pacto de mortuo vadio, quod illi morgagium a Gallica voce vocant *Ib.*; **1546** littere ~us a W. episcopo Aberdonensi superiore terrarum de P., A., et K., facte Alexandro O. de eodem quod non obstante alienatione per ipsum Alexandrum de dictis terris . . sine consensu episcopi facta . . Johanni O. . . idem Alexander eisdem gaudeat omnibus temporibus affuturis *Reg. Aberd.* I 432.

4 (eccl.) part of responsory or the antiphon that is repeated after the verse, response.

canant versum 'Unus autem', stantes inter chorum et reliquias. quo finito cum ~u, intrent aecclesiam LANFR. *Const.* 103; egressa . . de corpore anima . . cantor incipiat responsorium 'Subvenite sancti Dei'. quo cum versu et ~u expleto, subjungat sacerdos 'Proficiscere anima Christiana' *Ib.* 183; tertium privilegium [S. Laurentii] est in ~ibus antiphonarum BELETH *RDO* 145. 148B.

regretarius v. regratarius. **regretator** v. regratator.

regrunnire [CL re-+grunnire], to grumble or murmur against (w. dat.).

Wilelmo Rufo . . potentiori brachio suos omnes adversarios superante, in tantum ut . . ejus imperio nullus in aliquo ~iret *Croyl. Cont. A* 110.

reguard- v. reward-.

1 regula v. recula.

2 regula [CL]

1 a rod or sim. tool used for drawing straight lines, determining straightness, or measuring, straight-edge, rule, ruler; **b** (transf., in metr. context); **c** (fig.). **d** beam of scales or balance; **e** part of astrolabe, rule, regula; **f** part of Richard of Wallingford's *rectangulus*.

videamus . . utensilia quae . . ad cedendum lapides et ad aptandum collocandumque sunt necessaria. indigent etenim quampluribus, plumbo viz. cum appendiculo, ~a, livello ANSELM *Misc.* 316; amussis dicitur ~a per quam examinatur an †rectus [l. rectum] opus surgat OSB. GLOUC. *Deriv.* 201; scriptor . . plumbum habeat et linulam [*gl.*: *reulur*], sive ~am [*gl.*: idem], quibus linietur pagina Neckham *Ut.* 116; **1324** [*to Dame Joan le Vyntenere for an empty cask for making rules*] ~is [*and*] scuyris [*for the masons*] (*KR Ac* 469/8) *Building in Eng.* 339; sicut . . latomus lapidem cedens et complanans duo semper habet in prompto, viz. ~am et martellum, et . . cum ~a dirigit et examinat planiciem, ita bonus judex . . duo debet habere . ., malleum ad corrigendum delicta, et regulam legis et justicie, ne fiat excessus in vindicta HOLCOT *Wisd.* 53; hec ~a, *a mason rewlle WW*. **b 671** centena . . metrorum genera pedestri ~a discernere ALDH. *Ep.* 1 p. 476; a**705** [carmen] dactilico . . exametro ac pedestri . . ~a enucleate trutinatum *Ep. Aldh.* 7 p. 496; dictus inde pes, quod hoc quasi pedali ~a ad versum utimur mensurandum (SERGIUS) BEDE *AM* 107. **c** de legibus eternis caritatis sue ~as sumit atque mensuras J. FORD *Serm.* 55. 14; presternit natura viam quam dirigit artis / regula, si fidus sit comes usus ei NECKAM *DS* III 280; ~am legis et justicie HOLCOT *Wisd.* 53 (v. 1a supra). **d** sit ~a seu baculus libre AB, et CD sit appendiculum, tunc centrum revolutionis a quo exit appendiculum erit D BACON *Maj.* 170. **e** albidahalj, ~a que movet super dorsum astrolabii in cujus summitate sunt tabule due W. WORC. *Itin.* 240. **f** prima ~a vocatur illa lamina gracilis et oblonga que circa paxillum basis molariter circumfertur WALLINGF. *Rect.* 416; secunda ~a et secunda tibia moventur super primam coxam circa paxillum *Ib.*; tercia ~a et tercia tibia sunt que super secundam coxam moventur motu molaris *Ib.*

2 bar, rail. **b** (w. ref. to lath, slat, or sim., perh. used in roofing, or ?*f. l.*). **c** ? rail, railing (used as barrier), fence or segment of fencing made up of rails or sim.

bari Grece grave . . Latine, unde hec baria [v. l. bacaria; ed. Mai: bararia] . . i. ~a gravis et a dextera usque ad sinistram protensa OSB. GLOUC. *Deriv.* 71. **b** acobrices, ~e [? l. tegule] que transverse asseribus imponuntur OSB. GLOUC. *Deriv.* 56. **c 1374** in stipend' iij hominum findencium iij quercus in parco de Crydelyng' pro reparacione ~arum ibidem et erigencium xxix tam de novo maeremio quam de antiquo maeremio earundem ~arum *DL MinAc* 507/8227 m. 10.

3 ruled line drawn on parchment or paper (in quot. line of musical staff).

pausatio talis multiplex est. una est secundum longitudinem a ~a in ~am, vel habet longitudinem spatii inter duas lineas *Mens. & Disc.* (*Anon. IV*) 60; nota, quod organiste utuntur in libris suis quinque ~is, sed in tenoribus discantuum quatuor tantum *Ib.*; pausa longe perfecte occupat tria spacia et tangit quatuor lineas, id est ~as WALS. *Mus. Mens.* 84.

4 row, line (in quot. w. ref. to row of stakes forming a palisade). **b** row, column (of figures) or words in written text; with the quot. from BEDE *cf. et.* 9k *infra*).

1091 nulli licuit . . fossatum facere in planam terram nisi tale quod de fundo potuisset terram jactare superius sine scabello, et ibi non licuit facere palicium nisi in una ~a et illud sine propugnaculis et alatoriis *Norm. Inst.* 282. **b** pagina regularum BEDE *TR* 19 (cf. ib. paginam regularem); ~a scripcionis . . . ~a locucionis . . . ~a construccionis . . *techeþ Englyse of ʒour wordez of Frensh, & in swhych manere þe fyrste rule techeþ to wryte, þe seconde to rede, þe þryde to understand Femina* 103; linia scripcionis. ~a locucionis. ~a construccionis *Ib.* 104.

5 guidance, steering (in quot. of ship). **b** (transf.) that which guides or directs (behaviour, habits, or actions), guiding or governing influence, (of person) model; **c** (log.). **d** guidance, governance, regulation, rule (w. specifying adj. or subj. gen.); **e** (w. obj. gen.). **f** (specific or individual) rule, directive, ordinance.

desuper emissi tenuerunt equora venti, / est ita navalis regula ceca magis GOWER *VC* I 1672. **b** in sede arbitraturi sedentes, sed raro recti judicii ~am quaerentes GILDAS *EB* 27; ut placeat sponso suo . . ad speculi sui ~am sponsa die noctuque inservit J. FORD *Serm.* 78. 9; in ea perfectionis norma sive in ea perfectionis ~a que habet populos *Ib.* 117. 6; s**1282** princeps Wallorum Lewlinus, regula morum (*Vers.*) *Meaux* II 179; **1324** post mortem regis Henrici, regula legis / obstupuit tota (*Vers.*) *MGL* II 651; hec est . . spes et ~a pauperum firmissima, quod si bene servierint Deo, hec omnia adjicientur eis HOLCOT *Wisd.* 94; Cristus, ~a nostra, sponte ivit ad passionem WYCL. *Ver.* II 83. **c** prioritas . . ~e ad regulatum DUNS *Ord.* I 216 (v. regulare 3b); prudencia ponitur principium activum propter actum alium, qui est 'accio', ad quam suus proprius extenditur ut ~a ad regulatum, sicut proprius actus artis extenditur ad actum alium, qui est 'faccio' *Ib.* III 269. **d 743** omnis ecclesiastica ~a sive disciplina ab eadem provincia funditus abolita est (*Lit. Papae*) *Ep. Bonif.* 51 p. 87; **748** quod Deo . . fuerit oblatum, intactum debet persistere sub ~a episcopi constitutum (*Ib.*) *Ib.* 83 p. 187; c**750** de me quid dicam . . qui sub ~a alterius vixero nihil habens lucri *Ib.* 146; et eis econtra qui negaverint districta Dei ~a resistat *Ch. Burton* 5. **e** c**748** his [monasteriis] . . bene compositis, et . . de animarum ~is rite compositis *Ep. Bonif.* 81 p. 181. **f** diversa confusaque degestio ~arum illarum . . inventa est apud diversos THEOD. *Pen. pref.*; c**747** sis mihi consiliarius . . inquirendis et investigandis ~is ecclesiasticis judiciorum Dei BONIF. *Ep.* 75 p. 157; canonum, ~arum *GlC* C 72; dummodo fidei ~as et scripturarum limites non excedat J. FORD *Serm.* 12. 1; vobis . . qui patrum vestrorum exemplis eorumque ~is . . vestros . . affectus cohiberi sustinetis *Ib.* 65. 10.

6 method or manner of doing or accomplishing something, (also w. ref. to specific formulation of such a method) rule; **b** (astr., esp. w. ref. to determination of the date of Easter). **c** (more generally) schema for carrying out or regulating activities in a given sphere, prescribed manner or mode (of living), rule.

miurus vel spicodis ad unam significationis ~am pertinere noscuntur ALDH. *Met.* 10 p. 95; has . . distinctas colorum varietates . . pro . . amplificandis pudicitiae meritis assumptas per allegoriae ~am [*gl.*: i. normam, *rihtinc*, ~a dicta quod recto ducit, nec aliquando aliorsum trahit, ~a dicta quod sit recta quasi rectula et impedimentum non habeat] rimamini *Id. VirgP* 15; hac verecundie ~a usus est . . Paulus, cum de suis locuturus excessibus J. FORD *Serm.* 45. 2; ~e compoti: de termino computacionis, ~a prima . .; de quibus computandum est et arreragiis, ~a secunda . . *Ac. Beaulieu* 46–7. **b** p**675** secundum decennem novennemque Anatolii computatum, aut potius juxta Sulpicii Severi ~am, qui lxxxiiij annorum cursum descripsit ALDH. *Ep.* 4 p. 483; in sacrosancta paschali solemnitate cccxviij patrum ~am non sectantur *Ib.*; ~a tenet ecclesiasticae observationis . . ut Paschae dies ab xj kal. Apriles usque in vij kal. Maias inquiratur BEDE *TR* 30; catholicam temporis paschalis ~am observans *Id. HE* III 26; ~a inveniendi etatem lune BACON VI 140 (v. regularis 7b). **c** p**675** quod sacerdotes vestri in catholicae fidei ~a secundum scripturae praecepta minime concordent ALDH. *Ep.* 4 p. 482; hi . . paternae traditionis ~am [*gl.*: i. normam] . . servasse scribuntur *Id. VirgP* 21 p. 252; adeo ut nemo . . vel in aecclesiastica vel in monasteriali ~a doctior illo posset inveniri *Hist. Abb. Jarrow* 4; s**664** quod oporteret eos qui uni Deo servirent unam vivendi ~am tenere BEDE *HE* III 25 p. 183; **744** bene . . tua sancta fraternitas juxta ecclesiasticam ~am eos dampnavit (*Lit. Papae*) *Ep. Bonif.* 57 p. 105; **748** hereticis . . ab orthodoxe fidei ~a . . aberrantibus *Ib.* 84 p. 189.

7 (eccl.) collection of regulations or directives by which life and activities of a monastic or sim. community are governed, rule (when unspec., freq. w. ref. to Rule of St. Benedict; also occ. perh. w. ref. to physical text); **b** (spec. as *~a sancti Benedicti* or sim.); **c** (spec. as *~a sancti Augustini* or sim.); **d** (spec. w. ref. to Franciscan order); **e** (spec. w. ref. to Carmelite order); **f** (*~a Salvatoris*, w. ref. to Brigittine order). **g** (*~a clericalis*, w. ref. to canons regular).

c**601** Augustinus episcopus, in monasterii ~a edoctus (*Lit. Papae*) BEDE *HE* I 32 p. 68; p**675** etiamsi aliquis actualem rigidae conversationis ~am sub disciplina coenubii solerter exerceat ALDH. *Ep.* 4 p. 481; **801** si contra ~am est aliis scribere, utique contra ~am est et aliorum legere ALCUIN *Ep.* 137; ut abbatum . . electio . . sanctae ~ae [AS: *regules*] documento *RegulC proem.* 9; monachus . . ubi intrat monasterium pro tenenda ~a, relinquit ea que sunt secularia (*Inst. Cnuti*) *GAS* 287; canonici regulares, qui licet a geminata ~a nomen portent eximium, Augustini tamen regule notabilem neglexere versiculum R. BURY *Phil.* 5. 80. **b** quam [sc. regularem vitam] usque hodie cum ~a Benedicti observamus *V. Cuthb.* III 1; c**1060** monachorum qui . . habeant potestatem secundum ~am sancti Benedicti . . eligere idoneos abbates (*Lit. Papae*) AILR. *Ed. Conf.* 759C; **1163** secundum . . beati Benedicti ~am . . abbatem eligere *Reg. Malm.* I 353; monialibus ~am beati Benedicti, clericis vero regulam sancti Augustini tenendam *Canon. G. Sempr.* f. 53v; ut . . communiter viverent secundum ~am beati Benedicti *G. Durh.* 20. **c 1124** erant iiij canonici sub ~a sancti Augustini ibi Deo servientes *Reg. Plympton* p. 152; **1200** secundum ~am sancti Augustini *Inchaffray* 7; *Canon. G. Sempr.* (v. 7b supra); canonici regulares . . Augustini . . ~e notabilem neglexere versiculum R. BURY *Phil.* 5. 80 (v. 7a supra); [ordo] Brigittinorum, qui sancti Augustini profitentur ~am, que, cum aliis adjectis ceremoniis, vocatur ab eis regula Salvatoris WALS. *HA* II 301. **d** s**1200** confirmata fuit ~a Fratrum Minorum *Ann. Exon.* f. 11v; postquam me ~e beati Francisci subjeci OCKHAM *I. & P.* 1; in bulla confirmationis ~e Fratrum Minorum CONWAY *Def. Mend.* 1344. **e 13..** Albertus patriarcha fecit ~am fratribus qui stragulati, radiati, et birrati vocabantur

(*Reg. S. Alb.*) *MonA* I xxiii.   **f** WALS. *HA* II 301 (v. 7c supra).   **g** quod ordinis divini, quod ~e clericalis, quod discipline canonice didicerat, .. primus exercet *V. Birini* 20 p. 42.

8 basic principle governing behaviour or process, (natural) law, rule.

verba quae naturae ~is produci majorum auctoritas decrevit ALDH. *PR* 116 p. 159; servante .. luna semper ~am societatis ad mare BEDE *TR* 29; similia [exempla] que etiam absque ulla ~a .. eodem modo pronuntiant, ut 'theatrum', 'feretrum' .. ABBO *QG* 3 (7); Cerberus .. januam Orci custodit quia eloquentia oris instrumentum et claudit et aperit. Hercules hunc vinctum extrahit dum in preceptionibus et ~is ceteris comprehendit BERN. *Comm. Aen.* 88; oportet concedere quod veritates infallibiles videntur in ~is eternis DUNS *Ord.* III 160.

9 (specific or individual) rule, law, maxim; **b** (gram.); **c** (metr.); **d** (log.); **e** (math.); **f** (mus.); **g** (leg.); **h** (dist. from *maxima*); **i** (in title of treatise). **j** (transf.) example that illustrates a rule, maxim, exemplar.

juxta illam humilitatis ~am: 'quanto magnus es, humilia te in omnibus' J. FORD *Serm.* 82. 3.   **b** ut .. tanto .. eloquii divini .. sensus facilius legendo intelligas, quanto illius rationis, qua contexitur, diversissimas ~as plenius ante didiceris ALDH. *Ep.* 11 p. 500; c**738** si quid .. contra ~am grammaticae artis insertum invenietis *Ep. Bonif.* 98 p. 221; cum sequatur ~am pronominum in -ius desinentium ABBO *QG* 5 (13); etsi minus grammatice dicatur 'confundetur eum' [=*Marc.* viii 38], .. absit .., ut ait beatus Gregorius, ut verba sacri oraculi subjac eant ~is Donati SENATUS *Ep. Conc.* xlvii; a**1380** quod .. legat suis scolaribus dumtaxat .. libros ~as et naturam gramaticales .. pertractantes *StatOx* 173.   **c** si .. haec mediocria metricae definitionis ~is minime caruerint ALDH. *Met.* 6 p. 76; alioquin dactilici exametri ~ae legitima aequitatis lance carentes lubricis sillabarum gressibus vacillarent *Ib.*   **d** ~a Anselmi ..: 'necesse est ut sit quidquid omnino melius est ipsum quam non ipsum'; .. nihil aliud est ~a sua nisi quod 'Deus est Deus' DUNS *Ord.* IV 363; quod .. iste sint vere patet per eamdem ~am: quidquid negatur universaliter etc. OCKHAM *Quodl.* 572; tales ~e 'quicquid predicatur de definito predicatur de definicione et econverso' .. et hujusmodi *Ib.* 600.   **e** nunc .. oportet ut ad ~am supra datam animum convertas, et dividas radices per medium ROB. ANGL. (I) *Alg.* 72.   **f** fidiculam .. concordi modulationis armonia resonantem vij constare fidibus rithmica musicorum ~a declarat ALDH. *Met.* 3 p. 73; alia ~a, quod numquam ponatur simplex .. ubi potest poni ligata GARL. *Mus. Mens.* 6 p. 62; ~a est quedam apud tales: nil debemus disjungere, quod jungere possumus *Mens. & Disc. (Anon. IV)* 52; precedentes ~e tangentes de equalitate et inequalitate semibrevium HAUDLO 104; tenet ~a veluti de modo perfecto, sed de modo imperfecto nequaquam HAUBOYS 194.   **g** c**1211** juris quoque ~am esse novistis quia 'ratiabitio mandato comparatur' [cf. *Digest* 50. 17. 152] GIR. *Ep.* 6 p. 214; breve .. sit formatum ad similitudinem ~e juris, .. sicut ~a juris rem que est breviter enarrat BRACTON f. 413b (=*Fleta* 76; cf. GARDINER *CC* 563); principia .. sunt quedam universalia que in legibus Anglie docti .. et mathematici maximas vocant, retorici paradoxas, et civilisti ~as juris denominant FORTESCUE *LLA* 8.   **h** maxime .. a ~is differunt pro tanto, quia ~e exemplis utuntur, maxime vero nudo modo sine exemplis intelliguntur, noticiam ~is exhibentes HAUDLO 178.   **i** ~e Roberti de Haudlo HAUDLO *tit.* p. 80; a**1332** tractatus de ~a artis grammatice *Libr. Cant. Dov.* 49.   **j** formulas ad pirrichium pedem pertinentes .. et .. ex principalibus orationum partibus, id est nominis et verbi ~a, congestas ALDH. *PR* 113 p. 152; da ~as verborum! sanctifico, aedifico, vivifico .. *Ib.* 133 p. 185; haud frustra cum .. redemptore nostro felix vocabuli privilegium participavit [Benedictus], de quo .. cecinerunt, 'bene dictus qui venit in nomine Domini.' cujus rei ~am [*gl.*: i. rectitudinem] nostra quoque mediocritas .. concelebrat *Id. VirgP* 30 p. 268.

10 (as place-name): **a** La Réole in Aquitaine. **b** Saint-Rieul in Brittany, in quot. w. ref. to *pirum de (Sancta) Regula*, cf. *regulus* 1d).

1219 reverendissimo domino suo .. regi .. R. et D. de P. .. sui burgenses de ~a fidelissimi *RL* I 53; **1252** majori, juratis, et communitati de ~a *Cl* 187 (=*RL* II 71); **1252** consuleurunt nobis .. intrare villam ~e *RL* II 78; **1257** de pace .. ~e et aliorum de Wasconia *Cl* 119; **1260** prior de ~a, de ecclesia sua tempore gwerre prostrata *Cl* 232; **1279** hominis regis Burdegale et de ~a *RParl Ined.* 4.   **b 1223** pro uno cent' pirorum de

~a *Cl* 550b; **1313** pro piris de .. Sancta ~a *KR Ac* 374/19 m. 6.

11 (in gl.).

norma, ~a *GlC* N 142; preti[i] enormis, praeter ~am *Ib.* P 809; recula, ordinatio *Ib.* R 97; ~a, *sydung GlP* 750.

3 regula [CL rex + -ula; cf. CL regulus], (in gl.) duchess.

hec ducissa, *a duches*; hec ~a, idem *WW*.

regulabilis [ML < LL regulare + CL -bilis], that may be ruled or governed.

actus appetitus sensitivi et breviter omnes .. sunt ~es recta racione mediate vel immediate OCKHAM *Quodl.* 187.

regulanter [LL regulans *pr. ppl. of* regulare + -ter]

1 in accordance with relevant rules or regulations, (in eccl. context) canonically.

c**1085** (**1324**) quantocyus petimus ordinari pontificem, quatenus .. ~er nobis praeesse valeat et prodesse *Conc.* II 523a.

2 (eccl.) in accordance with or under a monastic rule, regularly, or ? *f. l.*

monasteria .. quaedam monachis, quaedam monialibus, constituerentur, sub abbatibus et abbatissis regulariter viventibus ÆLF. *Æthelwold* 18 (=*Chr. Abingd.* II 262: regulariter).

regulare [LL]

1 to draw (a straight line on to parchment or paper, in quot. w. ref. to lines of musical staff, also ellipt. or absol.). **b** to mark (parchment or paper) with straight lines, to rule. **c** to determine or establish the straightness of (a structure). **d** to provide or furnish with rails (cf. 1 *regula*). **e** (transf.) to mark out (time).

una [pausatio] est secundum longitudinem a regula in regulam vel habet longitudinem spatii inter duas lineas, prout notatores cantus ~ant. notatores quidam solebant in cantu ecclesiastico semper inter duas scripturas vel inter duas lineas scripture vel supra unam lineam scripture quatuor regulas ~are ejusdem coloris *Mens. & Disc. (Anon. IV)* 60; habebant [notatores] regulas ~atas ex aliquo metallo duro, ut in libris Cartuniensium et alibi multis locis *Ib.*   **b** volo pungere meum quaternionem .. et ~are, ut postea possim scribere illam ÆLF. BATA 4. 26 p. 49; ~atis .. rotulis a summo pene usque deorsum, et ex utraque parte lineis a se decenter distantibus *Dial. Scac.* I 5S.   **c 1448** j *rolle lyne* pro muris turrium et caminorum ~andis *KR Ac* 503/12 r. 1 (cf. *Building in Eng.* 339).   **d 1323** ad ipsam cameram ~andam, tabulandam, et singulandam (*Glouc*) *MinAc* 854/7.   **e 1340** bedello et ejus serviente, dictas horas pulsare et ~are ad quos spectat officium, duntaxat exceptis *FormOx* 167.

2 to govern the activity or habits of (a person), to influence. **b** to regulate (action or attitude); **c** (in mus. context).

legis errantes regulant instituta J. HOWD. *Cant.* 212; regula exterior ~ans [ME: *riwleð*] corpus et opera corporalia *AncrR* 5; c**1380** sicut nobis precipue confitentur, ita et nostro .. consilio in agendis potissime ~antur *Ziz.* 294; imperator .. magis prudenter seipsum .. ~abat *G. Roman.* 300 (v. 5a infra); hiis prefecit ducem dominum R. K. .. cujus discrecione et industria voluit eos totaliter ~ari WALS. *HA* I 310.   **b** omnis sapientia inutilis est nisi ~etur per fidem Christi BACON *Tert.* 53; **1312** nec videtur racionabile quod actus theologie .. debeat per inferiores sciencias ~ari *Collect. Ox.* II 257; **1377** potestas Christi vicarii .. est in effectu legitima quando beneplacito capitis ecclesie ~atur (WYCL.) *Ziz.* 253; a**1440** secundum habitum mentis, qui est boni et mali discretivus .. et dicitur 'consciencia recta', sive rectius '~ata' *Reg. Whet.* II app. 464.   **c** cum omnis discantus tam voce recta quam omissa ~etur HAUBOYS 184.

3 to control (motion or activity), to regulate; **b** (p. ppl. as sb. n.). **c** to set rules for, to direct or instruct (person, w. ref. to taking some action). **d** (p. ppl. of person or conduct) moderate, temperate, restrained, (*male ~atus*) immoderate, unruly.

principia illa que sunt ~antia motum et transmutationem omnium BACON VII 4; virtus in semine ~atur ad diversas informaciones fetus faciendas WYCL. *Misc. Phil.* I 5; anima .. non ~at nisi per volucionem quam producit *Ib.*   **b** conceditur cognicio practica extendi ad praxim .. ut regulativa ad ~atum DUNS *Ord.* I 162; talis prioritas est regule ad ~atum *Ib.* I 216; prudencia ponitur principium activum propter actum alium, qui est 'accio', ad quam suus proprius extenditur ut regula ad ~atum *Ib.* III 269.   **c 1494** qua die idem aldermannus finaliter compotet .. ita quod nichil remaneat levandum .. per aldermannum de novo electum, sub pena forisfacture .. iij s. iiij d. .. vel per discreccionem xij custodum ville .. moderatus erit et ~atus *Doc. Bev.* 79.   **d** quamvis amoris materia sit honesta et intencio ~ata R. BURY *Phil.* 20. 245; **1416** capellanus .. et in ecclesia .. et alibi male ~atus inter parochianos .. et .. per tres vel duos dies septimanatim est ebrius *Fabr. York* 249.

4 to have charge (of the activity) of, to govern (person); **b** (school); **c** (absol.). **d** to oversee, direct, regulate (activity or procedure).

1292 quod senior [scholaris] .. ~et juniores *Mun AcOx* 56; **1338** scholares .. per priorem .. debite ~abuntur *Conc.* II 615a; scholares .. per priorem seu custodem loci debite ~abuntur *Hist. Durh.* 3; **1387** per dictos magistros suos corigi aut ~ari noluerunt *SessPWarw* 63; s**1389** nostis quod diu ~atus fuerim per tutores WALS. *HA* II 181.   **b** a**1380** magistris .. ad ~andas scolas gramaticales .. deputatis *StatOx* 173.   **c 1322** statutum est quod in omni actu solempni habeant procuratores ~are *StatOx* 126.   **d 1344** in officio ecclesiastico ~ando, legendo, et cantando bene instructi *Eng. Clergy* 281; **1373** negocia .. ~are et dirigere .. in salutis viam *Lit. Cant.* II 511; **1384** ad disputaciones .. ~andas duos .. constitui volumus collatores *Cant. Coll. Ox.* III 180; c**1470** disputacionem senior bachillarius .. tenetur ~are *Deeds Balliol* 308; **1419** carnifices, *pybakers*, et armurarii jurati ad ~andum misterium suum *MGL* I 654.

5 to control or manage the affairs of, exercise political control over, rule, govern; **b** (absol.); **c** (transf.).

imperator .. quamdiu vixit magis prudenter seipsum et alios ~abat *G. Roman.* 300; s**1392** major Londonensis et vicecomites deposuit erant, et miles .. ~avit civitatem HERRISON *Abbr. Chr.* 3; principem filium suum, qui post eum populum ~abit, legibus instrui .. convenit FORTESCUE *LLA* 6.   **b** subditi regis regaliter ~antis, plaudite sub optimo rege, cum talis affuerit FORTESCUE *NLN* I 25.   **c** s**1381** cum .. nullus major .. nobis superfuisset, legem [v. l. leges] condidissemus ad placitum, quibus subjecti ~ati fuissent (*Confessio J. Straw*). *V. Ric. II* 31.

regularis [CL]

1 of the nature of or consistent with a rule. **b** (transf.) that is in accordance with relevant rules or accepted procedures, proper, (also perh. in eccl. context) canonical.

promito .. peonis quarti ~es exemplorum formulas ALDH. *PR* 136 p. 189; hec fuit .. racio quare non invenitur ~is modus unus in primacione lune secundum auctores kalendarii ... si quis velit habere ~em modum in primacione lune, oportet eum .. BACON VI 68.   **b** nupcias .. quasi quadam sana satis sub irregularitate ~es E. THRIP. *SS* VI 6; **1295** item, unum portiforium plenarium cum nota veteri, non regulariter [? l. ~e] *Vis. S. Paul.* 331.

2 as though laid out by a rule, straight.

praeposuimus .. paginam ~em, quae x et viij alphabeta hujusmodi a diversis literis inchoantia totidem annorum circuli decemnovenalis caperet BEDE *TR* 19 (cf. ib.: pagina regularum); tibiarum tortitudines .. in ~em lineam se dirigere .. incipiebant R. COLD. *Cuthb.* 48 p. 100; semita tua, semita regularis, / filios ducit Israel ad directum J. HOWD. *Cant.* 60.

3 (eccl.) characterized by adherence or conformity to a monastic or sim. rule (also w. ref. to a particular rule or set of regulations), that is in accordance with a (or the) rule, regular; **b** (w. ref. to monastery, church, or sim. establishment). **c** (w. ref. to artefact or structure) suitable for or allowable to one under a (or the) rule, used by or intended for the use of those under a (or the) rule, regular. **d** (w. ref. to person) who has professed a (or the) rule, regular; **e** (as sb., w. ref. to monk or regular canon). **f** (pregnantly)